SHANGSHI ZHONGCAI BANAN ZHINAN

商事仲裁办案指南

裴秀峰　主编

法律出版社
LAW PRESS·CHINA

前　　言

仲裁(Arbitration)是指由双方当事人协议将争议提交仲裁机构,由该仲裁机构对争议进行评判并作出裁决的一种解决争议的方法。仲裁活动和法院的审判活动一样,关乎当事人的实体权益,既是解决民商事争议的方式之一,同时也是目前国际上解决民商事纠纷的主要方式。

随着我国市场经济体制的逐步确立以及对外开放程度的不断提高,同时也是为了适应国际经济与贸易的纠纷解决与国际对接,建立具有中国特色的仲裁制度已是历史必然。1994 年 8 月 31 日第八届全国人民代表大会常务委员会第九次会议通过了《中华人民共和国仲裁法》,自 1995 年 9 月 1 日起施行,由此确立了我国的仲裁制度。目前,全国已陆续成立了 251 家仲裁机构,仲裁业务迅速开展,案件类型不断丰富,解决了一大批经济纠纷,2016 年,全国各个仲裁机构共受理各类民商事纠纷超过 20 万件,标的额 4695 亿元,我国仲裁事业取得了巨大突破和成就,开创了中国仲裁的崭新局面。

但是,《仲裁法》实施二十多年以来,由于仲裁机构的体制机制等问题,全国仲裁界一直没有一部系统的设计仲裁的法律、法规汇编。为方便查阅和使用,我们编辑了这部《商事仲裁办案指南》。这部办案指南,包括了到目前为止所有与仲裁的有关的文件政策、法律、法规、司法解释、有关领导讲话等,具有较强的系统性、实用性和全面性,是仲裁机构广大工作者必不可少的工具书。

在本书的编写过程中,我们得到了许多仲裁界同仁、专家学者的指导和帮助,在此表示感谢。法律出版社的编辑对本书的结构、体例、版式等方面给予了专业的指导,在此一并谢过。由于我们水平有限,加之资料不全,本书的编辑难免有错漏之处,还请仲裁界和法律方面的专家批评指正。

编　者

二〇一七年六月五日

目　录

综　合　类

一、仲裁机构的规范

二、仲裁法律制度的推行

三、仲裁工作的要求

法律及司法解释类

一、法　　律

二、司 法 解 释

三、财产保全的相关司法解释

四、涉港澳台认可和执行仲裁裁决的司法解释

五、有关仲裁协议的相关司法解释

(一)仲裁协议效力确认适用准据法的复函

(二)仲裁协议中仲裁机构名称的复函

(三)仲裁协议约束主体的复函

（四）仲裁协议中仲裁地的复函

(四)仲裁裁决撤销后的批复

(五)不得撤销仲裁裁决的通知

七、有关仲裁裁决执行的司法解释

（一）予以执行的

（二）没有仲裁协议的不予执行的复函

（三）仲裁机构超裁的不予执行的复函

(四)程序违法的不予执行的复函

（五）损害公共利益不予执行的复函

（六）涉外仲裁案件的承认与执行

(七)涉外仲裁有关问题的批复、通知

(八)不予执行申请再审的批复

八、其他司法解释

九、案　　例

附　　录

一、非商事仲裁法律、法规

二、有关国际组织和有关国家和地区仲裁机构的仲裁规则

综　合　类

一、仲裁机构的规范

司法部关于印发《关于规范和加强仲裁机构登记管理的意见》的通知

（2016年6月14日　司发通〔2016〕55号）

各省、自治区、直辖市司法厅(局)，新疆生产建设兵团司法局、监狱局：

为贯彻落实党的十八届四中全会关于"完善仲裁制度，提高仲裁公信力"的重要部署，根据中央办公厅印发的《党的十八届四中全会重要举措实施规划(2015－2020年)》(中办发〔2015〕31号)要求，司法部研究制定了《关于规范和加强仲裁机构登记管理的意见》，经中央司法体制改革领导小组同意，现印发你们，请结合实际认真贯彻落实。

关于规范和加强仲裁机构登记管理的意见

为贯彻落实党的十八届四中全会关于"完善仲裁制度，提高仲裁公信力"的重要部署，规范和加强仲裁机构登记管理工作，现提出以下意见。

一、规范和加强仲裁机构登记管理工作的重要性

仲裁是我国多元化纠纷解决机制重要组成部分，在解决民商事纠纷、服务经济发展、促进社会和谐稳定中具有重要作用。《仲裁法》《仲裁委员会登记暂行办法》等法律法规规定，司法行政机关承担仲裁机构登记管理职责。《仲裁法》实施以来，司法行政机关依法履行职责，认真开展仲裁机构登记管理工作，保障了仲裁工作依法规范发展。目前，全国经司法行政机关登记的仲裁机构255家，仲裁员4.2万多人，2015年全国仲裁机构共受理仲裁案件13.6万多件。随着我国经济社会快速发展和法治建设全面推进，仲裁工作还存在登记审查不规范、监督管理不到位等问题。党中央、国务院高度重视仲裁工作，党的十八届四中全会作出"完善仲裁制度，提高仲裁公信力"的重要部署，为进一步健全完善中国特色社会主义仲裁制度指明了方向，对规范和加强仲裁机构登记管理工作提出了明确要求。规范和加强仲裁机构登记管理工作，是贯彻落实中央关于仲裁工作重要部署，贯彻实施依法行政要求，提高仲裁公信力，充分发挥仲裁工作职能作用的重要举措。各级司法行政机关要充分认识规范和加强仲裁机构登记管理工作的重要意义，切实增强责任感和紧迫感，采取有效措施,依法全面履行登记管理职责,确保中央关于仲裁工作重要决策在司法行政系统得到不折不扣的执行,促进仲裁事业稳步发展。

二、指导思想和基本原则

(一)指导思想:全面贯彻落实党的十八大和十八届三中、四中、五中全会精神,深入贯彻落实习近平总书记系列重要讲话精神,紧紧围绕提高仲裁公信力,进一步规范仲裁机构登记工作,进一步加强仲裁机构监督管理,不断完善仲裁登记管理制度,充分发挥仲裁工作化解矛盾纠纷、服务经济发展与社会稳定的重要作用。

(二)基本原则:一是坚持依法行政,严格遵守仲裁工作有关法律法规,认真履行仲裁机构登记管理法定职责。二是坚持规范监管,把好仲裁机构"入口关",加强监督管理,促进仲裁机构依法规范运行。三是坚持管理创新,贯彻落实转变政府职能要求,加强事中事后监管,做到服务管理并重,为仲裁工作发展提供有力保障。

三、主要任务和措施

(一)进一步规范仲裁机构登记工作。要按照《行政许可法》等法律法规规定,本着统筹规划、合理布局的原则,认真做好登记工作。依法严格审查仲裁机构条件,严格遵守申请与受理、审查与决定、登记办结时限等规定程序。重点审查仲裁委员会组成人员及专家比例、仲裁员名册等,确保仲裁机构人员组成符合法律规定,并做好仲裁员(法律类)聘任与国家统一法律职业资格制度相关要求的衔接工作。规范仲裁机构登记公告、报备,经审查予以登记的,登记机关应在仲裁机构设立登记后20日内予以公告,并将备案报告、公告文本等报司法部备案,同时抄送仲裁机构所在地人民法院。

(二)进一步规范仲裁机构变更备案。已经登记设立的仲裁机构变更住所、组成人员的,应要求其在变更后10日内主动向登记机构备案,并提交与变更事项有关的文件。变更事项涉及仲裁委员会登记证书所载事项的,应当换发登记证书。对于未按规定备案或备案中发现有不符合法律法规规定情形的,依法予以纠正,确保仲裁机构合法性。

(三)进一步加强仲裁机构监督管理。要贯彻落实《行政许可法》关于行政许可监督检查的规定,及时了解掌握仲裁机构有关情况,监督仲裁机构严格遵守法律法规和规章。重点检查仲裁机构超越仲裁执业范围、违法变更登记事项、违规跨地域设立仲裁分支机构和业务站点等,对于不符合规定的,及时依法纠正。要转变监管理念,融服务于管理,完善事中事后监管措施,通过材料核实、规划指引、随机抽查、告知承诺等,进一步提升监管效能。要创新管理方式,着力推进仲裁机构信用体系建设,逐步将机构人员公开、执业信息披露、仲裁投诉处理等纳入信用管理,建立仲裁机构诚信档案,促进仲裁机构规范运行。

（四）进一步完善仲裁机构登记管理制度。研究制定仲裁机构登记管理办法，进一步规范仲裁机构设立登记、变更备案、事中事后监管等工作。各地要结合本地实际，建立健全仲裁机构登记管理各项工作制度，并指导仲裁机构加强内部管理制度建设。健全完善司法行政机关与政府法制工作机构、人民法院等部门的沟通机制，及时协调解决仲裁机构登记管理工作中遇到的有关问题，推动仲裁工作规范发展。

四、加强组织领导

规范和加强仲裁机构登记管理工作是全面依法治国的一项重要任务，是事关司法行政工作改革发展全局的一件大事。各级司法行政机关要高度重视，把规范和加强仲裁机构登记管理工作摆上重要议事日程。要根据《仲裁法》等法律法规和本意见要求，结合各地实际，制定具体工作意见，认真抓好落实。要健全仲裁登记管理工作机构，配齐配强工作人员，为规范和加强仲裁登记管理工作提供队伍保障。要深入基层调查研究，摸清本地区仲裁工作的情况和存在的问题，研究提出有针对性的工作措施。要认真总结仲裁机构登记管理工作经验做法，结合新形势、新需要，加强工作指导，不断提高仲裁公信力，保障和促进经济社会发展与社会和谐稳定。

国务院法制办公室关于切实做好仲裁员、仲裁工作人员违法违纪处理情况和仲裁裁决被人民法院裁定撤销或不予执行情况报告工作的通知

（2016年12月12日　国法〔2016〕81号）

各仲裁委员会所在地的市人民政府，中国国际贸易促进委员会，各省级人民政府法制机构，各仲裁委员会：

为贯彻党的十八届六中全会精神，落实中央巡视组有关仲裁行业管理问题的整改要求，进一步做好联系仲裁工作，加强仲裁机构廉政建设，不断完善仲裁制度，提高仲裁案件质量，提升仲裁公信力，现就切实做好仲裁员、仲裁工作人员（包括仲裁委员会组成人员和工作人员，下同）违法违纪处理情况和仲裁裁决被人民法院裁定撤销或不予执行情况报告工作通知如下：

一、关于仲裁员、仲裁工作人员违法违纪处理情况报告工作

（一）仲裁委员会要在所在地党委、政府的统一领导下，中国国际经济贸易仲裁委员会、中国海事仲裁委员会要在中国国际贸易促进委员会的领导下，落实主体责

任,做好廉政建设工作。仲裁员、仲裁工作人员在仲裁工作中因违法违纪被有关机关作出处理的,各仲裁委员会要及时向所在地的市人民政府报告,同时向省级人民政府法制机构报告,并由省级人民政府法制机构报国务院法制办公室。中国国际经济贸易仲裁委员会、中国海事仲裁委员会的仲裁员、仲裁工作人员违法违纪处理情况向中国国际贸易促进委员会报告,同时报国务院法制办公室。

仲裁员、仲裁工作人员在仲裁工作中的违法违纪处理情况包括:违反仲裁工作纪律被仲裁委员会查处的情况;违反党纪政纪被纪检检察机关立案查处的情况;涉嫌犯罪被司法机关立案查处的情况。

(二)违反仲裁工作纪律被仲裁委员会查处的情况,在对有关人员作出处理决定后的30日内报告。

违反党纪政纪被纪检监察机关立案查处的案件,各仲裁委员会要在知道纪检监察机关立案后及时通报情况,并在收到纪检监察机关作出的处理决定后30日内报告。

涉嫌犯罪被司法机关立案查处的案件,各仲裁委员会要在知道司法机关立案后及时通报情况,并在司法机关作出处理决定后的30日内报告。

报告应采用书面形式,内容包括案件情况及处理结果。

(三)仲裁委员会对违法违纪的仲裁员依法作出解聘或除名决定的,应及时向其所在单位通报,并在作出决定后10日内按本通知(一)的有关规定报告。

(四)仲裁委员会有责任和义务协助有关机关依法查处仲裁员、仲裁工作人员的违法违纪行为,对仲裁员、仲裁工作人员违法违纪案件要进行有针对性的剖析、总结,举一反三,制定措施,完善制度,落实整改,并将整改情况按本通知(一)的有关规定及时上报。

(五)仲裁委员会所在地的市人民政府、中国国际贸易促进委员会要加强对仲裁委员会廉政建设工作的领导,督导仲裁委员会协助配合有关机关依法查处仲裁员、仲裁工作人员的违法违纪行为,及时报告有关情况。对不协助配合查处和隐瞒不报的,要追究主要负责人和有关责任人的责任。

(六)各省级人民政府法制机构要不断加强联系仲裁工作,配合仲裁委员会所在地的市人民政府,共同做好对各仲裁委员会仲裁员、仲裁工作人员违法违纪行为查处情况的报告工作,及时了解掌握情况,指导开展工作,定期交流、通报情况,研究解决存在的问题。对在本行政区域内有重大影响的案件和典型案件,可以按有关规定在本行政区域内予以通报。

(七)国务院法制办公室对各地报送的仲裁员、仲裁工作人员违法违纪处理情况进行汇总、研究,可根据情况适时通报全国仲裁委员会、有关部门和有关地方人民政府。

二、关于仲裁裁决被人民法院裁定撤销或不予执行情况报告工作

仲裁委员会的仲裁裁决被人民法院裁定撤销或不予执行的，仲裁委员会要综合仲裁案件的基本情况、人民法院裁定撤销或不予执行的主要理由等形成书面报告，连同人民法院的法律文书，及时报送省级人民政府法制机构，并由省级人民政府法制机构报国务院法制办公室。中国国际经济贸易仲裁委员会、中国还是仲裁委员会的中国裁决被人民法院裁定撤销或不予执行的，按上述要求，直接报国务院法制办公室。

国务院法制办公室、各省级人民政府法制机构、各仲裁委员会建立健全与人民法院的协调、沟通机制，加强对人民法院裁定撤销或不予执行仲裁裁决案件的研究总结工作，查找办案过程中存在的问题，有针对性地研究解决措施，完善仲裁工作制度，不断提高仲裁案件质量，提升仲裁公信力。

国务院法制办公室关于做好仲裁委员会换届工作的通知

（1998 年 8 月 4 日　国法〔1998〕27 号）

各省、自治区、直辖市人民政府法制办公室（局），中国国际经济贸易促进委员会：

从 1998 年 9 月 1 日开始，北京、上海、天津、广州、西安、呼和浩特、深圳等 7 个依照《中华人民共和国仲裁法》（以下简称仲裁法）重新组建仲裁委员会试点城市的仲裁委员会将陆续任期届满。随后，全国其他 120 多家仲裁委员会也相继面临换届。为了保证仲裁委员会换届工作的顺利进行，根据国务院办公厅《关于做好重新组建仲裁机构和筹建中国仲裁协会筹备工作的通知》关于重新组建仲裁机构的工作和中国仲裁协会的筹建准备工作由国务院法制局牵头的规定，现将有关事项通知如下：

一、仲裁委员会环节工作的指导思想是：认真贯彻党的十五大精神，严格按照仲裁法的规定和国务院办公厅有关文件的要求，从仲裁工作的实际和仲裁事业发展的需要出发，进一步完善各项制度，坚持高标准选聘仲裁委员会组成人员和仲裁员，积极稳妥地做好仲裁委员会的换届工作，努力提高仲裁委员会的整体素质和工作水平，充分发挥仲裁制度为社会主义市场经济服务的作用。

二、按照国务院办公厅印发的《仲裁委员会章程示范文本》的规定，仲裁委员会每届任期 3 年；任期届满，更换 1/3 组成人员；新一届仲裁委员会组成人员由上一届仲裁委员会主任会议商所在地的市人民政府（以下简称市人民政府）有关部门，商会提名，由市人民政府聘任、换届工作应当按照上述规定如期进行。

三、仲裁委员会在换届时应当对国务院办公厅印发的《重新组建仲裁机构方案》、《仲裁委员会登记暂行办法》、《仲裁委员会仲裁收费办法》、《仲裁委员会章程示范文本》、《仲裁委员会仲裁暂行规则示范文本》的执行情况进行总结，并做好以下工作：

（一）认真做好本届仲裁委员会的工作总结，报市人民政府；

（二）按照《国务院办公厅关于贯彻实施〈中华人民共和国仲裁法〉需要明确的几个问题的同志》的规定，认真研究仲裁制度的实施情况，并向市人民政府提出相应建议；

（三）向新一届仲裁委员会提出完善仲裁工作制度的建议；

（四）提请审计机关对本届仲裁委员会的财务情况进行审计，审计报告报市人民政府。

四、按照国务院办公厅《关于做好重新组建仲裁机构和筹建中国仲裁协会筹备工作的通知》和《关于进一步做好重新组建仲裁机构工作的通知》关于重新组建仲裁机构的具体工作及省、自治区和有关城市的政府法制工作机构牵头的规定精神，仲裁委员会任期届满的市人民政府法制工作机构要在本市人民政府的领导下，帮助上一届仲裁委员会主任会议与市政府有关部门、商会协商做好新一届仲裁委员会组成人员人选的提名工作；认真做好对拟聘任的新一届仲裁委员会组成人员的考察，把平时考核与换届时的集中考察结合起来；并协助上一届仲裁委员会主任会议指定好换届工作方案，妥善解决换届中的问题和困难，为市人民政府聘任新一届仲裁委员会组成人员作好基础工作。省、自治区人民政府法制工作机构要在本级人民政府的领导下，加强对本行政区域内设立的仲裁委员会换届工作的指导。

五、按照《仲裁委员会章程示范文本》有关仲裁委员会组成人员名单、仲裁员名册报中国仲裁协会备案的规定精神，在中国仲裁协会成立前，拟聘任的新一届仲裁委员会组成人员名单和聘任的仲裁员名册，暂时仍报国务院法制办公室。新一届仲裁委员会主任、副主任和其他组成人员以及秘书长的人选拟定后，应当先将名单及有关材料和仲裁委员会。

六、新一届仲裁委员会应当制定目标具体明确、措施切实可行的工作规划，报市人民政府并报国务院法制办公室，作为市人民政府对新一届仲裁委员会考核的依据。仲裁委员会的换届是仲裁事业的一项重要工作，务必精心组织，认真作好。对离任的仲裁委员会组成人员、仲裁员要做好工作，对换届工作中出现的重要情况、重大问题要及时向市人民政府报告。请你们认真组织本通知的实施，对执行中出现的问题及时报告国务院法制办公室。中国国际经济贸易仲裁委员会、中国海事仲裁委员会换届工作，参照本通知的精神办理。

国务院法制局关于对国家工商行政管理局《关于现有仲裁机构与新仲裁机构衔接工作有关问题的请示》的意见

（1997 年 4 月 15 日　国法函〔1997〕28 号）

国家工商行政管理局：

你局报国务院办公厅《关于现有仲裁机构与新仲裁机构衔接工作有关问题的请示》，国务院办公厅领导批示由我局办理。我们经认真研究，并报国务院领导同意，现答复如下：

一、根据国办发〔1995〕38 号文规定，“现有仲裁机构在依法终止前，应当继续受理仲裁申请，所受理的案件应当自该仲裁机构依法终止之日起 6 个月内作出仲裁裁决”。因此，原经济合同仲裁机构在依法终止之后仍需要作出仲裁裁决的，可以在依法终止之日起 6 个月内保留原经济合同仲裁机构，并视仲裁案件工作量的大小，保留部分人员。

二、仲裁法第 78 条规定，“本法施行前的有关仲裁的规定与本法的规定相抵触的，以本法为准。”据此，仲裁法实施后尚未重新组建仲裁机构的直辖市和省、自治区人民政府所在地的市以及其他设区的市的经济合同仲裁机构办理经济合同仲裁案件的程序，原则上也应当适用仲裁法有关仲裁程序的规定。考虑到这些原有仲裁机构的体制与仲裁法规定的新的仲裁机构不同，适用仲裁法的某些具体仲裁程序有困难的，可以适用《经济合同仲裁条例》的有关规定。

三、鉴于我国的企业制度正在改革过程中，确定企业承包经营、租赁经营合同纠纷性质比较复杂，不宜由工商行政管理机关对这类纠纷实行行政裁决。

司法部关于威海仲裁委员会是否可以聘任外籍人士担任仲裁员的批复

（1996 年 8 月 20 日　司发函〔1996〕294 号）

山东省司法厅：

你厅关于威海仲裁委员会是否可以聘任外籍人士担任仲裁员的请示收悉，现批复如下：

根据国办发〔1996〕22号文件第三条的规定,新组建的仲裁委员会可以受理涉外仲裁案件,但没有规定可以聘任外籍人士担任仲裁员。《仲裁法》第67条只规定涉外仲裁委员会可以从外籍人士中聘任仲裁员,并没有规定新组建的仲裁委员会可以从外籍人士中聘任仲裁员。据此,我们认为威海仲裁委员会不宜聘任外籍人士担任仲裁员。

国务院办公厅关于贯彻实施《中华人民共和国仲裁法》需要明确的几个问题的通知

(1996年6月8日　国办发〔1996〕22号)

各省、自治区、直辖市人民政府,国务院各部委、各直属机构:

为了保障《中华人民共和国仲裁法》(以下简称仲裁法)的正确实施,保证仲裁工作的连续性,保护经济纠纷当事人的合法权益,维护经济秩序,经国务院同意,现将贯彻实施仲裁法需要明确的几个问题通知如下,请认真贯彻执行:

一、国务院办公厅1995年8月1日印发的《重新组建仲裁机构方案》(国办发〔1995〕44号)中关于新组建的仲裁委员会与原有仲裁机构受理仲裁案件衔接的规定修改为:仲裁法施行前当事人依法订立的仲裁协议继续有效;原仲裁协议选定或者按照仲裁法施行前国家有关仲裁的规定由直辖市或者省、自治区人民政府所在地的市或者其他设区的市范围内原各级仲裁机构仲裁的,分别由原仲裁机构所在地的直辖市或者省、自治区人民政府所在地的市或者其他设区的市新组建的仲裁委员会受理;原仲裁机构所在的地方依法不能组建或者可以组建但未组建仲裁委员会的,由省、自治区人民政府所在地的市新组建的仲裁委员会受理。凡当事人双方达成新的仲裁协议、选定其他新组建的仲裁委员会仲裁的,由双方选定的新组建的仲裁委员会受理;凡当事人双方协议放弃仲裁、选择诉讼方式解决纠纷、向人民法院起诉的,由人民法院受理。

二、国内仲裁案件的当事人依照仲裁法第二十八条的规定申请财产保全的,仲裁委员会应当将当事人的申请依照《中华人民共和国民事诉讼法》的有关规定提交被申请人住所地或者财产所在地的基层人民法院。

三、新组建的仲裁委员会的主要职责是受理国内仲裁案件;涉外仲裁案件的当事人自愿选择新组建的仲裁委员会仲裁的,新组建的仲裁委员会可以受理;新组建的仲裁委员会受理的涉外仲裁案件的仲裁收费与国内仲裁案件的仲裁收费应当采用同一标准。

四、请有关行政机关自本通知发布之日起两个月内，对其在仲裁法施行前制定的标准（格式）合同、合同示范文本中合同争议解决方式条款依照仲裁法的规定予以修订。修订后的格式是，合同争议解决方式由当事人在合同中约定从下列两种方式中选择一种：

（一）因履行本合同发生的争议，由当事人协商解决，协商不成的，提交××仲裁委员会仲裁；

（二）因履行本合同发生的争议，由当事人协商解决，协商不成的，依法向人民法院起诉。

本通知中有关法院职权范围内的问题，经商最高人民法院同意，将由最高人民法院另行发文。

司法部关于仲裁委员会登记工作有关问题的通知

（1995年1月11日　司发通〔1995〕111号）

各省、自治区、直辖市司法厅（局）：

根据《仲裁法》和《仲裁委员会登记暂行办法》的规定和仲裁委员会设立登记、注销登记及公告工作的实际情况，现将仲裁委员会登记、公告工作中的有关问题通知如下：

一、要严格按照《仲裁法》和《仲裁委员会登记暂行办法》的规定办理登记。

二、仲裁委员会登记证书由司法部统一印制。登记机关在具体登记时，不再收取证书工本费和登记费。

三、按《仲裁委员会登记暂行办法》，登记机关应对仲裁委员会设立登记、注销登记予以公告。公告所需费用，由申请登记的仲裁委员会按国家（报纸）的规定支付。

仲裁委员会仲裁暂行规则示范文本

(1995年7月28日国务院办公厅发布)

目　　录

第一章　总　　则

第一条　为了保证公正、及时地仲裁经济纠纷,保护当事人的合法权益,根据《中华人民共和国仲裁法》(以下简称仲裁法)和《中华人民共和国民事诉讼法》(以下简称民事诉讼法)的有关规定,制定本暂行规则。

第二条　平等主体的公民、法人和其他组织之间发生合同纠纷和其他财产权益纠纷,可以依法向本仲裁委员会申请仲裁。

本仲裁委员会不受理因劳动争议和农业集体经济组织内部的农业承包合同纠纷提出的仲裁申请。

第三条　当事人采用仲裁方式解决纠纷,应当双方自愿,达成仲裁协议。没有仲裁协议,一方申请仲裁的,本仲裁委员会不予受理。

第四条　仲裁协议包括合同中订立的仲裁条款和以其他书面方式在纠纷发生前或者纠纷发生后达成的请求仲裁的协议。

仲裁协议应当具有下列内容:

(一)请求仲裁的意思表示;

(二)仲裁事项;

(三)选定本仲裁委员会的意思表示。

第五条　仲裁协议独立存在,合同的变更、解除、终止或者无效,不影响仲裁协议的效力。

仲裁庭有权确认合同的效力。

第六条　当事人对仲裁协议的效力有异议的,可以请求本仲裁委员会作出决定或者请人民法院作出裁定。一方请求本仲裁委员会作出决定,另一方请求人民法院作出裁定的,由人民法院裁定。

当事人对仲裁协议的效力有异议,应当在仲裁首次开庭前提出;当事人协议不开庭的,应当在首次提交答辩书前提出。

第二章 申请和受理

第七条 当事人申请仲裁应当符合下列条件:

(一)有仲裁协议;

(二)有具体的仲裁请求和事实、理由;

(三)属于本仲裁委员会的受理范围。

第八条 申请人申请仲裁,应当向本仲裁委员会递交仲裁协议、仲裁申请书及副本。

第九条 仲裁申请书应当载明下列事项:

(一)申请人和被申请人的姓名、性别、年龄、职业、工作单位和住所,法人或者其他组织的名称、住所和法定代表人或者主要负责人的姓名、职务;

(二)仲裁请求和所根据的事实、理由;

(三)证据和证据来源、证人姓名和住所。

第十条 本仲裁委员会收到仲裁申请书之日起5日内,认为符合受理条件的,应当受理,并通知当事人,也可以当即受理,并通知当事人;认为不符合受理条件的,应当书面通知当事人不予受理,并说明理由。

本仲裁委员会收到仲裁申请书后,认为仲裁申请书不符合本暂行规则第九条规定的,可以要求当事人限期补正;逾期不补正的,视为未申请。

第十一条 本仲裁委员会受理仲裁申请后,应当在15日内将本暂行规则和仲裁员名册送达申请人,并将仲裁申请书副本和暂行规则、仲裁员名册送达被申请人。

被申请人收到仲裁申请书副本后,应当在15日内向仲裁委员会提交答辩书。仲裁委员会收到答辩书后,应当在15日内将答辩书副本送达申请人。被申请人未提交答辩书的,不影响仲裁程序的进行。

第十二条 申请人可以放弃或者变更仲裁请求。被申请人可以承认或者反驳仲裁请求,有权提出反请求。

本仲裁委员会应当在收到被申请人提出反请求申请书之日起15日内,将反请求申请书副本送达申请人。

申请人应当自收到反请求申请书之日起15日内向本仲裁委员会提出书面答辩;未提出书面答辩的,不影响仲裁程序的进行。

第十三条 一方当事人因另一方当中人的行为或者其他原因,可能使裁决不能执行或者难以执行的,可以申请财产保全。

当事人申请财产保全的,本仲裁委员应当将当事人的申请依照民事诉讼法的有关规定提交人民法院。

申请有错误的，申请人应当赔偿被申请人因财产保全遭受的损失。

第十四条 当事人、法定代理人可以委托律师和其他代理人进行仲裁活动。委托律师和其他代理人进行仲裁活动的，应当向本仲裁委员会提交授权委托书。

第三章 仲裁庭的组成

第十五条 仲裁庭可以由3名仲裁员或者1名仲裁员组成。由3名仲裁员组成的，设首席仲裁员。

第十六条 当事人约定由3名仲裁员组成仲裁庭的，应当各自选定或者各自委托本仲裁委员会主任指定1名仲裁员，第三名仲裁员由当事人共同选定或者共同委托本仲裁委员会主任指定。第三名仲裁员是首席仲裁员。

当事人约定由1名仲裁员成立仲裁庭的，应当由当事人共同选定或者共同委托本仲裁委员会主任指定仲裁员。

第十七条 当事人自收到受理仲裁通知之日起15日内没有约定仲裁庭的组成方式或者选定仲裁员的，由本仲裁委员会主任指定。

第十八条 仲裁庭组成后，由仲裁委员会应当自仲裁庭组成之日起5日内，将仲裁庭的组成情况书面通知当事人，也可以在仲裁庭组成当日将仲裁庭的组成情况书面通知当事人。

第十九条 仲裁员有下列情形之一的，必须回避，当事人也有权提出回避申请：

（一）是本案当事人或者当事人、代理人的近亲属；

（二）与本案有利害关系；

（三）与本案当事人、代理人有其他关系，可能影响公正仲裁的；

（四）私自会见当事人、代理人，或者接受当事人、代理人的请客送礼的。

第二十条 当事人提出回避申请，应当说明理由，在首次开庭前提出。回避事由在首次开庭后知道的，可以在最后一次开庭终结前提出。

第二十一条 仲裁员是否回避，由本仲裁委员会主任决定；仲裁委员会主任担任仲裁员时，由本仲裁委员会会议决定。

第二十二条 仲裁员因回避或者其他原因不能履行职责的，应当依照仲裁法和本暂行规则的规定重新选定或者指定仲裁员。

因回避而重新选定或者指定仲裁员后，当事人可以请求已进行的仲裁程序重新进行，是否准许，由仲裁庭决定；仲裁庭也可以自行决定已进行的仲裁程序是否重新进行。

第二十三条 仲裁员私自会见当事人、代理人，或者接受当事人、代理人请客送礼，情节严重的，或者仲裁员在仲裁案件时有索贿受贿，徇私舞弊，枉法裁决行为的，应当依法承担法律责任，本仲裁委员会应当将其除名。

第四章　开庭和裁决

第二十四条　仲裁应当开庭进行。当事人协议不开庭的，仲裁庭可以根据仲裁申请书、答辩书以及其他材料作出裁决。

第二十五条　仲裁不公开进行。当事人协议公开的，可以公开进行，但是涉及国家秘密的除外。

第二十六条　仲裁委员会应当在仲裁庭开庭 10 日前将开庭日期通知双方当事人；双方当事人经商仲裁庭同意，可以提前开庭。当事人有正当理由的，可以在开庭前 7 日内请求延期开庭；是否延期，由仲裁庭决定。

第二十七条　申请人经书面通知，无正当理由不到庭或者未经仲裁庭许可中途退庭的，可以视为撤回仲裁申请。

被申请人经书面通知，无正当理由不到庭或者未经仲裁庭许可中途退庭的，可以缺席裁决。

第二十八条　当事人应当对自己的主张提供证据。

仲裁庭认为有必要收集的证据，可以自行收集。

第二十九条　书证应当提交原件。物证应当提交原物。提交原件或者原物确有困难的，可以提交复制品、照片、副本、节录本。

提交外文书证，应当附有中文译本。

第三十条　仲裁庭对专门性问题认为需要鉴定的，可以交由当事人约定的鉴定部门鉴定，也可以由仲裁庭指定的鉴定部门鉴定。

根据当事人的请求或者仲裁庭的要求，鉴定部门应当派鉴定人参加开庭。当事人经仲裁庭许可，可以向鉴定人提问。

第三十一条　证据应当在开庭时出示，当事人可以互相质证。

第三十二条　在证据可能灭失或者以后难以取得的情况下，当事人可以申请证据保全。当事人申请证据保全的，本仲裁委员会应当将当事人的申请提交证据所在地的基层人民法院。

第三十三条　当事人在仲裁过程中有权进行辩论。辩论终结时，首席仲裁员或者独任仲裁员应当征询当事人的最后意见。

第三十四条　仲裁庭应当将开庭情况记入笔录。当事人和其他仲裁参与人认为对自己陈述的记录有遗漏或者差错的，有权申请补正；如果不予补正，应当记录该申请。

笔录由仲裁员、记录人员、当事人和其他仲裁参与人签名或者盖章。

第三十五条　当事人申请仲裁后，可以自行和解。达成和解协议的，可以请求仲裁庭根据和解协议作出裁决书，也可以撤回仲裁申请。

第三十六条　当事人达成和解协议，撤回仲裁申请后反悔的可以根据仲裁协议申请仲裁。

第三十七条 仲裁庭在作出裁决前,可以先行调解。当事人自愿调解,仲裁庭应当调解。调解不成的,仲裁庭应当及时作出裁决。

调解达成协议的,仲裁庭应当制作调解书或者根据协议的结果制作裁决书。调解书与裁决书具有同等法律效力。

第三十八条 调解书应当写明仲裁请求和当事人协议的结果。调解书由仲裁员签名,加盖仲裁委员会印章,送达双方当事人。

调解书经双方当事人签收后,即发生法律效力。

在调解书签收前当事人反悔的,仲裁庭应当及时作出裁决。

第三十九条 裁决应当按照多数仲裁员的意见作出,少数仲裁员的不同意见可以记入笔录。仲裁庭不能形成多数意见时,裁决应当按照首席仲裁员的意见作出。

第四十条 仲裁庭仲裁纠纷时,其中一部分事实已经清楚,可以就该部分先行裁决。

第四十一条 仲裁庭应当在仲裁庭组成后 4 个月内作出仲裁裁决。有特殊情况需要延长的,由首席仲裁员或者独任仲裁员报经本仲裁委员会主任批准,可以适当延长。

第四十二条 裁决书应当写明仲裁请求、争议事实、裁决理由、裁决结果、仲裁费用的负担和裁决日期。

当事人协议不愿写明争议事实和裁决理由的,可以不写。

裁决书由仲裁员签名。对裁决持不同意见的仲裁员,可以签名,也可以不签名。

第四十三条 裁决书经仲裁员签名后,仲裁委员会应当加盖本仲裁委员会印章。

第四十四条 裁决书自作出之日起发生法律效力。

第四十五条 对裁决书中的文字、计算错误或者对仲裁庭已经裁决但在裁决书中遗漏的事项,仲裁庭应当补正;当事人自收到裁决书之日起 30 日内,可以请求仲裁庭补正。

第四十六条 当事人提出证据证明裁决有下列情形之一的,可以自收到仲裁裁决书之日起 6 个月内向本仲裁委员会所在地的中级人民法院申请撤销裁决:

(一)没有仲裁协议的;

(二)裁决的事项不属于仲裁协议的范围或者仲裁委员会无权仲裁的;

(三)仲裁庭的组成或者仲裁的程序违反法定程序的;

(四)裁决所根据的证据是伪造的;

(五)对方当事人隐瞒了足以影响公正裁决的证据的;

(六)仲裁员在仲裁该案时有索贿受贿,徇私舞弊,枉法裁决行为的。

第四十七条 当事人应当在仲裁裁决书确定的期限内履行裁决。未确定履行期限的，当事人应当立即履行。

一方当事人不履行仲裁裁决的，另一方当事人可以依照民事诉讼法的有关规定向人民法院申请执行。

第五章　附　　则

第四十八条　法律对仲裁时效有规定的，从其规定；法律对仲裁时效没有规定的，适用诉讼时效的规定。

第四十九条　除当事人另有约定或者仲裁庭另有要求外，仲裁文书、通知、材料可以直接送达当事人、代理人，或者以邮寄、传真、电报等方式送达当事人、代理人。

第五十条　期间以时、日、月、年计算。期间开始的时和日，不计算在期间内。

期间届满的最后一日是节假日的，以节假日后的第一日为期间届满的日期。

期间不包括在途时间，仲裁文书、材料、通知在期满前交邮、交发的，不算过期。

第五十一条　当事人因不可抗拒的事由或者其他正当理由耽误期限的，在障碍消除后的10日内，可以申请顺延期限；是否准许，由本仲裁委员会或者仲裁庭决定。

第五十二条　仲裁员报酬由本仲裁委员会按照仲裁员办理仲裁案件的工作时间、难易程度、争议大小等情况确定。

仲裁员报酬从本仲裁委员会收取的仲裁案件受理费中支付。

第五十三条　本暂行规则自　　年　月　日起生效。

仲裁委员会章程示范文本

第一章　总　　则

第一条　为了规范本仲裁委员会的行为，保证公正、及时地仲裁经济纠纷，保护当事人的合法权益，根据《中华人民共和国仲裁法》（以下简称仲裁法），制定本章程。

第二条　平等主体的公民、法人和其他组织之间发生合同纠纷和其他财产权益纠纷，可以依法向本仲裁委员会申请仲裁。

本仲裁委员会不受理因劳动争议和农业集体经济组织内部的农业承包合同纠纷提出的仲裁申请。

第三条　本仲裁委员会（以下简称仲裁委员会）会址设在××市。

第二章　仲裁委员会

第四条　仲裁委员会由主任1人、副主任2至4人和委员7至11人组成。其中，驻会专职组成人员1至2人，其他组成人员均为兼职。

仲裁委员会设秘书长1人。秘书长可以由驻会专职组成人员兼任。

仲裁委员会组成人员名单报中国仲裁协会备案。

第五条 仲裁委员会每届任期3年。任期届满，更换1/3组成人员。

仲裁委员会任期届满的2个月前，应当完成下届仲裁委员会组成人员的更换；有特殊情况不能完成更换的，应当在任期届满后3个月内完成更换。

上一届仲裁委员会履行职责到新一届仲裁委员会组成为止。

第六条 新一届仲裁委员会组成人员由上一届仲裁委员会主任会议商市人民政府有关部门、商会后提名，由市人民政府聘任。

第七条 仲裁委员会会议由主任或者主任委托的副主任主持。每次会议须有2/3以上的组成人员出席，方能举行。修改章程或者对仲裁委员会作出解散决议，须经全体组成人员的2/3以上通过，其他决议须经出席会议组成人员的2/3以上通过。

第八条 仲裁委员会会议的主要职责是：

（一）审议仲裁委员会的工作方针、工作计划等重要事项，并作出相应的决议；

（二）审议、通过仲裁委员会秘书长提出的年度工作报告和财务报告；

（三）决定仲裁委员会秘书长、专家咨询机构负责人人选；

（四）审议、通过仲裁委员会办事机构设置方案；

（五）决定仲裁员的聘任、解聘和除名；

（六）仲裁委员会主任担任仲裁员的，决定主任的回避；

（七）修改仲裁委员会章程；

（八）决议解散仲裁委员会；

（九）仲裁法、仲裁规则和本章程规定的其他职责。

第九条 仲裁委员会主任、副主任和秘书长组成主任会议，在仲裁委员会会议闭会期间，负责仲裁委员会的重要日常工作。

第十条 仲裁委员会可以根据需要设立专家咨询机构，为仲裁委员会和仲裁员提供对疑难问题的咨询意见。

专家咨询机构设负责人1人，由仲裁委员会副主任兼任。

第十一条 仲裁委员会会议作出解散决议并经市人民政府同意，仲裁委员会应当终止。

第三章 办事机构

第十二条 仲裁委员会下设办事机构。办事机构在仲裁委员会秘书长领导下负责处理仲裁委员会的日常工作。

办事机构的主要职责是：

（一）具体办理仲裁案件受理、仲裁文书送达、档案管理等程序性事务；

（二）收取和管理仲裁费用；

（三）办理仲裁委员会交办的其他事务。

第十三条 办事机构工作人员，由仲裁委员会主任会议决定聘用。

第四章 仲 裁 员

第十四条 仲裁员名单由仲裁委员会主任会议提出，经仲裁委员会会议审议通过后，由仲裁委员会聘任，发给聘书。

仲裁员的聘任期为3年，期满可以继续聘任。

第十五条 仲裁委员会按照不同专业设立仲裁员名册。

仲裁员名册报中国仲裁协会备案。

第十六条 仲裁员应当严格遵守仲裁规则的规定，保证当事人行使仲裁规则规定的权利。

第十七条 仲裁员应当平等对待双方当事人，不得代表或者偏袒任何一方当事人。

第十八条 仲裁员接受案件后，应当认真、详细审阅当事人提交的全部证据和材料，做好审理的准备工作。

第十九条 仲裁员开庭审理仲裁案件的，应当充分听取双方当事人的陈述，认真查明事实。

第二十条 仲裁员经仲裁庭或者仲裁委员会同意会见当事人、代理人，应当在仲裁委员会办公地点进行；未经仲裁庭或者仲裁委员会同意的，仲裁员不得私自会见任何一方当事人、代理人，不得单独接受一方当事人、代理人提供的证据、材料或者与一方当事人、代理人交谈有关仲裁案件的情况。

第二十一条 仲裁员应当在案件审理终结后及时进行合议，并按规定制作仲裁裁决书。

第二十二条 仲裁员应当严格保守仲裁秘密，不得对外界透露案件审理过程、仲裁庭合议情况、案件涉及的商业秘密等内容。

第二十三条 仲裁员有下列情形之一的，仲裁委员会应当予以解聘：

（一）隐瞒应当回避的情形，对案件审理产生不良影响的；

（二）无正当理由不到庭审理案件的；

（三）有不宜继续担任仲裁员的其他情形的。

第二十四条 仲裁员私自会见当事人、代理人，或者接受当事人、代理人的请客送礼，或者在仲裁案件时有索贿受贿，徇私舞弊，枉法裁决行为的，应当依法承担法律责任，仲裁委员会应当将其除名。

第五章　财　　务

第二十五条　仲裁委员会的财务实行独立核算。

第二十六条　仲裁委员会的经费来源是：

（一）政府的资助；

（二）当事人交纳的仲裁费；

（三）其他合法收入。

第二十七条　仲裁委员会终止，应当对财产进行清算。清算后，剩余财产归国家所有。

第六章　附　　则

第二十八条　本章程由仲裁委员会负责解释。

第二十九条　本章程自市人民政府批准之日起生效。

附：

仲裁委员会仲裁暂行规则示范文本

第一章　总　　则

第一条　为了保证公正、及时地仲裁经济纠纷，保护当事人的合法权益，根据《中华人民共和国仲裁法》（以下简称仲裁法）和《中华人民共和国民事诉讼法》（以下简称民事诉讼法）的有关规定，制定本暂行规则。

第二条　平等主体的公民、法人和其他组织之间发生合同纠纷和其他财产权益纠纷，可以依法向本仲裁委员会申请仲裁。

本仲裁委员会不受理因劳动争议和农业集体经济组织内部的农业承包合同纠纷提出的仲裁申请。

第三条　当事人采用仲裁方式解决纠纷，应当双方自愿，达成仲裁协议。没有仲裁协议，一方申请仲裁的，本仲裁委员会不予受理。

第四条　仲裁协议包括合同中订立的仲裁条款和以其他书面方式在纠纷发生前或者纠纷发生后达成的请求仲裁的协议。

仲裁协议应当具有下列内容：

（一）请求仲裁的意思表示；

（二）仲裁事项；

（三）选定本仲裁委员会的意思表示。

第五条　仲裁协议独立存在,合同的变更、解除、终止或者无效,不影响仲裁协议的效力。

仲裁庭有权确认合同的效力。

第六条　当事人对仲裁协议的效力有异议的,可以请求本仲裁委员会作出决定或者请求人民法院作出裁定。一方请求本仲裁委员会作出决定,另一方请求人民法院作出裁定的,由人民法院裁定。

当事人对仲裁协议的效力有异议,应当在仲裁庭首次开庭前提出;当事人协议不开庭的,应当在首次提交答辩书前提出。

第二章　申请和受理

第七条　当事人申请仲裁应当符合下列条件:

(一)有仲裁协议;

(二)有具体的仲裁请求和事实、理由;

(三)属于本仲裁委员会的受理范围。

第八条　申请人申请仲裁,应当向本仲裁委员会递交仲裁协议、仲裁申请书及副本。

第九条　仲裁申请书应当载明下列事项:

(一)申请人和被申请人的姓名、性别、年龄、职业、工作单位和住所,法人或者其他组织的名称、住所和法定代表人或者主要负责人的姓名、职务;

(二)仲裁请求和所根据的事实、理由;

(三)证据和证据来源、证人姓名和住所。

第十条　本仲裁委员会收到仲裁申请书之日起 5 日内,认为符合受理条件的,应当受理,并通知当事人,也可以当即受理,并通知当事人;认为不符合受理条件的,应当书面通知当事人不予受理,并说明理由。

本仲裁委员会收到仲裁申请书后,认为仲裁申请书不符合本暂行规则第九条规定的,可以要求当事人限期补正;逾期不补正的,视为未申请。

第十一条　本仲裁委员会受理仲裁申请后,应当在 15 日内将本暂行规则和仲裁员名册送达申请人,并将仲裁申请书副本和暂行规则、仲裁员名册送达被申请人。

被申请人收到仲裁申请书副本后,应当在 15 日内向仲裁委员会提交答辩书。仲裁委员会收到答辩书后,应当在 15 日内将答辩书副本送达申请人。被申请人未提交答辩书的,不影响仲裁程序的进行。

第十二条　申请人可以放弃或者变更仲裁请求。被申请人可以承认或者反驳仲裁请求,有权提出反请求。

本仲裁委员会应当在收到被申请人提出反请求申请书之日起 15 日内,将反请求申请书副本送达申请人。

申请人应当自收到反请求申请书之日起 15 日内向本仲裁委员会提出书面答辩;未提出书面答辩的,不影响仲裁程序的进行。

第十三条 一方当事人因另一方当事人的行为或者其他原因,可能使裁决不能执行或者难以执行的,可以申请财产保全。

当事人申请财产保全的,本仲裁委员会应当将当事人的申请依照民事诉讼法的有关规定提交人民法院。

申请有错误的,申请人应当赔偿被申请人因财产保全遭受的损失。

第十四条 当事人、法定代理人可以委托律师和其他代理人进行仲裁活动。委托律师和其他代理人进行仲裁活动的,应当向本仲裁委员会提交授权委托书。

第三章 仲裁庭的组成

第十五条 仲裁庭可以由 3 名仲裁员或者 1 名仲裁员组成。由 3 名仲裁员组成的,设首席仲裁员。

第十六条 当事人约定由 3 名仲裁员组成仲裁庭的,应当各自选定或者各自委托本仲裁委员会主任指定 1 名仲裁员,第三名仲裁员由当事人共同选定或者共同委托本仲裁委员会主任指定。第三名仲裁员是首席仲裁员。

当事人约定由 1 名仲裁员成立仲裁庭的,应当由当事人共同选定或者共同委托本仲裁委员会主任指定仲裁员。

第十七条 当事人自收到受理仲裁通知之日起 15 日内没有约定仲裁庭的组成方式或者选定仲裁员的,由本仲裁委员会主任指定。

第十八条 仲裁庭组成后,本仲裁委员会应当自仲裁庭组成之日起 5 日内,将仲裁庭的组成情况书面通知当事人,也可以在仲裁庭组成当日将仲裁庭的组成情况书面通知当事人。

第十九条 仲裁员有下列情形之一的,必须回避,当事人也有权提出回避申请:

(一)是本案当事人或者当事人、代理人的近亲属;

(二)与本案有利害关系;

(三)与本案当事人、代理人有其他关系,可能影响公正仲裁的;

(四)私自会见当事人、代理人,或者接受当事人、代理人的请客送礼的。

第二十条 当事人提出回避申请,应当说明理由,在首次开庭前提出。回避事由在首次开庭后知道的,可以在最后一次开庭终结前提出。

第二十一条 仲裁员是否回避,由本仲裁委员会主任决定;仲裁委员会主任担任仲裁员时,由本仲裁委员会会议决定。

第二十二条 仲裁员因回避或者其他原因不能履行职责的,应当依照仲裁法和本暂行规则的规定重新选定或者指定仲裁员。

因回避而重新选定或者指定仲裁员后,当事人可以请求已进行的仲裁程序重新进行，是否准许，由仲裁庭决定；仲裁庭也可以自行决定已进行的仲裁程序是否重新进行。

第二十三条 仲裁员私自会见当事人、代理人，或者接受当事人、代理人请客送礼，情节严重的，或者仲裁员在仲裁案件时有索贿受贿，徇私舞弊，枉法裁决行为的，应当依法承担法律责任，本仲裁委员会应当将其除名。

第四章 开庭和裁决

第二十四条 仲裁应当开庭进行。当事人协议不开庭的，仲裁庭可以根据仲裁申请书、答辩书以及其他材料作出裁决。

第二十五条 仲裁不公开进行。当事人协议公开的，可以公开进行，但是涉及国家秘密的除外。

第二十六条 仲裁委员会应当在仲裁庭开庭10日前将开庭日期通知双方当事人；双方当事人经商仲裁庭同意，可以提前开庭。当事人有正当理由的，可以在开庭前7日内请求延期开庭；是否延期，由仲裁庭决定。

第二十七条 申请人经书面通知，无正当理由不到庭或者未经仲裁庭许可中途退庭的，可以视为撤回仲裁申请。

被申请人经书面通知，无正当理由不到庭或者未经仲裁庭许可中途退庭的，可以缺席裁决。

第二十八条 当事人应当对自己的主张提供证据。

仲裁庭认为有必要收集的证据，可以自行收集。

第二十九条 书证应当提交原件。物证应当提交原物。提交原件或者原物确有困难的，可以提交复制品、照片、副本、节录本。

提交外文书证，应当附有中文译本。

第三十条 仲裁庭对专门性问题认为需要鉴定的，可以交由当事人约定的鉴定部门鉴定，也可以由仲裁庭指定的鉴定部门鉴定。

根据当事人的请求或者仲裁庭的要求，鉴定部门应当派鉴定人参加开庭。当事人经仲裁庭许可，可以向鉴定人提问。

第三十一条 证据应当在开庭时出示，当事人可以互相质证。

第三十二条 在证据可能灭失或者以后难以取得的情况下，当事人可以申请证据保全。当事人申请证据保全的，本仲裁委员会应当将当事人的申请提交证据所在地的基层人民法院。

第三十三条 当事人在仲裁过程中有权进行辩论。辩论终结时，首席仲裁员或者独任仲裁员应当征询当事人的最后意见。

第三十四条 仲裁庭应当将开庭情况记入笔录。当事人和其他仲裁参与人认为对自己陈述的记录有遗漏或者差错的，有权申请补正；如果不予补正，应当记录该申请。

笔录由仲裁员、记录人员、当事人和其他仲裁参与人签名或者盖章。

第三十五条 当事人申请仲裁后,可以自行和解。达成和解协议的,可以请求仲裁庭根据和解协议作出裁决书,也可以撤回仲裁申请。

第三十六条 当事人达成和解协议,撤回仲裁申请后反悔的,可以根据仲裁协议申请仲裁。

第三十七条 仲裁庭在作出裁决前,可以先行调解。当事人自愿调解的,仲裁庭应当调解。调解不成的,仲裁庭应当及时作出裁决。

调解达成协议的,仲裁庭应当制作调解书或者根据协议的结果制作裁决书。调解书与裁决书具有同等法律效力。

第三十八条 调解书应当写明仲裁请求和当事人协议的结果。调解书由仲裁员签名,加盖本仲裁委员会印章,送达双方当事人。

调解书经双方当事人签收后,即发生法律效力。

在调解书签收前当事人反悔的,仲裁庭应当及时作出裁决。

第三十九条 裁决应当按照多数仲裁员的意见作出,少数仲裁员的不同意见可以记入笔录。仲裁庭不能形成多数意见时,裁决应当按照首席仲裁员的意见作出。

第四十条 仲裁庭仲裁纠纷时,其中一部分事实已经清楚,可以就该部分先行裁决。

第四十一条 仲裁庭应当在仲裁庭组成后 4 个月内作出仲裁裁决。有特殊情况需要延长的,由首席仲裁员或者独任仲裁员报经本仲裁委员会主任批准,可以适当延长。

第四十二条 裁决书应当写明仲裁请求、争议事实、裁决理由、裁决结果、仲裁费用的负担和裁决日期。

当事人协议不愿写明争议事实和裁决理由的,可以不写。

裁决书由仲裁员签名。对裁决持不同意见的仲裁员,可以签名,也可以不签名。

第四十三条 裁决书经仲裁员签名后,仲裁委员会应当加盖本仲裁委员会印章。

第四十四条 裁决书自作出之日起发生法律效力。

第四十五条 对裁决书中的文字、计算错误或者对仲裁庭已经裁决但在裁决书中遗漏的事项,仲裁庭应当补正;当事人自收到裁决书之日起 30 日内,可以请求仲裁庭补正。

第四十六条 当事人提出证据证明裁决有下列情形之一的,可以自收到仲裁裁决书之日起 6 个月内向本仲裁委员会所在地的中级人民法院申请撤销裁决:

(一)没有仲裁协议的;

(二)裁决的事项不属于仲裁协议的范围或者仲裁委员会无权仲裁的;

(三)仲裁庭的组成或者仲裁的程序违反法定程序的;

（四）裁决所根据的证据是伪造的；

（五）对方当事人隐瞒了足以影响公正裁决的证据的；

（六）仲裁员在仲裁该案时有索贿受贿，徇私舞弊，枉法裁决行为的。

第四十七条　当事人应当在仲裁裁决书确定的期限内履行裁决。未确定履行期限的，当事人应当立即履行。

一方当事人不履行仲裁裁决的，另一方当事人可以依照民事诉讼法的有关规定向人民法院申请执行。

第五章　附　　则

第四十八条　法律对仲裁时效有规定的，从其规定；法律对仲裁时效没有规定的，适用诉讼时效的规定。

第四十九条　除当事人另有约定或者仲裁庭另有要求外，仲裁文书、通知、材料可以直接送达当事人、代理人，或者以邮寄、传真、电报等方式送达当事人、代理人。

第五十条　期间以时、日、月、年计算。期间开始的时和日，不计算在期间内。

期间届满的最后一日是节假日的，以节假日后的第一日为期间届满的日期。

期间不包括在途时间，仲裁文书、材料、通知在期满前交邮、交发的，不算过期。

第五十一条　当事人因不可抗拒的事由或者其他正当理由耽误期限的，在障碍消除后的10日内，可以申请顺延期限；是否准许，由本仲裁委员会或者仲裁庭决定。

第五十二条　仲裁员报酬由本仲裁委员会按照仲裁员办理仲裁案件的工作时间、难易程度、争议大小等情况确定。

仲裁员报酬从本仲裁委员会收取的仲裁案件受理费中支付。

第五十三条　本暂行规则自　　年　月　日起生效。

国务院办公厅关于印发《重新组建仲裁机构方案》、《仲裁委员会登记暂行办法》、《仲裁委员会仲裁收费办法》的通知

（1995年7月28日　国办发〔1995〕44号）

各省、自治区、直辖市人民政府，国务院各部委、各直属机构：

第八届全国人大常委会1994年8月31日通过的《中华人民共和国仲裁法》（以下简称仲裁法），将于1995年9月1日起施行。这是适应社会主义市场经济发展需

要，与国际上通行的仲裁制度接轨，解决经济纠纷的一部重要法律。依照仲裁法的规定，仲裁法施行前在直辖市和省、自治区人民政府所在地的市以及其他设区的市设立的仲裁机构应当依照仲裁法的有关规定重新组建；未重新组建的，该仲裁机构至 1996 年 9 月 1 日终止；新的仲裁机构由依法可以设立仲裁机构的市人民政府组织有关部门和商会统一组建。为了落实仲裁法上述规定，认真做好重新组建仲裁机构工作，国务院办公厅于 1994 年 11 月 13 日、1995 年 5 月 26 日先后发出了《关于做好重新组建仲裁机构和筹建中国仲裁协会筹备工作的通知》（国办发〔1994〕99 号）、《关于进一步做好重新组建仲裁机构工作的通知》（国办发〔1995〕38 号）。根据仲裁法的规定及国务院办公厅通知的要求，在总结试点经验的基础上，借鉴国外的有益经验，国务院法制局会同有关单位拟订了《重新组建仲裁机构方案》、《仲裁委员会登记暂行办法》、《仲裁委员会仲裁收费办法》，经国务院领导同志同意，现印发给你们，请认真贯彻执行。

根据重新组建仲裁机构试点城市的要求，国务院法制局会同有关单位拟订了《仲裁委员会章程示范文本》、《仲裁委员会仲裁暂行规则示范文本》，现一并印发，供依法组建的仲裁委员会研究采用。

本通知由各省、自治区人民政府转发至省、自治区人民政府所在地的市和其他设区的市的人民政府。

附一：

重新组建仲裁机构方案

一、关于重新组建仲裁机构的原则

（一）全面、准确地把握《中华人民共和国仲裁法》（以下简称仲裁法）精神，严格依照仲裁法组建。

（二）体现全心全意为人民服务的宗旨，保证仲裁能够按照公正、及时的原则解决经济纠纷。

（三）从实际情况出发，根据需要与可能进行组建。

（四）统一认识，加强领导，调动各方面的积极因素，保证仲裁工作平稳过渡。

二、关于仲裁委员会

（一）依法可以设立仲裁委员会的市只能组建一个统一的仲裁委员会，不得按照不同专业设立专业仲裁委员会或者专业仲裁庭。

（二）新组建的仲裁委员会的名称应当规范，一律在仲裁委员会之前冠以仲裁委员会所在市的地名（地名 + 仲裁委员会），如北京仲裁委员会、广州仲裁委员会、深圳仲裁委员会等。

（三）仲裁委员会由主任1人、副主任2至4人和委员7至11人组成。其中，驻会专职组成人员1至2人，其他组成人员均为兼职。

仲裁委员会的组成人员由院校、科研机构、国家机关等方面的专家和有实际工作经验的人员担任。仲裁委员会的组成人员可以是仲裁员，也可以不是仲裁员。

第一届仲裁委员会的组成人员，由政府法制、经贸、体改、司法、工商、科技、建设等部门和贸促会、工商联等组织协商推荐，由市人民政府聘任。

（四）仲裁委员会设秘书长1人。秘书长可以由驻会专职组成人员兼任。

（五）仲裁委员会下设办事机构，负责办理仲裁案件受理、仲裁文书送达、档案管理、仲裁费用的收取与管理等事务。办事机构日常工作由仲裁委员会秘书长负责。

办事机构的设置和人员配备应当遵循精简、高效的原则。仲裁委员会设立初期，办事机构不宜配备过多的工作人员。以后随着仲裁工作量的增加，人员可以适当增加。

办事机构工作人员应当具备良好的思想品质、业务素质，择优聘用。

三、关于仲裁员

（一）仲裁委员会不设专职仲裁员。

（二）仲裁员由依法重新组建的仲裁委员会聘任。

仲裁委员会应当主要在本省、自治区、直辖市范围内符合仲裁法第十三条规定的人员中聘任仲裁员。

国家公务员及参照实行国家公务员制度的机关工作人员符合仲裁法第十三条规定的条件，并经所在单位同意，可以受聘为仲裁员，但是不得因从事仲裁工作影响本职工作。

仲裁委员会要按照不同专业设置仲裁员名册。

（三）仲裁员办理仲裁案件，由仲裁委员会依照仲裁规则的规定给付报酬。仲裁员没有办理仲裁案件的，不能取得报酬或者其他费用。

四、关于仲裁委员会的编制、经费和用房

仲裁委员会设立初期，其所在地的市人民政府应当参照有关事业单位的规定，解决仲裁委员会的人员编制、经费、用房等。仲裁委员会应当逐步做到自收自支。

五、关于新组建的仲裁委员会与现有仲裁机构的衔接

（一）聘任仲裁员、聘用办事机构工作人员，应当优先从现有仲裁机构符合条件的仲裁员、工作人员中考虑。

（二）当事人在现有仲裁机构依法终止之前达成仲裁协议，在现有仲裁机构依法终止之后又达成补充协议选定新的仲裁委员会的，可以依照仲裁法向重新选定的仲裁委员会申请仲裁；当事人达不成补充协议的，原仲裁协议无效。

附二：

仲裁委员会登记暂行办法

第一条 根据《中华人民共和国仲裁法》(以下简称仲裁法)，制定本办法。

第二条 仲裁委员会的登记机关是省、自治区、直辖市的司法行政部门。

第三条 仲裁委员会可以在直辖市和省、自治区人民政府所在地的市设立，也可以根据需要在其他设区的市设立，不按行政区划层层设立。

设立仲裁委员会，应当向登记机关办理设立登记；未经设立登记的，仲裁裁决不具有法律效力。

办理设立登记，应当向登记机关提交下列文件：

(一)设立仲裁委员会申请书；

(二)组建仲裁委员会的市的人民政府设立仲裁委员会的文件；

(三)仲裁委员会章程；

(四)必要的经费证明；

(五)仲裁委员会住所证明；

(六)聘任的仲裁委员会组成人员的聘书副本；

(七)拟聘任的仲裁员名册。

第四条 登记机关应当在收到本办法第三条第三款规定的文件之日起10日内，对符合设立条件的仲裁委员会予以设立登记，并发给登记证书；对符合设立条件，但所提供的文件不符合本办法第三条第三款规定的，在要求补正后予以登记；对不符合本办法第三条第一款规定的，不予登记。

第五条 仲裁委员会变更住所、组成人员，应当在变更后的10日内向登记机关备案，并向登记机关提交与变更事项有关的文件。

第六条 仲裁委员会决议终止的，应当向登记机关办理注销登记。

仲裁委员会办理注销登记，应当向登记机关提交下列文件或者证书：

(一)注销登记申请书；

(二)组建仲裁委员会的市的人民政府同意注销该仲裁委员会的文件；

(三)有关机关确认的清算报告；

(四)仲裁委员会登记证书。

第七条 登记机关应当自收到本办法第六条第二款规定的文件、证书之日起10日内，对符合终止条件的仲裁委员会予以注销登记，收回仲裁委员会登记证书。

第八条 登记机关对仲裁委员会的设立登记、注销登记，自作出登记之日起生效，予以公告，并报国务院司法行政部门备案。

仲裁委员会登记证书，由国务院司法行政部门负责印制。

第九条 仲裁法施行前在直辖市和省、自治区人民政府所在地的市以及其他设区的市设立的仲裁机构,应当依照仲裁法和国务院的有关规定重新组建,并依照本办法申请设立登记;未重新组建的,自仲裁法施行之日起届满1年时终止。

仲裁法施行前设立的不符合仲裁法规定的其他仲裁机构,自仲裁法施行之日起终止。

第十条 本办法自1995年9月1日起施行。

附三:

仲裁委员会仲裁收费办法

第一条 为了规范仲裁委员会的仲裁收费,制定本办法。

第二条 当事人申请仲裁,应当按照本办法的规定向仲裁委员会交纳仲裁费用,仲裁费用包括案件受理费和案件处理费。

第三条 案件受理费用于给付仲裁员报酬、维持仲裁委员会正常运转的必要开支。

第四条 申请人应当自收到仲裁委员会受理通知书之日起15日内,按照仲裁案件受理费表的规定预交案件受理费。被申请人在提出反请求的同时,应当按照仲裁案件受理费表的规定预交案件受理费。

仲裁案件受理费的具体标准由仲裁委员会在仲裁案件受理费表规定的幅度内确定,并报仲裁委员会所在地的省、自治区、直辖市人民政府物价管理部门核准。

第五条 仲裁案件受理费表中的争议金额,以申请人请求的数额为准;请求的数额与实际争议金额不一致的,以实际争议金额为准。

申请仲裁时争议金额未确定的,由仲裁委员会根据争议所涉及权益的具体情况确定预先收取的案件受理费数额。

第六条 当事人预交案件受理费确有困难的,由当事人提出申请,经仲裁委员会批准,可以缓交。

当事人在本办法第四条第一款规定的期限内不预交案件受理费,又不提出缓交申请的,视为撤回仲裁申请。

第七条 案件处理费包括:

(一)仲裁员因办理仲裁案件出差、开庭而支出的食宿费、交通费及其他合理费用;

(二)证人、鉴定人、翻译人员等因出庭而支出的食宿费、交通费、误工补贴;

(三)咨询、鉴定、勘验、翻译等费用;

(四)复制、送达案件材料、文书的费用;

(五)其他应当由当事人承担的合理费用。

本条款第(二)、(三)项规定的案件处理费,由提出申请的一方当事人预付。

第八条 案件处理费的收费标准按照国家有关规定执行;国家没有规定的,按照合理的实际支出收取。

第九条 仲裁费用原则上由败诉的当事人承担;当事人部分胜诉、部分败诉的,由仲裁庭根据当事人各方责任大小确定其各自应当承担的仲裁费用的比例。当事人自行和解或者经仲裁庭调解结案的,当事人可以协商确定各自承担的仲裁费用的比例。

仲裁庭应当在调解书或者裁决书中写明双方当事人最终应当支付的仲裁费用金额。

第十条 依照仲裁法第六十一条的规定,仲裁庭同意重新仲裁的,仲裁委员会不得再行收取案件受理费。

仲裁庭依法对裁决书中的文字、计算错误或者仲裁庭已经裁决但在裁决书中遗漏的事项作出补正,不得收费。

第十一条 申请人经书面通知,无正当理由不到庭或者未经仲裁庭许可中途退庭,可以视为撤回仲裁申请,案件受理费、处理费不予退回。

第十二条 仲裁委员会受理仲裁申请后,仲裁庭组成前,申请人撤回仲裁申请,或者当事人自行达成和解协议并撤回仲裁申请的,案件受理费应当全部退回。

仲裁庭组成后,申请人撤回仲裁申请或者当事人自行达成和解协议并撤回仲裁申请的,应当根据实际情况酌情退回部分案件受理费。

第十三条 本办法第五条、第十二条的规定同样适用于被申请人提出反请求的情形。

第十四条 仲裁委员会收取仲裁案件受理费,应当使用省、自治区、直辖市人民政府财政部门统一印制的收费票据,并按照国家有关规定,建立、健全财务核算制度,加强财务、收支管理,接受财政、审计、税务、物价等部门的监督。

第十五条 本办法自1995年9月1日起施行。

附件:

仲裁委员会仲裁案件受理费表

争议金额(人民币)	仲裁案件受理费(人民币)
1000元以下的部分	40~100元
1001元至50,000元的部分	按4%~5%交纳
50,001元至100,000元的部分	按3%~4%交纳

续表

争议金额(人民币)	仲裁案件受理费(人民币)
100,001 元至 200,000 元的部分	按 2% ~3% 交纳
200,001 元至 500,000 元的部分	按 1% ~2% 交纳
500,001 元至 1,000,000 元的部分	按 0.5% ~1% 交纳
1,000,001 元以上的部分	按 0.25% ~0.5% 交纳

国务院办公厅关于进一步做好重新组建仲裁机构工作的通知

(1995 年 5 月 26 日　国办发〔1995〕38 号)

各省、自治区、直辖市人民政府,国务院各部委、各直属机构:

为了依照《中华人民共和国仲裁法》(以下简称仲裁法)的规定重新组建独立于行政机关的仲裁机构,国务院办公厅于 1994 年 11 月 13 日发出了《关于做好重新组建仲裁机构和筹建中国仲裁协会筹备工作的通知》(国办发〔1994〕99 号,以下简称《通知》)。《通知》下发以后,各地方、各有关部门和组织对重新组建仲裁机构都比较重视,做了大量细致、扎实的工作。同时,从实际情况看,落实仲裁法和《通知》的要求,任务仍很艰巨。根据仲裁法的规定,国务院和省、自治区人民政府、自治州人民政府以及县级人民政府的工商、城建、科技等部门设立的现有仲裁机构 1995 年 9 月 1 日即将终止,设在直辖市和省、自治区人民政府所在地的市以及其他设区的市现有隶属于行政部门的仲裁机构最迟到 1996 年 9 月 1 日也要终止。因此,依法重新组建仲裁机构时间已经相当紧迫。为了进一步做好重新组建仲裁机构的工作,保证仲裁工作的连续性,保护经济纠纷当事人的合法权益,维护经济秩序,经国务院领导同志同意,现将有关事项通知如下:

一、各省、自治区人民政府对本地区重新组建仲裁机构的工作要高度重视、加强领导,确定一名政府领导同志负责这项工作。要抓紧对本地区现有仲裁机构调查摸底,提出 1996 年 9 月 1 日前本地区组建仲裁机构的工作规划(根据本省、自治区的需要与可能,在对仲裁法规定可以设立仲裁机构的设区的市的实际情况进行分析的基础上,分类排队,作出分期分批重新组建仲裁机构的具体安排)并负责协调、指导、落实。各省、自治区要依照仲裁法的规定和国务院即将下发的统一规范,力争在 1995 年 9 月 1 日前将省、自治区人民政府所在地的市和列入计划第一批重新组建仲裁机构的其他设区的市的仲裁机构组建起来。同时，要分期分批地抓好其他设区的市的仲裁机构的重新组建工作。要大力宣传仲裁法，组织培训有关人员。具体工作由省、自治区和有关城市人民政府的法制局（办）牵头，有关部门和组织参加，在本级人民政府领导下，共同做好。

二、国办发〔1994〕99 号文件确定的北京、上海、天津、广州、西安、呼和浩特和深圳 7 个试点城市要在前一阶段试点工作的基础上，进一步完善重新组建仲裁机构方案，抓紧落实组织仲裁委员会、聘任仲裁员、设立仲裁委员会办事机构及其人员的选用、经费来源、办公条件等准备工作，确保在 1995 年 9 月 1 日前成立仲裁委员会。

三、要认真做好现有仲裁机构与新仲裁机构受理案件的衔接工作，保证经济纠纷公正、及时、有效地得到解决，维护经济秩序。现有仲裁机构在依法终止前，应当继续受理仲裁申请，所受理的案件应当自该仲裁机构依法终止之日起 6 个月内作出仲裁裁决；其仲裁裁决的执行问题，经商最高人民法院同意，将由最高人民法院另行发文。

请各省、自治区、直辖市人民政府尽快将本通知转发至县级人民政府。

国务院办公厅关于做好重新组建仲裁机构和筹建中国仲裁协会筹备工作的通知

（1994 年 11 月 13 日　国办发〔1994〕99 号）

各省、自治区、直辖市人民政府，国务院各部委、各直属机构：

《中华人民共和国仲裁法》（以下简称仲裁法）已由八届全国人大常委会第九次会议于 1994 年 8 月 31 日通过，自 1995 年 9 月 1 日起施行。这是适应社会主义市场经济发展的需要，与国际上通行的仲裁制度接轨，解决经济纠纷的又一部重要法律。依照仲裁法的规定，仲裁机构独立于行政机关，与行政机关没有隶属关系；现有仲裁机构应当依照仲裁法的有关规定重新组建，到 1995 年 9 月 1 日仲裁法开始施行时未重新组建的，可以存续至 1996 年 9 月 1 日止；新的仲裁机构由直辖市、省与自治区政府所在地的市以及需要设立仲裁机构的设区的市的人民政府组织有关部门和商会统一组建；建立中国仲裁协会。落实上述规定，时间紧迫，又涉及许多复杂的问题，需要通过试点，进行探索，并在总结试点经验的基础上统一规范、统一部署。为了保证这项工作顺利进行，经国务院领导同意，现将有关事项通知如下：

一、重新组建仲裁机构的工作，先在北京市、上海市、天津市、广州市、西安市、呼和浩特市和深圳市试点。这7个城市要抓紧研究现行仲裁制度转为仲裁法规定的新仲裁制度所涉及的问题，如仲裁机构的设置、仲裁员的聘任以及仲裁委员会的组成、章程、登记、财产和经费等问题，提出解决方案。要加强对这项工作的领导，确定一名市政府负责同志亲自抓这项工作，具体工作由市政府法制局(办)牵头，司法、工商等部门和贸促会、工商联参加。

二、为了保证使重新组建仲裁机构的工作依照仲裁法的规定统一规范，加强对这项工作的指导，确定由国务院法制局牵头，国家经贸委、国家体改委、司法部、国家工商局、贸促会、全国工商联参加，研究有关问题，提出具体规范意见，报国务院领导审查同意后，统一部署。为此，由国务院法制局在适当时机召开试点城市会议，具体时间、地点另行通知。

三、重新组建仲裁机构的工作和筹建中国仲裁协会的工作分两步进行，先进行重新组建仲裁机构的工作，在此基础上再筹建中国仲裁协会。中国仲裁协会的筹建准备工作可以早一点开始，也由国务院法制局牵头，国家经贸委、国家体改委、司法部、国家工商局、贸促会、全国工商联参加，主要是研究如何建立中国仲裁协会、草拟协会章程和仲裁规则等问题。

四、除上述7个试点城市外，其他省、自治区政府所在地的市和需要设立仲裁机构的设区的市的人民政府及其有关部门也要认真学习仲裁法的有关规定，并按照本通知的精神研究提出重新组建仲裁机构的意见，送国务院法制局。在总结试点经验并研究各地方提出的意见的基础上，由国务院作出统一部署后，依法需要设立仲裁机构的市再按照统一规范着手重新组建仲裁机构。

本通知请各省、自治区人民政府转发至省、自治区人民政府所在地的市及设区的市的人民政府。

中央人民政府政务院关于在中国国际贸易促进委员会内设立对外贸易仲裁委员会的决定

(1954年5月6日政务院发布)

为了以仲裁方式解决对外贸易中可能发生的争议，需要在有关对外贸易的社会团体内设立仲裁机构，兹决定如下：

一、在中国国际贸易促进委员会内设立对外贸易仲裁委员会(以下简称仲裁委员会)，以解决对外贸易契约及交易中可能发生的争议，特别是外国商号、公司或其他经济组织与中国商号、公司或其他经济组织间的争议。(注解:仲裁委员会的名称和受理案件的范围,国务院一九八〇年二月二十六日的通知中有新规定。)

二、仲裁委员会根据双方当事人间签订的有关合同、协议等受理对外贸易之争议案件。

三、仲裁委员会由中国国际贸易促进委员会在对于对外贸易、商业、工业、农业、运输、保险和其他有关事业以及法律方面具有专门知识与经验之人士中选任委员15人至21人组成之,其任期为一年。

四、仲裁委员会就委员中推选主席一人、副主席二人。

五、双方当事人于声请仲裁争议案件时,各就仲裁委员会委员中选定一人为仲裁员,并由双方选定之仲裁员就仲裁委员会委员中共同推选一人为首席仲裁员,共同审理;双方当事人亦得就仲裁委员会委员中共同选定一人为仲裁员,单独审理。

双方当事人应在仲裁委员会规定之期限内,或在双方协议规定之期限内选定仲裁员,被选定的仲裁员亦应在仲裁委员会规定之期限内推选首席仲裁员。如一方当事人在规定期限内不选定仲裁员,仲裁委员会主席依他方当事人之声请,代为指定仲裁员;如被选定或指定的仲裁员对首席仲裁员之推选,在规定期限内不能达成协议,则由仲裁委员会主席代为选任首席仲裁员。

六、双方当事人之任何一方,均得委托仲裁委员会选定仲裁员,会同他方之仲裁员推选首席仲裁员共同审理争议案件。如双方同意共同委托仲裁委员会选定仲裁员,仲裁委员会主席得指定仲裁员一人,单独审理。

七、双方当事人在仲裁委员会审理争议案件时,得委派代理人保护自己之利益。

前项代理人得由中华人民共和国公民或外国公民充任之。

八、仲裁委员会审理争议案件时,为保全当事人之权利,对与当事人有关之物资、产权等得规定临时办法。

九、仲裁委员会为补偿仲裁费用,得征收手续费,其金额不得超过争议金额百分之一。

十、仲裁委员会之裁决为终局裁决,双方当事人均不得向法院或其他机关提出变更之要求。

十一、仲裁委员会之裁决,当事人应依照裁决所规定之期限自动执行,如逾期不执行,中华人民共和国人民法院依一方当事人之声请依法执行之。

十二、有关仲裁程序之规则,由中国国际贸易促进委员会制定之。

附:中国国际贸易促进委员会对外贸易仲裁委员会仲裁程序暂行规则

附：

中国国际贸易促进委员会对外贸易仲裁委员会仲裁程序暂行规则

第一条　本规则根据前政务院1954年5月6日第二百一十五次政务会议通过的关于在中国国际贸易促进委员会内设立对外贸易仲裁委员会的决定第十二条的规定制定。

第二条　对外贸易仲裁委员会(以下简称仲裁委员会)受理对外贸易契约和交易中所发生的争议,特别是外国商号、公司或者其他经济组织同中国商号、公司或者其他经济组织间的争议,但是也可以受理外国商号、公司或者其他经济组织间,以及中国商号、公司或者其他经济组织间有关对外贸易契约和交易中所发生的争议。

前项争议包括一切由于在国外购买、销售商品契约或者委托买卖契约所发生的,由于有关商品的运输、保险、保管、发送所发生的,和其他对外贸易业务上所发生的争议。

第三条　仲裁委员会对于前条争议根据双方当事人订定提请仲裁委员会解决的书面协议,并依一方当事人的书面申请予以受理。

前项协议指在原贸易合同或者贸易协议内规定的仲裁条款或者以其他形式(例如特别协议、往来函件、其他有关文件内的特别约定)规定的仲裁协议。

第四条　仲裁申请书应当叙明下列各项:

一、申诉人和被诉人的名称和地址;

二、申诉人的要求和所根据的事实和证据;

三、就仲裁委员会委员中选定仲裁员一人的姓名,或者委托仲裁委员会主席代为指定的声明。

第五条　仲裁申请书应当附具同申请有关的证件(契约、仲裁协议、当事人往来函件等)原本或者经过证明的副本或者抄本。

第六条　申诉人在提出仲裁申请书的时候,应当缴纳为补偿仲裁费用的手续费的预付金,金额是争议金额的0.5%。

前项预付金应当送交仲裁委员会。

第七条　仲裁申请书和附件送交仲裁委员会的时候,应当依被诉人的数目备具副本。

第八条　仲裁委员会收到仲裁申请书后,应当立即通知被诉人,并且附送仲裁申请书和一切附件的副本。

第九条　被诉人应当在收到通知之日起十五日内,就仲裁委员会委员中选定仲裁员一人,通知仲裁委员会,或者委托仲裁委员会主席代为指定。

如果双方当事人另有期限的约定,依其约定。

仲裁委员会根据被诉人的请求,对于十五日的期限也可以予以变更。

第十条 如果被诉人在前条规定期限内不选定仲裁员，仲裁委员会主席依申诉人的声请代为指定仲裁员。

第十一条 仲裁委员会应当通知被选定或者指定的仲裁员，在收到通知之日起十五日内，就仲裁委员会委员中推选首席仲裁员。

如果被选定或者指定的仲裁员在前项规定期限内对首席仲裁员的推选不能达成协议，就由仲裁委员会主席代为选任首席仲裁员。

第十二条 双方当事人可以就仲裁委员会委员中共同选定一人或者共同委托仲裁委员会主席代为指定一人为独任仲裁员，单独审理争议案件。

如果双方当事人分别委托仲裁委员会主席代为指定仲裁员，仲裁委员会主席也可以在征取双方同意后就仲裁委员会委员中指定一人为独任仲裁员，单独审理。

第十三条 如果仲裁员不能参加审理，仲裁委员会应当立即通知有关当事人，并且请他们在收到通知之日起十五日内，就仲裁委员会委员中另行选定仲裁员。

如果当事人在前项规定期限内不选定仲裁员，由仲裁委员会主席代为指定仲裁员。

第十四条 如果首席仲裁员不能参加审理，仲裁委员会应当立即通知双方仲裁员，并且请他们在收到通知之日起十五日内，就仲裁委员会委员中另行推选首席仲裁员。

如果双方仲裁员在前项规定期限内，对首席仲裁员的推选不能达成协议，就由仲裁委员会主席代为选任首席仲裁员。

第十五条 仲裁委员会主席依一方当事人的声请，对同当事人有关的物资、产权等可以规定临时办法，以保全当事人的权利。

第十六条 争议案件审理日期，由仲裁委员会主席和首席仲裁员或者独任仲裁员会商决定。

第十七条 仲裁委员会可以令双方当事人在审理前提出书面说明。

第十八条 当事人可以亲自或者委托代理人向仲裁委员会办理有关仲裁程序事项。

前项代理人可以由中华人民共和国公民或者外国公民充任。

第十九条 争议案件的审理，在仲裁委员会所在地举行。在必要的时候，经仲裁委员会主席核准，也可以在中国境内其他地方举行。

第二十条 争议案件由首席仲裁员一人和仲裁员二人组成仲裁庭以合议方式进行审理。

独任仲裁员单独成立仲裁庭进行审理。

第二十一条 仲裁庭应当公开进行审理，如果有当事人双方或者一方的声请，仲裁庭可以决定不公开进行。

第二十二条 在仲裁庭开庭的时候，应当作开庭记录，由首席仲裁员或者独任仲裁员在开庭记录上签名。

仲裁庭可以令当事人或者他们的代理人、证人或者其他人员在开庭记录上签名证明。

第二十三条　仲裁委员会应当将仲裁庭开庭日期通知双方当事人。

第二十四条　被诉人对于仲裁委员会已受理的争议案件可以提起反诉。

本规则第二条至第七条的规定对于反诉同样适用。

第二十五条　当事人对于要求或者抗辩所根据的事实应当提出证据。

第二十六条　证据的审核和评定,由仲裁庭酌量办理。

以合议方式进行审理的仲裁庭可以决定将证据审核工作委由仲裁员一人担任。

第二十七条　仲裁庭为明了专门问题或者贸易惯例,可以咨询专家。

前项专家可以在中华人民共和国公民或者外国公民中指定。

第二十八条　在仲裁庭开庭的时候,如果一方当事人或者他的代理人不出席,仲裁庭可以依出席一方当事人的声请,进行审理或者裁决。

第二十九条　在仲裁庭以合议方式进行审理的时候,裁决由多数决定,少数意见可以作成意见书附卷。

第三十条　裁决主文应当在审理终结的时候当庭向当事人宣读。

裁决书应当在宣读主文后十五日内作成,附具理由,由首席仲裁员和仲裁员或者独任仲裁员签名。

第三十一条　仲裁委员会的裁决为终局裁决,双方当事人都不可以向法院或者其他机关提出变更的要求。

第三十二条　仲裁委员会的裁决,当事人应当依照裁决所规定的期限自动执行。如果逾期不执行,一方当事人可以向中华人民共和国人民法院申请依法执行。

第三十三条　仲裁委员会为补偿仲裁费用,可以向双方当事人征收手续费,金额应当由仲裁庭在裁决中规定,最多不可以超过争议金额的1%。

前项手续费可以由败诉方当事人全部负担,或者由双方当事人以比例分担,由仲裁庭酌量情形在裁决中规定。

第三十四条　仲裁庭可以在裁决中规定败诉方应当补偿胜诉方因办理案件所支出的费用,金额不可以超过胜诉方所得胜诉金额的5%。

第三十五条　仲裁委员会已受理的争议案件,如果双方当事人成立和解,案件应当撤销。在仲裁庭组成前,由仲裁委员会主席决定撤销,在仲裁庭组成后,由仲裁庭作成准予撤销的决定。

第三十六条　仲裁委员会以中国语文为正式语文。

在仲裁庭开庭的时候,如果当事人或者他们的代理人、证人或者其他人员不谙中国语文,仲裁庭可以指定译员或者令当事人提供译员。

第三十七条　仲裁委员会对当事人的一切通知以专人、挂号信函或者电报送达。

第三十八条　本规则从中国国际贸易促进委员会通过之日起施行。

二、仲裁法律制度的推行

关于开展知识产权纠纷仲裁调解试点工作的通知

(2017年3月9日　国知办函协字〔2017〕122号)

各省、自治区、直辖市、新疆生产建设兵团知识产权局:

为深入贯彻党的十八大和十八届四中、五中、六中全会精神,积极落实《国务院关于新形势下加快知识产权强国建设的若干意见》要求,深入实施《"十三五"国家知识产权保护和运用规划》,充分发挥仲裁与调解在协调解决知识产权纠纷中的重要作用,探索形成知识产权纠纷多元化解决机制,为权利人提供更多的争议解决途径和维权选择,我局在前期工作基础上,决定开展知识产权纠纷仲裁调解试点工作。

一、总体目标和工作思路

贯彻实施《国务院关于新形势下加快知识产权强国建设的若干意见》,以促进产业发展、改善创新环境为出发点,遴选需求强、基础好的地方、机构、社会组织或者协会作为试点单位,探索将知识产权纠纷仲裁和调解工作共同纳入试点范畴。发挥知识产权仲裁高效便捷、专业性强、保密性好、无地域管辖限制等优势,服务国家"一带一路"建设和企业"走出去"。发挥知识产权调解快速、灵活、有效的特点,为相关行业、产业集聚区、自贸区及专业市场等提供知识产权纠纷快速解决渠道,不断完善知识产权纠纷多元化解决机制。

二、工作内容

持续规范知识产权纠纷仲裁调解业务,加强行业性知识产权纠纷调解组织和专业性知识产权仲裁机构的培育工作,加快构建知识产权纠纷仲裁调解人才培训、选拔工作体系,探索构建知识产权纠纷仲裁调解专家库,提高专业化水平。推动建设知识产权信息交流及案件受理平台,建立健全知识产权纠纷仲裁调解工作机制,实现知识产权仲裁、调解、行政执法、司法保护之间的高效衔接,积极推动专利、商标、版权、商业秘密等知识产权纠纷仲裁调解工作。试点单位要在全面掌握本地区工作现状的基础上开展工作,充分调动各方面积极性,全面推动试点工作开展。

(一)摸清知识产权纠纷仲裁调解工作开展状况

通过发放调查问卷、实地调研等形式开展摸底调查,从调解组织及仲裁机构设置、运行状况、业务培训、工作机制和经费保障等方面了解知识产权纠纷仲裁及调解工作开展情况，重点摸清工作现状及面临的问题和困难，整理形成调研报告。

（二）开展知识产权纠纷仲裁调解组织培育和发展工作

根据区域发展特点，培育知识产权纠纷仲裁调解组织，推动在重点领域、重点行业的商会、协会内设立知识产权调解组织，加强与国家主要仲裁机构及其地方分支机构或者本地区有较强影响力的仲裁机构开展合作，鼓励依法建立知识产权仲裁院（中心），或者选取工作基础好、积极性高的现有机构进行能力提升和业务规范。同时，加强与本地区司法行政部门、仲裁委员会的沟通联系，探索规范工作流程，促进调解仲裁机构顺畅运转、调仲结合工作有效开展。

（三）构建多元化知识产权纠纷仲裁调解人才体系

积极与司法部门以及行业性、专业性商协会等沟通协调，鼓励和引导律师、专利代理人、工程技术人员等专业人士积极参与纠纷仲裁调解工作，构建区域知识产权纠纷解决专家库，培育具有专业背景和实践能力的专业仲裁员、调解员队伍。

（四）开展知识产权纠纷仲裁调解业务培训工作

建立培训机制，构建切实有效的培训平台，利用多方渠道、采用多种形式，从法律法规、仲裁调解经验技巧、相关产业发展趋势等方面加大对仲裁调解工作人员的培训力度，提高从业人员专业素质。

（五）推进知识产权纠纷仲裁调解工作相关机制建设

推进知识产权纠纷仲裁调解工作相关机制建设，重点推动建立完善纠纷投诉受理处理、诉调对接、调仲对接、行政执法与仲裁调解对接、多部门会商协作以及工作资金保障等机制，尝试建立区域性知识产权纠纷仲裁调解平台，提供便捷性的研究、交流和服务平台，为知识产权纠纷仲裁调解工作规范化运行提供保障条件。

（六）探索将知识产权纠纷调解纳入大调解工作范畴

积极与本地区司法厅（局）开展交流合作，探索将知识产权纠纷调解工作纳入现有大调解工作体系，争取相关政策和资金支持，尝试在现有调解工作范畴内开展优秀知识产权纠纷调解组织和调解员评选、人员培训等相关工作。

（七）加大知识产权纠纷仲裁调解工作宣传力度

以各类园区、自贸区、产业集聚区、专业市场以及电商平台等为重点宣传对象，通过定向发放宣传读本或手册、组织志愿者服务队等形式加大知识产权纠纷仲裁调解工作宣传力度，提高相关机构及工作的社会认知度，扩大社会影响力，营造良好氛围。

三、组织领导

我局负责组织开展知识产权纠纷仲裁调解试点工作，对试点工作给予指导，制定试点工作考核方案，对试点成果进行考核验收；有关地方及单位负责承担并具体推进试点工作开展，在工作中总结成效，提炼经验并推广。我局将对项目承担单位给予一定的引导经费支持，并按照有关财务要求对项目资金使用情况进行监督；各地可酌情给予相应的配套经费，保证试点工作顺利开展。

四、实施步骤

在知识产权纠纷仲裁、调解工作方面已有经验，或有需求和工作积极性，且有一定条件保障的省（区、市）知识产权局结合本地区实际，依托本地区知识产权维权援助中心、专业仲裁机构、调解组织、商协会、自贸区、产业集聚区、电商平台、专业市场管理方或主办方等进行试点申报。本工作试点期限为两年。

（一）项目申报。申报单位应编制知识产权纠纷仲裁调解试点工作项目申报书，并于2017年3月25日前报送我局。项目申报书应详细阐明重点任务及具体推进步骤，明确本地区开展知识产权纠纷仲裁调解试点工作的基础状况以及人、财、物等各项条件保障，试点工作的总体目标，拟出台的政策措施、规则等；拟开展仲裁试点工作的地区，应联合仲裁机构共同申报。

我局将根据申报情况，结合当地政府对知识产权工作的重视程度、产业发展需求、相关工作基础等确定项目承担单位，并签订项目协议书。

（二）项目实施。项目承担单位要按照试点工作的总体目标、主要工作内容，抓紧制定项目实施方案和工作计划，部署落实各项工作任务，及时报送工作进展及重大事项，确保任务按期完成。

项目实施期间，我局将根据项目协议书及具体工作要求，酌情组织开展项目督查、中期考核等工作。

（三）项目总结。各项目承担单位在2017年12月前总结第一年度项目实施情况，形成中期报告报送我局；2018年12月前总结项目实施总体情况，形成总结报告报送我局。我局将依据项目协议书制定验收方案，对项目承担单位所开展的各项工作进行总结验收。

五、有关要求

各省（区、市）知识产权局要充分认识推进知识产权纠纷仲裁调解工作的重要性和必要性，加强领导，周密部署，抓紧落实。

（一）加强组织领导。要加强组织领导，积极协调相关部门共同开展工作，推动和引导试点单位制订并落实工作计划，提高试点工作效率。

（二）注重工作结合。要将知识产权纠纷仲裁调解试点工作与知识产权执法、知识产权规范化市场培育等工作进行结合，力促形成工作合力。

（三）关注社会需求。要积极关注社会对网络电商等新兴领域，以及产业集聚区、自贸区等特定区域知识产权纠纷仲裁调解工作的迫切需求，根据区域发展情况，有针对性地开展试点工作。

特此通知。

国务院法制办公室　中华全国工商业联合会关于进一步做好非公有制企业民商事纠纷仲裁工作的意见

（2008年5月21日　国法秘协函〔2008〕185号）

各省、自治区、直辖市人民政府法制办公室和工商业联合会，中国国际贸易促进委员会、各仲裁委员会：

为了充分发挥仲裁保障社会主义市场经济健康发展的作用，依法维护非公有制企业的合法权益，现就进一步贯彻落实《国务院法制办公室　中华全国工商业联合会关于依法做好非公有制企业民商事纠纷仲裁工作的意见》（国法〔2005〕3号）提出如下具体意见：

一、充分认识依法开展非公有制企业民商事纠纷仲裁工作的重要性

非公有制经济是社会主义市场经济的重要组成部分，依法做好非公有制企业民商纠纷仲裁工作，是贯彻党的十七大精神、促进非公有制经济发展、发挥工商联组织服务职能、发挥仲裁服务作用的重要举措，对促进非公有制经济和仲裁事业的发展，具有重要意义。依法做好非公有制企业民商事纠纷仲裁工作，探索性很强，要紧密结合非公有制企业民商事纠纷的特点，紧紧围绕平等维护非公有制企业合法权益的需要，严格依法进行。

二、依法开展非公有制企业民商事纠纷仲裁工作的主要内容

（一）深入宣传仲裁法律制度，协助非公有制企业订立合法有效的仲裁协议（条款）

在非公有制企业中深入宣传仲裁法，努力提高非公有制企业的仲裁意识，积极协助非公有制企业订立合法有效的仲裁协议（条款），是运用仲裁方式解决非公有制企业民商事纠纷的基础工作。仲裁委员会、工商联组织要根据仲裁法和国务院办公厅有关文件的规定，做好仲裁法的培训工作。培训的重点是非公有制企业的主要负责人、主管负责人和合同管理人员。仲裁委员会要有针对性地编写宣传学习材料，工商联组织要做好非公有制企业参加培训的动员和组织工作。仲裁委员会要制作符合法律规定的仲裁协议（条款）示范文本，为非公有制企业签订仲裁协议（条款）提供便利。工商联组织要在会员企业中积极做好仲裁协议（条款）示范文本的推广工作。工商联组织、仲裁委员会要定期开展调查研究，了解非公有制企业选择仲裁的情况和存在的问题。

有条件的工商联组织可以在会员企业中确定合同管理人员为仲裁联络员，负责本企业合同文本仲裁条款的规范和落实工作；通过行业商会向会员企业提供载有规范的仲裁条款的行业合同示范文本。

(二)选聘民营经济专业人士参加仲裁工作

1. 关于选聘民营经济专业人士担任仲裁员

工商联组织要采取民主推荐的方式,在工商联组织和非公有制企业中选荐一批品德高尚、作风正派、业务精良、清正廉洁的专业人士和信誉良好的非公有制企业家以及从事非公有制企业管理工作的专业人士作为仲裁员人选,由仲裁委员会按照仲裁法规定的条件聘任为仲裁员。

非公有制企业民商事合同纠纷仲裁工作专业性较强,应当由符合仲裁法规定条件的民营经济专业人士(包括非公有制企业民商事专业人士和熟悉非公有制企业的其他专业人士)担任仲裁员。非公有制企业民商事专业人士是指:经过系统的民商事法律专业教育或多年从事非公有制企业民商事工作的;或具备较丰富的非公有制企业管理专业知识,从事非公有制企业管理的;或熟悉非公有制企业情况,从事相关领域、教学科研工作并取得高级职称的。民营经济专业人士担任仲裁员,要向社会公告。

工商联组织负责民营经济专业人士的推荐工作。仲裁委员会聘任民营经济专业仲裁员的名单报国务院法制办协调司和全国工商联法律部。

非公有制企业民商事纠纷仲裁工作要尽量有民营经济专业仲裁员参加。民营经济专业仲裁员任期届满前三个月,仲裁委员会应当对其工作业绩、质量、操守等方面的情况进行考核,并向工商联组织通报。民营经济专业仲裁员任期未满,本人申请不再继续担任仲裁员或者有不适宜担任仲裁员情形的,由所聘任的仲裁委员会依法解聘。

民营经济专业仲裁员对涉及所在企业或与其所在企业存在关联关系的民商事仲裁案件应当依法回避。对在仲裁过程中私自会见当事人、代理人的,或者接受当事人、代理人请客送礼,情节严重的;或者有索贿受贿,徇私舞弊,枉法裁决行为的,由所聘任的仲裁委员会依法予以除名,并报中国仲裁协会通报全国各仲裁委员会,被除名的仲裁员同时受聘于其他仲裁委员会的,所聘任的仲裁委员会在接到通报后亦应予以除名。仲裁员被除名后,终身不得再聘任。被除名的仲裁员由除名的仲裁委员会公告。

2. 关于吸收工商联组织的专家参加仲裁工作

仲裁委员会要吸收长期从事民营经济工作的工商联组织中热爱仲裁工作的专家担任仲裁委员会组成人员,并聘请工商联组织资深人士担任专家委员会委员,为非公有制企业民商事纠纷仲裁工作提供专业指导。

(三)依法为非公有制企业提供优质仲裁服务

1. 平等提供仲裁服务。要坚持在仲裁面前人人平等。无论企业性质和资产性质有何不同、纠纷标的额大小,都要一视同仁地提供优质仲裁服务,公正合理地依法裁决,切实保证非公有制企业在仲裁活动中受到平等对待,保证非公有的制企业合法权益得到依法维护。

2. 实行和解调解工作先行。要努力实出仲裁特色，注意发挥仲裁协商解决争议的优势，通过深入细致的工作，减少对立，避免对抗，缓和矛盾，积极促进当事人和谐解决纠纷，继续合作，共同发展。仲裁委员会要在征得各方当事人同意的前提下，实行和解协解工作先行。要选择经验丰富、责任心强、懂经济知法律善于促和的专业人士进行和解协解工作。要认真总结调解工作经验，不断提高调解工作水平。

3. 依法简化工作程序，合理收费。仲裁委员会要为非公有制企业参加仲裁活动提供庄重和谐的仲裁环境和热情周到的仲裁服务及所需的各项便利，要依法简化仲裁工作程序，要根据就近、便民的原则合理确定仲裁地点。

仲裁委员会要在严格执行国家有关仲裁收费标准的前提下，尽可能减少非公有制企业解决纠纷的成本。

4. 试行仲裁裁决"裁前告知"措施。为了使非公有制企业在仲裁活动中合情合理合法的主张得到保障，仲裁委员会、工商联组织认为有必要的案件，经征求各方当事人同意，在作出仲裁裁决前，可以将认定的事实、理由和拟裁决的主要内容先行告知双方当事人，征求意见和建议。

5. 积极探索仲裁裁决自动履行的协助执行机制。为了防止和解决非公有制企业民商事纠纷仲裁裁决的执行难的问题，仲裁委员会要积极开展非公有制企业民商事纠纷仲裁裁决协助自动履行的工作，有条件的仲裁委员会可以设置协助履行机构，建立专门的协助履行队伍，为自动履行裁决提供帮助。仲裁委员会在审理非公有制企业民商事纠纷案件的过程中，要注意把仲裁活动与裁决自动履行的需要有机地结合起来。工商联组织要积极配合仲裁委员会做好裁决的自动履行工作。

（四）开展合作建立调解组织的探索

根据需要，仲裁委员会可以协助工商联组织建立非公有制企业民商事纠纷调解组织。调解组织选聘工商联界人士、仲裁界人士和非公有制企业家参加调解工作。合作设立调解组织的仲裁委员会和工商联组织，在规范非公有制企业的合同文本时，应当注意一并落实调解协议和仲裁协议。

有条件的工商联组织、仲裁委员会还可以共建仲裁委员会派出机构或分支机构。派出机构、分支机构应当依法开展活动，仲裁委员会、工商联组织应当依法加强管理。

三、依法做好非公有制企业民商事纠纷仲裁工作的要求

仲裁委员会、工商联组织要通力合作，密切配合，认真做好本意见的落实工作。

（一）工商联组织、仲裁委员会要联合向所在的市人民政府定期汇报非公有制企业民商事纠纷仲裁工作的情况，积极争取支持和帮助。

（二）工商联组织、仲裁委员会要研究制定切实可行的落实工作方案，认真抓好实施，确保取得成效，并定期总结，不断推进，形成长效的工作机制。

（三）工商联组织、仲裁委员会要组织工商联会员企业宣讲本意见，积极争取会员企业的理解、支持和参与。

（四）工商联组织、仲裁委员会要建立健全联席会议制度，分别确定具体负责联系的工作部门和人员，加强沟通和协调，及时研究解决本意见实施中的问题。

仲裁委员会要加强对仲裁庭、仲裁员和仲裁活动的监督，保证依法独立、公正、及时地仲裁非公有制企业民商事纠纷。对群体性和专业性较强的案件，要注意与工商联组织通气。对案件审理中发现的非公有制企业在经营和纠纷解决中的普遍性问题，要认真总结并通告工商联组织。

工商联组织、仲裁委员会对本意见实施中的问题，要及时报告国务院法制协调司、全国工商联法律部。

本意见发至各仲裁委员会所在地的市人民政府法制办公室和工商联组织。

国务院法制办公室　中华全国工商业联合会关于依法做好非公有制企业民商事纠纷仲裁工作的意见

（2005年1月17日　国法〔2005〕3号）

各省、自治区、直辖市法制办公室和工商业联合会，中国国际贸易促进委员会、各仲裁委员会：

为了充分发挥仲裁法律制度的独特优势，保障非公有制企业的合法权益，促进非公有制经济的健康发展，根据《中华人民共和国仲裁法》（以下简称仲裁法）和国务院办公厅有关文件精神，现就依法做好非公有制企业民商事纠纷仲裁工作提出如下意见：

一、关于在非公有制企业中深入宣传和推行仲裁法律制度

仲裁是国际通行的民商事纠纷解决方式，具有专家裁决、一裁终局、不公开进行、高效灵活、成本低廉等优势。非公有制企业选择仲裁方式解决民商事纠纷，对维护企业合法权益，促进非公有制经济健康发展，具有重要意义。各有关政府法制机构、各级工商业联合会（以下简称工商联组织）、各仲裁委员会要采取灵活多样的方式，在非公有制企业中深入宣传仲裁法，大力推行仲裁法律制度，努力提高非公有制企业的仲裁意识，使仲裁成为解决非公有制企业民商事纠纷的重要手段。

二、关于在非公有制企业经营合同中依法订立仲裁协议

根据仲裁法的规定，当事人选择仲裁方式解决纠纷，应当预先在有关经营合同中订立仲裁条款，或者在纠纷发生前后以其他方式达成仲裁协议，合法有效的仲裁条款或协议必须选定具体负责仲裁的仲裁委员会。各级工商联组织要积极引导非公有制企业订立符合法律规定的仲裁条款或协议，支持和配合仲裁委员会为非公有制企业选择仲裁依法提供服务。非公有制企业特别是工商联会员企业，要充分认识使用仲裁手段维护自身权益的重要作用，尽可能选择仲裁方式解决纠纷。

三、关于依法选聘民营经济专业人士参加仲裁工作

仲裁委员会要在各级工商联组织的配合和支持下，依法吸收民营经济专业人士参加仲裁工作。民营经济专业人士既包括各级工商联组织的负责人、具有专业知识的专家，也包括工商联组织会员中品格、信誉良好的企业家。其中，符合仲裁法规定标准和有关仲裁委员会依法制定的具体条件的，可以聘任为仲裁员，其他专业人士可以受聘协助开展仲裁调解工作。

各仲裁委员会要尽可能有所在地工商联组织负责人出任组成人员，设立专家委员会的，还要注意吸收所在地工商联组织的有关专业人士参加，发挥指导、咨询和协调作用，保障非公有制企业民商事纠纷仲裁工作顺利进行。

担任仲裁员和专家委员会委员以及协助仲裁调解工作的民营经济专业人士人选，由仲裁委员会所在地的市工商联组织选荐，由仲裁委员会依法聘任。其中，担任仲裁员的非公有制企业家人选，应当在有关工商联组织的配合下，尽可能组织非公有制企业民主推荐。属于全国性的专业人士，由中华全国工商业联合会与国务院法制办公室（在中国仲裁协会成立前，下同）协商后，向有关仲裁委员会推荐，由仲裁委员会依法聘任。

四、关于依法做好非公有制企业民商事纠纷仲裁工作

依法做好非公有制企业民商事纠纷仲裁工作，是贯彻实施宪法，落实党的十六大和十六届三中、四中全会精神的具体措施，必须高度重视，精心组织，严格依法进行。

仲裁委员会要公平公正地依法及时仲裁非公有制企业民商事纠纷，保护公平竞争，促进企业合作，维护平等权利，努力提高解决纠纷的快速结案率、自愿和解调解率和仲裁裁决自动履行率，充分发挥仲裁的独特优势，为非公有制经济的健康发展提供优质仲裁服务。同时，要积极配合中华全国工商业联合会（中国民间商会）和所在地工商业联合会（民间商会）依法开展调解工作，对工商联（民间商会）调解组织调解后申请仲裁的，应当依照仲裁法的有关规定，及时公正地做出裁决。工商联（民间商会）调解组织要积极吸收仲裁专家和所在地仲裁委员会负责人参加。工商联（民间商会）调解组织调解后的案件需要仲裁的，在落实仲裁协议后，连同调解结果和当事人的仲裁申请，一并移送有关仲裁机构依法办理。

五、关于对非公有制企业民商事纠纷仲裁工作的指导

为了依法做好非公有制企业民商事纠纷仲裁工作，由中华全国工商业联合会、国务院法制办公室负责提供正确适用有关政策法律的帮助和指导，各省、自治区、直辖市政府法制机构、工商联组织负责对本地区非公有制企业民商事纠纷仲裁工作提供具体的专业帮助和指导。

本通知发至各仲裁委员会所在地的市人民政府政府法制办公室和工商联组织。

国务院法制办公室　中国证券监督管理委员会
关于依法做好证券期货合同纠纷仲裁工作的通知

（2004年1月18日　国法〔2004〕5号）

中国证券监督管理委员会各证券监管办公室、办事处、特派员办事处，各证券交易所、期货交易所，中国证券登记结算有限责任公司，中国证券业协会，中国期货业协会，各省、自治区、直辖市人民政府法制办公室，中国国际贸易促进委员会、各仲裁委员会：

为了充分发挥仲裁法律制度解决经济纠纷快捷、方式灵活、成本低廉、不公开进行等独特优势，防范和及时化解证券、期货市场风险，保护证券、期货市场主体的合法权益，保障证券、期货市场的健康发展，根据《中华人民共和国仲裁法》（以下简称仲裁法）、《国务院办公厅关于贯彻实施〈中华人民共和国仲裁法〉需要明确的几个问题的通知》（国办发〔1996〕22号，以下简称国办22号文件）的规定，现就依法做好证券、期货合同纠纷仲裁工作的有关事项通知如下：

一、关于证券、期货合同纠纷的仲裁范围

仲裁是适应社会主义经济发展需要的解决民商事纠纷的重要方式。适用仲裁方式解决的证券、期货合同纠纷主要有：

1. 证券发行人与证券公司之间、证券公司与证券公司之间因证券发行、证券承销产生的纠纷；

2. 证券公司、期货经纪公司、证券投资咨询机构、期货投资咨询机构与客户之间因提供服务产生的纠纷；

3. 基金发起人、基金管理公司、基金托管机构之间因基金发行、管理、托管产生的纠纷；

4. 会计师事务所、律师事务所、资信评估机构等中介机构与证券发行人、上市公司之间因提供服务产生的纠纷；

5.上市公司、证券公司、期货经纪公司、基金管理公司因股权变动产生的纠纷；

6.证券公司、证券投资咨询机构、期货投资咨询机构、期货经纪公司、上市公司、基金管理公司、登记结算机构及其他证券、期货市场主体之间产生的与证券、期货交易有关的其他合同纠纷。

上市公司与证券市场公众投资人之间纠纷的仲裁，另行研究确定。

二、关于在证券、期货合同中依法订立仲裁协议

根据仲裁法的规定，当事人选择仲裁方式解决纠纷，应当预先在证券、期货合同中订立仲裁条款，或者在纠纷发生前后以其他方式达成仲裁协议。为了充分保障证券、期货交易当事人选择仲裁方式解决纠纷的权利，订立证券、期货合同和制订证券、期货合同示范文本或者格式合同，应当按照仲裁法和国办22号文件的规定，将仲裁解决纠纷的方式载入合同争议解决条款。凡不符合仲裁法和国办22号文件规定的合同示范文本应当在2004年6月30日前依法修订。

根据仲裁法的规定，合法有效的仲裁协议必须选定具体负责纠纷仲裁的仲裁委员会。证券、期货市场主体有权选择任何仲裁机构负责仲裁。各有关方面要根据尊重当事人意愿和便捷的原则，积极为证券、期货市场主体提供就地选定具体仲裁委员会的便利，仲裁委员会要根据便民的原则协助当事人确定适当的仲裁地点。未设立仲裁委员会的地区的证券、期货合同纠纷仲裁工作，由省、自治区人民政府法制机构商中国证券监督管理委员会（以下简称中国证监会）派出机构在邻近的仲裁委员会中，按照从优原则选择具体的仲裁委员会负责，并向有关当事人推荐。

三、关于依法选聘证券、期货专业人士参加仲裁工作

证券、期货合同纠纷仲裁工作专业性较强，应当由符合仲裁法规定条件的证券、期货专业人士（包括证券、期货法律专业人士和熟悉证券、期货市场的其他专业人士）担任仲裁员。证券、期货专业人士是指：（一）经过系统的证券、期货专业教育，从事证券、期货业相关工作五年以上的；（二）具备较丰富的证券、期货专业知识，从事证券、期货相关法律工作五年以上的；（三）熟悉证券、期货市场情况，从事相关领域研究、教学科研工作五年以上或取得高级职称的。

选聘证券、期货专业人士担任仲裁员，由仲裁委员会提出证券、期货专业人士推荐名单，经与所在地的省、自治区、直辖市人民政府法制机构和中国证监会派出机构充分酝酿、协商，并报中国仲裁协会（在中国仲裁协会成立前暂送国务院法制办公室商中国证监会，下同）确认后，由仲裁委员会依法聘任。中国国际经济贸易仲裁委员会提出的推荐人选名单报中国仲裁协会确认后依法聘任。非经中国仲裁协会确认的证券、期货专业人士不得聘任为证券、期货专业仲裁员。仲裁委员会应当编制专门的证券、期货专业仲裁员名册供当事人选择，非证券、期货专业仲裁员不得列入证券、期货专业仲裁员名册。

证券、期货专业仲裁员任期届满前三个月，所聘任的仲裁委员会应当对其工作情况进行考核，考核结果报中国仲裁协会，并通报所在地中国证监会派出机构。证券、期货专业仲裁员任期未满，本人申请不再继续担任仲裁员或者有不适宜担任仲裁员情形的，由所聘任的仲裁委员会依法解聘。

证券、期货专业仲裁员对涉及所在证券、期货机构或组织的仲裁案件应当依法回避。对在仲裁过程中私自会见当事人、代理人的，或者接受当事人、代理人请客送礼，情节严重的；或者有索贿受贿，徇私舞弊，枉法裁决行为的证券、期货专业仲裁员，由所聘任的仲裁委员会依法予以除名，并报中国仲裁协会通报全国各仲裁委员会。被除名的仲裁员同时受聘于其他仲裁委员会的，所聘任的仲裁委员会在接到通报后亦应予以除名。仲裁员被除名后，终身不得再聘任。被除名的仲裁员由除名的仲裁委员会公告。

四、关于依法开展证券、期货合同纠纷仲裁工作

仲裁委员会必须坚持为社会主义市场经济服务的工作方向，根据证券、期货合同纠纷的特点，积极探索，努力实践，依法公正、及时地处理纠纷，增进证券、期货市场的活力和效益，保护各方当事人的合法权益，保障证券、期货市场正常、公平的交易秩序。

仲裁委员会要严格依照仲裁法的规定，在不违反国家法律、行政法规和有关规章的前提下，善于运用证券、期货市场的规则和惯例解决纠纷。要充分发挥仲裁协商解决纠纷的优势，减少对立，避免对抗，努力通过仲裁活动缓和证券、期货市场主体之间的矛盾，促进证券、期货市场主体长期合作，共同发展。要努力突出仲裁特色，切实提高仲裁证券、期货合同纠纷的快速结案率、自愿和解调解率和裁决自动履行率，不断提高仲裁工作的质量和效率。要依法简化仲裁工作程序，在严格执行国务院办公厅规定的收费办法的同时，合理降低仲裁案件收费，减少当事人解决纠纷的成本。要严格遵守仲裁法关于仲裁不公开进行的规定，为证券、期货市场主体严守商业秘密，保守国家秘密。要始终注重仲裁工作的社会效益，强化维护社会稳定的意识，对群体性、集团性的证券、期货合同纠纷的仲裁，应当高度重视、精心组织、加强指导，做好耐心细致的工作。要严格依法仲裁，确保案件质量，平等对待双方当事人，无论纠纷标的额大小，都要提供优质的仲裁服务。对不能严格依法仲裁或发生重大仲裁案件质量问题的仲裁委员会，要限期整顿。

为了切实保证证券、期货合同纠纷的仲裁质量，各仲裁委员会设立由资深证券、期货专业人士组成的专家组织，负责对仲裁案件提供专业咨询。对重大案件，在作出裁决前要认真听取专家咨询意见；对涉及全国性的重大案件，还应当听取中国证监会组织的专家论证意见。接受咨询和参加论证的专家对案件情况及处理结果负有保密义务。

中国证监会及其派出机构，证券、期货交易所，中国证券登记结算公司，中国证券业协会、中国期货业协会等单位，要为仲裁委员会仲裁证券、期货合同纠纷提供有关了解事实、证据和仲裁依法等各项便利。

五、关于加强证券、期货合同纠纷仲裁工作的指导和监督

证券、期货合同纠纷仲裁依法独立进行，依法接受中国仲裁协会的监督。中国仲裁协会成立前，由国务院法制办公室会同中国证监会对全国证券、期货合同纠纷仲裁工作提供政策法律帮助和专业指导，中国证监会派出机构对所监管区域内证券、期货合同纠纷仲裁工作提供政策法律和行业惯例适用的帮助及专业指导。中国仲裁协会成立后，由证券、期货专业人士为主组成中国仲裁协会的专门机构，具体负责对证券、期货合同纠纷仲裁工作的指导和监督。

国务院法制办公室关于进一步加强仲裁员仲裁工作人员管理的通知

（2002 年 7 月 11 日　国法〔2002〕55 号）

各省、自治区、直辖市人民政府法制办公室、中国国际贸易促进委员会、各仲裁委员会：

《中华人民共和国仲裁法》（以下简称仲裁法）施行近 7 年来，全国仲裁机构在有关市人民政府和商会的指导、帮助下，在社会各方面的支持下，仲裁工作取得了显著成绩，仲裁委员会的管理逐步完善，仲裁员、仲裁委员会组成人员和工作人员（以下简称仲裁工作人员）的纪律作风有所加强，仲裁活动逐步规范。但也存在着一些不容忽视的问题，仲裁员、仲裁工作人员违法违纪现象仍有发生，甚至有的仲裁工作人员利用职务之便，谋取私利，后果严重，受到刑事处罚。这些现象虽然发生在极少数单位和极个别人身上，但造成的影响极其恶劣，必须采取措施予以坚决纠正。为了保证我国仲裁事业的健康发展，进一步加强对仲裁员、仲裁工作人员的管理，根据仲裁法和国务院办公厅的有关规定，现通知如下：

一、各仲裁委员会要高度重视、切实加强对仲裁员、仲裁工作人员的管理工作。要充分认识到仲裁员、仲裁工作人员遵纪守法、清正廉洁是关系到我国仲裁事业健康发展的重大问题，必须严肃对待，常抓不懈。仲裁委员会要把对仲裁员、仲裁工作人员的管理工作列入重要议事日程,对所聘任的仲裁员、仲裁工作人员发生的违法违纪行为负责。

二、进一步加强对仲裁员、仲裁工作人员依法管理的制度建设。各仲裁委员会要在总结仲裁法实施几年来经验教训的基础上,结合本单位的实际情况,认真完善对仲裁员、仲裁工作人员依法进行监督的各项管理制度。选聘仲裁员必须坚持法定条件,同时还要根据实际情况制定具体标准。对仲裁工作人员要建立严格的考核制度,仲裁委员会的各项管理制度都要有利于预防违法违纪行为的发生。

三、严格财务管理和审计。《国务院办公厅关于印发〈重新组建仲裁机构方案〉、〈仲裁委员会登记暂行办法〉、〈仲裁委员会收费办法〉的通知》(国办发〔1995〕44号),对仲裁委员会的财务管理作了规定。各仲裁委员会要严格遵守各项财经纪律,堵住财务管理漏洞,防范违法违纪行为发生,重大财务开支须经仲裁委员会会议集体决定,并接受当地财政部门、审计机关依法实施的监督。根据国务院法制办公室《关于做好仲裁委员会换届工作的通知》(国法〔1998〕27号)的明确要求,对仲裁委员会要进行换届审计而且必须由审计机关审计。对即将离任的仲裁委员会秘书长以上的负责人员要进行离任审计。

四、建立重大违法违纪事件报告制度。仲裁委员会对所聘任的仲裁员、仲裁工作人员发生的重大违法违纪事件,要及时报告所在市人民政府(或商会)和省级人民政府法制机构,并报国务院法制办公室(中国仲裁协会成立前,下同)。仲裁委员会有责任也有义务协助有关部门依法查处仲裁员、仲裁工作人员的违法违纪行为。对隐情不报的,以及不协助查处的,应当追究主要负责人和直接责任人的责任。各仲裁委员会每年要对仲裁员、仲裁工作人员遵纪守法情况作出专项报告。

五、对违法违纪仲裁员实行"禁入"制度。仲裁委员会在对违法违纪的仲裁员依法作出除名决定后,应在10日内通过省级人民法制机构(或商会)将名单报送国务院法制办公室,由国务院法制办公室通报全国仲裁机构和有关部门。被除名的仲裁员同时受聘于几家仲裁委员会的,其他仲裁委员会在接到国务院法制办公室通报的10日内必须予以除名。对除名的仲裁员,任何仲裁委员会在任何时候不得再聘请。对仲裁委员会副秘书长以上负责人员因违法违纪行为被解聘的,照此办理。

加强对仲裁员、仲裁工作人员的管理工作是保证我国仲裁事业健康发展的一项重要工作。各仲裁委员会在近期集中开展一次自查,并针对存在的问题制定切实可行的改进措施。要认真落实本通知的要求,对出现的问题及时报告国务院法制办公室。

建设部　国务院法制办公室关于在全国建设系统进一步推行仲裁法律制度的意见

（2001年4月27日　建法〔2001〕91号）

各省、自治区、直辖市建委（建设厅），政府法制办公室（局），中国国际贸易促进委员会：

为了充分发挥仲裁法律制度解决经济纠纷快捷、保密、方式灵活、成本低的独特优势，保障建设市场的健康发展，根据《中华人民共和国仲裁法》（以下简称仲裁法）、《国务院办公厅关于贯彻实施〈中华人民共和国仲裁法〉需要明确的几个问题的通知》（国办发〔1996〕22号）的规定，现就全国建设系统进一步推行仲裁法律制度提出如下意见：

一、关于修订合同争议解决条款

各地使用的建设系统合同示范文本，都要按照建设部、国家工商行政管理局《关于修改合同示范文本有关条款的通知》（建法〔2000〕252号）的规定，对合同争议解决条款在今年6月30日以前修订完毕，以充分保障市场经济主体选择纠纷解决方式的权利。7月1日以后，建设活动都应当使用修改后的合同示范文本。

建法〔2000〕252号文件规定以外的建设活动合同示范文本，省、自治区、直辖市建设行政主管部门也应当依照仲裁法和国办发〔1996〕22号文件的规定，在今年年底前对合同争议解决条款一并修订完毕。今后新制发的合同示范文本应当符合上述规定。

二、关于选定具体的仲裁委员会

根据仲裁法的规定，具有法律效力的合同仲裁条款或者仲裁协议都必须选定负责纠纷仲裁的具体仲裁委员会。

在已经设立仲裁委员会的城市，市建设行政主管部门和政府法制机构可以根据“自愿、便捷”的原则，向当事人推荐由所在地的仲裁委员会负责仲裁纠纷，如当事人另有选择应当允许另行协商。

在未设立仲裁委员会的城市或地区，由各省、自治区建设行政主管部门和政府法制机构按照“就近、从优”的原则，确定具体的仲裁委员会推荐给当事人以供选择。

对于重大的涉外建设合同，应当尽可能争取外方当事人同意选择中国国际经济贸易仲裁委员会仲裁。对于国有企业或国有资产占主要比例的企业在国内的涉外建设合同，原则上选择我国的仲裁机构进行仲裁。对于涉及国有资产的重大的、特殊的建设合同可以指定具体的仲裁委员会，供对方当事人选择。

三、关于选聘建设专业人士参加仲裁工作

各仲裁委员会要在所在行政区域内的建设系统中选聘一批符合法定条件,具有城市规划、建设工程勘察设计、施工、监理、工程建设标准、工程造价、房地产开发、物业管理等方面专业知识的法律工作人员或者专业人士担任仲裁员;要在建设行政主管部门、建设类行业协会和建设企业负责人中选聘一批专家担任仲裁委员会委员或者专家委员会委员。

选聘建设系统专业人士担任仲裁员和专家委员会委员,由所在市建设行政主管部门、政府法制机构和仲裁委员会协商,仲裁委员会依法聘任。属于全国、全省范围内的建设系统专业人士,分别由建设部和国务院法制办公室(在中国仲裁协会成立前),各省、自治区、直辖市建设行政主管部门和政府法制机构协商后向有关仲裁委员会推荐,仲裁委员会依法聘任。

四、关于建立健全适应仲裁建设合同纠纷需要的工作制度

各仲裁委员会要根据建立社会主义市场经济体制的要求,积极探索并尽快建立适应解决建设市场纠纷特点的仲裁磋商机制;要在严格依法仲裁的前提下,运用建设市场惯例和市场经济的规则,解决建设合同纠纷;要尽量简化程序,减少仲裁成本,切实提高结案率、调解率和自动履行率,促进建设市场主体继续合作,共同发展。

对建设市场能够自行消化的纠纷和自动履行的裁决。要尽可能在市场内解决。省市两建设行政主管部门和政府法制机构负责对本行政区域内执行仲裁裁决的统一协调。仲裁委员会也要建立相应的仲裁裁决执行协助制度,积极做好相互协助执行仲裁裁决的工作。

各级建设行政主管部门都要为仲裁机构依法、公平、合理、快速仲裁建设合同纠纷,提供有关了解事实、证据和仲裁依据的便利。各仲裁委员会对受理的重大建设合同纠纷,要主动与当地建设行政主管部门、政府法制机构联系沟通。

五、关于加强仲裁建设合同纠纷工作的指导

建设部负责对全国仲裁建设合同纠纷工作提供政策法规帮助和培训。省、自治区、直辖市建设行政主管部门负责对所辖行政区域内仲裁建设合同纠纷工作提供策法规适用的帮助和培训等具体工作。

有关政府法制机构和建设行政主管部门要积极帮助仲裁委员会解决仲裁建设合同纠纷在机构设置、人员配备、办公条件和仲裁场所等方面存在的实际困难。仲裁委员会要加强自身建设,努力发扬艰苦奋斗的创业精神,依法做好各项仲裁工作。

六、关于加强对仲裁建设合同纠纷工作的监督

为了保证仲裁建设合同纠纷案件的质量,对不能适应建设市场健康发展和不能满足依法、合理、高效仲裁建设合同纠纷需要的仲裁委员会和仲裁员,建设部和依法成立的中国仲裁协会可以会同有关省、自治区、直辖市建设行政主管部门和政府法制机构,另行推荐仲裁委员会供当事人选择,对仲裁员可以商请有关仲裁委员会不再将其列入具有仲裁建设合同纠纷资格的名册。

各省、自治区、直辖市建设行政主管部门和政府法制机构要加强对所辖行政区域内建设系统合同纠纷仲裁工作的监督,仲裁委员会所在市的建设行政主管部门、建设类行业协会和政府法制机构在市政府的领导下,对本市建设系统合同纠纷仲裁工作进行监督。

国务院法制办公室关于转发建设部、国家工商行政管理局《关于修改合同示范文本有关条款的通知》的通知

(2000年12月8日　国法〔2000〕91号)

各省、自治区、直辖市人民政府法制办公室(局),中国国际贸易促进委员会:

为了进一步贯彻仲裁法和《国务院办公厅关于贯彻实施〈中华人民共和国仲裁法〉需要明确的几个问题的通知》(国办发〔1996〕22号),大力推行仲裁法律制度,充分发挥仲裁法律制度为社会主义市场经济服务的作用,推动仲裁事业的发展,经我办与建设部、国家工商行政管理局共同研究,建设部、国家工商行政管理局于11月3日联合下发了《关于修改合同示范文本有关条款的通知》(建法〔2000〕252号)。现将该通知转发给你们。请你们接到本通知后,会同当地建设主管部门和仲裁委员会,认真调查研究,提出切实可行的落实方案。在落实时,要按照仲裁法的规定,在合同中选定具体的仲裁委员会;并指导和协助仲裁委员会根据工作需要,在建设系统内选聘一批符合仲裁法规定条件的建设专业人士,担任仲裁员或者仲裁委员会专家委员会委员,聘请名单请你们报我办并抄报建设部。对本通知的落实情况和执行中的问题,请及时报我办政府法制协调司。

附:关于修改合同示范文本有关条款的通知(略)。

建设部　国家工商行政管理局
关于修改合同示范文本有关条款的通知

（2000 年 11 月 3 日　建法〔2000〕252 号）

各省、自治区建委（建设厅），直辖市建委、房地局，北京市政管理委员会；各省、自治区、直辖市及计划单列市工商行政管理局：

根据《中华人民共和国仲裁法》和《中华人民共和国合同法》的有关规定，现对建设部与国家工商行政管理局共同发布的合同示范文本中的合同争议解决方式条款进行修改。

建设部与国家工商行政管理局发布的《城市供用水合同》第十条、《城市供用气合同》第十条、《城市供用热力合同》第十条、《建设工程施工合同》第三部分第三十七条、《建设工程委托监理合同》第三部分第四十九条、《建设工程勘察合同（一）》第九条、《建设工程勘察合同（二）》第十三条、《建设工程设计合同（一）》第八条 8.7 项、《建设工程设计合同（二）》第十一条、《物业管理委托合同示范文本》第三十八条修改为：

本合同在履行过程中发生的争议，由双方当事人协商解决，协商不成的按下列第（　）种方式解决：

（一）提交____仲裁委员会仲裁；

（二）依法向人民法院起诉。

特此通知。

国务院法制办公室关于转发中国保险监督管理委员会
《关于在保险条款中设立仲裁条款的通知》的通知

（1999 年 9 月 7 日　国法〔1999〕50 号）

各省、自治区、直辖市人民政府法制办公室（局），中国国际贸易促进委员会：

为了进一步贯彻落实《国务院办公厅关于贯彻实施〈中华人民共和国仲裁法〉需要明确的几个问题的通知》（国办发〔1996〕22 号），充分发挥仲裁法律制度为社会主义市场经济服务的作用，推动仲裁事业的发展，经我办与中国保险监督管理委员会共同研究，中国保险监督管理委员会于 8 月 30 日向全国各保险公司下发了《关于在保险条款中设立仲裁条款的通知》（保监发〔1999〕147 号）。现将该通知转发给你们。

请你们接到本通知后帮助当地的保险机构和仲裁委员会，在对本地保险工作进行认真调查研究的基础上，提出切实可行的落实方案；并根据工作需要指导和协助仲裁委员会和保险机构，在保险系统内选聘一批符合仲裁法规定条件的保险专业人员担任仲裁员，请你们将聘请的保险专业仲裁员名单经我办送中国保险监督管理委员会。中国国际贸易促进委员会也要协助中国国际经济贸易仲裁委员会、中国海事仲裁委员会根据仲裁涉外保险纠纷的需要，积极开展有关设立涉外保险仲裁条款和选聘涉外保险仲裁员的工作。对本通知的落实情况和执行中的问题，请于12月底前报我办协调司。

国务院法制局关于印发国务院副秘书长兼国务院法制局局长杨景宇同志在《中华人民共和国仲裁法》实施一周年座谈会上的讲话（要点）的通知

（1996年9月6日　国法〔1996〕44号）

各省、自治区、直辖市人民政府法制局（办），国务院各部门法制工作机构：

现将国务院副秘书长兼国务院法制局局长杨景宇同志1996年8月30日在全国人大常委会法工委、国务院法制局联合召开的《中华人民共和国仲裁法》实施一周年座谈会上的讲话（要点）印发给你们。

在《中华人民共和国仲裁法》实施一周年座谈会上的讲话（要点）

国务院副秘书长兼国务院法制局局长　杨景宇

（1996年8月30日）

同志们：

在《中华人民共和国仲裁法》（以下简称《仲裁法》）实施一周年前夕，全国人大常委会法工委和国务院法制局召开座谈会，总结仲裁法实施一年来的经验，这对促进我国仲裁事业的发展是很有意义的。

仲裁法对我国原有仲裁制度作了重大改革。实施仲裁法，首先必须按照仲裁法的要求，重新组建仲裁机构。按照仲裁法的规定，到今年9月1日，原有仲裁机构将全部终止。如果在今年9月1日以前不能依法组建起一批仲裁机构,许多经济纠纷就难以得到及时解决,也会影响仲裁法的权威。为了做好重新组建仲裁机构工作,推动仲裁法的顺利实施,国务院办公厅先后发布了4个文件,对实施仲裁法、重新组建仲裁机构,提出了具体要求,作了统一部署,各地方、各有关部门和组织做了大量扎实细致的工作。总的来说,重新组建仲裁机构的工作进展比较顺利,在全国依法可以重新组建仲裁机构的210个城市中至今已有93个成立了新的仲裁机构,约占45%;预计到今年年底,新设立的仲裁机构估计将达120个。

前一段依法重新组建仲裁机构工作取得的成功经验,概括起来,主要是三条:第一,从实际情况出发,严格依照仲裁法和国务院的统一规范,并根据需要与可能进行组建;第二,体现全心全意为人民服务的宗旨,保障仲裁能够公正、及时地解决经济纠纷;第三,领导重视,各有关部门和组织通力合作。这是一条至关重要的经验。重新组建仲裁机构工作涉及面广、时间紧、难度大,离开当地党委、政府的领导和支持,离开有关部门、组织的合作就会寸步难行。实践证明,凡是当地党委和政府加强领导、给予支持,有关部门、组织通力合作的,重新组建仲裁机构工作都做得比较好、比较扎实。

立法不易,组建更难,运作好尤其难。仲裁不受行政机关、社会团体和个人的干涉,没有级别管辖和地域管辖,权利应该说是很大的。权力越大,越要谨慎,越要兢兢业业。仲裁任何一个案件,都要让双方当事人心悦诚服。仲裁的优势是信用、声誉,而不是靠强制,只有取信于民,提高仲裁质量,才能立于不败之地,才能得到长足的发展。由于新的仲裁制度刚刚建立,新组建的仲裁机构在成立初期也难免会遇到一些困难和问题。对此,我们既要有充分的认识,又要有正确的态度。首先,要树立正确的指导思想。全心全意为人民服务是我们的宗旨,在仲裁工作中不能只顾眼前的经济利益和局部利益,不能把目光放在如何使仲裁公正、及时解决当事人的经济纠纷,并以此促进经济的发展上多下苦功夫。第二,要建立一支高素质的仲裁员队伍。提供素质、提高质量不是喊出来的,要切实通过富有成效的办法加强培训和监督。对仲裁员的选聘,宁可少点,但要好点,做到高起点、高质量。第三,要进一步完善仲裁制度。仲裁制度的建立和完善,仅靠一个法律和几个文件是远远不够的,需要我们在实践中总结经验,积极探索。

同志们,一年来重新组建仲裁机构的工作进展比较顺利,新组建的仲裁机构运行比较正常,成绩比较明显,为下一步工作打下了良好的基础。同时,也要看到,贯彻仲裁法,仍然任重而道远,需要作出不懈努力。良好的开端是成功的一半。我们相信,在目前的基础上乘胜前进,我国的仲裁事业就一定能越办越好,我们就一定能够走出一条具有中国特色的仲裁路子来。

国务院法制局关于印发全国人大常委会副委员长王汉斌同志在《中华人民共和国仲裁法》实施一周年座谈会上的讲话（要点）的通知

（1996年9月6日　国法〔1996〕43号）

各省、自治区、直辖市人民政府法制局（办），国务院各部门法制工作机构：

现将全国人大常委会副委员长王汉斌同志1996年8月30日在全国人大常委会法工委、国务院法制局联合召开的《中华人民共和国仲裁法》实施一周年座谈会上的讲话（要点）印发给你们。

在《中华人民共和国仲裁法》实施一周年座谈会上的讲话（要点）

全国人大常委会副委员长　王汉斌

（1996年8月30日）

同志们：

《中华人民共和国仲裁法》（以下简称《仲裁法》）是继民事诉讼法颁布以后解决经济纠纷的又一部重要法律。仲裁法对我国原有国内经济仲裁制度作了重大改革，主要是：仲裁机构独立于行政机关；仲裁不实行级别管辖和地域管辖；经济纠纷发生后，是否选择仲裁以及选择哪个仲裁委员会仲裁，都由当事人自主决定；仲裁实行一裁终局。这就使仲裁这种解决经济纠纷的重要方式具有当事人自愿、程序方便、灵活等特点，对于公正、及时地解决经济纠纷，保护当事人的合法权益，维护社会经济秩序，保障社会主义市场经济健康发展，具有重要意义。

《仲裁法》颁布以来，各级政府和有关单位都非常重视，国务院办公厅先后发布了4个文件，对贯彻实施仲裁法和重新组建仲裁机构作了统一部署、统一安排；最高人民法院也发布了两个有关仲裁问题的通知；各地方按照仲裁法的规定和国务院的统一部署，成立了一批仲裁机构。可以说，仲裁法施行一年来，情况是好的，是有成效的。

保证仲裁法得到全面的、正确的实施，任务仍很艰巨。希望各有关地方，有关部门和组织、人民法院按照国务院的部署和最高人民法院的通知精神，继续做好仲裁法的实施工作。这里，我想强调四点：一是要进一步加强对仲裁法的宣传。仲裁法规定的仲裁制度是一项新的制度，人民群众对它还不熟悉，需要加大宣传力度，充分利用广播、电视、报纸等宣传工具，通过各种形式，广泛宣传仲裁法，使仲裁法成为人民群众解决经济纠纷、保护自身合法权益的有力武器。二是各有关部门、组织等要进一步加强合作,保证仲裁法的正确实施和重新组建仲裁机构工作的顺利开展。三是在新旧仲裁制度过渡时期,不论是重新组建仲裁机构工作,还是开展仲裁工作,既要体现仲裁法规定的当事人自愿原则,又要体现新旧仲裁机构的继承性,保证新旧仲裁制度的平稳过渡。四是仲裁员要做到公道正派,仲裁工作要依法、客观、公正、公平地进行,保证仲裁质量,使人民群众信任仲裁,更多地选择仲裁来解决经济纠纷。

贯彻实施仲裁法,关键是各级领导要统一思想,提高认识,加强领导。仲裁法的指定和实施是我国深化改革和发展社会主义市场经济的客观要求和必然结果。各有关地方、各有关部门都要进一步认真学习仲裁法,深刻领会它的精神实质,全面掌握它的具体规定,把贯彻实施仲裁法提高到全心全意为人民服务,为经济发展创造良好的社会环境,促进经济发展的高度来认识,切实加强对贯彻实施仲裁法和重新组建仲裁机构的领导。

三、仲裁工作的要求

最高人民法院关于为自由贸易试验区建设提供司法保障的意见(节选)

(2016年12月30日　法发〔2016〕34号)

四、重视自贸试验区的特点,探索审判程序的改革与创新

8.完善司法审查、司法确认制度,支持自贸试验区的多元化纠纷解决机制。鼓励运用仲裁、调解等多元化机制解决自贸试验区民商事纠纷,进一步探索和完善诉讼与非诉讼相衔接的矛盾纠纷解决机制。支持仲裁机构、人民调解委员会、商事和行业调解组织的创新发展,为多元化解决自贸试验区民商事纠纷提供司法便利。

9.正确认定仲裁协议效力,规范仲裁案件的司法审查。在自贸试验区内注册的外商独资企业相互之间约定商事争议提交域外仲裁的,不应仅以其争议不具有涉外因素为由认定相关仲裁协议无效。

一方或者双方均为在自贸试验区内注册的外商投资企业,约定将商事争议提交域外仲裁,发生纠纷后,当事人将争议提交域外仲裁,相关裁决做出后,其又以仲裁协议无效为由主张拒绝承认、认可或执行的,人民法院不予支持;另一方当事人在仲裁程序中未对仲裁协议效力提出异议,相关裁决作出后,又以有关争议不具有涉外因素为由主张仲裁协议无效,并以此主张拒绝承认、认可或执行的,人民法院不予支持。

在自贸试验区内注册的企业相互之间约定在内地特定地点、按照特定仲裁规则、由特定人员对有关争议进行仲裁的,可以认定该仲裁协议有效。人民法院认为该仲裁协议无效的,应报请上一级法院进行审查。上级法院同意下级法院意见的,应将其审查意见层报最高人民法院,待最高人民法院答复后作出裁定。

最高人民法院关于人民法院进一步深化多元化纠纷解决机制改革的意见

（2016年6月28日　法发〔2016〕14号）

深入推进多元化纠纷解决机制改革，是人民法院深化司法改革、实现司法为民公正司法的重要举措，是实现国家治理体系和治理能力现代化的重要内容，是促进社会公平正义、维护社会和谐稳定的必然要求。为贯彻落实《中共中央关于全面推进依法治国若干重大问题的决定》以及中共中央办公厅、国务院办公厅《关于完善矛盾纠纷多元化解机制的意见》，现就人民法院进一步深化多元化纠纷解决机制改革、完善诉讼与非诉讼相衔接的纠纷解决机制提出如下意见。

一、指导思想、主要目标和基本原则

1. 指导思想。全面贯彻党的十八大和十八届三中、四中、五中全会精神，以邓小平理论、"三个代表"重要思想、科学发展观为指导，深入贯彻习近平总书记系列重要讲话精神，紧紧围绕协调推进"四个全面"战略布局和五大发展理念，主动适应经济发展新常态，以体制机制创新为动力，有效化解各类纠纷，不断满足人民群众多元司法需求，实现人民安居乐业、社会安定有序。

2. 主要目标。根据"国家制定发展战略、司法发挥引领作用、推动国家立法进程"的工作思路，建设功能完备、形式多样、运行规范的诉调对接平台，畅通纠纷解决渠道，引导当事人选择适当的纠纷解决方式；合理配置纠纷解决的社会资源，完善和解、调解、仲裁、公证、行政裁决、行政复议与诉讼有机衔接、相互协调的多元化纠纷解决机制；充分发挥司法在多元化纠纷解决机制建设中的引领、推动和保障作用，为促进经济社会持续健康发展、全面建成小康社会提供有力的司法保障。

3. 基本原则。

——坚持党政主导、综治协调、多元共治，构建各方面力量共同参与纠纷解决的工作格局。

——坚持司法引导、诉调对接、社会协同，形成社会多层次、多领域齐抓共管的解纷合力。

——坚持优化资源、完善制度、法治保障，提升社会组织解决纠纷的法律效果。

——坚持以人为本、自愿合法、便民利民，建立高效便捷的诉讼服务和纠纷解决机制。

——坚持立足国情、合理借鉴、改革创新，完善具有中国特色的多元化纠纷解决体系。

二、加强平台建设

4. 完善平台设置。各级人民法院要将诉调对接平台建设与诉讼服务中心建设结合起来，建立集诉讼服务、立案登记、诉调对接、涉诉信访等多项功能为一体的综合服务平台。人民法院应当配备专门人员从事诉调对接工作，建立诉调对接长效工作机制，根据辖区受理案件的类型，引入相关调解、仲裁、公证等机构或者组织在诉讼服务中心等部门设立调解工作室、服务窗口，也可以在纠纷多发领域以及基层乡镇（街道）、村（社区）等派驻人员指导诉调对接工作。

5. 明确平台职责。人民法院诉调对接平台负责以下工作：对诉至法院的纠纷进行适当分流，对适宜调解的纠纷引导当事人选择非诉讼方式解决；开展委派调解、委托调解；办理司法确认案件；负责特邀调解组织、特邀调解员名册管理；加强对调解工作的指导，推动诉讼与非诉讼纠纷解决方式在程序安排、效力确认、法律指导等方面的有机衔接，健全人民调解、行政调解、商事调解、行业调解、司法调解等的联动工作体系。

6. 完善与综治组织的对接。人民法院可以依托社会治安综合治理平台，建立矛盾纠纷排查化解对接机制；对群体性纠纷、重大案件及时进行通报反馈和应急处理，建立定期或不定期的联席会议制度，形成信息互通、优势互补、协作配合的纠纷解决互动机制。

7. 加强与行政机关的对接。人民法院要加强与行政机关的沟通协调，促进诉讼与行政调解、行政复议、行政裁决等机制的对接。支持行政机关根据当事人申请或者依职权进行调解、裁决，或者依法作出其他处理。在治安管理、社会保障、交通事故赔偿、医疗卫生、消费者权益保护、物业管理、环境污染、知识产权、证券期货等重点领域，支持行政机关或者行政调解组织依法开展行政和解、行政调解工作。

8. 加强与人民调解组织的对接。不断完善对人民调解工作的指导，推进人民调解组织的制度化、规范化建设，进一步扩大人民调解组织协助人民法院解决纠纷的范围和规模。支持在纠纷易发多发领域创新发展行业性、专业性人民调解组织，建立健全覆盖城乡的调解组织网络，发挥人民调解组织及时就地解决民间纠纷、化解基层矛盾、维护基层稳定的基础性作用。

9. 加强与商事调解组织、行业调解组织的对接。积极推动具备条件的商会、行业协会、调解协会、民办非企业单位、商事仲裁机构等设立商事调解组织、行业调解组织，在投资、金融、证券期货、保险、房地产、工程承包、技术转让、环境保护、电子商务、知识产权、国际贸易等领域提供商事调解服务或者行业调解服务。完善调解规则和对接程序，发挥商事调解组织、行业调解组织专业化、职业化优势。

10. 加强与仲裁机构的对接。积极支持仲裁制度改革，加强与商事仲裁机构、劳动人事争议仲裁机构、农村土地承包仲裁机构等的沟通联系。尊重商事仲裁规律和仲裁规则，及时办理仲裁机构的保全申请，依照法律规定处理撤销和不予执行仲裁裁决案件,规范涉外和外国商事仲裁裁决司法审查程序。支持完善劳动人事争议仲裁办案制度,加强劳动人事争议仲裁与诉讼的有效衔接,探索建立裁审标准统一的新规则、新制度。加强对农村土地承包经营纠纷调解仲裁的支持和保障,实现涉农纠纷仲裁与诉讼的合理衔接,及时审查和执行农村土地承包仲裁机构作出的裁决书或者调解书。

11. 加强与公证机构的对接。支持公证机构对法律行为、事实和文书依法进行核实和证明,支持公证机构对当事人达成的债权债务合同以及具有给付内容的和解协议、调解协议办理债权文书公证,支持公证机构在送达、取证、保全、执行等环节提供公证法律服务,在家事、商事等领域开展公证活动或者调解服务。依法执行公证债权文书。

12. 支持工会、妇联、共青团、法学会等组织参与纠纷解决。支持工会、妇联、共青团参与解决劳动争议、婚姻家庭以及妇女儿童权益等纠纷。支持法学会动员组织广大法学工作者、法律工作者参与矛盾纠纷化解,开展法律咨询服务和调解工作。支持其他社团组织参与解决与其职能相关的纠纷。

13. 发挥其他社会力量的作用。充分发挥人大代表、政协委员、专家学者、律师、专业技术人员、基层组织负责人、社区工作者、网格管理员、"五老人员"(老党员、老干部、老教师、老知识分子、老政法干警)等参与纠纷解决的作用。支持心理咨询师、婚姻家庭指导师、注册会计师、大学生志愿者等为群众提供心理疏导、评估、鉴定、调解等服务。支持完善公益慈善类、城乡社区服务类社会组织建设,鼓励其参与纠纷解决。

14. 加强"一站式"纠纷解决平台建设。在道路交通、劳动争议、医疗卫生、物业管理、消费者权益保护、土地承包、环境保护以及其他纠纷多发领域,人民法院可以与行政机关、人民调解组织、行业调解组织等进行资源整合,推进建立"一站式"纠纷解决服务平台,切实减轻群众负担。

15. 创新在线纠纷解决方式。根据"互联网 +"战略要求,推广现代信息技术在多元化纠纷解决机制中的运用。推动建立在线调解、在线立案、在线司法确认、在线审判、电子督促程序、电子送达等为一体的信息平台,实现纠纷解决的案件预判、信息共享、资源整合、数据分析等功能,促进多元化纠纷解决机制的信息化发展。

16. 推动多元化纠纷解决机制的国际化发展。充分尊重中外当事人法律文化的多元性,支持其自愿选择调解、仲裁等非诉讼方式解决纠纷。进一步加强我国与其他国家和地区司法机构、仲裁机构、调解组织的交流和合作,提升我国纠纷解决机制的国际竞争力和公信力。发挥各种纠纷解决方式的优势,不断满足中外当事人纠纷解决的多元需求,为国家"一带一路"等重大战略的实施提供司法服务与保障。

三、健全制度建设

17. 健全特邀调解制度。人民法院可以吸纳人民调解、行政调解、商事调解、行业调解或者其他具有调解职能的组织作为特邀调解组织，吸纳人大代表、政协委员、人民陪审员、专家学者、律师、仲裁员、退休法律工作者等具备条件的个人担任特邀调解员。明确特邀调解组织或者特邀调解员的职责范围，制定特邀调解规定，完善特邀调解程序，健全名册管理制度，加强特邀调解队伍建设。

18. 建立法院专职调解员制度。人民法院可以在诉讼服务中心等部门配备专职调解员，由擅长调解的法官或者司法辅助人员担任，从事调解指导工作和登记立案后的委托调解工作。法官主持达成调解协议的，依法出具调解书；司法辅助人员主持达成调解协议的，应当经法官审查后依法出具调解书。

19. 推动律师调解制度建设。人民法院加强与司法行政部门、律师协会、律师事务所以及法律援助中心的沟通联系，吸纳律师加入人民法院特邀调解员名册，探索建立律师调解工作室，鼓励律师参与纠纷解决。支持律师加入各类调解组织担任调解员，或者在律师事务所设置律师调解员，充分发挥律师专业化、职业化优势。建立律师担任调解员的回避制度，担任调解员的律师不得担任同一案件的代理人。推动建立律师接受委托代理时告知当事人选择非诉讼方式解决纠纷的机制。

20. 完善刑事诉讼中的和解、调解制度。对于符合刑事诉讼法规定可以和解或者调解的公诉案件、自诉案件、刑事附带民事案件，人民法院应当与公安机关、检察机关建立刑事和解、刑事诉讼中的调解对接工作机制，可以邀请基层组织、特邀调解组织、特邀调解员，以及当事人所在单位或者同事、亲友等参与调解，促成双方当事人达成和解或者调解协议。

21. 促进完善行政调解、行政和解、行政裁决等制度。支持行政机关对行政赔偿、补偿以及行政机关行使法律法规规定的自由裁量权的案件开展行政调解工作，支持行政机关通过提供事实调查结果、专业鉴定或者法律意见，引导促使当事人协商和解，支持行政机关依法裁决同行政管理活动密切相关的民事纠纷。

22. 探索民商事纠纷中立评估机制。有条件的人民法院在医疗卫生、不动产、建筑工程、知识产权、环境保护等领域探索建立中立评估机制，聘请相关专业领域的专家担任中立评估员。对当事人提起的民商事纠纷，人民法院可以建议当事人选择中立评估员，协助出具评估报告，对判决结果进行预测，供当事人参考。当事人可以根据评估意见自行和解，或者由特邀调解员进行调解。

23. 探索无争议事实记载机制。调解程序终结时，当事人未达成调解协议的，调解员在征得各方当事人同意后，可以用书面形式记载调解过程中双方没有争议的事实，并由当事人签字确认。在诉讼程序中，除涉及国家利益、社会公共利益和他人合法权益的外，当事人无需对调解过程中已确认的无争议事实举证。

24. 探索无异议调解方案认可机制。经调解未能达成调解协议，但是对争议事实没有重大分歧的，调解员在征得各方当事人同意后，可以提出调解方案并书面送达双方当事人。当事人在七日内未提出书面异议的，调解方案即视为双方自愿达成的调解协议；提出书面异议的，视为调解不成立。当事人申请司法确认调解协议的，应当依照有关规定予以确认。

四、完善程序安排

25. 建立纠纷解决告知程序。人民法院应当在登记立案前对诉讼风险进行评估，告知并引导当事人选择适当的非诉讼方式解决纠纷，为当事人提供纠纷解决方法、心理咨询、诉讼常识等方面的释明和辅导。

26. 鼓励当事人先行协商和解。鼓励当事人就纠纷解决先行协商，达成和解协议。当事人双方均有律师代理的，鼓励律师引导当事人先行和解。特邀调解员、相关专家或者其他人员根据当事人的申请或委托参与协商，可以为纠纷解决提供辅助性的协调和帮助。

27. 探索建立调解前置程序。探索适用调解前置程序的纠纷范围和案件类型。有条件的基层人民法院对家事纠纷、相邻关系、小额债务、消费者权益保护、交通事故、医疗纠纷、物业管理等适宜调解的纠纷，在征求当事人意愿的基础上，引导当事人在登记立案前由特邀调解组织或者特邀调解员先行调解。

28. 健全委派、委托调解程序。对当事人起诉到人民法院的适宜调解的案件，登记立案前，人民法院可以委派特邀调解组织、特邀调解员进行调解。委派调解达成协议的，当事人可以依法申请司法确认。当事人明确拒绝调解的，人民法院应当依法登记立案。登记立案后或者在审理过程中，人民法院认为适宜调解的案件，经当事人同意，可以委托给特邀调解组织、特邀调解员或者由人民法院专职调解员进行调解。委托调解达成协议的，经法官审查后依法出具调解书。

29. 完善繁简分流机制。对调解不成的民商事案件实行繁简分流，通过简易程序、小额诉讼程序、督促程序以及速裁机制分流案件，实现简案快审、繁案精审。完善认罪认罚从宽制度，进一步探索刑事案件速裁程序改革，简化工作流程，构建普通程序、简易程序、速裁程序等相配套的多层次诉讼制度体系。按照行政诉讼法规定，完善行政案件繁简分流机制。

30. 推动调解与裁判适当分离。建立案件调解与裁判在人员和程序方面适当分离的机制。立案阶段从事调解的法官原则上不参与同一案件的裁判工作。在案件审理过程中，双方当事人仍有调解意愿的，从事裁判的法官可以进行调解。

31. 完善司法确认程序。经行政机关、人民调解组织、商事调解组织、行业调解组织或者其他具有调解职能的组织调解达成的具有民事合同性质的协议，当事人可以向调解组织所在地基层人民法院或者人民法庭依法申请确认其效力。登记立案前委派给特邀调解组织或者特邀调解员调解达成的协议，当事人申请司法确认的，由调解组织所在地或者委派调解的基层人民法院管辖。

32. 加强调解与督促程序的衔接。以金钱或者有价证券给付为内容的和解协议、调解协议，债权人依据民事诉讼法及其司法解释的规定，向有管辖权的基层人民法院申请支付令的，人民法院应当依法发出支付令。债务人未在法定期限内提出书面异议且逾期不履行支付令的，人民法院可以强制执行。

五、加强工作保障

33. 加强组织领导。各级人民法院要进一步加强对诉调对接工作的组织领导，建立整体协调、分工明确、各负其责的工作机制。要主动争取党委、人大、政府的支持，推动出台多元化纠纷解决机制建设的地方配套文件，促进构建科学、系统的多元化纠纷解决体系。

34. 加强指导监督。上级人民法院要切实加强对下级人民法院的指导监督，及时总结多元化纠纷解决机制改革可复制可推广的经验。高级人民法院要明确专门机构，制定落实方案，掌握工作情况，积极开展本辖区多元化纠纷解决机制改革示范法院的评选工作。中级人民法院要加强对辖区基层人民法院的指导监督，促进多元化纠纷解决机制改革不断取得实效。

35. 完善管理机制。建立诉调对接案件管理制度，将委派调解、委托调解、专职调解和司法确认等内容纳入案件管理系统和司法统计系统。完善特邀调解组织、特邀调解员、法院专职调解员的管理制度，建立奖惩机制。

36. 加强调解人员培训。完善特邀调解员、专职调解员的培训机制，配合有关部门推动建立专业化、职业化调解员资质认证制度，加强职业道德建设，共同完善调解员职业水平评价体系。

37. 加强经费保障。各级人民法院要主动争取党委和政府的支持，将纠纷解决经费纳入财政专项预算，积极探索以购买服务等方式将纠纷解决委托给社会力量承担。支持商事调解组织、行业调解组织、律师事务所等按照市场化运作，根据当事人的需求提供纠纷解决服务并适当收取费用。

38. 发挥诉讼费用杠杆作用。当事人自行和解而申请撤诉的，免交案件受理费。当事人接受法院委托调解的，人民法院可以适当减免诉讼费用。一方当事人无正当理由不参与调解或者不履行调解协议、故意拖延诉讼的，人民法院可以酌情增加其诉讼费用的负担部分。

39. 加强宣传工作和理论研究。各级人民法院要大力宣传多元化纠纷解决机制的优势，鼓励和引导当事人优先选择成本较低、对抗性较弱、利于修复关系的非诉讼方式解决纠纷。树立“国家主导、司法推动、社会参与、多元并举、法治保障”现代纠纷解决理念，营造诚信友善、理性平和、文明和谐、创新发展的社会氛围。加强与政法院校、科研机构等单位的交流与合作，积极推动研究成果的转化，充分发挥多元化纠纷解决理论对司法实践的指导作用。借鉴域外经验，深入研究人民法院在多元化纠纷解决机制中的职能作用。

40. 推动立法进程。人民法院及时总结各地多元化纠纷解决机制改革的成功经验,积极支持本辖区因地制宜出台相关地方性法规、地方政府规章,从而推动国家层面相关法律的立法进程,将改革实践成果制度化、法律化,促进多元化纠纷解决机制改革在法治轨道上健康发展。

关于完善矛盾纠纷多元化解机制的意见(节选)

二、健全矛盾纠纷多元化解工作格局

(四)综治组织要发挥好组织协调作用。各级综治组织要在党委和政府领导下,切实做好调查研究、组织协调、督导检查、考评、推动等工作,发挥县(市、区、旗)、乡镇(街道)、村(社区)综治中心作用,推动人民调解、行政调解、司法调解协调联动,促进调解、仲裁、行政裁决、行政复议、诉讼等有机衔接……

(五)政法机关、政府法制机构和信访部门要肩负起重要责任。法院要发挥司法在矛盾纠纷多元化解机制中的引领、推动和保障作用,建立健全诉讼与非诉讼相衔接的纠纷解决机制,加强与行政机关、仲裁机构、人民调解组织、商事调解组织、行政调解组织或者其他具有调解职能的组织的协调配合,推动在程序安排、效力确认、法律指导等方面的有机衔接……政府法制机构要会同有关职能部门,加强行政调解制度建设,加强行政裁决、行政复议和民商事仲裁等机制建设。信访部门要健全完善与综治中心衔接的工作机制,理顺信访与行政复议、仲裁、诉讼等制度的关系,推进通过法定途径分类处理信访投诉请求,把信访纳入法治化轨道。

(六)各有关部门要发挥职能作用……人民银行要牵头组织金融监督管理机构,建立金融消费纠纷非诉第三方解决机制。其他有关部门要结合职能,积极参与矛盾纠纷化解工作。

三、促进各类非诉讼矛盾纠纷解决方式健康发展

(八)规范加强调解工作……登记立案后,法院对适宜调解的案件,可以由法官进行调解,也可以委托有关社会组织或者个人进行调解……中央有关部门指导和支持成立行业调解组织,推动有条件的商会、行业协会、民办非企业单位、商事仲裁机构等设立商事调解组织,鼓励设立具有独立法人地位的商事调解组织,在投资、金融、证券期货、保险、房地产、工程承包、技术转让、知识产权、国际贸易等领域提供商事调解服务,发挥商事调解组织专业化、职业化的优势。

(九)建立健全仲裁制度。深化仲裁制度改革,推动仲裁健康发展……完善仲裁调解制度,指导仲裁机构建立调解工作机制,发展仲裁调解队伍,提高仲裁调解质量。

四、推进矛盾纠纷多元化解制度建设

（十三）探索建立矛盾纠纷多元化解告知制度……调解组织对不适用调解或者调解不成的纠纷，应当告知当事人通过仲裁、诉讼等途径解决……

（十四）完善非诉讼纠纷解决机制效力保障制度……经行政机关、人民调解组织、商事调解组织、行业调解组织或者其他具有调解职能的组织调解达成的具有民事合同性质的协议，当事人可以申请有管辖权的法院确认其效力。……

五、搭建矛盾纠纷多元化解平台

（十九）加强矛盾纠纷化解信息化建设……积极稳妥开展在线调解、在线仲裁、在线协商谈谈判以及诉讼案件在线立案、在线审判、电子督促程序等工作，满足人民群众对于便捷、高效化解矛盾纠纷的新要求。

六、强化矛盾纠纷多元化解工作保障

（二十一）加强人才队伍建设。推动法官、检察官等国家公务人员以及律师、仲裁员等法律工作者更新观念，在执法办案等工作中努力照应当事人不同需求、促进矛盾纠纷多元化解……

十八届四中全会《中共中央关于全面推进依法治国若干重大问题的决定》（节选）

（2014年10月23日中国共产党第十八届中央委员会第四次全体会议通过）

五、增强全民法治观念，推进法治社会建设

（四）……

健全社会矛盾纠纷预防化解机制，完善调解、仲裁、行政裁决、行政复议、诉讼等有机衔接、相互协调的多元化纠纷解决机制。加强行业性、专业性人民调解组织建设，完善人民调解、行政调解、司法调解联动工作体系。完善仲裁制度，提高仲裁公信力。健全行政裁决制度，强化行政机关解决同行政管理活动密切相关的民事纠纷功能。

中央社会治安综合治理委员会　最高人民法院 司法部等16部门联合印发《关于深入推进矛盾纠纷大调解工作的指导意见》(节选)

(2011年4月22日)

1. 坚持调解优先,依法调解,充分发挥人民调解、行政调解、司法调解的作用。把人民调解工作做在行政调解、司法调解、仲裁、诉讼等方法前,立足预警、疏导,对矛盾纠纷做到早发现、早调解。

3. 经人民调解组织、行政调解组织或者其他具有调解职能的组织调解达成的调解协议,双方当事人认为有必要的,可以依法向人民法院申请司法确认。人民法院应当按照司法确认程序、管辖的相关规定,受理当事人的申请,及时对调解协议进行审查,依法进行确认。调解组织对调解协议的履行情况进行监督,督促当事人履行约定的义务。

4. ……对调解不成的矛盾纠纷,要引导当事人运用行政复议、仲裁、诉讼等方式进行解决……

6. ……建立完善法院与职能部门在调解、仲裁、执行等工作环节中的联动机制……

8. ……积极推行仲裁调解制度,指导仲裁机构建立完善仲裁调解工作机制和制度,发展仲裁调解队伍,从仲裁人员责任、仲裁程序等环节落实调解工作内容。

法律及司法解释类

一、法　　律

中华人民共和国仲裁法

(1994年8月31日第八届全国人民代表大会常务委员会第九次会议通过　1994年8月31日中华人民共和国主席令第31号公布　根据2009年8月27日第十一届全国人民代表大会常务委员会第十次会议《关于修改部分法律的决定》修正)

目　录

第一章　总　　则

第一条　为保证公正、及时地仲裁经济纠纷,保护当事人的合法权益,保障社会主义市场经济健康发展,制定本法。

第二条　平等主体的公民、法人和其他组织之间发生的合同纠纷和其他财产权益纠纷,可以仲裁。

第三条　下列纠纷不能仲裁:

(一)婚姻、收养、监护、扶养、继承纠纷;

(二)依法应当由行政机关处理的行政争议。

第四条　当事人采用仲裁方式解决纠纷,应当双方自愿,达成仲裁协议。没有仲裁协议,一方申请仲裁的,仲裁委员会不予受理。

第五条　当事人达成仲裁协议,一方向人民法院起诉的,人民法院不予受理,但仲裁协议无效的除外。

第六条 仲裁委员会应当由当事人协议选定。

仲裁不实行级别管辖和地域管辖。

第七条 仲裁应当根据事实，符合法律规定，公平合理地解决纠纷。

第八条 仲裁依法独立进行，不受行政机关、社会团体和个人的干涉。

第九条 仲裁实行一裁终局的制度。裁决作出后，当事人就同一纠纷再申请仲裁或者向人民法院起诉的，仲裁委员会或者人民法院不予受理。

裁决被人民法院依法裁定撤销或者不予执行的，当事人就该纠纷可以根据双方重新达成的仲裁协议申请仲裁，也可以向人民法院起诉。

第二章 仲裁委员会和仲裁协会

第十条 仲裁委员会可以在直辖市和省、自治区人民政府所在地的市设立，也可以根据需要在其他设区的市设立，不按行政区划层层设立。

仲裁委员会由前款规定的市的人民政府组织有关部门和商会统一组建。

设立仲裁委员会，应当经省、自治区、直辖市的司法行政部门登记。

第十一条 仲裁委员会应当具备下列条件：

（一）有自己的名称、住所和章程；

（二）有必要的财产；

（三）有该委员会的组成人员；

（四）有聘任的仲裁员。

仲裁委员会的章程应当依照本法制定。

第十二条 仲裁委员会由主任一人、副主任二至四人和委员七至十一人组成。

仲裁委员会的主任、副主任和委员由法律、经济贸易专家和有实际工作经验的人员担任。仲裁委员会的组成人员中，法律、经济贸易专家不得少于三分之二。

第十三条 仲裁委员会应当从公道正派的人员中聘任仲裁员。

仲裁员应当符合下列条件之一：

（一）从事仲裁工作满八年的；

（二）从事律师工作满八年的；

（三）曾任审判员满八年的；

（四）从事法律研究、教学工作并具有高级职称的；

（五）具有法律知识、从事经济贸易等专业工作并具有高级职称或者具有同等专业水平的。

仲裁委员会按照不同专业设仲裁员名册。

第十四条 仲裁委员会独立于行政机关，与行政机关没有隶属关系。仲裁委员会之间也没有隶属关系。

第十五条　中国仲裁协会是社会团体法人。仲裁委员会是中国仲裁协会的会员。中国仲裁协会的章程由全国会员大会制定。

中国仲裁协会是仲裁委员会的自律性组织，根据章程对仲裁委员会及其组成人员、仲裁员的违纪行为进行监督。

中国仲裁协会依照本法和民事诉讼法的有关规定制定仲裁规则。

第三章　仲裁协议

第十六条　仲裁协议包括合同中订立的仲裁条款和以其他书面方式在纠纷发生前或者纠纷发生后达成的请求仲裁的协议。

仲裁协议应当具有下列内容：

（一）请求仲裁的意思表示；

（二）仲裁事项；

（三）选定的仲裁委员会。

第十七条　有下列情形之一的，仲裁协议无效：

（一）约定的仲裁事项超出法律规定的仲裁范围的；

（二）无民事行为能力人或者限制民事行为能力人订立的仲裁协议；

（三）一方采取胁迫手段，迫使对方订立仲裁协议的。

第十八条　仲裁协议对仲裁事项或者仲裁委员会没有约定或者约定不明确的，当事人可以补充协议；达不成补充协议的，仲裁协议无效。

第十九条　仲裁协议独立存在，合同的变更、解除、终止或者无效，不影响仲裁协议的效力。

仲裁庭有权确认合同的效力。

第二十条　当事人对仲裁协议的效力有异议的，可以请求仲裁委员会作出决定或者请求人民法院作出裁定。一方请求仲裁委员会作出决定，另一方请求人民法院作出裁定的，由人民法院裁定。

当事人对仲裁协议的效力有异议，应当在仲裁庭首次开庭前提出。

第四章　仲裁程序

第一节　申请和受理

第二十一条　当事人申请仲裁应当符合下列条件：

（一）有仲裁协议；

（二）有具体的仲裁请求和事实、理由；

（三）属于仲裁委员会的受理范围。

第二十二条　当事人申请仲裁，应当向仲裁委员会递交仲裁协议、仲裁申请书及副本。

第二十三条 仲裁申请书应当载明下列事项：

（一）当事人的姓名、性别、年龄、职业、工作单位和住所，法人或者其他组织的名称、住所和法定代表人或者主要负责人的姓名、职务；

（二）仲裁请求和所根据的事实、理由；

（三）证据和证据来源、证人姓名和住所。

第二十四条 仲裁委员会收到仲裁申请书之日起五日内，认为符合受理条件的，应当受理，并通知当事人；认为不符合受理条件的，应当书面通知当事人不予受理，并说明理由。

第二十五条 仲裁委员会受理仲裁申请后，应当在仲裁规则规定的期限内将仲裁规则和仲裁员名册送达申请人，并将仲裁申请书副本和仲裁规则、仲裁员名册送达被申请人。

被申请人收到仲裁申请书副本后，应当在仲裁规则规定的期限内向仲裁委员会提交答辩书。仲裁委员会收到答辩书后，应当在仲裁规则规定的期限内将答辩书副本送达申请人。被申请人未提交答辩书的，不影响仲裁程序的进行。

第二十六条 当事人达成仲裁协议，一方向人民法院起诉未声明有仲裁协议，人民法院受理后，另一方在首次开庭前提交仲裁协议的，人民法院应当驳回起诉，但仲裁协议无效的除外；另一方在首次开庭前未对人民法院受理该案提出异议的，视为放弃仲裁协议，人民法院应当继续审理。

第二十七条 申请人可以放弃或者变更仲裁请求。被申请人可以承认或者反驳仲裁请求，有权提出反请求。

第二十八条 一方当事人因另一方当事人的行为或者其他原因，可能使裁决不能执行或者难以执行的，可以申请财产保全。

当事人申请财产保全的，仲裁委员会应当将当事人的申请依照民事诉讼法的有关规定提交人民法院。

申请有错误的，申请人应当赔偿被申请人因财产保全所遭受的损失。

第二十九条 当事人、法定代理人可以委托律师和其他代理人进行仲裁活动。委托律师和其他代理人进行仲裁活动的，应当向仲裁委员会提交授权委托书。

第二节 仲裁庭的组成

第三十条 仲裁庭可以由三名仲裁员或者一名仲裁员组成。由三名仲裁员组成的，设首席仲裁员。

第三十一条 当事人约定由三名仲裁员组成仲裁庭的，应当各自选定或者各自委托仲裁委员会主任指定一名仲裁员，第三名仲裁员由当事人共同选定或者共同委托仲裁委员会主任指定。第三名仲裁员是首席仲裁员。

当事人约定由一名仲裁员成立仲裁庭的，应当由当事人共同选定或者共同委托仲裁委员会主任指定仲裁员。

第三十二条　当事人没有在仲裁规则规定的期限内约定仲裁庭的组成方式或者选定仲裁员的，由仲裁委员会主任指定。

第三十三条　仲裁庭组成后，仲裁委员会应当将仲裁庭的组成情况书面通知当事人。

第三十四条　仲裁员有下列情形之一的，必须回避，当事人也有权提出回避申请：

(一)是本案当事人或者当事人、代理人的近亲属；

(二)与本案有利害关系；

(三)与本案当事人、代理人有其他关系，可能影响公正仲裁的；

(四)私自会见当事人、代理人，或者接受当事人、代理人的请客送礼的。

第三十五条　当事人提出回避申请，应当说明理由，在首次开庭前提出。回避事由在首次开庭后知道的，可以在最后一次开庭终结前提出。

第三十六条　仲裁员是否回避，由仲裁委员会主任决定；仲裁委员会主任担任仲裁员时，由仲裁委员会集体决定。

第三十七条　仲裁员因回避或者其他原因不能履行职责的，应当依照本法规定重新选定或者指定仲裁员。

因回避而重新选定或者指定仲裁员后，当事人可以请求已进行的仲裁程序重新进行，是否准许，由仲裁庭决定；仲裁庭也可以自行决定已进行的仲裁程序是否重新进行。

第三十八条　仲裁员有本法第三十四条第四项规定的情形，情节严重的，或者有本法第五十八条第六项规定的情形的，应当依法承担法律责任，仲裁委员会应当将其除名。

第三节　开庭和裁决

第三十九条　仲裁应当开庭进行。当事人协议不开庭的，仲裁庭可以根据仲裁申请书、答辩书以及其他材料作出裁决。

第四十条　仲裁不公开进行。当事人协议公开的，可以公开进行，但涉及国家秘密的除外。

第四十一条　仲裁委员会应当在仲裁规则规定的期限内将开庭日期通知双方当事人。当事人有正当理由的，可以在仲裁规则规定的期限内请求延期开庭。是否延期，由仲裁庭决定。

第四十二条　申请人经书面通知，无正当理由不到庭或者未经仲裁庭许可中途退庭的，可以视为撤回仲裁申请。

被申请人经书面通知，无正当理由不到庭或者未经仲裁庭许可中途退庭的，可以缺席裁决。

第四十三条 当事人应当对自己的主张提供证据。

仲裁庭认为有必要收集的证据,可以自行收集。

第四十四条 仲裁庭对专门性问题认为需要鉴定的,可以交由当事人约定的鉴定部门鉴定,也可以由仲裁庭指定的鉴定部门鉴定。

根据当事人的请求或者仲裁庭的要求,鉴定部门应当派鉴定人参加开庭。当事人经仲裁庭许可,可以向鉴定人提问。

第四十五条 证据应当在开庭时出示,当事人可以质证。

第四十六条 在证据可能灭失或者以后难以取得的情况下,当事人可以申请证据保全。当事人申请证据保全的,仲裁委员会应当将当事人的申请提交证据所在地的基层人民法院。

第四十七条 当事人在仲裁过程中有权进行辩论。辩论终结时,首席仲裁员或者独任仲裁员应当征询当事人的最后意见。

第四十八条 仲裁庭应当将开庭情况记入笔录。当事人和其他仲裁参与人认为对自己陈述的记录有遗漏或者差错的,有权申请补正。如果不予补正,应当记录该申请。

笔录由仲裁员、记录人员、当事人和其他仲裁参与人签名或者盖章。

第四十九条 当事人申请仲裁后,可以自行和解。达成和解协议的,可以请求仲裁庭根据和解协议作出裁决书,也可以撤回仲裁申请。

第五十条 当事人达成和解协议,撤回仲裁申请后反悔的,可以根据仲裁协议申请仲裁。

第五十一条 仲裁庭在作出裁决前,可以先行调解。当事人自愿调解的,仲裁庭应当调解。调解不成的,应当及时作出裁决。

调解达成协议的,仲裁庭应当制作调解书或者根据协议的结果制作裁决书。调解书与裁决书具有同等法律效力。

第五十二条 调解书应当写明仲裁请求和当事人协议的结果。调解书由仲裁员签名,加盖仲裁委员会印章,送达双方当事人。

调解书经双方当事人签收后,即发生法律效力。

在调解书签收前当事人反悔的,仲裁庭应当及时作出裁决。

第五十三条 裁决应当按照多数仲裁员的意见作出,少数仲裁员的不同意见可以记入笔录。仲裁庭不能形成多数意见时,裁决应当按照首席仲裁员的意见作出。

第五十四条 裁决书应当写明仲裁请求、争议事实、裁决理由、裁决结果、仲裁费用的负担和裁决日期。当事人协议不愿写明争议事实和裁决理由的,可以不写。裁决书由仲裁员签名,加盖仲裁委员会印章。对裁决持不同意见的仲裁员,可以签名,也可以不签名。

第五十五条 仲裁庭仲裁纠纷时,其中一部分事实已经清楚,可以就该部分先行裁决。

第五十六条　对裁决书中的文字、计算错误或者仲裁庭已经裁决但在裁决书中遗漏的事项，仲裁庭应当补正；当事人自收到裁决书之日起三十日内，可以请求仲裁庭补正。

第五十七条　裁决书自作出之日起发生法律效力。

第五章　申请撤销裁决

第五十八条　当事人提出证据证明裁决有下列情形之一的，可以向仲裁委员会所在地的中级人民法院申请撤销裁决：

（一）没有仲裁协议的；

（二）裁决的事项不属于仲裁协议的范围或者仲裁委员会无权仲裁的；

（三）仲裁庭的组成或者仲裁的程序违反法定程序的；

（四）裁决所根据的证据是伪造的；

（五）对方当事人隐瞒了足以影响公正裁决的证据的；

（六）仲裁员在仲裁该案时有索贿受贿，徇私舞弊，枉法裁决行为的。

人民法院经组成合议庭审查核实裁决有前款规定情形之一的，应当裁定撤销。

人民法院认定该裁决违背社会公共利益的，应当裁定撤销。

第五十九条　当事人申请撤销裁决的，应当自收到裁决书之日起六个月内提出。

第六十条　人民法院应当在受理撤销裁决申请之日起两个月内作出撤销裁决或者驳回申请的裁定。

第六十一条　人民法院受理撤销裁决的申请后，认为可以由仲裁庭重新仲裁的，通知仲裁庭在一定期限内重新仲裁，并裁定中止撤销程序。仲裁庭拒绝重新仲裁的，人民法院应当裁定恢复撤销程序。

第六章　执　　行

第六十二条　当事人应当履行裁决。一方当事人不履行的，另一方当事人可以依照民事诉讼法的有关规定向人民法院申请执行。受申请的人民法院应当执行。

第六十三条　被申请人提出证据证明裁决有民事诉讼法第二百一十三条第二款规定的情形之一的，经人民法院组成合议庭审查核实，裁定不予执行。

第六十四条　一方当事人申请执行裁决，另一方当事人申请撤销裁决的，人民法院应当裁定中止执行。

人民法院裁定撤销裁决的，应当裁定终结执行。撤销裁决的申请被裁定驳回的，人民法院应当裁定恢复执行。

第七章　涉外仲裁的特别规定

第六十五条　涉外经济贸易、运输和海事中发生的纠纷的仲裁，适用本章规定。

本章没有规定的，适用本法其他有关规定。

第六十六条 涉外仲裁委员会可以由中国国际商会组织设立。

涉外仲裁委员会由主任一人、副主任若干人和委员若干人组成。

涉外仲裁委员会的主任、副主任和委员可以由中国国际商会聘任。

第六十七条 涉外仲裁委员会可以从具有法律、经济贸易、科学技术等专门知识的外籍人士中聘任仲裁员。

第六十八条 涉外仲裁的当事人申请证据保全的，涉外仲裁委员会应当将当事人的申请提交证据所在地的中级人民法院。

第六十九条 涉外仲裁的仲裁庭可以将开庭情况记入笔录，或者作出笔录要点，笔录要点可以由当事人和其他仲裁参与人签字或者盖章。

第七十条 当事人提出证据证明涉外仲裁裁决有民事诉讼法第二百五十八条第一款规定的情形之一的，经人民法院组成合议庭审查核实，裁定撤销。

第七十一条 被申请人提出证据证明涉外仲裁裁决有民事诉讼法第二百五十八条第一款规定的情形之一的，经人民法院组成合议庭审查核实，裁定不予执行。

第七十二条 涉外仲裁委员会作出的发生法律效力的仲裁裁决，当事人请求执行的，如果被执行人或者其财产不在中华人民共和国领域内，应当由当事人直接向有管辖权的外国法院申请承认和执行。

第七十三条 涉外仲裁规则可以由中国国际商会依照本法和民事诉讼法的有关规定制定。

第八章 附 则

第七十四条 法律对仲裁时效有规定的，适用该规定。法律对仲裁时效没有规定的，适用诉讼时效的规定。

第七十五条 中国仲裁协会制定仲裁规则前，仲裁委员会依照本法和民事诉讼法的有关规定可以制定仲裁暂行规则。

第七十六条 当事人应当按照规定交纳仲裁费用。

收取仲裁费用的办法，应当报物价管理部门核准。

第七十七条 劳动争议和农业集体经济组织内部的农业承包合同纠纷的仲裁，另行规定。

第七十八条 本法施行前制定的有关仲裁的规定与本法的规定相抵触的，以本法为准。

第七十九条 本法施行前在直辖市、省、自治区人民政府所在地的市和其他设区的市设立的仲裁机构，应当依照本法的有关规定重新组建；未重新组建的，自本法施行之日起届满一年时终止。

本法施行前设立的不符合本法规定的其他仲裁机构，自本法施行之日起终止。

第八十条　本法自1995年9月1日起施行。

中华人民共和国民事诉讼法

（1991年4月9日第七届全国人民代表大会第四次会议通过　根据2007年10月28日第十届全国人民代表大会常务委员会第三十次会议《关于修改〈中华人民共和国民事诉讼法〉的决定》第一次修正　根据2012年8月31日第十一届全国人民代表大会常务委员会第二十八次会议《关于修改〈中华人民共和国民事诉讼法〉的决定》第二次修正）

目　　录

第一编　总　　则

第一章　任务、适用范围和基本原则

第一条　条文主旨为编者所加,下同。中华人民共和国民事诉讼法以宪法为根据,结合我国民事审判工作的经验和实际情况制定。

第二条　中华人民共和国民事诉讼法的任务，是保护当事人行使诉讼权利，保证人民法院查明事实，分清是非，正确适用法律，及时审理民事案件，确认民事权利义务关系，制裁民事违法行为，保护当事人的合法权益，教育公民自觉遵守法律，维护社会秩序、经济秩序，保障社会主义建设事业顺利进行。

第三条　人民法院受理公民之间、法人之间、其他组织之间以及他们相互之间因财产关系和人身关系提起的民事诉讼，适用本法的规定。

第四条　凡在中华人民共和国领域内进行民事诉讼，必须遵守本法。

第五条　外国人、无国籍人、外国企业和组织在人民法院起诉、应诉，同中华人民共和国公民、法人和其他组织有同等的诉讼权利义务。

外国法院对中华人民共和国公民、法人和其他组织的民事诉讼权利加以限制的，中华人民共和国人民法院对该国公民、企业和组织的民事诉讼权利，实行对等原则。

第六条　民事案件的审判权由人民法院行使。

人民法院依照法律规定对民事案件独立进行审判，不受行政机关、社会团体和个人的干涉。

第七条　人民法院审理民事案件，必须以事实为根据，以法律为准绳。

第八条　民事诉讼当事人有平等的诉讼权利。人民法院审理民事案件，应当保障和便利当事人行使诉讼权利，对当事人在适用法律上一律平等。

第九条　人民法院审理民事案件，应当根据自愿和合法的原则进行调解；调解不成的，应当及时判决。

第十条　人民法院审理民事案件，依照法律规定实行合议、回避、公开审判和两审终审制度。

第十一条　各民族公民都有用本民族语言、文字进行民事诉讼的权利。

在少数民族聚居或者多民族共同居住的地区，人民法院应当用当地民族通用的语言、文字进行审理和发布法律文书。

人民法院应当对不通晓当地民族通用的语言、文字的诉讼参与人提供翻译。

第十二条　人民法院审理民事案件时，当事人有权进行辩论。

第十三条　民事诉讼应当遵循诚实信用原则。

当事人有权在法律规定的范围内处分自己的民事权利和诉讼权利。

第十四条　人民检察院有权对民事诉讼实行法律监督。

第十五条　机关、社会团体、企业事业单位对损害国家、集体或者个人民事权益的行为，可以支持受损害的单位或者个人向人民法院起诉。

第十六条　民族自治地方的人民代表大会根据宪法和本法的原则，结合当地民族的具体情况，可以制定变通或者补充的规定。自治区的规定，报全国人民代表大会常务委员会批准。自治州、自治县的规定，报省或者自治区的人民代表大会常务委员会批准,并报全国人民代表大会常务委员会备案。

第二章 管 辖

第一节 级别管辖

第十七条 基层人民法院管辖第一审民事案件,但本法另有规定的除外。

第十八条 中级人民法院管辖下列第一审民事案件:

(一)重大涉外案件;

(二)在本辖区有重大影响的案件;

(三)最高人民法院确定由中级人民法院管辖的案件。

第十九条 高级人民法院管辖在本辖区有重大影响的第一审民事案件。

第二十条 最高人民法院管辖下列第一审民事案件:

(一)在全国有重大影响的案件;

(二)认为应当由本院审理的案件。

第二节 地域管辖

第二十一条 对公民提起的民事诉讼,由被告住所地人民法院管辖;被告住所地与经常居住地不一致的,由经常居住地人民法院管辖。

对法人或者其他组织提起的民事诉讼,由被告住所地人民法院管辖。

同一诉讼的几个被告住所地、经常居住地在两个以上人民法院辖区的,各该人民法院都有管辖权。

第二十二条 下列民事诉讼,由原告住所地人民法院管辖;原告住所地与经常居住地不一致的,由原告经常居住地人民法院管辖:

(一)对不在中华人民共和国领域内居住的人提起的有关身份关系的诉讼;

(二)对下落不明或者宣告失踪的人提起的有关身份关系的诉讼;

(三)对被采取强制性教育措施的人提起的诉讼;

(四)对被监禁的人提起的诉讼。

第二十三条 因合同纠纷提起的诉讼,由被告住所地或者合同履行地人民法院管辖。

第二十四条 因保险合同纠纷提起的诉讼,由被告住所地或者保险标的物所在地人民法院管辖。

第二十五条 因票据纠纷提起的诉讼,由票据支付地或者被告住所地人民法院管辖。

第二十六条 因公司设立、确认股东资格、分配利润、解散等纠纷提起的诉讼,由公司住所地人民法院管辖。

第二十七条　因铁路、公路、水上、航空运输和联合运输合同纠纷提起的诉讼，由运输始发地、目的地或者被告住所地人民法院管辖。

第二十八条　因侵权行为提起的诉讼，由侵权行为地或者被告住所地人民法院管辖。

第二十九条　因铁路、公路、水上和航空事故请求损害赔偿提起的诉讼，由事故发生地或者车辆、船舶最先到达地、航空器最先降落地或者被告住所地人民法院管辖。

第三十条　因船舶碰撞或者其他海事损害事故请求损害赔偿提起的诉讼，由碰撞发生地、碰撞船舶最先到达地、加害船舶被扣留地或者被告住所地人民法院管辖。

第三十一条　因海难救助费用提起的诉讼，由救助地或者被救助船舶最先到达地人民法院管辖。

第三十二条　因共同海损提起的诉讼，由船舶最先到达地、共同海损理算地或者航程终止地的人民法院管辖。

第三十三条　下列案件，由本条规定的人民法院专属管辖：

（一）因不动产纠纷提起的诉讼，由不动产所在地人民法院管辖；

（二）因港口作业中发生纠纷提起的诉讼，由港口所在地人民法院管辖；

（三）因继承遗产纠纷提起的诉讼，由被继承人死亡时住所地或者主要遗产所在地人民法院管辖。

第三十四条　合同或者其他财产权益纠纷的当事人可以书面协议选择被告住所地、合同履行地、合同签订地、原告住所地、标的物所在地等与争议有实际联系的地点的人民法院管辖，但不得违反本法对级别管辖和专属管辖的规定。

第三十五条　两个以上人民法院都有管辖权的诉讼，原告可以向其中一个人民法院起诉；原告向两个以上有管辖权的人民法院起诉的，由最先立案的人民法院管辖。

第三节　移送管辖和指定管辖

第三十六条　人民法院发现受理的案件不属于本院管辖的，应当移送有管辖权的人民法院，受移送的人民法院应当受理。受移送的人民法院认为受移送的案件依照规定不属于本院管辖的，应当报请上级人民法院指定管辖，不得再自行移送。

第三十七条　有管辖权的人民法院由于特殊原因，不能行使管辖权的，由上级人民法院指定管辖。

人民法院之间因管辖权发生争议，由争议双方协商解决；协商解决不了的，报请它们的共同上级人民法院指定管辖。

第三十八条　上级人民法院有权审理下级人民法院管辖的第一审民事案件；确有必要将本院管辖的第一审民事案件交下级人民法院审理的，应当报请其上级人民法院批准。

下级人民法院对它所管辖的第一审民事案件,认为需要由上级人民法院审理的,可以报请上级人民法院审理。

第三章 审判组织

第三十九条 人民法院审理第一审民事案件,由审判员、陪审员共同组成合议庭或者由审判员组成合议庭。合议庭的成员人数,必须是单数。

适用简易程序审理的民事案件,由审判员一人独任审理。

陪审员在执行陪审职务时,与审判员有同等的权利义务。

第四十条 人民法院审理第二审民事案件,由审判员组成合议庭。合议庭的成员人数,必须是单数。

发回重审的案件,原审人民法院应当按照第一审程序另行组成合议庭。

审理再审案件,原来是第一审的,按照第一审程序另行组成合议庭;原来是第二审的或者是上级人民法院提审的,按照第二审程序另行组成合议庭。

第四十一条 合议庭的审判长由院长或者庭长指定审判员一人担任;院长或者庭长参加审判的,由院长或者庭长担任。

第四十二条 合议庭评议案件,实行少数服从多数的原则。评议应当制作笔录,由合议庭成员签名。评议中的不同意见,必须如实记入笔录。

第四十三条 审判人员应当依法秉公办案。

审判人员不得接受当事人及其诉讼代理人请客送礼。

审判人员有贪污受贿,徇私舞弊,枉法裁判行为的,应当追究法律责任;构成犯罪的,依法追究刑事责任。

第四章 回 避

第四十四条 审判人员有下列情形之一的,应当自行回避,当事人有权用口头或者书面方式申请他们回避:

(一)是本案当事人或者当事人、诉讼代理人近亲属的;

(二)与本案有利害关系的;

(三)与本案当事人、诉讼代理人有其他关系,可能影响对案件公正审理的。

审判人员接受当事人、诉讼代理人请客送礼,或者违反规定会见当事人、诉讼代理人的,当事人有权要求他们回避。

审判人员有前款规定的行为的,应当依法追究法律责任。

前三款规定,适用于书记员、翻译人员、鉴定人、勘验人。

第四十五条 当事人提出回避申请,应当说明理由,在案件开始审理时提出;回避事由在案件开始审理后知道的,也可以在法庭辩论终结前提出。

被申请回避的人员在人民法院作出是否回避的决定前，应当暂停参与本案的工作，但案件需要采取紧急措施的除外。

第四十六条　院长担任审判长时的回避，由审判委员会决定；审判人员的回避，由院长决定；其他人员的回避，由审判长决定。

第四十七条　人民法院对当事人提出的回避申请，应当在申请提出的三日内，以口头或者书面形式作出决定。申请人对决定不服的，可以在接到决定时申请复议一次。复议期间，被申请回避的人员，不停止参与本案的工作。人民法院对复议申请，应当在三日内作出复议决定，并通知复议申请人。

第五章　诉讼参加人

第一节　当　事　人

第四十八条　公民、法人和其他组织可以作为民事诉讼的当事人。

法人由其法定代表人进行诉讼。其他组织由其主要负责人进行诉讼。

第四十九条　当事人有权委托代理人，提出回避申请，收集、提供证据，进行辩论，请求调解，提起上诉，申请执行。

当事人可以查阅本案有关材料，并可以复制本案有关材料和法律文书。查阅、复制本案有关材料的范围和办法由最高人民法院规定。

当事人必须依法行使诉讼权利，遵守诉讼秩序，履行发生法律效力的判决书、裁定书和调解书。

第五十条　双方当事人可以自行和解。

第五十一条　原告可以放弃或者变更诉讼请求。被告可以承认或者反驳诉讼请求，有权提起反诉。

第五十二条　当事人一方或者双方为二人以上，其诉讼标的是共同的，或者诉讼标的是同一种类、人民法院认为可以合并审理并经当事人同意的，为共同诉讼。

共同诉讼的一方当事人对诉讼标的有共同权利义务的，其中一人的诉讼行为经其他共同诉讼人承认，对其他共同诉讼人发生效力；对诉讼标的没有共同权利义务的，其中一人的诉讼行为对其他共同诉讼人不发生效力。

第五十三条　当事人一方人数众多的共同诉讼，可以由当事人推选代表人进行诉讼。代表人的诉讼行为对其所代表的当事人发生效力，但代表人变更、放弃诉讼请求或者承认对方当事人的诉讼请求，进行和解，必须经被代表的当事人同意。

第五十四条　诉讼标的是同一种类、当事人一方人数众多在起诉时人数尚未确定的，人民法院可以发出公告，说明案件情况和诉讼请求，通知权利人在一定期间向人民法院登记。

向人民法院登记的权利人可以推选代表人进行诉讼；推选不出代表人的，人民法院可以与参加登记的权利人商定代表人。

代表人的诉讼行为对其所代表的当事人发生效力，但代表人变更、放弃诉讼请求或者承认对方当事人的诉讼请求，进行和解，必须经被代表的当事人同意。

人民法院作出的判决、裁定，对参加登记的全体权利人发生效力。未参加登记的权利人在诉讼时效期间提起诉讼的，适用该判决、裁定。

第五十五条 对污染环境、侵害众多消费者合法权益等损害社会公共利益的行为，法律规定的机关和有关组织可以向人民法院提起诉讼。

第五十六条 对当事人双方的诉讼标的，第三人认为有独立请求权的，有权提起诉讼。

对当事人双方的诉讼标的，第三人虽然没有独立请求权，但案件处理结果同他有法律上的利害关系的，可以申请参加诉讼，或者由人民法院通知他参加诉讼。人民法院判决承担民事责任的第三人，有当事人的诉讼权利义务。

前两款规定的第三人，因不能归责于本人的事由未参加诉讼，但有证据证明发生法律效力的判决、裁定、调解书的部分或者全部内容错误，损害其民事权益的，可以自知道或者应当知道其民事权益受到损害之日起六个月内，向作出该判决、裁定、调解书的人民法院提起诉讼。人民法院经审理，诉讼请求成立的，应当改变或者撤销原判决、裁定、调解书；诉讼请求不成立的，驳回诉讼请求。

第二节 诉讼代理人

第五十七条 无诉讼行为能力人由他的监护人作为法定代理人代为诉讼。法定代理人之间互相推诿代理责任的，由人民法院指定其中一人代为诉讼。

第五十八条 当事人、法定代理人可以委托一至二人作为诉讼代理人。

下列人员可以被委托为诉讼代理人：

（一）律师、基层法律服务工作者；

（二）当事人的近亲属或者工作人员；

（三）当事人所在社区、单位以及有关社会团体推荐的公民。

第五十九条 委托他人代为诉讼，必须向人民法院提交由委托人签名或者盖章的授权委托书。

授权委托书必须记明委托事项和权限。诉讼代理人代为承认、放弃、变更诉讼请求，进行和解，提起反诉或者上诉，必须有委托人的特别授权。

侨居在国外的中华人民共和国公民从国外寄交或者托交的授权委托书，必须经中华人民共和国驻该国的使领馆证明；没有使领馆的，由与中华人民共和国有外交关系的第三国驻该国的使领馆证明，再转由中华人民共和国驻该第三国使领馆证明，或者由当地的爱国华侨团体证明。

第六十条 诉讼代理人的权限如果变更或者解除，当事人应当书面告知人民法院,并由人民法院通知对方当事人。

第六十一条　代理诉讼的律师和其他诉讼代理人有权调查收集证据,可以查阅本案有关材料。查阅本案有关材料的范围和办法由最高人民法院规定。

第六十二条　离婚案件有诉讼代理人的,本人除不能表达意思的以外,仍应出庭;确因特殊情况无法出庭的,必须向人民法院提交书面意见。

第六章　证　　据

第六十三条　证据包括:

(一)当事人的陈述;

(二)书证;

(三)物证;

(四)视听资料;

(五)电子数据;

(六)证人证言;

(七)鉴定意见;

(八)勘验笔录。

证据必须查证属实,才能作为认定事实的根据。

第六十四条　当事人对自己提出的主张,有责任提供证据。

当事人及其诉讼代理人因客观原因不能自行收集的证据,或者人民法院认为审理案件需要的证据,人民法院应当调查收集。

人民法院应当按照法定程序,全面地、客观地审查核实证据。

第六十五条　当事人对自己提出的主张应当及时提供证据。

人民法院根据当事人的主张和案件审理情况,确定当事人应当提供的证据及其期限。当事人在该期限内提供证据确有困难的,可以向人民法院申请延长期限,人民法院根据当事人的申请适当延长。当事人逾期提供证据的,人民法院应当责令其说明理由;拒不说明理由或者理由不成立的,人民法院根据不同情形可以不予采纳该证据,或者采纳该证据但予以训诫、罚款。

第六十六条　人民法院收到当事人提交的证据材料,应当出具收据,写明证据名称、页数、份数、原件或者复印件以及收到时间等,并由经办人员签名或者盖章。

第六十七条　人民法院有权向有关单位和个人调查取证,有关单位和个人不得拒绝。

人民法院对有关单位和个人提出的证明文书,应当辨别真伪,审查确定其效力。

第六十八条　证据应当在法庭上出示,并由当事人互相质证。对涉及国家秘密、商业秘密和个人隐私的证据应当保密,需要在法庭出示的,不得在公开开庭时出示。

第六十九条 经过法定程序公证证明的法律事实和文书，人民法院应当作为认定事实的根据，但有相反证据足以推翻公证证明的除外。

第七十条 书证应当提交原件。物证应当提交原物。提交原件或者原物确有困难的，可以提交复制品、照片、副本、节录本。

提交外文书证，必须附有中文译本。

第七十一条 人民法院对视听资料，应当辨别真伪，并结合本案的其他证据，审查确定能否作为认定事实的根据。

第七十二条 凡是知道案件情况的单位和个人，都有义务出庭作证。有关单位的负责人应当支持证人作证。

不能正确表达意思的人，不能作证。

第七十三条 经人民法院通知，证人应当出庭作证。有下列情形之一的，经人民法院许可，可以通过书面证言、视听传输技术或者视听资料等方式作证：

（一）因健康原因不能出庭的；

（二）因路途遥远，交通不便不能出庭的；

（三）因自然灾害等不可抗力不能出庭的；

（四）其他有正当理由不能出庭的。

第七十四条 证人因履行出庭作证义务而支出的交通、住宿、就餐等必要费用以及误工损失，由败诉一方当事人负担。当事人申请证人作证的，由该当事人先行垫付；当事人没有申请，人民法院通知证人作证的，由人民法院先行垫付。

第七十五条 人民法院对当事人的陈述，应当结合本案的其他证据，审查确定能否作为认定事实的根据。

当事人拒绝陈述的，不影响人民法院根据证据认定案件事实。

第七十六条 当事人可以就查明事实的专门性问题向人民法院申请鉴定。当事人申请鉴定的，由双方当事人协商确定具备资格的鉴定人；协商不成的，由人民法院指定。

当事人未申请鉴定，人民法院对专门性问题认为需要鉴定的，应当委托具备资格的鉴定人进行鉴定。

第七十七条 鉴定人有权了解进行鉴定所需要的案件材料，必要时可以询问当事人、证人。

鉴定人应当提出书面鉴定意见，在鉴定书上签名或者盖章。

第七十八条 当事人对鉴定意见有异议或者人民法院认为鉴定人有必要出庭的，鉴定人应当出庭作证。经人民法院通知，鉴定人拒不出庭作证的，鉴定意见不得作为认定事实的根据；支付鉴定费用的当事人可以要求返还鉴定费用。

第七十九条 当事人可以申请人民法院通知有专门知识的人出庭，就鉴定人作出的鉴定意见或者专业问题提出意见。

第八十条　勘验物证或者现场，勘验人必须出示人民法院的证件，并邀请当地基层组织或者当事人所在单位派人参加。当事人或者当事人的成年家属应当到场，拒不到场的，不影响勘验的进行。

有关单位和个人根据人民法院的通知，有义务保护现场，协助勘验工作。

勘验人应当将勘验情况和结果制作笔录，由勘验人、当事人和被邀参加人签名或者盖章。

第八十一条　在证据可能灭失或者以后难以取得的情况下，当事人可以在诉讼过程中向人民法院申请保全证据，人民法院也可以主动采取保全措施。

因情况紧急，在证据可能灭失或者以后难以取得的情况下，利害关系人可以在提起诉讼或者申请仲裁前向证据所在地、被申请人住所地或者对案件有管辖权的人民法院申请保全证据。

证据保全的其他程序，参照适用本法第九章保全的有关规定。

第七章　期间、送达

第一节　期　　间

第八十二条　期间包括法定期间和人民法院指定的期间。

期间以时、日、月、年计算。期间开始的时和日，不计算在期间内。

期间届满的最后一日是节假日的，以节假日后的第一日为期间届满的日期。

期间不包括在途时间，诉讼文书在期满前交邮的，不算过期。

第八十三条　当事人因不可抗拒的事由或者其他正当理由耽误期限的，在障碍消除后的十日内，可以申请顺延期限，是否准许，由人民法院决定。

第二节　送　　达

第八十四条　送达诉讼文书必须有送达回证，由受送达人在送达回证上记明收到日期，签名或者盖章。

受送达人在送达回证上的签收日期为送达日期。

第八十五条　送达诉讼文书，应当直接送交受送达人。受送达人是公民的，本人不在交他的同住成年家属签收；受送达人是法人或者其他组织的，应当由法人的法定代表人、其他组织的主要负责人或者该法人、组织负责收件的人签收；受送达人有诉讼代理人的，可以送交其代理人签收；受送达人已向人民法院指定代收人的，送交代收人签收。

受送达人的同住成年家属，法人或者其他组织的负责收件的人，诉讼代理人或者代收人在送达回证上签收的日期为送达日期。

第八十六条　受送达人或者他的同住成年家属拒绝接收诉讼文书的，送达人可以邀请有关基层组织或者所在单位的代表到场，说明情况，在送达回证上记明拒收事由和日期，由送达人、见证人签名或者盖章，把诉讼文书留在受送达人的住所；也可以把诉讼文书留在受送达人的住所，并采用拍照、录像等方式记录送达过程，即视为送达。

第八十七条 经受送达人同意，人民法院可以采用传真、电子邮件等能够确认其收悉的方式送达诉讼文书，但判决书、裁定书、调解书除外。

采用前款方式送达的，以传真、电子邮件等到达受送达人特定系统的日期为送达日期。

第八十八条 直接送达诉讼文书有困难的，可以委托其他人民法院代为送达，或者邮寄送达。邮寄送达的，以回执上注明的收件日期为送达日期。

第八十九条 受送达人是军人的，通过其所在部队团以上单位的政治机关转交。

第九十条 受送达人被监禁的，通过其所在监所转交。

受送达人被采取强制性教育措施的，通过其所在强制性教育机构转交。

第九十一条 代为转交的机关、单位收到诉讼文书后，必须立即交受送达人签收，以在送达回证上的签收日期，为送达日期。

第九十二条 受送达人下落不明，或者用本节规定的其他方式无法送达的，公告送达。自发出公告之日起，经过六十日，即视为送达。

公告送达，应当在案卷中记明原因和经过。

第八章 调 解

第九十三条 人民法院审理民事案件，根据当事人自愿的原则，在事实清楚的基础上，分清是非，进行调解。

第九十四条 人民法院进行调解，可以由审判员一人主持，也可以由合议庭主持，并尽可能就地进行。

人民法院进行调解，可以用简便方式通知当事人、证人到庭。

第九十五条 人民法院进行调解，可以邀请有关单位和个人协助。被邀请的单位和个人，应当协助人民法院进行调解。

第九十六条 调解达成协议，必须双方自愿，不得强迫。调解协议的内容不得违反法律规定。

第九十七条 调解达成协议，人民法院应当制作调解书。调解书应当写明诉讼请求、案件的事实和调解结果。

调解书由审判人员、书记员署名，加盖人民法院印章，送达双方当事人。

调解书经双方当事人签收后，即具有法律效力。

第九十八条 下列案件调解达成协议，人民法院可以不制作调解书：

（一）调解和好的离婚案件；

（二）调解维持收养关系的案件；

（三）能够即时履行的案件；

（四）其他不需要制作调解书的案件。

对不需要制作调解书的协议，应当记入笔录，由双方当事人、审判人员、书记员签名或者盖章后，即具有法律效力。

第九十九条　调解未达成协议或者调解书送达前一方反悔的，人民法院应当及时判决。

第九章　保全和先予执行

第一百条　人民法院对于可能因当事人一方的行为或者其他原因，使判决难以执行或者造成当事人其他损害的案件，根据对方当事人的申请，可以裁定对其财产进行保全、责令其作出一定行为或者禁止其作出一定行为；当事人没有提出申请的，人民法院在必要时也可以裁定采取保全措施。

人民法院采取保全措施，可以责令申请人提供担保，申请人不提供担保的，裁定驳回申请。

人民法院接受申请后，对情况紧急的，必须在四十八小时内作出裁定；裁定采取保全措施的，应当立即开始执行。

第一百零一条　利害关系人因情况紧急，不立即申请保全将会使其合法权益受到难以弥补的损害的，可以在提起诉讼或者申请仲裁前向被保全财产所在地、被申请人住所地或者对案件有管辖权的人民法院申请采取保全措施。申请人应当提供担保，不提供担保的，裁定驳回申请。

人民法院接受申请后，必须在四十八小时内作出裁定；裁定采取保全措施的，应当立即开始执行。

申请人在人民法院采取保全措施后三十日内不依法提起诉讼或者申请仲裁的，人民法院应当解除保全。

第一百零二条　保全限于请求的范围，或者与本案有关的财物。

第一百零三条　财产保全采取查封、扣押、冻结或者法律规定的其他方法。人民法院保全财产后，应当立即通知被保全财产的人。

财产已被查封、冻结的，不得重复查封、冻结。

第一百零四条　财产纠纷案件，被申请人提供担保的，人民法院应当裁定解除保全。

第一百零五条　申请有错误的，申请人应当赔偿被申请人因保全所遭受的损失。

第一百零六条　人民法院对下列案件，根据当事人的申请，可以裁定先予执行：

(一)追索赡养费、扶养费、抚育费、抚恤金、医疗费用的;

(二)追索劳动报酬的;

(三)因情况紧急需要先予执行的。

第一百零七条 人民法院裁定先予执行的,应当符合下列条件:

(一)当事人之间权利义务关系明确,不先予执行将严重影响申请人的生活或者生产经营的;

(二)被申请人有履行能力。

人民法院可以责令申请人提供担保,申请人不提供担保的,驳回申请。申请人败诉的,应当赔偿被申请人因先予执行遭受的财产损失。

第一百零八条 当事人对保全或者先予执行的裁定不服的,可以申请复议一次。复议期间不停止裁定的执行。

第十章 对妨害民事诉讼的强制措施

第一百零九条 人民法院对必须到庭的被告,经两次传票传唤,无正当理由拒不到庭的,可以拘传。

第一百一十条 诉讼参与人和其他人应当遵守法庭规则。

人民法院对违反法庭规则的人,可以予以训诫,责令退出法庭或者予以罚款、拘留。

人民法院对哄闹、冲击法庭,侮辱、诽谤、威胁、殴打审判人员,严重扰乱法庭秩序的人,依法追究刑事责任;情节较轻的,予以罚款、拘留。

第一百一十一条 诉讼参与人或者其他人有下列行为之一的,人民法院可以根据情节轻重予以罚款、拘留;构成犯罪的,依法追究刑事责任:

(一)伪造、毁灭重要证据,妨碍人民法院审理案件的;

(二)以暴力、威胁、贿买方法阻止证人作证或者指使、贿买、胁迫他人作伪证的;

(三)隐藏、转移、变卖、毁损已被查封、扣押的财产,或者已被清点并责令其保管的财产,转移已被冻结的财产的;

(四)对司法工作人员、诉讼参加人、证人、翻译人员、鉴定人、勘验人、协助执行的人,进行侮辱、诽谤、诬陷、殴打或者打击报复的;

(五)以暴力、威胁或者其他方法阻碍司法工作人员执行职务的;

(六)拒不履行人民法院已经发生法律效力的判决、裁定的。

人民法院对有前款规定的行为之一的单位,可以对其主要负责人或者直接责任人员予以罚款、拘留;构成犯罪的,依法追究刑事责任。

第一百一十二条 当事人之间恶意串通,企图通过诉讼、调解等方式侵害他人合法权益的,人民法院应当驳回其请求,并根据情节轻重予以罚款、拘留;构成犯罪的,依法追究刑事责任。

第一百一十三条 被执行人与他人恶意串通,通过诉讼、仲裁、调解等方式逃避履行法律文书确定的义务的，人民法院应当根据情节轻重予以罚款、拘留；构成犯罪的，依法追究刑事责任。

第一百一十四条　有义务协助调查、执行的单位有下列行为之一的，人民法院除责令其履行协助义务外，并可以予以罚款：

（一）有关单位拒绝或者妨碍人民法院调查取证的；

（二）有关单位接到人民法院协助执行通知书后，拒不协助查询、扣押、冻结、划拨、变价财产的；

（三）有关单位接到人民法院协助执行通知书后，拒不协助扣留被执行人的收入、办理有关财产权证照转移手续、转交有关票证、证照或者其他财产的；

（四）其他拒绝协助执行的。

人民法院对有前款规定的行为之一的单位，可以对其主要负责人或者直接责任人员予以罚款；对仍不履行协助义务的，可以予以拘留；并可以向监察机关或者有关机关提出予以纪律处分的司法建议。

第一百一十五条　对个人的罚款金额，为人民币十万元以下。对单位的罚款金额，为人民币五万元以上一百万元以下。

拘留的期限，为十五日以下。

被拘留的人，由人民法院交公安机关看管。在拘留期间，被拘留人承认并改正错误的，人民法院可以决定提前解除拘留。

第一百一十六条　拘传、罚款、拘留必须经院长批准。

拘传应当发拘传票。

罚款、拘留应当用决定书。对决定不服的，可以向上一级人民法院申请复议一次。复议期间不停止执行。

第一百一十七条　采取对妨害民事诉讼的强制措施必须由人民法院决定。任何单位和个人采取非法拘禁他人或者非法私自扣押他人财产追索债务的，应当依法追究刑事责任，或者予以拘留、罚款。

第十一章　诉讼费用

第一百一十八条　当事人进行民事诉讼，应当按照规定交纳案件受理费。财产案件除交纳案件受理费外，并按照规定交纳其他诉讼费用。

当事人交纳诉讼费用确有困难的，可以按照规定向人民法院申请缓交、减交或者免交。

收取诉讼费用的办法另行制定。

第二编　审判程序

第十二章　第一审普通程序

第一节　起诉和受理

第一百一十九条　起诉必须符合下列条件：

（一）原告是与本案有直接利害关系的公民、法人和其他组织；

（二）有明确的被告；

（三）有具体的诉讼请求和事实、理由；

（四）属于人民法院受理民事诉讼的范围和受诉人民法院管辖。

第一百二十条　起诉应当向人民法院递交起诉状，并按照被告人数提出副本。

书写起诉状确有困难的，可以口头起诉，由人民法院记入笔录，并告知对方当事人。

第一百二十一条　起诉状应当记明下列事项：

（一）原告的姓名、性别、年龄、民族、职业、工作单位、住所、联系方式；法人或者其他组织的名称、住所和法定代表人或者主要负责人的姓名、职务、联系方式；

（二）被告的姓名、性别、工作单位、住所等信息，法人或者其他组织的名称、住所等信息；

（三）诉讼请求和所根据的事实与理由；

（四）证据和证据来源，证人姓名和住所。

第一百二十二条　当事人起诉到人民法院的民事纠纷，适宜调解的，先行调解，但当事人拒绝调解的除外。

第一百二十三条　人民法院应当保障当事人依照法律规定享有的起诉权利。对符合本法第一百一十九条的起诉，必须受理。符合起诉条件的，应当在七日内立案，并通知当事人；不符合起诉条件的，应当在七日内作出裁定书，不予受理；原告对裁定不服的，可以提起上诉。

第一百二十四条　人民法院对下列起诉，分别情形，予以处理：

（一）依照行政诉讼法的规定，属于行政诉讼受案范围的，告知原告提起行政诉讼；

（二）依照法律规定，双方当事人达成书面仲裁协议申请仲裁、不得向人民法院起诉的，告知原告向仲裁机构申请仲裁；

（三）依照法律规定，应当由其他机关处理的争议，告知原告向有关机关申请解决；

（四）对不属于本院管辖的案件，告知原告向有管辖权的人民法院起诉；

（五）对判决、裁定、调解书已经发生法律效力的案件，当事人又起诉的，告知原告申请再审，但人民法院准许撤诉的裁定除外；

（六）依照法律规定，在一定期限内不得起诉的案件，在不得起诉的期限内起诉的，不予受理；

（七）判决不准离婚和调解和好的离婚案件，判决、调解维持收养关系的案件，没有新情况、新理由，原告在六个月内又起诉的，不予受理。

第二节　审理前的准备

第一百二十五条　人民法院应当在立案之日起五日内将起诉状副本发送被告，被告应当在收到之日起十五日内提出答辩状。答辩状应当记明被告的姓名、性别、年龄、民族、职业、工作单位、住所、联系方式；法人或者其他组织的名称、住所和法定代表人或者主要负责人的姓名、职务、联系方式。人民法院应当在收到答辩状之日起五日内将答辩状副本发送原告。

被告不提出答辩状的，不影响人民法院审理。

第一百二十六条　人民法院对决定受理的案件，应当在受理案件通知书和应诉通知书中向当事人告知有关的诉讼权利义务，或者口头告知。

第一百二十七条　人民法院受理案件后，当事人对管辖权有异议的，应当在提交答辩状期间提出。人民法院对当事人提出的异议，应当审查。异议成立的，裁定将案件移送有管辖权的人民法院；异议不成立的，裁定驳回。

当事人未提出管辖异议，并应诉答辩的，视为受诉人民法院有管辖权，但违反级别管辖和专属管辖规定的除外。

第一百二十八条　合议庭组成人员确定后，应当在三日内告知当事人。

第一百二十九条　审判人员必须认真审核诉讼材料，调查收集必要的证据。

第一百三十条　人民法院派出人员进行调查时，应当向被调查人出示证件。

调查笔录经被调查人校阅后，由被调查人、调查人签名或者盖章。

第一百三十一条　人民法院在必要时可以委托外地人民法院调查。

委托调查，必须提出明确的项目和要求。受委托人民法院可以主动补充调查。

受委托人民法院收到委托书后，应当在三十日内完成调查。因故不能完成的，应当在上述期限内函告委托人民法院。

第一百三十二条　必须共同进行诉讼的当事人没有参加诉讼的，人民法院应当通知其参加诉讼。

第一百三十三条　人民法院对受理的案件，分别情形，予以处理：

（一）当事人没有争议，符合督促程序规定条件的，可以转入督促程序；

（二）开庭前可以调解的，采取调解方式及时解决纠纷；

（三）根据案件情况，确定适用简易程序或者普通程序；

（四）需要开庭审理的，通过要求当事人交换证据等方式，明确争议焦点。

第三节　开 庭 审 理

第一百三十四条　人民法院审理民事案件，除涉及国家秘密、个人隐私或者法律另有规定的以外，应当公开进行。

离婚案件，涉及商业秘密的案件，当事人申请不公开审理的，可以不公开审理。

第一百三十五条　人民法院审理民事案件，根据需要进行巡回审理，就地办案。

第一百三十六条　人民法院审理民事案件，应当在开庭三日前通知当事人和其他诉讼参与人。公开审理的，应当公告当事人姓名、案由和开庭的时间、地点。

第一百三十七条　开庭审理前，书记员应当查明当事人和其他诉讼参与人是否到庭，宣布法庭纪律。

开庭审理时，由审判长核对当事人，宣布案由，宣布审判人员、书记员名单，告知当事人有关的诉讼权利义务，询问当事人是否提出回避申请。

第一百三十八条　法庭调查按照下列顺序进行：

（一）当事人陈述；

（二）告知证人的权利义务，证人作证，宣读未到庭的证人证言；

（三）出示书证、物证、视听资料和电子数据；

（四）宣读鉴定意见；

（五）宣读勘验笔录。

第一百三十九条　当事人在法庭上可以提出新的证据。

当事人经法庭许可，可以向证人、鉴定人、勘验人发问。

当事人要求重新进行调查、鉴定或者勘验的，是否准许，由人民法院决定。

第一百四十条　原告增加诉讼请求，被告提出反诉，第三人提出与本案有关的诉讼请求，可以合并审理。

第一百四十一条　法庭辩论按照下列顺序进行：

（一）原告及其诉讼代理人发言；

（二）被告及其诉讼代理人答辩；

（三）第三人及其诉讼代理人发言或者答辩；

（四）互相辩论。

法庭辩论终结，由审判长按照原告、被告、第三人的先后顺序征询各方最后意见。

第一百四十二条　法庭辩论终结，应当依法作出判决。判决前能够调解的，还可以进行调解，调解不成的，应当及时判决。

第一百四十三条　原告经传票传唤，无正当理由拒不到庭的，或者未经法庭许可中途退庭的，可以按撤诉处理；被告反诉的，可以缺席判决。

第一百四十四条　被告经传票传唤，无正当理由拒不到庭的，或者未经法庭许可中途退庭的,可以缺席判决。

第一百四十五条　宣判前,原告申请撤诉的,是否准许,由人民法院裁定。

人民法院裁定不准许撤诉的,原告经传票传唤,无正当理由拒不到庭的,可以缺席判决。

第一百四十六条　有下列情形之一的,可以延期开庭审理:

(一)必须到庭的当事人和其他诉讼参与人有正当理由没有到庭的;

(二)当事人临时提出回避申请的;

(三)需要通知新的证人到庭,调取新的证据,重新鉴定、勘验,或者需要补充调查的;

(四)其他应当延期的情形。

第一百四十七条　书记员应当将法庭审理的全部活动记入笔录,由审判人员和书记员签名。

法庭笔录应当当庭宣读,也可以告知当事人和其他诉讼参与人当庭或者在五日内阅读。当事人和其他诉讼参与人认为对自己的陈述记录有遗漏或者差错的,有权申请补正。如果不予补正,应当将申请记录在案。

法庭笔录由当事人和其他诉讼参与人签名或者盖章。拒绝签名盖章的,记明情况附卷。

第一百四十八条　人民法院对公开审理或者不公开审理的案件,一律公开宣告判决。

当庭宣判的,应当在十日内发送判决书;定期宣判的,宣判后立即发给判决书。

宣告判决时,必须告知当事人上诉权利、上诉期限和上诉的法院。

宣告离婚判决,必须告知当事人在判决发生法律效力前不得另行结婚。

第一百四十九条　人民法院适用普通程序审理的案件,应当在立案之日起六个月内审结。有特殊情况需要延长的,由本院院长批准,可以延长六个月;还需要延长的,报请上级人民法院批准。

第四节　诉讼中止和终结

第一百五十条　有下列情形之一的,中止诉讼:

(一)一方当事人死亡,需要等待继承人表明是否参加诉讼的;

(二)一方当事人丧失诉讼行为能力,尚未确定法定代理人的;

(三)作为一方当事人的法人或者其他组织终止,尚未确定权利义务承受人的;

(四)一方当事人因不可抗拒的事由,不能参加诉讼的;

(五)本案必须以另一案的审理结果为依据,而另一案尚未审结的;

(六)其他应当中止诉讼的情形。

中止诉讼的原因消除后,恢复诉讼。

第一百五十一条 有下列情形之一的,终结诉讼:

(一)原告死亡,没有继承人,或者继承人放弃诉讼权利的;

(二)被告死亡,没有遗产,也没有应当承担义务的人的;

(三)离婚案件一方当事人死亡的;

(四)追索赡养费、扶养费、抚育费以及解除收养关系案件的一方当事人死亡的。

第五节 判决和裁定

第一百五十二条 判决书应当写明判决结果和作出该判决的理由。判决书内容包括:

(一)案由、诉讼请求、争议的事实和理由;

(二)判决认定的事实和理由、适用的法律和理由;

(三)判决结果和诉讼费用的负担;

(四)上诉期间和上诉的法院。

判决书由审判人员、书记员署名,加盖人民法院印章。

第一百五十三条 人民法院审理案件,其中一部分事实已经清楚,可以就该部分先行判决。

第一百五十四条 裁定适用于下列范围:

(一)不予受理;

(二)对管辖权有异议的;

(三)驳回起诉;

(四)保全和先予执行;

(五)准许或者不准许撤诉;

(六)中止或者终结诉讼;

(七)补正判决书中的笔误;

(八)中止或者终结执行;

(九)撤销或者不予执行仲裁裁决;

(十)不予执行公证机关赋予强制执行效力的债权文书;

(十一)其他需要裁定解决的事项。

对前款第一项至第三项裁定,可以上诉。

裁定书应当写明裁定结果和作出该裁定的理由。裁定书由审判人员、书记员署名,加盖人民法院印章。口头裁定的,记入笔录。

第一百五十五条 最高人民法院的判决、裁定,以及依法不准上诉或者超过上诉期没有上诉的判决、裁定,是发生法律效力的判决、裁定。

第一百五十六条 公众可以查阅发生法律效力的判决书、裁定书,但涉及国家秘密、商业秘密和个人隐私的内容除外。

第十三章　简易程序

第一百五十七条　基层人民法院和它派出的法庭审理事实清楚、权利义务关系明确、争议不大的简单的民事案件，适用本章规定。

基层人民法院和它派出的法庭审理前款规定以外的民事案件，当事人双方也可以约定适用简易程序。

第一百五十八条　对简单的民事案件，原告可以口头起诉。

当事人双方可以同时到基层人民法院或者它派出的法庭，请求解决纠纷。基层人民法院或者它派出的法庭可以当即审理，也可以另定日期审理。

第一百五十九条　基层人民法院和它派出的法庭审理简单的民事案件，可以用简便方式传唤当事人和证人、送达诉讼文书、审理案件，但应当保障当事人陈述意见的权利。

第一百六十条　简单的民事案件由审判员一人独任审理，并不受本法第一百三十六条、第一百三十八条、第一百四十一条规定的限制。

第一百六十一条　人民法院适用简易程序审理案件，应当在立案之日起三个月内审结。

第一百六十二条　基层人民法院和它派出的法庭审理符合本法第一百五十七条第一款规定的简单的民事案件，标的额为各省、自治区、直辖市上年度就业人员年平均工资百分之三十以下的，实行一审终审。

第一百六十三条　人民法院在审理过程中，发现案件不宜适用简易程序的，裁定转为普通程序。

第十四章　第二审程序

第一百六十四条　当事人不服地方人民法院第一审判决的，有权在判决书送达之日起十五日内向上一级人民法院提起上诉。

当事人不服地方人民法院第一审裁定的，有权在裁定书送达之日起十日内向上一级人民法院提起上诉。

第一百六十五条　上诉应当递交上诉状。上诉状的内容，应当包括当事人的姓名，法人的名称及其法定代表人的姓名或者其他组织的名称及其主要负责人的姓名；原审人民法院名称、案件的编号和案由；上诉的请求和理由。

第一百六十六条　上诉状应当通过原审人民法院提出，并按照对方当事人或者代表人的人数提出副本。

当事人直接向第二审人民法院上诉的，第二审人民法院应当在五日内将上诉状移交原审人民法院。

第一百六十七条　原审人民法院收到上诉状，应当在五日内将上诉状副本送达对方当事人，对方当事人在收到之日起十五日内提出答辩状。人民法院应当在收到答辩状之日起五日内将副本送达上诉人。对方当事人不提出答辩状的，不影响人民法院审理。

原审人民法院收到上诉状、答辩状，应当在五日内连同全部案卷和证据，报送第二审人民法院。

第一百六十八条 第二审人民法院应当对上诉请求的有关事实和适用法律进行审查。

第一百六十九条 第二审人民法院对上诉案件，应当组成合议庭，开庭审理。经过阅卷、调查和询问当事人，对没有提出新的事实、证据或者理由，合议庭认为不需要开庭审理的，可以不开庭审理。

第二审人民法院审理上诉案件，可以在本院进行，也可以到案件发生地或者原审人民法院所在地进行。

第一百七十条 第二审人民法院对上诉案件，经过审理，按照下列情形，分别处理：

（一）原判决、裁定认定事实清楚，适用法律正确的，以判决、裁定方式驳回上诉，维持原判决、裁定；

（二）原判决、裁定认定事实错误或者适用法律错误的，以判决、裁定方式依法改判、撤销或者变更；

（三）原判决认定基本事实不清的，裁定撤销原判决，发回原审人民法院重审，或者查清事实后改判；

（四）原判决遗漏当事人或者违法缺席判决等严重违反法定程序的，裁定撤销原判决，发回原审人民法院重审。

原审人民法院对发回重审的案件作出判决后，当事人提起上诉的，第二审人民法院不得再次发回重审。

第一百七十一条 第二审人民法院对不服第一审人民法院裁定的上诉案件的处理，一律使用裁定。

第一百七十二条 第二审人民法院审理上诉案件，可以进行调解。调解达成协议，应当制作调解书，由审判人员、书记员署名，加盖人民法院印章。调解书送达后，原审人民法院的判决即视为撤销。

第一百七十三条 第二审人民法院判决宣告前，上诉人申请撤回上诉的，是否准许，由第二审人民法院裁定。

第一百七十四条 第二审人民法院审理上诉案件，除依照本章规定外，适用第一审普通程序。

第一百七十五条 第二审人民法院的判决、裁定，是终审的判决、裁定。

第一百七十六条 人民法院审理对判决的上诉案件，应当在第二审立案之日起三个月内审结。有特殊情况需要延长的，由本院院长批准。

人民法院审理对裁定的上诉案件，应当在第二审立案之日起三十日内作出终审裁定。

第十五章　特别程序

第一节　一般规定

第一百七十七条　人民法院审理选民资格案件、宣告失踪或者宣告死亡案件、认定公民无民事行为能力或者限制民事行为能力案件、认定财产无主案件、确认调解协议案件和实现担保物权案件，适用本章规定。本章没有规定的，适用本法和其他法律的有关规定。

第一百七十八条　依照本章程序审理的案件，实行一审终审。选民资格案件或者重大、疑难的案件，由审判员组成合议庭审理；其他案件由审判员一人独任审理。

第一百七十九条　人民法院在依照本章程序审理案件的过程中，发现本案属于民事权益争议的，应当裁定终结特别程序，并告知利害关系人可以另行起诉。

第一百八十条　人民法院适用特别程序审理的案件，应当在立案之日起三十日内或者公告期满后三十日内审结。有特殊情况需要延长的，由本院院长批准。但审理选民资格的案件除外。

第二节　选民资格案件

第一百八十一条　公民不服选举委员会对选民资格的申诉所作的处理决定，可以在选举日的五日以前向选区所在地基层人民法院起诉。

第一百八十二条　人民法院受理选民资格案件后，必须在选举日前审结。

审理时，起诉人、选举委员会的代表和有关公民必须参加。

人民法院的判决书，应当在选举日前送达选举委员会和起诉人，并通知有关公民。

第三节　宣告失踪、宣告死亡案件

第一百八十三条　公民下落不明满二年，利害关系人申请宣告其失踪的，向下落不明人住所地基层人民法院提出。

申请书应当写明失踪的事实、时间和请求，并附有公安机关或者其他有关机关关于该公民下落不明的书面证明。

第一百八十四条　公民下落不明满四年，或者因意外事故下落不明满二年，或者因意外事故下落不明，经有关机关证明该公民不可能生存，利害关系人申请宣告其死亡的，向下落不明人住所地基层人民法院提出。

申请书应当写明下落不明的事实、时间和请求，并附有公安机关或者其他有关机关关于该公民下落不明的书面证明。

第一百八十五条 人民法院受理宣告失踪、宣告死亡案件后，应当发出寻找下落不明人的公告。宣告失踪的公告期间为三个月，宣告死亡的公告期间为一年。因意外事故下落不明，经有关机关证明该公民不可能生存的，宣告死亡的公告期间为三个月。

公告期间届满，人民法院应当根据被宣告失踪、宣告死亡的事实是否得到确认，作出宣告失踪、宣告死亡的判决或者驳回申请的判决。

第一百八十六条 被宣告失踪、宣告死亡的公民重新出现，经本人或者利害关系人申请，人民法院应当作出新判决，撤销原判决。

第四节 认定公民无民事行为能力、限制民事行为能力案件

第一百八十七条 申请认定公民无民事行为能力或者限制民事行为能力，由其近亲属或者其他利害关系人向该公民住所地基层人民法院提出。

申请书应当写明该公民无民事行为能力或者限制民事行为能力的事实和根据。

第一百八十八条 人民法院受理申请后，必要时应当对被请求认定为无民事行为能力或者限制民事行为能力的公民进行鉴定。申请人已提供鉴定意见的，应当对鉴定意见进行审查。

第一百八十九条 人民法院审理认定公民无民事行为能力或者限制民事行为能力的案件，应当由该公民的近亲属为代理人，但申请人除外。近亲属互相推诿的，由人民法院指定其中一人为代理人。该公民健康情况许可的，还应当询问本人的意见。

人民法院经审理认定申请有事实根据的，判决该公民为无民事行为能力或者限制民事行为能力人；认定申请没有事实根据的，应当判决予以驳回。

第一百九十条 人民法院根据被认定为无民事行为能力人、限制民事行为能力人或者他的监护人的申请，证实该公民无民事行为能力或者限制民事行为能力的原因已经消除的，应当作出新判决，撤销原判决。

第五节 认定财产无主案件

第一百九十一条 申请认定财产无主，由公民、法人或者其他组织向财产所在地基层人民法院提出。

申请书应当写明财产的种类、数量以及要求认定财产无主的根据。

第一百九十二条 人民法院受理申请后，经审查核实，应当发出财产认领公告。公告满一年无人认领的，判决认定财产无主，收归国家或者集体所有。

第一百九十三条 判决认定财产无主后，原财产所有人或者继承人出现，在民

法通则规定的诉讼时效期间可以对财产提出请求，人民法院审查属实后，应当作出新判决，撤销原判决。

第六节　确认调解协议案件

第一百九十四条　申请司法确认调解协议，由双方当事人依照人民调解法等法律，自调解协议生效之日起三十日内，共同向调解组织所在地基层人民法院提出。

第一百九十五条　人民法院受理申请后，经审查，符合法律规定的，裁定调解协议有效，一方当事人拒绝履行或者未全部履行的，对方当事人可以向人民法院申请执行；不符合法律规定的，裁定驳回申请，当事人可以通过调解方式变更原调解协议或者达成新的调解协议，也可以向人民法院提起诉讼。

第七节　实现担保物权案件

第一百九十六条　申请实现担保物权，由担保物权人以及其他有权请求实现担保物权的人依照物权法等法律，向担保财产所在地或者担保物权登记地基层人民法院提出。

第一百九十七条　人民法院受理申请后，经审查，符合法律规定的，裁定拍卖、变卖担保财产，当事人依据该裁定可以向人民法院申请执行；不符合法律规定的，裁定驳回申请，当事人可以向人民法院提起诉讼。

第十六章　审判监督程序

第一百九十八条　各级人民法院院长对本院已经发生法律效力的判决、裁定、调解书，发现确有错误，认为需要再审的，应当提交审判委员会讨论决定。

最高人民法院对地方各级人民法院已经发生法律效力的判决、裁定、调解书，上级人民法院对下级人民法院已经发生法律效力的判决、裁定、调解书，发现确有错误的，有权提审或者指令下级人民法院再审。

第一百九十九条　当事人对已经发生法律效力的判决、裁定，认为有错误的，可以向上一级人民法院申请再审；当事人一方人数众多或者当事人双方为公民的案件，也可以向原审人民法院申请再审。当事人申请再审的，不停止判决、裁定的执行。

第二百条　当事人的申请符合下列情形之一的，人民法院应当再审：

（一）有新的证据，足以推翻原判决、裁定的；

（二）原判决、裁定认定的基本事实缺乏证据证明的；

（三）原判决、裁定认定事实的主要证据是伪造的；

（四）原判决、裁定认定事实的主要证据未经质证的；

（五）对审理案件需要的主要证据，当事人因客观原因不能自行收集，书面申请人民法院调查收集，人民法院未调查收集的；

（六）原判决、裁定适用法律确有错误的；

（七）审判组织的组成不合法或者依法应当回避的审判人员没有回避的；

（八）无诉讼行为能力人未经法定代理人代为诉讼或者应当参加诉讼的当事人，因不能归责于本人或者其诉讼代理人的事由，未参加诉讼的；

（九）违反法律规定，剥夺当事人辩论权利的；

（十）未经传票传唤，缺席判决的；

（十一）原判决、裁定遗漏或者超出诉讼请求的；

（十二）据以作出原判决、裁定的法律文书被撤销或者变更的；

（十三）审判人员审理该案件时有贪污受贿，徇私舞弊，枉法裁判行为的。

第二百零一条 当事人对已经发生法律效力的调解书，提出证据证明调解违反自愿原则或者调解协议的内容违反法律的，可以申请再审。经人民法院审查属实的，应当再审。

第二百零二条 当事人对已经发生法律效力的解除婚姻关系的判决、调解书，不得申请再审。

第二百零三条 当事人申请再审的，应当提交再审申请书等材料。人民法院应当自收到再审申请书之日起五日内将再审申请书副本发送对方当事人。对方当事人应当自收到再审申请书副本之日起十五日内提交书面意见；不提交书面意见的，不影响人民法院审查。人民法院可以要求申请人和对方当事人补充有关材料，询问有关事项。

第二百零四条 人民法院应当自收到再审申请书之日起三个月内审查，符合本法规定的，裁定再审；不符合本法规定的，裁定驳回申请。有特殊情况需要延长的，由本院院长批准。

因当事人申请裁定再审的案件由中级人民法院以上的人民法院审理，但当事人依照本法第一百九十九条的规定选择向基层人民法院申请再审的除外。最高人民法院、高级人民法院裁定再审的案件，由本院再审或者交其他人民法院再审，也可以交原审人民法院再审。

第二百零五条 当事人申请再审，应当在判决、裁定发生法律效力后六个月内提出；有本法第二百条第一项、第三项、第十二项、第十三项规定情形的，自知道或者应当知道之日起六个月内提出。

第二百零六条 按照审判监督程序决定再审的案件，裁定中止原判决、裁定、调解书的执行，但追索赡养费、扶养费、抚育费、抚恤金、医疗费用、劳动报酬等案件，可以不中止执行。

第二百零七条 人民法院按照审判监督程序再审的案件，发生法律效力的判决、裁定是由第一审法院作出的，按照第一审程序审理，所作的判决、裁定，当事人可以上诉;发生法律效力的判决、裁定是由第二审法院作出的,按照第二审程序审理,所作的判决、裁定,是发生法律效力的判决、裁定;上级人民法院按照审判监督程序提审的,按照第二审程序审理,所作的判决、裁定是发生法律效力的判决、裁定。

人民法院审理再审案件,应当另行组成合议庭。

第二百零八条　最高人民检察院对各级人民法院已经发生法律效力的判决、裁定,上级人民检察院对下级人民法院已经发生法律效力的判决、裁定,发现有本法第二百条规定情形之一的,或者发现调解书损害国家利益、社会公共利益的,应当提出抗诉。

地方各级人民检察院对同级人民法院已经发生法律效力的判决、裁定,发现有本法第二百条规定情形之一的,或者发现调解书损害国家利益、社会公共利益的,可以向同级人民法院提出检察建议,并报上级人民检察院备案;也可以提请上级人民检察院向同级人民法院提出抗诉。

各级人民检察院对审判监督程序以外的其他审判程序中审判人员的违法行为,有权向同级人民法院提出检察建议。

第二百零九条　有下列情形之一的,当事人可以向人民检察院申请检察建议或者抗诉:

(一)人民法院驳回再审申请的;

(二)人民法院逾期未对再审申请作出裁定的;

(三)再审判决、裁定有明显错误的。

人民检察院对当事人的申请应当在三个月内进行审查,作出提出或者不予提出检察建议或者抗诉的决定。当事人不得再次向人民检察院申请检察建议或者抗诉。

第二百一十条　人民检察院因履行法律监督职责提出检察建议或者抗诉的需要,可以向当事人或者案外人调查核实有关情况。

第二百一十一条　人民检察院提出抗诉的案件,接受抗诉的人民法院应当自收到抗诉书之日起三十日内作出再审的裁定;有本法第二百条第一项至第五项规定情形之一的,可以交下一级人民法院再审,但经该下一级人民法院再审的除外。

第二百一十二条　人民检察院决定对人民法院的判决、裁定、调解书提出抗诉的,应当制作抗诉书。

第二百一十三条　人民检察院提出抗诉的案件,人民法院再审时,应当通知人民检察院派员出席法庭。

第十七章　督促程序

第二百一十四条　债权人请求债务人给付金钱、有价证券,符合下列条件的,可以向有管辖权的基层人民法院申请支付令:

(一)债权人与债务人没有其他债务纠纷的;

(二)支付令能够送达债务人的。

申请书应当写明请求给付金钱或者有价证券的数量和所根据的事实、证据。

第二百一十五条 债权人提出申请后,人民法院应当在五日内通知债权人是否受理。

第二百一十六条 人民法院受理申请后,经审查债权人提供的事实、证据,对债权债务关系明确、合法的,应当在受理之日起十五日内向债务人发出支付令;申请不成立的,裁定予以驳回。

债务人应当自收到支付令之日起十五日内清偿债务,或者向人民法院提出书面异议。

债务人在前款规定的期间不提出异议又不履行支付令的,债权人可以向人民法院申请执行。

第二百一十七条 人民法院收到债务人提出的书面异议后,经审查,异议成立的,应当裁定终结督促程序,支付令自行失效。

支付令失效的,转入诉讼程序,但申请支付令的一方当事人不同意提起诉讼的除外。

第十八章 公示催告程序

第二百一十八条 按照规定可以背书转让的票据持有人,因票据被盗、遗失或者灭失,可以向票据支付地的基层人民法院申请公示催告。依照法律规定可以申请公示催告的其他事项,适用本章规定。

申请人应当向人民法院递交申请书,写明票面金额、发票人、持票人、背书人等票据主要内容和申请的理由、事实。

第二百一十九条 人民法院决定受理申请,应当同时通知支付人停止支付,并在三日内发出公告,催促利害关系人申报权利。公示催告的期间,由人民法院根据情况决定,但不得少于六十日。

第二百二十条 支付人收到人民法院停止支付的通知,应当停止支付,至公示催告程序终结。

公示催告期间,转让票据权利的行为无效。

第二百二十一条 利害关系人应当在公示催告期间向人民法院申报。

人民法院收到利害关系人的申报后,应当裁定终结公示催告程序,并通知申请人和支付人。

申请人或者申报人可以向人民法院起诉。

第二百二十二条 没有人申报的,人民法院应当根据申请人的申请,作出判决,宣告票据无效。判决应当公告,并通知支付人。自判决公告之日起,申请人有权向支付人请求支付。

第二百二十三条　利害关系人因正当理由不能在判决前向人民法院申报的，自知道或者应当知道判决公告之日起一年内，可以向作出判决的人民法院起诉。

第三编　执行程序

第十九章　一般规定

第二百二十四条　发生法律效力的民事判决、裁定，以及刑事判决、裁定中的财产部分，由第一审人民法院或者与第一审人民法院同级的被执行的财产所在地人民法院执行。

法律规定由人民法院执行的其他法律文书，由被执行人住所地或者被执行的财产所在地人民法院执行。

第二百二十五条　当事人、利害关系人认为执行行为违反法律规定的，可以向负责执行的人民法院提出书面异议。当事人、利害关系人提出书面异议的，人民法院应当自收到书面异议之日起十五日内审查，理由成立的，裁定撤销或者改正；理由不成立的，裁定驳回。当事人、利害关系人对裁定不服的，可以自裁定送达之日起十日内向上一级人民法院申请复议。

第二百二十六条　人民法院自收到申请执行书之日起超过六个月未执行的，申请执行人可以向上一级人民法院申请执行。上一级人民法院经审查，可以责令原人民法院在一定期限内执行，也可以决定由本院执行或者指令其他人民法院执行。

第二百二十七条　执行过程中，案外人对执行标的提出书面异议的，人民法院应当自收到书面异议之日起十五日内审查，理由成立的，裁定中止对该标的的执行；理由不成立的，裁定驳回。案外人、当事人对裁定不服，认为原判决、裁定错误的，依照审判监督程序办理；与原判决、裁定无关的，可以自裁定送达之日起十五日内向人民法院提起诉讼。

第二百二十八条　执行工作由执行员进行。

采取强制执行措施时，执行员应当出示证件。执行完毕后，应当将执行情况制作笔录，由在场的有关人员签名或者盖章。

人民法院根据需要可以设立执行机构。

第二百二十九条　被执行人或者被执行的财产在外地的，可以委托当地人民法院代为执行。受委托人民法院收到委托函件后，必须在十五日内开始执行，不得拒绝。执行完毕后，应当将执行结果及时函复委托人民法院；在三十日内如果还未执行完毕，也应当将执行情况函告委托人民法院。

受委托人民法院自收到委托函件之日起十五日内不执行的，委托人民法院可以请求受委托人民法院的上级人民法院指令受委托人民法院执行。

第二百三十条　在执行中，双方当事人自行和解达成协议的，执行员应当将协议内容记入笔录,由双方当事人签名或者盖章。

申请执行人因受欺诈、胁迫与被执行人达成和解协议,或者当事人不履行和解协议的,人民法院可以根据当事人的申请,恢复对原生效法律文书的执行。

第二百三十一条 在执行中,被执行人向人民法院提供担保,并经申请执行人同意的,人民法院可以决定暂缓执行及暂缓执行的期限。被执行人逾期仍不履行的,人民法院有权执行被执行人的担保财产或者担保人的财产。

第二百三十二条 作为被执行人的公民死亡的,以其遗产偿还债务。作为被执行人的法人或者其他组织终止的,由其权利义务承受人履行义务。

第二百三十三条 执行完毕后,据以执行的判决、裁定和其他法律文书确有错误,被人民法院撤销的,对已被执行的财产,人民法院应当作出裁定,责令取得财产的人返还;拒不返还的,强制执行。

第二百三十四条 人民法院制作的调解书的执行,适用本编的规定。

第二百三十五条 人民检察院有权对民事执行活动实行法律监督。

第二十章 执行的申请和移送

第二百三十六条 发生法律效力的民事判决、裁定,当事人必须履行。一方拒绝履行的,对方当事人可以向人民法院申请执行,也可以由审判员移送执行员执行。

调解书和其他应当由人民法院执行的法律文书,当事人必须履行。一方拒绝履行的,对方当事人可以向人民法院申请执行。

第二百三十七条 对依法设立的仲裁机构的裁决,一方当事人不履行的,对方当事人可以向有管辖权的人民法院申请执行。受申请的人民法院应当执行。

被申请人提出证据证明仲裁裁决有下列情形之一的,经人民法院组成合议庭审查核实,裁定不予执行:

(一)当事人在合同中没有订有仲裁条款或者事后没有达成书面仲裁协议的;

(二)裁决的事项不属于仲裁协议的范围或者仲裁机构无权仲裁的;

(三)仲裁庭的组成或者仲裁的程序违反法定程序的;

(四)裁决所根据的证据是伪造的;

(五)对方当事人向仲裁机构隐瞒了足以影响公正裁决的证据的;

(六)仲裁员在仲裁该案时有贪污受贿,徇私舞弊,枉法裁决行为的。

人民法院认定执行该裁决违背社会公共利益的,裁定不予执行。

裁定书应当送达双方当事人和仲裁机构。

仲裁裁决被人民法院裁定不予执行的,当事人可以根据双方达成的书面仲裁协议重新申请仲裁,也可以向人民法院起诉。

第二百三十八条 对公证机关依法赋予强制执行效力的债权文书,一方当事人不履行的,对方当事人可以向有管辖权的人民法院申请执行,受申请的人民法院应当执行。

公证债权文书确有错误的，人民法院裁定不予执行，并将裁定书送达双方当事人和公证机关。

第二百三十九条　申请执行的期间为二年。申请执行时效的中止、中断，适用法律有关诉讼时效中止、中断的规定。

前款规定的期间，从法律文书规定履行期间的最后一日起计算；法律文书规定分期履行的，从规定的每次履行期间的最后一日起计算；法律文书未规定履行期间的，从法律文书生效之日起计算。

第二百四十条　执行员接到申请执行书或者移交执行书，应当向被执行人发出执行通知，并可以立即采取强制执行措施。

第二十一章　执行措施

第二百四十一条　被执行人未按执行通知履行法律文书确定的义务，应当报告当前以及收到执行通知之日前一年的财产情况。被执行人拒绝报告或者虚假报告的，人民法院可以根据情节轻重对被执行人或者其法定代理人、有关单位的主要负责人或者直接责任人员予以罚款、拘留。

第二百四十二条　被执行人未按执行通知履行法律文书确定的义务，人民法院有权向有关单位查询被执行人的存款、债券、股票、基金份额等财产情况。人民法院有权根据不同情形扣押、冻结、划拨、变价被执行人的财产。人民法院查询、扣押、冻结、划拨、变价的财产不得超出被执行人应当履行义务的范围。

人民法院决定扣押、冻结、划拨、变价财产，应当作出裁定，并发出协助执行通知书，有关单位必须办理。

第二百四十三条　被执行人未按执行通知履行法律文书确定的义务，人民法院有权扣留、提取被执行人应当履行义务部分的收入。但应当保留被执行人及其所扶养家属的生活必需费用。

人民法院扣留、提取收入时，应当作出裁定，并发出协助执行通知书，被执行人所在单位、银行、信用合作社和其他有储蓄业务的单位必须办理。

第二百四十四条　被执行人未按执行通知履行法律文书确定的义务，人民法院有权查封、扣押、冻结、拍卖、变卖被执行人应当履行义务部分的财产。但应当保留被执行人及其所扶养家属的生活必需品。

采取前款措施，人民法院应当作出裁定。

第二百四十五条　人民法院查封、扣押财产时，被执行人是公民的，应当通知被执行人或者他的成年家属到场；被执行人是法人或者其他组织的，应当通知其法定代表人或者主要负责人到场。拒不到场的，不影响执行。被执行人是公民的，其工作单位或者财产所在地的基层组织应当派人参加。

对被查封、扣押的财产，执行员必须造具清单，由在场人签名或者盖章后，交被执行人一份。被执行人是公民的，也可以交他的成年家属一份。

第二百四十六条 被查封的财产，执行员可以指定被执行人负责保管。因被执行人的过错造成的损失，由被执行人承担。

第二百四十七条 财产被查封、扣押后，执行员应当责令被执行人在指定期间履行法律文书确定的义务。被执行人逾期不履行的，人民法院应当拍卖被查封、扣押的财产；不适于拍卖或者当事人双方同意不进行拍卖的，人民法院可以委托有关单位变卖或者自行变卖。国家禁止自由买卖的物品，交有关单位按照国家规定的价格收购。

第二百四十八条 被执行人不履行法律文书确定的义务，并隐匿财产的，人民法院有权发出搜查令，对被执行人及其住所或者财产隐匿地进行搜查。

采取前款措施，由院长签发搜查令。

第二百四十九条 法律文书指定交付的财物或者票证，由执行员传唤双方当事人当面交付，或者由执行员转交，并由被交付人签收。

有关单位持有该项财物或者票证的，应当根据人民法院的协助执行通知书转交，并由被交付人签收。

有关公民持有该项财物或者票证的，人民法院通知其交出。拒不交出的，强制执行。

第二百五十条 强制迁出房屋或者强制退出土地，由院长签发公告，责令被执行人在指定期间履行。被执行人逾期不履行的，由执行员强制执行。

强制执行时，被执行人是公民的，应当通知被执行人或者他的成年家属到场；被执行人是法人或者其他组织的，应当通知其法定代表人或者主要负责人到场。拒不到场的，不影响执行。被执行人是公民的，其工作单位或者房屋、土地所在地的基层组织应当派人参加。执行员应当将强制执行情况记入笔录，由在场人签名或者盖章。

强制迁出房屋被搬出的财物，由人民法院派人运至指定处所，交给被执行人。被执行人是公民的，也可以交给他的成年家属。因拒绝接收而造成的损失，由被执行人承担。

第二百五十一条 在执行中，需要办理有关财产权证照转移手续的，人民法院可以向有关单位发出协助执行通知书，有关单位必须办理。

第二百五十二条 对判决、裁定和其他法律文书指定的行为，被执行人未按执行通知履行的，人民法院可以强制执行或者委托有关单位或者其他人完成，费用由被执行人承担。

第二百五十三条 被执行人未按判决、裁定和其他法律文书指定的期间履行给付金钱义务的，应当加倍支付迟延履行期间的债务利息。被执行人未按判决、裁定和其他法律文书指定的期间履行其他义务的，应当支付迟延履行金。

第二百五十四条　人民法院采取本法第二百四十二条、第二百四十三条、第二百四十四条规定的执行措施后，被执行人仍不能偿还债务的，应当继续履行义务。债权人发现被执行人有其他财产的，可以随时请求人民法院执行。

第二百五十五条　被执行人不履行法律文书确定的义务的，人民法院可以对其采取或者通知有关单位协助采取限制出境，在征信系统记录、通过媒体公布不履行义务信息以及法律规定的其他措施。

第二十二章　执行中止和终结

第二百五十六条　有下列情形之一的，人民法院应当裁定中止执行：

（一）申请人表示可以延期执行的；

（二）案外人对执行标的提出确有理由的异议的；

（三）作为一方当事人的公民死亡，需要等待继承人继承权利或者承担义务的；

（四）作为一方当事人的法人或者其他组织终止，尚未确定权利义务承受人的；

（五）人民法院认为应当中止执行的其他情形。

中止的情形消失后，恢复执行。

第二百五十七条　有下列情形之一的，人民法院裁定终结执行：

（一）申请人撤销申请的；

（二）据以执行的法律文书被撤销的；

（三）作为被执行人的公民死亡，无遗产可供执行，又无义务承担人的；

（四）追索赡养费、扶养费、抚育费案件的权利人死亡的；

（五）作为被执行人的公民因生活困难无力偿还借款，无收入来源，又丧失劳动能力的；

（六）人民法院认为应当终结执行的其他情形。

第二百五十八条　中止和终结执行的裁定，送达当事人后立即生效。

第四编　涉外民事诉讼程序的特别规定

第二十三章　一 般 原 则

第二百五十九条　在中华人民共和国领域内进行涉外民事诉讼，适用本编规定。本编没有规定的，适用本法其他有关规定。

第二百六十条　中华人民共和国缔结或者参加的国际条约同本法有不同规定的，适用该国际条约的规定，但中华人民共和国声明保留的条款除外。

第二百六十一条　对享有外交特权与豁免的外国人、外国组织或者国际组织提起的民事诉讼，应当依照中华人民共和国有关法律和中华人民共和国缔结或者参加的国际条约的规定办理。

第二百六十二条 人民法院审理涉外民事案件,应当使用中华人民共和国通用的语言、文字。当事人要求提供翻译的,可以提供,费用由当事人承担。

第二百六十三条 外国人、无国籍人、外国企业和组织在人民法院起诉、应诉,需要委托律师代理诉讼的,必须委托中华人民共和国的律师。

第二百六十四条 在中华人民共和国领域内没有住所的外国人、无国籍人、外国企业和组织委托中华人民共和国律师或者其他人代理诉讼,从中华人民共和国领域外寄交或者托交的授权委托书,应当经所在国公证机关证明,并经中华人民共和国驻该国使领馆认证,或者履行中华人民共和国与该所在国订立的有关条约中规定的证明手续后,才具有效力。

第二十四章 管 辖

第二百六十五条 因合同纠纷或者其他财产权益纠纷,对在中华人民共和国领域内没有住所的被告提起的诉讼,如果合同在中华人民共和国领域内签订或者履行,或者诉讼标的物在中华人民共和国领域内,或者被告在中华人民共和国领域内有可供扣押的财产,或者被告在中华人民共和国领域内设有代表机构,可以由合同签订地、合同履行地、诉讼标的物所在地、可供扣押财产所在地、侵权行为地或者代表机构住所地人民法院管辖。

第二百六十六条 因在中华人民共和国履行中外合资经营企业合同、中外合作经营企业合同、中外合作勘探开发自然资源合同发生纠纷提起的诉讼,由中华人民共和国人民法院管辖。

第二十五章 送达、期间

第二百六十七条 人民法院对在中华人民共和国领域内没有住所的当事人送达诉讼文书,可以采用下列方式:

(一)依照受送达人所在国与中华人民共和国缔结或者共同参加的国际条约中规定的方式送达;

(二)通过外交途径送达;

(三)对具有中华人民共和国国籍的受送达人,可以委托中华人民共和国驻受送达人所在国的使领馆代为送达;

(四)向受送达人委托的有权代其接受送达的诉讼代理人送达;

(五)向受送达人在中华人民共和国领域内设立的代表机构或者有权接受送达的分支机构、业务代办人送达;

(六)受送达人所在国的法律允许邮寄送达的,可以邮寄送达,自邮寄之日起满三个月,送达回证没有退回,但根据各种情况足以认定已经送达的,期间届满之日视为送达；

（七）采用传真、电子邮件等能够确认受送达人收悉的方式送达；

（八）不能用上述方式送达的，公告送达，自公告之日起满三个月，即视为送达。

第二百六十八条　被告在中华人民共和国领域内没有住所的，人民法院应当将起诉状副本送达被告，并通知被告在收到起诉状副本后三十日内提出答辩状。被告申请延期的，是否准许，由人民法院决定。

第二百六十九条　在中华人民共和国领域内没有住所的当事人，不服第一审人民法院判决、裁定的，有权在判决书、裁定书送达之日起三十日内提起上诉。被上诉人在收到上诉状副本后，应当在三十日内提出答辩状。当事人不能在法定期间提起上诉或者提出答辩状，申请延期的，是否准许，由人民法院决定。

第二百七十条　人民法院审理涉外民事案件的期间，不受本法第一百四十九条、第一百七十六条规定的限制。

第二十六章　仲　　裁

第二百七十一条　涉外经济贸易、运输和海事中发生的纠纷，当事人在合同中订有仲裁条款或者事后达成书面仲裁协议，提交中华人民共和国涉外仲裁机构或者其他仲裁机构仲裁的，当事人不得向人民法院起诉。

当事人在合同中没有订有仲裁条款或者事后没有达成书面仲裁协议的，可以向人民法院起诉。

第二百七十二条　当事人申请采取保全的，中华人民共和国的涉外仲裁机构应当将当事人的申请，提交被申请人住所地或者财产所在地的中级人民法院裁定。

第二百七十三条　经中华人民共和国涉外仲裁机构裁决的，当事人不得向人民法院起诉。一方当事人不履行仲裁裁决的，对方当事人可以向被申请人住所地或者财产所在地的中级人民法院申请执行。

第二百七十四条　对中华人民共和国涉外仲裁机构作出的裁决，被申请人提出证据证明仲裁裁决有下列情形之一的，经人民法院组成合议庭审查核实，裁定不予执行：

（一）当事人在合同中没有订有仲裁条款或者事后没有达成书面仲裁协议的；

（二）被申请人没有得到指定仲裁员或者进行仲裁程序的通知，或者由于其他不属于被申请人负责的原因未能陈述意见的；

（三）仲裁庭的组成或者仲裁的程序与仲裁规则不符的；

（四）裁决的事项不属于仲裁协议的范围或者仲裁机构无权仲裁的。

人民法院认定执行该裁决违背社会公共利益的，裁定不予执行。

第二百七十五条　仲裁裁决被人民法院裁定不予执行的，当事人可以根据双方达成的书面仲裁协议重新申请仲裁，也可以向人民法院起诉。

第二十七章　司 法 协 助

第二百七十六条　根据中华人民共和国缔结或者参加的国际条约，或者按照互惠原则，人民法院和外国法院可以相互请求，代为送达文书、调查取证以及进行其他诉讼行为。

外国法院请求协助的事项有损于中华人民共和国的主权、安全或者社会公共利益的，人民法院不予执行。

第二百七十七条　请求和提供司法协助，应当依照中华人民共和国缔结或者参加的国际条约所规定的途径进行；没有条约关系的，通过外交途径进行。

外国驻中华人民共和国的使领馆可以向该国公民送达文书和调查取证，但不得违反中华人民共和国的法律，并不得采取强制措施。

除前款规定的情况外，未经中华人民共和国主管机关准许，任何外国机关或者个人不得在中华人民共和国领域内送达文书、调查取证。

第二百七十八条　外国法院请求人民法院提供司法协助的请求书及其所附文件，应当附有中文译本或者国际条约规定的其他文字文本。

人民法院请求外国法院提供司法协助的请求书及其所附文件，应当附有该国文字译本或者国际条约规定的其他文字文本。

第二百七十九条　人民法院提供司法协助，依照中华人民共和国法律规定的程序进行。外国法院请求采用特殊方式的，也可以按照其请求的特殊方式进行，但请求采用的特殊方式不得违反中华人民共和国法律。

第二百八十条　人民法院作出的发生法律效力的判决、裁定，如果被执行人或者其财产不在中华人民共和国领域内，当事人请求执行的，可以由当事人直接向有管辖权的外国法院申请承认和执行，也可以由人民法院依照中华人民共和国缔结或者参加的国际条约的规定，或者按照互惠原则，请求外国法院承认和执行。

中华人民共和国涉外仲裁机构作出的发生法律效力的仲裁裁决，当事人请求执行的，如果被执行人或者其财产不在中华人民共和国领域内，应当由当事人直接向有管辖权的外国法院申请承认和执行。

第二百八十一条　外国法院作出的发生法律效力的判决、裁定，需要中华人民共和国人民法院承认和执行的，可以由当事人直接向中华人民共和国有管辖权的中级人民法院申请承认和执行，也可以由外国法院依照该国与中华人民共和国缔结或者参加的国际条约的规定，或者按照互惠原则，请求人民法院承认和执行。

第二百八十二条　人民法院对申请或者请求承认和执行的外国法院作出的发生法律效力的判决、裁定，依照中华人民共和国缔结或者参加的国际条约，或者按照互惠原则进行审查后，认为不违反中华人民共和国法律的基本原则或者国家主权、安全、社会公共利益的，裁定承认其效力，需要执行的，发出执行令，依照本法的有关规定执行。违反中华人民共和国法律的基本原则或者国家主权、安全、社会公共利益的,不予承认和执行。

第二百八十三条　国外仲裁机构的裁决,需要中华人民共和国人民法院承认和执行的,应当由当事人直接向被执行人住所地或者其财产所在地的中级人民法院申请,人民法院应当依照中华人民共和国缔结或者参加的国际条约,或者按照互惠原则办理。

第二百八十四条　本法自公布之日起施行,《中华人民共和国民事诉讼法(试行)》同时废止。

二、司法解释

最高人民法院关于适用《中华人民共和国仲裁法》若干问题的解释[①]

（2005年12月26日最高人民法院审判委员会第1375次会议通过　2006年8月23日最高人民法院公布　法释〔2006〕7号　自2006年9月8日起施行）

根据《中华人民共和国仲裁法》和《中华人民共和国民事诉讼法》等法律规定，对人民法院审理涉及仲裁案件适用法律的若干问题作如下解释：

第一条　仲裁法第十六条规定的“其他书面形式”的仲裁协议，包括以合同书、信件和数据电文（包括电报、电传、传真、电子数据交换和电子邮件）等形式达成的请求仲裁的协议。

第二条　当事人概括约定仲裁事项为合同争议的，基于合同成立、效力、变更、转让、履行、违约责任、解释、解除等产生的纠纷都可以认定为仲裁事项。

第三条　仲裁协议约定的仲裁机构名称不准确，但能够确定具体的仲裁机构的，应当认定选定了仲裁机构。

第四条　仲裁协议仅约定纠纷适用的仲裁规则的，视为未约定仲裁机构，但当事人达成补充协议或者按照约定的仲裁规则能够确定仲裁机构的除外。

第五条　仲裁协议约定两个以上仲裁机构的，当事人可以协议选择其中的一个仲裁机构申请仲裁；当事人不能就仲裁机构选择达成一致的，仲裁协议无效。

第六条　仲裁协议约定由某地的仲裁机构仲裁且该地仅有一个仲裁机构的，该仲裁机构视为约定的仲裁机构。该地有两个以上仲裁机构的，当事人可以协议选择其中的一个仲裁机构申请仲裁；当事人不能就仲裁机构选择达成一致的，仲裁协议无效。

第七条　当事人约定争议可以向仲裁机构申请仲裁也可以向人民法院起诉的，仲裁协议无效。但一方向仲裁机构申请仲裁，另一方未在仲裁法第二十条第二款规定期间内提出异议的除外。

第八条　当事人订立仲裁协议后合并、分立的，仲裁协议对其权利义务的继受

---

① 根据《最高人民法院关于调整司法解释等文件中引用〈中华人民共和国民事诉讼法〉条文序号的决定》（法释〔2008〕18号）文件规定，将本文的第17条、第27条内容作相应的修改。

人有效。

当事人订立仲裁协议后死亡的,仲裁协议对承继其仲裁事项中的权利义务的继承人有效。

前两款规定情形,当事人订立仲裁协议时另有约定的除外。

第九条 债权债务全部或者部分转让的,仲裁协议对受让人有效,但当事人另有约定、在受让债权债务时受让人明确反对或者不知有单独仲裁协议的除外。

第十条 合同成立后未生效或者被撤销的,仲裁协议效力的认定适用仲裁法第十九条第一款的规定。

当事人在订立合同时就争议达成仲裁协议的,合同未成立不影响仲裁协议的效力。

第十一条 合同约定解决争议适用其他合同、文件中的有效仲裁条款的,发生合同争议时,当事人应当按照该仲裁条款提请仲裁。

涉外合同应当适用的有关国际条约中有仲裁规定的,发生合同争议时,当事人应当按照国际条约中的仲裁规定提请仲裁。

第十二条 当事人向人民法院申请确认仲裁协议效力的案件,由仲裁协议约定的仲裁机构所在地的中级人民法院管辖;仲裁协议约定的仲裁机构不明确的,由仲裁协议签订地或者被申请人住所地的中级人民法院管辖。

申请确认涉外仲裁协议效力的案件,由仲裁协议约定的仲裁机构所在地、仲裁协议签订地、申请人或者被申请人住所地的中级人民法院管辖。

涉及海事海商纠纷仲裁协议效力的案件,由仲裁协议约定的仲裁机构所在地、仲裁协议签订地、申请人或者被申请人住所地的海事法院管辖;上述地点没有海事法院的,由就近的海事法院管辖。

第十三条 依照仲裁法第二十条第二款的规定,当事人在仲裁庭首次开庭前没有对仲裁协议的效力提出异议,而后向人民法院申请确认仲裁协议无效的,人民法院不予受理。

仲裁机构对仲裁协议的效力作出决定后,当事人向人民法院申请确认仲裁协议效力或者申请撤销仲裁机构的决定的,人民法院不予受理。

第十四条 仲裁法第二十六条规定的“首次开庭”是指答辩期满后人民法院组织的第一次开庭审理,不包括审前程序中的各项活动。

第十五条 人民法院审理仲裁协议效力确认案件,应当组成合议庭进行审查,并询问当事人。

第十六条 对涉外仲裁协议的效力审查,适用当事人约定的法律;当事人没有约定适用的法律但约定了仲裁地的,适用仲裁地法律;没有约定适用的法律也没有约定仲裁地或者仲裁地约定不明的,适用法院地法律。

第十七条 当事人以不属于仲裁法第五十八条或者民事诉讼法第二百五十八

条规定的事由申请撤销仲裁裁决的，人民法院不予支持。

第十八条 仲裁法第五十八条第一款第一项规定的“没有仲裁协议”是指当事人没有达成仲裁协议。仲裁协议被认定无效或者被撤销的，视为没有仲裁协议。

第十九条 当事人以仲裁裁决事项超出仲裁协议范围为由申请撤销仲裁裁决，经审查属实的，人民法院应当撤销仲裁裁决中的超裁部分。但超裁部分与其他裁决事项不可分的，人民法院应当撤销仲裁裁决。

第二十条 仲裁法第五十八条规定的“违反法定程序”，是指违反仲裁法规定的仲裁程序和当事人选择的仲裁规则可能影响案件正确裁决的情形。

第二十一条 当事人申请撤销国内仲裁裁决的案件属于下列情形之一的，人民法院可以依照仲裁法第六十一条的规定通知仲裁庭在一定期限内重新仲裁：

（一）仲裁裁决所根据的证据是伪造的；

（二）对方当事人隐瞒了足以影响公正裁决的证据的。

人民法院应当在通知中说明要求重新仲裁的具体理由。

第二十二条 仲裁庭在人民法院指定的期限内开始重新仲裁的，人民法院应当裁定终结撤销程序；未开始重新仲裁的，人民法院应当裁定恢复撤销程序。

第二十三条 当事人对重新仲裁裁决不服的，可以在重新仲裁裁决书送达之日起六个月内依据仲裁法第五十八条规定向人民法院申请撤销。

第二十四条 当事人申请撤销仲裁裁决的案件，人民法院应当组成合议庭审理，并询问当事人。

第二十五条 人民法院受理当事人撤销仲裁裁决的申请后，另一方当事人申请执行同一仲裁裁决的，受理执行申请的人民法院应当在受理后裁定中止执行。

第二十六条 当事人向人民法院申请撤销仲裁裁决被驳回后，又在执行程序中以相同理由提出不予执行抗辩的，人民法院不予支持。

第二十七条 当事人在仲裁程序中未对仲裁协议的效力提出异议，在仲裁裁决作出后以仲裁协议无效为由主张撤销仲裁裁决或者提出不予执行抗辩的，人民法院不予支持。

当事人在仲裁程序中对仲裁协议的效力提出异议，在仲裁裁决作出后又以此为由主张撤销仲裁裁决或者提出不予执行抗辩，经审查符合仲裁法第五十八条或者民事诉讼法第二百一十三条、第二百五十八条规定的，人民法院应予支持。

第二十八条 当事人请求不予执行仲裁调解书或者根据当事人之间的和解协议作出的仲裁裁决书的，人民法院不予支持。

第二十九条 当事人申请执行仲裁裁决案件，由被执行人住所地或者被执行的财产所在地的中级人民法院管辖。

第三十条 根据审理撤销、执行仲裁裁决案件的实际需要，人民法院可以要求仲裁机构作出说明或者向相关仲裁机构调阅仲裁案卷。

人民法院在办理涉及仲裁的案件过程中作出的裁定,可以送相关的仲裁机构。

第三十一条 本解释自公布之日起实施。

本院以前发布的司法解释与本解释不一致的,以本解释为准。

最高人民法院《关于适用〈中华人民共和国民事诉讼法〉的解释》

(2014 年 12 月 18 日最高人民法院审判委员会第 1636 次会议通过 2015 年 1 月 30 日公布 法释〔2015〕5 号 自 2015 年 2 月 4 日起施行)

目 录

二十三、附　　则

2012年8月31日，第十一届全国人民代表大会常务委员会第二十八次会议审议通过了《关于修改〈中华人民共和国民事诉讼法〉的决定》。根据修改后的民事诉讼法，结合人民法院民事审判和执行工作实际，制定本解释。

一、管　　辖

第一条　民事诉讼法第十八条第一项规定的重大涉外案件，包括争议标的额大的案件、案情复杂的案件，或者一方当事人人数众多等具有重大影响的案件。

第二条　专利纠纷案件由知识产权法院、最高人民法院确定的中级人民法院和基层人民法院管辖。

海事、海商案件由海事法院管辖。

第三条　公民的住所地是指公民的户籍所在地，法人或者其他组织的住所地是指法人或者其他组织的主要办事机构所在地。

法人或者其他组织的主要办事机构所在地不能确定的，法人或者其他组织的注册地或者登记地为住所地。

第四条　公民的经常居住地是指公民离开住所地至起诉时已连续居住一年以上的地方，但公民住院就医的地方除外。

第五条　对没有办事机构的个人合伙、合伙型联营体提起的诉讼，由被告注册登记地人民法院管辖。没有注册登记，几个被告又不在同一辖区的，被告住所地的人民法院都有管辖权。

第六条　被告被注销户籍的，依照民事诉讼法第二十二条规定确定管辖；原告、被告均被注销户籍的，由被告居住地人民法院管辖。

第七条　当事人的户籍迁出后尚未落户，有经常居住地的，由该地人民法院管辖；没有经常居住地的，由其原户籍所在地人民法院管辖。

第八条　双方当事人都被监禁或者被采取强制性教育措施的，由被告原住所地人民法院管辖。被告被监禁或者被采取强制性教育措施一年以上的，由被告被监禁地或者被采取强制性教育措施地人民法院管辖。

第九条　追索赡养费、抚育费、扶养费案件的几个被告住所地不在同一辖区的，可以由原告住所地人民法院管辖。

第十条　不服指定监护或者变更监护关系的案件，可以由被监护人住所地人民法院管辖。

第十一条　双方当事人均为军人或者军队单位的民事案件由军事法院管辖。

第十二条　夫妻一方离开住所地超过一年，另一方起诉离婚的案件，可以由原告住所地人民法院管辖。

夫妻双方离开住所地超过一年，一方起诉离婚的案件，由被告经常居住地人民法院管辖；没有经常居住地的，由原告起诉时被告居住地人民法院管辖。

第十三条 在国内结婚并定居国外的华侨，如定居国法院以离婚诉讼须由婚姻缔结地法院管辖为由不予受理，当事人向人民法院提出离婚诉讼的，由婚姻缔结地或者一方在国内的最后居住地人民法院管辖。

第十四条 在国外结婚并定居国外的华侨，如定居国法院以离婚诉讼须由国籍所属国法院管辖为由不予受理，当事人向人民法院提出离婚诉讼的，由一方原住所地或者在国内的最后居住地人民法院管辖。

第十五条 中国公民一方居住在国外，一方居住在国内，不论哪一方向人民法院提起离婚诉讼，国内一方住所地人民法院都有权管辖。国外一方在居住国法院起诉，国内一方向人民法院起诉的，受诉人民法院有权管辖。

第十六条 中国公民双方在国外但未定居，一方向人民法院起诉离婚的，应由原告或者被告原住所地人民法院管辖。

第十七条 已经离婚的中国公民，双方均定居国外，仅就国内财产分割提起诉讼的，由主要财产所在地人民法院管辖。

第十八条 合同约定履行地点的，以约定的履行地点为合同履行地。

合同对履行地点没有约定或者约定不明确，争议标的为给付货币的，接收货币一方所在地为合同履行地；交付不动产的，不动产所在地为合同履行地；其他标的，履行义务一方所在地为合同履行地。即时结清的合同，交易行为地为合同履行地。

合同没有实际履行，当事人双方住所地都不在合同约定的履行地的，由被告住所地人民法院管辖。

第十九条 财产租赁合同、融资租赁合同以租赁物使用地为合同履行地。合同对履行地有约定的，从其约定。

第二十条 以信息网络方式订立的买卖合同，通过信息网络交付标的的，以买受人住所地为合同履行地；通过其他方式交付标的的，收货地为合同履行地。合同对履行地有约定的，从其约定。

第二十一条 因财产保险合同纠纷提起的诉讼，如果保险标的物是运输工具或者运输中的货物，可以由运输工具登记注册地、运输目的地、保险事故发生地人民法院管辖。

因人身保险合同纠纷提起的诉讼，可以由被保险人住所地人民法院管辖。

第二十二条 因股东名册记载、请求变更公司登记、股东知情权、公司决议、公司合并、公司分立、公司减资、公司增资等纠纷提起的诉讼，依照民事诉讼法第二十六条规定确定管辖。

第二十三条 债权人申请支付令，适用民事诉讼法第二十一条规定，由债务人住所地基层人民法院管辖。

第二十四条 民事诉讼法第二十八条规定的侵权行为地，包括侵权行为实施地、侵权结果发生地。

第二十五条 信息网络侵权行为实施地包括实施被诉侵权行为的计算机等信息设备所在地，侵权结果发生地包括被侵权人住所地。

第二十六条 因产品、服务质量不合格造成他人财产、人身损害提起的诉讼，产品制造地、产品销售地、服务提供地、侵权行为地和被告住所地人民法院都有管辖权。

第二十七条 当事人申请诉前保全后没有在法定期间起诉或者申请仲裁，给被申请人、利害关系人造成损失引起的诉讼，由采取保全措施的人民法院管辖。

当事人申请诉前保全后在法定期间内起诉或者申请仲裁，被申请人、利害关系人因保全受到损失提起的诉讼，由受理起诉的人民法院或者采取保全措施的人民法院管辖。

第二十八条 民事诉讼法第三十三条第一项规定的不动产纠纷是指因不动产的权利确认、分割、相邻关系等引起的物权纠纷。

农村土地承包经营合同纠纷、房屋租赁合同纠纷、建设工程施工合同纠纷、政策性房屋买卖合同纠纷，按照不动产纠纷确定管辖。

不动产已登记的，以不动产登记簿记载的所在地为不动产所在地；不动产未登记的，以不动产实际所在地为不动产所在地。

第二十九条 民事诉讼法第三十四条规定的书面协议，包括书面合同中的协议管辖条款或者诉讼前以书面形式达成的选择管辖的协议。

第三十条 根据管辖协议，起诉时能够确定管辖法院的，从其约定；不能确定的，依照民事诉讼法的相关规定确定管辖。

管辖协议约定两个以上与争议有实际联系的地点的人民法院管辖，原告可以向其中一个人民法院起诉。

第三十一条 经营者使用格式条款与消费者订立管辖协议，未采取合理方式提请消费者注意，消费者主张管辖协议无效的，人民法院应予支持。

第三十二条 管辖协议约定由一方当事人住所地人民法院管辖，协议签订后当事人住所地变更的，由签订管辖协议时的住所地人民法院管辖，但当事人另有约定的除外。

第三十三条 合同转让的，合同的管辖协议对合同受让人有效，但转让时受让人不知道有管辖协议，或者转让协议另有约定且原合同相对人同意的除外。

第三十四条 当事人因同居或者在解除婚姻、收养关系后发生财产争议，约定管辖的，可以适用民事诉讼法第三十四条规定确定管辖。

第三十五条 当事人在答辩期间届满后未应诉答辩，人民法院在一审开庭前，发现案件不属于本院管辖的，应当裁定移送有管辖权的人民法院。

第三十六条 两个以上人民法院都有管辖权的诉讼,先立案的人民法院不得将案件移送给另一个有管辖权的人民法院。人民法院在立案前发现其他有管辖权的人民法院已先立案的,不得重复立案;立案后发现其他有管辖权的人民法院已先立案的,裁定将案件移送给先立案的人民法院。

第三十七条 案件受理后,受诉人民法院的管辖权不受当事人住所地、经常居住地变更的影响。

第三十八条 有管辖权的人民法院受理案件后,不得以行政区域变更为由,将案件移送给变更后有管辖权的人民法院。判决后的上诉案件和依审判监督程序提审的案件,由原审人民法院的上级人民法院进行审判;上级人民法院指令再审、发回重审的案件,由原审人民法院再审或者重审。

第三十九条 人民法院对管辖异议审查后确定有管辖权的,不因当事人提起反诉、增加或者变更诉讼请求等改变管辖,但违反级别管辖、专属管辖规定的除外。

人民法院发回重审或者按第一审程序再审的案件,当事人提出管辖异议的,人民法院不予审查。

第四十条 依照民事诉讼法第三十七条第二款规定,发生管辖权争议的两个人民法院因协商不成报请它们的共同上级人民法院指定管辖时,双方为同属一个地、市辖区的基层人民法院的,由该地、市的中级人民法院及时指定管辖;同属一个省、自治区、直辖市的两个人民法院的,由该省、自治区、直辖市的高级人民法院及时指定管辖;双方为跨省、自治区、直辖市的人民法院,高级人民法院协商不成的,由最高人民法院及时指定管辖。

依照前款规定报请上级人民法院指定管辖时,应当逐级进行。

第四十一条 人民法院依照民事诉讼法第三十七条第二款规定指定管辖的,应当作出裁定。

对报请上级人民法院指定管辖的案件,下级人民法院应当中止审理。指定管辖裁定作出前,下级人民法院对案件作出判决、裁定的,上级人民法院应当在裁定指定管辖的同时,一并撤销下级人民法院的判决、裁定。

第四十二条 下列第一审民事案件,人民法院依照民事诉讼法第三十八条第一款规定,可以在开庭前交下级人民法院审理:

(一)破产程序中有关债务人的诉讼案件;

(二)当事人人数众多且不方便诉讼的案件;

(三)最高人民法院确定的其他类型案件。

人民法院交下级人民法院审理前,应当报请其上级人民法院批准。上级人民法院批准后,人民法院应当裁定将案件交下级人民法院审理。

二、回　　避

第四十三条　审判人员有下列情形之一的，应当自行回避，当事人有权申请其回避：

（一）是本案当事人或者当事人近亲属的；

（二）本人或者其近亲属与本案有利害关系的；

（三）担任过本案的证人、鉴定人、辩护人、诉讼代理人、翻译人员的；

（四）是本案诉讼代理人近亲属的；

（五）本人或者其近亲属持有本案非上市公司当事人的股份或者股权的；

（六）与本案当事人或者诉讼代理人有其他利害关系，可能影响公正审理的。

第四十四条　审判人员有下列情形之一的，当事人有权申请其回避：

（一）接受本案当事人及其受托人宴请，或者参加由其支付费用的活动的；

（二）索取、接受本案当事人及其受托人财物或者其他利益的；

（三）违反规定会见本案当事人、诉讼代理人的；

（四）为本案当事人推荐、介绍诉讼代理人，或者为律师、其他人员介绍代理本案的；

（五）向本案当事人及其受托人借用款物的；

（六）有其他不正当行为，可能影响公正审理的。

第四十五条　在一个审判程序中参与过本案审判工作的审判人员，不得再参与该案其他程序的审判。

发回重审的案件，在一审法院作出裁判后又进入第二审程序的，原第二审程序中合议庭组成人员不受前款规定的限制。

第四十六条　审判人员有应当回避的情形，没有自行回避，当事人也没有申请其回避的，由院长或者审判委员会决定其回避。

第四十七条　人民法院应当依法告知当事人对合议庭组成人员、独任审判员和书记员等人员有申请回避的权利。

第四十八条　民事诉讼法第四十四条所称的审判人员，包括参与本案审理的人民法院院长、副院长、审判委员会委员、庭长、副庭长、审判员、助理审判员和人民陪审员。

第四十九条　书记员和执行员适用审判人员回避的有关规定。

三、诉讼参加人

第五十条　法人的法定代表人以依法登记的为准，但法律另有规定的除外。依法不需要办理登记的法人，以其正职负责人为法定代表人；没有正职负责人的，以其主持工作的副职负责人为法定代表人。

法定代表人已经变更,但未完成登记,变更后的法定代表人要求代表法人参加诉讼的,人民法院可以准许。

其他组织,以其主要负责人为代表人。

第五十一条 在诉讼中,法人的法定代表人变更的,由新的法定代表人继续进行诉讼,并应向人民法院提交新的法定代表人身份证明书。原法定代表人进行的诉讼行为有效。

前款规定,适用于其他组织参加的诉讼。

第五十二条 民事诉讼法第四十八条规定的其他组织是指合法成立、有一定的组织机构和财产,但又不具备法人资格的组织,包括:

(一)依法登记领取营业执照的个人独资企业;

(二)依法登记领取营业执照的合伙企业;

(三)依法登记领取我国营业执照的中外合作经营企业、外资企业;

(四)依法成立的社会团体的分支机构、代表机构;

(五)依法设立并领取营业执照的法人的分支机构;

(六)依法设立并领取营业执照的商业银行、政策性银行和非银行金融机构的分支机构;

(七)经依法登记领取营业执照的乡镇企业、街道企业;

(八)其他符合本条规定条件的组织。

第五十三条 法人非依法设立的分支机构,或者虽依法设立,但没有领取营业执照的分支机构,以设立该分支机构的法人为当事人。

第五十四条 以挂靠形式从事民事活动,当事人请求由挂靠人和被挂靠人依法承担民事责任的,该挂靠人和被挂靠人为共同诉讼人。

第五十五条 在诉讼中,一方当事人死亡,需要等待继承人表明是否参加诉讼的,裁定中止诉讼。人民法院应当及时通知继承人作为当事人承担诉讼,被继承人已经进行的诉讼行为对承担诉讼的继承人有效。

第五十六条 法人或者其他组织的工作人员执行工作任务造成他人损害的,该法人或者其他组织为当事人。

第五十七条 提供劳务一方因劳务造成他人损害,受害人提起诉讼的,以接受劳务一方为被告。

第五十八条 在劳务派遣期间,被派遣的工作人员因执行工作任务造成他人损害的,以接受劳务派遣的用工单位为当事人。当事人主张劳务派遣单位承担责任的,该劳务派遣单位为共同被告。

第五十九条 在诉讼中,个体工商户以营业执照上登记的经营者为当事人。有字号的,以营业执照上登记的字号为当事人,但应同时注明该字号经营者的基本信息。

营业执照上登记的经营者与实际经营者不一致的,以登记的经营者和实际经营者为共同诉讼人。

第六十条 在诉讼中,未依法登记领取营业执照的个人合伙的全体合伙人为共同诉讼人。个人合伙有依法核准登记的字号的,应在法律文书中注明登记的字号。全体合伙人可以推选代表人;被推选的代表人,应由全体合伙人出具推选书。

第六十一条 当事人之间的纠纷经人民调解委员会调解达成协议后,一方当事人不履行调解协议,另一方当事人向人民法院提起诉讼的,应以对方当事人为被告。

第六十二条 下列情形,以行为人为当事人:

(一)法人或者其他组织应登记而未登记,行为人即以该法人或者其他组织名义进行民事活动的;

(二)行为人没有代理权、超越代理权或者代理权终止后以被代理人名义进行民事活动的,但相对人有理由相信行为人有代理权的除外;

(三)法人或者其他组织依法终止后,行为人仍以其名义进行民事活动的。

第六十三条 企业法人合并的,因合并前的民事活动发生的纠纷,以合并后的企业为当事人;企业法人分立的,因分立前的民事活动发生的纠纷,以分立后的企业为共同诉讼人。

第六十四条 企业法人解散的,依法清算并注销前,以该企业法人为当事人;未依法清算即被注销的,以该企业法人的股东、发起人或者出资人为当事人。

第六十五条 借用业务介绍信、合同专用章、盖章的空白合同书或者银行账户的,出借单位和借用人为共同诉讼人。

第六十六条 因保证合同纠纷提起的诉讼,债权人向保证人和被保证人一并主张权利的,人民法院应当将保证人和被保证人列为共同被告。保证合同约定为一般保证,债权人仅起诉保证人的,人民法院应当通知被保证人作为共同被告参加诉讼;债权人仅起诉被保证人的,可以只列被保证人为被告。

第六十七条 无民事行为能力人、限制民事行为能力人造成他人损害的,无民事行为能力人、限制民事行为能力人和其监护人为共同被告。

第六十八条 村民委员会或者村民小组与他人发生民事纠纷的,村民委员会或者有独立财产的村民小组为当事人。

第六十九条 对侵害死者遗体、遗骨以及姓名、肖像、名誉、荣誉、隐私等行为提起诉讼的,死者的近亲属为当事人。

第七十条 在继承遗产的诉讼中,部分继承人起诉的,人民法院应通知其他继承人作为共同原告参加诉讼;被通知的继承人不愿意参加诉讼又未明确表示放弃实体权利的,人民法院仍应将其列为共同原告。

第七十一条 原告起诉被代理人和代理人,要求承担连带责任的,被代理人和代理人为共同被告。

第七十二条 共有财产权受到他人侵害，部分共有权人起诉的，其他共有权人为共同诉讼人。

第七十三条 必须共同进行诉讼的当事人没有参加诉讼的，人民法院应当依照民事诉讼法第一百三十二条的规定，通知其参加；当事人也可以向人民法院申请追加。人民法院对当事人提出的申请，应当进行审查，申请理由不成立的，裁定驳回；申请理由成立的，书面通知被追加的当事人参加诉讼。

第七十四条 人民法院追加共同诉讼的当事人时，应当通知其他当事人。应当追加的原告，已明确表示放弃实体权利的，可不予追加；既不愿意参加诉讼，又不放弃实体权利的，仍应追加为共同原告，其不参加诉讼，不影响人民法院对案件的审理和依法作出判决。

第七十五条 民事诉讼法第五十三条、第五十四条和第一百九十九条规定的人数众多，一般指十人以上。

第七十六条 依照民事诉讼法第五十三条规定，当事人一方人数众多在起诉时确定的，可以由全体当事人推选共同的代表人，也可以由部分当事人推选自己的代表人；推选不出代表人的当事人，在必要的共同诉讼中可以自己参加诉讼，在普通的共同诉讼中可以另行起诉。

第七十七条 根据民事诉讼法第五十四条规定，当事人一方人数众多在起诉时不确定的，由当事人推选代表人。当事人推选不出的，可以由人民法院提出人选与当事人协商；协商不成的，也可以由人民法院在起诉的当事人中指定代表人。

第七十八条 民事诉讼法第五十三条和第五十四条规定的代表人为二至五人，每位代表人可以委托一至二人作为诉讼代理人。

第七十九条 依照民事诉讼法第五十四条规定受理的案件，人民法院可以发出公告，通知权利人向人民法院登记。公告期间根据案件的具体情况确定，但不得少于三十日。

第八十条 根据民事诉讼法第五十四条规定向人民法院登记的权利人，应当证明其与对方当事人的法律关系和所受到的损害。证明不了的，不予登记，权利人可以另行起诉。人民法院的裁判在登记的范围内执行。未参加登记的权利人提起诉讼，人民法院认定其请求成立的，裁定适用人民法院已作出的判决、裁定。

第八十一条 根据民事诉讼法第五十六条的规定，有独立请求权的第三人有权向人民法院提出诉讼请求和事实、理由，成为当事人；无独立请求权的第三人，可以申请或者由人民法院通知参加诉讼。

第一审程序中未参加诉讼的第三人，申请参加第二审程序的，人民法院可以准许。

第八十二条 在一审诉讼中，无独立请求权的第三人无权提出管辖异议，无权放弃、变更诉讼请求或者申请撤诉，被判决承担民事责任的，有权提起上诉。

第八十三条 在诉讼中，无民事行为能力人、限制民事行为能力人的监护人是他的法定代理人。事先没有确定监护人的，可以由有监护资格的人协商确定；协商不成的，由人民法院在他们之中指定诉讼中的法定代理人。当事人没有民法通则第十六条第一款、第二款或者第十七条第一款规定的监护人的，可以指定该法第十六条第四款或者第十七条第三款规定的有关组织担任诉讼中的法定代理人。

第八十四条 无民事行为能力人、限制民事行为能力人以及其他依法不能作为诉讼代理人的，当事人不得委托其作为诉讼代理人。

第八十五条 根据民事诉讼法第五十八条第二款第二项规定，与当事人有夫妻、直系血亲、三代以内旁系血亲、近姻亲关系以及其他有抚养、赡养关系的亲属，可以当事人近亲属的名义作为诉讼代理人。

第八十六条 根据民事诉讼法第五十八条第二款第二项规定，与当事人有合法劳动人事关系的职工，可以当事人工作人员的名义作为诉讼代理人。

第八十七条 根据民事诉讼法第五十八条第二款第三项规定，有关社会团体推荐公民担任诉讼代理人的，应当符合下列条件：

（一）社会团体属于依法登记设立或者依法免予登记设立的非营利性法人组织；

（二）被代理人属于该社会团体的成员，或者当事人一方住所地位于该社会团体的活动地域；

（三）代理事务属于该社会团体章程载明的业务范围；

（四）被推荐的公民是该社会团体的负责人或者与该社会团体有合法劳动人事关系的工作人员。

专利代理人经中华全国专利代理人协会推荐，可以在专利纠纷案件中担任诉讼代理人。

第八十八条 诉讼代理人除根据民事诉讼法第五十九条规定提交授权委托书外，还应当按照下列规定向人民法院提交相关材料：

（一）律师应当提交律师执业证、律师事务所证明材料；

（二）基层法律服务工作者应当提交法律服务工作者执业证、基层法律服务所出具的介绍信以及当事人一方位于本辖区内的证明材料；

（三）当事人的近亲属应当提交身份证件和与委托人有近亲属关系的证明材料；

（四）当事人的工作人员应当提交身份证件和与当事人有合法劳动人事关系的证明材料；

（五）当事人所在社区、单位推荐的公民应当提交身份证件、推荐材料和当事人属于该社区、单位的证明材料；

（六）有关社会团体推荐的公民应当提交身份证件和符合本解释第八十七条规定条件的证明材料。

第八十九条 当事人向人民法院提交的授权委托书，应当在开庭审理前送交人民法院。授权委托书仅写“全权代理”而无具体授权的，诉讼代理人无权代为承认、放弃、变更诉讼请求，进行和解，提出反诉或者提起上诉。

适用简易程序审理的案件，双方当事人同时到庭并径行开庭审理的，可以当场口头委托诉讼代理人，由人民法院记入笔录。

四、证　　据

第九十条　当事人对自己提出的诉讼请求所依据的事实或者反驳对方诉讼请求所依据的事实，应当提供证据加以证明，但法律另有规定的除外。

在作出判决前，当事人未能提供证据或者证据不足以证明其事实主张的，由负有举证证明责任的当事人承担不利的后果。

第九十一条　人民法院应当依照下列原则确定举证证明责任的承担，但法律另有规定的除外：

（一）主张法律关系存在的当事人，应当对产生该法律关系的基本事实承担举证证明责任；

（二）主张法律关系变更、消灭或者权利受到妨害的当事人，应当对该法律关系变更、消灭或者权利受到妨害的基本事实承担举证证明责任。

第九十二条　一方当事人在法庭审理中，或者在起诉状、答辩状、代理词等书面材料中，对于己不利的事实明确表示承认的，另一方当事人无需举证证明。

对于涉及身份关系、国家利益、社会公共利益等应当由人民法院依职权调查的事实，不适用前款自认的规定。

自认的事实与查明的事实不符的，人民法院不予确认。

第九十三条　下列事实，当事人无须举证证明：

（一）自然规律以及定理、定律；

（二）众所周知的事实；

（三）根据法律规定推定的事实；

（四）根据已知的事实和日常生活经验法则推定出的另一事实；

（五）已为人民法院发生法律效力的裁判所确认的事实；

（六）已为仲裁机构生效裁决所确认的事实；

（七）已为有效公证文书所证明的事实。

前款第二项至第四项规定的事实，当事人有相反证据足以反驳的除外；第五项至第七项规定的事实，当事人有相反证据足以推翻的除外。

第九十四条　民事诉讼法第六十四条第二款规定的当事人及其诉讼代理人因客观原因不能自行收集的证据包括：

（一）证据由国家有关部门保存，当事人及其诉讼代理人无权查阅调取的；

（二）涉及国家秘密、商业秘密或者个人隐私的；

（三）当事人及其诉讼代理人因客观原因不能自行收集的其他证据。

当事人及其诉讼代理人因客观原因不能自行收集的证据，可以在举证期限届满前书面申请人民法院调查收集。

第九十五条 当事人申请调查收集的证据，与待证事实无关联、对证明待证事实无意义或者其他无调查收集必要的，人民法院不予准许。

第九十六条 民事诉讼法第六十四条第二款规定的人民法院认为审理案件需要的证据包括：

（一）涉及可能损害国家利益、社会公共利益的；

（二）涉及身份关系的；

（三）涉及民事诉讼法第五十五条规定诉讼的；

（四）当事人有恶意串通损害他人合法权益可能的；

（五）涉及依职权追加当事人、中止诉讼、终结诉讼、回避等程序性事项的。

除前款规定外，人民法院调查收集证据，应当依照当事人的申请进行。

第九十七条 人民法院调查收集证据，应当由两人以上共同进行。调查材料要由调查人、被调查人、记录人签名、捺印或者盖章。

第九十八条 当事人根据民事诉讼法第八十一条第一款规定申请证据保全的，可以在举证期限届满前书面提出。

证据保全可能对他人造成损失的，人民法院应当责令申请人提供相应的担保。

第九十九条 人民法院应当在审理前的准备阶段确定当事人的举证期限。举证期限可以由当事人协商，并经人民法院准许。

人民法院确定举证期限，第一审普通程序案件不得少于十五日，当事人提供新的证据的第二审案件不得少于十日。

举证期限届满后，当事人对已经提供的证据，申请提供反驳证据或者对证据来源、形式等方面的瑕疵进行补正的，人民法院可以酌情再次确定举证期限，该期限不受前款规定的限制。

第一百条 当事人申请延长举证期限的，应当在举证期限届满前向人民法院提出书面申请。

申请理由成立的，人民法院应当准许，适当延长举证期限，并通知其他当事人。延长的举证期限适用于其他当事人。

申请理由不成立的，人民法院不予准许，并通知申请人。

第一百零一条 当事人逾期提供证据的，人民法院应当责令其说明理由，必要时可以要求其提供相应的证据。

当事人因客观原因逾期提供证据，或者对方当事人对逾期提供证据未提出异议的，视为未逾期。

第一百零二条 当事人因故意或者重大过失逾期提供的证据，人民法院不予采纳。但该证据与案件基本事实有关的，人民法院应当采纳，并依照民事诉讼法第六十五条、第一百一十五条第一款的规定予以训诫、罚款。

当事人非因故意或者重大过失逾期提供的证据，人民法院应当采纳，并对当事人予以训诫。

当事人一方要求另一方赔偿因逾期提供证据致使其增加的交通、住宿、就餐、误工、证人出庭作证等必要费用的，人民法院可予支持。

第一百零三条 证据应当在法庭上出示，由当事人互相质证。未经当事人质证的证据，不得作为认定案件事实的根据。

当事人在审理前的准备阶段认可的证据，经审判人员在庭审中说明后，视为质证过的证据。

涉及国家秘密、商业秘密、个人隐私或者法律规定应当保密的证据，不得公开质证。

第一百零四条 人民法院应当组织当事人围绕证据的真实性、合法性以及与待证事实的关联性进行质证，并针对证据有无证明力和证明力大小进行说明和辩论。

能够反映案件真实情况、与待证事实相关联、来源和形式符合法律规定的证据，应当作为认定案件事实的根据。

第一百零五条 人民法院应当按照法定程序，全面、客观地审核证据，依照法律规定，运用逻辑推理和日常生活经验法则，对证据有无证明力和证明力大小进行判断，并公开判断的理由和结果。

第一百零六条 对以严重侵害他人合法权益、违反法律禁止性规定或者严重违背公序良俗的方法形成或者获取的证据，不得作为认定案件事实的根据。

第一百零七条 在诉讼中，当事人为达成调解协议或者和解协议作出妥协而认可的事实，不得在后续的诉讼中作为对其不利的根据，但法律另有规定或者当事人均同意的除外。

第一百零八条 对负有举证证明责任的当事人提供的证据，人民法院经审查并结合相关事实，确信待证事实的存在具有高度可能性的，应当认定该事实存在。

对一方当事人为反驳负有举证证明责任的当事人所主张事实而提供的证据，人民法院经审查并结合相关事实，认为待证事实真伪不明的，应当认定该事实不存在。

法律对于待证事实所应达到的证明标准另有规定的，从其规定。

第一百零九条 当事人对欺诈、胁迫、恶意串通事实的证明，以及对口头遗嘱或者赠予事实的证明，人民法院确信该待证事实存在的可能性能够排除合理怀疑的，应当认定该事实存在。

第一百一十条 人民法院认为有必要的，可以要求当事人本人到庭，就案件有关事实接受询问。在询问当事人之前，可以要求其签署保证书。

保证书应当载明据实陈述、如有虚假陈述愿意接受处罚等内容。当事人应当在保证书上签名或者捺印。

负有举证证明责任的当事人拒绝到庭、拒绝接受询问或者拒绝签署保证书，待证事实又欠缺其他证据证明的，人民法院对其主张的事实不予认定。

第一百一十一条 民事诉讼法第七十条规定的提交书证原件确有困难，包括下列情形：

（一）书证原件遗失、灭失或者毁损的；

（二）原件在对方当事人控制之下，经合法通知提交而拒不提交的；

（三）原件在他人控制之下，而其有权不提交的；

（四）原件因篇幅或者体积过大而不便提交的；

（五）承担举证证明责任的当事人通过申请人民法院调查收集或者其他方式无法获得书证原件的。

前款规定情形，人民法院应当结合其他证据和案件具体情况，审查判断书证复制品等能否作为认定案件事实的根据。

第一百一十二条 书证在对方当事人控制之下的，承担举证证明责任的当事人可以在举证期限届满前书面申请人民法院责令对方当事人提交。

申请理由成立的，人民法院应当责令对方当事人提交，因提交书证所产生的费用，由申请人负担。对方当事人无正当理由拒不提交的，人民法院可以认定申请人所主张的书证内容为真实。

第一百一十三条 持有书证的当事人以妨碍对方当事人使用为目的，毁灭有关书证或者实施其他致使书证不能使用行为的，人民法院可以依照民事诉讼法第一百一十一条规定，对其处以罚款、拘留。

第一百一十四条 国家机关或者其他依法具有社会管理职能的组织，在其职权范围内制作的文书所记载的事项推定为真实，但有相反证据足以推翻的除外。必要时，人民法院可以要求制作文书的机关或者组织对文书的真实性予以说明。

第一百一十五条 单位向人民法院提出的证明材料，应当由单位负责人及制作证明材料的人员签名或者盖章，并加盖单位印章。人民法院就单位出具的证明材料，可以向单位及制作证明材料的人员进行调查核实。必要时，可以要求制作证明材料的人员出庭作证。

单位及制作证明材料的人员拒绝人民法院调查核实，或者制作证明材料的人员无正当理由拒绝出庭作证的，该证明材料不得作为认定案件事实的根据。

第一百一十六条 视听资料包括录音资料和影像资料。

电子数据是指通过电子邮件、电子数据交换、网上聊天记录、博客、微博客、手机短信、电子签名、域名等形成或者存储在电子介质中的信息。

存储在电子介质中的录音资料和影像资料，适用电子数据的规定。

第一百一十七条 当事人申请证人出庭作证的，应当在举证期限届满前提出。

符合本解释第九十六条第一款规定情形的，人民法院可以依职权通知证人出庭作证。

未经人民法院通知，证人不得出庭作证，但双方当事人同意并经人民法院准许的除外。

第一百一十八条 民事诉讼法第七十四条规定的证人因履行出庭作证义务而支出的交通、住宿、就餐等必要费用，按照机关事业单位工作人员差旅费用和补贴标准计算；误工损失按照国家上年度职工日平均工资标准计算。

人民法院准许证人出庭作证申请的，应当通知申请人预缴证人出庭作证费用。

第一百一十九条 人民法院在证人出庭作证前应当告知其如实作证的义务以及作伪证的法律后果，并责令其签署保证书，但无民事行为能力人和限制民事行为能力人除外。

证人签署保证书适用本解释关于当事人签署保证书的规定。

第一百二十条 证人拒绝签署保证书的，不得作证，并自行承担相关费用。

第一百二十一条 当事人申请鉴定，可以在举证期限届满前提出。申请鉴定的事项与待证事实无关联，或者对证明待证事实无意义的，人民法院不予准许。

人民法院准许当事人鉴定申请的，应当组织双方当事人协商确定具备相应资格的鉴定人。当事人协商不成的，由人民法院指定。

符合依职权调查收集证据条件的，人民法院应当依职权委托鉴定，在询问当事人的意见后，指定具备相应资格的鉴定人。

第一百二十二条 当事人可以依照民事诉讼法第七十九条的规定，在举证期限届满前申请一至二名具有专门知识的人出庭，代表当事人对鉴定意见进行质证，或者对案件事实所涉及的专业问题提出意见。

具有专门知识的人在法庭上就专业问题提出的意见，视为当事人的陈述。

人民法院准许当事人申请的，相关费用由提出申请的当事人负担。

第一百二十三条 人民法院可以对出庭的具有专门知识的人进行询问。经法庭准许，当事人可以对出庭的具有专门知识的人进行询问，当事人各自申请的具有专门知识的人可以就案件中的有关问题进行对质。

具有专门知识的人不得参与专业问题之外的法庭审理活动。

第一百二十四条 人民法院认为有必要的，可以根据当事人的申请或者依职权对物证或者现场进行勘验。勘验时应当保护他人的隐私和尊严。

人民法院可以要求鉴定人参与勘验。必要时，可以要求鉴定人在勘验中进行鉴定。

五、期间和送达

第一百二十五条 依照民事诉讼法第八十二条第二款规定，民事诉讼中以时起算的期间从次时起算;以日、月、年计算的期间从次日起算。

第一百二十六条 民事诉讼法第一百二十三条规定的立案期限,因起诉状内容欠缺通知原告补正的,从补正后交人民法院的次日起算。由上级人民法院转交下级人民法院立案的案件,从受诉人民法院收到起诉状的次日起算。

第一百二十七条 民事诉讼法第五十六条第三款、第二百零五条以及本解释第三百七十四条、第三百八十四条、第四百零一条、第四百二十二条、第四百二十三条规定的六个月,民事诉讼法第二百二十三条规定的一年,为不变期间,不适用诉讼时效中止、中断、延长的规定。

第一百二十八条 再审案件按照第一审程序或者第二审程序审理的,适用民事诉讼法第一百四十九条、第一百七十六条规定的审限。审限自再审立案的次日起算。

第一百二十九条 对申请再审案件,人民法院应当自受理之日起三个月内审查完毕,但公告期间、当事人和解期间等不计入审查期限。有特殊情况需要延长的,由本院院长批准。

第一百三十条 向法人或者其他组织送达诉讼文书,应当由法人的法定代表人、该组织的主要负责人或者办公室、收发室、值班室等负责收件的人签收或者盖章,拒绝签收或者盖章的,适用留置送达。

民事诉讼法第八十六条规定的有关基层组织和所在单位的代表,可以是受送达人住所地的居民委员会、村民委员会的工作人员以及受送达人所在单位的工作人员。

第一百三十一条 人民法院直接送达诉讼文书的,可以通知当事人到人民法院领取。当事人到达人民法院,拒绝签署送达回证的,视为送达。审判人员、书记员应当在送达回证上注明送达情况并签名。

人民法院可以在当事人住所地以外向当事人直接送达诉讼文书。当事人拒绝签署送达回证的,采用拍照、录像等方式记录送达过程即视为送达。审判人员、书记员应当在送达回证上注明送达情况并签名。

第一百三十二条 受送达人有诉讼代理人的,人民法院既可以向受送达人送达,也可以向其诉讼代理人送达。受送达人指定诉讼代理人为代收人的,向诉讼代理人送达时,适用留置送达。

第一百三十三条 调解书应当直接送达当事人本人,不适用留置送达。当事人本人因故不能签收的,可由其指定的代收人签收。

第一百三十四条 依照民事诉讼法第八十八条规定,委托其他人民法院代为送达的,委托法院应当出具委托函,并附需要送达的诉讼文书和送达回证,以受送达人在送达回证上签收的日期为送达日期。

委托送达的,受委托人民法院应当自收到委托函及相关诉讼文书之日起十日内代为送达。

第一百三十五条 电子送达可以采用传真、电子邮件、移动通信等即时收悉的特定系统作为送达媒介。

民事诉讼法第八十七条第二款规定的到达受送达人特定系统的日期，为人民法院对应系统显示发送成功的日期，但受送达人证明到达其特定系统的日期与人民法院对应系统显示发送成功的日期不一致的，以受送达人证明到达其特定系统的日期为准。

第一百三十六条 受送达人同意采用电子方式送达的，应当在送达地址确认书中予以确认。

第一百三十七条 当事人在提起上诉、申请再审、申请执行时未书面变更送达地址的，其在第一审程序中确认的送达地址可以作为第二审程序、审判监督程序、执行程序的送达地址。

第一百三十八条 公告送达可以在法院的公告栏和受送达人住所地张贴公告，也可以在报纸、信息网络等媒体上刊登公告，发出公告日期以最后张贴或者刊登的日期为准。对公告送达方式有特殊要求的，应当按要求的方式进行。公告期满，即视为送达。

人民法院在受送达人住所地张贴公告的，应当采取拍照、录像等方式记录张贴过程。

第一百三十九条 公告送达应当说明公告送达的原因；公告送达起诉状或者上诉状副本的，应当说明起诉或者上诉要点，受送达人答辩期限及逾期不答辩的法律后果；公告送达传票，应当说明出庭的时间和地点及逾期不出庭的法律后果；公告送达判决书、裁定书的，应当说明裁判主要内容，当事人有权上诉的，还应当说明上诉权利、上诉期限和上诉的人民法院。

第一百四十条 适用简易程序的案件，不适用公告送达。

第一百四十一条 人民法院在定期宣判时，当事人拒不签收判决书、裁定书的，应视为送达，并在宣判笔录中记明。

六、调　　解

第一百四十二条 人民法院受理案件后，经审查，认为法律关系明确、事实清楚，在征得当事人双方同意后，可以径行调解。

第一百四十三条 适用特别程序、督促程序、公示催告程序的案件，婚姻等身份关系确认案件以及其他根据案件性质不能进行调解的案件，不得调解。

第一百四十四条 人民法院审理民事案件，发现当事人之间恶意串通，企图通过和解、调解方式侵害他人合法权益的，应当依照民事诉讼法第一百一十二条的规定处理。

第一百四十五条 人民法院审理民事案件,应当根据自愿、合法的原则进行调解。当事人一方或者双方坚持不愿调解的,应当及时裁判。

人民法院审理离婚案件,应当进行调解,但不应久调不决。

第一百四十六条 人民法院审理民事案件,调解过程不公开,但当事人同意公开的除外。

调解协议内容不公开,但为保护国家利益、社会公共利益、他人合法权益,人民法院认为确有必要公开的除外。

主持调解以及参与调解的人员,对调解过程以及调解过程中获悉的国家秘密、商业秘密、个人隐私和其他不宜公开的信息,应当保守秘密,但为保护国家利益、社会公共利益、他人合法权益的除外。

第一百四十七条 人民法院调解案件时,当事人不能出庭的,经其特别授权,可由其委托代理人参加调解,达成的调解协议,可由委托代理人签名。

离婚案件当事人确因特殊情况无法出庭参加调解的,除本人不能表达意志的以外,应当出具书面意见。

第一百四十八条 当事人自行和解或者调解达成协议后,请求人民法院按照和解协议或者调解协议的内容制作判决书的,人民法院不予准许。

无民事行为能力人的离婚案件,由其法定代理人进行诉讼。法定代理人与对方达成协议要求发给判决书的,可根据协议内容制作判决书。

第一百四十九条 调解书需经当事人签收后才发生法律效力的,应当以最后收到调解书的当事人签收的日期为调解书生效日期。

第一百五十条 人民法院调解民事案件,需由无独立请求权的第三人承担责任的,应当经其同意。该第三人在调解书送达前反悔的,人民法院应当及时裁判。

第一百五十一条 根据民事诉讼法第九十八条第一款第四项规定,当事人各方同意在调解协议上签名或者盖章后即发生法律效力的,经人民法院审查确认后,应当记入笔录或者将调解协议附卷,并由当事人、审判人员、书记员签名或者盖章后即具有法律效力。

前款规定情形,当事人请求制作调解书的,人民法院审查确认后可以制作调解书送交当事人。当事人拒收调解书的,不影响调解协议的效力。

七、保全和先予执行

第一百五十二条 人民法院依照民事诉讼法第一百条、第一百零一条规定,在采取诉前保全、诉讼保全措施时,责令利害关系人或者当事人提供担保的,应当书面通知。

利害关系人申请诉前保全的,应当提供担保。申请诉前财产保全的,应当提供相当于请求保全数额的担保;情况特殊的,人民法院可以酌情处理。申请诉前行为保全的，担保的数额由人民法院根据案件的具体情况决定。

在诉讼中，人民法院依申请或者依职权采取保全措施的，应当根据案件的具体情况，决定当事人是否应当提供担保以及担保的数额。

第一百五十三条 人民法院对季节性商品、鲜活、易腐烂变质以及其他不宜长期保存的物品采取保全措施时，可以责令当事人及时处理，由人民法院保存价款；必要时，人民法院可予以变卖，保存价款。

第一百五十四条 人民法院在财产保全中采取查封、扣押、冻结财产措施时，应当妥善保管被查封、扣押、冻结的财产。不宜由人民法院保管的，人民法院可以指定被保全人负责保管；不宜由被保全人保管的，可以委托他人或者申请保全人保管。

查封、扣押、冻结担保物权人占有的担保财产，一般由担保物权人保管；由人民法院保管的，质权、留置权不因采取保全措施而消灭。

第一百五十五条 由人民法院指定被保全人保管的财产，如果继续使用对该财产的价值无重大影响，可以允许被保全人继续使用；由人民法院保管或者委托他人、申请保全人保管的财产，人民法院和其他保管人不得使用。

第一百五十六条 人民法院采取财产保全的方法和措施，依照执行程序相关规定办理。

第一百五十七条 人民法院对抵押物、质押物、留置物可以采取财产保全措施，但不影响抵押权人、质权人、留置权人的优先受偿权。

第一百五十八条 人民法院对债务人到期应得的收益，可以采取财产保全措施，限制其支取，通知有关单位协助执行。

第一百五十九条 债务人的财产不能满足保全请求，但对他人有到期债权的，人民法院可以依债权人的申请裁定该他人不得对本案债务人清偿。该他人要求偿付的，由人民法院提存财物或者价款。

第一百六十条 当事人向采取诉前保全措施以外的其他有管辖权的人民法院起诉的，采取诉前保全措施的人民法院应当将保全手续移送受理案件的人民法院。诉前保全的裁定视为受移送人民法院作出的裁定。

第一百六十一条 对当事人不服一审判决提起上诉的案件，在第二审人民法院接到报送的案件之前，当事人有转移、隐匿、出卖或者毁损财产等行为，必须采取保全措施的，由第一审人民法院依当事人申请或者依职权采取。第一审人民法院的保全裁定，应当及时报送第二审人民法院。

第一百六十二条 第二审人民法院裁定对第一审人民法院采取的保全措施予以续保或者采取新的保全措施的，可以自行实施，也可以委托第一审人民法院实施。

再审人民法院裁定对原保全措施予以续保或者采取新的保全措施的，可以自行实施，也可以委托原审人民法院或者执行法院实施。

第一百六十三条 法律文书生效后，进入执行程序前，债权人因对方当事人转移财产等紧急情况,不申请保全将可能导致生效法律文书不能执行或者难以执行的,可以向执行法院申请采取保全措施。债权人在法律文书指定的履行期间届满后五日内不申请执行的,人民法院应当解除保全。

第一百六十四条 对申请保全人或者他人提供的担保财产,人民法院应当依法办理查封、扣押、冻结等手续。

第一百六十五条 人民法院裁定采取保全措施后,除作出保全裁定的人民法院自行解除或者其上级人民法院决定解除外,在保全期限内,任何单位不得解除保全措施。

第一百六十六条 裁定采取保全措施后,有下列情形之一的,人民法院应当作出解除保全裁定:

(一)保全错误的;

(二)申请人撤回保全申请的;

(三)申请人的起诉或者诉讼请求被生效裁判驳回的;

(四)人民法院认为应当解除保全的其他情形。

解除以登记方式实施的保全措施的,应当向登记机关发出协助执行通知书。

第一百六十七条 财产保全的被保全人提供其他等值担保财产且有利于执行的,人民法院可以裁定变更保全标的物为被保全人提供的担保财产。

第一百六十八条 保全裁定未经人民法院依法撤销或者解除,进入执行程序后,自动转为执行中的查封、扣押、冻结措施,期限连续计算,执行法院无需重新制作裁定书,但查封、扣押、冻结期限届满的除外。

第一百六十九条 民事诉讼法规定的先予执行,人民法院应当在受理案件后终审判决作出前采取。先予执行应当限于当事人诉讼请求的范围,并以当事人的生活、生产经营的急需为限。

第一百七十条 民事诉讼法第一百零六条第三项规定的情况紧急,包括:

(一)需要立即停止侵害、排除妨碍的;

(二)需要立即制止某项行为的;

(三)追索恢复生产、经营急需的保险理赔费的;

(四)需要立即返还社会保险金、社会救助资金的;

(五)不立即返还款项,将严重影响权利人生活和生产经营的。

第一百七十一条 当事人对保全或者先予执行裁定不服的,可以自收到裁定书之日起五日内向作出裁定的人民法院申请复议。人民法院应当在收到复议申请后十日内审查。裁定正确的,驳回当事人的申请;裁定不当的,变更或者撤销原裁定。

第一百七十二条 利害关系人对保全或者先予执行的裁定不服申请复议的,由作出裁定的人民法院依照民事诉讼法第一百零八条规定处理。

第一百七十三条 人民法院先予执行后,根据发生法律效力的判决,申请人应当返还因先予执行所取得的利益的，适用民事诉讼法第二百三十三条的规定。

八、对妨害民事诉讼的强制措施

第一百七十四条 民事诉讼法第一百零九条规定的必须到庭的被告，是指负有赡养、抚育、扶养义务和不到庭就无法查清案情的被告。

人民法院对必须到庭才能查清案件基本事实的原告，经两次传票传唤，无正当理由拒不到庭的，可以拘传。

第一百七十五条 拘传必须用拘传票，并直接送达被拘传人；在拘传前，应当向被拘传人说明拒不到庭的后果，经批评教育仍拒不到庭的，可以拘传其到庭。

第一百七十六条 诉讼参与人或者其他人有下列行为之一的，人民法院可以适用民事诉讼法第一百一十条规定处理：

（一）未经准许进行录音、录像、摄影的；

（二）未经准许以移动通信等方式现场传播审判活动的；

（三）其他扰乱法庭秩序，妨害审判活动进行的。

有前款规定情形的，人民法院可以暂扣诉讼参与人或者其他人进行录音、录像、摄影、传播审判活动的器材，并责令其删除有关内容；拒不删除的，人民法院可以采取必要手段强制删除。

第一百七十七条 训诫、责令退出法庭由合议庭或者独任审判员决定。训诫的内容、被责令退出法庭者的违法事实应当记入庭审笔录。

第一百七十八条 人民法院依照民事诉讼法第一百一十条至第一百一十四条的规定采取拘留措施的，应经院长批准，作出拘留决定书，由司法警察将被拘留人送交当地公安机关看管。

第一百七十九条 被拘留人不在本辖区的，作出拘留决定的人民法院应当派员到被拘留人所在地的人民法院，请该院协助执行，受委托的人民法院应当及时派员协助执行。被拘留人申请复议或者在拘留期间承认并改正错误，需要提前解除拘留的，受委托人民法院应当向委托人民法院转达或者提出建议，由委托人民法院审查决定。

第一百八十条 人民法院对被拘留人采取拘留措施后，应当在二十四小时内通知其家属；确实无法按时通知或者通知不到的，应当记录在案。

第一百八十一条 因哄闹、冲击法庭，用暴力、威胁等方法抗拒执行公务等紧急情况，必须立即采取拘留措施的，可在拘留后，立即报告院长补办批准手续。院长认为拘留不当的，应当解除拘留。

第一百八十二条 被拘留人在拘留期间认错悔改的，可以责令其具结悔过，提前解除拘留。提前解除拘留，应报经院长批准，并作出提前解除拘留决定书，交负责看管的公安机关执行。

第一百八十三条 民事诉讼法第一百一十条至第一百一十三条规定的罚款、拘留可以单独适用,也可以合并适用。

第一百八十四条 对同一妨害民事诉讼行为的罚款、拘留不得连续适用。发生新的妨害民事诉讼行为的,人民法院可以重新予以罚款、拘留。

第一百八十五条 被罚款、拘留的人不服罚款、拘留决定申请复议的,应当自收到决定书之日起三日内提出。上级人民法院应当在收到复议申请后五日内作出决定,并将复议结果通知下级人民法院和当事人。

第一百八十六条 上级人民法院复议时认为强制措施不当的,应当制作决定书,撤销或者变更下级人民法院作出的拘留、罚款决定。情况紧急的,可以在口头通知后三日内发出决定书。

第一百八十七条 民事诉讼法第一百一十一条第一款第五项规定的以暴力、威胁或者其他方法阻碍司法工作人员执行职务的行为,包括:

(一)在人民法院哄闹、滞留,不听从司法工作人员劝阻的;

(二)故意毁损、抢夺人民法院法律文书、查封标志的;

(三)哄闹、冲击执行公务现场,围困、扣押执行或者协助执行公务人员的;

(四)毁损、抢夺、扣留案件材料、执行公务车辆、其他执行公务器械、执行公务人员服装和执行公务证件的;

(五)以暴力、威胁或者其他方法阻碍司法工作人员查询、查封、扣押、冻结、划拨、拍卖、变卖财产的;

(六)以暴力、威胁或者其他方法阻碍司法工作人员执行职务的其他行为。

第一百八十八条 民事诉讼法第一百一十一条第一款第六项规定的拒不履行人民法院已经发生法律效力的判决、裁定的行为,包括:

(一)在法律文书发生法律效力后隐藏、转移、变卖、毁损财产或者无偿转让财产、以明显不合理的价格交易财产、放弃到期债权、无偿为他人提供担保等,致使人民法院无法执行的;

(二)隐藏、转移、毁损或者未经人民法院允许处分已向人民法院提供担保的财产的;

(三)违反人民法院限制高消费令进行消费的;

(四)有履行能力而拒不按照人民法院执行通知履行生效法律文书确定的义务的;

(五)有义务协助执行的个人接到人民法院协助执行通知书后,拒不协助执行的。

第一百八十九条 诉讼参与人或者其他人有下列行为之一的,人民法院可以适用民事诉讼法第一百一十一条的规定处理:

(一)冒充他人提起诉讼或者参加诉讼的;

（二）证人签署保证书后作虚假证言，妨碍人民法院审理案件的；

（三）伪造、隐藏、毁灭或者拒绝交出有关被执行人履行能力的重要证据，妨碍人民法院查明被执行人财产状况的；

（四）擅自解冻已被人民法院冻结的财产的；

（五）接到人民法院协助执行通知书后，给当事人通风报信，协助其转移、隐匿财产的。

第一百九十条 民事诉讼法第一百一十二条规定的他人合法权益，包括案外人的合法权益、国家利益、社会公共利益。

第三人根据民事诉讼法第五十六条第三款规定提起撤销之诉，经审查，原案当事人之间恶意串通进行虚假诉讼的，适用民事诉讼法第一百一十二条规定处理。

第一百九十一条 单位有民事诉讼法第一百一十二条或者第一百一十三条规定行为的，人民法院应当对该单位进行罚款，并可以对其主要负责人或者直接责任人员予以罚款、拘留；构成犯罪的，依法追究刑事责任。

第一百九十二条 有关单位接到人民法院协助执行通知书后，有下列行为之一的，人民法院可以适用民事诉讼法第一百一十四条规定处理：

（一）允许被执行人高消费的；

（二）允许被执行人出境的；

（三）拒不停止办理有关财产权证照转移手续、权属变更登记、规划审批等手续的；

（四）以需要内部请示、内部审批，有内部规定等为由拖延办理的。

第一百九十三条 人民法院对个人或者单位采取罚款措施时，应当根据其实施妨害民事诉讼行为的性质、情节、后果，当地的经济发展水平，以及诉讼标的额等因素，在民事诉讼法第一百一十五条第一款规定的限额内确定相应的罚款金额。

九、诉 讼 费 用

第一百九十四条 依照民事诉讼法第五十四条审理的案件不预交案件受理费，结案后按照诉讼标的额由败诉方交纳。

第一百九十五条 支付令失效后转入诉讼程序的，债权人应当按照《诉讼费用交纳办法》补交案件受理费。

支付令被撤销后，债权人另行起诉的，按照《诉讼费用交纳办法》交纳诉讼费用。

第一百九十六条 人民法院改变原判决、裁定、调解结果的，应当在裁判文书中对原审诉讼费用的负担一并作出处理。

第一百九十七条 诉讼标的物是证券的，按照证券交易规则并根据当事人起诉之日前最后一个交易日的收盘价、当日的市场价或者其载明的金额计算诉讼标的的金额。

第一百九十八条 诉讼标的物是房屋、土地、林木、车辆、船舶、文物等特定物或者知识产权，起诉时价值难以确定的，人民法院应当向原告释明主张过高或者过低的诉讼风险，以原告主张的价值确定诉讼标的金额。

第一百九十九条 适用简易程序审理的案件转为普通程序的，原告自接到人民法院交纳诉讼费用通知之日起七日内补交案件受理费。

原告无正当理由未按期足额补交的，按撤诉处理，已经收取的诉讼费用退还一半。

第二百条 破产程序中有关债务人的民事诉讼案件，按照财产案件标准交纳诉讼费，但劳动争议案件除外。

第二百零一条 既有财产性诉讼请求，又有非财产性诉讼请求的，按照财产性诉讼请求的标准交纳诉讼费。

有多个财产性诉讼请求的，合并计算交纳诉讼费；诉讼请求中有多个非财产性诉讼请求的，按一件交纳诉讼费。

第二百零二条 原告、被告、第三人分别上诉的，按照上诉请求分别预交二审案件受理费。

同一方多人共同上诉的，只预交一份二审案件受理费；分别上诉的，按照上诉请求分别预交二审案件受理费。

第二百零三条 承担连带责任的当事人败诉的，应当共同负担诉讼费用。

第二百零四条 实现担保物权案件，人民法院裁定拍卖、变卖担保财产的，申请费由债务人、担保人负担；人民法院裁定驳回申请的，申请费由申请人负担。

申请人另行起诉的，其已经交纳的申请费可以从案件受理费中扣除。

第二百零五条 拍卖、变卖担保财产的裁定作出后，人民法院强制执行的，按照执行金额收取执行申请费。

第二百零六条 人民法院决定减半收取案件受理费的，只能减半一次。

第二百零七条 判决生效后，胜诉方预交但不应负担的诉讼费用，人民法院应当退还，由败诉方向人民法院交纳，但胜诉方自愿承担或者同意败诉方直接向其支付的除外。

当事人拒不交纳诉讼费用的，人民法院可以强制执行。

十、第一审普通程序

第二百零八条 人民法院接到当事人提交的民事起诉状时，对符合民事诉讼法第一百一十九条的规定，且不属于第一百二十四条规定情形的，应当登记立案；对当场不能判定是否符合起诉条件的，应当接收起诉材料，并出具注明收到日期的书面凭证。

需要补充必要相关材料的，人民法院应当及时告知当事人。在补齐相关材料后,应当在七日内决定是否立案。

立案后发现不符合起诉条件或者属于民事诉讼法第一百二十四条规定情形的,裁定驳回起诉。

第二百零九条 原告提供被告的姓名或者名称、住所等信息具体明确,足以使被告与他人相区别的,可以认定为有明确的被告。

起诉状列写被告信息不足以认定明确的被告的,人民法院可以告知原告补正。原告补正后仍不能确定明确的被告的,人民法院裁定不予受理。

第二百一十条 原告在起诉状中有谩骂和人身攻击之辞的,人民法院应当告知其修改后提起诉讼。

第二百一十一条 对本院没有管辖权的案件,告知原告向有管辖权的人民法院起诉;原告坚持起诉的,裁定不予受理;立案后发现本院没有管辖权的,应当将案件移送有管辖权的人民法院。

第二百一十二条 裁定不予受理、驳回起诉的案件,原告再次起诉,符合起诉条件且不属于民事诉讼法第一百二十四条规定情形的,人民法院应予受理。

第二百一十三条 原告应当预交而未预交案件受理费,人民法院应当通知其预交,通知后仍不预交或者申请减、缓、免未获批准而仍不预交的,裁定按撤诉处理。

第二百一十四条 原告撤诉或者人民法院按撤诉处理后,原告以同一诉讼请求再次起诉的,人民法院应予受理。

原告撤诉或者按撤诉处理的离婚案件,没有新情况、新理由,六个月内又起诉的,比照民事诉讼法第一百二十四条第七项的规定不予受理。

第二百一十五条 依照民事诉讼法第一百二十四条第二项的规定,当事人在书面合同中订有仲裁条款,或者在发生纠纷后达成书面仲裁协议,一方向人民法院起诉的,人民法院应当告知原告向仲裁机构申请仲裁,其坚持起诉的,裁定不予受理,但仲裁条款或者仲裁协议不成立、无效、失效、内容不明确无法执行的除外。

第二百一十六条 在人民法院首次开庭前,被告以有书面仲裁协议为由对受理民事案件提出异议的,人民法院应当进行审查。

经审查符合下列情形之一的,人民法院应当裁定驳回起诉:

(一)仲裁机构或者人民法院已经确认仲裁协议有效的;

(二)当事人没有在仲裁庭首次开庭前对仲裁协议的效力提出异议的;

(三)仲裁协议符合仲裁法第十六条规定且不具有仲裁法第十七条规定情形的。

第二百一十七条 夫妻一方下落不明,另一方诉至人民法院,只要求离婚,不申请宣告下落不明人失踪或者死亡的案件,人民法院应当受理,对下落不明人公告送达诉讼文书。

第二百一十八条 赡养费、扶养费、抚育费案件,裁判发生法律效力后,因新情况、新理由,一方当事人再行起诉要求增加或者减少费用的,人民法院应作为新案受理。

第二百一十九条 当事人超过诉讼时效期间起诉的,人民法院应予受理。受理后对方当事人提出诉讼时效抗辩,人民法院经审理认为抗辩事由成立的,判决驳回原告的诉讼请求。

第二百二十条 民事诉讼法第六十八条、第一百三十四条、第一百五十六条规定的商业秘密,是指生产工艺、配方、贸易联系、购销渠道等当事人不愿公开的技术秘密、商业情报及信息。

第二百二十一条 基于同一事实发生的纠纷,当事人分别向同一人民法院起诉的,人民法院可以合并审理。

第二百二十二条 原告在起诉状中直接列写第三人的,视为其申请人民法院追加该第三人参加诉讼。是否通知第三人参加诉讼,由人民法院审查决定。

第二百二十三条 当事人在提交答辩状期间提出管辖异议,又针对起诉状的内容进行答辩的,人民法院应当依照民事诉讼法第一百二十七条第一款的规定,对管辖异议进行审查。

当事人未提出管辖异议,就案件实体内容进行答辩、陈述或者反诉的,可以认定为民事诉讼法第一百二十七条第二款规定的应诉答辩。

第二百二十四条 依照民事诉讼法第一百三十三条第四项规定,人民法院可以在答辩期届满后,通过组织证据交换、召集庭前会议等方式,作好审理前的准备。

第二百二十五条 根据案件具体情况,庭前会议可以包括下列内容:

(一)明确原告的诉讼请求和被告的答辩意见;

(二)审查处理当事人增加、变更诉讼请求的申请和提出的反诉,以及第三人提出的与本案有关的诉讼请求;

(三)根据当事人的申请决定调查收集证据,委托鉴定,要求当事人提供证据,进行勘验,进行证据保全;

(四)组织交换证据;

(五)归纳争议焦点;

(六)进行调解。

第二百二十六条 人民法院应当根据当事人的诉讼请求、答辩意见以及证据交换的情况,归纳争议焦点,并就归纳的争议焦点征求当事人的意见。

第二百二十七条 人民法院适用普通程序审理案件,应当在开庭三日前用传票传唤当事人。对诉讼代理人、证人、鉴定人、勘验人、翻译人员应当用通知书通知其到庭。当事人或者其他诉讼参与人在外地的,应当留有必要的在途时间。

第二百二十八条 法庭审理应当围绕当事人争议的事实、证据和法律适用等焦点问题进行。

第二百二十九条 当事人在庭审中对其在审理前的准备阶段认可的事实和证

据提出不同意见的，人民法院应当责令其说明理由。必要时，可以责令其提供相应证据。人民法院应当结合当事人的诉讼能力、证据和案件的具体情况进行审查。理由成立的，可以列入争议焦点进行审理。

第二百三十条 人民法院根据案件具体情况并征得当事人同意，可以将法庭调查和法庭辩论合并进行。

第二百三十一条 当事人在法庭上提出新的证据的，人民法院应当依照民事诉讼法第六十五条第二款规定和本解释相关规定处理。

第二百三十二条 在案件受理后，法庭辩论结束前，原告增加诉讼请求，被告提出反诉，第三人提出与本案有关的诉讼请求，可以合并审理的，人民法院应当合并审理。

第二百三十三条 反诉的当事人应当限于本诉的当事人的范围。

反诉与本诉的诉讼请求基于相同法律关系、诉讼请求之间具有因果关系，或者反诉与本诉的诉讼请求基于相同事实的，人民法院应当合并审理。

反诉应由其他人民法院专属管辖，或者与本诉的诉讼标的及诉讼请求所依据的事实、理由无关联的，裁定不予受理，告知另行起诉。

第二百三十四条 无民事行为能力人的离婚诉讼，当事人的法定代理人应当到庭；法定代理人不能到庭的，人民法院应当在查清事实的基础上，依法作出判决。

第二百三十五条 无民事行为能力的当事人的法定代理人，经传票传唤无正当理由拒不到庭，属于原告方的，比照民事诉讼法第一百四十三条的规定，按撤诉处理；属于被告方的，比照民事诉讼法第一百四十四条的规定，缺席判决。必要时，人民法院可以拘传其到庭。

第二百三十六条 有独立请求权的第三人经人民法院传票传唤，无正当理由拒不到庭的，或者未经法庭许可中途退庭的，比照民事诉讼法第一百四十三条的规定，按撤诉处理。

第二百三十七条 有独立请求权的第三人参加诉讼后，原告申请撤诉，人民法院在准许原告撤诉后，有独立请求权的第三人作为另案原告，原案原告、被告作为另案被告，诉讼继续进行。

第二百三十八条 当事人申请撤诉或者依法可以按撤诉处理的案件，如果当事人有违反法律的行为需要依法处理的，人民法院可以不准许撤诉或者不按撤诉处理。

法庭辩论终结后原告申请撤诉，被告不同意的，人民法院可以不予准许。

第二百三十九条 人民法院准许本诉原告撤诉的，应当对反诉继续审理；被告申请撤回反诉的，人民法院应予准许。

第二百四十条 无独立请求权的第三人经人民法院传票传唤，无正当理由拒不到庭，或者未经法庭许可中途退庭的，不影响案件的审理。

第二百四十一条 被告经传票传唤无正当理由拒不到庭，或者未经法庭许可中途退庭的，人民法院应当按期开庭或者继续开庭审理，对到庭的当事人诉讼请求、双方的诉辩理由以及已经提交的证据及其他诉讼材料进行审理后，可以依法缺席判决。

第二百四十二条 一审宣判后，原审人民法院发现判决有错误，当事人在上诉期内提出上诉的，原审人民法院可以提出原判决有错误的意见，报送第二审人民法院，由第二审人民法院按照第二审程序进行审理；当事人不上诉的，按照审判监督程序处理。

第二百四十三条 民事诉讼法第一百四十九条规定的审限，是指从立案之日起至裁判宣告、调解书送达之日止的期间，但公告期间、鉴定期间、双方当事人和解期间、审理当事人提出的管辖异议以及处理人民法院之间的管辖争议期间不应计算在内。

第二百四十四条 可以上诉的判决书、裁定书不能同时送达双方当事人的，上诉期从各自收到判决书、裁定书之日计算。

第二百四十五条 民事诉讼法第一百五十四条第一款第七项规定的笔误是指法律文书误写、误算，诉讼费用漏写、误算和其他笔误。

第二百四十六条 裁定中止诉讼的原因消除，恢复诉讼程序时，不必撤销原裁定，从人民法院通知或者准许当事人双方继续进行诉讼时起，中止诉讼的裁定即失去效力。

第二百四十七条 当事人就已经提起诉讼的事项在诉讼过程中或者裁判生效后再次起诉，同时符合下列条件的，构成重复起诉：

（一）后诉与前诉的当事人相同；

（二）后诉与前诉的诉讼标的相同；

（三）后诉与前诉的诉讼请求相同，或者后诉的诉讼请求实质上否定前诉裁判结果。

当事人重复起诉的，裁定不予受理；已经受理的，裁定驳回起诉，但法律、司法解释另有规定的除外。

第二百四十八条 裁判发生法律效力后，发生新的事实，当事人再次提起诉讼的，人民法院应当依法受理。

第二百四十九条 在诉讼中，争议的民事权利义务转移的，不影响当事人的诉讼主体资格和诉讼地位。人民法院作出的发生法律效力的判决、裁定对受让人具有拘束力。

受让人申请以无独立请求权的第三人身份参加诉讼的，人民法院可予准许。受让人申请替代当事人承担诉讼的，人民法院可以根据案件的具体情况决定是否准许；不予准许的，可以追加其为无独立请求权的第三人。

第二百五十条 依照本解释第二百四十九条规定，人民法院准许受让人替代当事人承担诉讼的，裁定变更当事人。

变更当事人后，诉讼程序以受让人为当事人继续进行，原当事人应当退出诉讼。原当事人已经完成的诉讼行为对受让人具有拘束力。

第二百五十一条 二审裁定撤销一审判决发回重审的案件，当事人申请变更、增加诉讼请求或者提出反诉，第三人提出与本案有关的诉讼请求的，依照民事诉讼法第一百四十条规定处理。

第二百五十二条 再审裁定撤销原判决、裁定发回重审的案件，当事人申请变更、增加诉讼请求或者提出反诉，符合下列情形之一的，人民法院应当准许：

（一）原审未合法传唤缺席判决，影响当事人行使诉讼权利的；

（二）追加新的诉讼当事人的；

（三）诉讼标的物灭失或者发生变化致使原诉讼请求无法实现的；

（四）当事人申请变更、增加的诉讼请求或者提出的反诉，无法通过另诉解决的。

第二百五十三条 当庭宣判的案件，除当事人当庭要求邮寄发送裁判文书的外，人民法院应当告知当事人或者诉讼代理人领取裁判文书的时间和地点以及逾期不领取的法律后果。上述情况，应当记入笔录。

第二百五十四条 公民、法人或者其他组织申请查阅发生法律效力的判决书、裁定书的，应当向作出该生效裁判的人民法院提出。申请应当以书面形式提出，并提供具体的案号或者当事人姓名、名称。

第二百五十五条 对于查阅判决书、裁定书的申请，人民法院根据下列情形分别处理：

（一）判决书、裁定书已经通过信息网络向社会公开的，应当引导申请人自行查阅；

（二）判决书、裁定书未通过信息网络向社会公开，且申请符合要求的，应当及时提供便捷的查阅服务；

（三）判决书、裁定书尚未发生法律效力，或者已失去法律效力的，不提供查阅并告知申请人；

（四）发生法律效力的判决书、裁定书不是本院作出的，应当告知申请人向作出生效裁判的人民法院申请查阅；

（五）申请查阅的内容涉及国家秘密、商业秘密、个人隐私的，不予准许并告知申请人。

十一、简 易 程 序

第二百五十六条 民事诉讼法第一百五十七条规定的简单民事案件中的事实清楚，是指当事人对争议的事实陈述基本一致，并能提供相应的证据，无须人民法院调查收集证据即可查明事实;权利义务关系明确是指能明确区分谁是责任的承担者,谁是权利的享有者;争议不大是指当事人对案件的是非、责任承担以及诉讼标的争执无原则分歧。

第二百五十七条 下列案件,不适用简易程序:

(一)起诉时被告下落不明的;

(二)发回重审的;

(三)当事人一方人数众多的;

(四)适用审判监督程序的;

(五)涉及国家利益、社会公共利益的;

(六)第三人起诉请求改变或者撤销生效判决、裁定、调解书的;

(七)其他不宜适用简易程序的案件。

第二百五十八条 适用简易程序审理的案件,审理期限到期后,双方当事人同意继续适用简易程序的,由本院院长批准,可以延长审理期限。延长后的审理期限累计不得超过六个月。

人民法院发现案情复杂,需要转为普通程序审理的,应当在审理期限届满前作出裁定并将合议庭组成人员及相关事项书面通知双方当事人。

案件转为普通程序审理的,审理期限自人民法院立案之日计算。

第二百五十九条 当事人双方可就开庭方式向人民法院提出申请,由人民法院决定是否准许。经当事人双方同意,可以采用视听传输技术等方式开庭。

第二百六十条 已经按照普通程序审理的案件,在开庭后不得转为简易程序审理。

第二百六十一条 适用简易程序审理案件,人民法院可以采取捎口信、电话、短信、传真、电子邮件等简便方式传唤双方当事人、通知证人和送达裁判文书以外的诉讼文书。

以简便方式送达的开庭通知,未经当事人确认或者没有其他证据证明当事人已经收到的,人民法院不得缺席判决。

适用简易程序审理案件,由审判员独任审判,书记员担任记录。

第二百六十二条 人民法庭制作的判决书、裁定书、调解书,必须加盖基层人民法院印章,不得用人民法庭的印章代替基层人民法院的印章。

第二百六十三条 适用简易程序审理案件,卷宗中应当具备以下材料:

(一)起诉状或者口头起诉笔录;

(二)答辩状或者口头答辩笔录;

(三)当事人身份证明材料;

(四)委托他人代理诉讼的授权委托书或者口头委托笔录;

(五)证据;

（六）询问当事人笔录；

（七）审理（包括调解）笔录；

（八）判决书、裁定书、调解书或者调解协议；

（九）送达和宣判笔录；

（十）执行情况；

（十一）诉讼费收据；

（十二）适用民事诉讼法第一百六十二条规定审理的，有关程序适用的书面告知。

第二百六十四条 当事人双方根据民事诉讼法第一百五十七条第二款规定约定适用简易程序的，应当在开庭前提出。口头提出的，记入笔录，由双方当事人签名或者捺印确认。

本解释第二百五十七条规定的案件，当事人约定适用简易程序的，人民法院不予准许。

第二百六十五条 原告口头起诉的，人民法院应当将当事人的姓名、性别、工作单位、住所、联系方式等基本信息，诉讼请求，事实及理由等准确记入笔录，由原告核对无误后签名或者捺印。对当事人提交的证据材料，应当出具收据。

第二百六十六条 适用简易程序案件的举证期限由人民法院确定，也可以由当事人协商一致并经人民法院准许，但不得超过十五日。被告要求书面答辩的，人民法院可在征得其同意的基础上，合理确定答辩期间。

人民法院应当将举证期限和开庭日期告知双方当事人，并向当事人说明逾期举证以及拒不到庭的法律后果，由双方当事人在笔录和开庭传票的送达回证上签名或者捺印。

当事人双方均表示不需要举证期限、答辩期间的，人民法院可以立即开庭审理或者确定开庭日期。

第二百六十七条 适用简易程序审理案件，可以简便方式进行审理前的准备。

第二百六十八条 对没有委托律师、基层法律服务工作者代理诉讼的当事人，人民法院在庭审过程中可以对回避、自认、举证证明责任等相关内容向其作必要的解释或者说明，并在庭审过程中适当提示当事人正确行使诉讼权利、履行诉讼义务。

第二百六十九条 当事人就案件适用简易程序提出异议，人民法院经审查，异议成立的，裁定转为普通程序；异议不成立的，口头告知当事人，并记入笔录。

转为普通程序的，人民法院应当将合议庭组成人员及相关事项以书面形式通知双方当事人。

转为普通程序前，双方当事人已确认的事实，可以不再进行举证、质证。

第二百七十条 适用简易程序审理的案件，有下列情形之一的，人民法院在制作判决书、裁定书、调解书时，对认定事实或者裁判理由部分可以适当简化：

（一）当事人达成调解协议并需要制作民事调解书的；

（二）一方当事人明确表示承认对方全部或者部分诉讼请求的；

（三）涉及商业秘密、个人隐私的案件，当事人一方要求简化裁判文书中的相关内容，人民法院认为理由正当的；

（四）当事人双方同意简化的。

十二、简易程序中的小额诉讼

第二百七十一条 人民法院审理小额诉讼案件，适用民事诉讼法第一百六十二条的规定，实行一审终审。

第二百七十二条 民事诉讼法第一百六十二条规定的各省、自治区、直辖市上年度就业人员年平均工资，是指已经公布的各省、自治区、直辖市上一年度就业人员年平均工资。在上一年度就业人员年平均工资公布前，以已经公布的最近年度就业人员年平均工资为准。

第二百七十三条 海事法院可以审理海事、海商小额诉讼案件。案件标的额应当以实际受理案件的海事法院或者其派出法庭所在的省、自治区、直辖市上年度就业人员年平均工资百分之三十为限。

第二百七十四条 下列金钱给付的案件，适用小额诉讼程序审理：

（一）买卖合同、借款合同、租赁合同纠纷；

（二）身份关系清楚，仅在给付的数额、时间、方式上存在争议的赡养费、抚育费、扶养费纠纷；

（三）责任明确，仅在给付的数额、时间、方式上存在争议的交通事故损害赔偿和其他人身损害赔偿纠纷；

（四）供用水、电、气、热力合同纠纷；

（五）银行卡纠纷；

（六）劳动关系清楚，仅在劳动报酬、工伤医疗费、经济补偿金或者赔偿金给付数额、时间、方式上存在争议的劳动合同纠纷；

（七）劳务关系清楚，仅在劳务报酬给付数额、时间、方式上存在争议的劳务合同纠纷；

（八）物业、电信等服务合同纠纷；

（九）其他金钱给付纠纷。

第二百七十五条 下列案件，不适用小额诉讼程序审理：

（一）人身关系、财产确权纠纷；

（二）涉外民事纠纷；

（三）知识产权纠纷；

（四）需要评估、鉴定或者对诉前评估、鉴定结果有异议的纠纷；

(五)其他不宜适用一审终审的纠纷。

第二百七十六条 人民法院受理小额诉讼案件,应当向当事人告知该类案件的审判组织、一审终审、审理期限、诉讼费用交纳标准等相关事项。

第二百七十七条 小额诉讼案件的举证期限由人民法院确定,也可以由当事人协商一致并经人民法院准许,但一般不超过七日。

被告要求书面答辩的,人民法院可以在征得其同意的基础上合理确定答辩期间,但最长不得超过十五日。

当事人到庭后表示不需要举证期限和答辩期间的,人民法院可立即开庭审理。

第二百七十八条 当事人对小额诉讼案件提出管辖异议的,人民法院应当作出裁定。裁定一经作出即生效。

第二百七十九条 人民法院受理小额诉讼案件后,发现起诉不符合民事诉讼法第一百一十九条规定的起诉条件的,裁定驳回起诉。裁定一经作出即生效。

第二百八十条 因当事人申请增加或者变更诉讼请求、提出反诉、追加当事人等,致使案件不符合小额诉讼案件条件的,应当适用简易程序的其他规定审理。

前款规定案件,应当适用普通程序审理的,裁定转为普通程序。

适用简易程序的其他规定或者普通程序审理前,双方当事人已确认的事实,可以不再进行举证、质证。

第二百八十一条 当事人对按照小额诉讼案件审理有异议的,应当在开庭前提出。人民法院经审查,异议成立的,适用简易程序的其他规定审理;异议不成立的,告知当事人,并记入笔录。

第二百八十二条 小额诉讼案件的裁判文书可以简化,主要记载当事人基本信息、诉讼请求、裁判主文等内容。

第二百八十三条 人民法院审理小额诉讼案件,本解释没有规定的,适用简易程序的其他规定。

十三、公益诉讼

第二百八十四条 环境保护法、消费者权益保护法等法律规定的机关和有关组织对污染环境、侵害众多消费者合法权益等损害社会公共利益的行为,根据民事诉讼法第五十五条规定提起公益诉讼,符合下列条件的,人民法院应当受理:

(一)有明确的被告;

(二)有具体的诉讼请求;

(三)有社会公共利益受到损害的初步证据;

(四)属于人民法院受理民事诉讼的范围和受诉人民法院管辖。

第二百八十五条 公益诉讼案件由侵权行为地或者被告住所地中级人民法院管辖,但法律、司法解释另有规定的除外。

因污染海洋环境提起的公益诉讼,由污染发生地、损害结果地或者采取预防污染措施地海事法院管辖。

对同一侵权行为分别向两个以上人民法院提起公益诉讼的,由最先立案的人民法院管辖,必要时由它们的共同上级人民法院指定管辖。

第二百八十六条 人民法院受理公益诉讼案件后,应当在十日内书面告知相关行政主管部门。

第二百八十七条 人民法院受理公益诉讼案件后,依法可以提起诉讼的其他机关和有关组织,可以在开庭前向人民法院申请参加诉讼。人民法院准许参加诉讼的,列为共同原告。

第二百八十八条 人民法院受理公益诉讼案件,不影响同一侵权行为的受害人根据民事诉讼法第一百一十九条规定提起诉讼。

第二百八十九条 对公益诉讼案件,当事人可以和解,人民法院可以调解。

当事人达成和解或者调解协议后,人民法院应当将和解或者调解协议进行公告。公告期间不得少于三十日。

公告期满后,人民法院经审查,和解或者调解协议不违反社会公共利益的,应当出具调解书;和解或者调解协议违反社会公共利益的,不予出具调解书,继续对案件进行审理并依法作出裁判。

第二百九十条 公益诉讼案件的原告在法庭辩论终结后申请撤诉的,人民法院不予准许。

第二百九十一条 公益诉讼案件的裁判发生法律效力后,其他依法具有原告资格的机关和有关组织就同一侵权行为另行提起公益诉讼的,人民法院裁定不予受理,但法律、司法解释另有规定的除外。

十四、第三人撤销之诉

第二百九十二条 第三人对已经发生法律效力的判决、裁定、调解书提起撤销之诉的,应当自知道或者应当知道其民事权益受到损害之日起六个月内,向作出生效判决、裁定、调解书的人民法院提出,并应当提供存在下列情形的证据材料:

(一)因不能归责于本人的事由未参加诉讼;

(二)发生法律效力的判决、裁定、调解书的全部或者部分内容错误;

(三)发生法律效力的判决、裁定、调解书内容错误损害其民事权益。

第二百九十三条 人民法院应当在收到起诉状和证据材料之日起五日内送交对方当事人,对方当事人可以自收到起诉状之日起十日内提出书面意见。

人民法院应当对第三人提交的起诉状、证据材料以及对方当事人的书面意见进行审查。必要时,可以询问双方当事人。

经审查,符合起诉条件的,人民法院应当在收到起诉状之日起三十日内立案。

不符合起诉条件的，应当在收到起诉状之日起三十日内裁定不予受理。

第二百九十四条 人民法院对第三人撤销之诉案件，应当组成合议庭开庭审理。

第二百九十五条 民事诉讼法第五十六条第三款规定的因不能归责于本人的事由未参加诉讼，是指没有被列为生效判决、裁定、调解书当事人，且无过错或者无明显过错的情形。包括：

（一）不知道诉讼而未参加的；

（二）申请参加未获准许的；

（三）知道诉讼，但因客观原因无法参加的；

（四）因其他不能归责于本人的事由未参加诉讼的。

第二百九十六条 民事诉讼法第五十六条第三款规定的判决、裁定、调解书的部分或者全部内容，是指判决、裁定的主文，调解书中处理当事人民事权利义务的结果。

第二百九十七条 对下列情形提起第三人撤销之诉的，人民法院不予受理：

（一）适用特别程序、督促程序、公示催告程序、破产程序等非讼程序处理的案件；

（二）婚姻无效、撤销或者解除婚姻关系等判决、裁定、调解书中涉及身份关系的内容；

（三）民事诉讼法第五十四条规定的未参加登记的权利人对代表人诉讼案件的生效裁判；

（四）民事诉讼法第五十五条规定的损害社会公共利益行为的受害人对公益诉讼案件的生效裁判。

第二百九十八条 第三人提起撤销之诉，人民法院应当将该第三人列为原告，生效判决、裁定、调解书的当事人列为被告，但生效判决、裁定、调解书中没有承担责任的无独立请求权的第三人列为第三人。

第二百九十九条 受理第三人撤销之诉案件后，原告提供相应担保，请求中止执行的，人民法院可以准许。

第三百条 对第三人撤销或者部分撤销发生法律效力的判决、裁定、调解书内容的请求，人民法院经审理，按下列情形分别处理：

（一）请求成立且确认其民事权利的主张全部或部分成立的，改变原判决、裁定、调解书内容的错误部分；

（二）请求成立，但确认其全部或部分民事权利的主张不成立，或者未提出确认其民事权利请求的，撤销原判决、裁定、调解书内容的错误部分；

（三）请求不成立的，驳回诉讼请求。

对前款规定裁判不服的，当事人可以上诉。

原判决、裁定、调解书的内容未改变或者未撤销的部分继续有效。

第三百零一条 第三人撤销之诉案件审理期间，人民法院对生效判决、裁定、调解书裁定再审的，受理第三人撤销之诉的人民法院应当裁定将第三人的诉讼请求并入再审程序。但有证据证明原审当事人之间恶意串通损害第三人合法权益的，人民法院应当先行审理第三人撤销之诉案件，裁定中止再审诉讼。

第三百零二条 第三人诉讼请求并入再审程序审理的，按照下列情形分别处理：

（一）按照第一审程序审理的，人民法院应当对第三人的诉讼请求一并审理，所作的判决可以上诉；

（二）按照第二审程序审理的，人民法院可以调解，调解达不成协议的，应当裁定撤销原判决、裁定、调解书，发回一审法院重审，重审时应当列明第三人。

第三百零三条 第三人提起撤销之诉后，未中止生效判决、裁定、调解书执行的，执行法院对第三人依照民事诉讼法第二百二十七条规定提出的执行异议，应予审查。第三人不服驳回执行异议裁定，申请对原判决、裁定、调解书再审的，人民法院不予受理。

案外人对人民法院驳回其执行异议裁定不服，认为原判决、裁定、调解书内容错误损害其合法权益的，应当根据民事诉讼法第二百二十七条规定申请再审，提起第三人撤销之诉的，人民法院不予受理。

十五、执行异议之诉

第三百零四条 根据民事诉讼法第二百二十七条规定，案外人、当事人对执行异议裁定不服，自裁定送达之日起十五日内向人民法院提起执行异议之诉的，由执行法院管辖。

第三百零五条 案外人提起执行异议之诉，除符合民事诉讼法第一百一十九条规定外，还应当具备下列条件：

（一）案外人的执行异议申请已经被人民法院裁定驳回；

（二）有明确的排除对执行标的执行的诉讼请求，且诉讼请求与原判决、裁定无关；

（三）自执行异议裁定送达之日起十五日内提起。

人民法院应当在收到起诉状之日起十五日内决定是否立案。

第三百零六条 申请执行人提起执行异议之诉，除符合民事诉讼法第一百一十九条规定外，还应当具备下列条件：

（一）依案外人执行异议申请，人民法院裁定中止执行；

（二）有明确的对执行标的继续执行的诉讼请求，且诉讼请求与原判决、裁定无关；

（三）自执行异议裁定送达之日起十五日内提起。

人民法院应当在收到起诉状之日起十五日内决定是否立案。

第三百零七条 案外人提起执行异议之诉的，以申请执行人为被告。被执行人反对案外人异议的，被执行人为共同被告；被执行人不反对案外人异议的，可以列被执行人为第三人。

第三百零八条 申请执行人提起执行异议之诉的，以案外人为被告。被执行人反对申请执行人主张的，以案外人和被执行人为共同被告；被执行人不反对申请执行人主张的，可以列被执行人为第三人。

第三百零九条 申请执行人对中止执行裁定未提起执行异议之诉，被执行人提起执行异议之诉的，人民法院告知其另行起诉。

第三百一十条 人民法院审理执行异议之诉案件，适用普通程序。

第三百一十一条 案外人或者申请执行人提起执行异议之诉的，案外人应当就其对执行标的享有足以排除强制执行的民事权益承担举证证明责任。

第三百一十二条 对案外人提起的执行异议之诉，人民法院经审理，按照下列情形分别处理：

（一）案外人就执行标的享有足以排除强制执行的民事权益的，判决不得执行该执行标的；

（二）案外人就执行标的不享有足以排除强制执行的民事权益的，判决驳回诉讼请求。

案外人同时提出确认其权利的诉讼请求的，人民法院可以在判决中一并作出裁判。

第三百一十三条 对申请执行人提起的执行异议之诉，人民法院经审理，按照下列情形分别处理：

（一）案外人就执行标的不享有足以排除强制执行的民事权益的，判决准许执行该执行标的；

（二）案外人就执行标的享有足以排除强制执行的民事权益的，判决驳回诉讼请求。

第三百一十四条 对案外人执行异议之诉，人民法院判决不得对执行标的执行的，执行异议裁定失效。

对申请执行人执行异议之诉，人民法院判决准许对该执行标的执行的，执行异议裁定失效，执行法院可以根据申请执行人的申请或者依职权恢复执行。

第三百一十五条 案外人执行异议之诉审理期间，人民法院不得对执行标的进行处分。申请执行人请求人民法院继续执行并提供相应担保的，人民法院可以准许。

被执行人与案外人恶意串通，通过执行异议、执行异议之诉妨害执行的，人民法院应当依照民事诉讼法第一百一十三条规定处理。申请执行人因此受到损害的,可以提起诉讼要求被执行人、案外人赔偿。

第三百一十六条 人民法院对执行标的裁定中止执行后,申请执行人在法律规定的期间内未提起执行异议之诉的,人民法院应当自起诉期限届满之日起七日内解除对该执行标的采取的执行措施。

十六、第二审程序

第三百一十七条 双方当事人和第三人都提起上诉的,均列为上诉人。人民法院可以依职权确定第二审程序中当事人的诉讼地位。

第三百一十八条 民事诉讼法第一百六十六条、第一百六十七条规定的对方当事人包括被上诉人和原审其他当事人。

第三百一十九条 必要共同诉讼人的一人或者部分人提起上诉的,按下列情形分别处理:

(一)上诉仅对与对方当事人之间权利义务分担有意见,不涉及其他共同诉讼人利益的,对方当事人为被上诉人,未上诉的同一方当事人依原审诉讼地位列明;

(二)上诉仅对共同诉讼人之间权利义务分担有意见,不涉及对方当事人利益的,未上诉的同一方当事人为被上诉人,对方当事人依原审诉讼地位列明;

(三)上诉对双方当事人之间以及共同诉讼人之间权利义务承担有意见的,未提起上诉的其他当事人均为被上诉人。

第三百二十条 一审宣判时或者判决书、裁定书送达时,当事人口头表示上诉的,人民法院应告知其必须在法定上诉期间内递交上诉状。未在法定上诉期间内递交上诉状的,视为未提起上诉。虽递交上诉状,但未在指定的期限内交纳上诉费的,按自动撤回上诉处理。

第三百二十一条 无民事行为能力人、限制民事行为能力人的法定代理人,可以代理当事人提起上诉。

第三百二十二条 上诉案件的当事人死亡或者终止的,人民法院依法通知其权利义务承继者参加诉讼。

需要终结诉讼的,适用民事诉讼法第一百五十一条规定。

第三百二十三条 第二审人民法院应当围绕当事人的上诉请求进行审理。

当事人没有提出请求的,不予审理,但一审判决违反法律禁止性规定,或者损害国家利益、社会公共利益、他人合法权益的除外。

第三百二十四条 开庭审理的上诉案件,第二审人民法院可以依照民事诉讼法第一百三十三条第四项规定进行审理前的准备。

第三百二十五条 下列情形,可以认定为民事诉讼法第一百七十条第一款第四项规定的严重违反法定程序:

(一)审判组织的组成不合法的；

(二)应当回避的审判人员未回避的；

(三)无诉讼行为能力人未经法定代理人代为诉讼的；

(四)违法剥夺当事人辩论权利的。

第三百二十六条 对当事人在第一审程序中已经提出的诉讼请求,原审人民法院未作审理、判决的,第二审人民法院可以根据当事人自愿的原则进行调解；调解不成的,发回重审。

第三百二十七条 必须参加诉讼的当事人或者有独立请求权的第三人,在第一审程序中未参加诉讼,第二审人民法院可以根据当事人自愿的原则予以调解；调解不成的,发回重审。

第三百二十八条 在第二审程序中,原审原告增加独立的诉讼请求或者原审被告提出反诉的,第二审人民法院可以根据当事人自愿的原则就新增加的诉讼请求或者反诉进行调解；调解不成的,告知当事人另行起诉。

双方当事人同意由第二审人民法院一并审理的,第二审人民法院可以一并裁判。

第三百二十九条 一审判决不准离婚的案件,上诉后,第二审人民法院认为应当判决离婚的,可以根据当事人自愿的原则,与子女抚养、财产问题一并调解；调解不成的,发回重审。

双方当事人同意由第二审人民法院一并审理的,第二审人民法院可以一并裁判。

第三百三十条 人民法院依照第二审程序审理案件,认为依法不应由人民法院受理的,可以由第二审人民法院直接裁定撤销原裁判,驳回起诉。

第三百三十一条 人民法院依照第二审程序审理案件,认为第一审人民法院受理案件违反专属管辖规定的,应当裁定撤销原裁判并移送有管辖权的人民法院。

第三百三十二条 第二审人民法院查明第一审人民法院作出的不予受理裁定有错误的,应当在撤销原裁定的同时,指令第一审人民法院立案受理；查明第一审人民法院作出的驳回起诉裁定有错误的,应当在撤销原裁定的同时,指令第一审人民法院审理。

第三百三十三条 第二审人民法院对下列上诉案件,依照民事诉讼法第一百六十九条规定可以不开庭审理：

(一)不服不予受理、管辖权异议和驳回起诉裁定的；

(二)当事人提出的上诉请求明显不能成立的；

(三)原判决、裁定认定事实清楚,但适用法律错误的；

(四)原判决严重违反法定程序,需要发回重审的。

第三百三十四条 原判决、裁定认定事实或者适用法律虽有瑕疵,但裁判结果正确的,第二审人民法院可以在判决、裁定中纠正瑕疵后,依照民事诉讼法第一百七十条第一款第一项规定予以维持。

第三百三十五条 民事诉讼法第一百七十条第一款第三项规定的基本事实,是指用以确定当事人主体资格、案件性质、民事权利义务等对原判决、裁定的结果有实质性影响的事实。

第三百三十六条 在第二审程序中,作为当事人的法人或者其他组织分立的,人民法院可以直接将分立后的法人或者其他组织列为共同诉讼人;合并的,将合并后的法人或者其他组织列为当事人。

第三百三十七条 在第二审程序中,当事人申请撤回上诉,人民法院经审查认为一审判决确有错误,或者当事人之间恶意串通损害国家利益、社会公共利益、他人合法权益的,不应准许。

第三百三十八条 在第二审程序中,原审原告申请撤回起诉,经其他当事人同意,且不损害国家利益、社会公共利益、他人合法权益的,人民法院可以准许。准许撤诉的,应当一并裁定撤销一审裁判。

原审原告在第二审程序中撤回起诉后重复起诉的,人民法院不予受理。

第三百三十九条 当事人在第二审程序中达成和解协议的,人民法院可以根据当事人的请求,对双方达成的和解协议进行审查并制作调解书送达当事人;因和解而申请撤诉,经审查符合撤诉条件的,人民法院应予准许。

第三百四十条 第二审人民法院宣告判决可以自行宣判,也可以委托原审人民法院或者当事人所在地人民法院代行宣判。

第三百四十一条 人民法院审理对裁定的上诉案件,应当在第二审立案之日起三十日内作出终审裁定。有特殊情况需要延长审限的,由本院院长批准。

第三百四十二条 当事人在第一审程序中实施的诉讼行为,在第二审程序中对该当事人仍具有拘束力。

当事人推翻其在第一审程序中实施的诉讼行为时,人民法院应当责令其说明理由。理由不成立的,不予支持。

十七、特别程序

第三百四十三条 宣告失踪或者宣告死亡案件,人民法院可以根据申请人的请求,清理下落不明人的财产,并指定案件审理期间的财产管理人。公告期满后,人民法院判决宣告失踪的,应当同时依照民法通则第二十一条第一款的规定指定失踪人的财产代管人。

第三百四十四条 失踪人的财产代管人经人民法院指定后,代管人申请变更代管的,比照民事诉讼法特别程序的有关规定进行审理。申请理由成立的,裁定撤销申请人的代管人身份,同时另行指定财产代管人;申请理由不成立的,裁定驳回申请。

失踪人的其他利害关系人申请变更代管的，人民法院应当告知其以原指定的代管人为被告起诉，并按普通程序进行审理。

第三百四十五条 人民法院判决宣告公民失踪后，利害关系人向人民法院申请宣告失踪人死亡，自失踪之日起满四年的，人民法院应当受理，宣告失踪的判决即是该公民失踪的证明，审理中仍应依照民事诉讼法第一百八十五条规定进行公告。

第三百四十六条 符合法律规定的多个利害关系人提出宣告失踪、宣告死亡申请的，列为共同申请人。

第三百四十七条 寻找下落不明人的公告应当记载下列内容：

（一）被申请人应当在规定期间内向受理法院申报其具体地址及其联系方式。否则，被申请人将被宣告失踪、宣告死亡；

（二）凡知悉被申请人生存现状的人，应当在公告期间内将其所知道情况向受理法院报告。

第三百四十八条 人民法院受理宣告失踪、宣告死亡案件后，作出判决前，申请人撤回申请的，人民法院应当裁定终结案件，但其他符合法律规定的利害关系人加入程序要求继续审理的除外。

第三百四十九条 在诉讼中，当事人的利害关系人提出该当事人患有精神病，要求宣告该当事人无民事行为能力或者限制民事行为能力的，应由利害关系人向人民法院提出申请，由受诉人民法院按照特别程序立案审理，原诉讼中止。

第三百五十条 认定财产无主案件，公告期间有人对财产提出请求的，人民法院应当裁定终结特别程序，告知申请人另行起诉，适用普通程序审理。

第三百五十一条 被指定的监护人不服指定，应当自接到通知之日起三十日内向人民法院提出异议。经审理，认为指定并无不当的，裁定驳回异议；指定不当的，判决撤销指定，同时另行指定监护人。判决书应当送达异议人、原指定单位及判决指定的监护人。

第三百五十二条 申请认定公民无民事行为能力或者限制民事行为能力的案件，被申请人没有近亲属的，人民法院可以指定其他亲属为代理人。被申请人没有亲属的，人民法院可以指定经被申请人所在单位或者住所地的居民委员会、村民委员会同意，且愿意担任代理人的关系密切的朋友为代理人。

没有前款规定的代理人的，由被申请人所在单位或者住所地的居民委员会、村民委员会或者民政部门担任代理人。

代理人可以是一人，也可以是同一顺序中的两人。

第三百五十三条 申请司法确认调解协议的，双方当事人应当本人或者由符合民事诉讼法第五十八条规定的代理人向调解组织所在地基层人民法院或者人民法庭提出申请。

第三百五十四条 两个以上调解组织参与调解的，各调解组织所在地基层人民法院均有管辖权。

双方当事人可以共同向其中一个调解组织所在地基层人民法院提出申请；双方当事人共同向两个以上调解组织所在地基层人民法院提出申请的，由最先立案的人民法院管辖。

第三百五十五条 当事人申请司法确认调解协议，可以采用书面形式或者口头形式。当事人口头申请的，人民法院应当记入笔录，并由当事人签名、捺印或者盖章。

第三百五十六条 当事人申请司法确认调解协议，应当向人民法院提交调解协议、调解组织主持调解的证明，以及与调解协议相关的财产权利证明等材料，并提供双方当事人的身份、住所、联系方式等基本信息。

当事人未提交上述材料的，人民法院应当要求当事人限期补交。

第三百五十七条 当事人申请司法确认调解协议，有下列情形之一的，人民法院裁定不予受理：

（一）不属于人民法院受理范围的；

（二）不属于收到申请的人民法院管辖的；

（三）申请确认婚姻关系、亲子关系、收养关系等身份关系无效、有效或者解除的；

（四）涉及适用其他特别程序、公示催告程序、破产程序审理的；

（五）调解协议内容涉及物权、知识产权确权的。

人民法院受理申请后，发现有上述不予受理情形的，应当裁定驳回当事人的申请。

第三百五十八条 人民法院审查相关情况时，应当通知双方当事人共同到场对案件进行核实。

人民法院经审查，认为当事人的陈述或者提供的证明材料不充分、不完备或者有疑义的，可以要求当事人限期补充陈述或者补充证明材料。必要时，人民法院可以向调解组织核实有关情况。

第三百五十九条 确认调解协议的裁定作出前，当事人撤回申请的，人民法院可以裁定准许。

当事人无正当理由未在限期内补充陈述、补充证明材料或者拒不接受询问的，人民法院可以按撤回申请处理。

第三百六十条 经审查，调解协议有下列情形之一的，人民法院应当裁定驳回申请：

（一）违反法律强制性规定的；

（二）损害国家利益、社会公共利益、他人合法权益的；

（三）违背公序良俗的；

（四）违反自愿原则的；

（五）内容不明确的；

（六）其他不能进行司法确认的情形。

第三百六十一条 民事诉讼法第一百九十六条规定的担保物权人，包括抵押权人、质权人、留置权人；其他有权请求实现担保物权的人，包括抵押人、出质人、财产被留置的债务人或者所有权人等。

第三百六十二条 实现票据、仓单、提单等有权利凭证的权利质权案件，可以由权利凭证持有人住所地人民法院管辖；无权利凭证的权利质权，由出质登记地人民法院管辖。

第三百六十三条 实现担保物权案件属于海事法院等专门人民法院管辖的，由专门人民法院管辖。

第三百六十四条 同一债权的担保物有多个且所在地不同，申请人分别向有管辖权的人民法院申请实现担保物权的，人民法院应当依法受理。

第三百六十五条 依照物权法第一百七十六条的规定，被担保的债权既有物的担保又有人的担保，当事人对实现担保物权的顺序有约定，实现担保物权的申请违反该约定的，人民法院裁定不予受理；没有约定或者约定不明的，人民法院应当受理。

第三百六十六条 同一财产上设立多个担保物权，登记在先的担保物权尚未实现的，不影响后顺位的担保物权人向人民法院申请实现担保物权。

第三百六十七条 申请实现担保物权，应当提交下列材料：

（一）申请书。申请书应当记明申请人、被申请人的姓名或者名称、联系方式等基本信息，具体的请求和事实、理由；

（二）证明担保物权存在的材料，包括主合同、担保合同、抵押登记证明或者他项权利证书，权利质权的权利凭证或者质权出质登记证明等；

（三）证明实现担保物权条件成就的材料；

（四）担保财产现状的说明；

（五）人民法院认为需要提交的其他材料。

第三百六十八条 人民法院受理申请后，应当在五日内向被申请人送达申请书副本、异议权利告知书等文书。

被申请人有异议的，应当在收到人民法院通知后的五日内向人民法院提出，同时说明理由并提供相应的证据材料。

第三百六十九条 实现担保物权案件可以由审判员一人独任审查。担保财产标的额超过基层人民法院管辖范围的，应当组成合议庭进行审查。

第三百七十条 人民法院审查实现担保物权案件，可以询问申请人、被申请人、利害关系人,必要时可以依职权调查相关事实。

第三百七十一条 人民法院应当就主合同的效力、期限、履行情况,担保物权是否有效设立、担保财产的范围、被担保的债权范围、被担保的债权是否已届清偿期等担保物权实现的条件,以及是否损害他人合法权益等内容进行审查。

被申请人或者利害关系人提出异议的,人民法院应当一并审查。

第三百七十二条 人民法院审查后,按下列情形分别处理:

(一)当事人对实现担保物权无实质性争议且实现担保物权条件成就的,裁定准许拍卖、变卖担保财产;

(二)当事人对实现担保物权有部分实质性争议的,可以就无争议部分裁定准许拍卖、变卖担保财产;

(三)当事人对实现担保物权有实质性争议的,裁定驳回申请,并告知申请人向人民法院提起诉讼。

第三百七十三条 人民法院受理申请后,申请人对担保财产提出保全申请的,可以按照民事诉讼法关于诉讼保全的规定办理。

第三百七十四条 适用特别程序作出的判决、裁定,当事人、利害关系人认为有错误的,可以向作出该判决、裁定的人民法院提出异议。人民法院经审查,异议成立或者部分成立的,作出新的判决、裁定撤销或者改变原判决、裁定;异议不成立的,裁定驳回。

对人民法院作出的确认调解协议、准许实现担保物权的裁定,当事人有异议的,应当自收到裁定之日起十五日内提出;利害关系人有异议的,自知道或者应当知道其民事权益受到侵害之日起六个月内提出。

十八、审判监督程序

第三百七十五条 当事人死亡或者终止的,其权利义务承继者可以根据民事诉讼法第一百九十九条、第二百零一条的规定申请再审。

判决、调解书生效后,当事人将判决、调解书确认的债权转让,债权受让人对该判决、调解书不服申请再审的,人民法院不予受理。

第三百七十六条 民事诉讼法第一百九十九条规定的人数众多的一方当事人,包括公民、法人和其他组织。

民事诉讼法第一百九十九条规定的当事人双方为公民的案件,是指原告和被告均为公民的案件。

第三百七十七条 当事人申请再审,应当提交下列材料:

(一)再审申请书,并按照被申请人和原审其他当事人的人数提交副本;

(二)再审申请人是自然人的,应当提交身份证明;再审申请人是法人或者其他组织的,应当提交营业执照、组织机构代码证书、法定代表人或者主要负责人身份证

明书。委托他人代为申请的,应当提交授权委托书和代理人身份证明;

(三)原审判决书、裁定书、调解书;

(四)反映案件基本事实的主要证据及其他材料。

前款第二项、第三项、第四项规定的材料可以是与原件核对无异的复印件。

第三百七十八条 再审申请书应当记明下列事项:

(一)再审申请人与被申请人及原审其他当事人的基本信息;

(二)原审人民法院的名称,原审裁判文书案号;

(三)具体的再审请求;

(四)申请再审的法定情形及具体事实、理由。

再审申请书应当明确申请再审的人民法院,并由再审申请人签名、捺印或者盖章。

第三百七十九条 当事人一方人数众多或者当事人双方为公民的案件,当事人分别向原审人民法院和上一级人民法院申请再审且不能协商一致的,由原审人民法院受理。

第三百八十条 适用特别程序、督促程序、公示催告程序、破产程序等非讼程序审理的案件,当事人不得申请再审。

第三百八十一条 当事人认为发生法律效力的不予受理、驳回起诉的裁定错误的,可以申请再审。

第三百八十二条 当事人就离婚案件中的财产分割问题申请再审,如涉及判决中已分割的财产,人民法院应当依照民事诉讼法第二百条的规定进行审查,符合再审条件的,应当裁定再审;如涉及判决中未作处理的夫妻共同财产,应当告知当事人另行起诉。

第三百八十三条 当事人申请再审,有下列情形之一的,人民法院不予受理:

(一)再审申请被驳回后再次提出申请的;

(二)对再审判决、裁定提出申请的;

(三)在人民检察院对当事人的申请作出不予提出再审检察建议或者抗诉决定后又提出申请的。

前款第一项、第二项规定情形,人民法院应当告知当事人可以向人民检察院申请再审检察建议或者抗诉,但因人民检察院提出再审检察建议或者抗诉而再审作出的判决、裁定除外。

第三百八十四条 当事人对已经发生法律效力的调解书申请再审,应当在调解书发生法律效力后六个月内提出。

第三百八十五条 人民法院应当自收到符合条件的再审申请书等材料之日起五日内向再审申请人发送受理通知书,并向被申请人及原审其他当事人发送应诉通知书、再审申请书副本等材料。

第三百八十六条 人民法院受理申请再审案件后,应当依照民事诉讼法第二百条、第二百零一条、第二百零四条等规定,对当事人主张的再审事由进行审查。

第三百八十七条 再审申请人提供的新的证据,能够证明原判决、裁定认定基本事实或者裁判结果错误的,应当认定为民事诉讼法第二百条第一项规定的情形。

对于符合前款规定的证据,人民法院应当责令再审申请人说明其逾期提供该证据的理由;拒不说明理由或者理由不成立的,依照民事诉讼法第六十五条第二款和本解释第一百零二条的规定处理。

第三百八十八条 再审申请人证明其提交的新的证据符合下列情形之一的,可以认定逾期提供证据的理由成立:

(一)在原审庭审结束前已经存在,因客观原因于庭审结束后才发现的;

(二)在原审庭审结束前已经发现,但因客观原因无法取得或者在规定的期限内不能提供的;

(三)在原审庭审结束后形成,无法据此另行提起诉讼的。

再审申请人提交的证据在原审中已经提供,原审人民法院未组织质证且未作为裁判根据的,视为逾期提供证据的理由成立,但原审人民法院依照民事诉讼法第六十五条规定不予采纳的除外。

第三百八十九条 当事人对原判决、裁定认定事实的主要证据在原审中拒绝发表质证意见或者质证中未对证据发表质证意见的,不属于民事诉讼法第二百条第四项规定的未经质证的情形。

第三百九十条 有下列情形之一,导致判决、裁定结果错误的,应当认定为民事诉讼法第二百条第六项规定的原判决、裁定适用法律确有错误:

(一)适用的法律与案件性质明显不符的;

(二)确定民事责任明显违背当事人约定或者法律规定的;

(三)适用已经失效或者尚未施行的法律的;

(四)违反法律溯及力规定的;

(五)违反法律适用规则的;

(六)明显违背立法原意的。

第三百九十一条 原审开庭过程中有下列情形之一的,应当认定为民事诉讼法第二百条第九项规定的剥夺当事人辩论权利:

(一)不允许当事人发表辩论意见的;

(二)应当开庭审理而未开庭审理的;

(三)违反法律规定送达起诉状副本或者上诉状副本,致使当事人无法行使辩论权利的;

(四)违法剥夺当事人辩论权利的其他情形。

第三百九十二条 民事诉讼法第二百条第十一项规定的诉讼请求,包括一审诉讼请求、二审上诉请求，但当事人未对一审判决、裁定遗漏或者超出诉讼请求提起上诉的除外。

第三百九十三条 民事诉讼法第二百条第十二项规定的法律文书包括：

（一）发生法律效力的判决书、裁定书、调解书；

（二）发生法律效力的仲裁裁决书；

（三）具有强制执行效力的公证债权文书。

第三百九十四条 民事诉讼法第二百条第十三项规定的审判人员审理该案件时有贪污受贿、徇私舞弊、枉法裁判行为，是指已经由生效刑事法律文书或者纪律处分决定所确认的行为。

第三百九十五条 当事人主张的再审事由成立，且符合民事诉讼法和本解释规定的申请再审条件的，人民法院应当裁定再审。

当事人主张的再审事由不成立，或者当事人申请再审超过法定申请再审期限、超出法定再审事由范围等不符合民事诉讼法和本解释规定的申请再审条件的，人民法院应当裁定驳回再审申请。

第三百九十六条 人民法院对已经发生法律效力的判决、裁定、调解书依法决定再审，依照民事诉讼法第二百零六条规定，需要中止执行的，应当在再审裁定中同时写明中止原判决、裁定、调解书的执行；情况紧急的，可以将中止执行裁定口头通知负责执行的人民法院，并在通知后十日内发出裁定书。

第三百九十七条 人民法院根据审查案件的需要决定是否询问当事人。新的证据可能推翻原判决、裁定的，人民法院应当询问当事人。

第三百九十八条 审查再审申请期间，被申请人及原审其他当事人依法提出再审申请的，人民法院应当将其列为再审申请人，对其再审事由一并审查，审查期限重新计算。经审查，其中一方再审申请人主张的再审事由成立的，应当裁定再审。各方再审申请人主张的再审事由均不成立的，一并裁定驳回再审申请。

第三百九十九条 审查再审申请期间，再审申请人申请人民法院委托鉴定、勘验的，人民法院不予准许。

第四百条 审查再审申请期间，再审申请人撤回再审申请的，是否准许，由人民法院裁定。

再审申请人经传票传唤，无正当理由拒不接受询问的，可以按撤回再审申请处理。

第四百零一条 人民法院准许撤回再审申请或者按撤回再审申请处理后，再审申请人再次申请再审的，不予受理，但有民事诉讼法第二百条第一项、第三项、第十二项、第十三项规定情形，自知道或者应当知道之日起六个月内提出的除外。

第四百零二条 再审申请审查期间，有下列情形之一的，裁定终结审查：

（一）再审申请人死亡或者终止，无权利义务承继者或者权利义务承继者声明放弃再审申请的；

（二）在给付之诉中，负有给付义务的被申请人死亡或者终止，无可供执行的财产，也没有应当承担义务的人的；

（三）当事人达成和解协议且已履行完毕的，但当事人在和解协议中声明不放弃申请再审权利的除外；

（四）他人未经授权以当事人名义申请再审的；

（五）原审或者上一级人民法院已经裁定再审的；

（六）有本解释第三百八十三条第一款规定情形的。

第四百零三条　人民法院审理再审案件应当组成合议庭开庭审理，但按照第二审程序审理，有特殊情况或者双方当事人已经通过其他方式充分表达意见，且书面同意不开庭审理的除外。

符合缺席判决条件的，可以缺席判决。

第四百零四条　人民法院开庭审理再审案件，应当按照下列情形分别进行：

（一）因当事人申请再审的，先由再审申请人陈述再审请求及理由，后由被申请人答辩、其他原审当事人发表意见；

（二）因抗诉再审的，先由抗诉机关宣读抗诉书，再由申请抗诉的当事人陈述，后由被申请人答辩、其他原审当事人发表意见；

（三）人民法院依职权再审，有申诉人的，先由申诉人陈述再审请求及理由，后由被申诉人答辩、其他原审当事人发表意见；

（四）人民法院依职权再审，没有申诉人的，先由原审原告或者原审上诉人陈述，后由原审其他当事人发表意见。

对前款第一项至第三项规定的情形，人民法院应当要求当事人明确其再审请求。

第四百零五条　人民法院审理再审案件应当围绕再审请求进行。当事人的再审请求超出原审诉讼请求的，不予审理；符合另案诉讼条件的，告知当事人可以另行起诉。

被申请人及原审其他当事人在庭审辩论结束前提出的再审请求，符合民事诉讼法第二百零五条规定的，人民法院应当一并审理。

人民法院经再审，发现已经发生法律效力的判决、裁定损害国家利益、社会公共利益、他人合法权益的，应当一并审理。

第四百零六条　再审审理期间，有下列情形之一的，可以裁定终结再审程序：

（一）再审申请人在再审期间撤回再审请求，人民法院准许的；

（二）再审申请人经传票传唤，无正当理由拒不到庭的，或者未经法庭许可中途退庭，按撤回再审请求处理的；

（三）人民检察院撤回抗诉的；

（四）有本解释第四百零二条第一项至第四项规定情形的。

因人民检察院提出抗诉裁定再审的案件，申请抗诉的当事人有前款规定的情形，且不损害国家利益、社会公共利益或者他人合法权益的，人民法院应当裁定终结再审程序。

再审程序终结后，人民法院裁定中止执行的原生效判决自动恢复执行。

第四百零七条 人民法院经再审审理认为，原判决、裁定认定事实清楚、适用法律正确的，应予维持；原判决、裁定认定事实、适用法律虽有瑕疵，但裁判结果正确的，应当在再审判决、裁定中纠正瑕疵后予以维持。

原判决、裁定认定事实、适用法律错误，导致裁判结果错误的，应当依法改判、撤销或者变更。

第四百零八条 按照第二审程序再审的案件，人民法院经审理认为不符合民事诉讼法规定的起诉条件或者符合民事诉讼法第一百二十四条规定不予受理情形的，应当裁定撤销一、二审判决，驳回起诉。

第四百零九条 人民法院对调解书裁定再审后，按照下列情形分别处理：

（一）当事人提出的调解违反自愿原则的事由不成立，且调解书的内容不违反法律强制性规定的，裁定驳回再审申请；

（二）人民检察院抗诉或者再审检察建议所主张的损害国家利益、社会公共利益的理由不成立的，裁定终结再审程序。

前款规定情形，人民法院裁定中止执行的调解书需要继续执行的，自动恢复执行。

第四百一十条 一审原告在再审审理程序中申请撤回起诉，经其他当事人同意，且不损害国家利益、社会公共利益、他人合法权益的，人民法院可以准许。裁定准许撤诉的，应当一并撤销原判决。

一审原告在再审审理程序中撤回起诉后重复起诉的，人民法院不予受理。

第四百一十一条 当事人提交新的证据致使再审改判，因再审申请人或者申请检察监督当事人的过错未能在原审程序中及时举证，被申请人等当事人请求补偿其增加的交通、住宿、就餐、误工等必要费用的，人民法院应予支持。

第四百一十二条 部分当事人到庭并达成调解协议，其他当事人未作出书面表示的，人民法院应当在判决中对该事实作出表述；调解协议内容不违反法律规定，且不损害其他当事人合法权益的，可以在判决主文中予以确认。

第四百一十三条 人民检察院依法对损害国家利益、社会公共利益的发生法律效力的判决、裁定、调解书提出抗诉，或者经人民检察院检察委员会讨论决定提出再审检察建议的，人民法院应予受理。

第四百一十四条 人民检察院对已经发生法律效力的判决以及不予受理、驳回起诉的裁定依法提出抗诉的，人民法院应予受理，但适用特别程序、督促程序、公示催告程序、破产程序以及解除婚姻关系的判决、裁定等不适用审判监督程序的判决、裁定除外。

第四百一十五条 人民检察院依照民事诉讼法第二百零九条第一款第三项规定对有明显错误的再审判决、裁定提出抗诉或者再审检察建议的，人民法院应予受理。

第四百一十六条 地方各级人民检察院依当事人的申请对生效判决、裁定向同级人民法院提出再审检察建议，符合下列条件的，应予受理：

（一）再审检察建议书和原审当事人申请书及相关证据材料已经提交；

（二）建议再审的对象为依照民事诉讼法和本解释规定可以进行再审的判决、裁定；

（三）再审检察建议书列明该判决、裁定有民事诉讼法第二百零八条第二款规定情形；

（四）符合民事诉讼法第二百零九条第一款第一项、第二项规定情形；

（五）再审检察建议经该人民检察院检察委员会讨论决定。

不符合前款规定的，人民法院可以建议人民检察院予以补正或者撤回；不予补正或者撤回的，应当函告人民检察院不予受理。

第四百一十七条 人民检察院依当事人的申请对生效判决、裁定提出抗诉，符合下列条件的，人民法院应当在三十日内裁定再审：

（一）抗诉书和原审当事人申请书及相关证据材料已经提交；

（二）抗诉对象为依照民事诉讼法和本解释规定可以进行再审的判决、裁定；

（三）抗诉书列明该判决、裁定有民事诉讼法第二百零八条第一款规定情形；

（四）符合民事诉讼法第二百零九条第一款第一项、第二项规定情形。

不符合前款规定的，人民法院可以建议人民检察院予以补正或者撤回；不予补正或者撤回的，人民法院可以裁定不予受理。

第四百一十八条 当事人的再审申请被上级人民法院裁定驳回后，人民检察院对原判决、裁定、调解书提出抗诉，抗诉事由符合民事诉讼法第二百条第一项至第五项规定情形之一的，受理抗诉的人民法院可以交由下一级人民法院再审。

第四百一十九条 人民法院收到再审检察建议后，应当组成合议庭，在三个月内进行审查，发现原判决、裁定、调解书确有错误，需要再审的，依照民事诉讼法第一百九十八条规定裁定再审，并通知当事人；经审查，决定不予再审的，应当书面回复人民检察院。

第四百二十条 人民法院审理因人民检察院抗诉或者检察建议裁定再审的案件，不受此前已经作出的驳回当事人再审申请裁定的影响。

第四百二十一条 人民法院开庭审理抗诉案件，应当在开庭三日前通知人民检察院、当事人和其他诉讼参与人。同级人民检察院或者提出抗诉的人民检察院应当派员出庭。

人民检察院因履行法律监督职责向当事人或者案外人调查核实的情况，应当向法庭提交并予以说明，由双方当事人进行质证。

第四百二十二条　必须共同进行诉讼的当事人因不能归责于本人或者其诉讼代理人的事由未参加诉讼的，可以根据民事诉讼法第二百条第八项规定，自知道或者应当知道之日起六个月内申请再审，但符合本解释第四百二十三条规定情形的除外。

人民法院因前款规定的当事人申请而裁定再审，按照第一审程序再审的，应当追加其为当事人，作出新的判决、裁定；按照第二审程序再审，经调解不能达成协议的，应当撤销原判决、裁定，发回重审，重审时应追加其为当事人。

第四百二十三条　根据民事诉讼法第二百二十七条规定，案外人对驳回其执行异议的裁定不服，认为原判决、裁定、调解书内容错误损害其民事权益的，可以自执行异议裁定送达之日起六个月内，向作出原判决、裁定、调解书的人民法院申请再审。

第四百二十四条　根据民事诉讼法第二百二十七条规定，人民法院裁定再审后，案外人属于必要的共同诉讼当事人的，依照本解释第四百二十二条第二款规定处理。

案外人不是必要的共同诉讼当事人的，人民法院仅审理原判决、裁定、调解书对其民事权益造成损害的内容。经审理，再审请求成立的，撤销或者改变原判决、裁定、调解书；再审请求不成立的，维持原判决、裁定、调解书。

第四百二十五条　本解释第三百四十条规定适用于审判监督程序。

第四百二十六条　对小额诉讼案件的判决、裁定，当事人以民事诉讼法第二百条规定的事由向原审人民法院申请再审的，人民法院应当受理。申请再审事由成立的，应当裁定再审，组成合议庭进行审理。作出的再审判决、裁定，当事人不得上诉。

当事人以不应按小额诉讼案件审理为由向原审人民法院申请再审的，人民法院应当受理。理由成立的，应当裁定再审，组成合议庭审理。作出的再审判决、裁定，当事人可以上诉。

十九、督 促 程 序

第四百二十七条　两个以上人民法院都有管辖权的，债权人可以向其中一个基层人民法院申请支付令。

债权人向两个以上有管辖权的基层人民法院申请支付令的，由最先立案的人民法院管辖。

第四百二十八条　人民法院收到债权人的支付令申请书后，认为申请书不符合要求的，可以通知债权人限期补正。人民法院应当自收到补正材料之日起五日内通知债权人是否受理。

第四百二十九条 债权人申请支付令,符合下列条件的,基层人民法院应当受理,并在收到支付令申请书后五日内通知债权人:

(一)请求给付金钱或者汇票、本票、支票、股票、债券、国库券、可转让的存款单等有价证券;

(二)请求给付的金钱或者有价证券已到期且数额确定,并写明了请求所根据的事实、证据;

(三)债权人没有对待给付义务;

(四)债务人在我国境内且未下落不明;

(五)支付令能够送达债务人;

(六)收到申请书的人民法院有管辖权;

(七)债权人未向人民法院申请诉前保全。

不符合前款规定的,人民法院应当在收到支付令申请书后五日内通知债权人不予受理。

基层人民法院受理申请支付令案件,不受债权金额的限制。

第四百三十条 人民法院受理申请后,由审判员一人进行审查。经审查,有下列情形之一的,裁定驳回申请:

(一)申请人不具备当事人资格的;

(二)给付金钱或者有价证券的证明文件没有约定逾期给付利息或者违约金、赔偿金,债权人坚持要求给付利息或者违约金、赔偿金的;

(三)要求给付的金钱或者有价证券属于违法所得的;

(四)要求给付的金钱或者有价证券尚未到期或者数额不确定的。

人民法院受理支付令申请后,发现不符合本解释规定的受理条件的,应当在受理之日起十五日内裁定驳回申请。

第四百三十一条 向债务人本人送达支付令,债务人拒绝接收的,人民法院可以留置送达。

第四百三十二条 有下列情形之一的,人民法院应当裁定终结督促程序,已发出支付令的,支付令自行失效:

(一)人民法院受理支付令申请后,债权人就同一债权债务关系又提起诉讼的;

(二)人民法院发出支付令之日起三十日内无法送达债务人的;

(三)债务人收到支付令前,债权人撤回申请的。

第四百三十三条 债务人在收到支付令后,未在法定期间提出书面异议,而向其他人民法院起诉的,不影响支付令的效力。

债务人超过法定期间提出异议的,视为未提出异议。

第四百三十四条 债权人基于同一债权债务关系,在同一支付令申请中向债务人提出多项支付请求,债务人仅就其中一项或者几项请求提出异议的,不影响其他各项请求的效力。

第四百三十五条 债权人基于同一债权债务关系,就可分之债向多个债务人提出支付请求,多个债务人中的一人或者几人提出异议的,不影响其他请求的效力。

第四百三十六条 对设有担保的债务的主债务人发出的支付令,对担保人没有拘束力。

债权人就担保关系单独提起诉讼的,支付令自人民法院受理案件之日起失效。

第四百三十七条 经形式审查,债务人提出的书面异议有下列情形之一的,应当认定异议成立,裁定终结督促程序,支付令自行失效:

(一)本解释规定的不予受理申请情形的;

(二)本解释规定的裁定驳回申请情形的;

(三)本解释规定的应当裁定终结督促程序情形的;

(四)人民法院对是否符合发出支付令条件产生合理怀疑的。

第四百三十八条 债务人对债务本身没有异议,只是提出缺乏清偿能力、延缓债务清偿期限、变更债务清偿方式等异议的,不影响支付令的效力。

人民法院经审查认为异议不成立的,裁定驳回。

债务人的口头异议无效。

第四百三十九条 人民法院作出终结督促程序或者驳回异议裁定前,债务人请求撤回异议的,应当裁定准许。

债务人对撤回异议反悔的,人民法院不予支持。

第四百四十条 支付令失效后,申请支付令的一方当事人不同意提起诉讼的,应当自收到终结督促程序裁定之日起七日内向受理申请的人民法院提出。

申请支付令的一方当事人不同意提起诉讼的,不影响其向其他有管辖权的人民法院提起诉讼。

第四百四十一条 支付令失效后,申请支付令的一方当事人自收到终结督促程序裁定之日起七日内未向受理申请的人民法院表明不同意提起诉讼的,视为向受理申请的人民法院起诉。

债权人提出支付令申请的时间,即为向人民法院起诉的时间。

第四百四十二条 债权人向人民法院申请执行支付令的期间,适用民事诉讼法第二百三十九条的规定。

第四百四十三条 人民法院院长发现本院已经发生法律效力的支付令确有错误,认为需要撤销的,应当提交本院审判委员会讨论决定后,裁定撤销支付令,驳回债权人的申请。

二十、公示催告程序

第四百四十四条 民事诉讼法第二百一十八条规定的票据持有人,是指票据被盗、遗失或者灭失前的最后持有人。

第四百四十五条 人民法院收到公示催告的申请后,应当立即审查,并决定是否受理。经审查认为符合受理条件的,通知予以受理,并同时通知支付人停止支付;认为不符合受理条件的,七日内裁定驳回申请。

第四百四十六条 因票据丧失,申请公示催告的,人民法院应结合票据存根、丧失票据的复印件、出票人关于签发票据的证明、申请人合法取得票据的证明、银行挂失止付通知书、报案证明等证据,决定是否受理。

第四百四十七条 人民法院依照民事诉讼法第二百一十九条规定发出的受理申请的公告,应当写明下列内容:

(一)公示催告申请人的姓名或者名称;

(二)票据的种类、号码、票面金额、出票人、背书人、持票人、付款期限等事项以及其他可以申请公示催告的权利凭证的种类、号码、权利范围、权利人、义务人、行权日期等事项;

(三)申报权利的期间;

(四)在公示催告期间转让票据等权利凭证,利害关系人不申报的法律后果。

第四百四十八条 公告应当在有关报纸或者其他媒体上刊登,并于同日公布于人民法院公告栏内。人民法院所在地有证券交易所的,还应当同日在该交易所公布。

第四百四十九条 公告期间不得少于六十日,且公示催告期间届满日不得早于票据付款日后十五日。

第四百五十条 在申报期届满后、判决作出之前,利害关系人申报权利的,应当适用民事诉讼法第二百二十一条第二款、第三款规定处理。

第四百五十一条 利害关系人申报权利,人民法院应当通知其向法院出示票据,并通知公示催告申请人在指定的期间查看该票据。公示催告申请人申请公示催告的票据与利害关系人出示的票据不一致的,应当裁定驳回利害关系人的申报。

第四百五十二条 在申报权利的期间无人申报权利,或者申报被驳回的,申请人应当自公示催告期间届满之日起一个月内申请作出判决。逾期不申请判决的,终结公示催告程序。

裁定终结公示催告程序的,应当通知申请人和支付人。

第四百五十三条 判决公告之日起,公示催告申请人有权依据判决向付款人请求付款。

付款人拒绝付款,申请人向人民法院起诉,符合民事诉讼法第一百一十九条规定的起诉条件的，人民法院应予受理。

第四百五十四条 适用公示催告程序审理案件，可由审判员一人独任审理；判决宣告票据无效的，应当组成合议庭审理。

第四百五十五条 公示催告申请人撤回申请，应在公示催告前提出；公示催告期间申请撤回的，人民法院可以径行裁定终结公示催告程序。

第四百五十六条 人民法院依照民事诉讼法第二百二十条规定通知支付人停止支付，应当符合有关财产保全的规定。支付人收到停止支付通知后拒不止付的，除可依照民事诉讼法第一百一十一条、第一百一十四条规定采取强制措施外，在判决后，支付人仍应承担付款义务。

第四百五十七条 人民法院依照民事诉讼法第二百二十一条规定终结公示催告程序后，公示催告申请人或者申报人向人民法院提起诉讼，因票据权利纠纷提起的，由票据支付地或者被告住所地人民法院管辖；因非票据权利纠纷提起的，由被告住所地人民法院管辖。

第四百五十八条 依照民事诉讼法第二百二十一条规定制作的终结公示催告程序的裁定书，由审判员、书记员署名，加盖人民法院印章。

第四百五十九条 依照民事诉讼法第二百二十三条的规定，利害关系人向人民法院起诉的，人民法院可按票据纠纷适用普通程序审理。

第四百六十条 民事诉讼法第二百二十三条规定的正当理由，包括：

（一）因发生意外事件或者不可抗力致使利害关系人无法知道公告事实的；

（二）利害关系人因被限制人身自由而无法知道公告事实，或者虽然知道公告事实，但无法自己或者委托他人代为申报权利的；

（三）不属于法定申请公示催告情形的；

（四）未予公告或者未按法定方式公告的；

（五）其他导致利害关系人在判决作出前未能向人民法院申报权利的客观事由。

第四百六十一条 根据民事诉讼法第二百二十三条的规定，利害关系人请求人民法院撤销除权判决的，应当将申请人列为被告。

利害关系人仅诉请确认其为合法持票人的，人民法院应当在裁判文书中写明，确认利害关系人为票据权利人的判决作出后，除权判决即被撤销。

二十一、执行程序

第四百六十二条 发生法律效力的实现担保物权裁定、确认调解协议裁定、支付令，由作出裁定、支付令的人民法院或者与其同级的被执行财产所在地的人民法院执行。

认定财产无主的判决，由作出判决的人民法院将无主财产收归国家或者集体所有。

第四百六十三条　当事人申请人民法院执行的生效法律文书应当具备下列条件：

（一）权利义务主体明确；

（二）给付内容明确。

法律文书确定继续履行合同的，应当明确继续履行的具体内容。

第四百六十四条　根据民事诉讼法第二百二十七条规定，案外人对执行标的提出异议的，应当在该执行标的执行程序终结前提出。

第四百六十五条　案外人对执行标的提出的异议，经审查，按照下列情形分别处理：

（一）案外人对执行标的不享有足以排除强制执行的权益的，裁定驳回其异议；

（二）案外人对执行标的享有足以排除强制执行的权益的，裁定中止执行。

驳回案外人执行异议裁定送达案外人之日起十五日内，人民法院不得对执行标的进行处分。

第四百六十六条　申请执行人与被执行人达成和解协议后请求中止执行或者撤回执行申请的，人民法院可以裁定中止执行或者终结执行。

第四百六十七条　一方当事人不履行或者不完全履行在执行中双方自愿达成的和解协议，对方当事人申请执行原生效法律文书的，人民法院应当恢复执行，但和解协议已履行的部分应当扣除。和解协议已经履行完毕的，人民法院不予恢复执行。

第四百六十八条　申请恢复执行原生效法律文书，适用民事诉讼法第二百三十九条申请执行期间的规定。申请执行期间因达成执行中的和解协议而中断，其期间自和解协议约定履行期限的最后一日起重新计算。

第四百六十九条　人民法院依照民事诉讼法第二百三十一条规定决定暂缓执行的，如果担保是有期限的，暂缓执行的期限应当与担保期限一致，但最长不得超过一年。被执行人或者担保人对担保的财产在暂缓执行期间有转移、隐藏、变卖、毁损等行为的，人民法院可以恢复强制执行。

第四百七十条　根据民事诉讼法第二百三十一条规定向人民法院提供执行担保的，可以由被执行人或者他人提供财产担保，也可以由他人提供保证。担保人应当具有代为履行或者代为承担赔偿责任的能力。

他人提供执行保证的，应当向执行法院出具保证书，并将保证书副本送交申请执行人。被执行人或者他人提供财产担保的，应当参照物权法、担保法的有关规定办理相应手续。

第四百七十一条　被执行人在人民法院决定暂缓执行的期限届满后仍不履行义务的，人民法院可以直接执行担保财产，或者裁定执行担保人的财产，但执行担保人的财产以担保人应当履行义务部分的财产为限。

第四百七十二条 依照民事诉讼法第二百三十二条规定,执行中作为被执行人的法人或者其他组织分立、合并的,人民法院可以裁定变更后的法人或者其他组织为被执行人;被注销的,如果依照有关实体法的规定有权利义务承受人的,可以裁定该权利义务承受人为被执行人。

第四百七十三条 其他组织在执行中不能履行法律文书确定的义务的,人民法院可以裁定执行对该其他组织依法承担义务的法人或者公民个人的财产。

第四百七十四条 在执行中,作为被执行人的法人或者其他组织名称变更的,人民法院可以裁定变更后的法人或者其他组织为被执行人。

第四百七十五条 作为被执行人的公民死亡,其遗产继承人没有放弃继承的,人民法院可以裁定变更被执行人,由该继承人在遗产的范围内偿还债务。继承人放弃继承的,人民法院可以直接执行被执行人的遗产。

第四百七十六条 法律规定由人民法院执行的其他法律文书执行完毕后,该法律文书被有关机关或者组织依法撤销的,经当事人申请,适用民事诉讼法第二百三十三条规定。

第四百七十七条 仲裁机构裁决的事项,部分有民事诉讼法第二百三十七条第二款、第三款规定情形的,人民法院应当裁定对该部分不予执行。

应当不予执行部分与其他部分不可分的,人民法院应当裁定不予执行仲裁裁决。

第四百七十八条 依照民事诉讼法第二百三十七条第二款、第三款规定,人民法院裁定不予执行仲裁裁决后,当事人对该裁定提出执行异议或者复议的,人民法院不予受理。当事人可以就该民事纠纷重新达成书面仲裁协议申请仲裁,也可以向人民法院起诉。

第四百七十九条 在执行中,被执行人通过仲裁程序将人民法院查封、扣押、冻结的财产确权或者分割给案外人的,不影响人民法院执行程序的进行。

案外人不服的,可以根据民事诉讼法第二百二十七条规定提出异议。

第四百八十条 有下列情形之一的,可以认定为民事诉讼法第二百三十八条第二款规定的公证债权文书确有错误:

(一)公证债权文书属于不得赋予强制执行效力的债权文书的;

(二)被执行人一方未亲自或者未委托代理人到场公证等严重违反法律规定的公证程序的;

(三)公证债权文书的内容与事实不符或者违反法律强制性规定的;

(四)公证债权文书未载明被执行人不履行义务或者不完全履行义务时同意接受强制执行的。

人民法院认定执行该公证债权文书违背社会公共利益的,裁定不予执行。

公证债权文书被裁定不予执行后,当事人、公证事项的利害关系人可以就债权争议提起诉讼。

第四百八十一条 当事人请求不予执行仲裁裁决或者公证债权文书的,应当在执行终结前向执行法院提出。

第四百八十二条 人民法院应当在收到申请执行书或者移交执行书后十日内发出执行通知。

执行通知中除应责令被执行人履行法律文书确定的义务外,还应通知其承担民事诉讼法第二百五十三条规定的迟延履行利息或者迟延履行金。

第四百八十三条 申请执行人超过申请执行时效期间向人民法院申请强制执行的,人民法院应予受理。被执行人对申请执行时效期间提出异议,人民法院经审查异议成立的,裁定不予执行。

被执行人履行全部或者部分义务后,又以不知道申请执行时效期间届满为由请求执行回转的,人民法院不予支持。

第四百八十四条 对必须接受调查询问的被执行人、被执行人的法定代表人、负责人或者实际控制人,经依法传唤无正当理由拒不到场的,人民法院可以拘传其到场。

人民法院应当及时对被拘传人进行调查询问,调查询问的时间不得超过八小时;情况复杂,依法可能采取拘留措施的,调查询问的时间不得超过二十四小时。

人民法院在本辖区以外采取拘传措施时,可以将被拘传人拘传到当地人民法院,当地人民法院应予协助。

第四百八十五条 人民法院有权查询被执行人的身份信息与财产信息,掌握相关信息的单位和个人必须按照协助执行通知书办理。

第四百八十六条 对被执行的财产,人民法院非经查封、扣押、冻结不得处分。对银行存款等各类可以直接扣划的财产,人民法院的扣划裁定同时具有冻结的法律效力。

第四百八十七条 人民法院冻结被执行人的银行存款的期限不得超过一年,查封、扣押动产的期限不得超过两年,查封不动产、冻结其他财产权的期限不得超过三年。

申请执行人申请延长期限的,人民法院应当在查封、扣押、冻结期限届满前办理续行查封、扣押、冻结手续,续行期限不得超过前款规定的期限。

人民法院也可以依职权办理续行查封、扣押、冻结手续。

第四百八十八条 依照民事诉讼法第二百四十七条规定,人民法院在执行中需要拍卖被执行人财产的,可以由人民法院自行组织拍卖,也可以交由具备相应资质的拍卖机构拍卖。

交拍卖机构拍卖的,人民法院应当对拍卖活动进行监督。

第四百八十九条 拍卖评估需要对现场进行检查、勘验的,人民法院应当责令被执行人、协助义务人予以配合。被执行人、协助义务人不予配合的,人民法院可以强制进行。

第四百九十条 人民法院在执行中需要变卖被执行人财产的,可以交有关单位变卖,也可以由人民法院直接变卖。

对变卖的财产,人民法院或者其工作人员不得买受。

第四百九十一条 经申请执行人和被执行人同意,且不损害其他债权人合法权益和社会公共利益的,人民法院可以不经拍卖、变卖,直接将被执行人的财产作价交申请执行人抵偿债务。对剩余债务,被执行人应当继续清偿。

第四百九十二条 被执行人的财产无法拍卖或者变卖的,经申请执行人同意,且不损害其他债权人合法权益和社会公共利益的,人民法院可以将该项财产作价后交付申请执行人抵偿债务,或者交付申请执行人管理;申请执行人拒绝接收或者管理的,退回被执行人。

第四百九十三条 拍卖成交或者依法定程序裁定以物抵债的,标的物所有权自拍卖成交裁定或者抵债裁定送达买受人或者接受抵债物的债权人时转移。

第四百九十四条 执行标的物为特定物的,应当执行原物。原物确已毁损或者灭失的,经双方当事人同意,可以折价赔偿。

双方当事人对折价赔偿不能协商一致的,人民法院应当终结执行程序。申请执行人可以另行起诉。

第四百九十五条 他人持有法律文书指定交付的财物或者票证,人民法院依照民事诉讼法第二百四十九条第二款、第三款规定发出协助执行通知后,拒不转交的,可以强制执行,并可依照民事诉讼法第一百一十四条、第一百一十五条规定处理。

他人持有期间财物或者票证毁损、灭失的,参照本解释第四百九十四条规定处理。

他人主张合法持有财物或者票证的,可以根据民事诉讼法第二百二十七条规定提出执行异议。

第四百九十六条 在执行中,被执行人隐匿财产、会计账簿等资料的,人民法院除可依照民事诉讼法第一百一十一条第一款第六项规定对其处理外,还应责令被执行人交出隐匿的财产、会计账簿等资料。被执行人拒不交出的,人民法院可以采取搜查措施。

第四百九十七条 搜查人员应当按规定着装并出示搜查令和工作证件。

第四百九十八条 人民法院搜查时禁止无关人员进入搜查现场;搜查对象是公民的,应当通知被执行人或者他的成年家属以及基层组织派员到场;搜查对象是法人或者其他组织的,应当通知法定代表人或者主要负责人到场。拒不到场的,不影响搜查。

搜查妇女身体,应当由女执行人员进行。

第四百九十九条 搜查中发现应当依法采取查封、扣押措施的财产，依照民事诉讼法第二百四十五条第二款和第二百四十七条规定办理。

第五百条 搜查应当制作搜查笔录，由搜查人员、被搜查人及其他在场人签名、捺印或者盖章。拒绝签名、捺印或者盖章的，应当记入搜查笔录。

第五百零一条 人民法院执行被执行人对他人的到期债权，可以作出冻结债权的裁定，并通知该他人向申请执行人履行。

该他人对到期债权有异议，申请执行人请求对异议部分强制执行的，人民法院不予支持。利害关系人对到期债权有异议的，人民法院应当按照民事诉讼法第二百二十七条规定处理。

对生效法律文书确定的到期债权，该他人予以否认的，人民法院不予支持。

第五百零二条 人民法院在执行中需要办理房产证、土地证、林权证、专利证书、商标证书、车船执照等有关财产权证照转移手续的，可以依照民事诉讼法第二百五十一条规定办理。

第五百零三条 被执行人不履行生效法律文书确定的行为义务，该义务可由他人完成的，人民法院可以选定代履行人；法律、行政法规对履行该行为义务有资格限制的，应当从有资格的人中选定。必要时，可以通过招标的方式确定代履行人。

申请执行人可以在符合条件的人中推荐代履行人，也可以申请自己代为履行，是否准许，由人民法院决定。

第五百零四条 代履行费用的数额由人民法院根据案件具体情况确定，并由被执行人在指定期限内预先支付。被执行人未预付的，人民法院可以对该费用强制执行。

代履行结束后，被执行人可以查阅、复制费用清单以及主要凭证。

第五百零五条 被执行人不履行法律文书指定的行为，且该项行为只能由被执行人完成的，人民法院可以依照民事诉讼法第一百一十一条第一款第六项规定处理。

被执行人在人民法院确定的履行期间内仍不履行的，人民法院可以依照民事诉讼法第一百一十一条第一款第六项规定再次处理。

第五百零六条 被执行人迟延履行的，迟延履行期间的利息或者迟延履行金自判决、裁定和其他法律文书指定的履行期间届满之日起计算。

第五百零七条 被执行人未按判决、裁定和其他法律文书指定的期间履行非金钱给付义务的，无论是否已给申请执行人造成损失，都应当支付迟延履行金。已经造成损失的，双倍补偿申请执行人已经受到的损失；没有造成损失的，迟延履行金可以由人民法院根据具体案件情况决定。

第五百零八条 被执行人为公民或者其他组织，在执行程序开始后，被执行人的其他已经取得执行依据的债权人发现被执行人的财产不能清偿所有债权的，可以向人民法院申请参与分配。

对人民法院查封、扣押、冻结的财产有优先权、担保物权的债权人，可以直接申请参与分配，主张优先受偿权。

第五百零九条 申请参与分配，申请人应当提交申请书。申请书应当写明参与分配和被执行人不能清偿所有债权的事实、理由，并附有执行依据。

参与分配申请应当在执行程序开始后，被执行人的财产执行终结前提出。

第五百一十条 参与分配执行中，执行所得价款扣除执行费用，并清偿应当优先受偿的债权后，对于普通债权，原则上按照其占全部申请参与分配债权数额的比例受偿。清偿后的剩余债务，被执行人应当继续清偿。债权人发现被执行人有其他财产的，可以随时请求人民法院执行。

第五百一十一条 多个债权人对执行财产申请参与分配的，执行法院应当制作财产分配方案，并送达各债权人和被执行人。债权人或者被执行人对分配方案有异议的，应当自收到分配方案之日起十五日内向执行法院提出书面异议。

第五百一十二条 债权人或者被执行人对分配方案提出书面异议的，执行法院应当通知未提出异议的债权人、被执行人。

未提出异议的债权人、被执行人自收到通知之日起十五日内未提出反对意见的，执行法院依异议人的意见对分配方案审查修正后进行分配；提出反对意见的，应当通知异议人。异议人可以自收到通知之日起十五日内，以提出反对意见的债权人、被执行人为被告，向执行法院提起诉讼；异议人逾期未提起诉讼的，执行法院按照原分配方案进行分配。

诉讼期间进行分配的，执行法院应当提存与争议债权数额相应的款项。

第五百一十三条 在执行中，作为被执行人的企业法人符合企业破产法第二条第一款规定情形的，执行法院经申请执行人之一或者被执行人同意，应当裁定中止对该被执行人的执行，将执行案件相关材料移送被执行人住所地人民法院。

第五百一十四条 被执行人住所地人民法院应当自收到执行案件相关材料之日起三十日内，将是否受理破产案件的裁定告知执行法院。不予受理的，应当将相关案件材料退回执行法院。

第五百一十五条 被执行人住所地人民法院裁定受理破产案件的，执行法院应当解除对被执行人财产的保全措施。被执行人住所地人民法院裁定宣告被执行人破产的，执行法院应当裁定终结对该被执行人的执行。

被执行人住所地人民法院不受理破产案件的，执行法院应当恢复执行。

第五百一十六条 当事人不同意移送破产或者被执行人住所地人民法院不受理破产案件的，执行法院就执行变价所得财产，在扣除执行费用及清偿优先受偿的债权后，对于普通债权，按照财产保全和执行中查封、扣押、冻结财产的先后顺序清偿。

第五百一十七条 债权人根据民事诉讼法第二百五十四条规定请求人民法院继续执行的,不受民事诉讼法第二百三十九条规定申请执行时效期间的限制。

第五百一十八条 被执行人不履行法律文书确定的义务的,人民法院除对被执行人予以处罚外,还可以根据情节将其纳入失信被执行人名单,将被执行人不履行或者不完全履行义务的信息向其所在单位、征信机构以及其他相关机构通报。

第五百一十九条 经过财产调查未发现可供执行的财产,在申请执行人签字确认或者执行法院组成合议庭审查核实并经院长批准后,可以裁定终结本次执行程序。

依照前款规定终结执行后,申请执行人发现被执行人有可供执行财产的,可以再次申请执行。再次申请不受申请执行时效期间的限制。

第五百二十条 因撤销申请而终结执行后,当事人在民事诉讼法第二百三十九条规定的申请执行时效期间内再次申请执行的,人民法院应当受理。

第五百二十一条 在执行终结六个月内,被执行人或者其他人对已执行的标的有妨害行为的,人民法院可以依申请排除妨害,并可以依照民事诉讼法第一百一十一条规定进行处罚。因妨害行为给执行债权人或者其他人造成损失的,受害人可以另行起诉。

二十二、涉外民事诉讼程序的特别规定

第五百二十二条 有下列情形之一,人民法院可以认定为涉外民事案件:

(一)当事人一方或者双方是外国人、无国籍人、外国企业或者组织的;

(二)当事人一方或者双方的经常居所地在中华人民共和国领域外的;

(三)标的物在中华人民共和国领域外的;

(四)产生、变更或者消灭民事关系的法律事实发生在中华人民共和国领域外的;

(五)可以认定为涉外民事案件的其他情形。

第五百二十三条 外国人参加诉讼,应当向人民法院提交护照等用以证明自己身份的证件。

外国企业或者组织参加诉讼,向人民法院提交的身份证明文件,应当经所在国公证机关公证,并经中华人民共和国驻该国使领馆认证,或者履行中华人民共和国与该所在国订立的有关条约中规定的证明手续。

代表外国企业或者组织参加诉讼的人,应当向人民法院提交其有权作为代表人参加诉讼的证明,该证明应当经所在国公证机关公证,并经中华人民共和国驻该国使领馆认证,或者履行中华人民共和国与该所在国订立的有关条约中规定的证明手续。

本条所称的"所在国",是指外国企业或者组织的设立登记地国,也可以是办理

了营业登记手续的第三国。

第五百二十四条 依照民事诉讼法第二百六十四条以及本解释第五百二十三条规定，需要办理公证、认证手续，而外国当事人所在国与中华人民共和国没有建立外交关系的，可以经该国公证机关公证，经与中华人民共和国有外交关系的第三国驻该国使领馆认证，再转由中华人民共和国驻该第三国使领馆认证。

第五百二十五条 外国人、外国企业或者组织的代表人在人民法院法官的见证下签署授权委托书，委托代理人进行民事诉讼的，人民法院应予认可。

第五百二十六条 外国人、外国企业或者组织的代表人在中华人民共和国境内签署授权委托书，委托代理人进行民事诉讼，经中华人民共和国公证机构公证的，人民法院应予认可。

第五百二十七条 当事人向人民法院提交的书面材料是外文的，应当同时向人民法院提交中文翻译件。

当事人对中文翻译件有异议的，应当共同委托翻译机构提供翻译文本；当事人对翻译机构的选择不能达成一致的，由人民法院确定。

第五百二十八条 涉外民事诉讼中的外籍当事人，可以委托本国人为诉讼代理人，也可以委托本国律师以非律师身份担任诉讼代理人；外国驻华使领馆官员，受本国公民的委托，可以以个人名义担任诉讼代理人，但在诉讼中不享有外交或者领事特权和豁免。

第五百二十九条 涉外民事诉讼中，外国驻华使领馆授权其本馆官员，在作为当事人的本国国民不在中华人民共和国领域内的情况下，可以以外交代表身份为其本国国民在中华人民共和国聘请中华人民共和国律师或者中华人民共和国公民代理民事诉讼。

第五百三十条 涉外民事诉讼中，经调解双方达成协议，应当制发调解书。当事人要求发给判决书的，可以依协议的内容制作判决书送达当事人。

第五百三十一条 涉外合同或者其他财产权益纠纷的当事人，可以书面协议选择被告住所地、合同履行地、合同签订地、原告住所地、标的物所在地、侵权行为地等与争议有实际联系地点的外国法院管辖。

根据民事诉讼法第三十三条和第二百六十六条规定，属于中华人民共和国法院专属管辖的案件，当事人不得协议选择外国法院管辖，但协议选择仲裁的除外。

第五百三十二条 涉外民事案件同时符合下列情形的，人民法院可以裁定驳回原告的起诉，告知其向更方便的外国法院提起诉讼：

（一）被告提出案件应由更方便外国法院管辖的请求，或者提出管辖异议；

（二）当事人之间不存在选择中华人民共和国法院管辖的协议；

（三）案件不属于中华人民共和国法院专属管辖；

（四）案件不涉及中华人民共和国国家、公民、法人或者其他组织的利益；

（五）案件争议的主要事实不是发生在中华人民共和国境内，且案件不适用中华人民共和国法律，人民法院审理案件在认定事实和适用法律方面存在重大困难；

（六）外国法院对案件享有管辖权，且审理该案件更加方便。

第五百三十三条 中华人民共和国法院和外国法院都有管辖权的案件，一方当事人向外国法院起诉，而另一方当事人向中华人民共和国法院起诉的，人民法院可予受理。判决后，外国法院申请或者当事人请求人民法院承认和执行外国法院对本案作出的判决、裁定的，不予准许；但双方共同缔结或者参加的国际条约另有规定的除外。

外国法院判决、裁定已经被人民法院承认，当事人就同一争议向人民法院起诉的，人民法院不予受理。

第五百三十四条 对在中华人民共和国领域内没有住所的当事人，经用公告方式送达诉讼文书，公告期满不应诉，人民法院缺席判决后，仍应当将裁判文书依照民事诉讼法第二百六十七条第八项规定公告送达。自公告送达裁判文书满三个月之日起，经过三十日的上诉期当事人没有上诉的，一审判决即发生法律效力。

第五百三十五条 外国人或者外国企业、组织的代表人、主要负责人在中华人民共和国领域内的，人民法院可以向该自然人或者外国企业、组织的代表人、主要负责人送达。

外国企业、组织的主要负责人包括该企业、组织的董事、监事、高级管理人员等。

第五百三十六条 受送达人所在国允许邮寄送达的，人民法院可以邮寄送达。

邮寄送达时应当附有送达回证。受送达人未在送达回证上签收但在邮件回执上签收的，视为送达，签收日期为送达日期。

自邮寄之日起满三个月，如果未收到送达的证明文件，且根据各种情况不足以认定已经送达的，视为不能用邮寄方式送达。

第五百三十七条 人民法院一审时采取公告方式向当事人送达诉讼文书的，二审时可径行采取公告方式向其送达诉讼文书，但人民法院能够采取公告方式之外的其他方式送达的除外。

第五百三十八条 不服第一审人民法院判决、裁定的上诉期，对在中华人民共和国领域内有住所的当事人，适用民事诉讼法第一百六十四条规定的期限；对在中华人民共和国领域内没有住所的当事人，适用民事诉讼法第二百六十九条规定的期限。当事人的上诉期均已届满没有上诉的，第一审人民法院的判决、裁定即发生法律效力。

第五百三十九条 人民法院对涉外民事案件的当事人申请再审进行审查的期间，不受民事诉讼法第二百零四条规定的限制。

第五百四十条 申请人向人民法院申请执行中华人民共和国涉外仲裁机构的裁决，应当提出书面申请，并附裁决书正本。如申请人为外国当事人，其申请书应当用中文文本提出。

第五百四十一条 人民法院强制执行涉外仲裁机构的仲裁裁决时，被执行人以有民事诉讼法第二百七十四条第一款规定的情形为由提出抗辩的，人民法院应当对被执行人的抗辩进行审查，并根据审查结果裁定执行或者不予执行。

第五百四十二条 依照民事诉讼法第二百七十二条规定，中华人民共和国涉外仲裁机构将当事人的保全申请提交人民法院裁定的，人民法院可以进行审查，裁定是否进行保全。裁定保全的，应当责令申请人提供担保，申请人不提供担保的，裁定驳回申请。

当事人申请证据保全，人民法院经审查认为无需提供担保的，申请人可以不提供担保。

第五百四十三条 申请人向人民法院申请承认和执行外国法院作出的发生法律效力的判决、裁定，应当提交申请书，并附外国法院作出的发生法律效力的判决、裁定正本或者经证明无误的副本以及中文译本。外国法院判决、裁定为缺席判决、裁定的，申请人应当同时提交该外国法院已经合法传唤的证明文件，但判决、裁定已经对此予以明确说明的除外。

中华人民共和国缔结或者参加的国际条约对提交文件有规定的，按照规定办理。

第五百四十四条 当事人向中华人民共和国有管辖权的中级人民法院申请承认和执行外国法院作出的发生法律效力的判决、裁定的，如果该法院所在国与中华人民共和国没有缔结或者共同参加国际条约，也没有互惠关系的，裁定驳回申请，但当事人向人民法院申请承认外国法院作出的发生法律效力的离婚判决的除外。

承认和执行申请被裁定驳回的，当事人可以向人民法院起诉。

第五百四十五条 对临时仲裁庭在中华人民共和国领域外作出的仲裁裁决，一方当事人向人民法院申请承认和执行的，人民法院应当依照民事诉讼法第二百八十三条规定处理。

第五百四十六条 对外国法院作出的发生法律效力的判决、裁定或者外国仲裁裁决，需要中华人民共和国法院执行的，当事人应当先向人民法院申请承认。人民法院经审查，裁定承认后，再根据民事诉讼法第三编的规定予以执行。

当事人仅申请承认而未同时申请执行的，人民法院仅对应否承认进行审查并作出裁定。

第五百四十七条 当事人申请承认和执行外国法院作出的发生法律效力的判决、裁定或者外国仲裁裁决的期间，适用民事诉讼法第二百三十九条的规定。

当事人仅申请承认而未同时申请执行的，申请执行的期间自人民法院对承认申请作出的裁定生效之日起重新计算。

第五百四十八条 承认和执行外国法院作出的发生法律效力的判决、裁定或者外国仲裁裁决的案件，人民法院应当组成合议庭进行审查。

人民法院应当将申请书送达被申请人。被申请人可以陈述意见。

人民法院经审查作出的裁定，一经送达即发生法律效力。

第五百四十九条 与中华人民共和国没有司法协助条约又无互惠关系的国家的法院，未通过外交途径，直接请求人民法院提供司法协助的，人民法院应予退回，并说明理由。

第五百五十条 当事人在中华人民共和国领域外使用中华人民共和国法院的判决书、裁定书，要求中华人民共和国法院证明其法律效力的，或者外国法院要求中华人民共和国法院证明判决书、裁定书的法律效力的，作出判决、裁定的中华人民共和国法院，可以本法院的名义出具证明。

第五百五十一条 人民法院审理涉及香港、澳门特别行政区和台湾地区的民事诉讼案件，可以参照适用涉外民事诉讼程序的特别规定。

二十三、附　　则

第五百五十二条 本解释公布施行后，最高人民法院于 1992 年 7 月 14 日发布的《关于适用〈中华人民共和国民事诉讼法〉若干问题的意见》同时废止；最高人民法院以前发布的司法解释与本解释不一致的，不再适用。

三、财产保全的相关司法解释

最高人民法院关于人民法院办理财产保全案件若干问题的规定

(2016年10月17日最高人民法院审判委员会第1696次会议通过
自2016年12月1日起施行　2016年11月7日　法释〔2016〕22号)

为依法保护当事人、利害关系人的合法权益,规范人民法院办理财产保全案件,根据《中华人民共和国民事诉讼法》等法律规定,结合审判、执行实践,制定本规定。

第一条　当事人、利害关系人申请财产保全,应当向人民法院提交申请书,并提供相关证据材料。

申请书应当载明下列事项:

(一)申请保全人与被保全人的身份、送达地址、联系方式;

(二)请求事项和所根据的事实与理由;

(三)请求保全数额或者争议标的;

(四)明确的被保全财产信息或者具体的被保全财产线索;

(五)为财产保全提供担保的财产信息或资信证明,或者不需要提供担保的理由;

(六)其他需要载明的事项。

法律文书生效后,进入执行程序前,债权人申请财产保全的,应当写明生效法律文书的制作机关、文号和主要内容,并附生效法律文书副本。

第二条　人民法院进行财产保全,由立案、审判机构作出裁定,一般应当移送执行机构实施。

第三条　仲裁过程中,当事人申请财产保全的,应当通过仲裁机构向人民法院提交申请书及仲裁案件受理通知书等相关材料。人民法院裁定采取保全措施或者裁定驳回申请的,应当将裁定书送达当事人,并通知仲裁机构。

第四条　人民法院接受财产保全申请后,应当在五日内作出裁定;需要提供担保的,应当在提供担保后五日内作出裁定;裁定采取保全措施的,应当在五日内开始执行。对情况紧急的,必须在四十八小时内作出裁定;裁定采取保全措施的,应当立即开始执行。

第五条　人民法院依照民事诉讼法第一百条规定责令申请保全人提供财产保

全担保的，担保数额不超过请求保全数额的百分之三十；申请保全的财产系争议标的的，担保数额不超过争议标的的价值的百分之三十。

利害关系人申请诉前财产保全的，应当提供相当于请求保全数额的担保；情况特殊的，人民法院可以酌情处理。

财产保全期间，申请保全人提供的担保不足以赔偿可能给被保全人造成的损失的，人民法院可以责令其追加相应的担保；拒不追加的，可以裁定解除或者部分解除保全。

第六条 申请保全人或第三人为财产保全提供财产担保的，应当向人民法院出具担保书。担保书应当载明担保人、担保方式、担保范围、担保财产及其价值、担保责任承担等内容，并附相关证据材料。

第三人为财产保全提供保证担保的，应当向人民法院提交保证书。保证书应当载明保证人、保证方式、保证范围、保证责任承担等内容，并附相关证据材料。

对财产保全担保，人民法院经审查，认为违反物权法、担保法、公司法等有关法律禁止性规定的，应当责令申请保全人在指定期限内提供其他担保；逾期未提供的，裁定驳回申请。

第七条 保险人以其与申请保全人签订财产保全责任险合同的方式为财产保全提供担保的，应当向人民法院出具担保书。

担保书应当载明，因申请财产保全错误，由保险人赔偿被保全人因保全所遭受的损失等内容，并附相关证据材料。

第八条 金融监管部门批准设立的金融机构以独立保函形式为财产保全提供担保的，人民法院应当依法准许。

第九条 当事人在诉讼中申请财产保全，有下列情形之一的，人民法院可以不要求提供担保：

（一）追索赡养费、扶养费、抚育费、抚恤金、医疗费用、劳动报酬、工伤赔偿、交通事故人身损害赔偿的；

（二）婚姻家庭纠纷案件中遭遇家庭暴力且经济困难的；

（三）人民检察院提起的公益诉讼涉及损害赔偿的；

（四）因见义勇为遭受侵害请求损害赔偿的；

（五）案件事实清楚、权利义务关系明确，发生保全错误可能性较小的；

（六）申请保全人为商业银行、保险公司等由金融监管部门批准设立的具有独立偿付债务能力的金融机构及其分支机构的。

法律文书生效后，进入执行程序前，债权人申请财产保全的，人民法院可以不要求提供担保。

第十条 当事人、利害关系人申请财产保全，应当向人民法院提供明确的被保全财产信息。

当事人在诉讼中申请财产保全，确因客观原因不能提供明确的被保全财产信息，但提供了具体财产线索的，人民法院可以依法裁定采取财产保全措施。

第十一条 人民法院依照本规定第十条第二款规定作出保全裁定的，在该裁定执行过程中，申请保全人可以向已经建立网络执行查控系统的执行法院，书面申请通过该系统查询被保全人的财产。

申请保全人提出查询申请的，执行法院可以利用网络执行查控系统，对裁定保全的财产或者保全数额范围内的财产进行查询，并采取相应的查封、扣押、冻结措施。

人民法院利用网络执行查控系统未查询到可供保全财产的，应当书面告知申请保全人。

第十二条 人民法院对查询到的被保全人财产信息，应当依法保密。除依法保全的财产外，不得泄露被保全人其他财产信息，也不得在财产保全、强制执行以外使用相关信息。

第十三条 被保全人有多项财产可供保全的，在能够实现保全目的的情况下，人民法院应当选择对其生产经营活动影响较小的财产进行保全。

人民法院对厂房、机器设备等生产经营性财产进行保全时，指定被保全人保管的，应当允许其继续使用。

第十四条 被保全财产系机动车、航空器等特殊动产的，除被保全人下落不明的以外，人民法院应当责令被保全人书面报告该动产的权属和占有、使用等情况，并予以核实。

第十五条 人民法院应当依据财产保全裁定采取相应的查封、扣押、冻结措施。

可供保全的土地、房屋等不动产的整体价值明显高于保全裁定载明金额的，人民法院应当对该不动产的相应价值部分采取查封、扣押、冻结措施，但该不动产在使用上不可分或者分割会严重减损其价值的除外。

对银行账户内资金采取冻结措施的，人民法院应当明确具体的冻结数额。

第十六条 人民法院在财产保全中采取查封、扣押、冻结措施，需要有关单位协助办理登记手续的，有关单位应当在裁定书和协助执行通知书送达后立即办理。针对同一财产有多个裁定书和协助执行通知书的，应当按照送达的时间先后办理登记手续。

第十七条 利害关系人申请诉前财产保全，在人民法院采取保全措施后三十日内依法提起诉讼或者申请仲裁的，诉前财产保全措施自动转为诉讼或仲裁中的保全措施；进入执行程序后，保全措施自动转为执行中的查封、扣押、冻结措施。

依前款规定，自动转为诉讼、仲裁中的保全措施或者执行中的查封、扣押、冻结措施的，期限连续计算，人民法院无需重新制作裁定书。

第十八条 申请保全人申请续行财产保全的，应当在保全期限届满七日前向人民法院提出;逾期申请或者不申请的,自行承担不能续行保全的法律后果。

人民法院进行财产保全时,应当书面告知申请保全人明确的保全期限届满日以及前款有关申请续行保全的事项。

第十九条 再审审查期间,债务人申请保全生效法律文书确定给付的财产的,人民法院不予受理。

再审审理期间,原生效法律文书中止执行,当事人申请财产保全的,人民法院应当受理。

第二十条 财产保全期间,被保全人请求对被保全财产自行处分,人民法院经审查,认为不损害申请保全人和其他执行债权人合法权益的,可以准许,但应当监督被保全人按照合理价格在指定期限内处分,并控制相应价款。

被保全人请求对作为争议标的的被保全财产自行处分的,须经申请保全人同意。

人民法院准许被保全人自行处分被保全财产的,应当通知申请保全人;申请保全人不同意的,可以依照民事诉讼法第二百二十五条规定提出异议。

第二十一条 保全法院在首先采取查封、扣押、冻结措施后超过一年未对被保全财产进行处分的,除被保全财产系争议标的外,在先轮候查封、扣押、冻结的执行法院可以商请保全法院将被保全财产移送执行。但司法解释另有特别规定的,适用其规定。

保全法院与在先轮候查封、扣押、冻结的执行法院就移送被保全财产发生争议的,可以逐级报请共同的上级法院指定该财产的执行法院。

共同的上级法院应当根据被保全财产的种类及所在地、各债权数额与被保全财产价值之间的关系等案件具体情况指定执行法院,并督促其在指定期限内处分被保全财产。

第二十二条 财产纠纷案件,被保全人或第三人提供充分有效担保请求解除保全,人民法院应当裁定准许。被保全人请求对作为争议标的的财产解除保全的,须经申请保全人同意。

第二十三条 人民法院采取财产保全措施后,有下列情形之一的,申请保全人应当及时申请解除保全:

(一)采取诉前财产保全措施后三十日内不依法提起诉讼或者申请仲裁的;

(二)仲裁机构不予受理仲裁申请、准许撤回仲裁申请或者按撤回仲裁申请处理的;

(三)仲裁申请或者请求被仲裁裁决驳回的;

(四)其他人民法院对起诉不予受理、准许撤诉或者按撤诉处理的;

(五)起诉或者诉讼请求被其他人民法院生效裁判驳回的;

(六)申请保全人应当申请解除保全的其他情形。

人民法院收到解除保全申请后，应当在五日内裁定解除保全；对情况紧急的，必须在四十八小时内裁定解除保全。

申请保全人未及时申请人民法院解除保全，应当赔偿被保全人因财产保全所遭受的损失。

被保全人申请解除保全，人民法院经审查认为符合法律规定的，应当在本条第二款规定的期间内裁定解除保全。

第二十四条 财产保全裁定执行中，人民法院发现保全裁定的内容与被保全财产的实际情况不符的，应当予以撤销、变更或补正。

第二十五条 申请保全人、被保全人对保全裁定或者驳回申请裁定不服的，可以自裁定书送达之日起五日内向作出裁定的人民法院申请复议一次。人民法院应当自收到复议申请后十日内审查。

对保全裁定不服申请复议的，人民法院经审查，理由成立的，裁定撤销或变更；理由不成立的，裁定驳回。

对驳回申请裁定不服申请复议的，人民法院经审查，理由成立的，裁定撤销，并采取保全措施；理由不成立的，裁定驳回。

第二十六条 申请保全人、被保全人、利害关系人认为保全裁定实施过程中的执行行为违反法律规定提出书面异议的，人民法院应当依照民事诉讼法第二百二十五条规定审查处理。

第二十七条 人民法院对诉讼争议标的以外的财产进行保全，案外人对保全裁定或者保全裁定实施过程中的执行行为不服，基于实体权利对被保全财产提出书面异议的，人民法院应当依照民事诉讼法第二百二十七条规定审查处理并作出裁定。案外人、申请保全人对该裁定不服的，可以自裁定送达之日起十五日内向人民法院提起执行异议之诉。

人民法院裁定案外人异议成立后，申请保全人在法律规定的期间内未提起执行异议之诉的，人民法院应当自起诉期限届满之日起七日内对该被保全财产解除保全。

第二十八条 海事诉讼中，海事请求人申请海事请求保全，适用《中华人民共和国海事诉讼特别程序法》及相关司法解释。

第二十九条 本规定自 2016 年 12 月 1 日起施行。

本规定施行前公布的司法解释与本规定不一致的，以本规定为准。

最高人民法院关于民事执行中变更、追加当事人若干问题的规定

(2016 年 11 月 7 日最高人民法院发布　法释〔2016〕21 号)

为正确处理民事执行中变更、追加当事人问题,维护当事人、利害关系人的合法权益,根据《中华人民共和国民事诉讼法》等法律规定,结合执行实践,制定本规定。

第一条　执行过程中,申请执行人或其继承人、权利承受人可以向人民法院申请变更、追加当事人。申请符合法定条件的,人民法院应予支持。

第二条　作为申请执行人的公民死亡或被宣告死亡,该公民的遗嘱执行人、受遗赠人、继承人或其他因该公民死亡或被宣告死亡依法承受生效法律文书确定权利的主体,申请变更、追加其为申请执行人的,人民法院应予支持。

作为申请执行人的公民被宣告失踪,该公民的财产代管人申请变更、追加其为申请执行人的,人民法院应予支持。

第三条　作为申请执行人的公民离婚时,生效法律文书确定的权利全部或部分分割给其配偶,该配偶申请变更、追加其为申请执行人的,人民法院应予支持。

第四条　作为申请执行人的法人或其他组织终止,因该法人或其他组织终止依法承受生效法律文书确定权利的主体,申请变更、追加其为申请执行人的,人民法院应予支持。

第五条　作为申请执行人的法人或其他组织因合并而终止,合并后存续或新设的法人、其他组织申请变更其为申请执行人的,人民法院应予支持。

第六条　作为申请执行人的法人或其他组织分立,依分立协议约定承受生效法律文书确定权利的新设法人或其他组织,申请变更、追加其为申请执行人的,人民法院应予支持。

第七条　作为申请执行人的法人或其他组织清算或破产时,生效法律文书确定的权利依法分配给第三人,该第三人申请变更、追加其为申请执行人的,人民法院应予支持。

第八条　作为申请执行人的机关法人被撤销,继续履行其职能的主体申请变更、追加其为申请执行人的,人民法院应予支持,但生效法律文书确定的权利依法应由其他主体承受的除外;没有继续履行其职能的主体,且生效法律文书确定权利的承受主体不明确,作出撤销决定的主体申请变更、追加其为申请执行人的,人民法院应予支持。

第九条 申请执行人将生效法律文书确定的债权依法转让给第三人，且书面认可第三人取得该债权，该第三人申请变更、追加其为申请执行人的，人民法院应予支持。

第十条 作为被执行人的公民死亡或被宣告死亡，申请执行人申请变更、追加该公民的遗嘱执行人、继承人、受遗赠人或其他因该公民死亡或被宣告死亡取得遗产的主体为被执行人，在遗产范围内承担责任的，人民法院应予支持。继承人放弃继承或受遗赠人放弃受遗赠，又无遗嘱执行人的，人民法院可以直接执行遗产。

作为被执行人的公民被宣告失踪，申请执行人申请变更该公民的财产代管人为被执行人，在代管的财产范围内承担责任的，人民法院应予支持。

第十一条 作为被执行人的法人或其他组织因合并而终止，申请执行人申请变更合并后存续或新设的法人、其他组织为被执行人的，人民法院应予支持。

第十二条 作为被执行人的法人或其他组织分立，申请执行人申请变更、追加分立后新设的法人或其他组织为被执行人，对生效法律文书确定的债务承担连带责任的，人民法院应予支持。但被执行人在分立前与申请执行人就债务清偿达成的书面协议另有约定的除外。

第十三条 作为被执行人的个人独资企业，不能清偿生效法律文书确定的债务，申请执行人申请变更、追加其投资人为被执行人的，人民法院应予支持。个人独资企业投资人作为被执行人的，人民法院可以直接执行该个人独资企业的财产。

个体工商户的字号为被执行人的，人民法院可以直接执行该字号经营者的财产。

第十四条 作为被执行人的合伙企业，不能清偿生效法律文书确定的债务，申请执行人申请变更、追加普通合伙人为被执行人的，人民法院应予支持。

作为被执行人的有限合伙企业，财产不足以清偿生效法律文书确定的债务，申请执行人申请变更、追加未按期足额缴纳出资的有限合伙人为被执行人，在未足额缴纳出资的范围内承担责任的，人民法院应予支持。

第十五条 作为被执行人的法人分支机构，不能清偿生效法律文书确定的债务，申请执行人申请变更、追加该法人为被执行人的，人民法院应予支持。法人直接管理的责任财产仍不能清偿债务的，人民法院可以直接执行该法人其他分支机构的财产。

作为被执行人的法人，直接管理的责任财产不能清偿生效法律文书确定债务的，人民法院可以直接执行该法人分支机构的财产。

第十六条 个人独资企业、合伙企业、法人分支机构以外的其他组织作为被执行人，不能清偿生效法律文书确定的债务，申请执行人申请变更、追加依法对该其他组织的债务承担责任的主体为被执行人的，人民法院应予支持。

第十七条 作为被执行人的企业法人，财产不足以清偿生效法律文书确定的债务，申请执行人申请变更、追加未缴纳或未足额缴纳出资的股东、出资人或依公司法规定对该出资承担连带责任的发起人为被执行人，在尚未缴纳出资的范围内依法承担责任的，人民法院应予支持。

第十八条 作为被执行人的企业法人，财产不足以清偿生效法律文书确定的债务，申请执行人申请变更、追加抽逃出资的股东、出资人为被执行人，在抽逃出资的范围内承担责任的，人民法院应予支持。

第十九条 作为被执行人的公司，财产不足以清偿生效法律文书确定的债务，其股东未依法履行出资义务即转让股权，申请执行人申请变更、追加该原股东或依公司法规定对该出资承担连带责任的发起人为被执行人，在未依法出资的范围内承担责任的，人民法院应予支持。

第二十条 作为被执行人的一人有限责任公司，财产不足以清偿生效法律文书确定的债务，股东不能证明公司财产独立于自己的财产，申请执行人申请变更、追加该股东为被执行人，对公司债务承担连带责任的，人民法院应予支持。

第二十一条 作为被执行人的公司，未经清算即办理注销登记，导致公司无法进行清算，申请执行人申请变更、追加有限责任公司的股东、股份有限公司的董事和控股股东为被执行人，对公司债务承担连带清偿责任的，人民法院应予支持。

第二十二条 作为被执行人的法人或其他组织，被注销或出现被吊销营业执照、被撤销、被责令关闭、歇业等解散事由后，其股东、出资人或主管部门无偿接受其财产，致使该被执行人无遗留财产或遗留财产不足以清偿债务，申请执行人申请变更、追加该股东、出资人或主管部门为被执行人，在接受的财产范围内承担责任的，人民法院应予支持。

第二十三条 作为被执行人的法人或其他组织，未经依法清算即办理注销登记，在登记机关办理注销登记时，第三人书面承诺对被执行人的债务承担清偿责任，申请执行人申请变更、追加该第三人为被执行人，在承诺范围内承担清偿责任的，人民法院应予支持。

第二十四条 执行过程中，第三人向执行法院书面承诺自愿代被执行人履行生效法律文书确定的债务，申请执行人申请变更、追加该第三人为被执行人，在承诺范围内承担责任的，人民法院应予支持。

第二十五条 作为被执行人的法人或其他组织，财产依行政命令被无偿调拨、划转给第三人，致使该被执行人财产不足以清偿生效法律文书确定的债务，申请执行人申请变更、追加该第三人为被执行人，在接受的财产范围内承担责任的，人民法院应予支持。

第二十六条 被申请人在应承担责任范围内已承担相应责任的，人民法院不得责令其重复承担责任。

第二十七条 执行当事人的姓名或名称发生变更的，人民法院可以直接将姓名或名称变更后的主体作为执行当事人,并在法律文书中注明变更前的姓名或名称。

第二十八条 申请人申请变更、追加执行当事人,应当向执行法院提交书面申请及相关证据材料。

除事实清楚、权利义务关系明确、争议不大的案件外,执行法院应当组成合议庭审查并公开听证。经审查,理由成立的,裁定变更、追加;理由不成立的,裁定驳回。

执行法院应当自收到书面申请之日起六十日内作出裁定。有特殊情况需要延长的,由本院院长批准。

第二十九条 执行法院审查变更、追加被执行人申请期间,申请人申请对被申请人的财产采取查封、扣押、冻结措施的,执行法院应当参照民事诉讼法第一百条的规定办理。

申请执行人在申请变更、追加第三人前,向执行法院申请查封、扣押、冻结该第三人财产的,执行法院应当参照民事诉讼法第一百零一条的规定办理。

第三十条 被申请人、申请人或其他执行当事人对执行法院作出的变更、追加裁定或驳回申请裁定不服的,可以自裁定书送达之日起十日内向上一级人民法院申请复议,但依据本规定第三十二条的规定应当提起诉讼的除外。

第三十一条 上一级人民法院对复议申请应当组成合议庭审查,并自收到申请之日起六十日内作出复议裁定。有特殊情况需要延长的,由本院院长批准。

被裁定变更、追加的被申请人申请复议的,复议期间,人民法院不得对其争议范围内的财产进行处分。申请人请求人民法院继续执行并提供相应担保的,人民法院可以准许。

第三十二条 被申请人或申请人对执行法院依据本规定第十四条第二款、第十七条至第二十一条规定作出的变更、追加裁定或驳回申请裁定不服的,可以自裁定书送达之日起十五日内,向执行法院提起执行异议之诉。

被申请人提起执行异议之诉的,以申请人为被告。申请人提起执行异议之诉的,以被申请人为被告。

第三十三条 被申请人提起的执行异议之诉,人民法院经审理,按照下列情形分别处理:

(一)理由成立的,判决不得变更、追加被申请人为被执行人或者判决变更责任范围;

(二)理由不成立的,判决驳回诉讼请求。

诉讼期间,人民法院不得对被申请人争议范围内的财产进行处分。申请人请求人民法院继续执行并提供相应担保的,人民法院可以准许。

第三十四条 申请人提起的执行异议之诉,人民法院经审理,按照下列情形分别处理：

（一）理由成立的，判决变更、追加被申请人为被执行人并承担相应责任或者判决变更责任范围；

（二）理由不成立的，判决驳回诉讼请求。

第三十五条 本规定自2016年12月1日起施行。

本规定施行后，本院以前公布的司法解释与本规定不一致的，以本规定为准。

最高人民法院印发《关于严格规范终结本次执行程序的规定（试行）》的通知

（2016年10月29日 法〔2016〕373号）

各省、自治区、直辖市高级人民法院，解放军军事法院，新疆维吾尔自治区高级人民法院生产建设兵团分院：

现将《最高人民法院关于严格规范终结本次执行程序的规定（试行）》予以印发，请认真贯彻执行。

最高人民法院关于严格规范终结本次执行程序的规定（试行）

为严格规范终结本次执行程序，维护当事人的合法权益，根据《中华人民共和国民事诉讼法》及有关司法解释的规定，结合人民法院执行工作实际，制定本规定。

第一条 人民法院终结本次执行程序，应当同时符合下列条件：

（一）已向被执行人发出执行通知、责令被执行人报告财产；

（二）已向被执行人发出限制消费令，并将符合条件的被执行人纳入失信被执行人名单；

（三）已穷尽财产调查措施，未发现被执行人有可供执行的财产或者发现的财产不能处置；

（四）自执行案件立案之日起已超过三个月；

（五）被执行人下落不明的，已依法予以查找；被执行人或者其他人妨害执行的，已依法采取罚款、拘留等强制措施，构成犯罪的，已依法启动刑事责任追究程序。

第二条 本规定第一条第一项中的“责令被执行人报告财产”，是指应当完成下列事项：

（一）向被执行人发出报告财产令；

（二）对被执行人报告的财产情况予以核查；

（三）对逾期报告、拒绝报告或者虚假报告的被执行人或者相关人员，依法采取罚款、拘留等强制措施，构成犯罪的，依法启动刑事责任追究程序。

人民法院应当将财产报告、核实及处罚的情况记录入卷。

第三条 本规定第一条第三项中的“已穷尽财产调查措施”，是指应当完成下列调查事项：

（一）对申请执行人或者其他人提供的财产线索进行核查；

（二）通过网络执行查控系统对被执行人的存款、车辆及其他交通运输工具、不动产、有价证券等财产情况进行查询；

（三）无法通过网络执行查控系统查询本款第二项规定的财产情况的，在被执行人住所地或者可能隐匿、转移财产所在地进行必要调查；

（四）被执行人隐匿财产、会计账簿等资料且拒不交出的，依法采取搜查措施；

（五）经申请执行人申请，根据案件实际情况，依法采取审计调查、公告悬赏等调查措施；

（六）法律、司法解释规定的其他财产调查措施。

人民法院应当将财产调查情况记录入卷。

第四条 本规定第一条第三项中的“发现的财产不能处置”，包括下列情形：

（一）被执行人的财产经法定程序拍卖、变卖未成交，申请执行人不接受抵债或者依法不能交付其抵债，又不能对该财产采取强制管理等其他执行措施的；

（二）人民法院在登记机关查封的被执行人车辆、船舶等财产，未能实际扣押的。

第五条 终结本次执行程序前，人民法院应当将案件执行情况、采取的财产调查措施、被执行人的财产情况、终结本次执行程序的依据及法律后果等信息告知申请执行人，并听取其对终结本次执行程序的意见。

人民法院应当将申请执行人的意见记录入卷。

第六条 终结本次执行程序应当制作裁定书，载明下列内容：

（一）申请执行的债权情况；

（二）执行经过及采取的执行措施、强制措施；

（三）查明的被执行人财产情况；

（四）实现的债权情况；

（五）申请执行人享有要求被执行人继续履行债务及依法向人民法院申请恢复执行的权利，被执行人负有继续向申请执行人履行债务的义务。

终结本次执行程序裁定书送达申请执行人后，执行案件可以作结案处理。人民法院进行相关统计时，应当对以终结本次执行程序方式结案的案件与其他方式结案的案件予以区分。

终结本次执行程序裁定书应当依法在互联网上公开。

第七条 当事人、利害关系人认为终结本次执行程序违反法律规定的，可以提出执行异议。人民法院应当依照民事诉讼法第二百二十五条的规定进行审查。

第八条 终结本次执行程序后，被执行人应当继续履行生效法律文书确定的义务。被执行人自动履行完毕的，当事人应当及时告知执行法院。

第九条 终结本次执行程序后，申请执行人发现被执行人有可供执行财产的，可以向执行法院申请恢复执行。申请恢复执行不受申请执行时效期间的限制。执行法院核查属实的，应当恢复执行。

终结本次执行程序后的五年内，执行法院应当每六个月通过网络执行查控系统查询一次被执行人的财产，并将查询结果告知申请执行人。符合恢复执行条件的，执行法院应当及时恢复执行。

第十条 终结本次执行程序后，发现被执行人有可供执行财产，不立即采取执行措施可能导致财产被转移、隐匿、出卖或者毁损的，执行法院可以依申请执行人申请或依职权立即采取查封、扣押、冻结等控制性措施。

第十一条 案件符合终结本次执行程序条件，又符合移送破产审查相关规定的，执行法院应当在作出终结本次执行程序裁定的同时，将执行案件相关材料移送被执行人住所地人民法院进行破产审查。

第十二条 终结本次执行程序裁定书送达申请执行人以后，执行法院应当在七日内将相关案件信息录入最高人民法院建立的终结本次执行程序案件信息库，并通过该信息库统一向社会公布。

第十三条 终结本次执行程序案件信息库记载的信息应当包括下列内容：

（一）作为被执行人的法人或者其他组织的名称、住所地、组织机构代码及其法定代表人或者负责人的姓名，作为被执行人的自然人的姓名、性别、年龄、身份证件号码和住址；

（二）生效法律文书的制作单位和文号，执行案号、立案时间、执行法院；

（三）生效法律文书确定的义务和被执行人的履行情况；

（四）人民法院认为应当记载的其他事项。

第十四条 当事人、利害关系人认为公布的终结本次执行程序案件信息错误的，可以向执行法院申请更正。执行法院审查属实的，应当在三日内予以更正。

第十五条 终结本次执行程序后，人民法院已对被执行人依法采取的执行措施和强制措施继续有效。

第十六条 终结本次执行程序后，申请执行人申请延长查封、扣押、冻结期限的，人民法院应当依法办理续行查封、扣押、冻结手续。

终结本次执行程序后，当事人、利害关系人申请变更、追加执行当事人，符合法定情形的，人民法院应予支持。变更、追加被执行人后，申请执行人申请恢复执行的，人民法院应予支持。

第十七条 终结本次执行程序后，被执行人或者其他人妨害执行的，人民法院可以依法予以罚款、拘留；构成犯罪的，依法追究刑事责任。

第十八条 有下列情形之一的，人民法院应当在三日内将案件信息从终结本次执行程序案件信息库中屏蔽：

（一）生效法律文书确定的义务执行完毕的；

（二）依法裁定终结执行的；

（三）依法应予屏蔽的其他情形。

第十九条 本规定自2016年12月1日起施行。

最高人民法院关于人民法院执行工作若干问题的规定

（1998年7月8日　法释〔1998〕15号）

一、执行机构及其职责

1. 人民法院根据需要，依据有关法律的规定，设立执行机构，专门负责执行工作。

2. 执行机构负责执行下列生效法律文书：

（1）人民法院民事、行政判决、裁定、调解书，民事制裁决定、支付令，以及刑事附带民事判决、裁定、调解书；

（2）依法应由人民法院执行的行政处罚决定、行政处理决定；

（3）我国仲裁机构作出的仲裁裁决和调解书；人民法院依据《中华人民共和国仲裁法》有关规定作出的财产保全和证据保全裁定；

（4）公证机关依法赋予强制执行效力的关于追偿债款、物品的债权文书；

（5）经人民法院裁定承认其效力的外国法院作出的判决、裁定，以及国外仲裁机构作出的仲裁裁决；

（6）法律规定由人民法院执行的其他法律文书。

3. 人民法院在审理民事、行政案件中作出的财产保全和先予执行裁定，由审理案件的审判庭负责执行。

4. 人民法庭审结的案件，由人民法庭负责执行。其中复杂、疑难或被执行人不在本法院辖区的案件，由执行机构负责执行。

5. 执行程序中重大事项的办理，应由三名以上执行员讨论，并报经院长批准。

6. 依据民事诉讼法第二百一十七条或第二百六十条的规定对仲裁裁决是否有不予执行事由进行审查的，应组成合议庭进行。

7. 执行机构应配备必要的交通工具、通信设备、音像设备和警械用具等，以保障及时有效地履行职责。

8. 执行人员执行公务时,应向有关人员出示工作证和执行公务证,并按规定着装。必要时应由司法警察参加。

执行公务证由最高人民法院统一制发。

9. 上级人民法院执行机构负责本院对下级人民法院执行工作的监督、指导和协调。

二、执行管辖

10. 仲裁机构作出的国内仲裁裁决、公证机关依法赋予强制执行效力的公证债权文书,由被执行人住所地或被执行的财产所在地人民法院执行。

前款案件的级别管辖,参照各地法院受理诉讼案件的级别管辖的规定确定。

11. 在国内仲裁过程中,当事人申请财产保全,经仲裁机构提交人民法院的,由被申请人住所地或被申请保全的财产所在地的基层人民法院裁定并执行;申请证据保全的,由证据所在地的基层人民法院裁定并执行。

12. 在涉外仲裁过程中,当事人申请财产保全,经仲裁机构提交人民法院的,由被申请人住所地或被申请保全的财产所在地的中级人民法院裁定并执行;申请证据保全的,由证据所在地的中级人民法院裁定并执行。

13. 专利管理机关依法作出的处理决定和处罚决定,由被执行人住所地或财产所在地的省、自治区、直辖市有权受理专利纠纷案件的中级人民法院执行。

14. 国务院各部门、各省、自治区、直辖市人民政府和海关依照法律、法规作出的处理决定和处罚决定,由被执行人住所地或财产所在地的中级人民法院执行。

15. 两个以上人民法院都有管辖权的,当事人可以向其中一个人民法院申请执行;当事人向两个以上人民法院申请执行的,由最先立案的人民法院管辖。

16. 人民法院之间因执行管辖权发生争议的,由双方协商解决;协商不成的,报请双方共同的上级人民法院指定管辖。

17. 基层人民法院和中级人民法院管辖的执行案件,因特殊情况需要由上级人民法院执行的,可以报请上级人民法院执行。

三、执行的申请和移送

18. 人民法院受理执行案件应当符合下列条件:

(1)申请或移送执行的法律文书已经生效;

(2)申请执行人是生效法律文书确定的权利人或其继承人、权利承受人;

(3)申请执行人在法定期限内提出申请;

(4)申请执行的法律文书有给付内容,且执行标的和被执行人明确;

(5)义务人在生效法律文书确定的期限内未履行义务;

(6)属于受申请执行的人民法院管辖。

人民法院对符合上述条件的申请,应当在七日内予以立案;不符合上述条件之一的，应当在七日内裁定不予受理。

19. 生效法律文书的执行，一般应当由当事人依法提出申请。

发生法律效力的具有给付赡养费、扶养费、抚育费内容的法律文书、民事制裁决定书，以及刑事附带民事判决、裁定、调解书，由审判庭移送执行机构执行。

20. 申请执行，应向人民法院提交下列文件和证件：

(1)申请执行书。申请执行书中应当写明申请执行的理由、事项、执行标的，以及申请执行人所了解的被执行人的财产状况。

申请执行人书写申请执行书确有困难的，可以口头提出申请。人民法院接待人员对口头申请应当制作笔录，由申请执行人签字或盖章。

外国一方当事人申请执行的，应当提交中文申请执行书。当事人所在国与我国缔结或共同参加的司法协助条约有特别规定的，按照条约规定办理。

(2)生效法律文书副本。

(3)申请执行人的身份证明。公民个人申请的，应当出示居民身份证；法人申请的，应当提交法人营业执照副本和法定代表人身份证明；其他组织申请的，应当提交营业执照副本和主要负责人身份证明。

(4)继承人或权利承受人申请执行的，应当提交继承或承受权利的证明文件。

(5)其他应当提交的文件或证件。

21. 申请执行仲裁机构的仲裁裁决，应当向人民法院提交有仲裁条款的合同书或仲裁协议书。

申请执行国外仲裁机构的仲裁裁决的，应当提交经我国驻外使领馆认证或我国公证机关公证的仲裁裁决书中文本。

22. 申请执行人可以委托代理人代为申请执行。委托代理的，应当向人民法院提交经委托人签字或盖章的授权委托书，写明委托事项和代理人的权限。

委托代理人代为放弃、变更民事权利，或代为进行执行和解，或代为收取执行款项的，应当有委托人的特别授权。

23. 申请人民法院强制执行，应当按照人民法院诉讼收费办法的规定缴纳申请执行的费用。

四、执行前的准备和对被执行人财产状况的查明

24. 人民法院决定受理执行案件后，应当在三日内向被执行人发出执行通知书，责令其在指定的期间内履行生效法律文书确定的义务，并承担民事诉讼法第二百三十二条规定的迟延履行期间的债务利息或迟延履行金。

25. 执行通知书的送达，适用民事诉讼法关于送达的规定。

26. 被执行人未按执行通知书指定的期间履行生效法律文书确定的义务的，应当及时采取执行措施。

在执行通知书指定的期限内，被执行人转移、隐匿、变卖、毁损财产的，应当立即采取执行措施。

人民法院采取执行措施，应当制作裁定书，送达被执行人。

27. 人民法院执行非诉讼生效法律文书，必要时可向制作生效法律文书的机构调取卷宗材料。

28. 申请执行人应当向人民法院提供其所了解的被执行人的财产状况或线索。被执行人必须如实向人民法院报告其财产状况。

人民法院在执行中有权向被执行人、有关机关、社会团体、企业事业单位或公民个人，调查了解被执行人的财产状况，对调查所需的材料可以进行复制、抄录或拍照，但应当依法保密。

29. 为查明被执行人的财产状况和履行义务的能力，可以传唤被执行人或被执行人的法定代表人或负责人到人民法院接受询问。

30. 被执行人拒绝按人民法院的要求提供其有关财产状况的证据材料的，人民法院可以按照民事诉讼法第二百二十七条的规定进行搜查。

31. 人民法院依法搜查时，对被执行人可能存放隐匿的财物及有关证据材料的处所、箱柜等，经责令被执行人开启而拒不配合的，可以强制开启。

五、金钱给付的执行

32. 查询、冻结、划拨被执行人在银行（含其分理处、营业所和储蓄所）、非银行金融机构、其他有储蓄业务的单位（以下简称金融机构）的存款，依照中国人民银行、最高人民法院、最高人民检察院、公安部《关于查询、冻结、扣划企业事业单位、机关、团体银行存款的通知》的规定办理。

33. 金融机构擅自解冻被人民法院冻结的款项，致冻结款项被转移的，人民法院有权责令其限期追回已转移的款项。在限期内未能追回的，应当裁定该金融机构在转移的款项范围内以自己的财产向申请执行人承担责任。

34. 被执行人为金融机构的，对其交存在人民银行的存款准备金和备付金不得冻结和扣划，但对其在本机构、其他金融机构的存款，及其在人民银行的其他存款可以冻结、划拨，并可对被执行人的其他财产采取执行措施，但不得查封其营业场所。

35. 作为被执行人的公民，其收入转为储蓄存款的，应当责令其交出存单。拒不交出的，人民法院应当作出提取其存款的裁定，向金融机构发出协助执行通知书，并附生效法律文书，由金融机构提取被执行人的存款交人民法院或存入人民法院指定的账户。

36. 被执行人在有关单位的收入尚未支取的，人民法院应当作出裁定，向该单位发出协助执行通知书，由其协助扣留或提取。

37. 有关单位收到人民法院协助执行被执行人收入的通知后，擅自向被执行人或其他人支付的，人民法院有权责令其限期追回；逾期未追回的，应当裁定其在支付的数额内向申请执行人承担责任。

38.被执行人无金钱给付能力的，人民法院有权裁定对被执行人的其他财产采取查封、扣押措施。裁定书应送达被执行人。

采取前款措施需有关单位协助的，应当向有关单位发出协助执行通知书，连同裁定书副本一并送达有关单位。

39.查封、扣押财产的价值应当与被执行人履行债务的价值相当。

40.人民法院对被执行人所有的其他人享有抵押权、质押权或留置权的财产，可以采取查封、扣押措施。财产拍卖、变卖后所得价款，应当在抵押权人、质押权人或留置权人优先受偿后，其余额部分用于清偿申请执行人的债权。

41.对动产的查封，应当采取加贴封条的方式。不便加贴封条的，应当张贴公告。

对有产权证照的动产或不动产的查封，应当向有关管理机关发出协助执行通知书，要求其不得办理查封财产的转移过户手续，同时可以责令被执行人将有关财产权证照交人民法院保管。必要时也可以采取加贴封条或张贴公告的方法查封。

既未向有关管理机关发出协助执行通知书，也未采取加贴封条或张贴公告的办法查封的，不得对抗其他人民法院的查封。

42.被查封的财产，可以指令由被执行人负责保管。如继续使用被查封的办产对其价值无重大影响，可以允许被执行人继承使用。因被执行人保管或使用的过错造成的损失，由被执行人承担。

43.被扣押的财产，人民法院可以自行保管，也可以委托其他单位或个人保管。对扣押的财产，保管人不得使用。

44.被执行人或其他人擅自处分已被查封、扣押、冻结财产的，人民法院有权责令责任人限期追回财产或承担相应的赔偿责任。

45.被执行人的财产经查封、扣押后，在人民法院指定的期间内履行义务的，人民法院应当及时解除查封、扣押措施。

46.人民法院对查封、扣押的被执行人财产进行变价时，应当委托拍卖机构进行拍卖。

财产无法委托拍卖、不适于拍卖或当事人双方同意不需要拍卖的，人民法院可以交由有关单位变卖或自行组织变卖。

47.人民法院对拍卖、变卖被执行人的财产，应当委托依法成立的资产评估机构进行价格评估。

48.被执行人申请对人民法院查封的财产自行变卖的，人民法院可以准许，但应当监督其按照合理价格在指定的期限内进行，并控制变卖的价款。

49.拍卖、变卖被执行人的财产成交后，必须即时钱物两清。

委托拍卖、组织变卖被执行人财产所发生的实际费用，从所得价款中优先扣除。所得价款超出执行标的数额和执行费用的部分，应当退还被执行人。

50.被执行人不履行生效法律文书确定的义务，人民法院有权裁定禁止被执行人转让其专利权、注册商标专用权、著作权(财产权部分)等知识产权。上述权利有登记主管部门的,应当同时向有关部门发出协助执行通知书,要求其不得办理财产权转移手续,必要时可以责令被执行人将产权或使用权证照交人民法院保存。

对前款财产权,可以采取拍卖、变卖等执行措施。

51. 对被执行人从有关企业中应得的已到期的股息或红利等收益,人民法院有权裁定禁止被执行人提取和有关企业向被执行人支付,并要求有关企业直接向申请执行人支付。

对被执行人预期从有关企业中应得的股息或红利等收益,人民法院可以采取冻结措施,禁止到期后被执行人提取和有关企业向被执行人支付。到期后人民法院可从有关企业中提取,并出具提取收据。

52. 对被执行人在其他股份有限公司中持有的股份凭证(股票),人民法院可以扣押,并强制被执行人按照公司法的有关规定转让,也可以直接采取拍卖、变卖的方式进行处分,或直接将股票抵偿给债权人,用于清偿被执行人的债务。

53. 对被执行人在有限责任公司、其他法人企业中的投资权益或股权,人民法院可以采取冻结措施。

冻结投资权益或股权的,应当通知有关企业不得办理被冻结投资权益或股权的转移手续,不得向被执行人支付股息或红利。被冻结的投资权益或股权,被执行人不得自行转让。

54. 被执行人在其独资开办的法人企业中拥有的投资权益被冻结后,人民法院可以直接裁定予以转让,以转让所得清偿其对申请执行人的债务。

对被执行人在有限责任公司中被冻结的投资权益或股权,人民法院可以依据《中华人民共和国公司法》第三十五条、第三十六条的规定,征得全体股东过半数同意后,予以拍卖、变卖或以其他方式转让。不同意转让的股东,应当购买该转让的投资权益或股权,不购买的,视为同意转让,不影响执行。

人民法院也可允许并监督被执行人自行转让其投资权益或股权,将转让所得收益用于清偿对申请执行人的债务。

55. 对被执行人在中外合资、合作经营企业中的投资权益或股权,在征得合资或合作他方的同意和对外经济贸易主管机关的批准后,可以对冻结的投资权益或股权予以转让。

如果被执行人除在中外合资、合作企业中的股权以外别无其他财产可供执行,其他股东又不同意转让的,可以直接强制转让被执行人的股权,但应当保护合资他方的优先购买权。

56. 有关企业收到人民法院发出的协助冻结通知后,擅自向被执行人支付股息或红利,或擅自为被执行人办理已冻结股权的转移手续,造成已转移的财产无法追回的,应当在所支付的股息或红利或转移的股权价值范围内向申请执行人承担责任。

六、交付财产和完成行为的执行

57. 生效法律文书确定被执行人交付特定标的物的，应当执行原物。原物被隐匿或非法转移的，人民法院有权责令其交出。原物确已变质、损坏或灭失的，应当裁定折价赔偿或按标的物的价值强制执行被执行人的其他财产。

58. 有关单位或公民持有法律文书指定交付的财物或票证，在接到人民法院协助执行通知书或通知书后，协同被执行人转移财物或票证的，人民法院有权责令其限期追回；逾期未追回的，应当裁定其承担赔偿责任。

59. 被执行人的财产经拍卖、变卖或裁定以物抵债后，需从现占有人处交付给买受人或申请执行人的，适用民事诉讼法第二百二十八条、第二百二十九条和本规定第五十七条、第五十八条的规定。

60. 被执行人拒不履行生效法律文书中指定的行为的，人民法院可以强制其履行。

对于可以替代履行的行为，可以委托有关单位或他人完成，因完成上述行为发生的费用由被执行人承担。

对于只能由被执行人完成的行为，经教育，被执行人仍拒不履行的，人民法院应当按照妨害执行行为的有关规定处理。

七、被执行人到期债权的执行

61. 被执行人不能清偿债务，但对本案以外的第三人享有到期债权的，人民法院可以依申请执行人或被执行人的申请，向第三人发出履行到期债务的通知（以下简称履行通知）。履行通知必须直接送达第三人。

履行通知应当包含下列内容：

（1）第三人直接向申请执行人履行其对被执行人所负的债务，不得向被执行人清偿；

（2）第三人应当在收到履行通知后的十五日内向申请执行人履行债务；

（3）第三人对履行到期债权有异议的，应当在收到履行通知后的十五日内向执行法院提出；

（4）第三人违背上述义务的法律后果。

62. 第三人对履行通知的异议一般应当以书面形式提出，口头提出的，执行人员应记入笔录，并由第三人签字或盖章。

63. 第三人在履行通知指定的期间内提出异议的，人民法院不得对第三人强制执行，对提出的异议不进行审查。

64. 第三人提出自己无履行能力或其与申请执行人无直接法律关系，不属于本规定所指的异议。

第三人对债务部分承认、部分有异议的，可以对其承认的部分强制执行。

65. 第三人在履行通知指定的期限内没有提出异议，而又不履行的，执行法院有权裁定对其强制执行。此裁定同时送达第三人和被执行人。

66. 被执行人收到人民法院履行通知后，放弃其对第三人的债权或延缓第三人履行期限的行为无效，人民法院仍可在第三人无异议又不履行的情况下予以强制执行。

67. 第三人收到人民法院要求其履行到期债务的通知后，擅自向被执行人履行，造成已向被执行人履行的财产不能追回的，除在已履行的财产范围内与被执行人承担连带清偿责任外，可以追究其妨害执行的责任。

68. 在对第三人作出强制执行裁定后，第三人确无财产可供执行的，不得就第三人对他人享有的到期债权强制执行。

69. 第三人按照人民法院履行通知向申请执行人履行了债务或已被强制执行后，人民法院应当出具有关证明。

八、对案外人异议的处理

70. 案外人对执行标的主张权利的，可以向执行法院提出异议。

案外人异议一般应当以书面形式提出，并提供相应的证据。以书面形式提出确有困难的，可以允许以口头形式提出。

71. 对案外人提出的异议，执行法院应当依照民事诉讼法第二百零八条的规定进行审查。

审查期间可以对财产采取查封、扣押、冻结等保全措施，但不得进行处分。正在实施的处分措施应当停止。

经审查认为案外人的异议理由不成立的，裁定驳回其异议，继续执行。

72. 案外人提出异议的执行标的物是法律文书指定交付的特定物，经审查认为案外人的异议成立的，报经院长批准，裁定对生效法律文书中该项内容中止执行。

73. 执行标的物不属生效法律文书指定交付的特定物，经审查认为案外人的异议成立的，报经院长批准，停止对该标的物的执行。已经采取的执行措施应当裁定立即解除或撤销，并将该标的物交还案外人。

74. 对案外人提出的异议一时难以确定是否成立，案外人已提供确实有效的担保的，可以解除查封、扣押措施。申请执行人提供确实有效的担保的，可以继续执行。因提供担保而解除查封扣押或继续执行有错误，给对方造成损失的，应裁定以担保的财产予以赔偿。

75. 执行上级人民法院的法律文书遇有本规定第 72 条规定的情形的，或执行的财产是上级人民法院裁定保全的财产时遇有本规定第 73 条、第 74 条规定的情形的，需报经上级人民法院批准。

九、被执行主体的变更和追加

76. 被执行人为无法人资格的私营独资企业，无能力履行法律文书确定的义务的，人民法院可以裁定执行该独资企业业主的其他财产。

77. 被执行人为个人合伙组织或合伙型联营企业，无能力履行生效法律文书确定的义务的，人民法院可以裁定追加该合伙组织的合伙人或参加该联营企业的法人为被执行人。

78. 被执行人为企业法人的分支机构不能清偿债务时，可以裁定企业法人为被执行人。企业法人直接经营管理的财产仍不能清偿债务的，人民法院可以裁定执行该企业法人其他分支机构的财产。

若必须执行已被承包或租赁的企业法人分支机构的财产时，对承包人或承租人投入及应得的收益应依法保护。

79. 被执行人按法定程序分立为两个或多个具有法人资格的企业，分立后存续的企业按照分立协议确定的比例承担债务；不符合法定程序分立的，裁定由分立后存续的企业按照其从被执行企业分得的资产占原企业总资产的比例对申请执行人承担责任。

80. 被执行人无财产清偿债务，如果其开办单位对其开办时投入的注册资金不实或抽逃注册资金，可以裁定变更或追加其开办单位为被执行人，在注册资金不实或抽逃注册资金的范围内，对申请执行人承担责任。

81. 被执行人被撤销、注销或歇业后，上级主管部门或开办单位无偿接受被执行人的财产，致使被执行人无遗留财产清偿债务或遗留财产不足清偿的，可以裁定由上级主管部门或开办单位在所接受的财产范围内承担责任。

82. 被执行人的开办单位已经在注册资金范围内或接受财产的范围内向其他债权人承担了全部责任的，人民法院不得裁定开办单位重复承担责任。

83. 依照民事诉讼法第二百一十三条、最高人民法院关于适用民事诉讼法若干问题的意见第二百七十一条至第二百七十四条及本规定裁定变更或追加被执行主体的，由执行法院的执行机构办理。

十、执行担保和执行和解

84. 被执行人或其担保人以财产向人民法院提供执行担保的，应当依据《中华人民共和国担保法》的有关规定，按照担保物的种类、性质，将担保物移交执行法院，或依法到有关机关办理登记手续。

85. 人民法院在审理案件期间，保证人为被执行人提供保证，人民法院据此未对被执行人的财产采取保全措施或解除保全措施的，案件审结后如果被执行人无财产可供执行或其财产不足清偿债务时，即使生效法律文书中未确定保证人承担责任，人民法院有权裁定执行保证人在保证责任范围内的财产。

86. 在执行中，双方当事人可以自愿达成和解协议，变更生效法律文书确定的履行义务主体、标的物及其数额、履行期限和履行方式。

和解协议一般应当采取书面形式。执行人员应将和解协议副本附卷。无书面协议的，执行人员应将和解协议的内容记入笔录，并由双方当事人签名或盖章。

87. 当事人之间达成的和解协议合法有效并已履行完毕的，人民法院作执行结案处理。

十一、多个债权人对一个债务人申请执行和参与分配

88. 多份生效法律文书确定金钱给付内容的多个债权人分别对同一被执行人申请执行，各债权人对执行标的物均无担保物权的，按照执行法院采取执行措施的先后顺序受偿。

多个债权人的债权种类不同的，基于所有权和担保物权而享有的债权，优先于金钱债权受偿。有多个担保物权的，按照各担保物权成立的先后顺序清偿。

一份生效法律文书确定金钱给付内容的多个债权人对同一被执行人申请执行，执行的财产不足清偿全部债务的，各债权人对执行标的物均无担保物权的，按照各债权比例受偿。

89. 被执行人为企业法人，其财产不足清偿全部债务的，可告知当事人依法申请被执行人破产。

90. 被执行人为公民或其他组织，其全部或主要财产已被一个人民法院因执行确定金钱给付的生效法律文书而查封、扣押或冻结，无其他财产可供执行或其他财产不足清偿全部债务的，在被执行人的财产被执行完毕前，对该被执行人已经取得金钱债权执行依据的其他债权人可以申请对该被执行人的财产参与分配。

91. 对参与被执行人财产的具体分配，应当由首先查封、扣押或冻结的法院主持进行。

首先查封、扣押、冻结的法院所采取的执行措施如系为执行财产保全裁定，具体分配应当在该院案件审理终结后进行。

92. 债权人申请参与分配的，应当向其原申请执行法院提交参与分配申请书，写明参与分配的理由，并附有执行依据。该执行法院应将参与分配申请书转交给主持分配的法院，并说明执行情况。

93. 对人民法院查封、扣押或冻结的财产有优先权、担保物权的债权人，可以申请参加参与分配程序，主张优先受偿权。

94. 参与分配案件中可供执行的财产，在对享有优先权、担保权的债权人依照法律规定的顺序优先受偿后，按照各个案件债权额的比例进行分配。

95. 被执行人的财产被分配给各债权人后，被执行人对其剩余债务应当继续清偿。债权人发现被执行人有其他财产的，人民法院可以根据债权人的申请继续依法执行。

96. 被执行人为企业法人，未经清理或清算而撤销、注销或歇业，其财产不足清偿全部债务的，应当参照本规定第九十条至第九十五条的规定，对各债权人的债权按比例清偿。

十二、对妨害执行行为的强制措施的适用

97. 对必须到人民法院接受询问的被执行人或被执行人的法定代表人或负责人，经两次传票传唤，无正当理由拒不到场的，人民法院可以对其进行拘传。

98. 对被拘传人的调查询问不得超过二十四小时，调查询问后不得限制被拘传人的人身自由。

99. 在本辖区以外采取拘传措施时，应当将被拘传人拘传到当地法院，当地法院应予以协助。

100. 被执行人或其他人有下列拒不履行生效法律文书或者妨害执行行为之一的，人民法院可以依照民事诉讼法第一百零二条的规定处理：

(1)隐藏、转移、变卖、毁损向人民法院提供执行担保的财产的；

(2)案外人与被执行人恶意串通转移被执行人财产的；

(3)故意撕毁人民法院执行公告、封条的；

(4)伪造、隐藏、毁灭有关被执行人履行能力的重要证据，妨碍人民法院查明被执行人财产状况的；

(5)指使、贿买、胁迫他人对被执行人的财产状况和履行义务的能力问题作伪证的；

(6)妨碍人民法院依法搜查的；

(7)以暴力、威胁或其他方法妨碍或抗拒执行的；

(8)哄闹、冲击执行现场的；

(9)对人民法院执行人员或协助执行人员进行侮辱、诽谤、诬陷、围攻、威胁、殴打或者打击报复的；

(10)毁损、抢夺执行案件材料、执行公务车辆、其他执行器械、执行人员服装和执行公务证件的。

101. 在执行过程中遇有被执行人或其他人拒不履行生效法律文书或者妨害执行情节严重，需要追究刑事责任的，应将有关材料移交有关机关处理。

十三、执行的中止、终结、结案和执行回转

102. 有下列情形之一的，人民法院应当依照民事诉讼法第二百三十四条第一款第五项的规定裁定中止执行：

(1)人民法院已受理以被执行人为债务人的破产申请的；

(2)被执行人确无财产可供执行的；

(3)执行的标的物是其他法院或仲裁机构正在审理的案件争议标的物，需要等待该案件审理完毕确定权属的；

(4)一方当事人申请执行仲裁裁决，另一方当事人申请撤销仲裁裁决的；

(5)仲裁裁决的被申请执行人依据民事诉讼法第二百一十七条第二款的规定向人民法院提出不予执行请求，并提供适当担保的。

103. 按照审判监督程序提审或再审的案件,执行机构根据上级法院或本院作出的中止执行裁定书中止执行。

104. 中止执行的情形消失后,执行法院可以根据当事人的申请或依职权恢复执行。

恢复执行应当书面通知当事人。

105. 在执行中,被执行人被人民法院裁定宣告破产的,执行法院应当依照民事诉讼法第二百三十五条第六项的规定,裁定终结执行。

106. 中止执行和终结执行的裁定书应当写明中止或终结执行的理由和法律依据。

107. 人民法院执行生效法律文书,一般应当在立案之日起六个月内执行结案,但中止执行的期间应当扣除。确有特殊情况需要延长的,由本院院长批准。

108. 执行结案的方式为:

(1)生效法律文书确定的内容全部执行完毕;

(2)裁定终结执行;

(3)裁定不予执行;

(4)当事人之间达成执行和解协议并已履行完毕。

109. 在执行中或执行完毕后,据以执行的法律文书被人民法院或其他有关机关撤销或变更的,原执行机构应当依照民事诉讼法第二百一十四条的规定,依当事人申请或依职权,按照新的生效法律文书,作出执行回转的裁定,责令原申请执行人返还已取得的财产及其孳息。拒不返还的,强制执行。

执行回转应重新立案,适用执行程序的有关规定。

110. 执行回转时,已执行的标的物系特定物的,应当退还原物。不能退还原物的,可以折价抵偿。

十四、委托执行、协助执行和执行争议的协调

111. 凡需要委托执行的案件,委托法院应在立案后一个月内办妥委托执行手续。超过此期限委托的,应当经对方法院同意。

112. 委托法院明知被执行人有下列情形的,应当及时依法裁定中止执行或终结执行,不得委托当地法院执行:

(1)无确切住所,长期下落不明,又无财产可供执行的;

(2)有关法院已经受理以被执行人为债务人的破产案件或者已经宣告其破产的。

113. 委托执行一般应在同级人民法院之间进行。经对方法院同意,也可委托上一级的法院执行。

被执行人是军队企业的,可以委托其所在地的军事法院执行。

执行标的物是船舶的,可以委托有关海事法院执行。

114. 委托法院应当向受委托法院出具书面委托函，并附送据以执行的生效法律文书副本原件、立案审批表复印件及有关情况说明，包括财产保全情况、被执行人的财产状况、生效法律文书履行的情况，并注明委托法院地址、联系电话、联系人等。

115. 委托执行案件的实际支出费用，由受托法院向被执行人收取，确有必要的，可以向申请执行人预收。委托法院已经向申请执行人预收费用的，应当将预收的费用转交受托法院。

116. 案件委托执行后，未经受托法院同意，委托法院不得自行执行。

117. 受托法院接到委托后，应当及时将指定的承办人、联系电话、地址等告知委托法院；如发现委托执行的手续、资料不全，应及时要求委托法院补办。但不得据此拒绝接受委托。

118. 受托法院对受托执行的案件应当严格按照民事诉讼法和最高人民法院有关规定执行，有权依法采取强制执行措施和对妨害执行行为的强制措施。

119. 被执行人在受托法院当地有工商登记或户籍登记，但人员下落不明，如有可供执行的财产，可以直接执行其财产。

120. 对执行担保和执行和解的情况以及案外人对非属法律文书指定交付的执行标的物提出的异议，受托法院可以按照有关法律规定处理，并及时通知委托法院。

121. 受托法院在执行中，认为需要变更被执行人的，应当将有关情况函告委托法院，由委托法院依法决定是否作出变更被执行人的裁定。

122. 受托法院认为受托执行的案件应当中止、终结执行的，应提供有关证据材料，函告委托法院作出裁定。受托法院提供的证据材料确实、充分的，委托法院应当及时作出中止或终结执行的裁定。

123. 受托法院认为委托执行的法律文书有错误，如执行可能造成执行回转困难或无法执行回转的，应当首先采取查封、扣押、冻结等保全措施，必要时要将保全款项划到法院账户，然后函请委托法院审查。受托法院按照委托法院的审查结果继续执行或停止执行。

124. 人民法院在异地执行时，当地人民法院应当积极配合，协同排除障碍，保证执行人员的人身安全和执行装备、执行标的物不受侵害。

125. 两个或两个以上人民法院在执行相关案件中发生争议的，应当协商解决。协商不成的，逐级报请上级法院，直至报请共同的上级法院协调处理。

执行争议经高级人民法院协商不成的，由有关的高级人民法院书面报请最高人民法院协调处理。

126. 执行中发现两地法院或人民法院与仲裁机构就同一法律关系作出不同裁判内容的法律文书的，各有关法院应当立即停止执行，报请共同的上级法院处理。

127. 上级法院协调处理有关执行争议案件，认为必要时，可以决定将有关款项划到本院指定的账户。

128. 上级法院协调下级法院之间的执行争议所作出的处理决定，有关法院必须执行。

十五、执行监督

129. 上级人民法院依法监督下级人民法院的执行工作。最高人民法院依法监督地方各级人民法院和专门法院的执行工作。

130. 上级法院发现下级法院在执行中作出的裁定、决定、通知或具体执行行为不当或有错误的，应当及时指令下级法院纠正，并可以通知有关法院暂缓执行。

下级法院收到上级法院的指令后必须立即纠正。如果认为上级法院的指令有错误，可以在收到该指令后五日内请求上级法院复议。

上级法院认为请求复议的理由不成立，而下级法院仍不纠正的，上级法院可直接作出裁定或决定予以纠正，送达有关法院及当事人，并可直接向有关单位发出协助执行通知书。

131. 上级法院发现下级法院执行的非诉讼生效法律文书有不予执行事由，应当依法作出不予执行裁定而不制作的，可以责令下级法院在指定时限内作出裁定，必要时可直接裁定不予执行。

132. 上级法院发现下级法院的执行案件（包括受委托执行的案件）在规定的期限内未能执行结案的，应当作出裁定、决定、通知而不制作的，或应当依法实施具体执行行为而不实施的，应当督促下级法院限期执行，及时作出有关裁定等法律文书，或采取相应措施。

对下级法院长期未能执结的案件，确有必要的，上级法院可以决定由本院执行或与下级法院共同执行，也可以指定本辖区其他法院执行。

133. 上级法院在监督、指导、协调下级法院执行案件中，发现据以执行的生效法律文书确有错误的，应当书面通知下级法院暂缓执行，并按照审判监督程序处理。

134. 上级法院在申诉案件复查期间，决定对生效法律文书暂缓执行的，有关审判庭应当将暂缓执行的通知抄送执行机构。

135. 上级法院通知暂缓执行的，应同时指定暂缓执行的期限。暂缓执行的期限一般不得超过三个月。有特殊情况需要延长的，应报经院长批准，并及时通知下级法院。

暂缓执行的原因消除后，应当及时通知执行法院恢复执行。期满后上级法院未通知继续暂缓执行的，执行法院可以恢复执行。

136. 下级法院不按照上级法院的裁定、决定或通知执行，造成严重后果的，按照有关规定追究有关主管人员和直接责任人员的责任。

十六、附则

137. 本规定自公布之日起试行。

本院以前作出的司法解释与本规定有抵触的，以本规定为准。本规定未尽事宜，按照以前的规定办理。

最高人民法院关于洪胜有限公司申请解除仲裁财产保全一案的请示的复函

（2004年10月22日　民四他字〔2004〕第25号）

辽宁省高级人民法院：

你院〔2004〕辽民四请字第3号《关于洪胜有限公司申请解除仲裁财产保全一案的请示报告》收悉。经研究，答复如下：

《中华人民共和国仲裁法》第六十四条明确规定："一方当事人申请执行裁决，另一方当事人申请撤销裁决的，人民法院应当裁定中止执行。"而本案中并未有当事人申请执行仲裁裁决，因此也不涉及中止执行的问题。

《中华人民共和国仲裁法》第二十八条规定："一方当事人因另一方当事人的行为或者其他原因，可能使裁决不能执行或者难以执行的，可以申请财产保全。"根据该条的规定，当事人申请财产保全的目的应当是为了保证仲裁裁决的执行。《最高人民法院关于适用〈中华人民共和国民事诉讼法〉若干问题的意见》第一百零九条规定："诉讼中的财产保全裁定的效力一般应维持到生效的法律文书执行时止。"对于仲裁程序中当事人申请人民法院作出的财产保全裁定的效力，可以参照该条规定确定，即仲裁程序中人民法院作出的财产保全裁定的效力应维持到生效的仲裁裁决执行时止。因此，如仲裁裁决发生法律效力后，一方当事人申请撤销仲裁裁决，另一方当事人则申请解除在仲裁程序中采取的财产保全，在人民法院审查是否撤销仲裁裁决的阶段，不应解除财产保全。

《中华人民共和国仲裁法》第六十四条第二款规定："人民法院裁定撤销裁决的，应当裁定终结执行。"《中华人民共和国仲裁法》第九条第二款规定："裁决被人民法院依法裁定撤销或者不予执行的，当事人就该纠纷可以根据双方重新达成的仲裁协议申请仲裁，也可以向人民法院起诉。"因此，如果人民法院裁定撤销仲裁裁决，则该仲裁案件不再存在，且终结执行，仲裁程序中采取财产保全的目的亦已消失，故人民法院在作出撤销仲裁裁决裁定的同时，亦应解除财产保全。

由于你院就本案所涉仲裁裁决是否应予撤销问题以〔2004〕辽民四请字第6号报告请示本院，本院以〔2004〕民四他字第24号函明确答复，本案所涉仲裁裁决应予撤销，因此，在人民法院裁定撤销本案仲裁裁决的同时，亦应解除在仲裁中采取的财产保全。

此复。

附：辽宁省高级人民法院关于洪胜有限公司申请解除仲裁财产保全一案的请示报告

附：

辽宁省高级人民法院关于洪胜有限公司申请解除仲裁财产保全一案的请示报告

（2004年7月20日 〔2004〕辽民四请字第3号）

最高人民法院：

我院受理大连市中级人民法院请示的洪胜有限公司申请解除财产保全一案，因该案系我院受理的新型案件，法律无明确规定，在适用法律问题上存在重大分歧，未能形成一致意见，现将该案有关情况报告如下：

一、当事人的基本情况

申请人：洪胜有限公司。住所地：香港特别行政区铜锣湾告士打道255－257号信箱广场2704室。

被申请人：辉影媒体销售有限公司。住所地：香港特别行政区新界葵涌梨木道88号达利中心10号楼8号室。

二、仲裁财产保全情况

洪胜有限公司与辉影媒体销售有限公司（双方均为香港法人）因合资经营合同发生纠纷，辉影媒体销售有限公司向大连仲裁委员会申请仲裁。2003年5月29日，大连仲裁委员会向大连中院提交了辉影媒体销售有限公司的财产保全申请，大连中院依法组成合议庭进行审查后作出（2003）大民特字第49号民事裁定，冻结洪胜有限公司对第三人中国华录集团有限公司到期债权人民币124万元。2004年2月20日，大连仲裁委员会对辉影媒体销售有限公司与洪胜有限公司合资经营合同纠纷一案作出（2003）大仲字第083号裁决。裁决结果：一、申请人辉影媒体销售公司的仲裁请求成立，被申请人洪胜有限公司以其持有的对申请人350万元港币的债权抵销欠付申请人2,430,471元货款及利息644,328元人民币。二、本案仲裁费29,300元，由申请人承担。

2004年2月25日，洪胜有限公司向大连中院提出解除财产保全申请。2004年3月1日，辉影媒体销售有限公司向大连中院申请撤销〔2003〕大仲字第083号仲裁裁决，案号为(2004)大民特字第21号，该案经大连中院审判委员会讨论，拟裁定撤销仲裁裁决，并按照最高人民法院〔1998〕40号《关于人民法院撤销涉外仲裁裁决有关事项的通知》的规定报请省院审查。

三、申请人申请解除仲裁财产保全及被申请人答辩主要理由

洪胜有限公司认为仲裁裁决发生法律效力，应当立即解除财产保全。提出四点理由：(1)仲裁庭裁决双方当事人之间的等额债权因抵销而归于消灭，财产保全已无意义，理应立即予以撤销。(2)仲裁裁决实行一裁终局的制度，仲裁裁决自作出之日起发生法律效力。裁决书在被撤销之前是生效裁决，对双方当事人均具有约束力，洪胜公司依据该生效裁决申请解除财产保全是有事实及法律依据的。(3)洪胜公司申请解除财产保全一案与辉影媒体销售有限公司申请撤销仲裁裁决是两个完全独立的案件，应分别适用不同的程序审理。(4)虽然辉影媒体在申请财产保全时为避免申请错误已提供了担保，但洪胜公司因财产保全所遭受的损失包括利润损失、经营信誉损失等是无法估量的。

辉影媒体销售有限公司认为案件尚未审结，不应当解除财产保全，提出三点理由：(1)仲裁裁决严重违法，已向法院申请撤销，仲裁裁决不再发生法律效力，财产保全不应解除。(2)申请财产保全时辉影媒体销售有限公司已提供足额担保，即使申请人的保全申请有错误，也会按照《民事诉讼法》第九十六条的规定来赔偿被申请人因财产保全所遭受的损失。如果法院裁定解除财产保全，将给辉影媒体销售有限公司造成难以挽回的损失。(3)《仲裁法》第六十四条规定“一方当事人申请执行裁决，另一方当事人申请撤销裁决的，人民法院应当裁定中止执行。人民法院裁定撤销裁决的，应当裁定终结执行。撤销裁决的申请被裁定驳回的，人民法院应当裁定恢复执行。”同时，《民事诉讼法》第二百五十六条规定“人民法院解除保全的命令由执行员执行。”根据上述法律规定，洪胜公司申请解除财产保全就是请求法院执行仲裁裁决，其解除财产保全的申请不应得到支持。

四、大连市中级人民法院的处理意见及请示的问题

大连中院审判委员会讨论后，存在两种不同意见。

第一种意见：解除财产保全。仲裁裁决实行一裁终局的制度，仲裁裁决已发生法律效力，应当解除财产保全。

第二种意见：中止本案的审查，并以通知书的形式告知当事人。持该意见的理由是：首先，分析双方当事人的意见。可以看出双方都是比照了不同的程序，洪胜公司的意见显然是比照了《民事诉讼法》关于审判程序的规定，即按照诉讼中对生效判决的程序性规定来理解的。辉影媒体销售有限公司的观点则是比照了《民事诉讼法》关于执行程序的规定。本案是涉及仲裁的程序性问题，对程序性问题应当严格按照法律规定进行审查，应当对号人座，而不应当在没有法律明确规定的情况下比照不同的程序。有关涉外仲裁的问题，在《民事诉讼法》第二十八章中作出了规定。

但对于本案这种情况,相关法律和司法解释都没有明确的规定。其次,考虑对本案的处理可能的结果。一种结果是暂不解除财产保全,因为辉影媒体销售有限公司申请财产保全时已提供足额的担保,如果保全申请有错误,将由辉影媒体销售有限公司按照《民事诉讼法》第九十六条的规定来赔偿洪胜公司因财产保全所遭受的损失。洪胜公司可以获得救济。另一种结果是立即解除财产保全,那么辉影媒体销售有限公司有可能认为法院在没有法律明确规定的情况下解除了财产保全,从而可能寻求国家赔偿的途径。如果这样,财产保全中本来由当事人承担的诉讼风险将会转嫁为法院承担的审判风险。在法律和司法解释都没有明确规定的情况下,根据案件的具体情况,并权衡上述法律后果,暂不解除财产保全是比较稳妥的。

本案需要请示的问题是,涉外仲裁裁决发生法律效力以后,一方当事人申请撤销仲裁裁决,另一方当事人申请解除对在仲裁程序中采取的财产保全,应当立即解除还是比照《仲裁法》第六十四条规定中止执行。

五、本院审查意见及请示的问题

对于该案大连中院请示的问题,经合议庭评议认为,大连中院所请示的问题,无论是解除财产保全,还是中止审查,均涉及程序问题。《民事诉讼法》第二百五十八条规定:当事人申请财产保全的,中华人民共和国的涉外仲裁机构应当将当事人的申请,提交被申请人住所地或者财产所在地的中级人民法院裁定。但《民事诉讼法》没有对在什么情况下可以解除财产保全,以及不解除财产保全等均没有法律规定和相关司法解释。《仲裁法》第六十八条规定:当事人申请财产保全的,仲裁委员会应当将当事人的申请依照民事诉讼法的有关规定提交人民法院。但《仲裁法》第六十四条规定:一方当事人申请执行裁决,另一方当事人申请撤销裁决的,人民法院应当裁定中止执行。除上述相关法律规定外,在无相关法律规定。最后合议庭形成同大连中法相同的两种意见,一种意见认为是解除财产保全,因为本案是发生法律效力的仲裁裁决,应当解除财产保全。另一种意见认为《仲裁法》虽然不是程序法但该法第六十四条规定明确,应该中止执行。鉴于大连中院的请示,涉及法无明文规定及如何处理该案的法律适用问题。故,合议庭认为,需要请示的问题是:仲裁裁决发生法律效力后,一方当事人申请撤销仲裁裁决,另一方当事人则申请解除在仲裁程序中采取的财产保全,是应当解除财产保全?还是比照《仲裁法》第六十四条规定中止执行?

经审委会讨论意见,同意以合议两种意见报请最高人民法院。倾向合议庭第二种意见,即仲裁裁决发生法律效力后,一方当事人申请撤销仲裁裁决,另一方当事人则申请解除在仲裁程序中采取的财产保全,应比照《仲裁法》第六十四条规定,不解除财产保全。

妥否,请批示。

最高人民法院关于实施《中华人民共和国仲裁法》几个问题的通知

（1997年3月26日　法发〔1997〕4号）

各省、自治区、直辖市高级人民法院：

现就人民法院实施《中华人民共和国仲裁法》（以下简称《仲裁法》），需要明确的几个问题，通知如下：

一、《仲裁法》施行前当事人依法订立的仲裁协议继续有效。有关当事人向人民法院起诉的，人民法院不予受理，应当告知其向依照《仲裁法》组建的仲裁机构申请仲裁。

当事人双方书面协议放弃仲裁后，一方向人民法院起诉的，人民法院应当依法受理。

二、在仲裁过程中，当事人申请财产保全的，一般案件由被申请人住所地或者财产所在地的基层人民法院作出裁定；属涉外仲裁案件的，依据《中华人民共和国民事诉讼法》第二百五十八条的规定，由被申请人住所地或者财产所在地的中级人民法院作出裁定。有关人民法院对仲裁机构提交的财产保全申请应当认真进行审查，符合法律规定的，即应依法作出财产保全的裁定；如认为不符合法律规定的，应依法裁定驳回申请。

三、对依照《仲裁法》组建的仲裁机构所作出的涉外仲裁裁决，当事人申请执行的，人民法院应当依法受理。

最高人民法院《关于实施〈中华人民共和国仲裁法〉几个问题的通知》（节录）

第二条　调整为："在仲裁过程中，当事人申请财产保全的，一般案件由被申请人住所地或者财产所在地的基层人民法院作出裁定；属涉外仲裁案件的，依据《中华人民共和国民事诉讼法》第二百五十六条的规定，由被申请人住所地或者财产所在地的中级人民法院作出裁定。有关人民法院对仲裁机构提交的财产保全申请应当认真进行审查，符合法律规定的，即应依法作出财产保全的裁定；如认为不符合法律规定的，应依法裁定驳回申请。"

四、涉港澳台认可和执行仲裁裁决的司法解释

最高人民法院关于内地与香港特别行政区相互执行仲裁裁决的安排

(2000 年 1 月 24 日最高人民法院发布　法释〔2000〕3 号)

根据《中华人民共和国香港特别行政区基本法》第九十五条的规定,经最高人民法院与香港特别行政区(以下简称香港特区)政府协商,香港特区法院同意执行内地仲裁机构(名单由国务院法制办公室经国务院港澳事务办公室提供)依据《中华人民共和国仲裁法》所作出的裁决,内地人民法院同意执行在香港特区按香港特区《仲裁条例》所作出的裁决。现就内地与香港特区相互执行仲裁裁决的有关事宜作出如下安排:

一、在内地或者香港特区作出的仲裁裁决,一方当事人不履行仲裁裁决的,另一方当事人可以向被申请人住所地或者财产所在地的有关法院申请执行。

二、上条所述的有关法院,在内地指被申请人住所地或者财产所在地的中级人民法院,在香港特区指香港特区高等法院。

被申请人住所地或者财产所在地在内地不同的中级人民法院辖区内的,申请人可以选择其中一个人民法院申请执行裁决,不得分别向两个或者两个以上人民法院提出申请。

被申请人的住所地或者财产所在地,既在内地又在香港特区的,申请人不得同时分别向两地有关法院提出申请。只有一地法院执行不足以偿还其债务时,才可就不足部分向另一地法院申请执行。两地法院先后执行仲裁裁决的总额,不得超过裁决数额。

三、申请人向有关法院申请执行在内地或者香港特区作出的仲裁裁决的,应当提交以下文书:

(一)执行申请书;

(二)仲裁裁决书;

(三)仲裁协议。

四、执行申请书的内容应当载明下列事项:

(一)申请人为自然人的情况下,该人的姓名、地址;申请人为法人或者其他组织的情况下,该法人或其他组织的名称、地址及法定代表人姓名;

（二）被申请人为自然人的情况下，该人的姓名、地址；被申请人为法人或者其他组织的情况下，该法人或其他组织的名称、地址及法定代表人姓名；

（三）申请人为法人或者其他组织的，应当提交企业注册登记的副本。申请人是外国籍法人或者其他组织的，应当提交相应的公证和认证材料；

（四）申请执行的理由与请求的内容，被申请人的财产所在地及财产状况。

执行申请书应当以中文文本提出，裁决书或者仲裁协议没有中文文本的，申请人应当提交正式证明的中文译本。

五、申请人向有关法院申请执行内地或者香港特区仲裁裁决的期限依据执行地法律有关时限的规定。

六、有关法院接到申请人申请后，应当按执行地法律程序处理及执行。

七、在内地或者香港特区申请执行的仲裁裁决，被申请人接到通知后，提出证据证明有下列情形之一的，经审查核实，有关法院可裁定不予执行：

（一）仲裁协议当事人依对其适用的法律属于某种无行为能力的情形；或者该项仲裁协议依约定的准据法无效；或者未指明以何种法律为准时，依仲裁裁决地的法律是无效的；

（二）被申请人未接到指派仲裁员的适当通知，或者因他故未能陈述意见的；

（三）裁决所处理的争议不是交付仲裁的标的或者不在仲裁协议条款之内，或者裁决载有关于交付仲裁范围以外事项的决定的；但交付仲裁事项的决定可与未交付仲裁的事项划分时，裁决中关于交付仲裁事项的决定部分应当予以执行；

（四）仲裁庭的组成或者仲裁庭程序与当事人之间的协议不符，或者在有关当事人没有这种协议时与仲裁地的法律不符的；

（五）裁决对当事人尚无约束力，或者业经仲裁地的法院或者按仲裁地的法律撤销或者停止执行的。

有关法院认定依执行地法律，争议事项不能以仲裁解决的，则可不予执行该裁决。

内地法院认定在内地执行该仲裁裁决违反内地社会公共利益，或者香港特区法院决定在香港特区执行该仲裁裁决违反香港特区的公共政策，则可不予执行该裁决。

八、申请人向有关法院申请执行在内地或者香港特区作出的仲裁裁决，应当根据执行地法院有关诉讼收费的办法交纳执行费用。

九、1997 年 7 月 1 日以后申请执行在内地或者香港特区作出的仲裁裁决按本安排执行。

十、对 1997 年 7 月 1 日至本安排生效之日的裁决申请问题，双方同意：

1997 年 7 月 1 日至本安排生效之日因故未能向内地或者香港特区法院申请执行，申请人为法人或者其他组织的，可以在本安排生效后六个月内提出；如申请人为自然人的,可以在本安排生效后一年内提出。

对于内地或香港特区法院在1997年7月1日至本安排生效之日拒绝受理或者拒绝执行仲裁裁决的案件,应允许当事人重新申请。

十一、本安排在执行过程中遇有问题和修改,应当通过最高人民法院和香港特区政府协商解决。

附:

内地仲裁委员会名单

截至1999年5月31日,内地依照《中华人民共和国仲裁法》成立的仲裁委员会名单如下:

一、中国国际商会设立的仲裁委员会

中国国际经济贸易仲裁委员会、中国海事仲裁委员会

二、各省、自治区、直辖市成立的仲裁委员会

北京市

北京仲裁委员会

天津市

天津仲裁委员会

河北省

石家庄仲裁委员会、邯郸仲裁委员会、邢台仲裁委员会、沧州仲裁委员会、承德仲裁委员会、张家口仲裁委员会、衡水仲裁委员会

山西省

大同仲裁委员会、阳泉仲裁委员会

内蒙古自治区

呼和浩特仲裁委员会、乌海仲裁委员会、包头仲裁委员会、赤峰仲裁委员会

辽宁省

鞍山仲裁委员会、抚顺仲裁委员会、本溪仲裁委员会、锦州仲裁委员会、辽阳仲裁委员会、朝阳仲裁委员会、大连仲裁委员会、葫芦岛仲裁委员会、沈阳仲裁委员会、营口仲裁委员会、丹东仲裁委员会、阜新仲裁委员会、铁岭仲裁委员会、盘锦仲裁委员会

吉林省

长春仲裁委员会、白山仲裁委员会、通化仲裁委员会

黑龙江省

牡丹江仲裁委员会、哈尔滨仲裁委员会、七台河仲裁委员会、鸡西仲裁委员会、佳木斯仲裁委员会、黑河仲裁委员会、鹤岗仲裁委员会、大庆仲裁委员会

上海市

上海仲裁委员会

江苏省

常州仲裁委员会、南京仲裁委员会、南通仲裁委员会、徐州仲裁委员会、连云港仲裁委员会、淮阴仲裁委员会、盐城仲裁委员会、扬州仲裁委员会、苏州仲裁委员会、无锡仲裁委员会、镇江仲裁委员会

浙江省

杭州仲裁委员会、金华仲裁委员会、绍兴仲裁委员会、温州仲裁委员会、宁波仲裁委员会、舟山仲裁委员会、嘉兴仲裁委员会、湖州仲裁委员会、台州仲裁委员会

安徽省

马鞍山仲裁委员会、滁州仲裁委员会、黄山仲裁委员会、安庆仲裁委员会、铜陵仲裁委员会、芜湖仲裁委员会、合肥仲裁委员会、淮南仲裁委员会、蚌埠仲裁委员会、淮北仲裁委员会、阜阳仲裁委员会

福建省

福州仲裁委员会、厦门仲裁委员会

江西省

南昌仲裁委员会、新余仲裁委员会、萍乡仲裁委员会

山东省

淄博仲裁委员会、潍坊仲裁委员会、青岛仲裁委员会、威海仲裁委员会、济南仲裁委员会、烟台仲裁委员会、东营仲裁委员会、泰安仲裁委员会、枣庄仲裁委员会、临沂仲裁委员会、日照仲裁委员会、德州仲裁委员会、莱芜仲裁委员会、济宁仲裁委员会

河南省

洛阳仲裁委员会、平顶山仲裁委员会

湖北省

武汉仲裁委员会、荆州仲裁委员会、宜昌仲裁委员会、襄樊仲裁委员会

湖南省

长沙仲裁委员会、株洲仲裁委员会、郴州仲裁委员会、常德仲裁委员会、益阳仲裁委员会、湘潭仲裁委员会、衡阳仲裁委员会、邵阳仲裁委员会、岳阳仲裁委员会

广东省

广州仲裁委员会、深圳仲裁委员会、佛山仲裁委员会、江门仲裁委员会、汕头仲裁委员会、肇庆仲裁委员会、韶关仲裁委员会、惠州仲裁委员会

广西壮族自治区

柳州仲裁委员会、南宁仲裁委员会、桂林仲裁委员会、钦州仲裁委员会、梧州仲裁委员会

海南省

海口仲裁委员会

重庆市

重庆仲裁委员地

四川省

万县仲裁委员会、广元仲裁委员会、遂宁仲裁委员会、德阳仲裁委员会、成都仲裁委员会、泸州仲裁委员会、攀枝花仲裁委员会、自贡仲裁委员会、乐山仲裁委员会、绵阳仲裁委员会

贵州省

六盘水仲裁委员会、贵阳仲裁委员会

云南省

昆明仲裁委员会

陕西省

西安仲裁委员会、宝鸡仲裁委员会、咸阳仲裁委员会、铜川仲裁委员会、汉中仲裁委员会

甘肃省

天水仲裁委员会、兰州仲裁委员会、嘉峪关仲裁委员会

青海省

西宁仲裁委员会

宁夏回族自治区

银川仲裁委员会、石咀山仲裁委员会

新疆维吾尔自治区

克拉玛依仲裁委员会

三、迄今曾受理过涉港澳仲裁案件的仲裁委员会

中国国际经济贸易仲裁委员会、中国海事仲裁委员会

北京仲裁委员会、天津仲裁委员会、石家庄仲裁委员会、抚顺仲裁委员会、长春仲裁委员会、常州仲裁委员会、南通仲裁委员会、连云港仲裁委员会、苏州仲裁委员会、杭州仲裁委员会、深圳仲裁委员会、佛山仲裁委员会、长沙仲裁委员会、呼和浩特仲裁委员会、上海仲裁委员会、广州仲裁委员会、江门仲裁委员会、厦门仲裁委员会、青岛仲裁委员会、济南仲裁委员会、东营仲裁委员会、烟台仲裁委员会、汕头仲裁委员会、岳阳仲裁委员会、南宁仲裁委员会、桂林仲裁委员会、昆明仲裁委员会、柳州仲裁委员会

最高人民法院关于内地与澳门特别行政区相互认可和执行仲裁裁决的安排

（2007 年 12 月 12 日　法释〔2007〕17 号）

根据《中华人民共和国澳门特别行政区基本法》第九十三条的规定，经最高人民法院与澳门特别行政区协商，现就内地与澳门特别行政区相互认可和执行仲裁裁决的有关事宜达成如下安排：

第一条　内地人民法院认可和执行澳门特别行政区仲裁机构及仲裁员按照澳门特别行政区仲裁法规在澳门作出的民商事仲裁裁决，澳门特别行政区法院认可和执行内地仲裁机构依据《中华人民共和国仲裁法》在内地作出的民商事仲裁裁决，适用本安排。

本安排没有规定的，适用认可和执行地的程序法律规定。

第二条　在内地或者澳门特别行政区作出的仲裁裁决，一方当事人不履行的，另一方当事人可以向被申请人住所地、经常居住地或者财产所在地的有关法院申请认可和执行。

内地有权受理认可和执行仲裁裁决申请的法院为中级人民法院。两个或者两个以上中级人民法院均有管辖权的，当事人应当选择向其中一个中级人民法院提出申请。

澳门特别行政区有权受理认可仲裁裁决申请的法院为中级法院，有权执行的法院为初级法院。

第三条　被申请人的住所地、经常居住地或者财产所在地分别在内地和澳门特别行政区的，申请人可以向一地法院提出认可和执行申请，也可以分别向两地法院提出申请。

当事人分别向两地法院提出申请的，两地法院都应当依法进行审查。予以认可的，采取查封、扣押或者冻结被执行人财产等执行措施。仲裁地法院应当先进行执行清偿；另一地法院在收到仲裁地法院关于经执行债权未获清偿情况的证明后，可以对申请人未获清偿的部分进行执行清偿。两地法院执行财产的总额，不得超过依据裁决和法律规定所确定的数额。

第四条　申请人向有关法院申请认可和执行仲裁裁决的，应当提交以下文件或者经公证的副本：

（一）申请书；

（二）申请人身份证明；

（三）仲裁协议；

（四）仲裁裁决书或者仲裁调解书。

上述文件没有中文文本的，申请人应当提交经正式证明的中文译本。

第五条 申请书应当包括下列内容：

（一）申请人或者被申请人为自然人的，应当载明其姓名及住所；为法人或者其他组织的，应当载明其名称及住所，以及其法定代表人或者主要负责人的姓名、职务和住所；申请人是外国籍法人或者其他组织的，应当提交相应的公证和认证材料；

（二）请求认可和执行的仲裁裁决书或者仲裁调解书的案号或识别资料和生效日期；

（三）申请认可和执行仲裁裁决的理由及具体请求，以及被申请人财产所在地、财产状况及该仲裁裁决的执行情况。

第六条 申请人向有关法院申请认可和执行内地或者澳门特别行政区仲裁裁决的期限，依据认可和执行地的法律确定。

第七条 对申请认可和执行的仲裁裁决，被申请人提出证据证明有下列情形之一的，经审查核实，有关法院可以裁定不予认可：

（一）仲裁协议一方当事人依对其适用的法律在订立仲裁协议时属于无行为能力的；或者依当事人约定的准据法，或当事人没有约定适用的准据法而依仲裁地法律，该仲裁协议无效的；

（二）被申请人未接到选任仲裁员或者进行仲裁程序的适当通知，或者因他故未能陈述意见的；

（三）裁决所处理的争议不是提交仲裁的争议，或者不在仲裁协议范围之内；或者裁决载有超出当事人提交仲裁范围的事项的决定，但裁决中超出提交仲裁范围的事项的决定与提交仲裁事项的决定可以分开的，裁决中关于提交仲裁事项的决定部分可以予以认可；

（四）仲裁庭的组成或者仲裁程序违反了当事人的约定，或者在当事人没有约定时与仲裁地的法律不符的；

（五）裁决对当事人尚无约束力，或者业经仲裁地的法院撤销或者拒绝执行的。

有关法院认定，依执行地法律，争议事项不能以仲裁解决的，不予认可和执行该裁决。内地法院认定在内地认可和执行该仲裁裁决违反内地法律的基本原则或者社会公共利益，澳门特别行政区法院认定在澳门特别行政区认可和执行该仲裁裁决违反澳门特别行政区法律的基本原则或者公共秩序，不予认可和执行该裁决。

第八条 申请人依据本安排申请认可和执行仲裁裁决的，应当根据执行地法律的规定，交纳诉讼费用。

第九条 一方当事人向一地法院申请执行仲裁裁决，另一方当事人向另一地法院申请撤销该仲裁裁决，被执行人申请中止执行且提供充分担保的，执行法院应当中止执行。

根据经认可的撤销仲裁裁决的判决、裁定,执行法院应当终结执行程序;撤销仲裁裁决申请被驳回的,执行法院应当恢复执行。

当事人申请中止执行的,应当向执行法院提供其他法院已经受理申请撤销仲裁裁决案件的法律文书。

第十条 受理申请的法院应当尽快审查认可和执行的请求,并作出裁定。

第十一条 法院在受理认可和执行仲裁裁决申请之前或者之后,可以依当事人的申请,按照法院地法律规定,对被申请人的财产采取保全措施。

第十二条 由一方有权限公共机构(包括公证员)作成的文书正本或者经公证的文书副本及译本,在适用本安排时,可以免除认证手续在对方使用。

第十三条 本安排实施前,当事人提出的认可和执行仲裁裁决的请求,不适用本安排。

自1999年12月20日至本安排实施前,澳门特别行政区仲裁机构及仲裁员作出的仲裁裁决,当事人向内地申请认可和执行的期限,自本安排实施之日起算。

第十四条 为执行本安排,最高人民法院和澳门特别行政区终审法院应当相互提供相关法律资料。

最高人民法院和澳门特别行政区终审法院每年相互通报执行本安排的情况。

第十五条 本安排在执行过程中遇有问题或者需要修改的,由最高人民法院和澳门特别行政区协商解决。

第十六条 本安排自2008年1月1日起实施。

最高人民法院关于认可和执行台湾地区仲裁裁决的规定

(2015年6月29日最高人民法院审判委员会发布
法释〔2015〕14号)

为保障海峡两岸当事人的合法权益,更好地适应海峡两岸关系和平发展的新形势,根据民事诉讼法、仲裁法等有关法律,总结人民法院涉台审判工作经验,就认可和执行台湾地区仲裁裁决,制定本规定。

第一条 台湾地区仲裁裁决的当事人可以根据本规定,作为申请人向人民法院申请认可和执行台湾地区仲裁裁决。

第二条 本规定所称台湾地区仲裁裁决是指,有关常设仲裁机构及临时仲裁庭在台湾地区按照台湾地区仲裁规定就有关民商事争议作出的仲裁裁决,包括仲裁判断、仲裁和解和仲裁调解。

第三条 申请人同时提出认可和执行台湾地区仲裁裁决申请的,人民法院先按照认可程序进行审查,裁定认可后,由人民法院执行机构执行。

申请人直接申请执行的,人民法院应当告知其一并提交认可申请;坚持不申请认可的,裁定驳回其申请。

第四条 申请认可台湾地区仲裁裁决的案件,由申请人住所地、经常居住地或者被申请人住所地、经常居住地、财产所在地中级人民法院或者专门人民法院受理。

申请人向两个以上有管辖权的人民法院申请认可的,由最先立案的人民法院管辖。

申请人向被申请人财产所在地人民法院申请认可的,应当提供财产存在的相关证据。

第五条 对申请认可台湾地区仲裁裁决的案件,人民法院应当组成合议庭进行审查。

第六条 申请人委托他人代理申请认可台湾地区仲裁裁决的,应当向人民法院提交由委托人签名或者盖章的授权委托书。

台湾地区、香港特别行政区、澳门特别行政区或者外国当事人签名或者盖章的授权委托书应当履行相关的公证、认证或者其他证明手续,但授权委托书在人民法院法官的见证下签署或者经中国大陆公证机关公证证明是在中国大陆签署的除外。

第七条 申请人申请认可台湾地区仲裁裁决,应当提交以下文件或者经证明无误的副本:

(一)申请书;

(二)仲裁协议;

(三)仲裁判断书、仲裁和解书或者仲裁调解书。

申请书应当记明以下事项:

(一)申请人和被申请人姓名、性别、年龄、职业、身份证件号码、住址(申请人或者被申请人为法人或者其他组织的,应当记明法人或者其他组织的名称、地址、法定代表人或者主要负责人姓名、职务)和通讯方式;

(二)申请认可的仲裁判断书、仲裁和解书或者仲裁调解书的案号或者识别资料和生效日期;

(三)请求和理由;

(四)被申请人财产所在地、财产状况及申请认可的仲裁裁决的执行情况;

(五)其他需要说明的情况。

第八条 对于符合本规定第四条和第七条规定条件的申请,人民法院应当在收到申请后七日内立案,并通知申请人和被申请人,同时将申请书送达被申请人;不符合本规定第四条和第七条规定条件的,应当在七日内裁定不予受理,同时说明不予受理的理由;申请人对裁定不服的,可以提起上诉。

第九条 申请人申请认可台湾地区仲裁裁决，应当提供相关证明文件，以证明该仲裁裁决的真实性。

申请人可以申请人民法院通过海峡两岸调查取证司法互助途径查明台湾地区仲裁裁决的真实性；人民法院认为必要时，也可以就有关事项依职权通过海峡两岸司法互助途径向台湾地区请求调查取证。

第十条 人民法院受理认可台湾地区仲裁裁决的申请之前或者之后，可以按照民事诉讼法及相关司法解释的规定，根据申请人的申请，裁定采取保全措施。

第十一条 人民法院受理认可台湾地区仲裁裁决的申请后，当事人就同一争议起诉的，不予受理。

当事人未申请认可，而是就同一争议向人民法院起诉的，亦不予受理，但仲裁协议无效的除外。

第十二条 人民法院受理认可台湾地区仲裁裁决的申请后，作出裁定前，申请人请求撤回申请的，可以裁定准许。

第十三条 人民法院应当尽快审查认可台湾地区仲裁裁决的申请，决定予以认可的，应当在立案之日起两个月内作出裁定；决定不予认可或者驳回申请的，应当在作出决定前按有关规定自立案之日起两个月内上报最高人民法院。

通过海峡两岸司法互助途径送达文书和调查取证的期间，不计入审查期限。

第十四条 对申请认可和执行的仲裁裁决，被申请人提出证据证明有下列情形之一的，经审查核实，人民法院裁定不予认可：

（一）仲裁协议一方当事人依对其适用的法律在订立仲裁协议时属于无行为能力的；或者依当事人约定的准据法，或当事人没有约定适用的准据法而依台湾地区仲裁规定，该仲裁协议无效的；或者当事人之间没有达成书面仲裁协议的，但申请认可台湾地区仲裁调解的除外；

（二）被申请人未接到选任仲裁员或进行仲裁程序的适当通知，或者由于其他不可归责于被申请人的原因而未能陈述意见的；

（三）裁决所处理的争议不是提交仲裁的争议，或者不在仲裁协议范围之内；或者裁决载有超出当事人提交仲裁范围的事项的决定，但裁决中超出提交仲裁范围的事项的决定与提交仲裁事项的决定可以分开的，裁决中关于提交仲裁事项的决定部分可以予以认可；

（四）仲裁庭的组成或者仲裁程序违反当事人的约定，或者在当事人没有约定时与台湾地区仲裁规定不符的；

（五）裁决对当事人尚无约束力，或者业经台湾地区法院撤销或者驳回执行申请的。

依据国家法律，该争议事项不能以仲裁解决的，或者认可该仲裁裁决将违反一个中国原则等国家法律的基本原则或损害社会公共利益的，人民法院应当裁定不予认可。

第十五条 人民法院经审查能够确认台湾地区仲裁裁决真实，而且不具有本规定第十四条所列情形的，裁定认可其效力；不能确认该仲裁裁决真实性的，裁定驳回申请。

裁定驳回申请的案件，申请人再次申请并符合受理条件的，人民法院应予受理。

第十六条 人民法院依据本规定第十四条和第十五条作出的裁定，一经送达即发生法律效力。

第十七条 一方当事人向人民法院申请认可或者执行台湾地区仲裁裁决，另一方当事人向台湾地区法院起诉撤销该仲裁裁决，被申请人申请中止认可或者执行并且提供充分担保的，人民法院应当中止认可或者执行程序。

申请中止认可或者执行的，应当向人民法院提供台湾地区法院已经受理撤销仲裁裁决案件的法律文书。

台湾地区法院撤销该仲裁裁决的，人民法院应当裁定不予认可或者裁定终结执行；台湾地区法院驳回撤销仲裁裁决请求的，人民法院应当恢复认可或者执行程序。

第十八条 对人民法院裁定不予认可的台湾地区仲裁裁决，申请人再次提出申请的，人民法院不予受理。但当事人可以根据双方重新达成的仲裁协议申请仲裁，也可以就同一争议向人民法院起诉。

第十九条 申请人申请认可和执行台湾地区仲裁裁决的期间，适用民事诉讼法第二百三十九条的规定。

申请人仅申请认可而未同时申请执行的，申请执行的期间自人民法院对认可申请作出的裁定生效之日起重新计算。

第二十条 人民法院在办理申请认可和执行台湾地区仲裁裁决案件中所作出的法律文书，应当依法送达案件当事人。

第二十一条 申请认可和执行台湾地区仲裁裁决，应当参照《诉讼费用交纳办法》的规定，交纳相关费用。

第二十二条 本规定自2015年7月1日起施行。

本规定施行前，根据《最高人民法院关于人民法院认可台湾地区有关法院民事判决的规定》(法释〔1998〕11号)，人民法院已经受理但尚未审结的申请认可和执行台湾地区仲裁裁决的案件，适用本规定。

五、有关仲裁协议的相关司法解释

（一）仲裁协议效力确认适用准据法的复函

最高人民法院关于广东省高级人民法院就东莞市塘厦镇房地产开发公司诉通利文企业有限公司一案中涉港仲裁条款效力问题请示的复函

（2015 年 3 月 26 日　〔2015〕民四他字第 2 号）

广东省高级人民法院：

你院〔2014〕粤高法仲复字第 8 号《关于东莞市塘厦镇房地产开发公司诉通利文企业有限公司一案中涉港仲裁条款效力问题的请示》收悉。经研究，答复如下：

本案仲裁协议为涉港仲裁协议。当事人没有选择仲裁协议适用的法律，也没有约定明确的仲裁地和仲裁机构，根据《中华人民共和国涉外民事关系法律适用法》第十八条以及最高人民法院《关于适用〈中华人民共和国涉外民事关系法律适用法〉若干问题的解释（一）》第二条、第十四条、第十九条的规定，你院关于确认本案仲裁协议效力应适用我国内地法律的意见是正确的。

本案当事人未在仲裁协议中约定明确的仲裁机构，亦未达成补充协议根据《中华人民共和国仲裁法》第十八条的规定，案涉仲裁协议应认定无效。

同意你院关于仲裁协议无效的请示意见。

此复。

最高人民法院关于中国外运广西防城港公司与香港银基集团有限公司、河南神牛实业有限公司海上货物运输合同纠纷案中仲裁条款效力问题请示的复函

（2014年3月24日 〔2014〕民四他字第4号）

天津市高级人民法院：

你院〔2013〕津高民四他字第5号《关于中国外运广西防城港公司与香港银基集团有限公司、河南神牛实业有限公司海上货物运输合同纠纷案中仲裁条款效力问题的请示报告》收悉。经研究，答复如下：

本案涉及涉港仲裁条款效力的认定，应当参照适用《中华人民共和国涉外民事关系法律适用法》第十八条的规定确定准据法。本案所涉合同中明确约定："如有仲裁，仲裁地点为北京，适用中国法律。"当事人没有明确约定仲裁协议适用的法律，但明确约定了仲裁地点为北京，因此，本案应当适用仲裁地的法律即中华人民共和国内地法律确定该仲裁条款的效力。

《中华人民共和国仲裁法》第十六条第二款规定："仲裁协议应当具有下列内容：（一）请求仲裁的意思表示；（二）仲裁事项；（三）选定的仲裁委员会。"第十八条规定："仲裁协议对仲裁事项或者仲裁委员会没有约定或者约定不明确的，当事人可以补充协议；达不成补充协议的，仲裁协议无效。"本案所涉仲裁条款没有约定仲裁机构，且当事人不能就仲裁机构达成补充协议，因此，根据《中华人民共和国仲裁法》第十六条、第十八条的规定，应当认定本案所涉仲裁条款无效。

同意你院的请示意见。

此复。

最高人民法院关于北京朝来新生体育休闲有限公司申请承认大韩商事仲裁院作出的第12113－0011号、第12112－0012号仲裁裁决案件请示的复函

（2013年12月18日 〔2013〕民四他字第64号）

北京市高级人民法院：

你院京高法〔2013〕388号《关于北京朝来新生体育休闲有限公司申请承认大韩商事仲裁院作出的第12113－0011号、第12112－0012号仲裁裁决案件的请示》收悉。经研究，答复如下：

北京朝来新生体育休闲有限公司（以下简称朝来公司）申请承认的仲裁裁决由大韩商事仲裁院在韩国境内作出，我国和韩国均为《承认及执行外国仲裁裁决公约》（以下简称《纽约公约》）的成员国，应当根据《中华人民共和国民事诉讼法》第二百八十三条以及《纽约公约》的相关规定进行审查。

本案争议焦点是北京所望之信投资咨询有限公司（以下简称所望之信公司）与朝来公司签署的《合同书》中的仲裁条款是否有效。根据你院请示所述的事实，订立《合同书》的双方当事人均为中国法人，《合同书》内容是双方就朝来公司在中国境内的高尔夫球场进行股份转让及合作，所涉标的物在中国境内，合同亦在中国境内订立和履行。因此，《合同书》没有涉外民事关系的构成要素，不属于涉外合同。该合同以及所包含的仲裁条款之适用法律，无论当事人是否做出明示约定，均应确定为中国法律。根据《中华人民共和国民事诉讼法》第二百七十一条以及《中华人民共和国合同法》第一百二十八条第二款的规定，我国法律未授权当事人将不具有涉外因素的争议交由境外仲裁机构或者在我国境外临时仲裁，故本案当事人约定将争议提交大韩商事仲裁院仲裁的条款属无效协议，且该仲裁协议之效力瑕疵不能因当事人在仲裁程序中未提出异议而得到补正，仲裁庭对本案争议不享有管辖权。根据《纽约公约》第5条第1款（甲）项的规定，被申请人提供证据证明仲裁条款依当事人作为协定准据之法律系属无效者，得拒予承认及执行仲裁裁决，故本案所涉仲裁裁决应不予承认，但你院同时认为适用《纽约公约》第5条第2款（乙）项规定的公共政策事由不当，应予纠正。

综上，同意你院不予承认涉案仲裁裁决的请示意见，并请你院在本案审结后将民事裁定书抄送我院。

此复。

最高人民法院关于申请人宁波宁兴国贸实业有限公司与被申请人大友发展有限公司申请确认海事仲裁协议效力一案请示的复函

（2013年11月4日 〔2013〕民四他字第52号）

浙江省高级人民法院：

你院〔2013〕浙海确字第1号《关于申请人宁波宁兴国贸实业有限公司与被申请人大友发展有限公司申请确认海事仲裁协议效力一案的请示》收悉。经研究，答复如下：

本案涉及仲裁条款效力确认问题。首先，关于你院请示的冲突规范适用问题，同意你院第一种意见。冲突规范是一国法律规定的某一涉外民商事法律关系应适用何种法律的规范，法院审理涉外民商事案件时应当直接适用法院地法中冲突规范的规定。仅在法院地法冲突规范允许当事人就某类法律关系选择法律时，当事人才能协议选择法律。本案因此参照适用我国的冲突规范，即《中华人民共和国涉外民事关系法律适用法》第十八条的规定，该条允许当事人协议选择仲裁协议适用的法律。你院第二种意见认为法院应当依当事人协议选择适用的法律确定适用哪一国的冲突规范，对冲突规范的适用位序理解有误。

其次，关于本案所涉的仲裁条款的效力。《中华人民共和国涉外民事关系法律适用法》第十八条规定，当事人可以协议选择仲裁协议适用的法律，当事人没有选择的，适用仲裁机构所在地法律或仲裁地法律。《租船确认书》以及所并入的金康标准合同没有明确约定仲裁条款适用的法律，但约定了仲裁地为上海，因此应当适用仲裁地法即我国内地法律确定仲裁条款的效力。根据《中华人民共和国仲裁法》第十六条和第十八条的规定，仲裁协议必须约定明确的仲裁机构，如仲裁协议对仲裁机构约定不明，当事人又达不成补充协议的，仲裁协议无效。由于上海有多个仲裁机构，涉案仲裁条款关于“在上海仲裁”的约定，不足以推定当事人同意将争议提交中国海事仲裁委员会上海分会仲裁，故属于仲裁机构约定不明的情形。在一方提起仲裁，另一方提出仲裁管辖权异议并向人民法院申请确认仲裁条款无效的情况下，可以认定双方无法就仲裁机构达成补充协议，根据《中华人民共和国仲裁法》第十六条和第十八条的规定，应当认定本案所涉仲裁条款无效。

同意你院关于认定涉案仲裁条款无效的请示意见，并请你院在本案审结后将民事裁定书抄送我院。

此复。

最高人民法院关于申请人安徽省龙利得包装印刷有限公司与被申请人 BP Agnati S. R. L 申请确认仲裁协议效力案的请示的复函

(2013 年 3 月 25 日 〔2013〕民四他字第 13 号)

安徽省高级人民法院：

你院〔2013〕皖民二他字第 00001 号《关于申请人安徽省龙利得包装印刷有限公司与被申请人 BP Agnati S. R. L 申请确认仲裁协议效力案的请示》收悉。经研究，答复如下：

本案为确认涉外仲裁协议效力案件。当事人在合同中约定，因合同而发生的纠纷由国际商会仲裁院进行仲裁，同时还约定"管辖地应为中国上海"(PLACE OF JURISDICTION SHALL BE SHANGHAI, CHINA)。从仲裁协议的上下文看，对其中"管辖地应为中国上海"的表述应当理解为仲裁地在上海。本案中，当事人没有约定确认仲裁协议效力适用的法律，根据最高人民法院《关于适用〈中华人民共和国仲裁法〉若干问题的解释》第十六条的规定，应适用仲裁地法律即中华人民共和国的法律来确认仲裁协议的效力。

《中华人民共和国仲裁法》第十六条规定，仲裁协议应当具有下列内容：(一)请求仲裁的意思表示；(二)仲裁事项；(三)选定的仲裁委员会。涉案仲裁协议有请求仲裁的意思表示，约定了仲裁事项，并选定了明确具体的仲裁机构，应认定有效。同意你院关于仲裁协议有效的多数意见。

此复。

附：

安徽省高级人民法院关于申请人安徽省龙利得包装印刷有限公司与被申请人 BP Agnati S. R. L 申请确认仲裁协议效力案的请示

(2013 年 1 月 30 日 〔2013〕皖民二他字第 00001 号)

最高人民法院：

我省合肥市中级人民法院向我院报送〔2011〕合民四初字第 00005 号《关于请求审查申请人安徽省龙利得包装印刷有限公司申请确认仲裁协议效力一案的请示》。根据《最高人民法院关于审理和执行涉外民商事案件应当注意的几个问题的通知》

(法〔2000〕51号)的规定,本院受理后依法进行了审查,现将本案有关情况及我院审查意见报告如下:

一、当事人基本情况

申请人:安徽省龙利得包装印刷有限公司。住所地:中国安徽省明光市工业园区体育路150号。

法定代表人:徐龙平,该公司董事长。

委托代理人:邱晓芬,安徽恒维律师事务所律师。

被申请人:BP Agnati S. R. L。住所地:意大利 Vimercate(MB - Italy),Via Lecco 72。

法定代表人:Giuseppe Brivio,总裁。

二、案件基本情况

申请人安徽省龙利得包装印刷有限公司(以下简称龙利得公司)与被申请人 BP Agnati S. R. L(以下简称 Agnati 公司)以及江苏苏美达国际技术贸易有限公司(以下简称苏美达公司)于2010年10月28日签署了一份编号为BPAC049/10的《销售合同》。该合同第10.1款约定:"任何因本合同引起的或与其有关的争议应被提交国际商会仲裁院,并根据国际商会仲裁院规则由按照该等规则所指定的一位或多位仲裁员予以最终仲裁。管辖地应为中国上海,仲裁应以英语进行。"

龙利得公司认为,上述仲裁条款的效力应依据中国法律进行判断。而该仲裁条款因违反我国相关法律规定,应属无效。理由是:(1)国际商会仲裁院不是我国仲裁法项下的仲裁机构,约定将争议提交给其仲裁不构成有效仲裁条款;(2)国际商会仲裁院在我国进行仲裁违背了我国的公共利益,存在侵犯我国司法主权之嫌;(3)即便国际商会仲裁院在我国境内作出裁决,该裁决也应属于我国仲裁法规定的"内国裁决",不能依据联合国《承认与执行外国仲裁裁决公约》(以下简称《纽约公约》)受到承认与执行。

三、合肥市中级人民法院的审查意见

合肥市中级人民法院审查后认为:申请确认涉外仲裁协议效力的案件,由仲裁协议约定的仲裁机构所在地、仲裁协议签订地、申请人或者被申请人所在地的中级人民法院管辖。本案申请人住所地位于安徽省明光市,审查有关涉外民商事仲裁条款效力的案件应由合肥市中级人民法院集中管辖。故该院对本案具有管辖权。

最高人民法院《关于适用〈中华人民共和国仲裁法〉若干问题的解释》第十六条规定:"对涉外仲裁协议的效力审查,适用当事人约定的法律;当事人没有约定适用的法律但约定了仲裁地的,适用仲裁地法律;没有约定适用的法律也没有约定仲裁地或者仲裁地约定不明的,适用法院地法律。"本案仲裁协议并未约定仲裁所适用的法律,而是约定了仲裁管辖地为中国上海。所以,本案应适用中国法律审查仲裁协议的效力。

本案的仲裁协议约定了与合同有关的争议应被提交国际商会仲裁院，并根据国际商会仲裁院规则由按照该等规则所指定的一位或多位仲裁员予以最终仲裁，管辖地应为中国上海。该仲裁协议在约定仲裁机构为国际商会仲裁院的同时，又明确约定仲裁管辖地为中国上海。但关于国际商会仲裁院等国外仲裁机构能否在我国境内从事仲裁活动，我国仲裁法并未明确规定。但既然选择在中国内地进行仲裁，该仲裁从法律意义上说应当属于内国仲裁，并非《纽约公约》规定的“非本国仲裁”。而《中华人民共和国仲裁法》第十条规定，设立仲裁委员会，应当经省、自治区、直辖市的司法行政部门登记。可见，仲裁在我国是需要经过行政机关特许才能提供的专业服务，而我国政府亦未向国外开放我国的仲裁市场。故外国仲裁机构依法不能在我国境内进行仲裁。

综上，该院认为：国际商会仲裁院并非符合我国仲裁法规定的仲裁机构，约定将争议提交给其仲裁的仲裁协议因而不是有效的仲裁条款。本案应当依照《中华人民共和国仲裁法》第十八条的规定，裁定确认申请人龙利得公司与被申请人 Agnati 公司签订的《销售合同》（合同号：BPAC049/10；签署日期：2010 年 10 月 28 日）第 10. 1 款所约定的仲裁协议条款无效。

四、我院的审查意见

（一）关于确定本案仲裁条款的效力所适用的准据法问题

本案系确认涉外仲裁协议效力的案件，根据最高人民法院《关于适用〈中华人民共和国仲裁法〉若干问题的解释》第十六条“对涉外仲裁协议的效力审查，适用当事人约定的法律；当事人没有约定适用的法律但约定了仲裁地的，适用仲裁地法律；没有约定适用的法律也没有约定仲裁地或者仲裁地约定不明的，适用法院地法律”的规定，涉案《销售合同》未明确约定仲裁所适用的法律，但约定了仲裁管辖地为中国上海，因此，应当适用中华人民共和国法律作为审查本案仲裁条款效力的准据法。对此合议庭意见一致。

（二）关于本案涉外仲裁协议条款效力问题

对该问题合议庭经讨论形成两种意见：

多数意见认为，本案仲裁协议条款有效。理由：涉案《销售合同》第 10. 1 款约定：“任何因本合同引起的或与其有关的争议应被提交国际商会仲裁院，并根据国际商会仲裁院规则由按照该等规则所指定的一位或多位仲裁员予以最终仲裁。管辖地应为中国上海，仲裁应以英语进行。”《中华人民共和国仲裁法》第十六条规定：“仲裁协议包括合同中订立的仲裁条款和以其他书面方式在纠纷发生前或者纠纷发生后达成的请求仲裁的协议。仲裁协议应当具有下列内容：（一）请求仲裁的意思表示；（二）仲裁事项；（三）选定的仲裁委员会。”涉案《销售合同》系双方当事人真实意思表示，合法有效。涉案仲裁条款中具有请求仲裁的意思表示和约定的仲裁事项，并选定了明确具体的仲裁机构，系有效的仲裁条款。龙利得公司请求确认该仲裁条款无效的理由不能成立。原审法院以国际商会仲裁院等国外仲裁机构不能在我国境内从事仲裁活动为由确认涉案仲裁条款无效错误,缺乏法律依据。

少数意见认为,《中华人民共和国仲裁法》第十条规定,设立仲裁委员会,应当经省、自治区、直辖市的司法行政部门登记。仲裁在我国是需要经过行政机关特许才能提供的专业服务,我国政府并未向国外开放我国的仲裁市场,故国外仲裁机构依法不能在我国境内进行仲裁。而且《纽约公约》将仲裁划分为临时仲裁和机构仲裁,《中华人民共和国仲裁法》确立了在中国境内实行机构仲裁的制度,因此,涉案《销售合同》约定的由国际商会仲裁院进行仲裁的条款因违反仲裁法的规定,应属无效条款。

鉴于此案属司法实践中新类型案件,且存在以上分歧意见,故报请你院,请批复。

最高人民法院关于神华煤炭运销公司与马瑞尼克船务公司确认之诉仲裁条款问题的请示的复函

(2013 年 2 月 4 日　〔2013〕民四他字第 4 号)

天津市高级人民法院:

你院〔2012〕津高民四他字第 4 号《关于神华煤炭运销公司与马瑞尼克船务公司确认之诉仲裁条款问题的请示》收悉。经研究,答复如下:

一、关于本案是否适用最高人民法院《关于适用〈中华人民共和国仲裁法〉若干问题的解释》(以下简称仲裁法司法解释)第十三条第二款的问题。依照《中华人民共和国仲裁法》(以下简称仲裁法)第七章的规定,同意你院关于仲裁法及仲裁法司法解释的规定可以适用于涉外仲裁的意见。但是,仲裁法司法解释第十三条系针对仲裁法第二十条作出的司法解释。仲裁法第二十条所指的仲裁委员会系依据仲裁法第十条和第六十六条设立的仲裁委员会,并不包括外国仲裁机构。故仲裁法司法解释第十三条的规定并不适用于外国仲裁机构对仲裁协议效力作出认定的情形。

二、关于法律适用的问题。本案系神华煤炭运销公司请求确认不存在仲裁协议之诉。涉案提单为与租约合并使用的简式提单,但提单正面并未明示记载将租约包括仲裁条款并入提单,故租约中的仲裁条款并未有效并入提单。本案并非对租约中仲裁条款效力的审查,你院认为应当适用中国法律确认双方当事人之间是否存在仲裁协议正确。

三、关于《最高人民法院关于人民法院处理与涉外仲裁及外国仲裁事项有关问题的通知》(以下简称通知)的适用问题。各级法院应当严格遵守通知规定的报告制度,不能以不属于仲裁范围或者仲裁条款无效等理由规避报告制度。本案涉及租约仲裁条款是否有效并入提单,亦属于通知中规定的情形。

综上,神华煤炭运销公司向天津海事法院请求确认其与马瑞尼克船务公司之间不存在仲裁协议,天津海事法院应当予以受理,并依法作出认定。

此复。

附:

天津市高级人民法院关于神华煤炭运销公司与马瑞尼克船务公司确认之诉仲裁条款问题的请示

(2012 年 11 月 21 日 〔2012〕津高民四他字第 4 号)

最高人民法院:

天津海事法院受理的神华煤炭运销公司诉马瑞尼克船务公司(Marinic Shipping Company)确认之诉一案,神华煤炭运销公司主张与马瑞尼克船务公司之间不存在仲裁协议。因该案涉及法律适用问题,天津海事法院向我院进行请示。经审查,我院对此案的处理意见与天津海事法院存在分歧,特向钧院进行请示。现将有关情况报告如下:

一、当事人情况

原告:神华煤炭运销公司(以下简称神华公司)。住所地:北京市东城区安德路 16 号洲际大厦 1517 室。

法定代表人:华泽桥,董事长。

被告:马瑞尼克船务公司(Marinic Shipping Company,以下简称马瑞尼克公司)。住所地:希腊雅典凯菲思大街和撒丘街道 152 号,11525(152Kifisias Avenue & L. Sochou Street,11525Athens,Greece)。

法定代表人:尼古拉斯·莫泽拉克斯(Nikolaos Mazarakis),董事长。

二、基本案情

2005 年 6 月 13 日,神华公司与案外人 Fiesta Investments Ltd.(以下简称 FIL 公司)签订买卖合同,约定由 FIL 公司向神华公司购买 56 万吨煤炭,分 14 次运输,单价为 56.5 美元/吨,FOB 中国新港。

2005 年 11 月,神华公司将 49,098 吨煤炭在天津新港装上 FIL 公司承租的“瑞姆(Rmever Aim)”轮,从天津新港运往土耳其,天津北方联合国际船舶代理有限公司作为船舶代理人于 2005 年 11 月 13 日签发了编号为 01 号的提单,该提单记载的托运人为神华公司，收货人凭指示，通知方为土耳其公司 Eti Krom A/S。该提单注明采用“康金提单”1994 年版本，提单正面记载“与租约合并使用，运费按照 2005 年 11 月 7 日的租约支付，租约中的波罗的海航运公会船舶国际安全管理条款、千禧年条款、新杰森条款、互有责任碰撞条款、保赔协会加油条款、时间统一条款和首要条款等并入本提单”。

马瑞尼克公司为“瑞姆”轮的船舶所有人，其将该轮期租给 T. K. B Shipping A/S（以下简称 TKB 公司）。2005 年 11 月 7 日，TKB 公司将该轮程租给 Yilmar Shipping And Trading Ltd.（以下简称 YST 公司）。同日，YST 公司与 FIL 公司签订了航次租船合同，将“瑞姆”轮程租给 FIL 公司。该合同第三十三条约定，本租船合同产生的争议应在伦敦仲裁并适用英国法。

2005 年 12 月 9 日，“瑞姆”轮在航行途中发生火灾。马瑞尼克公司以该事故系神华公司的货物所致并给其造成巨大损失为由，向神华公司提出索赔并提交伦敦仲裁。2010 年 1 月 28 日，神华公司收到马瑞尼克公司的仲裁索赔书。2010 年 2 月 24 日，神华公司致函伦敦仲裁庭，认为双方不存在仲裁协议，仲裁庭没有管辖权，要求驳回马瑞尼克公司的索赔。2010 年 3 月 30 日，仲裁庭认为其有管辖权，驳回了神华公司的异议。2010 年 11 月 10 日，神华公司向天津海事法院提起诉讼，要求确认其与马瑞尼克公司之间不存在英国伦敦仲裁协议。

天津海事法院于 2012 年 9 月 20 日进行开庭审理，双方对以下问题存在争议：(1)本案应当适用中国法还是英国法；(2)在确定法律适用的前提下，双方是否存在仲裁协议；(3)本案是否属于最高人民法院《关于适用〈中华人民共和国仲裁法〉若干问题的解释》（以下简称仲裁法解释）第十三条第二款规定的“仲裁机构对仲裁协议的效力作出决定后，当事人向人民法院申请确认仲裁协议效力或者申请撤销仲裁机构的决定的，人民法院不予受理”的情况。

三、天津海事法院处理意见

1. 关于法律适用的问题，天津海事法院认为本案是确定仲裁协议是否有效并入提单，并非确定仲裁条款的效力，故不能适用仲裁法解释第十六条的规定。鉴于双方未能就法律适用达成一致，而涉案运输的起运港为中国天津，提单也是在天津签发的，因此中国法律与本案具有最密切联系，本案应适用中国法律。

2. 关于双方是否存在仲裁协议的问题，天津海事法院认为，根据最高人民法院〔2006〕民四他字第 49 号复函的精神，可以认定涉案租约中的仲裁条款没有并入提单，即双方并不存在仲裁协议。

3. 关于本案是否适用仲裁法解释第十三条第二款的问题，天津海事法院形成两种意见：

第一种意见认为，仲裁法解释仅适用于国内仲裁，国外仲裁问题应该适用《纽约公约》。此外，该解释第十三条第二款针对的是确认仲裁条款的效力，而本案是确认仲裁协议是否成立，因此，该规定不适用于本案，应判决确认双方并不存在仲裁协议。

第二种意见认为，仲裁法解释不仅适用于国内仲裁，也适用于外国仲裁。神华公司的主张应根据仲裁法解释第二十七条第二款的规定，在仲裁裁决作出后提出。本案的情况与上述规定的精神一致，因此，应驳回神华公司的起诉。

天津海事法院倾向于第一种意见。

四、我院的审查处理意见

我院经审查认为，本案不属于《最高人民法院关于人民法院处理与涉外仲裁及外国仲裁事项有关问题的通知》中规定的情形，因此，仅就以下两个法律适用问题予以请示：

（一）关于法律适用问题

我院认为，本案属于请求确认双方之间不存在仲裁协议之诉，不属于在存在仲裁协议的前提下，确认仲裁协议效力的案件。本案中双方是否就仲裁协议达成约定尚不能确定，因此，无法适用仲裁法解释第十六条"对涉外仲裁协议的效力审查，适用当事人约定的法律；当事人没有约定适用的法律但约定了仲裁地的，适用仲裁地法律；没有约定适用的法律也没有约定仲裁地或者仲裁地约定不明的，适用法院地法律"之规定。鉴于双方未能就法律适用达成一致，而涉案运输的起运港及提单签发地均为中国天津，因此中国法律与本案具有最密切联系，本案应适用中国法律。

（二）关于本案是否适用仲裁法解释第十三条第二款的问题

1. 关于仲裁法解释能否适用于涉外仲裁的问题。我院认为，在当事人提起确认不存在仲裁条款诉讼时，对于法院与仲裁机构的管辖权问题，《纽约公约》尚无规定，因此应适用我国法律的相关规定。《中华人民共和国仲裁法》第六十五条规定："涉外经济贸易、运输和海事中发生的纠纷的仲裁，适用本章规定。本章没有规定的，适用本法其他有关规定。"在该法涉外仲裁章节没有特别规定的情形下，该法的有关规定及仲裁法解释中的规定可以适用于涉外仲裁。

2. 关于仲裁法解释第十三条能否适用于仲裁条款存在与否的情形。我院认为，仲裁协议是仲裁机构取得仲裁管辖权的依据，当事人认为仲裁协议不存在及认为仲裁协议无效，其实质都是对仲裁机构管辖权提出异议。仲裁法解释第十三条"依照仲裁法第二十条第二款的规定，当事人在仲裁庭首次开庭前没有对仲裁协议的效力提出异议，而后向人民法院申请确认仲裁协议无效的，人民法院不予受理。仲裁机构对仲裁协议的效力作出决定后，当事人向人民法院申请确认仲裁协议效力或者申请撤销仲裁机构的决定的，人民法院不予受理"之规定，是就当事人对仲裁机构管辖权向法院提出异议在时限上的要求。根据该条的立法精神，在当事人向仲裁机构提出管辖权异议、仲裁机构对自己是否有管辖权作出决定后，当事人向人民法院申请确认仲裁机构没有管辖权的，人民法院应不予受理。而且，根据仲裁法解释第十八条的规定,“……仲裁协议被认定无效或者被撤销的,视为没有仲裁协议”,从该规定可以看出,仲裁协议被认定无效与没有仲裁协议,两者在法律效果上具有同质性。因此,根据仲裁法解释第十三条第二款规定的精神,本案应该驳回神华公司起诉。

以上意见妥否,请示复。

最高人民法院关于巴柏赛斯船舶科技有限公司诉蓬莱市渤海造船有限公司船舶建造合同纠纷一案仲裁条款效力问题的请示的复函

(2011年12月8日 〔2011〕民四他字第61号)

上海市高级人民法院:

你院〔2011〕沪高民四(海)他字第11号请示报告收悉。经研究,答复如下:

根据你院提供的案情,上海海事法院审理的原告巴柏赛斯船舶科技有限公司诉被告蓬莱市渤海造船有限公司船舶建造合同纠纷一案,被告蓬莱市渤海造船有限公司以双方当事人签订的《6800吨多用途散货船详细和生产设计合同》中存在仲裁条款为由,在答辩期内以争议应提交仲裁为由向上海海事法院提出管辖权异议。

本院认为,涉案《6800吨多用途散货船详细和生产设计合同》第八章争议解决条款约定,“在合同履行过程中发生争议,首先由甲、乙双方友好协商解决,如果达不成共识,将进行仲裁,仲裁的结果对双方都有约束力,是终局的。仲裁将在甲乙双方认可的中国第三方城市进行。”由于巴柏赛斯船舶科技有限公司注册地为新加坡,故本案系具有涉外因素的合同,对于该合同中仲裁条款效力的审查,应当根据《中华人民共和国涉外民事关系法律适用法》、《中华人民共和国仲裁法》以及最高人民法院《关于适用〈中华人民共和国仲裁法〉若干问题的解释》的规定进行审查。涉案合同中,双方当事人未约定仲裁协议效力适用的准据法,但约定了仲裁地为我国,故应适用仲裁地即我国的法律。根据《中华人民共和国仲裁法》第十八条规定,仲裁协议对仲裁事项或者仲裁委员会没有约定或者约定不明确的,当事人可以补充协议;达不成补充协议的,仲裁协议无效。涉案合同中的仲裁条款,并未明确具体的仲裁机构,双方亦未就仲裁机构问题达成补充协议,故根据《中华人民共和国仲裁法》第十六条、第十八条的规定,涉案合同中的仲裁条款应当认定为无效,人民法院对该案享有管辖权。同意你院关于涉案仲裁条款无效的意见。

另,本案原告为新加坡注册的公司,被告公司注册地在山东省蓬莱市。在仲裁条款无效的前提下,上海海事法院对该合同纠纷行使管辖权亦应当明确法律依据。

附：

上海市高级人民法院关于巴柏赛斯船舶科技有限公司诉蓬莱市渤海造船有限公司船舶建造合同纠纷一案仲裁条款效力问题的请示报告

［2011年11月30日　〔2011〕沪高民四（海）他字第11号］

最高人民法院：

上海海事法院受理的原告巴柏赛斯船舶科技有限公司诉被告蓬莱市渤海造船有限公司船舶建造合同纠纷一案，被告在答辩期内以争议应提交仲裁为由提出管辖权异议。该院经审查认为，涉案仲裁条款无效，拟裁定驳回被告管辖权异议，并报我院请示。我院经审判委员会讨论同意该院拟处意见。根据《最高人民法院关于人民法院处理与涉外仲裁及外国仲裁事项有关问题的通知》第一条的规定，特向钧院请示。

一、当事人基本情况

原告：巴柏赛斯船舶科技有限公司（CS MARINE TECHNOLOGY PTE. LTD.），住所地：新加坡共和国安森路10号国际大厦12－14，邮编079903（10 ANSON ROAD，#12－14，INTERNATIONAL PLAZA，SINGA－PORE，079903）。

被告：蓬莱市渤海造船有限公司，住所地：中华人民共和国山东省蓬莱市北沟镇西城临港海滨路1号。

二、基本案情

原告起诉称：2005年9月16日，原、被告在上海签订《6800吨多用途散货船详细和生产设计合同》，被告委托原告对被告建造出口德国的6条6800dwt多用途船进行设计及咨询服务。合同约定：前两条船设计费共计25万美元，后续四条船设计费、版本费合计为10万美元。原告完成了船舶设计相关工作，但被告尚欠7.5万美元未支付。原告多次催讨无果，遂诉请判令被告支付船舶设计费分期款7.5万美元和支付逾期付款滞纳金。

被告提出管辖权异议，认为原、被告签订的设计合同中约定了仲裁条款，本案应由仲裁庭仲裁。原告明确表示不愿意就仲裁事宜与被告协商并达成补充协议，请求法院驳回被告的管辖权异议。

经查：原、被告签订的《6800吨多用途散货船详细和生产设计合同》第八章争议解决条款约定，“在合同履行过程中发生争议，首先由甲、乙双方友好协商解决，如果达不成共识，将进行仲裁，仲裁的结果对双方都有约束力，是终局的。仲裁将在甲乙双方认可的中国第三方城市进行。”

三、海事法院的拟处意见

海事法院经审查认为，涉案合同一方当事人为外国法人，涉案合同为涉外合同，故涉案合同中的仲裁条款属于涉外仲裁条款。对于该涉外仲裁条款效力的审查,根据《中华人民共和国涉外民事关系法律适用法》第十八条以及最高人民法院《关于适用〈中华人民共和国仲裁法〉若干问题的解释》第十六条的规定,涉案合同中,双方未约定仲裁协议效力适用的准据法,但约定了仲裁地为我国,故应适用仲裁地即我国的法律。根据《中华人民共和国仲裁法》第十八条规定,仲裁协议对仲裁事项或者仲裁委员会没有约定或者约定不明确的,当事人可以补充协议;达不成补充协议的,仲裁协议无效。因此,涉案合同中的仲裁条款,虽约定了仲裁地为我国,但未明确具体的仲裁机构,根据约定也无法确定具体的仲裁机构,在一方当事人已经向人民法院提起诉讼的情况下,可以认定双方无法就仲裁机构问题达成补充协议,故根据《中华人民共和国仲裁法》第十六条、第十八条规定,涉案合同中的仲裁条款应当认定为无效,人民法院对该案享有管辖权。

四、我院的拟处意见

我院经审查认为,本案管辖权异议的焦点在于涉案合同中仲裁条款是否有效。首先,关于仲裁条款效力审查应适用的准据法。根据《中华人民共和国涉外民事关系法律适用法》第十八条规定,由于双方当事人未约定仲裁协议适用的法律,但约定了仲裁地为我国,故本案仲裁条款效力的审查应适用中华人民共和国法律。其次,关于仲裁条款的效力。根据《中华人民共和国仲裁法》第十六条的规定,仲裁协议应具备仲裁的意思表示、仲裁事项和选定的仲裁委员会三项内容。本案双方当事人虽有明确的请求仲裁的意思表示,也约定了明确的仲裁事项,但未选择仲裁机构,纠纷发生后,原告明确表示不愿意就仲裁事宜与被告协商并达成补充协议,双方不能就仲裁机构的选定达成补充协议,故涉案仲裁条款无效。

当否,请批复。

最高人民法院关于对烟台绿丰环保设备有限公司与荣升集团(香港)有限公司解除合同纠纷一案中仲裁条款效力问题的请示的复函

(2011年10月27日　〔2011〕民四他字第48号)

山东省高级人民法院:

你院〔2011〕鲁立函字第22-1号《关于对烟台绿丰环保设备有限公司与荣升集团(香港)有限公司解除合同纠纷一案中仲裁条款效力问题的请示》收悉。经研究认为:

本案当事人未约定确认仲裁协议效力所适用的准据法，亦未约定仲裁地，按照最高人民法院《关于适用〈中华人民共和国仲裁法〉若干问题的解释》第十六条的规定，本案应适用法院地法即我国法律作为审查仲裁协议效力的准据法。

本案当事人虽然在合同中约定了仲裁作为解决争议的方式，但并未约定仲裁机构，甚至也没有约定仲裁地，属于对仲裁机构约定不明的情形。由于当事人未就仲裁机构的选择达成补充协议，根据《中华人民共和国仲裁法》第十八条的规定，可以认定仲裁协议无效。同意你院意见，涉案仲裁条款无效，人民法院对本案有管辖权。

附：

山东省高级人民法院关于对烟台绿丰环保设备有限公司与荣升集团（香港）有限公司解除合同纠纷一案中仲裁条款效力问题的请示

（2011年9月22日　〔2011〕鲁立函字第22－1号）

最高人民法院：

我院所辖烟台市中级人民法院在受理烟台绿丰环保设备有限公司诉荣升集团（香港）有限公司解除合同纠纷一案时发现，该案系涉港案件，双方当事人在订立《合资经营〈烟台新利特摩擦材料有限公司〉合同》时约定了仲裁条款，为慎重处理该案，根据《最高人民法院关于人民法院处理与涉外仲裁及外国仲裁事项有关问题的通知》（法发〔1995〕18号）和《最高人民法院关于审理和执行涉外民商事案件应当注意的几个问题的通知》（法〔2000〕51号）等规定，现将该案中的仲裁条款效力问题报请你院，请予审查。

一、当事人的基本情况

原告：烟台绿丰环保设备有限公司。住所地：山东省烟台市莱山区圣泉工业园内。

法定代表人：陈红卫，董事长。

被告：荣升集团（香港）有限公司。住所地：香港特别行政区荃湾绿场新村B座1205室。

法定代表人：马严生，董事长。

二、案件基本情况

2003年6月，烟台绿丰环保设备有限公司（以下简称绿丰公司）与荣升集团（香港）有限公司（以下简称荣升公司）签订《合资经营〈烟台新利特摩擦材料有限公司〉合同》一份，约定共同投资成立烟台新利特摩擦材料有限公司。2011年8月10日，绿丰公司以荣升公司没有按合同约定履行出资义务为由向山东省烟台市中级人民法院主张权利,请求解除合同,判令支付违约金并赔偿损失。

经查,涉案合同第七十二条约定:“凡因执行本合同所发生的或与合同有关的一切争议,双方应通过友好协商,如果协商不能解决,应提交仲裁机构,根据仲裁机构的规则进行仲裁。仲裁裁决是终局的,对双方都有约束力。仲裁费用除仲裁机关另有规定外,由败诉一方负担。”

三、我院意见

1. 该案系涉港合同纠纷。涉案合同第七十二条约定的仲裁条款虽然体现了双方以仲裁方式解决纠纷的意思表示,但当事人未约定确认该仲裁协议效力所适用的准据法,亦未明确选定仲裁地,故应适用法院地法,即应以中华人民共和国法律作为审查该案仲裁协议效力的准据法。

2. 涉案合同中的仲裁条款未明确约定仲裁机构,现一方当事人已经向人民法院提起诉讼,可以认为双方无法就仲裁机构问题达成补充协议,根据《中华人民共和国仲裁法》第十六条、第十八条的规定,涉案仲裁条款无效。人民法院对该案享有管辖权。

当否,请指示。

最高人民法院关于 Salzgitter Mannesmann International GmbH 与江苏省对外经贸股份有限公司之间仲裁协议效力的复函

(2011 年 8 月 26 日 〔2011〕民四他字第 32 号)

江苏省高级人民法院:

你院〔2011〕苏商外仲审字第 0003 号《关于 Salzgitter Mannesmann International GmbH 与江苏省对外经贸股份有限公司申请确认仲裁协议效力一案的请示》收悉,经研究,答复如下:

本案系当事人请求人民法院确认涉外仲裁条款无效的案件。本案中,双方当事人在所涉合同第 16 条约定了仲裁条款,该条款同时用中文、英文两种文字书写。根据合同第 17 条的约定,该两种文字的条款具有同等效力。合同第 16 条中文条款和英文条款的含义并不相同,而无论中文条款还是英文条款,根据法释〔2006〕7 号最高人民法院《关于适用〈中华人民共和国仲裁法〉若干问题的解释》第十六条的规定,本案都应当根据我国法律认定所涉仲裁条款的效力。

根据你院报送的卷宗材料,合同一方 Salzgitter Mannesmann International GmbH

系以合同中的仲裁条款来明确约定仲裁机构为由请求确认仲裁条款无效的，而合同另一方江苏省对外经贸股份有限公司并未对该仲裁条款未明确约定仲裁机构提出异议。在受理本案的江苏省南京市中级人民法院要求双方当事人明确选定仲裁机构的情况下，双方当事人不能就仲裁机构达成一致。因此，应当依照《中华人民共和国仲裁法》第十六条、第十八条的规定，认定本案所涉仲裁条款无效。

同意你院第二种意见关于认定仲裁条款无效的处理结论，但此理由欠妥，在此予以指出。

此复。

附：

江苏省高级人民法院关于 Salzgitter Mannesmann International CmbH 与江苏省对外经贸股份有限公司申请确认仲裁协议效力一案的请示

（2011 年 7 月 18 日 〔2011〕苏商外仲审字第 0003 号）

最高人民法院：

申请人 Salzgitter Mannesmann International GmbH 与被申请人江苏省对外经贸股份有限公司申请确认仲裁协议效力一案，南京市中级人民法院（以下简称南京中院）经审查，认为应确认涉案仲裁协议无效，并就此报送我院审查。根据《最高人民法院关于人民法院处理与涉外仲裁及外国仲裁事项有关问题的通知》的规定精神，现将该案有关情况报告如下：

一、当事人的基本情况

申请人：Salzgitter Mannesmann International GmbH，住所地在德国杜塞尔多夫 40476，Schwannstrassel2。

法定代表人：Thomas Rossbach、Thorsten Feldmann。

委托代理人：林稜、朱国林，上海源泰律师事务所律师。

被申请人：江苏省对外经贸股份有限公司，住所地在中华人民共和国江苏省南京市中山路 55 号新华大厦 25 楼。

法定代表人：夏强，该公司董事长。

委托代理人：张建伟、王广军，江苏振泽律师事务所律师。

二、案件的基本情况

申请人 Salzgitter Mannesmann International GmbH（以下简称萨吉塔公司）起诉称：申请人和被申请人于 2007 年 2 月 13 日签署了编号为 07JOCFlIZ－0311 的采购

合同。合同第16条虽然订立了仲裁条款,但没有约定明确的仲裁机构,违反了中国仲裁法关于仲裁协议的有关规定。根据《仲裁法》第十八条的规定,该仲裁条款应为无效。为此,请求人民法院确认该仲裁条款无效。

被申请人江苏省对外经贸股份有限公司(以下简称江苏外贸公司)辩称:对合同及相应仲裁条款真实性无异议,该仲裁条款是否有效请求法院公正评判。

案件审理中,经南京中院联系、协调,江苏外贸公司明确表示不愿与萨吉塔公司重新约定仲裁机构。

经查,2007年2月,萨吉塔公司与江苏外贸公司签订采购合同(编号07JOCFllZ－0311)一份,该合同以中、英文两种文字书写。当事人约定两种文字的条款具有同等效力。该合同第16条中文文本为:“仲裁:一切因执行本合同所发生或于(与)本合同有关之争执,双方应友好协商解决,如双方协商不能解决时,此争执应提交设在中国北京的国际商会仲裁委员会,按照该仲裁委员会仲裁程序暂行规则进行仲裁。仲裁委员会的裁决为终局裁决,对双方均有约束力。仲裁费用由败诉一方负担。”该合同第16条的英文文本翻译成中文为:“仲裁:与本合同有关或因执行本合同所引起的所有争议均由双方友好协商解决,如双方协商不成,则提交仲裁解决,仲裁应根据国际商会规则进行,仲裁地为中国北京。仲裁委员会的裁决为最终裁决,对双方均具有约束力。仲裁费用由败诉方承担。”

三、南京中院审查意见及依据

南京中院认为,因双方没有约定审查仲裁条款效力所适用的法律,根据最高人民法院《关于适用〈中华人民共和国仲裁法〉若干问题的解释》第十六条规定,本案应适用中国法律审查仲裁条款的效力。由于本案当事人订立的采购合同中的仲裁条款对仲裁机构约定不明确,且未能达成补充协议,因此,根据《中华人民共和国仲裁法》第十八条规定,该仲裁条款无效。

四、我院的审查意见

我院经审查认为:

1.本案系涉外仲裁协议效力认定的案件,因双方当事人没有约定审查仲裁条款效力所适用的法律,但约定仲裁地为中国北京,故本案应适用中国法律审查仲裁条款的效力。

2.关于涉案仲裁条款的效力,我院形成两种意见:

第一种意见认为,《中华人民共和国合同法》第一百二十五条第二款规定,合同文本采用两种以上文字订立并约定具有同等效力的,对各文本使用的词句推定具有相同含义。各文本使用的词句不一致的,应当根据合同的目的予以解释。本案中,根据中、英文的行文习惯分析,仲裁条款的中文文本与英文文本表述不一致的原因在于中文文本对英文文本的翻译有误,故可以认定双方当事人关于仲裁的意思表示应以英文文本为准。而根据该条款的英文文本,虽然双方仅约定适用国际商会规则进行仲裁,但根据《国际商会仲裁规则》第一条(仲裁院的职能是按照本规则以仲裁方式解决国际性的商事争议)、第四条(当事人如愿按照本规则请求仲裁时,应向秘书处提交仲裁申请书)的规定,可以确定双方当事人选定的仲裁机构系国际商会仲裁院,故本案仲裁条款有效。

第二种意见认为,本案所涉采购合同第 16 条即仲裁条款的中文文本与英文文本不能推定具有相同的含义。从该条款的中文文本来看,虽然北京并没有所谓的国际商会仲裁委员会,但根据该名称可以辨别出该名称系指中国国际商会仲裁院(即中国国际经济贸易仲裁委员会的别称)。从该条款的英文文本来看,虽然该文本仅约定适用国际商会规则进行仲裁,但根据《国际商会仲裁规则》第一条(仲裁院的职能是按照本规则以仲裁方式解决国际性的商事争议)、第四条(当事人如愿按照本规则请求仲裁时,应向秘书处提交仲裁申请书)的规定,可以确定仲裁机构系国际商会仲裁院。综上,该条款中、英文文本关于仲裁机构的约定不一致,双方当事人未就仲裁机构形成合意,且不能达成补充协议,根据《中华人民共和国仲裁法》第十八条的规定,本案所涉仲裁条款无效。

上述意见当否,请批复。

最高人民法院关于浙江一顺进出口有限公司与 MOHAMED. MOHAMOUD. OULD. MOHAMED 国际货物买卖纠纷中涉外仲裁条款效力问题的请示的复函

(2011 年 4 月 7 日 〔2011〕民四他字第 8 号)

浙江省高级人民法院:

你院〔2011〕浙立他字第 2 号《关于浙江一顺进出口有限公司与 MOHAMED. MOHAMOUD. OULD. MOHAMED 国际货物买卖纠纷中涉外仲裁条款效力问题的请示》收悉。经研究,答复如下:

本案系发生在浙江一顺进出口有限公司与 MOHAMED. MOHAMOUD. OULD. MOHAMED 间的货物买卖合同纠纷,双方签订的《经销责任协议》第九条约定了仲裁条款。MOHAMED. MOHAMOUD. OULD. MOHAMED 系毛里塔尼亚人,故该仲裁条款系涉外仲裁条款。依据最高人民法院《关于适用〈中华人民共和国仲裁法〉若干问题的解释》第十六条的规定,对涉外仲裁协议的效力审查,适用当事人约定的法律;当事人没有约定适用的法律但约定了仲裁地的,适用仲裁地法律;没有约定适用的法律也没有约定仲裁地或者仲裁地约定不明的,适用法院地法律。本案双方当事人未明确约定确认仲裁协议效力应适用的法律,双方尽管约定纠纷交由"中国国际贸易促进委员会对外贸易仲裁委员会"仲裁,但并未约定明确的仲裁地,故对涉外仲裁协议的效力审查,应适用法院地法律,即中华人民共和国法律。你院以当事人约定了仲裁地为由,认为本案应适用仲裁地法律的观点是缺乏依据的。

本案双方当事人签订的《经销责任协议》第九条约定,纠纷既可以向"中国国际贸易促进委员会对外贸易仲裁委员会"提交仲裁,也可向浙江一顺进出口有限公司所在地法院直接起诉。根据最高人民法院《关于适用〈中华人民共和国仲裁法〉若干问题的解释一》第七条的规定,当事人约定争议可以向仲裁机构申请仲裁也可以向人民法院起诉的,仲裁协议无效。同意你院关于本案仲裁协议无效的处理意见。

此复。

附:

浙江省高级人民法院关于浙江一顺进出口有限公司与 MOHAMED. MOHAMOUD. OULD. MOHAMED 国际货物买卖纠纷中涉外仲裁条款效力问题的请示

(2011 年 1 月 14 日 〔2011〕浙立他字第 2 号)

最高人民法院:

我院近日收到绍兴中院关于浙江一顺进出口有限公司与 MOHAMED. MOHAMOUD. OULD. MOHAMED 国际货物买卖合同纠纷一案中涉外仲裁条款效力问题的请示,该院审查后认为仲裁条款无效,根据最高人民法院法发〔1995〕18 号《关于人民法院处理与涉外仲裁及外国仲裁事项有关问题的通知》第一条的规定,逐级报请贵院审批。现将本案有关情况及我院审查意见报告如下:

一、当事人的基本情况

原告:浙江一顺进出口有限公司,住所地:浙江省诸暨市陶朱街道荣马路 1 号。

法定代表人:宣冬丽。

被告:MOHAMED. MOHAMOUD. OULD. MOHAMED,毛里塔尼亚人,现住浙江省义乌市江东樊村。

二、案件基本情况

原告诉称:原被告双方于 2009 年 10 月 9 日签订协议,约定原告以 CIF 价格成本价提供给被告全棉提花布及其他产品,由被告在目的地销售,货物的数量和种类由被告届时指定。同年 12 月 3 日,原告根据被告指定,将总价值 165, 985 美元的货物装运出口,被告则于12月16日将该批货物的正本提单取走。根据双方约定,被告应于2010年3月2日之前付清全款,但被告仍有124,000美元货款未付,更未支付30%的溢价收益,原告多次催讨无果。故特起诉请求判令被告支付货款124,000美元,利息31,000美元,总计155,000美元,并向绍兴中院提交限制被告出境申请。

另查明,原、被告签订的《经销责任协议》第九条规定:双方都应诚信合作,如有争议应友好协商。如协商不成双方均可以向中国国际贸易促进委员会对外贸易仲裁委员会提交仲裁,也可以向浙江一顺进出口有限公司所在地法院直接起诉。该协议签订地点在绍兴诸暨市。

三、我院审查意见

我院经审查认为,双方当事人在合同中订立的涉外仲裁条款无效。首先,确定本案仲裁条款的效力应当适用我国法律。根据最高人民法院《关于适用〈中华人民共和国仲裁法〉若干问题的解释》(法释〔2006〕7号)第十六条之规定,对涉外仲裁协议的效力审查,适用当事人约定的法律;当事人没有约定适用的法律但约定了仲裁地的,适用仲裁地法律;没有约定适用的法律也没有约定仲裁地或者仲裁地约定不明的,适用法院地法律。本案中双方并未约定适用法律,而约定的仲裁机构为中国国际贸易促进委员会,所在地为中国,故应当按照中国法的规定来审查该仲裁协议是否有效。其次,最高人民法院《关于适用〈中华人民共和国仲裁法〉若干问题的解释》(法释〔2006〕7号)第七条规定,当事人约定争议可以向仲裁机构申请仲裁也可以向人民法院起诉的,仲裁协议无效。本案仲裁条款既约定了仲裁,又约定了诉讼,根据上述司法解释规定,该仲裁协议应为无效。绍兴中院无论作为合同履行地法院还是合同签订地法院对本案均有管辖权。

最高人民法院关于奥地利 Weingartiner 机械制造有限公司与优励聂夫(南京)科技有限公司买卖合同中涉外仲裁条款效力问题的请示的复函

(2011年2月22日 〔2011〕民四他字第1号)

江苏省高级人民法院:

你院〔2010〕苏商外立他字第0002号《关于奥地利 Weingartiner 机械制造有限公司与优励聂夫(南京)科技有限公司买卖合同中涉外仲裁条款效力问题的请示报告》收悉。经研究,答复如下:

本案系确认涉外仲裁条款效力的案件。涉案《合同》第二十三条载明:“本合同履行时如发生争议应友好协商解决,或依照中华人民共和国有关法律、规章提交南京国际贸易仲裁委员会仲裁。”该仲裁条款并未约定适用的法律,也没有约定仲裁地。根据最高人民法院《关于适用〈中华人民共和国仲裁法〉若干问题的解释》第十六条“对涉外仲裁协议的效力审查,适用当事人约定的法律;当事人没有约定适用的法律但约定了仲裁地的,适用仲裁地法律;没有约定适用的法律也没有约定仲裁地或者仲裁地约定不明的,适用法院地法律”的规定,审查本案仲裁条款效力应当适用法院地法即中华人民共和国法律。“南京国际仲裁委员会”并不存在,当事人亦未就此达成补充协议,根据《中华人民共和国仲裁法》第十六条、第十八条之规定,涉案仲裁条款无效。

同意你院的请示意见,即涉案仲裁条款应确认无效。

此复。

附:

江苏省高级人民法院关于奥地利 Weingartiner 机械制造有限公司与优励聂夫(南京)科技有限公司买卖合同中涉外仲裁条款效力问题的请示报告

(2010 年 12 月 17 日 〔2010〕苏商外立他字第 0002 号)

最高人民法院:

江苏省南京市中级人民法院向我院报送〔2010〕宁商外立他字第 1 号《关于奥地利 Weingartiner 机械制造有限公司与优励聂夫(南京)科技有限公司买卖合同中涉外仲裁条款效力问题的请示》。根据最高人民法院法发〔1995〕18 号《关于人民法院处理与涉外仲裁及外国仲裁事项有关问题的通知》的规定,本院受理后进行了审查,现将审查情况报告如下:

一、当事人基本情况

原告:奥地利 Weingartner 机械制造有限公司,住所地:Kirchham29,4656 Kirchham bei Vorchdorf,Austria。

法定代表人:Andreas Weingartner。

委托代理人:廖毓辉,上海陆德邵和律师事务所律师。

委托代理人:邵万雷,上海陆德邵和律师事务所律师。

被告:优励聂夫(南京)科技有限公司,住所地:江苏省南京市雨花经济开发区龙藏大道 8 号。

法定代表人：于宙。

二、案件基本情况

2005年11月23日，奥地利Weingartiner机械制造有限公司（以下简称机械制造公司）与优励聂夫（南京）科技有限公司（以下简称优励聂夫公司）签订《合同》一份，约定机械制造公司向优励聂夫公司出售铣床设备一套，合同总价580,000欧元，由优励聂夫公司分期支付。双方在合同中还就交货期、质量保证、检验和索赔等相关权利义务作出了明确约定。另，该合同第二十三条载明："本合同履行时如发生争议应友好协商解决，或依照中华人民共和国有关法律、规章提交南京国际贸易仲裁委员会仲裁。"在合同履行期间，由于设备验收后优励聂夫公司未按约支付余款，双方又于2008年11月20日签订《合同付款协议》，约定优励聂夫公司应在2009年2月15日前付清余款。嗣后，虽经机械制造公司及其代理人多次催告，优励聂夫公司仍未付清余款，截至机械制造公司提交诉状之日，优励聂夫公司尚欠货款本金96,668.66欧元。机械制造公司遂提起本案诉讼，请求判令：(1)优励聂夫公司支付拖欠货款本金96,668.66欧元及逾期付款利息；(2)赔偿机械制造公司因优励聂夫公司违约产生的一切其他损失，包括律师服务费、翻译费、公证及领事认证费用等；(3)优励聂夫公司承担全部诉讼费用。

三、南京中院的审查意见

1. 确定本案仲裁条款效力应适用我国法律作为准据法

最高人民法院《关于适用〈中华人民共和国仲裁法〉若干问题的解释》第十六条规定，对涉外仲裁协议效力的审查，适用当事人约定的法律；当事人没有约定适用的法律但约定了仲裁地的，适用仲裁地法律。另，最高人民法院《第二次全国涉外商事海事审判工作会议纪要》第五十八条规定，当事人在合同中约定的适用于解决合同争议的准据法，不能用来确定涉外仲裁条款的效力。当事人在合同中明确约定了仲裁条款效力的准据法的，应当适用当事人明确约定的法律；未约定仲裁条款效力的准据法但约定了仲裁地的，应当适用仲裁地国家或者地区的法律。只有在当事人未约定仲裁条款效力的准据法亦未约定仲裁地或者仲裁地约定不明的情况下，才能适用法院地法即我国法律作为确认仲裁条款效力的准据法。根据上述规定，本案的双方当事人在合同中未约定仲裁条款的准据法，故审查该仲裁条款效力应适用双方约定的仲裁地（南京）法律即我国法律。退一步分析，即使认定仲裁地约定不明也应适用法院地法即我国法律作为确认仲裁条款效力的准据法。

2. 本案所涉仲裁条款无效，纠纷应属人民法院管辖

在确定应当适用我国法律审查仲裁条款效力的前提下，应根据我国《仲裁法》的有关规定，对本案合同所涉仲裁条款的效力进行审查。《中华人民共和国仲裁法》第十八条规定，仲裁协议对仲裁事项或者仲裁委员会没有约定或者约定不明确的，当事人可以补充协议；达不成补充协议的，仲裁协议无效。最高人民法院

《第二次全国涉外商事海事审判工作会议纪要》第五十九条规定，当事人达成的仲裁协议对仲裁事项或者仲裁机构没有约定或者约定不明，应认定仲裁协议无效，但当事人达成补充协议的除外。根据上述规定，本案双方当事人虽在合同中约定将纠纷“提交南京国际贸易仲裁委员会仲裁”，但南京市并无国际贸易仲裁委员会这一仲裁机构，且根据该约定所表述的文意，既不能确定双方选定的仲裁地是“南京”，也不能认定双方选择的仲裁机构是“国际贸易仲裁委员会”，双方当事人在发生纠纷后又未达成补充协议，故应认定涉案的仲裁条款无效，本案属于人民法院受案范围。

四、我院的审查意见

本案属于人民法院受案范围。理由：(1)根据最高人民法院《关于适用〈中华人民共和国仲裁法〉若干问题的解释》第十六条及最高人民法院《第二次全国涉外商事海事审判工作会议纪要》第五十八条之规定，本案的双方当事人在涉案合同中未约定仲裁条款效力的准据法、仲裁地亦约定不明，故审查该仲裁条款效力应适用双方约定的仲裁地(南京)法律即我国法律。(2)根据最高人民法院《第二次全国涉外商事海事审判工作会议纪要》第五十九条规定，本案当事人双方达成的涉案仲裁协议对仲裁地和仲裁机构约定不明，当事人又未达成补充协议，应认定该仲裁协议无效。本案双方当事人虽在合同中约定将纠纷“提交南京国际贸易仲裁委员会仲裁”，但江苏省南京市并无国际贸易仲裁委员会这一仲裁机构，且根据该约定所表述的文意，既不能确定双方选定的仲裁地是“南京”，也不能认定双方选择的仲裁机构是“国际贸易仲裁委员会”，双方当事人在发生纠纷后又未达成补充协议，故应认定涉案的仲裁条款无效。

根据《最高人民法院关于人民法院处理与涉外仲裁及外国仲裁事项有关问题的通知》的规定，凡起诉到人民法院的涉外、涉港澳和涉台经济、海事海商纠纷案件，如果当事人在合同中订有仲裁条款或者事后达成仲裁协议，人民法院认为该仲裁条款或者仲裁协议无效、失效或者内容不明确无法执行的，在决定受理一方当事人起诉之前，必须报请本辖区所属高级人民法院进行审查；如果高级人民法院同意受理，应将其审查意见报最高人民法院，在最高人民法院未作答复前，可暂不予受理。据此，现将我院上述审查意见报告贵院，请予批示。

特此报告。

最高人民法院关于申请人安德利果汁股份有限公司与被申请人庆阳市恒盛果汁有限公司申请确认仲裁协议效力案的请示的复函

(2010 年 12 月 8 日 〔2010〕民四他字第 76 号)

北京市高级人民法院:

你院京高法〔2010〕402 号《关于申请人安德利果汁股份有限公司与被申请人庆阳市恒盛果汁有限公司申请确认仲裁协议效力案的请示》收悉。经研究,答复如下:

本案系确认涉外仲裁协议效力的案件。根据最高人民法院《关于适用〈中华人民共和国仲裁法〉若干问题的解释》第十六条"对涉外仲裁协议的效力审查,适用当事人约定的法律;当事人没有约定适用的法律但约定了仲裁地的,适用仲裁地法律;没有约定适用的法律也没有约定仲裁地或者仲裁地约定不明的,适用法院地法律"的规定,涉案六份《购销合同》未明确约定仲裁地,因此,应当适用中华人民共和国法律作为审查本案仲裁条款效力的准据法。

从请示报告的内容来看,涉案六份《购销合同》系由庆阳市恒盛果汁有限公司单方制作,安德利果汁股份有限公司并未确认,故双方当事人之间未就涉案六份《购销合同》产生争议达成一致的提交仲裁的意思表示。

同意你院的请示意见,即涉案仲裁条款应确认无效。

此复。

附:

北京市高级人民法院关于申请人安德利果汁股份有限公司与被申请人庆阳市恒盛果汁有限公司申请确认仲裁协议效力案的请示

(2010 年 11 月 17 日 京高法〔2010〕402 号)

最高人民法院:

我市第一中级人民法院(以下简称一中院)于 2010 年 4 月 28 日立案受理了美国公司安德利果汁股份有限公司(Andre Juice, Incorporated, 以下简称安德利公司)作为申请人,中国公司庆阳市恒盛果汁有限公司(以下简称恒盛公司)作为被申请人的确认仲裁协议效力一案，一中院审查后，拟裁定安德利公司申请的 HS090309S 号、HS0610 号、P5489－1 号、P5489－2 号、P5489－6 号、P5489－7 号六份《购销合同》中的仲裁条款无效，并依据相关规定向我院请示。经研究，现将该案情况报告并请示如下：

一、安德利公司申请确认仲裁协议无效的理由

安德利公司申请称，恒盛公司于 2009 年 12 月 3 日向中国国际经济贸易仲裁委员会提出裁决 HS090309S 号、HS0610 号、P5489 号、P5489－1 号、P5489－2 号、P5489－6 号、P5489－7 号购销合同纠纷的仲裁申请。安德利公司接到《仲裁申请书》和相关证据，经审阅后发现，恒盛公司所称的 HS090309S 号、HS0610 号、P5489－1 号、P5489－2 号、P5489－6 号、P5489－7 号合同是恒盛公司编造的。安德利公司未与之签订过上述合同。恒盛公司依据的 HS090309S 号、HS0610 号、P5489－1 号、P5489－2 号、P5489－6 号、P5489－7 号《购销合同》中的仲裁条款是无效的。现根据《中华人民共和国仲裁法》、《中华人民共和国民事诉讼法》的有关规定，请求确认 HS090309S 号、HS0610 号、P5489－1 号、P5489－2 号、P5489－6 号、P5489－7 号《购销合同》中的仲裁条款无效或没有成立。

二、恒盛公司的主要答辩意见

恒盛公司请求驳回安德利公司的申请，其主要理由为：

第一，无权代理人孙君与安德利公司签订的苹果汁《购销合同》是经恒盛公司追认的合同，合法有效。无权代理人孙君与安德利公司 2009 年签订了 HS090309S 号、P5489 号苹果汁《购销合同》，合同第 13 条 C 款（第 3 款）均约定：“发生问题如果协商解决不成，可提交中国、北京中国国际经济贸易仲裁委员会仲裁。”后恒盛公司对上述合同进行追认，并依据合同约定履行了交货义务。根据我国法律规定，无权代理人代表被代理人签订的合同，原则上是无效的，但经过被代理人的追认，则为有效合同。此案中，孙君是未经授权的无权代理人，其代理恒盛公司签订的合同原则上是无效的。但是，恒盛公司追认并履行了此合同。因此，恒盛公司与安德利公司签订的合同是合法有效的，其中所涉及的仲裁条款自然也是合法有效的。

第二，关于合同号变更情况的说明。双方签订的 P5489 号苹果汁《购销合同》约定，(1)交货数量：50 集装箱（72 桶/集装箱）；(2)交货地点：加拿大温哥华；(3)酸度（11.5Brix）：1.0% +；(4)价格：585 美元/吨（FOB 价格）；(5)交货时间：2009 年 5 月至 9 月。合同签订后，安德利公司通过无权代理人孙君要求恒盛公司必须按照其指定的地点和时间交货，其中大部分货物都涉及到了送货地点的变更，致使恒盛公司无法进行商检和报关。于是，恒盛公司电话询问无权代理人孙君（原因是恒盛公司第一次办理出口事宜，不了解其中的过程和详细情况）如何发货，无权代理人孙君说，只要将合同号和交货地点更改，即可发货。于是，恒盛公司按照孙君的指示更改了合同号，其中，更改后的 P5489 - 1 号合同的货物发往新加坡；P5489 - 2 号合同的货物发往以色列的海法；P5489 - 6 号合同的货物发往牙买加的金士顿；P5489 - 7 号合同的货物发往埃及；HS0610 号合同的货物应孙君的要求改为高酸苹果汁，价格也改为 600 美元/吨，交货地点为加拿大的温哥华。恒盛公司按照无权代理人孙君的上述要求更改了合同号和相关的技术指标、交货地点，并发货到指定地点，但实际上都是履行的 P5489 号合同。后货代（无权代理人孙君指定的货代）将提单全部寄给了无权代理人孙君，孙君未经恒盛公司同意，就直接寄给安德利公司。现恒盛公司的交货义务已经履行完毕，安德利公司也提取了全部货物，但却迟迟不向恒盛公司支付货款，已经构成违约，给恒盛公司造成了巨大的经济损失。

第三，安德利公司对仲裁协议提出异议属恶意拖延支付货款。恒盛公司按照安德利公司的指示履行了全部交货义务。但是，安德利公司却拒不支付货款，已构成违约，应承担违约责任。恒盛公司一直催要货款无果，无奈于 2009 年 12 月 3 日依据仲裁条款向北京的中国国际经济贸易仲裁委员会提起仲裁申请。其间，恒盛公司也委托常小俊律师与安德利公司进行了和解谈判，和解过程中，安德利公司明确表示自己已经收到全部货物，但由于其他原因，故意不支付货款，还扬言要拖垮恒盛公司。在仲裁过程中安德利公司以合同号变更为由，对仲裁条款提出异议，实属利用法律的程序性规定恶意拖延支付货款的时间，其应承担相关的责任。综上，请求驳回安德利公司的申请。

三、一中院审查的事实

2009 年 5 月 8 日，安德利公司与恒盛公司通过传真方式订立 P5489 号《购销合同》，孙君代表恒盛公司在合同上签字。合同第 13 条第 3 款约定："因履行本合同而产生的或与本合同有关的任何争议应友好协商解决。如双方不能通过协商解决，应提交至位于中国北京的中国国际经济贸易仲裁委员会，由该委员会依据其仲裁规则解决。仲裁裁决为最终裁决，对双方均有约束力。"恒盛公司诉讼期间自认，因安德利公司要求变更合同约定的目的港等原因，致使货物无法报关、商检。因此，恒盛公司以 P5489 号《购销合同》的传真件为蓝本，自己制作了 HS090309S 号、HS0610 号、P5489 - 1 号、P5489 - 2 号、P5489 - 6 号、P5489 - 7 号合同，并在合同中更改了货物的某些技术指标、到达港、数量、价格等，P5489 - 2 号合同还在安德利公司的要求下，更改了买家，即将安德利公司更改为甘士果汁有限公司。但是，安德利公司实际收取了上述合同项下的货物。另查：代表恒盛公司签订 P5489 号《购销合同》的孙君，真名叫孙君丽。

2009 年 12 月，恒盛公司向中国国际经济贸易仲裁委员会提起仲裁申请，要求安德利公司支付 HS090309S 号、HS0610 号、P5489 号、P5489 - 1 号、P5489 - 2 号、P5489 - 6 号、P5489 - 7 号等七份《购销合同》项下尚欠的货款，并赔偿损失。安德利公司以双方未签订其中的六份合同，即 HS090309S 号、HS0610 号、P5489 - 1 号、

P5489 - 2 号、P5489 - 6 号、P5489 - 7 号(P5489 号合同除外)为由,请求法院确认上述六份合同中的仲裁条款无效或未成立。

四、一中院审查意见

一中院经审查认为:因 HS090309S 号、HS0610 号、P5489 - 1 号、P5489 - 2 号、P5489 - 6 号、P5489 - 7 号六份《购销合同》中的仲裁条款是恒盛公司单方书写,非双方当事人意思表示一致的结果,故一中院认定上述六份合同中的仲裁条款没有成立,即双方没有达成仲裁解决其纠纷的意思表示。根据《中华人民共和国仲裁法》第四条和第二十条的规定及《最高人民法院关于申请人浙江省诸暨市对外经济贸易公司与被申请人香港铠威贸易公司申请确认仲裁协议效力问题的复函》(〔2000〕交他字第 15 号)的精神,一中院拟裁定 HS090309S 号、HS0610 号、P5489 - 1 号、P5489 - 2 号、P5489 - 6 号、P5489 - 7 号六份《购销合同》中的仲裁条款无效。

五、我院审查意见

我院于 2010 年 9 月 25 日立案审查,经研究基本同意一中院裁定 HS090309S 号、HS0610 号、P5489 - 1 号、P5489 - 2 号、P5489 - 6 号、P5489 - 7 号六份《购销合同》中的仲裁条款无效的意见。但认为一中院关于"双方没有达成仲裁解决其纠纷的意思表示"的表述不妥。安德利公司与恒盛公司于 2009 年 5 月 8 日通过传真方式订立的 P5489 号《购销合同》中约定:"因履行本合同而产生的或与本合同有关的任何争议应友好协商解决。如双方不能通过协商解决,应提交至位于中国北京的中国国际经济贸易仲裁委员会,由该委员会依据其仲裁规则解决。仲裁裁决为最终裁决,对双方均有约束力。"安德利公司申请确认上述六份合同中的仲裁条款无效的申请不包括 P5489 号《购销合同》。如法院的裁定中写明双方没有达成仲裁解决其纠纷的意思表示,可能给中国国际经济贸易仲裁委员会对 P5489 号《购销合同》的实体审理造成不便。故我院认为仅裁定 HS090309S 号、HS0610 号、P5489 - 1 号、P5489 - 2 号、P5489 - 6 号、P5489 - 7 号六份《购销合同》中的仲裁条款无效即可。

以上意见妥否,请指示。

最高人民法院关于山东墨龙石油机械股份有限公司与离岸公司(HIGH SEALED AND COUPLED S. A. L)买卖合同纠纷一案中仲裁条款效力问题的请示的复函

(2010年7月5日 〔2010〕民四他字第40号)

山东省高级人民法院：

你院〔2010〕鲁立函字第13号《关于山东墨龙石油机械股份有限公司与离岸公司(HIGH SEALED AND COUPLED S. A. L)买卖合同纠纷一案中仲裁条款效力问题的请示》收悉。经研究,答复如下：

一、本案当事人签订的《独家销售协议》中有仲裁条款。虽然当事人约定可以向有管辖权的法院寻求衡平法或临时性的救济措施,但同时还约定,该条款所允许的司法程序不影响当事人通过仲裁解决实体问题的权利。即当事人之间与《独家销售协议》有关的实体问题争议,仍应通过仲裁解决。对此,不应认定双方既有仲裁约定,又有可寻求法院解决争议的约定。

二、《独家销售协议》中约定了仲裁规则,即国际商会《仲裁与调解规则》。由于按照该仲裁规则能够确定仲裁机构就是国际商会仲裁院,故应视为当事人约定了具体的仲裁机构。

按照最高人民法院《关于适用〈中华人民共和国仲裁法〉若干问题的解释》第十六条的规定,对涉外仲裁协议的效力审查,当事人没有约定适用的法律但约定了仲裁地的,适用仲裁地法律。按照你院查明的瑞士法律,本案当事人约定的仲裁条款有效。故同意你院意见,我国法院对该案无管辖权。

此复。

附：

山东省高级人民法院关于山东墨龙石油机械股份有限公司与离岸公司(HIGH SEALED AND COUPLED S. A. L)买卖合同纠纷一案中仲裁条款效力问题的请示

(2010年5月28日 〔2010〕鲁立函字第13号)

最高人民法院：

山东墨龙石油机械股份有限公司与离岸公司(HIGH SEALED AND COUPLED

S. A. L)买卖合同纠纷一案,山东省潍坊市中级人民法院于2009年11月4日作出(2009)潍外初字第13-1号民事裁定。离岸公司对该裁定不服向我院提出上诉。在审查该案期间,我院发现该案系涉外合同纠纷,当事人在合同中签订有仲裁条款。为慎重处理此案,经我院研究,根据《最高人民法院关于人民法院处理与涉外仲裁及外国仲裁事项有关问题的通知》(法发〔1995〕18号)和《最高人民法院关于审理和执行涉外民商事案件应当注意的几个问题的通知》(法〔2000〕51号)等规定,现将本案基本情况及处理意见报请你院,请予审查。

一、当事人基本情况

原告:山东墨龙石油机械股份有限公司,住所地:寿光市开发区北海路99号。

被告:离岸公司(HIGH SEALED AND COUPLED S. A. L.),住所地:黎巴嫩贝鲁特贝鲁特中区马阿拉德大街瓦卡弗艾尔路姆大厦286A(Beirut Central District Maarad street Wakf - el - Roum Bldg. ,286A Beirut,Lebanon)。

二、基本案情

2008年5月6日,山东墨龙石油机械股份有限公司(以下简称山东墨龙公司)与离岸公司签订《独家销售协议》一份,约定离岸公司作为山东墨龙公司独家销售人,于协议有效期内从山东墨龙公司至少购买150,000吨产品在阿尔及利亚独家销售。后因协议履行发生纠纷,山东墨龙公司以离岸公司为被告向山东省潍坊市中级人民法院提起诉讼,要求解除《独家销售协议》。

经查,涉案《独家销售协议》第7.1条约定:"本协议的英文和中文文件应该是唯一的版本。本协议的所有要求应该用英文和中文,英文版本应该是主要的控制版本。万一中文版与英文版意思有差别时,应该以英文版本为准。"中国对外翻译出版公司对涉案协议第5.1条、第5.2条、第5.3条的翻译为:"由于本协议引起或与本协议有关的任何争议应该由一名或多名根据国际商会《仲裁与调解规则》指定的仲裁员根据《仲裁与调解规则》最终解决。仲裁地为瑞士日内瓦,仲裁程序应使用为英语。""仲裁员应适用本协议中的条款和瑞士法律。""任何一方有权向任何有管辖权的法院寻求并获得衡平法或临时性的补救或救济措施,以执行其因本协议而可能享有的权利或利益。本条款所允许的司法程序不应免除或限制索赔方要求通过仲裁审理争议实体问题的权利。"

三、我院意见

涉案《独家销售协议》第5.1条、第5.2条、第5.3条分别约定:"由于本协议引起或与本协议有关的任何争议应该由一名或多名根据国际商会《仲裁与调解规则》指定的仲裁员根据《仲裁与调解规则》最终解决。仲裁地为瑞士日内瓦,仲裁程序应使用为英语。""仲裁员应适用本协议中的条款和瑞士法律。""任何一方有权向任何有管辖权的法院寻求并获得衡平法或临时性的补救或救济措施,以执行其因本协议而可能享有的权利或利益。本条款所允许的司法程序不应免除或限制索赔方要求通过仲裁审理争议实体问题的权利。”

尽管我院所辖潍坊市中级人民法院认为涉案《独家销售协议》第5.1条、第5.2条未明确约定具体的仲裁机构，应为约定不明确，另根据第5.3条的约定，双方既有仲裁约定，又有可寻求法院解决争议的约定，原告选择向法院提起诉讼，请求解决争议，符合法律规定。但我院认为，根据涉案协议第5.1条、第5.2条、第5.3条的约定，当事人没有约定确认仲裁条款效力的准据法，但当事人约定了仲裁地在瑞士日内瓦，故该案应以仲裁地法即瑞士法律审查涉案仲裁协议的效力。涉案协议第5.3条虽约定“任何一方有权向任何有管辖权的法院寻求并获得衡平法或临时性的补救或救济措施，以执行其因本协议而可能享有的权利或利益。本条款所允许的司法程序不应免除或限制索赔方要求通过仲裁审理争议实体问题的权利”，但根据《瑞士联邦国际私法》第七条和第一百七十八条第二款的规定，涉案仲裁条款有效。因此，我国法院对该案无管辖权。

当否，请指示。

最高人民法院关于泰国德盛米业有限公司诉广州市御品轩贸易有限公司国际货物买卖合同纠纷一案仲裁条款效力问题的请示的复函

(2010年6月13日 〔2010〕民四他字第34号)

广东省高级人民法院：

你院〔2008〕粤高法民四他字第8号《关于泰国德盛米业有限公司诉广州市御品轩贸易有限公司国际货物买卖合同纠纷一案仲裁条款效力问题的请示》收悉。经研究，答复如下：

本案系涉外货物买卖合同纠纷。根据你院报送的材料，泰国德盛米业有限公司与广州市御品轩贸易有限公司签订的两份买卖合同，对纠纷的解决均约定：“如果双方协商不能解决，争议将提交仲裁庭仲裁。仲裁庭由两名仲裁员组成，一名中国籍的由买方指定，另一名泰国籍的由卖方指定，首席仲裁员由双方协商一致并任命。仲裁地点经协商一致后确定。”关于审查仲裁条款效力适用的准据法，最高人民法院《关于适用〈中华人民共和国仲裁法〉若干问题的解释》第十六条规定：“对涉外仲裁协议的效力审查，适用当事人约定的法律；当事人没有约定适用的法律但约定了仲裁地的，适用仲裁地法律；没有约定适用的法律也没有约定仲裁地或者仲裁地约定不明的，适用法院地法律。”本案当事人没有约定仲裁条款效力的准据法，也没有约定仲裁地,事后亦未就仲裁地达成补充协议,故应当适用法院地法即我国法律审查该仲裁条款的效力。《中华人民共和国仲裁法》第十六条第二款规定:“仲裁协议应当具有下列内容:(一)请求仲裁的意思表示;(二)仲裁事项;(三)选定的仲裁委员会。”本案所涉仲裁条款虽然有明确的仲裁意思表示和仲裁事项,但当事人没有约定仲裁机构,在一方当事人已经向人民法院提起诉讼的情况下,可以认定双方无法就仲裁机构问题达成补充协议。根据《中华人民共和国仲裁法》第十八条的规定,该仲裁条款应当认定无效。广州市中级人民法院作为本案被告住所地法院,对本案纠纷享有管辖权。

同意你院请示意见。

此复。

附:

广东省高级人民法院关于泰国德盛米业有限公司诉广州市御品轩贸易有限公司国际货物买卖合同纠纷一案仲裁条款效力问题的请示

(2010年4月28日 〔2008〕粤高法民四他字第8号)

最高人民法院:

广州市中级人民法院受理的原告泰国德盛米业有限公司(Tek Seng Rice Mill Co. Ltd.,以下简称泰国德盛公司)诉被告广州市御品轩贸易有限公司(以下简称御品轩公司)国际货物买卖合同纠纷一案,被告御品轩公司在答辩期间提出管辖权异议,认为本案应移送临时仲裁庭审理。经审查,广州中院认为双方约定的仲裁条款无效,拟裁定驳回御品轩公司的管辖权异议,我院拟同意广州中院的处理意见。根据最高人民法院《关于人民法院处理与涉外仲裁及外国仲裁事项有关问题的通知》(法发〔1995〕18号)第一条的规定,特向钧院请示。

一、当事人基本情况

原告(管辖权异议被申请人):德盛米业有限公司(Tek Seng Rice Mill Co. Ltd.),住所地:No. 144 Village No. 4 Pattamanont Road, Kaeyai Sub-District, Muang Surin District, Surin Province(泰国)。

被告(管辖权异议申请人):广州市御品轩贸易有限公司,住所地:广东省广州市海珠区工业大道中石岗路90号自编609、610房。

二、基本案情

泰国德盛公司2008年6月3日向广州中院起诉称,御品轩公司2006年12月

14日向其订购了两批香米,签署了编号为TS06006、TS06007的两份销售合同(以下简称06、07号销售合同)。泰国德盛公司依照合同约定送货后,御品轩公司至今仍拖欠货款208,312美元未付,故请求判令御品轩公司立即付清所欠货款并支付逾期付款期间的利息损失。广州中院向御品轩公司送达起诉状副本和证据材料副本后,御品轩公司在答辩期间提出管辖权异议,认为:(一)06、07号销售合同中约定有仲裁条款,根据该仲裁条款,双方选择将争议提交临时仲裁庭仲裁;(二)由于双方未就处理合同争议所适用的法律进行选择,根据最密切联系原则,应以泰国德盛公司所在地即泰国的法律作为处理本案争议的准据法,而临时仲裁为泰国法律所认可,故本案06、07号销售合同中的仲裁条款合法有效,请求将本案移送有管辖权的临时仲裁庭审理。

泰国德盛公司向广州中院提交了三份编号分别为TS06006、TS06007、TS05001的销售合同(英文本及中文译本)以及提单、贷记通知书/收据和分期还款计划。其中,编号为TS06006、TS06007的销售合同最后一条均约定:“所有其他条款和我们之前的TS05001合同条款相同,保持不变。”编号为TS05001的销售合同(以下简称01号销售合同)第十条约定:“因本合同或其执行而产生的任何争议,如果有,将通过友好协商解决。如果双方的协商不能解决,争议将提交仲裁庭仲裁。仲裁庭由两名仲裁员组成,一名中国籍的由买方指定,另一名泰国籍的由卖方指定,首席仲裁员由双方协商一致并任命。仲裁地点经协商一致后确定。仲裁费用由败诉方负担,除非仲裁庭另有裁定。”

三、广州中院的处理意见

广州中院经审查认为,泰国德盛公司是在泰国注册成立的公司,本案属涉外买卖合同纠纷。本案纠纷究竟应通过诉讼还是提请仲裁解决,关键在于如何认定原告和被告在合同中约定的仲裁条款的效力。最高人民法院《关于适用〈中华人民共和国仲裁法〉若干问题的解释》(法释〔2006〕7号)第十六条规定:“对涉外仲裁协议的效力审查,适用当事人约定的法律;当事人没有约定适用的法律但约定了仲裁地的,适用仲裁地法律;没有约定适用的法律也没有约定仲裁地或者仲裁地约定不明的,适用法院地法律。”而本案当事人向我院提交的证据显示,讼争双方并没有约定确定仲裁条款效力的准据法,也没有约定仲裁地,故此,对上述有关合同中仲裁条款效力的审查应适用法院地法,即中华人民共和国法律,而非泰国法律。《中华人民共和国仲裁法》第十八条规定:“仲裁协议对仲裁事项或者仲裁委员会没有约定或者约定不明确的,当事人可以补充协议;达不成协议的,仲裁协议无效。”根据06、07号销售合同中约定的仲裁条款,双方虽有将争议提交仲裁解决的明确意思表示,但没有明确选定仲裁地点和仲裁机构,本案纠纷发生后至今也未就仲裁地点和仲裁机构达成补充协议。根据我国仲裁法第十六条、第十八条,我国民事诉讼法第二十四条、第三十八条和最高人民法院《关于适用〈中华人民共和国仲裁法〉若干问题的解释》(法释

〔2006〕7 号)第十六条的规定,该仲裁条款应认定无效,拟裁定驳回御品轩公司对本案管辖权提出的异议。由于御品轩公司的住所地在广东省广州市,根据我国民事诉讼法第二十四条关于因合同纠纷提起的诉讼,由被告住所地或者合同履行地人民法院管辖的规定,广州中院作为御品轩公司住所地的法院,依法对本案享有管辖权。

四、我院的审查意见

经审查,我院拟同意广州中院的处理意见。

本案被告御品轩公司提出管辖权异议所依据的是 06、07 号销售合同所援引的 01 号销售合同中的仲裁条款,管辖权异议的焦点问题是该仲裁条款是否真实有效。

关于本案仲裁条款效力审查应适用的准据法。根据最高人民法院《关于适用〈中华人民共和国仲裁法〉若干问题的解释》(法释〔2006〕7 号)第十六条的规定,对涉外仲裁协议的效力审查,应当适用当事人约定的法律,如果当事人没有约定适用的法律但约定了仲裁地,应适用仲裁地法律,没有约定适用的法律也没有约定仲裁地或者仲裁地约定不明的,则适用法院地法律。因泰国德盛公司和御品轩公司未约定仲裁条款应适用的法律,也没有约定仲裁地,故本案仲裁条款的效力审查应适用中华人民共和国法律。

关于本案仲裁条款的真实性。06、07 号和 01 号销售合同均是泰国德盛公司提供的证据,御品轩公司又是根据 06、07 号销售合同所援引的 01 号销售合同中的仲裁条款提起管辖权异议的,故双方当事人对涉案仲裁条款的真实性不持异议,本院予以确认。

关于本案仲裁条款的效力。根据我国仲裁法第十七条的规定,仲裁协议应当包括请求仲裁的意思表示、仲裁事项和选定的仲裁委员会三项内容。本案当事人有明确的请求仲裁的意思表示,也约定了明确的仲裁事项,并且约定了仲裁庭的组成方式,但未选择仲裁委员会。御品轩公司称其选择的是临时仲裁,但根据我国仲裁法第十七条关于仲裁协议法定要素的规定,我国仲裁法只承认常设的仲裁机构依法作出的仲裁裁决,不承认国内临时仲裁机构及其做出的裁决结果,故本案仲裁条款欠缺选定的仲裁委员会。根据我国仲裁法第十八条的规定,仲裁协议对仲裁事项或者仲裁委员会没有约定或者约定不明确的,当事人可以补充协议;达不成协议的,仲裁协议无效。本案纠纷发生后,泰国德盛公司向广州中院提起了诉讼,御品轩公司提出管辖异议,认为本案纠纷应由泰国的临时仲裁机构受理,双方当事人未能就仲裁委员会的选定达成补充协议,故涉案仲裁条款无效,御品轩公司的管辖异议应予驳回。根据我国民事诉讼法第二十四条关于因合同纠纷提起的诉讼,由被告住所地或者合同履行地人民法院管辖的规定,广州中院作为本案被告御品轩公司住所地有涉外管辖权的人民法院,依法对本案有管辖权。

以上处理意见当否,请予批复。

最高人民法院关于山东名流实业集团有限公司与韩弼淳(PIL SOON HAN)技术合作开发合同纠纷一案中仲裁条款效力问题的请示的复函

(2009年12月22日 〔2009〕民四他字第47号)

山东省高级人民法院：

你院〔2009〕鲁立函字第42－1号《关于山东名流实业集团有限公司与韩弼淳(PIL SOON HAN)技术合作开发合同纠纷一案中仲裁条款效力问题的请示》收悉。经研究，答复如下：

根据你院请示报告所述，本案双方当事人山东名流实业集团有限公司与韩弼淳在2001年3月11日签订《合作协议书》后，对协议中涉及纠纷解决方式的条款进行了多次修改并签订了修改协议。最后一次是双方于2009年4月28日达成的《合作协议书的修改协议》，该协议第五条约定："未尽事宜，友好协商；协商不成，以英文版本提交日本任何一家仲裁机构进行仲裁。"

因本案所涉仲裁协议是在中国公司与外国公民之间达成的，因此，本案系属涉外仲裁协议效力认定的案件。首先应当确认仲裁协议效力应适用的准据法。最高人民法院《关于适用〈中华人民共和国仲裁法〉若干问题的解释》第十六条规定："对涉外仲裁协议的效力审查，适用当事人约定的法律；当事人没有约定适用的法律但约定了仲裁地的，适用仲裁地法律；没有约定适用的法律也没有约定仲裁地或者仲裁地约定不明的，适用法院地法律。"首先，本案双方当事人在《合作协议书的修改协议》第五条中并未约定确认该仲裁协议效力所适用的准据法；其次，该修改协议第五条虽然约定了"提交日本任何一家仲裁机构进行仲裁"但日本仲裁机构的仲裁地可能在日本，也可能在其他国家，具有不确定性。显然该修改协议亦未明确选定仲裁地。因此，应当适用法院地法，即中国法律来审查本案仲裁协议的效力。根据《中华人民共和国仲裁法》第十八条"仲裁协议对仲裁事项或者仲裁委员会没有约定或者约定不明确的，当事人可以补充协议；达不成补充协议的，仲裁协议无效"之规定，本案当事人对仲裁机构约定不明，且未达成补充协议，本案仲裁条款应属无效条款。由于本案一方当事人已向山东省威海市中级人民法院提起诉讼，故可以认定双方无法就仲裁问题达成补充协议。因此，山东省威海市中级人民法院对本案有管辖权。

综上，同意你院的请示意见。

另，你院请示报告中关于认定本案所涉仲裁协议应以中国法律为准据法的理由不妥。本案是由于当事人未约定确认该仲裁协议效力所适用的准据法，亦未明确选定仲裁地，应当适用法院地法，从而认定应以中国法律为审查本案的准据法，并非由于“涉案《合作协议书》及修改协议中载明的纠纷解决方式的效力问题属程序问题，应当适用法院地法”。对此，你院应予纠正。

此复。

附：

山东省高级人民法院关于山东名流实业集团有限公司与韩弼淳（PIL SOON HAN）技术合作开发合同纠纷一案中仲裁条款效力问题的请示

（2009年11月16日　〔2009〕鲁立函字第42－1号）

最高人民法院：

我省威海市中级人民法院在受理原告山东名流实业集团有限公司诉被告韩弼淳（PIL SOON HAN）技术合作开发合同纠纷一案时发现，该案系涉外案件，双方当事人在订立合同时对解决纠纷方式约定的仲裁机构不明。为慎重处理此案，经我院研究，根据《最高人民法院关于人民法院处理与涉外仲裁及外国仲裁事项有关问题的通知》（法发〔1995〕18号）和《最高人民法院关于审理和执行涉外民商事案件应当注意的几个问题的通知》（法〔2000〕51号）等规定，现将该案涉及的仲裁条款效力问题报请你院，请予审查。

一、当事人基本情况

原告：山东名流实业集团有限公司，住所地：山东省威海市环翠区羊亭镇。

法定代表人：周本留，总经理。

被告：韩弼淳（PIL SOON HAN），男，1933年2月20日出生，大韩民国公民，现住山东省威海市环翠区名流花园5号201室。

二、案件基本情况

山东名流实业集团有限公司（以下简称名流公司）向山东省威海市中级人民法院起诉称，2001年3月11日，其公司法定代表人与韩弼淳签订《合作协议书》一份。协议签订后，名流公司按约定将厂房、设备投入使用，并支付了开发过程中的所有费用。此后，双方又对协议进行了修改并签订补充协议，约定技术专利申请权属于名流公司。协议履行过程中，韩弼淳未提供研发产品所需技术及图纸，并私自将双方合作研发的产品技术和名流公司提供的技术在韩国以个人名义申请了专利，违反了双方约定。请求解除合作协议并判令韩弼淳赔偿经济损失。

经查，2001年3月11日，名流公司与韩弼淳签订《合作协议书》一份。2001年3

月 21 日，双方在山东省威海市环翠公证处重新签订《合作协议书》。该《合作协议书》第五条约定："未尽事宜，友好协商；协商不成，以英文版本提交香港仲裁委员会进行仲裁，中文版本用作参考。"2009 年 4 月 28 日，双方签订《对于〈合作协议书〉第五条的修改协议》，将原《合作协议书》第五条修改为："未尽事宜，友好协商；协商不成，以英文版本提交日本任何一家仲裁机构进行仲裁，中文版本用作参考。"

三、我院意见

1. 本案系涉外合同纠纷，涉案合作协议书及修改协议中载明的纠纷解决方式的效力问题属程序问题，应当适用法院地法，即对相关仲裁协议及诉讼管辖协议的效力认定，应当适用中华人民共和国法律。

2. 虽然双方在《合作协议书》第五条约定了仲裁条款，但双方于 2009 年 4 月 28 日又对该条款进行了变更。变更后的仲裁条款虽然体现了双方以仲裁方式解决纠纷的意思表示，但关于"提交日本任何一家仲裁机构进行仲裁"的表述未约定确认该仲裁协议效力所使用的准据法，亦未明确选定仲裁机构，且一方当事人已经向人民法院提起诉讼，故可以认定双方无法就仲裁问题达成补充协议，依据《中华人民共和国仲裁法》第十六条、第十八条的规定，该仲裁条款应为无效。

当否，请指示。

最高人民法院关于对兖州浩珂伟博矿业工程有限公司与伟博公司（A. WEBER S. A.）、索菲浩勒公司（SOFIROL. S. A.）解除合同纠纷一案中仲裁条款效力问题的请示的复函

（2009 年 5 月 18 日　〔2009〕民四他字第 19 号）

山东省高级人民法院：

你院〔2009〕鲁立函字第 7 号《关于对兖州浩珂伟博矿业工程有限公司与伟博公司（A. WEBER S. A.）、索菲浩勒公司（SOFIROL. S. A.）解除合同纠纷一案中仲裁条款效力问题的请示》收悉。经研究，答复如下：

本案涉及的是涉外案件中仲裁条款效力的认定问题。

首先，本案所涉《制造及许可协议》是在兖州浩珂伟博矿业工程有限公司与伟博公司之间签订的。该协议第二十六条约定了仲裁条款，即约定与合同有关的争议在通过协商无法解决时应当提交中国国际经济贸易仲裁委员会根据其仲裁规则在北京进行仲裁；而协议第二十九条又同时约定了中华人民共和国法院的非排他性管辖

权。本院法释〔2006〕7 号《关于适用〈中华人民共和国仲裁法〉若干问题的解释》第七条规定："当事人约定争议可以向仲裁机构申请仲裁也可以向人民法院起诉的,仲裁协议无效。但一方向仲裁机构申请仲裁,另一方未在仲裁法第二十条第二款规定期间内提出异议的除外。"在兖州浩珂伟博矿业工程有限公司向人民法院提起诉讼的情况下,应当认定本案所涉议中的仲裁条款无效。山东省济宁市中级人民法院作为合同履行地的法院,对兖州浩珂伟博矿业工程有限公司与伟博公司之间因上述协议产生的纠纷享有管辖权。

其次,兖州浩珂伟博矿业工程有限公司与索菲浩勒公司之间并无仲裁协议,因此,该两公司之间的纠纷可以通过诉讼解决。本案中,兖州浩珂伟博矿业工程有限公司系将索菲浩勒公司作为其与伟博公司之间合同纠纷的共同被告,因而,山东省济宁市中级人民法院享有管辖权。

综上,本案所涉仲裁条款无效,山东省济宁市中级人民法院对本案享有管辖权。同意你院的请示意见。

同时指出,你院请示报告中关于认定本案所涉仲裁协议无效的部分理由不妥。本案是由于存在"或裁或审"的情形导致仲裁条款被认定无效,并非由于仲裁条款中"未明确约定仲裁条款效力的准据法和仲裁应依照的实体法律"。对此,你院应注意纠正。

此复。

附:

山东省高级人民法院关于对兖州浩珂伟博矿业工程有限公司与伟博公司(A. WEBER S. A.)、索菲浩勒公司(SOFIROL. S. A.)解除合同纠纷一案中仲裁条款效力问题的请示

(2009 年 4 月 3 日　〔2009〕鲁立函字第 7 号)

最高人民法院:

我省济宁市中级人民法院在受理原告兖州浩珂伟博矿业工程有限公司诉被告伟博公司(A. WEBER S. A.)、索菲浩勒公司(SOFIROL. S. A.)解除合同纠纷一案时发现,该案系涉外案件,双方当事人在订立《制造及许可协议》时对解决纠纷方式既约定了仲裁条款又约定了法院管辖。为慎重处理此案,经我院研究,根据《最高人民法院关于人民法院处理与涉外仲裁及外国仲裁事项有关问题的通知》(法发〔1995〕18 号)和《最高人民法院关于审理和执行涉外民商事案件应当注意的几个问题的通知》(法〔2000〕51 号)等规定,现将本案就仲裁条款效力问题报请你院,请予

审查。

一、当事人基本情况

原告：兖州浩珂伟博矿业工程有限公司。住所地：山东省兖州市黄屯镇。

法定代表人：崔金声，董事长。

被告：伟博公司(A. WEBER S. A.)。住所地：法国胡灵市和平大道94号。

法定代表人：弗兰克·伟博(Frank Weber)，董事长。

被告：索菲浩勒公司(SOFIROL. S. A.)。住所地，法国胡灵市和平大道84号。

法定代表人：弗兰克·伟博(Frank Weber)，董事长。

二、案件基本情况

2001年8月24日，兖州浩珂伟博矿业工程有限公司(合营公司，以下简称浩珂矿业公司)与伟博公司签订了《制造及许可协议》(以下简称《协议》)，伟博公司授予浩珂矿业公司"在区域内排他性使用在其工厂内制造和包装产品所必要的或有利的技术信息的任何部分，该使用的唯一目的是在区域内向矿业和民用工程工业营销和销售产品"。2009年3月25日，原告浩珂矿业公司以被告伟博公司没有按《协议》向原告提供与合资经营项目相关的技术信息，造成重大经济损失为由主张权利，请求解除《协议》，赔偿损失。

经查，涉案《协议》第26条约定：所有与本协议的履行和与本协议有关的争议"通过友好协商无法解决，争议应提交中国国际贸易仲裁委员会，根据其仲裁规则进行仲裁"；《协议》第29条约定："本协议受中华人民共和国适用法律的管辖，各方服从中华人民共和国或在中华人民共和国行使管辖权的法院的非排他性管辖。"

三、我院意见

1. 本案系涉外合同纠纷，涉案《协议》中载明的纠纷解决方式的效力问题属程序问题，应当适用法院地法，即对相关仲裁协议及诉讼管辖协议的效力认定，应当适用中华人民共和国法律。

2. 涉案《协议》第26条的仲裁协议虽然体现了双方以仲裁方式解决纠纷的意思表示，亦明确约定了仲裁机构和仲裁事项，但未明确约定确认仲裁条款效力的准据法和仲裁应依照的实体法律。其"争议应提交中国国际贸易仲裁委员会，根据其仲裁规则进行仲裁"的表述，只是仅仅明确了仲裁依据的程序规则。因此，上述约定并不具备涉外仲裁协议有效的法定要件。

3. 涉案《协议》第29条约定：服从中华人民共和国行使管辖权的法院的非排他性管辖。该约定如视为诉讼管辖协议，其亦未明确约定诉讼管辖法院。

4. 综合上述第26条和第29条的表述，可认定涉案《协议》当事人同时约定了仲裁和诉讼两种相互排斥的纠纷解决方式，致使纠纷解决方式不唯一，不具备可执行性。

综上，根据最高人民法院《关于适用〈中华人民共和国仲裁法〉若干问题的解释》等相关规定,涉案仲裁协议应属无效。鉴于涉案合同履行地在山东省兖州市,依照《中华人民共和国民事诉讼法》第二百四十一条规定,山东省济宁市中级人民法院作为合同履行地法院享有本案管辖权。

当否,请指示。

最高人民法院关于厦门鑫杰兴工贸有限公司、佘文彬与厦门丰瑞特工贸发展有限公司确认股权转让协议仲裁条款效力的请示的复函

(2009年2月26日 〔2009〕民四他字第4号)

福建省高级人民法院:

你院〔2009〕闽民他字第9号《关于厦门鑫杰兴工贸有限公司、佘文彬与厦门丰瑞特工贸发展有限公司确认股权转让协议仲裁条款效力的请示》收悉。经研究,答复如下:

本案为涉台案件,应参照涉外案件法律适用原则确定准据法。本案申请人厦门鑫杰兴工贸有限公司、佘文彬和被申请人厦门丰瑞特工贸发展有限公司在《漳州爱康五金机械有限公司股权转让协议》第五条中约定:"本协议签订后,若有争议或违约各方应通过友好协商解决,如协商不能解决者由当地外经贸部门进行调解,经调解无效后由中国对外经济贸易仲裁机构进行仲裁或当地法院诉讼解决。"本案双方当事人在协议中未约定认定仲裁条款效力的准据法,但在仲裁条款中明确约定发生纠纷经调解无效后由中国对外经济贸易仲裁机构仲裁或当地法院诉讼解决,因此大陆应是本案双方当事人约定的仲裁地或法院所在地,依据最高人民法院《关于适用〈中华人民共和国仲裁法〉若干问题的解释》第十六条的规定,应当根据大陆的法律规定认定本案仲裁条款的效力。由于本案仲裁条款约定的仲裁机构和纠纷解决方式不明确,且在纠纷发生后双方当事人未对仲裁条款达成新的补充协议,故依据《中华人民共和国仲裁法》第十八条和最高人民法院《关于适用〈中华人民共和国仲裁法〉若干问题的解释》第七条之规定,上述仲裁条款应当认定为无效。同意你院的审查意见。

此复。

附：

福建省高级人民法院关于厦门鑫杰兴工贸有限公司、佘文彬与厦门丰瑞特工贸发展有限公司确认股权转让协议仲裁条款效力的请示

（2009年1月16日　〔2009〕闽民他字第9号）

最高人民法院：

我省厦门市中级人民法院受理的申请人厦门鑫杰兴工贸有限公司、佘文彬与被申请人厦门丰瑞特工贸发展有限公司确认股权转让协议仲裁条款效力一案，厦门市中级人民法院经审查认为股权转让协议中约定的仲裁条款无效，并报我院审查。我院经审查同意该院意见。根据钧院〔1995〕18号《关于人民法院处理与涉外仲裁及外国仲裁事项有关问题的通知》要求，报请钧院审核。现将本案有关情况报告如下：

一、当事人的基本情况

申请人：厦门鑫杰兴工贸有限公司。住所地：福建省厦门市集美区杏林董任西二路568号一楼。

申请人：佘文彬，住台湾台北士林区天山里05邻天母东路69巷25号四楼。

被申请人：厦门丰瑞特工贸发展有限公司。住所地：福建省厦门市集美区杏前路173号。

二、案件的基本事实

申请人厦门鑫杰兴工贸有限公司、佘文彬与被申请人厦门丰瑞特工贸发展有限公司于2007年5月15日签订《漳州爱康五金机械有限公司股权转让协议》，协议第五条约定："本协议签订后，若有争议或违约各方应通过友好协商解决，如协商不能解决则由当地外经贸部门进行调解，经调解无效后由中国对外经济贸易仲裁机构进行仲裁或当地法院诉讼解决。"此后，双方当事人就协议履行发生纠纷。厦门鑫杰兴工贸有限公司、佘文彬曾就与厦门丰瑞特工贸发展有限公司的股权转让纠纷提起诉讼。厦门市中级人民法院于2008年10月25日作出〔2008〕厦民初字第369号民事裁定书，以"双方当事人在合同中约定了包含以仲裁解决争议的纠纷解决方式，故法院受理本案没有合同依据。若该条款存在瑕疵，则当事人可以补充约定或重新协商予以完善，人民法院并不当然拥有管辖权。若该仲裁协议无效，只有在其被确认无效之后，人民法院才享有管辖权"等为由，裁定驳回原告厦门鑫杰兴工贸有限公司、佘文彬的起诉。厦门鑫杰兴工贸有限公司、佘文彬遂向厦门市中级人民法院申请确认上述协议约定的仲裁条款无效。

本案在厦门市中级人民法院审理过程中，双方当事人均表示不愿就是否提交仲

裁及仲裁机构的选定达成补充协议。双方对厦门市中级人民法院享有管辖权，及本案适用中华人民共和国法律均无异议。

三、厦门市中级人民法院的处理意见

厦门市中级人民法院审查认为，案涉协议仲裁条款约定，发生争议可由中国对外经济贸易仲裁机构进行仲裁或当地法院诉讼解决，属于约定争议可以向仲裁机构申请仲裁也可以向人民法院起诉的情形，根据最高人民法院《关于适用〈中华人民共和国仲裁法〉若干问题的解释》第七条的规定，该协议条款无效。

四、我院审查意见

我院经审查认为，案涉《股权转让协议》第五条有关仲裁条款约定，产生争议由中国对外经济贸易仲裁机构进行仲裁或当地法院诉讼解决，根据最高人民法院《关于适用〈中华人民共和国仲裁法〉若干问题的解释》第七条的规定，“当事人约定争议可以向仲裁机构申请仲裁也可以向人民法院起诉的，仲裁协议无效。”因此，认定该仲裁条款无效。

以上意见当否，请批复。

最高人民法院关于广州市迪泰通讯有限公司、海南经济特区产权交易中心、海南证华非上市公司股权登记服务有限公司、翟希亚与因特模式信息技术(深圳)有限公司、INTERMOST CORPORATION 股权转让合同纠纷管辖权异议案中仲裁条款效力问题的请示的答复

(2008 年 11 月 18 日　〔2008〕民四他字第 37 号)

海南省高级人民法院：

你院〔2008〕琼民抗字第 2 号《关于广州市迪泰通讯有限公司、海南经济特区产权交易中心、海南证华非上市公司股权登记服务有限公司、翟希亚与因特模式信息技术(深圳)有限公司、INTERMOST CORPORATION 股权转让合同纠纷管辖权异议案中仲裁条款效力问题的请示》收悉。经研究，答复如下：

一、本案系广州市迪泰通讯有限公司、海南经济特区产权交易中心、海南证华非上市公司股权登记服务有限公司、翟希亚与因特模式信息技术(深圳)有限公司、INTERMOST CORPORATION 因履行《海南谐合金融创新产品开发有限公司股权转让协议》产生的涉外商事合同纠纷，当事人在该合同书中订有仲裁协议。因 INTERMOST CORPORATION 是在英属维尔京群岛注册成立的公司，故该仲裁协议

属于涉外仲裁协议。依据最高人民法院《关于适用〈中华人民共和国仲裁法〉若干问题的解释》第十六条的规定，对涉外仲裁协议效力的审查，适用当事人约定的法律；当事人没有约定适用的法律但约定了仲裁地的，适用仲裁地法律；没有约定适用的法律也没有约定仲裁地或者仲裁地约定不明的，适用法院地法律。

本案当事人在《海南谐合金融创新产品开发有限公司股权转让协议》的仲裁条款中没有约定适用的法律，也没有约定仲裁地，故对合同中涉外仲裁条款效力的审查，应适用法院地法律即我国法律。

二、本案当事人在2004年12月11日签订的《海南谐合金融创新产品开发有限公司股权转让协议》第7.4条中约定："如合作出现分歧，五方协商不能解决，则通过中国国际商事仲裁院深圳分院仲裁裁决"。因该仲裁条款约定的仲裁机构不存在，当事人也未就仲裁机构达成补充协议，故根据《中华人民共和国仲裁法》第十八条的规定，应认定上述仲裁条款无效。没有证据证明当事人的该约定系对"中国国际经济贸易仲裁委员会华南分会"或者"中国国际商会仲裁院华南分院"的笔误。

同意你院认为仲裁协议对仲裁机构的约定不明确，应属无效条款，人民法院对本案有管辖权，海南省人民检察院的抗诉意见应予支持的处理意见。

三、本案系涉外股权转让纠纷案件审理过程中出现的管辖权异议。根据我院《关于涉外民商事案件诉讼管辖若干问题的规定》，如海口市龙华区人民法院对本案不具有管辖权，则本案应严格按照我院规定移送有管辖权的法院进行审理。

此复。

附：

海南省高级人民法院关于广州市迪泰通讯有限公司、海南经济特区产权交易中心、海南证华非上市公司股权登记服务有限公司、翟希亚与因特模式信息技术（深圳）有限公司、INTERMOST CORPORATION 股权转让合同纠纷管辖权异议案中仲裁条款效力问题的请示

（2008年9月17日　〔2008〕琼民抗字第2号）

最高人民法院：

原告广州市迪泰通讯有限公司、海南经济特区产权交易中心、海南证华非上市公司股权登记服务有限公司、翟希亚与被告因特模式信息技术（深圳）有限公司、INTERMOST CORPORATION（注：外国公司）股权转让合同纠纷管辖权异议一案，四原告于2007年1月15日向海口市龙华区人民法院提起股权转让合同纠纷诉讼。

两被告在答辩期间以该合同有双方的合同纠纷“通过中国国际商事仲裁院深圳分院仲裁裁决”的约定，且其已按该约定向中国国际经济贸易仲裁委员会华南分会申请仲裁并被受理为由，提出管辖权异议，认为该合同纠纷应由双方约定的仲裁机构中国国际经济贸易仲裁委员会华南分会仲裁，人民法院没有管辖权。海口市龙华区人民法院2007年4月29日作出(2007)龙民二初字第186号一审民事裁定书，以仲裁协议对仲裁机构约定不明确，仲裁条款无效为由，驳回了两被告的管辖权异议。两被告不服，向海口市中级人民法院提出上诉。该院2007年8月16日作出(2007)海中法立终字第45号二审民事裁定书，以仲裁协议虽有笔误但约定的仲裁机构明确，是指中国国际经济贸易仲裁委员会华南分会即中国国际商会仲裁院华南分院为由，裁定撤销一审裁定，驳回了四原告的起诉。四原告不服，向海南省人民检察院申诉。该院以仲裁协议对仲裁机构约定不明确，二审裁定认定仲裁条款中约定的“中国国际商事仲裁院深圳分院”是“中国国际经济贸易仲裁委员会华南分会”没有事实根据和法律依据，且本案应由海口市中级人民法院作为一审法院进行审理，程序违法为由，于2007年12月25日对本案向本院提起抗诉。我院经审委会讨论认为，合同约定的仲裁条款无效，法院对本案有管辖权。根据你院1995年《关于人民法院处理与涉外仲裁及外国仲裁事项有关问题的通知》第一条和2001年《关于审理和执行涉外民商事案件应当注意的几个问题的通知》第一条的规定，现将审理意见报请你院审查。请予答复。

一、案件事实和原审要点

2006年12月20日，因特模式信息技术(深圳)有限公司和INTERMOST CORPORATION作为仲裁申请人(也是一审被告暨本案两被申诉人)，就《海南谐合金融创新产品开发有限公司股权转让协议》的有关争议向中国国际经济贸易仲裁委员会华南分会提出仲裁申请。同日，该会向上述两公司发出《仲裁申请受理通知》。在上述两公司缴付仲裁预付金后，该会于2006年12月28日发出《SHEN T2006180号案仲裁通知》，通知受理该仲裁案，并向仲裁申请人和四个被申请人广州市迪泰通讯有限公司、海南经济特区产权交易中心、海南证华非上市公司股权登记服务有限公司、翟希亚(即本案四原告、四申诉人)发出仲裁通知。2007年1月10日，四被申请人向中国国际经济贸易仲裁委员会华南分会分别提交《关于不同意在中国国际经济贸易仲裁委员会华南分会就(海南谐合金融创新产品开发有限公司股权转让协议)及有关争议进行仲裁的函》。

2007年1月15日，四被申请人作为原告(四申诉人)向海口市龙华区人民法院提起股权转让合同纠纷诉讼。在诉状送达两被告(两被申诉人)后，在提交答辩状期间两被告向该院提出管辖权异议，认为，双方签署的《海南谐合金融创新产品开发有限公司股权转让协议》第七条第四项“如合作出现分歧，五方协商不能解决，则通过中国国际商事仲裁院深圳分院仲裁裁决”的约定有效。因为，(1)现中国国际经济贸易仲裁委员会华南分会的前身,是中国国际经济贸易仲裁委员会深圳分会,双方在合同中选定的仲裁机构"中国国际商事仲裁院深圳分院",就是指中国国际经济贸易仲裁委员会华南分会;(2)该分会已于2006年12月28日正式受理了其就上述股权转让合同所发生的争议提起的仲裁申请。因此,该合同纠纷应由中国国际经济贸易仲裁委员会华南分会仲裁裁决,法院没有管辖权,一审法院应驳回四原告的起诉。

对此,一审四原告(四申诉人)答辩认为,(1)合同仲裁条款约定的仲裁机构是"中国国际商事仲裁院深圳分院",此与中国国际经济贸易仲裁委员会华南分会明显不符,不能认为合同约定的仲裁机构就是中国国际经济贸易仲裁委员会华南分会;(2)中国国际经济贸易仲裁委员会深圳分会早在2004年6月28日已更名为华南分会,而本案股权转让合同签订的时间为2004年12月11日,因此,仲裁条款约定的"中国国际商事仲裁院深圳分院"既不属于最高人民法院《关于适用〈中华人民共和国仲裁法〉若干问题的解释》第三条规定的"名称不准确,但能够确定具体仲裁机构"的情形,也不属于《最高人民法院对仲裁条款中所选仲裁机构的名称漏字,但不影响仲裁条款效力的一个案例的批复意见》(法经〔1998〕159号)规定的"漏字"等情形,而属于约定不明确;(3)对方提起仲裁申请后,其已于2007年1月6日向华南分会发出异议函,不同意该会就申请仲裁事项进行仲裁,该会已停止了该案的仲裁程序;(4)由于双方约定的"中国国际商事仲裁院深圳分院"根本不存在,根据仲裁法第十八条和《最高人民法院关于贯彻执行〈中华人民共和国民法通则〉若干问题的意见(试行)》第一百四十六条的规定,本案依法应由海口市龙华区人民法院管辖;(5)其已撤回了对被告 INTERMOST CORPORATION 的起诉,故本案不属于涉外案件,不应适用《最高人民法院关于人民法院处理与涉外仲裁及外国仲裁事项有关问题的通知》的有关规定,因此,对方的管辖权异议应予驳回。

同时,同年2月16日,四原告向一审法院申请撤销对被告 INTERMOST CORPORATION 的起诉,追加财纳易科技(深圳)有限公司为被告。一审法院决定先裁定解决管辖异议问题,四原告撤回对 INTERMOST CORPO - RATION 的起诉问题,待管辖问题解决后再予处理。

2007年4月11日,中国国际经济贸易仲裁委员会作出(2007)中国贸仲京字第4151号《关于海南谐合金融创新产品开发有限公司股权转让协议争议仲裁案管辖权的决定》:(1)四被申请人提出的管辖异议不能成立;(2)华南分会是本案双方当事人在协议中约定的仲裁机构;(3)两申请人提请的仲裁事项属于双方协议约定的仲裁事项;(4)本案仲裁程序应继续在华南分会进行。

2007年4月29日,海口市龙华区人民法院作出(2007)龙民二初字第186号一审民事裁定书,认为,本案是因为四原告与两被告2004年12月11日签订的《海南谐合金融创新产品开发有限公司股权转让协议》的履行而发生的争议,该协议第7.4条约定的"中国国际商事仲裁院深圳分院"即是双方当事人指定解决纠纷的仲裁机构。经查,中国国际经济贸易仲裁委员会下设两个分会,一为上海分会,一为华南分会。其中,华南分会的名称原为“中国国际经济贸易仲裁委员会深圳分会”。后于2004年6月28日更名为“中国国际经济贸易仲裁委员会华南分会”。因此,不存在“中国国际商事仲裁院深圳分院”这一仲裁机构。无论是从字面上、含义上、内容上还是指明对象上对比,均无法确定“中国国际商事仲裁院深圳分院”与“中国国际经济贸易仲裁委员会华南分会”是同一仲裁机构。即“中国国际商事仲裁院深圳分院”与“中国国际经济贸易仲裁委员会华南分会”实际上表述的是两个不同的机构,不能因此认定“中国国际商事仲裁院深圳分院”就是“中国国际经济贸易仲裁委员会华南分会”。由于双方约定的“中国国际商事仲裁院深圳分院”根本不存在,且双方并未对仲裁机构的选定重新达成协议,根据《中华人民共和国仲裁法》第十八条的规定,《海南谐合金融创新产品开发有限公司股权转让协议》第7.4条,属于对仲裁机构约定不明确的无效条款。根据《最高人民法院关于适用中华人民共和国民事诉讼法若干问题的意见》第一百四十六条的规定,其受理本案并无不当。因此,两被告提出的法院对本案无管辖权、要求驳回原告起诉的管辖权异议,理由不成立,应予驳回。据此,该裁定驳回了两被告(被申诉人)的管辖权异议。

中国国际经济贸易仲裁委员会华南分会于2007年5月10日收到海口市龙华区人民法院作出的仲裁条款无效的一审裁定后,认为诉讼当事人向法院提出的是普通民事诉讼而非请求确认仲裁条款无效的诉讼;海口市龙华区人民法院对本案没有管辖权,而且其此前已作出仲裁条款有效的决定,故决定继续进行仲裁,并于2007年7月4日开庭审理了该案。

两被告(被申诉人)对海口市龙华区人民法院的一审裁定不服,于2008年5月13日向海口市中级人民法院提出上诉。2007年8月16日,海口市中级人民法院作出(2007)海中法立终字第45号民事裁定书,认为,根据《中华人民共和国仲裁法》第十六条第二款关于“仲裁协议应当具有下列内容:(一)请求仲裁的意思表示;(二)仲裁事项;(三)选定的仲裁委员会”的规定,仲裁协议是双方当事人表示自愿将双方之间发生的争议提交仲裁机构并按仲裁规则仲裁解决的书面意思表示,也是仲裁机构受理仲裁案件的依据。本案双方在协议第七条第五款明确约定:如合同出现分歧,五方协商不能解决,则通过中国国际商事仲裁院深圳分院仲裁解决。在该仲裁条款中,双方明确约定仲裁解决争议。这说明,双方有请求仲裁的意思表示,争议的事项也属于仲裁机构仲裁的范围,约定的仲裁机构地点在深圳。虽然约定的仲裁机构的名称是“中国国际商事仲裁院深圳分院”,但是仲裁委的名称曾多次更名,2000年中国国际经济贸易仲裁委员会同时启用了“中国国际商会仲裁院”名称,2004年6月中国国际经济贸易仲裁委员会深圳分会变更为中国国际经济贸易仲裁委员会华南分会,并同时启用中国国际商会仲裁院华南分院的名称。显然,双方约定的仲裁机构使用的是旧名称,名称上使用了“商事”而不是“商会”,应属笔误。因此,双方约定的仲裁条款应当是明确的。综上所述,本案各方当事人均应受协议中订立的仲裁条款的约束,所发生的纠纷应通过仲裁解决,人民法院无管辖权。一审裁定适用法律错误,应予撤销。据此裁定:一、撤销一审裁定。二、驳回四原告(申诉人)的起诉。

2007年9月12日,中国国际经济贸易仲裁委员会华南分会收到海口市中级人民法院二审民事裁定。2007年11月1日,仲裁庭进行了第二次开庭。

2007年12月25日,海南省人民检察院作出(2007)琼检民行抗字第44号民事抗诉书,对本案向本院提起抗诉。2008年1月8日,本院作出(2008)琼民抗字第2号民事裁定书,裁定本案由本院提审,中止原裁定的执行。本院于同年1月9日、21日分别向四申诉人和两被申诉人送达了抗诉书和再审裁定书。抗诉机关将其对本案提出抗诉和本院已对本案进行再审的情况电话通知了仲裁委,要求仲裁庭暂缓裁决。中国国际经济贸易仲裁委员会华南分会于2008年1月24日作出(2008)中国贸仲深裁字第13号裁决书,裁决:一、撤销《海南谐合金融创新产品开发有限公司股权转让协议》;二、第一被申请人(指广州市迪泰通讯有限公司)应自本裁决作出之日起30日内返还两申请人250万股IMOT股票的股权。第二被申请人(指翟希亚)应自本裁决作出之日起30日内返还两申请人250万股IMOT股票的股权;三、第一被申请人应自本裁决作出之日起30日内补偿两申请人律师费人民币30,500元。第二被申请人应自本判决作出之日起30日内补偿两申请人律师费人民币30,500元。

二、抗诉和答辩意见

海南省人民检察院(2007)琼检民行抗字第44号民事抗诉书抗诉认为,原裁定认定事实不清,适用法律错误,程序违法,裁定结果有误。主要理由是:

1.原裁定认定合同约定的"中国国际商事仲裁院深圳分院"就是"中国国际经济贸易仲裁委员会华南分会",依据不足

(1)中国国际经济贸易仲裁委员会华南分会在2004年6月28日《关于中国国际经济贸易仲裁委员会深圳分会更名为华南分会事宜致律师事务所函》中明确告知:"当事人在仲裁协议或合同中的仲裁条款中约定了在下列名称的机构仲裁的争议,华南分会均可受理:①在中国国际经济贸易仲裁委员会华南分会仲裁;②在中国国际商会仲裁院华南分院仲裁;③在中国国际经济贸易仲裁委员会仲裁;④在中国国际商会仲裁院仲裁;⑤在原中国国际经济贸易仲裁委员会深圳分会仲裁。"即中国国际经济贸易仲裁委员会华南分会对其可受理的当事人约定的仲裁机构的名称作了扩大解释。即便如此,合同约定的"中国国际商事仲裁院深圳分院"也不在该范围之内。即"中国国际商事仲裁院深圳分院"并不属于中国国际经济贸易仲裁委员会华南分会可受理的仲裁机构的名称范围。(2)深圳市有两个仲裁机构。合同约定的"中国国际商事仲裁院深圳分院",无法确定是哪个仲裁机构。(3)当事人通过诉讼

进行救济的途径,应得到充分保障。在当事人对仲裁机构存在争议时,法院在依据不足的情况下通过推定的方式确认当事人选择了某一个仲裁机构,从而导致当事人丧失诉讼权利,明显不妥。

2. 原裁定认定仲裁协议有效,属适用法律错误

当事人约定的仲裁机构不明确,且无法确定具体的仲裁机构,事后又没有达成补充协议,应当适用《中华人民共和国仲裁法》第十八条“仲裁协议对仲裁事项或者仲裁委员会没有约定或者约定不明确的,当事人可以补充协议;达不成补充协议的,仲裁协议无效”的规定,认定仲裁协议无效。原裁定认定当事人约定的仲裁机构明确,依据不足,由此导致错误适用法律认定仲裁协议有效。

3. 原裁定程序违法

根据最高人民法院《关于适用〈中华人民共和国仲裁法〉若干问题的解释》第十二条第二款“申请确认涉外仲裁协议的效力的案件,由仲裁协议约定的仲裁机构所在地、仲裁协议签订地、申请人或被申请人住所地的中级人民法院管辖”的规定,本案应由海口市中级人民法院作为一审法院进行审理。海口市龙华区人民法院对本案仲裁协议的效力进行审理不当,海口市中级人民法院对此不予纠正,并作为二审法院对此进行审理,程序违法。

四申诉人同意海南省人民检察院的抗诉意见和理由。

两被申诉人答辩认为,1. 在诉讼程序上,海口市龙华区人民法院对本案没有管辖权。①根据最高人民法院《关于适用〈中华人民共和国仲裁法〉若干问题的解释》第十二条第二款“申请确认涉外仲裁协议的效力的案件,由仲裁协议约定的仲裁机构所在地、仲裁协议签订地、申请人或被申请人住所地的中级人民法院管辖”的规定,本案应由海口市中级人民法院作为一审法院进行审理,海口市龙华区人民法院对本案也没有管辖权。②根据 1999 年本院《关于全省各级人民法院受理第一审民事、经济纠纷案件问题的规定》,基层法院只能受理争议金额不满 500 万元(涉外、涉港、澳、台案件不满 300 万元)的第一审经济纠纷案件。本案的争议金额已经超出这个标的额的规定。2. 本案仲裁条款约定的仲裁机构名称虽不准确,但协议明确表达了各方对合同纠纷进行仲裁、由国际性的涉外仲裁机构仲裁、在深圳进行仲裁的意愿。基于这些要素,仲裁条款指向的仲裁机构是唯一的,即现在的中国国际经济贸易仲裁委员会华南分会。因此,合同仲裁条款是有效、明确的。3. 2008 年 1 月 24 日,中国国际经济贸易仲裁委员会华南分会已就本案的股权转让争议作出了仲裁裁决,该裁决已经发生法律效力。因此,法院应尊重仲裁机构的独立地位和合法权利,避免再受理此案。

三、我院审委会处理意见和请示内容

对于海南省人民检察院的抗诉意见和本案的处理,我院审委会一致意见认为:仲裁协议对仲裁机构的约定不明确,应属无效条款,人民法院对本案有管辖权,但本

案属涉外经济纠纷,根据你院规定,法院管辖须逐级报请你院批准后方可受理。仲裁机构明知抗诉机关已对本案提出抗诉且本院已对案件进行再审,仍作出仲裁裁决明显不当,抗诉意见应予支持。主要理由是:

1. 中国国际经济贸易仲裁委员会华南分会 2004 年 6 月 28 日对其可受理的当事人约定的仲裁机构的名称作了扩大解释,对其更名前后的名称和接近的名称(五种)作出了具体列明,但本案当事人在合同中约定的“中国国际商事仲裁院深圳分院”,并不在该范围内。不能因为深圳市只有两个仲裁机构,而“中国国际商事仲裁院深圳分院”更接近中国国际经济贸易仲裁委员会华南分会,而推定当事人约定的仲裁机构为该仲裁机构。

2. 根据你院《关于人民法院处理与涉外仲裁及外国仲裁事项有关问题的通知》(法发〔1995〕18 号)的规定,对人民法院受理具有仲裁协议的涉外经济纠纷案等问题建立报告制度,凡起诉到人民法院的涉外、涉港澳和涉台经济、海事海商纠纷案件,如果当事人在合同中订有仲裁条款或者事后达成仲裁协议,人民法院认为该仲裁条款或者仲裁协议无效、失效或者内容不明确无法执行的,在决定受理一方当事人起诉之前,必须报请本辖区所属高级人民法院进行审查,如果高级人民法院同意受理,应将其审理意见报最高人民法院,在最高人民法院未作答复前,可暂不予受理。同时,你院《关于审理和执行涉外民商事案件应当注意的几个问题的通知》(法发〔2000〕51 号)也明确规定,拟裁定涉外合同仲裁协议无效的,应先逐级呈报最高人民法院,待最高人民法院答复同意后,才可以确认仲裁协议无效。根据你院上述规定的报告制度,特向你院请示,请予答复。

最高人民法院关于马山集团有限公司与韩国成东造船海洋株式会社、荣成成东造船海洋有限公司委托合同纠纷一案仲裁条款效力的请示的答复

(2008 年 10 月 30 日　〔2008〕民四他字第 26 号)

山东省高级人民法院:

你院《关于马山集团有限公司与韩国成东造船海洋株式会社、荣成成东造船海洋有限公司委托合同纠纷一案仲裁条款效力的请示》收悉。经研究,答复如下:

一、本案系马山集团有限公司与韩国成东造船海洋株式会社因履行《外国人投资独立企业合同书》产生的涉外商事合同纠纷,当事人在该合同书中订有仲裁协议。依据最高人民法院《关于适用〈中华人民共和国仲裁法〉若干问题的解释》第十六条

的规定,对涉外仲裁协议的效力审查,适用当事人约定的法律;当事人没有约定适用的法律但约定了仲裁地的,适用仲裁地法律;没有约定适用的法律也没有约定仲裁地或者仲裁地约定不明的,适用法院地法律。

本案当事人在《外国人投资独立企业合同书》的仲裁条款中没有约定适用的法律,也没有约定仲裁地,故对合同中涉外仲裁条款效力的审查,应适用法院地法律即我国法律。

马山集团有限公司、韩国成东造船海洋株式会社与案外人荣成市政府在三方签订的《外国人投资独立企业合同书》中的"纠纷调节责任"部分约定:"在履行本合同中发生分歧时,首先应相互协商解决,协商不成三方同意按英文版合同提请英国国际经济贸易仲裁委员会仲裁解决。"因该仲裁条款约定的仲裁机构不存在,且合同当事人未约定仲裁地,也未就仲裁机构达成补充协议,故根据《中华人民共和国仲裁法》第十八条的规定,应认定上述仲裁条款无效。同意你院认为韩国成东会社的管辖权异议不成立的处理意见。

二、根据山东省威海市中级人民法院的卷宗材料及卷内文书记载,本案案由为拆迁补偿费纠纷,请你院注意。

此复。

附:山东省高级人民法院关于马山集团有限公司与韩国成东造船海洋株式会社、荣成成东造船海洋有限公司委托合同纠纷一案仲裁条款效力的请示(略)

最高人民法院关于加拿大摩耐克有限公司申请确认仲裁条款无效一案的请示的答复

(2008年8月14日 〔2008〕民四他字第24号)

上海市高级人民法院:

你院〔2008〕沪高民四(商)他字第1号《关于加拿大摩耐克有限公司申请确认仲裁条款无效一案的请示》收悉。经研究,答复如下:

由于签订本案仲裁协议的一方当事人加拿大摩耐克有限公司为外国公司,本案仲裁协议为涉外仲裁协议。最高人民法院《关于适用〈中华人民共和国仲裁法〉若干问题的解释》第十六条规定:"对涉外仲裁协议的效力审查,适用当事人约定的法律;当事人没有约定适用的法律但约定了仲裁地的,适用仲裁地法律;没有约定适用的法律也没有约定仲裁地或者仲裁地约定不明的,适用法院地法律。"从你院请示报告叙述事实看,当事人未约定适用的法律也没有约定仲裁地,因此,本案应适用法院地即我国的法律作为确认仲裁协议效力的准据法。

本案当事人约定“在执行本合同期间，如产生分歧，双方将本着友好合作精神，协商解决。协商不成，向北京仲裁机构申请仲裁。”而北京有三家仲裁机构即北京仲裁委员会、中国海事仲裁委员会和中国国际经济贸易仲裁委员会，其中至少有两家仲裁机构都可受理涉案合同争议。尽管被申请人上海海地建设工程有限公司与本案案外人上海摩耐克公司签订的《专业分包施工合同》中签订的仲裁条款明确约定发生纠纷由北京仲裁委员会解决，但该合同与本案所涉合同签约主体不同，因此，不能依据《专业分包施工合同》中的仲裁协议推断出本案仲裁协议中的“北京仲裁机构”即指北京仲裁委员会。《中华人民共和国仲裁法》第十八条规定：“仲裁协议对仲裁事项或者仲裁委员会没有约定或者约定不明确的，当事人可以补充协议；达不成补充协议的，仲裁协议无效。”最高人民法院《关于适用〈中华人民共和国仲裁法〉若干问题的解释》第六条规定：“仲裁协议约定由某地的仲裁机构仲裁且该地仅有一个仲裁机构的，该仲裁机构视为约定的仲裁机构。该地有两个以上仲裁机构的，当事人可以协议选择其中的一个仲裁机构申请仲裁；当事人不能就仲裁机构选择达成一致的，仲裁协议无效。”由于本案当事人签订的仲裁协议未约定明确的仲裁机构，且不能协商一致达成补充协议，故依据上述规定，该仲裁协议应认定无效。你院的请示意见是正确的。

另，你院请示报告中的审查意见部分，仅表明了对该案的结论性意见，但未阐述任何理由，今后在报送请示案件书写报告时应予以注意，在阐述结论性意见的同时，须阐明相关理由。

此复。

附：上海市高级人民法院关于加拿大摩耐克有限公司申请确认仲裁条款无效一案的请示（略）

最高人民法院关于确认成都七彩服装有限责任公司与创始时装有限公司专营合同中仲裁条款效力一案的请示的复函

（2007 年 9 月 18 日　〔2007〕民四他字第 16 号）

四川省高级人民法院：

你院川高法〔2007〕182 号《关于确认成都七彩服装有限责任公司与创始时装有限公司专营合同中仲裁条款效力一案的请示报告》收悉。经研究，答复如下：

本案为确认仲裁协议效力案件，由于作为当事人一方的创始时装有限公司系在澳门特别行政区注册成立的公司，故本案应适用确认涉外仲裁效力的有关规定。最高人民法院《关于适用〈中华人民共和国仲裁法〉若干问题的解释》第十六条规定："对涉外仲裁协议的效力审查，适用当事人约定的法律；当事人没有约定适用的法律但约定了仲裁地的，适用仲裁地法律；没有约定适用的法律也没有约定仲裁地或者仲裁地约定不明的，适用法院地法律。"本案当事人虽然未在合同中明确约定确认仲裁协议效力所应适用的准据法，但在发生争议后，双方当事人一致认为应适用澳门特别行政区法律作为仲裁协议的准据法，故应视为当事人就确认仲裁协议效力的准据法达成补充协议，本案应适用澳门特别行政区法律作为确认仲裁协议效力的准据法。

根据当事人举证，目前澳门特别行政区关于仲裁方面的法律主要有两部，即29/96/M号法令（以下简称29号法令）和55/98/M号法令（以下简称55号法令）。29号法令规定的是澳门特别行政区仲裁的一般制度。55号法令规范的是涉外商事仲裁，该法令第一章第一条第四款b项规定，仲裁协议之当事人在订立协议时各自之营业地点位于不同国家或地区即为涉外仲裁。由于本案双方当事人的营业地点分别位于我国内地和澳门特别行政区，因此本案应优先适用55号法令的规定。

本案当事人在合同中约定："因履行本协定所产生的一切争议，双方应首先友好协商解决，协商不成时，应提交澳门特别行政区相关仲裁委员会依其仲裁规则进行仲裁。"现当事人又一致认为应适用澳门特别行政区法律作为确认仲裁协议效力的准据法。上述仲裁协议有明确的仲裁意思表示，约定了明确的仲裁事项，同时约定提交澳门特别行政区相关仲裁委员会依其仲裁规则进行仲裁。根据当事人的约定，其将争议提交澳门特别行政区相关的仲裁机构后，依据仲裁机构的仲裁规则通常能够确定仲裁员的指定方式，即使仲裁规则中没有对指定仲裁员的方式作出明确的规定，由于55号法令对于当事人在"无关于指定一名或数名仲裁员之程序之协议"的情况下如何确定仲裁庭的组成作出了明确的规定，因此根据当事人约定适用的澳门特别行政区法律，可以确定仲裁员的指定方式。而根据目前查明的事实，澳门世贸仲裁中心也已经根据创始时装有限公司的申请受理了相关案件。故你院请示报告中认为本案仲裁条款未指定仲裁员，也未指出指定仲裁员方式，因此应确认无效的意见缺乏法律依据，本案所涉仲裁协议应认定有效。

附：

四川省高级人民法院关于确认成都七彩服装有限责任公司与创始时装有限公司专营合同中仲裁条款效力一案的请示报告

（2007年5月21日　川高法［2007］182号）

最高人民法院：

我省成都市中级人民法院（以下简称成都中院）受理了申请人成都七彩服装有限责任公司申请确认与被申请人创始时装有限公司专营合同中仲裁条款无效一案。成都中院就专营合同中仲裁条款的效力问题请示我院。本案的基本情况如下：

一、当事人的基本情况

申请人：成都七彩服装有限责任公司（以下简称七彩公司）。

被申请人：创始时装有限公司（以下简称创始公司）。

二、案件的基本事实

创始公司获得独家授权在全中国经营及分销BETTY BARCLAY服饰产品。2003年6月10日，七彩公司与创始公司签订了BETTY BARCLAY加盟经营专卖店协议书及补充协议，约定创始公司同意七彩公司在中国四川省成都市开设BETTY BARCLAY专卖店，由创始公司向七彩公司供货，七彩公司的专营权期限为2003年8月10日至2006年8月9日。该协议的第七条第五款约定，因履行本协定所产生的一切争议，双方应首先友好协商解决，协商不成时，应提交澳门特别行政区相关仲裁委员会依其仲裁规则进行仲裁。

七彩公司申请成都中院确认该仲裁条款无效。理由为：根据该仲裁条款的约定，应适用澳门法律来判断仲裁条款的效力。而根据澳门仲裁法即29/96/M号法令（以下简称29号法令）第七条第一款"仲裁协定应明确订出争议之标的及指定仲裁员，或最低限度指出指定仲裁员的方式"以及第五款"违反本条第一款以及第二款之规定，引致仲裁协议无效"的规定，该仲裁条款无效；其次，该仲裁条款仅约定"提交澳门特别行政区相关仲裁委员会依其仲裁规则进行仲裁"，而澳门仲裁机构现有澳门律师公会自愿仲裁中心、澳门世贸中心自愿仲裁中心（以下简称世贸仲裁中心）、澳门消费争议仲裁中心、保险及私人退休基金自愿仲裁中心等多家，可见双方当事人对仲裁机构的选定不明确，也没有达成补充协议，依据我国仲裁法的规定，该仲裁条款也是无效的。

被申请人认为该仲裁条款有效。理由是：第一，根据仲裁条款的约定，应适用澳门法律来判断仲裁条款的效力。29号法令规定的是仲裁的一般制度，而澳门55/98/M号法令（以下简称55号法令）规定的是涉外仲裁制度。本案双方当事人的营业地点分别位于成都市和澳门特别行政区，根据特别法优于普通法的原理，故应适用55号法令来判断仲裁条款的效力。根据55号法令第十一条第三款的规定，“如无关于指定一名或数名仲裁员之程序之协议”，则适用该条的相关规定。可见，即使在双方当事人没有指出指定仲裁员的方式的情况下，也不能因此而导致仲裁条款无效。第二，虽然目前澳门有多家仲裁机构，但解决民商事纠纷案件的仲裁机构仅有世贸仲裁中心一家，因此双方当事人关于仲裁机构的选定是明确的。创始公司已根据双方当事人签订的协议书向世贸仲裁中心申请仲裁，并已被受理，目前仲裁程序正在进行中。这也说明双方当事人关于仲裁机构的选定是明确的，故请求人民法院驳回七彩公司的申请。

三、需要说明的问题

1. 关于法律适用。根据《中华人民共和国民事诉讼法》第二百三十七条的规定，在中华人民共和国领域内进行涉外民事诉讼，适用本编规定。因本案是在中国大陆地区进行的诉讼，故程序法应适用我国民事诉讼法的规定；同时根据最高人民法院《关于适用〈中华人民共和国仲裁法〉若干问题的解释》第十六条的规定，对涉外仲裁协议效力的审查，适用当事人约定的法律；当事人没有约定适用的法律但约定了仲裁地的，适用仲裁地法律。本案中，当事人没有约定审查仲裁协议效力应适用的法律，但约定仲裁地为澳门，且双方当事人对适用澳门法律审查仲裁协议效力无异议，故审查仲裁协议效力的准据法应为澳门法律。澳门关于仲裁的法律有2部，即29号法令以及55号法令。根据29号法令的规定，现核准内部仲裁之新法律制度，使本地区具备一现代化及符合法律工作者及经济参与人需要之法律规范。因此，29号法令规定的是澳门地区仲裁的一般制度。根据55号法令第一章第一条第一款的规定，本法规规范涉外商事仲裁；第四款b项规定，仲裁如有下列情况即为涉外仲裁，仲裁协议之当事人在订立协议时各自之营业地点位于不同国家或地区。因此，55号法令规定的是澳门地区的涉外商事仲裁制度。本案双方当事人的营业地点分别位于中国大陆地区和大陆以外的澳门特别行政区，因此应优先适用55号法令的规定。

2. 关于澳门的仲裁机构。目前有4个仲裁机构，即澳门消费争议仲裁中心（解决涉及金额不高于澳门元5万元的消费争议）、澳门律师公会自愿仲裁中心（解决律师间之争议；律师与顾客间之争议；涉及民事、行政事宜或商事之任何争议）、世贸仲裁中心（解决任何民事、行政或商事方面之纠纷）以及保险及私人退休基金争议中心（解决涉及金额不超过初级法院法定上诉利益限额的保险及私人退休基金争议）。根据各仲裁中心的职能，澳门律师公会自愿仲裁中心和世贸仲裁中心均有权受理本案所涉争议。

3. 关于仲裁协议的效力。29号法令第七条规定了引致仲裁协议无效的情形，即仲裁协定应明确订出争议之标的及指定仲裁员，或最低限度指出指定仲裁员之方式，否则将引致仲裁协议无效；但同时第十一条规定，如仲裁协议就仲裁员之指定并无订定，亦无指定或选定方式之约定，则每一方当事人指定一名仲裁员。55 号法令并未规定引致仲裁协议无效的情形，但第十一条规定，如无关于指定一名或数名仲裁员之程序之协议，则适用以下规定：(1)在仲裁员为三名之仲裁中，每一方当事人指定一名仲裁员，而被指定之两名仲裁员选定第三名仲裁员；如一方当事人在收到他方当事人提出指定仲裁员之请求后，未在 30 日内作出指定，或两名仲裁员在被指定后 30 日内未就第三名仲裁员之人选达成协议，则由管辖法院应一方当事人之请求作出任命；(2)在独任仲裁员之仲裁中，如当事人未能就仲裁员之人选达成协议，则管辖法院应一方当事人之请求作出任命。第三十七条第一款规定，凡在本法内无明文规定者，均补充适用 29 号法令。

四、原审法院的处理意见

第一种意见是仲裁协议有效。理由为第 55 号法令第十一条的规定实际上是对仲裁协议中没有指出指定仲裁员的程序的弥补性规定，可见在仲裁协议中指出指定仲裁员的方式并不是仲裁协议有效必须具备的要件，本着尽可能挽救法律行为之有效性原则，应当认定该仲裁协议有效。

第二种意见是确认仲裁协议无效。理由为仲裁协议没有指定仲裁员或订出指定仲裁员的方式，根据 29 号法令第七条的规定，应确认仲裁协议无效。虽然 29 号法令和 55 号法令第十一条均规定了双方当事人即使没有指定仲裁员方式的协议，也可适用法律的其他规定，但同一部法律不会作出前后相互矛盾的规定，因此十一条的规定应理解为适用前提是双方当事人仍愿意仲裁和仲裁程序开始后的情况。现本案双方当事人就是否应通过仲裁解决纠纷发生争议，不应再适用 29 号法令和 55 号法令第十一条的规定。

原审法院倾向于第一种意见。

五、我院的处理意见

少数意见同意原审法院第一种处理意见。理由为第 55 号法令第十一条第三款的规定是对仲裁协议中没有指出指定仲裁员的程序的补充性规定，可见在仲裁协议中没有指出指定仲裁员的方式并不必然引致仲裁协议无效，且世贸仲裁中心已受理本案争议，应当认定仲裁协议有效。

多数意见同意原审法院第二种处理意见。根据 29 号法令第七条规定，仲裁协议没有指定仲裁员或订出指定仲裁员的方式，应确认仲裁协议无效。该规定应为关于确定仲裁协议无效的一般原则性规定，同样适用于涉外商事仲裁程序。29 号法令和 55 号法令第十一条虽规定了双方当事人没有约定指定仲裁员的程序，应当适用的规则，但该规则适用前提应是仲裁程序已经开始的情形。本案仲裁条款未指定仲裁员，也未指出指定仲裁员的方式，且双方当事人又未就此达成补充协议，七彩公司已向人民法院提起诉讼，故仲裁条款应认定无效。

鉴于本案纠纷涉及仲裁条款是否合法有效，现根据最高人民法院《关于人民法院处理与涉外仲裁及外国仲裁事项有关问题的通知》第一条之规定，特向钧院请示，请予批复。

最高人民法院关于宝源贸易公司与余建国买卖合同中仲裁条款的请示的复函

（2007 年 11 月 29 日 〔2007〕民四他字第 38 号）

福建省高级人民法院：

你院〔2007〕闽民他字第 22 号《关于宝源贸易公司与余建国买卖合同中仲裁条款的请示》收悉。经研究，答复如下：

宝源贸易公司与余建国之间签订的 2006 年 5 月 27 日合同第八条仅约定争议提交“福建省晋江市仲裁委员会”仲裁，该条款未约定确认仲裁条款效力应适用的法律，亦未约定仲裁地点，根据最高人民法院《关于适用〈中华人民共和国仲裁法〉若干问题的解释》第十六条即“对涉外仲裁协议的效力审查，适用当事人约定的法律；当事人没有约定适用的法律但约定了仲裁地的，适用仲裁地法律；没有约定适用的法律也没有约定仲裁地或者仲裁地约定不明的，适用法院地法律”的规定，本案应适用法院地法律即中华人民共和国法律来审查本案所涉仲裁条款的效力。由于“福建省晋江市仲裁委员会”并不存在，晋江市又没有其他的仲裁机构，当事人之间对此也不能达成补充协议，根据《中华人民共和国仲裁法》第十八条即“仲裁协议对仲裁事项或者仲裁委员会没有约定或者约定不明确的，当事人可以补充协议；达不成补充协议的，仲裁协议无效”的规定，本案所涉仲裁条款应确认无效。

同意你院的审查意见。

此复。

附：

福建省高级人民法院关于宝源贸易公司与余建国买卖合同中仲裁条款的请示报告

（2007 年 9 月 29 日 〔2007〕闽民他字第 22 号）

最高人民法院：

泉州市中级人民法院以〔2007〕泉民他字第 3 号《关于宝源贸易公司与余建国买

卖合同中有关仲裁条款效力问题的请示》，就申请人宝源贸易公司申请确认与被申请人余建国签订买卖合同中仲裁条款效力事宜报请本院审查。本院经审查，同意泉州市中级人民法院拟裁定确认仲裁条款无效的意见。现将该案呈报你院审查，并将有关情况报告如下：

一、当事人的基本情况

申请人：宝源贸易公司。

法定代表人：庄珍珍。

被申请人：余建国。

二、简要案情

2006 年 5 月 27 日，宝源贸易公司与余建国签订买卖合同，合同第八条约定合同纠纷的解决方式，即履行本合同发生争议，由当事人双方协商解决或由第三人调解解决，协商或调解不成，双方同意由福建省晋江市仲裁委员会仲裁。合同履行中，双方发生纠纷，宝源贸易公司以福建省晋江市不存在仲裁委员会为由，申请确认双方签订的上述仲裁条款无效。

三、泉州市中级人民法院的处理意见

泉州市中级人民法院认为，双方当事人约定的仲裁条款中的仲裁机构名称为“福建省晋江市仲裁委员会”，但由于“福建省晋江市仲裁委员会”并不存在，福建省晋江市又没有其他的仲裁机构，因此，拟裁定仲裁条款无效。

四、我院的审查意见

我院经审查认为，宝源贸易公司与余建国买卖合同中没有约定确认仲裁条款效力适用的准据法，但仲裁条款订明的仲裁地点在中华人民共和国，根据《中华人民共和国仲裁法》第十七条的规定，本案应适用仲裁地国家的法律即中华人民共和国仲裁法来确定仲裁条款的效力。双方约定的仲裁机构“福建省晋江市仲裁委员会”不存在，又不能达成补充协议，根据《中华人民共和国仲裁法》第十八条的规定，仲裁条款无效，因此，我院同意泉州市中级人民法院拟裁定确认仲裁条款无效的处理意见。依据《最高人民法院关于人民法院处理与涉外仲裁及外国仲裁事项有关问题的通知》的规定，将该案呈报你院审查。

最高人民法院关于四川华宏国际经济技术投资有限公司诉韩国韩华株式会社买卖合同纠纷一案仲裁条款效力问题的请示的复函

（2007 年 8 月 24 日 〔2007〕民四他字第 13 号）

四川省高级人民法院：

你院川高法〔2007〕159 号《关于四川华宏国际经济技术投资有限公司诉韩国韩华株式会社买卖合同纠纷一案仲裁条款效力问题的请示》收悉。

经研究认为：华宏国际经济技术投资有限公司（以下简称华宏公司）与韩国韩华株式会社（以下简称韩华株式会社）签订的《销售合同》第 14 条约定，“本销售合同在执行中发生所有的纠纷应通过友好的协商解决。如果不能通过双方友好的解决，纠纷将呈递到买卖双方相互承认的第三国仲裁”。双方未约定认定该仲裁条款效力的准据法，该仲裁条款也未约定仲裁地点和仲裁机构。由于华宏公司已经对韩华株式会社提起诉讼，按照最高人民法院《关于适用〈中华人民共和国仲裁法〉若干问题的解释》第十六条的规定，“对涉外仲裁协议的效力审查，适用当事人约定的法律；当事人没有约定适用的法律但约定了仲裁地的，适用仲裁地法律；没有约定适用的法律也没有约定仲裁地或者仲裁地约定不明的，适用法院地法律”。故本案应依据法院地法即中华人民共和国法律认定仲裁条款的效力。根据《中华人民共和国仲裁法》第十六条、第十八条之规定，双方当事人没有约定明确的仲裁机构，在发生纠纷后，亦未对仲裁地点和仲裁机构达成补充协议，故该《销售合同》中的仲裁条款无效。

同意你院的审查意见，根据《中华人民共和国民事诉讼法》第二百四十三条的规定，成都市中级人民法院作为《销售合同》载明的合同签订地的人民法院，对本案具有管辖权。

此复。

附：

四川省高级人民法院关于四川华宏国际经济技术投资有限公司诉韩国韩华株式会社买卖合同纠纷一案仲裁条款效力问题的请示报告

（2007 年 4 月 30 日 川高法〔2007〕159 号）

最高人民法院：

2005 年 3 月 14 日，四川华宏国际经济技术投资有限公司与韩国韩华株式会社签订《销售合同》，该《销售合同》第14条约定："本销售合同在执行中发生所有的纠纷应通过友好的协商解决。如果不能通过双方友好的解决，纠纷将呈递到买卖双方相互承认的第三国仲裁。"双方发生纠纷后，至今未对仲裁地和仲裁机构达成补充协议；四川华宏国际经济技术投资有限公司于2005年11月22日持上述合同向成都市中级人民法院提起诉讼。韩国韩华株式会社在答辩期间提出管辖权异议。

成都市中级人民法院经审查认为，双方签订的《销售合同》中有明确的仲裁意思表示，但没有约定仲裁地点和仲裁机构；且至今未对仲裁地点和仲裁机构达成补充协议。根据《中华人民共和国仲裁法》第十六条、第十八条之规定，该仲裁条款无效。该院作为《销售合同》签订地的省会城市中级人民法院，对本案具有管辖权。

我院经审查认为，根据四川华宏国际经济技术投资有限公司与韩国韩华株式会社签订的《销售合同》第14条约定："本销售合同在执行中发生所有的纠纷应通过友好的协商解决。如果不能通过双方友好的解决，纠纷将呈递到买卖双方相互承认的第三国仲裁。"本案系涉外合同纠纷，双方当事人未约定仲裁条款效力所适用的法律，该仲裁条款亦未约定明确的仲裁地点，所以应适用法院地法即中华人民共和国的法律确认该仲裁条款的效力。《中华人民共和国仲裁法》第十八条明确规定："仲裁协议对仲裁事项或者仲裁委员会没有约定或者约定不明确的，当事人可以补充协议；达不成协议的，仲裁协议无效。"本案双方当事人签订的仲裁条款中未约定明确的仲裁机构，且未达成补充协议，该仲裁条款应认定无效。成都市中级人民法院作为合同签订地法院对本案具有管辖权。

现根据《最高人民法院关于人民法院处理涉外仲裁及外国仲裁事项有关问题的通知》规定的精神，报请钧院审核，当否？请批复。

最高人民法院关于江门市华尔润玻璃有限责任公司诉斯坦因·霍特公司、上海斯坦因·霍特迈克工业炉有限公司产品责任纠纷案有关仲裁条款效力的请示的复函

（2006年5月16日　〔2006〕民四他字第9号）

广东省高级人民法院：

你院〔2005〕粤高法民四他字第25号《关于江门市华尔润玻璃有限责任公司诉斯坦因·霍特公司、上海斯坦因·霍特迈克工业炉有限公司产品责任纠纷案有关仲裁条款效力的请示》收悉。经研究，答复如下：

一、华尔润玻璃有限责任公司(以下简称华尔润公司)与斯坦因·霍特公司(以下简称斯坦因公司)所签合同第十六章"仲裁"中明确约定:"本合同下或本合同相关的任何以及所有无法经友好协商解决的争议应通过仲裁解决。仲裁应根据国际商会调解和仲裁规则进行。在达成裁决时,仲裁员应考虑相关事实和情形,并根据本合同的条件,如果不能根据本合同的条款达成解决,仲裁员应适用相关的瑞士法律条文。仲裁应在(瑞士)日内瓦进行。仲裁结果应为终局性的,对双方均有拘束力。仲裁的官方语言应为英语"。该仲裁条款为涉外仲裁条款,确认该条款的效力,首先应明确所应适用的准据法。根据多年来的司法实践以及本院第二次全国涉外商事海事审判工作会议纪要所确定的原则,当事人在合同中明确约定了仲裁条款效力的准据法的,应当适用当事人明确约定的法律;未约定仲裁条款效力的准据法但约定了仲裁地的,应当适用仲裁地国家或者地区的法律。只有在当事人未约定仲裁条款效力的准据法亦未约定仲裁地或者仲裁地约定不明的情况下,才能适用法院地法即我国法律作为确认仲裁条款效力的准据法。从本案事实看,当事人并未约定确认仲裁条款效力的准据法,因此,应该适用本案当事人约定的仲裁地即瑞士的法律作为确认仲裁条款效力的准据法。

你院关于适用法院地法审查该合同中仲裁条款效力的理由不能成立。第一,人民法院审理案件需要适用外国法时,外国法的查明有多种途径,人民法院可以要求当事人提供,当事人也有权申请人民法院查明相关外国法,只有在通过各种途径确实无法查明的情况下,才可以考虑适用法院地法。而从本案事实看,在你院及江门中院既未要求当事人提供外国法,也未自行查明外国法的情况下,即以外国法查明存在困难为由拒绝适用外国法欠妥;第二,本案所涉两份合同签约主体不同,标的物不同,分开审理对纠纷的解决并无不利;第三,在当事人签订了有效仲裁条款时,人民法院依法对纠纷不享有管辖权,因此不存在我国将此类案件的管辖权一概让与仲裁地国家或者损害我国司法主权的问题;第四,在当事人未明确约定仲裁条款效力的准据法时,对仲裁条款效力的审查适用仲裁地法已经是多年司法实践以及我院第二次全国涉外商事海事审判工作会议纪要中所明确确立的原则,而不仅仅只是学术界的一种观点,各级人民法院应该遵照执行。因此你院关于适用我国法律确认本案仲裁条款效力的意见不能成立,确认华尔润公司与斯坦因公司所签合同中仲裁条款的效力应适用瑞士法律。根据瑞士法律,该仲裁条款是有效和可执行的。

二、华尔润公司与上海斯坦因·霍特迈克工业炉有限公司(以下简称上海公司)签订的合同第九章"仲裁"中明确约定:"本合同下或本合同相关的任何以及所有无法经友好协商解决的争议应通过仲裁解决。仲裁应根据中国国际经济贸易仲裁委员会调解和仲裁规则进行。仲裁应在北京进行。仲裁结果应为终局性的,对双方均有拘束力"。从该合同的签约主体、当事人购买的标的物及双方当事人之间民事法律关系设立、变更、终止的法律事实看,该合同不具有涉外因素,合同中的仲裁条款不属于涉外仲裁条款。对该仲裁条款效力的审查应适用我国的法律。华尔润公司与上海公司签订的仲裁条款虽然未约定仲裁机构,但其约定了适用的仲裁规则即《中国国际经济贸易仲裁委员会仲裁规则》,而根据该《仲裁规则》第四条第(三)项的规定,凡当事人约定按照该规则进行仲裁但未约定仲裁机构的,均视为同意将争议提交中国国际经济贸易仲裁委员会仲裁。因此根据当事人约定的仲裁规则可以确定明确的仲裁委员会,你院关于该仲裁条款因未约定明确的仲裁机构应认定无效的理由不能成立,该仲裁条款有效。

综上,由于华尔润公司与斯坦因公司和上海公司签订的合同中均包含明确有效的仲裁条款,依照《中华人民共和国民事诉讼法》第一百一十一条第(二)项、第二百五十七条第一款、《中华人民共和国仲裁法》第五条的规定,本案纠纷应根据当事人的约定,通过仲裁方式解决,人民法院对该纠纷无管辖权。

此复。

附:

广东省高级人民法院关于江门市华尔润玻璃有限责任公司诉斯坦因·霍特公司、上海斯坦因·霍特迈克工业炉有限公司产品责任纠纷案有关仲裁条款效力的请示报告

(2005年12月30日 〔2005〕粤高法民四他字第25号)

最高人民法院:

广东省江门市中级人民法院在立案受理原告江门市华尔润玻璃有限责任公司诉被告斯坦因·霍特公司、上海斯坦因·霍特迈克工业炉有限公司产品责任纠纷一案过程中,发现涉案合同中涉及仲裁条款,根据钧院的规定在受理该案前,向我院进行请示。现将本案情况汇报如下:

一、基本案情

本案被告一斯坦因·霍特公司是法国公司,其在中国上海市投资成立了中外合资有限责任公司——被告二上海斯坦因·霍特迈克工业炉有限公司。被告一是被告二的控股股东,其股份为51%。本案原告与被告一斯坦因·霍特公司签署了《JFR400-03/0815-SH号合同》,购买涉案设备。该合同第十六章"仲裁"中明确约定"本合同下或本合同相关的任何以及所有无法经友好协商解决的争议应通过仲裁解决。仲裁应根据国际商会调解和仲裁规则进行。在达成裁决时,仲裁员应考虑相关事实和情形,并根据本合同的条件,如果不能根据本合同的条款达成解决,仲裁

员应适用相关的瑞士法律条文。仲裁应在(瑞士)日内瓦进行。仲裁结果应为终局性的,对双方均有拘束力。仲裁的官方语言应为英语”。原告又与被告二签署买卖合同购买前一合同项下设备的配套设备,在双方签署的《400t/d 热端设备购销合同》的第九章“仲裁”中明确约定:“本合同下或本合同相关的任何以及所有无法经友好协商解决的争议应通过仲裁解决。仲裁应根据中国国际经济贸易仲裁委员会调解和仲裁规则进行。仲裁应在北京进行。仲裁结果应为终局性的,对双方均有拘束力”。

现因产品责任纠纷,原告将被告一、二起诉至江门市中级人民法院。

二、江门市中级人民法院审查意见

江门市中级人民法院经审查认为,两合同中的仲裁条款均仅约定仲裁适用的仲裁规则而未约定仲裁机构,发生纠纷后,当事人又没有达成补充协议,根据《中华人民共和国仲裁法》第十八条的规定,仲裁协议对仲裁事项或者仲裁委员会没有约定或者约定不明确的,当事人可以补充协议;达不成补充协议的,仲裁协议无效。因此,上述仲裁协议均应认定无效。依照《中华人民共和国仲裁法》第五条“当事人达成仲裁协议,一方向人民法院起诉的,人民法院不予受理,但仲裁协议无效的除外”的规定,江门市中级人民法院认为,当事人签订的仲裁协议无效,对原告的起诉应予受理。在受理原告的起诉之前,江门市中级人民法院根据钧院《关于对于人民法院处理与涉外仲裁及外国仲裁事项有关问题的通知》(法发〔2005〕18 号)第一条“凡起诉到人民法院的涉外、涉港澳和涉台经济、海事海商仲裁纠纷案件,如果当事人在合同中订有仲裁条款或者事后达成仲裁协议,人民法院认为该仲裁条款无效、失效或者内容不明确无法执行的,在决定受理一方当事人起诉之前,必须报请本辖区所属高级人民法院进行审查;如果高级人民法院同意受理,应将其审查意见报最高人民法院。在最高人民法院未作答复前,暂不予以受理”的规定,特向我院请示。

三、我院的倾向意见

原告江门市华尔润玻璃有限责任公司与被告一斯坦因·霍特公司(法国)签署了《JFR400 - 03/0815 - SH 号合同》购买设备,又与被告二上海斯坦因·霍特迈克工业炉有限公司签署《400t/d 热端设备购销合同》购买上述设备的配套设备,现原告以两合同项下的设备存在产品缺陷为由向法院起诉,涉案两合同均有仲裁条款,故法院能否受理该案,应当首先审查仲裁条款的效力。由于本案存在两个不同的买卖合同,应当分别对其中的仲裁条款进行审查。

原告与被告一斯坦因·霍特公司(法国)签署的《JFR400 - 03/0815 - SH 号合同》第十六章中约定的仲裁条款,仅约定了仲裁地在瑞士日内瓦,仲裁规则为国际商会调解和仲裁规则,没有约定仲裁机构,亦没有约定仲裁条款效力适用的法律。如果仲裁条款的效力适用仲裁地法律审查,则该合同项下的仲裁条款的效力应当适用瑞士日内瓦法律加以判断,本案的仲裁属于1987年《瑞士联邦国际私法》第176条规定的"国际仲裁",故本案应当适用《瑞士联邦国际私法》关于国际仲裁的规定。本案适用仲裁地法审查将带来以下问题:首先,法律适用存在困难。1987年《瑞士联邦国际私法》对该种情况没有作出明确的规定,对1987年《瑞士联邦国际私法》的具体理解,存在困难,依该法不能直接认定没有约定仲裁机构的仲裁条款是否有效。其次,对仲裁条款效力的审查,应当考虑案件争议的实际情况和案件审理的社会效果。本案由于两合同项下的设备是配套使用的生产线,将本案的一部分由瑞士仲裁,另一部分由我国法院管辖,将不利于纠纷的解决。再次,如果我国将此类案件的管辖权一概让与仲裁地国家,不区分个案的具体情况,不仅增加了我国当事人的诉讼困难,也将损害我国司法主权。最后,我国虽然有单独的仲裁立法,但我国对于仲裁是作为民事诉讼法的一部分加以规定的,对仲裁条款效力的审查,作为程序性问题,应当适用法院地法。而仲裁条款的效力适用仲裁地法审查,只是学术界的一种观点和仲裁大国如英国、瑞士的一种做法,其是否与我国的情况相符有待进一步的研究。

综上,我院倾向认为,适用法院地法审查本案两合同中仲裁条款的效力更为合理。原告在与被告二上海斯坦因·霍特迈克工业炉有限公司签署的《400t/d热端设备购销合同》第九章约定的仲裁条款中,也仅约定了仲裁地在中国北京,仲裁规则为中国国际经济贸易仲裁委员会调解和仲裁规则,没有约定仲裁机构。依据中华人民共和国《仲裁法》第十八条"仲裁协议对仲裁事项或者仲裁委员会没有约定或者约定不明确的,当事人可以补充协议;达不成补充协议的,仲裁协议无效"的规定,以及钧院法复〔1997〕36号"……仲裁条款中双方当事人仅约定仲裁地点,而对仲裁机构没有约定。发生纠纷后,双方当事人就仲裁机构达不成补充协议,应依据《中华人民共和国仲裁法》第十八条之规定,认定本案所涉仲裁协议无效……"的精神,该两合同项下的仲裁条款均无效,涉案产品责任纠纷的产品使用地在江门市,即侵权行为地在江门市,故江门市中级人民法院对本案有管辖权,江门市中级人民法院对原告华尔润玻璃有限责任公司对两被告斯坦因·霍特公司、上海斯坦因·霍特迈克工业炉有限公司的起诉应当受理。

根据钧院《关于对于人民法院处理与涉外仲裁及外国仲裁事项有关问题的通知》(法发〔1995〕18号)第一条的规定,特向钧院请示,请予批复。

最高人民法院关于确认仲裁协议效力请示的复函

（2006年3月19日 〔2006〕民四他字第1号）

江苏省高级人民法院：

你院〔2005〕苏民三立终字第0039号《关于张家港星港电子公司与博泽国际公司中外合资经营合同中涉外仲裁条款效力问题的请示》收悉。经研究，答复如下：

本案双方当事人在合资合同中约定："凡因解释或执行本合同所发生争议，双方应首先通过友好协商予以解决。如果双方在协商开始后的六十天内无法达成和解，任何一方可以将该争议按照《国际商会调解和仲裁规则》提交仲裁。仲裁应在瑞士苏黎世进行。仲裁员应使用本合同的英文版。任何这样的仲裁的全部程序应用英文进行，有关仲裁情况应每天用英文记录。仲裁应由三名仲裁员来进行，仲裁员应使用流利的英语，双方可各委派一位仲裁员，第三位仲裁员由仲裁院委派，该仲裁员为该仲裁庭主席。仲裁裁决是终局的，对双方均有约束力，双方同意遵守并执行。仲裁费用应由败诉方承担，除非在仲裁裁决中另有规定。"根据多年的司法实践以及本院《第二次全国涉外商事海事审判工作会议纪要》所确定的原则，当事人在合同中约定的适用于解决合同争议的准据法，不能用来确定涉外仲裁条款的效力。当事人在合同中明确约定了仲裁条款效力的准据法的，应当适用当事人明确约定的法律；未约定仲裁条款效力的准据法但约定了仲裁地的，应当适用仲裁地国家或者地区的法律。只有在当事人未约定仲裁条款效力的准据法亦未约定仲裁地或者仲裁地约定不明的情况下，才能适用法院地法即我国法律作为确认仲裁条款效力的准据法。本案当事人双方虽然在合同中约定"合同的订立、生效、解释和执行受中国现行和公布的有关法律的管辖"，但该约定是当事人对解决合同争议的准据法作出的选择，而不是对认定合同中仲裁条款效力的准据法作出的选择。《中华人民共和国合同法》第一百二十六条第二款规定的"在中华人民共和国境内履行的中外合资经营企业合同、中外合作经营企业合同、中外合作勘探开发自然资源合同，适用中华人民共和国法律"，是对解决合同实体争议的准据法作出的规定，而并非对认定合同中仲裁条款效力的准据法作出的规定。我国法律并未强制规定在确认中外合资经营合同中仲裁条款效力时必须适用我国的法律作为准据法。由于本案当事人未明确约定仲裁条款效力的准据法，故应适用当事人约定的仲裁地瑞士的法律，对仲裁条款的效力作出认定。你院关于确定本案仲裁条款的效力应当适用我国法律的意见缺乏根据。根据瑞士的相关法律规定，本案仲裁条款有效。依照《中华人民共和国民事诉讼法》第二百五十七条第一款、《中华人民共和国仲裁法》第五条的规定，本案纠纷应根据当事人的约定，通过仲裁方式解决，人民法院对该纠纷无管辖权。苏州市中级人民法院〔2004〕苏中民三初字第064号民事裁定对本案的处理意见是正确的。

此复。

附：

江苏省高级人民法院关于张家港星港电子公司与博泽国际公司中外合资经营合同中涉外仲裁条款效力问题的请示

（2004年12月19日 〔2005〕苏民三立终字第0039号）

最高人民法院：

我省苏州市中级人民法院受理的原告张家港星港电子有限公司诉被告博泽国际有限公司中外合资经营合同纠纷一案，博泽国际有限公司就本案的管辖权提出异议后，苏州市中级人民法院于2005年9月15日作出〔2005〕苏中民三初字第064号民事裁定，驳回张家港星港电子有限公司的起诉。张家港星港电子有限公司不服，向我院提起上诉。我院经对该管辖异议上诉案件审理后，认为当事人在合同中订立的仲裁条款无效，根据你院法发〔1995〕18号《关于人民法院处理与涉外仲裁及外国仲裁事项有关问题的通知》第一条的规定，特报请你院审批。现将本案有关情况及我院审查意见报告如下：

一、当事人的基本情况

上诉人（原审原告）：张家港星港电子有限公司（以下简称星港公司）。住所地：中华人民共和国江苏省张家港市城西路17号。

法定代表人：谢志刚，董事长。

被上诉人（原审被告）：博泽国际有限公司（BroseIntemational CmbH，简称博泽公司）。住所地：德国科堡申道夫路38－50号，邮政信箱1353号。

法定代表人：Kurt Sauemheimer，总经理。

二、案件基本情况

1995年10月4日，星港公司与博泽公司签订一份《张家港星港电子有限公司和Brose国际有限公司合资经营公司合同》（以下简称《合资经营合同》），合同约定双方合资成立张家港博泽汽车部件有限公司，生产汽车配件。合资公司注册资本850万德国马克，其中博泽公司出资额为510万德国马克，占注册资本的60%；星港公司出自额为340万德国马克，占注册资本的40%。《合资经营合同》第九十三条约定：“本合同的订立、生效、解释和执行受中国现行和公布的有关法律的管辖，如果中国无相关的法律，应适用国际法律和商务惯例。”第九十四条约定：“如果在本合同签订后，中国修订了法律，或新颁法律，适用于公司或双方的经营。”第九十五条约定：“凡因解释或执行本合同所发生争议，双方应首先通过友好协商予以解决。”第九十六条约定：“如果双方在协商开始后的六十天内无法达成和解，任何一方可以将该争议按照《国际商会调解和仲裁规则》提交仲裁。仲裁应在瑞士苏黎世进行。仲裁员应使用本合同的英文版。任何这样的仲裁的全部程序应用英文进行，有关仲裁情况应每天用英文记录。仲裁应由三名仲裁员来进行，仲裁员应使用流利的英语，双方可各委派一位仲裁员，第三位仲裁员由仲裁院委派，该仲裁员为该仲裁庭主席。仲裁裁决是终局的，对双方均有约束力，双方同意遵守并执行。仲裁费用应由败诉方承担，除非在仲裁裁决中另有规定。”

2004 年 7 月 12 日，星港公司向原审法院提起诉讼，请求判令博泽公司停止其违约行为，赔偿损失 39,631,356.17 元人民币，并继续履行合资经营合同等。星港公司起诉时就双方合同中的仲裁条款提出：根据《合资经营合同》的约定，本合同的订立、生效、解释和执行受中国现行公布的有关法律的管辖，如果双方在协商开始后的六十天内无法达成和解，任何一方可以将该争议按照《国际商会调解和仲裁规则》提交仲裁。仲裁应在瑞士苏黎世进行。然而，根据《中华人民共和国仲裁法》的有关规定，仲裁协议应当具有下列内容：(1)请求仲裁的意思表示；(2)仲裁事项；(3)选定的仲裁委员会。仲裁协议对仲裁事项或者仲裁委员会没有约定或者约定不明确的，当事人可以补充协议；达不成补充协议的，仲裁协议无效。该《合资经营合同》仅约定了仲裁地点，却没有约定选定的仲裁委员会，而且在签约时就已经存在三个可以在瑞士苏黎世受理本案纠纷的仲裁机构，即意大利瑞士商会、苏黎世商会仲裁院、国际商会国际仲裁院，故该《合资经营合同》所约定的仲裁条款无效。

原审法院受理案件后，博泽公司在答辩期内就本案的管辖权提出异议称，根据《民事诉讼法》第二百五十七条的规定，涉外经济贸易中发生的纠纷，当事人在合同中订有仲裁条款，约定将争议提交中华人民共和国涉外仲裁机构或者其他仲裁机构的，当事人不得向人民法院起诉。根据此规定，除非仲裁条款无效，否则人民法院对本案无管辖权。中国是《承认和执行外国仲裁裁决公约》的成员国，根据该公约第 5 条的规定，若协议当事人未对仲裁条款/仲裁协议的准据法作出约定，则适用仲裁地国的法律。本案中，虽然双方选择了中国现行法作为合资合同的准据法，但合资合同中包含的仲裁条款是一项独立于合资合同其他条款的协议，其效力不受该合资合同效力的影响，故对仲裁条款效力的审查有其自身的适用法律，应与合资合同的准据法相分离。据此，本案中双方选择的合资合同的适用法律不应被视作是仲裁条款的适用法律。由于双方未在合资合同中约定仲裁条款的准据法，因此仲裁条款的有效性应当根据双方选定的仲裁地国家的法律，即瑞士法来确定。根据瑞士法的相关规定，只要当事人明示或默示交换对订约意图，则该协议便有效。本案合资合同中的仲裁条款符合上述法定要求，因此其在瑞士法下是有效且可执行的。基于上述理由，本案的争议应提交根据国际商会仲裁规则在瑞士组成的仲裁庭进行仲裁，请求驳回星港公司的起诉。

原审法院经审查作出一审裁定，裁定的主要内容为：

根据《民事诉讼法》第二百五十七条的规定，"涉外经济贸易、运输和海事中发生的纠纷，当事人在合同中订有仲裁条款或者事后达成书面仲裁协议，提交中华人民共和国涉外仲裁机构或者其他仲裁机构的，当事人不得向人民法院起诉。"同时，我国参加的《承认和执行外国仲裁裁决公约》第二条第（三）项也明确规定："如果缔约国的法院受理一个案件，而就这个案件所涉及的事项，当事人已经达成本条意义内的协议时，除非该法院查明该项协议是无效的，未生效的或不可能实行的，应该依一方当事人的请求，令当事人把案件提交仲裁。"因此，本案的关键是《合资经营合同》第九十六条的仲裁条款约定是否有效。如有效，本院对本案无管辖权，反之，本院有权管辖本案。

仲裁条款是一项独立于主合同权利义务关系的协议，其效力不受主合同效力的影响。故对仲裁条款效力的审查有其自身的适用法律，应与合同的准据法相分离。根据《纽约公约》第五条第一款第（一）项的规定，在认定仲裁协议效力时，应当适用当事人明确约定的法律。当事人没有约定仲裁条款准据法但约定了仲裁地的，适用仲裁地国的法律。

本案中，星港公司与博泽公司虽在《合资经营合同》第九十四条约定合同的适用法律为中国法律，但该条款仅是系争合同准据法的约定，而非对仲裁条款准据法的约定。由于双方当事人没有对仲裁条款适用的准据法作出约定，故应当适用仲裁地国家的法律来审查仲裁条款的效力，即瑞士的有关法律规定确定。

根据《瑞士联邦国际私法》第二百七十八条第（一）项规定，"如果仲裁协议是书面的，通过电报、电传或传真方式签署，或者是能有文本证明的任何其他通讯形式签署的，该仲裁协议是有效的。"该条第（二）项规定，"如果仲裁协议符合双方当事人选择的法律，或者管辖争议标的事项的法律，特别是管辖主合同的法律，或者符合瑞士法律，该仲裁协议是有效的。"根据上述规定，在瑞士，认定一项仲裁条款的效力必须符合一定的形式要求和实质要求。本案中双方当事人在《合资经营合同》中达成了仲裁条款，显然属于书面达成的仲裁条款，符合该法第一百七十八条第（一）项的形式要件。对于实质要件，只要符合双方约定的法律，或者管辖主合同的法律，或者瑞士法律中的任一项法律即可。根据《瑞士债法典》第一条规定，"对于待订立的合同，要求有双方当事人相互同意的意思表示。该表示可以是明示的，也可以是暗示的。"本案中双方均认可存在仲裁条款的事实可以证明双方对仲裁达成了一致的意思表示，符合瑞士实体法律的规定。

综上，仲裁条款符合《瑞士联邦国际私法》第一百七十八条第（一）项、第（二）项的形式要求和实质要求，是有效和可执行的。《国际商会调解和仲裁规则》是否变更为《国际商会仲裁规则》不影响对仲裁条款效力的影响，故本院对《合资经营合同》补充协议的效力不作认定。双方因履行《合资经营合同》而发生的纠纷，应当通过仲裁程序解决。据此，依照《民事诉讼法》第二百五十七条第一款、《承认和执行外国仲裁裁决公约》第二条、第五条第一款第一项、《瑞士联邦国际私法》第一百七十八条第（一）项、第（二）项、《瑞士债法典》第一条的规定，裁定驳回星港公司的起诉。

三、上诉人的上诉理由

一审裁定后，星港公司不服，向本院提起上诉。其上诉的主要理由为：

本案所涉的仲裁条款应适用中国法律，该仲裁条款未约定选定的仲裁委员会，是不可能实行的，应属无效。原审法院对于双方签约时，在瑞士苏黎世就已经存在三个可以受理本案纠纷的仲裁机构的重大事实未作认定，是对与本案的裁判有着重要关系的法律事实认定的遗漏，本案所涉仲裁条款符合《国际商会调解和仲裁规则》第 7 条规定，应属于无仲裁协议的情况。原审法院适用我国参加的《承认和执行外国仲裁裁决公约》第二条第（三）项规定时，仅仅选择审查了该条款中除外条款中的第一种情况，即“除非该法院查明该项协议是无效的、未生效或不可能实行的”第一种情况，但对于仲裁协议的是否生效或是否不可能实行未作审查。原审裁定适用民诉法第二百五十七条第一款属于法律适用不当。请求依法撤销原审裁定，确认原审法院对本案具有管辖权。

四、我院审查意见

我院经审查认为，双方当事人在合同中订立的涉外仲裁条款无效。理由如下：

1. 确定本案仲裁条款的效力应当适用我国法律。本案所涉《合资经营合同》第九十三条约定：“本合同的订立、生效、解释和执行受中国现行和公布的有关法律的管辖，如果中国无相关的法律，应适用国际法律和商务惯例。”本案双方当事人约定我国法律是管辖该《合资经营合同》的法律，就应当适用我国法律来确定仲裁协议的效力。更为重要的是，本案为中外合资经营合同纠纷，我国《合同法》第一百二十六条第二款已作出规定：“在中华人民共和国境内履行的中外合资经营企业合同、中外合作经营企业合同、中外合作勘探开发自然资源合同，适用中华人民共和国法律。”据此规定，经济贸易、运输或海事等一般涉外合同的当事人可以选择适用解决合同争议的法律，但涉及在我国境内履行的包括中外合资经营企业合同等三类合同，应当适用我国法律，当事人无权选择，排除了其他国家法律的适用。该条规定体现了国家主权原则，为我国法律的强制性规定，属于对合同当事人意思自治原则的限制或例外。上述三类合同，当事人即使选择了其他国家的法律，或者没有选择适用的准据法，仍然必须适用我国法律。本案是在履行中外合资经营合同过程中发生的纠纷，根据这一规定，所涉合同的准据法应当适用我国的法律，对于确定合同中订立的仲裁条款的效力也应当适用我国法律。

2. 凡是我国《民事诉讼法》和其他法律规定由我国法院专属管辖的民事案件，包括因不动产提起的诉讼，港口作业中发生的诉讼、因登记发生的诉讼，以及在我国境内因履行中外合资经营企业合同、中外合作经营企业合同和中外合作勘探开发自然资源合同引发的诉讼，外国法院或者我国港澳地区法院无权管辖，当事人也不得约定由我国境外的法院管辖。根据我国《民事诉讼法》、《合同法》和《仲裁法》的有关规定，涉外合同中订有仲裁条款或者当事人另有仲裁协议，约定将合同争议提交仲裁机构仲裁的，只要该仲裁条款或仲裁协议合法有效，当事人因合同争议向我国法院提起诉讼时，我国人民法院应不予受理。但对仲裁条款或仲裁协议的有效性的审查，应当依据我国法律的有关规定。《承认和执行外国仲裁裁决公约》第二条第（三）项关于由缔约国法院查明仲裁协议是否无效、未生效或不可能实行的规定，《瑞士联邦国际私法》第一百七十八条第（二）项关于对国际仲裁协议效力的认定，规定可以适用管辖主合同的法律，同时该条还规定了可以适用其他法律对仲裁协议的效力作出认定，包括法院地法、瑞士法以及当事人共同选择的法律，均表明本案可适用我国法律对合同仲裁条款的效力作出认定。

3. 从法律规范的效力应遵循的原则看，我国《民事诉讼法》与《合同法》是同一立法机关以相同程序先后制定的两个法律规范，在法律效力上“后法优于前法”。我国《仲裁法》与《民事诉讼法》，则在同一主体于某一领域既有一般性立法，又有不同于一般性立法的特殊立法时，根据“特殊优于一般”的原则，在效力上特殊立法优于一般性立法。因此，在本案的法律适用上，除民事诉讼法外，还应适用作为后法和特殊法的合同法及仲裁法的有关规定，作为确定我国法院对本案是否具有管辖权的法律依据。

4. 在确定应当适用我国法律决定仲裁条款的有效性的前提下，则应根据我国《仲裁法》的有关规定，对本案合同所涉仲裁条款的效力进行审查。我国《仲裁法》第十六条第（二）款规定：“仲裁协议应当具有下列内容：（一）请求仲裁的意思表示；（二）仲裁事项；（三）选定的仲裁委员会。”第十八条规定：“仲裁协议对仲裁事项或者仲裁委员会没有约定或者约定不明确的，当事人可以补充协议；达不成补充协议的，仲裁协议无效。”因本案所涉《合资经营合同》中的仲裁条款仅约定了仲裁地点，没有选定仲裁委员会，在双方签约时已经存在三个可以在瑞士苏黎世受理本案纠纷的仲裁机构，即意大利瑞士商会、苏黎世商会仲裁院、国际商会国际仲裁院的情况下，难以确定由哪一个仲裁机构对本案进行仲裁，导致该仲裁条款无法实际执行，且双方在事后也未就选定仲裁机构达成补充协议，故应确认合同约定的仲裁条款无效。

5. 从维护国家主权原则角度，根据我国法律和国际条约的规定，凡是应当由我国法院管辖的案件，人民法院都必须行使司法管辖权。本案合同所涉仲裁条款因约定内容不明确而被确认无效后，一方当事人就中外合资经营合同纠纷提起的诉讼，依照我国《民事诉讼法》第二百四十六条的规定：“因在中华人民共和国履行中外合资经营企业合同、中外合作经营企业合同、中外合作勘探开发自然资源合同发生纠纷提起的诉讼,由中华人民共和国人民法院管辖。”本案合同履行地在星港公司所在地,原审法院作为合同履行地人民法院,对本案应当具有管辖权。

综上,原审裁定适用法律不当,应予纠正。上诉人的上诉理由成立,我院拟予采纳,并撤销原裁定,裁定本案由原审法院审理。现根据你院的有关规定,报请你院审批。

特此报告。请示复。

最高人民法院关于圣美家居休闲发展有限公司与杭州凰顺国际贸易有限公司买卖合同纠纷一案中仲裁条款效力的请示的复函

(2005年3月25日　民四他字〔2005〕第4号)

浙江省高级人民法院:

你院〔2004〕浙告他字第38号请示报告收悉,经研究,答复如下:

根据你院请示报告所述事实及所附卷宗内容看,圣美家居休闲发展有限公司与杭州凰顺国际贸易有限公司在所签订的购销合同中约定:“合同发生纠纷时,当事人双方应及时协商解决,协商不成,任何一方可向仲裁机关申请调解仲裁,也可在合同签订地的人民法院起诉”。本案双方当事人未约定确认仲裁条款效力所应适用的准据法,亦未约定明确的仲裁地点,因此,应该适用法院地法即我国内地的法律确认该仲裁条款的效力。本案当事人未约定明确的仲裁机构,亦未就此达成补充协议,根据《中华人民共和国仲裁法》第十八条的规定,该仲裁条款应认定无效。且本案双方当事人在约定通过仲裁方式解决纠纷的同时,又约定可以通过诉讼的方式解决纠纷,未明确排除人民法院的管辖权,仲裁意愿是不明确的,从此点讲该仲裁协议亦应认定无效。人民法院对该纠纷享有管辖权。同意你院请示报告中关于本案所涉仲裁条款无效的请示意见。

此复。

附：

浙江省高级人民法院关于圣美家居休闲发展有限公司诉杭州凰顺国际贸易有限公司买卖合同纠纷一案中仲裁条款权力问题的请示报告

（2004年12月26日　〔2004〕浙告他字第38号）

最高人民法院：

我省宁波市中级人民法院于2004年12月3日收到起诉人圣美家居休闲发展有限公司诉杭州凰顺国际贸易有限公司买卖合同纠纷一案的起诉状。宁波市中级人民法院经审查认为，起诉人与被起诉人在购销合同中虽订有仲裁条款，但该条款约定“合同发生纠纷时，当事人取方应及时协商解决，协商不成，任何一方可向仲裁机关申请调解仲裁，也可在合同签约地的人民法院起诉”，该仲裁约定应认定无效，可以受理本案。我院经审查也认为，双方没有明确约定仲裁机构，该仲裁条款应认定无效，可以受理本案。根据《最高人民法院关于人民法院处理与涉外仲裁及外国仲裁事项有关问题的通知》第一条的规定，特报你院审批。

最高人民法院关于宁波市中级人民法院受理的中岛道代诉何爱兵、宁波江北杰美科微电教业厂、吴向洋民间借贷纠纷一案所涉仲裁条款效力的请示的复函

（2004年12月13日　民四他字〔2004〕第47号）

浙江省高级人民法院：

你院〔2004〕浙告他字第24号关于宁波市中级人民法院受理的中岛道代诉何爱兵、宁波江北杰美科微电教业厂、吴向洋民间借贷纠纷一案所涉仲裁条款效力的请示收悉。经研究，答复如下：

同意你院的处理意见。

本案系涉外案件，当事人在合同中约定有仲裁条款，即“本合同发生纠纷，甲乙双方协商解决。若协商未决，任何一方均可向仲裁机构申请调解或仲裁，也可向法院起诉”，但没有约定识别该仲裁条款效力的准据法，也没有约定仲裁地点。因此，本案应当根据法院地国法律，即中华人民共和国法律，认定所涉仲裁条款的效力。

该仲裁条款在约定通过仲裁解决纠纷的同时，并没有排除法院管辖。应当说，当事人通过仲裁解决纠纷的意思表示是不明确的，不符合《中华人民共和国仲裁法》

第十六条关于有效仲裁协议的规定，因此，应当认定该仲裁条款无效。宁波市中级人民法院作为被告住所地的法院，对本案享有管辖权。

此复。

附：

浙江省高级人民法院关于中岛道代诉何爱兵、宁波江北杰美科微电教业厂和吴向洋民间借贷纠纷一案所涉仲裁条款效力的请示报告

（2004年10月26日　〔2004〕浙告他字第24号）

最高人民法院：

我省宁波市中级人民法院于2004年10月9日收到起诉人中岛道代诉何爱兵、宁波江北杰美科微电教业厂和吴向洋民间借贷纠纷一案的起诉状。宁波市中级人民法院经审查认为，起诉人与被起诉人在借款合同中虽订有仲裁条款，但该条款约定"任何一方均可向仲裁机构申请调解和仲裁，也可向法院起诉"，该约定应认定无效，可以受理本案。我院经审查也认为该仲裁条款应认定无效，可以受理本案。根据你院《关于人民法院处理与涉外仲裁及外国仲裁事项有关问题的通知》第一条的规定，特报你院审批。

（二）仲裁协议中仲裁机构名称的复函

最高人民法院关于中海北方物流有限公司与本溪北营钢铁集团进出口有限公司航次租船合同纠纷涉外仲裁条款效力请示的复函

（2015年9月21日 〔2015〕民四他字第21号）

辽宁省高级人民法院：

你院〔2015〕辽民三他字第1号《关于原告中海北方物流有限公司与被告本溪北营钢铁集团进出口有限公司航次租船合同纠纷涉外仲裁条款效力的请示》收悉。经研究，答复如下：

案涉六份《合同》中的SS条款均约定："GENERAL AVERAGE/ARBITRATION IF ANY IN BENXI AND CHINESE LAW TO BE APPLIED. 如发生共同海损/仲裁，本协议适用中国法律，仲裁地本溪。"虽然本溪市仲裁委员会是本溪市唯一一家仲裁机构，但是该条款仅是双方当事人对涉案纠纷提起仲裁时的仲裁地点和所适用法律作出的特别约定，不构成双方之间唯一的纠纷解决方式的约定，并未排除诉讼管辖。根据《中华人民共和国仲裁法》第十六条第二款第（一）项的规定，上述仲裁条款当属无效。

案涉另一份《租船协议》第二十五条约定："Arbitration 仲裁：Any disputes arising under the Charter Party shall be settled amicably。In case no such settlement can be reached，the matter in dispute shall be referred to three persons at Beijing and according to Chinese law. One chosen by each of the parties hereto and the third by the two so chosen；their decision or that of two of them shall be final，and for the purpose of enforcing the award，this agreement may be made a rule of the court. The arbitrators shall be commercial men。本协议项下的任何纠纷应被友好解决。如无法达成一致，则该纠纷事件将按照中国法律在北京交给三位仲裁人仲裁。双方各选一位代表，第三位则由双方共同选出，他们或其中两位的决定是终局的，并可向法庭申报使协议成为规则。仲裁人应是商业人士。"该仲裁条款虽约定在北京仲裁，但并未明确选定仲裁委员会，也没有证据显示双方当事人就仲裁机构的选择达成补充协议。根据《中华人民共和国仲裁法》第十六条第二款第（三）项和第十八条的规定，该仲裁条

款因没有约定仲裁机构而无效。

案涉七份租船合同中分别约定大连港、丹东港和鲅鱼圈港为装货港或卸货港，上述港口属于大连海事法院管辖范围，故大连海事法院依法对本案具有管辖权。同意你院关于本案仲裁条款无效的请示意见。

此复。

最高人民法院关于对金达融资担保有限责任公司申请确认仲裁协议效力一案请示的复函

（2015 年 3 月 26 日 〔2015〕民四他字第 6 号）

北京市高级人民法院：

你院〔2015〕高民他字第 24 号《关于金达融资担保有限责任公司申请确认仲裁协议效力一案的请示》收悉。经研究，答复如下：

本案系申请确认仲裁协议效力案件。当事人在《产权交易合同》及其《补充合同》中没有约定确认仲裁协议效力所应适用的法律，但其在《补充合同》中约定，“对于因本合同履行过程中引起的或与本合同相关的任何争议，各方应争取以友好协商的方式迅速解决，若经协商仍未能解决，任何一方均可将有关争议提交中国国际经济贸易仲裁委员会华南分会，根据该会的仲裁规则进行仲裁，仲裁应在中国深圳进行。”根据最高人民法院《关于适用〈中华人民共和国仲裁法〉若干问题的解释》第十六条的规定，对本案仲裁协议的效力问题，应适用仲裁地法律即我国法律进行审查。

《中华人民共和国仲裁法》第十六条规定，仲裁协议应当具有下列内容：（一）请求仲裁的意思表示；（二）仲裁事项；（三）选定的仲裁委员会。本案当事人约定的仲裁条款具有明确的提请仲裁的意思表示，其约定的中国国际经济贸易仲裁委员会华南分会于 1984 年依法成立，2012 年更名为华南国际经济贸易仲裁委员会（以下简称华南贸仲），故依照上述仲裁条款的约定，本案当事人对仲裁机构的约定和指向是具体和明确的，本案纠纷依法应向华南贸仲提请仲裁。

综上，本案《产权交易合同》及其《补充合同》约定的仲裁条款是有效的，你院认为中国国际经济贸易仲裁委员会对本案有管辖权的请示意见依据不足，本案纠纷应由华南贸仲管辖。

此复。

最高人民法院关于浙江逸盛石化有限公司申请确认仲裁条款效力一案请示的复函

（2013 年 12 月 18 日 〔2013〕民四他字第 60 号）

浙江省高级人民法院：

你院〔2013〕浙商外确字第 2 号《关于申请人浙江逸盛石化有限公司与被申请人英威达技术有限公司申请确认仲裁条款效力一案的请示报告》收悉。经研究，答复如下：

本案所涉仲裁条款中约定："仲裁应当在中国北京中国国际经济贸易仲裁中心（CIETAC）进行，并适用现行有效的《联合国国际贸易法委员会仲裁规则》[The arbitration shall take place at China International Economic Trade Arbitration Centre (CIETAC), Beijing, P. R. China and shall be settled according to the UNCITRAL Arbitration Rules as at present in force]。"当事人没有明确约定确定该仲裁条款效力的准据法，但明确约定了仲裁地点——中国北京，根据《中华人民共和国涉外民事关系法律适用法》第十八条的规定，本案应当适用中华人民共和国内地法律确定所涉仲裁条款的效力。

当事人在仲裁条款中虽然使用了"takc place at"表述，此后的词组一般被理解为地点，然而按照有利于实现当事人仲裁意愿目的的解释的方法，可以理解为也包括了对仲裁机构的约定。虽然当事人约定的仲裁机构中文名称不准确，但从英文简称 CIETAC 可以推定当事人选定的仲裁机构是在北京的中国国际经济贸易仲裁委员会。根据最高人民法院《关于适用〈中华人民共和国仲裁法〉若干问题的解释》第三条之规定，"仲裁协议约定的仲裁机构名称不准确，但能够确定具体的仲裁机构的，应当认定选定了仲裁机构。"因此，本案所涉仲裁条款并不违反《中华人民共和国仲裁法》的规定，应当认定有效。

此复。

最高人民法院关于对唐山市博鳌煤业有限责任公司、盛美证券私人有限公司与青岛新永安实业有限公司买卖合同纠纷一案中仲裁条款效力问题的请示的复函

（2011年3月11日 〔2011〕民四他字第3号）

山东省高级人民法院：

你院〔2010〕鲁立函字第30号《关于对唐山市博鳌煤业有限责任公司、盛美证券私人有限公司与青岛新永安实业有限公司买卖合同纠纷一案中仲裁条款效力问题的请示》收悉，经研究，答复如下：

根据你院报送的材料，青岛新永安实业有限公司与唐山市博鳌煤业有限责任公司之间签订的《澳大利亚焦煤销售合同》第14条约定："任何由本合同引起或与本合同有关的纠纷，包括关于该合同的存在性、效力或终止的任何问题，将提交至并按照中国当地人民法院的规则进行仲裁并最终解决，这些规则被视作得到了参考和采纳。仲裁的席位或法定地点应该在中国。仲裁程序采用中文。该合同，包括仲裁条款，应按照中国的法律进行解释，并受到中国法律的管辖。仲裁裁决应是最终结果，并对所有各方具有约束力。"根据上述表述，当事人约定中华人民共和国法律为确认涉案合同仲裁条款效力的准据法。

《澳大利亚焦煤销售合同》虽然约定以仲裁的方式解决合同争议，并约定了仲裁地点、认定仲裁条款效力的准据法以及解决合同争议的准据法，但未约定具体的仲裁机构。根据《中华人民共和国仲裁法》第十六条、第十八条的规定，有效的仲裁条款必须选定明确的仲裁机构。因此应当认定涉案仲裁条款无效。现一方当事人已经向人民法院提起诉讼，山东省青岛市中级人民法院作为合同签订地法院对该案享有管辖权。

同意你院的处理意见。但你院在请示报告中认为涉案合同第14条"并未明确约定确认仲裁协议效力所适用的准据法"，与该条约定的内容不符。另，本案亦不应当适用最高人民法院《关于适用〈中华人民共和国仲裁法〉若干问题的解释》第十六条的规定。

此复。

附：

山东省高级人民法院关于对唐山市博鳌煤业有限责任公司、盛美证券私人有限公司与青岛新永安实业有限公司买卖合同纠纷一案中仲裁条款效力问题的请示

（2010年12月28日 〔2010〕鲁立函字第30号）

最高人民法院：

青岛新永安实业有限公司（以下简称新永安公司）与唐山市博鳌煤业有限责任公司（以下简称博鳌公司）、盛美证券私人有限公司（以下简称盛美公司）买卖合同纠纷管辖权异议一案，山东省青岛市中级人民法院于2010年5月27日作出（2010）青民四初字第16-2号民事裁定。盛美公司对该裁定不服，向本院提起上诉。在审查该案期间，我院发现博鳌公司与新永安公司在订立《澳大利亚焦煤销售合同》时对解决纠纷方式约定了仲裁条款。鉴于该案系涉外案件，为慎重处理此案，经我院研究，根据《最高人民法院关于人民法院处理与涉外仲裁及外国仲裁事项有关问题的通知》（法发〔1995〕8号）和《最高人民法院关于审理和执行涉外民商事案件应当注意的几个问题的通知》（法〔2000〕51号）等规定，现将本案就仲裁条款效力问题报请你院，请予审查。

一、当事人基本情况

原告：青岛新永安实业有限公司，住所地：山东省青岛市市南区东海西路39号世纪大厦21层。

法定代表人：宋庆友，该公司董事长。

被告：盛美证券私人有限公司，住所地：Level4，95 Pitt Street，Sydney，NSW2000，Australia。

法定代表人：Alex Alexander，该公司董事长。

被告：唐山市博鳌煤业有限责任公司，住所地：河北省唐山市开平区开平镇马路村西。

法定代表人：黄宁杰，该公司总经理。

二、案件基本情况

2009年11月18日，博鳌公司作为卖方与买方新永安公司就购买澳大利亚散装焦煤签订《澳大利亚焦煤销售合同》（以下简称《合同》）一份。该合同正文首行载明："本合同于2009年11月18日由买卖双方签订于青岛。"2009年12月9日，盛美公司代表博鳌公司传真致函新永安公司通知终止上述合同。新永安公司因此诉至法院，请求判令博鳌公司、盛美公司连带赔偿损失人民币1500万元。

经查,涉案合同第14条约定:"任何由本合同引起或与本合同有关的纠纷,包括关于该合同的存在性、效力或终止的任何问题,将提交至并依照中国当地人民法院的规则进行仲裁并最终解决,这些规则被视作得到了参考和采纳。仲裁的席位或法定地点应该在中国。仲裁程序采用中文。该合同,包括仲裁条款,应按照中国的法律进行解释,并受到中国法律的管辖。仲裁裁决应是最终结果,并对所有各方具有约束力。"

三、我院意见

1. 该案被告之一盛美公司住所地在澳大利亚,该案系涉外买卖合同纠纷。涉案合同第14条体现了合同双方以仲裁方式解决纠纷的意思表示。当事人在该条款中约定了以中国法律作为解决合同争议的准据法,并未明确约定确认仲裁协议效力所适用的准据法,但同时约定了仲裁地点在中国。根据最高人民法院《关于适用〈中华人民共和国仲裁法〉若干问题的解释》第十六条的规定,对涉案仲裁条款效力的认定,应适用仲裁地法即中华人民共和国法律。

2. 涉案合同第14条未约定明确的仲裁机构,在一方当事人向法院提起诉讼的情况下,可以认定合同当事人就仲裁机构未达成补充协议。根据《中华人民共和国仲裁法》第十六条、第十八条的规定,涉案仲裁条款无效。

3. 鉴于涉案合同签订地在山东省青岛市,依照《中华人民共和国民事诉讼法》第二百四十一条规定,山东省青岛市中级人民法院作为合同签订地法院享有该案管辖权。

当否,请指示。

最高人民法院关于郑来成、陈明隆、陈俊明、广西南宁翔云大酒店申请确认仲裁条款效力无效一案的请示的复函

(2010年6月29日 〔2010〕民四他字第39号)

广西壮族自治区高级人民法院:

你院〔2010〕桂请字第8号《关于郑来成、陈明隆、陈俊明、广西南宁翔云大酒店申请确认仲裁条款效力无效一案的请示》收悉。经研究,答复如下:

一、南宁邕州饭店作为甲方与郑来成、陈明隆、陈俊明作为乙方签订的《南宁邕州饭店二号楼及附属设施租赁合同》第十三条约定:本合同项下发生的争议,协商或调解不成的,由甲方住所地经济仲裁机构仲裁。而甲方住所地南宁市仅有南宁仲裁

委员会一个仲裁机构，故南宁仲裁委员会应视为约定的仲裁机构。依照最高人民法院《关于适用〈中华人民共和国仲裁法〉若干问题的解释》第六条，该仲裁条款是有效的。

二、租赁合同虽将先前的《南宁邕州饭店根据桂国资复〔2007〕11号文件要求与台商协商的会议纪要》作为其附件之一，但当事人并未明确变更会议纪要所确定的通过向法院起诉来解决承包纠纷的争议解决方式。承包纠纷与租赁纠纷的发生依据不同，前者因郑来成等经营广西南宁翔云大酒店所欠南宁邕州饭店的承包费而发生，后者因履行租赁合同而发生，且二者是可分的。南宁翔云大酒店也不是租赁合同的当事人，其与南宁邕州饭店之间未签订仲裁协议。故租赁合同中仲裁条款的效力不及于会议纪要所确认的拖欠承包费纠纷，该仲裁条款对南宁翔云大酒店也无拘束力。

同意你院意见。

此复。

附：

广西壮族自治区高级人民法院关于郑来成、陈明隆、陈俊明、广西南宁翔云大酒店申请确认仲裁条款效力无效一案的请示报告

（2010年3月29日　〔2010〕桂请字第8号）

最高人民法院：

我区南宁市中级人民法院在审理郑来成、陈明隆、陈俊明、广西南宁翔云大酒店与被申请人南宁邕州饭店仲裁协议效力纠纷一案中，申请人郑来成、陈明隆、陈俊明、广西南宁翔云大酒店申请确认仲裁条款无效。南宁市中级人民法院认为仲裁协议无效，向我院请示。经我院审判委员会讨论认为仲裁协议有效。现根据你院《关于人民法院处理与涉外仲裁及外国仲裁事项有关问题的通知》的规定，将该案的有关情况报告如下：

一、当事人基本情况

申请人：郑来成，男，住址：台湾台北市敦化南路二段。

申请人：陈明隆，男，住址：台湾台北市民生路。

申请人：陈俊明，男，住址：台湾台北市民生路。

申请人：广西南宁翔云大酒店，地址：南宁市新民路59号。

法定代表人：郑来成，董事长。

被申请人：南宁邕州饭店，地址：南宁市新民路59号。

法定代表人：李金刚，总经理。

二、案件来源及审理经过

申请人郑来成、陈明隆、陈俊明、广西南宁翔云大酒店与被申请人南宁邕州饭店仲裁协议效力纠纷一案，因南宁邕州饭店依据仲裁协议就双方租赁合同纠纷向南宁仲裁委员会提起仲裁，申请人于 2009 年 10 月 14 日向南宁市中级人民法院申请确认仲裁协议无效。南宁市中级人民法院审查后，认为本案的仲裁协议无效，根据《最高人民法院关于审理和执行涉外民商事案件应当注意的几个问题的通知》第一条"拟裁定涉外合同仲裁协议无效的，应逐级呈报最高人民法院答复同意后才可以确认仲裁协议无效"的规定，于 2010 年 1 月 18 日向我院请示。

三、案件的基本情况

申请人郑来成、陈明隆、陈俊明与被申请人南宁邕州饭店原来是共同投资合作经营广西南宁翔云大酒店，由于政策原因被申请人无法完成房屋、土地的过户手续，根据国资委的意见，双方经协商，同意将原来的合资经营方式改为台资独资经营方式，同时对申请方原来经营所欠款数额和还款方式及违约处理方式作了约定，2007 年 3 月 16 日双方签订的《南宁邕州饭店根据桂国资复〔2007〕11 号文件要求与台商协商的会议纪要》（以下简称《纪要》）第三条约定，申请方欠被申请方的 2, 385, 855 元，台商可分 30 个月还款，违约处理方式是守约方可向人民法院起诉。

2007 年 4 月 26 日申请人郑来成、陈明隆、陈俊明与被申请人南宁邕州饭店签订《南宁邕州饭店二号楼及附属设施租赁合同》（以下简称《租赁合同》）约定将南宁邕州饭店二号楼作为标的物租赁给台商作为外商独资企业广西南宁翔云大酒店经营。该《租赁合同》的第十三条约定：本合同项下发生的争议，协商或调解不成的，由甲方住所地经济仲裁机构仲裁；在《租赁合同》的第三条第五款又约定：乙方应当按照双方 2007 年 3 月 16 日《会议纪要》第三条的约定履行还款义务，同时约定该会议纪要作为《租赁合同》，有效附件之一。

申请人在仲裁庭首次开庭前向南宁市中院申请确认仲裁协议无效，理由是：(1)《租赁合同》第十三条对仲裁委员会约定不明确；(2) 双方约定争议可以向仲裁机构申请仲裁也可以向人民法院起诉。

四、南宁市中院的处理意见

中院拟确认仲裁协议无效。理由是：

1.《租赁合同》第十三条约定"由甲方住所地经济仲裁机构仲裁"，但甲方住所地南宁市就经济（或者商事）仲裁仅有南宁仲裁委员会一个仲裁机构，根据最高人民法院《关于适用〈中华人民共和国仲裁法〉若干问题的解释》第六条"仲裁协议约定由某地的仲裁机构仲裁且该地仅有一个仲裁机构的，该仲裁机构视为约定的仲裁机构"的规定，因此，申请人的第一个理由不成立。

2.《租赁合同》第十三条约定争议由仲裁机构仲裁，《租赁合同》第三条又将《纪要》作为《租赁合同》的有效附件，而《纪要》约定的是欠款纠纷向人民法院起诉。同时,《租赁合同》和《纪要》都没有约定或者注明《纪要》与《租赁合同》不一致的以《租赁合同》为准,这样,等于当事人约定争议可以向仲裁机构申请仲裁也可以向人民法院起诉,根据上述司法解释第七条规定"当事人约定争议可以向仲裁机构申请仲裁也可以向人民法院起诉的,仲裁协议无效",因此,申请人的第二个理由成立,应确认申请人与被申请人之间的涉案仲裁协议无效。

五、我院处理意见

经过合议庭评议并经本院审判委员会讨论,一致意见是:应确认仲裁协议有效,但应当明确可仲裁的范围。即仲裁协议有效的范围仅是《租赁合同》,对《纪要》确认欠款纠纷的处理,当事人没有达成仲裁的协议,仲裁机构无权仲裁。理由如下:

申请人郑来成、陈明隆、陈俊明与被申请人南宁邕州饭店原来是共同投资合作经营广西南宁翔云大酒店,由于政策原因被申请人无法完成房屋、土地的过户手续,根据国资委的意见,双方经协商,同意将原来的合资经营方式改为台资独资经营方式,同时对申请方原来经营所欠款数额和还款方式及违约处理方式作了约定,即2007年3月16日双方签订的《会议纪要》第三条约定的,申请方欠被申请方的2,385,855元,分30个月还款,违约处理方式是守约方可向人民法院起诉。而2007年4月26日双方签订的《租赁合同》是约定将南宁邕州饭店二号楼作为标的物租赁给台商作为外商独资企业广西南宁翔云大酒店经营。对《租赁合同》产生的纠纷,双方约定提请仲裁机构仲裁。既然当事人对他们所产生的纠纷已经约定了不同的处理方式,双方所约定的纠纷处理方式在本案中是可以分别实现的。而当事人对《租赁合同》纠纷的处理方式是选择仲裁,排除法院管辖,从尊重当事人的约定和仲裁条款独立性考虑,我院认为当事人约定的仲裁条款有效,当事人对《租赁合同》产生的纠纷应提交仲裁解决。

以上报告妥否,请批示。

最高人民法院关于崔惠深与华荣集团塑胶有限公司委托加工合同纠纷一案仲裁条款效力的请示的复函

(2010年3月18日 〔2010〕民四他字第8号)

上海市高级人民法院:

你院〔2009〕沪高民四(商)他字第6号《关于崔惠深与华荣集团塑胶有限公司委托加工合同纠纷一案仲裁条款效力的请示》收悉。经研究,答复如下:

本案系涉外委托加工合同纠纷。根据你院报送的材料,崔惠深与华荣集团塑胶有限公司(以下简称华荣公司)签订的委托加工合同第十一条约定:"执行本合同发生纠纷时，双方应协商解决，协商不成时，可以要求仲裁。”该条款并未约定认定仲裁协议效力的准据法，亦未约定仲裁地点，根据最高人民法院《关于适用〈中华人民共和国仲裁法〉若干问题的解释》第十六条之规定，“对涉外仲裁协议的效力审查，适用当事人约定的法律；当事人没有约定适用的法律但约定了仲裁地的，适用仲裁地法律；没有约定适用的法律也没有约定仲裁地或者仲裁地约定不明的，适用法院地法律。”故对本案仲裁条款效力的审查应适用法院地法，即中国法律。根据《中华人民共和国仲裁法》第十六条之规定，“仲裁协议应当具有下列内容：（一）请求仲裁的意思表示；（二）仲裁事项；（三）选定的仲裁委员会。”本案当事人之间虽订有仲裁条款，但没有明确约定仲裁机构，并且当事人之间无法就选定仲裁机构达成补充协议，因此，应当依法认定本案所涉仲裁条款无效，人民法院对该案享有管辖权。

综上，同意你院认定仲裁条款无效的请示意见。

附：

上海市高级人民法院关于崔惠深与华荣集团塑胶有限公司委托加工合同纠纷一案仲裁条款效力的请示

［2010年1月8日 〔2009〕沪高民四（商）他字第6号］

最高人民法院：

关于崔惠深与华荣集团塑胶有限公司（以下简称华荣公司）委托加工合同纠纷仲裁条款效力，上海市第二中级人民法院向我院请示，我院经审核并报院审判委员会讨论决定后，特依相关规定向你院请示。

一、案件由来及审理经过

2008年12月，崔惠深向上海市第二中级人民法院起诉，要求解除与华荣公司之间的委托加工合同；请求判令华荣公司退还崔惠深已经支付的模具款和产品的其他零部件款共计154,381.5元；判令华荣公司向崔惠深赔偿损失122,385.05元。原审认为，此案能否受理，涉及涉外仲裁条款的效力问题，按规定应逐级报最高人民法院审查。

二、当事人的基本情况

起诉人：崔惠深，男，1956年3月9日出生，新加坡国籍，现住上海市松江区九亭大街步行街41－43号。

被起诉人：华荣集团塑胶有限公司，住所地：上海市嘉定区徐行镇新建二路330号。

三、查明的事实

本院经审理查明：崔惠深与华荣公司签订的委托加工合同第十一条约定：“执行本合同发生纠纷时，双方应协商解决，协商不成时，可以要求仲裁。”

本案当事人曾申请仲裁，上海仲裁委员会和中国国际经济贸易仲裁委员会上海分会均表示该仲裁协议无效，仲裁机构无管辖权。

2009年2月20日，崔惠深起诉后，表示愿意与华荣公司达成新的仲裁协议，重新约定仲裁机构，然经上海市第二中级人民法院多次联系、协调，华荣公司明确表示不愿与崔惠深重新约定仲裁机构。

四、上海二中院请示意见

上海市第二中级人民法院认为，虽然双方签订的委托加工合同中约定如有纠纷，可要求仲裁，但双方没有约定明确的仲裁机构。根据《中华人民共和国仲裁法》第十八条之规定，仲裁协议对仲裁事项或者仲裁委员会没有约定或者约定不明确的，当事人可以补充协议；达不成补充协议的，仲裁协议无效。现经该院多次做工作，双方当事人间仍不能达成补充协议，上述仲裁协议应认定为无效协议，拟依法受理本案。

为此，该院根据1995年《最高人民法院关于人民法院处理与涉外仲裁及外国仲裁事项有关问题的通知》第一条"凡起诉到人民法院的涉外、涉港澳和涉台经济、海事海商纠纷案件，如果当事人在合同中订有仲裁条款或者事后达成仲裁协议，人民法院认为该仲裁条款或者仲裁协议无效、失效或者内容不明确无法执行的，在决定受理一方当事人起诉之前，必须报请本辖区所属高级人民法院进行审查；如果高级人民法院同意受理，应将其审查意见报最高人民法院。在最高人民法院未作答复前，可暂不予受理"的规定，报来我院请示。

五、审查意见

我院经审查后认为，同意上海二中院的请示意见。本案当事人间虽订有仲裁条款，但没有明确约定仲裁机构，在当事人不能补充达成仲裁协议并明确选定仲裁机构的情况下，依法应当宣告该仲裁协议无效，原审法院受理本案有法律依据。特按有关规定请示你院，请予批复。

此报。

最高人民法院关于青岛天龙澳兴工贸实业有限公司与恒达—西伯利有限责任公司、烟台西北林业有限公司合作合同纠纷一案仲裁条款效力问题的请示的复函

（2009年12月8日　〔2009〕民四他字第44号）

山东省高级人民法院：

你院〔2009〕鲁立函字第39号《关于青岛天龙澳兴工贸实业有限公司与恒达—

西伯利有限责任公司、烟台西北林业有限公司合作合同纠纷一案中仲裁条款效力问题的请示》收悉。经研究,答复如下:

本案系涉外货物买卖合同纠纷。根据你院报送的材料,青岛天龙澳兴工贸实业有限公司与恒达—西伯利有限公司在《木材进口合同书》、《木材业务合作书》中均约定:“本协议执行过程中,如果出现争议,双方应首先协商解决,协商不成,双方同意提交中国国际贸易仲裁委员会北京分会仲裁。”该条款并未约定认定仲裁协议效力的准据法,亦未约定仲裁地点,根据最高人民法院《关于适用〈中华人民共和国仲裁法〉若干问题的解释》第十六条之规定,“对涉外仲裁协议的效力审查,适用当事人约定的法律;当事人没有约定适用的法律但约定了仲裁地的,适用仲裁地法律;没有约定适用的法律也没有约定仲裁地或者仲裁地约定不明的,适用法院地法律。”故对仲裁条款效力的审查应适用法院地法,即中国法律。根据《中华人民共和国仲裁法》第十六条之规定,“仲裁协议应当具有下列内容:(一)请求仲裁的意思表示;(二)仲裁事项;(三)选定的仲裁委员会。”虽然当事人约定的仲裁机构并不准确,但可以推知当事人选定的仲裁机构是在北京的中国国际经济贸易仲裁委员会,亦符合最高人民法院《关于适用〈中华人民共和国仲裁法〉若干问题的解释》第三条之规定,“仲裁协议约定的仲裁机构名称不准确,但能够确定具体的仲裁机构的,应当认定选定了仲裁机构。”因此,应当认定本案所涉仲裁条款有效,人民法院对本案无管辖权。

此复。

附:

山东省高级人民法院关于青岛天龙澳兴工贸实业有限公司与恒达—西伯利有限责任公司、烟台西北林业有限公司合作合同纠纷一案中仲裁条款效力问题的请示

(2009年10月26日 〔2009〕鲁立函字第39号)

最高人民法院:

我省青岛市中级人民法院在受理原告青岛天龙澳兴工贸实业有限公司诉被告恒达—西伯利有限责任公司、被告烟台西北林业有限公司合作合同纠纷一案时认为,该案系涉外案件,双方当事人在订立《木材进口合同书》、《木材进口合同书之补充协议》时对解决纠纷方式约定的仲裁机构不明。为慎重处理此案,经我院研究,根据《最高人民法院关于人民法院处理与涉外仲裁及外国仲裁事项有关问题的通知》(法发〔1995〕18号)的规定,现将该案涉及的仲裁条款效力问题报请你院。

一、当事人基本情况

原告:青岛天龙澳兴工贸实业有限公司,住所地:中华人民共和国山东省青岛经济技术开发区前湾港路315号。

法定代表人:伍旭文,董事长。

委托代理人:张金海,文康律师事务所律师。

委托代理人:范征,文康律师事务所律师。

被告:恒达—西伯利有限责任公司,住所地:俄罗斯联邦托木斯克州塔古力捷特茨区塔古力捷特镇麻乌阿科夫斯基大街。

被告:烟台西北林业有限公司,住所地:中华人民共和国山东省烟台经济开发区长江路28号华新国际商贸大厦1005室。

法定代表人:郭卫东,董事长。

委托代理人:武林,齐鲁律师事务所律师。

二、案件基本情况

青岛天龙澳兴工贸实业有限公司(以下简称青岛天龙公司)向山东省青岛市中级人民法院起诉称,2003年11月18日,其与恒达—西伯利有限责任公司(以下简称恒达—西伯利公司)在中国青岛签订了《木材进口合同书》、《木材进口合同书之补充协议》。为保证协议履行,烟台西北林业有限责任公司(以下简称烟台西北林业公司)出具了《不可撤销之担保函》。2004年11月18日,青岛天龙公司与恒达—西伯利公司在中国青岛又签订了《木材业务合作书》。同日,烟台西北林业公司再次出具《担保书》。合同签订后,青岛天龙澳兴工贸实业有限公司依约向恒达—西伯利公司支付了2500万元人民币的木材款。但被告恒达—西伯利公司并未按合同约定的方式和时间向原告发货。原告多次催促两被告履行合同义务和担保义务,但两被告无正当理由拒不履行。经过磋商,两被告返还原告款项103万元人民币,余款至今未还。诉请判令恒达—西伯利公司返还原告欠款2397万元人民币,由烟台西北林业公司承担连带偿还责任。

经查,青岛天龙公司与恒达—西伯利公司在《木材进口合同书》、《木材业务合作书》中均约定:"本协议执行过程中,如果出现争议,双方应首先协商解决,协商不成,双方同意提交中国国际贸易仲裁委员会北京分会仲裁。"

三、我院意见

1. 本案系涉外合同纠纷,涉案合同中载明的纠纷解决方式的效力问题属程序问题,应当适用法院地法,即对相关仲裁协议及诉讼管辖协议的效力认定,应当适用中华人民共和国法律。

2. 涉案合同虽然体现了双方以仲裁方式解决纠纷的意思表示,但其关于"提交中国国际贸易仲裁委员会北京分会仲裁"所约定的中国国际贸易仲裁委员会北京分会并不存在,亦无法根据当事人缔约时的意思表示确定具体的仲裁机构。在当事人一方已经向人民法院提起诉讼的情况下,可以认定双方无法就选择仲裁机构问题达成补充协议,依据《中华人民共和国仲裁法》第十六条、第十八条的规定,该仲裁条款无效。

当否,请指示。

最高人民法院关于申请人番禺珠江钢管有限公司与被申请人深圳市泛邦国际货运代理有限公司申请确认仲裁协议效力一案的请示的复函

(2009年5月5日 〔2009〕民四他字第7号)

广东省高级人民法院:

你院粤高法〔2009〕59号《关于申请人番禺珠江钢管有限公司与被申请人深圳市泛邦国际货运代理有限公司申请确认仲裁协议效力一案的请示》收悉。经研究,答复如下:

本案租船合同为国际海上货物运输合同,起运港为中国,目的港为智利,具有涉外因素。本案系番禺珠江钢管有限公司申请确认涉及海事海商纠纷仲裁条款效力案件,申请人和被申请人住所地均在广东省,根据最高人民法院《关于适用〈中华人民共和国仲裁法〉若干问题的解释》第十二条三款规定,广州海事法院对本案具有诉讼管辖权。

本案租船合同仲裁条款约定,“仲裁地点:北京,引用中国法律”。由于仲裁条款没有约定具体的仲裁机构,深圳市泛邦国际货运代理有限公司在租船合同没有实际履行的情况下向番禺珠江钢管有限公司发出了律师函,提出将涉案纠纷提交在北京的中国海事仲裁委员会仲裁,并要求番禺珠江钢管有限公司在收到此律师函后3日内回复意见,否则视为默示同意将仲裁机构确定为中国海事仲裁委员会,番禺珠江钢管有限公司对该律师函未作答复。深圳市泛邦国际货运代理有限公司据上述事实主张番禺珠江钢管有限公司已默示同意,双方就选定的仲裁机构达到了新的仲裁协议,没有法律依据。又因该仲裁条款没有约定审查仲裁条款效力所适用的法律,根据最高人民法院《关于适用〈中华人民共和国仲裁法〉若干问题的解释》第十六条规定,本案应适用中国法律审查仲裁条款的效力。由于本案租船合同仲裁条款对仲裁机构约定不明确,且没有达到补充协议,因此,根据《中华人民共和国仲裁法》第十八条规定,本案租船合同约定的仲裁条款无效。

此复。

附：

广东省高级人民法院关于申请人番禺珠江钢管有限公司与被申请人深圳市泛邦国际货运代理有限公司申请确认仲裁协议效力一案的请示

（2009 年 1 月 14 日　粤高法〔2009〕59 号）

最高人民法院：

关于申请人番禺珠江钢管有限公司与被申请人深圳市泛邦国际货运代理有限公司申请确认仲裁协议效力一案，广州海事法院经审查拟裁定确认仲裁协议无效，遂报我院审查。我院经审查，拟同意广州海事法院的处理意见，现将该案呈报钧院审查，并将有关情况请示如下：

一、当事人及其他诉讼参与人的基本情况

申请人：番禺珠江钢管有限公司。住所地：广州市番禺区石基镇清河路。

法定代表人：陈昌，董事长。

被申请人：深圳市泛邦国际货运代理有限公司。住所地：深圳市罗湖区嘉宾路4018 号爵士大厦 12 楼 A07 室。

法定代表人：蒲广云，董事。

二、基本案件事实

申请人番禺珠江钢管有限公司（以下简称钢管公司）作为租船人，与作为承运人的被申请人深圳市泛邦国际货运代理有限公司（以下简称泛邦公司）于 2007 年 5 月31 日签订一份《租船合同》，约定由泛邦公司委派船舶承运钢管公司的货物即钢管，从中国广州莲花山港至智利的科罗雷港，运价为每吨计费 121 美元；装卸港由承运人指定代理，并通知租船人，有关货物的税款、费用、码头费由租船人支付，有关船舶的税款、费用由承运人支付；承运人确保签发 6 月 25 日前装船的代理提单，以供租船人结汇；合同传真签订生效，签订后任何一方单方面取消合同的，应支付违约金 5万美元。该合同第 21 条约定：“仲裁地点：北京，引用中国法律。”

2007 年 7 月 30 日，被申请人泛邦公司的律师赖晨野向申请人钢管公司发出粤广律函字（2007）第 36 号律师函，记载：钢管公司与泛邦公司签订《租船合同》后，没有实际履行，已构成违约。鉴于《租船合同》第 21 条约定的仲裁机构指定不明确，现泛邦公司认为，应将本案提交在北京的中国海事仲裁委员会，按照该会现行有效的仲裁规则进行仲裁。如钢管公司对此表示异议，可在收到本律师函的 3 日内向泛邦公司或赖晨野律师来函或来电提出，否则，视为默示同意提交上述仲裁机构仲裁。钢管公司于次日收到该律师函，但未作答复。

2008 年 5 月 8 日，钢管公司向广州海事法院申请确认案涉仲裁协议无效。钢管公司主张:《租船合同》第21条约定的“仲裁地点:北京”,因北京有三个仲裁委员会而导致该仲裁条款约定的仲裁机构不明确,双方又不能达成补充协议,故请求法院裁决确定该仲裁条款无效。泛邦公司答辩称:虽然《租船合同》中没有明确指定具体的仲裁机构,但泛邦公司已向钢管公司发出律师函,明确合同纠纷应提交中国海事仲裁委员会,并要求钢管公司在收到该律师函后3日内答复,否则视为默示同意提交该机构仲裁。该律师函实际上是一个具体选择仲裁机构的补充协议。钢管公司收到律师函后,一直不予答复,该行为已表明其默示同意将本案提交中国海事仲裁委员会仲裁。中国海事仲裁委员会对本案具有管辖权,请求法院依法驳回申请人钢管公司的无理申请。

三、广州海事法院的处理意见

本案经广州海事法院审判委员会讨论认为,本案为申请确认仲裁协议效力的适用特殊程序的案件。根据最高人民法院《关于适用〈中华人民共和国仲裁法〉若干问题的解释》第十二条第三款“涉及海事海商纠纷仲裁协议效力的案件,由仲裁协议约定的仲裁机构所在地、仲裁协议签订地、申请人或者被申请人住所地的海事法院管辖;上述地点没有海事法院的,由就近的海事法院管辖”的规定,该院对本案具有管辖权。

钢管公司与泛邦公司于2007年5月31日签订的《租船合同》第21条仅约定“仲裁地点:北京,引用中国法律。”关于“引用中国法律”的本意,是指仲裁机构仲裁当事人实体权利义务时应适用中国法律,还是指确认仲裁条款效力时应适用中国法律,并不明确,因而应认定双方未约定确认仲裁条款效力应适用的法律。在该条款中,双方明确约定了仲裁地点,根据最高人民法院《关于适用〈中华人民共和国仲裁法〉若干问题的解释》第十六条即“对涉外仲裁协议的效力审查,适用当事人约定的法律;当事人没有约定适用的法律但约定了仲裁地的,适用仲裁地法律;没有约定适用的法律也没有约定仲裁地或者仲裁地约定不明的,适用法院地法律”的规定,本案应适用当事人约定的仲裁地法律即中华人民共和国法律来审查涉案仲裁条款的效力。

北京市目前有三个仲裁机构,即北京市仲裁委员会、中国国际经济贸易仲裁委员会和中国海事仲裁委员会。《租船合同》第21条并未约定由北京的哪一个仲裁委员会仲裁,对此,泛邦公司的律师函亦认为仲裁机构指定不明确。问题在于,该律师函关于选择中国海事仲裁委员会的内容以及钢管公司对该律师函不予回应的做法,是否表明双方对仲裁机构的选择达成了一致的协议?

所谓协议,就是一方要约和另一方对该要约无条件承诺的结果。泛邦公司在律师函中指出,应将本案提交在北京的中国海事仲裁委员会,按照该会现行有效的仲裁规则进行仲裁。这可视为泛邦公司对选择仲裁机构的要约,对此,钢管公司并没有作出任何书面的或口头的承诺。泛邦公司关于在收到律师函的3日内未提出异议即视为默示同意提交上述仲裁机构仲裁的说法,本身仅是单方面的要约,需要有受要约人的事前明确承诺关于默示的效力后,才产生默示同意的效果。最高人民法院《关于贯彻执行〈中华人民共和国民法通则〉若干问题的意见(试行)》第六十六条规定:“一方当事人向对方当事人提出民事权利的要求,对方未用语言或者文字明确表示意见,但其行为表明已接受的,可以认定为默示。不作为的默示只有在法律有规定或者当事人双方有约定的情况下,才可以视为意思表示。”显然,没有证据显示钢管公司承诺了关于仲裁机构的选择可基于默示同意而成立,我国法律亦未有这方面的规定,因此,钢管公司未对律师函作出回应本身,并不是默示同意,即绝不表明双方就仲裁机构的选择达成了一致协议。根据最高人民法院《关于适用〈中华人民共和国仲裁法〉若干问题的解释》第六条“仲裁协议约定由某地的仲裁机构仲裁且该地仅有一个仲裁机构的,该仲裁机构视为约定的仲裁机构。该地有两个以上仲裁机构的,当事人可以选择其中的一个仲裁机构申请仲裁;当事人不能就仲裁机构选择达成一致的,仲裁协议无效”的规定,《租船合同》第21条仲裁协议条款无效。

据此,广州海事法院拟根据《中华人民共和国仲裁法》第十八条之规定裁定:申请人番禺珠江钢管有限公司与被申请人深圳市泛邦国际货运代理有限公司《租船合同》第21条的仲裁协议条款无效。广州海事法院将该案报我院审查。

四、我院的审查意见

我院经审查认为:第一,广州海事法院对本案行使管辖权及适用中国法律审查案涉租船合同中仲裁条款的效力符合最高人民法院《关于适用〈中华人民共和国仲裁法〉若干问题的解释》第十二条第三款及第十六条的规定。第二,钢管公司与泛邦公司于2007年5月30日签订的《租船合同》第21条中的约定表明双方当事人具有将涉及该合同的纠纷交由北京地区的仲裁机构适用中国法律解决的一致意思表示。但是,由于北京地区有三个仲裁机构,该《租船合同》第21条的约定不构成一个有效的仲裁条款。广东广之洲律师事务所律师即被申请人泛邦公司的代理人赖晨野律师于2007年7月30日代表泛邦公司给钢管公司发的《律师函》中也承认《租船合同》第21条约定的仲裁机构指定不明确。第三,赖晨野律师于2007年7月30日代表泛邦公司给钢管公司发的《律师函》中有关将本案提交在北京的中国海事仲裁委员会的表述仅代表泛邦公司的单方意思表示,该函被发给钢管公司表明泛邦公司就仲裁机构的确定问题向钢管公司发出了新的要约。该《律师函》中虽然要求钢管公司如有异议在三日内提出,否则即视为默示同意,但是该要求对钢管公司没有法律上的约束力。钢管公司没有对泛邦公司《律师函》中指定仲裁机构的要约作出承诺,在泛邦公司与钢管公司事先没有就“默示同意”问题达成一致意思表示的情况下,泛邦公司主张该《律师函》对钢管公司有约束力,没有法律依据。因此,钢管公司与泛邦公司在签订《租船合同》后并没有就仲裁机构的选定问题达成过新的协议。根据最高人民法院《关于适用〈中华人民共和国仲裁法〉若干问题的解释》第六条的规定,本案当事人之间的仲裁协议无效。据此我院同意广州海事法院拟裁定意见。

根据《最高人民法院关于人民法院处理与涉外仲裁及外国仲裁事项有关问题的通知》的规定,特将本案呈报钧院审查。

请予批复。

最高人民法院关于夏新电子股份有限公司与比利时产品有限公司确认经销协议仲裁条款效力的请示的复函

(2009 年 3 月 20 日 〔2009〕民四他字第 5 号)

福建省高级人民法院:

你院〔2009〕闽民他字第 7 号《关于夏新电子股份有限公司与比利时产品有限公司确认经销协议仲裁条款效力的请示》收悉。经研究,答复如下:

申请人夏新电子股份有限公司与被申请人比利时产品有限公司在《经销协议》第 11 条 k)项的仲裁条款中约定:"产生于本协议的任何争议应根据《国际商会仲裁规则》由仲裁最终解决,仲裁地点应在厦门和布鲁塞尔之间转换。仲裁裁决应为终局并对双方均有约束力,而执行裁决的判决可以由有权管辖的任何法院提出。"

本案被申请人比利时产品有限公司为比利时法人,应当根据涉外案件法律适用原则确定准据法。本案《经销协议》第 11 条 i)款关于适用中国法律的约定,是对解决合同纠纷所适用的实体法的约定,不包括程序法和冲突规范。由于本案仲裁条款约定仲裁地点包括中国厦门,故应当以中国法律作为认定本案仲裁条款效力的准据法。

本案仲裁条款虽然约定应当依据《国际商会仲裁规则》进行仲裁,但是该条款没有明确约定仲裁机构。国际商会标准仲裁条款中建议在以中国大陆为仲裁地点的仲裁,当事人应当在仲裁条款中援引国际商会仲裁院条款,但是本案当事人未选择使用该标准仲裁条款。根据《国际商会仲裁规则》不能够确定仲裁机构,且双方在争议发生后,也未就仲裁机构达成新的补充协议,故应根据最高人民法院《关于适用〈中华人民共和国仲裁法〉若干问题的解释》第四条的规定,认定本案仲裁条款中仲裁机构约定不明确。根据《中华人民共和国仲裁法》第十八条的规定,本案仲裁条款为无效条款。同意你院的审查意见。

此复。

附：

福建省高级人民法院关于夏新电子股份有限公司与比利时产品有限公司确认经销协议仲裁条款效力的请示

（2009年1月15日 〔2009〕闽民他字第7号）

最高人民法院：

我省厦门市中级人民法院受理的申请人夏新电子股份有限公司与被申请人比利时产品有限公司确认经销协议仲裁条款效力一案，厦门市中级人民法院经审查认为《经销协议》中约定的仲裁条款无效，并报我院审查。我院经审查同意该院意见。根据钧院(1995)18号《关于人民法院处理与涉外仲裁及外国仲裁事项有关问题的通知》要求，报请钧院审核。现将本案有关情况报告如下：

一、当事人的基本情况

申请人：夏新电子股份有限公司(以下简称夏新公司)。

被申请人：比利时产品有限公司(societe de Production Belge AG)。

二、案件的基本事实

申请人与被申请人于2006年6月18日签订一份《经销协议》。该协议第11条i)款约定协议应受中华人民共和国法律调整并据其解释，不考虑冲突法规则。协议第11条j)款约定争议标的应提交调解委员会，不能达成调解时，仲裁解决。协议第11条k)款约定协议产生的争议应根据《国际商会仲裁规则》由仲裁最终解决，仲裁地点在厦门和布鲁塞尔之间轮换。此后，双方就协议履行发生纠纷。2008年以来，双方往来邮件显示纠纷未能通过调解委员会解决，而就仲裁机构及首轮仲裁地点的选定问题双方亦未能达成补充协议。夏新公司起诉至厦门市中级人民法院申请确认《经销协议》中约定的仲裁条款无效。

三、厦门市中级人民法院的处理意见

厦门市中级人民法院审查认为，《经销协议》涉及的仲裁条款中有关仲裁机构的约定不明确，且事后当事人未能达成补充协议，故该仲裁条款无效。

四、我院审查意见

我院经审查认为，案涉《经销协议》第11条i)款明确约定合同准据法为中华人民共和国法律及相关解释。我国《仲裁法》第十八条规定："仲裁协议对仲裁事项或者仲裁委员会没有约定或者约定不明确的，当事人可以补充协议；达不成补充协议的，仲裁协议无效。"从案涉《经销协议》第11条k)款有关仲裁条款约定的内容看，并没有约定明确的仲裁机构，且事后双方又未能达成补充协议。故根据上述相关规定，认定该仲裁条款无效。

以上意见当否，请批复。

最高人民法院关于(香港)安信医用包装有限公司诉东莞威泓塑五金制品厂有限公司、(维尔京群岛)新冠誉实业有限公司土地使用权转让合同纠纷一案仲裁条款效力的请示的复函

(2008年4月5日 〔2007〕民四他字第45号)

广东省高级人民法院:

你院〔2007〕粤高法立请字第2号《关于(香港)安信医用包装有限公司诉东莞威泓塑五金制品厂有限公司、(维尔京群岛)新冠誉实业有限公司土地使用权转让合同纠纷一案仲裁条款效力的请示》收悉。

经审查认为,(香港)安信医用包装有限公司与东莞威泓塑五金制品厂有限公司、新冠誉实业有限公司在《土地使用权与房屋产权有偿转让协议书》第七条中约定:"双方因本协议执行产生的分歧应协商解决,协商不成的,双方任一方均可向香港或深圳国际仲裁委员会申请仲裁,仲裁决定为最终裁决,双方无条件执行"。该合同的仲裁条款约定了两个仲裁机构。(香港)安信医用包装有限公司因与东莞威泓塑五金制品厂有限公司、新冠誉实业有限公司无法就仲裁机构的选择达成协议,起诉至东莞市中级人民法院。依据最高人民法院《关于适用〈中华人民共和国仲裁法〉若干问题的解释》第五条关于"仲裁协议约定两个以上仲裁机构的,当事人可以选择其中的一个仲裁机构申请仲裁;当事人不能就仲裁机构选择达成一致的,仲裁协议无效"的规定,应当认定本案中的仲裁协议无效。同意你院的处理意见。

此复。

附:

广东省高级人民法院关于(香港)安信医用包装有限公司诉东莞威泓塑五金制品厂有限公司、(维尔京群岛)新冠誉实业有限公司土地使用权转让合同纠纷一案仲裁条款效力的请示

(2007年11月19日 〔2007〕粤高法立请字第2号)

最高人民法院:

我省东莞市中级人民法院收到(香港)安信医用包装有限公司诉东莞威泓塑胶五金制品厂有限公司、(维尔京群岛)新冠誉实业有限公司土地使用权转让合同纠纷

一案的起诉材料。经审查,双方于 2006 年 11 月 28 日签订《土地使用权与房屋产权有偿转让协议书》涉及涉外仲裁条款无效的问题。现将本案的有关情况汇报如下:

一、当事人的基本情况

原告:(香港)安信医用包装有限公司(以下简称安信公司)。

被告:东莞威泓塑胶五金制品厂有限公司(以下简称威泓公司)。

被告:(维尔京群岛)新冠誉实业有限公司(以下简称新冠誉公司)。

二、案件的基本事实

2006 年 11 月 28 日,原告安信公司与被告威泓公司、新冠誉公司签订《土地使用权与房屋产权有偿转让协议书》。约定被告将其即将取得的东莞市大朗镇富民二园 40 亩工业用地的国有土地使用权及该土地上的房屋产权有偿转让给原告,并由被告协助原告办理相关的土地使用权及房地产过户手续。双方在协议第七条约定:"双方因本协议执行产生的分歧应协商解决,协商不成的,双方任一方均可向香港或深圳国际仲裁委员会申请仲裁,仲裁决定为最终裁决,双方无条件执行"。其后,原告依约向被告支付保证金及部分首期款项,但两被告未履行协议所述义务,而产生纠纷。事后原告与被告无法就仲裁机构的选择达成协议,原告起诉至东莞市中级人民法院。

三、东莞市中级人民法院的处理意见

东莞市中级人民法院审查认为,双方签订的协议中约定的仲裁条款属于约定两个仲裁机构,当事人双方没有协议选择其中一个仲裁机构申请仲裁,不能就仲裁机构选择达成一致;依据最高人民法院《关于适用〈中华人民共和国仲裁法〉若干问题的解释》第五条的规定,应视为无效仲裁条款。并依据钧院《关于人民法院处理与涉外仲裁及外国仲裁事项有关问题的通知》第一条的规定,报我院审查。

四、我院处理意见

我院经审查认为,双方当事人签订的《土地使用权与房屋产权有偿转让协议书》中的仲裁条款约定了两个仲裁机构,但当事人之间未能就仲裁机构选择达成一致,依据最高人民法院《关于适用〈中华人民共和国仲裁法〉若干问题的解释》第五条关于"仲裁协议约定两个以上仲裁机构的,当事人可以选择其中的一个仲裁机构申请仲裁;当事人不能就仲裁机构选择达成一致的,仲裁协议无效"的规定,应当认定仲裁协议无效。

该案属于不动产纠纷提起的诉讼,不动产所在地在东莞市,根据《中华人民共和国民事诉讼法》第三十四条第(一)项关于"因不动产纠纷提起的诉讼,由不动产所在地人民法院管辖"的规定,东莞市中级人民法院对本案享有管辖权。

现依据钧院《关于人民法院处理与涉外仲裁及外国仲裁事项有关问题的通知》第一条的相关规定,特将该案报请钧院审查,请予批复。

最高人民法院关于深圳市交通运输公司等诉香港深南投资公司合作经营运输纠纷一案仲裁条款效力问题的请示的复函

（2006年9月13日 〔2006〕民四他字第29号）

广东省高级人民法院：

你院〔2006〕粤高法立请字第3号《关于深圳市交通运输公司等诉香港深南投资公司合作经营运输纠纷一案仲裁条款效力问题的请示》收悉。经研究，答复如下：

本案所涉仲裁条款约定："甲、乙双方如在合作过程中发生争议事宜，应本着友好精神协商解决，但在协商不能解决时，应提请深圳市仲裁机构进行调解或仲裁，裁决是终局的，双方均应服从。"该仲裁条款关于仲裁机构约定为"深圳市仲裁机构"，该约定不明确，当事人亦未就仲裁机构达成补充协议。根据《中华人民共和国仲裁法》第十六条、第十八条的规定，应当认定该仲裁条款无效。深圳市中级人民法院作为合同履行地的法院，对本案享有管辖权。同意你院的处理意见。

此复。

附：

广东省高级人民法院关于深圳市交通运输公司等诉香港深南投资公司合作经营运输纠纷一案仲裁条款效力问题的请示报告

（2006年6月27日 〔2006〕粤高法立请字第3号）

最高人民法院：

原告深圳市交通运输公司、深圳市南海石油实业有限公司与被告香港深南投资公司签订一份《合作经营运输公司协议书》(以下简称《协议书》)，《协议书》第十一条第一项规定："甲、乙双方如在合作过程中发生争议事宜，应本着友好精神协商解决，但在协商不能解决时，应提请深圳市仲裁机构调解或仲裁，裁决是终局的，双方均应服从。"由于双方在合作过程中发生纠纷，两原告依据《协议书》约定的仲裁条款向深圳仲裁委员会申请仲裁，深圳仲裁委员会于2004年11月16日受理(案号为深仲涉外受字〔2004〕第224号)。香港深南投资公司提出管辖异议，认为《协议书》约定的仲裁条款只约定仲裁地点，没有对具体的仲裁机构作出约定，事后双方也未就该事项达成补充协议，根据《中华人民共和国仲裁法》（以下简称《仲裁法》）及最高人民法院《关于确认仲裁协议效力几个问题的批复》的有关规定，该仲裁条款应为无效。深圳仲裁委员会于2005年2月25日作出《决定书》，认为：双方签订的《协议书》是在《仲裁法》实施前签订的，根据国务院办公厅《关于贯彻实施〈仲裁法〉需要明确的问题的通知》的规定，双方当时对仲裁委员会的约定采用“深圳市仲裁机构”有表述是明确、有效和可以执行的，本案纠纷属于仲裁委员会的受案范围，遂驳回香港深南投资公司的管辖异议。深圳市南海石油实业有限公司于2005年3月2日增加仲裁请求，香港深南投资公司于2005年3月17日提出反请求，该仲裁委员会均予以受理。2005年12月15日，两原告向仲裁庭提交《撤回仲裁申请书》，申请撤回仲裁请求；2006年1月16日，香港深南投资公司向仲裁庭提交《撤回仲裁请求申请书》申请撤回仲裁反请求，深圳仲裁委作出《撤案决定书》（案号〔2006〕深仲撤字第103号），撤销深仲涉外受字〔2004〕第224号仲裁案。两原告遂于2006年2月28日向原审法院起诉。

深圳中院经审查认为，本案合同签订时深圳市存在多家仲裁机构，其中包括对外贸易仲裁委员会深圳办事处，该处专门负责审理涉外民商事案件。本案当事人在有关合同中所选择的仲裁机构不明确，发生纠纷后也未能就仲裁机构达成补充协议，根据《仲裁法》第二十条、最高人民法院《关于确认仲裁协议效力几个问题的批复》的有关规定，该仲裁条款效力不明。虽然本案管辖问题深圳仲裁委员会已作出决定，但基于双方当事人又申请撤回仲裁，并向深圳中院提起诉讼，因此，该案仲裁条款效力应如何认定？深圳中院对该案是否有管辖权？依照《关于人民法院处理与涉外及外国仲裁事项有关问题的通知》的规定，报请我院审查。

我院经审查认为，本案原告深圳市交通运输公司、深圳市南海石油实业有限公司与被告香港深南投资公司签订《协议书》虽约定了仲裁条款，但《协议书》签订时深圳市存在多家仲裁机构，且本案纠纷是发生在《仲裁法》颁布之后，双方当事人在纠纷发生后对仲裁机构的选定又未达成补充协议。根据《仲裁法》第十六条、第十八条及最高人民法院《关于仅选择仲裁地点而对仲裁机构没有约定的仲裁条款效力问题的函》的规定，该条款应确认为无效仲裁条款。虽然深圳仲裁委员会已就本案的管辖问题作出决定，认为本案纠纷属于仲裁委员会的受案范围，但我院认为仲裁机构就本案管辖问题所作出的《决定书》的效力，并不能羁束到人民法院如何认定涉案仲裁条款的效力，故人民法院对本案纠纷享有管辖权。

根据钧院法发〔1995〕18号文的规定，特报请钧院审查，请批复。

最高人民法院关于如何确认仲裁机构名称约定不明确的仲裁协议的效力的请示的复函

（2006 年 3 月 13 日 〔2005〕民立他字第 55 号）

山东省高级人民法院：

你院〔2005〕鲁立请字第 1 号《关于如何确认仲裁机构名称约定不明确的仲裁协议的效力的请示》收悉。经研究，答复如下：

一方当事人认为仲裁协议中约定的仲裁机构不明确，未申请确认仲裁协议的效力，直接向人民法院起诉解决实体纠纷的，人民法院经审查，认为能够确定仲裁机构的，应当裁定不予受理，告知当事人申请仲裁；认为仲裁协议约定的仲裁机构不明确，仲裁协议无效的，应当依法受理。受理后，被告认为约定的仲裁机构明确，提出管辖权异议的，受诉人民法院应就管辖权异议作出裁定。

仲裁协议约定由“××市仲裁委员会”仲裁的，如“××市”只有一家仲裁委员会，应当认定约定的仲裁机构系指“××仲裁委员会”；如“××市”有多家仲裁委员会，应当认为约定的仲裁机构不明确。

最高人民法院关于确认仲裁协议效力请示的复函

（2005 年 12 月 1 日 〔2005〕民四他字第 52 号）

北京市高级人民法院：

你院京高法发〔2005〕309 号《关于杭州泰利德纺织科技有限公司申请确认仲裁协议无效一案的请示》收悉。经研究，答复如下：

同意你院的处理意见。杭州泰利德纺织科技有限公司与泓旸实业股份有限公司签订的《买卖合约书》第十七条规定：“在履行本合同中发生纠纷的，双方友好协商解决，协商不成的，则纠纷呈送北京经济贸易仲裁委员会为最终裁决”。本案系涉港纠纷案件，双方当事人未约定确定仲裁条款效力所适用的法律，亦未约定仲裁地，应当根据法院地即中国内地的法律来判断仲裁条款的效力。北京市并不存在当事人所约定的仲裁机构，同时北京市有北京仲裁委员会、中国国际经济贸易仲裁委员会以及中国海事仲裁委员会三家仲裁机构，亦无法推定当事人的真实意思表示。在当事人一方已经向人民法院申请确认仲裁条款无效的情况下，可以认定双方无法就仲裁机构问题达成补充协议。根据《中华人民共和国仲裁法》第十六条、第十八条的规定，该仲裁条款应当认定无效。

此复。

北京市高级人民法院关于杭州泰利德纺织科技有限公司申请确认仲裁协议无效一案的请示

（2005年11月23日　京高法发〔2005〕309号）

最高人民法院：

我院收到北京市第二中级人民法院《关于对中国国际经济贸易仲裁委员会受理M20050287号仲裁案中仲裁协议无效的请示》。经我院审查，杭州泰利德纺织科技有限公司申请确认其与泓旸实业股份有限公司签订的合同中有关仲裁协议条款应为无效的请求，符合《中华人民共和国仲裁法》第十六条第二款、第十八条的规定，应确认该仲裁条款无效。根据《最高人民法院关于人民法院处理与涉外仲裁及外国仲裁事项有关问题的通知》（法发〔1995〕18号）的规定，特向你院将有关情况汇报如下：

一、当事人情况

申请人（仲裁被申请人）：杭州泰利德纺织科技有限公司。

被申请人（仲裁申请人）：泓旸实业股份有限公司（香港公司）。

二、基本案件

2003年11月24日，杭州泰利德纺织科技有限公司与泓旸实业股份有限公司签订ET－0321A号买卖合约书。该合同中第十七条约定：在履行本合同中发生纠纷的，双方友好协商解决。协商不成，则呈送北京经济贸易仲裁委员会为最终裁终裁决。

三、处理意见

根据《中华人民共和国仲裁法》第十六条第二款、第十八条的规定，双方当事人选定的仲裁委员会"北京经济贸易仲裁委员会"并不存在，属对仲裁机构的选择约定不明确，且双方当事人未提交已就仲裁机构达成补充协议的证据。故我院同意北京市第二中级人民法院拟裁定该仲裁条款无效的处理意见。

以上意见妥否，请批示。

最高人民法院关于仲裁条款效力请示的复函

（2006年4月26日 〔2006〕民四他字第6号）

河北省高级人民法院：

你院《关于沧州东鸿包装材料有限公司诉法国DMT公司买卖合同纠纷一案仲裁条款效力的请示》收悉。经研究，答复如下：

本案仲裁条款为涉外仲裁条款，首先应明确确认仲裁条款效力的准据法。根据多年司法实践以及本院第二次全国涉外商事海事审判工作会议纪要所确定的原则，当事人在合同中明确约定了仲裁条款效力的准据法的，应当适用当事人明确约定的法律；未约定仲裁条款效力的准据法但约定了仲裁地的，应当适用仲裁地国家或者地区的法律。本案双方当事人在合同中约定："因履行本合同所发生的一切争议，双方应友好协商，如协商仍不能达成协议，则应提交仲裁解决。仲裁地点在中国北京，依据国际商会的有关规则进行仲裁，并且中文和英文均是工具语言。仲裁是终局的，对双方均有约束力，仲裁费用应由败诉一方承担，但仲裁委员会另有裁定的除外。"由于当事人并未约定确认该仲裁条款效力的准据法，因此，应该适用当事人约定的仲裁地的法律即我国的法律对该条款的效力作出认定。《中华人民共和国仲裁法》第十八条明确规定："仲裁协议对仲裁事项或者仲裁委员会没有约定或者约定不明确的，当事人可以补充协议；达不成补充协议的，仲裁协议无效。"由于本案双方当事人在仲裁条款中未约定明确的仲裁机构，且不能达成补充协议，因此仲裁条款无效，同意你院关于本案仲裁条款无效的请示意见。

此复。

附：

河北省高级人民法院关于沧州东鸿包装材料有限公司诉法国DMT公司买卖合同纠纷一案仲裁条款效力的请示

（2006年1月12日）

最高人民法院：

原告沧州东鸿包装材料有限公司因与法国DMT公司买卖合同纠纷一案，于2005年12月18日向我院提起诉讼，要求法院确认原被告在CD3D119号合同中所订立的仲裁条款无效，并要求被告赔偿人民币3751.6913万元。

经审查，双方在本案合同第20条约定："因履行本合同所发生的一切争议，双方应友好协商，如协商仍不能达成协议，则应提交仲裁解决。仲裁地点在中国北京，依据国际商会的有关规则进行仲裁，并且中文和英文均是工具语言。仲裁是终局的，对双方均有约束力，仲裁费用应由败诉一方承担，但仲裁委员会另有裁定的除外。"该仲裁条款约定了仲裁地点和仲裁语言，但没有约定仲裁机构，对仲裁适用的法律也约定不明。

原被告对合同中约定的仲裁条款的理解产生分歧，双方未能达成补充协议。原告（中方）认为，仲裁条款选择的仲裁地点在北京，合同的签订地、履行地在中国，与合同联系最密切地是中国，应适用中国的法律；被告（外方）则认为，仲裁条款选择的仲裁规则是"国际商会规则"即指巴黎国际商会的仲裁规则，故被告已向巴黎国际商会仲裁院（ICC）提起仲裁申请。对此，原告方向巴黎国际商会仲裁院（ICC）提出管辖异议，该院复函原告要求其在2005年12月8日前提出相关意见。

我院认为，从该仲裁条款来看，双方当事人对仲裁机构、仲裁规则约定不明，根据《中华人民共和国仲裁法》第十八条规定：仲裁协议对仲裁事项或者仲裁委员会没有约定或者约定不明确的，当事人可以补充协议；达不成补充协议的，仲裁协议无效。本案所涉仲裁协议应以裁定确认无效，我院可以依法受理本案。

妥否，请审示。

最高人民法院关于阿克苏诺贝尔涂料（东莞）有限公司诉香港诚信金属工程有限公司买卖合同纠纷一案仲裁条款效力问题的请示的复函

（2005年7月26日　〔2005〕民四他字第32号）

广东省高级人民法院：

你院〔2005〕粤高法立请字第1号《关于阿克苏诺贝尔涂料（东莞）有限公司诉香港诚信金属工程有限公司买卖合同纠纷一案仲裁条款效力问题的请示》收悉。经研究，答复如下：

同意你院的请示意见。阿克苏诺贝尔涂料（东莞）有限公司（以下简称阿克苏公司）与香港诚信金属工程有限公司签订的买卖《合同》中的仲裁条款约定："解决合同纠纷的方式：向东莞市仲裁委员会申请仲裁。"本案系涉港纠纷案件，双方当事人未约定确定仲裁条款效力所适用的法律，亦未约定仲裁地，应当根据法院地即中国内地的法律来判断仲裁条款的效力。由于东莞市并不存在当事人所约定的仲裁机构，同时当事人一方已经向人民法院提起诉讼，故可以认定双方无法就仲裁机构问题达成补充协议。根据《中华人民共和国仲裁法》第十六条、第十八条的规定，该仲裁条款应当认定无效。现阿克苏公司向合同履行地的深圳市中级人民法院提起诉讼，根据《中华人民共和国民事诉讼法》第二百四十三条、《最高人民法院关于适用〈中华人民共和国民事诉讼法〉若干问题的意见》第一百四十六条的规定，深圳市中级人民法院对本案享有管辖权。

此复。

附：

广东省高级人民法院关于阿克苏诺贝尔涂料（东莞）有限公司诉香港诚信金属工程有限公司买卖合同纠纷一案仲裁条款效力问题的请示

（2006年6月15日 〔2005〕粤高法立请字第1号）

最高人民法院：

2003年7月2日，阿克苏诺贝尔涂料（东莞）有限公司与香港诚信金属工程有限公司签订买卖《合同》，双方在合同中约定解决纠纷的方式为向东莞市仲裁委员会申请仲裁。2005年4月13日，原告阿克苏诺贝尔涂料（东莞）有限公司持上述合同向深圳市中级人民法院提起诉讼。

深圳市中级人民法院审查认为，上述买卖合同中的仲裁条款约定的仲裁机构东莞市仲裁委员会不存在，双方当事人在发生纠纷后也未达成补充协议，根据《中华人民共和国仲裁法》第十六条、第十八条的规定，该仲裁条款应属无效。因本案合同履行地在深圳市，根据《中华人民共和国民事诉讼法》第二十四条，以及最高人民法院《关于适用〈中华人民共和国民事诉讼法〉若干问题的意见》第一百四十六条之规定，拟受理本案，并报请我院审查。

我院经审查认为，双方当事人虽在合同中约定了仲裁条款，但由于约定的仲裁机构并不存在，双方当事人又无达成补充仲裁协议，根据《中华人民共和国仲裁法》第十八条的规定，该仲裁条款应属无效。现原告阿克苏诺贝尔涂料（东莞）有限公司向合同履行地法院即深圳市中级人民法院起诉，深圳市中级人民法院有权管辖该案。我院拟同意深圳市中级人民法院受理该案。

根据钧院法发〔1995〕18号文的规定，特报请钧院审查，请批复。

最高人民法院关于确认深圳市华汉城贸易发展有限公司与熊牌远东化工股份有限公司分销合同中仲裁条款效力的请示的复函

（2005年9月13日　〔2005〕民四他字第41号）

广东省高级人民法院：

你院〔2005〕粤高法民四他字第13号《关于确认深圳市华汉城贸易发展有限公司与熊牌远东化工股份有限公司分销合同中仲裁条款无效的请示》收悉。经研究，答复如下：

同意你院的请示意见。深圳市华汉城贸易发展有限公司与熊牌远东化工股份有限公司签订的《分销合同》中的仲裁条款约定："如果任何一方不能友好协商解决与协议有关的分歧或争端，包括协议执行、有效性或终止而引起的争议或分歧，双方同意依据中国国际仲裁中心现时有效的调解与调停规则将争议在中国提交仲裁，该规则应当被视为纳入协议之中。"本案系涉外合同纠纷，双方当事人未约定确定仲裁条款效力所适用的法律，但约定在中国仲裁，应当根据仲裁地即中国内地的法律来判断仲裁条款的效力。本案合同的仲裁条款虽然明确表达了仲裁意愿以及仲裁事项，但其没有约定仲裁机构。目前，当事一方深圳市华汉城贸易发展有限公司已经向人民法院提起诉讼，可以认定双方就仲裁机构无法达成补充协议，根据《中华人民共和国仲裁法》第十六条、第十八条的规定，应当认为仲裁条款无效。根据《中华人民共和国民事诉讼法》第二百四十三条的规定，深圳市中级人民法院对本案享有管辖权。

此复。

附：

广东省高级人民法院关于确认深圳市华汉城贸易发展有限公司与熊牌远东化工股份有限公司分销合同中仲裁条款无效的请示

（2005年7月8日　〔2005〕粤高法民四他字第13号）

最高人民法院：

我省深圳市中级人民法院（下称深圳中院）受理原告深圳市华汉城贸易发展有限公司诉新加坡熊牌远东化工股份有限公司分销协议纠纷一案后，熊牌公司在答辩期内提出管辖权异议，认为双方签订的《分销协议》第16条第c款约定：“如任何一方不能友好解决与协议有关的分歧，双方同意将此提交中国的仲裁机构仲裁。”故本案应由深圳市仲裁委员会仲裁，不属人民法院管辖。深圳中院就《分销协议》中仲裁条款的效力问题请示我院。本案的基本情况如下：

一、当事人的基本情况

原告：深圳市华汉城贸易发展有限公司（下称华汉城公司）。

被告：新加坡熊牌远东化工股份有限公司（下称熊牌公司）。

二、案件的基本事实

华汉城公司是一家专业销售塑料原辅材料的贸易公司，熊牌公司是生产销售“熊牌”PVC助剂系列产品的公司。华汉城公司与熊牌公司之间订有《分销协议》，熊牌公司委托华汉城公司作为其经销商，向用户销售PVC助剂系列产品，销售期间为2002年1月1日至2003年12月31日。其中，《分销协议》第16条约定：“如果任何一方不能友好协商解决与协议有关的分歧或争端，包括协议执行、有效性或终止而引起的争议或分歧，双方同意依据中国国际仲裁中心现时有效的调解与调停规则将争议在中国提高仲裁，该规则应当被视为纳入协议之中。”第d款约定：“可以在有管辖权的任何法庭判决，这种判决费用将由败诉方承担。判决结论将是最终性的，对双方均有约束力。”

三、深圳中院的处理意见

深圳中院认为：《分销协议》中仲裁条款，即第16条第c款对仲裁机构的约定不明确，双方当事人又未达成补充协议，依照《中华人民共和国仲裁法》第十八条的规定，该仲裁协议应认定为无效。

四、我院的处理意见

我院认为：本案双方当事人约定争议由中国的仲裁机构仲裁，因此，应当依据我国法律确定该仲裁条款的效力。由于熊牌公司与华汉城公司签订的《分销协议》第16条第c款的仲裁条款中仅约定了“双方同意将此提交中国的仲裁机构”，而“中国的仲裁机构”并非一明确的仲裁机构名称，即使该条款之后还进一步说明“依据中国国际仲裁中心现时有效的仲裁规则进行协商解决”，由于我国并不存在“中国国际仲裁中心”，故可以认定双方当事人对仲裁委员会的约定不明确。该仲裁条款为不可执行之仲裁条款。根据《中华人民共和国仲裁法》第十八条的关于“仲裁协议对仲裁事项或者仲裁委员会没有约定或者约定不明确的，当事人可以补充协议；达不成补充协议的，仲裁协议无效”的规定，在本案双方当事人未达成补充协议的前提下，应认定该仲裁条款无效。

综上所述，本案不存在有效的仲裁条款，我院拟同意深圳中院的处理意见。根据最高人民法院《关于人民法院处理与涉外仲裁及外国仲裁事项有关问题的通知》第一条之规定，现将该案报请钧院批示。

最高人民法院关于中国人民保险公司广东省分公司诉中成国际运输有限公司广州分公司、道南船务代理股份有限公司、上海中海船务代理有限公司海上货物运输合同货损纠纷案仲裁条款效力的请示的复函

（2004年11月12日　民四他字〔2004〕第39号）

广东省高级人民法院：

你院〔2004〕粤高法民四他字第5号《关于中国人民保险公司广东省分公司诉中成国际运输有限公司广州分公司、道南船务代理股份有限公司、上海中海船务代理有限公司海上货物运输合同货损纠纷案仲裁条款效力的请示》收悉。经研究，答复如下：

涉案货运代理合同第八条约定“本合同产生的任何争议双方协商解决。双方不能协商解决的，提交广州海事仲裁委员会按照中国现行法规仲裁”。根据我国仲裁法的规定，有效的仲裁条款或仲裁协议应当具有三项内容，即请求仲裁的意思表示、仲裁事项和选定的仲裁委员会。由于该仲裁条款约定的仲裁机构“广州海事仲裁委员会”不存在，该协议对仲裁委员会约定不明确，双方当事人对此又未达成补充协议，根据《中华人民共和国仲裁法》第十八条的规定，本案中的仲裁协议无效，广州海事法院对本案具有管辖权。

此复。

附：广东省高级人民法院关于中国人民保险公司广东省分公司诉中成国际运输有限公司广州分公司、道南船务代理股份有限公司、上海中海船务代理有限公司海上货物运输合同货损纠纷案仲裁条款效力的请示

附：

广东省高级人民法院关于中国人民保险公司广东省分公司诉中成国际运输有限公司广州分公司、道南船务代理股份有限公司、上海中海船务代理有限公司海上货物运输合同货损纠纷案仲裁条款效力的请示

（2004年8月17日　〔2004〕粤高法民四他字第5号）

最高人民法院：

广州海事法院〔2003〕广海法初字第432号中国人民保险公司广东省分公司（以下简称广东人保）诉中成国际运输有限公司广州分公司（以下简称中成公司）、道南

船务代理股份有限公司(以下简称道南公司)和上海中海船务代理有限公司海上货物运输合同货损纠纷一案中,中成公司与道南公司均提出管辖权异议。中成公司认为涉案货运代理合同第八条规定:“争议解决方式:本合同产生的任何争议双方协商解决。双方不能协商解决的,提交广州海事仲裁委员会按照中国现行法规仲裁。”虽然中国海事仲裁委员会在广州没有分会,但该会在广州设有办事处,因此可以辨别出“广州海事仲裁委员会”是指中国海事仲裁委员会,当事人的真实意思表示是选择中国海事仲裁委员会作为仲裁机构。该条款明确约定了仲裁事项和具体的仲裁委员会,根据《中华人民共和国仲裁法》的规定,该仲裁条款合法有效,故广州海事法院对本案不具有管辖权,并请求驳回广东人保的起诉。广东人保则认为广州不存在“广州海事仲裁委员会”这一仲裁机构,该仲裁条款无效。道南公司认为本案所涉的货物运输中提单背面条款记载,有关本次货物运输的争议应由承运人主要营业地法院管辖,而本案承运人是巴拿马籍公司,主要营业地不在广州,请求驳回广东人保的起诉。

广州海事法院认为,中成公司和广东人保均确认不存在“广州海事仲裁委员会”,中国海事仲裁委员会在广州也没有分会,只有办事处,故中成公司和被保险人约定的仲裁机构“广州海事仲裁委员会”不存在。中成公司和被保险人都是位于广州的公司,约定的仲裁地点也是广州,但该仲裁条款没有到北京申请中国海事仲裁委员会仲裁的意思表示,事后双方当事人就仲裁机构又达不成补充协议,故双方当事人约定的仲裁条款无效。第一被告中成公司位于广州,根据民事诉讼法的规定,被告住所地法院即广州海事法院具有管辖权。另,本案属于海商合同纠纷,依法应当由海事法院受理。本案原告选择的是以被保险人与中成公司签订的货运代理合同而非提单来起诉,本案的管辖权应当依据货运代理合同来确定,而不是依据提单确定,故对道南公司的管辖权异议不予支持。广州海事法院就涉案仲裁条款效力向我院请示。

我院认为,中成公司和广东人保约定的“广州海事仲裁委员会”并不存在,中国海事仲裁委员会在广州没有分会,且其在广州的办事处不能从事仲裁业务,这种约定属于对仲裁委员会约定不明,当事人就此也无法达成补充协议,故根据《仲裁法》第十八条关于“仲裁协议对仲裁事项或者仲裁委员会没有约定或者约定不明确的,当事人可以补充协议;达不成补充协议的,仲裁协议无效”的规定,可以认定本案中的仲裁协议无效。因此,本案不存在仲裁管辖排除诉讼管辖的问题,广州海事法院对本案有管辖权。

根据《最高人民法院关于人民法院处理与涉外仲裁及外国仲裁事项有关问题的通知》第一条的规定,特向钧院批示,请批复。

最高人民法院关于申请人日本双叶被服有限会社申请确认仲裁协议效力案件的请示的复函

（2004年9月8日 〔2004〕民四他字第30号）

辽宁省高级人民法院：

你院〔2004〕辽民四请字第5号《关于申请人日本双叶被服有限会社申请确认仲裁协议效力案件的请示》收悉。经研究，答复如下：

本案中当事人在合同中约定了仲裁条款，即“凡因执行本合同所发生的或与本合同有关的一切争议双方应通过友好协商解决，如果协商不能解决，可以在中国的仲裁机构进行仲裁，也可以在其他仲裁机构仲裁”。当事人没有约定确认该仲裁条款效力的准据法，对仲裁地点也没有明确约定，因此本案应根据法院地的法律即我国法律确定该仲裁条款的效力。根据《中华人民共和国仲裁法》第十六条的规定，有效的仲裁条款应当包括明确的仲裁机构，而本案当事人约定的仲裁条款并没有明确约定仲裁机构；且当事人之间又未能就仲裁机构达成补充协议，因此，根据《中华人民共和国仲裁法》第十八条的规定，应当认定该仲裁条款无效。同意你院的处理意见。

此复。

最高人民法院关于武汉市洪山区房地产公司与兴业（香港）有限公司合资合同中仲裁条款效力的请示的复函

（2004年11月26日 民四他字〔2004〕第29号）

湖北省高级人民法院：

你院〔2004〕鄂民四终字第33号《关于武汉市洪山区房地产公司与兴业（香港）有限公司合资合同中仲裁条款效力的请示》收悉。经研究，答复如下：

1.关于你院请示的“审理涉外合同纠纷中，若当事人之间所争议的合同含有仲裁条款或单独订立仲裁协议，是否必须有一个申请确认仲裁协议效力的前置程序”的问题。

无论是《中华人民共和国民事诉讼法》还是《中华人民共和国仲裁法》，均未规定人民法院在审理涉外合同纠纷中，若当事人之间所争议的合同含有仲裁条款或单独订立仲裁协议,必须有一个申请确认仲裁协议效力的前置程序。《中华人民共和国仲裁法》第二十条第一款规定:“当事人对仲裁协议的效力有异议的,可以请求仲裁委员会作出决定或者请求人民法院作出裁定。一方请求仲裁委员会作出决定,另一方请求人民法院作出裁定的,由人民法院裁定。”根据该规定,当事人可以单独就仲裁协议效力问题向人民法院提起一个确认之诉。《中华人民共和国仲裁法》第二十六条规定:“当事人达成仲裁协议,一方向人民法院起诉未声明有仲裁协议,人民法院受理后,另一方在首次开庭前提交仲裁协议的,人民法院应当驳回起诉,但仲裁协议无效的除外;另一方在首次开庭前未对人民法院受理该案件提出异议的,视为放弃仲裁协议,人民法院应当继续审理。”根据上述规定,即使当事人在涉外合同中订有仲裁条款或者在合同外达成单独的仲裁协议,在发生纠纷后,当事人仍然可以径直向人民法院提起诉讼,并不要求当事人必须先提起一个确认仲裁条款或仲裁协议效力的确认之诉作为前置程序。

2. 关于本案所涉仲裁协议的效力问题。

本案双方当事人在合同中约定:“因执行本合同所发生的或与本合同有关的一切争议,双方应通过友好协商解决,如果协商不能解决,乙方[兴业(香港)有限公司公司]提出争议应提交北京中国国际经济贸易促进委员会对外经济贸易仲裁委员会仲裁,如甲方(武汉市洪山区房地产公司)提出争议应提交香港仲裁机构或国际仲裁机构仲裁,仲裁终局的,对双方均有约束力。”确认本案仲裁协议的效力,首先要明确确认仲裁协议效力所应适用的准据法。本案当事人未对确认仲裁协议效力的准据法作出约定,且从该仲裁协议的内容看,若武汉市洪山区房地产公司提出争议,仲裁地点亦是不明确的,因此,应该适用法院地法即我国内地的法律确认本案仲裁协议的效力。《中华人民共和国仲裁法》第十八条规定:“仲裁协议对仲裁事项或者仲裁委员会没有约定或者约定不明确的,当事人可以补充协议;达不成补充协议的,仲裁协议无效。”《最高人民法院关于适用〈民事诉讼法〉若干问题的意见》第一百四十五条规定:“依照民事诉讼法第一百一十一条第(二)项的规定,当事人在书面合同中订有仲裁条款,一方向人民法院起诉的,人民法院裁定不予受理,告知原告向仲裁机构申请仲裁。但仲裁条款、仲裁协议无效、失效或者内容不明确无法执行的除外。”由于本案当事人在仲裁协议中对仲裁委员会的约定不明确,且不能达成补充协议,因此该仲裁协议应认定无效。人民法院对本案纠纷享有管辖权。

综上,同意你院请示报告中对所请示的两个问题的处理意见。

此复。

附:湖北省高级人民法院关于武汉市洪山区房地产公司与兴业(香港)有限公司合资合同中仲裁条款效力的请示

附：

湖北省高级人民法院关于武汉市洪山区房地产公司与兴业（香港）有限公司合资合同中仲裁条款效力的请示

（2004年7月28日 〔2004〕鄂民四终字第33号）

最高人民法院：

本院受理的武汉市洪山区房地产公司因合资合同纠纷一案不服武汉市中级人民法院（2004）武民商外初字第42号民事裁定，向本院提起上诉。本院经审理，认为该案涉及两个法律适用问题，特向钧院请示。现将该案的有关情况报告如下：

一、当事人及其诉讼参与人的基本情况

上诉人（原审原告）：武汉市洪山区房地产公司（以下简称洪山房地产公司），住所地：武汉市洪山区武珞路378号。

被上诉人（原审被告）：兴业（香港）有限公司（以下简称兴业公司）。住所地：中华人民共和国香港特别行政区九龙窝打老道40号宝翠大厦11号写字楼4室。

原审第三人：武汉洪港置业发展有限公司（以下简称洪港置业公司）。住所地：湖北省武汉市洪山区武珞路378号。

二、武汉市中级人民院认定的事实

洪山房地产公司在原审诉称，1992年9月8日，洪山房地产公司与兴业公司签订《合资经营武汉洪港置业发展有限公司合同》，约定了双方出资及缴清出资期限。合资企业洪港置业公司成立后，兴业公司未依约履行投资义务，抽逃合资企业资金，转移合资企业财产。虽然双方在合资合同中选择以仲裁方式解决争议，但对洪山房地产公司提出争议的解决方式约定不明，且约定的仲裁机构不明确，该仲裁条款无法执行。故诉至法院，请求判令解除合资合同并对洪港置业公司进行清算；判令兴业公司承担违约责任及合资企业亏损，承担本案诉讼费。

武汉市中级人民法院认定，1992年9月8日，洪山房地产公司作为甲方与兴业公司作为乙方签订了《合资经营武汉洪港置业发展有限公司合同》（以下简称合资合同），其中第43条约定，因执行本合同所发生的或与本合同有关的一切争议，双方应通过友好协商解决，如果协商不能解决，乙方提出争议应提交北京中国国际贸易促进委员会对外经济贸易仲裁委员会仲裁，如甲方提出争议应提交香港仲裁机构或国际仲裁机构仲裁，仲裁终局的，对双方都有约束力。

原审法院认为，双方所签合资合同第43条的约定属仲裁协议，是双方将争议提交仲裁的真实意思表示。《中华人民共和国仲裁法》第五条规定：当事人达成仲裁协议，一方向人民法院起诉的，人民法院不予受理，但仲裁协议无效的除外。因此，洪山房地产公司因中外合资经营合同纠纷径直向法院提起诉讼,不符合法律规定。尽管洪山房地产公司对仲裁协议效力存在异议,但是在其没有提起申请法院确认仲裁协议无效诉讼,且仲裁协议未依法被确认无效之前,洪山房地产公司仍不具备寻求诉讼途径解决合同争议的条件。本案在仲裁协议未经确认无效的情况下,法院没有管辖权,洪山房地产公司的起诉应予驳回。依照《中华人民共和国仲裁法》第五条、最高人民法院《关于审理和执行涉外民商事案件应注意的几个问题的通知》、《中华人民共和国民事诉讼法》第(三)项的规定,裁定如下:驳回洪山房地产公司的起诉。本案案件受理费200元由洪山房地产公司负担。

洪山房地产公司上诉称,武汉市中级人民法院适用法律错误导致了错误裁定。依据最高人民法院《关于适用〈中华人民共和国民事诉讼法〉若干问题的意见》第一百四十五条的规定:"依照民事诉讼法第一百一十一条第(二)项的规定,当事人在书面合同中订有仲裁条款,一方向人民法院起诉的,人民法院裁定不予受理,告知原告向仲裁机构申请仲裁。但仲裁条款、仲裁协议无效、失效或者内容不明确无法执行的除外。"依据《最高人民法院关于仅选择仲裁地点而对仲裁机构没有约定的仲裁条款效力问题的函》的规定:"仲裁条款中双方当事人仅约定仲裁地点,而对仲裁机构没有约定。发生纠纷后,双方当事人就仲裁机构达不成补充协议,应依据《中华人民共和国仲裁法》第十八条之规定,认定所涉仲裁协议无效"。《仲裁法》第十八条规定:"仲裁协议对仲裁事项或者仲裁委员会没有约定或约定不明确的,当事人可以补充协议,达不成协议,仲裁协议无效。"上诉人认为,依据上述法律规定在仲裁条款约定不明确无法执行时上诉人可以直接向法院提起合同争议的诉讼,而无需先提起仲裁协议无效诉讼。人民法院对仲裁协议效力的审查应发生在被告提出管辖异议阶段。由于武汉市中级人民法院错误适用法律,导致错误的裁定。因此上诉人依法上诉,请求:1. 撤销武汉市中级人民法院(2004)武民商外初字第42号民事裁定书。2. 裁定上诉人的起诉由武汉市中级人民法院受理。

三、本院查明的事实及处理意见

二审中,武汉洪山房地产公司提供了一份案例,即钧院(2000)经终字第155号韩国新湖商社与四川欧亚经贸总公司信用证欺诈纠纷管辖权异议案。经查,该案的裁定书已在中国法院网上公布,武汉洪山区房地产公司提交的案例属实。

本院查明,原审认定的事实属实。

另查明,被上诉人兴业公司就本案所争议的事项没有提交仲裁或提起诉讼。

本院认为,本案涉及两个问题,需要向钧院请示:

1. 审理涉外合同纠纷中,若当事人之间所争议的合同含有仲裁条款或单独订立仲裁协议,是否必须有一个申请确认仲裁协议效力的前置程序。

依照钧院《关于涉外民商事案件管辖若干问题的规定》第三条第(四)项规定,"本规定适用于审查有关涉外民商事仲裁条款效力的案件"。可见,从法律上看,申请确认仲裁协议效力的案件是一种独立的案件。但是申请确认仲裁协议的效力的程序是否必须前置则没有明确规定。从钧院的(2000)经终字第155号案件看,四川省高级人民法院在没有这样的前置程序情况下,钧院并没有要求四川省高级人民法院去设置这样一个程序,而是直接裁定认定四川高级人民法院受理该案是正确的,驳回了上诉人对管辖权异议的上诉请求。

另根据《中华人民共和国仲裁法》第二十六条关于"当事人达成仲裁协议,一方向人民法院起诉未声明有仲裁协议,人民法院受理后,另一方在首次开庭前提交仲裁协议的,人民法院应当驳回起诉,但仲裁协议无效的除外;另一方在首次开庭前未对人民法院受理该案件提出异议的,视为放弃仲裁协议,人民法院应当继续审理"的规定的精神,当法院受理了此类案件时,并不要求申请确认仲裁协议效力的程序前置。

综上,本院认为,上诉人武汉洪山房地产公司的上诉理由成立,武汉市中级人民法院认为武汉洪山房地产公司在提起合同诉讼之前应先提起申请确认仲裁协议效力的诉讼,并以此为由驳回其起诉没有法律依据,应予以纠正。

2.本案所涉仲裁协议是否有效

双方当事人在合同中约定:"如甲方(武汉洪山房地产公司)提出争议应提交香港仲裁机构或国际仲裁机构仲裁"。

本院认为,根据双方约定,武汉洪山房地产公司若要提出争议,则有权选择两类仲裁机构仲裁,一是由香港仲裁机构仲裁,二是由国际仲裁机构仲裁。若约定由"国际仲裁机构仲裁",该约定属既没有约定明确仲裁机构名称,也没有约定仲裁地点,该仲裁条款属约定不明。至于约定由"香港仲裁机构仲裁",则属约定了仲裁地点,没有约定明确的仲裁机构。根据钧院法函〔1997〕36号《关于仅选择仲裁地点而对仲裁机构没有约定的仲裁条款效力问题的函》的规定,仅约定仲裁地点,没有约定仲裁机构,属约定不明,仲裁协议无效。

故本院认为,根据钧院〔1997〕36号函及《中华人民共和国仲裁法》第十八条的规定,本案所涉仲裁协议无效。

依据钧院《关于审理和执行涉外民商事案件应当注意的几个问题的通知》第一项"对涉外合同中订有仲裁条款或者当事人事后达成书画仲裁协议的,人民法院不予受理;根据当事人的申请依照法律规定,拟裁定涉外合同仲裁协议无效的,应先逐级呈报最高人民法院,待最高人民法院答复后才可以确认仲裁协议无效"的规定,认定涉外合同中的仲裁条款无效的,应报钧院批准。

本院关于以上两个问题的意见是否正确,请指示。

最高人民法院关于确认武汉中恒新科技产业有限公司与锦利兴业股份有限公司合资经营合同仲裁条款无效的请示的复函

(2004 年 7 月 27 日 〔2004〕民四他字第 19 号)

湖北省高级人民法院:

你院〔2004〕鄂民四他字第 2 号《关于确认武汉中恒新科技产业有限公司与锦利兴业股份有限公司合资经营合同仲裁条款无效的请示》收悉。经研究,答复如下:

根据你院报送的材料,武汉中恒新科技产业有限公司与锦利兴业股份有限公司签订的《武汉恒生光电产业有限公司合同》中的仲裁条款约定:“凡因执行本合同所发生的或与本合同有关的一切争议,各方应通过友好协商解决或协调解决。如果协商或协调不能解决,经各方协商,可提交仲裁委员会,按仲裁机构的仲裁程序进行仲裁。仲裁裁决是终局的,对双方都有约束力。仲裁费用由败诉方负担。”本案系涉及台湾地区当事人的纠纷案件,双方当事人未约定确定仲裁条款效力所适用的法律,亦未约定仲裁地点,应当依据法院地即我国内地的法律来确定仲裁条款的效力。由于当事人对仲裁机构与仲裁地点均未有约定,同时当事人一方已经向人民法院提起诉讼,请求确认仲裁条款无效,故可以认定双方无法就仲裁机构问题达成补充协议,根据《中华人民共和国仲裁法》第十六条、第十八条的规定,该仲裁条款应当认定无效。

最高人民法院关于德国旭普林国际有限责任公司与无锡沃可通用工程橡胶有限公司申请确认仲裁协议效力一案的请示的复函

(2004 年 7 月 8 日 〔2003〕民四他字第 23 号)

江苏省高级人民法院:

你院〔2003〕苏民三立他字第 006 号《关于德国旭普林国际有限责任公司与无锡沃可通用工程橡胶有限公司申请确认仲裁协议效力一案的请示》收悉。经研究,答复如下:

同意你院倾向性意见。

本案当事人在合同中约定了仲裁条款"Arbitration：ICC Rules，Shanghai shall apply"。在当事人没有约定确认仲裁条款效力准据法的情况下，根据确认仲裁条款效力准据法的一般原则，应当按照仲裁地的法律予以认定，即本案应当根据我国法律确认所涉仲裁条款的效力。

根据我国仲裁法的有关规定，有效的仲裁条款应当同时具备仲裁的意思表示、仲裁的事项和明确的仲裁机构三个方面的内容。本案所涉仲裁条款从字面上看，虽然有明确的仲裁的意思表示、仲裁规则和仲裁地点，但并没有明确指出仲裁机构。因此，应当认定该仲裁条款无效。

此复。

最高人民法院关于戴维斯—标准公司与宁波协成电子电线有限公司买卖合同贷款纠纷一案仲裁条款无效的请示的复函

（2004年6月25日 〔2004〕民四他字第13号）

浙江省高级人民法院：

你院〔2004〕浙告他字第12号《关于戴维斯—标准公司与宁波协成电子电线有限公司买卖合同货款纠纷一案仲裁条款无效的请示》收悉。经研究，答复如下：

戴维斯—标准公司（DAVIS - STANDARD CORPORATION）与宁波协成电子电线有限公司签订的买卖合同中约定："有关本合同或在执行合同过程中发生的一切争执，应通过友好协商解决。当不能解决时，应提交仲裁。仲裁应该在WTO组织中的一个由买卖双方共同商定选择的中立国进行。仲裁费用由败诉方承担。"双方在合同中没有约定确认仲裁条款效力的准据法，亦未约定明确的仲裁地，现一方当事人已将产生的纠纷向人民法院提起诉讼，即应当根据法院地法律确认仲裁条款的效力。本案仲裁条款虽然明确表达了仲裁意愿以及仲裁事项，但其约定的仲裁地点不明确，亦未约定仲裁机构，属于我国《仲裁法》第十八条规定的对仲裁机构约定不明的情况。在当事一方戴维斯—标准公司已经向人民法院提起诉讼的情况下，可以认定双方就仲裁机构无法达成补充协议。根据《中华人民共和国仲裁法》第十六条、第十八条的规定，该仲裁条款应当认定无效。根据本院《关于适用〈中华人民共和国民事诉讼法〉若干问题的意见》第一百四十五条的规定，宁波市中级人民法院对本案享有管辖权。

此复。

最高人民法院关于上海岩崎照明器材有限公司与南溢发展有限公司附属机构威信企业工程公司买卖合同纠纷一案仲裁条款无效的请示的复函

（2004年5月25日　〔2004〕民四他字第7号）

山东省高级人民法院：

你院〔2004〕鲁民四他字第59号《关于上海岩崎照明器材有限公司与南溢发展有限公司附属机构威信企业工程公司买卖合同纠纷一案仲裁条款无效的请示》收悉。经研究，答复如下：

上海岩崎照明器材有限公司与南溢发展有限公司附属机构威信企业工程公司签订的买卖合同中约定："凡执行本合同所发生的或与本合同有关的一切争议，双方应通过友好协商解决，如果协商不能解决，应提交青岛市经济贸易仲裁委员会根据该会仲裁程序规则进行仲裁。仲裁裁决是终局的，对双方都有约束力。仲裁费用由败诉方承担。"青岛市并不存在当事人所约定的仲裁机构，在当事人一方已经向人民法院提起诉讼的情况下，可以认定双方无法就仲裁机构问题达成补充协议，根据《中华人民共和国仲裁法》第十六条、第十八条的规定，该仲裁条款应当认定无效。现上海岩崎照明器材有限公司向合同履行地的青岛市中级人民法院提起诉讼，根据最高人民法院《关于适用〈中华人民共和国民事诉讼法〉若干问题的意见》第一百四十五条的规定，青岛市中级人民法院对本案享有管辖权。

此复。

最高人民法院关于越南海防万华国际旅游公司起诉海南热岛风情国际旅行社有限公司旅游服务合同纠纷案仲裁条款效力的请示的复函

（2003年5月25日　〔2003〕民四他字第36号）

海南省高级人民法院：

你院〔2003〕琼立他字第4号《关于越南海防万华国际旅游公司起诉海南热岛风情国际旅行社有限公司旅游服务合同纠纷案仲裁条款效力的请示》收悉。经研究，答复如下：

同意你院的请示意见。越南海防万华国际旅游公司与海南热岛风情国际旅行社有限公司在双方于2002年1月18日签订的旅游服务合同中约定："若遇不可抗力及政治因素，双方应友好商量及相助来解决，若无法解决，双方同意请在发生纠纷的当地仲裁机关来解决。甲乙双方有责任服从仲裁机关的最后判决"。该仲裁条款没有约定确认其效力的准据法，也没有明确约定仲裁地，因此，应当根据法院地法的中国有关法律确认其效力。根据《中华人民共和国仲裁法》第十六条的规定，有效的仲裁条款应当明确约定仲裁机构。本案仲裁条款仅约定由发生纠纷地的仲裁机关进行处理，而发生纠纷地不是一个明确的诉讼法上的概念。本案纠纷是因海南热岛风情国际旅行社有限公司拖欠越南海防万华国际旅游公司团费引起的，合同中没有明确约定该费用的支付地点，因此，不能对发生纠纷地做出准确的认定。相应地，也就不能对发生纠纷地的仲裁机构做出认定。鉴于越南海防万华国际旅游公司已经就有关纠纷起诉至海口市中级人民法院，应当认定双方没有就仲裁机构达成补充协议，根据《中华人民共和国仲裁法》第十八条的规定，应当认定本案仲裁条款无效，海口市中级人民法院对此案具有管辖权。

此复。

附：海南省高级人民法院关于越南海防万华国际旅游公司起诉海南热岛风情国际旅行社有限公司旅游服务合同纠纷案仲裁条款效力的请示（略）

最高人民法院关于内蒙古至诚矿业有限公司与南非华金国际集团有限公司合资经营纠纷一案中仲裁条款效力问题的函

（2002年4月13日　〔2001〕民四他字第26号）

内蒙古自治区高级人民法院：

你院〔2001〕内经请字第4号《关于内蒙古至诚矿业有限公司与南非华金国际集团有限公司合资经营合同纠纷一案中仲裁条款效力的请示》收悉。经研究，答复如下：

本案双方当事人在合同中约定："凡因履行本合同发生的或与本合同有关的一切争议，各方应尽力友好协商解决。协商不成，可提请北京中国对外经济贸易仲裁委员会进行仲裁。"该仲裁条款订明仲裁地点在北京，仲裁机构使用了中国国际经济贸易仲裁委员会的旧名称。虽然仲裁条款对仲裁机构名称的表述不完整，但可以辨别出该名称系指更名后的中国国际经济贸易仲裁委员会，不存在仲裁条款无效的法定事由。鉴此,应认定合同双方当事人选择的仲裁机构是明确的,合同仲裁条款合法有效。根据《中华人民共和国仲裁法》第五条的规定,人民法院对本案没有管辖权。

此复。

最高人民法院关于中化国际石油(巴哈马)有限公司诉海南昌盛石油开发有限公司购销合同纠纷案中仲裁协议效力问题的复函

(2000年12月5日 〔2000〕交他字第14号)

海南省高级人民法院:

你院2000年11月6日〔2000〕琼高法立字第55号《关于中化国际石油(巴哈马)有限公司诉海南昌盛石油开发有限公司购销合同纠纷案中仲裁协议效力的请示报告》收悉。本院经审查认为:根据1996年6月8日国办发〔1996〕22号《关于贯彻实施〈中华人民共和国仲裁法〉需要明确的几个问题的通知》的规定,新组建的仲裁委员会可以受理涉外仲裁案件。因此,所谓"中国相关的国际贸易仲裁机构"不能推定为就是受理涉外仲裁案件的中国国际经济贸易仲裁委员会。鉴于本案当事人对仲裁机构的约定不明确,而一方当事人已起诉至有关人民法院,表明双方当事人已不可能就仲裁机构达成补充协议。依据《中华人民共和国仲裁法》第十八条的规定,应认定本案仲裁条款无效。

此复。

最高人民法院对仲裁条款中所选仲裁机构的名称漏字,但不影响仲裁条款效力的一个案例的批复意见

(1998年4月2日 法经〔1998〕159号)

中国国际经济贸易仲裁委员会:

你会(98)贸仲字第1381号征询意见函收悉,经研究,答复如下:

一、《中外合资经营连云港云卿房地产开发有限公司合同》(以下简称合营合同)系灌云县建银房地产开发公司、灌云县煤炭工业公司和美国西雅图凡亚投资公司三方所订立,该合营合同约定争议解决方式是提交仲裁,虽然当事人的仲裁条款中将你会名称漏掉"经济"二字,但不影响该仲裁条款的效力,因而上述三方凡因执行该合营合同所发生的或与该合营合同有关的一切争议,你会具有管辖权。

二、中国建设银行江苏省灌云县支行诉灌云县煤炭工业公司房屋确权纠纷一案,不是合营合同纠纷,灌云县支行也不是上述合营合同的当事人,故该纠纷不受合营合同中仲裁条款的约束,当事人可依《中华人民共和国民事诉讼法》的有关规定向人民法院提起诉讼。

三、江苏省高级人民法院(1997)苏民终字第62号民事裁定,以上述合营合同约定的仲裁机构(北京中国国际贸易仲裁委员会)不存在为由,认定仲裁条款无效,驳回上诉人的管辖异议。对此问题,我院民庭已责令江苏省高级人民法院复查具报。

最高人民法院关于确认仲裁协议效力几个问题的批复

(1998年10月26日　法释〔1998〕27号)

山东省高级人民法院:

你院鲁高法函〔1997〕84号《关于认定重建仲裁机构前达成的仲裁协议的效力的几个问题的请示》收悉。经研究,答复如下:

一、在《中华人民共和国仲裁法》实施后重新组建仲裁机构前,当事人达成的仲裁协议只约定了仲裁地点,未约定仲裁机构,双方当事人在补充协议中选定了在该地点依法重新组建的仲裁机构的,仲裁协议有效;双方当事人达不成补充协议的,仲裁协议无效。

二、在仲裁法实施后依法重新组建仲裁机构前,当事人在仲裁协议中约定了仲裁机构,一方当事人申请仲裁,另一方当事人向人民法院起诉的,经人民法院审查,按照有关规定能够确定新的仲裁机构的,仲裁协议有效。对当事人的起诉,人民法院不予受理。

三、当事人对仲裁协议的效力有异议,一方当事人申请仲裁机构确认仲裁协议效力,另一方当事人请求人民法院确认仲裁协议无效,如果仲裁机构先于人民法院接受申请并已作出决定,人民法院不予受理;如果仲裁机构接受申请后尚未作出决定,人民法院应予受理,同时通知仲裁机构终止仲裁。

四、一方当事人就合同纠纷或者其他财产权益纠纷申请仲裁,另一方当事人对仲裁协议的效力有异议,请求人民法院确认仲裁协议无效并就合同纠纷或者其他财产权益纠纷起诉的,人民法院受理后应当通知仲裁机构中止仲裁。人民法院依法作出仲裁协议有效或者无效的裁定后,应当将裁定书副本送达仲裁机构,由仲裁机构根据人民法院的裁定恢复仲裁或者撤销仲裁案件。

人民法院依法对仲裁协议作出无效的裁定后,另一方当事人拒不应诉的,人民法院可以缺席判决;原受理仲裁申请的仲裁机构在人民法院确认仲裁协议无效后仍不撤销其仲裁案件的,不影响人民法院对案件的审理。

最高人民法院关于同时选择两个仲裁机构的仲裁条款效力问题的函

(1996年12月12日　法函〔1996〕176号)

山东省高级人民法院:

你院鲁法经〔1996〕88号"关于齐鲁制药厂诉美国安泰国际贸易公司合资合同纠纷一案中仲裁条款效力的审查报告"收悉。经研究,答复如下:本案当事人订立的合同仲裁条款约定"合同争议应提交中国国际贸易促进委员会对外经济贸易仲裁委员会,或瑞典斯德哥尔摩商会仲裁院仲裁",该仲裁条款对仲裁机构的约定是明确的,亦是可以执行的。当事人只要选择约定的仲裁机构之一即可进行仲裁。根据《中华人民共和国民事诉讼法》第一百一十一条第二项之规定,本案纠纷应由当事人提交仲裁解决,人民法院对本案没有管辖权。

此复。

（三）仲裁协议约束主体的复函

最高人民法院关于原告申特钢铁(香港)有限公司诉被告福建省轮船有限公司海上货物运输合同纠纷一案中仲裁条款效力问题请示的复函

（2015年6月18日 〔2015〕民四他字第13号）

湖北省高级人民法院：

你院鄂高法〔2015〕113号"关于原告申特钢铁(香港)有限公司诉被告福建省轮船有限公司海上货物运输合同纠纷一案中仲裁条款效力问题的请示"收悉。经研究，答复如下：

涉案提单为租约提单。提单正面虽记载"与租约合并使用"，但未指明哪一份租约并入提单。福建省轮船有限公司所主张的提单正面关于"运费按照2013年3月11日泛远航运有限公司和春安航运有限公司签订的租船合同支付"的记载，仅表明运费的支付依据该租约确定，并不涉及仲裁条款的并入。在此情形下，提单背面条款"反面所标日期的租约下一切条款和条件、权利和免责，包括法律适用和仲裁条款，并入本提单"的约定，因所指称的租约不明确而不具有可执行性。此外，关于仲裁条款并入的表述未在提单正面记载，未能以合理方式提示提单受让人，该并入条款对提单受让人不具有约束力。据此，福建省轮船有限公司以涉案纠纷应提交仲裁解决为由提出管辖权异议，没有事实和法律依据。

同意你院关于提单仲裁条款效力的审查意见。

最高人民法院关于福州特威化工有限公司诉 EIKO 航空公司(EIKO MARITIME S. A.)海上货物运输合同纠纷一案仲裁条款效力问题的答复

(2015 年 2 月 3 日 〔2015〕民四他字第 4 号)

浙江省高级人民法院:

你院〔2015〕浙立他字第 2 号《关于福州特威化工有限公司诉 EIKO 航运公司(EIKO MARITIME S. A.)海上货物运输合同纠纷一案仲裁条款效力问题的请示》收悉。经研究,答复如下:

本案当事人不是涉案航次租船合同的当事人,不受该合同中的仲裁条款约束。本案的提单是格式提单,提单正面载明"提单与租约同时使用","本单海上货运依照 SABIC 公司和 lino 公司 2013 年 8 月 24 日的租约条款执行",提单背面条款中记载"提单正面指明日期的租船合同中的所有条款、条件、权利和例外规定,包括法律和仲裁条款并入本提单"。但该提单正面并未明确记载租船合同中有仲裁条款并入提单,正面记载的内容不能产生租船合同仲裁条款并入提单、约束提单持有人的法律效果;仅在提单背面有并入条款的约定不产生仲裁条款约束提单持有人的效力。因此,被告 EIKO 航运公司不能举证证明其与原告福州特威化工有限公司之间存在仲裁协议。被告 EIKO 航运公司所提管辖异议,没有事实依据。

本案是海上货物运输合同纠纷,应由海事法院专门管辖。本案运输的目的地宁波港属宁波海事法院管辖地域范围,该院对本案具有管辖权。

此复。

最高人民法院关于重庆红蜻蜓油脂有限责任公司诉白长春花船务公司海上货物运输合同纠纷一案仲裁条款效力问题请示的复函

(2015 年 2 月 3 日 〔2015〕民四他字第 1 号)

湖北省高级人民法院:

你院鄂高法〔2014〕422 号《关于原告重庆红蜻蜓油脂有限责任公司诉被告白长

春花船务公司海上货物运输合同纠纷一案中仲裁条款效力问题的请示》收悉。经研究，答复如下：

根据请示所述事实，本案所涉5份提单虽在抬头注明“与租约合并使用”，但并未注明租约的编号、日期等事项，不能认定白长春花船务公司所主张的Priminds Shipping（HK）Co.，Limited与Citic Ship Management Limited于2011年6月30日订立的航次租船合同中的仲裁条款当然地并入了涉案提单，故白长春花船务公司依据上述航次租船合同中的仲裁条款提出的管辖权异议不能成立，依法应予驳回。本案货物运输的目的港为南通，属于武汉海事法院管辖范围，武汉海事法院作为运输目的地法院对本案纠纷享有管辖权。

此复。

最高人民法院关于国际文娱海外有限公司诉杭州小毛驴体育经纪有限公司委托合同纠纷案所涉仲裁条款效力问题请示的复函

（2013年10月21日　〔2013〕民四他字第53号）

浙江省高级人民法院：

你院〔2013〕浙商外确字第3号《关于国际文娱海外有限公司诉杭州小毛驴体育经纪有限公司委托合同纠纷一案仲裁条款问题的请示报告》收悉。经研究，答复如下：

本案中，国际文娱海外有限公司与杭州小毛驴体育经纪有限公司在合同第四条“甲方权利、责任及义务”第十五项约定了仲裁条款，即“双方同意所有现役阿森纳足球队球员必须随队访华。唯除下列列出的情况予以接受，其他原因引致球员不能出席，一概均视为如违约，由中国国际经济贸易仲裁委员会杭州分会仲裁及裁定有关赔偿细节；乙方明白及认同任何仲裁决定及裁定的赔偿细节，须经由甲方向国际足协申诉及索偿。……”《中华人民共和国涉外民事关系法律适用法》第十八条规定：“当事人可以协议选择仲裁协议适用的法律。当事人没有选择的，适用仲裁机构所在地法律或者仲裁地法律。”本案中，当事人没有约定该仲裁协议所应当适用的法律，也没有约定仲裁地，但约定了仲裁机构“中国国际经济贸易仲裁委员会杭州分会”。虽然中国国际经济贸易仲裁委员会没有杭州分会，但由于争议发生于《中国国际经济贸易仲裁委员会仲裁规则（2012）》实施后，该仲裁规则第二条第六项规定：“当事人可以约定将争议提交仲裁委员会或仲裁委员会分会/中心进行仲裁；……约定的分会/中心不存在或约定不明的，由仲裁委员会秘书局接受仲裁申请并管理案件。”因此，可以认定当事人选定了中国国际经济贸易仲裁委员会进行仲裁。本案即应当适用该仲裁机构所在地法律即中华人民共和国法律，认定所涉仲裁条款的效力。该仲裁条款不仅体现了当事人仲裁的意思表示，还体现了明确的仲裁事项，有选定的仲裁机构，符合《中华人民共和国仲裁法》的规定，应认定有效。

然而，从该条款在合同中所处的位置看，其仅适用于阿森纳足球队球员是否因未随队访华而构成违约争议的解决，并不适用于合同其他争议的解决，而本案争议系国际文娱海外有限公司诉请杭州小毛驴体育经纪有限公司支付所欠阿森纳足球队访华费用，因此，本案争议不受上述仲裁条款的约束。

综上，虽然本案所涉合同中的仲裁条款应认定有效，但其不适用于本案争议的解决。杭州市中级人民法院作为被告住所地的法院，对本案享有管辖权。同意你院的结论性意见。

此复。

最高人民法院关于中成新星油田工程技术服务股份有限公司诉天津大亚国际物流有限公司等海上货物运输合同纠纷一案仲裁条款效力问题请示的复函

（2013年8月20日　〔2013〕民四他字第38号）

天津市高级人民法院：

你院〔2013〕津高民四他字第2号《关于中成新星油田工程技术服务股份有限公司诉天津大亚国际物流有限公司等海上货物运输合同纠纷一案仲裁条款效力问题的请示》收悉。经研究，答复如下：

根据请示所述事实，中成新星油田工程技术服务股份有限公司主张其受让了收货人转让的权利，是依据提单而非租船合同提起本案诉讼；鉴于租船合同中的仲裁条款也未有效并入提单，对提单收货人不具有约束力，天津大亚国际物流有限公司依据租船合同仲裁条款提出的管辖权异议不能成立。故同意你院审查意见，天津海事法院作为涉案运输始发地的海事法院，对本案纠纷具有管辖权。

此复。

最高人民法院关于申请人北方万邦物流有限公司申请撤销(2012)海仲京裁字第001号仲裁裁决一案的请示的复函

(2013年1月22日 〔2013〕民四他字第5号)

天津市高级人民法院：

你院〔2012〕津高民四他字第6号《关于申请人北方万邦物流有限公司申请撤销(2012)海仲京裁字第001号仲裁裁决一案的请示》收悉。经研究，答复如下：

根据你院提供的案情，北方万邦物流有限公司(以下简称万邦公司)与卓域集团有限公司(以下简称卓域公司)签订的《国际运输代理合同》约定："本协议项下产生的或与本协议有关的任何争议均应提交中国海事仲裁委员会按照申请仲裁时现行有效的仲裁规则在北京进行仲裁。"该约定为万邦公司与卓域公司之间就合同争议解决方式达成的仲裁合意，卓域公司依据该约定向仲裁机构提起仲裁，并无不当。万邦公司向卓域公司提出的反请求，亦应受双方之间签订的《国际运输代理合同》中仲裁条款的约束，仲裁庭对该反请求进行审理并作出裁决符合相关法律规定。但涉案仲裁条款仅能约束合同当事人，即万邦公司与卓域公司。金源矿业有限公司(以下简称金源公司)作为第一申请人，以万邦公司作为被申请人，向仲裁机构申请仲裁，金源公司并无证据证明其与万邦公司之间存在有效的仲裁条款。在万邦公司提出管辖权异议后，仲裁庭根据《中华人民共和国合同法》第四百零三条的规定，确定对金源公司具有管辖权，并决定仲裁程序在金源公司、卓域公司和万邦公司之间继续进行，缺乏充分的事实依据和法律依据。涉案仲裁裁决涉及卓域公司、万邦公司、金源公司三方权利义务，但三方之间并不存在有效的仲裁协议，涉案仲裁裁决违反《中华人民共和国仲裁法》第四条"当事人采用仲裁方式解决纠纷的，应当双方自愿，达成仲裁协议。没有仲裁协议的，一方申请仲裁，仲裁委员会不予受理"的规定。

同意你院撤销中国海事仲裁委员会(2012)海仲京裁字第001号仲裁裁决的意见。

此复。

附：

天津市高级人民法院关于申请人北方万邦物流有限公司申请撤销(2012)海仲京裁字第001号仲裁裁决一案的请示

(2012年12月17日 〔2012〕津高民四他字第6号)

最高人民法院：

天津海事法院受理了申请人北方万邦物流有限公司申请撤销中国海事仲裁委员会作出的(2012)海仲京裁字第001号仲裁裁决一案，天津海事法院经审查，拟裁定撤销(2012)海仲京裁字第001号仲裁裁决，并层报我院审查。我院经审查认为，北方万邦物流有限公司撤销中国海事仲裁委员会(2012)海仲京裁字第001号仲裁裁决的申请应予支持。根据《最高人民法院关于人民法院处理与涉外仲裁及外国仲裁事项有关问题的通知》的规定，特报请钧院审查。

一、当事人的基本情况

申请人：北方万邦物流有限公司。

被申请人：金源矿业有限公司(Jmt Mining Sprl Limimted)。

被申请人：卓域集团有限公司(Jiaya Group Ltd.)。

二、案件事实及仲裁庭处理情况

金源矿业有限公司(以下简称金源公司)向北方化工科技有限公司购买2000吨焦炭，单价为710美元/吨。北方化工科技有限公司实际交货量为2041.465吨，金源公司支付货款1,449,436.60美元。同时，金源公司委托卓域集团有限公司(以下简称卓域公司)办理焦炭的托运事宜。卓域公司以自己名义与北方万邦物流有限公司(以下简称万邦公司)签订《国际运输代理合同》(以下简称代理合同)，约定由万邦公司代办订舱、集港、报关、运输等事宜，起运港为中国天津港，目的港为刚果(金)利卡西，运输方式为多式联运，并约定"本协议项下产生的或与本协议有关的任何争议均应提交中国海事仲裁委员会按照申请仲裁时该会现行有效的仲裁规则在北京进行仲裁"。合同签订后，讼争货物于2008年8月13日从天津港出运，在目的港利卡西港发生了部分货物的灭失。

2010年7月29日，金源公司及卓域公司依照代理合同中的仲裁条款向中国海事仲裁委员会(以下简称海事仲裁委)提出仲裁申请，请求万邦公司返还运费154,999.68美元，赔偿货物损失809,045美元，赔偿实际支出的律师费人民币45,000元，本案仲裁费用由万邦公司承担。

2010年9月14日，万邦公司向海事仲裁委提出管辖权异议，主张万邦公司与金源公司之间不存在合法有效的仲裁协议，海事仲裁委对双方之间的争议没有管辖权。

2010年11月22日，海事仲裁委作出了《MA2010016号国际货物运输代理合同争议案管辖权决定》，认为根据《中华人民共和国合同法》第四百零三条的规定，仲裁委员会对金源公司具有管辖权，仲裁程序在金源公司、卓域公司和万邦公司之间继续进行。

万邦公司在坚持海事仲裁委对万邦公司和金源公司之间的争议没有管辖权的前提下作出答辩，主张涉案货物部分灭失是由于卓域公司怠于行使合法权利，指令非洲内陆运输承运人中途停运并转卖涉案货物造成的，并主张卓域公司的上述行为给万邦公司造成了损失。据此，万邦公司提出反请求，请求卓域公司支付万邦公司代垫的保险费人民币10,903.67元，集港费、港杂费人民币58,225元，堆存费134,000美元，运费157,321.38美元，律师费1700美元并赔偿上述费用迟延支付期间的利息损失，同时请求卓域公司赔偿万邦公司支付的差旅费用，调查取证、公证认证费用共计人民币364,252.66元。

2012年1月11日，海事仲裁委作出(2012)海仲京裁字第001号仲裁裁决，裁决内容如下：(1)万邦公司向金源公司返还运费152,700.96美元。(2)万邦公司向金源公司赔偿货物损失805,646.23美元。(3)万邦公司向金源公司赔偿律师费人民币45,000元。(4)卓域公司向万邦公司支付保险费人民币4843.05元及其自万邦公司向保险公司实际支付之日起至卓域公司实际支付给万邦公司之日止按照中国人民银行公布的同期贷款利率计算的利息。(5)卓域公司向万邦公司支付港杂费、集港费人民币25,350.85元及自万邦公司实际支出该费用之日起至卓域公司实际支付给万邦公司之日止按照中国人民银行公布的同期贷款利率计算的利息。(6)卓域公司向万邦公司支付堆存费10,000美元及其自万邦公司实际支出该费用之日起至卓域公司实际支付给万邦公司之日止按照中国人民银行公布的或参照商业银行公布的同期美元贷款利率计算的利息。(7)驳回金源公司、卓域公司和万邦公司的其他仲裁请求。(8)本案本请求仲裁费人民币72,030元，由金源公司、卓域公司承担人民币7203元，万邦公司承担人民币64,827元；反请求仲裁费人民币46,165元，由金源公司、卓域公司承担人民币4616.50元，万邦公司承担人民币41,548.50元。(9)本案实际费用人民币9477元，全部由金源公司及卓域公司承担。

三、申请撤销仲裁裁决的理由及答辩意见

万邦公司于2012年7月10日向天津海事法院申请撤销仲裁裁决，主要理由：(1)万邦公司与金源公司之间没有仲裁协议；(2)有关当事人之间的争议依法应由天津海事法院管辖；(3)仲裁庭没有给万邦公司陈述意见的充分机会；(4)仲裁庭的组成、仲裁程序的进行与仲裁规则不符；(5)仲裁庭审理、裁决了不属于仲裁协议范围和仲裁机构无权仲裁的事项；(6)仲裁裁决违背社会公共利益。

金源公司与卓域公司的共同答辩意见为:(1)金源公司与卓域公司是委托代理合同关系,卓域公司受金源公司委托与万邦公司签订了代理合同,合同明确约定本协议项下产生的或与本协议有关的任何争议均提交海事仲裁委仲裁。金源公司依据《中华人民共和国合同法》第四百零三条之规定行使介入权,可以依据代理合同中的仲裁条款对万邦公司提起仲裁。(2)本案为撤销仲裁裁决之诉,法院应仅对仲裁的裁决程序进行审查,而不作实体审理。万邦公司申请撤销仲裁裁决的理由并不存在《中华人民共和国民事诉讼法》第二百五十八条规定的情形,故请求法院驳回万邦公司的申请。

四、天津海事法院的审查意见

天津海事法院的处理意见是拟撤销该仲裁裁决。主要理由:

本案争议的核心问题是申请人万邦公司与被申请人金源公司之间是否具有仲裁协议。《中华人民共和国仲裁法》第四条规定:"当事人采用仲裁方式解决纠纷,应当双方自愿,达成仲裁协议。没有仲裁协议,一方申请仲裁的,仲裁委员会不予受理。"由此,仲裁协议应当为当事人在自愿协商的基础上对于请求仲裁直接达成的合意。

本案中约定仲裁条款的代理合同的主体为万邦公司与卓域公司,在合同签订时,万邦公司并不知道卓域公司与金源公司之间存在代理关系,即万邦公司在签订仲裁协议时是与卓域公司达成了合意,而不是其他主体,金源公司并未参与仲裁条款的签订,亦与万邦公司无其他形式的仲裁协议。卓域公司在仲裁协议签订后,向万邦公司披露其有委托人,主张其委托人与万邦公司之间亦可依据仲裁协议进行仲裁,这种主张使万邦公司面临了在其签订仲裁协议时亦不能明确仲裁主体的局面,违背了仲裁的自愿原则。因此,应认定万邦公司与金源公司之间不具有仲裁协议,万邦公司申请撤销仲裁裁决的第一项理由成立。万邦公司申请撤销仲裁裁决的其他理由缺乏事实依据,该院不予支持。

五、我院的审查意见

我院经研究,拟同意天津海事法院的处理意见。主要理由:

关于万邦公司与金源公司是否存在仲裁协议的问题,根据《中华人民共和国仲裁法》第四条的规定,当事人采用仲裁方式解决纠纷,应当双方自愿,达成仲裁协议。确定当事人之间是否存在仲裁协议,应坚持尊重当事人意思自治原则,审查当事人是否就仲裁问题达成了自愿且明确的合意。

本案中,万邦公司与卓域公司在代理合同中约定的仲裁条款系该双方就合同争议解决方式所达成的合意,故代理合同中的仲裁条款仅能约束合同当事人,即万邦公司与卓域公司。万邦公司在订立代理合同之初并不知道金源公司为实际委托人,当卓域公司向金源公司披露万邦公司后,金源公司援引《中华人民共和国合同法》第四百零三条之规定介入代理合同并将争议提交仲裁的行为,仅能说明金源公司单方同意采取仲裁方式解决争议。其后,万邦公司向海事仲裁委提出管辖权异议的行为,系其就拒绝通过仲裁方式解决与金源公司争议所作出的明确意思表示。据此,我院认为万邦公司与金源公司之间未就采用仲裁方式解决纠纷达成合意。由于万邦公司与金源公司之间没有仲裁协议,故依据《中华人民共和国民事诉讼法》第二百五十八条第一款第(一)项及《中华人民共和国仲裁法》第七十条之规定,拟撤销海事仲裁委(2012)海仲京裁字第001号仲裁裁决。

以上意见妥否,请示复。

最高人民法院关于对兴鹏有限公司诉韩国高丽海运株式会社海上货物运输合同纠纷一案中仲裁条款效力问题的请示的复函

(2011年11月3日 〔2011〕民四他字第47号)

山东省高级人民法院:

你院〔2011〕鲁立函字第25号请示报告收悉。经研究,答复如下:

本案中,韩国高丽海运株式会社签发的是电放提单的样稿,并注明不可转让(NON - NEGOTIABLE)。虽然托运人将该提单样稿发给收货人兴鹏有限公司用以提取货物,但是作为收货人的兴鹏有限公司无法通过正常的提单流转获知提单背面条款,亦无法获知提单背面条款中约定的法律适用以及仲裁条款。仅以电放提单正面注明"包括但不仅限于仲裁条款(INCLUDING BUT NOT LIMITED TO ARBITRATION)"的字样证明收货人兴鹏有限公司知晓提单中有约定韩国仲裁的条款依据不充分。就现有证据看,收货人兴鹏有限公司与承运人韩国高丽海运株式会社之间并未就涉案纠纷进行仲裁达成一致意见。涉案为海上货物运输合同纠纷,运输的起运港为青岛,青岛海事法院依据《最高人民法院关于海事法院受理案件范围的若干规定》管辖此案并不违反法律规定。同意你院第一种意见,青岛海事法院对此案具有管辖权。

但青岛海事法院在作出一审驳回管辖权异议裁定之前,应当按照我院相关司法解释的规定,经你院,报我院批准。请在今后的工作中予以充分注意。

附：

山东省高级人民法院关于对兴鹏有限公司诉韩国高丽海运株式会社海上货物运输合同纠纷一案中仲裁条款效力问题的请示

（2011年9月22日 〔2011〕鲁立函字第25号）

最高人民法院：

我院在审查上诉人韩国高丽海运株式会社与被上诉人兴鹏有限公司海上货物运输合同纠纷管辖权异议一案时发现，涉案电放提单中约定有仲裁条款。为慎重处理此案，经我院研究，根据《最高人民法院关于人民法院处理与涉外仲裁及外国仲裁事项有关问题的通知》（法发〔1995〕18号）和《最高人民法院关于审理和执行涉外民商事案件应当注意的几个问题的通知》（法〔2000〕51号）等规定，现将本案就仲裁条款效力问题报请你院，请予审查。

一、当事人基本情况

上诉人（原审被告）：韩国高丽海运株式会社（Korea Marine Transport Co.，Ltd.），住所地韩国首尔市中区南大门路2号118韩进大厦15层。

法定代表人：Park Jong - Seug，董事长。

被上诉人（原审原告）：兴鹏有限公司（Golden Star Co.，Ltd.），住所地越南海防市海安郡海坊阮秉街1166号。

法定代表人：杜孟长，副经理。

二、案件基本情况

兴鹏有限公司向青岛海事法院提起诉讼称，2010年5月23日，韩国高丽海运株式会社承运了焦作隆丰皮草企业有限公司在青岛港交付的3个40尺集装箱的羊皮货物。货物装船后，韩国高丽海运株式会社出具了KMTC - TA02021073号电放提单，该提单载明收货人为兴鹏有限公司。货物运抵越南海防后，兴鹏有限公司提领货物后发现箱体已进水并造成了部分货物损害。请求判令韩国高丽海运株式会社赔偿货物损失并支付利息。

青岛海事法院认为，该案所涉海上货物运输合同采用的是电放提单方式操作，被告未签发正本提单，原告无法通过背书转让方式得知提单背面条款的约定事项，因此提单背面条款中关于法律和管辖的约定在原、被告之间未达成合意。该案作为海上货物运输合同纠纷，涉案货物起运地为中国青岛，该院作为合同履行地的海事法院对该案享有管辖权。

韩国高丽海运株式会社上诉称，上诉人虽未签发正本提单，但向托运人提供了电放提单样稿，托运人确认后将该提单样稿发给被上诉人提取货物，被上诉人提交的电放提单也证明了其知悉提单条款，因此涉案电放提单对被上诉人具有约束力；涉案电放提单中的仲裁条款合法有效，被上诉人应将该案所涉海上货物运输合同项下纠纷提交仲裁。请求撤销原审裁定，责令被上诉人将本案纠纷提交韩国仲裁或驳回其起诉。被上诉人兴鹏有限公司答辩称，被答辩人未签发正本提单给托运人，答辩人不持有正本提单，不知晓提单背面条款内容，因此包括仲裁条款在内的提单背面条款对其无约束力；即使适用提单背面条款，但该条款未明确仲裁机构，该条款无效；即使条款有效也不能约束答辩人；青岛系涉案合同履行地，原审法院有管辖权。

韩国高丽海运株式会社在上诉中提交的提单正面右下方载明：IN AC-CEPING this Bill Of Lading, the Merchant expressly accepts and agrees to all its terms and conditions on the face and back hereof, INCLUDING BUT NOT LIMIT-ED TO ARBITRATION CLAUSE, whether written, typed, stamped or printed, or otherwise incorporated, notwithstanding the non-signing of this Bill of Lading by the Merchant。提单背面第 1. B 条载明："Merchant" includes the shipper consignor owner and receiver of Goods and the holder of this Bill of Lading。第 3. A 条载明：The contract evidenced by or contained in this Bill of Lading shall be governed by Korean Law, except as may be otherwise provided for herein。第 3. B 条载明：Any and all claims, disputes, controversies, or differences what-soever which may arise between the Carrier and the Merchant, out of or in relation to or in connection with or under this Bill of Lading, or for the breach of any obli-gation of the Carrier or the Merchant under this Bill of Lading shall be finally set-tled by arbitration in Seoul, Korea in accordance with the Arbitration Rules of the Korean Commercial Arbitration Board and under Laws Of Korea. The award ren-dered by the arbitrator(s) shall be final and blinding upon both parties con-cerned...。

三、我院意见

该案系以电放海运提单为证明的涉外海上货物运输合同纠纷。对涉案提单中仲裁条款效力的认定，我院存在以下两种意见：

第一种意见认为，上诉人韩国高丽海运株式会社未向托运人签发正本提单，其虽在上诉中称向托运人提供了一份注明电放的提单样稿，但从形式上看，该提单正、背面均为英文格式条款内容，且无证据证明上诉人已就提单背面仲裁条款尽到以合理方式提请对方注意的义务，该条款缺少双方当事人意思表示一致要件，发生纠纷后，当事人亦未就双方争议解决方式达成新的补充协议，故涉案提单背面仲裁条款对被上诉人兴鹏有限公司不具有约束力。

第二种意见认为，上诉人韩国高丽海运株式会社虽未向托运人签发正本提单，但根据兴鹏有限公司的起诉理由及其提交的提单，兴鹏有限公司对涉案提单的内容是知晓的。涉案提单正面右下方载明英文部分中的"INCLUD-ING BUT NOT

LIMITED TO ARBITRATION CLAUSE”是以英文大写字体打印，与其他打印部分有明显区分，兴鹏有限公司应当据此注意到该提单中仲裁条款的存在。韩国高丽海运株式会社提供的提单背面约定的仲裁条款约定了适用韩国法律作为确认仲裁条款效力的准据法，并根据韩国商业仲裁委员会的仲裁规则在韩国首尔进行仲裁。根据韩国仲裁法的规定，该约定为有效约定。根据该约定，中国法院对该案无管辖权。

以上哪种意见更为妥当，请指示。

最高人民法院关于鞍钢集团国际经济贸易公司诉格林福特有限公司海上货物运输合同纠纷仲裁条款效力问题的请示的复函

（2010年12月22日 〔2010〕民四他字第70号）

辽宁省高级人民法院：

你院〔2010〕辽民三他字第2号《关于鞍钢集团国际经济贸易公司诉格林福特有限公司海上货物运输合同纠纷仲裁条款效力问题的请示》收悉。经研究，答复如下：

格林福特有限公司作为船舶所有人，不属于涉案航次租船合同当事人。涉案航次租船合同中的仲裁条款只能约束船舶出租人NCS有限公司和船舶承租人鞍钢集团国际经济贸易公司。涉案租船合同仲裁条款因未在租船提单的正面予以明示，故亦未产生有效并入提单的法律效果，不能约束提单持有人。据此，格林福特有限公司与鞍钢集团国际经济贸易公司之间不存在仲裁协议的约定，其提出的管辖权异议，没有事实及法律依据。同意你院的处理意见，涉案货物运输目的地为大连港，大连海事法院对本案具有管辖权。

此复。

附：

辽宁省高级人民法院关于鞍钢集团国际经济贸易公司诉格林福特有限公司海上货物运输合同纠纷仲裁条款效力问题的请示

（2010年8月30日 〔2010〕辽民三他字第2号）

最高人民法院：

原告鞍钢集团国际经济贸易公司（以下简称鞍钢贸易公司）诉被告格林福特有

限公司(GARLINGFORD LIMITED)(以下简称福特公司)海上货物运输合同纠纷一案,于2010年2月9日向大连海事法院提起诉讼。在答辩期间,被告福特公司对本案管辖权提出异议,认为租约中的仲裁条款已有效并入提单,大连海事法院对本案无管辖权。

大连海事法院查明:鞍钢贸易公司与案外人NCS有限公司就涉案货物的运输签订了航次租船合同。2009年7月31日,威尔海姆森公司[Wilhelmsen Shipping Service SA (Pty) Ltd.](以下简称威尔海姆森公司)作为船长代理代表船长向托运人矿石和金属有限公司签发了编号为1和2的康金提单。两份提单的正面均载明"本提单与租约一起使用"、"运费根据2009年6月30日签订的租约规定支付"。两份提单的背面均载明"提单正面载明日期签订的租约中全部条款、条件、责任和除外条款,包括法律适用和仲裁条款在此均并入本提单"。涉案航次中,福特公司系运输船舶的登记船舶所有人。鞍钢贸易公司已经凭正本提单提货,并依据该提单向福特公司提起诉讼,主张提单项下权利。

大连海事法院经审查认为:福特公司主张的租约条款并未在提单正面中全部明示,提单正面仅载明"本提单与租约一起使用"、没有明确写明法律适用和仲裁条款并入涉案提单,而是在提单背面记载了"提单正面载明日期签订的租约中全部条款、条件、责任和除外条款,包括法律适用和仲裁条款在此均并入本提单"的内容。租约中的仲裁条款未有效并入提单,当事人在合同中没有订立仲裁条款,事后没有达成书面协议,大连海事法院作为涉案货物运输目的港所在地和采取保全措施的海事法院,对此案具有管辖权。

本院经审查认为:涉案租约中,仲裁条款并未有效并入提单。案涉提单正面仅提到"本提单与租约一起使用","运费按照2009年6月30日租约支付",并没有在提单中明确写明并入租约中的仲裁条款;同时有效并入提单的租约应是特定的,而案涉提单正面也没有明确写明包括该仲裁条款的具体租约的双方当事人名称、日期和性质。因此,案涉租约仲裁条款不应视为有效并入提单。

案涉提单是威尔海姆森公司代表船长签发给矿石和金属公司的,鞍钢贸易公司作为提单持有人和收货人,其取得提单时对提单内容无从选择,对租约中是否存在仲裁条款及仲裁条款的具体内容是什么也无从知晓,不能以鞍钢贸易公司接受提单的行为推定其接受了租约中的仲裁条款。租约仲裁条款对鞍钢贸易公司不具有约束力。

案经我院审判委员会讨论认为,大连海事法院对本案具有管辖权。

根据《最高人民法院关于审理和执行涉外民商事案件应当注意的几个问题的通知》(法〔2000〕51号)规定,本案报请贵院审查。

请批复。

最高人民法院关于天津中燃船舶燃料有限公司与丹麦宝运石油(中国)有限公司、山东烟台国际海运公司船舶物料供应合同纠纷仲裁条款效力问题的请示的复函

(2010年10月10日 〔2010〕民四他字第62号)

天津市高级人民法院:

你院〔2010〕津高民四他字第2号《关于天津中燃船舶燃料有限公司与丹麦宝运石油(中国)有限公司、山东烟台国际海运公司船舶物料供应合同纠纷仲裁条款效力问题的请示》收悉。经研究,答复如下:

一、本案所涉《销售确认书》并未明确约定仲裁条款,因此,丹麦宝运石油(中国)有限公司(以下简称宝运公司)《船用燃油销售条款和条件》所载仲裁条款,是否对山东烟台国际海运公司(以下简称烟台海运)具有约束力,应当由天津海事法院进一步审查认定。

二、如果《船用燃油销售条款和条件》所载仲裁条款对烟台海运具有约束力,按照你院请示报告提供的事实,天津中燃船舶燃料有限公司在受让债权时,并不知宝运公司与烟台海运之间存在单独仲裁条款,根据最高人民法院《关于适用〈中华人民共和国仲裁法〉若干问题的解释》第九条的规定,则该仲裁条款对其不具有约束力。

三、本案为船舶物料供应合同纠纷,属海事法院专门管辖的海商合同纠纷案件,海事法院对本案具有管辖权。

四、关于本案的地域管辖问题,天津海事法院应当在查清本案有关事实的基础上,根据《中华人民共和国民事诉讼法》第二百四十一条、第三十六条的规定依法作出判定。

此复。

附:

天津市高级人民法院关于天津中燃船舶燃料有限公司与丹麦宝运石油(中国)有限公司、山东烟台国际海运公司船舶物料供应合同纠纷仲裁条款效力问题的请示

(2010年9月1日 〔2010〕津高民四他字第2号)

最高人民法院:

天津海事法院在审理原告天津中燃船舶燃料有限公司(以下简称中燃公司)与

被告丹麦宝运石油(中国)有限公司(OW Bunker China Ltd.,以下简称宝运公司)、第三人山东烟台国际海运公司(以下简称烟台海运)船舶物料供应合同纠纷一案中,宝运公司在答辩期间对本案管辖权提出异议,认为其与烟台海运之间的船用燃油销售合同中约定了仲裁协议条款,因此天津海事法院对本案无管辖权,请求法院驳回中燃公司的起诉或将本案移送至有管辖权的法院。天津海事法院审查后认为涉案的仲裁协议对本案的管辖并无约束力,并依法向我院请示。我院经审查后认为涉案仲裁协议对中燃公司没有约束力,拟将本案移送至上海海事法院管辖。依据《最高人民法院关于人民法院处理与涉外仲裁及外国仲裁事项有关问题的通知》的规定,现将本案的基本情况及处理意见报请钧院审查,请予批复。

一、当事人的基本情况

原告:天津中燃船舶燃料有限公司。住所地,天津市塘沽区新港四号路2239号。

被告:丹麦宝运石油(中国)有限公司(OW Bunker China Ltd.)。住所地,香港湾仔港湾道6至8号瑞安中心1710室至1711室。

第三人:山东烟台国际海运公司。住所地,山东省烟台市环海路2号。

二、案件基本情况

2008年3月至5月期间,烟台海运要求宝运公司为其所属的三艘船舶加油,总计油款为657,705.76美元。但除上述油款外,烟台海运还向宝运公司多支付了164,621.3美元和205,637.9欧元。2008年11月11日,烟台海运与宝运公司签订了《油款支付情况确认书》,共同确认烟台海运重复支付上述油款。2009年6月30日,烟台海运将上述债权中的217,071.45美元转让给了中燃公司,但宝运公司拒绝向中燃公司支付款项,中燃公司据此向天津海事法院提起诉讼,请求法院判令宝运公司向其返还油款217,071.45美元及利息。宝运公司在答辩期间对本案提出管辖权异议,认为其与烟台海运之间的船用燃油销售合同中约定了仲裁条款,该条款规定:"涉及本协议或与本协议有关的任何协议的纠纷都应在奥尔堡和/或哥本哈根按照生效的丹麦仲裁法通过仲裁予以最终解决,除非卖方另有决定。"故天津海事法院对本案无管辖权,请求法院驳回中燃公司的起诉或将本案移送至有管辖权的法院。

三、天津海事法院对本案的处理意见

天津海事法院经审查认为,本案中燃公司对于宝运公司的债权系由烟台海运转让而来,是债权的受让人,其本身与宝运公司之间并不具有船用燃油销售合同关系,因此涉案的仲裁协议为宝运公司与烟台海运之间的约定,并非与中燃公司之间的约定;此外,就本案性质而言,该纠纷系由于烟台海运向宝运公司重复支付了燃油款而产生,其性质属于不当得利纠纷,并不属于合同纠纷,因此,涉案的仲裁协议对本案的管辖并无约束力,但由于不当得利纠纷属于一般民事纠纷,不属于海事海商纠纷,因此应将本案移送至宝运公司住所地有管辖权的基层人民法院管辖。

四、天津市高级人民法院对本案的处理意见

我院经审查认为，首先，中燃公司是基于烟台海运与宝运公司签订的《油款支付情况确认书》而取得的债权，因此本案属于与船用燃油销售合同有关的纠纷。宝运公司与烟台海运之间仲裁条款规定的“涉及本协议或与本协议有关的任何协议的纠纷”包括本案纠纷。

其次，烟台海运对宝运公司享有债权的凭证是《油款支付情况确认书》，中燃公司接受债权的依据也是该确认书，而在该确认书中并没有载明烟台海运与宝运公司之间的仲裁协议。因此，中燃公司在接受债权时并不知道宝运公司与烟台海运之间存在单独的仲裁协议。根据最高人民法院《关于适用〈中华人民共和国仲裁法〉若干问题的解释》第九条的规定“债权债务全部或者部分转让的，仲裁协议对受让人有效，但当事人另有约定、在受让债权债务时受让人明确反对或者不知有单独仲裁协议的除外”，应当认定上述仲裁协议对中燃公司没有约束力。

综上，本案为船舶物料供应合同纠纷，属于海事法院受理案件的范围。由于本案属于涉外合同纠纷，根据《中华人民共和国民事诉讼法》第二百四十一条的规定，本案可以由合同签订地、合同履行地、诉讼标的物所在地、可供扣押财产所在地或者被告代表机构住所地的海事法院管辖。但天津海事法院不属于上述有管辖权法院的范围，对本案不具有管辖权。鉴于宝运公司在我国上海市设有代表机构，本案应移送至上海海事法院管辖。

以上意见妥否，请批复。

最高人民法院关于北京中钢天铁钢铁贸易有限公司、唐山百工实业发展有限公司诉中远航运股份有限公司海上货物运输合同纠纷所涉仲裁条款效力问题的请示

（2009 年 4 月 28 日　〔2009〕民四他字第 13 号）

天津市高级人民法院：

你院〔2009〕津高民四他字第 1 号《关于北京中钢天铁钢铁贸易有限公司、唐山百工实业发展有限公司诉中远航运股份有限公司海上货物运输合同纠纷所涉仲裁条款效力问题的请示》收悉。

经研究认为，涉案提单为与租约合并使用的简式提单，但提单正面并未明示记载将租约包括仲裁条款并入提单，且中远航运股份有限公司提交的租约与提单上记载的租约日期也不一致，中远航运股份有限公司认为租约包括仲裁条款已经并入提

单的主张没有事实和法律依据。因此,租约中的仲裁条款对本案原告不具有约束力。天津海事法院作为涉案货物运输目的港所在地法院,对本案具有管辖权。同意你院审查意见。

此复。

附:

天津市高级人民法院关于北京中钢天铁钢铁贸易有限公司、唐山百工实业发展有限公司诉中远航运股份有限公司海上货物运输合同纠纷所涉仲裁条款效力问题的请示

(2009 年 2 月 19 日 〔2009〕津高民四他字第 1 号)

最高人民法院:

原告北京中钢天铁钢铁贸易有限公司(以下简称中钢天铁公司)、唐山百工实业发展有限公司(以下简称百工实业公司)因与被告中远航运股份有限公司(以下简称中远航运公司)海上货物运输合同纠纷一案,于 2008 年 9 月 23 日向天津海事法院提起诉讼。在答辩期间,被告中远航运公司对本案管辖权提出异议,认为本案纠纷应在英国伦敦仲裁,请求驳回原告中钢天铁公司、百工实业公司的起诉。

天津海事法院经审查认为,中远航运公司以"涉案提单正面注明日期的租约中的所有条款、特权和免责事由,包括法律适用和仲裁条款都并入本提单"为由,主张本案应仲裁解决,但上述条款的内容并未在提单正面中全部明示,提单正面只明示了提单与租约并用,没有写明法律适用和仲裁条款并入涉案提单,而是在提单背面记载了其提出的上述条款内容。根据最高人民法院〔2006〕民四他字第 26 号复函的精神,不应视为作为承运人的中远航运公司已将租约及仲裁条款有效并入了涉案提单。因此,租约中的仲裁条款对本案提单持有人中钢天铁公司及涉案货物所有人百工实业公司不具有法律约束力。本案所涉海上货物运输目的港是天津新港,属于该院地域管辖范围,其对本案具有管辖权。

我院经审查认为,中远航运公司于 2007 年 8 月 31 日在印度霍尔迪亚港向托运人 PAIRDEAL SUPPLIES PRIVATE LIMITED 签发了涉案提单,该提单正面载明"与租约并用"。虽然中远航运公司主张提单正面注明日期的租约中的所有条款、特权和免责事由,包括法律适用和仲裁条款都并入提单,但上述内容仅记载于提单背面,而未明确记载于提单正面,不应视为租约条款有效并入本案提单。由于中钢天铁公司及百工实业公司并非租船合同的签约方,故该合同中的仲裁条款对本案提单持有人中钢天铁公司及货物所有人百工实业公司不具有法律约束力。本案所涉海

上货物运输的目的港为天津新港，属于天津海事法院管辖范围，故天津海事法院对本案具有管辖权。

根据《最高人民法院关于人民法院处理与涉外仲裁及外国仲裁事项有关问题的通知》的规定，报请钧院审查，请批复。

最高人民法院关于中国中化集团公司诉海里公司海上货物运输合同货损赔偿纠纷所涉仲裁条款效力问题的请示的复函

（2009年4月24日 〔2009〕民四他字第12号）

天津市高级人民法院：

你院〔2009〕津高民四他字第3号《关于中国中化集团公司诉海里公司海上货物运输合同货损赔偿纠纷所涉仲裁条款效力问题的请示》收悉。经研究，答复如下：

涉案提单为租船合同项下的格式提单，提单正面载明“与租船合同合并使用”，但并没有明确记载被并入提单的租船合同当事人名称及订立日期。由于并入提单的租船合同记载不明确，提单背面条款约定“租船合同中的所有条件、条款、权利和免责，包括法律适用和仲裁条款，已经并入本提单”也就失去了事实依据。涉案提单正面记载以及提单背面条款约定不产生租船合同仲裁条款并入提单并约束提单持有人的效力。本案货物运输目的港为天津新港，天津海事法院对本案具有诉讼管辖权。同意你院审查处理意见，驳回被告管辖权异议，本案由天津海事法院管辖。

此复。

附：

天津市高级人民法院关于中国中化集团公司诉海里公司海上货物运输合同货损赔偿纠纷所涉仲裁条款效力问题的请示

（2009年2月19日 〔2009〕津高民四他字第3号）

最高人民法院：

原告中国中化集团公司因与被告海里公司海上货物运输合同货损赔偿纠纷一案，于2008年9月22日向天津海事法院提起诉讼。在答辩期间，被告海里公司对本案管辖权提出异议,认为涉案提单正面注明“与租船合同合并使用”,而提单背面第一条规定:“租船合同中的所有条件、条款、权利和免责,包括法律适用和仲裁条款,已经并入本提单。”因涉案提单所指的租船合同约定所有争议提交伦敦仲裁,故并入提单的租船合同中的“法律适用和仲裁条款”对原告中国中化集团公司具有约束力,法院应驳回其起诉。

天津海事法院经审查认为,虽然涉案提单正面记载有租约并入提单的内容,但并未特别明示将租约中的仲裁条款并入提单,也未说明是哪一份租约。提单背面规定“租船合同中的所有条件、条款、权利和免责,包括法律适用和仲裁条款,已经并入本提单”,但并未写明仲裁条款的内容。中国中化集团公司作为收货人不能在提单本身的记载中充分适当地获知仲裁条款的具体内容,涉案提单并未将租约中的仲裁条款有效并入。中国中化集团公司接受提单的行为不能推定为同时接受仲裁条款,不能认定其有以仲裁作为纠纷解决方式的意思表示。仲裁这一方式对诉权的行使形成限制,根据仲裁自愿的原则,选择仲裁方式、仲裁机构的意思表示应当是明示的、确定的,如果将接受提单的行为推定为默示,必须有法律的明确规定或者在当事人之间有明确的约定。但没有任何法律规定接受提单时没有提出异议即视为同意接受仲裁条款的约束,提单持有人事先也不可能与承运人作出类似的约定。因此,不能认定中国中化集团公司有选择仲裁的意思表示。综上,中国中化集团公司与海里公司在纠纷发生前并未订立有效的仲裁协议,中国中化集团公司在事故发生后有权选择诉讼途径解决纠纷,天津海事法院作为卸货港所在地的海事法院,对本案具有管辖权。

我院经审查认为,涉案货物系由海里公司所属的“SINBAD”轮承运,承运人向托运人 GROUPE CHIMIQIJE TUNISIEN 签发的提单正面载明“与租约并用”。虽然海里公司主张并入提单的租约中约定所有争议提交伦敦仲裁,但上述约定系海里公司与租船人 TRANSF、IELD SHIPPING INC. 达成的合意,且“租船合同中的所有条件、条款、权利和免责,包括法律适用和仲裁条款,已经并入本提单”之内容仅记载于提单背面,而未明确记载于提单正面,不应视为该租约条款有效并入本案提单,故租船合同中的仲裁条款对收货人中国中化集团公司不具有法律约束力。本案所涉海上货物运输的目的港为天津新港,属于天津海事法院管辖范围,故天津海事法院对本案具有管辖权。

根据《最高人民法院关于人民法院处理与涉外仲裁及外国仲裁事项有关问题的通知》的规定,报请钧院审查,请批复。

最高人民法院《关于中国太平洋财产保险股份有限公司北京分公司诉北京中远物流有限公司、天津振华国际船舶代理有限公司、尼罗河航运私有有限公司海上货物运输合同保险代位求偿纠纷所涉仲裁条款效力问题的请示》的复函

（2009年3月31日 〔2009〕民四他字第11号）

天津市高级人民法院：

你院〔2009〕津高民四他字第4号《关于中国太平洋财产保险股份有限公司北京分公司诉北京中远物流有限公司、天津振华国际船舶代理有限公司、尼罗河航运私有有限公司海上货物运输合同保险代位求偿纠纷所涉仲裁条款效力问题的请示》收悉。经研究认为：涉案运输合同仲裁条款是运输合同当事人为仲裁解决纠纷而订立的有效仲裁条款。作为保险人的中国太平洋财产保险股份有限公司北京分公司，依据保险合同向被保险人赔付货物损失后，依法取得向承运人以及其他责任人请求赔偿货物损失的代位求偿权利。由于保险人并非协商订立运输合同仲裁条款的当事人，仲裁条款并非保险人的意思表示，除非保险人明确表示接受，否则该仲裁条款对保险人不具有约束力。天津海事法院作为涉案货物装货港所在地法院，对本案具有管辖权。同意你院审查意见。

此复。

天津市高级人民法院《关于中国太平洋财产保险股份有限公司北京分公司诉北京中远物流有限公司、天津振华国际船舶代理有限公司、尼罗河航运私有有限公司海上货物运输合同保险代位求偿纠纷所涉仲裁条款效力问题的请示》

（2009年2月19日 〔2009〕津高民四他字第4号）

最高人民法院：

原告中国太平洋财产保险股份有限公司北京分公司（以下简称太平洋保险北京分公司）因与被告北京中远物流有限公司（以下简称中远物流公司）、被告天津振华国际船舶代理有限公司（以下简称振华公司）、被告尼罗河航运私有有限公司（以下简称尼罗河航运公司）海上货物运输合同保险代位求偿纠纷一案，于2008年10月

23日向天津海事法院提起诉讼。在答辩期间，被告中远物流公司对本案管辖权提出异议，认为本案所涉运输合同中有明确的仲裁条款，太平洋保险北京分公司在向运输方行使代位求偿权时，应在北京向中国海事仲裁委员会提起仲裁，故天津海事法院对本案不具有管辖权。天津海事法院经审查认为，本案海上货物运输合同代位求偿纠纷属于海事法院专门管辖案件范围，太平洋保险北京分公司作为涉案货物的保险人可以依法向法院起诉行使代位求偿权。仲裁协议应由双方自愿合意确定，而太平洋保险北京分公司所未与中远物流公司就双方纠纷解决方式达成仲裁协议。另根据《第二次全国涉外商事海事审判工作会议纪要》第127条"保险人向被保险人实际赔付保险赔偿取得代位请求赔偿权利后，被保险人与第三者之间就解决纠纷达成的管辖协议以及仲裁协议时保险人不具有约束力"之规定，中远物流公司与被保险人清华同方威视技术股份有限公司之间运输合同中的仲裁条款，不能约束涉案货物的保险人太平洋保险北京分公司。

我院经审查认为，太平洋保险北京分公司作为涉案货物的保险人，基于保险合同赔付被保险人清华同方威视技术股份有限公司货物损失后，依据《中华人民共和国保险法》第45条第1款"因第三者对保险标的的损害而造成保险事故的，保险人自向被保险人赔偿保险金之日起，在赔偿金额范围内代位行使被保险人对第三者请求赔偿的权利"之规定，取得向相关责任方请求赔偿货物损失的代位求偿权。现太平洋保险北京分公司以涉案货物系在作为承运人的中远物流公司、振华公司及尼罗河航运公司掌管期间受损力由，要求其承担连带赔偿责任。虽然中远物流公司与清华同方威视技术股份有限公司在涉案《运输合同》中约定"凡因本合同所引起的或与本合同有关的任何争议，双方首先应通过互谅互让、友好协商的方式解决，协商不成，任何一方均可提交中国海事仲裁委员会，按照申请仲裁时该会现行有效的仲裁规则进行仲裁，仲裁地点在北京，裁决是最终的，对任何一方均具有约束力"，但该仲裁条款系《运输合同》的当事方就争议解决方式所形成的合意，并非保险人太平洋保险北京分公司的意思表示，且太平洋保险北京分公司亦未明确表示接受该仲裁条款，因此本案《运输合同》中的仲裁条款对太平洋保险北京分公司不具有约束力。天津海事法院作为涉案货物装货港所在地法院，对本案具有管辖权。

根据最高人民法院《关于人民法院处理与涉外仲裁及外国仲裁事项有关问题的通知》的规定，报请法院审查，请批复。

最高人民法院关于杭州龙达差别化聚酯有限公司诉永吉海运有限公司、舟山市永吉船务有限公司海上货物运输合同仲裁条款效力的请示的复函

（2008年11月25日　〔2008〕民四他字第33号）

浙江省高级人民法院：

你院〔2008〕浙告他字第7号《关于杭州龙达差别化聚酯有限公司诉永吉海运有限公司、舟山市永吉船务有限公司海上货物运输合同纠纷一案仲裁条款效力的请示报告》收悉。经研究，答复如下：

本案提单正面记载："本次运输依照船东与租家订立的租约条款进行，该租约中所有条款、条件与免责都将适用并管辖本次运输。"该提单并入条款并未明确记载租约中含有仲裁条款。该租约中的仲裁条款未能有效并入提单，对提单持有人杭州龙达差别化聚酯有限公司无约束力。宁波海事法院对本案享有管辖权。

此复。

附：

浙江省高级人民法院关于杭州龙达差别化聚酯有限公司诉永吉海运有限公司、舟山市永吉船务有限公司海上货物运输合同纠纷一案仲裁条款效力的请示报告

（2008年7月23日　〔2008〕浙告他字第7号）

最高人民法院：

杭州龙达差别化聚酯有限公司（以下简称龙达公司）诉永吉海运有限公司（以下简称永吉公司）、舟山市永吉船务有限公司海上货物运输合同纠纷一案，我省宁波海事法院经审查认为涉案提单中并入的仲裁条款无效，其作为海上货运合同目的港所在地法院对本案享有管辖权。根据钧院法发〔1995〕18号通知的有关规定，将该案起诉材料报送我院审查。我院经审查认为，本案租约中的仲裁条款不能约束龙达公司。首先，该仲裁条款是记载于租约上，由永吉公司作为船东与托运人共同协商并签订，而龙达公司仅是提单持有人和收货人，其取得提单之时对提单和租约的内容已无从选择，其未能参与仲裁条款的协商制定，该条款内容并非其真实意思表示。其次，本案提单正面的并入条款只是泛泛提到了租约上的条款，并没有明确说明租

约中含有仲裁条款,亦未说明具体的仲裁约定,龙达公司即便持有提单也无从知晓租约究竟有无仲裁条款以及仲裁条款的内容。故,本案租约仲裁条款不应视为有效并人提单并约束提单持有人,法院有权对本案纠纷进行审理。根据民事诉讼法第二十八条规定,因铁路、公路、水上、航空运输和联合运输合同纠纷提起的诉讼,由运输始发地、目的地或者被告住所地人民法院管辖。因本案海上货物运输合同目的地在宁波,我省宁波海事法院对本案依法享有管辖权。

现将案件报送钧院,请审示。

最高人民法院关于天津市和平区经济贸易委员会与天津狗不理包子速冻食品有限公司、香港浩平发展有限公司申请解散公司纠纷一案仲裁条款效力问题的请示的复函

(2008年1月7日 〔2007〕民四他字第37号)

天津市高级人民法院:

你院〔2007〕津高民四他字第1号《关于天津市和平区经济贸易委员会与天津狗不理包子速冻食品有限公司、香港浩平发展有限公司申请解散公司纠纷一案仲裁条款效力问题的请示》收悉,经研究,答复如下:

根据你院请示报告反映的事实,本案中,浩平发展有限公司以其与天津市狗不理包子饮食集团公司之间签订的《合资经营天津狗不理包子速冻食品有限公司合同》中存在仲裁条款为由提出管辖权异议,但本案原告天津市和平区经济贸易委员会并非该合资经营合同的当事人,不受合同中的仲裁条款约束。浩平发展有限公司以合资经营合同中约定了仲裁条款为由提出管辖权抗辩不应予以支持。

另外,关于本案所涉合资经营合同中的仲裁条款效力问题,我院〔2006〕民四他字第14号复函已有明确答复,合同当事方根据此仲裁条款提出的管辖异议应当不予支持。

同意你院的处理意见。

此复。

附：

天津市高级人民法院关于天津市和平区经济贸易委员会与天津狗不理包子速冻食品有限公司、香港浩平发展有限公司申请解散公司纠纷一案仲裁条款效力问题的请示

（2007年10月10日 〔2007〕津高民四他字第1号）

最高人民法院：

天津市第一中级人民法院受理的原告天津市和平区经济贸易委员会与被告天津狗不理包子速冻食品有限公司、第三人香港浩平发展有限公司申请解散公司纠纷一案，第三人浩平发展有限公司在答辩期内以合资经营合同中约定了仲裁条款为由提出管辖权异议。天津市第一中级人民法院经审查认为合同中的仲裁条款无效，该院对本案具有管辖权，并报我院审查。我院经审查同意该院意见，并根据《最高人民法院关于人民法院处理与涉外仲裁及外国仲裁事项有关问题的通知》第一条的规定，报请钧院审核。

现将本案有关情况报告如下：

一、当事人的基本情况

原告：天津市和平区经济贸易委员会。住所地，天津市和平区贵阳路143号。

被告：天津狗不理包子速冻食品有限公司。住所地，天津市和平区新华路175号。

第三人：浩平发展有限公司。住所地，香港湾仔轩尼诗道139号中国海外大厦10楼D室。

二、案件基本情况

1993年9月，原告天津市和平区经济贸易委员会（以下简称和平区经贸委）控股的天津市狗不理包子饮食集团公司（以下简称饮食集团公司）与第三人浩平发展有限公司（以下简称浩平公司）签订了合资经营合同，约定在中国天津合资经营"天津狗不理包子速冻食品有限公司"（以下简称速冻食品公司），投资总额279万元人民币，其中饮食集团公司出资79万元，占出资比例28%，以专项技术、"狗不理"牌匾、狗不理注册商标等无形资产和嘉宾酒楼除房屋产权的全部资产为出资股金；浩平公司出资200万元，占出资比例72%，以先进的设备、美元或港元为出资股金。在合资合同第三十九条约定："因执行本合同及其附件发生的一切争议，先由甲乙双方通过友好协商解决。解决不了的问题经国际贸促会天津分会仲裁解决。"合资合同签订后，被告速冻食品公司于1993年9月21日登记设立，注册资本279万元，饮食集团公司占28%，浩平公司占72%。

2005年2月28日，和平区经贸委依据《企业国有产权转让暂行办法》将持有的饮食集团公司产权整体转让，由天津同仁堂股份有限公司通过竞价成功受让，重新组建了天津狗不理集团有限公司。但因速冻食品公司与浩平公司拒绝办理中方股东变更，至今28%国有股权仍由作为国有资产投资主体的和平区经贸委持有。2007年4月23日，和平区经贸委以速冻食品公司长期亏损，股东不能实现投资收益，公司管理发生困难，继续存在会使国有股东利益受到重大损失为由，起诉请求判令解散速冻食品公司，进行清算。浩平公司认为，涉案的合资合同中约定了争议解决方式为仲裁而非诉讼，因此，请求法院依法驳回和平区经贸委的诉讼请求。

天津市第一中级人民法院认为，浩平公司与饮食集团公司签订的《合资经营天津狗不理包子速冻食品有限公司合同》第十二章第三十九条虽然约定："因执行本合同及其附件发生的一切争议，先由甲乙双方通过友好协商解决。解决不了的问题经国际贸促会天津分会仲裁解决"，但国际贸促会天津分会不是法定的仲裁机构，因此该仲裁条款无效。另，浩平公司作为本案第三人无权单独对本案的案件管辖提出异议。鉴于速冻食品公司在天津市第一中级人民法院辖区内，根据原告就被告的原则，该院对本案享有管辖权。浩平公司的管辖权异议不能成立。

对本案所请示的问题，天津市第一中级人民法院在审理"原告天津狗不理集团有限公司诉被告天津狗不理速冻食品有限公司、被告浩平发展有限公司中外合资经营纠纷一案"过程中曾经向钧院进行过请示。钧院于2006年6月2日以〔2006〕民四他字第14号复函对本案合资经营合同仲裁条款效力问题正式答复我院，内容如下："本案当事人在合资合同第三十九条约定：'因执行本合同及其附件发生的一切争议，先由甲乙双方通过友好协商解决。解决不了的问题经国际贸促会天津分会仲裁解决。'由于当事人未约定确认该仲裁条款效力的准据法，亦未约定明确的仲裁地点，根据多年司法实践及本院第二次全国涉外商事审判工作会议纪要确立的原则，应适用我国法律确认该仲裁条款的效力。当事人在合同中约定的国际贸促会天津分会不是法定的仲裁机构，即使将国际贸促会理解为中国国际经济贸易仲裁委员会，但中国国际经济贸易仲裁委员会并未在天津设立分会，因此应当认定当事人未在该仲裁条款中约定明确的仲裁机构。《中华人民共和国仲裁法》第十八条明确规定：'仲裁协议对仲裁事项或仲裁委员会没有约定或约定不明确的，当事人可以补充协议；达不成补充协议的，仲裁协议无效。'由于本案当事人签订的仲裁条款未约定明确的仲裁机构，且不能达成补充协议，因此该仲裁条款无效。天津市第一中级人民法院作为合同履行地及被告住所地的人民法院，依法对本案纠纷享有管辖权。"天津市第一中级人民法院根据上述批复的意见对浩平公司的管辖权异议依法进行了处理。该案在审理过程中，天津狗不理集团有限公司申请撤诉，天津市第一中级人民法院依法裁定准予撤诉。因为相关问题没有得到解决，和平区经贸委又作为原告提起本案诉讼，作为本案第三人的浩平公司再次以相同的理由提出管辖权异议。

三、我院审查意见

我院经审查认为，本案系涉港申请解散公司纠纷。浩平公司作为案件第三人无权对受诉法院的管辖权提出异议，且根据钧院〔2006〕民四他字第14号复函的意见，由于当事人在《合资经营天津狗不理包子速冻食品有限公司合同》中签订的仲裁条款未约定明确的仲裁机构，且不能达成补充协议，因此该仲裁条款无效，浩平公司的异议理由也不能成立，天津市第一中级人民法院依法对本案纠纷享有管辖权。

以上意见当否，请批复。

最高人民法院关于天宇客货运输服务有限公司厦门分公司与厦门万里石有限公司申请确认仲裁协议效力纠纷一案的请示的复函

（2007年2月6日　〔2006〕民四他字第40号）

福建省高级人民法院：

你院闽高法〔2006〕408号《关于天宇客货运输服务有限公司厦门分公司与厦门万里石有限公司申请确认仲裁协议效力纠纷一案的请示报告》收悉，经研究，答复如下：

厦门万里石有限公司（以下简称万里石公司）与天宇客货运输服务有限公司厦门分公司（以下简称天宇厦门公司）在货物运输合同中约定就货损赔偿责任提交厦门仲裁委员会仲裁，双方意思表示真实，且该仲裁条款不违反仲裁法的有关规定，依法对双方当事人具有约束力。

在货损纠纷发生之后，万里石公司没有依照合同约定将争议提交厦门仲裁委员会仲裁，而是选择向厦门海事法院提起侵权之诉，就货物损坏及短装损失要求天宇厦门公司承担损害赔偿责任，天宇厦门公司应诉答辩且未提出管辖权异议，厦门海事法院及你院均以万里石公司诉讼主体不适格为由裁定驳回起诉，应当视为当事人双方已就货物损坏及短装损失的损害赔偿争议选择通过诉讼方式解决，变更了货物运输合同约定的通过仲裁解决纠纷的救济方式。因此，在天宇厦门公司对仲裁管辖提出异议的情况下，仲裁条款对双方当事人已不具有约束力，厦门仲裁委员会对本案诉争之事宜不具有管辖权。

同意你院的处理意见。

此复。

附：

福建省高级人民法院关于天宇客货运输服务有限公司厦门分公司与厦门万里石有限公司申请确认仲裁协议效力纠纷一案的请示报告

（2006 年 11 月 13 日　〔2006〕闽民终字第 478 号）

最高人民法院：

我院受理天宇客货运输服务有限公司厦门分公司与厦门万里石有限公司申请确认仲裁协议效力纠纷一案，该案原由厦门海事法院于 2006 年 9 月 20 日作出（2006）厦海法商初字第 200 号民事裁定，该院认为：2005 年 1 月 24 日，万里石公司以货损为由，向该院提起货物运输侵权损害赔偿之诉，要求天宇厦门公司等承担货损及 12 根旧钢轨短装损失。该院以万里石公司不具诉权为由，驳回其起诉。该诉讼因万里石公司主体不适格，不影响双方达成的仲裁条款的效力，也不能说明万里石公司放弃仲裁管辖。故该院根据《中华人民共和国仲裁法》第四条、第二十条的规定，裁定：厦门仲裁委员会对原、被告争议的 12 根旧钢轨损失具有管辖权。宣判后，天宇客货运输服务有限公司厦门分公司不服，向本院提起上诉。本院经审理认为：就 12 根旧钢轨短装损失赔偿请求，万里石公司曾于 2005 年 1 月 24 日在原审法院向天宇厦门公司等提起诉讼，天宇厦门公司也积极应诉答辩。虽然后被原审法院以万里石公司主体不适格为由，裁定驳回起诉。但万里石公司起诉和天宇厦门公司的应诉行为，足以说明双方就讼争之事宜已放弃了原合同中约定的通过仲裁方式解决的意思表示，也就是说可以认定双方已通过协商变更了纠纷解决方式，或至少双方的行为表明变更了纠纷的解决办法。既然双方已变更了原合同约定的纠纷解决方式，故原合同约定的仲裁条款已对双方没有了约束力。万里石公司向厦门仲裁委员会提出仲裁申请，在天宇厦门公司提出异议的情况下，厦门仲裁委员会对本案讼争之事宜不具有管辖权。根据最高人民法院《关于适用〈中华人民共和国民事诉讼法〉若干问题的意见》第一百四十八条、《中华人民共和国仲裁法》第二十六条、《中华人民共和国民事诉讼法》第一百五十四条的规定，拟裁定如下：

一、撤销厦门海事法院（2006）厦海法商初字第 200 号民事裁定；

二、确认讼争货运合同中约定的仲裁条款因当事人放弃而失效；

三、确认厦门仲裁委员会对本案讼争之 12 根旧钢轨短装损失赔偿请求不具有管辖权。

根据 1995 年 8 月 28 日法发〔1995〕18 号最高人民法院《关于人民法院处理与涉外仲裁及外国仲裁事项有关问题的通知》第一条的规定，现将本案有关处理情况报贵院审查。

最高人民法院关于原告中国平安财产保险股份有限公司大连分公司与被告中远航运股份有限公司、广州远洋运输公司海上货物运输合同保险代位求偿案所涉仲裁条款是否有效的请示的复函

(2007年1月26日 〔2006〕民四他字第49号)

湖北省高级人民法院:

你院〔2006〕鄂民立他字第027-1号《关于原告中国平安财产保险股份有限公司大连分公司与被告中远航运股份有限公司、广州远洋运输公司海上货物运输合同保险代位求偿案所涉仲裁条款是否有效的请示报告》收悉。经研究答复如下:

根据你院查明的事实,涉案提单正面仅记载"2004年4月19日租约中条款、条件、除外责任等并入本提单",并未明确记载将该租约中的仲裁条款并入提单。涉案提单背面记载的有关并入的格式条款并不能构成租约仲裁条款的有效并入。因此,可以认定涉案租约中的仲裁条款没有并入提单,中远航运股份有限公司、广州远洋运输公司依据该仲裁条款主张仲裁的理由不能成立,该仲裁条款对中国平安财产保险股份有限公司大连分公司不具有约束力。本案所涉海上货物运输卸货港为南通,属于武汉海事法院管辖范围,武汉海事法院对本案具有管辖权。同意你院关于武汉海事法院对本案具有管辖权的结论意见。

此复。

附:

湖北省高级人民法院关于原告中国平安财产保险股份有限公司大连分公司与被告中远航运股份有限公司、广州远洋运输公司海上货物运输合同保险代位求偿案所涉仲裁条款是否有效的请示报告

(2006年9月21日 〔2006〕鄂民立他字第027-1号)

最高人民法院:

原告中国平安财产保险股份有限公司大连分公司因与被告中远航运股份有限公司、广州远洋运输公司海上货物运输合同保险代位求偿一案,于2005年7月12日向武汉海事法院提起诉讼。在答辩期间,两被告对本案管辖权提出异议,认为本案纠纷应适用英国法在伦敦仲裁,请求驳回原告中国平安财产保险股份有限公司大

连分公司的起诉。因本案涉及确认仲裁条款效力问题，本院经研究，根据最高人民法院《关于人民法院处理与涉外仲裁及外国仲裁事项有关问题的通知》第一条的规定，现将对本案的有关处理意见报请你院审批。

一、案件当事人的基本情况

原告：中国平安财产保险股份有限公司大连分公司（以下简称平保大连分公司）。住所地：辽宁省大连市人民西路24号平安大厦。

法定代表人：刘尊学，该公司董事长。

被告：中远航运股份有限公司（以下简称中远航运公司）。住所地：广东省广州市五羊新城江月路颐景轩2-3楼。

法定代表人：陈洪生，该公司董事长。

被告：广州远洋运输公司。住所地：广东省广州市环市东路412号。

法定代表人：徐惠兴，该公司总经理。

二、原告提起诉讼的基本事实、被告提出管辖权异议的理由和依据

2005年7月7日，原告平保大连分公司向武汉海事法院提起诉讼称：2004年6月5日，原告平保大连分公司承保了中化化肥贸易公司（原中化国际化肥贸易公司）从卡塔尔（QATAR）进口的散装硫磺14,888.715吨。该票货物由被告中远航运公司所有、被告广州远洋运输公司经营的“SongShan”（松山）轮承载，自中东港口运输至中国南通港。Bery MaritimeAs作为船长薛福成的代理签发了指示提单。同年7月7日，货物抵达中国南通港。在卸货过程中，货主发现货舱底部有明水，部分货物遭受铁锈及其他物质污染。经商检机构检验，受污染货物共计1041.7吨，确定货物污染受损是在卸货之前，即在承运人掌管期间已有在。原告依据保险合同约定，向收货人支付保险赔款并取得代位求偿权。原告认为：被告中远航运公司、广州远洋运输公司收受承运并签发清洁提单，但在装载、运输、卸货过程中没有妥善照料、看管货物，致使部分货物污染受损。对给原告造成的经济损失，应承担赔偿责任。故诉请：（1）请求判令被告赔偿货物损失48,985.94美元及利息；（2）请求判令被告赔偿检验费人民币7500元等。

在答辩期间，被告中远航运公司、广州远洋运输公司对本案管辖权均提出异议称：原告平保大连分公司据以提起本案诉讼的提单，采用的是“康金提单”1994年版本（“CONGENBILL” Editionl994），该提单是与1994年版本的“康金租约”（GENCONcharter-part）合并使用的。因此，在该提单的正反面的标题下，都明确写着“（本提单）须与租船合约（康金租约）合并使用（to be used with charter-parties）”。而且在涉案提单正面的醒目处，还明确写明“2004年4月19日签署的租约并入本提单。”按照合同自由（合同自愿）的原则，无论是依据英国法还是中国法，上述于2004年4月19日签署的租约以及租约中相关合同条款，都应被视为已经有效地并入了涉案提单。因此，依赖涉案提单而引起的任何纠纷，也应当受到租约条款的约束与调整。值得强调的是，涉案提单的第一项背面条款特别规定："于本提单正面所示日期(2004 年 4 月 19 日)签署的租约的所有条款，包括免责条款、法律适用以及仲裁条款，都应当并入涉案提单。"而依照涉案租约中的明确约定：本租约合同受英国法律调整并根据英国法律进行解释，因本租约合同产生的任何争议应按照 1950 年仲裁法和 1979 年仲裁法或现行有效的有关仲裁的任何法定修正案或新条例在伦敦提交仲裁。因此，依照《中华人民共和国民事诉讼法》第一百一十一条第二款、第二百五十七条的规定，本案应当使用英国法进行仲裁，而不应当由原审法院进行审理，故请求驳回原告的起诉，并告知原告向相关仲裁机构申请仲裁。

原审法院经查：(1)本案所涉提单注明采用"康金提单"1994 年版本("CONGENBILL" Editionl994)，提单正面记载"2004 年 4 月 19 日租约中条款、条件除外责任等并入本提单；"提单背面条款第一项规定"正面所注明日期的租约中所有条款，包括免责条款、法律适用条款和仲裁条款都并入提单。"(2)2004 年 4 月 19 日，被告中远航运公司与货物托运人 ICECLIMITED GIBRALTAR 签订了磷酸盐航次租船合同，约定用"松山"轮从卡塔尔(QATAR)装运散装硫磺 14, 888. 715 吨。该合同第 66 条约定：本租船合同产生的任何争议应按照 1950 年仲裁法和 1979 年仲裁法或现行有效的有关仲裁的任何法定修正案或新条例在伦敦移交仲裁。

另查：2004 年 4 月 27 日，中化国际化肥贸易公司与中化巴哈马有限公司签订了第 04BS－S016 号合同，约定由中化国际化肥贸易公司向中化巴哈马有限公司购买散装硫磺 1500 吨(证据：正卷一 p. 25)。

三、原审法院的审查意见及依据

武汉海事法院审判委员会经研究认为：

1. 租船合同中的仲裁条款并入提单，对提单持有人具有约束力，必须在提单正面明示，且被并入的仲裁条款有效

处理本案管辖权争议，须从三个方面进行判定：(1)涉案提单正面并入条款记载的内容是否构成租船合同的仲裁条款有效并入；(2)如并入有效，依据租船合同中约定的英国法律(程序法)该仲裁协议是否有效；(3)有效的仲裁协议能否约束本案原告平保大连分公司。其中，解决并入条款记载的内容是否构成租船合同的仲裁条款有效并入提单，是审查租船合同的仲裁协议效力，以及判定仲裁协议能否约束原告平保大连分公司的前提条件。

2. 本案提单背页条款未明确解决提单争议或解释提单条款所适用的法律，提单当事人也未就提单纠纷所使用的准据法达成合意，应依据法院地法判定提单正面并入条款是否构成租船合同的仲裁条款有效并入

提单条款为承运人事先签署的格式条款，当提单持有人不是租船人时，要实现租船合同中的仲裁条款约束提单持有人目的，应在提单正面以明确的语言表示，且以显著区别于其他条款的形式表示出来，提请对方注意。本案提单正面并入条款记

载“2004 年 4 月 19 日租约中条款、条件除外责任等并入本提单，”没有明确签约的主题和运输标的，没明示包括仲裁条款并入提单。依据《中华人民共和国合同法》第四十一条规定，该并入条款不能产生租船合同中的仲裁条款有效并入提单，约束提单持有人的法律后果。

3. 本案货物卸货港为南通港，武汉海事院对本案有管辖权

原告平保大连分公司作为货物保险人，在向被保险人赔付后，依法取得代位求偿权，享有向实际责任人追偿的权利，其起诉符合法律规定。两被告以平保大连分公司的代位求偿权之诉应受租约中仲裁条款约束，排除法院司法管辖不当。

综上，武汉海事法院应驳回被告中远航运公司、广州远洋运输公司对本案管辖权提出的异议。

四、本院审查意见及依据

我院经研究认为：本案并入提单的仲裁条款对原告平保大连分公司没有约束力，原审法院对本案享有管辖权。其认定理由和依据如下：

1. 本案提单并入了租船合同中仲裁条款的事实属实。提单，是证明海上运输合同存在的凭证

原审案卷证据证实：（1）2004 年 4 月 19 日，被告中远航运公司与货物托运人 ICEC LIMITED GIBRALTAR 签订了磷酸盐航次租船合同，约定用“松山”轮从卡塔尔（QATAR）装运散装硫磺 14, 888. 715 吨。该合同第 66 条约定：本租船合同产生的任何争议应按照 1950 年仲裁法和 1979 年仲裁法或现行有效的有关仲裁的任何法定修正案或新条例在伦敦移交仲裁。（2）本案所涉提单正面记载“2004 年 4 月 19 日租约中条款、条件除外责任等并入本提单”，提单背面条款第一项规定“正面所注明日期的租约中所有条款，包括免责条款、法律适用条款和仲裁条款都并入提单。”

2. 本案原告平保大连分公司是取得货损赔偿权益转让权的合格的诉讼主体

从案卷材料上证实：（1）货主中化国际化肥贸易公司于 2004 年 6 月 5 日向原告平保大连分公司购买了货物运输保险，保单 No2070600380201040030（证据：证卷一 p. 26）。（2）该船货物发生货损后，原告平保大连分公司经鉴定已向中化国际化肥贸易公司支付 48, 985. 94 美元，检验费人民币 7500 元。中化国际化肥贸易公司收到上述款项后，向原告平保大连分公司出具了赔款收据及权益转让书，赔案号 No4070600020104000016（证据：正卷一 pp. 33 – 38）。

我们认为：以上证据除了确定原告平保大连分公司是否具备合格的诉讼资格外，主要目的是为了分析本案涉及提单并入的仲裁条款，对原告平保大连分公司是否具有约束力。

3. 本案租船合同涉及的仲裁条款没有有效地并入提单

所涉仲裁条款是否有效地并入提单，是本案争议的焦点。根据上述有关证据材料分析，结论是没有约束力的。其认定依据如下：（1）客观的事实是，在海上货物运

输中,托运人由于不关心收货人在货物发生灭失或货损后在何处对承运人提起诉讼,承运人要提单持有人只接受注明没有管辖条款的提单是不太可能。因此,在争议发生之前,承运人或船东可利用海上运输合同和托运人不关心买方(一般为提单持有人)的最终利益,在提单中任意订立对自己最为有利的管辖权条款。货损索赔人一旦提出索赔,往往会受到提单并入仲裁条款的约束。(2)在法律规定方面,《中华人民共和国海商法》第九十五条规定:"对按照航次租船合同运输的货物签发的提单,提单持有人不是承租人的,承运人与该提单持有人之间的权利、义务关系适用提单的约定。但是,提单中载明适用航次租船合同条款的,适用该航次合同的条款。"但该条的规定对并入条款记载的内容,是否构成租船合同中仲裁条款有效并入不明确;对提单持有人明示接受租船合同中仲裁条款不明确。(3)从法律后果上看,本案提单持有人中化国际化肥贸易公司不是租船人,承运人为了实现将租船合同中仲裁条款约束提单持有人,应当在提单正面以非常明确的文字提示提单持有人注意,而不能一味强调货主一接到提单就必须承担承运人事先选定处理途径的后果。这对提单持有人显失公平。(4)本案原告平保大连分公司是代位求偿人,当其为投保人支付赔款并获得权益转让凭证后,被告中远航运公司、广州远洋运输公司将未经提单持有人明示认可并入仲裁条款强加于本案原告,其上诉理由缺乏法律依据并显失公正。

4. 原审法院对本案享有管辖权

(1)依据上述事实,原告平保大连分公司是代位求偿人,当其为投保人支付赔款并获得权益转让凭证后,可以通过诉讼程序予以解决;(2)本案为海上货物合同保险代为求偿纠纷,根据最高人民法院《关于海事法院受理案件范围的若干规定》第二十八条关的规定,属于海事法院的受案范围;(3)本案涉及货物卸货港为长江流域的南通港,根据最高人民法院《关于调整大连、武汉、北海海事法院管辖区域和案件范围的通知》第二条关于"武汉海事法院的管辖区域范围:自四川省宜宾市合江门至江苏省浏河口之间与海相通的可航水域、港口发生的海事、海商案件"的规定,该区域属于原审法院的管辖范围,原审法院受理本案并无不当。

5. 本案原、被告均为本国国内企业,其资产全部为国家所有

现发生纠纷,双方当事人没有必要花费大笔外汇赴境外进行仲裁。

综上,本案没有证据证实原告平保大连分公司明示认可提单并入租船合同的仲裁条款,该仲裁条款对原告没有约束力;原告平保大连分公司依法取得代为求偿权后向原审法院提起诉讼并无不当;被告中远航运公司、广州远洋运输公司对本案管辖权提出的异议不能成立,应当予以驳回。

以上意见当否,请予批复。

最高人民法院关于仲裁条款效力请示的复函

（2006 年 3 月 7 日 〔2006〕民四他字第 4 号）

山东省高级人民法院：

你院〔2006〕鲁民四他字第 1 号《关于原告迈可达（青岛）运动用品有限公司与被告云中漫步国际公司还款合同纠纷一案管辖权争议的请示》收悉。经研究，答复如下：

本案双方当事人在《生产协议》第二十三条中约定：“双方应寻求通过快捷、诚信的协商来解决与本协议有关的所有争议。若该协商未能解决所有争议，双方应在加利福尼亚州迅速对剩余争端进行调解，调解由一位有经验的公正的调解员主持，调解员由双方选择，在双方无法达成一致时由加利福尼亚州高等法院选择。所有通过协商或调解未能解决的争议应根据当时存在的美国仲裁协会商业规则，在加利福尼亚州提交有约束力的仲裁。”该仲裁条款的有效性已经为人民法院民事裁定书所确认。

本案迈可达（青岛）运动用品有限公司依据其与云中漫步国际公司达成的还款协议提起诉讼，相对于《生产协议》而言，还款协议确系在双方当事人之间形成了新的法律关系，但该还款协议中所涉及的债务是双方当事人履行生产协议而形成的，还款协议基于《生产协议》而产生，与《生产协议》密切相关，现双方当事人就还款协议的履行产生的争议是与《生产协议》有关的争议。根据双方当事人在《生产协议》中仲裁条款的约定，与《生产协议》有关的所有争议，均应受该仲裁条款的约束。因此根据《中华人民共和国民事诉讼法》第二百五十七条第一款、《中华人民共和国仲裁法》第五条的规定，本案纠纷应依据当事人的约定，通过仲裁方式解决，人民法院对该纠纷无管辖权。你院关于新形成的欠款法律关系不受原《生产协议》仲裁条款的约束，本案纠纷应由人民法院受理的请示意见不能成立。

此复。

附：

山东省高级人民法院关于原告迈可达（青岛）运动用品有限公司与被告云中漫步国际公司还款合同纠纷一案管辖权争议的请示

（2006 年 1 月 6 日 〔2006〕鲁民四他字第 1 号）

最高人民法院：

我省青岛市中级人民法院在审理原告迈可达（青岛）运动用品有限公司（以下

简称迈可达公司)与被告云中漫步国际公司(以下简称云中漫步公司)还款合同纠纷一案中,云中漫步公司在青岛市中级人民法院首次开庭前以双方应通过仲裁方式解决争议为由提出管辖权异议,青岛市中级人民法院审查认为原生产协议的仲裁条款不能约束本案欠款法律关系,法院享有司法管辖权,向我院请示。经研究,我院同意青岛市中级人民法院的审查意见,现将该案有关情况报告如下:

一、案件的基本情况

迈可达公司诉称,2002 年 10 月 1 日,迈可达公司和云中漫步公司共同确认云中漫步公司欠迈可达公司 4,101,396.75 美元。2002 年 12 月 24 日,双方对该欠款的偿还达成协议,约定云中漫步公司每月偿还迈可达公司 70 万美元,并对未付款部分向迈可达公司支付 5% 的年息。但云中漫步公司仅于 2003 年 1 月 29 日偿还了 595,707.02 美元,余款 3,505,689.73 美元至今未付。诉请判令云中漫步公司偿还迈可达公司欠款 3,505,689.73 美元。

云中漫步公司提出管辖权异议称:(1)迈可达公司和云中漫步公司于 2001 年 5 月 16 日签订《生产协议》,该协议约定由迈可达公司生产产品供云中漫步公司销售。《生产协议》第二十三条"争议解决"规定:双方应寻求通过快捷、诚信的协商来解决与本协议有关的所有争议。若该协议未能解决所有争议,双方应在加利福尼亚州迅速对剩余争端进行调解,调解由一位有经验的公正的调解员主持,调解员由双方选择,在双方无法达成一致时由加利福尼亚州高等法院选择。所有通过协商或调解未能解决的争议应根据当时存在的美国仲裁协会商业规则,在加利福尼亚州提交有约束力的仲裁。该条同时规定:所有与本协议解决和本协议双方权利和义务有关的问题应受到美国加利福尼亚州法律管辖。该协议签订后,由于云中漫步公司资金问题,双方曾就《生产协议》的付款条款进行了变更,但并未涉及其他条款。所以,有关争议解决的条款对双方仍然有效。(2)迈可达公司曾于 2003 年就其为云中漫步公司依据《生产协议》而发出订单所生产的产品而形成的云中漫步公司欠付货款事宜,向美国杰弗逊县地区法院提起诉讼。该院于 2003 年 8 月 15 日作出裁定,该裁定认为,迈可达公司要求云中漫步公司支付货款的主张由《生产协议》产生,因此这些主张受生产协议中争议解决规定的约束,从而裁定迈可达公司与云中漫步公司应按照《生产协议》争议解决条款将上述争议提交调解和仲裁。(3)迈可达公司曾分别于 2003 年 7 月 1 日和 2004 年 7 月 15 日两次为云中漫步公司欠付货款事宜向青岛市中级人民法院提起诉讼,青岛市中级人民法院分别以(2003)青民四初字第 271-1 号民事裁定书、(2004)青民四初字第 206 号民事裁定书以法院没有管辖权、应通过仲裁方式解决纠纷为由驳回了迈可达公司的起诉。迈可达公司两次均提起上诉,山东省高级人民法院分别以(2004)鲁民四终字第 63 号民事裁定书和(2005)鲁民四终字第 9 号民事裁定书驳回其上诉,维持原裁定。因此,本案应驳回迈可达公司的起诉,通过仲裁解决双方之间的争议。

迈可达公司对管辖权异议答辩称：(1)双方之间是欠款纠纷，迈可达公司此次主张的依据和事实是双方于2002年10月1日对该笔债权债务的确认和2002年12月24日对偿还欠款达成的还款协议，而非《生产协议》。2002年12月24日订立的还款协议中确定了新的独立的标的物即2002年10月1日确认的债权债务，约定了完全独立于原《生产协议》的履行方式、履行期限以及违约责任，是一份新的协议。该协议并未约定仲裁条款，也从未就处理该争议达成仲裁协议，迈可达公司有权向有管辖权的中国法院提起诉讼。(2)在中国的司法实践中，对于就履行合同过程中所形成的还款协议始终按照新协议的原则处理。(3)退一步讲，即使根据美国加利福尼亚州以及美国联邦的法律，该还款协议亦应当是一份完整的、对偿还欠款另行约定的、新的协议，构成了对原《生产协议》的替代。而且，还款协议中并未做出任何保留原《生产协议》权利的承诺。迈可达公司依然可以在与本案最密切联系的任何地方的司法机构提起诉讼，要求云中漫步公司执行该协议，包括在中国法院。(4)云中漫步公司已经将其除在中国注册的商标以外的全部财产转移给其他公司。在中国的注册商标是云中漫步公司唯一可供执行的财产。云中漫步公司提出的管辖权异议，无视双方真实的意思表示，而是滥用诉讼权利，以实现其转移财产、逃避债务的非法目的。因此，云中漫步公司提出的管辖权异议不能成立，应予驳回。

青岛市中级人民法院查明，2001年5月16日，迈可达公司和云中漫步公司签订《生产协议》，约定迈可达公司依据协议约定的条款和条件生产产品并售给云中漫步公司，云中漫步公司依据协议约定的条款和条件从迈可达公司处购买产品在市场上销售和分销。《生产协议》第十七条“赔偿”约定：“对基于或产生或由于(i)迈可达公司违反本协议规定的其他任何义务、承诺、声明和保证；(ii)云中漫步公司制造、销售或使用迈可达公司依本协议为云中漫步公司提供的鞋类产品而产生的专利、商品形象、商标或版权的实际或声明的侵权；和/或(iii)迈可达公司依本协议为云中漫步公司提供的任何鞋类产品的制造缺陷的任何和所有指控、诉讼、损害、支出、费用(包括律师费)，判决处罚、索赔(包括但不限到第三方索赔)、责任或任何种类或性质的损失，迈可达公司应保护、赔偿云中漫步公司和使云中漫步公司免于损害；但前提是云中漫步公司应迅速通知迈可达公司任何该类索赔或诉讼。”第二十三条“争议解决”约定：“双方应寻求通过快捷、诚信的协商来解决与本协议有关的所有争议。若该协商未能解决所有争议，双方应在加利福尼亚州迅速对剩余争端进行调解，调解由一位有经验的公正的调解员主持，调解员由双方选择，在双方无法达成一致时由加利福尼亚州高等法院选择。所有通过协商或调解未能解决的争议应根据当时存在的美国仲裁协会商业规则，在加利福尼亚州提交有约束力的仲裁。除这些规则的要求之外，这位仲裁员应：a)在仲裁结束后21日内，提交一份书面的暂定决定，说明决定的理由和解释起诉意见书所需要的计算方法；

b)给予各方15日以提交对暂定决定的书面评议;c)在书面评议最后期限之后的10日内,宣布最终裁决;d)根据法律和事实作出其决定。各方应自行承担各自的费用和律师费,这位仲裁员的费用由双方平均分担。这位仲裁员所做的裁决可被任何有管辖权的法院接受。所有与本协议解释和本协议双方权利和义务有关的问题应受到美国加利福尼亚州法律管辖。”

2002年10月1日,迈可达公司和云中漫步公司达成协议,约定:云中漫步公司自2002年5月28日至2002年12月26日期间向迈可达公司所购运动鞋货款为4,104,396.75美元。对于所有符合云中漫步公司生产标准的产品,云中漫步公司都将承担付款责任。对于上述款项,云中漫步公司将尽最大努力,尽快以汇款的方式支付。2002年12月24日,双方又达成协议,约定:双方已就支付货款事宜进行了协商,云中漫步公司同意从2003年1月起,每月向迈可达公司支付70万美元,直到所有欠款付清为止。迈可达公司同意对未支付的欠款按年息5%收息,所有利息于最后一笔付款时一并支付。迈可达公司承认其于2003年1月29日收到云中漫步公司货款595,707.02美元。

迈可达公司在(2003)青民四初字第271号定作合同纠纷一案中起诉的事实和理由为,自2003年1月起,云中漫步公司以订单的方式向迈可达公司定作旅游鞋,共计价款744,290.18美元。迈可达公司接到订单后,按照订单的要求履行了加工及发货义务。迈可达公司交货后,云中漫步公司无理拖欠迈可达公司货款。云中漫步公司的违约行为给迈可达公司造成经济损失610,461.29美元。迈可达公司在(2004)青民四初字第206号定作合同纠纷一案中起诉的事实和理由为:云中漫步公司于2002年5月以订单方式向迈可达公司定作旅游鞋,共计价款484,856.39美元。迈可达公司在接到云中漫步公司的订单之后,按要求的数量、规格和型号制作,并在订单要求的时间内完成。同时,迈可达公司根据订单所指定的地点和收货人,办理了有关发货运输手续。在迈可达公司按照云中漫步公司的要求交付了订单项下的货物之后,迈可达公司按照订单项下的结算方式办理结算,而云中漫步公司无理拖欠迈可达公司的货款不付。

二、青岛市中级人民法院的审查意见

青岛市中级人民法院认为,首先,关于《生产协议》与迈可达公司据以起诉的2002年10月1日和2002年12月24日就支付货款达成的两份协议之间的关系。《生产协议》中虽然约定了云中漫步公司的付款义务,但在第十七条“赔偿”的约定中,仅约定了迈可达公司需要承担的赔偿责任,对于云中漫步公司需要承担的赔偿责任没有约定,因此,《生产协议》约定的仲裁条款的适用范围仅限于双方当事人约定的赔偿事由。《生产协议》第二十三条“争议解决”条款对于双方当事人通过协商或调解未能解决的争议约定通过仲裁方式解决,但本案中双方当事人已通过协商对于云中漫步公司支付货款的数额、方式、利息等达成了协议,两份协议源于《生产协议》，但一经达成就独立于《生产协议》，在双方当事人之间形成新的还款合同法律关系，且双方已实际部分履行。在还款合同法律关系中，双万当事人未约定仲裁协议或仲裁条款，法院享有司法管辖权。

其次，关于生效裁定的既判力问题。迈可达公司的前二次诉讼是基于《生产协议》所形成的定作合同法律关系而提起的，当然应当受到仲裁条款的约束。迈可达公司的本次诉讼是基于新的事实和理由，按照《最高人民法院关于适用〈中华人民共和国民事诉讼法〉若干问题的意见》第一百四十二条的规定，应予受理。

再次，关于青岛市中级人民法院的管辖权问题。还款合同纠纷，在双方当事人未约定履行地点的前提下，应当以接受货币给付一方所在地为合同履行地。本案中，迈可达公司为接受货币给付一方，因此应当以迈可达公司所在地为合同履行地。按照《中华人民共和国民事诉讼法》第二百四十三条的规定，青岛市中级人民法院作为合同履行地法院，对本案享有管辖权。

综上，云中漫步公司的管辖异议不成立，应予驳回；青岛市中级人民法院对本案享有司法管辖权。

三、我院的处理意见

我院经研究认为，根据迈可达公司和云中漫步公司《生产协议》争议解决条款的约定，双方协商不成的争议应进行调解，所有协商或调解未能解决的争议应提交仲裁。本案中，迈可达公司和云中漫步公司就《生产协议》履行的货款支付问题于2002年达成了债权债务确认书和还款协议书，上述债权债务确认书和还款协议书的达成是双方当事人协商的结果，因此，双方当事人对《生产协议》履行中所发生的争议已通过协商解决，无须进行调解和提交仲裁。债权债务确认书和还款协议书的达成，使双方当事人之间形成了新的法律关系，由原来的《生产协议》法律关系变更为欠款法律关系，新形成的欠款法律关系不受原《生产协议》仲裁条款的约束，在新的欠款法律关系中，双方当事人未约定仲裁条款，法院对本案享有管辖权。迈可达公司前两次诉讼是基于《生产协议》法律关系提起的，而本次诉讼是欠款法律关系，因此，法院对本案管辖权的行使与上述两个案件的裁决书并不矛盾。综上，云中漫步公司的管辖权异议不成立，青岛市中级人民法院对本案享有管辖权。依据《最高人民法院关于人民法院处理与涉外仲裁及外国仲裁事项有关问题的通知》的要求，我院将处理意见及有关案件材料报你院，请审查予以答复。

最高人民法院关于得暐企业有限公司与荣成丰盛源食品有限公司买卖合同纠纷一案仲裁条款效力的请示的复函

（2005年3月25日 〔2005〕民四他字第11号）

山东省高级人民法院：

你院〔2005〕鲁民四他字第1号《关于得暐企业有限公司与荣成丰盛源食品有限公司买卖合同纠纷一案仲裁条款效力的请示报告》收悉。经研究，答复如下：

根据你院请示报告所述事实及所附案卷材料分析，蔡志祥既非得暐企业有限公司（以下简称企业公司）的法定代表人，也非该公司的职员，其以企业公司名义于2004年5月5日与荣成丰盛源食品有限公司（以下简称食品公司）签署包含有仲裁条款的协议时未得到企业公司的明确授权，而且企业公司对蔡志祥以本公司名义签署的该协议明确表示不予追认，因此，蔡志祥无权代表企业公司签署此份协议，该协议对企业公司不具有法律约束力。你院的请示意见和青岛市中级人民法院第一种意见是正确的。青岛中院第二种意见认为蔡志祥的行为构成表见代理，其理由主要有两点：（1）蔡志祥与企业公司之间有密切的联系。（2）在诉讼中蔡志祥接受企业公司的委托，作为其诉讼代理人。

首先，仅以蔡志祥与企业公司有密切联系为由认定蔡志祥的行为构成表见代理，显然是缺乏法律依据的。而且从食品公司提交的几份证据材料看，蔡志祥均是代表其本人或者其他公司签署协议，从未代表企业公司签署过协议。

其次，关于蔡志祥作为企业公司诉讼代理人的问题。本案蔡志祥签署包含有仲裁条款协议的日期是2004年5月5日，而本案诉讼是企业公司于2004年5月20日向青岛中院提起，青岛市中级人民法院于2004年5月21日立案。企业公司委托蔡志祥作为本案诉讼代理人是在青岛中院立案之后，授权委托书载明台湾台南地方法院公证处对该委托书的公证日期是2004年11月19日。即企业公司委托蔡志祥作为诉讼代理人是在蔡志祥签署协议之后，蔡志祥签署包含有仲裁条款的协议时，并非是企业公司的诉讼代理人，因此以蔡志祥是企业公司的诉讼代理人作为认定蔡志祥签署包含仲裁条款的协议的行为构成表见代理的理由显然亦不能成立。故青岛市中级人民法院第二种意见是缺乏根据的。

综上，同意你院的请示意见和青岛中院的第一种意见。

此复。

附：

山东省高级人民法院关于得暐企业有限公司与荣成丰盛源食品有限公司买卖合同纠纷一案仲裁条款效力的请示报告

（2005年1月17日 〔2005〕鲁民四他字第1号）

最高人民法院：

山东省青岛市中级人民法院在审理原告得暐企业有限公司（以下简称得暐公司）与被告荣成丰盛源食品有限公司（以下简称丰盛源公司）买卖合同纠纷一案中，丰盛源公司在答辩期内以双方订有仲裁条款为由提出管辖权异议，青岛市中级人民法院对仲裁条款的效力认定存在争议，向我院请示，现将案件情况及我院处理意见报告如下：

一、当事人的诉辩情况

得暐公司诉称，2003年9月3日，得暐公司与丰盛源公司就得暐公司出售给丰盛源公司大蒜精加工全新设备14台的设备价款和利息及费用补偿问题签订了一份协议书，约定：丰盛源公司给付得暐公司设备款及费用773,000美元，但丰盛源公司未按协议约定付款，故诉请法院判令丰盛源公司支付上述款项。

丰盛源公司在答辩期内提出管辖权异议称，2004年5月5日，得暐公司委托蔡志祥与丰盛源公司签订协议，约定如发生争议，由威海市仲裁委员会裁决。该协议是对2003年9月3日协议的变更。因此，法院对本案无管辖权。

二、对证据的审查情况

经审查，2004年5月5日，蔡志祥以得暐公司名义与丰盛源公司就丰盛源公司欠付设备款事宜签订一份协议书，约定“本协议如发生争议，由威海市仲裁委员会裁决”。该协议上无得暐公司公章和法定代表人签字。诉讼中，蔡志祥作为得暐公司的诉讼代理人称，签订协议时未得到得暐公司的授权，得暐公司对该协议不予认可。

丰盛源公司提交了蔡志祥与丰盛源公司于2003年1月9日签订的合约一份，2003年8月30日蔡志祥与得暐公司发给丰盛源公司的通知一份。蔡志祥签署上述两份文件是代表其本人签订的。

丰盛源公司还提交了2004年5月5日华强国际投资有限公司与US BRIDGEWAY，LNC、山东大鱼岛集团有限公司签订的协议书一份，蔡志祥签署该文件系代表华强国际投资有限公司。

三、青岛市中级人民法院的处理意见

青岛市中级人民法院对该案有两种处理意见：

第一种意见认为，蔡志祥既非得暐公司的法定代表人，亦非得暐公司的职员，丰盛源公司未提供证据证明蔡志祥与丰盛源公司签订包含仲裁条款的协议是受得暐公司的委托。丰盛源公司提交了2003年1月9日合约和8月30日通知，但蔡志祥签署上述文件的行为均是代表其本人。丰盛源公司提交的2004年5月5日蔡志祥代表华强国际投资有限公司所签订的协议书不能证明与本案的关系。综上，蔡志祥与丰盛源公司签订包含仲裁条款的协议，未得到得暐公司的授权，在诉讼中得暐公司不予追认，丰盛源公司提供的其他证据亦不能证明蔡志祥与得暐公司之间存在表见代理的关系。因此，在得暐公司不予认可的情况下，包含仲裁条款的协议对得暐公司不具有法律约束力，丰盛源公司提出的管辖权异议不成立，应裁定驳回。

第二种意见认为，从丰盛源公司提供的证据材料可看出，最初与丰盛源公司发生合作关系的是蔡志祥，到2003年9月3日得暐公司与丰盛源公司签订协议时，才确认得暐公司与丰盛源公司之间存在设备买卖合同关系，蔡志祥和得暐公司之间有着密切的联系。且在诉讼中蔡志祥接受得暐公司委托，作为其诉讼代理人。因此，丰盛源公司有理由相信，蔡志祥与丰盛源公司签订含有仲裁条款的协议书的行为，是代理得暐公司所为。蔡志祥的签约行为可以认定为表见代理。故仲裁条款有效，丰盛源公司提出的管辖权异议成立，应驳回得暐公司的起诉。

四、我院的处理意见

我院经研究同意青岛市中级人民法院的第一种意见。依据《最高人民法院关于人民法院处理与涉外仲裁及外国仲裁事项有关问题的通知》精神，我院将处理意见及有关案件材料报你院，请审查予以答复。

最高人民法院关于合营企业起诉股东承担不履行出资义务的违约责任是否得当及合营合同仲裁条款是否约束合营企业的请示的复函

（2004年12月20日　民四他字〔2004〕第41号）

山东省高级人民法院：

你院鲁高法〔2004〕203号《关于合营企业起诉股东承担不履行出资义务的违约责任是否得当及合营企业合同仲裁条款是否约束合营企业的请示》收悉。经研究，答复如下：

根据你院请示报告认定的事实，青岛华翔精密技术有限公司（以下简称华翔公司）由青岛保税区华强国际贸易有限公司（以下简称华强公司）、日本国有限会社北条理化学研究所及日本国竹内铁工株式会社三方共同出资设立。合营企业成立后，华强公司将其在合营企业占有的35%股权全部转让给了青岛华强达工贸有限公司(以下简称华强达公司)。由于华强达公司未履行出资义务,合营企业华翔公司直接向华强达公司提起了诉讼,要求其按照合资经营合同的约定履行出资义务或者赔偿损失。我们认为:在合营企业成立之后,合资一方未按合资经营合同履行出资义务的行为,既损害了合资他方的权益,也损害了合资经营企业的权益。在合资他方未依约对违约方提请仲裁或者诉讼的情况下,合营企业有权以自己的名义提起诉讼,要求未履行出资义务的一方股东承担民事责任。因合营企业不是合资经营合同的签约主体,未参与订立仲裁条款,因此,合资经营合同中的仲裁条款不能约束合营企业。对于本案纠纷,合营企业华翔公司未依照合资经营合同的约定提请中国国际经济贸易仲裁委员会仲裁,而是直接向合营企业所在地的青岛市中级人民法院提起诉讼并不违反相关法律规定。同样,由于华强达公司是受让华强公司在合营企业中的股份之后作为股东进入合营企业的,各方当事人在进行股权转让时未明确约定是否受合资经营合同中仲裁条款的约束,因此,合资经营合同中的仲裁条款对受让方华强达公司没有法律约束力。华强达公司以合资经营合同含有有效的仲裁条款,本案应提交仲裁的主张没有法律依据,其管辖权异议依法不能成立,应予驳回。

此复。

附:

山东省高级人民法院关于合营企业起诉股东承担不履行出资义务的违约责任是否得当及合营企业合同仲裁条款是否约束合营企业的请示

(2004年10月9日　鲁高法〔2004〕203号)

最高人民法院:

山东省青岛市中级人民法院在审理原告青岛华翔精密技术有限公司(以下简称华翔公司)与被告青岛华强达工贸有限公司(以下简称华强达公司)、第三人青岛恒运通物流有限公司(以下简称恒运通公司)股东不履行出资义务纠纷一案中,就合营企业华翔公司起诉股东华强达公司承担不履行出资义务的违约责任是否得当及合营企业合同仲裁条款是否约束合营企业问题,向我院请示。经研究,我院就上述问题存在不同认识,现将案件情况及处理意见报告如下:

一、案件基本情况

华翔公司诉称:1997年6月,青岛保税区华强国际贸易有限公司(以下简称华强公司)与日本国有限会社北条理化学研究所(以下简称化学研究所)及日本国竹内铁工株式会社(以下简称竹内铁工)三方作为出资股东,共同成立合营企业华翔公司。合营企业合同约定,公司注册资本为40万美元,合营期限15年。

化学研究所出资50%,以设备和美元现汇投入;华强公司出资35%,以厂房、办公用房及宿舍投入,不足部分投入人民币现金折美元计算;竹内铁工出资15%,全部现汇投入。1997年7月16日合营企业注册登记成立。1998年3月13日,青岛保税区审计师事务所出具验资报告,证明三方股东出资情况。2001年9月19日,三方股东一致同意并经工商登记,将原华强公司所持有的华翔公司35%股份转让给华强达公司。2003年9月24日,恒运通公司向华翔公司多次发出书面通知,声称华强达公司已将华翔公司使用的工业厂房及宿舍房出售,要求华翔公司及其工作人员搬迁。华翔公司认为华强达公司将作为出资的厂房及宿舍,未按照法律规定及合同的约定办理过户手续,已经构成严重违约,应承担违约责任。诉请判令:(1)华强达公司立即办理出资厂房及宿舍的产权过户手续或者立即向华翔公司返还出资款人民币1,147,831.30元;(2)华强达公司赔偿华翔公司人民币11万元;(3)恒运通公司将华强达公司出售房屋的价款直接给付华翔公司。

华强达公司在答辩期内,提出管辖权异议称:华强公司、化学研究所、竹内铁工签订的合资合同第十九章第三十八条约定:"凡因执行本合同所发生的或与本合同有关的一切争议,三方应友好协商解决,如协商不能解决,应提交中国国际贸易促进委员会国际贸易仲裁委员会,根据该会的仲裁程序、规则进行仲裁,仲裁是终局的,对三方都有约束力。"上述约定是合法有效的,根据仲裁法和国际惯例的规定,本案应提交仲裁。

华翔公司对华强达公司提出的管辖权异议答辩称:(1)合营企业作为法人,有权对侵害其权益的行为选择适当的解决方式。原合营企业股东之间约定的纠纷处理方式,不能直接约束合营企业,该约定对合营企业是无效的。(2)原三方股东中的中方股东已经发生了变更,因此,原三方股东约定的争议解决方式已经因股东的变更而失去效力,作为新股东的华强达公司不能以原股东间的合同约定,对抗合营企业行使诉讼权利。

二、青岛市中级人民法院请示的问题及处理意见

青岛市中级人民法院向我院请示两个问题:一是合营企业华翔公司起诉股东华强达公司承担不履行出资义务的违约责任是否适当;二是华强达公司的管辖权异议是否成立,即合营企业合同约定的仲裁条款是否约束合营企业华翔公司及合营企业合同的受让方华强达公司。

关于第一个问题,青岛市中级人民法院一致认为:最高人民法院发布的《关于审理公司纠纷案件若干问题的规定(一)》(征求意见稿)第九条规定:"股东出资不足或者出资存在瑕疵,公司及已适当履行了出资义务的股东可以向人民法院提起诉讼,请求判令其补足出资或者补正瑕疵,并支付利息。"上述规定虽未正式通过公布,但代表了最高人民法院的观点。另外,股东针对出资不足或者存在瑕疵的股东提起的是违约之诉,依据的是合营企业合同。公司登记设立后,法律明确规定公司享有独立财产权并以其财产独立承担民事责任,公司完全可以依照法律规定追究出资不足或者存在瑕疵的股东责任。而且,从诉讼角度看,股东之间违约之诉的诉讼权益承受者并非守约股东本人,而是合营企业,从这一角度讲,公司完全可以独立的作为原告,向不履行出资义务致使侵害公司财产权的股东提起诉讼。

关于第二个问题,青岛市中级人民法院存在两种处理意见。

一种意见是:本案争议的事项是股东对合营企业的出资义务,争议的事项属于合营企业合同约定的仲裁事项,仲裁条款不仅约束合营各方,也当然约束合营各方共同成立的合营企业。股权转让是概括转让,包括争议条款在内,因此,仲裁条款也约束华强达公司。故华强达公司的管辖权异议成立,本案应驳回华翔公司起诉。青岛市中级人民法院倾向于此种意见。

另一种意见是:尽管本案争议的事项属于约定的仲裁事项,但仲裁条款约束的必须是订立仲裁条款的当事人,本案中受仲裁条款约束的只有最初参加合营的三方,并不当然约束合营企业,华翔公司不受合营企业合同仲裁条款的约束。合营企业成立后,合营企业应受公司章程的约束,公司章程中并没有约定仲裁条款,合营企业自然也不受仲裁条款的约束。而且仲裁条款具有独立性,股权转让并不意味争议解决方式的必然转让和继受,华强达公司受让股权后,须明示加入仲裁条款才受其约束还是只要不明示反对就必然受其约束,有待明确。因此,华强达公司的管辖权异议不能成立,应予驳回。

三、我院的处理意见

对青岛市中级人民法院请示的上述两个问题,经研究,我院审委会也有不同认识。

关于合营企业华翔公司起诉股东华强达公司承担不履行出资义务的违约责任是否适当的问题。我院有两种意见:一种意见同意青岛市中级人民法院的意见。另一种意见认为:根据合营企业合同的约定,合营各方负有向合营企业认缴出资的义务,任何一方合营者未向合营企业履行认缴出资的义务,即构成违约,应对守约方承担违约责任;合营企业不是合营企业合同的当事人,依据合同相对性原理,其无权依据合营企业合同起诉未履行出资义务方承担违约责任;并且,《关于审理公司纠纷案件若干问题的规定(一)》(征求意见稿)不适用合营企业,故本案华翔公司诉华强达公司承担不履行出资义务的违约责任,没有法律依据,应驳回华翔公司的起诉。我院倾向于第一种意见。

在合营企业起诉股东承担不履行出资义务的违约责任成立的前提下,进一步探讨华强达公司的管辖权异议是否成立的问题。

关于合营企业合同约定的仲裁条款是否约束合营企业华翔公司。我院有两种意见。一种意见认为:涉案合营合同约定了仲裁条款,即因执行本合同所发生的或与本合同有关的一切争议,应提交仲裁解决。合营企业华翔公司诉股东华强达公司承担不履行出资义务的违约责任,该争议属于与合营合同有关的争议,因此,本案应提交仲裁解决,法院对该案无管辖权,华强达公司的管辖权异议成立。我院倾向于该种意见。另一种意见认为:合营合同约定的仲裁条款仅能约束合营合同各方当事人,不能约束合营企业,因此,合营企业诉股东承担违约责任,不受仲裁条款的约束,法院对案件具有管辖权,华强达公司的管辖权异议不成立。关于合营企业合同仲裁条款是否约束合同受让方华强达公司,我院一致认为:合营企业合同一方当事人华强公司将其权利义务全部转让给华强达公司,合同中的仲裁条款对受让方华强达公司具有约束力。

综上,我院的倾向性意见是:本案合营企业华翔公司可以起诉股东承担不履行出资义务的违约责任,但华强达公司的管辖权异议成立,法院对本案无管辖权,故应驳回华翔公司的起诉。

请指示。

最高人民法院关于申请人浙江省诸暨市对外经济贸易公司与被申请人香港铠威贸易公司申请确认仲裁协议效力问题的复函

(2001年2月26日　〔2000〕交他字第15号)

浙江省高级人民法院:

你院2000年11月2日〔2000〕浙经他字第29－2号《关于申请人浙江省诸暨市对外经济贸易公司与被申请人香港铠威贸易公司申请确认仲裁协议效力一案的请示报告》收悉。经研究认为:浙江省诸暨市对外经济贸易公司印制的销售确认书含有明确的仲裁条款,但在何煜生将未经该公司签字盖章的销售确认书传真给香港铠威贸易公司法定代表人庄文振后,庄并未签字或者盖章予以确认,故以销售确认书的全部条款为内容的买卖合同在本案双方当事人之间并未成立。本案双方当事人在装运货物和支付货款之前及在此期间未签订任何书面合同。根据双方的履行事实可以认定,双方当事人实际上仅就阿拉伯头巾的数量、尺寸、装箱、单价、总值达成了一致,但并无达成仲裁解决其纠纷的意思表示。香港铠威贸易公司据以向仲裁庭申请仲裁的销售确认书是事后补签的且是何煜生代签的,作为卖方的浙江省诸暨市对外经济贸易公司并未在该销售确认书上签字或者盖章,而何煜生所谓的代签事先未获授权,事后亦未获追认。根据《中华人民共和国仲裁法》第四条和第二十条的规定，该份销售确认书中的仲裁条款应当认定为无效条款。

此复。

最高人民法院关于V97329号武汉金龙高科技有限公司合资争议仲裁案仲裁条款效力事的复函

（1998年5月12日　法经〔1998〕212号）

湖北省高级人民法院：

中国国际经济贸易仲裁委员会以（98）贸仲字第2148号《关于V97329号武汉金龙高科技有限公司合资争议仲裁案仲裁条款效力事》函向我庭反映武汉市中级人民法院（1997）武经终字第277号民事裁定关于仲裁协议效力认定的问题。我们经研究认为：

武汉中苑科教公司与香港龙海（集团）有限公司签订的协议书只是对原合营合同部分条款的变更，未变更的原合营合同其他条款仍然有效。双方在工商行政管理部门变更登记时，没有就争议解决条款进行修改变更登记。工商行政管理部门审批备案的是香港龙海（集团）有限公司与武汉中苑科教公司签订的协议和香港龙海（集团）有限公司与武汉东湖新技术开发进出口公司签订的原合营合同，应视为双方当事人对原合营合同的仲裁条款是认同的。故当事人因合营合同而发生的争议，应按原合营合同的约定提交中国国际经济贸易仲裁委员会仲裁，法院对此合营纠纷无管辖权。请你院按审判监督程序对武汉市中级人民法院（1997）武经终字第0277号民事裁定予以纠正。

（四）仲裁协议中仲裁地的复函

最高人民法院关于 FAMOUS APEX LIMITED 与珠海市保利三好有限公司借款合同一案涉外仲裁条款效力的请示的复函

（2013 年 3 月 5 日 〔2013〕民四他字第 7 号）

广东省高级人民法院：

你院〔2012〕粤高法仲复字第 5 号《关于 FAMOUS APEX LIMITED 与珠海市保利三好有限公司借款合同一案涉外仲裁条款效力的请示》收悉。经研究，答复如下：

本案系确认涉外仲裁协议效力案件。双方当事人签订的《贷款合同》和《股权质押协议》中均约定了内容相同的仲裁协议。当事人并未约定确定仲裁协议效力所应适用的法律。案涉仲裁协议有在中国国际经济贸易仲裁委员会华南分会仲裁时“仲裁地点在深圳市”的表述，但同时又约定可以在香港国际仲裁中心依据其规则仲裁。《香港国际仲裁中心机构仲裁规则》第 15.1 条规定：“除非当事人另有明确约定，依本规则仲裁的，仲裁地为中华人民共和国香港特别行政区。”案涉仲裁协议在约定由香港国际仲裁中心依据其规则仲裁时，没有另外约定仲裁地，故应认为仲裁地在香港。案涉仲裁协议约定了两个仲裁地，仲裁地约定不明。根据最高人民法院《关于适用〈中华人民共和国仲裁法〉若干问题的解释》第十六条的规定，在当事人没有约定适用的法律且仲裁地约定不明的情况下，应适用法院地法即中华人民共和国法律来审查涉案仲裁协议的效力。

最高人民法院《关于适用〈中华人民共和国仲裁法〉若干问题的解释》第五条规定：“仲裁协议约定两个以上仲裁机构的，当事人可以协议选择其中的一个仲裁机构申请仲裁；当事人不能就仲裁机构选择达成一致的，仲裁协议无效。”案涉仲裁协议既约定在中国国际经济贸易仲裁委员会华南分会仲裁，又约定在香港国际仲裁中心仲裁，现 FAMOUS APEX LIMITED 向珠海市中级人民法院起诉，表明其已经放弃通过仲裁方式解决纠纷。在没有证据证明双方已就仲裁机构的选择达成一致意见的情况下，涉案仲裁协议应认定无效。同意你院关于案涉仲裁协议无效的意见。

此复。

附：

广东省高级人民法院关于 FAMOUS APEX LIMITED 与珠海市保利三好有限公司借款合同一案涉外仲裁条款效力的请示

（2012 年 11 月 28 日 〔2012〕粤高法仲复字第 5 号）

最高人民法院：

FAMOUS APEX LIMITED 与珠海市保利三好有限公司（以下简称保利三好公司）借款合同纠纷一案，双方当事人在 2007 年 9 月 5 日签订的《贷款合同》和《股权质押协议》中有仲裁条款。珠海市中级人民法院（以下简称珠海中院）经审查认为，在当事人一方已经向人民法院提起诉讼的情况下，可以认定双方无法就选择仲裁机构问题达成补充协议，故仲裁协议应认定无效。珠海中院作为被告住所地法院，对本案享有管辖权。根据《最高人民法院关于人民法院处理与涉外仲裁及外国仲裁事项有关问题的通知》（法发〔1995〕18 号）的规定，珠海中院上报我院审查。经审查，我院倾向同意珠海中院意见，拟确认双方当事人之间仲裁条款无效，故向钧院请示。

一、当事人的基本情况

原告：FAMOUS APEX LTMITED。住所地：P. O. Box 957, Offshore Incorporations Centre, Road Town, Tortola, British Virgin lslands。

法定代表人：Liu Fu Wah, Patrick。

被告：珠海市保利三好有限公司。住所地：广东省珠海市夏美路 161 号（南夏丰泽园）4 栋 257、259 铺。

法定代表人：蓝宁。

二、案件的基本事实

FAMOUS APEX LIMITED 与保利三好公司于 2007 年 9 月 5 日签订《贷款合同》约定，贷款方 FAMOUS APEX LIMITED 在合同项下向借款方保利三好公司提供人民币 1 亿元的贷款，贷款将以等值外币支付。该合同第 12.2 条约定："在本合同履行期间，如发生争议，各方应友好协商解决，如协商不成，任何一方均有权向中国国际经济贸易仲裁委员会华南分会按照申请仲裁时有效的仲裁规则进行仲裁，仲裁地点在深圳市，或香港国际仲裁中心依据其规则和规定通过仲裁解决，仲裁结果是终局的，对各方均有约束力。除非仲裁机构另行裁决，仲裁费用由败诉方承担。"FAMOUS APEX LIMITED 与保利三好公司双方在合同书上盖章，并由各方的授权代表在合同上签字。此《贷款合同》经国家外汇管理局珠海市中心支局核准，并办理了外债登记。另，FAMOUS APEX LIMITED 与保利三好公司及珠海市中广置业有限公司于 2007 年 9 月 5 日签订《股权质押协议》，约定由保利三好公司以其持有的珠海市中广置业有限公司85%股权向FAMOUS APEX LIMITED提供不可撤销的持续性连带责任担保。该合同第24.2条约定:“在本合同履行期间,如发生争议,各方应友好协商解决,如协商不成,任何一方均有权向中国国际经济贸易仲裁委员会华南分会按照申请仲裁时有效的仲裁规则进行仲裁,仲裁地点在深圳市,或香港国际仲裁中心依据其规则和规定通过仲裁解决,仲裁结果是终局的,对各方均有约束力。除非仲裁机构另行裁决,仲裁费用由败诉方承担。”FAMOUS APEX LIMITED与保利三好公司及珠海市中广置业有限公司在合同书上盖章,并由各方的授权代表在合同上签字。

在合同履行过程中,FAMOUS APEX LIMITED称其已于2008年1月23日向保利三好公司的外债账户发放了与人民币1亿元等值的港元贷款,已完全履行了FAMOUS APEX LIMITED在《贷款合同》项下的发放贷款义务,而保利三好公司尚欠FAMOUS APEX LIMITED本金人民币81,736,489元及相关罚息没有偿还,为此FAMOUS APEX LIMITED向珠海中院请求保利三好公司履行还款义务,并请求确认FAMOUS APEX LIMITED有权就被质押股权在上述债权范围内优先受偿。

另查明,珠海中院在送达案件诉讼材料时,因保利三好公司下落不明而对其采取了公告送达。

FAMOUS APEX LIMITED于2011年10月12日向珠海中院提起诉讼,要求保利三好公司履行还款义务,偿还本金人民币81,736,489元及利息,确认FAMOU SAPEX LIMITED与保利三好公司签订的《股权质押协议》有效,FAMOUS APEX LIMITED有权就被质押股权在上述债权范围内优先受偿。

三、珠海中院的审查处理意见

珠海中院审查认为,FAMOUS APEX LIMITED是在英属维尔京群岛注册成立的公司,案件应为涉外商事合同纠纷。在涉案《贷款合同》及《股权质押协议》中均载有仲裁条款,约定任何一方均有权向中国国际经济贸易仲裁委员会华南分会按照申请仲裁时有效的仲裁规则进行仲裁,仲裁地点在深圳市,或香港国际仲裁中心依据其规则和规定通过仲裁解决。最高人民法院《关于适用〈中华人民共和国仲裁法〉若干问题的解释》第五条规定:“仲裁协议约定两个以上仲裁机构的,当事人可以协议选择其中的一个仲裁机构申请仲裁;当事人不能就仲裁机构选择达成一致的,仲裁协议无效。”因保利三好公司下落不明,且无证据显示双方当事人就仲裁机构的选择达成了一致意见,在FAMOUS APEX LIMITED已向人民法院提起诉讼的情况下,可以认定双方无法就选择仲裁机构问题达成补充协议,仲裁协议应认定无效。无效的仲裁协议不能排斥人民法院对民事纠纷的管辖权。《中华人民共和国民事诉讼法》第二十四条规定:“因合同纠纷提起的诉讼,由被告住所地或者合同履行地人民法院管辖。”保利三好公司的住所地在广东省珠海市,故珠海中院作为被告住所地法院对案件有管辖权。

四、我院的处理意见

我院认为，FAMOUS APEX LIMITED是在英属维尔京群岛登记注册成立的公司，FAMOUS APEX LIMITED与保利三好公司因《贷款合同》产生纠纷，故本案属涉外商事借款合同纠纷。FAMOUS APEX LIMITED与保利三好公司在《贷款合同》和《股权质押协议》中均约定有仲裁条款，依据最高人民法院《关于适用〈中华人民共和国仲裁法〉若干问题的解释》第十六条的规定，"对涉外仲裁协议的效力审查，适用当事人约定的法律；当事人没有约定适用的法律但约定了仲裁地的，适用仲裁地法律；没有约定适用的法律也没有约定仲裁地或者仲裁地约定不明的，适用法院地法律。"由于FAMOUS APEX LIMITED与保利三好公司签订的《贷款合同》和《股权质押协议》均未约定仲裁条款效力适用的法律，仲裁条款中约定的仲裁地也不明确。故本案仲裁条款效力审查应适用法院地法，即中华人民共和国法律。

FAMOUS APEX LIMITED与保利三好公司签订的《贷款合同》和《股权质押协议》均约定："在本合同履行期间，如发生争议，各方应友好协商解决，如协商不成，任何一方均有权向中国国际经济贸易仲裁委员会华南分会按照申请仲裁时有效的仲裁规则进行仲裁，仲裁地点在深圳市，或香港国际仲裁中心依据其规则和规定通过仲裁解决，仲裁结果是终局的，对各方均有约束力。除非仲裁机构另行裁决，仲裁费用由败诉方承担。"可见，双方所选定的仲裁机构不具有唯一性，且保利三好公司现下落不明，双方无法再就仲裁机构的选定进行协商达成一致意见，故依照最高人民法院《关于适用〈中华人民共和国仲裁法〉若干问题的解释》第五条的规定，本案仲裁条款应认定无效。根据《中华人民共和国民事诉讼法》第二十四条的规定，"因合同纠纷提起的诉讼，由被告住所地或者合同履行地人民法院管辖。"FAMOUS APEX LIMITED向法院提起诉讼主张权利，珠海中院作为本案被告所在地法院，其对本案享有管辖权，可依法受理。

综上，我院经审查拟同意珠海中院处理意见，根据《最高人民法院关于人民法院处理与涉外仲裁及外国仲裁事项有关问题的通知》（法发〔1995〕18号）第一条"凡起诉到人民法院的涉外、涉港澳和涉台经济、海事海商纠纷案件，如果当事人在合同中订有仲裁条款或者事后达成仲裁协议，人民法院认为该仲裁条款或者仲裁协议无效、失效或者内容不明确无法执行的，在决定受理一方当事人起诉之前，必须报请本辖区所属高级人民法院进行审查；如果高级人民法院同意受理，应将其审查意见报最高人民法院。在最高人民法院未作出答复前，可暂不予受理"的规定，特向钧院请示，请予批复。

最高人民法院关于宁波刿界岭高速公路有限公司诉奥地利阿尔皮内·麦瑞德建筑股份有限公司代理合同纠纷一案仲裁条款效力的请示的复函

（2007 年 1 月 11 日 〔2006〕民四他字第 42 号）

浙江省高级人民法院：

你院关于《关于宁波刿界岭高速公路有限公司诉奥地利阿尔皮内·麦瑞德建筑股份有限公司代理合同纠纷一案仲裁条款效力的请示报告》收悉，经研究答复如下：

根据你院请示报告中反映的事实，本案双方当事人在协议第 15 条争议解决方式中约定：由本协议引起的或与本协议相关的任何争议、争论或索赔事件，首先，根据宁波仲裁委员会的仲裁规则进行调解；其次，如果不能达成解决方案，争议事件应提交仲裁，根据浙江省的法律法规进行仲裁，该仲裁应在中国由一个仲裁员用英语进行。从该约定可以看出，在调解不成的情况下，双方当事人通过仲裁解决本案合同争议的意思表示是明确的，仲裁地点在中国。最高人民法院《关于适用〈中华人民共和国仲裁法〉若干问题的解释》第十六条规定：“对涉外仲裁协议的效力审查，适用当事人约定的法律；当事人没有约定适用的法律但约定了仲裁地的，适用仲裁地法律；没有约定适用的法律也没有约定仲裁地或者仲裁地约定不明的，适用法院地法律。”由于该协议约定的仲裁地在中国，故对仲裁条款效力的审查应适用中国法。

因本案双方当事人在仲裁条款中未约定仲裁机构，发生纠纷后，没有证据表明双方当事人对仲裁机构达成补充协议，根据《中华人民共和国仲裁法》第十八条的规定，该仲裁条款应属无效。人民法院对该案享有管辖权。

此复。

附：

浙江省高级人民法院关于宁波刿界岭高速公路有限公司诉奥地利阿尔皮内·麦瑞德建筑股份有限公司代理合同纠纷一案仲裁条款效力的请示报告

（2006 年 11 月 22 日 〔2006〕浙民三初字第 3 号）

最高人民法院：

2002 年 11 月 1 日，宁波刿界岭高速公路有限公司与奥地利阿尔皮内·麦瑞德建筑股份有限公司签订建设总代理协议,双方在协议的第15条中约定争议的解决方式,包括:(1)兹协定,由本协议引起的或与本协议相关的任何争议、争论或索赔应首先由双方通过真诚协商友好解决。要求友好解决争议、争论或索赔的一方应以书面形式通知另一方。(2)如果双方未能在相关争议通知之后30天内达成解决方案,争议事件应提交调解,根据宁波仲裁委员会的仲裁规则进行调解。(3)如果在相关争议首次提交调解之后30天内未能达成解决方案,争议事件应提交仲裁,根据浙江省实施的仲裁法律法规或该法律的重新颁布或修改进行仲裁。该仲裁应在中国由一个仲裁员用英语进行。(4)仲裁员的裁决应是最终的,且对双方均具有约束力。2006年11月2日,宁波剡界岭高速公路有限公司持上述协议向我院提起诉讼。

我院审查认为:虽然根据协议的约定,双方当事人选择仲裁解决争议的意思表示是明确的,但由于其对解决纠纷的仲裁委员会并未作出明确约定,且双方当事人在发生纠纷后也未达成补充协议,根据《中华人民共和国仲裁法》第十八条的规定,该仲裁条款应属无效。由于本案涉案标的达2亿多元,现宁波剡界岭高速公路有限公司以我院作为合同履行地法院提起诉讼,我院应有权管辖本案。

根据钧院法发〔1995〕18号文的规定,特报请钧院审查,请批复。

最高人民法院关于中电通信科技有限公司与韩国移动通信有限公司、上海奥盛投资有限公司联营合同纠纷管辖权异议一案有关仲裁条款效力问题的请示的复函

(2006年7月20日 〔2006〕民四他字第19号)

北京市高级人民法院:

你院京高法〔2006〕120号《关于中电通信科技有限公司与韩国移动通信有限公司、上海奥盛投资有限公司联营合同纠纷管辖权异议一案有关仲裁条款效力问题的请示》收悉。经研究,答复如下:

本案当事人在《合营公司合同》中约定了仲裁条款,即有关合同的任何争议,如果中电通信科技有限公司(以下简称中电通信公司)、上海奥盛投资有限公司(以下简称上海奥盛公司)提起仲裁,争议应当在韩国首尔仲裁;如果韩国移动通信有限公司(以下简称韩国移动公司)提起仲裁,争议应当在中国北京仲裁……当事人没有约定认定该仲裁条款效力的准据法,但约定了仲裁地点,本案即应当根据仲裁地的法律认定所涉仲裁条款的效力。根据该仲裁条款的约定,如果韩国公司提起仲裁,仲裁地点即在中国北京,现本案争议系由韩国公司首先提请解决,因此,本案应当根据

中国法律认定所涉仲裁条款的效力。

本案所涉仲裁条款没有约定仲裁机构,当事人之间亦没有就仲裁机构达成补充协议,根据《中华人民共和国仲裁法》第十六条、第十八条的规定,应当认定本案所涉仲裁条款无效。北京市第一中级人民法院作为被告住所地的人民法院,对本案享有管辖权。

同意你院的处理意见。同时,请你院提醒北京市第一中级人民法院,在其认定有关仲裁条款无效时,应根据报告制度及时逐级报告我院。

此复。

附:

北京市高级人民法院关于中电通信科技有限公司与韩国移动通信有限公司、上海奥盛投资有限公司联营合同纠纷管辖权异议一案有关仲裁条款效力问题的请示

(2006 年 4 月 14 日　京高法〔2006〕120 号)

最高人民法院:

我院所辖北京市第一中级人民法院于 2005 年 11 月 15 日受理了原告韩国移动公司诉被告中电通信公司、被告上海奥盛公司联营合同纠纷一案,被告中电通信公司与被告上海奥盛公司在提交答辩状期间对管辖权提出异议。

中电通信公司认为,根据其与韩国移动公司、上海奥盛公司签订的《合营公司合同》中关于争议解决的约定,韩国移动公司提起仲裁,争议应当在中国北京仲裁,故本案应按仲裁程序审理,法院对此无管辖权。上海奥盛公司认为,其作为本案被告,住所地在上海市奉贤区,故本案应由上海市第一中级人民法院管辖。

北京市第一中级人民法院认为,虽然韩国移动公司、中电通信公司、上海奥盛公司在三方签订的合同中约定,争议在中国北京仲裁,但因未约定具体的仲裁机构,根据最高人民法院《关于仅选择仲裁地点而对仲裁机构没有约定的仲裁条款效力问题的函》规定,应认定本案所涉仲裁协议无效。因被告中电通信公司的住所地在北京市海淀区,属于其管辖区域,故其对本案具有管辖权。因本案有两个被告,住所地分别在其及上海市第一中级人民法院辖区内,故两个法院对本案均有管辖权,现原告韩国移动公司已向该院提起诉讼,在其有管辖权的情况下,该院对上海奥盛公司提出的将案件移送上海市第一中级人民法院的请求,不予支持。

北京市第一中级人民法院已于 2005 年 12 月 15 日作出(2005)一中民初字第 13639 号民事裁定,驳回被告中电通信公司与被告上海奥盛公司对本案管辖权提出

的异议。中电通信公司不服,向我院提出上诉称:(1)《合营公司合同》明确约定本案纠纷应以仲裁程序解决。根据中电通信公司与上海奥盛公司、韩国移动公司2002年4月30日签订的《合营公司合同》第十一条第九款规定:有关本合同的任何争议,如果中电通信公司、上海奥盛公司提起仲裁,争议应该在韩国首尔仲裁,如果由韩国移动公司提起仲裁,争议应当在中国北京仲裁。该条款还对仲裁规则适用、仲裁使用的语言及仲裁裁决的执行等作出了详细的约定。(2)原审裁定适用法律错误。原审裁定认为《合营公司合同》未约定具体仲裁机构,根据最高人民法院《关于仅选择仲裁地点而对仲裁机构没有约定的仲裁条款效力问题的函》,裁定本案仲裁条款无效。但最高人民法院上述解释针对的是争议双方均为国内主体,而非涉外案件,按照《中华人民共和国民事诉讼法》第二百五十七条规定,针对涉外合同纠纷,只要有仲裁条款,人民法院即不应受理。(3)原审法院受理本案存在程序错误。最高人民法院《关于人民法院处理与涉外仲裁及外国仲裁事项有关问题的通知》明确规定:对人民法院受理具有仲裁协议的涉外经济纠纷案等问题建立报告制度。凡起诉到人民法院的涉外、涉港澳和涉台经济、海事海商纠纷案件,如果当事人在合同中订有仲裁条款或者事后达成仲裁协议,人民法院认为该仲裁条款或者仲裁协议无效、失效或者内容不明确无法执行的,在决定受理一方当事人起诉之前,必须报请本辖区所属高级人民法院进行审查,如果高级人民法院同意受理,应将其审查意见报最高人民法院,在最高人民法院未作答复前,可暂不予受理。同时,最高人民法院《关于审理和执行涉外民商事案件应当注意的几个问题的通知》也明确规定:拟裁定涉外合同仲裁协议无效的,应先逐级呈报最高人民法院,待最高人民法院答复同意后,才可以确认仲裁协议无效。而本案中,原审法院根本没有按最高人民法院的规定进行报告并得到批准,在明知合同存在仲裁条款的情况下,仍受理本案,并驳回中电通信公司的异议申请,直接认定仲裁条款无效,违反了法定程序。故请求二审法院撤销原审裁定,驳回韩国移动公司的诉讼请求。

我院经审查认为,虽然中电通信公司与上海奥盛公司、韩国移动公司在《合营公司合同》中约定了仲裁条款,但该仲裁条款仅约定了仲裁地点,对仲裁机构没有约定,纠纷发生后,三方当事人也没有就仲裁机构达成补充协议,依据《中华人民共和国仲裁法》第十八条规定,该仲裁条款应属无效条款。北京市第一中级人民法院根据最高人民法院《关于仅选择仲裁地点而对仲裁机构没有约定的仲裁条款效力问题的函》规定,认定本案所涉仲裁条款无效正确。现虽该案已进入二审程序,但根据最高人民法院《关于人民法院处理与涉外仲裁及外国仲裁事项有关问题的通知》及《关于审理和执行涉外民商事案件应当注意的几个问题的通知》有关规定,我院决定暂行中止本案的审理,特将上述意见报告你院,请予以批示。

最高人民法院关于湖州市二耐耐火材料联营厂申请确认仲裁条款无效一案请示的复函

（2004 年 11 月 30 日　民四他字〔2004〕第 42 号）

浙江省高级人民法院：

你院〔2004〕浙民三他字第 1 号《关于湖州市二耐耐火材料联营厂申请确认仲裁条款无效一案的请示报告》收悉。经研究，答复如下：

湖州市二耐耐火材料联营厂、Minteq International Inc. 与香港菱电国际有限公司签订的《合资经营合同》约定：“因本合同签署生效引起的任何争议，或与本合同有关而发生的争议，应通过各方友好协商解决。如果一方向另一方发出要求协商的通知后 90 天内仍未能通过该等协商达成解决办法，应提交中国仲裁机构仲裁，如还不能解决，再提交瑞典斯德哥尔摩商会仲裁院，由一特别仲裁法庭按照该仲裁院的仲裁规则在斯德哥尔摩进行终局性仲裁。”从条款内容看，当事人对仲裁地没有约定，亦未约定确认仲裁条款效力的准据法，应适用法院地法即中国内地的法律认定该仲裁条款的效力。本案所涉仲裁条款对仲裁机构约定不明，而且违反了我国一裁终局的仲裁制度，根据《中华人民共和国仲裁法》第九条、第十六条、第十八条的规定，该仲裁条款应当认定无效。

此复。

附：

浙江省高级人民法院关于湖州市二耐耐火材料联营厂申请确认仲裁条款无效一案的请示报告

（2004 年 10 月 8 日　〔2004〕浙民三他字第 1 号）

最高人民法院：

本院受理的〔2004〕浙民三他字第 1 号申请人湖州市二耐耐火材料联营厂与被申请人 Minteq International Inc. 确认仲裁条款无效案，已审查终结。本院认为，根据《最高人民法院关于仅选择仲裁地点而对仲裁机构没有约定的仲裁条款效力问题的函》（1997 年 3 月 19 日，法函〔1997〕36 号）的精神，本案仅约定仲裁地点中国，而没有约定仲裁机构，当事人双方又就仲裁机构达不成一致意见，故可依据《中华人民共和国仲裁法》第十八条“仲裁协议对仲裁事项或者仲裁委员会没有约定或者约定不明确的，当事人可以补充协议；达不成补充协议的，仲裁协议无效”的规定，认定本案仲裁条款无效，杭州市中级人民法院裁定意见正确。

现根据《最高人民法院关于人民法院处理与涉外仲裁及外国仲裁事项有关问题的通知》（1995年8月28日　法发〔1995〕18号）第一条规定精神，将全案报送钧院审查。

最高人民法院关于湖北省出版进出口公司、湖北东湖光盘技术有限责任公司与康维克科技（成都）有限公司买卖合同纠纷一案中仲裁条款效力的请示的复函

（2004年11月12日　〔2004〕民四他字第34号）

湖北省高级人民法院：

你院〔2004〕鄂民四终字第34号《关于湖北省出版进出口公司、湖北东湖光盘技术有限责任公司与康维克科技（成都）有限公司买卖合同纠纷一案中仲裁条款效力的请示》收悉。经研究，答复如下：

本案当事人在“买卖合同”中约定了仲裁条款，即“仲裁：凡因本合同引起的或与本合同引起的有关争议，均应提交中国国际贸易促进会仲裁委员会按照该委员会颁布的仲裁程序暂行条例进行仲裁，仲裁地点在北京。仲裁委员会的裁决是终局的，双方均受其约束。任何一方均不寻求法院或其他当局上诉以修改其决定。仲裁费用由败诉一方负担。在仲裁期间，除正在进行的仲裁部分外，合同其他部分继续执行。”虽然，在此后的“第二次补充合同”中有康维克科技（成都）有限公司（以下简称康维克公司）“同意无须中国国际贸易促进会仲裁”的表述，但综合该“第二次补充合同”的具体内容以及有关条款的上下文意思，对该表述应当理解为是指在康维克公司经过一系列作为仍然不能满足要求的情况下即应直接无条件退货并承担湖北东湖光盘技术有限责任公司（以下简称光盘公司）一切损失，对此不需要通过“中国国际贸易促进会仲裁”确定责任。在“第三次补充合同”中也有类似表述，即康维克公司同意“对合同内容不寻求任何仲裁或申诉”，综合分析，该表述的真实意思是在出现了约定的条件时，该补充合同无效，康维克公司仍按前述合同中有关退货、赔偿损失等相关条款执行，对此不需要由“中国国际贸易促进会仲裁”。在此“无须仲裁”、“不寻求仲裁”并未解除“买卖合同”中的仲裁条款。因此，当康维克公司未主动接受退货并赔偿损失时，纠纷仍应通过仲裁解决。本案正是由于湖北省出版进出口公司、光盘公司认为康维克公司并未按

“买卖合同”以及此后的“补充合同”履行引发,因此,应当认为“第二次补充合同”、“第三次补充合同”中的相关约定并没有实质地改变当事人在原“买卖合同”中通过仲裁解决纠纷的意思表示。

本案当事人虽然约定了仲裁条款,但没有约定认定该仲裁条款效力的准据法,因此应当根据当事人约定的仲裁地点——“北京”,即中华人民共和国的法律认定该仲裁条款的效力。该仲裁条款表达了当事人希望将有关纠纷交付仲裁解决的意思表示;有明确的仲裁事项;尽管对仲裁机构“中国国际贸易促进会仲裁委员会”的约定不是十分准确,但可以推定当事人选择的是“中国国际经济贸易仲裁委员会”。该仲裁条款符合《中华人民共和国仲裁法》的有关规定,应当认定为有效。人民法院对本案不享有管辖权。

此复。

最高人民法院关于安徽国泰物业有限公司申请确认仲裁协议效力一案的复函

(2000年8月14日 〔2000〕经监字第200号)

安徽省高级人民法院:

你院〔1999〕皖经监字第008号《关于安徽国泰物业有限公司申请确认仲裁协议效力一案的请示报告》收悉。经研究,答复如下:

本案双方当事人在《商品房购销合同》中明确约定,合同履行中发生争议由当地合同仲裁委员会仲裁。该约定对仲裁事项的表述,符合国务院办公厅《关于贯彻实施〈中华人民共和国仲裁法〉需要明确的几个问题的通知》第四条第一款关于仲裁事项的格式要求,应确认对仲裁事项约定明确。同时,本案双方当事人住所地及合同签订地、履行地、标的物所在地均在安庆市,合同中约定的“当地合同仲裁委员会”应认定为安庆仲裁委员会。故本案仲裁协议有效。原审以仲裁事项和仲裁委员会约定都不明确为由,裁定本案仲裁协议无效不当,应予纠正。

最高人民法院关于仅选择仲裁地点而对仲裁机构没有约定的仲裁条款效力问题的函

（1997 年 3 月 19 日 法函〔1997〕36 号）

浙江省高级人民法院：

你院浙法经字〔1997〕7 号关于朱国珲诉浙江省义乌市对外经济贸易公司国际货物买卖合同纠纷一案中仲裁条款效力的函收悉。经研究，答复如下：本案合同仲裁条款中双方当事人仅约定仲裁地点，而对仲裁机构没有约定。发生纠纷后，双方当事人就仲裁机构达不成补充协议，应依据《中华人民共和国仲裁法》第十八条之规定，认定本案所涉仲裁协议无效，浙江省金华市中级人民法院可以依法受理本案。

最高人民法院关于宁波市北仑利成润滑油有限公司与法莫万驰公司买卖合同纠纷一案仲裁条款效力问题请示的复函

（2013年12月5日　〔2013〕民四他字第74号）

浙江省高级人民法院：

你院〔2013〕浙立他字第45号《关于宁波市北仑利成润滑油有限公司与法莫万驰公司买卖合同纠纷一案仲裁条款效力问题的请示》收悉。经研究，答复如下：

宁波市北仑利成润滑油有限公司与法莫万驰公司（Formal Venture Corp.）于2013年2月1日订立的《销售和购买沥青岩合同》第十一条约定："任何各方之间所产生的或有关的建设、意义和操作或违反本合同效力的所有争议或分歧应通过仲裁在北京解决，国际商会的仲裁规则（ICC）和依据其所作的裁决对双方当事人具有约束力。仲裁庭应依据中华人民共和国法律，并应以华语进行。……"该约定表明，双方当事人在合同中约定了适用国际商会仲裁规则进行仲裁，因此应当按照订立合同时有效的国际商会仲裁规则来确定本案仲裁条款是否约定了仲裁机构。2012年1月1日生效的国际商会仲裁规则第六条第二款规定，"当事人同意按照仲裁规则进行仲裁，即接受由仲裁院对该仲裁进行管理"，故国际商会仲裁院对仅约定适用其规则但未同时约定其他仲裁机构仲裁的合同争议具有管辖权。本案当事人约定适用国际商会仲裁规则但未同时约定其他仲裁机构进行仲裁，应当认为当事人的约定属于"按照约定的仲裁规则能够确定仲裁机构"的情形，你院拟依据《中华人民共和国仲裁法》第十六条、第十八条之规定以当事人没有约定仲裁机构认定本案仲裁条款无效的意见不妥。

此复。

最高人民法院关于订有仲裁条款的合同一方当事人不出庭应诉应如何处理的复函

（2008 年 3 月 26 日 〔2008〕民四他字第 3 号）

山东省高级人民法院：

你院《关于订有仲裁条款的合同一方当事人不出庭应诉应如何处理的请示》收悉。经研究，答复如下：

根据《中华人民共和国和民事诉讼法》第一百一十一条第（二）项、第二百五十七条第一款关于订有仲裁条款的当事人不得向人民法院起诉的规定，应当告知原告向仲裁机构申请仲裁。你院受理后发现有仲裁条款的，应先审查确定仲裁条款的效力。如仲裁条款有效，被告经合法传唤未答辩应诉，不能据此认为其放弃仲裁并认定人民法院取得管辖权。如果本案所涉及仲裁条款有效、原告仍坚持起诉，你院应驳回原告的起诉。

同意你院的倾向性意见。

附：

山东省高级人民法院关于订有仲裁条款的合同一方当事人不出庭应诉应如何处理的请示

（2007 年 9 月 6 日）

最高人民法院：

我院在近期审理的涉外合同纠纷案件中，合同当事人在合同中订立有仲裁条款，一方当事人向人民法院起诉，人民法院对另一方当事人依法送达诉讼文书和合法传唤后，其未到庭参加诉讼，也未应诉答辩，人民法院如何处理。我院审委会在研究中存在不同意见，现将研究意见汇报如下：

第一种意见认为，根据《中华人民共和国民事诉讼法》第二百四十五条的规定和最高人民法院的相关司法解释，对于当事人在合同中订立有仲裁条款的，一方当事人起诉，人民法院在两种情况下才能对案件具有管辖权：一是仲裁条款被认定无效，且要逐级报请最高人民法院批准后，人民法院方能对案件具有管辖权；二是另一方当事人在答辩期内进行了实质性答辩，人民法院可以当事人放弃仲裁条款对案件行使管辖权。而当事人既不应诉也不答辩的，人民法院对该案件不具有管辖权。

第二种意见认为,人民法院依法送达诉讼文书后,当事人未答辩也未到庭参加诉讼,未对人民法院行使管辖权提出异议,应视为人民法院取得案件的管辖权。

审委会倾向第一种意见。

以上意见当否,请指示。

最高人民法院关于清华同方股份有限公司、清华同方光盘股份有限公司申请撤销(2002)贸仲裁字第0095号仲裁裁决一案的请示的复函

(2003年2月28日 〔2003〕民四他字第2号)

北京市高级人民法院:

你院京高法〔2003〕6号《关于清华同方股份有限公司、清华同方光盘股份有限公司申请撤销(2002)贸仲裁字第0095号仲裁裁决一案的请示》收悉。经研究,答复如下:

一、关于本案的性质问题,同意你院请示报告中对该问题的第二种意见,即本案属于涉外仲裁案件。

本案一方当事人鱼谷由佳系旅日华侨,其经常居住地在日本,此类案件在性质上类似于涉及香港、澳门、台湾地区的当事人的案件,即当事人国籍虽然是中国国籍,但考虑到客观上存在涉外因素,应作为涉外案件处理。

二、对于清华同方光盘股份有限公司是否已经接受了仲裁庭的管辖问题,同意你院请示报告中对该问题的第二种意见,即应视为清华同方光盘股份有限公司接受了仲裁庭的管辖,其无权对仲裁庭的管辖权再提出异议。

本案中,清华同方光盘股份有限公司并非《赠予及相关领域合作合同》的当事人,《赠予及相关领域合作合同》中的仲裁条款对其并不当然产生约束力。但鱼谷由佳基于清华同方光盘股份有限公司承继了《赠予及相关领域合作合同》中的当事人清华大学光盘国家工程研究中心的权利义务,以清华同方光盘股份有限公司为被申请人提起仲裁,清华同方光盘股份有限公司作为当事人参加了仲裁,进行了实体答辩,且至仲裁庭最终作出仲裁裁决,其未就管辖权问题提出异议。根据上述事实以及《中国国际经济贸易仲裁委员会仲裁规则》第六条、第七条、第五十一条的规定,同时为了维护经济秩序稳定,减少当事人不必要的讼累,应该认定清华同方光盘股份有限公司接受了仲裁庭对本案的管辖,且其已丧失了再对仲裁庭管辖权提出异议的权利。

此复。

北京市高级人民法院《关于清华同方股份有限公司、清华同方光盘股份有限公司申请撤销(2002)贸仲裁字第0095号仲裁裁决一案的请示》

(2003年1月15日　京高法〔2003〕6号)

最高人民法院:

我市第二中级人民法院受理了清华同方股份有限公司、清华同方光盘股份有限公司申请撤销中国国际经济贸易仲裁委员会〔2002〕贸仲裁字第0095号仲裁裁决一案。经我院审查认为,该案所涉及的问题属于司法实践中争议较大且具有一定的代表性,故特向贵院请示。现将该案有关情况报告如下:

一、案件基本事实

1999年3月6日,清华同方股份有限公司(以下简称同方股份)、清华大学光盘国家工程研究中心(以下简称光盘中心)与鱼谷由佳(旅日华侨,长居日本)三方签订《赠予及相关领域合作合同》,约定:三方在中国信息数字化、集约化领域开展广泛、深入的多种形式的合作,包括鱼谷由佳向同方股份、研究中心无偿赠送先进的科研开发、制作、生产和应用设备。合同约定,鱼谷由佳向研究中心赠送DVD制作及部分应用系统设备,向同方股份赠送DVD生产设备。合同第21条约定:"本合同履行过程中发生争议,双方应通过友好协商解决。协商不成,任何一方可提交中国国际贸易经济仲裁委员会按照该会的《仲裁规则》进行仲裁解决。仲裁裁决是终局的,对各方具有约束力。在仲裁过程中,除有争议的部分外,本合同的其他内容应继续履行";合同第26条第5款约定:"甲方(鱼谷由佳)赠予乙方(光盘中心)的机器设备,在乙方改制建设成为清华同方光盘股份有限公司(以下简称光盘股份)后,视为甲方赠予清华同方光盘股份有限公司的机器设备。本合同中乙方所有的未尽事宜,由清华同方光盘股份有限公司继续完成。"

光盘中心是在国家"八五"期间,由国家计委批准投资,依托于清华大学的技术力量、隶属于清华大学的一所非法人性质的科研机构,成立于20世纪90年代初,至今仍然挂牌工作。

光盘股份系由清华大学、同方股份、北京印刷学院、北京电影学院、中国音像协会五发起人共同投资,于1999年7月8日成立的股份有限公司。根据中国审计事务所1999年3月30日出具的验资报告,光盘股份注册资本1亿元,其中清华大学出资4400万元,占出资比例的44%;同方股份出资5300万元,占出资比例的53%;其他三方各出资100万元,各占出资比例的1%。在清华大学的出资中,货币资金

1100 万元,实物资产 2000 万元,无形资产 1300 万元,实物资产和无形资产包括光盘中心的财产和技术。

二、仲裁情况

鱼谷由佳认为其履行了赠予义务后,同方股份、光盘中心以及承继光盘中心的光盘股份未按合同约定的内容履行赠予附加义务,已构成违约,于 2001 年 2 月 23 日以同方股份、光盘股份为被申请人,向中国国际经济贸易仲裁委员会申请仲裁。仲裁请求为:撤销对两被申请人的赠予,由被申请人返还财产,赔偿损失。

根据 2000 年 10 月 1 日起施行的《仲裁规则》,仲裁委员会主任指定王家福为首席仲裁员,鱼谷由佳选定仲裁员江平,同方股份、光盘股份选定仲裁员曹家瑞,于 2001 年 5 月 25 日组成仲裁庭,分别于 2001 年 8 月 21 日、11 月 1 日两次开庭审理。期间,两被申请人均出庭答辩,并均未对仲裁庭的管辖权提出异议。

2003 年 3 月 29 日,仲裁庭作出裁决:第一,撤销《赠予及相关领域合作合同》,由两被申请人返还申请人 400 万美元,其中第一被申请人返还申请人 280 万美元,第二被申请人返还申请人 120 万美元;第二,驳回申请人其他仲裁请求;第三,仲裁费负担(略)。

2002 年 4 月 15 日,光盘股份针对上述裁决向仲裁庭提出补充裁决申请,认为仲裁裁决有漏裁事项,申请补充裁决鱼谷由佳未向光盘中心交付及赠予后又实际收回的设备、软件、面板式终端。仲裁庭对该申请未予答复。

三、申请撤销仲裁裁决及答辩的主要理由

申请人同方股份和光盘股份均提出撤销该仲裁裁决的申请,其共同的理由是:

1. 仲裁庭以突袭的方式剥夺了同方股份、光盘股份就案件的关键事实直接陈述主张的权利,使裁决书所依据的关键事实未经过任何审理、质证和辩论。在仲裁过程中,当事人始终是围绕《赠予及相关领域合作合同》的商业目的——设立数字媒体信息网络公司进行辩论的,仲裁庭从未要求当事人对《赠予及相关领域合作合同》的其他目的进行评述或发表意见。但在裁决书中,仲裁庭一方面认定设立数字媒体信息网络公司的商业目的有悖合同性质,并因此确认该行为不是同方股份、光盘股份的合同义务,否定了仲裁申请人将实施数字媒体信息网络公司计划作为合同目的的主张;另一方面,又认定同方股份和光盘股份因未履行合同约定的重要义务,即赠予附加义务,导致赠予目的落空,并据此裁决仲裁被申请人分别承担赔偿责任。显然,仲裁庭所称的"赠予目的"不是指仲裁被申请人所述的实施数字媒体信息网络计划。那么,裁决书所称的"落空的赠予目的"又是什么呢?仲裁庭就是在未确定或明示《赠予及相关领域合作合同》的目的究竟是什么,以及这个目的如何落空的情况下,裁决同方股份和光盘股份为此承担赔偿责任的。仲裁庭对据以确定民事责任的"其他目的"不予庭审而放任当事人无意义争论,在裁决书中又将"其他目的"作为确定民事责任唯一依据的做法属于“仲裁突袭”行为，该行为完全剥夺了同方股份、光盘股份对于“其他目的”的内容及是否落空这一关键事实所应享有的被告知、提供证据、进行辩论和提出主张的权利。

2. 仲裁庭对于仲裁申请人未主张的权利超范围裁决。仲裁申请人是基于商业合作关系而非赠予关系而要求同方股份承担违约责任，光盘股份承担连带责任的。除此之外，仲裁申请人没有提出要求仲裁被申请人承担任何其他违约责任的请求。但仲裁庭却裁决同方股份和光盘股份承担违反赠予关系中赠予附加义务的民事责任，因而属于超范围裁决，并在实质上剥夺了同方股份、光盘股份对于裁决所依据的事实进行陈述与辩论的权利。

另，申请人光盘股份单独提出的撤销仲裁裁决理由：

1. 在无仲裁协议的情况下，仲裁庭对光盘股份作出裁决。本案涉及的《赠予及相关领域合作合同》是鱼谷由佳与光盘中心、同方股份签订的合同，光盘股份不是合同的当事人。光盘股份与光盘中心是两个不同的主体，且合同签订时，光盘股份尚未成立，因而合同中的仲裁条款并不当然约束光盘股份。光盘股份从未与光盘中心、同方股份或鱼谷由佳签订过任何有关受让光盘中心在《赠予及相关领域合作合同》下的权利义务的协议、合同、备忘录或其他形式的文件。

2. 鉴于仲裁裁决对鱼谷由佳未交付的设备及鱼谷由佳已收回部分设备这一重大事实未作认定，但又裁决仲裁被申请人就该部分设备向鱼谷由佳支付借款，故光盘股份要求仲裁庭就漏裁事项补充裁决。按照 2000 年 10 月 1 日《仲裁规则》第 62 条的规定，仲裁庭应当自收到补充仲裁申请之日起 30 天内作出补充裁决，但至今仲裁庭仍未给予任何答复。

综上，同方股份、光盘股份请求依据《仲裁法》第 58 条第 3 款、第 70 条的规定，撤销(2002)贸仲裁字第 0095 号仲裁裁决。

被申请人鱼谷由佳的主要答辩理由：

1. 光盘股份所称仲裁庭在没有仲裁协议的情况下对光盘股份作出裁决的理由不能成立

(1)仲裁申请书中将光盘股份和光盘中心列为同一主体，并标明光盘股份原名为光盘中心。在仲裁申请书中已专门对二者为同一主体的理由进行了叙述，对此光盘股份在仲裁过程中未提出任何异议，并以光盘中心承继者的身份作为合同主体参加了仲裁全过程。

(2)光盘股份是光盘中心改制的产物，此点在有关改制文件中已有描述，光盘中心在《赠予及相关领域合作合同》第 26 条中也有明确的态度。同时光盘股份对赠予合同履行的态度和行为以及其多次向仲裁庭提交的答辩状也表明了光盘股份已确认了其承继光盘中心在《赠予及相关领域合作合同》中的权利义务。

(3)在仲裁过程中,光盘股份从未对其作为仲裁当事人的身份提出过异议,并进行了实质性答辩,两次出庭参加仲裁审理。因而已实际接受了仲裁管辖。

(4)《仲裁法》规定,当事人对仲裁协议效力有异议的,应当在首次仲裁开庭前提出。《仲裁规则》第 7 条规定:"凡当事人同意将争议提交仲裁委员会仲裁的,均视为同意按照本仲裁规则进行仲裁";第 51 条规定:"一方当事人知道或者应当知道本仲裁规则或者仲裁协议中规定的任何条款或事由未被遵守,但仍然参加仲裁程序或者继续进行仲裁程序而且不对此不遵守情况及事由明示提出书面异议的,视为放弃提出异议的权利。"

2. 仲裁庭仲裁程序合法,并不存在任何违反仲裁规则、剥夺当事人陈述权利,致使其未能申辩的问题。双方当事人在仲裁庭审时已就赠予及相关领域合作的所有事实和法律问题进行了充分的陈述,对相关证据进行了质证,仲裁庭对当事人争执焦点进行了专门审理,庭后仲裁庭还要求双方当事人提交书面意见,裁决前仲裁庭还要求双方当事人提交最后陈述意见,因而申请人所言无事实根据。

3. 裁决未超出仲裁申请范围。《赠予及相关领域合作合同》是附义务的赠予合同,因光盘股份和同方股份违约,因而我方决定撤销赠予,由对方返还财产并赔偿损失。鉴于赠予物已无法返还,故要求对方偿还相应的价款。整个仲裁始终是围绕上述请求进行,并未超出仲裁协议和仲裁申请的范围。

四、我院审核意见

本案存在两个焦点问题:

1. 本案被申请人鱼谷由佳是持中国护照的自然人,经常居住地为日本东京,本案的性质是属于国内仲裁,还是涉外仲裁;

2. 光盘股份不是仲裁协议的签订人,但其自始至终参加了仲裁,对仲裁庭的管辖权未提出过异议,并向仲裁庭提出了补充仲裁申请,能否据此认定其已经接受了仲裁庭的管辖。

(1)关于本案的性质

如何认定自然人属于国内主体、涉外主体。我院存在两种意见:

第一种意见认为,应当依据自然人国籍认定其主体性质。鱼谷由佳持中国护照,为中国国籍,本案属国内仲裁案件,应当依据《仲裁法》第 58 条的规定进行审查。

第二种意见认为,单纯依据国籍认定自然人主体性质有失偏颇。虽然鱼谷由佳持中国护照,但其经常居住地为日本东京,按照国际上通常的做法,本案属涉外仲裁案件,应当依据《仲裁法》第 70 条的规定进行审查。

(2)光盘股份是否已经接受了仲裁庭的管辖

我院亦存在两种不同的意见:

第一种意见认为,仲裁协议必须是明示的。光盘股份不是仲裁协议的签订人,且光盘股份与光盘中心不是同一主体，因而不能以光盘股份参加了仲裁并未对仲裁管辖提出异议，就认定光盘股份已在事实上成为仲裁协议的一方当事人。故仲裁庭无权对光盘股份作出裁决。

第二种意见认为，在仲裁过程中，光盘股份从未对其作为仲裁协议的一方表示过任何异议，且在仲裁裁决后，光盘股份又向仲裁庭提出了补充裁决申请。光盘股份以其行为表明其在事实上已经接受了仲裁庭管辖，仲裁庭有权对光盘股份作出裁决。另，本案在合同签订时光盘股份虽未成立，但合同第26条第5款已约定，待合同签订人光盘中心改制成为光盘股份后，已赠予光盘中心的设备视为赠予光盘股份的设备，光盘中心所有未尽事宜由光盘股份继续完成。本案事实是，光盘股份实际接受了赠予，并以受赠人一方当事人的身份参加了仲裁。

上述两个问题在审判实践中均具有一定的代表性，且认识上存在较大分歧。故特向贵院请示。

最高人民法院关于当事人对仲裁协议的效力提出异议由哪一级人民法院管辖问题的批复

（2000年7月20日　法释〔2000〕25号）

山东省高级人民法院：

你院鲁高法〔1998〕144号《关于当事人对仲裁协议的效力有异议应该向何人民法院请求作出裁定以及人民法院如何作出裁定的请示》收悉。经研究，答复如下：

关于请示的第一个问题，当事人协议选择国内仲裁机构仲裁后，一方对仲裁协议的效力有异议请求人民法院作出裁定的，由该仲裁委员会所在地的中级人民法院管辖。当事人对仲裁委员会没有约定或者约定不明的，由被告所在地的中级人民法院管辖。

关于请示的第二个问题，我院法释〔1998〕27号批复已有明确规定，在此不再答复。

此复。

最高人民法院关于指定上海海事法院管辖与中国海事仲裁委员会上海分会相关的海事仲裁司法审查案件的通知

（2005 年 5 月 27 日　法〔2005〕66 号）

辽宁省、山东省、湖北省、浙江省、福建省、广东省、海南省、广西壮族自治区、天津市、上海市高级人民法院，各海事法院：

经上海市司法局批准并登记，中国海事仲裁委员会上海分会于 2003 年 1 月 8 日在上海市正式挂牌成立并开始受理海事仲裁案件。为了明确相关案件的管辖分工，加强海事仲裁司法监督工作，方便当事人诉讼，根据《中华人民共和国民事诉讼法》、《中华人民共和国仲裁法》和《中华人民共和国海事诉讼特别程序法》的有关规定，通知如下：

指定上海海事法院管辖涉及中国海事仲裁委员会上海分会的海事仲裁协议效力的案件和申请撤销其海事仲裁裁决的案件。

特此通知。

最高人民法院关于福建省生产资料总公司与金鸽航运有限公司国际海运纠纷一案中提单仲裁条款效力问题的复函

（1995 年 10 月 20 日　法函〔1995〕135 号）

广东省高级人民法院：

你院〔1994〕粤法经二上字第 146 号请示收悉，经研究，现答复如下：

涉外案件，当事人事先在合同中约定或争议发生后约定由国外的临时仲裁机构或非常设仲裁机构仲裁的，原则上应当承认该仲裁条款的效力，法院不再受理当事人的起诉。

本案上诉人福建省生产资料总公司虽然不是租船合同和海上货物运输合同的签约人，但其持有承运人签发的含有合并租约和仲裁条款的提单，并明示接受该仲裁条款，因此，该条款对承运人和提单持有人均有约束力。此案中，我国法院应承认该临时仲裁条款的效力。

六、撤销仲裁裁决的相关司法解释

（一）无仲裁协议被撤销的复函

最高人民法院关于成都优邦文具有限公司、王国建申请撤销深圳仲裁委员会（2011）深仲裁字第601号仲裁裁决一案的请示的复函

（2013年3月20日 〔2013〕民四他字第9号）

广东省高级人民法院：

你院（2012）粤高法仲复字第2号《关于成都优邦文具有限公司、王国建申请撤销深圳仲裁委员会（2011）深仲裁字第601号仲裁裁决一案的请示》收悉。经研究，答复如下：

本案系当事人申请撤销我国仲裁机构作出的涉港仲裁裁决的案件。案涉担保合同没有约定仲裁条款，仲裁庭关于主合同有仲裁条款，担保合同作为从合同应当受到主合同中仲裁条款约束的意见缺乏法律依据。仲裁庭对没有约定仲裁条款的担保合同进行审理并作出裁决，担保人王国建申请撤销该仲裁裁决中涉及其作为担保人部分的裁项的理由成立。鉴于王国建与祈祥、陈建军系共同保证人，三者具有共同的法律地位，且关于该三人责任的裁决共同表述在裁决书第（四）项中，人民法院宜将该裁项作为一项不可分的裁决予以撤销。

综上，根据《中华人民共和国仲裁法》第七十条、《中华人民共和国民事诉讼法》第二百七十四条第一款第（一）项之规定，案涉裁决书第（四）项以及第（六）项中关于王国建、祈祥与陈建军共同承担仲裁费用的内容应予撤销。

此复。

附：

广东省高级人民法院关于成都优邦文具有限公司、王国建申请撤销深圳仲裁委员会（2011）深仲裁字第601号仲裁裁决一案的请示

（2012年11月28日 〔2012〕粤高法仲复字第2号）

最高人民法院：

广东省深圳市中级人民法院（以下简称深圳中院）受理成都优邦文具有限公司（以下简称成都优邦公司）、王国建申请撤销涉外仲裁裁决一案，拟裁定撤销深圳仲裁委员会于2011年9月8日作出的（2011）深仲裁字第601号裁决书。根据《最高人民法院关于人民法院撤销涉外仲裁裁决有关事项的通知》（法〔1998〕40号）的规定，深圳中院上报我院审查。经审查，我院部分同意深圳中院意见，现按上述通知要求特向钧院请示。

一、当事人的基本情况

申请人（仲裁第一被申请人）：成都优邦文具有限公司。住所地：四川省成都市双林路。

法定代表人：王国建，该公司总经理。

申请人（仲裁第二被申请人）：王国建，住湖南省汨罗市黄柏集镇。

被申请人（仲裁申请人）：友邦胶袋印制有限公司。住所地：香港特别行政区新界葵涌葵昌路。

仲裁第三被申请人：祈祥，住江苏省滨海县。

仲裁第四被申请人：陈建军，住江西省九江市浔阳区。

二、当事人申请撤销仲裁裁决的理由及答辩

成都优邦公司、王国建不服（2011）深仲裁字第601号裁决书（以下简称601号裁决书），依据仲裁法的规定，申请撤销该仲裁裁决。理由：1. 仲裁裁决对没有约定仲裁条款的担保书进行裁决不当。（1）《担保书》中没有关于仲裁条款的约定，事后当事人各方也无仲裁协议。601号裁决书裁决《担保书》中的担保人王国建、祈祥、陈建军承担连带责任违反仲裁法律规定，属于撤销仲裁裁决法定理由中的“没有仲裁协议的”情形。（2）仲裁程序是当事人意思自治的充分体现，不同于人民法院的强制管辖。仲裁机构对任何当事人均不具有强制管辖的权利，只有人民法院可以行使相应的司法强制管辖权。（3）仲裁程序中被申请人王国建于2011年4月提出管辖权异议时，仲裁庭根据主从合同关系判定《商标使用许可合同》之仲裁条款对另外一份合同《担保书》具有约束力。仲裁程序中的王国建在第一次开庭时也再次郑重提出管辖权异议问题，而仲裁庭不予认可，此实为仲裁庭适用法律错误。（4）本案中

仲裁委员会认为主合同与担保合同主从法律关系成立，所以主合同中有仲裁条款，担保合同亦适用之，但现行法律、法规或者司法解释中没有明确规定主合同中有仲裁条款，从合同就当然适用该仲裁条款。仲裁委员会受理和处理本案，并裁决由三个担保人承担连带偿还责任没有法律依据，其裁决结果违法。综上所述，深圳仲裁委员会对《担保书》中没有约定仲裁条款的担保人行使仲裁管辖权并裁决担保人承担连带责任是违反仲裁法的，人民法院应当依法撤销。2. 仲裁程序中友邦胶袋印制有限公司（以下简称友邦公司）隐瞒了足以影响公正裁决的证据：(1)深圳长友塑料制品有限公司（以下简称深圳长友公司）的"工商登记资料"中的重要证据。(2)"《商标使用许可合同》解除通知"，造成仲裁庭不能认定《商标使用许可合同》早已经终止的事实，作出错误裁决。(3)友邦公司蓄意隐瞒本案另一重要证据《关于解除〈合同书的通知〉》，影响了本案的公正裁决。3. 仲裁庭违反仲裁规则。(1)故意无视重要证据的收集，甚至不顾庭审记录的事实，违规裁决。(2)仲裁员违背《仲裁规则》第五条中的应当根据事实裁决的原则，枉法裁决，无视法律，避重就轻，导致裁决与事实严重不符。综上，601 号裁决书对没有仲裁约定的《担保书》进行裁决，仲裁程序中友邦公司隐瞒了足以影响公正裁决的证据，仲裁庭违背仲裁规则进行裁决，且枉法裁决，特申请人民法院依法撤销该裁决，以维护成都优邦公司的正当权益。

被申请人友邦公司答辩称：(1)深圳仲裁委对《商标使用许可合同》和附属《担保书》纠纷都有管辖权。(2)友邦公司从未解除《商标使用许可合同》，不存在隐瞒证据的事实。(3)本案不存在可以撤销仲裁裁决法定事由。申请人成都优邦公司认为仲裁裁决不公正，不属于申请撤销仲裁裁决案件的审查范围。本案所涉仲裁裁决属涉港仲裁，应根据《中华人民共和国仲裁法》第七十条的规定进行审查。综上，请求依法裁定驳回成都优邦公司的撤裁申请。

三、案件的基本事实

1. 2007 年 2 月 1 日，友邦公司与成都优邦公司签订一份《商标使用许可合同》。合同约定友邦公司将已注册的"YOBO 优邦"许可成都优邦公司使用；许可使用的时间为 5 年，自 2007 年 1 月 1 日起至 2011 年 12 月 21 日止。许可使用的商品限于经济型文具产品，具体产品范围由成都优邦公司与深圳长友公司商议。友邦公司授权深圳长友公司监督成都优邦公司使用注册商标的商品质量。许可使用商标为有偿使用，按固定使用费和销售额比例提成相结合的原则支付商标使用费，具体费用如下：2007 年最低销售额 1000 万元固定使用费 20 万元、2008 年最低销售额 2000 万元固定使用费 40 万元、2009 年最低销售额 4000 万元固定使用费 80 万元、2010 年最低销售额 6000 万元固定使用费 120 万元、2011 年最低销售额 1 亿元固定使用费 200 万元，如成都优邦公司当年度销售额超过上述最低销售额时，友邦公司对超过部分按 2% 的标准在收取固定使用费的基础上另行收取提成使用费,该费用在年度结束后1个月内支付;如成都优邦公司未能按约支付商标使用费,按迟付金额日5‰的标准向友邦公司支付违约金,超过2个月时,友邦公司有权单方解除合同。纠纷解决方式,由双方先行协商,协商不成时,双方一致同意将争议提交到深圳仲裁委员会并按该会仲裁规则处理。友邦公司方由麦灿枝在该合同上签字并加盖小圆印鉴。

2. 2007年2月7日,第二、三、四被申请人王国建、祈祥、陈建军共同签署一份《担保书》,就本案合同共同为成都优邦公司向友邦公司提供担保。担保范围包括支付商标使用费、产品质量保证、经济赔偿金、承担违约责任等所有法律事项,保证责任为连带保证责任。王国建、祈祥、陈建军三人均在该《担保书》上签名。

3. 国家工商总局商标局向友邦公司颁发《商标注册证》,注册有效期限为2003年8月21日至2013年8月20日。

4. 2007年2月1日,成都优邦公司与深圳长友公司签订一份《合同书》。约定:该双方当事人均获得友邦公司的该项商标使用许可权,但成都优邦公司被授权的产品范围仅限于经济型产品;成都优邦公司自行选择生产商生产经济型产品,同等条件下应当优先选择深圳长友公司作为该类产品供应商;成都优邦公司生产销售产品所发生的债权债务自行承担;若成都优邦公司因违约被取消商标使用权或者《商标使用许可合同》终止时,成都优邦公司的区域市场应当配合深圳长友公司进行良性交接,并提交相应渠道和市场财务数据,以便于该方后续运作,同时该方不支付任何费用。该合同有效期为5年,自2007年1月1日起至2011年12月31日止。

5. 经仲裁庭庭审查明,友邦公司注册商标和条码通过深圳长友公司交给成都优邦公司。

6. 2007年7月,深圳长友公司出具一份《收据》,该收据显示:兹收到成都优邦公司交来人民币20万元,该款系付经济型品牌使用费:祁祥66,667元、陈建军66,667元、王国建66,666元。该收据加盖了深圳长友公司的财务专用章。仲裁庭庭审查明,友邦公司在仲裁申请书上确认的其收到的2008年度部分使用费人民币66,666元也是由深圳长友公司收取的。

7. 2008年10月28日,深圳长友公司向成都优邦公司发出一份《关于解除〈合同书〉的通知》。该通知内容如下:因贵公司严重违约,友邦公司已于2008年10月27日通知解除贵公司签订的《商标使用许可合同》,终止"YOBO 优邦"注册商标使用许可权,我公司依据合同第九条规定,即日起解除与贵公司2007年2月1日签订的《合同书》,请贵公司依据合同规定进行市场交接工作。本通知一式两份,一份以特快专递邮寄给贵公司,一份我公司留存。深圳长友公司加盖了公章。

8. 根据2011年3月4日深圳市市场监督管理局注册登记信息查询单显示,深圳长友公司的股东为香港友邦胶袋印制公司和深圳长龙华科技实业有限公司。仲裁庭庭审查明,友邦公司系香港注册的公司,在大陆没有注册成立自己的经营或办事机构，注册商标使用许可合同的履行均是通过其在深圳设立的合资公司深圳长友公司进行。

9. 成都优邦公司出具一份2011年3月22日四川省成都市国力公证处签署的一份《公证书》。该公证事项为证据保全，证明在该日的电脑操作中，在“http://www. youbang. com”网页上显示的是申请人的名称和商品图片，在“http://www. youbang. com. cn”网页上显示的是深圳长友公司的名称和宣传友邦公司注册商标的公司介绍及商品图片。

10. 仲裁庭庭审查明，合同履行中，友邦公司没有以自己的名义进行过任何行为。对于成都优邦公司欠缴的2008年度部分、2009年度、2010年度及2011年度的商标使用费，友邦公司未能举证证明其进行过联系和催缴。

11. 友邦公司依据2007年2月1日其与成都优邦公司签订的《商标使用许可合同》中约定的仲裁条款，于2011年1月向深圳仲裁委员会提出仲裁申请，请求裁决：(1)成都优邦公司与友邦公司终止履行双方签订的《商标使用许可合同》，成都优邦公司立即停止使用友邦公司的注册商标；(2)成都优邦公司支付友邦公司商标使用费人民币4, 333, 334元，违约金2, 774, 001元（暂计至2011年2月1日止，按迟付金额日2‰的标准计算），违约金以后仍按以上标准计算到成都优邦公司付清全部商标使用费之日止；(3)成都优邦公司支付友邦公司因本案所产生的律师费60, 000元；(4)第二、三、四被申请人王国建、祁祥、陈建军对上列第(1)、(2)、(3)项成都优邦公司应支付给友邦公司的款项承担连带清偿责任；(5)由成都优邦公司、王国建、祁祥、陈建军四被申请人承担全部仲裁费。深圳仲裁委员会受理了该商标使用许可合同纠纷案，受理案号为深仲涉外受字(2011)第9号，审理程序适用2008年1月1日起施行的《深圳仲裁委员会仲裁规则》（以下简称《仲裁规则》）。

2011年4月11日，王国建向仲裁庭提出《无管辖异议申请书》，认为：王国建并不是《商标使用许可合同》中的当事人，并不受该合同中仲裁条款的约束，王国建即使出具了《担保书》，但该《担保书》上并没有约定由仲裁委员会对争议进行管辖。因此，《商标使用许可合同》中约定的仲裁管辖对王国建无效，仲裁委员会不能强制管辖。仲裁庭对王国建提起的管辖权异议进行审查后认为：《担保书》明确表明是为《商标使用许可合同》中的相关事宜进行担保。从合同关系上看，《担保书》是《商标使用许可合同》的从合同，依据主从合同关系，《商标使用许可合同》中的仲裁条款对《担保书》的签订方具有约束力。综上，仲裁庭依据《中华人民共和国仲裁法》第二十条之规定，作出深仲涉外受字(2011)第9号管辖权异议决定书，驳回王国建关于案件管辖权的异议。

深圳仲裁委员会对案件进行了审理，祈祥、陈建军两本申请人经仲裁委员会依法通知，无正当理由拒不到庭，也不答辩，视为自动放弃抗辩的权利。仲裁庭于2011年9月8日作出601号裁决书，裁决如下：(1)终止友邦公司与成都优邦公司的《商标使用许可合同》;(2)成都优邦公司向友邦公司支付欠交的商标使用费人民币3,666,666元;(3)成都优邦公司向友邦公司支付律师费人民币30,000元;(4)王国建、祁祥、陈建军对成都优邦公司的上述支付义务承担连带清偿责任;(5)驳回友邦公司的其他仲裁请求;(6)本案仲裁费人民币83,689元,由友邦公司承担41,845元,成都优邦公司、王国建、祁祥、陈建军四位被申请人共同承担41,844元。仲裁费友邦公司已预交,成都优邦公司、王国建、祁祥、陈建军四位被申请人承担之数径付友邦公司。上述款项,成都优邦公司、王国建、祁祥、陈建军应当自本裁决书送达之日起7日内履行完毕。

四、深圳中院的审查处理意见

深圳中院经审查认为,601号裁决书为涉港仲裁裁决,故应依照《中华人民共和国仲裁法》第七十条及《中华人民共和国民事诉讼法》第二百五十八条之规定进行审查。根据《中华人民共和国民事诉讼法》第二百五十八条规定的可以撤销仲裁裁决的几种情形,成都优邦公司申请撤销仲裁裁决的理由,包括《担保书》中没有约定仲裁条款,仲裁对担保事宜进行审理并裁决属于无权仲裁;友邦公司隐瞒了足以影响裁决的证据;仲裁庭未依法主动收集证据、未公正裁决,属枉法裁决,违反了《仲裁规则》。对于成都优邦公司上述的第2、3点申请撤销仲裁裁决的理由,因其不属于《中华人民共和国民事诉讼法》第二百五十八条规定的可以撤销仲裁裁决的情形,不属于审查范围,不宜进行审查。

对于仲裁庭对无约定仲裁条款的《担保书》进行审理并作出裁决,是否属于无权仲裁或超越仲裁协议范围的问题,原审对此认为:案件所涉的《商标使用许可合同》与《担保书》虽然有主从关系,但两个合同的签约主体不同,保证人王国建、祁祥、陈建军并非是《商标使用许可合同》的签约主体,且《担保书》中并未约定该保证合同受主合同《商标使用许可合同》的仲裁条款约束。而仲裁是建立在当事人有真实有效的仲裁协议的基础上的,只有经当事人明示授权,仲裁庭才能取得处理纠纷的权力;且对于仲裁协议的形式,一般均要求是书面的形式。在主合同中有仲裁条款,而担保合同中没有仲裁条款的情况下,从仲裁协议必须明确且采用书面形式的要求来讲,无法推定担保人默示接受主合同中的仲裁条款,因此,不能认定主合同的仲裁条款对担保合同有约束力。由此,仲裁庭对没有约定有仲裁条款且没有约定受主合同的仲裁条款约束的担保合同进行审理并作出裁决,是欠缺依据的,其对《担保书》所涉事项进行裁决,裁决事项超出了《商标使用许可合同》中约定的仲裁条款的范围,对此应予以纠正。对其超裁部分的担保事项应予以撤销。同时,601号裁决书的第(六)项裁决,本案仲裁费人民币83,689元,由申请人承担41,845元,四位被申请人成都优邦公司、王国建、祁祥、陈建军共同承担41,844元。仲裁费申请人友邦公司已预交,四位被申请人成都优邦公司、王国建、祁祥、陈建军承担之数径付申请人友邦公司。该有关仲裁费用承担的裁决内容因要求成都优邦公司、王国建、祁祥、陈建军四方共同承担部分仲裁费用,该共同承担费用的责任是不可分的,故该部分的仲裁内容是不能分开的,由此导致本案的仲裁裁决应予以全部撤销。

综上,601 号裁决书对没有约定仲裁条款的《担保书》进行裁决,超出了仲裁协议约定的范围,且其裁决部分仲裁费用由成都优邦公司、王国建、祁祥、陈建军四方共同承担,该部分裁决内容不能分开,致使 601 号裁决书应予以全部撤销。成都优邦公司、王国建要求撤销 601 号裁决书的此部分理由可以成立,合议庭一致意见认为应裁定撤销深圳仲裁委员会作出的(2011)深仲裁字第 601 号裁决书。

五、我院的审查意见

本案诉讼系成都优邦公司、王国建认为 601 号裁决书超出仲裁范围,要求法院撤销仲裁裁决而提起的撤销之诉。因被申请人友邦公司为在香港特别行政区注册成立的公司法人,故本案为申请撤销涉港仲裁裁决案件,应依照《中华人民共和国仲裁法》第七十条及《中华人民共和国民事诉讼法》第二百五十八条的规定进行审查。

成都优邦公司、王国建提出的友邦公司隐瞒足以影响公正裁决的证据、仲裁庭违反仲裁规则、仲裁庭不以事实为根据进行裁决的撤销仲裁裁决事项均不属于《中华人民共和国民事诉讼法》第二百五十八条规定的人民法院审查仲裁裁决是否应予撤销的法定情形,对其提出的上述撤裁理由法院不予审查。

关于成都优邦公司、王国建提出的《担保书》没有约定仲裁条款,仲裁庭对《担保书》进行审理并作出裁决是否违反法律规定的问题。友邦公司与成都优邦公司于 2007 年 2 月 1 日就友邦公司已注册的商标"YOBO 优邦"许可成都优邦公司使用而签订《商标使用许可合同》,在该合同中双方约定仲裁条款。2007 年 2 月 7 日王国建、祈祥、陈建军就成都优邦公司履行《商标使用许可合同》向友邦公司出具《担保书》,保证责任为连带保证责任。《担保书》未约定仲裁条款。根据《中华人民共和国仲裁法》第十六条的规定,由仲裁委员会裁决争议的意思表示必须以书面形式达成,且该意思表示必须具备法律所规定的要件,方为有效的仲裁协议。在双方未达成仲裁协议的情况下,不能以任何形式推定双方接受仲裁条款约束。本案中《商标使用许可合同》和《担保书》构成主从合同关系,《担保书》作为从合同,依据法律规定,虽在合同效力等方面受到主合同《商标使用许可合同》的制约,但在解决纠纷方式方面,主合同与从合同可分别约定。在《担保书》中当事人没有选择采用仲裁方式解决纠纷,依据自愿仲裁原则,《商标使用许可合同》中的仲裁条款对《担保书》没有约束力。因此,仲裁庭对没有约定仲裁条款的《担保书》进行审理并作出裁决,缺乏法律依据,应予撤销。祈祥、陈建军在深圳仲裁委员会审理期间,无正当理由未到庭亦未答辩,对仲裁机构作出的仲裁裁决亦未提出撤销申请,故应视为其两人对仲裁机构管辖及裁决无异议。

依据《最高人民法院关于我国仲裁机构作出的仲裁裁决能否部分撤销问题的批复》(法释〔1999〕16 号)的规定,王国建对友邦公司的债务承担连带清偿责任与仲裁裁决其他内容是独立可分的,对该部分内容应予撤销;王国建不承担担保责任,相应也不应承担仲裁费用。因王国建对友邦公司承担的是连带保证责任,故在裁决费用的分担上成都优邦公司、王国建、祈祥、陈建军对外并不区分份额,而是应对外全部承担之后再向其他连带责任人追偿。因此,王国建承担的仲裁费用亦可从与其他人共分担的仲裁费用中区分出来。

综上,深圳仲裁委员会(2011)深仲裁字第601号裁决书中关于王国建承担担保责任和仲裁费用的内容符合《中华人民共和国民事诉讼法》第二百五十八条第一款第(一)项规定之情形,且与其他裁决事项可以分开,故对601号裁决书中王国建对友邦公司的债务承担连带清偿责任和应分担仲裁费用部分,应予撤销。

以上意见当否,请批复。

最高人民法院关于申请人美国麦克伦集团国际贸易公司、美国麦克伦集团国际贸易公司北京代表处申请撤销(2008)厦仲裁字第0379号仲裁裁决一案的请示报告的复函

(2009年12月16日 〔2008〕民四他字第43号)

福建省高级人民法院:

你院〔2009〕闽民他字第42号《关于申请人美国麦克伦集团国际贸易公司、美国麦克伦集团国际贸易公司北京代表处申请撤销(2008)厦仲裁字第0379号仲裁裁决一案的请示报告》收悉。经研究,答复如下:

申请人美国麦克伦集团国际贸易公司系在美国注册成立的公司,本案为当事人申请撤销涉外仲裁裁决的案件。本案争议的核心问题是当事人在代理销售合同及补充协议中签订的仲裁协议是否有效。当事人在代理销售合同及补充协议中约定若发生争议协商不成时,"任何一方都有权向所在地的仲裁委员会提出仲裁"。最高人民法院《关于适用〈中华人民共和国仲裁法〉若干问题的解释》第十六条规定:"对涉外仲裁协议的效力审查,适用当事人约定的法律;当事人没有约定适用的法律但约定了仲裁地的,适用仲裁地法律;没有约定适用的法律也没有约定仲裁地或者仲裁地约定不明的,适用法院地法律。"由于本案当事人没有约定确认仲裁协议效力适用的法律,亦未约定明确的仲裁地,依据上述规定,本案应适用法院地法律即我国的法律确认仲裁协议的效力。当事人在仲裁协议中约定的仲裁机构为"所在地的仲裁委员会",但"所在地"是指哪一方当事人所在地不明确,且"所在地"是指当事人位

于的市还是省抑或国家的所在地亦不明确，因此，当事人对于仲裁机构的约定是不明确的，其亦未能达成补充协议。《中华人民共和国仲裁法》第十八条规定："仲裁协议对仲裁事项或者仲裁委员会没有约定或者约定不明确的，当事人可以补充协议；达不成补充协议的，仲裁协议无效。"依据该条规定，本案仲裁协议应认定无效。

且即使将"所在地"确认为当事人所处城市的所在地，而由于在代理销售合同及补充协议上盖章的美国麦克伦集团国际贸易公司北京代表处和厦门市大路通行销有限公司分别位于北京市和厦门市，因此，本案当事人约定的仲裁机构也为两个以上。最高人民法院《关于适用〈中华人民共和国仲裁法〉若干问题的解释》第五条规定："仲裁协议约定两个以上仲裁机构的，当事人可以协议选择其中的一个仲裁机构申请仲裁；当事人不能就仲裁机构选择达成一致的，仲裁协议无效。"第六条规定："仲裁协议约定由某地的仲裁机构仲裁且该地仅有一个仲裁机构的，该仲裁机构视为约定的仲裁机构。该地有两个以上仲裁机构的，当事人可以协议选择其中的一个仲裁机构申请仲裁；当事人不能就仲裁机构选择达成一致的，仲裁协议无效。"由于本案当事人未就仲裁机构选择达成一致，依据上述规定，该仲裁协议亦应认定无效。

综上，本案当事人签订的仲裁协议应认定无效，根据最高人民法院《关于适用〈中华人民共和国仲裁法〉若干问题的解释》第十八条的规定，仲裁协议被认定无效的，视为没有仲裁协议。且本案申请人美国麦克伦集团国际贸易公司北京代表处在仲裁庭首次开庭前已经就仲裁庭的管辖权提出异议。故依照《中华人民共和国仲裁法》第七十条及《中华人民共和国民事诉讼法》第二百五十八条第一款第（一）项的规定，本案仲裁裁决应予撤销。同意你院的请示意见。

另，由于本案仲裁裁决为涉外仲裁裁决，对该仲裁裁决的撤销应适用《中华人民共和国仲裁法》第七十条的规定，厦门市中级人民法院请示意见中援引《中华人民共和国仲裁法》第五十八条的规定是错误的，你院应予以注意。

此复。

附：

福建省高级人民法院关于申请人美国麦克伦集团国际贸易公司、美国麦克伦集团国际贸易公司北京代表处申请撤销（2008）厦仲裁字第0379号仲裁裁决一案的请示报告

（2009年10月16日　〔2009〕闽民他字第42号）

最高人民法院：

美国麦克伦集团国际贸易公司、美国麦克伦集团国际贸易公司北京代表处申请撤销（2008）厦仲裁字第0379号仲裁裁决一案，厦门中级人民法院拟裁定撤销厦门

仲裁委员会厦仲裁字(2008)第0379号《裁决书》,报请我院审查。本院依法组成合议庭,对该案进行了审查,同意撤销该仲裁裁决。现将该案有关情况报告如下:

一、当事人的基本情况

申请人:美国麦克伦集团国际贸易公司(M-C mclane International),住所地:美国德克萨斯圣200林地1400年木材森林湖道。

申请人:美国麦克伦集团国际贸易公司北京代表处,住所地:北京市朝阳区八里庄西里98号住邦2000商务中心3号楼2001A。

被申请人:厦门市大路通行销有限公司,住所地:厦门市湖里区高崎机场航空旧货站。

二、仲裁情况

申请人美国麦克伦集团国际贸易公司与被申请人厦门市大路通行销有限公司于2007年4月8日签订的《G'NECTAR(吉耐特)区域代理销售合同》第十二条第二款规定:"履行本合同发生争议的,双方应当本着友好协商的原则解决。协商不成的,任何一方都有权向所在地的仲裁委员会提出仲裁";《补充协议》第五条规定:"履行合同与补充协议中发生争议双方友好协商解决,协商不成时,任何一方有权向所在地的仲裁委员会提出仲裁"。《G'NECTAR(吉耐特)区域代理销售合同》及《补充协议》的抬头甲方为申请人美国麦克伦集团国际贸易公司,乙方为被申请人,在合同落款处的甲方处打印有申请人美国麦克伦集团国际贸易公司的名称,但加盖的是美国麦克伦集团国际贸易公司北京代表处的公章。

厦门仲裁委员会于2008年7月22日受理厦门市大路通行销有限公司与美国麦克伦集团国际贸易公司北京代表处、美国麦克伦集团国际贸易公司之间因上述销售合同引起的纠纷仲裁案。美国麦克伦集团国际贸易公司北京代表处于2008年9月10日向厦门仲裁委员会提交《管辖异议申请书》,提出管辖权异议。厦门仲裁委员会于2008年9月12日作出《决定书》驳回管辖权异议申请,并于2008年10月31日作出仲裁裁决。

三、申请撤销仲裁裁决的理由及答辩

申请人美国麦克伦集团国际贸易公司、美国麦克伦集团国际贸易公司北京代表处申请撤销仲裁裁决的理由是:申请人与被申请人之间签订的合同及补充协议中的仲裁条款约定的仲裁委员会不明确,属无效仲裁条款,请求撤销厦门仲裁委员会2008年10月31日作出的厦仲裁字(2008)第0379号《裁决书》。

被申请人厦门市大路通行销有限公司答辩称:(1)申请人美国麦克伦集团国际贸易公司未在仲裁庭首次开庭前提出管辖权异议;(2)被申请人与美国麦克伦集团国际贸易公司北京代表处于2007年4月8日签订的《G' NECTAR(吉耐特)区域代理销售合同》第十二条第二款以及《补充协议》第五条中的仲裁条款约定:"任何一方有权向所在地的仲裁委员会提出仲裁",被申请人在协商不成后,有权向所在地的仲裁委员会即厦门仲裁委员会提出仲裁,厦门仲裁委员会对本案纠纷具有管辖权。

四、厦门市中级人民法院审查意见

1. 案争仲裁条款关于“任何一方有权向所在地的仲裁委员会提出仲裁”的约定,因“所在地”分别为北京和厦门,而北京有两个以上仲裁机构、厦门有一个仲裁机构,使得双方在仲裁委员会的选定上存在两个以上选择,从而使仲裁机构处于不明确状态。仲裁庭开庭前,美国麦克伦集团国际贸易公司北京代表处向厦门仲裁委员会书面提出管辖权异议,申请人美国麦克伦集团国际贸易公司未参加仲裁庭审理,故被申请人关于申请人已放弃管辖异议的说法缺乏事实依据,不予采纳。申请人关于案争仲裁条款约定的仲裁机构不明,属无效仲裁条款的理由成立。

2. 申请人美国麦克伦集团国际贸易公司北京代表处系申请人美国麦克伦集团国际贸易公司在华代表机构,外国公司在华代表机构不具有民事权利能力和民事行为能力,不能独立承担民事责任,不是适格的仲裁及诉讼主体,不宜列为仲裁、诉讼当事人。

综上,本案仲裁协议无效且仲裁程序不合法,申请人美国麦克伦集团国际贸易公司关于撤销厦仲裁字(2008)第0379号《裁决书》的申请可以支持。据此,拟依照《中华人民共和国民事诉讼法》第一百四十条第一款第(十一)项、《中华人民共和国仲裁法》第五十八条之规定,裁定撤销厦门仲裁委员会厦仲裁字(2008)第0379号《裁决书》。

五、省法院审查意见

我院经审查认为,本案争议解决条款规定发生纠纷时“任何一方有权向所在地的仲裁委员会提出仲裁”,所在地分别为北京和厦门,而且北京存在两个以上的仲裁机构,从而使仲裁机构处于不明确状态。最高人民法院《关于适用〈中华人民共和国仲裁法〉若干问题的解释》第六条规定:“仲裁协议约定由某地的仲裁机构仲裁且该地仅有一个仲裁机构的,该仲裁机构视为约定的仲裁机构。该地有两个以上仲裁机构的,当事人可以协议选择其中的一个仲裁机构申请仲裁;当事人不能就仲裁机构选择达成一致的,仲裁协议无效”。当事人约定的地点有两家或两家以上仲裁机构的,该司法解释在认可此类仲裁协议有效的同时,也限制了此类仲裁协议有效的前提条件,即当事人必须对仲裁机构达成补充协议。但本案争议发生后,当事人就仲裁机构问题并无达成补充协议。

厦门中级人民法院拟撤销仲裁裁决的意见于法有据,根据你院法〔1998〕40号《关于人民法院撤销涉外仲裁裁决有关事项的通知》的要求,特报请你院审查,请予答复。

最高人民法院关于申请人长沙新冶实业有限公司与被申请人美国 Metals plus 国际有限公司申请撤销仲裁裁决一案请示的复函

（2008 年 11 月 18 日　〔2007〕民四他字第 43 号）

湖南省高级人民法院：

你院〔2007〕湘高法民三请字第 16 号《关于申请人长沙新冶实业有限公司与被申请人美国 Metals plus 国际有限公司申请撤销仲裁裁决一案的审查报告》收悉。经研究，答复如下：

一、本案双方当事人对仲裁意向存在的事实没有争议，当事人仅对仲裁条款中“courltry of defenclant”的约定理解不一致，但无论如何理解，并不影响当事人约定在中国进行仲裁的意思表示。因此，根据最高人民法院《关于适用〈中华人民共和国仲裁法〉若干问题的解释》第十六条的规定，本案所涉仲裁条款的效力应根据中华人民共和国法律进行审查。

二、“country”通常被译作“国家”，将“country of defendant”译成“被告所在地”不能准确界定该法律术语的特有法律含义。由于本案双方当事人分属两个国家，将“country of defenclant”译成“被告所在国”更合理。

三、中国国内有若干仲裁机构，本案双方当事人产生争议后并没有按照最高人民法院《关于适用〈中华人民共和国仲裁法〉若干问题的解释》第六条的规定就仲裁机构选择达成一致意见。因此，本案所涉仲裁条款应认定无效。

同意你院的意见即本案所涉仲裁决应予撤销。

此复。

附：

湖南省高级人民法院关于拟同意撤销长沙仲裁委员会（2006）长仲裁字第 279 号仲裁裁决的请示

（2007 年 10 月 29 日　〔2007〕湘高法民三请字第 16 号）

最高人民法院：

长沙市中级人民法院于 2007 年 6 月 4 日依法受理了申请人长沙新冶实业有限公司（以下简称新冶公司）与被申请人美国 Metals plus 国际有限公司（以下简称美

国 MP 公司）申请撤销仲裁裁决一案，形成如下处理意见：

本案焦点在于长沙仲裁委员会根据合同仲裁条款的约定是否有管辖权。合同仲裁条款约定在“country of defendant”仲裁，申请人新冶公司认为“country”一词是指国家，仲裁协议约定在被告所在国的仲裁机构进行仲裁，属于约定不明，双方又未达成补充协议，故该仲裁协议无效。被申请人美国 MP 公司则认为“Country”一词包括国家、地区、乡村三种含义，仲裁协议可理解为约定在被告所在地的仲裁机构进行仲裁，长沙仲裁委作为被告所在地长沙的唯一仲裁机构，具有管辖权。长沙市中级人民法院认为，仲裁协议是双方当事人合意的产物，除非双方另有约定，对仲裁协议的理解应当按照词句的一般含义，本案的仲裁协议系英文，对其翻译也应当按照通常的译法。英文“Country”一词的通常含义是指“国家”，而不包括一国内的行政区域。“被告所在地”系有特定法律含义的词组，对被申请人认为可以将“Country of defendant”理解为“被告所在地”的意见，不予采信。本案双方当事人在仲裁协议中约定“提交被告所在国的仲裁机构仲裁”，而仲裁被申请人新冶公司所在国——中国有很多家仲裁机构。该协议未选定仲裁机构，双方又未达成补充协议，属于仲裁法第十八条规定的约定不明的情况，该仲裁协议无效。依无效仲裁协议作出的仲裁裁决，应当依法撤销。故长沙仲裁委员会作出的〔2006〕长仲裁字第 279 号裁决应予撤销。据此，依照《中华人民共和国仲裁法》第十六条、第十八条、第五十八条、第六十条规定，拟裁定撤销长沙仲裁委员会〔2006〕长仲裁字第 279 号裁决。

针对长沙市中级人民法院的报送意见，我院经认真审查后认为，长沙市中级人民法院对本案认定事实清楚，适用法律正确，我院拟同意撤销长沙仲裁委员会〔2007〕长仲裁字第 279 号裁决。依照《最高人民法院关于人民法院撤销涉外仲裁裁决有关事项的通知》的规定，特报请贵院审定。

妥否，请批示。

最高人民法院关于宜昌鸿兴实业开发公司申请撤销中国国际经济贸易仲裁委员会（2006）中国贸仲京裁字第 0348 号裁决一案的请示的答复

（2008 年 7 月 25 日　〔2008〕民四他字第 25 号）

北京市高级人民法院：

你院京高法〔2008〕146 号《关于宜昌鸿兴实业开发公司申请撤销中国国际经济贸易仲裁委员会（2006）中国贸仲京裁字第 0348 号裁决一案的请示》收悉。

经研究认为,本案属于当事人申请撤销内地仲裁机构作出的涉港仲裁裁决案件,应参照《中华人民共和国仲裁法》第七十条和《中华人民共和国民事诉讼法》第二百五十八条的规定进行审查。

根据你院请示报告所反映的情况,吴亚伦虽然代表意大利工程有限公司与宜昌鸿兴实业开发公司签订了《宜昌通利房地产开发有限公司终止合营协议书》,但是吴亚伦个人与宜昌鸿兴实业开发公司之间并没有订立仲裁协议。同时,吴亚伦也不能证明其有合同当事人意大利工程有限公司申请仲裁的授权。宜昌鸿兴实业开发公司认为其与吴亚伦没有订立仲裁协议,不能向其交付财产。对于宜昌鸿兴实业开发公司申请撤销仲裁裁决的请求,应予支持。

鉴于中国国际经济贸易仲裁委员会〔2006〕中国贸仲京裁字第0348号裁决书存在《中华人民共和国民事诉讼法》第二百五十八条第一款第(一)项所指的"当事人在合同中没有订有仲裁条款或者事后没有达成书面仲裁协议的"情形,根据《中华人民共和国仲裁法》第七十条的规定,应裁定撤销。

此复。

北京市高级人民法院《关于宜昌鸿兴实业开发公司申请撤销中国国际经济贸易仲裁委员会(2006)中国贸仲京裁字第0348号裁决一案的请示》

(2008年5月4日　京高法〔2008〕146号)

最高人民法院:

我市第二中级人民法院于2006年10月8日立案受理了宜昌鸿兴实业开发公司(以下简称鸿兴公司)申请撤销中国国际经济贸易仲裁委员会作出的〔2006〕中国贸仲京裁字第0348号裁决一案,二中院审查后认为该裁决具有《中华人民共和国民事诉讼法》第260条第1款第1项规定的"当事人在合同中没有订有仲裁条款"的情形,应予撤销。经请示我院,我院拟同意二中院的意见。现将该案情况报告如下:

一、当事人基本情况

申请人(仲裁被申请人):鸿兴公司,住所地:湖北省宜昌市果园二路8号。

被申请人(仲裁申请人):吴亚伦,男,1946年6月16日出生,香港特别行政区居民。

二、主要争议事实和撤销裁决过程

(一)仲裁基本情况

2005年12月12日,吴亚伦向仲裁委员会申请仲裁,请求:确认吴亚伦与鸿兴公司于2004年9月25日签署的《宜昌通利房地产开发有限公司终止合营协议书》(以下简称《终止合营协议书》)合法有效;裁决鸿兴公司履行《终止合营协议书》约定的义务及责任,向吴亚伦支付应分得的资金人民币1680万元。

仲裁庭在裁决书中表述的意见如下:

1.法律适用

本案吴亚伦提起仲裁依据的《终止合营协议书》中,对法律适用没有作出约定。鉴于本案是基于鸿兴公司与意大利工程有限公司合资成立宜昌通利房地产开发有限公司(以下简称通利公司)而产生的争议,故根据中外合资经营企业法的规定,本案在判断吴亚伦与鸿兴公司之间的法律关系时应适用中国内地的相关法律。本案同时涉及吴亚伦、吴翠薇与香港意大利工程有限公司、意大利工程有限公司之间的相互关系,鉴于这些公司与个人均属于香港公司或香港居民,故就吴亚伦、吴翠薇等个人和公司之间的相互关系,应适用香港法律和有关规定。

2.关于本案争议的焦点

本案争议的焦点是,吴亚伦与鸿兴公司签订的《终止合营协议书》是否有效,吴亚伦是否可以取得1680万元人民币的债权。仲裁庭经查认定以下事实:

1992年12月31日,鸿兴公司(中方)与香港意大利工程有限公司(外方)签订了合同和章程,联合成立通利公司。在共同制定的章程中写明:甲方为宜昌鸿兴实业开发公司(在中国宜昌注册),法定代表人是成映模;乙方为香港意大利工程有限公司(在香港注册),法定代表人是吴亚伦。在双方签字处,乙方的署名是香港意大利工程有限公司,加盖的图章是意大利工程有限公司,签字人是吴亚伦。

1993年2月8日,宜昌市对外经济贸易委员会所作的《关于"宜昌通利房地产开发有限公司"合同、章程的批复》(宜市经贸字〔1995〕18号)写明:"一、宜昌鸿兴实业开发公司(甲方)与香港意大利工程有限公司(乙方),共同签署的合资经营宜昌通利房地产开发有限公司合同、章程符合我国法律、法规,同意双方合资经营宜昌通利房地产开发有限公司。"

1993年4月8日填发的加盖"湖北省人民政府投资企业审批专用章"的外商投资企业批准证书(外经贸鄂审字〔1993〕2565号)申明确填写:"乙方:香港意大利工程有限公司,注册地:香港地区"。在同时颁发的《企业法人营业执照》中写明:通利公司董事长是吴亚伦。

2002年3月8日,由通利公司填报的2001年度联合年检报告书中投资者名称一栏,外方为吴亚伦。

在合营公司经营期间,吴亚伦通过其所在的公司向合营公司共注入资金928万元,这已为双方(吴亚伦和鸿兴公司)共同确认。

2004年9月25日,在广州签署的《宜昌通利房地有限公司终止合营协议书》中,明确写明:"甲方:宜昌鸿兴实业开发公司;授权代表:田延树。乙方:香港意大利工程有限公司;授权代表:吴亚伦"。该协议签字处的签字同上。

从以上事实可以说明,本案鸿兴公司在合营期间,从开始成立到最后解散,始终是与吴亚伦及其公司联系、接洽、合作的,说明了中方承认吴亚伦及其公司是合营的外方代表。因此,双方自愿签订的《终止合营协议书》是合法有效的。

3. 关于"三个"意大利公司的关系和债权承接问题

仲裁庭在审理过程中注意到以下事实:1988 年 2 月 2 日,在香港注册成立了"意大利工程有限公司",该公司登记的股东是林球和吴翠薇。吴亚伦曾任该公司的董事。2004 年 5 月 14 日,意大利工程有限公司在香港《宪报》刊登公告 3 个月后自动解散。2004 年 12 月 29 日,吴亚伦在香港注册成立了"香港意大利工程有限公司"。2005 年 2 月 4 日,吴翠薇在吴亚伦与中方鸿兴公司签订《终止合营协议书》约 5 个月后又在香港注册成立了"意大利工程有限公司",后又更名为"意达利安工程有限公司"。仲裁庭还注意到,吴亚伦与鸿兴公司各自委托的香港律师提供的证词在解释香港法律上有着很大的矛盾和不同。根据以上事实和情况,仲裁庭认为,"三个"意大利公司的关系和债权承接问题,属于香港法律的管辖问题,应当由香港法律来解决,不属于本案仲裁庭审理的范围,本案仲裁庭对此不予认定。

4. 关于 1680 万元被湖南省长沙市中级人民法院划走的问题

根据鸿兴公司提供的证据,该笔款项 1680 万元已于 2005 年 7 月 18 日被长沙市中级人民法院执行至该院。法院的裁定书中写明:"提取被执行人珠海市金利房地产开发股份公司在通利房地产开发有限公司投资权益置换金 1680 万元"。尽管吴亚伦就是珠海市金利房地产开发股份公司的董事长,但是该笔款项的去向和现状并不影响对吴亚伦和鸿兴公司双方签订的《终止合营协议书》效力的认定。所以,该 1680 万元被长沙市中级人民法院划走的问题与本案无关。

5. 关于吴亚伦的仲裁请求

2006 年 9 月 7 日,仲裁委员会作出裁决:吴亚伦与鸿兴公司双方于 2004 年 9 月 25 日签署的《终止合营协议书》合法有效;鸿兴公司应履行《终止合营协议书》约定的义务及责任,向吴亚伦支付应当分得的资金 1680 万元人民币。

(二)申请人鸿兴公司的主要申请理由

鸿兴公司与吴亚伦之间并未订立仲裁协议,吴亚伦无权以个人名义提出仲裁申请;吴亚伦个人并非港方合资人,无权获取通利公司港方应分配的 1680 万元。请求法院依法撤销〔2006〕中国贸仲京裁字第 0348 号裁决。

(三)被申请人吴亚伦的主要答辩意见

吴亚伦未到庭答辩。

三、处理意见

(一)二中院审理情况

1. 1992 年 12 月 31 日,鸿兴公司与意大利工程有限公司(1988 年 2 月 2 日在我国香港注册成立,登记号 209354,股东是林球和吴翠薇,吴亚伦曾于 1993 年 10 月 3

日至1997年3月1日任该公司董事)签订合同及章程,合资成立通利公司。在章程中写明:甲方为宜昌鸿兴实业开发公司(在中国宜昌注册),法定代表人成映模;乙方为香港意大利工程有限公司(在香港注册),法定代表人吴亚伦。在签字处,乙方的署名是香港意大利工程有限公司,加盖的印章是意大利工程有限公司,签字人是吴亚伦。

2. 1993年2月8日,通利公司经批准在宜昌市工商局登记注册,领取了企业法人营业执照。吴亚伦为董事长。

3. 2002年3月8日,由通利公司填报的2001年度联合年检报告书中投资者名称一栏,外方为吴亚伦。

4. 在合营公司经营期间,港方向合营公司共注入资金928万元,吴亚伦和鸿兴公司均无异议。

5. 2004年5月14日,香港《宪报》刊登公告,根据公司条例,意大利工程有限公司的名称从即日起3个月期满时,除非有相反因由提出,否则将从登记处剔除,公司亦予以解散。

6. 2004年9月24日,香港《宪报》刊登公告,根据公司条例,意大利工程有限公司的名称已从登记处剔除,公司亦予以解散。

7. 2004年9月25日,鸿兴公司与吴亚伦签署《终止合营协议书》,写明:甲方宜昌鸿兴实业开发公司,授权代表田延树;乙方香港意大利工程有限公司,授权代表吴亚伦。签字处,乙方授权代表吴亚伦签字。主要内容为:(1)解散通利公司;(2)乙方分配资产1680万元;(3)自协议签订之日起9个工作日内,乙方授权代理人吴亚伦应保证向甲方提供符合中国内地法律及香港法律规定的关于乙方授权代表所持合法身份的一切法律文件,最终目的必须保证本协议的签字合法有效,否则本协议不生效。

8. 2004年9月28日,鸿兴公司与吴翠薇签署《终止合营协议书》。写明:甲方宜昌鸿兴实业开发公司,授权代表田延树;乙方香港意大利工程有限公司,授权代表吴翠薇。签字处,乙方代表吴翠薇签字,加盖了意大利工程有限公司印章。主要内容与鸿兴公司和吴亚伦签署的《终止合营协议书》内容基本相同。

9. 2004年12月29日,吴亚伦在香港注册成立了"香港意大利工程有限公司"(吴亚伦承认该公司与"意大利工程有限公司"没有关系)。

10. 2005年2月4日,根据吴翠薇的申请,香港高等法院下达命令,将意大利工程有限公司的名称恢复列入公司注册处的登记册。公司注册处在《宪报》上刊登通知,恢复了意大利工程有限公司的名称,并更名为"意达利安工程有限公司",登记号为209354。该公司现任董事是吴翠薇、胡秀娣、黎玉池。公司董事会决议证明显示,吴翠薇为董事长。

11. 2005年12月12日,吴亚伦申请仲裁,请求确认吴亚伦与鸿兴公司于2004

年 9 月 25 日签署的《终止合营协议书》合法有效;裁决鸿兴公司履行《终止合营协议书》约定的义务及责任,向吴亚伦支付应分得的资金人民币 1680 万元。

12. 仲裁庭于 2006 年 4 月 6 日、5 月 23 日两次开庭审理,在仲裁庭制作并有当事人签字的“庭审要点”中,鸿兴公司均表示同意本案由仲裁委员会仲裁。

13. 在仲裁庭审理过程中,吴亚伦提供了吴翠薇于 1996 年 6 月 2 日出具的《确认股权证明书》,该证明书称:“确认关于香港意大利工程有限公司于 1993 年在湖北省宜昌市成立的通利公司是属吴亚伦先生的个人投资,所有投资的资金全部由吴亚伦先生注资,与香港意大利工程有限公司及我本人无关,一切的经济责任由吴亚伦先生承担。我代表意大利工程有限公司确认,(WOO WEE)和(LUM KHOW)是本公司授薪董事,自本公司成立之日起任职至今,并特此声明本公司的全部股权 100% 属于吴亚伦先生(NG ALAN)个人所有,因此吴亚伦先生可以对外以本公司法人代表身份签署任何法律文件及全权处理公司一切事务,因此而引起的一切法律责任均由本公司承担,有效期至公司终结。”对该证明书,作为证人的吴翠薇不予认可,但未提出鉴定要求。

14. 在仲裁庭审理过程中,吴亚伦出具香港吴少鹏律师的法律意见书,吴翠薇作为证人出具香港张蔼文律师的法律意见书,鸿兴公司出具香港梁达坚律师给其的函件。对吴亚伦能否代表意大利工程有限公司并取得 1680 万元,各方律师的法律意见相冲突。

15. 在仲裁庭审理过程中,首席仲裁员和吴亚伦选定的仲裁员与仲裁委员会为鸿兴公司指定的仲裁员意见相左。

16. 仲裁庭最终以多数人的意见作出裁决,鸿兴公司委托仲裁委员会指定的仲裁员没有在裁决书上签字。

二中院处理意见为:仲裁委员会仲裁当事人之间纠纷的基础是在合同当事人之间存在仲裁协议,包括合同中订立的仲裁条款和以其他方式在纠纷发生前或者纠纷发生后达成的将纠纷交由仲裁委员会仲裁的协议。

本案中,《合营合同》、《终止合营协议书》港方签字人虽然是吴亚伦,但吴亚伦代表的是意大利工程有限公司,而并非吴亚伦个人。若吴亚伦能够承继意大利工程有限公司在《合营合同》、《终止合营协议书》中的权利和义务,应当经过相应的法律程序予以确定。对此,仲裁裁决没有作出明确判定,在回避此问题的基础上,即主观地裁决鸿兴公司依《终止合营协议书》向吴亚伦支付 1680 万元款项。因此,该裁决在程序上具有明显错误,且可能导致实体错误。该院认为,中国国际经济贸易仲裁委员会〔2006〕中国贸仲京裁字第 0348 号裁决具有《中华人民共和国民事诉讼法》第 260 条第 1 款第 1 项规定的“当事人在合同中没有订有仲裁条款”的情形,根据《中华人民共和国仲裁法》第 70 条的规定,该裁决应予撤销。

（二）我院拟处理意见

我院查明，在本案审理过程中，二中院承办人曾与仲裁委员会联系能否重新仲裁，仲裁委员会以首席仲裁员不同意重新仲裁为由拒绝重新仲裁。

另查明，2006年5月23日，仲裁委员会第二次庭审笔录显示：仲裁员安瑞询问："请问被申请人，你方曾经提出过吴亚伦先生不能作为申请人，请问现在被申请人对仲裁委员会处理被申请人与吴亚伦先生之间的争议有无异议？"被申请人（撤销仲裁申请人）答："无。"

本院拟处理意见为：仲裁委员会审理的是意大利工程有限公司与鸿兴公司之间关于解除合营公司而产生的合同争议，属于涉外合同纠纷，所作出的裁决属于涉外仲裁裁决，对该裁决的审查应当依据《中华人民共和国民事诉讼法》第260条的规定进行审查。根据本案事实，在吴亚伦无法提交其为意大利工程有限公司合法授权代表的前提下，不能证实鸿兴公司与吴亚伦之间存有仲裁协议，本案以重新仲裁为宜，但二中院经与仲裁委员会联系其拒绝重新仲裁，故我院拟同意二中院的意见，依据《中华人民共和国仲裁法》第70条、《中华人民共和国民事诉讼法》第260条第1款第1项之规定，拟裁定撤销中国国际经济贸易仲裁委员会（2006）中国贸仲京裁字第0348号裁决书。

妥否，请指示。

最高人民法院关于广州市东方酒店集团有限公司申请撤销仲裁裁决一案的复函

（2001年4月27日 〔2000〕经监字第349号）

广东省高级人民法院：

你院粤高法立〔2000〕34号《关于广州市东方酒店集团有限公司申请撤销仲裁裁决一案的请示》收悉。经研究，答复如下：

本案《承包经营合同》规定："甲乙双方一致同意，在乙方独立行使合作企业经营管理权期间，除本补充合同已作出具体明确约定的事项外，其他事项按原合作合同的条款执行。"从上述内容看，双方当事人对"其他事项"是否包括产生争议后的解决方式并无明确约定，故以该条款为依据，援引双方当事人在合作合同中约定的仲裁条款适用于本案争议，理由不充分。鉴于《承包经营合同》中未明确约定仲裁条款，且仲裁机关亦明确表示该案不属仲裁机关管辖，对双方当事人在履行承包经营合同中产生的争议，应由人民法院受理。

根据《仲裁法》第七十条的规定，人民法院裁定撤销涉外仲裁裁决应当符合《民事诉讼法》第二百六十条第一款的规定，你院拟同意深圳市中级法院受理并裁定撤销中国国际经济贸易仲裁委员会深圳分会仲裁裁决的意见，没有法律依据。

最高人民法院关于浙江久立集团股份有限公司申请撤销仲裁裁决一案的请示的复函

（2007年3月22日 〔2007〕民四他字第1号）

上海市高级人民法院：

你院〔2006〕沪高民四（商）他字第2号《关于浙江久立集团股份有限公司申请撤销仲裁裁决一案的请示》收悉，经研究，答复如下：

根据你院报告所述事实，本案争议涉及两份《合资经营合同》，即北美冶金国际有限公司（以下简称北美国际）、浙江佳元企业发展有限公司（以下简称浙江佳元）、浙江久立集团股份有限公司（以下简称浙江久立）于1999年5月12日签订的《合资经营合同》（以下简称《5·12合同》）以及北美冶金集团有限公司（以下简称北美集团）、浙江佳元、浙江久立于1996年6月8日签订的《合资经营合同》（以下简称《6·8合同》），两份合同均约定有仲裁条款，尽管合同约定的仲裁机构名称为"中国国际贸易仲裁委员会"与名称为"中国国际经济贸易仲裁委员会"相差"经济"二字，但中国只有一家国际经济贸易仲裁委员会，也没有其他的仲裁委员会名称与"中国国际贸易仲裁委员会"更近似，依据本院《关于适用〈中华人民共和国仲裁法〉若干问题的解释》第三条的规定，可以认定当事人选择的就是中国国际经济贸易仲裁委员会。故中国国际经济贸易仲裁委员会上海分会（以下简称上海分会）对本案两份合同均有管辖权。

从你院报告反映的情况看，上海分会在仲裁裁决书中表述受理本仲裁案依据的是《6·8合同》中的仲裁条款，由于本案当事人之一的北美国际并非《6·8合同》的缔约主体，因此上海分会依据《6·8合同》中的仲裁条款受理该案，在管辖权方面的表述是存在瑕疵的。上海市第二中级人民法院认为北美国际并非《6·8合同》的缔约主体，在没有证据证明北美集团与北美国际为同一主体的前提下，仲裁机构基于《6·8合同》中的仲裁条款对北美国际与合资中方之间纠纷进行审理程序不当的观点是有一定道理的。但从案件相关事实看，本案当事人北美国际、浙江佳元、浙江久立签订的《5.12合同》中同样存在有效的仲裁条款，因此就本案纠纷而言，仲裁庭实际享有管辖权。

另，本案中申请人提交仲裁申请的时间为2002年1月18日，在仲裁审理过程中，申请人北美国际于2003年7月21日解散，而仲裁庭于2003年12月8日作出的仲裁裁决仍将北美国际列为仲裁当事人。北美国际解散的确定后果与法律意义不详，如果北美国际的解散意味着其法人主体资格的消灭，则北美国际不能作为仲裁当事人，应变更其权利义务关系继受人AOD公司为仲裁当事人，

综上，本案仲裁裁决存有一定问题，但就解决北美国际、浙江久立、浙江佳元之间的合资经营内曼格特钢有限公司纠纷而言，上海分会具有管辖权，如果人民法院现在以当事人间不存在仲裁协议为由撤销本案裁决，其仍可按照《5·12合同》中的仲裁条款再行申请仲裁，结果必将给当事人带来不必要的诉累。鉴于存在上述情况，建议此案按《仲裁法》第六十一条规定，通知仲裁庭重新仲裁，如仲裁庭拒绝重新仲裁，再恢复撤销程序。

此复。

附：

上海市高级人民法院关于浙江久立集团股份有限公司申请撤销仲裁裁决一案的请示报告

（2006年12月11日　〔2006〕沪高民四（商）他字第2号）

最高人民法院：

上海市第二中级人民法院就申请人浙江久立集团股份有限公司请求撤销中国国际经济贸易仲裁委员会上海分会2003沪贸仲裁字第198号仲裁裁决一案，报我院请示。经我院审查，拟同意撤销该仲裁裁决，特报贵院请示。

一、当事人基本情况

申请人（仲裁被申请人）：浙江久立集团股份有限公司（以下简称浙江久立）。

被申请人（仲裁申请人）：浙江佳元企业发展有限公司（以下简称浙江佳元）。

被申请人：AOD Systems Incorporated（仲裁申请人北美冶金国际有限公司权利义务继受人，以下简称AOD公司）。

二、案情概要

（一）合资企业情况

浙江省人民政府1999年9月2日颁发的外商投资企业《批准证书》载明，合资企业名称：湖州久立内曼格特钢有限公司。投资者名称：(1)浙江久立；(2)北美冶金国际有限公司（以下简称北美国际）；(3)浙江佳元。

（二）《合资经营合同》文本

1. 仲裁申请人提请仲裁时提交的合同文本为：北美冶金集团有限公司（以下简

称北美集团)、浙江佳元和浙江久立于1999年6月8日签订的《浙江久立内曼格特钢有限公司合资经营合同》(以下简称6月8日《合资经营合同》)。

2. 仲裁被申请人提交的合同文本为:北美国际、浙江佳元和浙江久立于1999年5月12日签订的《湖州久立内曼格特钢有限公司合资经营合同》,该合同经工商局备案(以下简称5月12日《合资经营合同》)。

两个合同文本均载有相同的仲裁条款,即因执行合同所发生的一切争议,应提交"中国国际贸易仲裁委员会"进行仲裁。但两个合同文本附件对北美集团或北美国际约定的出资义务有所不同。

(三)仲裁审理情况

1. 仲裁申请

2002年1月18日,浙江佳元和北美集团以6月8日《合资经营合同》为依据,向中国国际经济贸易仲裁委员会上海分会(以下简称上海分会)申请仲裁,理由是:两申请人与浙江久立于1999年6月8日签订合资合同,并订有仲裁条款。2000年4月10日,浙江久立以两申请人未按合资合同和法律规定缴清出资为由,单方面向湖州经济技术开发区管理委员会(以下简称管委会)申请解散合资公司。管委会未经仔细调查便于2000年4月29日向合资公司发出《关于解散湖州内曼格特钢有限公司的通知》。同年5月9日,浙江佳元就此申请行政复议,5月25日浙江省法制办正式通知受理申请,但在收到复议申请后的90日内未作出行政复议决定。嗣后,浙江久立以合资公司对清算存在严重分歧为由,单方面向管委会申请对合资公司进行特别清算,管委会据此决定对合资公司进行特别清算。特别清算委员会由湖州市政府部门代表为主组成,实行简单多数表决制,完全剥夺了北美集团和浙江佳元在清算中的权利。清算组对合资企业财产实行高评低卖,使本无亏损的合资企业变成巨额债务人,该清算结果对两申请人造成严重损害。2001年4月30日,浙江省法制办向浙江佳元出具一份书面通知,该通知未对合资公司被强行解散并清算的行政行为作出复议决定,只强调行政复议不能解决民事财产纠纷,要求浙江佳元通过司法途径解决合资公司各投资方之间的争议。基于以上事实,浙江久立已严重违反合资合同的约定,给两申请人造成重大经济损失,为此请求裁决:浙江久立返还浙江佳元对合资企业的现金投资人民币179万元;向北美集团返还作为对合资企业出资的AOD转炉内衬部件两套;向两申请人赔偿合资企业被解散造成的损失和由于浙江久立违约给申请人造成的额外支出等共15项内容。

2002年2月7日,上海分会秘书处向浙江久立发出仲裁通知书,载明的仲裁申请人为浙江佳元和北美集团。

2. 管辖异议

浙江久立于2002年3月20日向上海分会提出了管辖异议,认为本案并非合资合同争议,而是基于政府解散合资公司并组织特别清算的行政行为所提起的索赔,属于行政赔偿争议,不属于仲裁管辖的范围。

中国国际经济贸易仲裁委员会于2002年7月3日作出2002贸仲字第3301号《管辖权决定》认为:仲裁申请书的被申请人并非作出合资公司解散及组织清算的行政机关,申请人也并非就某项具体行政行为的合法性或合理性提起仲裁,故被请人所称本案争议是行政争议,属于不可仲裁之范围的观点不能成立。故驳回被申请人的管辖权异议。

3.仲裁申请人名称变更

2002年7月28日,浙江久立向仲裁庭提出书面答辩意见称,北美集团不是适格的仲裁申请人,合资企业的外方出资人是北美国际。

2002年8月23日,仲裁申请人浙江佳元和北美集团于仲裁案第一次开庭后,向上海分会提交《关于变更申请人"北美冶金集团有限公司"为"北美冶金国际有限公司"的申请书》,请求将"北美集团"更名为"北美国际",认为虽然《合资经营合同》与合资企业《批准证书》上所载的外方投资者名称不一致,但《批准证书》上的"北美国际"实际就是合资合同中的"北美集团"。北美集团是北美国际办理注册手续前暂时使用的名称,但北美国际成立之后是以北美国际的名义正式签订合资合同,《批准证书》上的北美国际就是合资合同上的北美集团。仲裁申请书上的"北美集团"只是申请人的笔误。

4.仲裁裁决主要内容

2003年12月8日,上海分会作出仲裁裁决。主要内容包括:

第一,关于仲裁案受理依据。根据第一申请人浙江佳元、第二申请人北美国际与被申请人浙江久立于1999年6月8日签订的"浙江久立内曼格特钢有限公司合资经营合同"之仲裁条款,以及两申请人于2002年2月6日向上海分会提交的仲裁申请,上海分会受理该案。

第二,关于北美国际出资内容的认定。仲裁庭注意到,北美国际与浙江久立提交了两份不同的合资合同以及附件《乙A方投入财产清单和证书》。北美国际提交的是1999年6月8日签订的合资合同及附件,浙江久立提交的则是1999年5月12日签订的合资合同及附件。北美国际与浙江久立对两份合资合同及其附件的真实性均予以认可,显然这两份不同的合资合同及附件是投资各方在商谈合资事宜中签订的不同合同版本。尽管浙江久立提交的文本是从湖州市工商局、浙江省湖州经济技术开发区管委会招商与经济发展局取得,但是该合资合同及其附件的签订时间明显早于北美国际提交的合同版本。因此,从订约时间先后的角度,北美国际提交的合资合同及附件的证明效力应高于浙江久立提交的文本,除非浙江久立能够证明其提交的合资合同及其附件是最终被政府批准的文件。据此,仲裁庭采纳北美国际提交的《乙A方投入财产清单和证书》作为判断其出资内容的合同依据。

第三，裁决主文内容：浙江久立返还浙江佳元对合资公司的现金投资人民币179万元；向北美国际返还AOD转炉内衬部件的折旧费2万美元；向浙江佳元支付因合资公司提前解散造成的损失人民币45,825.30元等共八项。

（四）申请撤裁的理由和答辩意见

1. 申请人浙江久立申请撤裁的理由

（1）仲裁申请人申请仲裁的《合资经营合同》是北美集团签订的，北美国际不是当事人，也未提出仲裁申请。仲裁裁决所指的申请人应当是仲裁案受理时的申请人即北美集团，但涉案裁决实际指向的申请人却是北美国际，即依据北美集团签订的合同对北美国际作出裁决，违背了仲裁的基本原则和基本原理，故涉案仲裁裁决依法应予撤销。

（2）对北美国际作出裁决所依据的证据却是北美集团签订的合资合同，即不应作为证据使用的材料作为证据使用，违背了仲裁规则。

（3）浙江久立对于第二申请人主体变更为北美国际后未重新享有仲裁庭组成及答辩等程序性权利，因此，仲裁庭的组成违法。

（4）北美国际的权利义务已于2003年7月1日全部转让给AOD公司，并于2003年7月21日解散，但2003年12月8日作出的仲裁裁决仍将北美国际列为被申请人。

（5）2000年4月21日，湖州经济技术开发区管理委员会作出《关于解散湖州久立内曼格特钢有限公司的通知》，同年5月9日，浙江佳元就此向浙江省人民政府提出行政复议申请，浙江省人民政府法制办公室于同年5月25日予以受理，但至今仍无处理结论。因此，本案属于行政争议，不属于仲裁受理范围。

（6）仲裁协议约定的仲裁机构“中国国际贸易仲裁委员会”客观上不存在，上海分会无权受理。

2. 被申请人浙江佳元和AOD公司答辩意见

（1）仲裁申请人从提起仲裁申请时就是北美国际而非北美集团，仲裁申请书中的北美集团是笔误，与仲裁申请书同时提交仲裁庭的相关商业登记证明和授权委托书载明的均是北美国际。

（2）2002年8月20日，仲裁庭第一次开庭时，浙江久立对北美集团作为申请人提出异议，北美国际意识到在申请书中的名称是笔误，当庭提出第二申请人的名称是北美国际，浙江久立无异议。北美国际于2002年8月23日向仲裁庭提交了更名申请后，仲裁庭向各方当事人发出的所有文件均载明第二申请人为北美国际，浙江久立参与了整个仲裁程序，以实际行动表明其接受北美国际为第二申请人。

（3）关于仲裁庭对证据材料的采信是否妥当问题，属于仲裁的实体问题，由于涉案仲裁系涉外仲裁，法院只对仲裁程序问题进行审查，对实体问题不作审查。

(4)关于仲裁庭应及时将北美国际的继受人 AOD 公司调整为仲裁案主体的问题，因代理人未及时获悉北美国际解散而未通知仲裁庭，仲裁庭没有义务作出相应的变更。

(5)各方当事人确认涉案合资项目和外方出资人均是唯一的，6 月 8 日签订的《合资经营合同》是合资各方就合资项目签订的最后文本，能够体现合资各方真实意思的表示。虽然记载的外方出资者名称是北美集团，但相关权利义务的实际约束对象是北美国际，所以最终报批设立合资项目的合资合同文本也只能是 6 月 8 日签订的合资合同。

(6)浙江久立在仲裁案受理后，以涉案争议是行政争议为由提出管辖异议。仲裁委认为本案是合同争议，因此，仲裁庭有管辖权。

(7)虽然合同约定的仲裁机构是"中国国际贸易仲裁委员会"，但根据最高人民法院法经〔1998〕第 159 号文件规定，上海分会对仲裁案仍有管辖权。

三、需要说明的问题

1. 北美集团和北美国际的设立情况

6 月 8 日《合资经营合同》关于北美集团的基本情况记载："乙 A：北美冶金集团有限公司(North American Metallurgical Alliance Group Inc.)，美国纽约州登记注册；法定地址：777 Old Saw Mill Road Tarrytown，New York U. S. A. 10510；法定代表人：Lanny Stam-baugh；职务：副董事长；国籍：美国"。

5 月 12 日《合资经营合同》关于北美国际基本情况记载："乙 A：北美冶金国际有限公司(NMAG International, Inc.)，美国纽约州登记注册；法定地址：451 Chappaqua Road，Briarcliff Manor，NY10510；法定代表人：Lanny Stambaugh；职务：董事；国籍：美国。"

AOD 公司代理人提交的经公证的商业登记材料表明：北美国际设立于 1999 年 6 月 29 日，该公司的"所有责任和享有的所有权益"已于 2003 年 6 月 16 日转让给 AOD 公司。北美国际于 2003 年 7 月 21 日解散。

北美国际代理人于 2004 年 12 月 8 日向上海市第二中级人民法院书面补充说明：北美集团与北美国际不是同一个主体，也非关联公司。北美集团是一个联合体，为合资项目设立北美国际。北美国际是独立法人，Lanny Stambaugh 持有全部股份。北美集团已于 2001 年正式解体。

2. 仲裁庭意见

2004 年 3 月 1 日，上海分会回复上海市第二中级人民法院称：浙江久立于 2002 年 8 月 9 日书面答辩时对北美集团的主体资格提出异议，申请人在第一次开庭时当庭表示北美集团应为北美国际，仲裁庭注意到申请人提交的主体资格证明及授权委托书均为北美国际，因此在第一次庭审结束之前特别再次确认第二申请人名称为北美国际,各方当事人对仲裁庭的上述确认均未提出异议。此后,仲裁案所有法律文件载明的第二申请人均为北美国际。浙江久立在撤裁申请中提出的观点有悖于其先前在仲裁程序中的确认。关于合同文本问题,尽管仲裁申请人方提交的 6 月 8 日合资合同载明的外方股东为北美集团,但根据浙江省人民政府核发的《批准证书》及浙江久立提交的 5 月 12 日合资合同文本,外方股东应为北美国际,且申请人方与浙江久立之间存在合法有效的仲裁条款。至于哪份合同文本是经批准生效及哪份合同文本更能客观地还原各方当事人订约时的本意,是案件的实体问题,仲裁庭有权对此作出判断。

2004 年 12 月 6 日,上海分会回复上海市第二中级人民法院称:2003 年 4 月 4 日本案进行第二次开庭审理,仲裁庭以北美国际为当事人进行开庭审理,并就出庭当事人的身份进行核对,被申请人浙江久立未对此提出任何异议。

3. 浙江久立申请调查取证

浙江久立认为仲裁案中其并未认可仲裁申请人的“更名”,申请上海市第二中级人民法院向仲裁庭调取庭审笔录。经与上海分会联系,上海分会向上海市第二中级人民法院提供了仲裁案开庭审理相关的录音带。上海市第二中级人民法院听取了相关录音内容,其中并无浙江久立明确同意或不同意仲裁申请人由北美集团更名为北美国际的内容。

四、上海市第二中级人民法院的处理意见

上海市第二中级人民法院认为:根据仲裁协议明示原则,北美国际并非 6 月 8 日合同的缔约主体,在没有证据证明北美集团与北美国际为同一主体的前提下,6 月 8 日合同中的仲裁条款对北美国际不具有约束力。仲裁机构基于 6 月 8 日合同中的仲裁条款对北美国际与合资中方之间的权利义务作出处理,程序不当。该院拟依照《中华人民共和国仲裁法》第七十条和《中华人民共和国民事诉讼法》第二百六十条第一款第(一)项之规定,裁定撤销 2003 沪贸仲裁字第 198 号仲裁裁决。

五、我院的审查意见

本案经我院审委会讨论,形成两种处理意见:

少数意见认为:本案合资企业实质上的外方投资主体是北美国际,且浙江久立对北美集团在仲裁程序中变更为北美国际并没有表示异议,浙江久立自始至终参与了整个仲裁程序,应视为其以行为对北美国际仲裁申请人的主体资格予以认可。现浙江久立以主体不适格为由申请撤裁,有悖于其先前在仲裁程序中的确认,故应当驳回浙江久立撤销仲裁裁决的申请。

多数意见认为:同意上海市第二中级人民法院的处理意见,即应当裁定撤销 2003 沪贸仲裁字第 198 号仲裁裁决。

请批复。

最高人民法院关于韩国大成 G－3 株式会社与长春市元大汽车工程贸易有限公司撤销仲裁裁决纠纷一案的请示的答复

（2008 年 10 月 21 日 〔2008〕民四他字第 28 号）

吉林省高级人民法院：

你院〔2008〕吉民三他字第 1 号《关于韩国大成 G－3 株式会社与长春市元大汽车工程贸易有限公司撤销仲裁裁决纠纷一案的请示》收悉。经研究，答复如下：

《中华人民共和国仲裁法》第二十条第二款明确规定："当事人对仲裁协议的效力有异议，应当在仲裁庭首次开庭前提出。"根据你院请示报告所述事实，申请人韩国大成 G－3 株式会社只是在仲裁庭第一次开庭和第四次开庭中对仲裁协议效力及仲裁庭管辖权提出异议，但其并未在仲裁庭首次开庭前对仲裁协议效力提出异议。另，根据卷宗中所附裁决书反映的事实，韩国大成 G－3 株式会社在仲裁庭首次开庭前指定了仲裁员，委托了代理人，并提交了书面答辩状就案件实体问题进行答辩。因此，通过上述事实可以认定韩国大成 G－3 株式会社在仲裁庭首次开庭前已经认可长春仲裁委员会对该纠纷享有管辖权，应视为仲裁案件的双方当事人对将其纠纷提交长春仲裁委员会仲裁已经形成了一致意见，仲裁协议有效。韩国大成 G－3 株式会社虽在仲裁庭第一次开庭时对仲裁协议效力及仲裁庭管辖权提出异议，但已经超过了法律规定的当事人可以对仲裁协议效力提出异议的期限，仲裁协议有效，长春仲裁委员会依法对本案纠纷享有管辖权。对于大成会社就仲裁协议效力及仲裁庭管辖权提出的异议，不应予以支持。长春市中级人民法院及你院请示报告中关于"可以认定双方当事人不能就仲裁机构选择达成一致，因此，仲裁协议无效，应视为双方没有仲裁协议条款"的意见不能成立，本案不应以当事人在合同中没有订有仲裁条款或者事后没有达成书面仲裁协议为由，撤销所涉仲裁裁决。

此复。

吉林省高级人民法院关于韩国大成 G－3 株式会社与长春市元大汽车工程贸易有限公司撤销仲裁裁决纠纷一案的请示

(2008 年 2 月 18 日 〔2008〕吉民三他字第 1 号)

最高人民法院民四庭：

韩国大成 G－3 株式会社与长春市元大汽车工程贸易有限公司因合资经营合同纠纷前由长春仲裁委员会作出 2006 长仲裁字第 020 号仲裁裁决书。申请人韩国大成 G－3 株式会社不服该裁决，向吉林省长春市中级人民法院申请撤销该裁决。经审理，长春市中级人民法院拟决定撤销该仲裁裁决，并根据最高人民法院《关于人民法院撤销涉外仲裁裁决有关事项的通知》(法〔1998〕40 号)规定，报我院审查，我院经审查同意长春市中级人民法院的意见，现报请贵院审核。

一、案件基本情况

2003 年 6 月 27 日，韩国大成 G－3 株式会社与长春市元大汽车工程贸易有限公司为设立合资企业签订了合资合同。合同约定，双方同意在中国境内合资经营长春 G－3 技术教育准备有限公司，该公司地址为长春经济技术开发区。上述合同的第五十九条约定："……任何一方可将争议提交中国国际贸易促进委员会对外经济贸易仲裁委员会(或提交企业所在地促裁机构)，根据该会(机构)的仲裁程序规则进行仲裁……"经查，该条约定的中国国际贸易促进委员会对外经济贸易仲裁委员会是中国国际经济贸易仲裁委员会的旧称。长春市中级人民法院庭审中，被申请人长春市元大汽车工程贸易有限公司称"企业所在地促裁机构"为"企业所在地仲裁机构"的笔误。申请人韩国大成 G－3 株式会社否认是笔误。

在长春仲裁委员会首次仲裁时，在仲裁庭询问该庭仲裁双方是否有异议时，本案申请人韩国大成 G－3 株式会社的代理人第一次陈述称"同意对本庭仲裁"。随后该社法定代表人陈述："双方调解完了，申(请人)还仲裁，有异议"。在接下来的陈述中，本案申请人韩国大成 G－3 株式会社的代理人再次陈述："根据合同约定，已明确约定中国贸促会仲裁，在企业所在地仲裁不明确。"韩方要求明确由"中国贸易仲裁委仲裁"。后仲裁庭宣布：经评议，该庭有管辖权。被申请人有何意见该庭不再接受。在仲裁庭第四次开庭时，本案申请人韩国大成 G－3 株式会社的代理人再次提出该庭无管辖权。

二、长春市中级人民法院拟处理意见

最高人民法院《关于适用〈中华人民共和国仲裁法〉若干问题的解释》第五条规定："仲裁协议约定两个以上仲裁机构的，当事人可以协议选择其中一个仲裁机构申请仲裁；当事人不能就仲裁机构选择达成一致的，仲裁协议无效"，第 18 条规定："仲裁法第五十八条第一款第一项规定的'没有仲裁协议'是指当事人没有达成仲裁协议。仲裁协议被认定无效或者被撤销的,视为没有仲裁协议"。本案申请人与被申请人约定的仲裁机构有两个,即中国国际贸易促进委员会对外经济贸易仲裁委员会及企业所在地促裁机构。其中"中国国际贸易促进委员会对外经济贸易仲裁委员会"是"中国国际经济贸易仲裁委员会"的旧称;"企业所在地促裁机构"应为"企业所在地仲裁机构"的笔误。前面已谈到,合资企业所在地为长春市,"企业所在地仲裁机构"应为长春市仲裁委员会。可见,本案申请人与被申请人约定的两个仲裁机构应为中国国际经济贸易仲裁委员会和长春市仲裁委员会。根据仲裁庭审理时各方当事人的陈述,可以认定双方当事人不能就仲裁机构选择达成一致,因此,仲裁协议无效,应视为双方没有仲裁协议条款。根据《仲裁法》第4条规定,没有仲裁协议,一方申请仲裁的,仲裁委员会不予受理;第58条规定,没有仲裁协议的,当事人可以向人民法院申请撤销仲裁裁决。同时《中华人民共和国民事诉讼法》第260条第1款规定,对中华人民共和国涉外仲裁机构作出的裁决,被申请人提出证据证明当事人在合同中没有订立仲裁条款或者事后没有达成书面仲裁协议的,经人民法院组成合议庭调查核实,裁定不予执行。综上,长春市中级人民法院审理认为长春市仲裁委员会作出2006长仲裁字020号仲裁裁决书应予撤销。

三、吉林省高级人民法院意见

同意长春市中级人民法院意见。

当否,请示。

（二）因超裁被撤销的复函

最高人民法院关于王国林申请撤销中国国际经济贸易仲裁委员会华南分会(2012)中国贸仲深裁字第3号仲裁裁决一案的请示的复函

（2013年2月26日 〔2013〕民四他字第8号）

广东省高级人民法院：

你院〔2012〕粤高法仲复字第4号《关于王国林申请撤销中国国际经济贸易仲裁委员会华南分会(2012)中国贸仲深裁字第3号仲裁裁决一案的请示》收悉。根据你院请示报告所述事实，经研究，答复如下：

本案系当事人申请撤销我国仲裁机构作出的涉台仲裁裁决案件，应当参照《中华人民共和国仲裁法》第七十条和《中华人民共和国民事诉讼法》(2012年修正)第二百七十四条第一款的规定进行审查。

关于仲裁条款的效力问题。本案当事人在案涉合同中约定了明确的仲裁条款。根据仲裁条款独立性原则，案涉合同的无效并不影响合同中仲裁条款的效力。同意你院关于案涉仲裁条款有效的意见。关于仲裁裁决是否存在超裁问题。本案中，吴硕琛系以案涉合同有效并要求王国林支付股权转让余款为请求提起仲裁，仲裁庭有权主动对案涉合同的效力进行审查并作出认定。但是，仲裁庭在未向当事人释明合同无效的后果以及未给予当事人变更仲裁请求机会的情况下，直接对合同无效后的返还以及赔偿责任作出裁决，确实超出了当事人的请求，属于超裁。人民法院可以参照《中华人民共和国仲裁法》第七十条和《中华人民共和国民事诉讼法》第二百七十四条第一款第(四)项的规定对案涉仲裁裁决予以撤销。但是考虑到本案标的具体情况，仲裁庭有能力纠正上述错误，人民法院可给予仲裁庭重新仲裁的机会。因此，对于本案的具体处理，人民法院应当根据《中华人民共和国仲裁法》第六十一条的规定通知仲裁庭重新仲裁，如果仲裁庭拒绝重新仲裁，人民法院可以对案涉仲裁裁决予以撤销。

此复。

附：

广东省高级人民法院关于王国林申请撤销中国国际经济贸易仲裁委员会华南分会(2012)中国贸仲深裁字第3号仲裁裁决一案的请示

(2012年11月28日 〔2012〕粤高法仲复字第4号)

最高人民法院：

广东省深圳市中级人民法院(以下简称深圳中院)受理王国林申请撤销涉外仲裁裁决一案,拟裁定撤销中国国际经济贸易仲裁委员会华南分会于2012年1月12日作出的2012中国贸仲深裁字第3号裁决书。根据《最高人民法院关于人民法院撤销涉外仲裁裁决有关事项的通知》(法〔1998〕40号)的规定,深圳中院上报我院审查。经审查,我院同意深圳中院意见,现按上述通知要求特向钧院请示。

一、当事人的基本情况

申请人(仲裁被申请人):王国林。身份证地址重庆市巫溪县,现住深圳市宝安区。

被申请人(仲裁申请人):吴硕琛。住所地:中国台湾省高雄县。

二、当事人申请撤销仲裁裁决的理由及答辩

申请人王国林提出申请称:(1)(2012)中国贸仲深裁字第3号裁决书超出了仲裁请求范围,仲裁了无权仲裁事项。2011年6月13日,吴硕琛提交的书面仲裁申请中的仲裁请求为:判令王国林支付吴硕琛股权转让款人民币(以下金额均为人民币)15万元及其利息(按同期银行贷款利率从立案之日计算至付款之日)。仲裁庭审理认定股权转让协议无效,该项请求不予支持。仲裁庭又审理了吴硕琛没有请求的事项,要求王国林按吴硕琛出资14万元的标的向吴硕琛还本付息共计20.3万元。根据不告不理原则,该事项吴硕琛没有提出,仲裁庭无权仲裁。(2)吴硕琛没有提供出资证据,仲裁庭却认定吴硕琛已出资。(3)吴硕琛隐瞒了足以影响公正裁决的证据。(4)仲裁庭受理及审理本案违反法律规定。王国林与吴硕琛约定仲裁条款的协议书未发生法律效力,协议所约定的仲裁条款也自始不生效,即双方当事人之间不存在仲裁条款,而仲裁机构仍受理及审理本案违反了法律规定。(5)仲裁裁决认定王国林是造成合同无效的主要过错方及王国林应当补偿吴硕琛损失违反法律规定。(6)裁决认定高达15%的利息不符合法律规定。综上所述,(2012)中国贸仲深裁字第3号裁决违反了《中华人民共和国仲裁法》《中国国际经济贸易仲裁委员会仲裁规则》的相关规定,依法应予以撤销。

被申请人吴硕琛口头答辩称:王国林成立涉案商行后为了融资业务需要找到吴硕琛及另外一人。2006年5月26日签订了合作协议,协议签订之后王国林没有按照合作协议约定履行相关的权利义务，并没有给吴硕琛分红。在双方合作不下去后，2009年2月25日双方签订了一份补充股权转让协议，双方的合作协议以及股权转让协议都是王国林的真实意思表达，吴硕琛出资14万元属实，而且王国林实际上使用吴硕琛的出资3年至4年之久。吴硕琛认为系王国林没有履行合作协议以及股权转让协议，应依据股权转让协议约定给予吴硕琛30万元转让费。吴硕琛对裁决结果不满意，考虑到工作原因没有提出撤销仲裁裁决的申请。综上，仲裁裁决适当补偿吴硕琛是合法合理的，请求法院驳回王国林的撤裁申请。

三、案件的基本事实

2004年9月10日，深圳市宝安区沙井碧海五金商行（以下简称沙井碧海五金商行）成立，负责人为王国林，组成形式为个体（个人经营），资金数额为2万元。

2006年5月24日，王国林、吴硕琛与案外人戴孟良三方签订《合作协议》，约定：三方合作以沙井碧海五金商行名义展开经营活动；王国林股份为45%，其中以实物和现金方式出资245,000元，占35%股份，技术股占10%股份；吴硕琛股份为30%，其中现金出资14万元，占20%股份，技术股占10%股份；戴孟良股份为25%，其中现金出资105,000元，占15%股份，技术股占10%股份。

2009年8月25日，王国林与吴硕琛签订了《股权转让协议书》，主要内容如下：（1）吴硕琛于2009年8月15日起将其沙井碧海五金商行的30%股份转让给王国林，转让价为30万元，协议书生效之日起1个月内付50%，余款50%于2010年3月1日前付清。（2）凡因本合同引起的或与本合同有关的任何争议，双方应友好协商解决，如协商不成，双方均同意提交贸仲华南分会调解中心进行调解，一方不愿调解或调解不成的，均应提交贸仲华南分会仲裁。（3）本协议书经双方签字并经深圳国际高新技术产权交易所见证，并经主管审批机关批准、工商行政管理机关办理变更登记手续后生效。协议书还就商行盈亏分担、违约责任、协议书的变更或解除等作出了约定。

2011年6月13日，吴硕琛依据《股权转让协议书》中的仲裁条款向贸仲华南分会提起仲裁称：2004年，吴硕琛与王国林合伙成立沙井碧海五金商行。2009年8月25日，吴硕琛将在沙井碧海五金商行的股权以30万元的转让价全部转让给了王国林，双方签订了协议书，王国林仅支付了15万元转让款，余款15万元一直找借口拖欠至今。基于上述事实，为维护吴硕琛合法权益，根据协议中约定的仲裁条款，特申请贸仲华南分会予以仲裁。仲裁请求为：（1）判令王国林支付吴硕琛股权转让款15万元及其利息（按同期银行贷款利率从立案之日计算至付款之日）；（2）由王国林承担本案仲裁费和律师费用。2011年6月21日，吴硕琛明确律师费请求为6000元。

该案仲裁程序适用中国国际经济贸易仲裁委员会自2005年5月1日起施行的《中国国际经济贸易仲裁委员会仲裁规则》。王国林于2011年7月14日提交《管辖权异议书》，主张《股权转让协议书》未生效，故仲裁条款亦未生效。吴硕琛于2011

年7月20日提交《管辖权异议答辩意见》。中国国际经济贸易仲裁委员会于2011年9月27日作出(2011)中国贸仲京字第017922号《管辖权决定》,决定:(1)贸仲华南分会对该案具有管辖权。(2)该案仲裁程序应当在吴硕琛和王国林之间继续进行。2011年10月12日,仲裁庭成立。2011年11月8日,仲裁庭开庭审理该案。

2012年1月12日,仲裁庭作出(2012)中国贸仲深裁字第3号裁决:(1)裁决王国林补偿吴硕琛损失53,000元。(2)裁决王国林承担吴硕琛律师费2000元。(3)本案仲裁的仲裁费为20,000元,由吴硕琛承担60%,即12,000元;由王国林承担40%,即8000元。吴硕琛预缴的仲裁费冲抵本案仲裁费,不予退还。王国林应将其承担的仲裁费8000元直接支付给吴硕琛。以上裁决金额,王国林应自本裁决作出之日起14日内履行完毕。仲裁裁决的主要理由如下:(1)吴硕琛是台湾居民,《股权转让协议书》因违反我国法律的强制性规定而无效,双方均有过错,王国林是商行的主要经营者及投资审批主要申报义务者,王国林是造成合同无效的主要过错方。(2)根据《中华人民共和国合同法》第五十八条的规定,"合同无效或者被撤销后,因该合同取得的财产,应当予以返还;不能返还或者没有必要返还的,应当折价补偿。有过错的一方应当赔偿对方因此所受到的损失,双方都有过错的,应当各自承担相应的责任。"仲裁庭认为吴硕琛的第一项请求不能按此支持,但根据本案情况,酌情裁决王国林补偿吴硕琛的损失63,000元,吴硕琛已收到王国林股权转让款15万元,吴硕琛原对沙井碧海五金商行现金出资14万元,抵销后,王国林应补偿吴硕琛53,000元。

四、深圳中院的审查处理意见

深圳中院审查认为:本案被申请人吴硕琛为台湾居民,(2012)中国贸仲深裁字第3号裁决为涉台仲裁裁决。因此,本案应参照《中华人民共和国民事诉讼法》第二百五十八条第一款的规定审查。针对王国林的撤裁理由,深圳中院提出如下审查意见:

(一)仲裁条款的效力问题

王国林主张《股权转让协议书》未生效,故《股权转让协议书》约定的仲裁条款亦未生效,因此,双方之间不存在仲裁协议。关于仲裁协议的效力审查,双方未约定适用的法律,仲裁地在我国,应适用我国法律。《中华人民共和国仲裁法》第十九条第一款规定:"仲裁协议独立存在,合同的变更、解除、终止或者无效,不影响仲裁协议的效力。"因此,本案《股权转让协议书》中仲裁条款的效力独立于《股权转让协议书》的效力,《股权转让协议书》是否生效,不影响《股权转让协议书》中仲裁条款的效力。该仲裁条款具有请求仲裁的意思表示和仲裁事项,亦选定了仲裁委员会,仲裁条款有效。王国林该撤裁理由不成立。

(二)仲裁裁决是否超出仲裁请求范围的问题

王国林主张仲裁裁决超出了仲裁请求范围,裁决了无权仲裁的事项。深圳中院认为,《中华人民共和国仲裁法》第十九条第二款规定:“仲裁庭有权确认合同的效力。”仲裁庭有权确认《股权转让协议书》的效力。仲裁庭经审理确认《股权转让协议书》无效,而吴硕琛仲裁的主张是《股权转让协议书》有效并据此请求王国林继续支付股权转让余款15万元及利息,仲裁庭应当驳回吴硕琛的诉讼请求,或向当事人释明,由当事人自行处分自己的民事权利,仲裁庭径直裁决王国林酌情补偿吴硕琛的损失已超出吴硕琛的仲裁请求范围。根据《最高人民法院关于我国仲裁机构作出的仲裁裁决能否部分撤销问题的批复》(法释〔1999〕16号),“我国仲裁机构作出的仲裁裁决,如果裁决事项超出当事人仲裁协议约定的范围,或者不属当事人申请仲裁的事项,并且上述事项与仲裁机构作出裁决的其他事项是可分的,人民法院可以基于当事人的申请,在查清事实后裁定撤销该超裁部分。”根据该批复的精神和人民法院司法实践,仲裁裁决的事项不属当事人申请仲裁的事项,即超出当事人仲裁请求就构成超裁,应予撤销。因此,本案仲裁裁决超出吴硕琛申请仲裁的事项,构成超裁,王国林该撤裁理由成立。

(三)其他撤裁理由是否成立的问题

王国林主张仲裁庭认定事实不清、适用法律错误等其他撤裁理由均属于仲裁庭实体审理的范畴,不属于《中华人民共和国民事诉讼法》第二百五十八条第一款规定的撤裁情形,该撤裁理由不成立。

综上,深圳中院认为,王国林主张仲裁裁决超裁的理由成立,仲裁裁决具有《中华人民共和国民事诉讼法》第二百五十八条第一款第(四)项规定的情形,故深圳中院拟撤销贸仲华南分会作出的(2012)中国贸仲深裁字第3号仲裁裁决。

五、我院的审查意见

本案诉讼系王国林以(2012)中国贸仲深裁字第3号仲裁裁决超出了仲裁请求范围,裁决无权仲裁的事项而提起的撤销之诉。因被申请人吴硕琛为台湾地区居民,故本案为申请撤销涉台仲裁裁决案件,应依照《中华人民共和国仲裁法》第七十条及《中华人民共和国民事诉讼法》第二百五十八条的规定,对王国林的申请事项进行审查。

王国林申请撤销仲裁裁决的事项共有六项,根据《中华人民共和国民事诉讼法》第二百五十八条的规定,王国林提出的吴硕琛没有提供出资证据、隐瞒了足以影响公正裁决的证据,仲裁庭认定王国林是造成合同无效的主要过错方以及以15%来计付利息缺乏法律规定的理由均涉及仲裁裁决的实体内容,超出了法律规定的法院可审查的撤销仲裁裁决范围。故对王国林上述申请,法院不应审查和处理。

关于王国林提出双方当事人之间的仲裁条款未发生法律效力,故仲裁机构受理及审理本案违反法律规定的问题。王国林与吴硕琛在2009年8月25日签订的《股权转让协议书》约定因合同或与合同有关的任何争议,双方应协商解决;如协商不成,双方均同意提交贸仲华南分会调解中心进行调解;一方不愿调解或调解不成的,应提交贸仲华南分会仲裁。双方请求仲裁裁决的意思表示明确,仲裁事项确定,所选定的仲裁委员会具体明确,故应认定双方对以仲裁方式解决纠纷已达成一致意见。根据《中华人民共和国仲裁法》第十九条的规定,仲裁条款的效力是独立于合同的其他内容而存在的,其效力不受合同的变更、解除、终止或者无效的影响。因此,王国林主张约定仲裁条款的《股权转让协议书》未发生法律效力,故双方当事人之间不存在仲裁条款,仲裁庭受理本案违反法律规定,缺乏法律依据,其申请撤裁理由不成立。

关于(2012)中国贸仲深裁字第3号仲裁裁决是否超出仲裁请求范围,裁决了无权仲裁事项的问题。吴硕琛与王国林签订《股权转让协议书》后,双方在履行过程中产生纠纷。(2012)中国贸仲深裁字第3号仲裁裁决的事项为:(1)王国林向吴硕琛支付股权转让款15万元及其利息;(2)由王国林承担本案仲裁费用和律师费用。仲裁庭依据法律规定在确认《股权转让协议》无效、双方均有过错的情况下,酌情裁决由王国林补偿吴硕琛损失63,000元。该裁决内容与吴硕琛主张的合同有效、支付股权转让款事项完全相反,超出了吴硕琛仲裁请求的范围。根据《最高人民法院关于我国仲裁机构作出的仲裁裁决能否部分撤销问题的批复》(法释〔1999〕16号),我国仲裁机构作出的仲裁裁决,如果裁决事项不属当事人申请仲裁的事项,并且上述事项与仲裁机构作出裁决的其他事项是可分的,人民法院可以基于当事人的申请,在查清事实后裁定撤销该超载部分。因此,本案仲裁裁决事项已超出吴硕琛申请仲裁请求的范围,构成超裁,应予撤销。王国林提出该撤裁理由成立。

综上,我院审查认为,(2012)中国贸仲深裁字第3号仲裁裁决已超出当事人申请仲裁请求范围,依照《中华人民共和国仲裁法》第七十条及《中华人民共和国民事诉讼法》第二百五十八条第一款第(四)项的规定,我院拟同意深圳中院审查意见,该仲裁裁决予以撤销。

以上意见当否,请批复。

最高人民法院关于撤销中国国际经济贸易仲裁委员会(2009)CIETAC BJ裁决(0355)号裁决案的请示的复函

(2011年4月22日 〔2011〕民四他字第13号)

北京市高级人民法院:

你院京高法〔2011〕67号《关于撤销中国国际经济贸易仲裁委员会(2009)

CIETAC BJ 裁决(0355)号裁决案的请示》收悉。经研究,答复如下:

一、青岛嘉成工程有限公司与维意爱姆公司之间签订的《青岛维意爱姆机械设备有限公司合资合同》中未订立有效的仲裁条款,青岛嘉成工程有限公司未同意就该合同争议进行仲裁,故仲裁庭无权管辖因该合同引起的争议。涉案《合资公司合同》是由青岛嘉成工程有限公司、维意爱姆公司、西门斯特公司三方签订,存在明确有效的仲裁条款,仲裁庭可以就该合同引起的争议进行裁决。

二、根据《中华人民共和国公司法》第一百八十一条的规定,仲裁机构裁决解散公司没有法律依据,属于无权仲裁的情形。

三、涉案仲裁裁决是在认定两个合资合同无效并解散合资企业的基础上作出,整体不可分,应根据《中华人民共和国仲裁法》第七十条、《中华人民共和国民事诉讼法》第二百五十八条第一款第(一)、(四)项之规定,予以撤销。

同意你院的请示意见。

此复。

附:

北京市高级人民法院关于撤销中国国际经济贸易仲裁委员会(2009) CIETAC BJ 裁决(0355)号裁决案的请示

(2011 年 3 月 4 日　京高法〔2011〕67 号)

最高人民法院:

北京市第一中级人民法院立案受理了申请人青岛嘉成工程有限公司申请撤销中国国际经济贸易仲裁委员会作出的(2009)CIETAC BJ 裁决(0355)号仲裁裁决一案,拟撤销该仲裁裁决,向我院请示。经研究,现将该案有关情况报告并请示如下:

一、当事人基本情况

申请人(仲裁被申请人):青岛嘉成工程有限公司,住所地:中华人民共和国山东省青岛市城阳区城阳街道城阳村正阳街 213 号。

法定代表人:张玉萍,该公司董事长。

委托代理人:高宽众,北京市中永律师事务所律师。

委托代理人:路金成,北京市百瑞律师事务所律师。

被申请人(仲裁申请人):维意爱姆公司(VEM S. P. A),住所地:意大利共和国卡萨莱基奥里诺市 Calzavecchio 路 23 号。

法定代表人:乌格·法瑞,该公司执行董事。

委托代理人:陈汉,男,1979 年出生,汉族,中国政法大学民商经济法学院副教授,住北京市海淀区世纪城。

被申请人(仲裁申请人):西门斯特公司(SIMEST S. P. A),住所地:意大利共和国罗马市 Vittoria Emanuele Ⅱ路 323 号。

法定代表人:马西莫·达尤托,该公司执行董事。

委托代理人:陈汉,男,1979 年出生,汉族,中国政法大学民商经济法学院副教授,住北京市海淀区世纪城。

二、仲裁概况

(一)案情

2005 年 8 月 2 日,青岛嘉成工程有限公司(以下简称嘉成公司)与维意爱姆公司(以下简称 VEM 公司)达成一份《可行性研究报告》,准备设立一家从事玻璃钢产品生产、安装以及在国内和国外市场销售的合资公司,注册资本为 100 万欧元,VEM 公司控股占 70% 股份,嘉成公司认缴其余股份。

2005 年 9 月 21 日,嘉成公司与 VEM 公司签订一份《意向书》,其主要内容是:于青岛设立有限责任公司;《意向书》对《可行性研究报告》最初提出的股权结构略作修改,将意大利的一家政府融资公司——西门斯特公司(以下简称 SIMEST 公司)作为合资公司的第三个股东;注册资本 100 万欧元,嘉成公司出资比例为 30%,VEM 公司出资比例为 45%,SIMEST 公司出资比例为 25%;“各方认可 SIMEST 公司参与‘合资公司’资本仅仅是融资性质的,乙方(VEM 公司)应在‘合资公司’的董事会和经营管理中代表 SIMEST 公司的利益……”“‘合资公司’的董事会应由五位成员组成,其中四位(包括董事长在内)应由‘VEM 公司’委派,第五位董事会成员应由‘青岛嘉成’委派,SIMEST 公司不应委派任何董事”。

2005 年 10 月 20 日(合同载明的签约时间是 2005 年 10 月 20 日,《裁决书》认定的时间是 2005 年 10 月 25 日),嘉成公司与 VEM 公司以中文签订建立合资公司《青岛维意爱姆机械设备有限公司合资合同》(以下简称《10 月合同》),该合同中没有提及 SIMEST 公司,股权结构、注册资本、董事会代表权的安排等均与《意向书》不同。《10 月合同》的主要内容是,甲方:嘉成公司,乙方:VEM 公司;公司名称:青岛维意爱姆机械设备有限公司;经营范围:玻璃钢机械设备制造及研发;注册资本:500 万欧元;董事会组成:董事会由五人组成,甲方委派三名,乙方委派二名,董事长由乙方委派,副董事长由甲方委派;争议的解决:凡因执行本合同所发生的或与本合同有关的一切争议,各方应通过友好协商解决,如果协商不能解决,应提交仲裁委员会仲裁;本合同用中文写成。嘉成公司代表周爱民签字,嘉成公司加盖公章,VEM 公司代表乌格·法瑞签字;签约时间:2005 年 10 月 20 日于青岛。

2005 年 10 月 20 日,嘉成公司出具《委派书》,委派周爱民、曲国阳 2 人为青岛维意爱姆机械设备有限公司董事会成员,周爱民为公司副董事长兼总经理。同日,VEM 公司出具《委派书》,委派尤哥法利、伊瑞克法利、谭业萍 3 人为青岛维意爱姆机械设备有限公司董事会成员，尤哥法利为董事长。

2005年10月20日（章程载明的签订时间是2005年10月20日，《裁决书》认定的时间是2005年10月25日），嘉成公司与VEM公司签订《青岛维意爱姆机械设备有限公司章程》，其主要内容是：法定代表人为尤哥法利，董事会成员五名，董事长一名，由乙方（VEM公司）委派，副董事长一名，由嘉成公司委派，其他股东（章程可能笔误，应为“董事”）由甲乙方分别委派。嘉成公司代表周爱民签字，嘉成公司加盖公章，VEM公司代表乌格·法瑞签字；签约时间：2005年10月20日于青岛。

2005年10月25日，青岛市城阳区对外贸易经济合作局作出《关于对中外合资经营青岛维意爱姆机械设备有限公司合同、章程的批复》；10月26日，青岛市人民政府颁发了《中华人民共和国外商投资企业批准证书》；10月26日，青岛市工商行政管理局颁发了《企业法人营业执照》（法定代表人尤哥法利，注册资金500万欧元）；10月27日，颁发了组织机构代码证。

2005年12月7日至19日期间，嘉成公司、VEM公司、SIMEST公司签订了《合资公司合同》（以下简称《12月合同》）。《12月合同》的主要内容：甲方为嘉成公司，乙方为VEM公司，丙方为SIMEST公司；公司名称为维意爱姆机械设备（青岛）有限责任公司；各方同意按照中华人民共和国法律以合资经营方式建立新公司；注册资金100万欧元，甲方30%，乙方45%，丙方25%，甲方同意乙方和丙方之间的配额自由流动；董事会由5名董事组成，2名由乙方指派，2名由甲方指派，1名由丙方指派，董事长由乙方指派，副董事长由甲方指派。争议的解决：因本合同的签署或与本合同有关的争议（中文翻译件为“发生合同争议时”），合资各方应尽可能通过协商解决，在合理期间内通过协商不能解决的，可以提交中国仲裁机构，仲裁应在中国北京进行，遵守中国国际经济贸易仲裁委员会的仲裁程序，申请的仲裁机构要由3名仲裁员组成的仲裁团方能生效，其主席要为双方国籍以外的人员担任，仲裁语言为英语，仲裁裁决是终局裁决，对双方均有约束力。

2005年12月30日，青岛市城阳区对外贸易经济合作局准许将合资公司的名称由“青岛维意爱姆机械设备有限公司”变更为“维意爱姆机械设备（青岛）有限责任公司”。VEM公司、SIMEST公司提交了2006年1月12日颁发的营业执照，注册资本为100万欧元；嘉成公司提交了2006年3月14日颁发的营业执照，注册资本500万欧元，合资公司最初成立日期是2005年10月26日。

2006年2月至3月，各方签订了《12月合同》的补充，约定合同以中文和英文书就，两种文本具有同等效力，如出现不一致的地方，应以英文本为准。

2006年至2007年，双方就合资公司管理以及哪个合同构成各方有关合资公司法律义务的基础产生争议。

VEM公司、SIMEST公司于2008年3月21日向中国国际经济贸易仲裁委员会申请仲裁。VEM公司、SIMEST公司在仲裁申请中提出：

VEM 公司与嘉成公司一直以为拟议中的合资公司应在三方股东参与的基础上设立，SIMEST 公司作为隐名股东加入这两个主要的谈判主体。上述共同意愿反映在 2005 年 9 月 21 日签署的《意向书》中。2005 年 10 月 21 日，嘉成公司为了操纵合资公司的股权和管理结构，以便其在合资公司享有更好的利益，设法获得了 VEM 公司法定代表人在两份中文文件(《10 月合同》)上的签字，嘉成公司声称这些文件是为了获得中国政府批准的申请文件，但事实上，这些文件是设立合资公司的合同文件。嘉成公司同时就像当事人之间仍然在谈判一样继续周旋，三方签订了《12 月合同》。之后，嘉成公司报告称"12 月公司"已经成立，并制造(伪造)了相关注册文件。各方当事人基于《12 月合同》开始履行缴纳注册资本的责任。VEM 公司直到 2006 年早期才发现《12 月合同》并未登记，合资公司事实上是在《10 月合同》的基础上注册和成立的。VEM 公司及 SIMEST 公司认为《10 月合同》重大误解、显失公平，依据《中华人民共和国合同法》应撤销，依据《中华人民共和国民法通则》应属无效；《12 月合同》没有获得政府部门的审批，应属无效。请求：解除全部合资公司合同，解散基于《10 月合同》设立的公司，《12 月合同》无效，要求嘉成公司支付 30 万欧元作为赔偿 VEM 公司、SIMEST 公司签署和履行《10 月合同》和《12 月合同》发生的损失。

嘉成公司认为：《12 月合同》并不是设立合资公司的合同文件，而是修改《10 月合同》条款的工具，并且申请人从来没有准备公司变更注册所必需的文件。《12 月合同》旨在规范《10 月合同》已经注册了的合资公司关系，但《12 月合同》既没有提及已经存在的《10 月合同》，也没有提及根据《10 月合同》已经设立的"10 月公司"，《12 月合同》根本不可能得到青岛市政府部门的批准和登记，当然无效。同时，嘉成公司针对《10 月合同》的管辖权提出了异议，认为仲裁庭对《10 月合同》没有管辖权。

2008 年 12 月 26 日，仲裁庭对管辖权做出决定：仲裁庭认为没有必要对《10 月合同》或《12 月合同》的有效性达成初步意见，也没有必要对《12 月合同》中有关贸仲委仲裁的条款是否不仅足以涵盖从《12 月合同》本身引起的争议，而且足以涵盖申请人所主张的认可与合资公司有关的争议达成初步意见。只要说仲裁庭认为《12 月合同》中的仲裁协议的有效性是独立于《12 月合同》的有效性，并且足以涵盖申请人提交的仲裁请求就够了。仲裁委就本案管辖权作出裁定如下：(1)仲裁委员会对该案拥有管辖权；(2)该案的仲裁程序将继续进行。

(二)仲裁庭的意见及裁决结果

仲裁庭认为：VEM 公司不可能在极短的时间内对合资合同的基本条款改变主意，双方在谈判中的平平稳稳状态反映出《12 月合同》是双方对《意向书》的自然继续，《10 月合同》仅仅是为了满足设立合资公司的过程。《10 月合同》仅有中文版本，《12 月合同》有中英文版本且以英文版本为准。《10 月合同》规定中方作为小股东但在合资公司董事会处于控制地位,中方委派总经理,公司结构不公平。没有证据证明嘉成公司已将“10 月公司”的注册情况通知了 VEM 公司。《12 月合同》没有指出是用来修改一个已经存在的公司实体,没有提及《10 月合同》。有关商标、专有技术许可的协议是《12 月合同》的附件 4、附件 5。VEM 公司的出资接近《12 月合同》约定的出资比例,嘉成公司在电子邮件中承认了 SIMEST 公司也有出资。2006 年 2 月到 3 月间,各方开始向合资公司投资之后,各方同意对《12 月合同》进行修改,表明各方在修改时已经承认基于《12 月合同》所建立的合资公司已经存在并且有效。因此,仲裁庭认为《10 月文件》是在重大误解、显失公平的基础上签订的,应属无效;并裁定解散“10 月公司”,使 VEM 公司、SIMEST 公司能够依据裁定在政府有关部门履行各种相关的程序。

仲裁庭裁决:(1)《10 月合同》无效;(2)基于《10 月合同》成立的公司应当解散;(3)《12 月合同》无效;(4)嘉成公司赔偿 VEM 公司因谈判和签署《10 月合同》和《12 月合同》的损失 40,000 欧元;(5)嘉成公司支付 VEM 公司作为资本投入合资公司的设备和机器之折旧,计 30,000 欧元;(6)嘉成公司赔偿 SIMEST 公司在谈判和签署《12 月合同》中的损失 10,000 欧元;(7)嘉成公司支付 SIMEST 公司投入合资公司的损失(SIMEST 公司的资本投入),计 83,325 欧元;(8)仲裁庭对《商标转让合同》和三份《专有技术转让合同》无管辖权;(9)各方当事人承担各自的法律和律师费用;(10)嘉成公司应支付 VEM 公司、SIMEST 公司已经支付给仲裁委员会的仲裁费的一半,即 35,265 美元的 50%,计 17,632.50 美元;(11)嘉成公司应支付 VEM 公司、SIMEST 公司已经支付给仲裁委员会的仲裁员报酬和额外费用的一半,即 19,000 美元的 50%,计 9500 美元。嘉成公司须在收到裁决书 30 日内全部支付上述费用。

三、申请撤销仲裁裁决的理由以及答辩意见

(一)嘉成公司申请撤销仲裁裁决的理由

1. 该裁决所裁决的事项不属于仲裁协议的范围

(1)仲裁协议问题

仲裁庭审理并裁决了两套互无联系的合资合同:第一份合资合同——VEM 公司与嘉成公司两方于 2005 年 10 月 20 日,在青岛签署的《青岛维意爱姆机械设备有限公司合资合同》,即《10 月合同》。第二份合资合同——VEM 公司与 SIMEST 公司和嘉成公司三方于同年 12 月 7 日至 19 日,分别在中国和意大利签署的《合资公司合同》,即《12 月合同》。

第一份合资合同。2005 年 8 月经人介绍,VEM 公司开始与申请人接触,商谈在青岛设立合资企业,生产玻璃钢产品和设备。双方经过多次协商、考察,于 2005 年 10 月 20 日在青岛签署了《10 月合同》和合资公司章程,并分别任命了各自在合资公司的董事。2005 年 10 月 26 日,青岛市人民政府据此给合资企业颁发了批准证书,青岛市工商行政管理局给合资企业颁发了企业法人营业执照，合资企业合法成立。《10月合同》第四十一条规定："凡因执行本合同所发生的或与本合同有关的一切争议，各方应通过友好协商解决，如果协商不能解决，应提交仲裁委员会仲裁，仲裁裁决是终局的，对各方都具有约束力。"该条既没有约定由哪个仲裁委员会仲裁，也没有约定适用什么仲裁规则以及在哪里仲裁。此后双方从未对该仲裁协议进行补充或修改。因此，《10月合同》的仲裁协议无效，仲裁委员会对《10月合同》没有管辖权。VEM公司、SIMEST公司的仲裁申请书也仅仅要求解除《12月合同》并赔偿，并没有要求对《10月合同》进行裁决。

第二份合资合同。即《12月合同》，是VEM公司出于骗取SIMEST公司资金之目的，在其与嘉成公司已经签署了《10月合同》，并得到青岛市政府批准，且合资公司已经合法设立的情况下，又擅自起草的一份三方合同。《12月合同》第十八章第四十六条规定的"因本合同的签署或与本合同有关的争议"，即因《12月合同》的签署或与《12月合同》有关的争议，要通过仲裁委员会进行仲裁。《12月合同》从根本上违反了中国法律，从没有得到中国任何政府部门的批准，属于当然无效之合同。

以上两份合同的关系。《12月合同》不是对《10月合同》的补充或修改，《12月合同》对《10月合同》以及已经合法设立的合资企业根本没有提及。

综上，《10月合同》的仲裁协议无效。《12月合同》的仲裁协议不是对《10月合同》仲裁协议的修改或补充。仲裁委员会对《10月合同》的裁决不属于仲裁协议的范围。

(2)仲裁委员会无权仲裁解散公司的申请事项

合资公司的解散应当遵守中国公司法确立的司法解散制度，即解散合资企业的申请应当向中国有管辖权的人民法院提出，不能向仲裁委员会提出，仲裁委员会无权裁决合资公司的解散事宜。而且，解散合资企业的申请应当以合资公司为被告。

(3)《仲裁书》裁决的事项超出了被申请人的申请范围

本案中，VEM公司、SIMEST公司在仲裁中请求"解除当事人的合资公司合同"，即解除《12月合同》，即终止已经生效的合资合同。但仲裁委员会的仲裁裁决却裁定所有的合资合同无效，远远超出了仲裁申请的范围。VEM公司、SIMEST公司2005年就知道或应当知道撤销事由，但到2008年才提出撤销合同，早已超过时效，仲裁庭无权裁决。

(4)仲裁委员会对管辖权的决定先是模糊不清，后是相互矛盾

仲裁委员会的《决定》。仲裁委员会对嘉成公司多次提出的管辖权异议一直避而不答，直到2008年12月26日，才就管辖权异议作出模糊不清的《决定》。上述《决定》没有回答仲裁委员会对《10月合同》是否具有管辖权。嘉成公司于2008年12月31日、2009年2月6日两次致函仲裁委员会，提醒无权仲裁《10月合同》，仲裁委员会未作任何答复。

仲裁委员会的《裁决书》。2009 年 8 月 12 日,仲裁委员会下达对本案的《裁决书》。该裁决第一次表明仲裁委员会对《10 月合同》和《12 月合同》都有管辖权,但又同时裁决它对《12 月合同》附件《商标转让合同》和三份《专有技术转让合同》无管辖权。仲裁委员会的《裁决书》所裁决的实体事项都不属于《12 月合同》仲裁协议的范围,第(四)项涉及的《10 月合同》的内容也不属于《12 月合同》仲裁协议的范围。

2. 仲裁庭的组成与仲裁规则不符

本案中仲裁委员会指定了首席仲裁员,该首席仲裁员名叫 Peter Thorp(中文名字:苏秉德)。2009 年 12 月 15 日,申请人的诉讼代理人高宽众先生在北京参加"中国国际仲裁论坛",遇见了苏秉德先生,才得知他是英国安理国际律师事务所驻北京代表处首席代表。在网上一查,在本案仲裁过程中担任 VEM 公司、SIMEST 公司代理人的张世贤女士竟担任过英国安理国际律师事务所驻北京代表处律师助手。苏秉德先生理应对此向仲裁委员会和申请人披露,但他从未披露。很明显,仲裁庭的组成与仲裁委员会的仲裁规则不符。

(二)VEM 公司、SIMEST 公司的答辩意见

1. 嘉成公司曾经在仲裁程序中向仲裁庭提出了"关于十月合同是否存在着仲裁条款"的异议。对于此项异议,仲裁庭进行了开庭并且要求双方出席并提出自己的理由。根据开庭的结果,仲裁庭作出了"管辖权裁定",根据该裁定,中国国际经济贸易仲裁委员会对本案拥有管辖权。尽管仲裁庭作出了"管辖权裁定",嘉成公司仍然在仲裁程序中提出了该项异议,当时所提出的理由与本申请撤销仲裁裁决中所列的理由基本一致。在仲裁裁决中,仲裁庭再次肯定了"管辖权裁定"中所作出的裁决,认为关于《10 月合同》存在着合法的仲裁条款,并且认为对于《12 月合同》及仲裁程序中的所有仲裁申请,都是以合法的仲裁条款为依据的。仲裁庭已经做出了专门决定确认了仲裁协议的效力,因此嘉成公司以"本案不存在仲裁协议"为由申请撤销仲裁裁决,是完全不成立的,法院应当不予受理,或者驳回其请求。

仲裁庭并没有做出解散合资企业的裁决,仲裁庭的裁决如下:第一,由于嘉成公司的过错而导致了《10 月合同》的无效;第二,由于合资公司是基于无效的《10 月合同》而设立的,因此自然而然应当解散。因此,仲裁庭并没有直接裁决解散合资公司,而是裁决确定《10 月合同》的无效,该合同的无效自然而然地带来了公司的解散。因此,仲裁委员会并没有直接裁决解散合资公司,而是根据中国合同法的相关规定确认《10 月合同》无效而已。仲裁裁决本身并没有也不可能解散合资公司。

嘉成公司还提出,仲裁委员会所作出的裁决的事项超出了 VEM 公司、SIMEST 公司的申请范围。事实上嘉成公司在仲裁程序中已经提出过,而仲裁庭已经明确做了回答,并且给出了未超出申请范围的理由。

嘉成公司主张"要求撤销合同的,也应当自知道或应当知道撤销事由之日起 1 年内提出。"因此,"早已超过时效,仲裁庭无权裁决。"这一说法也是不成立的。第

一,这并不属于法律规定撤销仲裁裁决的法定事由之一;第二,1 年的除斥期间是自当事人知晓有撤销合同的事由之日起算,并不是从签订之日起算;第三,关于 1 年的除斥期间已经经过的所谓“事实”应当是在仲裁程序中由当事人主动提出来,但是在仲裁程序中,嘉成公司从未提及过此事项。

2. 张世贤律师在 1998 ~ 1999 年期间曾经在英国安理国际律师事务所驻北京代表处任律师助理,2003 年张世贤律师已经加入了现在所任职的北京天睿律师事务所。而 Peter Thorp 律师从 2004 年开始才进入英国安理国际律师事务所。上述两位律师从未一起工作过,两人此前也未相互认识。总之,嘉成公司提出的撤销仲裁裁决的所有理由都是不成立的,因此应当驳回该请求。

四、北京市第一中级人民法院的处理意见

(一)关于法律适用问题

本案的申请人系外国公司,仲裁委员会系适用涉外仲裁程序作出的涉外仲裁裁决,故该院依照《中华人民共和国仲裁法》第七十条、《中华人民共和国民事诉讼法》二百五十八条的规定对本案进行审查。

(二)仲裁裁决是否存在应予撤销的事由

VEM 公司与 SIMEST 公司提起仲裁申请的依据是其与嘉成公司签订的《12 月合同》,该合同约定“因本合同的签署或与本合同有关的争议”要通过仲裁委员会仲裁,该条款合法有效。但 VEM 公司与嘉成公司之间签订的《10 月合同》没有约定有效的仲裁协议,既然仲裁庭认为“《12 月合同》没有指出是用来修改一个已经存在的公司实体,没有提及《10 月合同》”,说明仲裁庭认为《10 月合同》与《12 月合同》是相互独立的合同,在此情况下,《10 月合同》不应被涵盖在《12 月合同》的仲裁协议范围之内,仲裁庭不能按照《12 月合同》中的仲裁条款对《10 月合同》进行仲裁。且按《10 月合同》成立的公司已经相关行政部门进行了合法性审查,仲裁庭仲裁《10 月合同》无效,直接否定了行政部门对该合同的合法性审查。

依据公司法有关公司解散的规定,解散公司的请求只能由人民法院处理,仲裁庭裁决公司解散,属于无权仲裁的情形。

虽然 VEM 公司与 SIMEST 公司的代理人张世贤与仲裁委员会指定的首席仲裁员苏秉德曾先后在英国安理国际律师事务所驻北京代表处工作过,但现有证据不能证明张世贤与苏秉德之间有共同工作的经历,亦不能证明在仲裁之前双方已经相互熟识,该情形不属于仲裁员应当披露的事项,故对嘉成公司该项申请理由不予支持。

综上,因仲裁裁决违反了《中华人民共和国民事诉讼法》第二百五十八条第一款第(一)项“当事人在合同中没有订有仲裁条款或者事后没有达成书面仲裁协议的”、第(四)项“裁决的事项不属于仲裁协议的范围或者仲裁机构无权仲裁的”的规定,依照《中华人民共和国仲裁法》第六十条之规定,拟裁定撤销中国国际经济贸易仲裁委员会(2009)CIETAC BJ 裁决(0355)号裁决。

五、我院的处理意见

（一）关于仲裁裁决是否存在应予撤销的情形

《10 月合同》的仲裁条款未约定具体仲裁机构，亦未约定仲裁规则，应属无效。《10 月合同》与《12 月合同》的内容相互独立，无证据证明《12 月合同》中的仲裁条款构成了对《10 月合同》仲裁条款的修改或补充。因此，《10 月合同》不应被涵盖在《12 月合同》的仲裁协议范围之内，仲裁庭不能按照《12 月合同》中的仲裁条款对《10 月合同》进行仲裁。

（二）关于仲裁裁决是否存在无权仲裁的情形

根据《中华人民共和国公司法》及《最高人民法院关于适用〈中华人民共和国公司法〉若干问题的规定（二）》的规定，在解散公司案件和公司清算案件中，被解散、清算的目标公司为案件当事人，且解散、清算公司案件中可能会涉及公司事务及案外利害关系人，当事人有关公司解散、清算的请求只能向人民法院提出。本案中，VEM 公司、SIMEST 公司的仲裁请求主要包括："解散当事人的全部合资公司合同（《10 月文件》和《12 月文件》以及附属的有关知识产权的合同，解散基于《10 月文件》设立的 VEM（青岛）机械设备有限公司"，"要求被申请人支付申请人 30 万欧元作为赔偿申请人签署和履行《10 月文件》和《12 月文件》发生的损失"；等等。针对上述请求，中国国际经济贸易仲裁委员会做出了如下裁决："……2. 基于《10 月合同》成立的公司应当解散"；"5. 裁定被申请人支付 VEM 公司作为资本投入合资公司的设备和机器之折旧，计 30,000 欧元"；"……7. 裁定被申请人支付 SIMEST 公司投入合资公司的损失（SIMEST 公司的资本投入），计 83,325 欧元"；等等。上述裁决涉及公司解散、清算事项，超出了仲裁权限。

（三）同意北京市第一中级人民法院的其他意见

综上，依据《中华人民共和国民事诉讼法》第二百五十八条第一款第（一）项、第（四）项、《中华人民共和国仲裁法》第七十条之规定，拟裁定撤销中国国际经济贸易仲裁委员会（2009）CIETAC BJ 裁决（0355）号裁决。

以上意见妥否，请批示。

最高人民法院关于撤销中国国际经济贸易仲裁委员会(2010)中国贸仲京裁字第0159号裁决案的请示的复函

(2010年12月2日 〔2010〕民四他字第49号)

北京市高级人民法院:

你院京高法〔2010〕第262号《关于撤销中国国际经济贸易仲裁委员会(2010)中国贸仲京裁字第0159号裁决案的请示》收悉。经研究,答复如下:

本案所涉仲裁裁决为中国国际经济贸易仲裁委员会作出的涉港仲裁裁决,应当参照《中华人民共和国民事诉讼法》、《中华人民共和国仲裁法》中有关涉外仲裁的规定进行审查。

根据你院请示报告中查明的事实,1991年12月30日,北京艺苑美术服务中心(以下简称艺苑中心)与江源文化企业公司(以下简称江源公司)签订的《北京京源印刷有限公司合同书》(以下简称《合资合同》)第五十四条约定:“凡因执行本合同所发生的或与本合同有关的一切争议,双方应通过友好协商解决。如协商不能解决,应提交中国国际经济贸易仲裁委员会,根据该会的仲裁程序暂行规则进行仲裁。仲裁的裁决是终局的,对双方都有约束力。仲裁费除另有规定外,由败诉方负担。”2007年5月29日,艺苑中心与江源公司签订的《北京京源印刷有限公司合资合同修改协议书》(以下简称《修改协议书》)对合资合同进行了修改,该《修改协议书》未另行约定争议解决方式。江源公司即依据《合资合同》中的仲裁条款申请仲裁,仲裁庭根据《合资合同》中的仲裁条款对上述《合资合同》及《修改协议书》一并作出裁决具有法律依据。

最高人民法院《关于适用〈中华人民共和国仲裁法〉若干问题的解释》第二条规定:“当事人概括约定仲裁事项为合同争议的,基于合同成立、效力、变更、转让、履行、违约责任、解释、解除等产生的纠纷都可以认定为仲裁事项。”上述《合资合同》中的仲裁条款已经概括约定仲裁事项的范围为“执行本合同所发生的或与本合同有关的一切争议”,《修改协议书》虽然没有约定仲裁条款,但其关于“减少注册资本、转让出资”等内容属于《合资合同》变更的有关事项,属于前述《合资合同》仲裁条款所应适用的范围。仲裁庭依据《合资合同》中的仲裁条款对涉及《合资合同》变更事宜的《修改协议书》一并作出裁决并未超出仲裁协议约定的范围。

北京歌华宏源资产管理有限公司申请撤销中国国际经济贸易仲裁委员会(2010)中国贸仲京裁字第0159号仲裁裁决缺乏法律依据,其申请应当予以驳回。

此复。

附：

北京市高级人民法院关于撤销中国国际经济贸易仲裁委员会(2010)中国贸仲京裁字第0159号裁决案的请示

(2010年7月21日　京高法〔2010〕第262号)

最高人民法院：

我市第一中级人民法院立案受理了申请人北京歌华宏源资产管理有限公司申请撤销中国国际经济贸易仲裁委员会作出的(2010)中国贸仲京裁字第0159号裁决一案，拟撤销该仲裁裁决，并向我院请示。经研究，现将该案有关情况报告并请示如下：

一、当事人基本情况及仲裁庭组成情况

申请人(仲裁被申请人)：北京歌华宏源资产管理有限公司(原名称北京艺苑美术服务中心有限公司)，住所地：北京市东城区朝阳门内大街216号。

被申请人(仲裁申请人)：江源文化企业公司，住所地：中华人民共和国香港特别行政区新界葵涌华星街1－7美华工业大厦9楼C1室。

仲裁庭组成情况：首席仲裁员黄文(仲裁委指定)，仲裁员刘俊海(江源公司选定)、李大元(歌华公司选定)。

二、案件基本事实

1991年12月30日，申请人北京歌华宏源资产管理有限公司(以下简称歌华公司，甲方)与被申请人江源文化企业公司(以下简称江源公司，乙方)签订《北京京源印刷有限公司合同书》(以下简称合资合同)，约定：双方共同出资设立中外合资经营企业——北京京源印刷有限公司(以下简称京源公司)，投资总额为260,000美元，并以此作为合资公司的注册资本，其中，江源公司出资156,000美元，占注册资本的60%；歌华公司出资104,000美元，占注册资本的40%。江源公司提供现金6000美元以及相当于150,000美元的设备，歌华公司以位于东城区朝内大街216号现有水、电设施及150平方米厂房作价出资，折合10万美元，以人民币形式提供现金4000美元。第一任董事长由歌华公司委派，副董事长由江源公司委派。合营期限为20年，合营公司的注册资本由合营双方按其出资比例在领取执照后三个月内缴付完毕。对合同及其附件的修改，必须经双方签署书面协议并报原审批机构批准方能生效。凡因执行合资合同发生的或与合资合同有关的一切争议，协商不成的，提交中国国际经济贸易仲裁委员会(以下简称仲裁委员会)进行仲裁。双方在合资合同中还对合营目的、规模范围、投资总额、违约责任等作了详尽的约定。合资合同还有两份附件，附件一为《北京京源印刷有限公司甲方投资实物清单》，附件二为

《北京京源印刷有限公司乙方投资实物清单》。合资合同已经审批机关批准生效,北京市政府于1992年2月20日为京源公司颁发《中华人民共和国中外合资经营企业批准证书》,同年4月2日合营公司领取了营业执照。

2007年5月29日,歌华公司与江源公司签订一份《北京京源印刷有限公司合资合同修改协议书》(以下简称修改协议书),约定:第一,将歌华公司在合资合同中约定的出资额104,000美元修改为4000美元,自修改协议书生效之日起原合资合同中关于歌华公司以150平方米厂房作价出资的条款予以解除。第二,在修改协议书生效后七个工作日内,歌华公司向江源公司确定的自然人或公司转让减资后剩余的4000美元出资。京源公司董事会应在协议生效后十个工作日内作出减少公司注册资本和同意歌华公司转让4000美元出资的决议,经审批机关和工商机关的审核批准登记后,歌华公司将不再成为合资合同的甲方。第三,歌华公司将厂房收回后,不再向京源公司主张127万元借款及利息,该款一次性抵作京源公司在歌华公司未交房期间的房屋租赁费用。江源公司在修改协议书生效后放弃根据合资合同追索歌华公司投资迟延的违约责任。第四,根据以上减少公司注册资金和转让歌华公司股权的约定,将合资合同作出相应修改,修改后的合资合同见附件。该修改协议书尚未经审批机关批准。后歌华公司与江源公司发生争议,经协商未果,江源公司于2008年12月26日向仲裁委员会申请仲裁。

江源公司在仲裁中提出:2007年11月,京源公司董事长去世后,江源公司发现歌华公司未将150平方米厂房过户到京源公司名下,更未将房屋出租收益转到京源公司,房屋始终被歌华公司使用或出租,已构成违约。江源公司的仲裁请求为:(1)裁决歌华公司履行出资义务,将150平方米厂房过户到京源公司名下;(2)歌华公司向江源公司支付违约金418,080美元;(3)歌华公司向江源公司支付4万元人民币的律师费;(4)仲裁费用由歌华公司负担。

三、仲裁庭意见及仲裁结果

(一)仲裁庭认定合资合同合法有效,双方应依约履行。

(二)仲裁庭认定合资合同中约定的歌华公司以150平方米厂房的所有权作价出资。理由如下:

第一,从语意上看,“作价”的对象通常指商品或特定物的所有权,使用权系所有权衍生的权利,将“房屋作价投资”理解为所有权作价更符合法律语意。

第二,若歌华公司提供的合资合同附件一是真实的,那么对厂房使用期所作的二十年的限制理应在合资合同的主文中得到充分表述,但实际上主文中并无“二十年”的特别约定。

第三,北京市计划委员会的批文是合资合同条款有效的前提,但该批文中未提及使用权,也未提及二十年的概念。

第四,江源公司提交的京源公司验资报告中仅指房屋作价,未提及使用权,更无二十年特定期限的表述。

第五，房产税暂行条例中规定房产税由产权人缴纳。江源公司的证据表明京源公司支付了上述房屋的房产税，若歌华公司仅以二十年使用权出资，房产税应由歌华公司支付。

第六，双方对合资合同附件一的两个版本互有异议，歌华公司不认可系以房屋所有权出资，更应提供诸如可行性研究报告之类的法律文件来证实系以特定的二十年期限的使用权作价出资。但歌华公司未提供必要证据材料支持其主张。

综合以上六点情况，根据现有证据，仲裁庭认定以房屋所有权作价投入更接近双方订立合同时的本意。

(三)仲裁庭认定根据合资合同第四十六条“合同及其附件的修改，必须经双方签署书面协议，并报原审批机构批准，方能生效”之约定，以及《中外合资经营企业法实施条例》第十四条“合营企业协议、合同和章程经审批机构批准后生效，其修改时间”之规定，双方修改合资合同所达成的修改协议书因未报经原审批机构批准而不具有法律约束力，双方应按合资合同履行义务，即仍应维持将厂房作价出资的法律状态。进而认定歌华公司未在法律程序上完成厂房过户手续，履行出资义务存在不符合合同约定及法律规定的情形，构成违约。

仲裁结果如下：

1. 歌华公司将位于朝内大街216号150平方米的厂房过户到京源公司名下，其中包括一号楼办公室三间(40平方米)，二号楼厂房(110平方米)；

2. 歌华公司向江源公司支付违约金9000美元；

3. 歌华公司向江源公司支付40,000元人民币的律师费用；

4. 仲裁费用人民币111,664元全部由歌华公司承担。

四、歌华公司申请撤销仲裁裁决的理由

歌华公司认为：修改协议书中没有约定仲裁条款。修改协议书是一个确定双方通过减资、转让中方出资的方式结束双方之间的合资关系，并确定申请人收回厂房、申请人与合资公司债权处置和被申请人放弃民事权利等事项的民事合同；修改协议书还证明，就该协议内容涉及合资合同修订部分(指安排的减资部分)，双方已经达成一致而不属于“协商不能解决”的事项。同时，作为厂房，若将其按裁定书给予京源公司继续使用的话，将会因印刷业对生活环境的影响而导致厂房所属居民楼居民公共利益受损。修改协议书已述明，就修订合资合同的事项，按照该协议确定的内容另行签署修订合资合同文本。仲裁裁决错误地将修改协议书视为是合资合同的修订文本，从而错误地适用法律判定“不具有法律约束力”。裁决书违背了诚实信用原则，对于被申请人出尔反尔的不诚实予以了支持。

五、江源公司的主要答辩意见

江源公司请求法院驳回歌华公司的申请，理由如下：

第一,修改协议书因未经审批机构批准而并未生效,在仲裁过程中江源公司未否认该协议的存在,不存在因"未如实陈述"而导致裁决违背诚信原则的情形。

第二,根据仲裁法、民事诉讼法以及最高人民法院的司法解释、复函、答复,均明确规定法院审理涉外仲裁类案件,仅仅审查程序性事项,对仲裁裁决中具体的法律适用和事实认定无权审查。而修改协议书的效力认定,显然属于实体审查的范围。

第三,修改协议书是对合资合同的修改,是合资合同的组成部分,而不是与合资合同不相关联的独立协议。因合资合同中已约定仲裁条款,故修改协议书中不需要另行约定。同时,最高人民法院《关于适用〈中华人民共和国仲裁法〉若干问题的解释》第二十七条规定:"当事人在仲裁程序中未对仲裁协议的效力提出异议,在仲裁裁决作出后以仲裁协议无效为由主张撤销仲裁裁决或者提出不予执行抗辩的,人民法院不予支持。"歌华公司在仲裁程序中并未对仲裁协议的效力提出异议,应视为对仲裁协议约定的范围、事项的认可。

六、我院审查意见

歌华公司与江源公司于2007年5月29日签订的修改协议书,包含了减少合资公司注册资本、歌华公司收回涉案厂房并向江源公司指定的第三方转让出资等,同时对歌华公司与京源公司之间的债权债务作了相应的安排,并约定将对原合资合同进行相应的修改,修改协议书中的约定已经超出了合资合同的范围,双方因修改协议书的效力问题发生的争议已经超出了合资合同中关于"凡因执行合资合同发生的或与合资合同有关的一切争议提交仲裁委"的约定范畴,仲裁庭裁决的事项不属于仲裁协议的范围。故仲裁裁决认定修改协议书"因未报经原审批机构批准而不具有法律约束力"已构成超裁。同时,修改协议书应视为歌华公司与江源公司对各自民事权利义务的新规定,双方处置各自民事权利义务进而形成新的民事合同。修改协议书中没有约定仲裁条款事后也没有达成仲裁协议,依据《中华人民共和国民事诉讼法》第二百五十八条第一款第(一)项、第(四)项、《中华人民共和国仲裁法》第七十条之规定,本院拟裁定撤销中国国际经济贸易仲裁委员会作出的(2010)中国贸仲京裁字第0159号裁决。

以上意见妥否,请批示。

最高人民法院关于撤销涉外仲裁裁决案件的报告的复函

（2010年10月12日 〔2010〕民四他字第55号）

陕西省高级人民法院：

你院〔2010〕陕民三他字第1号《关于撤销涉外仲裁裁决案件的报告》收悉。经研究，答复如下：

根据你院请示所载事实，嘉侨企业有限公司与西安汽车工业公司于1997年12月31日签订的《中港合作经营西安嘉元房地产开发有限公司合同》、《中港合作经营西安嘉元房地产开发有限公司章程》以及于1998年1月16日签订的股权转让协议书均未约定仲裁条款。2006年7月5日，嘉侨企业有限公司在给西安汽车工业公司《就1998年股权转让协议的致函》中提议，"为尽决完成双方股权转让事宜，建议通过西安仲裁委员会来裁定双方1998年股权转让协议是否有效"。同年7月13日，西安汽车工业公司给嘉侨企业有限公司回函，表示"1998年双方签订的股权转让协议，因双方都未履行，并且该协议也没有报审批机关批准，应视为无效，同意贵公司提议，由西安仲裁委员会进行仲裁"。因此，应当认定双方当事人达成的应提交西安仲裁委员会仲裁的事项为"1998年股权转让协议的效力"。但本案仲裁庭于2009年12月4日做出的西仲裁字2006第428号裁决书却裁决：1. 西安汽车工业公司自收到本裁决书之日起三十日内按股权转让协议中的约定，将位于围墙巷的13.45亩土地使用权过户到西安嘉元房地产开发有限公司，并承担因此产生的费用；2. 西安汽车工业公司待股权转让协议生效后，按协议约定将其所持有的西安嘉元房地产开发有限公司合作权益全部转让给嘉侨企业有限公司；3. 驳回嘉侨公司的第三项仲裁请求（如果西安汽车工业公司拒不履行股权和土地使用权的过户义务，则由嘉侨企业有限公司直接向有关政府主管机关申请办理合法有效）。该裁决对股权转让协议的履行、责任及合作事项等做出了裁决，超出了双方当事人提请仲裁的范围。故本案仲裁裁决存在《中华人民共和国民事诉讼法》第二百五十八条第一款第（四）项规定的情形，依据《中华人民共和国仲裁法》第七十条之规定，应予撤销。

此复。

附：

陕西省高级人民法院关于撤销涉外仲裁裁决案件的报告

（2010年7月23日　〔2010〕陕民三他字第1号）

最高人民法院：

西安市中级人民法院审理的西安汽车工业公司申请撤销西安仲裁委员会西仲裁字〔2006〕第428号仲裁裁决一案，西安中院审查认为，该仲裁裁决超出了当事人约定的仲裁协议范围，故拟撤销该仲裁裁决，因该案被申请人嘉侨企业有限公司系香港企业，遂报请我院审查。我院经审查，同意西安中院的意见，依照你院《关于人民法院撤销涉外仲裁裁决有关事项的通知》，现将本案审理情况报告如下：

一、案件的基本情况及仲裁结果

嘉侨企业有限公司（以下简称嘉侨公司）向西安仲裁委员会申请称：1997年12月31日西安汽车公司与嘉侨公司签订了《中港合作经营西安嘉元房地产开发有限公司（以下简称嘉元公司）合同》、《中港合作经营西安嘉元房地产开发有限公司章程》。1998年1月16日又签订了股权转让《协议书》，约定在嘉元公司正式成立后，汽车公司将其在嘉元公司中的全部股权，作价1610.2万元全部转让给嘉侨公司，该股权转让协议在嘉元公司正式登记后生效。1998年7月1日嘉元公司依法领取了企业法人营业执照，但汽车公司未依约履行双方签订的股权转让《协议书》。请求：1.裁决汽车公司履行其对嘉元公司的出资义务，将位于围墙巷的13.45亩土地使用权过户到嘉元公司名下，并承担因此产生的费用。2.裁决汽车公司履行股权转让《协议书》，将其所持有的嘉元公司合作权益全部转让给嘉侨公司。3.裁决如果汽车公司拒不履行股权和土地使用权的过户义务，则由嘉侨公司直接向有关政府主管机关申请办理合法有效。4.裁决汽车公司承担本案的全部仲裁费用。

西安仲裁委员会依据《中外合作经营企业法》第十条、《中华人民共和国合同法》第六十条、第一百零七条、第一百二十六条之规定，裁决：一、汽车公司自收到本裁决书之日起三十日内按股权转让协议中的约定，将位于围墙巷的13.45亩土地使用权过户到西安嘉元房地产开发有限公司，并承担因此产生的费用；二、汽车公司待股权转让协议生效后，按协议约定将其所持有的西安嘉元房地产开发有限公司合作权益全部转让给嘉侨公司；三、驳回嘉侨公司的第三项仲裁请求；四、本案仲裁费132,762元（嘉侨公司已预交），由嘉侨公司承担26,552元，由汽车公司承担106,210元。

二、当事人申请撤销仲裁裁决的理由

仲裁裁决作出后，汽车公司向西安中院申请撤销，理由有两点：1.仲裁裁决超出双方约定的仲裁范围,并对未生效的协议履行问题予以裁决,属枉法裁决;2. 西安仲裁委员会因嘉侨公司申请而延期审理,自 2006 年 12 月 1 日至 2009 年 5 月 6 日,程序违法。

嘉侨公司辩称:1. 其公司与汽车公司通过来往函件约定了仲裁条款;2. 股权转让协议中有汽车公司出资和履行的内容,涉案土地使用权是汽车公司对嘉元公司提供的唯一合作条件、唯一价值体现,履行出资义务是股权转让的前提,故仲裁裁决并未超出仲裁条款的范围;3. 嘉侨公司延期申请,经过西安仲裁委员会同意,符合仲裁规则的规定;4. 本案属涉港案件,人民法院审查限于修订后的民事诉讼法的第二百五十八条第一款的范围,而汽车公司申请撤销仲裁裁决依据的法律不适用本案,故请求驳回汽车公司的申请。

三、西安中院本案审查情况及处理意见

汽车公司与嘉侨公司先后于 1997 年 12 月 31 日签订《中港合作经营西安嘉元房地产开发有限公司合同》(出资合同)、《中港合作经营西安嘉元房地产开发公司章程》,1998 年元月 16 日签订《协议书》(股权转让协议),以上协议均未约定仲裁条款。2006 年 7 月 5 日嘉侨公司在给汽车公司《就 1998 年股权转让协议的致函》中提议,“为尽快完成双方股权转让事宜,建议通过西安仲裁委员会来裁定双方 98 年股权转让协议是否有效”。2006 年 7 月 13 日汽车公司给嘉侨公司回函,表示“98 年双方签订的股权转让协议,因双方都未履行,并且该协议也没有报审批机关批准,应视为无效,同意贵公司提议,由西安仲裁委员会进行仲裁”。另查,2006 年 8 月 11 日西安仲裁委员会基于嘉侨公司的申请立案,2006 年 12 月 1 日,嘉侨公司以证据收集困难为由申请延期审理,2006 年 12 月 6 日西安仲裁委员会同意延期审理。2009 年 6 月 18 日,嘉侨公司申请开庭,西安仲裁委员会恢复审理。

西安中院审委会经讨论认为,汽车公司、嘉侨公司签订的出资合同、转让协议,及嘉元公司的章程中均无仲裁约定。之后双方约定的仲裁事项仅为转让协议的有效性,西安仲裁委员会给西安中院的书面说明中也认为,仲裁协议的内容是确认股权转让协议的效力,而仲裁庭裁决却是股权转让协议的履行,超出了当事人双方约定的仲裁范围;关于延期审理问题,仲裁庭延期审理经过西安仲裁委员会的审查同意,延期原因及详细情况卷内并无反映,以此认定仲裁程序违法,理由不足。综上,依据《中华人民共和国仲裁法》第七十条“当事人提出证据证明涉外仲裁裁决有民事诉讼法第二百六十条第一款规定的情形之一的,经人民法院组成合议庭审查核实,裁定撤销”、《中华人民共和国民事诉讼法》第二百五十八条(修订前第二百六十条)第一款第(四)项“裁决的事项不属于仲裁协议的范围或者仲裁机构无权仲裁的”规定,汽车公司关于仲裁裁决超出仲裁协议范围应予撤销的理由成立,其撤销仲裁裁决的申请应予支持。故西安中院认为应撤销西安仲裁委员会西仲裁字(2006)第 428 号仲裁裁决。

四、我院的审查意见

我院经审查认为：西安中院查明的事实清楚。申请人与被申请人签订的出资合同及股权转让书中并没有仲裁条款，后在 2006 年 7 月双方通过信函约定了仲裁事项，但其范围仅限于“1998 年股权转让协议是否有效”的问题。但是西安仲裁委员会所作出的西仲裁字〔2006〕第 428 号裁决书并未对双方约定的仲裁事项进行仲裁，而仲裁了股权转让协议的履行问题。故根据《中华人民共和国仲裁法》第七十条、《中华人民共和国民事诉讼法》第二百五十八条（系修订前的第二百六十条）第一款第（四）项“裁决的事项不属于仲裁协议的范围或者仲裁机构无权仲裁的”之规定，应裁定撤销西安仲裁委员会所作出的西仲裁字（2006）第 428 号裁决书。

以上意见妥否，请审批。

最高人民法院关于龙川县人民政府申请撤销中国国际经济贸易仲裁委员会华南分会作出的（2007）中国贸仲深裁字第 85 号仲裁裁决一案的请示的复函

（2010 年 9 月 29 日 〔2010〕民四他字第 50 号）

广东省高级人民法院：

你院〔2008〕粤高法民四他字第 10 号《关于龙川县人民政府申请撤销中国国际经济贸易仲裁委员会华南分会作出的（2007）中国贸仲深裁字第 85 号仲裁裁决一案的请示》收悉。经研究，答复如下：

本案属于申请撤销内地仲裁机构作出的涉港仲裁裁决案件，应当参照《中华人民共和国仲裁法》第七十条和《中华人民共和国民事诉讼法》第二百五十八条的规定进行审查。

根据你院请示报告及所附卷宗反映的情况，2006 年 10 月 20 日，仲裁庭进行了首次开庭。2006 年 11 月 10 日，龙川县人民政府向仲裁庭提交了《关于 SHEN V2006086 号仲裁案仲裁当事人的异议》（以下简称《异议》），认为案外人龙川县交通发展总公司应当作为该仲裁案件的当事人。2006 年 12 月 5 日，中国国际经济贸易仲裁委员会华南分会秘书处对龙川县人民政府作出《关于 SHEN V2006086 号案》的答复。

中国国际经济贸易仲裁委员会 2005 年 5 月 1 日起实施的《仲裁规则》第六条第三款规定：“当事人对仲裁协议及/或仲裁案件管辖权的异议，应当在仲裁庭首次开庭前书面提出；书面审理的案件，应当在第一次实体答辩前提出。”第五款规定：“上述管辖权异议及/或决定包括仲裁案件主体资格异议及/或决定。”根据上述规定,主体资格异议应当于仲裁庭首次开庭前提出。本案中,龙川县人民政府是在仲裁庭首次开庭后才提出了上述《异议》,该《异议》提出的时间已经超过了仲裁规则规定的时间。仲裁规则没有对超过规定时间的主体资格异议的处理作出明确规定,因此,中国国际经济贸易仲裁委员会华南分会秘书处可以对该《异议》作出答复,该答复程序并未违反仲裁规则。龙川县人民政府关于上述答复程序与仲裁规则不符的理由不能成立,对其撤销涉案仲裁裁决的申请应予以驳回。

此复。

附:

广东省高级人民法院关于龙川县人民政府申请撤销中国国际经济贸易仲裁委员会华南分会作出的(2007)中国贸仲深裁字第85号仲裁裁决一案的请示

(2010年6月28日 〔2008〕粤高法民四他字第10号)

最高人民法院:

深圳市中级人民法院(以下简称深圳中院)受理了龙川县人民政府(以下简称龙川县政府)申请撤销中国国际经济贸易仲裁委员会华南分会(以下简称华南分会)(2007)中国贸仲深裁字第85号仲裁裁决一案,深圳中院认为应撤销该项仲裁裁决。经审查,我院同意深圳中院意见,认为应撤销该项仲裁裁决。根据《最高人民法院关于人民法院撤销涉外仲裁裁决有关事项的通知》的规定,特向钧院请示。

一、当事人基本情况

申请人(仲裁被申请人):龙川县人民政府,住所地:广东省龙川县老隆镇。

被申请人(仲裁申请人):成功工程及建筑(香港)有限公司,住所地:香港特别行政区金钟皇后大道1号太古广场3座28楼。

二、案件基本事实

1995年6月7日,成功工程及建筑(香港)有限公司(以下简称成功公司)与龙川县交通发展总公司签订《中外合作龙川成功交通有限公司合作合同》(以下简称合作合同),约定共同设立中外合作龙川交通有限公司。该合同第六十条约定:“凡因执行本合同所发生的或与本合同有关的一切争议,双方应通过友好协商解决。如果协商不能解决,提交新加坡国际经济仲裁中心仲裁,适用该会仲裁规则。”

2000年3月7日,龙川县政府与成功公司[合同上名称为“马来西亚”成功工程建筑(香港)有限公司]、龙川县交通发展总公司签订《提前终止合作合同协议书》,

主要内容为：由龙川县政府支付给马方60,000,000元，提前结束合作合同；在执行本协议过程中，如发生争议，双方应首先协商解决，协商不成的，任何一方均可向中国国际经济贸易仲裁委员会深圳分会申请仲裁，该仲裁是终局的，对双方均具有约束力；龙川县交通发展总公司同意双方所签订的上述协议。

2000年10月17日，龙川县政府与成功公司签订《关于龙川东江老隆大桥项目提前终止合作合同补充协议书》(以下简称《提前终止补充协议书》)，对上述协议书资金还款数额和支付期限作了变更，其他内容未作更改。

2001年3月10日，龙川县交通发展总公司与成功公司就提前终止合作合同又签订了《提前终止〈中外合作龙川成功交通有限公司合作合同〉协议书》，龙川县政府作为监证方在该协议上盖章。

2001年10月25日，合作公司召开董事会，作出《关于提前终止〈中外合作龙川成功交通发展有限公司合同〉决议》，作出了由合作公司龙川县交通发展总公司向成功公司支付人民币60,000,000元作为其在合作公司的投资和回报，并提前终止合作合同的决议。

2004年1月5日，龙川县政府与成功公司签订《补充协议书(二)》，就提前终止合作、解散公司，对指定账户进行审计以及剩余款项汇出等事宜达成协议。

2004年3月12日，合作公司注销。

三、仲裁的情况

2006年6月28日，成功公司向华南分会提起仲裁，请求裁决：(1)龙川县政府向成功公司支付欠款17,567,303元；(2)龙川县政府向成功公司赔偿上述款项的利息(按中国人民银行同期贷款利率，自2001年1月1日起计算至实际履行之日止，暂计至2006年4月30日为5,794,665.56元)；(3)龙川县政府向成功公司支付因追偿欠款而支出的差旅费197,676.09元，支付的律师费1,413,578.68元；(4)龙川县政府承担本案仲裁费。另，成功公司在申请书中确认龙川县政府已经支付了42,432,697元，尚有人民币17,567,303元未支付。

龙川县政府于2006年11月10日就其仲裁当事人资格异议向仲裁庭提交了《关于SHEN V2006086号仲裁案仲裁当事人的异议》、龙川县交通发展总公司出具的《龙川县交通发展总公司声明》。华南分会将上述函件转给了成功公司。2006年11月22日，成功公司提交了《关于龙川县交通发展总公司要求参与SHEN V2006086号仲裁案的答辩意见》，明确表示不同意龙川县交通发展总公司作为本案被申请人参与本案仲裁程序。2006年12月5日，华南分会秘书处向成功公司和龙川县政府发出《关于SHEN V2006086号案》(函)，认为："……鉴于申请人(成功公司)明确表示不同意将龙川县交通发展总公司列为本案被申请人，仲裁庭也认为被申请人(龙川县政府)要求将龙川县交通发展总公司列为本案被申请人没有相关依据，因此，仲裁庭不接受被申请人的要求。……特此通知。"该函件抄送给了本案仲裁庭的三位仲裁员。

2007 年 8 月 4 日，仲裁庭作出了(2007)中国贸仲深裁字第 85 号仲裁裁决。

申请人龙川县政府提出申请称：(1)在仲裁程序中，成功公司提请仲裁的依据是《提前终止合作合同协议书》、《提前终止合作合同补充协议书》及《补充协议书(二)》和合作公司董事会《关于提前终止〈中外合作经营龙川成功交通发展有限公司合同〉决议》，龙川县交通发展总公司既是上述协议的签约当事人和主体，又是董事会决议的参与者，也是争议合同的债务主体，龙川县交通发展总公司与本案争议合同存在事实和法律上的利害关系，应作为适格被申请人进入仲裁程序。仲裁庭作出的(2007)中国贸仲深裁字第 85 号仲裁裁决将受争议合同仲裁协议直接约束的、应承担争议合同实质权利义务的龙川县交通发展总公司排斥在仲裁程序之外，而将不适格的龙川县政府列为被申请人，限制和约束了仲裁协议主体范围，剥夺仲裁协议一方当事人参与仲裁的程序权利和实体权利，严重违反法定程序，违背仲裁最低的正当程序要求。(2)本案仲裁程序中，关于龙川县政府的主体资格问题，是以中国国际经济贸易仲裁委员会华南分会秘书处名义作出的(2006)中国贸仲深字第 3228 号《关于 SHEN V2006086 号案》一文作出答复。该处理从程序到内容和形式，违反《仲裁规则》第六条和《仲裁管辖权决定程序规范》第一条、第八条、第九条的规定。而且，仲裁庭对龙川县政府就其主体资格问题的抗辩和异议不作处理和答复，违反《仲裁规则》第六条及《仲裁管辖权决定程序规范》第八十八条、第八十九条的规定。综上，华南分会作出的(2007)中国贸仲深裁字第 85 号仲裁裁决应予撤销。

被申请人成功公司辩称：本案仲裁案件中不存在主体资格异议的情形，因此就不可能存在主体资格异议处理程序违反仲裁规则的情况。而且申请人的申请书明确载明其没有在仲裁庭首次开庭前提出异议，即使华南分会在此程序上违反仲裁规则，申请人也已经放弃了提出异议的权利。仲裁庭的程序完全符合仲裁规则。因此，申请人的申请撤裁理由不能成立，其陈述的事实和理由均不符合《仲裁法》和《民事诉讼法》第二百六十条第一款关于撤销仲裁裁决的规定。(2007)中国贸仲深裁字第 85 号仲裁裁决合法有效。请求驳回申请人的申请，维持该仲裁裁决。

四、深圳中院的处理意见

深圳中院经审委会讨论，认为：仲裁案件的申请人成功公司为香港注册成立的企业法人，因此本案所涉仲裁系涉港仲裁，根据《中华人民共和国仲裁法》第七十条的规定，本案应适用《中华人民共和国民事诉讼法》第二百五十八条第一款的规定进行审查。(1)本案事实表明，龙川县政府、成功公司及龙川县交通发展总公司签订一系列提前终止合作协议的主体由龙川县政府变更为龙川县交通发展总公司，支付补偿款的主体也相应变更为龙川县交通发展总公司。其次，龙川县政府作为地方政府，系国家机关法人，其既不是合作公司的股东，也不是实际的投资人，其对于合作公司既不享有权利，也不是实际的投资人，不是本案合作合同的主体，无权签订提前终止合作合同的协议。因此,本案仲裁协议约束的双方应当是龙川县交通发展总公司和成功公司。(2)《仲裁规则》第六条第(一)项、第(五)项及《仲裁管辖权决定程序规范》均规定,对于仲裁当事人提出的主体异议应当由仲裁委员会或者由仲裁委员会授权仲裁庭采取决定的形式作出。在本案仲裁程序中,对于龙川县政府提出的主体异议申请,华南分会:第一,作出的形式错误。没有以决定的形式,而是以通知的形式;第二,作出的主体错误。作出的主体是华南分会秘书处,而不是仲裁委员会或仲裁委员会授权的仲裁庭。因此,本案所涉仲裁程序不符合《仲裁规则》第六条"对仲裁协议及/或管辖权的异议"的有关规定,存在《中华人民共和国民事诉讼法》第二百五十八条第一款第(三)项规定的情形。(3)本仲裁案件纠纷实际是合作合同补偿纠纷,龙川县政府不是合作一方,但其是否是本案纠纷适格主体,属于案件实体处理的问题,不属于本案涉外仲裁司法审查的范围。综上,根据《中华人民共和国仲裁法》第七十条、《中华人民共和国民事诉讼法》第二百五十八条第一款第(一)、(三)项的规定,应撤销中国国际经济贸易仲裁委员会华南分会(2007)中国贸仲深裁字第85号裁决。

五、我院处理意见

经审查,我院倾向认为,应撤销该仲裁裁决。理由如下:

本案被申请人成功公司在香港注册成立,涉案仲裁裁决为涉港仲裁裁决,应参照《中华人民共和国民事诉讼法》第二百五十八条的规定予以审查。

中国国际经济贸易仲裁委员会2005年5月1日起实施的《仲裁规则》第六条"对仲裁协议及/或管辖权的异议"第(一)项规定:"仲裁委员会有权对仲裁协议的存在/效力以及仲裁案件的管辖权作出决定。如有必要,仲裁委员会也可以授权仲裁庭作出管辖权决定。"第(五)项规定:"上述管辖权异议及/或决定包括仲裁案件主体资格异议及/或决定。"依据该规定,龙川县政府于本案所涉仲裁程序中提出的主体资格异议,应由中国国际经济贸易仲裁委员会或者由中国国际经济贸易仲裁委员会授权仲裁庭对其异议作出处理。但本案中,华南分会秘书处就龙川县政府提出的主体资格异议直接予以处理。因此,该处理作出的主体明显不符合仲裁规则的规定,本案的仲裁程序与仲裁规则不符。

综上,我院参照《中华人民共和国仲裁法》第七十条及《中华人民共和国民事诉讼法》第二百五十八条第一款第(三)项的规定,拟对(2007)中国贸仲深裁字第85号仲裁裁决予以撤销。

以上意见妥否,请批复。

最高人民法院关于宁波永信汽车部件制造有限公司申请撤销宁波仲裁委员会甬仲裁字(2007)第44号裁决一案的请示报告的复函

(2009年10月29日 〔2009〕民四他字第45号)

浙江省高级人民法院:

你院〔2009〕浙商外他字第2号《关于宁波永信汽车部件制造有限公司申请撤销宁波仲裁委员会甬仲裁字(2007)第44号裁决一案的请示报告》收悉。经研究,答复如下:

本案系当事人向人民法院申请撤销宁波仲裁委员会作出的涉外仲裁裁决案件,因此,人民法院应当根据《中华人民共和国仲裁法》第七十条以及《中华人民共和国民事诉讼法》第二百五十八条第一款的规定对该仲裁裁决进行司法审查。

本案中,株式会社韩国CENTRAL根据合资合同中约定的仲裁条款将合资合同纠纷交付仲裁解决,其仲裁请求包括裁定终止合资合同并解散合资企业进行清算。在仲裁过程中,宁波永信汽车部件制造有限公司虽然提出了仲裁庭无权对合资企业解散、清算的问题进行仲裁的抗辩,但仲裁裁决中依然包含了“合资成立的宁波森特汽车部件有限公司解散,并依法组织清算”的内容。严格地讲,仲裁庭仅应就是否终止双方当事人之间的合资合同作出裁决,然而,由于中外合资经营企业合同终止所带来的必然的法律后果就是双方当事人依据合资合同成立的合资企业解散并进入清算程序,仲裁裁决终止合资合同的同时指出合资企业解散并清算,是对终止合资合同的法律后果的进一步阐释,况且,仲裁裁决合资企业解散并依法组织清算,也并不意味着是要由仲裁庭去组织合资企业的清算事宜,该部分仲裁内容仅是指出在合资合同终止后合资企业应当解散并进入清算程序,合资企业的具体清算问题,还要依照相关法律法规的规定办理。因此,不宜认定本案所涉仲裁裁决中“合资成立的森特公司解散,并依法组织清算”的内容属于仲裁庭无权仲裁的情形或者超出仲裁协议范围的情形。即本案所涉仲裁裁决并不存在《中华人民共和国民事诉讼法》第二百五十八条第一款第(四)项规定的情形。

此外,本案所涉仲裁裁决也不存在《中华人民共和国民事诉讼法》第二百五十八条第一款第(一)、(二)、(三)项规定的情形。

综上,人民法院应当裁定驳回宁波永信汽车部件制造有限公司关于部分撤销本案所涉仲裁裁决的申请。

此复。

附：

浙江省高级人民法院关于宁波永信汽车部件制造有限公司申请撤销宁波仲裁委员会甬仲裁字(2007)第44号裁决一案的请示报告

（2009年10月29日 〔2009〕浙商外他字第2号）

最高人民法院：

浙江省宁波市中级人民法院（以下简称宁波中院）受理了申请人宁波永信汽车部件制造有限公司（以下简称永信公司）申请撤销宁波仲裁委员会（以下简称宁波仲裁委）作出的甬仲裁字〔2007〕第44号裁决一案，经审查，宁波中院及我院均认为应撤销该仲裁裁决第一项裁决中"合资成立的宁波森特汽车部件有限公司解散，并依法组织清算"的内容。依照《最高人民法院关于人民法院撤销涉外仲裁裁决有关事项的通知》的规定，现将该案的基本情况和处理意见向钧院报告请示如下：

一、当事人基本情况

申请人（仲裁被申请人）：宁波永信汽车部件制造有限公司。住所地：浙江省宁波市宁海县梅林工业区。

法定代表人：王兴德，该公司董事长。

被申请人（仲裁申请人）：株式会社韩国CENTRAL。住所地：韩国全罗北道益山市新兴洞740－7。

法定代表人：薛宗勋，该社董事长。

被申请人（仲裁被申请人）：株式会社山阳化学。住所地：韩国蔚州郡三南面加川里805－2。

法定代表人：郑益圭，该社社长。

二、案件基本情况

2004年4月18日株式会社韩国CENTRAL（以下简称韩国CENTRAL）与永信公司签订了《中外合资企业合同》，双方就合资成立宁波森特汽车部件有限公司（以下简称森特公司）事宜作出了约定。按该合资合同，合资企业投资总额为100万美元，注册资本为600万美元，其中永信公司出资96万美元，韩国CENTRAL出资504万美元。双方股权比例为永信公司占16%，韩国CENTRAL占84%。永信公司以人民币现金作为投入，韩国CENTRAL以设备和美元现金作为投入，合资公司的注册资本由双方按其出资比例在合资公司注册登记之日起三个月内出资15%，三年内全部出资完毕。合资公司的董事会由5名董事组成，其中永信公司委派2名，韩国CENTRAL委派3名，董事长由永信公司方担任，副董事长由韩国CENTRAL方委派，董事会为合资公司的最高权力机构。合营期限为20年。合资合同还就生产经营目的、范围规模、合资各方的责任、产品销售、经营管理机构、设备购买、劳动管理、税务财务审计、合营期满后财产处理、保险,违约责任、不可抗力、适用法律、争议的解决等作出了约定。同日,双方还签署了公司章程。其中公司章程第67条规定:“甲乙双方如一致认为终止合营符合各方最大利益时,可提前终止经营。合营公司可提前终止经营,需董事会召开会议作出决定,并报宁海县对外贸易经济合作局批准。”2004年4月20日宁海县对外贸易经济合作局作出(宁外资〔2004〕70号)关于同意森特公司合同、章程的批准复函,2004年4月21日森特公司在宁波市工商局注册登记成立。工商登记载明,合资公司住所地为宁海县科技工业园区,公司董事长为王兴德。在合资合同履行过程中,双方协商调整了股权比例。2004年7月21日合资双方签署了股权转让书和董事会决议,股权比例调整为50%:50%,双方各出资300万美元。出资方式及出资期限不变。2005年7月15日双方签署了股权转让书和董事会决议,把股权比例调整为16.67%:83.33%,并得到了外资委的审批。出资方式及出资期限不变。

2005年9月22日合资公司签署了《外资用地协议书》,购入位于宁海经济开发区科技工业园区12号地块,总价为348万元,其中包括295万元土地出让金和53万元包干费。

2006年8月22日韩国CENTRAL、永信公司和株式会社山阳化学(以下简称山阳化学)经过协商,由山阳化学从韩国CENTRAL处受让10%股权,山阳化学以设备出资。合资公司的股权最终确定为韩国CENTRAL占73.3%以现金和设备出资,永信公司占16.67%以现金出资,山阳化学占10%以设备出资,三方办理了相关手续并得到外资委的审批。宁海县对外贸易经济合作局作出(宁外资〔2006〕160号)《关于同意宁波森特汽车部件有限公司股权转让的批复》。根据工商局提供的材料及验资报告所反映的出资事实,韩国CENTRAL的出资截至2007年3月5日止,先后分二期出资,总额为928,488.22美元,占出资比例的15.47%;永信公司先后分三期出资,总额为100万美元,占16.67%,出资已全;山阳化学未履行出资义务。

由于韩国CENTRAL和山阳化学在2007年6月之前仍未在法定期限内履行出资缴付义务,被宁波市工商局作出责令改正通知书,并处以虚假出资额5%~15%的罚款。

在合资经营合同履行过程中,韩国CENTRAL与永信公司发生一些矛盾和纠纷。韩国CENTRAL认为,在建设合资公司厂房等公司重大问题上永信公司未经公司董事会决议或征得韩国CENTRAL同意擅自动工建设,对工程成本费用等重要问题也未经公司董事会决议或征得韩国CENTRAL同意且不予披露;永信公司非法占有使用合资公司设备侵害合资公司利益;合资公司成立至今都由永信公司一手操控,在经营管理上侵害了合资公司的利益,对韩国CENTRAL行使股东权利不予配合;公司总经理上任后为解决公司存在的多项问题和双方存在的纠纷而准备采取一系列措施时,永信公司设置种种障碍并拒绝把包括公司公章在内的重要材料提交,不仅影响外资的按期投入更使公司进入僵局停运状态;永信公司于2006年与澳大利亚公司合资设立了合资公司,该公司生产与合资公司的同类产品,对本合资企业发展构成极大威胁,对本公司利益造成了很大的损害。韩国CENTRAL于2007年4月20日向宁波仲裁委提出仲裁申请,请求:(1)裁定终止合资合同并解散合资公司进行清算;(2)裁定永信公司承担本案仲裁费、律师费及因仲裁发生的其他费用。

永信公司辩称:造成合资合同不能按约履行过错在于韩国CENTRAL,韩国CENTRAL有诸多严重违反合资合同及损害合资公司利益的行为。合资三年多来,永信公司在注册资金缴纳、合资厂房建设、公司其他事务经营管理方面都严格按照双方的合资合同履行,而韩国CENTRAL注册资金不到位,以一批合资公司不需要的残旧设备作为出资,并虚报出资价值100多万元,且至今仍然有90%的出资义务未履行;韩国CENTRAL滥用股东地位和其对公司财务、公章的控制,与合资公司进行一系列关联交易,并让永信公司注入的合资公司的资金转为不合格产品,至今仍积压在仓库时,严重损害合资公司的利益;韩国CENTRAL除欠合资公司数千万元的出资款外,还欠中方及合资公司借款、虚假设备补足款、模具费等逾千万元。

宁波仲裁委认为,韩国CENTRAL与永信公司于2004年4月18日签订的合资经营合同系当事人真实意思表示,且业经外经贸主管部门审批,应合法有效,双方应切实履行合营合同。虽然韩国CENTRAL以永信公司严重违约为由主张合营合同的解除的主张并无相应证据支持,但永信公司在仲裁程序中也同意终止履行合营合同,故可以认定韩国CENTRAL与永信公司已对提前终止合营合同达成合意。合营合同终止后,合营公司应予解散,并依法组织清算。根据《中华人民共和国中外合资经营企业法》第十五条、《中华人民共和国中外合资经营企业法实施条例》第九十一条、《中华人民共和国合同法》第八条裁决如下:一、合资成立宁波森特汽车部件有限公司《中外合资企业合同》终止履行。合资成立的宁波森特汽车部件有限公司解散,并依法组织清算。二、驳回韩国CENTRAL的其他仲裁请求。

永信公司不服仲裁裁决,向宁波中院申请撤销该仲裁裁决第一项的“合资成立的宁波森特汽车部件有限公司解散,并依法组织清算”部分。其理由主要有:(1)解散合资公司属于“仲裁委员会无权仲裁事项”。(2)本案解散公司纠纷不属于仲裁协议约定仲裁的事项。(3)宁波仲裁委未追加合资公司为本案当事人,也未行使释明义务,其仲裁程序违法。(4)仲裁裁决违背社会公共利益。

三、宁波中院的审查意见

1.《中华人民共和国公司法》第一百八十三条确定人民法院是接受股东申请对公司进行司法解散的主体。另外,因为公司解散和清算这两种诉在案件性质、审理程序、所处阶段和功能不同,无法合并进行审理。因此,宁波仲裁委无权对司法解散公司问题作出裁决,在本案中裁决解散公司的同时裁决对公司进行强制清算,更是混淆了不同的诉。

2. 本案当事人就公司司法解散问题,没有达成仲裁约定。

3. 宁波仲裁委在本案仲裁程序中没有违反法定程序。

4. 森特公司的解散并不违背公共利益。

根据《中华人民共和国仲裁法》第七十条和《中华人民共和国民事诉讼法》第二百五十八条第一款第(一)、(四)项规定,拟裁决撤销仲裁裁决第一项中"合资成立的宁波森特汽车部件有限公司解散,并依法组织清算"的内容。

四、浙江省高级人民法院意见

虽然涉案《中外合资企业合同》第四十六条规定,凡因执行本合同所发生的或与本合同有关的一切争议,……,如果协商不能解决,应提交宁波市仲裁委员会仲裁。但是,就公司解散问题,当事人仅在公司章程第六十八条规定了自愿解散的情形,即"甲方、乙方和丙方三方如一致认为终止合资符合各方最大利益时,可提前终止合资。合资公司提前终止合资,需董事会召开全体会议做出决定,并报送宁海县对外贸易经济合作局批准。"而就公司司法解散问题并未在合同或其他文件中提及,因此,本案当事人就公司的司法解散是否提交仲裁并未达成仲裁协议。此外,根据《中华人民共和国公司法》第一百八十三条"公司经营管理发生严重困难,继续存续会使股东利益受到重大损失,通过其他途径不能解决的,持有公司全部股东表决权百分之十以上的股东,可以请求人民法院解散公司"的规定,解散公司的司法请求权依法只能向人民法院提出。因此,本案中,宁波仲裁委对韩国 CEN – TRAL 提出的解散合资公司的请求无权作出裁决。

综上,拟同意宁波中院的处理意见,即依照《中华人民共和国仲裁法》第五十八条第一款第(一)、(二)项、第七十条、《中华人民共和国民事诉讼法》第二百五十八条第一款第(一)、(四)项之规定,撤销宁波仲裁委员会甬仲裁字〔2007〕第 44 号裁决第一项中"合资成立的宁波森特汽车部件有限公司解散,并依法组织清算。"的内容。

当否？请审批。

最高人民法院关于撤销中国国际经济贸易仲裁委员会(2008)中国贸仲京裁字第 0044 号裁决的请示的复函

(2009 年 3 月 18 日 〔2009〕民四他字第 1 号)

北京市高级人民法院:

你院京高法〔2008〕373 号《关于撤销中国国际经济贸易仲裁委员会〔2008〕中国

贸仲京裁字第0044号裁决的请示》收悉,经研究,答复如下:

你院请示认为,香港中华药业生物科学有限公司(以下简称中华药业公司)未在参加仲裁程序前达成仲裁条款或者签署仲裁协议。主要理由在于中华药业公司的受托人北京中盛律师事务所刘会利律师提交给中国国际经济贸易仲裁委员会(以下简称贸仲)的第一份、第二份《授权委托书》没有办理公证手续;第三份《授权委托书》虽然在仲裁庭开庭后作了公证手续,但中华药业公司没有对刘会利律师参加仲裁的行为进行追认。据此认为中华药业公司并未表示接受贸仲的管辖,应撤销贸仲作出的仲裁裁决。

本案的焦点在于中华药业公司是否接受仲裁庭的管辖。从你院请示报告所述事实看,尽管中华药业公司因刘会利律师提交仲裁庭的第一份、第二份《授权委托书》未办理公证手续而否认其效力,但在仲裁庭开庭时,因汕头市欣源贸易有限公司(以下简称欣源公司)对刘会利律师提交的《授权委托书》未办理公证手续提出异议,刘会利律师当庭表示庭后补办手续,其并未对仲裁庭的管辖提出异议。嗣后,刘会利律师按照自己的承诺补办了第三份《授权委托书》并进行了公证。该委托书手续补办完整后,为仲裁庭所接受。对此,可以认为中华药业公司对刘会利律师参加仲裁的行为进行了追认。

《中华人民共和国仲裁法》第二十条第二款规定:“当事人对仲裁协议效力有异议的,应在仲裁庭首次开庭前提出。”刘会利律师于仲裁庭开庭时,并未提出管辖权异议,而是进行了实体答辩。根据《中国国际经济贸易仲裁委员会仲裁规则(2005年版)》第八条规定:“一方当事人知道或者理应知道本规则或仲裁协议中规定的任何条款或情事未被遵守,但仍参加仲裁程序或继续进行仲裁程序而且不对此不遵守情况及时地、明示地提出书面异议的,视为放弃其提出异议的权利。”据此,可以认为中华药业公司放弃了提出异议的权利,仲裁庭对本案享有管辖权。综上,香港中华药业生物科学有限公司以仲裁庭对案件不享有管辖权为由申请撤销,其理由不能成立。

此复。

附:

北京市高级人民法院关于撤销中国国际经济贸易仲裁委员会(2008)中国贸仲京裁字第0044号裁决的请示

(2008年12月19日　京高法〔2008〕373号)

最高人民法院:

我院收到北京市第二中级人民法院《关于中国国际经济贸易仲裁委员会

(2008)中国贸仲京裁字第0044号裁决案的请示》后,经我院审查认为,中国国际经济贸易仲裁委员会在案件审理过程中程序不当,该案裁决的作出存在《中华人民共和国民事诉讼法》第二百五十八条第一款第(一)项规定的情形,应予撤销。现将有关情况报告如下:

一、当事人基本情况

申请人(原仲裁被申请人):香港中华药业生物科学有限公司(以下简称香港中华药业生物公司)。住所地:香港特别行政区金钟道89号力宝中心第1座3202A室。

法定代表人:汪世华,董事。

被申请人(原仲裁申请人):汕头市欣源贸易有限公司(以下简称汕头欣源公司)。住听地:广东省汕头市汕樟路市第三水厂备侧配套楼A、B座。

法定代表人:周木丰,总经理。

被申请人(仲裁被申请人):四川蜀乐药业股份有限公司(以下简称四川蜀乐公司)。住所地:四川省乐山市犍为县玉津镇凤凰路北段。

二、案件基本情况

(一)案情

2002年8月24日,四川蜀乐公司与汕头欣源公司签订《合作合同书》,约定双方共同将四川蜀乐公司内输液一车间A线改造为塑胶瓶输液车间,凡因执行本合同所发生的或与本合同有关的一切争议,调解不成的,应提交中国国际经济贸易仲裁委员会仲裁。

2002年8月25日,四川蜀乐公司与汕头欣源公司签订《塑胶瓶输液生产车间经济责任承包书》,约定双方将合作改建的塑胶瓶输液生产车间交由四川蜀乐公司承包经营。该合同同样约定凡因执行本合同所发生的或与本合同有关的一切争议,调解不成的,应提交中国国际经济贸易仲裁委员会仲裁。

2002年12月8日,香港中华药业有限公司(香港中华药业生物公司的原名称)向汕头欣源公司出具《担保函》,载明:该公司自愿为汕头欣源公司与四川蜀乐公司"塑胶瓶输液生产线合作项目"中四川蜀乐公司经济责任承包行为担保。在该份《担保函》上加盖了香港中华药业有限公司的印章和汪世华的个人签字。

2003年12月23日,四川蜀乐公司与汕头欣源公司签订《补充确认书》,对四川蜀乐公司向汕头欣源公司支付固定回报的时间进行调整。

(二)中国国际经济贸易仲裁委员会裁决结果

由于四川蜀乐公司没有支付2005年度及2006年度上半年承包金405万元人民币及滞纳金,故汕头欣源公司以四川蜀乐公司、香港中华药业生物公司为被申请人向中国国际经济贸易仲裁委员会提起仲裁,请求支付上述款项。

仲裁庭认为,《合作合同书》不违反法律、行政法规以及规章的规定,应认定有效。《塑胶瓶输液生产车间经济责任承包书》不涉及违反国家有关药品生产、销售的法律问题,应认定有效。《补充确认书》是对《塑胶瓶输液生产车间经济责任承包书》的细化,亦应认定有效。四川蜀乐公司未按《塑胶瓶输液生产车间经济责任承包书》和《补充确认书》的约定支付承包金,构成违约,应当根据合同和法律的规定承担相应的责任,向汕头欣源公司支付2005年度及2006年度上半年承包金405万元人民币及滞纳金,因合同约定的每日千分之零点五滞纳金过高,调整为每日千分之零点二一;鉴于香港对公司印章管理并不严格,可随时更换,无须备案,况且《担保函》上的印章与香港中华药业生物公司主张鉴定的印章通过肉眼即可识别出两者的区别,故无须对印章进行鉴定。中国人民大学物证技术鉴定中心对汪世华的签字进行了鉴定。《担保函》真实、合法、有效,裁决香港中华药业生物公司对四川蜀乐公司的债务承担连带保证责任。

三、香港中华药业生物公司申请撤销仲裁裁决的理由

(一)仲裁裁决严重违背社会公共利益。汕头欣源公司与四川蜀乐公司共同改建的车间没有按照法律规定向四川省药品监督管理局办理立项批准,该生产线改造完成后,也未组织通过GMP验收。四川蜀乐公司原取得的药品GMP证书已于2005年8月17日期满,未再次申请注册及认证。该裁决直接损害了诸多合法医药生产企业的利益,也对我国正常的医药生产行业产生不良影响,势必损害社会公共利益。

(二)根据《最高人民法院关于审理联营合同纠纷案件若干问题的解答》,汕头欣源公司和四川蜀乐公司之间的法律关系应为借贷而非联营,《合作合同书》、《塑胶瓶输液生产车间经济责任承包书》,及《补充确认书》无效。

(三)仲裁庭拒绝接受香港中华药业生物公司对《担保函》印章进行鉴定的申请,以致香港中华药业生物公司无法对《担保函》印章真实性问题陈述意见,直接导致裁决对本案重要证据《担保函》真实性作出了错误认定,应予撤销。

(四)仲裁庭径自裁定使用汕头欣源公司选择的鉴定材料,违反了《司法鉴定程序通则》所要求的客观性、真实性,严重损害了香港中华药业生物公司的利益,该裁决应予撤销。

(五)仲裁当事人之间没有仲裁协议:

1. 香港中华药业生物公司从未与汕头欣源公司、四川蜀乐公司就仲裁裁决所涉及的事项达成过仲裁协议或者仲裁条款,也没有任何书面证据能够证明仲裁裁决是依据香港中华药业生物公司与其他两个公司之间达成的仲裁协议而作出的。

2. 中国国际经济贸易仲裁委员会曾于2007年1月11日形成标号为〔2007〕中国贸仲京字第000355号《管辖权决定书》,其中记载有"第二被申请人于2006年11月13日寄来的关于同意管辖及指定仲裁员的函证明第二被申请人和申请人之间达成新的书面仲裁协议",并据此认为"申请人与第二被申请人之间存在有效的书面仲裁协议,贸仲委对本案第二被申请人具有管辖权”。但香港中华药业生物公司从未向中国国际经济贸易仲裁委员会提交过类似函件,亦从未委托他人代为出具此类函件,当时更是对发生仲裁程序根本不知情,故中国国际经济贸易仲裁委员会的此类认定根本没有事实依据和法律效力。仲裁裁决是在香港中华药业生物公司与其他仲裁当事人之间没有仲裁协议的情况下作出的,其违法情形符合《中华人民共和国仲裁法》第七十条、《中华人民共和国民事诉讼法》第二百五十八条第一款第(一)项之规定,依法应当予以撤销。

(六)香港中华药业生物公司没有得到指定仲裁员或者进行仲裁程序的通知,且由于其他不属于香港中华药业生物公司负责的原因未能陈述意见。

(七)仲裁庭的组成以及仲裁的程序与仲裁规则不符。

(八)仲裁程序的其他违法以及瑕疵:

1. 中国国际经济贸易仲裁委员会在仲裁通知上除错误标注香港中华药业生物公司的地址外,还错误标注四川蜀乐公司的企业名称。中国国际经济贸易仲裁委员会在仲裁通知上标注仲裁第二被申请人名称为“香港中华药业集团”,且没有标注英文名称,显然与香港中华药业生物公司的正式名称有巨大差别。中国国际经济贸易仲裁委员会在仲裁裁决书中错误记载四川蜀乐公司的住所地和法定代表人信息。

2. 中国国际经济贸易仲裁委员会在《管辖权决定书》上仍然标注仲裁第二被申请人的企业名称为“香港中华药业集团”,且没有注明英文名称,再次错误标注仲裁当事人名称。

3. 中国国际经济贸易仲裁委员会在开庭之时,没有依法证实审查仲裁当事人身份,没有审查《授权委托书》的合法性、真实性,造成仲裁程序存在重大瑕疵。

4. 中国国际经济贸易仲裁委员会在审理本案过程中,就案件证据的鉴定和审查问题,亦未能充分保障当事人说明意见的权利,明显偏颇。

综上,仲裁裁决明显违反法定程序,恳请人民法院依法查明案件事实,撤销该仲裁裁决。

四、北京市第二中级人民法院意见

北京市第二中级人民法院认为,在未签订书面仲裁协议的情况下,接受中国国际经济贸易仲裁委员会管辖,属于香港中华药业生物公司特别授权范畴,而该公司并未授予其代理律师接受中国国际经济贸易仲裁委员会管辖的权限。刘会利律师出具《关于同意管辖及继续审理的函》超越其代理权限。鉴于香港中华药业生物公司并未表示接受中国国际经济贸易仲裁委员会管辖,其与汕头欣源公司、四川蜀乐公司既未在合同中订有仲裁条款,亦未在事后达成书面仲裁协议。根据《中华人民共和国民事诉讼法》第二百五十八条第一款第(一)项的规定,拟撤销中国国际经济贸易仲裁委员会作出的仲裁裁决。

五、我院处理意见

(一)仲裁程序中存在的问题

1. 中国国际经济贸易仲裁委员会于2006年9月4日向“香港中华药业集团”邮寄《仲裁申请书》、仲裁通知、仲裁规则、仲裁员名册等材料,邮寄地址为香港中环毕打街20号会德丰大厦14楼。此次送达过程中,受送达人名称以及地址均与香港中华药业生物公司当时名称及地址不一致(当时名称为香港中华药业有限公司,地址为香港德辅道中317及319号德商业大厦17楼1703B室)。香港中华药业生物公司否认受到上述送达材料,没有直接证据证明该公司收到上述材料。

2. 中国国际经济贸易仲裁委员会先后收到三份《授权委托书》,载明的主要内容分别是:(1)第一份:签署时间为2006年9月25日,委托人名称为“香港中华药业有限公司”,受托人名称为北京中盛律师事务所刘会利律师和侯希玲律师;(2)第二份:签署时间为2007年5月23日,委托人名称为“香港中华药业有限公司”,受托人名称为北京中盛律师事务所刘会利律师和丁旭律师;(3)第三份:签署时间为2007年6月22日,委托人名称为“香港中华药业生物科学有限公司”,受托人名称为北京中盛律师事务所刘会利律师和丁旭律师,该份《授权委托书》办理了公证手续。香港中华药业生物公司认可第三份《授权委托书》的真实性、合法性,否认此前两份《授权委托书》以及《关于同意管辖及继续审理的函》系由其出具,否认刘会利律师在2006年9月至2007年6月22日期间获得了其正式授权。

3. 香港中华药业生物公司与四川蜀乐公司、汕头欣源公司未在有关合同中订立仲裁条款,亦没有证据证明香港中华药业生物公司为与四川蜀乐公司、汕头欣源公司在纠纷发生前达成书面仲裁协议。

(二)我院同意北京市第二中级人民法院撤销本案仲裁裁决的意见

我院认为,仲裁条款、仲裁协议应由当事人自愿达成、接受。香港中华药业生物公司未在参加仲裁程序前达成仲裁条款或者签署仲裁协议。鉴于:(1)没有证据证明香港中华药业生物公司收到有关参加仲裁的文件;(2)第一份、第二份《授权委托书》没有公证手续,且香港中华药业生物公司否认就该两份《授权委托书》载明的事项对刘会利律师进行了授权,第三份《授权委托书》亦没有对刘会利律师在2007年6月22日前参加仲裁的行为进行追认;(3)刘会利律师向中国国际经济贸易仲裁委员会出具的《关于同意管辖及继续审理的函》并未经过香港中华药业生物公司的特别、明确授权。我院认为,香港中华药业生物公司并未表示接受中国国际经济贸易仲裁委员会的管辖。综上,根据《中华人民共和国民事诉讼法》第二百五十八条第一款第(一)项和《最高人民法院关于人民法院撤销涉外仲裁裁决有关事项的通知》的规定,我院拟撤销中国国际经济贸易仲裁委员会作出的仲裁裁决。

以上意见妥否,请批示。

最高人民法院关于上海城通轨道交通投资开发建设有限公司、林敏申请撤销仲裁裁决一案的请示的复函

（2007年9月18日 〔2007〕民四他字第12号）

上海市高级人民法院：

你院〔2007〕沪高民四(商)他字第1号《关于上海城通轨道交通投资开发建设有限公司、林敏申请撤销仲裁裁决一案的请示报告》收悉。经研究，答复如下：

本案为申请撤销涉外仲裁裁决案件，案件涉及到的两份仲裁协议即合资合同中的仲裁条款和《会议纪要》中的仲裁条款均是当事人真实意思表示，不违反法律规定，应认定有效。你院请示报告归纳的本案争议的实质问题是准确的，即本案实质在于解决合资合同中仲裁条款和《会议纪要》中仲裁条款效力范围的冲突问题，亦即两仲裁条款约定的仲裁事项的冲突问题。

本案所涉仲裁裁决解决的是当事人对《董事会决议》效力问题的争议。根据目前查明的事实，《董事会决议》是对合资各方增资问题作出的决议，作为本案当事人的各合资方在《董事会决议》作出后，又召开股东会议，形成一份《会议纪要》，《会议纪要》进一步对《董事会决议》的履行作出了约定，并明确“各投资方如不能履行本决议的，如有纠纷，由上海仲裁委员会进行仲裁。”如当事人未在《会议纪要》中约定新的仲裁条款，则对于因履行《董事会决议》产生的纠纷，中国国际经济贸易仲裁委员会上海分会（以下简称贸仲上海分会）依据合资合同中的仲裁条款当然有权进行仲裁，但由于当事人在《会议纪要》中约定了新的仲裁条款，依据该约定，因履行《董事会决议》（包括对其效力）产生的争议，当事人均应依照《会议纪要》中仲裁条款的约定，由上海仲裁委员会仲裁解决。因此贸仲上海分会无权对因《董事会决议》产生的纠纷进行仲裁。且上海市第一中级人民法院在贸仲上海分会作出仲裁裁决前，已经先行作出民事裁定，明确认定贸仲上海分会对有关庄城公司增资事项不具有管辖权，此后贸仲上海分会仍然作出涉案仲裁裁决，明显与人民法院生效裁定相违背。

综上，同意你院请示意见，本案仲裁裁决依法应予撤销。

此复。

附：

上海市高级人民法院关于上海城通轨道交通投资开发建设有限公司、林敏申请撤销仲裁裁决一案的请示报告

（2007 年 5 月 9 日　〔2007〕沪高民四（商）他字第 1 号）

最高人民法院：

上海市第二中级人民法院就申请人上海城通轨道交通投资开发建设有限公司、林敏请求撤销中国国际经济贸易仲裁委员会上海分会（2004）中国贸仲沪裁字第0167 号仲裁裁决一案，报我院请示。经我院审查，拟同意撤销该仲裁裁决，特报钧院请示。

一、当事人基本情况

申请人（仲裁被申请人）：上海城通轨道交通投资开发建设有限公司（以下简称城通公司）。

申请人（仲裁被申请人）：林敏，新西兰籍。

被申请人（仲裁申请人）：北京庄胜房地产开发有限公司（以下简称庄胜公司）。

被申请人：建采有限公司（以下简称建采公司），系香港公司。

二、案情概要

2002 年 5 月，城通公司、林敏与庄胜公司、建采公司共同出资 498 万美元设立了中外合资经营企业上海庄城置业发展有限公司（以下简称庄城公司），其中城通公司和林敏各占 10% 股份、庄胜公司占 55% 股份、建采公司占 25% 股份。合资合同第五十七条约定：凡执行本合同所发生的或与本合同有关的一切争议，合营各方应通过友好协商或调解解决，如经过协商调解无效，应提交中国对外经济贸易仲裁委员会上海分会进行仲裁，仲裁裁决是终局的，对各方都有约束力，合营各方应执行裁决，仲裁费用由败诉方承担。

2003 年 6 月 23 日，庄城公司召开董事会，决定将庄城公司增资至 1200 万美元，增资后各投资方的股权比例分别为城通公司 4.15%、林敏 10%、庄胜公司 60.85%、建采公司 25%。增资决议经政府有关职能部门批准后，庄城公司取得了新的企业法人营业执照。因林敏、庄胜公司以及建采公司未按约履行出资义务，庄城公司于 2004 年 2 月 13 日再次召开董事会，并作出《董事会决议》。该《董事会决议》的主要内容是：（1）各投资方必须于 2004 年 2 月 23 日前将对庄城公司的增资到位，未按时增资到位的投资方，则同意退出庄城公司，其他股东对其股份拥有优先购买权。（2）庄胜公司承诺向庄城公司提供贷款人民币 1800 万元，贷款期限 2 个月，庄胜公司于 2004 年 2 月 17 日前将人民币 410 万元汇入松江区土地局，于 2004 年 2 月 23

日前将剩余的人民币 1390 万元汇入庄城公司。如庄城公司未能在贷款期限内向庄胜公司偿还上述贷款,则庄胜公司有权将此债权按原值转为对庄城公司的出资,各投资方按实际出资对其在庄城公司的股权进行重新计算。(3)如庄胜公司不能提供上述贷款,则同意退出庄城公司,其他股东对其股份拥有优先购买权。(4)决议报送松江区外经贸委备案。

2004 年 3 月 18 日,庄城公司各投资方召开了股东会会议,并通过了一份《会议纪要》。该《会议纪要》的主要内容是:(1)在《董事会决议》的基础上,各投资方同意资金到位的最后时间为 2004 年 3 月 23 日;(2)各投资方必须于 2004 年 3 月 23 日前,严格按照《董事会决议》履行各自义务,不得拖延时间;(3)各投资方在注入资金时,不得以交通枢纽内已中标的土地进行抵押、转让,不得通过质押庄城公司股权等方式取得资金;(4)各投资方如不能履行本决议的,如有纠纷,由上海仲裁委员会(以下简称上仲)进行仲裁。

仲裁审理情况

2004 年 4 月 2 日,城通公司和林敏以庄胜公司及建采公司未按约履行义务为由,向上仲提起仲裁,请求仲裁庭裁决庄胜公司以人民币 4571.36 万元向林敏转让其持有的庄城公司 60.85% 股权,建采公司以 124.5 万美元向城通公司转让其持有的庄城公司 25% 股权。

2004 年 6 月 3 日,庄胜公司向贸仲上海分会提起仲裁,请求仲裁庭裁决《董事会决议》无效。

2004 年 6 月 8 日,庄胜公司向上海市第一中级人民法院(以下简称一中院)提出申请,请求法院确认《会议纪要》中约定由上仲进行仲裁的仲裁条款无效,上仲无权受理城通公司、林敏与庄胜公司、建采公司股权转让纠纷一案,该案应按照合资合同中的仲裁条款由贸仲上海分会进行仲裁。

2004 年 6 月 28 日,城通公司致函贸仲上海分会秘书处,以城通公司、林敏已向上仲提起仲裁为由,请求贸仲上海分会撤销庄胜公司在贸仲上海分会申请仲裁的案件。

2004 年 7 月 23 日,贸仲总会作出管辖权决定,驳回城通公司提出的撤销该案的请求,确定贸仲上海分会对该案享有管辖权。其理由是:申请人庄胜公司提起仲裁的依据是合资合同第五十七条,该条款是当事人真实意思表示,当事人明确选择了贸仲上海分会作为仲裁机构,故该条款合法有效,当事人有权以此为依据向贸仲上海分会申请仲裁;城通公司和林敏向上仲申请仲裁所依据的是《会议纪要》中的仲裁条款,该两案的依据明显不同;在现有材料中,没有任何证据显示《会议纪要》仲裁条款取代了合资合同仲裁条款。

2004 年 8 月 10 日,城通公司和林敏向上海市第二中级人民法院(以下简称二中院)提出申请,请求确认合资合同中约定的由贸仲上海分会进行仲裁的仲裁条款对《董事会决议》及《会议纪要》不具有约束力。

2004年9月28日，一中院作出〔2004〕沪一中执字第422号民事裁定（以下简称422号民事裁定），认定贸仲上海分会对有关庄城公司增资事项不具有管辖权，同时裁定《会议纪要》中关于由上仲仲裁的条款有效。

2004年11月24日，二中院作出〔2004〕沪二中民五（商）初字第96号民事裁定（以下简称96号民事裁定），以贸仲总会已在先对该案作出管辖权决定为由，驳回城通公司、林敏的前述申请。

2004年11月25日，贸仲上海分会作出〔2004〕中国贸仲沪裁字第0167号仲裁裁决（以下简称涉案仲裁裁决），裁决《董事会决议》未生效。其理由是：《董事会决议》的效力问题是与合资合同密切关联的争议；《会议纪要》未明确将该纪要中的仲裁条款取代合资合同仲裁条款；《会议纪要》的仲裁条款明确约定仅将不履行该纪要的纠纷提交上仲仲裁，而并未将董事会决议本身的效力等问题包括在内；《董事会决议》已构成对合资合同内容的实质性修改，但目前当事人尚未报审批机构批准。

2004年12月6日，城通公司和林敏向二中院申请撤销涉案仲裁裁决。

三、需要说明的问题

在二中院作出96号民事裁定前，该案承办人为此与贸仲上海分会秘书处进行了沟通，向其表明即将作出的96号民事裁定仅是根据最高人民法院《关于确认仲裁协议效力几个问题的批复》第三条的规定，即“当事人请求人民法院确认仲裁协议无效，如果仲裁机构先于人民法院接受申请并已作出决定，人民法院不予受理”，从程序上驳回了城通公司和林敏的申请，并不意味着贸仲上海分会对所涉争议拥有管辖权。秘书处称将转告仲裁庭慎重处理本案，但此后贸仲上海分会仍作出了涉案仲裁裁决（仲裁庭首席仲裁员为原贸仲总会秘书长王生长）。

四、二中院的处理意见

二中院认为：贸仲上海分会无权对《董事会决议》的效力进行审理并作出裁决。因为本案当事人就合资合同签订有“有关合资合同的争议由贸仲上海分会进行仲裁”的仲裁条款，一般情况下，当事人就《董事会决议》所产生的争议应由贸仲上海分会进行仲裁。但本案当事人在《会议纪要》中对《董事会决议》约定的各方增资到位的期限等相关内容进行了修改，还进一步作出了特别约定，即由上仲对《会议纪要》所引起的争议进行仲裁，该纪要是对《董事会决议》的修改和确认，其实质是《董事会决议》的延续，该纪要中约定由上仲仲裁的条款的效力当然及于《董事会决议》。该院拟按照《中华人民共和国仲裁法》第七十条和《中华人民共和国民事诉讼法》第二百六十条第一款的规定，裁定撤销涉案仲裁裁决。

五、我院审查意见

本案经我院审委会讨论，一致认为：本案争议的实质在于解决合资合同仲裁条款和《会议纪要》仲裁条款效力范围的冲突问题。第一，依据有关法律规定，因贸仲上海分会位于二中院辖区范围内，故二中院有权对贸仲上海分会作出的任何仲裁裁决(包括涉案仲裁裁决)进行司法审查。第二,《会议纪要》仲裁条款系基于本案当事人的真实意思表示而产生,且其针对的是合资合同履行过程中新产生的问题,法律也并未禁止当事人在合资合同争议解决条款之外就特定事项另行约定新的争议解决条款,故《会议纪要》仲裁条款是一个有效的争议解决条款,对本案当事人均具有法律约束力。第三,从《会议纪要》所针对的事项看,因本案当事人在该纪要中约定了在《董事会决议》的基础上,各方同意资金到位的最后时间为 2004 年 3 月 23 日;各投资方必须于上述日期前严格按照《董事会决议》履行各自义务,不得拖延时间;各方在注入资金时,不得以交通枢纽内已中标的土地进行抵押、转让,不得通过质押庄城公司股权等方式取得资金等内容,故《会议纪要》应看做是当事人对《董事会决议》的确认和修改,《会议纪要》与《董事会决议》所针对的是同一事项,即合营企业增资和庄胜公司向合营企业借款等问题(以下简称增资事项)。《董事会决议》和会议纪要所指向事项的同一性产生了两个后果,即合资合同仲裁条款对《董事会决议》和《会议纪要》不再具有约束力,因当事人已就合资合同之外的新事项约定了新争议解决条款;《会议纪要》仲裁条款的效力范围应及于《董事会决议》,当事人对《董事会决议》及《会议纪要》的效力和履行等问题所产生的争议均应由《会议纪要》仲裁条款所确定的仲裁机构进行仲裁。贸仲上海分会认为即使《会议纪要》的内容可能提及了《董事会决议》,但《董事会决议》本身的效力问题并非《会议纪要》的内容,故未被排除在合资合同仲裁条款管辖之外。这一观点割裂了《董事会决议》与《会议纪要》内容的一致性和延续性,否认有关履行《会议纪要》所产生的争议理应包括《董事会决议》的效力问题,是不合理的。第四,一中院在先作出的 422 号民事裁定,已明确认定贸仲上海分会对有关庄城公司增资事项不具有管辖权,此后贸仲上海分会仍然针对增资事项作出涉案仲裁裁决,明显与一中院的有效裁定相抵触。

综上,因增资事项不属于合资合同仲裁条款所确定的争议解决范围,故贸仲上海分会对增资事项无权管辖,涉案仲裁裁决应予撤销。

请批复。

最高人民法院关于是否裁定撤销中国国际经济贸易仲裁委员会上海分会仲裁裁决的请示的复函

(2006 年 3 月 16 日 〔2006〕民四他字第 7 号)

上海市高级人民法院:

你院〔2005〕沪高民四(商)他字第 3 号《关于捷华实业有限公司申请撤销仲裁

裁决一案的请示》收悉。经研究,答复如下:

本案系一方当事人向人民法院申请撤销我国仲裁机构作出的涉外仲裁裁决,因此,应当根据《中华人民共和国仲裁法》第七十条和《中华人民共和国民事诉讼法》第二百六十条的规定进行审查。

本案中,江阴庆玛曼汽车塑件有限公司(以下简称江阴公司)与捷华实业有限公司(以下简称捷华公司)于1996年3月24日签订的购买"轿车保险杠自动涂装生产线及空气压缩机和空气净化设备,合同(以下简称96合同)中约定了有效的仲裁条款,因96合同引发的一切争议即应当通过仲裁解决。江南模具塑化有限公司与捷华公司、日本岩田株式会社于1999年10月9日签订的购买"水洗和火焰处理设备"合同(以下简称99合同)以及江阴模塑集团有限公司与捷华公司、日本岩田株式会社于2001年2月6日签订的购买"底漆烘干炉"合同(以下简称01合同)中均没有仲裁条款;且该两份合同完全独立于96合同,因此,因该两份合同引发的争议不受96合同中仲裁条款的约束。仲裁庭在审理江阴公司与捷华公司96合同纠纷的过程中认为,"不能因为上述三份合同之间的互相独立性而否认该三份合同之间存在关联性的事实",仍需将99合同和01合同的订立与履行过程作为与系争合同当事人的权利义务有关的事实加以审理,并在仲裁裁决书主文第一项中裁决"被申请人应向申请人支付补充设备的损失人民币500,000元、日元119,000,000元……",实际上处理了江南模具塑化有限公司、江阴模塑集团有限公司及日本岩田株式会社的合法权益,应认定超出了仲裁庭有权审理的范围。申请人提出的其他撤销本案所涉仲裁裁决的理由均不能成立。因此,本案应当根据《中华人民共和国仲裁法》第七十条和《中华人民共和国民事诉讼法》第二百六十条第一款第(四)项的规定,裁定撤销中国国际经济贸易仲裁委员会上海分会于2004年12月17日作出的〔2004〕中国贸仲沪裁字第177号仲裁裁决第一项中的超裁部分,即"被申请人应向申请人支付补充设备的损失人民币500,000元、日元119,000,000元"。

此复。

附:

上海市高级人民法院关于捷华实业有限公司申请撤销仲裁裁决一案的请示

[2006年1月4日 〔2005〕沪高民四(商)他字第3号]

最高人民法院:

上海市第二中级人民法院就申请人捷华实业有限公司请求撤销中国国际经济

贸易仲裁委员会上海分会(以下简称仲裁委)(2004)中国贸仲沪裁字第177号仲裁裁决一案,报本院请示。经本院审查,拟同意撤销该仲裁裁决,特报你院请示。

一、当事人基本情况

申请人捷华实业有限公司(以下简称捷华公司,系在香港特别行政区注册的企业)。

被申请人江阴庆玛曼汽车塑件有限公司(以下简称江阴公司)。

二、案件主要情况

申请人捷华公司于2005年1月24日向上海市第二中级人民法院提起诉讼,以仲裁裁决严重超裁为由请求撤销仲裁委(2004)中国贸仲沪裁字第177号仲裁裁决。认为江阴公司与捷华公司于1996年签订的《买卖合同》(以下简称96合同)中载有仲裁条款,江阴公司系据此提起仲裁。江南模具塑化有限公司(以下简称江南公司)与捷华公司、日本岩田株式会社(以下简称日本公司)于1999年签订的《买卖合同》(以下简称99合同),以及江阴模塑集团有限公司(以下简称江阴集团)与捷华公司、日本公司于2001年签订《买卖合同》(以下简称01合同)中没有仲裁条款,买方也分别是江南公司和江阴集团。但江阴公司把99合同和01合同的总货款50万元人民币和1.19亿日元作为自己的经济损失,仲裁庭对此却予支持,明显超出了96合同的仲裁范围,处分了案外人的权利义务。

被申请人江阴公司则认为,仲裁裁决认定事实清楚,程序合法,请求驳回捷华公司的撤裁申请。

2005年2月16日及同年5月,仲裁委两次复函上海市第二中级人民法院,称捷华公司撤销仲裁裁决的申请缺乏事实和法律依据。仲裁庭在仲裁裁决书中已经明确,审理范围仅限于有仲裁条款的96合同。鉴于99台同、01合同与96合同的关联性,仲裁庭将两份关联合同的订立和履行过程,作为与96合同当事人的权利义务相关的印证事实加以认定,但不涉及对两份合同当事人权利义务的审理和评判。尽管99合同和01合同的货款是仲裁申请人江阴公司的关联公司支付的,但当这两项补充设备完全被用于96合同项下设备的改造以实现合同目的时,在仲裁申请人未提出其他计取损失赔偿的衡量标准或衡量依据时,仲裁庭参照两项补充设备的实际购买价格加以衡量,并不构成超裁。即仲裁庭引用99合同和01合同的货款金额,考虑的仅仅是确定96合同项下捷华公司违约赔偿责任基础的合理性,而非对两份合同的实体审理。这属于仲裁庭确定损失赔偿额的一种方法,是完全公平合理的。据此认为法院应驳回捷华公司的撤裁申请。

上海市第二中级人民法院经审理查明,1996年3月24日,江阴公司与捷华公司签订购买轿车保险杠自动涂装生产线设备(以下简称生产线)的96合同,约定价格为348万美元;仲裁条款载明"凡有关本合同或执行本合同而发生的一切争执,应通过友好协商解决。如不能解决,则应提交中国国际经济贸易仲裁委员会上海分会按照仲裁规则和程序在上海进行仲裁。”江阴公司支付了货款，捷华公司交付了生产线，生产商日本公司进行安装调试。江苏省商检局出具《品质检验证书》，认为生产线喷出的产品存在质量缺陷，系因为生产线设计不当所致。为整改生产线，江南公司与捷华公司、日本公司签订购买“水洗和火焰处理设备”的99合同，价格为50万元人民币和5000万元日元。为继续整改生产线，江阴集团与捷华公司、日本公司签订购买“底漆烘干炉”的01合同，价格为6900万元日元。此后，江阴公司认为三个合同项下的设备均未通过验收，捷华公司已构成严重违约，遂于2003年10月28日向仲裁委提起仲裁，请求裁决：捷华公司对江阴公司购买的设备予以退货；如不能退货，捷华公司应赔偿江阴公司全部经济损失约2950万元人民币。仲裁委受理江阴公司的仲裁请求后，组成仲裁庭对本案进行了仲裁，并于2004年12月17日作出(2004)中国贸仲沪裁字第177号仲裁裁决：一、捷华公司应向江阴公司支付补充设备的损失50万元人民币、1.19亿日元和油漆损失1,052,066.03元人民币。二、驳回江阴公司的其他仲裁请求。

该院审委会多数意见认为：(1)江阴公司仲裁请求的事实和理由中包括了99合同和01合同。在仲裁中，江阴公司主张自己分别委托江南公司和江阴集团签订了99合同和01合同，江阴公司实际是99合同和01合同的买方；其在提交的《损失明细表》中，也将99合同和01合同中的货款合计50万元人民币和1.19亿日元作为自己的直接损失。(2)仲裁庭认定江阴公司发生了50万元人民币和1.19亿日元经济损失的结论，缺乏事实依据。既然仲裁庭认定了涉案三份合同在合同主体等方面不相同，构成相互独立的法律关系，99合同和01合同的货款是江南公司和江阴集团支付的，那么也就否定了江阴公司委托购买的事实，即否定了江阴公司支付了50万元人民币和1.19亿日元的事实，故仲裁庭不应该得出江阴公司发生了50万元人民币和1.19亿日元经济损失的结论。(3)仲裁庭虽然在裁决书中界定了仲裁范围仅限于96合同，但该界定和其所认定的事实和引用的法律之间存在诸多的矛盾。其裁决的50万元人民币和1.19亿元日元，不仅在金额上与99合同和01合同的总金额相同，在币种上也完全相同，故该裁决内容应被理解为事实上处理了99合同和01合同的货款。由于这两个合同没有仲裁条款，所以裁决实质上已构成超裁。拟依照《中华人民共和国仲裁法》第七十条、《中华人民共和国民事诉讼法》第二百六十条第一款第(四)项之规定，裁定撤销(2004)中国贸仲沪裁字第177号仲裁裁决。

该院审委会少数意见认为，仲裁庭仅是把99合同、01合同的货款作为在确定江阴公司的经济损失的考量，而非对该两份合同的权利义务的处理；99合同、01合同的签约当事人可以按照合同的约定提起诉讼或仲裁等。因此，仲裁庭的裁决不构成超裁。

该院审委会倾向性意见：(2004)中国贸仲沪裁字第177号仲裁裁决已构成超裁，应予撤销。

三、本院审查意见

本院审委会多数意见同意上海市第二中级人民法院审委会多数意见，认为：(2004)中国贸仲沪裁字第177号裁决系具有涉外因素的仲裁裁决，对于该仲裁裁决是否应予撤销，应当依据《中华人民共和国仲裁法》第七十条之规定进行审查决定。根据该条之规定，当事人提出证据证明涉外仲裁裁决由《民事诉讼法》第二百六十条第一款规定的情形之一的，经人民法院组成合议庭审查核实，裁定撤销。经审查，江阴公司仲裁请求的事实和理由中，包括了99合同和01合同的内容，且在向仲裁庭明确经济损失的具体构成时，将这两个合同的货款总额计50万元人民币和1.19亿日元作为其直接经济损失，可见江阴公司欲将三个合同一并仲裁解决的意图是明显的。仲裁庭既认定三份合同是相互独立的法律关系，又将99合同和01合同项下的货款作为确定96合同经济损失的依据，显然自相矛盾。反之，如果仲裁庭认为其将99合同和01合同的货款损失作为衡量江阴公司因96合同而遭受的经济损失的做法是正确的，那么，只能理解为仲裁庭事实上审理了99合同和01合同，并处理了这两个合同所涉的货款.实现了江阴公司将三个合同一并仲裁解决的意图，因此构成了超裁。根据《中华人民共和国仲裁法》第七十条、《中华人民共和国民事诉讼法》第二百六十条第一款第(四)项之规定，(2004)中国贸仲沪裁字第177号仲裁裁决应予撤销。

本院审委会少数意见同意上海市第二中级人民法院审委会少数意见，认为仲裁庭仅是把99合同和01合同的货款作为确定96合同的经济损失的考量，而非对两份合同权利义务的处理。客观上说，仲裁庭没有严格审查江阴公司是否遭受了经济损失，以及经济损失的实际数额，其裁决结果可能是不公平的，但这是仲裁中的实体问题，并非法院在审查申请撤裁案件时应该考虑的因素，即涉外仲裁裁决实体错误不构成撤裁的理由。因此，该仲裁裁决不应撤销。

本院审委会倾向性意见：同意撤销〔2004〕中国贸仲沪裁字第177号仲裁裁决。

妥否，请审批。

最高人民法院关于是否裁定撤销中国国际经济贸易仲裁委员会(2004)中国贸仲京裁字第0222号仲裁裁决请示的复函

(2006年3月7日 〔2006〕民四他字第2号)

北京市高级人民法院：

你院京高法〔2005〕332号《关于“EA公司”和“RT公司”申请撤销中国国际经

济贸易仲裁委员会裁决一案的请示》收悉。经研究,答复如下:

中国国际经济贸易仲裁委员会就EXPERT ASSETS LIMITED(以下简称EA公司)、RESISTOR TECHNOLOGY LIMITED(以下简称RT公司)与江苏华源药业有限公司之间的合资合同纠纷做出了(2004)中国贸仲京裁字第0222号仲裁裁决书。该裁决书第四项所涉"97股权重组协议",系合资公司江苏江山制药有限公司原四方股东靖江葡萄糖厂、江苏省医药保健品进出口(集团)公司、香港钟山有限公司与EA公司于1997年5月22日签订的"关于股份重组的协议"。根据商务部2003年4月4日印发的《关于江苏江山制药有限公司修改合同章程的批复》,现合资公司江苏江山制药有限公司的股东为江苏华源药业有限公司、江苏省医药保健品进出口(集团)公司、EA公司、RT公司及靖江市新兰生物化工有限公司,各自所占股份比例分别为42.05%、3.75%、28.6%、23.78%及2%。因此,靖江葡萄糖厂、香港钟山有限公司已经退出了合资公司江苏江山制药有限公司,且经商务部批准的股份比例亦与"97股权重组协议"确定的股份比例不同。由于本案所涉仲裁案件当事人为EA公司、RT公司及江苏华源药业有限公司三方,合资公司的另两个股东江苏省医药保健品进出口(集团)公司和靖江市新兰生物化工有限公司并未参加仲裁程序,上述仲裁裁决第四项对"97股权重组协议"的效力及执行做出认定并裁决已退出合资公司的靖江葡萄糖厂、香港钟山公司仍按"97股权重组协议"前的股份比例持有合资公司的股份,不仅超出了仲裁当事人请求的范围,而且影响了案外人的合法权益。该裁项中有关BA公司与江苏华源药业有限公司股份比例的裁决,亦改变了国家审批机关批准的股份比例,属于仲裁庭无权仲裁的情形。

同意你院请示报告中的意见。本案应根据《中华人民共和国仲裁法》第七十条及《中华人民共和国民事诉讼法》第二百六十条第一款第(四)项之规定,撤销中国国际经济贸易仲裁委员会〔2004〕中国贸仲京裁字第0222号仲裁裁决书第四项裁决。

此复。

附:

北京市高级人民法院关于"EA公司"和"RT公司"申请撤销中国国际经济贸易仲裁委员会仲裁裁决一案的请示

(2005年12月7日　京高法〔2005〕332号)

最高人民法院:

我市第二中级人民法院于2004年9月27日立案受理了EXPERT ASSBTS LIMITED(以下简称EA公司)和RESISTORTECHNOLOGY LIMITED(以下简称

RT 公司)申请撤销中国国际经济贸易仲裁委员会作出的(2004)中国贸仲京裁字第 0222 号裁决一案,二中院审查后,拟裁定驳回 EA 公司和 RT 公司申请撤销中国国际经济贸易仲裁委员会京高法(2004)中国贸仲京裁字第 0222 号裁决的申请。经请示我院,我院认为应当支持 EA 公司和 RT 公司申请撤销中国国际经济贸易仲裁委员会(2004)中国贸仲京裁字第 0222 号裁决的申请。现将该案情况报告如下:

一、简要案情

仲裁申请人 EA 公司和 RT 公司于 2003 年 8 月 11 日依 2003 年合资合同中的仲裁条款向中国国际经济贸易仲裁委员会提出仲裁申请,要求被申请人江苏华源药业有限公司(以下简称江苏华源公司)依照 2003 年合资合同,对 EA 公司和 BT 公司之间的股权转让行为放弃优先收购权,并配合完成全部转让手续等。

江苏华源公司提出反请求认为由于 EA 公司没有增资到位,1997 年股权重组协议应予终止执行,EA 公司的股权比例和注册资本应被依法作相应的扣减,请求按照实际出资情况确认双方的股权比例。

仲裁庭支持了申请人 EA 公司和 BT 公司的部分仲裁请求,认为:本案股权转让/放弃优先购买权条款是一合法有效条款,江苏华源公司应在董事会作出同意股权转让的决议后配合 EA 公司、RT 公司完成有关转让的报批手续。

仲裁庭亦支持了江苏华源公司提出的部分仲裁反请求;裁决确认 EA 公司未增资到位、其股权比例作相应扣减,依据实际出资情况确认各方当事人的股权比例。

EA 公司、RT 公司于 2004 年 9 月 27 日以(2004)中国贸仲京裁字第 0222 号《裁决书》第四项裁决内容无仲裁条款、超裁、违背仲裁程序、仲裁庭对行政机关已经变更的行为进行事实认定为由,向二中院提出撤销裁决书第四项的申请,裁决书第四项即仲裁庭受理的江苏华源公司在仲裁程序中提出的反请求内容。

二、北京市二中院意见

北京市二中院经审查认为,本案的仲裁裁决并无《中华人民共和国民事诉讼法》第二百六十条规定的应当撤销的法定情形,故拟裁定驳回 EA 公司和 RT 公司申请撤销中国国际经济贸易仲裁委员会(2004)中国贸仲京裁字第 0222 号裁决第四项的申请。其理由为双方争议的内容均是 2003 年合资合同中规定的内容,合资合同中关于股东股权比例的规定来源于 97 股份重组协议,仲裁庭将其作为证据进行审查并认定该协议因事实上未生效而不予执行,并未超出仲裁审理范围。其主要理由如下:

(一)关于是否无仲裁协议的问题

经查,2003 年合资合同第四十六条规定:凡因执行本合同所发生的或本合同有关的一切争议,四方应通过友好协商解决,如协商不能解决,应提交中国国际经济贸易仲裁委员会进行仲裁。EA 公司和 RT 公司依据此仲裁条款向仲裁委提出仲裁申请,江苏华源公司的反请求是驳回 EA 公司、BT 公司关于股权转让的请求,确认合资合同第十三条第二款、章程第十六条第二款的约定无效,江苏华源公司提交仲裁庭审理的亦是2003年合资合同项下的股权转让争议。仲裁庭将97股份重组协议作为证据进行了审查和认定,并无不当。

(二)关于是否超裁的问题

1. 关于是否超出了仲裁协议范围的问题

针对江苏华源公司的反请求,仲裁庭对EA公司16%增资是否应出资及出资是否到位的问题进行了审查。因BA公司享有28.6%股权明确规定在2003年合资合同中,但其增股行为发生于双方当事人于1997年签署的股份重组协议以及1997年修改的合资合同中,仲裁庭将其作为与本案股权转让争议有关的证据进行了审查、判断,但并未对江苏华源公司要求终止执行97股份重组协议的反请求作出实体裁决。

2. 关于是否处理了案外人权利的问题

江苏华源公司在仲裁反请求中提出由于EA公司没有增资到位,进而要求仲裁庭对EA公司和江苏华源公司在合资公司中享有的股权比例予以确认。仲裁庭经审理查明,EA公司增股16%是通过合资合同四方股东之间共同签署97股份重组协议以及97合资合同的形式进行的,由于EA公司未按照已批准生效的97合资合同规定的期限、数额交纳增股16%应支付的购股款和公积金,故其依法不享有该16%的股权,合资公司所有股东持有的股份比例均应维持其未转让之前的状态。上述表述是仲裁庭对EA公司是否增资到位所作的认定,并未涉及原三方股东各自应享有的股权比例。

3. 关于是否超出了主体(江苏华源公司)权限范围的问题

首先,该项撤销理由不属于《民事诉讼法》第二百六十条第一款第(四)项规定的撤销涉外仲裁裁决的情形。其次,因江苏华源公司系由靖江葡萄糖厂改制而来,江苏华源公司承继了靖江葡萄糖厂在合资公司中的全部权利义务,其有权就江苏华源公司在合资公司中实际持有的股份比例向仲裁庭提出反请求,不受靖江葡萄糖厂改制时所持合资公司股份比例的限制。

4. 关于是否超出了反请求范围的问题

第一,裁决第四项是仲裁庭针对江苏华源公司在反请求中提出的EA公司没有增资到位的主张所作的认定,并未超出江苏华源公司反请求的范围。第二,江苏华源公司在其反请求中主张由于EA公司没有增资到位,EA公司的股权比例应被依法作相应的扣减认定。在此,EA公司"增资"指的是EA公司增加16%的股权。仲裁庭经审查认为,EA公司没有增资到位,其依法不享有16%的股权,扣减该16%的股权比例后,EA公司在合资公司中持有的股权比例应为12.60%。因此,仲裁庭有关EA公司的持股比例为12.60%裁决事项,亦未超出江苏华源公司的反请求范围。

(三)关于是否违反仲裁程序的问题

首先,根据《仲裁法》第二十七条和《中国国际经济贸易仲裁委员会仲裁规则》(2000 年 10 月 1 日起施行)之规定,仲裁被申请人有权提出反请求。其次,EA 公司、RT 公司的仲裁请求和江苏华源公司的反请求同是基于 2003 年合资合同项下股权转让的法律关系提出的,两者具有关联性。仲裁庭合并审理符合《仲裁法》及有关仲裁规则规定。另,江苏华源公司于 2004 年 2 月 4 日向仲裁庭提交《答辩及反请求申请书》,明确提出了仲裁反请求。在仲裁庭开庭审理此案的过程中,双方当事人就各自的仲裁请求和反请求进行了陈述和答辩并对有关证据进行了质证,庭后,江苏华源公司根据仲裁庭要求作出的《关于我方反请求的规范性表述和说明》中对其反请求作了进一步的阐述和规范性表述,但在本质上并未变更或修改其仲裁反请求。

(四)关于是否违反了《仲裁法》第三条行政争议不能仲裁之规定的问题

本案双方当事人之间的股权转让争议属于合同纠纷,而非行政争议。根据我国中外合资经营企业法的规定,行政审批是合资合同及章程生效的条件,但并不影响仲裁庭对生效的民事合同是否履行的问题作出认定。

综上,北京市二中院认为申请人申请撤销的理由均不成立,依照《中华人民共和国仲裁法》第六十条之规定,拟裁定驳回申请人的撤销申请。

三、我院意见

我院于 2005 年 1 月 18 日立案审查,经研究认为该仲裁裁决第四项应予撤销,具体理由如下:

依据 2004 年最高人民法院公报上发布的一个案例,其裁判摘要指出:根据中外合资经营企业法的规定,中外合资经营企业股权变更必须报经有关主管机关部门审批,并应根据主管部门审批的结果确定股东的身份。当事人认为股权变更不当并要求变更审批结果的,应通过行政诉讼解决。当事人就此提起民事诉讼,请求人民法院变更其在中外合资经营企业中股权的,应按照《民事诉讼法》第一百一十一条第(一)项的规定("依照《行政诉讼法》的规定,属于行政诉讼受案范围的,告知原告提起行政诉讼")处理。据此,江苏华源公司的反请求不应当在仲裁程序中解决,江苏华源公司应当以 EA 公司未按 1997 年审批的合资合同规定向合营公司支付增股价款为由直接向原审批机关提出申请,变更审批机关原审批的股权比例。故认为申请人关于裁决违反了《仲裁法》第三条行政争议不能仲裁之规定的撤销理由成立,裁决第四项应予以撤销。依据《最高人民法院关于人民法院撤销涉外仲裁裁决有关事项的通知》(法〔1998〕40 号)的规定现呈报贵院审批。

请指示。

最高人民法院关于是否裁定撤销中国国际经济贸易仲裁委员会华南分会仲裁裁决的请示的复函

(2006年3月1日 〔2005〕民四他字第47号)

广东省高级人民法院:

你院〔2005〕粤高法民四他字第22号《关于罗定市供电局申请撤销仲裁裁决一案的请示》收悉。经研究,答复如下:

中国国际经济贸易仲裁委员会华南分会就罗定市供电局与辉恩中国投资有限公司之间的合作合同纠纷作出了(2005)中国贸仲深裁字第37号裁决。罗定市供电局以裁决事项超出合作合同仲裁协议范围、仲裁程序违反仲裁规则以及执行裁决违反社会公共利益等为由向深圳市中级人民法院申请撤销该仲裁裁决。因是否接受当事人的变更反请求系仲裁庭有权自行决定的事项,且罗定市供电局作为民事主体参与民事活动应当承担责任,故其有关仲裁程序违反仲裁规则及执行裁决违反社会公共利益的理由依法不能成立。但本案合作合同存在于罗定市供电局与辉恩中国投资有限公司之间,合作合同中的仲裁条款应仅约束该两当事人之间的合作合同纠纷,仲裁庭无权就辉恩中国投资有限公司与合作公司辉罗力有限公司之间的借贷合同纠纷以及与罗定市供电局之间的借贷担保合同纠纷进行仲裁。由于借贷合同及借贷担保合同约定的仲裁机构为广州仲裁委员会且该委已就借贷担保合同纠纷作出了(2004)穗仲案字第1692号仲裁裁决,因此,本案仲裁裁决第一项中有关股东借贷损失的内容,超出了合作合同仲裁条款约定的范围,应认定属于超裁。同意你院的请示意见,本案应撤销仲裁裁决第一项中的股东借贷损失部分。

此复。

附:

广东省高级人民法院关于罗定市供电局申请撤销仲裁裁决一案的请示

(2005年11月1日 〔2005〕粤高法民四他字第22号)

最高人民法院:

中国国际经济贸易仲裁委员会华南分会对罗定市供电局与辉恩中国投资有限公司(下称辉恩公司)合作合同争议一案,作出了(2005)中国贸仲深裁字第37号裁决。后罗定市供电局向深圳市中级人民法院提出撤销涉案仲裁裁决的申请。经审查,深圳市中级人民法院拟对涉案仲裁裁决予以部分撤销,并依规定就本案向我院进行请示。

深圳市中级人民法院认为,涉案仲裁裁决第一项是支持辉恩公司要求罗定市供电局支付赔偿金1600万美元的请求,而辉恩公司是根据合作公司清算委员会出具的清算结束报告计算赔偿金的,清算报告确认辉恩公司损失注册资本金9,992,960美元、股东借贷损失余额12,839,188.87美元,合计损失22,832,148.87美元,辉恩公司要求罗定市供电局赔偿其损失总额的70%,即1600万美元。股东借贷是指辉恩公司借给合作公司的款项,且双方签订了借贷协议,协议还约定了不同的仲裁机构解决争议。本案仲裁裁决将辉恩公司借给合作公司的款项也作为辉恩公司的损失,并裁决由罗定市供电局赔偿,超出了辉恩公司与罗定市供电局签订《合作合同》的仲裁条款的范围,不是双方合作合同项下的争议,因此,仲裁裁决事项超出了当事人仲裁条款约定的范围。根据《中华人民共和国民事诉讼法》第二百六十条第一款第(四)项的规定,应当撤销中国国际经济贸易仲裁委员会华南分会(2005)中国贸仲深裁字第37号裁决第一项。

经审查,我院倾向认为,涉案仲裁裁决应当予以部分撤销。首先,涉案仲裁裁决部分超裁。第一,辉恩公司与罗定市供电局就合作建立辉罗公司签订了《合作合同》,《合作合同》第二十三章第23.1条中约定了"凡因执行本合同所发生的或与本合同有关的一切争议,合作各方应通过友好协商解决;如果协商不能解决,应提交中国国际经济贸易促进委员会的仲裁委员会申请仲裁"的仲裁条款,该仲裁条款明确了《合作合同》仲裁的双方当事人是辉恩公司和罗定市供电局。第二,仲裁裁决第一判项中的股东借贷损失12,839,188.87美元是基于《贷款合同》、《再贷协议》、《确认书》确定的,其中《贷款合同》中约定了就贷款纠纷提交广州市仲裁委仲裁的仲裁条款,广州市仲裁委也已经对此作出了裁决。后两份合同没有仲裁条款。上述三份合同均是罗定市供电局作为担保人,辉恩公司作为出借人,辉罗公司作为借款人,由辉恩公司作为股东借款给已经成立的合作公司辉罗公司。因此,股东借贷损失是基于三份股东借贷合同产生的,股东借贷纠纷的当事人是辉恩公司和辉罗公司,股东借贷纠纷这一法律关系主体有别于《合作合同》纠纷的法律关系主体。因此,股东借贷损失的争议不属于合作合同项下的争议,涉案仲裁裁决超出了仲裁条款约定的范围。中国国际经济贸易仲裁委员会华南分会对股东借贷纠纷没有管辖权,该仲裁裁决就借贷损失该部分的裁决属于部分超裁。其次,根据《中华人民共和国民事诉讼法》第二百六十条第一款第(四)项的规定和法院法释〔1999〕第16号"我国仲裁机构作出的仲裁裁决,如果裁决事项超出当事人仲裁协议约定的范围,或者不属当事人申请仲裁的事项,并且上述事项与仲裁机构作出裁决的其他事项是可分的,人民法院可以基于当事人的申请,在查清事实后裁定撤销该超裁部分"的规定,本案股东借贷损失与注册资金损失是可分的不同事项,双方当事人就股东借贷损失的数额

12,839,188.87 美元均表示认可，债权人辉恩公司对该损失仅请求 70%，即 12,839,188.87 美元 ×70% =8,987,432.209 美元，仲裁庭对该 8,987,432.209 美元部分的裁决属于超裁，应当对 8,987,432.209 美元部分的裁决予以撤销。

综上，我院倾向认为，部分撤销本案所涉仲裁裁决，即撤销中国国际经济贸易仲裁委员会华南分会（2005）中国贸仲深裁字第 37 号裁决第一判项中关于股东借贷损失的 70% 即 8,987,432.209 美元部分。

但是，我们也注意到本案股东借贷纠纷的主体虽与《合作合同》纠纷的主体不同，但是修订的《合作合同》第 5.2、5.4 条规定，合作公司的投资总额包括注册资本和借贷资本，借贷资本指本案所涉的外方借贷给合作公司的资金。《合作合同》补充条款中也约定，外方的债权和股权值大于设备值时，设备的处置权归外方所有。《合作合同第 19.2 条约定，如提前终止合作期限和解除合同，应分清责任。可见，《合作合同》也涉及对股东借贷及处理的约定，《合作合同》的上述约定是否属于《合作合同》第二十三章第 23.1 约定的"……一切争议……"把握不大。

综上，依据法院《关于人民法院撤销涉外仲裁裁决有关事项的通知》第一条的规定，特向法院请示，请予批复。

最高人民法院关于通知中国国际经济贸易仲裁委员会对(2003)贸仲裁字第0398号案件重新仲裁的请示的复函

（2005 年 3 月 21 日 〔2005〕民四他字第 7 号）

北京市高级人民法院：

你院京高法〔2004〕405 号《关于通知中国国际经济贸易仲裁委员会对〔2003〕贸仲裁字第 0398 号案件重新仲裁裁决的请示》收悉，经研究，答复如下：

同意你院通知中国国际经济贸易仲裁委员会对〔2003〕贸仲裁字第 0398 号案件重新仲裁的意见。申请人大连水产集团有限公司（以下简称大连水产公司）与被申请人美国国际商品与投资有限公司（International Commodity & Investment, INC. 以下简称 ICI 公司）签订的《和解协议》约定：为表诚意和增强本《和解协议》的约束力，双方一致同意将本《和解协议》提交中国国际经济贸易仲裁委员会，请求该会按照现行有效仲裁规则，在北京提请仲裁；双方同意共同指定该仲裁委员会《仲裁员名册》中的穆子砺先生作为独任仲裁员组成独任仲裁庭，按照该会《仲裁规则》简易程序进行书面审理，并以快捷方式按照本《和解协议》的内容作出裁决。双方在随后签订的《〈和解协议〉补充修改协议》中又约定补充协议为《和解协议》的组成部分并受该协议中的仲裁条款约束。中国国际经济贸易仲裁委员会据此于2003年12月26日向大连水产公司函寄仲裁及组庭通知,确定本案适用2000年10月1日起施行的仲裁规则中的简易程序审理,但仲裁庭于同年12月30日作出裁决,并未完全遵守规则中有关简易程序的第六十六条"被申请人应在收到仲裁通知之日起30日内向仲裁委员会提交答辩书及有关证据文件"之规定,影响了当事人答辩权利的行使。但结合本案的实际情况,本案仲裁中存在的程序瑕疵尚未严重到必须以撤销裁决的方式来对当事人予以救济的程度,该程序瑕疵可以通过通知仲裁庭重新仲裁的方式予以弥补。根据《中华人民共和国仲裁法》第六十一条的规定,本案应裁定中止撤销程序,通知中国国际经济贸易仲裁委员会重新仲裁。

此复。

附:

北京市高级人民法院关于通知中国国际经济贸易仲裁委员会对(2003)贸仲裁字第0398号案件重新仲裁裁决的请示

(2004年12月17日　京高法〔2004〕405号)

最高人民法院:

我院收到北京市第二中级人民法院(以下简称二中院)《关于撤销中国国际经济贸易仲裁委员会(2003)贸仲裁字第0398号裁决的请示》后,经审查认为,仲裁委在案件审理过程中程序不当,该案裁决的作出存在《中华人民共和国民事诉讼法》第二百六十条第一款第(二)、(三)项规定的情形,应予重新仲裁。现将具体情况向你院报告如下:

一、当事人基本情况

申请人(原仲裁被申请人):大连水产集团有限公司。住所地,辽宁省大连市西岗区通海街21号。

被申请人(原仲裁申请人):美国ICI公司(INTERNATIONALCOMMODITY & INVESTMENT,INC.)。住所地,4111 Carol Drive,Suite I,Fullerton,CA92633,USA。

二、仲裁概况

(一)案情

2003年4月13日,美国ICI公司与大连水产公司签订《和解协议》,在该协议中约定:双方一致同意将本《和解协议》提交仲裁委员会,请求该会按照现行有效仲裁规则,在北京提请仲裁,双方共同指定该会穆子砺为独任仲裁员组成仲裁庭,按照该会仲裁规则中的简易程序进行书面审理,并以快捷方式按照本《和解协议》的内容作出裁决。

2003年4月15日,双方签订《〈和解协议〉补充修改协议》,将部分条款进行修改,并约定协议为2003年4月13日签订的《和解协议》的组成部分并受该协议中仲裁条款的约束。

2003年4月16日,大连水产公司出具致仲裁委员会的《同意函》,同意仲裁委员会以快捷的方式按照和解协议内容作出裁决。

2003年12月17日,美国ICI公司向仲裁委员会提起仲裁申请,要求仲裁委员会按照双方签订的《和解协议》作出裁决。

2003年12月26日,仲裁委员会向大连水产公司发出仲裁通知及组庭通知,称:根据双方在《和解协议》中的约定,本案适用本会2000年10月1日起施行的仲裁规则中的简易程序,穆子砺接受双方的共同指定,成立仲裁庭,对本案进行书面审理,并将以快捷方式根据《和解协议》的内容作出裁决。

2003年12月29日,美国ICI公司向仲裁委员会提交《关于和解转仲裁事》,请仲裁庭从速作出裁决。美国ICI公司同时提交加盖大连水产公司印章并有授权代表签字、落款日期为2003年12月22日的致仲裁委员会函件一份,大连水产公司在该函中称:我公司同意美国ICI公司依据双方签订的《和解协议》、《〈和解协议〉修改协议》提出的仲裁申请,并同意贵会依据协议内容作出裁决。

(二)仲裁委对案件的审理情况

仲裁庭经审理认为,《和解协议》及《补充修改协议》系当事人自愿签订,其内容合法有效,仲裁庭予以认可。根据双方的意愿及仲裁规则的规定,美国ICI公司的仲裁请求应予准许。2003年12月30日,仲裁庭作出裁决:双方签订的《和解协议》及《补充修改协议》有效,双方应遵照执行。

三、申请人大连水产集团有限公司申请撤销仲裁裁决的理由

(一)仲裁庭未按仲裁规则的规定给我公司答辩期,使我公司未能陈述意见

2003年12月26日,仲裁庭向我公司函寄了仲裁及组庭通知,12月30日,就作出了裁决。违反了仲裁委员会仲裁规则第66条的规定。对裁决书中关于我公司"于2003年12月22日致函仲裁委同意美国ICI公司提出的仲裁请求"的表述,我公司认为:首先,我公司没有出具过也没有见过此函;其次,仲裁庭2003年12月26日才向我公司发出仲裁及组庭通知,我公司怎么可能在此之前知道被申请仲裁。即使这一情况出现了,也不能以此为由违反仲裁规则不让我公司答辩。仲裁规则规定在30天内提交答辩书是程序公正的起码要求,任何人都不得变更。

(二)仲裁庭未按规则规定适用简易程序

本案适用的是简易程序,理由是双方和解协议及其补充修改协议中有约定。但《和解协议》是2003年4月13日达成的,而仲裁通知则是在此之后发出的,根据《仲裁规则》第六十四条的规定,对争议金额不超过人民币50万元的案件,一方

可申请适用简易程序，但无论事前有无约定都必须征得另一方书面同意后才能适用简易程序。仲裁庭未征求我公司的书面同意就直接适用简易程序违反仲裁规则的规定。

（三）仲裁庭上述程序错误导致其认定的内容未经质证而错误

本案的仲裁请求是依据《和解协议》作出裁决。显然，对《和解协议》的主体、内容等都须审查、确认。但仲裁庭未经审查就确认《和解协议》有效，使本应无效的《和解协议》产生了法律效力。(1)《和解协议》的内容不属于双方依法有权自由处分的民事权利义务。《和解协议》的内容是，我公司负有到期办结土地使用权出让手续的义务，和未履行该义务应赔偿损失1100万美元。依据《城市房地产管理法》第三十九条规定，土地使用权出让手续应由受让方及美国ICI公司办理，《和解协议》却将之约定为是我公司的义务，依法应确认无效。(2)《和解协议》不是我公司自愿签订的。仲裁庭认为《和解协议》是我公司自愿签订的依据是韩仲苇个人的签字，但却忽略了一个重要事实：韩仲苇是否有权代表我公司签字。我公司是有限责任公司，签订赔偿他人1100元美元的《和解协议》是公司的重大事项，只有董事会才有权决定。仲裁庭在未见到我公司董事会决议之前，仅凭一份没有加盖公章的协议就认定是我公司自愿签订的，是我公司未能陈述意见的结果，应予纠正。(3)《和解协议》的内容并不是合法有效。《和解协议》是2000年11月1日《搬迁改造及转让协议》的补充。根据《房地产管理法》第三十九条规定，转让划拨土地使用权应报相应的政府批准。鉴于我公司的土地是划拨土地，《转让协议》又未经政府批准，属《合同法》第四十四条规定的无效合同，作为其补充的《和解协议》当然也不应确认为合法有效。

四、我院处理意见

关于大连水产公司提出仲裁庭未给其答辩期，致使其未能陈述意见的撤销仲裁理由，本院认为，根据本案查明事实，仲裁委员会受理美国ICI公司仲裁申请后，确定本案适用2000年10月1日起施行的仲裁规则中的简易程序进行审理。但仲裁委员会在向大连水产公司发出的仲裁通知中未告知其有答辩的权利，大连水产公司在收到仲裁通知后亦未向仲裁庭表示放弃其答辩的权利，仲裁庭在此情况下径行作出裁决，致使大连水产公司未能陈述意见，仲裁的程序与仲裁规则第六十六条规定“被申请人应在收到仲裁通知之日起30日内向仲裁委员会提交答辩书及有关证据文件；如有反请求，也应在此期限内提出反请求书及有关证明文件”的规定不符。该仲裁裁决存在瑕疵。但由于双方签订的《和解协议》中一致同意按照该会仲裁规则中的简易程序进行书面审理，且以快捷方式按照本《和解协议》的内容作出裁决，故(2003)贸仲裁字第0398号裁决的程序瑕疵可以通过重新仲裁的方式弥补。据此，根据《中华人民共和国民事诉讼法》第二百六十条第一款第(二)项、第(三)项的规定和《中华人民共和国仲裁法》第六十一条的规定，中国国际经济贸易仲裁委员应对该案重新仲裁。

关于大连水产公司提出仲裁庭未按规定适用简易程序的撤销仲裁理由，依照本案所适用的仲裁规则第六十四条规定："除非当事人另有约定，凡是争议金额不超过人民币50万元，或争议金额超过人民币50万元的，经一方当事人书面申请并征得另一方当事人书面同意，适用本简易程序。"根据本院查明事实，仲裁庭系根据当事人书面约定对本案适用简易程序进行审理符合仲裁规则的规定。大连水产公司此项撤销裁决的理由不成立，本院不予支持。

关于大连水产公司提出仲裁程序错误导致其认定的内容未经质证而错误地撤销仲裁理由，因仲裁庭对相关证据的认定不属于当事人申请撤销仲裁裁决的法定情形，故大连水产公司此项撤销裁决的理由本院亦不予采纳。

综上，根据《最高人民法院关于人民法院撤销涉外仲裁裁决有关事项的通知》规定，由于仲裁庭在审理本案的仲裁程序不当，我院不同意二中院撤销仲裁的意见，拟报由中国国际经济贸易仲裁委员对该案重新仲裁。

最高人民法院关于香港七好(集团)有限公司申请部分撤销(2002)深仲裁字第641号裁决一案的请示的复函

(2004年9月14日　〔2004〕民四他字第26号)

广东省高级人民法院：

你院〔2003〕粤高法民四他字第14号《关于香港七好(集团)有限公司申请部分撤销〔2002〕深仲裁字第641号裁决一案的请示》收悉。经研究，答复如下：

对仲裁裁决进行司法审查是我国法律赋予人民法院的职责。我国法律并没有赋予当事人约定撤销仲裁裁决审查标准的权利，因此，人民法院对是否应当撤销有关仲裁裁决进行审查应当严格依照法律规定进行，不能以当事人选择的仲裁规则中有关于撤销仲裁裁决范围的规定，进而认为当事人选择了撤销有关仲裁裁决的审查标准，并以该标准对仲裁裁决进行审查。本案所涉仲裁裁决为涉港仲裁裁决，应当参照我国《民事诉讼法》第二百六十条的规定予以审查。本案反请求人金乌公司在仲裁庭开庭过程中虽然撤回了其提交的"索赔清单"中"(7)办衣、面辅料采购、成衣加工的费用4,070,854元"的证据，但其并未表示变更其反请求事项以及具体的请求数额，因此，仲裁庭最终裁定七好公司向金乌公司赔偿实际损失中包括"办衣、面辅料采购、成衣加工的费用4,070,854元"没有超出仲裁协议约定的仲裁事项的范围和金乌公司仲裁反请求的范围,不构成超裁。本案应当裁定驳回七好公司撤销深圳仲裁委员(2002)深仲裁字第641号仲裁裁决的申请。

此复。

关于香港七好(集团)有限公司申请部分撤销(2002)深仲裁字第641号裁决一案的请示

(2004年6月6日 〔2003〕粤高法民四他字第14号)

最高人民法院:

深圳市中级人民法院于2003年11月25日受理了申请人香港七好(集团)有限公司申请部分撤销深圳仲裁委员会(2002)深仲裁字第641号裁决一案后,就该院对深圳仲裁委作出的涉外仲裁裁决能否进行部分实体审查以及本案仲裁裁决是否存在超裁及能否就超裁部分予以撤销的问题向我院请示。其中,关于对深圳仲裁委作出的涉外仲裁裁决能否进行部分实体审查,即能否对证据、事实进行审查的问题。深圳中院倾向认为,对涉外仲裁裁决,在司法实践中,原则上只进行程序审查。但对深圳仲裁委作出的涉外仲裁裁决的审查则存在特殊性。《深圳仲裁委员会仲裁规则》第七章关于涉外仲裁第86条规定:一方或双方为外国当事人的纠纷的裁决,适用本章的规定;本章没有规定的,适用本规则其他有关规定。该章对涉外裁决的撤销事由虽然没有特别规定,但该规则第五章第76条规定了撤销事由,包括伪造证据,隐瞒重要证据。根据该会的仲裁规则,上述撤销事由适用于涉外裁决。而且,仲裁制度的本质和基础是当事人意思自治,双方选择了仲裁规则,就等于双方同意撤裁也应按规则进行,也就是说双方约定的撤裁标准,不违反法律的禁止性规定即可,《民事诉讼法》第260条第1款规定审查的一般标准(默认标准),并非强制性的规定,当事人可以放弃或者变更。如果坚持只能按《民事诉讼法》第260条第1款进行审查则违背了当事人共同的意思表示,否定了当事人正当的程序选择权。因此,对深圳仲裁委作出的仲裁裁决应当根据仲裁规则和当事人的约定进行实体审查,即审查是否存在伪造证据、隐瞒重要证据的事实。就此问题也有少数意见认为,仲裁裁决的司法审查标准只能是法定的,仲裁规则和当事人的约定不能改变法定的审查标准。关于仲裁裁决超裁问题。深圳中院认为,被申请人撤回了部分反请求所直接依据的证据,就视为撤回了部分反请求,仲裁庭无权再裁决支持该部分反请求。因此仲裁裁决第(四)项裁决的损失应减去被申请人撤回的部分。

我院经审查认为:(1)关于对深圳仲裁委作出的涉外仲裁裁决能否进行部分实体审查,即能否对证据、事实进行审查的问题。根据《中华人民共和国民事诉讼法》

和《中华人民共和国仲裁法》的相关规定，人民法院对申请撤销的涉外仲裁裁决只能进行程序审查，不能进行实体审查，包括部分实体审查。涉外仲裁裁决的司法审查标准只能是法定的，与仲裁规则及有关当事人约定无关。本案中不存在依深圳仲裁规则就是否伪造证据及隐瞒重要证据实体审查的情由。另外，仲裁规则的规定应该符合《中华人民共和国民事诉讼法》和《中华人民共和国仲裁法》的规定。综上，我院倾向认为不应对该仲裁裁决作实体审查。(2)关于仲裁裁决超裁的问题。被申请人金乌公司在仲裁过程中撤回了部分反请求所直接依据的证据，应当视为撤回了部分反请求，仲裁庭无权再裁决支持该部分反请求，故我院的倾向性意见是，对于该超裁部分应当予以撤销。

依据钧院《关于人民法院撤销涉外仲裁裁决有关事项的通知》第1条的规定，特向钧院请示，请予批示。

最高人民法院关于辉影媒体销售有限公司申请撤销(2003)大仲字第083号仲裁裁决一案的请示的复函

(2004年9月14日 〔2004〕民四他字24号)

辽宁省高级人民法院：

你院〔2004〕辽民四请字第6号《关于辉影媒体销售有限公司申请撤销(2003)大仲字第083号仲裁裁决一案的请示报告》收悉。经研究，答复如下：

同意你院请示报告中的处理意见。

本案仲裁庭依据合资合同中的仲裁条款受理本案，该条款约定："凡因执行本合同所发生的或与本合同有关的一切争议，合营各方应通过友好协商解决。如果协商不成，应提交大连市仲裁委员会仲裁。该仲裁是终局的，对双方都有约束力，仲裁费用由、败诉方承担。"依据该仲裁条款，仲裁庭裁决的范围只能限定于当事人之间合资性质的纠纷。现仲裁庭对不属于合资纠纷性质的当事人于2000年5月30日签订的关于支付顾问费的协议(以下简称530协议)进行了审理并作出裁决，而双方当事人签订的该份协议中没有仲裁条款，当事人事后也没有达成仲裁协议，仲裁庭无权对530协议进行审理并裁决。仲裁庭依据当事人之间关于解决合资纠纷的仲裁条款对530协议进行审理并作出裁决，就该仲裁事项而言，已经超出了仲裁协议的范围，且从裁决主文的内容看，超出仲裁协议范围的事项与其他事项不可分。因此，依照《中华人民共和国民事诉讼法》第二百六十条第一款第(一)、(四)项、《中华人民共和国仲裁法》第七十条的规定,应裁定撤销本案仲裁裁决。

此复。

附:

辽宁省高级人民法院关于辉影媒体销售有限公司申请撤销(2003)大仲字第083号仲裁裁决案件的请示报告

(2004年7月20日 〔2004〕辽民四请字第6号)

最高人民法院:

我院受理大连中级人民法院报请的辉影媒体销售有限公司申请撤销大连仲裁委员会〔2003〕大仲字第083号仲裁裁决一案,案号为〔2004〕大民特字第21号。大连市中级人民法院审查后认为该案符合最高人民法院法〔1998〕40号《关于人民法院撤销涉外仲裁裁决有关事项的通知》的规定,报请我院审查。本院依法组成合议庭,对该案进行了审查,同意撤销该仲裁裁决,故报你院审查。现将该案有关情况报告如下:

一、当事人的基本情况

申请人:辉影媒体销售有限公司(以下简称辉影公司)。住所地:香港特别行政区新界葵涌梨木道88号利达中心10楼8室。

被申请人:洪胜有限公司(以下简称洪胜公司)。住所地:香港特别行政区铜锣湾告士打道255—257号信箱广场2704室。

二、仲裁情况

2003年5月,因合资经营合同纠纷,辉影公司根据《合资经营合同书》的仲裁条款,以洪胜公司为被申请人,向大连仲裁委提请仲裁,请求被申请人给付欠款2,430,471元及利息644,328元并承担仲裁费用。仲裁庭对被申请人欠付款项事实予以认定。但被申请人庭审中提出与申请人在2000年5月30日签订一份协议,根据协议申请人尚欠被申请人450万港元顾问费,要求以此与申请人请求之债务抵销。申请人对抵销请求提出异议:(1)抵销主张应提反请求,被申请人没有提出,仲裁庭不应审理;(2)450万元债务已过时效,且被申请人没有履行法律规定的通知义务;(3)申请人有证据证明已支付被申请人450万元,债务已清偿,不存在抵销问题。申请人提供7份由被申请人法定代表人签字的收款收据,共450万元,其中一笔35万有银行支票,另一笔65万元有银行汇款单据,其余350万元申请人陈述是现金支付。被申请人辩称,出具收据为满足申请人会计核算需要,申请人只支付35万元,余款未支付。

仲裁庭关于抵销的意见：(1)《合同法》第 99 条的抵销规定为法定抵销，指二人互付同种类债务，且债务均已届清偿期，为使相互间所付相当额之债务同归消灭的一方意思表示。这是法律赋予当事人自动行使的一种权利，无需作为独立的诉向仲裁庭提出反请求，仲裁庭对抵销的确认未超出仲裁庭对本请求的审理和管辖范围。(2)在法定抵销中，超过诉讼时效的债权不得作为主动债权主张抵销，但可作为被动债权主张抵销。被申请人在本案的债权是作为被动债权主张的，即使过时效也可抵销。被申请人开庭时向申请人多次主张，应视为已向申请人履行了通知义务。(3)申请人陈述 350 万元是现金支付，但不能说明来源、何地、何人付款，无其他证据佐证不能采信。另 35 万元和 65 万元的支付有付款凭证和收款收据，应予确认。故被申请人对申请人有 350 万元到期债权，被申请人可以 350 万元中相当于申请人本请求部分抵销。据此裁决：辉影公司的仲裁请求成立，洪胜公司以其对辉影公司 350 万元债权抵销欠付辉影公司货款及利息；仲裁费由申请人承担。

三、申请撤销仲裁裁决的理由及答辩

辉影公司的理由是：(1)裁决书确认抵销成立依据的 2000 年 5 月 30 日的协议没有仲裁条款。该协议与本案具有仲裁条款的合资合同无关，是两个不同法律关系。仲裁委对 2000 年 5 月 30 日的协议无管辖权，属于《仲裁法》第七十条及《民事诉讼法》第二百六十条第一款第(一)项规定的撤销情形，应撤销仲裁裁决。(2)裁决 350 万元债权抵销欠款的事项超出仲裁协议约定范围，属于《仲裁法》第七十条及《民事诉讼法》第二百六十条第一款第(四)项规定的撤销情形，应撤销仲裁裁决。(3)洪胜公司没有在规定期限提出反请求，仲裁庭在申请人提出异议情况下仍审理并做出裁决，严重违反法定程序，裁决应予撤销。

洪胜公司答辩，债务抵销无需通过行使"反请求"等行使诉权的方式。本案的债务抵销不是裁决结果，仲裁庭只是对抵销事实和结果予以确认。

四、原审审查意见

1. 双方均为香港注册法人，该仲裁裁决是国内仲裁机构作出的具有涉外因素的裁决，应按《中华人民共和国民事诉讼法》涉外程序审查。

2. 双方当事人 2000 年 5 月 30 日的协议没有仲裁条款，事后也没达成，属于《民事诉讼法》第二百六十条第一款第(一)项和《仲裁法》第七十条的规定情形，申请人第一项理由成立。仲裁庭对 2000 年 5 月 30 日协议项下的问题进行审理并做出裁决，超出仲裁协议的范围，属于《仲裁法》第七十条及《民事诉讼法》第二百六十条第一款第(四)项规定的情形，申请人第二项理由成立。申请人的第三项理由以假设仲裁机构有权仲裁为前提，与前述相悖，故对该理由不予采纳。

3. 由于裁决书将给付和抵销合并于同一裁决事项，超出仲裁范围的事项与其他事项不可分，应对裁决整体撤销。故依照《中华人民共和国民事诉讼法》第二百六十条第一款、《中华人民共和国仲裁法》第七十条的规定，拟裁定撤销仲裁裁决，案件受理费由洪胜公司承担。

五、省法院的审查意见

我院经审查认为，大连中院拟撤销仲裁裁决的意见于法有据，我院同意大连中院撤销仲裁裁决的意见。但大连中院仅援引《中华人民共和国民事诉讼法》第二百六十条第一款不妥，应列明(一)、(四)项。根据最高人民法院法〔1998〕40号《关于人民法院撤销涉外仲裁裁决有关事项的通知》的规定，特报请你院审查，请予答复。

最高人民法院关于对高福忠申请撤销中国国际经济贸易仲裁委员会(2002)贸仲裁字第0237号仲裁裁决一案的请示的复函

(2003年5月8日　〔2003〕民四他字第5号)

北京市高级人民法院：

你院京高法〔2003〕14号《关于高福忠申请撤销中国国际经济贸易仲裁委员会〔2002〕贸仲裁字第0237号仲裁裁决一案的请示》收悉。经研究，答复如下：

仲裁条款是以协议双方的合意为前提的，只有仲裁协议的主体受仲裁协议的约束。虽然仲裁协议当事方龙桥宾馆被吊销营业执照，但龙桥宾馆作为企业法人尚未消灭，其在法律程序上仍具有主体资格。如果本案仅涉及《中外合作经营芜湖龙桥宾馆有限公司合同书》项下债权债务的纠纷，龙桥村委会作为龙桥宾馆的开办单位，为清理龙桥宾馆债权债务的目的，只能以龙桥宾馆或其清算组织的名义提起仲裁，以龙桥村委会自身的名义提起仲裁主体不适格。此外，不能依据《中外合作经营芜湖龙桥宾馆有限公司合同书》中的仲裁条款裁决其他合同引发的争议，不能超越仲裁条款解决争议的范围。

现高福忠向人民法院申请撤销中国国际经济贸易仲裁委员会仲裁庭就其与龙桥村委会之间的争议作出的〔2002〕贸仲裁字第0237号裁决，根据《中华人民共和国民事诉讼法》第二百六十条第一款、《中华人民共和国仲裁法》第七十条的规定，人民法院应当裁定予以撤销。

此复。

附件：北京市高级人民法院《关于对高福忠申请撤销中国国际经济贸易仲裁委员会(2002)贸仲裁字第0237号仲裁裁决一案的请示》

北京市高级人民法院《关于对高福忠申请撤销中国国际经济贸易仲裁委员会(2002)贸仲裁字第0237号仲裁裁决一案的请示》

(2003年1月21日 〔2003〕京高法14号)

最高人民法院:

我市第二中级人民法院立案受理了高福忠申请撤销中国国际经济贸易仲裁委员会(2002)贸仲裁字第0237号裁决一案。经我院审查认为,该案所涉及的问题具有一定的代表性,故特向贵院请示。现将该案有关情况报告如下:

一、案件基本事实

1995年2月28日,芜湖市龙桥宾馆(以下简称龙桥宾馆)与高福忠(台湾省人)签订了《关于中外合作经营龙桥宾馆合同书》约定,龙桥宾馆提供其宾馆客房部餐饮部的8层楼、建筑面积7000平方米,以及水、电、通信等全部配套设施,由高福忠统一管理、自主经营、自负盈亏,使用权10年。高福忠不论经营盈亏如何,确保向龙桥宾馆交纳经营管理费、折旧费、综合费,并约定了具体数额。1995年5月5日,双方进一步签订《中外合作经营芜湖龙桥宾馆有限公司合同书》,共同投资成立合作企业芜湖龙桥宾馆有限公司,利润分配、出资及经营方式等按照1995年2月28日合同约定办理。合作经营合同第17章规定:"合营各方因执行本合同而发生争议,应本着友好精神协商解决,如协商不能解决,可提请中国国际贸易促进委员会对外经济贸易仲裁委员会按该地的仲裁程序进行仲裁。此裁决为终局裁决,各方应遵守执行。仲裁费用由败诉一方负责。"同日,双方签署了合作企业章程。

1995年5月12日,芜湖市对外经济贸易委员会批准成立芜湖龙桥宾馆有限公司,1995年5月16日,芜湖龙桥宾馆有限公司领取了营业执照。

1996年7月8日,龙桥宾馆的开办单位龙桥村委会与芜湖龙桥宾馆有限公司签订《协议书》,确认芜湖龙桥宾馆有限公司于1995年4月1日与龙桥村委会签订了投资改造龙桥宾馆承包经营合同,已经营1年有余,效益不理想。为进一步提高龙桥宾馆的设施水平,龙桥村委会在5年内向"龙桥宾馆"投资人民币100万元,投资方式从合作企业上交龙桥宾馆的折旧费中每年扣除人民币20万元。

1996年龙桥宾馆未办理企业法人年检。1997年11月7日,芜湖市工商行政管理局公告吊销龙桥宾馆营业执照。公告称:自公告之日起,其持有的营业执照不再具有法律效力,印章作废;债权债务由股东、主办单位依法处理。如有异议,应当在公告的15日内,以书面形式向我局提出,逾期不提视为认可。

1998年3月28日,龙桥村委会与高福忠签订《关于中外合作经营龙桥宾馆的补充合同书》,约定了双方进一步合作的事宜,并将该补充合同作为龙桥宾馆与高福忠1995年2月28日所签订的合作经营合同的补充,“与原合同具有同等的法律效力”。

1999年9月20日,龙桥村委会与龙桥宾馆有限公司签订《补充协议》,约定在原合同条款的前提下,下调高福忠上交的管理费数额。

二、仲裁情况

2001年8月31日,龙桥村委会根据《中外合作经营芜湖龙桥宾馆有限公司合同书》第17章的约定,以高福忠为被申请人,向中国国际经济贸易仲裁委员会提请仲裁。仲裁请求:(1)裁决高福忠偿还拖欠经营管理等费用262万元(计算到2001年6月底,此后到裁决执行止,每月按10万元增加);(2)终止合作经营合同,收回龙桥宾馆及其全部配套设施的使用权;(3)高福忠补偿龙桥村委会为办理本案支出费用25万元等。

高福忠对龙桥村委会的主体资格提出了异议,主张龙桥村委会不是合作企业的中方合作者,只有龙桥宾馆才有权申请仲裁。

针对龙桥村委会的主体资格,仲裁委员会于2002年1月18日作出〔2002〕贸仲字第0336号决定。认为:作为中方合作者的龙桥宾馆因未办理年检而被吊销营业执照后,其作为合作合同的当事人在合作企业中相应的权利义务应由龙桥村委会承担,龙桥村委会同时接受合作合同中仲裁条款的约束,有权根据合作合同中的仲裁条款提起仲裁。

2002年8月6日,仲裁庭作出了〔2002〕贸仲裁字第0237号裁决:(1)被申请人向申请人偿付拖欠的经营管理等费用人民币3,385,000元;(2)终止合作经营合同;(3)被申请人向申请人支付人民币17万元以部分补偿申请人的办案费用;(4)驳回申请人的其他仲裁请求;(5)仲裁费分担(略)。

三、当事人申请撤销与抗辩理由

高福忠申请撤销仲裁裁决理由:

我与龙桥村委会之间没有签订任何具有合同或协议性质的法律文件,发生纠纷后也未达成书面的仲裁协议;虽然签订中外合作合同的中方当事人龙桥宾馆被吊销营业执照,但其在被申请人提起仲裁申请时并未办理注销登记,因此本案的当事人还应当是龙桥宾馆。

龙桥村委会主要答辩理由:

1. 龙桥宾馆被吊销营业执照后,因开办单位龙桥村委会没有对其债权债务进行清算,因此龙桥宾馆的合法债权已由龙桥村委会法定承受。

2. 龙桥宾馆在1996年停止办理年检后,高福忠与龙桥村委会三次签订继续履行合作合同的补充协议,多次把经营管理等费用上交龙桥村委会,龙桥村委会在提请仲裁之前还多次与高福忠协商,这都表明高福忠对龙桥宾馆在合作企业中合法债权已转移至龙桥村委会的确认。

3. 对本案主体资格及管辖权问题仲裁委员会早已作出了专门决定。

综上,龙桥村委会有权向仲裁委员会提请仲裁。

四、请示问题

本案需要请示的问题是,企业被吊销营业执照后成为清算法人,其上级主管作为清算主体清理被吊销营业执照企业的债权债务时,如果清算主体对原企业所签订的仲裁协议不持异议,能否不经过相对人同意,直接依据仲裁协议解决原企业与相对人之间的债权债务纠纷。

请指示。

最高人民法院关于山东省房地产开发集团青岛公司请求撤销中国国际经济贸易仲裁委员会(2000)贸仲裁字第0333号仲裁裁决案的复函

(2003年7月8日 〔2002〕民四他字第8号)

北京市高级人民法院:

你院2002年2月19日京高法〔2002〕20号《关于山东省房地产开发集团青岛公司请求撤销中国国际经济贸易仲裁委员会(2000)贸仲裁字第0333号仲裁裁决案的请示》收悉。经本院审判委员会讨论,答复如下:

山东省房地产开发集团青岛公司与香港跃龙实业有限公司于1999年5月24日签订的《关于联合解决青岛房天成大房地产开发有限公司股东投资争议的协议书》明确约定,双方同意股东在合资过程中发生的争议,可提交中国国际经济贸易仲裁委员会仲裁。该约定对山东省房地产开发集团青岛公司与香港跃龙实业有限公司具有约束力,仲裁庭依据此约定受理该两公司之间的合资争议并据此做出裁决是有法律依据的。本案仲裁裁决不存在超裁或者其他依法应予撤销的情形,依法应当予以执行。

此复。

附：

北京市高级人民法院关于山东省房地产开发集团青岛公司请求撤销中国国际经济贸易仲裁委员会(2000)贸仲裁字第0333号仲裁裁决案的请示

(2002年2月19日　京高法〔2002〕20号)

最高人民法院：

我市第二中级人民法院立案受理了山东省房地产开发集团青岛公司申请撤销中国国际经济贸易仲裁委员会(2000)贸仲裁字0333号仲裁裁决一案，拟撤销该仲裁裁决，并向我院请示。经研究，现将该案有关情况报告并请示如下：

一、案件基本事实

1993年2月1日，山东省房地产开发集团青岛公司(以下简称青岛公司)与跃龙实业有限公司(以下简称跃龙公司)签订了《中外合资青岛成大房地产开发有限公司合同》，约定：双方在青岛高科技工业园区建立中外合资青岛成大房地产开发有限公司(以下简称成大公司)，合资开发青岛石老人开发区第二号小区内80亩土地。合营公司投资总额为1000万美元，双方出资额为500万美元，以此作为合营公司的注册资本，其中双方各出资250万美元，各占50%。争议解决方式为："凡因执行本合同所发生的或与本合同有关的一切争议，双方应友好协商解决。如果协商不能解决，应提交当地仲裁机构，根据该仲裁机构的仲裁程序进行仲裁，仲裁是终局的，对双方都有约束力。"1993年6月30日，成大公司登记注册。

1994年9月8日，成大公司与沈阳房天股份有限公司(以下简称房天公司)签订"股份转让与公司更名协议书"，约定，将成大公司全部股权的70%(350万美元)转让给房天公司，其中，青岛公司转让45%，跃龙公司转让25%，将"青岛成大房地产开发有限公司"更名为"青岛房天成大房地产开发有限公司"(以下简称房天成大公司)。青岛公司、跃龙公司、房天公司均在该协议书上签字。据此，三方签订《中外合资青岛房天成大房地产开发有限公司合同》，争议解决方式为："凡因执行本合同所发生的或与本合同有关的一切争议，双方应友好协商解决。如果协商不能解决，应向沈阳市人民法院诉讼。根据法律程序进行仲裁，仲裁对双方都有约束力。"青岛公司、跃龙公司、房天公司均在该合同书上签字。1994年12月，青岛市人民政府和国家工商行政管理局分别向房天成大公司颁发了批准证书和营业执照。

1999年5月24日，青岛公司与跃龙公司签订《关于联合解决青岛房天成大房地产开发有限公司股东投资争议的协议书》，约定：由于房天公司违约不能将股本金到位，将影响青岛公司、跃龙公司的利益，青岛公司、跃龙公司经研究，同意共同联合处理房天公司违约事宜,并协议:(1)依法追讨房天公司应付青岛公司225万美元、跃龙公司125万美元股本金及利息;(2)如房天公司无力支付,除要求经济赔偿外,依法解除其在房天成大公司的股东地位和收回所有股权;(3)如收回房天公司股权后,青岛公司与跃龙公司同意按原成大公司股权分配,继续履行双方责任与义务;(4)青岛公司、跃龙公司各方可自行选择委托律师,亦可共同委托律师;(5)双方保证站在同一立场,争取共同合法权益;双方同意此案及股东在合资过程中,能以友好协商方法解决,如确实无法解决,可提交中国国际经济贸易仲裁委员会仲裁解决;(6)在此案解决过程中所发生一切费用,均由青岛公司、跃龙公司各方按具体比例承担。

二、仲裁情况

1999年7月16日,跃龙公司依据《关于联合解决青岛房天成大房地产开发有限公司股东投资争议的协议书》向中国国际经济贸易仲裁委员会提请仲裁。仲裁请求为:(1)青岛公司退还人民币1600万元及相应利息;(2)青岛公司向跃龙公司赔偿未将土地使用权办至原合营公司名下而给跃龙公司带来的利润损失美元150万元;(3)确认青岛公司有完善出资手续、尽快向土地管理机关缴清剩余地款、将土地使用权尽快转移到合营公司名下的义务;(4)青岛公司支付仲裁费、律师费及因本案发生的一切费用。

青岛公司于1999年8月27日向中国国际经济贸易仲裁委员会提出仲裁条款无效的异议申请,理由:跃龙公司提起仲裁的事项与协议书约定的仲裁事项不符,其仲裁请求超出双方约定的仲裁范围。

中国国际经济贸易仲裁委员会认为:本仲裁案是跃龙公司因其与青岛公司在合资经营青岛房天成大房地产开发有限公司的过程中发生纠纷而提起的。原合营合同中的仲裁条款的约定是不明确的。但是,1999年5月24日签订的协议书中的仲裁条款十分明确,不仅表明了发生争议通过仲裁解决的意思,还明确约定了仲裁机构,并且指明仲裁事项为“此案及股东在合资过程中的争议”。上述协议书已经申请人和被申请人签字或盖章,协议书中的仲裁条款当然有效。跃龙公司的仲裁请求是否属于仲裁条款约定的仲裁事项及是否能够得到支持,应由仲裁庭审理案件后决定。青岛公司否认协议书的效力,无法律依据。此外,合同中的仲裁条款是独立于合同的其他条款而存在的,即使合同无效,合同中的仲裁条款仍有效。中国国际经济贸易仲裁委员会于2000年1月5日做出决定:跃龙公司提起仲裁所依据的1999年5月24日的协议书中的仲裁条款有效;仲裁程序应继续进行。

2000年9月15日,中国国际经济贸易仲裁委员会(2000)贸仲裁字第0333号仲裁裁决:一、青岛公司向跃龙公司返还人民币1600万元及自1993年4月18日至实际付款之日止年利率为10%的利息;二、青岛公司有完善出资手续、向土地管理机关缴清剩余地款、将土地使用权尽快转移到合营公司名下的义务;三、仲裁费由双方分担;四、驳回跃龙公司的其他仲裁请求。

上述裁决的合同依据为1993年2月1日跃龙公司与青岛公司签订的《中外合资青岛成大房地产开发有限公司合同》。

跃龙公司在青岛市中级人民法院申请执行该裁决，房天公司提出其作为合资公司的合资方，没有参与仲裁程序，无法行使相关权利，请求法院不予执行该裁决。

三、申请人申请撤销仲裁裁决及被申请人答辩的主要理由

青岛公司于2001年3月9日申请撤销中国国际经济贸易仲裁委员会(2000)贸仲裁字0333号仲裁裁决。其主要理由为：仲裁条款不成立且无效。三方签订的《中外合资青岛房天成大房地产开发有限公司合同》中的仲裁条款为无效条款。而青岛公司与跃龙公司于1999年5月24日签订的《关于联合解决青岛房天成大房地产开发有限公司股东投资争议的协议书》内容是为解决三方在合资中的投资问题而设定的，它依附于三方的合资合同，必须由三方共同签署方能成立，但房天公司未签署。在房天公司没有认可两方协议的情况下，仲裁委仅就青岛公司与跃龙公司两方协议解决三方的矛盾，遗漏了主体。该仲裁显然超出了仲裁协议约定的仲裁事项范围。

跃龙公司答辩的主要理由为：仲裁条款业经双方签署，是双方真实意思表示，该条款依法独立存在，不受两方协议是否有效的影响，且仲裁委已确定该仲裁条款有效；跃龙公司提出仲裁请求所要解决的是跃龙公司与青岛公司在原合营合同中双方合资所发生的争议，根本不涉及房天公司的任何利益，仲裁裁决未将房天公司作为当事人符合法律规定。

四、我院审查意见

本案涉及三个各自独立的合同，每个合同均有独立的解决争议的条款：

1993年2月1日，跃龙公司与青岛公司签订《中外合资青岛成大房地产开发有限公司合同》，合同内容为：双方合资建立成大公司，解决争议的条款为“提交当地仲裁机构，根据该仲裁机构的仲裁程序进行仲裁”。

1994年青岛公司、跃龙公司、房天公司签订《中外合资青岛房天成大房地产开发有限公司合同》，合同内容为：将成大公司全部股权的70%(350万美元)转让给房天公司，三方成立房天成大公司。解决争议的条款为“应向沈阳市人民法院诉讼。根据法律程序进行仲裁”。

1999年5月24日，青岛公司与跃龙公司签订《关于联合解决青岛房天成大房地产开发有限公司股东投资争议的协议书》，约定：双方共同联合处理房天公司违约事宜，追讨房天公司应付青岛公司225万美元、跃龙公司125万美元股本金及利息。解决争议的条款为“提交中国国际经济贸易仲裁委员会仲裁解决”。

中国国际经济贸易仲裁委员会依据1999年5月24日青岛公司与跃龙公司签订《关于联合解决青岛房天成大房地产开发有限公司股东投资争议的协议书》中的仲裁条款受理案件，实际审理的是1993年2月1日跃龙公司与青岛公司签订的《中外合资青岛成大房地产开发有限公司合同》执行中的相关争议。依据该合同中仲裁条款的约定,中国国际经济贸易仲裁委员会对因该合同产生的纠纷无管辖权。

综上,中国国际经济贸易仲裁委员会(2000)贸仲裁字第0333号仲裁裁决裁决事项不属于1999年5月24日青岛公司与跃龙公司签订《关于联合解决青岛房天成大房地产开发有限公司股东投资争议的协议书》中的仲裁协议的范围。根据《中华人民共和国仲裁法》第七十条和《中华人民共和国民事诉讼法》第二百六十条第一款第(四)项的规定,拟撤销中国国际经济贸易仲裁委员会(2000)贸仲裁字第0333号仲裁裁决。

妥否,请批示。

(三)仲裁程序违反法定程序被撤销的复函

最高人民法院关于
人民法院撤销涉外仲裁裁决有关事项的通知

(1998年4月23日　法〔1998〕40号)

各省、自治区、直辖市高级人民法院,解放军军事法院:

为严格执行《中华人民共和国仲裁法》(以下简称仲裁法)和《中华人民共和国民事诉讼法》(以下简称民事诉讼法),保障诉讼和仲裁活动依法进行,现决定对人民法院撤销我国涉外仲裁裁决建立报告制度,为此,特作如下通知:

一、凡一方当事人按照仲裁法的规定向人民法院申请撤销我国涉外仲裁裁决,如果人民法院经审查认为涉外仲裁裁决具有民事诉讼法第二百六十条第一款规定的情形之一的,在裁定撤销裁决或通知仲裁重新仲裁之前,须报请本辖区所属高级人民法院进行审查。如果高级人民法院同意撤销裁决或通知仲裁庭重新仲裁,应将其审查意见报最高人民法院。待最高人民法院答复后,方可裁定撤销裁决或通知仲裁庭重新仲裁。

二、受理申请撤销裁决的人民法院如认为应予撤销裁决或通知仲裁庭重新仲裁的,应在受理申请后三十日内报其所属的高级人民法院,该高级人民法院如同意撤销裁决或通知仲裁庭重新仲裁的,应在十五日内报最高人民法院,以严格执行仲裁法第六十条的规定。

最高人民法院关于申请人南方国际租赁有限公司申请撤销深圳仲裁委员会（2007）深仲调字第 20－1 号补正调解书一案的请示的复函

（2010 年 7 月 27 日　〔2010〕民四他字第 45 号）

广东省高级人民法院：

你院〔2009〕粤高法民四他字第 11 号《关于申请人南方国际租赁有限公司申请撤销深圳仲裁委员会〔2007〕深仲调字第 20－1 号补正调解书一案的请示》收悉。经研究，答复如下：

一、《深圳仲裁委员会仲裁规则》第六十八条规定，“甲调解书经双方当事人签收后生效，并与裁决书具有同等法律效力”，因此，对深圳仲裁委员会以〔2007〕深仲调字第 20－1 号《补正调解书》补正〔2007〕深仲调字第 20 号《调解书》的行为，应当参照《中华人民共和国仲裁法》和《深圳仲裁委员会仲裁规则》有关裁决书补正的规定进行审查。

二、《中华人民共和国仲裁法》第五十六条规定，“对裁决书中的文字、计算错误或者仲裁庭已经裁决但在裁决书中遗漏的事项，仲裁庭应当补正；当事人自收到裁决书之日起 30 日内，可以请求仲裁庭补正”；《深圳仲裁委员会仲裁规则》第六十四条也对补正裁决书做出了类似的规定。本案仲裁庭将〔2007〕深仲调字第 20 号《调解书》“调解协议第六条”中“丁方以其位于深圳罗湖区嘉多利花园北区嘉丰阁 12A 的住宅对乙方的上述债务承担抵押担保责任”变更为“丁方以其位于深圳罗湖区嘉多利花园北区嘉丰阁 12A 的住宅对乙方的上述债务在人民币捌拾万元限额内承担抵押担保责任”，不属于对有关文字、计算错误的补正，亦非对仲裁庭已经裁决或在仲裁庭主持下已经达成调解协议但在调解书中遗漏事项的补正，实际上是对担保人陈静云应承担的担保责任所做的裁决，没有法律依据。

三、深圳仲裁委员会〔2007〕深仲调字第 20－1 号《补正调解书》的“补正行为”，不仅修改了仲裁程序中相关当事人达成的调解协议，而且剥夺了相关当事人就该问题向仲裁庭进行申辩的权利。

同意你院的请示意见。深圳仲裁委员会〔2007〕深仲调字第 20－1 号《补正调解书》存在《中华人民共和国民事诉讼法》第二百五十八条第一款第（三）项规定的情形，应依据《中华人民共和国仲裁法》第七十条之规定予以撤销。

此复。

附：

广东省高级人民法院关于申请人南方国际租赁有限公司申请撤销深圳仲裁委员会(2007)深仲调字第20-1号补正调解书一案的请示

(2010年6月11日 〔2009〕粤高法民四他字第11号)

最高人民法院：

申请人南方国际租赁有限公司申请撤销(2007)深仲调字第20-1号补正调解书一案，深圳市中级人民法院(以下简称深圳中院)受理后，经审查拟撤销该补正调解书。我院经审查认为，拟同意深圳中院意见，裁定撤销该补正调解书。依据《最高人民法院关于人民法院撤销涉外仲裁裁决有关事项的通知》的规定，特向钧院请示。

一、当事人的基本情况

申请人：南方国际租赁公司(以下简称南方租赁公司)，住所地：广东省深圳市深南大道4001号时代金融中心23楼。

被申请人：深圳协雅精密工业制品有限公司(以下简称协雅公司)，住所地：广东省深圳市宝安区公明镇茨田埔村第四工业区B区B座。

被申请人：陈坚，香港特别行政区居民，现住广东省深圳市宝安区公明镇茨田埔村第四工业区B区B座。

被申请人：陈静云，现住广东深圳市罗湖区深南东路鸿昌广场。

二、案件的基本事实

2005年9月，南方租赁公司与协雅公司签订《融资租赁合同》，约定协雅公司向南方租赁公司融资人民币800万元。同时，南方租赁公司与陈静云签订《抵押合同》，约定陈静云以其房产作为抵押物为协雅公司向南方租赁公司提供抵押担保。合同签订后，由于协雅公司未按合同的约定支付租金，各方遂起争议。2006年9月，南方租赁公司根据合同约定的仲裁条款向深圳仲裁委员会提起仲裁申请。在仲裁过程中，各方当事人达成调解协议。仲裁庭于2007年4月12日根据当事人的调解协议作出并送达了(2007)深仲调字第20号调解书(以下简称《调解书》)。之后，仲裁庭发现南方租赁公司向仲裁庭提交的编号为南方〔2005〕年抵字第[006-2]号抵押合同复印件与深圳市国土资源和房产管理局备案的合同不一致，在南方租赁公司提交的抵押合同第二条“抵押担保的范围”中隐去了“担保额人民币八十万元”的关键内容。仲裁庭认为抵押物设定担保限额是抵押合同中的一项重要内容，南方租赁公司将抵押合同中的该项关键内容隐去后作为证据交给仲裁庭，导致仲裁庭以南方租赁公司提交的虚假证据确认的当事人之间的调解协议有可能损害第三方的利益，同时，有违诚实信用的商业道德。据此，仲裁庭于2008年8月25日制作了(2007)深仲调字第20－1号《补正调解书》(以下简称《补正调解书》),对《调解书》中确认的调解协议第六条进行补正,补正内容为:丙方(陈坚)对乙方(协雅公司)的上述债务承担连带清偿责任,丁方(陈静云)以其位于深圳市罗湖区嘉多丽花园北区嘉丰阁12A的住宅对乙方(协雅公司)的上述债务在人民币八十万元限额内承担抵押担保责任。南方租赁公司对该《补正调解书》有异议,遂向本院申请撤销《补正调解书》。

申请人南方租赁公司申请称:1.仲裁庭无权对《调解书》作出补正。(1)仲裁调解书不是仲裁裁决书,仲裁庭无权作出补正。依据仲裁法第五十六条的规定,仲裁庭有权补正的文书仅限于裁决书,不包括调解书。裁决书是仲裁庭作出的,仲裁庭有权进行补正,但仲裁调解书是根据申请人与被申请人之间的调解协议作出的,体现的是双方当事人的意思自治,即使要补正,也应当经过双方当事人同意,而非仲裁庭进行补正。(2)《补正调解书》补正的内容超出仲裁法第五十六条规定的补正范围。《补正调解书》补正的内容既不是文字、计算错误,也不是遗漏的事项,而是因为调解条款与仲裁庭在结案后自行取证获取的"证据"不一致,仲裁庭以补正的方式对争议进行了重新裁决,以非法的方式改变已经发生法律效力的仲裁调解书。2.仲裁庭依职权变更他人的协议,超越了其法定权限。对当事人在意思自治基础上达成的调解协议,仲裁庭不论是制作调解书或者制作裁决书,均应当根据协议的结果制作。除非当事人接受仲裁员的调解意见,仲裁庭无权变更调解协议的内容。本案中,仲裁当事人对《调解协议》的内容不存在任何争议。但是仲裁庭不经任何法定程序变更当事人之间的协议内容,违背了仲裁的基本原则,违背了双方当事人的真实意愿。3.仲裁庭收集的证据未在开庭时出具和质证,不得据以作出裁决。本案中,仲裁庭在仲裁结案后自行收集证据,依据未经质证的证据作出裁定,违反了法律。事实上,申请人在申请仲裁时提供的《抵押协议》是申请人和抵押人签订的一份完整无缺的合同,没有任何涂改,该份证据原件至今为各方持有。仲裁庭收集的国土局备案的《抵押合同》,则是当事人根据国土局办事人员强制要求,在打印的《抵押合同》上用手写方式加上的附注,内容为"担保额人民币捌拾万元"。这一附注的内容语意不详,"担保额"的含义以及"担保额人民币捌拾万元"与合同正文中主债权金额不一致,应当由当事人解释,体现当事人的真实意思。

三、深圳中院处理意见

深圳中院认为:

1.人民法院是否有权受理撤销《补正调解书》的申请。虽然《补正调解书》名为补正调解书并明确补正内容为(2007)深仲调字第20号仲裁调解书的组成部分,但该《补正调解书》实质是一份补正裁决书,属于仲裁裁决书范围,故本院对南方租赁公司请求撤销《补正调解书》的申请应予受理。

2.关于《补正调解书》的司法审查标准。涉案仲裁一方当事人为香港特别行政区居民,故涉案仲裁属于涉港仲裁。《补正调解书》实质是仲裁裁决书,对该份《补正调解书》,参照《中华人民共和国仲裁法》第七十条关于撤销涉外仲裁裁决的审查标准(《中华人民共和国民事诉讼法》第二百五十八条第一款规定的情形)审查《补正调解书》。

3.《补正调解书》是否存在应予撤销的情形?对此,深圳中院有两种意见:

第一种意见认为应撤销该《补正调解书》。理由如下:首先,该《补正调解书》不符合应予补正的情形。根据《中华人民共和国仲裁法》第五十六条、2001 年《深圳仲裁委员会仲裁规则》第七十四条,裁决中如有文字、计算错误或者有遗漏事项,仲裁庭应当自行补正,但《补正调解书》并非是对《调解书》中文字、计算错误或者遗漏事项作出的补正,而是对当事人权利和义务的实质性变更,这已超出了补正的范围。其次,该《补正调解书》违背了当事人自愿原则。《调解书》是依据各方当事人自愿达成的调解协议而作出的,《补正调解书》作为对《调解书》的补正,同样也应尊重各方当事人的意愿。该《补正调解书》未经各方当事人协商一致,由仲裁庭径直变更原有的调解协议,违反了当事人的调解意愿。

第二种意见认为应通知仲裁庭重新仲裁。理由如下:《补正调解书》存在违反仲裁规则的情形,具体理由同上述多数意见,但如果《调解书》确实侵害了第三人的合法权益的情形,如何对已经发生法律效力的仲裁调解书予以纠正,法律并无规定。为避免当事人滥用仲裁调解书侵害第三人的合法权益,应通知仲裁庭重新仲裁,依据事实和法律作出公正裁决。

四、我院的审查意见

经审查,我院认为:撤销仲裁调解书可参照申请仲裁裁决的规定予以进行,但仅应对作出调解书的程序审查,而不应对调解书的实体予以审查。本案补正调解书的撤销因一方仲裁当事人为香港居民,也应参照《中华人民共和国民事诉讼法》第二百五十八条的规定进行审查。即使是补正调解书,也应由仲裁当事人参与达成,但本案仲裁庭在仲裁当事人没有参与的情况下直接作出补正调解书,违反了《中华人民共和国仲裁法》及深圳市仲裁委员会自身仲裁规则关于调解自愿的规定。至于仲裁当事人是否存在隐瞒捌拾万元担保额的问题,属于实体审查,不在申请撤销仲裁调解书的审查范围内。综上,深圳市仲裁委员会作出的(2007)深仲调字第 20 - 1 号补正调解书存在《中华人民共和国民事诉讼法》第二百五十八条第(三)项规定的情形,应予撤销。

以上意见妥否,请予批复。

最高人民法院关于杨志红申请撤销广州仲裁委员会涉港仲裁裁决一案的请示的答复

（2008年7月24日　〔2008〕民四他字第21号）

广东省高级人民法院：

你院〔2007〕粤高法民四他字第22号《关于杨志红申请撤销广州仲裁委员会涉港仲裁裁决一案的请示》收悉。

经研究认为，本案属于申请撤销内地仲裁机构作出的涉港仲裁裁决案件，应参照《中华人民共和国仲裁法》第七十条和《中华人民共和国民事诉讼法》第二百五十八条的规定进行审查。

根据你院请示报告及所附卷宗反映的情况，《广州仲裁委员会仲裁规则》第八章"简易程序"在第九十七条规定："除当事人另有约定外，凡是争议金额不超过人民币20万元的仲裁案件，适用本章规定；争议金额在20万元以上，双方当事人书面同意的，也可以适用本章规定。"而广州仲裁委员会裁决杨志红向首饰公司返购的黄金价值超过了20万元，且当事人没有书面意见同意仲裁委员会适用简易程序。在此情况下，广州仲裁委员会适用简易程序审理本案，属于《中华人民共和国民事诉讼法》第二百五十八条第一款第三项所指的"仲裁庭的组成或者仲裁程序与仲裁规则不符的"情形。

此外，首饰公司2004年5月25日向仲裁庭提交的《明确仲裁请求申请书》中，有"由首饰公司向杨志红返购库存黄金"的请求。但仲裁庭5月31日送达杨志红的《明确仲裁请求申请书》中却未载有该项内容，仲裁庭的开庭笔录中也没有上述明确仲裁请求的记载。仲裁庭在未将该项仲裁请求告知杨志红的情况下，裁决支持该仲裁请求，导致杨志红未能就该请求陈述意见，属于《中华人民共和国民事诉讼法》第二日五十八条第一款第（二）项所指的被申请人由于"不属于被申请人负责的原因未能陈述意见的"情形。

综上，广州仲裁委员会作出的〔2003〕穗仲案字第2671号仲裁裁决应予撤销。

此复。

广东省高级人民法院《关于杨志红申请撤销广州仲裁委员会涉港仲裁裁决一案的请示》

（2008 年 4 月 3 日 〔2007〕粤高法民四他字第 22 号）

最高人民法院：

杨志红申请撤销广州仲裁委员会（2007）穗仲案字第 2671 号仲裁裁决一案，广州市中级人民法院受理并经审查后，认为应当撤销该涉港仲裁裁决，根据钧院的规定向我院进行请示。现将该案情况报告如下：

一、案件的基本情况

申请人（仲裁被申请人）：杨志红，女，1950 年 12 月 12 日出生，香港特别行政区公民。

被申请人（仲裁申请人）：广州金银首饰有限公司，住所地：广东省广州市大德路 199 号。

被申请人（仲裁被申请人）：吴金成，男，汉族，1955 年 3 月 26 日出生。

2000 年 11 月 1 日，广州金银首饰有限公司（以下简称金银首饰公司）与吴金成签订《承包协议》，约定吴金成承包金银首饰公司广源部的金饰加工生产，承包期间吴金成自负应缴的各项税费。《承包协议》第 6 条第 1 款规定，如双方就争议问题不能协商一致，则由广州仲裁委员会裁定。同日，金银首饰公司与杨志红签订《担保协议》，杨志红承诺对吴金成履行《承包协议》中约定的义务承担担保责任。杨志红与吴金成是雇佣关系，杨志红是雇主，吴金成是雇工，三方在签订上述两协议时均知道金银首饰公司广源部的实际经营人将为杨志红。至 2001 年 12 月，《承包协议》的履行已实际终止，金银首饰公司广源部的账面存货为黄金 86,868.43 克。三方当事人均确认该批黄金是杨志红出资购买、自行加工，然后以吴金成的名义进行销售。

金银首饰公司于 2003 年 12 月 30 日向广州仲裁委员会提起仲裁申请，请求：(1)要求吴金成、杨志红立即与金银首饰公司进行《承包协议》终止后的清理工作；(2)吴金成、杨志红承担本案的仲裁费和律师费 55,000 元。广州仲裁委员会受理后，于 2004 年 1 月 10 日向杨志红送达《仲裁通知书》、《广州仲裁委员会仲裁规则》、《仲裁员名册》等文件，告知其在收到该通知和仲裁申请书副本之日起 15 日内提交答辩状、在仲裁员名册上选定仲裁员，并与仲裁申请人约定仲裁庭的组成方式等权利义务。杨志红于同年 1 月提交的答辩状中表明其香港居民身份，并于同年 2 月 20 日向广州仲裁委员会提交《关于适用涉外仲裁程序审理本案的申请》，声明："杨志红系香港永久性居民，请求按照涉外程序组成仲裁庭审理本案，选定仲裁员张劲为仲裁庭成员，并委托广州仲裁委员会指定首席仲裁员。"广州仲裁委员会得知杨志红为香港居民后，未按照涉外仲裁程序给予杨志红45天答辩及举证期，只在裁决书中指明本案适用涉外程序。2004年1月5日，吴金成选定仲裁员潘国荣；同年1月10日，杨志红选定仲裁员张劲。同年2月13日，广州仲裁委员会主任指定李非淆担任本案独任仲裁员，成立独任仲裁庭。

仲裁庭分别于2004年4月1日、5月13日、11月4日三次开庭审理。仲裁庭于5月13日第二次开庭审理时，要求金银首饰公司明确仲裁请求。同年5月25日，金银首饰公司向仲裁庭提交《明确仲裁请求申请书》，明确仲裁请求为：(1)要求吴金成、杨志红对其承包终止时库存86,868.43克黄金承担缴纳增值税和相关税费的义务，或由金银首饰公司返购该库存黄金；(2)本案的仲裁费和律师费20,000元由吴金成、杨志红承担。同年5月31日，仲裁庭向杨志红送达该《明确仲裁请求申请书》副本，但是其中并无"或由金银首饰公司返购库存黄金"这一句话。在仲裁庭的开庭笔录中也没有上述明确仲裁请求的记载。同年11月12日，仲裁庭作出〔2003〕穗仲案字第2671号仲裁裁决，支持金银首饰公司向杨志红返购库存黄金以及由杨志红承担律师费、仲裁费的仲裁请求。

杨志红不服广州仲裁委员会〔2003〕穗仲案字第2671号仲裁裁决书，向广州市中级人民法院申请撤销该仲裁裁决。该院于2005年8月9日作出〔2005〕穗中法仲审字第76号民事裁定，驳回杨志红的撤销仲裁裁决申请。后该院经复查，于2004年4月26日作出〔2006〕穗中法民申字第597号民事裁定，决定对该案进行再审。该院另行组成合议庭进行再审后，认为原审裁定对申请人杨志红提出的仲裁庭组成不合法、仲裁程序违反法定程序等问题认定事实不清，适用法律不当，故于2007年3月6日作出〔2006〕穗中法审监民再字第95号民事裁定，撤销〔2005〕穗中法仲审字第76号民事裁定。杨志红据此于2007年3月16日再次向该院提出撤销该仲裁裁决的申请，该院于2007年4月18日重新予以立案受理。

二、广州市中级人民法院的处理意见

广州市中级人民法院认为，杨志红为香港居民，金银首饰公司对其提起承包合同仲裁属于涉外仲裁，审理的程序应依涉外程序，当事人的有关答辩期限等权利应根据仲裁规则予以45天的期限，但从仲裁案卷中发现并未给予杨志红足够的答辩期限。本案裁决杨志红向金银首饰公司返还黄金，数额巨大，远超过20万元，根据2003年《广州仲裁委员会仲裁规则》，对此种案件除非当事人书面同意，否则不应适用简易程序进行审理，但原仲裁裁决却在不具备此前提下独任仲裁、适用简易程序审理，违反了《广州仲裁委员会仲裁规则》。金银首饰公司多次变更仲裁请求，但最后一次确认的仲裁请求杨志红否认已知，且未在开庭笔录中有所体现，不能充分证明该仲裁请求杨志红已了解。仲裁机构以未在庭审笔录中确认的仲裁请求予以最终裁决，其程序严重违法。根据以上理由，足以确认原仲裁程序存在诸多程序问题，杨志红申请撤销符合法律规定，应予支持。

关于杨志红再次提出撤销仲裁裁决申请是否符合有关规定的问题，根据《中华人民共和国仲裁法》的规定，当事人申请撤销仲裁裁决的，应当自收到裁决书之日起6个月内提出；根据最高人民法院《关于当事人对人民法院撤销仲裁裁决的裁定不服申请再审人民法院是否受理问题的批复》，对于当事人对人民法院撤销仲裁裁决的裁定不服申请再审的，人民法院不予受理。本案中，广州市中级人民法院于2006年4月26日作出〔2006〕穗中法民申字第597号民事裁定，决定对该案进行再审，是人民法院复查之后主动决定再审，不是基于当事人的申请而启动，此种情形应不属于上述司法解释规定的不予受理的情形。虽然杨志红此次撤销仲裁裁决的申请自收到裁决书之日已超过6个月，但因〔2005〕穗中法仲审字第76号民事裁定已被〔2006〕穗中法审监民再字第95号民事裁定撤销，杨志红据此再次提出撤销仲裁裁决申请应视为其第一次提出撤销仲裁裁决申请，未超过6个月的时效。当然，该院2007年3月6日作出的〔2006〕穗中法审监民再字第95号民事裁定亦存在不足，该再审裁定在撤销〔2005〕穗中法仲审字第76号民事裁定的同时应指定对原申请重新进行审查，而无须由当事人再次提起撤销仲裁裁决申请。但因原仲裁确属程序不当，为充分保障当事人的合法权益，依照《中华人民共和国仲裁法》第70条、《中华人民共和国民事诉讼法》第260条第1款第(三)项之规定，拟裁定撤销广州仲裁委员会于2004年11月12日作出的〔2003〕穗仲案字第2671号仲裁裁决。

三、我院的倾向性意见

1. 杨志红为香港居民，金银首饰公司对其提起承包合同仲裁应参照涉外程序进行

根据《仲裁法》第70条的规定，当事人提出证据证明涉外仲裁裁决有《民事诉讼法》第260条第1款规定的情形之一时，经人民法院组成合议庭审查核实，裁定撤销。《民事诉讼法》第260条第1款规定的情形是：(1)当事人在合同中没有订有仲裁条款或者事后没有达成书面仲裁协议的；(2)被申请人没有得到指定仲裁员或者进行仲裁程序的通知，或者由于其他不属于被申请人负责的原因未能陈述意见的；(3)仲裁庭的组成或者仲裁的程序与仲裁规则不符的；(4)裁决的事项不属于仲裁协议的范围或者仲裁机构无权仲裁的。本案仲裁裁决具有上述第(2)、(3)项情形，具体理由如下：

第一，金银首饰公司于2004年5月25日向仲裁庭提交的《明确仲裁请求申请书》中有“由金银首饰公司向杨志红返购库存黄金”这一请求，但仲裁庭于2004年5月31日送达杨志红的《明确仲裁请求申请书》中却未载有该项内容。本案其他仲裁文书及开庭笔录均未反映金银首饰公司的仲裁请求中含有该项内容。据此可以认定，本案仲裁庭没有将金银首饰公司“向杨志红返购库存黄金”这一仲裁请求告知杨志红。仲裁庭在未将该项仲裁请求告知杨志红的情况下，裁决支持该项仲裁请求，导致杨志红未能就该项仲裁请求陈述意见。

第二,根据2003年《广州仲裁委员会仲裁规则》第121条的规定,涉外仲裁的被申请人应在收到仲裁受理通知之日起45日内向仲裁委员会提交答辩书、证据及有关证明文件。本案属涉外仲裁,仲裁庭应根据该条规定给予当事人45天的答辩及举证期限,但从查明的事实看,仲裁庭并未给予杨志红45天的答辩及举证期限。

根据上述理由,足以确认本案仲裁程序存在问题,杨志红申请撤销仲裁裁决符合法律规定,应予支持。

2. 关于杨志红再次提出撤销仲裁裁决申请是否符合有关规定的问题

根据《中华人民共和国仲裁法》第59条的规定,当事人申请撤销仲裁裁决的,应当自收到裁决书之日起6个月内提出。杨志红第一次向广州市中级人民法院提出撤销仲裁裁决申请是在其收到裁决书之日起的6个月内,并未怠于行使其向人民法院寻求司法救济的权利。由于广州市中级人民法院驳回杨志红第一次撤销仲裁裁决申请的〔2005〕穗中法仲审字第76号民事裁定已被该院〔2006〕穗中法审监民再字第95号民事裁定撤销,杨志红于2007年3月16日再次提出撤销仲裁裁决申请,该院重新立案,应当允许。

根据钧院《关于人民法院撤销涉外仲裁裁决有关事项的通知》(法〔1998〕40号)第1条的规定,特向钧院请示,请予批复。

最高人民法院关于魏北鸿利有限公司申请撤销珠海仲裁委员会涉外仲裁裁决一案的请示的答复

(2008年5月27日 〔2008〕民四他字第2号)

广东省高级人民法院:

你院《关于魏北鸿利有限公司申请撤销珠海仲裁委员会涉外仲裁裁决一案的请示》收悉,经研究答复如下:

(一)本案当事人中魏北鸿利有限公司(以下简称鸿利公司)系在英属维京群岛设立的公司,华生纸品厂有限公司(以下简称华生公司)是在香港设立的公司,故本案属于涉外仲裁案件。对于撤销该仲裁裁决的审查,应适用《中华人民共和国民事诉讼法》和《中华人民共和国仲裁法》有关涉外仲裁的规定。

(二)《珠海仲裁规则》第七章涉外仲裁的特别规定第八十四条规定:“当事人一方或双方是外国人、无国籍人、外国企业或组织之间的合同纠纷和其他财产权益纠纷,适用本章的规定。本章没有规定的,适用本规则其他有关规定。”因本案属涉外仲裁案件,故应适用该章的相关规定处理。《珠海仲裁规则》第七章第八十九条规定:“仲裁案件首次开庭审理日期经仲裁庭决定后,仲裁委员会应当在仲裁庭开庭20日前将开庭时间通知当事人,当事人经商请仲裁庭同意可以提前开庭。”从你院请示报告中查明的事实来看,仲裁庭首次通知开庭的时间是2006年10月30日,首次开庭的时间是2006年11月15日,没有依据《珠海仲裁规则》的上述规定在首次开庭前20天通知当事人,也没有证据证明当事人商请仲裁庭同意提前开庭,则仲裁庭的仲裁程序违反了仲裁规则的规定。

(三)根据《珠海仲裁规则》第八十四条规定,第七章关于涉外仲裁中没有规定的,可以适用该仲裁规则的其他规定。根据《珠海仲裁规则》第二十条“申请人变更仲裁请求或被申请人变更反请求应当在仲裁庭调查结束前提出,由仲裁庭决定是否接受。仲裁庭决定接受的,对方需要答辩期的,对方当事人应当自收到变更仲裁请求申请书或者变更反请求申请书之日起15日内就变更的请求事项向仲裁委员会提出书面答辩。”根据你院请示报告中查明的事实,在仲裁庭第二次开庭时,华生公司变更仲裁请求,仲裁庭没有将华生公司变更仲裁请求的情况告知鸿利公司,也没有询问鸿利公司是否需要答辩期和给予15天的答辩期,便作出裁决,其仲裁程序确有违反仲裁规则规定的情形。

综上,该案的仲裁程序中存在违反《珠海仲裁规则》第八十九条、第二十条规定的情形,根据《中华人民共和国民事诉讼法》第二百六十条第一款第(三)项、《中华人民共和国仲裁法》第七十条的规定,珠海仲裁委员会作出的珠仲裁字〔2006〕第168号仲裁裁决应予撤销。

此复。

附:广东省高级人民法院关于魏北鸿利有限公司申请撤销珠海仲裁委员会涉外仲裁裁决一案的请示(略)

最高人民法院关于撤销中国国际经济贸易仲裁委员会(2007)CIETAC裁决第0140号仲裁裁决一案的请示的复函

(2008年4月7日 〔2007〕民四他字第44号)

北京市高级人民法院:

你院京高法〔2007〕377号《关于撤销中国国际经济贸易仲裁委员会〔2007〕CIETAC裁决第0140号仲裁裁决一案的请示》收悉。经研究,答复如下:

本案所涉仲裁条款存在于北京昌信回龙园别墅有限公司(以下简称昌信公司)及北京龙城假日酒店作为承担连带责任的“业主”、假日酒店(中国)有限公司(以下简称假日酒店)作为“管理人”于2001年10月18日共同签订的《北京龙城皇冠假日酒店管理合同》中,但昌信公司及北京龙城假日酒店和假日酒店于2002年8月8日签订修订协议,约定自2002年8月8日起,北京龙城皇冠假日酒店承担管理合同项下的业主应承担的全部责任和义务,昌信公司不再是管理合同项下的业主。即昌信公司于2002年8月8日退出管理合同,其不再受管理合同中仲裁条款的约束。

在仲裁程序进行中,昌信公司向仲裁庭提出的管辖权异议被仲裁庭驳回后,其再未参加仲裁程序。昌信公司向仲裁庭提交管辖权异议以及未参加仲裁程序的行为亦表明仲裁庭未能因当事人的实际行为取得管辖权,中国国际经济贸易仲裁委员会仲裁庭对昌信公司行使管辖权缺乏依据。但本案仲裁程序方面的瑕疵可以通过重新仲裁的方式得以弥补,根据《中华人民共和国仲裁法》第六十一条之规定,本案撤销程序应予中止,并应通知仲裁庭重新仲裁。

此复。

附：

北京市高级人民法院关于撤销中国国际经济贸易仲裁委员会(2007)CIETAC裁决第0140号仲裁裁决一案的请示

(2007年11月15日　京高法〔2007〕377号)

最高人民法院：

我市第二中级人民法院立案受理了申请人北京昌信回龙园别墅有限公司申请撤销中国国际经济贸易仲裁委员会作出的〔2007〕CIETAC裁决第0140号仲裁裁决一案,该院拟撤销贸仲该仲裁裁决,并向我院请示。经研究,现将该案有关情况报告并请示如下：

一、当事人基本情况

申请人(仲裁被申请人)：北京昌信回龙园别墅有限公司(以下简称昌信公司)。住所地,北京市昌平区回龙观镇二拨子村。

法定代表人：张玮,董事长。

被申请人(仲裁申请人)：假日酒店(中国)有限公司(以下简称假日酒店),住所地,香港特别行政区皇后大道东1号太古广场三座28楼。

授权代表人：高绮绫,董事。

被申请人(仲裁被申请人)：北京龙城丽宫国际酒店(原名称先后为北京龙城假

日酒店、北京龙城皇冠假日酒店)。住所地,北京市昌平区回龙观镇龙城花园内。

法定代表人:张振东,执行董事。

二、争议主要事实和撤销裁决情况

(一)仲裁基本情况

2001年10月18日,昌信公司及北京龙城假日酒店作为承担连带责任的“业主”、假日酒店作为“管理人”共同签订一份《北京龙城皇冠假日酒店管理合同》(以下简称管理合同)。管理合同约定:管理人将代表业主管理一家位于北京昌平县龙城花园的综合体,该综合体包括一家即将被命名为北京龙城皇冠假日酒店的饭店;本合同的生效日期为北京对外经济贸易委员会批准本合同的日期;开业日期为管理人首次将综合体的物业向公众开放的日期;本合同自开业日期起将持续15年;管理人处理饭店的所有人事事宜;管理人选择供应商,并购买在饭店中使用或为饭店而使用的所有食品、饮料、家具、固定装置和设备、营业用品及其他物品;自开业日期起并在本合同期限所余的期限内,作为管理人管理综合体的对价,业主应向管理人支付基本管理费、饭店鼓励性管理费及出租区域监管费;由于本合同而引起的或与本合同有关的一切争议、纠纷或索赔,首先将由业主和管理人本着友好的态度协商解决,如未能通过协商方式解决纠纷,则任何一方有权在给予另一方书面通知的情况下立即向中国申请仲裁,该仲裁将在北京的中国国际经济贸易仲裁委员会按照当时生效的该仲裁委员会的规则和程序,用提起仲裁的一方所选择的语言进行。

2002年8月8日,昌信公司及北京龙城假日酒店和假日酒店签订一份《修订协议》,约定:鉴于业主和管理人于2001年10月18日签订管理合同、北京龙城假日酒店于2002年7月3日改名为北京龙城皇冠假日酒店,业主和管理人达成如下协议:(1)该综合物业的业主,昌信公司及北京龙城假日酒店,应当由北京龙城皇冠假日酒店取代。管理合同中所提及的所有“业主”均应被视为北京龙城皇冠假日酒店,该公司应当自本协议签订之日起承担管理合同项下的业主应承担全部责任和义务。(2)本修订协议应构成管理合同不可分割的组成部分,除了本文所涉及的修改条款外,管理合同的所有其他条款均保持充足的效力。

2002年9月5日,假日酒店开始管理北京龙城皇冠假日酒店。

2005年6月3日,昌信公司向假日酒店发函称:承担连带责任的业主已经决定终止管理合同,并将于2005年6月13日派遣有关人员接管综合体。假日酒店于2005年7月3日撤离北京龙城皇冠假日酒店。后北京龙城皇冠假日酒店名称变更为北京龙城丽宫国际酒店(以下简称龙城丽宫)。

2005年12月9日,假日酒店向中国国际经济贸易仲裁委员会(以下简称仲裁委)提起仲裁申请,被申请人为昌信公司和龙城丽宫,仲裁请求如下:(1)昌信公司及龙城丽宫给付应付未付费用共计美元217,551.04元,并支付应付未付费用的利息共计美元 61,532.88 元;(2)昌信公司及龙城丽宫给付预期损失共计美元 14,906,489 元;(3)昌信公司及龙城丽宫支付仲裁费用。

龙城丽宫在仲裁中答辩:假日酒店于 2005 年 7 月 3 日撤出酒店,违反了管理合同的约定,属于实质性违约。故提出仲裁反请求如下:(1)管理合同应当被视为自 2005 年 7 月 3 日起终止;(2)假日酒店赔偿其未经许可擅自撤出酒店和终止管理合同致使龙城丽宫遭受的损失共计人民币 1,234,596.15 元;(3)假日酒店赔偿由于其未能经营"日韩料理餐厅"致使龙城丽宫遭受的损失共计人民币 1,056,128.66 元;(4)假日酒店向龙城丽宫赔偿假日酒店的中国子公司登记和年检费人民币 17,130.02 元;(5)假日酒店应当支付因爆竹致人死亡的赔偿金人民币 1,632,524.48 元;(6)假日酒店支付仲裁费。

2006 年 2 月 17 日,昌信公司向仲裁委提交了管辖权异议函。2006 年 4 月 19 日,仲裁委对昌信公司提交的管辖权异议作出管辖权决定,仲裁委认为,由于本案当事人之间存在有效的仲裁协议,仲裁委据此应当对本案行使管辖权,驳回昌信公司对于管辖权提出的异议,仲裁程序应当继续。此后,昌信公司未再参加仲裁开庭审理。

2007 年 4 月 20 日,仲裁庭根据多数意见作出(2007)CIETAC 裁决第 0140 号最终裁决:一、龙城丽宫向假日酒店支付应付未付费用美元 217,551.04 元;二、龙城丽宫向假日酒店支付应付未付费用的利息美元 36,919.28 元;三、龙城丽宫向假日酒店赔偿预期损失美元 3,832,267 元;四、龙城丽宫向假日酒店赔偿法律费用 10 万美元;五、龙城丽宫向假日酒店赔偿仲裁费用美元 72,982.8 元;六、假日酒店向龙城丽宫赔偿登记及年检费用人民币 17,130.02 元;七、驳回其他请求和反请求。

(二)申请人昌信公司的主要撤销理由

依据修订协议的约定,管理合同所提及的所有"业主"均应被视为北京龙城皇冠假日酒店。那么,管理合同的仲裁条款中所涉及的"业主"一词也应当被认为是北京龙城皇冠假日酒店一方,而不是北京龙城皇冠假日酒店和昌信公司两方。修订协议不仅是关于管理合同主体变更的协议,而且还是关于仲裁条款主体变更的协议。该修订协议生效后,昌信公司不再是管理合同中仲裁条款的主体,因此,昌信公司与假日酒店及龙城丽宫之间不存在仲裁协议。综上,请求依法撤销中国国际经济贸易仲裁委员会(2007)CIETAC 裁决第 0140 号最终裁决。

(三)被申请人假日酒店的主要答辩意见

昌信公司为在北京市昌平区回龙观地区从事房地产开发和经营的家族企业,昌信公司和龙城酒店同属于创始人张振东先生及其家庭,两者具有相同的营业地址,相同或者大致相同的股份结构以及大致相同的董事会成员,张振东之女张玮同时为上述两家公司的法定代表人。仲裁裁决中将这方面的事实归纳为"张玮女士并没有区分她作为昌信公司法人代表和龙城酒店法人代表的不同。例如,她发出的有关龙城酒店决策的邮件,却以昌信公司董事长的名义。”昌信公司自始至终以自己的名义参与管理合同的签署、履行和终止,丝毫没有受修订协议的影响。需要指出的是,本案仲裁裁决对昌信公司没有影响,昌信公司根本无合理依据要求法院撤销一份对其毫无影响的仲裁裁决。综上,请求驳回昌信公司提出的撤销申请。

(四)被申请人龙城丽宫的主要答辩意见

同意昌信公司的申请。

三、龙城丽宫申请撤销涉案仲裁裁决案理由

1. 仲裁庭没有根据仲裁规则对昌信公司提出的管辖权异议作出裁决,违反了仲裁规则

依据仲裁规则第6条规定,仲裁委员会依表面证据作出的管辖权决定,并不妨碍其根据仲裁庭在审理过程中发现的与表面证据不一致的事实或证据重新作出管辖权决定。本案中,昌信公司反复提出管辖权异议,仲裁委在第一次开庭前就此问题作出决定,驳回了昌信公司的意见。按照仲裁规则,仲裁庭如果在审理过程中发现仲裁委的意见错误,本应重新作出决定。但仲裁庭拒绝推翻仲裁委作出的错误决定。仲裁庭在裁决中写道:“修订协议所产生的效果是使昌信公司免除作为业主履行管理合同的任何义务或者职责,这样使得龙城丽宫和假日酒店作为本案纠纷实质问题有关的唯一管理合同当事人,尽管存在这样的事实,根据仲裁委的决定,昌信公司仍然是本次仲裁程序的一方当事人。经营饭店的很多商业决策是由昌信公司和龙城丽宫共同作出的这一事实,并不必然地对于业主根据管理合同引起的任何责任为昌信公司创设连带责任。”这段话的核心内容就是,尽管昌信公司已经不再是管理合同主体,但管理合同的仲裁条款仍然对其有效,昌信公司仍然是一方当事人,但又不必承担任何法律责任。

2. 仲裁庭剥夺了龙城丽宫发表意见的机会

仲裁庭关于预期收益的全部计算结果都有赖于假日酒店制作的2005年预算和两个数学公式,但仲裁庭没有将这份预算和公式交给龙城丽宫阅读和质证,剥夺了龙城丽宫充分发表意见的机会。

3. 仲裁庭在计算假日酒店的预期收益时,遗漏了重要的因素

本案中,假日酒店获得报酬不仅需要提供合格服务,更要提供“皇冠”品牌的使用权。在假日酒店收取的各项费用中,绝大部分应当是“皇冠”品牌的许可使用费。仲裁庭显然没有意识到,一旦“皇冠”品牌被停止使用,龙城丽宫不能再从使用“皇冠”品牌中受益,则龙城丽宫无需再支付许可费了。仲裁庭裁决龙城丽宫在以后的12年里连续支付许可费的同时,却不允许龙城丽宫继续使用该“皇冠”品牌,是错误的。

4. 仲裁庭错误地解释了我国合同法第一百一十三条的规定,得出了巨额赔偿

仲裁庭依据假设的事实计算得出的赔偿充满了随意性,且有失公允。仲裁庭随

意确定了收入计算方式，随意将酒店客房收入和总收入的年增长率确定为8%，依据常识，没有任何一家中国企业会连续12年赢利，且每年的毛收入都会以8%的速度递增。

5. 仲裁庭没有正确认识到，终止管理合同的行动完全是由昌信公司操作完成的，龙城丽宫在此过程中没有任何违约行为

本案中，解除管理合同的书面通知系由昌信公司的委托律师发出的，从发出解约通知到假日酒店撤离酒店之间的1个月里，假日酒店一直在与昌信公司进行协商，龙城丽宫并未采取任何行动。因此，龙城丽宫没有任何违约行为。同时，仲裁庭认定的管理合同是龙城丽宫终止的结论是错误的。仲裁庭没有对假日酒店在解除管理合同过程中存在的过错与失误给予必要的注意，没有令假日酒店承担相应的法律责任。

6. 仲裁庭没有对假日酒店在管理过程中存在的各种问题给予必要的考量

对于发生在2004年春节期间的爆竹爆炸致人死亡的事件，仲裁庭一方面暗示假日酒店作为酒店的管理者，对该事件负有直接的责任，另一方面又拒绝将该事件与解除管理合同联系在一起。假日酒店对于该事件是否承担责任，是评判假日酒店是否谨慎履行自己职责的最为重要的因素。但仲裁庭不愿意在人民法院对此事件作出终审判决之前对假日酒店是否承担责任作出裁决。换言之，如果本案的裁决取决于另一个案件的审理结果，那么仲裁庭理应等到终审判决后再作裁决。仲裁庭在重大事实没有查清之前就匆匆作出裁决，严重违反了法定程序，造成本案事实不清，严重影响了裁决的公正性。

综上，请求依法撤销中国国际经济贸易仲裁委员会(2007)CIETAC裁决第0140号最终裁决。

四、处理意见

(一)二中院处理意见

依据昌信公司及北京龙城假日酒店和假日酒店签订的修订协议，自2002年8月8日起，北京龙城皇冠假日酒店承担管理合同项下的业主应承担全部责任和义务，昌信公司不再是管理合同项下的业主。假日酒店向仲裁委提起仲裁所依据的事实系假日酒店自2002年9月5日至2005年7月3日管理北京龙城皇冠假日酒店的事实。因昌信公司已于2002年8月8日退出管理合同，故昌信公司不再受管理合同中仲裁条款的约束。综上，假日酒店与昌信公司之间不存在仲裁协议，依照《中华人民共和国仲裁法》第七十条、《中华人民共和国民事诉讼法》第二百六十条第一款第(一)项之规定，拟撤销中国国际经济贸易仲裁委员会〔2007〕CIETAC裁决第0140号最终裁决。

龙城丽宫申请撤销仲裁裁决的理由均不构成应当撤销该裁决的情形，其撤销申请应予驳回。

(二)本院处理意见

同意二中院处理意见,即依据昌信公司、北京龙城假日酒店和假日酒店签订的修订协议,昌信公司不再是管理合同的业主,不再受该管理合同中仲裁条款的约束。据此,假日酒店与昌信公司之间不存在仲裁协议,依照《中华人民共和国仲裁法》第七十条、《中华人民共和国民事诉讼法》第二百六十条第一款第(一)项之规定,拟撤销中国国际经济贸易仲裁委员会〔2007〕CIETAC 裁决第 0140 号最终裁决。

以上意见妥否,请指示。

最高人民法院关于俞影如申请撤销仲裁裁决一案的请示的复函

(2007 年 10 月 23 日　〔2007〕民四他字第 25 号)

上海市高级人民法院:

你院〔2007〕沪高民四(商)他字第 5 号《关于俞影如申请撤销仲裁裁决一案的请示》收悉,经研究,答复如下:

根据你院请示报告反映的事实,本案仲裁被申请人林周毅在仲裁进行期间,即 2004 年 7 月 10 日去世,而相关仲裁裁决于 2005 年 1 月 13 日作出。仲裁裁决作出时,仲裁当事人已经病故,其主体身份明显不符合法定要求。

林周毅在公司章程中确认了其在我国台湾地区与美国的通信地址,中国国际经济贸易仲裁委员会上海分会在杭州青少年活动中心表示难以提供林周毅其他通讯地址的情况下,推定林周毅在美国的地址为其最后一个为人所知的地址,并按照该地址送达相应文书。但是,在另外的仲裁程序中,杭州青少年活动中心于 2002 年 12 月按照"杭州市昭庆寺里街 22 号"地址向林周毅送达了有关文件,俞影如也提供证据证明仲裁期间寄往该地址的信件被仲裁被申请人妥收的事实。杭州青少年活动中心在仲裁过程中并未向中国国际经济贸易仲裁委员会上海分会提供仲裁被申请人真实的最后为人所知的通讯地址,并导致了仲裁被申请人在仲裁程序当中未能提出申辩并行使相关权利。根据民事诉讼法第二百六十条第一款第(二)项的规定,仲裁裁决具有法定应予撤销的情形。

鉴于中国国际经济贸易仲裁委员会上海分会已经表示可以重新仲裁,根据《中华人民共和国仲裁法》第六十一条的规定,本案应当裁定中止撤销程序,通知仲裁庭在一个月内重新仲裁。同意你院审委会的处理意见。

此复。

附：

上海市高级人民法院关于俞影如申请撤销仲裁裁决一案的请示报告

［2007年10月23日 〔2007〕沪高民四(商)他字第5号］

最高人民法院：

上海市第二中级人民法院就申请人俞影如请求撤销中国国际经济贸易仲裁委员会上海分会(以下简称贸仲上海分会)〔2005〕中国贸仲沪裁字第003号裁决(以下简称涉案裁决)一案，报我院请示。经我院审查，拟通知贸仲上海分会重新仲裁，特报钧院请示。

一、当事人基本情况

申请人(仲裁被申请人林周毅的法定继承人)：俞影如，女，1944年3月12日生，汉族。

被申请人(仲裁申请人)：杭州青少年活动中心(以下简称活动中心)。

法定代表人：黄建明，该中心主任。

二、案件事实和仲裁经过

林周毅系旅美台胞。1992年12月21日，林周毅与活动中心签订《合作经营慈光幼稚园有限公司合同书》(以下简称合作合同)及《杭州慈光幼稚园有限公司章程》(以下简称公司章程)，约定由林周毅提供60万美元作为合作公司的注册资金，活动中心提供土地使用权(不作价)作为合作条件设立杭州慈光幼稚园有限公司(以下简称合作公司)，合作公司由林周毅负责经营管理，林周毅不在杭州时，由俞影如全权代理。合作合同中约定有仲裁条款。公司章程中无关于林周毅去世后排除股东资格继承的规定。林周毅在公司章程中确认其住址为“台北市景美区育英街45巷15号”，并确认其在美国的住址为“355 BARBARA LANE，DATYCITY，CA94105U. S. A.”。合作公司的地址与活动中心的地址相同，即杭州市昭庆寺里街22号。1993年1月11日合作公司取得企业法人营业执照。

由于双方在合作经营过程中长期存在纠纷难以解决，2004年4月29日，活动中心以林周毅为仲裁被申请人向贸仲上海分会提起仲裁，请求裁决终止履行合作合同。仲裁期间，2004年7月10日，林周毅因病在沪去世。2005年1月13日，贸仲上海分会以林周毅未履行报批和领取办学许可证的合同义务，致合作办学的目的不能实现为由，作出涉案裁决：“申请人与被申请人签订的《合作经营杭州慈光幼稚园有限公司合同书》自本裁决作出之日起终止。”

仲裁期间，贸仲上海分会向林周毅送达相关仲裁文件的情况如下：

(1)2004年4月29日，按前述台湾地址向林周毅寄送仲裁通知等文件，该信件因收件人已搬迁被退回。

(2)同年6月9日,按前述美国地址再次向林周毅寄送仲裁通知等文件,该信件被名为"JUDY"的人签收。

(3)同年7月28日,按前述美国地址向林周毅寄送仲裁庭组成及开庭通知,该信件投递情况不明。

(4)同年8月24日,按前述美国地址向林周毅寄送延期开庭通知,该信件被退回。

在此情况下,贸仲上海分会要求活动中心进一步提供林周毅其他通讯地址,活动中心答复称无法提供。贸仲上海分会遂按照《中国国际经济贸易仲裁委员会仲裁规则》(2000年修订,以下简称《仲裁规则》)第八十七条规定,将前述美国地址认定为林周毅最后为人所知的地址。

(5)2005年1月13日,贸仲上海分会按照前述美国地址向林周毅寄送裁决书,该信件被签收,但具体签收人不明。

另查明:活动中心为确认林周毅在履行合作合同中存在违约行为,曾于2002年7月17日向贸仲上海分会另案申请仲裁。2003年3月10日,贸仲上海分会作出裁决认定:合作合同未约定合作期限、幼稚园园长由林周毅担任、合作公司无"办学许可证"而进行招生均不符合法律规定。在该案审理中,活动中心曾于2002年12月22日向林周毅寄送信件,地址为"杭州市昭庆寺里街22号";贸仲上海分会于2003年1月30日向林周毅寄送仲裁文件的地址也为该地址。该两封信件均成功送达。

再查明:1997年7月11日,杭州市公证处作出《收养公证书》,证明林周毅收养俞影如。2006年5月31日,湖南省高级人民法院作出〔2005〕湘高法民一终字第33号民事判决书,确认俞影如与林周毅的收养关系合法成立。

还查明:俞影如于2006年4月收到杭州市对外贸易经济合作局发出的《关于成立杭州慈光幼稚园有限公司特别清算委员会的通知》(以下简称《通知》)后,即于同年5月向二中院提起撤销涉案裁决的申请。

三、申请人的请求及被申请人的异议

俞影如诉称:其系林周毅的法定继承人之一,有权提出撤裁申请。活动中心明知"杭州市昭庆寺里街22号"是林周毅最后为人所知的通讯地址,但为使林周毅丧失向仲裁庭陈述意见的机会,而故意向仲裁庭隐瞒了该地址。由于林周毅及其继承人并未收到指定仲裁员或进行仲裁程序的通知,没有机会向仲裁庭陈述意见,根据《中华人民共和国仲裁法》第七十条及《中华人民共和国民事诉讼法》第二百六十条第一款第二项的规定,涉案裁决应予撤销。

活动中心辩称:首先,俞影如无权提出撤裁申请。撤销仲裁裁决的申请权仅属于仲裁案件的当事人,虽然俞影如是林周毅的法定继承人,但并非仲裁案件的当事人,其无权申请撤裁。此外,撤裁申请权属于身份权,身份权不具有可继承性,仲裁被申请人林周毅病逝后,撤裁申请权已经不存在。其次,贸仲上海分会在仲裁程序上完全合法。贸仲上海分会是按照林周毅在涉案合同及章程中确认的我国台湾地区及美国的地址送达相关文件,根据《仲裁规则》第八十七条的规定,贸仲上海分会已经依法完成了送达程序,涉案裁决不应被撤销。最后,“杭州市昭庆寺里街 22 号”是合作公司的地址,该地址并非林周毅确认的通讯地址。自 2003 年 4 月始合作公司实际处于关闭状态,故涉案仲裁期间相关仲裁文件无法通过该地址送达,不存在活动中心故意隐瞒林周毅正确通讯地址的事实。此外,根据仲裁法第五十九条的规定,俞影如申请撤裁已经超出了 6 个月法定期限。总之,涉案裁决不应被撤销。

俞影如反驳称:其系于 2006 年 4 月收到杭州市对外贸易经济合作局发出的通知时,方得知涉案裁决已经作出的事实。其于同年 7 月向法院申请撤、裁并未超出法定期限。此外,涉案仲裁期间,合作公司仍然处于运作状态,以林周毅或俞影如为收信人、寄往合作公司地址即“杭州市昭庆寺里街 22 号”的信件,均已正常妥收,俞影如向二中院提供了部分妥收信件的信封复印件。

四、需要说明的事项

1. 2006 年 5 月 26 日,俞影如曾向二中院提出撤销涉案裁决的申请,二中院予以受理,案号为〔2006〕沪二中民五(商)初字第 67 号。由于关于俞影如与林周毅之间的收养关系争议正另案审理中,尚未作出生效判决,俞影如遂于同年 6 月 26 日向二中院撤回了该撤裁申请。之后,由于生效判决对俞影如与林周毅之间的收养关系合法性作出了认定,俞影如遂再次向二中院提起撤销涉案裁决的申请。

2. 2006 年 8 月 17 日,二中院向贸仲上海分会发出公函,告知二中院拟依照仲裁法第六十一条的规定,通知该会重新仲裁。次日,贸仲上海分会向二中院函复表示,同意重新仲裁。

五、上海市第二中级人民法院处理意见

(一)关于本案法律适用

鉴于仲裁被申请人林周毅为旅美台胞,因此本案处理应参照适用仲裁法第七十条和民事诉讼法第二百六十条第一款关于撤销涉外仲裁裁决的规定。

(二)处理意见

合议庭多数意见认为:首先,俞影如享有申请撤裁的权利。鉴于生效判决已认定俞影如与林周毅的收养关系成立,合法有效,活动中心对俞影如系林周毅的法定继承人未持异议,因此可以认定俞影如系林周毅的法定继承人。《中华人民共和国公司法》第七十六条规定:“自然人股东死亡后,其合法继承人可以继承股东资格;但是,公司章程另有规定的除外。”由于合作公司章程并未作排除继承的规定,且无相反证据排除法定继承,因此可以认定俞影如对合作合同项下林周毅的权利义务享有继承权。根据最高人民法院《关于适用〈中华人民共和国仲裁法〉若干问题的解释》第八条第二款规定:“当事人订立仲裁协议后死亡的,仲裁协议对承继其仲裁事项中的权利义务的继承人有效。”因此，合作合同中的仲裁条款在林周毅去世后，对俞影如有效，俞影如有权参加仲裁程序并陈述意见。仲裁法第七十条关于申请撤裁主体的规定，并未仅限定于仲裁程序的当事人，该条款并未排除受仲裁条款约束、与裁决结果具有利害关系，但未参加仲裁程序的当事人申请撤销仲裁裁决。当事人向法院申请撤销仲裁裁决，是仲裁法所赋予的一项否定仲裁裁决的程序性权利。法院经过审理后仅对裁决是否应予撤销作出决定，并不涉及当事人实体权利义务的认定。因此，俞影如作为林周毅法定继承人之一，可以单独提起撤裁申请。此外，仲裁法第五十九条规定：“当事人申请撤销裁决的，应当自收到裁决书之日起六个月内提出。”林周毅在仲裁期间去世后，其法定继承人并未得知仲裁案件正在审理中。涉案裁决系缺席裁决，在无证据证明涉案裁决已经被林周毅法定继承人签收的情况下，俞影如通过其他途径得知涉案裁决作出后即申请撤裁，并未超出法定期限。

其次，林周毅系于1992年在公司章程中确认其在美通讯地址，贸仲上海分会系在活动中心表示难以提供林周毅其他通讯地址后，认定该在美地址系林周毅最后一个为人所知的地址。但是，结合活动中心曾于2002年12月按“杭州市昭庆寺里街22号”地址向林周毅寄送信件并有效送达的事实，可见活动中心在仲裁过程中并未向贸仲上海分会提供仲裁被申请人林周毅真实的最后为人所知的通讯地址。尽管活动中心对涉案仲裁期间合作公司地址能有效送达持有异议，但难以否定“杭州市昭庆寺里街22号”系林周毅最后为人所知的通讯地址的事实。更何况俞影如向本院提交了在仲裁期间寄往合作公司地址的信件均妥收的相关证据，活动中心的行为致使仲裁被申请人林周毅及其法定继承人没有得到指定仲裁员及进行仲裁程序的通知，从而未能到庭陈述意见。根据民事诉讼法第二百六十条第一款第(二)项的规定，涉案裁决具备法定撤销情形，俞影如的撤裁理由成立。

最后，根据最高人民法院《第二次全国涉外商事海事审判工作会议纪要》第七十九条的规定：“对存在《中华人民共和国民事诉讼法》第二百六十条规定情形的涉外仲裁裁决，人民法院可以视情况通知仲裁庭在一定期限内重新仲裁。通知仲裁庭重新仲裁的，应裁定中止撤销程序，仲裁庭在指定的期限内开始重新仲裁的，应裁定终止撤销程序。”同时鉴于贸仲上海分会已经来函表示同意重新仲裁。因此，本案拟通知仲裁庭在1个月内重新仲裁，并裁定中止撤销程序；仲裁庭在指定的期限内开始重新仲裁的，将裁定终结撤销程序。

合议庭少数意见认为：虽然俞影如与林周毅之间的收养关系已经湖南省高院终审判决确认，但是无充分证据证明俞影如对系争合作合同项下相关权益享有继承权。俞影如应当在其对系争合作合同项下相关权益的继承权经生效法律文书确认后，再提起撤裁申请。本案应裁定驳回俞影如的撤裁申请。

二中院审判委员会讨论后认为：同意合议庭多数意见，通知仲裁庭在1个月内重新仲裁,本案裁定中止撤销程序;仲裁庭在指定的期限内开始重新仲裁的,裁定终结撤销程序。按规定逐级报最高人民法院审核。

六、我院的审查意见

我院审判委员会讨论后认为:同意上海市第二中级人民法院的处理意见。由于活动中心隐瞒了可以向林周毅进行有效送达的地址——杭州市昭庆寺里街22号,致使贸仲上海分会将林周毅在美国的住址认定为其最后一个为人所知的通信地址,并导致仲裁被申请人林周毅及其法定继承人俞影如没有得到指定仲裁员及进行仲裁程序的通知,从而未能到庭陈述意见。活动中心对造成上述情况应负主要责任,同时,贸仲上海分会的送达程序也确实存在问题,违背了仲裁规则的有关规定,鉴于贸仲上海分会同意就此案进行重新仲裁,故依照仲裁法第六十一条、第七十条以及民事诉讼法第二百六十条第一款第(二)项的规定,拟通知贸仲上海分会在1个月内重新仲裁,并裁定中止撤销程序;仲裁庭在指定的期限内开始重新仲裁的,裁定终结撤销程序。按规定特报请你院审核。

请批复。

最高人民法院关于朱裕华与上海海船厨房设备金属制品厂申请撤销仲裁裁决再审一案的请示报告的复函

(2007年9月18日　〔2007〕民四他字第7号)

上海市高级人民法院:

你院〔2007〕沪高民四(商)他字第2号《关于朱裕华与上海海船厨房设备金属制品厂申请撤销仲裁裁决再审一案的请示报告》已收悉。经研究,答复如下:

根据你院的请示报告,中国国际经济贸易仲裁委员会上海分会在仲裁朱裕华与上海海船厨房设备金属制品厂合作合同纠纷一案过程中,因将受送达人朱裕华的送达地址书写不当而未能向其送达"仲裁通知"、"仲裁规则"、"仲裁员名册"、"仲裁申请书及附件材料"及"仲裁庭组成和开庭通知",导致受送达人朱裕华未能出庭并陈述意见。根据《中华人民共和国仲裁法》第七十条、《中华人民共和国民事诉讼法》第二百六十条第一款第(二)项之规定,同意你院的审查意见,即中国国际经济贸易仲裁委员会上海分会〔2004〕中国贸仲沪裁字第073号裁决应予撤销。

附：

上海市高级人民法院关于朱裕华与上海海船厨房设备金属制品厂申请撤销仲裁裁决再审一案的请示报告

（2007年3月12日 〔2007〕沪高民四(商)他字第2号）

最高人民法院：

申请人朱裕华为与上海海船厨房设备金属制品厂合作纠纷仲裁案，以中国国际经济贸易仲裁委员会上海分会(以下简称仲裁委)送达地址书写错误，导致其未能出庭陈述意见为由，先后申请撤销仲裁裁决和不予执行仲裁裁决。被驳回后，其向我院申诉。我院曾于2006年3月向你院请示“当事人向人民法院申请撤销涉外仲裁裁决被驳回后，又在执行程序中提出新证据进行不予执行抗辩的，是否适用你院法发〔2005〕26号《第二次全国涉外商事海事审判工作会议纪要》第76条之规定”？你院于2006年11月23日以〔2006〕民四他字第15号批复“本案存在《中华人民共和国民事诉讼法》第二百六十条第一款第(二)项和《中华人民共和国仲裁法》第七十一条规定的不予执行的情形，鉴于申请人申请不予执行和撤销本案仲裁裁决已先后被上海市第一、第二、中级人民法院裁定驳回，你院可依照民事诉讼法第一百七十七条第二款之规定对本案作出处理”。据此，我院于2007年1月9日作出〔2007〕沪高民四(商)监字第1号民事裁定，指令上海市第二中级人民法院(下称二中院)对朱裕华申请撤销仲裁一案进行再审；再审期间，中止原裁定的执行。

二中院经再审认为，仲裁委在仲裁过程中，因对受送达人朱裕华的送达地址书写不当而未能向其送达“仲裁通知”、“仲裁规则”、“仲裁员名册”、“仲裁申请书及附件材料”及“仲裁庭组成和开庭通知”，导致朱裕华未能出庭陈述意见，确存在《中华人民共和国民事诉讼法》第二百六十条第一款第(二)项规定的情形。朱裕华关于撤销该裁决的申请理由成立。依照《中华人民共和国仲裁法》第七十条及民事诉讼法第二百六十条第一款第(二)项的规定，拟裁定撤销该院〔2004〕沪二中民五(商)初字第99号民事裁定；撤销中国国际经济贸易仲裁委员会上海分会〔2004〕中国贸仲沪裁字第073号裁决。

上述拟处意见已报经我院审查，经我院审委会讨论拟同意二中院处理意见。根据你院《关于人民法院撤销涉外仲裁裁决有关事项的通知》规定，特将该案的处理意见上报你院审查。

当否，请指示。

最高人民法院关于是否裁定撤销大连仲裁委员会仲裁裁决的请示的复函

（2006 年 2 月 23 日 〔2005〕民四他字第 54 号）

辽宁省高级人民法院：

你院〔2005〕辽民四他字第 3 号请示收悉。经研究，答复如下：

大连仲裁委员会就山西防爆电机（集团）有限公司与保罗·卡斯特罗（Paolino Castro）之间的技术转让合同纠纷做出了〔2004〕大仲字第 54 号裁决和第 54－1 号裁决。山西防爆电机（集团）有限公司以仲裁程序与仲裁规则不符、仲裁事项不属于仲裁协议的范围以及申请人未能对裁决事项陈述意见为由，向大连市中级人民法院申请撤销该仲裁裁决。

根据你院请示报告及所附卷宗材料，大连仲裁委员会做出的〔2004〕大仲字第 54 号裁决书上印有三名仲裁员的姓名并加盖了该委的印章。裁决书上虽未有该三名仲裁员的签名，但并无证据否定该仲裁裁决书的真实性。《大连仲裁委员会仲裁规则》第七十七条、第七十九条有关确定组庭方式或选定仲裁员及请求延期开庭的时限分别为“自被申请人收到本委受理通知之日起 20 日内”、“开庭 12 日前”，而大连仲裁委员会向申请人送达的答辩通知书、开庭通知书中的时限则分别为“自收到本通知书之日起 45 日内”、“开庭 3 日前”。上述答辩通知书、开庭通知书中的时限要求与《大连仲裁委员会仲裁规则》的规定不一致，但两者均放宽了对当事人的时限要求，有利于确保双方当事人有更充分的时间确定组庭方式、指定仲裁员或者申请延期开庭，客观上亦没有对双方当事人确定组庭方式、指定仲裁员或者申请延期开庭等程序权利产生任何不利影响。申请人山西防爆电机（集团）有限公司在仲裁程序中从未对上述答辩通知书、开庭通知书与《大连仲裁委员会仲裁规则》不符的情况提出异议，应认定其认可了此种变更。此外，大连仲裁委员会在申请人山西防爆电机（集团）有限公司向人民法院申请撤销〔2004〕大仲字第 54 号裁决后向其送达〔2004〕大仲字第 54－1 号补充裁决，没有违反《中华人民共和国仲裁法》的规定。申请人山西防爆电机（集团）有限公司有关仲裁程序与仲裁规则不符的理由不成立。

申请人山西防爆电机（集团）有限公司与被申请人保罗·卡斯特罗签订的合同第 11 条约定：“双方的合同关系由本合同条款和中华人民共和国的法律制约。仲裁机构为大连仲裁委员会。仲裁决定是最终的，对双方有效”。该争议解决条款未明确约定仲裁事项，但在双方当事人未明确排除特定事项仲裁机构无权仲裁的情况下，应推定本案仲裁事项为“因履行合同所发生的一切争议”。大连仲裁委员会有权就双方当事人有关“解除合同”、“赔偿损失”的仲裁请求进行审查,本案裁决事项不存在超裁的情形。

仲裁申请人保罗·卡斯特罗在请求书中要求被申请人山西防爆电机(集团)有限公司“支付技术使用费170万元”,庭审中将该请求变更为“赔偿技术转让费170万元”。大连仲裁委员会(2004)大仲字第54-1号补充裁决确认了该请求变更的事实,不应认定该补充裁决变更了当事人的仲裁请求。“支付技术使用费170万元”与“赔偿技术转让费170万元”实为同一仲裁请求,申请人山西防爆电机(集团)有限公司对保罗·卡斯特罗变更仲裁请求的事实是明知的,其在仲裁程序中完全有机会对其进行抗辩,其未进行抗辩是自己造成的,故该点撤销理由依法亦不成立。

综上,申请人山西防爆电机(集团)有限公司的撤销申请不符合《中华人民共和国仲裁法》第七十条及《中华人民共和国民事诉讼法》第二百六十条的规定,依法应予驳回。

此复。

附:

辽宁省高级人民法院关于山西防爆电机(集团)有限公司申请撤销大连仲裁委员会(2004)大仲字第54号仲裁裁决一案的请示

(2004年12月15日 〔2005〕辽民四他字第3号)

最高人民法院:

大连市中级人民法院受理的申请人关于山西防爆电机(集团)有限公司申请撤销大连仲裁委员会〔2004〕大仲字第54号仲裁裁决一案的请示,经大连市中级人民法院审查,认为该仲裁裁决具有《中华人民共和国民事诉讼法》第二百六十条第一款第二项规定的“其他不属于被申请人负责的原因导致其未陈述意见”的情况,拟裁定撤销该裁决,并报请我院。

我院经审查认为:

1. 支付170万元和赔偿170万元是两个完全不同的请求,〔2004〕大仲字第54-1号补正裁决书在没有事实依据的情况下,将仲裁申请人“支付技术使用费170万元”的仲裁请求变更为“赔偿技术转让费损失170万元”,与《中华人民共和国仲裁法》相悖。

2.〔2004〕大仲字第54号仲裁裁决以解除合同、赔偿损失的角度阐述了裁决的依据,并认定“申请人因被申请人违约造成的损失可以确定为尚未支付技术秘密转让费 170 万元人民币”,因此,仲裁裁决针对赔偿 170 万元的仲裁请求进行了审理,而山西防爆电机(集团)有限公司从未就此陈述过意见,原仲裁裁决存在《中华人民共和国民事诉讼法》第二百六十条规定的“其他不属于被申请人负责的原因导致其未陈述意见”的情况。综上,我院审判委员会经讨论决定,拟同意大连市中级人民法院报请的撤销大连仲裁委员会〔2004〕大仲字第 54 号仲裁裁决的意见。根据《最高人民法院关于人民法院撤销涉外仲裁裁决有关事项的通知》的规定,特向贵院报请。

最高人民法院关于是否裁定撤销承德仲裁委员会仲裁裁决的请示的复函

(2006 年 1 月 24 日　〔2005〕民四他字第 51 号)

河北省高级人民法院:

你院〔2005〕冀立民函字第 89 号《关于撤销承德仲裁委员会承仲裁字〔2000〕第 33 号、承仲裁补字〔2000〕第 1 号仲裁裁决的请示》收悉。经研究,答复如下:

本案属于申请撤销我国仲裁机构做出的涉外仲裁裁决案件。根据你院请示报告及所附卷宗反映的情况,承德仲裁委员会就北京鹏华经济技术发展公司与英属韦津群岛好运有限公司之间的纠纷于 2000 年 12 月 26 日曾经做出了承仲裁字〔2000〕第 33 号仲裁裁决,但又于同年 12 月 28 日做出承仲裁补字〔2000〕第 1 号仲裁裁决,撤销了承仲裁字〔2000〕第 33 号裁决。《中华人民共和国仲裁法》第五十六条规定:“对裁决书中的文字、计算错误或者仲裁段已经裁决但在裁决书中遗漏的事项,仲裁庭应当补正;当事人自收到裁决书之日起三十日内,可以请求仲裁庭补正”。《承德仲裁委员会仲裁规则》第四十六条第三款规定:“仲裁庭做出的补正或者补充裁决,是原裁决书的组成部分”。有关法律与仲裁规则仅授权仲裁委员会可以就程序和遗漏事项做出补充裁决,没有授权仲裁委员会撤销其已经做出、送达且生效的仲裁裁决。承德仲裁委员会在对同一纠纷已经做出仲裁裁决的情况下,又做出撤销原裁决的补充裁决缺乏法律依据,也不符合《承德仲裁委员会仲裁规则》的规定,属于《中华人民共和国民事诉讼法》第二百六十条第一款第(三)项规定的“仲裁庭的组成或者仲裁的程序与仲裁规则不符”的情况,人民法院可以依据《中华人民共和国仲裁法》第七十条的规定撤销仲裁裁决。

鉴于本案仲裁裁决存在的主要问题是仲裁程序违反法定程序,这种对程序的违反(以补充裁决撤销原裁决)对当事人权利的影响可以以通知仲裁庭重新仲裁的方式纠正。根据本案所涉仲裁裁决的实际情况,应当根据《中华人民共和国仲裁法》第六十一条的规定,通知仲裁庭在一定期限内重新仲裁,并裁定中止撤销程序。仲裁庭拒绝重新仲裁的,应当裁定恢复撤销程序,依法一并撤销该两仲裁裁决。

此复。

附:

河北省高级人民法院关于撤销承德仲裁委员会承仲裁字(2000)第33号、承仲裁补字(2000)第1号仲裁裁决的请示

(2005年11月23日　〔2005〕冀立民函字第89号)

最高人民法院民四庭:

按照你院〔2004〕民四他字第45号函的要求,承德市中级人民法院于2005年4月25日依法受理并公开开庭审理了申请人北京鹏华经济技术发展公司(以下简称鹏华公司)与被申请人英属韦津群岛好运有限公司(以下简称好运公司)申请撤销仲裁裁决一案,后形成如下处理意见:

好运公司在承德仲裁委员会申请仲裁时,未向仲裁机构提供该公司依法存在的证明,其公司的法定代表人身份证明亦未经我国驻港外交机构的认证;在我院开庭审理期间,该公司未在我院规定的期限内向我院提供上述证明文件,故根据《民事诉讼法》及最高法院关于涉外、涉港诉讼文书及送达问题的批复,好运公司在仲裁及诉讼中不具备主体资格。另承德仲裁委针对鹏华公司与好运公司之间的争议作出承仲裁字〔2000〕第33号裁决后,又以承仲裁补字〔2000〕第1号裁决撤销了该第33号裁决,违反了《仲裁法》的相关规定及承德仲裁委的仲裁规则,该补充裁决应视为违法。遂决定撤销承德仲裁委承仲裁字〔2000〕第33号、承仲裁补字〔2000〕第1号裁决。

针对承德市中级人民法院的报送意见,经认真审查,本院认为该院对本案认定事实清楚,适用法律正确,同意对承德仲裁委承仲裁字〔2000〕第33号、承仲裁补字〔2000〕第1号裁决予以撤销。依照你院《关于人民法院撤销涉外仲裁裁决有关事项的通知》的规定,特报请你院审定。

妥否,请批示。

最高人民法院关于天津先达大酒店申请撤销(2003)津仲裁字第364号仲裁裁决一案的请示的复函

(2005年8月11日　〔2005〕民四他字第26号)

天津市高级人民法院：

你院津高法〔2005〕74号《关于天津先达大酒店申请撤销〔2003〕津仲裁字第364号仲裁裁决一案的请示》收悉。经研究，答复如下：

天津仲裁委员会依据天津先达大酒店(以下简称先达大酒店)与大一能量株式会社签订的《协作型联营合同》中的仲裁条款作出〔2003〕津仲裁字第364号仲裁裁决后，先达大酒店以仲裁庭拒绝接受其提供的证据，程序违法；法律关系定性错误；裁决结果危害公共利益等为由申请人民法院撤销该裁决。本案系涉外商事纠纷案件，天津仲裁委员会就该纠纷所作出的裁决属于涉外仲裁裁决。根据《中华人民共和国民事诉讼法》和《中华人民共和国仲裁法》关于涉外仲裁的规定，人民法院对仲裁庭就本案法律关系性质所作的认定和裁决结果无权进行审查。《天津仲裁委员会仲裁规则》没有要求仲裁庭必须接受一方当事人提交的全部证据材料，先达大酒店亦未举证证明被拒绝接受的证据对裁决结果存在任何实质性影响，仲裁庭拒绝接受证据材料本身不能作为仲裁程序违法的理由。根据《中华人民共和国仲裁法》第七十条、《中华人民共和国民事诉讼法》第二百六十条的规定，本案不存在依法应予撤销的情形，先达大酒店撤销仲裁裁决的申请应当予以驳回。

此复。

附：

天津市高级人民法院关于天津先达大酒店申请撤销(2003)津仲裁字第364号仲裁裁决一案的请示

(2005年5月24日　津高法〔2005〕74号)

最高人民法院：

天津市第二中级人民法院受理了天津先达大酒店申请撤销天津仲裁委员会〔2003〕津仲裁字第364号仲裁裁决一案。天津市第二中级人民法院认为应裁定撤销〔2003〕津仲裁字第364号仲裁裁决。本院经审查形成了两种意见。一种意见认为应裁定撤销〔2003〕津仲裁字第364号仲裁裁决。另一种意见认为天津先达大酒店申请撤销的理由不能成立,应驳回其撤销仲裁裁决的申请。根据最高人民法院法发〔1998〕40号《关于人民法院撤销涉外仲裁裁决有关事项的通知》的要求,现将该案有关情况报告并请示如下:

一、申请人和被申请人的基本情况

申请人:天津先达大酒店。住所地,天津市河西区环湖中路22号。

被申请人:大一能量株式会社。住所地,韩国成南市水晶区首珍洞2996号世宗大厦701号。

二、案件事实及仲裁处理情况

1997年5月20日,申请人天津先达大酒店(以下简称先达大酒店)与被申请人大一能量株式会社(以下简称能量株式会社)签订协作型联营合同。约定:(1)双方以先达大酒店为基地,协作开发韩国商贸和旅游市场,进行协作型联合经营;(2)双方协作联合经营期限为10年,自1997年8月1日至2007年7月31日止。如能量株式会社连续三年未完成保证营业额时,双方有权终止合同;(3)双方联合经营的范围是酒店客房、写字间、中餐厅及其国际会议厅、多功能厅、商务中心等配套设施;(4)能量株式会社给付先达大酒店保证金人民币300万元,投资维修经费100万元,于6月30日之前付清,先达大酒店在10年内全部退还,从第二年起每年退还10%。返还款时间为年终结账后一个月内;(5)能量株式会社自合同签订之日起参与酒店经营,保证每年营业额(以人民币计算)的目标是:第1年(1997年8月1日起至1998年7月31日止)为1592万元。第2~3年(1998年8月1日起至2000年7月31日止)每年为1876万元。第4~6年(2000年8月1日起至2003年7月31日止)每年为2157万元。第7~9年(2003年8月1日起至2006年7月31日止)每年为2486万元。第10年(2006年8月1日起至2007年7月31日止)为2861万元。如能量株式会社未完成上述年营业额,能量株式会社必须保证以当年应退还的保证金30万元抵补,能量株式会社如违法或违反店规经营所造成的损失,由能量株式会社全部赔偿。年营业额包括客房、写字间、中餐厅、国际会议厅、多功能厅、商务中心等配套设施的营业收入;(6)为能量株式会社工作方便,先达大酒店委托能量株式会社为业务总经理,主管客房、写字间及其配套设施等的经营业务。由能量株式会社派入主管营业总部和营业服务部,先达大酒店保证能量株式会社享有相应的经营管理权和内部人员调配权;(7)双方共同搞好经营管理,各部门要积极支持营业总部和营业服务部的工作;(8)在能量株式会社完成年营业额后,先达大酒店对超出部分扣除营业税后,提取30%归能量株式会社。付款时间为年终结账后1个月内;(9)能量株式会社如需对营业场所内部进行装修、改造酒店设施,其装修改造计划须经先达大酒店同意。合作期满后归先达大酒店所有;(10)能量株式会社根据业务需要招聘部分人员,按照酒店的招聘标准,经人事部办理招聘手续;(11)双方要信守本合同,如一方违约,应当承担违约责任,如双方违约,应当按照过错程度各自承担相应的责任;(12)如先达大酒店不能按本合同第八条约定给能量株式会社提取费用,按未提取部分的日万分之五承担违约责任。如能量株式会社不能按期将本合同第四条约定的保证金和投资维修经费足额打入先达大酒店账户,按未打入部分的日万分之五承担违约责任;(13)如遇不可抗力致使双方不能履行合同时,互不承担责任;(14)本合同期满后,如双方延长联合经营期限,可以在本合同期满前6个月内另定协议。联营关系终止时,要结清债权债务;(15)双方在履行本合同中如发生争议,应尽量协商解决,协商解决不成时,任何一方均可向天津仲裁委员会申请仲裁。

先达大酒店与能量株式会社签订上述协议后,双方开始按照上述协议开始进行经营。能量株式会社分数次给付先达大酒店保证金和维修经费共计3,366,600元,后因经营上配合得不到位,双方决定终止联营合同。能量株式会社收到先达大酒店返还保证金共764,111元,余款先达大酒店未能返还。为此能量株式会社请求天津仲裁委员会裁决:(1)确认能量株式会社与先达大酒店之间签订的《协作型联营合同》无效;(2)先达大酒店返还能量株式会社保证金及维修费未返还余额2,602,489元;(3)先达大酒店赔偿因未及时返还保证金及维修费给能量株式会社造成的损失341,576.68元;(4)先达大酒店赔偿能量株式会社经营损失551,511.96元;(5)仲裁费由先达大酒店负担。

天津仲裁委员会认为,先达大酒店与能量株式会社签订的《协作型联营合同》未履行相应的审批备案手续,违反了中华人民共和国有关法律法规的规定,合同应为无效。造成合同无效,双方均有过错,应各自承担相应的责任。对能量株式会社要求先达大酒店赔偿合同履行6年期间的经营损失和未及时返还保证金及维修费造成的损失的请求不予支持。裁决:一、能量株式会社与先达大酒店于1997年5月20日签订的《协作型联营合同》为无效合同;二、先达大酒店返还能量株式会社支付的保证金、维修费共计2,519,689元,自本裁决书送达后10日内一次性给付。逾期加倍支付迟延履行期间的债务利息;三、驳回能量株式会社的其他仲裁请求;四、本案仲裁费112,330元,能量株式会社负担5962.39元,先达大酒店负担106,367.61元。

三、申请人申请撤销仲裁裁决及被申请人的答辩理由

天津仲裁委员会作出上述裁决后,先达大酒店认为天津仲裁委员会违反法定程序,造成事实不清,裁决结果有失公允,向天津市第二中级人民法院提出申请,请求撤销该仲裁裁决。主要理由:(1)先达大酒店在开庭时当庭举证,仲裁庭却拒绝接受先达大酒店提供的证据,属于程序违法;(2)法律关系定性错误。双方签订的合同应为经营合同,合同应当有效;(3)仲裁结果有失公允。能量株式会社经营期间获取了可观的回报,仲裁结果却裁决先达大酒店全部返还。先达大酒店为国有企业,共有职工700余人,对裁决结果极为不满,使公共利益受到危害。

能量株式会社答辩称,请求驳回先达大酒店撤销仲裁裁决的申请。主要理由:(1)当事人提交的证据必须是与审理的案件有关的,能证明举证者主张的事实的法律依据。先达大酒店提出了与合同有效性无关的20多公分厚的财务报表,一是与合同的有效与否无关,二是违反了《最高人民法院关于民事诉讼证据的若干规定》。天津仲裁委员会当然有权决定采纳与否,这是仲裁委员会的裁量范围内的事情,并无不妥;(2)仲裁裁决结果正确;(3)双方经营期间先达大酒店获取了可观的利润,并且由于我方的经营才使企业起死回生;(4)先达大酒店申请理由不符合《仲裁法》第五十八条规定的情形。

四、天津市第二中级人民法院的处理意见天津市第二中级人民法院认为,应撤销天津仲裁委员的仲裁裁决。

五、我院的审查意见

我院经研究,对本案处理结果形成两种意见。

第一种意见认为,根据《天津仲裁委员会仲裁暂行规则》第三十五条"当事人应当对自己的主张提供证据"和第三十八条"当事人可以在开庭时提供新的证据,可以互相质证"之规定,当事人在开庭时提交证据是其享有的权利,该仲裁规则虽然未对仲裁庭接收证据进行规定,但仲裁庭不论对当事人提交证据是否予以采纳,均应接收。因此,天津市仲裁委员会在开庭时没有接收先达大酒店证据的行为,与《天津仲裁委员会仲裁暂行规则》第三十五条、第三十八条规定不符,属于《中华人民共和国民事诉讼法》第二百六十条第一款第(三)项"仲裁庭的组成或者仲裁的程序与仲裁规则不符的"规定之情形,应裁定撤销〔2003〕津仲裁字第364号仲裁裁决。

第二种意见认为,《天津仲裁委员会仲裁暂行规则》中虽然规定了当事人可以在开庭时提供新的证据,但并未明确规定仲裁庭在开庭时必须接收当事人的证据。先达大酒店在开庭时没有明确其提交证据的内容及通过该证据所证明的问题,仲裁庭认为证据与本案无关,可以不予接收。因此,本案不属于《中华人民共和国民事诉讼法》第二百六十条第一款第三项规定的"程序与仲裁规则不符"之情形,故应当驳回先达大酒店撤销仲裁裁决的申请。

请示复。

最高人民法院关于江智锋申请撤销仲裁裁决一案的请示的复函

(2005年6月28日 〔2005〕民四他字第23号)

上海市高级人民法院:

你院〔2005〕沪高民四(商)他字第1号《关于江智锋申请撤销仲裁裁决一案的请示》收悉。经研究,答复如下:

同意你院的请示意见。根据你院请示报告反映的事实，申请人江智锋于2004年3月3日与被申请人上海南阳建筑安装工程有限公司达成协议，约定：因2003年6月26日、7月16日双方签订的工程协议及装潢装饰工程协议发生的一切纠纷，任何一方均可提请上海仲裁委员会装饰装修争议仲裁中心按其仲裁规则进行仲裁。同日，上海仲裁委员会受理了当事人的仲裁申请，并根据双方调解协议出具了〔2004〕沪裁（经）字第1062号调解书。后上海南阳建筑安装工程有限公司以上述调解书内容不全面、江智锋不积极履行等为由就同一纠纷申请仲裁，上海仲裁委员会于2004年11月5日作出〔2004〕沪裁（经）字第1068号裁决书。《中华人民共和国仲裁法》第九条第一款、《上海仲裁委员会装饰装修争议简易程序仲裁规则》（试行）第八条、第九条均规定，仲裁实行一裁终局的制度，调解书与裁决书具有同等法律效力。上海仲裁委员会在就本案所涉纠纷作出〔2004〕沪裁（经）字第1062号调解书之后，又就相同当事人之间的同一纠纷作出〔2004〕沪裁（经）字第1068号裁决书，违反了我国《仲裁法》和《上海仲裁委员会仲裁规则》有关一裁终局的规定，也属于仲裁程序与仲裁规则不符的情形。根据《中华人民共和国仲裁法》第七十条和《中华人民共和国民事诉讼法》第二百六十条第一款第（三）项之规定，本案应裁定撤销上海仲裁委员会〔2004〕沪裁（经）字第1068号仲裁裁决。

此复。

附：

上海市高级人民法院关于江智锋申请撤销仲裁裁决一案的请示

［2005年5月12日　〔2005〕沪高民四（商）他字第1号］

最高人民法院：

上海市第一中级人民法院就申请人江智锋请求撤销上海仲裁委员会〔2004〕沪裁（经）字第1068号仲裁裁决一案，报本院请示。经本院审查，拟同意撤销该仲裁裁决，特报你院请示。

一、当事人基本情况

申请人：江智锋，男，加拿大国籍。

被申请人：上海南阳建筑安装工程有限公司。住所地，上海市黄浦区外马路820号。

二、案件主要情况

申请人江智锋于2004年12月27日向上海市第一中级人民法院提起诉讼，请求撤销上海仲裁委员会〔2004〕沪裁（经）字第1068号仲裁裁决。其主要的事实理由为：（1）仲裁违反了一裁终局原则，且双方无仲裁协议。申请人与被申请人在发生纠纷后，于2004年3月3日签订过一份仲裁协议，该仲裁协议约定的争议事项已为

〔2004〕沪裁(经)字第1062号调解书所解决,此后双方并未达成任何新的仲裁协议,仲裁庭将2004年3月3日的仲裁协议作为受理被申请人仲裁请求的依据,显然违反了法律规定。(2)仲裁庭认定事实的证据不足,并且严重违反仲裁程序。仲裁裁决书认定"又经查明,被申请人(江智锋)自2003年6月26日至2004年1月8日先后七次向申请人(上海南阳建筑安装工程有限公司)支付了工程款,共计170,000元",该事实既没有当事人举证,也没有当事人的自认,属于证据不足。仲裁庭在受理上海南阳建筑安装工程有限公司的仲裁请求后,未向申请人江智锋送达仲裁申请书,对于仲裁庭的组成也没有征求申请人江智锋的意见,剥夺了申请人江智锋对仲裁员的选择权。

被申请人上海南阳建筑安装工程有限公司辩称:(1)〔2004〕沪裁(经)字第1062号调解书内容不全面,申请人江智锋又不积极履行,因此被申请人根据双方2004年3月3日签订的仲裁协议提出仲裁申请并无不当。(2)申请人收到了有关仲裁申请书,仲裁程序合法,裁决公正。故而请求驳回申请人的申请。

上海市第一中级人民法院经审理查明,2004年3月3日,申请人江智锋与被申请人上海南阳建筑安装工程有限公司达成仲裁协议,约定因2003年6月26日、7月16日双方签订的"工程协议及装潢装饰工程协议"发生的一切纠纷,任何一方均可提请上海仲裁委员会装饰装修争议仲裁中心按其仲裁规则进行仲裁。同日,根据江智锋的仲裁申请书,上海仲裁委员会组成独任仲裁庭,就江智锋与上海南阳建筑安装工程有限公司仲裁协议项下的纠纷进行了审理,并根据双方调解协议出具了〔2004〕沪裁(经)字第1062号调解书。调解书的主要内容为:双方于2003年6月26日签订的工程协议及2003年7月26日签订的装潢装饰工程协议终止履行;上海南阳建筑安装工程有限公司已将上述工程量的价款提请上海仲裁委员会指定的审价单位进行审价,工程款应以审价单位的审定价为结算依据,多退少补;审价费用先由双方各付一半,如审价结果高于24万元,审价费用由江智锋负担,审价费用低于24万元,审价费用由上海南阳建筑安装工程有限公司负担等。此后,上海南阳建筑安装工程有限公司以江智锋未履行调解书为由,依据2004年3月3日双方签订的仲裁协议,于2004年4月13日向上海仲裁委员会装饰装修争议仲裁中心提起仲裁申请,请求仲裁庭裁决:(1)请仲裁庭指定委托审价单位对装潢工程进行审价;(2)江智锋根据审价结果支付工程款和其他费用;(3)审价鉴定费按〔2004〕沪裁(经)字第1062号调解书确定的原则承担。上海仲裁委员会装饰装修争议仲裁中心受理上海南阳建筑安装工程有限公司的仲裁请求后,仍由审理〔2004〕沪裁(经)字第1062号仲裁案件的仲裁员组成独任仲裁庭,适用简易程序对本案进行了仲裁,并于2004年11月5日作出〔2004〕沪裁(经)字第1068号裁决书,裁决江智锋支付上海南阳建筑安装工程有限公司工程款人民币139,357元、工程审价鉴定费人民币2000元。

上海市第一中级人民法院认为,本案双方当事人就2003年6月26日、7月16

日的两份工程协议的相关争议,已依据2004年3月3日的仲裁协议由上海仲裁委员会进行调解,并于同日作出案号为〔2004〕沪裁(经)字第1062号调解书,根据《中华人民共和国仲裁法》第九条和第五十一条之规定,仲裁庭在双方因工程款纠纷通过仲裁调解作出处理的情况下,又再次受理了被申请人要求仲裁庭明确上述调解书中关于指定审价单位审价的仲裁申请,并作出本案争议的裁决书,违反了一裁终局的法律规定,属于重复仲裁,违反法定仲裁程序。该院拟根据《中华人民共和国仲裁法》第七十条之规定,撤销〔2004〕沪裁(经)字第1068号裁决书。

三、本院审查意见

本院收到上海市第一中级人民法院的请示后,依法组成合议庭进行了审查。

本院认为,〔2004〕沪裁(经)字第1068号仲裁裁决,是由上海仲裁委员会装饰装修争议仲裁中心作出的具有涉外因素的仲裁裁决,对于该仲裁裁决是否应予撤销,应当依据《中华人民共和国仲裁法》第七十条之规定进行审查决定。根据该条之规定,当事人提出证据证明涉外仲裁裁决有《民事诉讼法》第二百六十条第一款规定的情形之一的,经人民法院组成合议庭审查核实,裁定撤销。本案中,上海仲裁委员会装饰装修争议仲裁中心就双方当事人之间的同一个纠纷,在已经通过仲裁调解审理完毕,并出具仲裁调解书之后,又根据一方当事人的申请,再次受理并作出〔2004〕沪裁(经)字第1068号裁决书,显然违反了该仲裁中心的仲裁规则——《上海仲裁委员会装饰装修争议简易程序仲裁规则》(试行)第八条、第九条关于"调解书和裁决书具有同等法律效力"、"仲裁庭的裁决是终局的"等规定。因此,〔2004〕沪裁(经)字第1068号裁决书在仲裁程序上与仲裁规则不符,根据《中华人民共和国仲裁法》第七十条、《中华人民共和国民事诉讼法》第二百六十条第一款第(三)项之规定,该仲裁裁决应予撤销。

本院拟同意撤销〔2004〕沪裁(经)字第1068号仲裁裁决。

妥否,请审批。

最高人民法院关于四川华航建设有限公司申请撤销仲裁纠纷一案的请示的复函

(2005年6月15日 〔2005〕民四他字第13号)

四川省高级人民法院:

你院〔2005〕川立仲字第1号《关于四川华航建设有限公司申请撤销仲裁纠纷一案的请示》收悉。经研究,答复如下:

本案裁决为我国仲裁机构作出的涉及台湾当事人的仲裁裁决,根据司法实践,涉及该裁决的撤销问题,应参照适用我国关于涉外仲裁裁决的有关规定。

根据你院请示报告所述事实,在仲裁案件的申请人王忠诚主张的法律关系的性质和民事行为的效力与仲裁庭的认定不一致时,仲裁庭未按照仲裁规则的规定告知当事人可以变更仲裁请求,而是直接自行代替当事人变更了请求并作出裁决,且未给被申请人重新指定举证期限,因此可以认定仲裁庭的仲裁程序与仲裁规则不符。根据《中华人民共和国仲裁法》第七十条和《中华人民共和国民事诉讼法》第二百六十条第一款第(三)项的规定,此案裁决具有应予撤销的情形。但从仲裁庭违反仲裁规则的情况看,尚未严重到撤销该裁决的程度。你院可告成都中院,依照《中华人民共和国仲裁法》第六十一条的规定,通知仲裁庭重新仲裁并裁定中止撤销程序。若仲裁庭拒绝重新仲裁,则可以恢复撤销程序,以仲裁程序与仲裁规则不符为由,撤销该裁决。

此复。

附件:

四川省高级人民法院关于四川华航建设有限公司申请撤销仲裁纠纷一案的请示

(2005 年 2 月 22 日 〔2005〕川立仲字第 1 号)

申请人:四川华航建设发展有限公司。住所地,四川省邡市华航综合开发区。

法定代表人:方翔,董事长。

被申请人:王忠诚,男,1952 年 12 月 20 日出生,住台湾地区台北县永和市中溪 13 邻保裔路段 59 巷 20 号 7 楼。

成都市仲裁委员会于 2004 年 6 月 15 日作出〔2003〕成仲案字第 468 号仲裁裁决,该裁决已经发生法律效力。裁决后,四川华航建设有限公司(以下简称华航公司)不服,并以仲裁庭所作仲裁违反法定程序为由,向成都市中级人民法院申请撤销该项仲裁裁决。成都市中级人民法院审查后认为,成都市仲裁委作出的〔2003〕成仲案字第 468 号裁决违反法定程序,应予以撤销。根据最高人民法院《关于人民法院撤销涉外仲裁裁决有关事项的通知》规定,向我院请示。我院组成合议庭进行了审查,现已审查终结。

成都市中级人民法院审查认为,王忠诚与华航公司联营开发协议纠纷仲裁一案,成都仲裁委员会根据合同约定的仲裁条款受理了该案。王忠诚请求成都仲裁委员会依据双方签订的第 0128 号《联合开发协议书》的约定,裁决华航公司向其支付本金250万元、封顶利润166.8万元，并支付相关利息。成都仲裁委审理后，仲裁意见认为：由于双方当事人在协议中只约定了利润的分配，没有约定风险的承担，且在仲裁清理中，当事人就“风险”回答仲裁提问时，申请人王忠诚认为协议履行中双方有风险，申请人的风险在于超过166.8万元的利润时，不能收取。而被申请人认为申请人在约定的时间内足额投入不承担风险，没有在约定的时间内投入足额投入承担风险，即按该房产项目的利润分取利润。显然，双方当事人对在联营商事活动中风险的意思表示，不符合最高人民法院《关于审理联营纠纷案件若干问题的解答》第四条中“联营名分应遵循共负盈亏，共担风险的原则”的规定。因此，0128号协议书，其名义是“联合开发协议书”，约定由王忠诚注入资金于华航公司持有的第一期华航公司城市花园别墅小区项目进行联合开发，但该协议书实为借款协议。并根据该认定在开始审理后作出了裁决。

成都中院认为，本案被申请人王忠诚是台湾人，根据最高人民法院《关于贯彻执行〈中华人民共和国民法通则〉若干问题的意见》(试行)第一百七十八条以及《关于适用〈中华人民共和国民事诉讼法〉若干问题的意见》第三百零四条的规定，本案为涉外民事案件。《成都仲裁委员会仲裁暂行规则》第四十七条规定，仲裁过程中，当事人主张的法律关系性质或者民事行为的效力与仲裁庭根据案件事实作出的认定不一致的，仲裁庭应当告知当事人可以变更仲裁请求，当事人变更仲裁请求的，仲裁庭应当重新指定举证期限。本案中王忠诚请求成都仲裁委裁决华航公司履行0128号《联合开发协议》，成都仲裁委根据查明的事实认定为借款性质的协议。在此情形下应该允许当事人在成都仲裁委员会对法律关系性质认定的基础上，变更仲裁请求，成都市仲裁委也有告知当事人变更仲裁请求的义务。而成都仲裁委在与当事人主张的法律关系性质认定不一致的情况下，并未告知王忠诚可以变更仲裁请求，违反了《成都市仲裁委员会仲裁暂行规则》第四十七条规定的法定程序。因此，根据最高人民法院〔1998〕40号《关于人民法院撤销涉外仲裁裁决有关事项的通知》，该院认为本案应撤销成都仲裁委员会〔2003〕成仲案字第468号裁决，并按程序报我院审查。

经本院审理查明，2002年1月28日，王忠诚与华航公司签订《联合开发协议书》，约定由王忠诚投入华航花园的开发资金250万元，华航公司保证在投入之日起6个月时支付本金及封顶利润166.8万元。到期后华航公司没有偿还资金及利润。2003年9月3日，王忠诚申请成都仲裁委进行仲裁。成都仲裁委以〔2003〕成仲案字第468号裁决书，裁决由华航公司偿还王忠诚本金250万元并偿还资金利息。成都市中院审查后认为，由于成都仲裁委裁决没有按照成都仲裁委的仲裁规则，属于违反了仲裁规定，应当撤销。

本院认为，本案的关键是成都仲裁委的裁决是违法法定程序。根据最高人民法院法〔1998〕40号《关于人民法院撤销涉外仲裁裁决有关事项的通知》规定，凡一方当事人依照《仲裁法》的规定向人民法院申请撤销我国涉外仲裁裁决,人民法院审查认为涉外裁决具有《民事诉讼法》第二百六十条第一款规定之一的,才可以撤销。而《中华人民共和国民事诉讼法》第二百六十条第一款的规定是关于不予执行的四种情形:(1)当事人在合同中没有订有仲裁条款或事后没有达成书面仲裁协议的;(2)被申请人没有得到指定仲裁员或者进行仲裁程序的通知,或者由于其他不属于被申请人负责的原因未能陈述意见的;(3)仲裁庭的组成或者仲裁的程序与仲裁规则不符的;(4)裁决的事项不属于仲裁协议的范围或仲裁机构无权仲裁的。成都仲裁委员会《仲裁暂行规则》第四十七条规定仲裁过程中,当事人主张的法律关系的性质或民事行为的约束力与仲裁庭根据案件事实作出的认定不一致的,仲裁庭应当告知当事人可以变更仲裁请求。当事人变更仲裁请求的,仲裁庭应当重新指定举证期限。我院审查认为,由于在仲裁的过程中,申请人王忠诚没有对仲裁庭认定的性质提出异议,仲裁庭也没有告知王忠诚性质变更事项,被申请人华航公司答辩也没有对案件的性质作出答辩,成都仲裁委应违反了有关仲裁规定。

根据最高人民法院〔1998〕40号《关于人民法院撤销涉外仲裁裁决有关事项的通知》第一条的规定:凡一方当事人按《仲裁法》的规定向法院申请撤销我国涉外仲裁裁决,如法院审查认为涉外裁决具有《民事诉讼法》第二百六十条第一款规定的情形之一的,在裁定撤销裁决或通知仲裁庭重新仲裁之前,须报本辖区所属高级法院审查,如果高级法院同意撤销裁决或通告仲裁庭重新仲裁,应将审查意见报最高人民法院,待最高人民法院答复后,方可裁定撤销仲裁或通知重新仲裁。因此,本院同意成都市中级人民法院关于撤销成都仲裁委〔2003〕成仲案字第468号裁决的意见,须报你院答复。

现将审查报告报给你院,请你院审批。

最高人民法院关于黑龙江鸿昌国际货物运输代理有限公司申请撤销中国海事仲裁委员会仲裁裁决案的复函

(2003年12月10日 〔2003〕民四他字第32号)

天津市高级人民法院:

你院津高法〔2003〕171号《关于黑龙江鸿昌国际货物运输代理有限公司与福建省轮船总公司、美国连捷海运有限公司(TRANSMARINE INC)申请撤销仲裁裁决一案的请示报告》收悉。经研究,答复如下:

根据天津海事法院查明的事实，中国海事仲裁委员会于2002年11月29日受理福建省轮船总公司与美国连捷海运有限公司、黑龙江鸿昌国际货物运输代理有限公司（以下简称鸿昌公司）租金及滞纳金纠纷案，并于2002年11月29日将仲裁文件以特快专递方式向鸿昌公司进行送达，送达地址为哈尔滨市香坊区珠江路31号。但当时鸿昌公司已在工商行政管理机关将公司经营地址变更登记为哈尔滨市开发区嵩山路38号。在送达仲裁文件的特快专递被邮政部门因“迁移新址不明”退回的情况下，仲裁委员会仍委托送达人按原地址进行送达，而未采取向当地工商行政管理机关查询这一最通常的合理查询的方法。因此，本案仲裁文件的送达不符合《中国海事仲裁委员会仲裁规则》第八十一条“向当事人或其代理人发送的任何书面通讯，如经当面递交收讯人或投递至收讯人的营业地点、惯常住所或通讯地址，或者经合理查询不能找到上述任一地点而以挂号信或能提供作过投递企图的记录的其他任何手段投递给收讯人最后一个为人所知的营业地点、惯常住所或通讯地址”的规定，不能视为已经送达。中国海事仲裁委员会的仲裁裁决是在鸿昌公司没有得到指定仲裁员和进行仲裁程序通知的情况下作出的，属于不应由鸿昌公司负责的原因未能陈述意见的情况，符合《中华人民共和国民事诉讼法》第二百六十条第一款规定的情形。根据《中华人民共和国仲裁法》第七十条的规定，此仲裁裁决应予撤销。

此复。

附：

天津市高级人民法院关于申请人黑龙江鸿昌国际货物运输代理有限公司与被申请人福建省轮船总公司、美国连捷海运有限公司申请撤销仲裁裁决一案的请示

（津高法〔2003〕171号）

最高人民法院：

天津海事法院以〔2003〕海商初字第469号《关于申请撤销涉外仲裁裁决案的请示报告》，就申请人黑龙江鸿昌国际货物运输代理有限公司与被申请人福建省轮船总公司、美国连捷海运有限公司（TRANS MARINE INC）申请撤销仲裁裁决事宜报请本院审查。本院经研究，同意天津海事法院的意见，即拟裁定中止撤销程序，通知中国海事仲裁委员会重新仲裁。根据最高人民法院法〔2000〕51号《关于审理和执行涉外民商事案件应当注意的几个问题的通知》的规定，现将该案呈报钧院审查，请予批复：

一、当事人的基本情况

申请人:黑龙江鸿昌国际货物运输代理有限公司(以下简称鸿昌公司)。住所地,黑龙江省哈尔滨市香坊区民航路5号。

法定代表人:霍士荣,董事长。

被申请人:福建省轮船总公司(以下简称轮船公司)。住所地,福建省福州市台江区中平路79号。

法定代表人:刘启闽,总经理。

被申请人:美国连捷海运有限公司(TRANS MARINE INC)(以下简称连捷公司)。

二、相关的事实

轮船公司于2002年7月12日依据"还款协议书"向中国海事仲裁委员会提出仲裁申请。请求:连捷公司、鸿昌公司支付拖欠的款项USD 33814及利息;

在该"还款协议书"中约定:(1)连捷公司同意将所欠轮船公司租金USD27814及滞纳金于6月30日前支付给轮船公司;(2)轮船公司收到全部付款后不得再向连捷公司主张与本次租船有关的任何权利;(3)连捷公司应提供保证人,为本协议的履行提供连带责任担保,若连捷公司不能按本协议履行还款义务,轮船公司有权直接要求保证人代为偿还;(4)若本还款协议无法正常履行,轮船公司仍保留按原租船合同向连捷公司索赔的权利;(5)因本协议发生的争议由中国海事仲裁委员会仲裁解决。在该还款协议保证人一栏中有鸿昌公司公章。该协议签署日期是2002年5月28日。

中国海事仲裁委员会于2002年11月29日受理了该案,并于2002年11月29日以特快专递的方式向鸿昌公司进行了送达,送达的地址是哈尔滨市香坊区珠江路31号,但因"迁移新址不明"被邮局退回。仲裁委员会秘书处于2002年12月18日致函轮船公司,请其核查鸿昌公司的地址。但轮船公司未提供鸿昌公司的新地址。仲裁委员会根据《中国海事仲裁委员会仲裁规则》第八十一条"向当事人或其代理人发送的任何书面通讯,如经当面递交收讯人或投递至收讯人的营业地点、惯常住所或通讯地址,或者经合理查询不能找到上述任一地点而以挂号信或能提供作过投递企图的记录的其他任何手段投递给收讯人最后一个为人所知的营业地点、惯常住所或通讯地址,即应视为已经送达"之规定,委托北京市通商律师事务所宋迪煌律师向鸿昌公司再次送达仲裁通知及附件材料。以后本案所有仲裁文件均通过北京市通商律师事务所宋迪煌律师以平信方式邮寄给鸿昌公司。送达的地址仍然是哈尔滨市香坊区珠江路31号。鸿昌公司均未收到上述文件。仲裁委员会于2003年4月18日作出裁决:连捷公司给付轮船公司所欠租金及滞纳金USD33814,并按同期银行贷款利率支付自2002年5月31日起至实际支付之日止的银行利息;鸿昌公司对上述给付事项承担连带责任。

黑龙江工商行政管理局出具证明：鸿昌公司2002年10月17日住所地址变更为哈尔滨市开发区嵩山路38号；2003年8月14日，住所地址变更为哈尔滨市香坊区民航路5号。

鸿昌公司在天津海事法院提出撤销仲裁裁决申请。主要理由：(1)整个裁决过程鸿昌公司毫不知情，并且鸿昌公司从未收到中国海事仲裁委员会任何仲裁文件。直到黑龙江省延寿县人民法院执行庭执行鸿昌公司财产时方知所谓租金争议仲裁一案。(2)仲裁裁决所依据的证据是伪造的。鸿昌公司从未与轮船公司、连捷公司签订过任何还款协议，更不用说协议提交仲裁。还款协议上鸿昌公司印章是虚假的，该还款协议也是无效的，因此不能作为仲裁所依据的证据使用。

天津海事法院认为：仲裁委员会先以特快专递形式向鸿昌公司送达，送达的地址是鸿昌公司的原办公地址哈尔滨市珠江路31号，而当时其已在工商行政主管机关登记变更的经营地址是哈尔滨市嵩山路38号。这种送达不符合《仲裁规则》第八十一条关于投递至收讯人的营业地点、惯常住所或通讯地址的规定。在特快专递被邮政部门明确"迁移新址不明"退回送达文书的情况下，仲裁申请人、仲裁庭及其委托送达人均未采用向当地工商行政主管机关查询这一最通常的可以合理查询的方法，仍按已变更前的地址以平信方式将该案所有文书向鸿昌公司寄送，这种送达方式也不符合《仲裁规则》第八十一条关于经合理查询不能找到上述任一地点而以挂号信或能提供作过投递企图的记录的其他任何手段投递给收讯人最后一个为人所知的营业地点、惯常住所或通讯地址的规定，不能视为已经送达。

根据《民事诉讼法》第二百六十条第一款第二项的规定，仲裁庭的送达应达到当事人能够得到通知的程度，如果被申请人没有得到指定仲裁员或者进行仲裁程序的通知，或者由于其他不属于被申请人负责的原因未陈述意见的，人民法院应予裁定撤销或通知仲裁庭重新仲裁。本案申请人鸿昌公司在迁址后向工商行政机关办理了变更登记，得不到仲裁庭的通知不属于鸿昌公司应负责的原因。中国海事仲裁委员会〔2003〕海仲裁字第002号裁决的程序显然不符合法律规定。

另外，鸿昌公司提出的裁决所依据的证据是伪造的问题，这一问题应在合法的审理程序中予以确认：申请人可以在仲裁委员会重新仲裁时，根据《仲裁规则》第四条规定的程序行使自己的权利。

综上，本案应裁定中止撤销程序，通知中国海事仲裁委员会重新仲裁。

三、天津市高级法院处理意见

天津高院经审查同意天津海事法院意见。

最高人民法院关于浙江省天河房地产联合发展公司申请撤销中国经济贸易仲裁委员会上海分会仲裁裁决案的复函

（2003年11月10日　〔2003〕民四他字第19号）

上海市高级人民法院：

你院〔2003〕沪高民三（商）他字第3号《关于上海市第一中级人民法院拟裁定撤销（97）沪贸仲字第096号裁决一案的请示》收悉。经研究，答复如下：

本案中，浙江省天河房地产联合发展公司（以下简称天河公司）申请撤销中国国际经济贸易仲裁委员会上海分会（97）沪贸仲字第096号仲裁裁决的理由归结起来主要是：（1）仲裁庭对远湖有限公司（以下简称远湖公司）提供的部分证据材料未经质证；天河公司因此丧失了陈述、申辩的机会，仲裁庭的做法违反了仲裁规则；（2）仲裁庭对有关出资问题的认定错误；（3）仲裁庭对天河公司与合资公司关于土地使用面积是80亩还是68亩的争议、台湾宁诚公司的购房款应付给谁、远湖公司的出资是否到位等问题进行认定超出了仲裁协议的范围；（4）该仲裁裁决违反了社会公共利益。

本案系对涉外仲裁裁决的申请撤销，人民法院应当依据《中华人民共和国仲裁法》第七十条的规定和《中华人民共和国民事诉讼法》第二百六十条的规定进行审查并作出裁决。

关于本案有关证据材料是否经过质证以及是否因此导致当事人未能陈述意见的问题。本案于1996年6月28日由仲裁委员会受理，组成仲裁庭后，经过两次开庭审理，1997年5月23日作出仲裁裁决。根据本案卷宗材料反映的事实，在仲裁过程中，仲裁庭均向双方当事人分别提供了相关的证据材料，组织了对有关证据材料的质证，当事人有充分的陈述自己意见的机会，符合仲裁规则的基本要求。对证据的分析和认定属于仲裁庭的权力范围，当事人不能以仲裁庭对有关证据材料的质证程度、采信与否作为申请撤销仲裁裁决的理由。天河公司认为远湖公司提出的几份证据材料系伪证且未予质证使其丧失了对该证据申辩的机会没有事实和法律依据。你院认为“远湖公司在提供给仲裁庭的一览表及附件上注明‘只提供仲裁庭，不送天河公司’，仲裁卷中虽有证据证明仲裁庭于收到一览表第二日将该补充材料及附件邮寄给天河公司，但在相关的函上并没有列明各份材料的名称及页数，故无法证明一览表及所附的材料已全部交给天河公司进行质证。仲裁庭的庭审记录上也只能反映曾出示过一览表，未能反映出该表所附的证据也经质证”，并以此认为“仲裁庭该做法违反法定程序”欠妥。

关于仲裁庭对有关出资问题的认定是否属实的问题。对当事人出资是否到位的认定系实体问题,而不是程序问题,人民法院对涉外仲裁裁决进行司法监督的范围仅限于程序问题。

关于本案是否部分超裁的问题。本案所涉仲裁裁决书对天河公司与合资公司关于土地使用面积是80亩还是68亩的争议、台湾宁诚公司的购房款应付给谁、远湖公司的出资是否到位等问题有所论及,但并没有对这些问题作出裁决,且裁决书中明确表示台湾宁诚公司与天河公司之间的有关约定系另一法律关系、合资公司与远湖公司、天河公司之间的争议系另一法律关系、不属于本案仲裁的范围。因此,不能认为本案仲裁裁决超出了仲裁庭应当裁决的范围。

关于执行该仲裁裁决是否会违反社会公共利益的问题。天河公司认为本案仲裁裁决的执行将会违反社会公共利益,没有事实和法律依据。

综上,天河公司申请撤销中国国际经济贸易仲裁委员会上海分会(97)沪贸仲字第096号仲裁裁决的理由均不能成立,不构成《中华人民共和国民事诉讼法》第二百六十条规定的对仲裁裁决应予撤销的情形。因此,人民法院应当驳回天河公司撤销该仲裁裁决的申请。

此复。

附:

上海市高级人民法院关于上海市第一中级人民法院拟裁定撤销(97)沪贸仲字第096号裁决一案的请示(摘要)

[〔2003〕沪高民三(商)他字第3号]

最高人民法院:

浙江省天河房地产联合发展公司(以下简称“天河公司”)申请撤销中国国际经济贸易仲裁委员会上海分会〔97〕沪贸仲字第096号仲裁裁决一案,前由上海市第一中级人民法院于1998年4月2日作出〔1997〕沪一中经仲撤字第2号民事裁定,以天河公司申请撤销仲裁裁决的理由不成立为由,驳回其撤销仲裁裁决的申请。天河公司不服,向最高人民法院提出申诉,最高人民法院将其申诉状转至上海市第一中级人民法院处理。上海市第一中级人民法院于1998年8月18日作出〔1998〕沪一中经监字第106号驳回再审申请通知书,以天河公司提出申诉的依据不足为由,驳回其申请。天河公司仍不服,向本院提出申诉。本院受理后,经审判委员会讨论,于2002年3月15日作出〔2001〕沪高经监字第228号民事裁定,指令上海市第一中级人民法院重新审查天河公司要求撤销(97)沪贸仲字第096号裁决的申请。上海市第一中级人民法院审判委员会经讨论本案并向本院请示,拟裁定撤销〔97〕沪贸仲字第096号裁决。本院审查本案并经审判委员会讨论,认为应裁定撤销〔97〕沪贸仲字第096号裁决。根据最高人民法院法发〔1998〕40号《关于人民法院撤销涉外仲裁裁决有关事项的通知》的要求,现将本院审查意见报你院复核。

一、当事人的基本情况

原申请人:浙江省天河房地产联合发展公司。住所地:浙江省杭州市保叔路宝石山下2弄19号。

法定代表人陈锦升,董事长。

原被申请人:远湖有限公司(ASIAN LAKE LIMITED)。住所地:香港特别行政区葵涌大连排道200号。

法定代表人陈熙,董事长。

二、仲裁裁决书认定的基本案情及裁决理由

1993年4月3日,天河公司与远湖有限公司(以下简称"远湖公司")签订《中外合资浙江省天湖房地产发展公司合同》及《章程》一份,该合同和章程未报上级主管部门审批。双方又于同年7月22日签订内容大体相同,但使用土地面积不同的《浙江天湖房地产开发有限公司合同》和《章程》。前一份合同投资的地块占地80亩,后一份合同投资的地块占地68亩。后一份合同于1993年7月26日经浙江省对外经济贸易委员会以(93)浙外经贸资字488号文批复同意,7月29日获企业法人营业执照。合资合同规定,合资公司生产经营的范围是杭州市文一路北侧骆家庄2号地块内天湖公寓及配套辅助设施的开发、建设、销售、服务和物业管理;公司的投资总额为1200万美元,注册资本为600万美元,天河公司认缴240万美元,占注册资本的40%,远湖公司认缴360万美元,占注册资本的60%;注册资本以外的资金通过房屋顶售款、银行贷款或双方自行投入等方式筹集。1996年6月,因双方发生纠纷,远湖公司向中国国际经济贸易仲裁委员会上海分会提出仲裁申请,要求确认天河公司未出资、无股权、承担违约责任及终止双方合资合同等。

仲裁庭认为,远湖公司与天河公司于1993年4月3日订立的合资合同,因未经中国政府和主管机关审查批准,该合同无效。双方于7月22日签订的合资合同,经主管机关审查批准,是合法有效的,双方应按照7月22日合同的规定履行各项义务。远湖公司自1993年3月~11月汇入360万美元资金,已完成认缴的出资义务。天河公司没有按合资合同规定出资相当于240万美元的人民币,构成违约。天河公司以合资公司的资金交付了80亩土地使用权的出让金,并由合资公司取得80亩土地使用权的证书,因此合资公司拥有80亩土地的使用权。至于台湾宁诚公司与合资公司签订的购房合同,其售房款应付给合资公司。由于天河公司在出资问题上严重违约,因此对远湖公司关于终止合资合同的请求予以支持。故裁决:终止《浙江天湖房地产开发有限公司合同》,对合资公司进行清算;天河公司应向远湖公司支付违约金 14.4 万美元;对天河公司要求远湖公司退款、赔偿损失的反诉请求予以驳回等。

三、上海市第一中级人民法院的审查意见

(一)关于重新审查的范围

天河公司原申请撤销仲裁裁决的理由为:(1)远湖公司提交的证明天河公司未出资的证据材料和有关汇总表(《远湖公司资本金被天河公司侵占后使用去向一览表》)未经质证;(2)仲裁裁决认定天河公司未出资,远湖公司全额出资到位与事实不符;(3)仲裁裁决违反国家和社会公共利益。

天河公司在本案复查程序中增加的主要理由为:(1)远湖公司在仲裁程序中提供的《关于浙江省天湖房地产公司完善土地审批过程中有关问题处理的会议纪要》、《关于浙江天湖房地产开发有限公司蒋村 80 亩土地地价款的情况》、《国有土地使用证》均系远湖公司伪造,且未经质证;(2)《远湖公司投入天湖房地产开发有限公司资金汇款细节》、《远湖公司投资时间、金额、账号》两份表格及其所依据的证据材料有部分未予质证;(3)裁决书对天河公司与合资公司关于土地使用面积是 80 亩还是 68 亩的争议、台湾宁诚公司的购房款应付给谁、远湖公司的出资是否到位的认定超出了仲裁协议的范围。

上海市第一中级人民法院审判委员会经讨论认为,复查的范围应以原申请撤销仲裁裁决的审查范围为限。理由是:仲裁程序实行一裁终局制,有别于民事诉讼程序。根据我国《仲裁法》的规定,当事人申请撤销仲裁裁决的,应当自收到裁决书之日起 6 个月内提出。对于法院作出驳回申请的裁定后,当事人如发现新的证据、新的理由,能否向法院申请重新审查,《仲裁法》对此未作规定。现天河公司在复查程序中增加的理由主要是远湖公司是否提供伪证、仲裁裁决是否超出仲裁协议的范围等问题,申请人在原法院审查程序期间对这些理由是可以知晓的,但其并未提出,并且当事人在仲裁程序中提供的证据是否系伪证,这不属申请撤销涉外仲裁裁决的审查范围,故不宜将天河公司在复查程序中增加的理由列入重新审查的范围。

(二)对天河公司原申请撤销仲裁裁决理由的审查意见

1. 对原申请中的第二、三点理由的审查意见

上海市第一中级人民法院审判委员会认为,天河公司在原申请中提出的第二点理由,即"裁决书认定的天河公司未出资、远湖公司已出资到位与事实不符"的问题,这一理由不属于我国《仲裁法》、《民事诉讼法》规定的申请撤销涉外仲裁裁决的审查范围。天河公司提出的第三点理由,即"仲裁裁决违反国家和社会公共利益"的问题,也不属于我国《仲裁法》、《民事诉讼法》规定的申请撤销涉外仲裁裁决的审查范围。

2. 对原申请中的第一点理由的审查意见

上海市第一中级人民法院审判委员会多数意见认为,《远湖公司资本金被天河公司侵占后使用去向一览表》是由远湖公司在仲裁程序中自行制作的,该一览表列出了证据名称和内容,目的是方便仲裁庭的审理,其本身并非证据。虽然该一览表及所附材料上注明"只提供仲裁庭,不送天河公司",但仲裁庭在收到这些材料的第二天,即 1996 年 10 月 8 日就将这些材料邮寄给天河公司。仲裁庭第二次庭审记录记载,仲裁庭当庭出示过该一览表。现天河公司提出一览表及其所附证据材料未经质证的理由依据不足。天河公司原申请撤销仲裁裁决的理由均不能成立。

上海市第一中级人民法院审判委员会少数意见认为,远湖公司在提供给仲裁庭的一览表及附件上注明"只提供仲裁庭,不送天河公司",仲裁卷中虽有证据证明仲裁庭收到远湖公司提交的补充材料后即邮寄给天河公司,但在相关的函上并没有列明补充材料的名称及页数,故无法证明一览表及所附的材料已全部交给天河公司质证。仲裁庭的庭审记录也只能反映出示过一览表,未能反映出该表所附材料也质证过。故天河公司这一申请撤销仲裁裁决的理由成立。

3. 对天河公司在复查程序中增加的理由的审查意见

(1)关于远湖公司在仲裁程序中是否提供假证、伪证的问题。杭州市蒋村商住区建设管理领导小组办公室发出的《关于浙江省天湖房地产公司完善土地审批过程中有关问题处理的会议纪要》[文号:蒋商办(1996)10 号]、《关于浙江天湖房地产开发有限公司蒋村 80 亩土地地价款的情况》,天河公司在复查程序中主张这两份文件系远湖公司提供的伪证且未经质证,而远湖公司主张其未将这两份文件作为证据提交仲裁庭。经查阅仲裁卷宗,在远湖公司提交仲裁庭的证据材料中未见这两份文件,裁决书认定的事实未直接引用这两份文件的名称和内容;由余杭市土地管理局于 1996 年 3 月 19 日颁发的《国有土地使用证》(证号为:余国用土字 G-A-598-1021 号),天河公司主张该证是由远湖公司假造的且未经质证。经查,仲裁案卷记载,天河公司在答辩状上陈述了对该《国有土地使用证》的质证意见,并将该证作为己方证据使用,在天河公司提交仲裁庭的证据目录中列有该《国有土地使用证》,在仲裁庭第二次庭审中,天河公司对该证陈述了质证意见。

(2)关于裁决书认定的内容是否超越仲裁协议的范围问题。合资公司拥有的土地使用面积是 68 亩还是 80 亩、台湾宁诚公司的购房款应付给谁,不属于双方当事人仲裁协议的范围,裁决书虽在主文中未直接对此作出裁决,但在仲裁庭意见部分作出了认定,这确有不妥之处。由于天河公司在原申请撤销仲裁裁决一案中,未将此作为申请撤销仲裁裁决的理由,故在复查程序中对此不作处理。

四、本院的审查意见

本院审判委员会经讨论本案后,多数意见同意上海市第一中级人民法院审判委员会少数意见,认为应裁定撤销(97)沪贸仲字第096号仲裁裁决。少数意见同意上海市第一中级人民法院审判委员会多数意见,认为不应裁定撤销(97)沪贸仲字第096号仲裁裁决。

本院复函后,上海市第一中级人民法院审判委员会讨论后认为,远湖公司在提供给仲裁庭的一览表及附件上注明"只提供仲裁庭,不送天河公司",仲裁卷中虽有证据证明仲裁庭于收到一览表第二日将该补充材料即附件邮寄给天河公司,但在相关的函上并没有列明各份材料的名称及页数,故无法证明一览表及所附的材料已全部交给天河公司进行质证。仲裁庭的庭审记录上也只能反映曾出示过一览表,未能反映出该表所附的证据也经质证。仲裁庭该做法违反法定程序。故根据《中华人民共和国仲裁法》第七十条的规定,拟裁定撤销(97)沪贸仲字第096号仲裁裁决。根据《最高人民法院关于人民法院撤销涉外仲裁裁决有关事项的通知》规定,上海市第一中级人民法院将拟裁定撤销(97)沪贸仲字第096号仲裁裁决的意见报本院审查。

经本院审判委员会讨论,认为浙江省天河房地产联合发展公司与远湖有限公司合资纠纷仲裁一案违反法定程序,应撤销(97)沪贸仲字第096号仲裁裁决。

最高人民法院关于撤销中国国际经济贸易仲裁委员会(2002)贸仲裁字第0039号裁决一案的请示的复函

(2003年3月10日 〔2002〕民四他字第44号)

北京市高级人民法院:

你院2002年11月21日京高法〔2002〕307号《关于撤销中国国际经济贸易仲裁委员会〔2002〕贸仲裁字第0039号裁决一案的请示》收悉。经研究,答复如下:

根据《中国国际经济贸易仲裁委员会仲裁规则》第三十二条的规定,仲裁庭应当开庭审理案件。但经双方当事人申请或者征得双方当事人同意,仲裁庭也认为不必要开庭审理的,仲裁庭可以只依据书面文件进行审理并做出裁决。仲裁庭在审理台湾桦庆塑胶制品有限公司与烟台开发区塑料制网有限责任公司合作经营合同纠纷一案中,未经双方当事人同意即对台湾桦庆塑胶制品有限公司提出的反请求进行书面审理,违反了仲裁规则的规定,属于民事诉讼法第二百六十条第一款规定的"仲裁程序与仲裁规则不符"的情形,依法应当予以撤销。

此复。

附：

北京市高级人民法院关于撤销中国国际经济贸易仲裁委员会(2002)贸仲裁字第0039号裁决一案的请示

(2002年11月21日 京高法〔2002〕307号)

最高人民法院：

我市第二中级人民法院立案受理了申请人台湾桦庆塑胶制品有限公司申请撤销中国国际经济贸易仲裁委员会作出的〔2002〕贸仲裁字第0039号裁决一案，拟撤销该仲裁裁决，并向我院请示。经研究，现将该案有关情况报告并请示如下：

一、案件基本事实

1999年11月16日，华瑞公司与桦庆公司签署了《中外合作企业烟台大正塑胶网业有限公司合同》(以下简称合作合同)以及合作公司章程，约定双方共同投资设立烟台大正塑胶网业有限公司。合作合同与合作公司章程于1999年11月19日经政府主管部门批准，合作公司于1999年11月26日领取了营业执照。在合作合同履行过程中，双方当事人发生纠纷，协商不成，华瑞公司于1999年11月16日，依据《中外合作企业烟台大正塑胶网业有限公司合同》向中国国际经济贸易仲裁委员会提请仲裁。

二、仲裁情况

华瑞公司仲裁请求为：要求被申请人承担相关费用和赔偿经济损失，1. 承担公司开办费人民币23.8万元；2. 承担开办费利息人民币3.37万元；3. 赔偿经济损失人民币76.25万元；4. 偿还借款(34.1万元)的利息5.19万元；5. 被申请人承担全部仲裁费用。

桦庆公司向仲裁庭提出仲裁反请求为：要求1. 合作公司开办费34.1万元人民币，由被反申请人承担50%，计17.05万元人民币；2. 由被反申请人赔偿设备损失金60.7万元人民币；3. 本案全部仲裁费用由被反申请人承担。

2002年9月15日，中国国际经济贸易仲裁委员会〔2002〕贸仲裁字第0039号仲裁裁决：1. 被申请人赔偿申请人经济损失计人民币35万元。2. 驳回申请人的其他仲裁请求。3. 驳回被申请人的全部反请求。4. 本案的仲裁费由申请人承担30%，由被申请人承担70%。5. 本案的反请求仲裁费全部由被申请人承担。

三、双方当事人的主要理由

(一)申请人桦庆公司申请撤销仲裁裁决的主要理由

1. 仲裁程序与仲裁规则不符。本案开庭时只开了一个头，因我方提出反请求而休庭。在这次开庭中，我方未有机会对本案所涉的问题全面陈述意见。涉及本案的大部分证据都未在庭上举证，特别是关于中方投资的审计报告、工业产权投资的评估报告和专利技资的权属转移材料等都没有当庭举证。我方未能见到这些证据材料的原件，无法辨别这些重要证据材料的真伪。关于质证，我方未见到中方提供全部证据的原件，不能正常行使质证权。虽然对仲裁庭转递的复印材料发表了一些书面意见，但这些意见是受限制的。关于相互辩论，本案根本未进行这一程序。根据以上存在的问题，2001年11月19日仲裁开庭是不完整的，与正常的仲裁程序差距甚大。我方在2001年11月19日开庭后一直在等待再次开庭，以便详细陈述意见和行使权利，但未能得到这个机会。

2. 我方的反请求未开庭审理。根据2000年《中国国际经济贸易仲裁委员会仲裁规则》（以下简称仲裁规则）第三十二条的规定，仲裁庭应当开庭审理案件。本案仲裁庭虽正式受理了我方提出的反请求，但在双方当事人均未申请书面审理的情况下，未开庭审理即全部驳回我方反请求的做法与仲裁规则不符。

3. 关于中方以无效专利权出资的问题。双方争议焦点之一是关于中方作为出资到位依据的一项专利技术是否有效的问题。我方两次书面告知仲裁庭，国家知识产权局专利复审委员会已立案审查该专利技术的效力，其审查结果对本案裁决有着至关重要的影响，仲裁庭应慎重考虑我方关于该专利权无效的主张，但仲裁庭对我方的请求不予理睬。在仲裁庭作出裁决后仅一个月的时间，国家专利复审委员会于2002年3月21日下达宣告该专利权无效的决定。现在的裁决结果不公，与事实不符，仲裁委应当依据该专利复审结果重新裁决。

（二）华瑞公司答辩的主要理由

1. 该仲裁案仲裁程序符合仲裁规则。（1）关于庭审程序。庭审中双方都进行了充分的陈述，进行了举证和质证；对台方的反请求进行了辩论。庭后补交了答辩状、反请求书和对我方提交材料的异议书等。（2）关于举证、质证。仲裁规则没有规定有关证据一定要在庭上举证或质证。（3）仲裁庭未再次开庭并不违反仲裁规则。仲裁规则只规定仲裁庭应当开庭审理案件，并没有规定开几次庭。

2. 关于台方的反请求未开庭审理的问题。仲裁规则只规定仲裁庭应当开庭审理案件，对仲裁过程中双方提出的个别问题，包括反请求，仲裁规则并没有规定一定要单独开庭审理；要否进行单独开庭审理完全由仲裁庭根据实际情况决定。对于台方的反请求，仲裁庭在正式开展时已进行过初步审理。开庭后，台方补交了反请求书，仲裁庭及时转给我方；我方根据实际情况提交了对台方反请求书的异议，并提交有关证据材料，仲裁庭对双方意见进行了详细审查。仲裁庭对台方的反请求未开庭审理即予以驳回并不违反仲裁规则。

3. 关于中方以专利权出资问题。关于专利效力问题是仲裁案的实体问题，台方以此作为撤销裁决的理由不符合民事诉讼法第二百六十条第一款的规定，应被驳回。

四、我院审查意见

（一）关于桦庆公司主张仲裁程序与仲裁规则不符的撤销理由

经查，仲裁委受理本案后将申请人华瑞公司的仲裁申请书及相关证据材料均向被申请人桦庆公司作了送达。开庭时，华瑞公司与桦庆公司分别就案件涉及的主要问题发表了自己的意见，并回答了仲裁庭提出的问题。在庭审过程中，桦庆公司并未要求华瑞公司出示中方投资的审计报告等证据材料的原件。

鉴于本案系涉外仲裁案件，仲裁规则并未规定当事人必须当庭出示证据原件进行质证，亦未规定仲裁庭审的辩论程序，故本案的仲裁庭审程序与仲裁规则并不相悖，故该撤销理由不成立，本院不予支持。

（二）关于桦庆公司主张其反请求未开庭审理的撤销理由

经查，桦庆公司在仲裁开庭时当庭提交了《反请求延长申请书》，仲裁庭经评议后同意延长桦庆公司提出反请求的期限。庭后，桦庆公司在仲裁庭规定的期限内提交了仲裁反请求书及相关证据，华瑞公司收到仲裁庭转递的上述材料后，提交了对台方反请求书的异议及相关证据。仲裁庭对双方的意见进行了书面审查，并根据案件的实际情况和有关的证据材料驳回了桦庆公司的反请求。

根据仲裁规则第三十二条规定，"仲裁庭应当开庭审理案件。但经双方当事人申请或者征得双方当事人同意，仲裁庭也认为不必要开庭审理的，仲裁庭可以只依据书面文件进行审理并作出裁决。"本案双方当事人均未申请对反请求书面审理，仲裁庭亦未征得双方当事人同意即对桦庆公司庭后提出的反请求进行书面审理的做法与仲裁规则的规定不符。根据《中华人民共和国民事诉讼法》第二百六十条第一款第（三）项的规定，涉外仲裁裁决有"仲裁庭的组成或者仲裁的程序与仲裁规则不符的"情形，裁定撤销。故桦庆公司该撤销理由成立，本院予以支持。

（三）关于桦庆公司主张华瑞公司以无效专利权出资的问题

该问题属于仲裁庭实体认定的问题，不属于仲裁法规定的人民法院撤销仲裁裁决审查的范围，故该撤销理由不成立，本院不予支持。

该案仲裁程序对被申请人的反请求未经当事人同意或申请径行书面审理的做法，与仲裁规则不符，属于《中华人民共和国民诉法》第二百六十条第一款规定之情形，应予撤销。根据《中华人民共和国仲裁法》第七十条之规定，我院拟同意北京市第二中级人民法院裁定撤销中国国际经济贸易仲裁委员会作出的（2002）贸仲裁字第0039号裁决。

妥否请批示。

（四）仲裁裁决撤销后的批复

最高人民法院关于当事人对驳回其申请撤销仲裁裁决的裁定不服而申请再审，人民法院不予受理问题的批复

（2004年7月20日　法释〔2004〕9号）

陕西省高级人民法院：

你院陕高法〔2004〕225号《关于当事人不服人民法院驳回其申请撤销仲裁裁决的裁定申请再审，人民法院是否受理的请示》收悉。经研究，答复如下：

根据《中华人民共和国仲裁法》第九条规定的精神，当事人对人民法院驳回其申请撤销仲裁裁决的裁定不服而申请再审的，人民法院不予受理。

此复。

最高人民法院关于对驳回申请撤销仲裁裁决的裁定能否申请再审问题的复函

（2004年7月27日　〔2003〕民立他字第71号）

北京市高级人民法院：

你院2003年9月19日京高法〔2003〕286号《北京市高级人民法院关于对驳回申请撤销仲裁裁决的裁定能否申请再审问题的请示》收悉。经研究，答复如下：

同意你院的第一种意见。当事人对人民法院驳回申请撤销仲裁裁决的裁定不服申请再审的，不属于申请再审案件受理范围，人民法院不予受理。

附：

关于对驳回申请撤销仲裁裁决的裁定能否申请再审问题的请示与答复

（2003 年 9 月 19 日　京高法〔2003〕286 号）

一、基本案情

再审申请人蒙超系〔2002〕京仲裁字第 0386 号裁决的一方当事人。蒙超不服前述仲裁裁决，向北京市第二中级人民法院申请撤销该仲裁裁决。经审理，北京市第二中级人民法院认为蒙超未提供充分证据证明该仲裁裁决存在《仲裁法》第五十八条第一款规定的撤销情形，裁定驳回蒙超请求撤销仲裁裁决的申请。蒙超不服北京市第二中级人民法院的裁决，申请再审。

二、请示的问题和分歧意见

蒙超对人民法院驳回申请撤销仲裁裁决的裁定申请再审，是否属于申请再审案件受理范围，形成以下两种意见：

1. 第一种意见认为：蒙超对人民法院驳回撤销仲裁裁决的裁定申请再审，不属于申请再审案件受理范围，应当不予受理。其理由是：

（1）《最高人民法院关于适用〈中华人民共和国民事诉讼法〉若干问题的意见》（以下简称《民诉意见》）第二百零八条规定：对不予受理、驳回起诉的裁定，当事人可以申请再审。该条未规定对驳回申请撤销仲裁裁决的裁定，当事人可以申请再审。

（2）《最高人民法院关于人民检察院对不撤销仲裁裁决的民事裁定提出抗诉人民法院应否受理问题的批复》（以下简称《抗诉批复》）规定：人民检察院对发生法律效力的不撤销仲裁裁决的民事裁定提出抗诉，没有法律依据，人民法院不予受理。既然人民检察院不能对发生法律效力的不撤销仲裁裁决的民事裁定提出抗诉，按照批复的精神，不撤销仲裁裁决的裁定也应当不属于申请再审范围，当事人不能对驳回申请撤销仲裁裁决的裁定申请再审。

（3）仲裁实行“一裁终局”的制度，人民法院应当尊重这一制度，尊重仲裁裁决的效力，尽可能维持仲裁裁决的效力。当事人不服仲裁裁决，向人民法院申请撤销仲裁裁决，人民法院审理后，无论作出何种裁定，都不能允许当事人申请再审，否则将破坏“一裁终局”制度，对仲裁作用的发挥产生不良影响。

2. 第二种意见认为：蒙超对人民法院驳回申请撤销仲裁裁决的裁定申请再审，属于申请再审案件受理范围，应予受理；或者比照《最高人民法院关于适用督促程序若干问题的规定》第十一条的规定，人民法院院长发现确有错误，认为需要撤销的，应当提交审判委员会讨论决定后，裁定撤销原裁定。理由如下：

（1）《最高人民法院关于规范人民法院再审立案的若干意见（试行）》（以下简称《再审立案若干意见（试行）》）第十四条列举了申请再审不予受理的各类案件，其中第（二）项明确规定了人民法院裁定撤销仲裁裁决和裁定不予执行仲裁裁决的案件不属于申请再审受理范围，但并未规定驳回申请撤销仲裁裁决的裁定也属于不予受理之列，司法解释没有明确禁止的，应当理解为法律并不禁止申请再审。虽然《抗诉批复》规定人民法院对检察院关于不撤销仲裁裁决的民事裁定的抗诉不予受理，但并不意味着驳回申请撤销仲裁裁决的裁定不属于申请再审范围。此外，《再审立案若干意见（试行）》颁布于《民诉意见》和《抗诉批复》之后，且明确规定“以前有关再审立案的规定与本意见不一致的，按本意见执行”，因此关于申请再审范围的规定，应当以《再审立案若干意见（试行）》为准。

（2）《民事诉讼法》和《仲裁法》均规定了司法对仲裁的监督制度，对于具备法定情形的仲裁裁决，经当事人申请，人民法院可以裁定不予执行或者撤销仲裁裁决，这说明仲裁“一裁终局”制度并不是绝对的。《再审立案的若干意见（试行）》规定对于人民法院裁定撤销仲裁裁决和裁定不予执行仲裁裁决的案件，不能申请再审，是考虑到在人民法院裁定撤销仲裁裁决或裁定不予执行仲裁裁决后，当事人可以依据《民事诉讼法》和《仲裁法》的规定，就该纠纷根据双方重新达成的仲裁协议申请仲裁，或者向人民法院起诉，当事人仍有救济权利的途径。但驳回申请撤销仲裁裁决的裁定与此不同，当事人申请撤销仲裁裁决被驳回后，仲裁裁决依然有效，当事人既不能重新达成仲裁协议申请仲裁，也不能向人民法院另行起诉，如果仲裁裁决确实存在应当依法撤销的情形却不允许当事人申请再审，那么当事人就丧失了权利救济的途径，其合法权益无法得到保护。因此，对于驳回撤销仲裁裁决的裁定，应当与撤销仲裁裁决或不予执行仲裁裁决的裁定区别对待，从保护当事人权益的角度出发，给予当事人申请再审的权利，或者按照院长发现撤销解决。

北京市高级人民法院向最高人民法院请示，对于驳回申请撤销仲裁裁决的裁定，能否申请再审。

三、最高人民法院答复及分析意见

最高人民法院研究认为：对驳回申请撤销仲裁裁决的裁定不能申请再审，也不能以院长发现确有错误为由提交审判委员会讨论决定再审。主要理由是：

1. 根据《仲裁法》“一裁终局”原则，对于驳回申请撤销仲裁裁决的裁定不应允许申请再审。

《仲裁法》第九条规定：“仲裁实行一裁终局的制度。裁决作出后，当事人就同一纠纷再申请仲裁或者向人民法院起诉的，仲裁委员会或者人民法院不予受理。”根据法释〔1999〕6 号《关于当事人对人民法院撤销仲裁裁决的裁定不服申请再审人民法院是否受理问题的批复》、法复〔1997〕5 号《关于人民法院裁定撤销仲裁裁决或驳回当事人申请后当事人能否上诉问题的批复》、法释〔2000〕17 号《关于人民检察院对撤销仲裁裁决的民事裁定提起抗诉人民法院应如何处理问题的批复》、法释〔2000〕46 号《关于人民检察院对不撤销仲裁裁决的民事裁定提出抗诉人民法院应否受理问题的批复》等文件的规定，对于法院撤销仲裁裁决的裁定，当事人无上诉权和申请再审权,检察院不能抗诉;对于法院驳回撤销申请和不撤销仲裁裁决的裁定,当事人无上诉权,检察院亦不得抗诉。另外,对于人民法院裁定不予执行仲裁裁决的,当事人也无申请再审权。这一系列批复表明,虽然《仲裁法》和《民事诉讼法》规定了仲裁司法监督制度,但最高人民法院一贯持仲裁司法监督有限的态度,避免审判权对仲裁的干预过大,以保护当事人的意思自治,促进仲裁事业的发展。如果允许当事人对于法院驳回申请撤销仲裁裁决的裁定申请再审,则仲裁裁决随时有可能通过再审程序被撤销,效力无法确定,违背了"一裁终局"和仲裁司法监督有限的原则。以院长发现程序启动再审会产生同样的问题,亦不应准许。

2. 根据尊重当事人意思自治,迅速、快捷解决纠纷这一仲裁法的立法意旨,对于驳回申请撤销仲裁裁决的裁定不应允许申请再审。

仲裁是当事人自治性解决纠纷的制度,其立法意旨在于充分尊重当事人的意思自治、简化程序、迅速、快捷地解决纠纷。根据《民事诉讼法》、《仲裁法》和有关司法解释,法院就仲裁所作出的各类裁定均不允许当事人上诉和申请再审。就驳回申请撤销仲裁裁决的裁定而言,最高人民法院明确规定,当事人不得上诉,人民检察院亦不得抗诉。根据诉讼程序设置的一般原理,上诉审是针对未生效裁判的普通救济程序,再审是针对已生效裁判的特别救济程序,相对于上诉审程序而言,再审程序的启动应当更为慎重,对于法律未赋予上诉审救济的裁判,不应允许通过启动再审程序予以变更。如果允许一方当事人对于驳回申请撤销仲裁裁决的裁定申请再审进入再审程序,必然导致程序的复杂化,纠纷长期不能根本解决,违背了当事人选择仲裁迅速解决纠纷的一致意思表示,同时也不符合诉讼程序设置的一般原理。

此外,仲裁权的来源是双方当事人一致达成的仲裁协议,当事人在达成仲裁协议时就应当具备尊重仲裁权并履行仲裁裁决的诚意,并预见到仲裁裁决对其不利的后果。人民法院认为仲裁裁决不具备法定撤销的情形,裁定不撤销仲裁裁决,实质上是维护了仲裁裁决的效力,纠纷通过仲裁已经得以解决,当事人应当履行裁决内容,这也是"一裁终局"原则和诚实信用原则的必然要求。

最高人民法院关于下级法院撤销仲裁裁决后又以院长监督程序提起再审应如何处理问题的复函

(2004年8月27日 〔2003〕民立他字第45号)

黑龙江省高级人民法院:

你院2003年8月18日〔2003〕黑立民他字第1号《关于下级法院撤销仲裁裁决

后又以院长监督程序进行再审应如何处理的请示与答复》收悉。经研究,答复如下:

黑龙江国祥房地产开发有限公司与黑龙江省九利建筑工程公司欠款纠纷一案,经哈尔滨市中级人民法院裁定撤销仲裁裁决后,当事人可以依据《中华人民共和国仲裁法》第九条的规定重新达成仲裁协议申请仲裁,也可以向人民法院提起诉讼。哈尔滨市中级人民法院不应以院长发现撤销仲裁裁决的裁定确有错误为由提起再审。已经再审的,你院应当通知该院予以纠正。

附:

关于下级法院撤销仲裁裁决后又以院长监督程序进行再审应如何处理的请示与答复

(2003年8月18日 〔2013〕黑立民他字第1号)

一、基本案情

2002年4月22日,黑龙江国祥房地产开发有限公司(以下简称国祥公司)诉至哈尔滨市中级人民法院,就其与黑龙江省九利建筑工程公司(以下简称九利公司)欠款纠纷一案,申请撤销哈尔滨仲裁委员会〔2002〕哈仲裁字第174号仲裁裁决书。2002年6月20日,哈尔滨市中级人民法院以〔2002〕哈民一初字第69号民事裁定撤销该仲裁裁决。九利公司不服申请再审,哈尔滨市中级人民法院立案复查,于2002年9月24日依据最高人民法院有关规定,该类型案件申请再审,法院不应受理的精神,以〔2002〕哈民监字第676号驳回九利公司的再审申请。后九利公司多次到哈尔滨市中级人民法院申诉。哈尔滨市中级人民法院按院长监督程序以〔2003〕哈民一监字第248号民事裁定对本案进行再审,于2003年4月8日以〔2003〕哈民一再字第69号民事裁定撤销〔2002〕哈民一初字第69号民事裁定。国祥公司不服,继续提出申诉。

二、请示的问题和分歧意见

对于本案,黑龙江省高级人民法院和哈尔滨市中级人民法院形成了以下两种意见:

黑龙江省高级人民法院认为:根据《中华人民共和国仲裁法》和最高人民法院法释〔1999〕6号《关于当事人对人民法院撤销仲裁裁决的裁定不服申请再审人民法院是否受理问题的复函的批复》、法复〔1997〕5号《关于人民法院裁定撤销仲裁裁决或驳回当事人申请后当事人能否上诉问题的批复》、法释〔2000〕17号《关于人民检察院对撤销仲裁裁决的民事裁定提出抗诉人民法院应如何处理问题的批复》等有关司法解释规定,人民法院撤销仲裁裁决后,当事人对法院的裁定无上诉权和申诉权,检察机关亦不得抗诉。当事人可以重新达成仲裁协议申请仲裁,也可以向人民法院提起诉讼,法律已明确了解决此类问题的救济程序规定。且仲裁法是特别法,应优于民事诉讼法。故本院院长对此类生效裁定启动审判监督程序没有法律依据。即使撤销仲裁裁定有误,当事人亦应通过仲裁法规定的解决纷争的程序规定,实现其权利。故哈尔滨市中级人民法院的再审裁定依法应予纠正。

哈尔滨市中级人民法院认为:本案是依据《民事诉讼法》第一百七十七条以院长监督程序经院审委会决定再审的。本院院长对本院已发生法律效力的判决、裁定具有监督权。《仲裁法》和最高人民法院的批复都是指当事人申诉的情形,目前没有法律明确规定把院长对此类案件的监督权排除掉。本院院长自己发现本院生效的判决、裁定有错误,当事人没有申诉,也应监督,且本案新闻媒体已经作了监督,故本院院长决定再审,依法有据。

黑龙江省高级人民法院向最高人民法院请示:上述两种意见,哪种符合立法精神,下级人民法院撤销仲裁裁决后又以院长监督程序进行再审应如何处理。

三、最高人民法院答复意见及评析

最高人民法院经研究认为:本案经哈尔滨市中级人民法院裁定撤销仲裁裁决后,当事人可以依据《中华人民共和国仲裁法》第九条的规定重新达成仲裁协议申请仲裁,也可以向人民法院提起诉讼。哈尔滨市中级人民法院不应以院长发现撤销仲裁裁决的裁定确有错误为由提起再审。已经再审的,应当予以纠正。上述意见主要基于以下理由:

1. 从《仲裁法》规定的当事人享有的法律救济途径而言,不应允许以院长发现确有错误为由对撤销仲裁裁决的裁定提起再审。《仲裁法》第九条第二款规定:"裁决被人民法院依法裁定撤销或者不予执行的,当事人就该纠纷可以根据双方重新达成的仲裁协议申请仲裁,也可以向人民法院起诉。"据此,仲裁裁决被人民法院裁定撤销的,当事人之间的纠纷即恢复到尚未解决的状态,当事人既可以重新达成仲裁协议申请仲裁,也可以直接向人民法院起诉,从而享有选择解决纠纷方式的权利。允许法院以院长发现确有错误为由,对于撤销仲裁裁决的裁定进行再审,实质上是否定纠纷已恢复到未解决的状态,试图恢复原有仲裁裁决的法律效力,与《仲裁法》上述规定直接冲突,剥夺了当事人依据《仲裁法》享有的纠纷解决方式选择权,可能导致此类纠纷最终转移至法院,从而根本妨碍《仲裁法》相关规定的实施。

2. 从减少对当事人意思自治的职权干预,坚持仲裁司法监督有限原则而言,不应允许以院长发现确有错误为由对撤销仲裁裁决的裁定提起再审。根据最高人民法院法释〔1999〕6 号《关于当事人对人民法院撤销仲裁裁决的裁定不服申请再审人民法院是否受理问题的批复》、法复〔1997〕5 号《关于人民法院裁定撤销仲裁裁决或驳回当事人申请后当事人能否上诉问题的批复》、法释〔2000〕17 号《关于人民检察院对撤销仲裁裁决的民事裁定提起抗诉人民法院应如何处理问题的批复》、法释〔2000〕46 号《关于人民检察院对不撤销仲裁裁决的民事裁定提出抗诉人民法院应否受理问题的批复》的规定,对于法院撤销仲裁裁决的裁定,当事人无上诉权和申请再审权，检察院抗诉的，人民法院不予受理；对于法院驳回撤销申请和不撤销仲裁裁决的裁定，当事人无上诉权，检察院抗诉的，人民法院亦不予受理。另外，对于人民法院裁定不予执行仲裁裁决的，当事人也无申请再审权。这一系列批复表明，仲裁司法监督有限是最高人民法院坚持的一贯原则。将仲裁司法监督限制在一定范围内，避免审判权对于仲裁的干预过大，体现了对当事人意思自治的保护，有利于仲裁事业的发展。允许以院长监督程序提起再审有悖于这一原则，与当事人的意思自治根本违背。

3. 从防止无限再审，简化程序，迅速解决纠纷而言，应当对院长提起再审进行限制，不应允许对撤销仲裁裁决的裁定提起再审。仲裁是当事人自治性解决纠纷的制度，其立法意旨在于充分尊重当事人的意思自治、简化程序、迅速、快捷的解决纠纷，遵循一裁终局原则。根据《民事诉讼法》、《仲裁法》和有关司法解释，法院就仲裁所作出的各类裁定均不允许当事人上诉和申请再审。根据诉讼程序设置的一般原理，上诉审是针对未生效裁判的普通救济程序，再审是针对已生效裁判的特别救济程序，相对于上诉审程序而言，再审程序的启动应当更为慎重，对于法律未赋予上诉审救济的裁判，不应允许通过启动再审程序予以变更。尽管《民事诉讼法》第一百七十七条未明确限定院长提起再审的案件范围，但如果允许以院长发现确有错误为由对于撤销仲裁裁决的裁定提起再审，显然使程序复杂化，不利于纠纷的迅速解决。以《民事诉讼法》未明确限定院长提起再审的适用范围为由，对于此类裁定提起再审，是审判职权主义的表现，可能产生审判监督权凌驾于当事人诉权和检察监督权之上的后果，是导致实践中无限再审的重要根源。

综上，以院长发现确有错误为由对于撤销仲裁裁决的裁定提起再审没有充分的法律依据，侵害了当事人的程序权利，违反了《仲裁法》的相关规定，应当予以制止和纠正。

最高人民法院关于对崇正国际联盟集团有限公司申请撤销仲裁裁决人民法院应否受理的复函

（2001 年 9 月 28 日 〔2001〕民立他字第 36 号）

北京市高级人民法院：

你院《关于案外第三人申请撤销仲裁裁决人民法院是否受理的请示》已收悉。经研究，答复如下：《中华人民共和国仲裁法》第七十条规定的“当事人”是指仲裁案件的申请人或被申请人，崇正国际联盟集团有限公司并非 V19990351 号仲裁案件的申请人或被申请人,该公司不具备申请撤销该仲裁裁决的主体资格,故对该申请人民法院不予受理。

最高人民法院关于人民检察院对不撤销仲裁裁决的民事裁定提出抗诉人民法院应否受理问题的批复

(2000年12月12日　法释〔2000〕46号)

内蒙古自治区高级人民法院:

你院〔2000〕内法民再字第29号《关于人民检察院能否对人民法院不予撤销仲裁裁决的民事裁定抗诉的请示报告》收悉。经研究,答复如下:

人民检察院对发生法律效力的不撤销仲裁裁决的民事裁定提出抗诉,没有法律依据,人民法院不予受理。

此复。

最高人民法院关于人民检察院对撤销仲裁裁决的民事裁定提起抗诉,人民法院应如何处理问题的批复

(2000年6月30日　法释〔2000〕17号)

陕西省高级人民法院:

你院陕高法〔1999〕183号《关于下级法院撤销仲裁裁决的民事裁定确有错误,检察机关抗诉应如何处理的请示》收悉。经研究,答复如下:

检察机关对发生法律效力的撤销仲裁裁决的民事裁定提起抗诉,没有法律依据,人民法院不予受理。依照《中华人民共和国仲裁法》第九条的规定,仲裁裁决被人民法院依法撤销后,当事人可以重新达成仲裁协议申请仲裁,也可以向人民法院提起诉讼。

此复。

最高人民法院关于当事人对人民法院撤销仲裁裁决的裁定不服申请再审人民法院是否受理问题的批复

（1999年1月29日　法释〔1999〕6号）

陕西省高级人民法院：

你院陕高法〔1998〕78号《关于当事人对人民法院撤销仲裁裁决的裁定不服申请再审是否应当受理的请示》收悉。经研究，答复如下：

根据《中华人民共和国仲裁法》第九条规定的精神，当事人对人民法院撤销仲裁裁决的裁定不服申请再审的，人民法院不予受理。

此复。

最高人民法院关于审理当事人申请撤销仲裁裁决案件几个具体问题的批复

（1998年6月11日　法释〔1998〕16号）

安徽省高级人民法院：

你院〔1996〕经他字第26号《关于在审理一方当事人申请撤销仲裁裁决的案件中几个具体问题应如何解决的请示报告》收悉。经研究，答复如下：

一、原依照有关规定设立的仲裁机构在《中华人民共和国仲裁法》（以下简称仲裁法）实施前受理、实施后审理的案件，原则上应当适用仲裁法的有关规定。鉴于原仲裁机构的体制与仲裁法规定的仲裁机构有所不同，原仲裁机构适用仲裁法某些规定有困难的，如仲裁庭的组成，也可以适用《中华人民共和国经济合同仲裁条例》的有关规定，人民法院在审理有关申请撤销仲裁裁决案件中不应以未适用仲裁法的规定为由，撤销仲裁裁决。

二、一方当事人向人民法院申请撤销仲裁裁决的，人民法院在审理时，应当列对方当事人为被申请人。

三、当事人向人民法院申请撤销仲裁裁决的案件，应当按照非财产案件收费标准计收案件受理费；该费用由申请人交纳。

最高人民法院关于不得以裁决书送达超过期限而裁定撤销仲裁裁决的通知

（1997年4月6日　法〔1997〕120号）

各省、自治区、直辖市高级人民法院：

据了解，目前一些地区人民法院以仲裁裁决书送达超过规定期限，不符合仲裁程序，违反国务院办公厅国办发〔1995〕38号《关于进一步做好重新组建仲裁机构工作的通知》（以下简称国办发〔1995〕38号文）规定为由，裁定撤销仲裁裁决。

国办发〔1995〕38号文第三条规定中提到的六个月期限，指的是仲裁机构作出仲裁裁决的期限，不包括送达仲裁裁决的期限。法院以仲裁裁决送达超过六个月规定期限，不符合仲裁程序，违反国办发〔1995〕38号文规定为由，裁定撤销仲裁裁决，既于法律无据，也不利于保护当事人合法权益。因此，各地人民法院凡发现在审判工作中存在上述问题的，应当及时依法予以纠正。

特此通知。

最高人民法院关于人民法院裁定撤销仲裁裁决或驳回当事人申请后当事人能否上诉问题的批复

（1997年4月23日　法复〔1997〕5号）

广西壮族自治区高级人民法院：

你院桂高法〔1996〕144号请示及1997年1月20日补充意见均已收悉。经研究，答复如下：

根据《中华人民共和国民事诉讼法》第一百四十条、第一百四十一条和《中华人民共和国仲裁法》第九条第二款规定，对人民法院依法作出的撤销仲裁裁决或驳回当事人申请的裁定，当事人无权上诉。人民法院依法裁定撤销仲裁裁决的，当事人可以根据双方重新达成的仲裁协议申请仲裁，也可以向人民法院起诉。

此复。

（五）不得撤销仲裁裁决的通知

最高人民法院关于不得以裁决书送达超过期限而裁定撤销仲裁裁决的通知

（1997年4月6日　法发〔1997〕120号）

各省、自治区、直辖市高级人民法院：

据了解，目前一些地区人民法院以仲裁裁决书送达超过规定期限，不符合仲裁程序，违反国务院办公厅国办发〔1995〕38号《关于进一步做好重新组建仲裁机构工作的通知》（简称国办发〔1995〕38号文）规定为由，裁定撤销仲裁裁决。

国办发〔1995〕38号文第三条规定中提到的六个月期限，指的是仲裁机构作出仲裁裁决的期限，不包括送达仲裁裁决的期限。法院以仲裁裁决送达超过六个月规定期限，不符合仲裁程序，违反国办发〔1995〕38号文规定为由，裁定撤销仲裁裁决，既于法律无据，也不利于保护当事人合法权益。因此，各地人民法院凡发现在审判工作中存在上述问题的，应当及时依法予以纠正。

特此通知。

七、有关仲裁裁决执行的司法解释

（一）予以执行的

最高人民法院执行工作办公室关于澳门大明集团有限公司与广州市东建实业总公司合作开发房地产纠纷仲裁裁决执行案的复函

（2003年8月5日　〔2003〕执他字第9号）

广东省高级人民法院：

你院〔2002〕粤高法执监字第119号《关于澳门大明集团有限公司与广州市东建实业总公司合作开发房地产纠纷仲裁执行一案的请示》收悉。经研究，答复如下：

本案双方当事人在合同中有关合作合同的争议提交中国国际经济贸易仲裁委员会仲裁的约定，应当理解为双方选择的仲裁机构为中国国际经济贸易仲裁委员会，仲裁地点为北京。因此，根据澳门大明集团有限公司（以下简称澳门大明公司）的申请，中国国际经济贸易仲裁委员会有权对该案在北京进行仲裁。至于此前广州市东建实业总公司（以下简称广州东建公司）将其争议的事项提交中国国际经济贸易仲裁委员会深圳分会在深圳进行仲裁，鉴于双方当事人对仲裁事项无异议，且深圳分会也是中国国际经济贸易仲裁委员会的分支机构，其仲裁在程序上并不违法，即可维持其管辖权的效力，但并不影响在北京进行的仲裁。

因两个仲裁的申请人不同，请求裁决的内容和范围不同，且当事人对同一事项的法律权利不同，因此中国国际经济贸易仲裁委员会受理澳门大明公司的仲裁请求并不违反“一事不再理”的原则。同样，中国国际经济贸易仲裁委员会裁决支持澳门大明公司提出的解除两份协议书和合作合同的请求，与深圳分会裁决驳回广州东建公司提出的解除两份协议书的请求，因当事人各自基于解除协议的理由不同，并不矛盾，不会产生执行冲突。

因此，本案不存在《民事诉讼法》第二百六十条规定的不予执行的事由，应当对中国国际经济贸易仲裁委员会在北京作出的裁决予以执行。

此复。

最高人民法院关于海南美虹集团公司申请对仲裁裁决不予执行案的复函

（2001年3月6日 〔2001〕执他字第7号）

海南省高级人民法院：

你院〔1999〕琼高法协执字第25号《关于海南美虹集团公司申请对仲裁裁决不予执行有关问题的请示报告》收悉。经研究，答复如下：

海南美虹物业集团公司（以下简称美虹公司）与海南中机物业经营管理公司（以下简称中机公司）之间虽然没有直接的仲裁协议，但海口交易美食城（以下简称美食城）与美虹公司签订的《转让经营合同》中明确约定《房产租用合同》对美虹公司继续有效，中机公司虽然未在《转让经营合同》上签字或盖章予以认可，但事后就该房产欠交租金问题与美虹公司签订了《抵押协议书》。根据《民法通则》第91条的规定，应认为美食城在《房产租用合同》中的权利义务已概括转让给了美虹公司，《房产租用合同》中的仲裁条款对美虹公司应有拘束力。仲裁条款的约定虽然不够明确，但当时的有关法律对仲裁协议并无特殊要求。仲裁机构受理本案时，仲裁法尚未生效，不应适用《仲裁法》第18条的规定否定该仲裁条款的效力。而且，中机公司申请仲裁后，美虹公司未对仲裁协议的效力问题提出异议，并应诉答辩，仲裁裁决作出后，不应再以仲裁协议无效为由裁定不予执行。仲裁机构的仲裁裁决中并未涉及抵押物的执行问题，《抵押协议书》是否有效不应影响该案的执行。

此外，从案件材料看，美虹公司称曾于1995年12月钟裁裁决下发后向执行法院申请撤销仲裁裁决，但执行法院未予审理；并称本案在评估、拍卖过程中亦存在问题。如当事人反映的问题属实，你院应督促执行法院依法予以纠正。

最高人民法院关于对山东省高级人民法院就中国国际经济贸易仲裁委员会上海分会（2012）中国贸仲沪字第439号裁决不予执行审查的请示的复函

（2015年8月31日 〔2015〕民四他字第20号）

山东省高级人民法院：

你院〔2014〕鲁执复议字第31号《关于中国国际经济贸易仲裁委员会上海分会

〔2012〕中国贸仲沪字第439号裁决不予执行审查的请示》收悉。经研究,答复如下:

本案系中国国际经济贸易仲裁委员会(以下简称中国贸仲)及其原分会因对仲裁规则的修改适用、仲裁案件的管辖等问题产生争议而引发的涉外仲裁司法审查案件。对案涉仲裁裁决是否应予执行的问题,应当根据《中华人民共和国民事诉讼法》第二百七十四条及本院法释〔2015〕15号《最高人民法院关于对上海市高级人民法院等就涉及中国国际经济贸易仲裁委员会及其原分会等仲裁机构所作仲裁裁决司法审查案件请示问题的批复》(以下简称《批复》)等相关规定进行审查。

根据你院转呈的山东省临沂市中级人民法院(以下简称临沂中院)涉案请示报告所述事实,本案当事人签订仲裁协议约定将争议提交中国国际经济贸易仲裁委员会上海分会(现已更名为上海国际经济贸易仲裁委员会,以下简称上海贸仲)仲裁,当事人签订仲裁协议以及向上海贸仲申请仲裁,均在上海贸仲更名之前。根据《批复》第一条第一款的规定,上海贸仲对仲裁案件享有管辖权。且临沂市康发食品饮料有限公司(以下简称康发公司)在仲裁庭庭审时明确表示接受上海贸仲的管辖。因此,康发公司关于上海贸仲对案涉纠纷无权仲裁的主张不能成立。

本案当事人签订的仲裁协议中并未明确约定应当适用的仲裁规则,根据临沂中院请示报告所述事实,康发公司在仲裁庭庭审时明确表示同意适用上海贸仲自行制定的仲裁规则。上海贸仲适用自行制定的仲裁规则并无不当。康发公司提出的上海贸仲在仲裁中适用自行制定的仲裁规则构成《中华人民共和国民事诉讼法》第二百七十四条第一款第三项情形的主张不能成立。

综上,康发公司请求不予执行案涉仲裁裁决的理由不能成立,同意临沂市中级人民法院的请示意见。

此复。

（二）没有仲裁协议的不予执行的复函

最高人民法院关于对诗董橡胶股份有限公司与三角轮胎股份有限公司涉外仲裁一案不予执行的请示的复函

（2013年3月22日 〔2013〕民四他字第12号）

山东省高级人民法院：

你院〔2012〕鲁执请字第2号《关于对诗董橡胶股份有限公司与三角轮胎股份有限公司涉外仲裁一案不予执行的请示》收悉。经研究，答复如下：

本案系当事人申请不予执行国内仲裁机构作出的涉外仲裁裁决案件。根据《最高人民法院关于修改后的民事诉讼法施行时未结案件适用法律若干问题的规定》第七条的规定，本案应当依据《中华人民共和国民事诉讼法》（2007年修正）第二百五十八条的规定进行审查。

根据你院请示报告所述事实，诗董橡胶股份有限公司（以下简称诗董公司）仅提交了载有仲裁条款的合同复印件，三角轮胎股份有限公司（以下简称三角公司）对该复印件的真实性不予认可并否认双方之间存在有效的仲裁协议。诗董公司未能提交其他证据予以佐证，其不能证明与三角公司达成了有效的仲裁协议。且即使认可该合同复印件的真实性，从当事人确认的缔约过程来看，在三角公司将要约传真给诗董公司后，诗董公司对要约中载明的主体、货物数量以及价款等内容进行了实质性修改，构成新的要约。诗董公司亦未能提供证据证明三角公司对该新的要约进行了承诺，双方之间的合同并未成立。退一步讲，即使以当事人已实际履行合同的行为推定合同成立，但是根据我国法律对仲裁协议的书面性要求和仲裁协议的独立性原则，不能据此即认定当事人就纠纷的解决方式达成仲裁协议。况且根据一审法院查明的事实，当事人实际履行的合同不是诗董公司提交的载有仲裁条款的合同，是案外的其他现货买卖合同，而该现货买卖合同中并没有仲裁条款。因此，诗董公司与三角公司之间不存在有效的书面仲裁协议。

综上，案涉仲裁裁决存在《中华人民共和国民事诉讼法》第二百五十八条第一款第（一）项规定的情形，人民法院应不予执行。同意你院审判委员会的意见。

此复。

附：

山东省高级人民法院关于对诗董橡胶股份有限公司与三角轮胎股份有限公司涉外仲裁一案不予执行的请示

（2013 年 1 月 5 日 〔2012〕鲁执请字第 2 号）

最高人民法院：

诗董橡胶股份有限公司（SRI TRANG INTERNATIONAL PTE LTD.，以下简称诗董公司）依据中国国际经济贸易仲裁委员会〔2010〕中国贸仲京裁字第 0281 号裁决书（涉外仲裁）向威海市中级人民法院（以下简称威海中院）申请执行。在执行过程中，被执行人三角轮胎股份有限公司（以下简称三角公司）提出不予执行该仲裁裁决的申请。威海中院审查后，拟不予执行该仲裁裁决。根据《最高人民法院关于审理和执行涉外民商事案件应当注意的几个问题的通知》第三条之规定，威海中院报请我院审查。经我院审判委员会讨论，同意威海中院的意见。现将本案的有关情况报告如下：

一、当事人基本情况

申请执行人（仲裁申请人）：诗董橡胶股份有限公司（SRI TRANG INTERNATIONAL PTE LTD.）。住所地：新加坡莱佛士坊一号华联银行中心#28－03。

法定代表人：保罗·苏玛德·李，董事长。

被执行人（仲裁被申请人）：三角轮胎股份有限公司。住所地：山东省威海市青岛中路 56 号。

法定代表人：丁玉华，董事长。

二、仲裁裁决情况

诗董公司于 2009 年 6 月 19 日向中国国际经济贸易仲裁委员会提交仲裁申请，主张其与三角公司在 2008 年 9 月、10 月期间签订了五份国际货物买卖合同，因三角公司没有全面履行合同义务构成违约，诗董公司提出如下仲裁请求：（1）赔偿违约金 12，584，409.34 美元及相关利息损失；（2）支付律师费人民币 600，000 元；（3）偿付差旅费及仲裁费。

三角公司在法定期限内提交《管辖权异议书》，并答辩称涉案合同是诗董公司为仲裁讹诈而伪造的复印件，三角公司不认可，双方在此期间确实存在多笔交易和退单情形，但均系履行案外无仲裁条款现货买卖合同，货款亦已结清；且退单争议已由双方于 2008 年 11 月 6 日签订的《会谈纪要》解决，该纪要属于双方对前期所有贸易行为一揽子解决的新协议，无仲裁条款，请求仲裁庭对此案不予受理。

中国国际经济贸易仲裁委员会仲裁庭经开庭审理，于 2010 年 5 月 26 日作出(2010)中国贸仲京裁字第 0281 号裁决：(1)三角公司向诗董公司赔偿违约金、仓储费、利息损失共计 4,267,428.93 美元；(2)三角公司支付因本案所产生的律师费人民币 500,000 元，并承担本案仲裁费用 70,568.4 美元。

三、当事人申请不予执行仲裁裁决的理由及答辩意见

(一)被执行人申请不予执行仲裁裁决的理由

1. 申请执行人主体不存在。作为本案仲裁申请人和申请执行人的"诗董橡胶股份有限公司"(SRI TRANG INTERNATIONAL PTE LTD.)，住所地为新加坡莱佛士坊一号华联银行中心#28－03。但经检索查证、双方往来业务及生效法律文书证实：中文名称为"诗董橡胶股份有限公司"的公司是指一家注册地在泰国，英文名称为"SRI TRANG AGRO－INDUSTRY PUB－ LIC CO. LTD"的公司(以下简称泰国公司)；而英文名称为"SRI TRANG INTERNATIONAL PTE LTD."的公司，是注册地在新加坡、中文名称为"诗董国际橡胶贸易有限公司"的公司(以下简称新加坡公司)。申请人将泰国公司中文名称"诗董橡胶股份有限公司"和新加坡公司英文名称"SRI TRANG INTERNATIONAL PTE."拼凑混合在一起，作为申请人向仲裁委提请仲裁，其目的是为迎合涉案合同主体故意欺诈而为之。三角公司多次对其主体问题提出异议，仲裁庭对该异议未予审查。

2. 双方当事人间没有仲裁协议。诗董公司向仲裁庭提交的涉案合同系复印件，不能作为仲裁管辖及裁决的依据。即便如仲裁庭认定的涉案合同签订过程：三角公司将要约(合同文本)发给特定的案外人(泰国公司)，而由诗董公司将该要约经修改主体的名称、地址及其他交易条件后传回给三角公司，但诗董公司没有证据对传回事实予以证明，三角公司对此亦否认，即诗董公司未完成新要约的意思表示，尚不能称之为新要约，亦即涉案合同成立的前提不存在。即便诗董公司有新要约传回的证据，但三角公司对该新要约未作书面承诺，即双方当事人未达成书面仲裁条款，故双方间就涉案合同无仲裁条款，仲裁庭亦无权管辖。双方确实存在实际履行和单笔退单情形，但该实际履行及退单贸易均系双方履行案外现货买卖合同，并非履行涉案合同，而且案外合同无仲裁条款。故对双方退单争议，仲裁庭亦无权管辖。

3.《会谈纪要》系双方真实意思表示，是为解决三角公司与诗董集团各关联公司之间全部各种贸易的一揽子解决的新协议。《会谈纪要》已经履行，纠纷也解决，其本身并无仲裁条款，故仲裁庭无权管辖。诗董公司并未依据该《会谈纪要》提出要求三角公司赔偿的仲裁请求。故仲裁庭依据《会谈纪要》裁决三角公司违约赔偿诗董公司 167.7312 万美元是错误的。另外，诗董公司依据涉案合同价与新加坡期货市场三月份价格差价(1325 美元/公吨)主张损失，而仲裁庭却依据二月份价格(1297.7 美元/公吨)裁决，仲裁庭超出诗董公司主张 27.3 美元/公吨裁决三角公司承担赔偿责任实属超裁，对于超出诗董公司的请求，仲裁庭应无权管辖。

4. 仲裁的程序与仲裁规则不符。三角公司在法定期限内向仲裁委提交了《管辖异议书》,仲裁庭未作出管辖权决定而径行实体审理并作出仲裁裁决,违反仲裁规则,剥夺了三角公司的相关诉权。诗董公司为了将相关退单单据与涉案合同相关联,变造银行退单发票、装箱单等关键证据,三角公司向仲裁庭提出鉴定申请,仲裁庭不予理睬并依据该证据裁决。诗董公司为证明其转卖损失的存在所提交的海关备案清单系违法变造,三角公司申请仲裁庭向海关调取保全该证据,仲裁庭不予理睬并依据该证据裁决,违反仲裁规则。仲裁庭认可诗董公司提供的复印件证据违反仲裁规则。就复印件本身来看,将三角公司与诗董集团所属的不同主体、标的、数量、定价方式、装运方式、发货时间的四个独立合同,四案合一,合并审理,违反仲裁规则。涉案合同明确约定适用中国法律和以中文为主,而仲裁庭却适用国际惯例和《公约》,严重违背当事人选择适用法律的意思自愿原则,违背仲裁规则规定的公平原则。可见,由于上述不属于三角公司负责的原因,三角公司未能陈述相关意见。

(二)申请执行人的答辩意见

主体名称问题与本案无关联性,系中英文翻译问题,法院仅能从形式上审查。涉案合同因实际履行而成立,明确载有仲裁条款,仲裁庭已作出裁决,属实体问题,法院无权审理。对现货买卖合同不认可,无关联性,属于实体问题,法院不应审查。关于调查和鉴定问题属于仲裁庭的权利,程序合法,理应执行。

四、威海中院审查认定的事实

针对被执行人三角公司不予执行申请理由及申请执行人诗董公司的答辩,威海中院依法进行了听证,调取查阅仲裁卷宗,并进行了相关调查取证,认定以下事实:

(一)关于当事人在合同中是否订有仲裁条款或者事后是否达成书面仲裁协议的审查

1. 是否签订仲裁协议的事实。仲裁裁决认定:涉案合同签订过程是诗董公司将三角公司发给特定案外人(泰国公司)的要约(合同文本)经修改主体的名称、地址或其他交易条件后,将修改后的合同文本传回给三角公司(见裁决书第38~40页)。三角公司对仲裁庭关于涉案合同签订过程的认定持有异议,主张三角公司是向案外人泰国公司发出过要约,但泰国公司从未对此要约进行过承诺,且其他人也从未对此要约进行过承诺或新要约。要求诗董公司提交原件,但其仅能提供复印件,而未提交修改后加盖印章或签字的合同原件,三角公司在仲裁及听证过程中对复印件及收到回传均不认可。诗董公司在仲裁及听证过程中亦未能提供向三角公司回传的证据,亦没有提交三角公司对新要约及达成仲裁协议作出书面承诺的证据。

2. 合同履行的事实。鉴于仲裁庭系基于双方实际履行而认定涉案合同成立,在本案的审查中,双方争议的焦点是双方业务往来和退单,究竟是履行涉案合同还是案外现货买卖合同。为查明上述争议焦点,需根据双方业务往来的单据上载明的合同号码及相关信息等予以核实,故威海中院分别对双方已履行接交货的单据和退单单据进行了如下必要审查。

(1)对于已实际履行部分单据的审查

①诗董公司为证明履行080906A合同,提供了0694A发票、装箱单、提单、银行收款凭证,经查该发票(见卷三第106页)中在"OUR CON - TRACT NO"(我方合同号)处记载了"STP - RS/08 - 0694 - A"(系案外现货买卖合同号码),在"YOUR REF. NO."(你方参考号)处为空白,仅在备注中出现涉案合同号码080906A;同时在该组单据的提单(见卷三第109页)中作为货物描述部分的唛头中亦记载了"STP - RS/08 - 0694 - A"号码,该组银行单据中所有信息均与三角公司提供的案外现货买卖合同"STP - RS/08 - 0694 - A"相符。

②诗董公司为证明部分履行080906B合同,提供了0685B/C/D发票、装箱单、提单、银行收款凭证,经查该发票(见卷三第122页)中在"OUR CONTRACT NO"处分别记载了"STP - RS/08 - 0685 - B、STP - RS/08 - 0685 - C、STP - RS/08 - 0685 - D"(系案外现货买卖合同号码),在"YOUR REF. NO."处为空白,该组单据中所有信息均与三角公司提供的案外现货买卖合同相符。

③诗董公司为证明部分履行0930合同,提供了0731E/F发票、装箱单、提单、银行收款凭证。经查该发票中在"OUR CONTRACT NO""YOUR REF. NO."二处分别记载了"STP - RS/08 - 0731 - E、STP - RS/08 - 0731 - F""STS REF NO 427"(系案外现货买卖合同号码),该组单据中所有信息均与三角公司提供的案外现货买卖合同相符。

三角公司提供了上述单据中涉及的编号分别为STP - RS/08 - 0694 - A(见卷三第40页)、STP - RS/08 - 0685 - B(见卷三第34页)、STP - RS/08 - 0685 - C(见卷三第35页)、STP - RS/08 - 0685 - D(见卷三第36页)的案外现货买卖合同原件,另提交诗董公司办理的对应批次的货物保险单原件(见卷三第138页),该保险单货描唛头中"CONTRACT NO."(合同号码)均明确记载为案外现货买卖合同号码。

综上,从双方提供的同一套单据复印件与原件对比来看,仅在0694A发票备注中出现了涉案080906A合同号码的记载,该发票中亦有案外现货买卖合同号码"STP - RS/08 - 0694 - A",但该发票系由诗董公司单方出具;诗董公司提交的0694A其他单据中和0685B/C/D、0731E/F发票、提单、保险单中在"CONTRACT NO."(合同号码)处均明确记载为案外现货买卖合同号码而非涉案合同号码。同时查明诗董公司办理的对应批次的货物保险单原件,该保险单货描唛头中"CONTRACT NO."(合同号码)也明确记载为案外现货买卖合同号码,该三组单据中其他所有信息均与三角公司提供的案外现货买卖合同相符。故威海中院认为,双方实际履行的是案外现货买卖合同,而非涉案合同,同时查明案外现货买卖合同均无仲裁条款。

(2)对于退单单据与涉案合同关联性的审查

仲裁庭裁决三角公司违约,承担退单赔偿责任共六笔单据,即分别为诗董公司提交的提单号码 SSLOKTAOCA4859 号、PLMTA0080000114 号、HASL80NRDA8B251 号、HLCUBLW081050823 号、SSLPLTAOCA4928 号和 0908001144096 号,其中三笔单据诗董公司未通过银行退单而由其自行退单,三角公司对该三笔退单不认可,另外编号为 SSLOKTAOCA4859 号、PLMTA0080000114 号和 0908001144096 号三笔单据通过中国银行威海分行退单。对此三角公司向本院提交了其在仲裁中亦曾提交的提单编号为 SS - LOKTAOCA4859 号和 PLMTA0080000114 号第三方中国银行威海分行留存的原始退单单据及诗董公司向仲裁庭提交的对应编号单据,经对比发现:

诗董公司提交单据:①发票(见卷三第 52 页)、装箱单(见卷三第 94 页)中在"OUR CONTRACT NO"(我方合同号)处均记载案外合同号码为"STP - RS/08 - 0686 - A 和 STP - RS/08 - 0687 - A";②发票中在"YOUR REF. NO."(你方参考号)处所填写的"TRI - SRI080906B 和 TRI - SRI080906B"为涉案合同号码,但该处字迹、字体、字号与他处明显不同;③由诗董公司委托第三方货运方或保险公司提供的提单(见卷三第 54 页)、保险单(见卷三第 55、93 页)中的"CONTRACT NO."(合同号码)处均记载为案外合同号码:STP - RS/08 - 0686 - A 和 STP - RS/08 - 0687 - A。

中国银行威海分行留存上述退单分别为 SSLOKTAOCA4859 和 PLMTA0080000114 的原始单据发票(见卷三第 86、190 页)中"YOUR REF. NO."(你方参考号)处为空白,其他信息与诗董公司提交上述单据一致。

三角公司亦提供了上述单据中涉及的合同号码分别为 STP - RS/08 - 0686 - A(见卷三第 85 页)、STP - RS/08 - 0687 - A(见卷三第 99 页)案外现货买卖合同原件,该合同中无仲裁条款。

综上,从证据对比来看,中国银行留存退单单据发票、装箱单"YOUR REF. No."(你方参考号)处为空白,而诗董公司提交单据此处添加了涉案合同号码,但添加处字体、字号及色泽等与他处明显不同;同时,威海中院审查诗董公司提交的退单单据与现货买卖合同的合同号码、标的、数量、价格等信息均相符,也与诗董公司委托运输公司提单及投保的保险公司出具的保险单中所注明"CONTRACT NO."(合同号码)一致,故应认定退单单据是履行案外现货买卖合同,而非涉案合同。威海中院另查明,现货买卖合同均无仲裁条款。

(二)关于仲裁庭对《会谈纪要》审理及裁决的审查

仲裁庭依据《会谈纪要》(见卷三第 143 页)裁决三角公司赔偿诗董公司 167.7312 万美元。仲裁庭认为,《会谈纪要》是在双方出现纠纷后,一揽子解决原订合同的履行数量、价格和装运期等问题的文件(见裁决书第 47 页)。既然《会谈纪要》是一揽子解决原订合同,那么其调整范围应包括无仲裁条款的合同(如 004 合同)、现货买卖合同及其他所有贸易行为。《会谈纪要》本身没有仲裁条款。同时查明,诗董公司在仲裁过程中未依据《会谈纪要》主张赔偿,仲裁庭认为004合同无仲裁条款,对004合同无权管辖。故威海中院认为,仲裁庭对《会谈纪要》的认定与对004合同的认定相矛盾。

另查明,诗董公司依据涉案合同价与新加坡期货市场三月份的价格主张差价损失(见卷三第156~158页),仲裁庭却依据二月份价格裁决三角公司赔偿差价损失(见裁决书第59页);三月份价格比二月份价格高出27.3美元/公吨,即每公吨超出诗董公司主张多裁27.3美元。

(三)关于仲裁庭审理案件中程序性事项审查的问题

1.关于诗董公司主体的审查。三角公司在仲裁过程及威海中院审查过程中一直对诗董公司的主体身份存有异议(见卷三第6页及卷四第15页),为此威海中院特对诗董公司主体身份进行审查。查明:诗董公司注册名称为"SRI TRANG INTERNATIONAL PTE LTD.",其在中国国内习惯使用和标准翻译的中文名称应为"诗董国际橡胶贸易有限公司"而非"诗董橡胶股份有限公司"。诗董公司在仲裁庭首次开庭时,由其法定代表人当庭亲笔书写的授权委托书(见卷四第16页)也对此予以了证实。同时威海中院调取已生效的青岛市中级人民法院(2009)青民四初字第8号民事裁定书(见卷四第3页)证明:英文名称"SRI TRANG INTERNATIONAL PTE LTD."对应的中文名称为"新加坡诗董国际橡胶有限公司",而非"诗董橡胶股份有限公司"。

2.管辖权异议的审查。三角公司在法定期限内向仲裁委提交了《管辖异议书》(见卷四第28页),仲裁委采用通知书(见卷四第31页)的方式告知授权仲裁庭对本案进行实际审理后作出管辖权决定。但仲裁庭未对管辖权作出书面决定,在裁决书(见裁决书第40页)中表述为:仲裁庭对基于上述合同因实际履行而产生的争议有管辖权,三角公司对上述四份合同的管辖权异议不予支持。

3.申请调查收集证据的审查。三角公司2010年1月14日向仲裁庭提交了书面《调查收集证据申请书》(见卷四第17页)称:诗董公司所提交的编号为421020081107829179、421020081107828947、421020081107828948、421020081107828950、421020081107828738、107829247、421020081107829039、421020081107829237、421020081107829038、421020081107828951的共10份《中华人民共和国海关保税区进境货物备案清单》,发现该10份备案清单上"提运单号"项下均为手写涉案提单号码,涉嫌伪造。在仲裁举证期限内三角公司曾前往青岛黄岛海关调查该10份备案清单的真实性,海关明确答复因系电子流程操作,该组备案清单不可能出现手写内容,但海关不接受单方当事人的调查。三角公司为此申请仲裁庭调取涉案的相关清单,仲裁庭对此未作处理。经威海中院调取青岛黄岛海关存档的上述10份备案清单原件(见卷四第5~14页),发现清单中提单一栏项下均为空白,无手写提单号码;而诗董公司提交该笔备案清单(见卷四第19~27页)证据中出现了与涉案有关的手写提单号码。

4. 申请鉴定问题的审查。三角公司于2009年12月18日向仲裁庭提交书面《鉴定申请书》(见卷四第32页)称:诗董公司提交的发票及装箱单是伪造的,该发票"YOUR REF No."项下原本是空白的,与涉案合同无关。诗董公司在上述单据上添加的涉案合同号码、字体、字号与文件上原始字迹明显不同。为核实案件事实真相,申请进行字迹比对鉴定。仲裁庭对此鉴定申请未予回应及处理。三角公司在审查过程中提出鉴定申请,威海中院认为对证据鉴定属于实体审理问题,故不予支持,但经威海中院对比,发现该处字体、字号、色泽确与他处明显不同。

5. 其他仲裁程序问题的审查。经威海中院调取仲裁庭庭审笔录发现,该两次庭审笔录均没有参加庭审的人员签名确认,相关证据多处涂改,三角公司对相关记录内容及证据存疑。

五、威海中院的审查意见

(一)双方当事人之间不存在书面仲裁协议

《中华人民共和国仲裁法》第四条规定:"当事人采用仲裁方式解决纠纷,应当双方自愿,达成仲裁协议。没有仲裁协议,一方申请仲裁的,仲裁委员会不予受理。"2005年5月1日施行的《中国国际经济贸易仲裁委员会仲裁规则》(以下简称《仲裁规则》)第五条规定:"仲裁协议系指当事人在合同中订明的仲裁条款,或者以其他方式达成的提交仲裁的书面协议。仲裁协议应当采取书面形式。书面形式包括合同书、信件、电报、电传、传真、电子数据交换和电子邮件等可以有形地表现所载内容的形式。"从上述规定看,当事人双方是否达成仲裁协议是确定纠纷究竟是以诉讼方式还是仲裁方式解决的唯一依据。仲裁条款或仲裁协议必须以书面形式作出,不能以实际履行或沉默的方式推定双方达成了仲裁合意,否则违背了仲裁自愿原则。仲裁协议独立于主合同,必须是当事人间有确定无疑的书面认可或事后达成一致。

(1)诗董公司在仲裁庭及审查过程中未能提交其主张的经修改回传给三角公司并签字或盖章的涉案合同原件,其所提交的复印件对方不认可,又无其他证据佐证,不能作为证据使用,亦不能作为仲裁管辖的依据。(2)对该新要约的传回事实,三角公司否认,诗董公司亦无证据证实,诗董公司应承担举证不能的后果,即应认定诗董公司主张的新要约因形式要件不具备而不能成立。(3)三角公司未对新要约签名或盖章确认,应当认定三角公司未作书面承诺,即仲裁条款或仲裁协议的书面形式未达成。(4)即便双方实际履行新要约,因仲裁协议必须采取书面形式,不能以行为作为达成的要件,三角公司未对新要约签名或盖章确认,不能认定双方已达成书面仲裁条款。(5)当事人实际履行和退单业务均为履行案外无仲裁条款现货买卖合同,而非涉案合同,故仲裁庭以涉案合同已部分实际履行为由推定合同成立,继而推定双方间签订了仲裁协议错误。(6)双方所签订的《会谈纪要》是为解决双方此前所有贸易行为而签订的新协议,该《会谈纪要》未订有仲裁条款,故对《会谈纪要》仲裁庭无权管辖。

综上,诗董公司提交的合同复印件不能作为仲裁管辖的依据,即便根据仲裁庭认定的涉案合同的签订过程,也不能认定当事人间存在书面仲裁协议,双方事后亦没有达成书面仲裁协议,且三角公司在仲裁程序中始终对仲裁庭管辖权提出异议,符合《中华人民共和国民事诉讼法》第二百五十八条第一款第(一)项之规定,即当事人在合同中没有订有仲裁条款或者事后没有达成书面仲裁协议的,应裁定不予执行。

(二)由于其他不属于三角公司负责的原因导致三角公司未能陈述意见

基于威海中院就仲裁庭仲裁程序及裁决结果的审查,并结合三角公司申请调取证据及申请鉴定事宜审查认定的事实,威海中院认为,诗董公司提交的主要证据存在重大疑点,在三角公司提供相反证据且提出调取证据申请及鉴定申请的情况下,仲裁庭对于三角公司的申请不作回应,属处理不当,致使三角公司对所主张的事实无法提供证据支持,并导致三角公司无法为证明自己的主张而全面陈述意见,符合《中华人民共和国民事诉讼法》第二百五十八条第一款第(二)项之规定。

(三)仲裁程序与仲裁规则不符

1. 仲裁庭未对管辖权异议作出书面决定违反仲裁规则。根据《仲裁规则》第六条第(一)项的规定,"仲裁委员会有权对仲裁协议的存在、效力以及仲裁案件的管辖权作出决定。如有必要,仲裁委员会也可以授权仲裁庭作出管辖权决定",仲裁委已授权仲裁庭对管辖权作出决定,但仲裁庭未作决定,违反上述仲裁规则。

2. 仲裁庭将涉案四份合同合并审理违反仲裁规则。涉案四份合同的合同主体及合同标的、数量、价格、发货方式、收货时间等主要条款均不相同,仲裁庭未经征询当事人同意即合并审理裁决,违反了《仲裁规则》的规定。

3. 仲裁庭庭审笔录没有得到当事人及其代理人等签字确认违反仲裁规则。《仲裁规则》第三十五条第(一)项规定:"开庭审理时,仲裁庭可以制作庭审笔录及/或影音记录。仲裁庭认为必要时,可以制作庭审要点,并要求当事人及/或其代理人、证人及/或其他有关人员在庭审笔录或庭审要点上签字或者盖章。"然而,威海中院调阅仲裁庭笔录得知,本案当事人及其代理人均未在仲裁庭审笔录上签字或盖章,且当事人对相关记录内容存疑。以上明显违反了上述仲裁规则。

(四)仲裁裁决的部分事项系无权仲裁也超出仲裁协议范围

仲裁庭在审理中只能针对申请人的仲裁请求进行审理并作出裁决,对于超出申请人仲裁请求的,仲裁庭不能亦无权作出裁决。诗董公司并未据《会谈纪要》提出仲裁申请,仲裁庭违背当事人的意思对《会谈纪要》作出裁决系无权仲裁也超出仲裁协议范围。同时,仲裁庭超出诗董公司主张的差价损失,每公吨多裁 27.3 美元的裁决亦应属于无权仲裁。很显然,本案仲裁裁决存在《中华人民共和国民事诉讼法》第二百五十八条第一款第(四)项规定的情形。

另外,我国正在遵循诚实信用法律原则和道德准则构建信用社会,并正在通过打假和反欺诈措施维护社会公共利益。在本案中,执行申请人系通过变造虚假合同对我国法人实施欺诈,这一假案竟得到仲裁裁决的肯定和支持。只有不予执行该仲裁裁决,才能阻止上述欺诈和假案结果的发生,亦才能避免我国社会公共利益受到欺诈行为的侵害。

综上,威海中院认为,本案所涉仲裁裁决有2008年4月1日施行的《中华人民共和国民事诉讼法》第二百五十八条第一款第(一)、(二)、(三)、(四)项及第二款规定的情形,中国国际经济贸易仲裁委员会〔2010〕中国贸仲京裁字第0281号裁决书应裁定不予执行。

六、我院意见

我院认为,应不予执行中国国际经济贸易仲裁委员会〔2010〕中国贸仲京裁字第0281号仲裁裁决,理由如下:

(一)双方当事人没有有效的合同,不存在书面仲裁协议

诗董公司在仲裁庭审理及威海中院审查过程中均未能提供其主张的经修改回传给三角公司并签字或盖章的涉案合同原件,其所提交的复印件三角公司始终不予认可,亦无其他材料印证。即使诗董公司有新要约传回的证据,该公司亦未提供三角公司对该新要约作出书面承诺的证据。另外,从威海中院查明的事实看,当事人实际履行和退单业务均为履行案外无仲裁条款现货买卖合同,而非涉案合同。因此,仲裁庭以涉案合同已部分实际履行为由推定合同成立,继而推定双方间签订了仲裁协议错误。

(二)仲裁程序与仲裁规则不符

三角公司在仲裁庭首次开庭前即向中国国际经济贸易仲裁委员会提出管辖权异议,该委员会书面授权仲裁庭作出管辖权决定,但仲裁庭没有依法对此异议作出决定。首次开庭时,三角公司再次提出管辖权异议,表明其并未放弃异议的权利,但仲裁庭仍未对此作出决定。仲裁庭继续审理并作出仲裁裁决,其仲裁程序不仅违反了《中华人民共和国仲裁法》第二十条的规定,而且也违反了《仲裁规则》第六条第(一)项的规定。另外,本案当事人及其代理人均未在仲裁庭审笔录上签字或盖章,违反了《中华人民共和国仲裁法》第四十八条的规定,同时也违反了《仲裁规则》第三十五条第(一)项的规定。

(三)裁决的部分事项不属于仲裁协议的范围

《会谈纪要》对双方原签订的所有合同的供货数量和价格等进行了变更,系双方为解决之前所有贸易行为而签订的新协议,该《会谈纪要》未订有仲裁条款,且双方事后也没有达成书面仲裁协议。更为重要的是,诗董公司并未依据该《会谈纪要》提出仲裁申请。仲裁庭依据《会谈纪要》裁决三角公司赔偿诗董公司167.7312万美元,超出了仲裁协议的范围。另外,仲裁庭超出诗董公司主张的差价损失,每公吨多裁27.3美元,亦超出了当事人请求的范围。

综上,经我院审判委员会讨论,中国国际经济贸易仲裁委员会〔2010〕中国贸仲

京裁字第0281号仲裁裁决有2008年4月1日施行的《中华人民共和国民事诉讼法》第二百五十八条第一款第(一)、(三)、(四)项规定的情形,应裁定不予执行。

根据《最高人民法院关于审理和执行涉外民商事案件应当注意的几个问题的通知》第三条的规定,特报请贵院审查,请答复。

最高人民法院关于是否不予执行中国国际经济贸易仲裁委员会(2008)中国贸仲京裁字第0379号仲裁裁决的请示报告的复函

(2010年5月27日 〔2010〕民四他字第21号)

江苏省高级人民法院:

你院〔2010〕苏知民仲审字第0001号《关于不予执行中国国际经济贸易仲裁委员会〔2008〕中国贸仲京裁字第0379号仲裁裁决的请示报告》收悉。经研究,答复如下:

晋皓公司系在香港注册登记的企业法人,对于其申请执行〔2008〕中国贸仲京裁字第0379号仲裁裁决的内容,应参照《中华人民共和国民事诉讼法》第二百五十八条的规定进行审查。

仲裁裁决的第一项内容为擎天公司应当将其违反合作合同约定所获利益偿付给合营公司。故合营公司是该项利益的权利主体,应由合营公司向擎天公司进行主张,晋皓公司无权替代合营公司提起仲裁。仲裁机构根据晋皓公司的申请,就擎天公司应偿付给合营公司的收益进行仲裁并作出裁决,实质上是就合营公司与擎天公司之间的纠纷进行了仲裁。而本案合作合同系由晋皓公司和擎天公司签订,其仲裁条款的范围仅限于晋皓公司和擎天公司之间因合作合同引起或与合作合同有关的争议,故仲裁机构对合营公司与擎天公司之间的纠纷无权仲裁,该项仲裁裁决应不予执行。

仲裁裁决的第二项内容为擎天公司应偿付晋皓公司因制止违约行为所支付的费用。该项裁决的事项涉及晋皓公司与擎天公司之间因合作合同引起的争议,属于合作合同仲裁条款的范围,仲裁机构有权进行仲裁,故对该项仲裁裁决应予执行。

仲裁裁决的第三项内容为驳回晋皓公司的其他仲裁请求。该项仲裁裁决无应当执行的内容。

仲裁裁决的第四项内容为仲裁费用的承担。仲裁机构有权对仲裁费用的承担作出裁决,故对该项仲裁裁决应予执行。

此复。

附：

江苏省高级人民法院关于不予执行中国国际经济贸易仲裁委员会（2008）中国贸仲京裁字第0379号仲裁裁决的请示报告

（2010年2月8日 〔2010〕苏知民仲审字第0001号）

最高人民法院：

申请人晋皓有限公司申请执行中国国际经济贸易仲裁委员会〔2008〕中国贸仲京裁字第0379号仲裁裁决一案，江苏省南京市中级人民法院（以下简称南京中院）经审查，拟不予执行该仲裁裁决。我院经审查，同意南京中院的意见。现报请贵院审查。

一、当事人概况

申请人：晋皓有限公司（英文名：JANFUL LIMITED，以下简称晋皓公司），住所地：香港中环花园道1号中国银行大厦28楼。

授权代表人：罗家良，该公司董事。

委托代理人：张以伟，该公司员工。

委托代理人：蔡少鹏，该公司员工。

被申请人：南京擎天科技有限公司（以下简称擎天公司），住所地：江苏省南京市龙蟠中路江苏软件园50号楼3楼。

法定代表人：辛颖梅，该公司董事长。

委托代理人：寇德元，上海市方达律师事务所律师。

委托代理人：陈周，上海市方达律师事务所律师。

二、基本案情

2000年1月31日，晋皓公司与擎天公司为设立合作公司签订《关于合作设立南华擎天科技有限公司的合作合同》，但最终到审批机关办理批准备案登记手续时改为《关于合作设立南华擎天资讯科技有限公司的合作合同》。两份合同在公司名称、经营范围、投资总额与注册资本等处略有差别。双方当事人在仲裁阶段就两份合同最主要争议的区别在于：晋皓公司向仲裁庭提供的合作合同中约定擎天公司应向合作企业提供知识产权（包括治安管理/国税申报软件、省级十家大客户名单），而擎天公司抗辩的经审批机关审查批准的合作合同约定由擎天公司向合作企业提供软件产品（包括MIS/管理数据库软件及十家印刷、加工业、商场中小型客户名单）。两份合同在争议的解决部分均约定了任何因本合同引起或与本合同有关的争议均应提交在北京的中国国际经济贸易仲裁委员会（以下简称贸仲）进行仲裁。后双方在履行合作合同中产生争议。2004年4月晋皓公司向贸仲申请仲裁，后贸仲于2005年

1月1～8日做出编号为(2005)中国贸仲京裁字第0028号裁决,裁决擎天公司停止继续从事计算机软件及硬件和系统集成产品的开发、生产、销售及售后服务。2004年10月,擎天公司向贸仲申请仲裁,贸仲于2005年4月29日做出编号为〔2005〕中国贸仲京裁字第0171号裁决,裁决终止合作合同,解散合作公司。

2006年4月6日,晋皓公司以未经审批备案的《关于合作设立南华擎天科技有限公司的合作合同》向贸仲再次提起仲裁申请,请求确认擎天公司在〔2005〕中国贸仲京裁字第0028号裁决生效后继续违约,擎天公司将违约所得人民币2000万元支付给合作公司。2006年7月6日,晋皓公司提交变更仲裁请求申请书,申请其一变更被申请人为擎天公司、南京擎天软件科技有限公司(以下简称软件公司)、新加坡INFOTECH HOLDING SPTELTD.(以下简称新加坡公司)、英国SINOSOFT TECHNOLOGY PLC公司(以下简称英国公司)、英属维尔京群岛LONG CAPITAL INTERNATIONALLIMITED、英属维尔京群岛TELEWISEGROUPLIMITED、英属维尔京群岛TEAM UNITED INVESTMENTS LIMITED、英属维尔京群岛JOINT ALLIED ENTERPRISES LIMITED(前述四家公司简称四家BVI公司)、辛颖梅、汪晓刚、张虹、刘飚;申请其二变更仲裁请求为:(1)确认擎天公司在[2005]中国贸仲京裁字第0028号裁决生效后继续违约,停止各关联公司与合作公司的经营范围相冲突的所有业务。(2)确认擎天公司和软件公司所拥有的计算机软件系统及以后各升级版本的全部知识产权归还合作公司所有;停止擎天公司使用“擎天”和“skytech”商号及商誉并将其归还合作公司所有。(3)确认辛颖梅、汪晓刚、张虹和刘飚四人在英国公司的股权,归还合作公司所有。(4)擎天公司和软件公司将违约所得5,551,998美元支付给合作公司(2005年9月30日之前部分)。擎天公司将违约所得1,680,000元人民币支付给合作公司(2005年9月30日之后的部分)。辛颖梅、汪晓刚、张虹和刘飚将历次股权转让溢价收入1,140,000英镑支付给合作公司。(5)擎天公司赔偿申请人的预期利润损失和为制止违约行为已发生的费用1,712,362人民币及随此次变更仲裁请求而增加的律师费、取证费用。(6)擎天公司承担本案全部仲裁费用。(7)软件公司、新加坡公司、英国公司、四家BVI公司、辛颖梅、汪晓刚、张虹以及刘飚对以上(4)、(5)、(6)项请求承担连带责任。2006年7月26日,擎天公司向贸仲提交了对变更仲裁请求申请书之评述,提出晋皓公司增加被申请人、增加仲裁请求的变更,均明显不属于贸仲受理范围。2006年8月1日,贸仲制发了〔2006〕中国贸仲京字第07272号函,其称合作合同仅对合同双方当事人具有约束力,故仲裁庭审理范围限于合同双方,即晋皓公司与擎天公司。晋皓公司要求增加的11个被申请人不是合作合同的当事人,其之间无仲裁协议,因此,晋皓公司要求增加的11个被申请人之间的民事权利义务关系不属于本案仲裁庭的审理范围,故本案被申请人不变,仍为擎天公司。至于擎天公司是否应因其股东或关联公司的同业竞争行为对晋皓公司承担相应责任的问题,属于仲裁庭通过实体审理加以判断的问题,如有必要,将由仲裁庭在裁决书中作出认定。2006 年 8 月 7 日,晋皓公司提交变更仲裁请求申请书,变更仲裁请求为:(1)确认擎天公司在(2005)中国贸仲京裁字第 0028 号裁决生效后继续违约;请求裁决停止擎天公司及其关联公司与合作公司的经营范围相冲突的所有业务。(2)请求裁决擎天公司将其关联公司拥有的计算机软件系统及以后各升级版本的全部知识产权划给合作公司所有;停止擎天公司使用“擎天”和“skytech”商号及商誉并将其归还合作公司所有。(3)请求裁决擎天公司将因其违约行为而致合作公司所受之利益损失归还或赔偿给合作公司。具体包括:擎天公司及软件公司 2005 年 9 月 30 日之前的利润 5, 551, 998 美元;擎天公司 2005 年 9 月 30 日之后的营业收入 1680 万元人民币;辛颖梅、汪晓刚、张虹、刘飚四人在英国公司的股权;辛颖梅、汪晓刚、张虹、刘飚历次转让股权的溢价收入 722, 014, 405 元人民币;辛颖梅出让英国公司股票的收入 114 万英镑。(4)擎天公司赔偿申请人为制止违约行为已发生的费用 1, 712, 362 元人民币及随次变更仲裁请求而增加的律师费、取证费用等。(5)擎天公司承担本案全部仲裁费用。

后仲裁庭于 2006 年 8 月 22 日向双方当事人发出开庭通知,但晋皓公司再次提出延期开庭申请,仲裁庭将开庭时间延至 2006 年 12 月 11 日。2007 年 2 月 2 日,晋皓公司向南京中院提起以南京市鼓楼区对外贸易经济合作局为被告的行政诉讼,请求确认在南京市鼓楼区对外贸易经济合作局处的章程、合作合同文本的审批备案行为违法并予以撤销,重新作出行政行为,批准备案其持有的合作合同文本。2007 年 2 月 12 日,晋皓公司向贸仲申请中止仲裁程序。2007 年 3 月 14 日,贸仲同意晋皓公司的申请,暂停仲裁程序。2007 年 4 月 29 日,南京中院作出〔2007〕宁行初字第 12 号行政裁定书,认为晋皓公司的起诉已超过法定期限,应不予受理,裁定驳回晋皓公司的起诉。之后,晋皓公司向本院提起上诉。2007 年 9 月 10 日,本院作出〔2007〕苏行终字第 61 号行政裁定书,裁定驳回上诉,维持原裁定。2007 年 6 月 12 日,仲裁庭恢复仲裁程序。仲裁庭分别于 2007 年 8 月 9 日、2008 年 1 月 11 日进行了第二次与第三次庭审。庭后,仲裁庭组织双方进行了调解,但由于双方当事人的和解方案有差距,调解未能成功。仲裁庭于 2008 年 8 月 20 日作出仲裁裁决。对于合同文本及审理范围,仲裁庭认为,双方分别提交的合作合同文本中除个别条款有不同约定外,合同当事人、合作项目、仲裁条款等内容均完全相同,双方当事人在两份合同项下的争议为同一合作项目项下的争议。因此,该两合同文本均属于仲裁庭审理范围。最终的仲裁裁决结果为:一、擎天公司应当将其违反合作合同约定所获利益人民币 20, 764, 704. 59 元偿付给合作公司;二、擎天公司应偿付晋皓公司因制止违约行为所支付的费用人民币 1, 348, 559 元;三、驳回晋皓公司的其他仲裁请求;四、本案仲裁费用为人民币 352, 399 元和 25, 386 美元。其中,由晋皓公司承担 30%,即人民币 105, 719. 70 元和 7615. 80 美元;由擎天公司承担 70%,即人民币 246, 679. 30 元和 17, 770. 20 美元。由于晋皓公司已向仲裁委员会全额预交上述费用，冲抵仲裁费后，擎天公司应向晋皓公司支付人民币 246，679.30 和 17，770.20 美元，以补偿晋皓公司代其垫付的仲裁费用。案件外地仲裁员实际费用为人民币 26，000 元，全部由晋皓公司承担，此款已与晋皓公司向仲裁委员会预交的等额费用相冲抵。上述各项支付款项，擎天公司应于裁决作出之日起 30 日内履行完毕。

三、双方当事人的申请及抗辩意见

申请人晋皓公司称：晋皓公司与擎天公司之间因合作合同纠纷仲裁一案，业经贸仲于 2008 年 8 月 20 日作出〔2008〕中国贸仲京裁字第 0379 号仲裁裁决书。该裁决书已于 2008 年 8 月 20 日生效且现在早已超过裁决书指定的履行义务期限，但被执行人拒绝履行裁决书所确定的义务。根据《中华人民共和国民事诉讼法》第 229 条规定，被执行人还应加倍支付自 2008 年 9 月 19 日至全部履行义务之日止的迟延履行期间的债务利息。为维护申请人的合法权益，特申请强制执行。

被申请人擎天公司提出异议称：

1. 仲裁庭错误地将无效的合作合同作为有效合同纳入审理范围。其一，晋皓公司提交的合同文本已被生效判决确认无效，仲裁庭只能审理与合同无效相关的仲裁请求，但仲裁庭将该合同文本作为有效合同审理，无视生效判决，严重挑战人民法院的司法权，构成违背公共利益；其二，虽然无效的合作合同文本的仲裁条款有其独立性，但仲裁庭在同一仲裁案件中只能审理一份附有仲裁条款的合同，否则构成审理范围的程序问题；其三，贸仲在受理案件时是根据两份合同其中之一受理的，两份合同的内容存在很大的差异，如仲裁庭需要将两个合同同时纳入审理范围，则需要征求当事人双方同意，但仲裁庭显然未取得同意，违反了仲裁规则以及相关法律。

2. 仲裁庭错误地受理要求仲裁协议以外主体承担民事责任的仲裁请求。晋皓公司追加其他民事主体作为被申请人及对仲裁内容作相应修改被贸仲驳回后，又第二次提出变更仲裁请求，仅在被申请人名义处放弃了追加的其他民事主体，但仍然在仲裁请求事项中保留了由其他民事主体承担民事责任的内容。

3. 仲裁庭错误地要求擎天公司对仲裁协议以外的合作公司承担民事责任。合作公司并非合作合同一方当事人，合作公司在合作合同签订之时尚未成立，因此合作公司不是合作合同仲裁条款应该约束的当事人，晋皓公司无权代表合作公司对擎天公司提起仲裁。从程序上应由合作公司以自己的名义提起诉讼或晋皓公司代表合作公司提起股东代表诉讼。现仲裁裁决要求擎天公司将违反合作合同约定所获利益返还合作公司，属于超出仲裁协议范围的超裁。

4. 仲裁庭错误地剥夺擎天公司反驳晋皓公司主张的程序权利。

5. 贸仲和仲裁庭错误地偏袒晋皓公司，任意延长审理期限。

6. 仲裁庭违反仲裁规则接受晋皓公司过迟提出的变更仲裁请求申请。

7. 仲裁庭违反仲裁规则剥夺擎天公司质证的权利。

8. 仲裁庭要求擎天公司承担 70% 的仲裁费用。

9. 贸仲违法收受晋皓公司多余的外地仲裁员的实际费用。

10. 仲裁案件纯属晋皓公司恶意缠讼。

四、南京中院审查意见

晋皓公司系在香港注册登记的企业法人,本案仲裁裁决司法审查应比照涉外仲裁裁决的司法审查。

《中华人民共和国民事诉讼法》第二百五十八条规定,对中华人民共和国涉外仲裁机构作出的裁决,被申请人提出证据证明仲裁裁决有下列情形之一的,经人民法院组成合议庭审查核实,裁定不予执行:(1)当事人在合同中没有订有仲裁条款或者事后没有达成书面仲裁协议的;(2)被申请人没有得到指定仲裁员或者进行仲裁程序的通知,或者由于其他不属于被申请人负责的原因未能陈述意见的;(3)仲裁庭的组成或者仲裁程序与仲裁规则不符的;(4)裁决的事项不属于仲裁协议的范围或者仲裁机构无权仲裁的。人民法院认定执行该裁决违背社会公共利益的,裁定不予执行。

南京中院经审查并经审委会讨论后形成一致意见:认为本案讼争的仲裁裁决有民事诉讼法第二百五十八条规定的情形,应裁定不予执行。其理由如下:

1. 仲裁庭裁决擎天公司将违反合作合同约定所获得利益返还合作公司属于民事诉讼法第二百五十八条中第一款第(一)项"当事人在合同中没有订有仲裁条款或事后没有达成书面仲裁协议"以及第(四)项"裁决的事项不属于仲裁协议的范围"规定的情形。理由是:一般而言,晋皓公司依据合作合同主张擎天公司违反合作合同,其仲裁请求应是擎天公司因违约对其造成的损失,现晋皓公司请求将违反合作合同所得返还合作公司,权利主体是合作公司,在该仲裁活动中,晋皓公司仅是名义上的仲裁申请人,其行使的应是股东代表行为,实际的争议双方应该是合作公司与擎天公司。而合作公司与擎天公司之间并无仲裁约定,且合作合同仲裁条款并不约束合作公司,故本案讼争的贸仲裁决存有超裁的问题。

2. 仲裁庭将两份合作合同均作为仲裁审理范围亦属于超裁行为。晋皓公司向贸仲申请立案时依据的是其持有的,未经备案的合作合同,后擎天公司抗辩称该合作合同系无效的合作合同,双方之间权利与义务应以登记备案的合作合同为准,仲裁庭以双方分别提交的合同文本中除个别条款有不同约定外,合同当事人、合作项目、仲裁条款等内容均完全相同,双方当事人在两份合同项下的争议为同一合作项目项下的争议为由,将两份合作合同均作为仲裁庭审理范围。虽然仲裁法规定了仲裁协议独立性,仲裁庭亦有权确认合同的效力,两份合作合同均指向同一合作项目,但毕竟两份合同内容上存有差异,且该差别恰恰是双方当事人的主要争议之一,仲裁庭应该依据晋皓公司提供的未经备案的合作合同,在确定其合同效力的基础上进行裁判,在晋皓公司立案时并未提供备案合作合同的情况下,仲裁庭将该份备案的合作合同作为仲裁审理的范围且作为裁决的依据,显然在程序上存有问题,属于超仲裁协议(未经备案的合作合同中的仲裁协议)范围审理。

五、我院的审查意见

我院经审查认为,本案仲裁裁决存在民事诉讼法第二百五十八条第一款第(四)项规定的情形,拟同意南京中院不予执行本案仲裁裁决的意见。

根据民事诉讼法第二百五十八条第一款第(四)项的规定,对中华人民共和国涉外仲裁机构作出的裁决,被申请人提出证据证明仲裁裁决的事项不属于仲裁协议的范围或者仲裁机构无权仲裁的,经人民法院组成合议庭审查核实,裁定不予执行。本案合作合同和仲裁协议的主体为晋皓公司和擎天公司,因此,本案仲裁协议仅能约束晋皓公司和擎天公司,仲裁事项的范围也仅限于晋皓公司与擎天公司之间因合作合同产生的纠纷。擎天公司是否从事了与合作公司相竞争的业务及擎天公司是否应当将其从事与合作公司相竞争业务所获利益归还合作公司,属于合作公司与擎天公司之间的纠纷,不属于仲裁协议的范围,贸仲无权对该纠纷作出裁决。因此,应不予执行本案仲裁裁决。

上述意见当否,请贵院审查后明示。

最高人民法院关于香港享进粮油食品有限公司申请执行香港国际仲裁中心仲裁裁决案的复函

(2003年11月14日　〔2003〕民四他字第9号)

安徽省高级人民法院:

你院〔2003〕皖执他字第01号《关于对香港国际仲裁中心仲裁裁决香港享进粮油食品有限公司与安徽粮油食品进出口(集团)公司买卖合同纠纷案不予执行的请示》收悉。经研究,答复如下:

根据你院所述事实,安徽粮油食品进出口(集团)公司(以下简称安徽粮油公司)系海南高富瑞工贸有限公司(以下简称海南高富瑞公司)的股东。本案所涉合同是海南高富瑞公司总经理张根杰,利用其持有的安徽粮油公司派驻海南高富瑞公司任职人员的相关文件的便利,采取剪取、粘贴、复印、传真等违法手段,盗用安徽粮油公司圆形行政公章,以安徽粮油公司的名义与香港享进粮油食品有限公司(以下简称享进公司)签订的。由于张根杰没有得到安徽粮油公司的明确授权,而是采用违法的手段盗用其印章签订合同,且事后张根杰未告知安徽粮油公司,更未得到追认,根据当事人的属人法即我国内地相应的法律规定,张根杰无权代理安徽粮油公司签订合同,亦即其不具备以安徽粮油公司名义签订合同的行为能力,相应地,其亦不具有以安徽粮油公司名义签订合同中仲裁条款的行为能力。由于本案所涉仲裁协议是张根杰通过欺诈手段签订的,因此,根据本案仲裁地法即香港特别行政区的法律,该仲裁协议也应认定无效。故根据《最高人民法院关于内地与香港特别行政区相互执行仲裁裁决的安排》第七条第一款第(一)项的规定,应不予执行本案仲裁裁决。同意你院的处理意见,但你院不宜以《最高人民法院关于内地与香港特别行政区相互执行仲裁裁决的安排》第七条第三款的规定作为不予执行本案仲裁裁决的法律依据。

此复。

附:

安徽省高级人民法院关于对香港国际仲裁中心仲裁裁决香港享进粮油食品有限公司与安徽粮油食品进出口(集团)公司买卖合同纠纷案不予执行的请示(摘要)

(〔2003〕皖执他字第01号)

最高人民法院:

我省合肥市中级人民法院依据香港国际仲裁中心仲裁裁决执行香港享进粮油食品有限公司(下称享进公司)与安徽粮油食品进出口(集团)公司(下称安徽粮油公司)买卖合同纠纷一案中,经该院审判委员会讨论,以仲裁裁决的执行将违反内地社会公共利益为由,拟决定对该案不予执行。根据你院1995年8月28日法发〔1995〕18号《关于人民法院处理与涉外仲裁及外国仲裁事项有关问题的通知》精神,对不予执行涉外仲裁机构裁决或外国仲裁机构的裁决,需经高级法院审查,并将审查意见报最高人民法院,待最高人民法院答复后,方可裁定不予执行。为此,现将我院对该案的审查情况汇报如下:

一、案件事实及仲裁处理情况

1993年10月25日,海南高富瑞工贸有限公司(以下简称海南高富瑞公司)未经安徽粮油公司的同意,采取剪取、粘贴、复印、传真等手段,擅自以安徽粮油公司的名义,与享进公司签订HT0493号成交合约书(以下简称493号合约书)一份,签订人为张根杰,合约书上的安徽粮油公司的圆形行政公章系粘贴、复印的。该协议书约定了如下内容:卖方安徽粮油公司;买方享进公司;货物品名山东1993年产小自沙花生仁数量10,000吨,单价595美元/吨,总价款595万美元;交货期限:卖方于1993年12月15日~1994年2月28日交货,买方派船在青岛装运;买方于装船前20天,开具不可撤销的即期付款信用证给卖方或卖方指定的公司;以香港仲裁为最后依据等内容。合约书采用传真的方式签订,因海南高富瑞公司没有进出口权,海南高富瑞公司又与中国出口基地开发公司(以下简称基地公司)签订外贸出口代理协议,委托基地公司办理出口花生仁的动植物检验、商品检验、熏蒸、船运、出口报关等手续,并以基地公司为受益人开立外汇结汇信用证。卖方第一次向享进公司供货1350吨花生仁,享进公司用信用证缴付贷款803,309.45美元。第二次卖方与享进公司协议供货1000吨,卖方委托基地公司办理了出口报关的相应手续与1000吨的结汇信用证,于1994年3月将1000吨货物运至装运港青岛,但享进公司提供仅能装运700余吨的船只,享进公司接受货物后,基地公司因提单700余吨与信用证1000吨不符无法结汇,享进公司在收货后亦拒付贷款。中国海洋直升机专业公司与海南高富瑞公司遂向深圳市公安局报案,深圳市公安局以涉嫌诈骗予以立案侦查,并拘留了享进公司董事长邝徵原、职员佘永林。享进公司为营救其董事长,委派代理律师徐建于1994年7月23日给广东省深圳市人大常委会致函并作了必要的解释:“由于该笔生意的实际卖家是打着安徽粮油公司旗号的海南高富瑞公司,而该公司的人员根本不懂外贸单证业务,故要求享进公司为其提供一套外文单证的样本。”在侦查期间,享进公司通过香港银行将所欠贷款470,488.50美元汇至中国银行总行受益人基地公司的银行账户,此款后由海南高富瑞公司领取,为此,深圳市公安局解除了对上述两人的强制措施。此后,493号合约没有继续履行。1994年7月5日,享进公司以卖方安徽粮油公司仅交货2084.40吨、违反493号合约的约定、应赔偿其相应的损失为由,向香港国际仲裁中心提起仲裁。安徽粮油公司认为其不是493号合约的当事人,公章系被他人盗用,交据此向香港国际仲裁中心提出抗辩(没有派员出庭)。香港国际仲裁中心认为,该合约书加盖有安徽粮油公司的公章,安徽粮油公司未能提供证据证明493号合约书上面的公章不是其公章,或其公章被盗或借用、或其公章已遗失,亦未能提供证据证明盖上该印的没有获得其授权,不能充分证明其不是493号合约的一方当事人。为此,香港国际仲裁中心于1997年6月28日作出仲裁裁决,内容为:一、享进公司需向另一方当事人交付货物,因安徽粮油公司违约导致其不能获得该货物而向其他买家重新购买,加之花生仁的市场价格上涨,该差价697,335美元应由安徽粮油公司承担;二、上述697,335美元的1%的佣金,安徽粮油公司应予支付;三、享进公司的间接损失,即履行合约可获得的利润804,496.43美元由安徽粮油公司承担;四、上述第1~3项合计1,508,804.78美元,至实际款清之日按年息9.5%计算的利息;五、享进公司支付的仲裁诉讼费如不愿意承担,应由安徽粮油公司承担;六、安徽粮油公司应承担的审裁费用438,450港元(该笔费用已由享进公司垫付)。

二、申请执行情况

1997年12月1日,享进公司依据香港国际仲裁中心作出的仲裁裁决,向合肥中院递交了强制执行申请书。申请执行内容为:安徽粮油公司应向其支付下列款项:(1)因安徽粮油公司违约而给享进公司造成的各项损失合计1,508,804.78美元,以及按年息9.5%计算至款清之日的利息;(2)享进公司的仲裁诉讼费461,770港元;(3)安徽粮油公司应承担的已由享进公司垫付的裁决费用438,450港元。同年12月10日,安徽粮油公司向合肥市中院递交不予执行申请书,请求该院对香港国际仲裁中心的裁决裁定不予执行。合肥中院在审查的过程中,因法律适用问题,于1998年4月8日向我院请示,我院以〔1998〕皖高法复执字第08号报告向你院请示。你院于1998年10月26日以法经〔1998〕449号函作出答复。内容为:“鉴于香港自1997年7月1日之后已成为我国的一个特别行政区,故对香港国际仲裁中心的裁决在香港回归之后不应按照《承认及执行外国仲裁裁决公约》予以承认及执行。由于目前对香港地区的仲裁裁决尚无法律、法规等方面的规定,因此待有关规定出台后再恢复审查。”2000年1月24日,你院公布《关于内地香港特别行政区相互执行仲裁裁决的安排》,该司法解释自2000年2月1日起施行。同年3月10日,合肥中院向安徽粮油公司发出执行通知书,限期其履行付款义务。4月18日,享进公司再次向合肥市中院递交补充执行申请书,内容为:(1)安徽粮油公司应付款项2,088,024.84美元以及自1997年7月28日至2000年7月27日的利息,合计3,518,653.86美元;(2)安徽粮油公司因不执行仲裁裁决而引起的律师费、差旅费等费用。同年6月7日,安徽粮油公司再次向合肥市中院递交不予执行申请书。

三、合肥中级人民法院的意见

合肥中院认为,仲裁裁决依据的合约书,系海南高富瑞公司总经理张根杰盗用安徽粮油公司名义签订的。张根杰既非安徽粮油公司的工作人员,亦非其授权代表。合约书载明的“安徽粮油公司地址深圳市翠竹路18号安徽大厦305室,法定代表人张根杰”,与实际情况明显不符。安徽粮油公司当时实际住所地为安徽省合肥市金寨路256号金融大厦,法定代表人为张维根。海南高富瑞公司与享进公司之间外贸业务往来的报关、检验、船运等外贸单证,均由海南高富瑞公司所为,与安徽粮油公司无任何关系。493号合约对并非合约一方当事人的安徽粮油公司不具有法律约束力,香港国际仲裁中心的仲裁裁决之任何过错的责任理应由海南高富瑞公司和享进公司承担,由安徽粮油公司承担违约责任有悖于我国民商事法律的立法精神,违反了民商事活动应当遵循的自愿、公平、等价有偿、诚实信用的基本原则。强制执行的结果既侵害了安徽粮油公司的合法权益,又扰乱了社会经济秩序,损害了社会公共利益。据此,拟决定不予执行。

四、我院的审查处理意见

我院经审查认为,安徽粮油公司并非493号合约的当事人。张根杰不是安徽粮油公司的工作人员,也不是其授权对外签订合同的代表。张根杰签订493号合约书时的身份是海南高富瑞公司的总经理,而海南高富瑞公司是由安徽粮油公司与中国海洋直升机专业公司海南(集团)公司共同投资成立的独立法人,并非安徽粮油公司下属的分支机构。493号合约书载明的安徽粮油公司的住所地、法定代表人等事项,与实际情况明显不符。安徽粮油公司实际住所地为安徽省合肥市金寨路256号金融大厦,法定代表人为张维根。作为海南高富瑞公司总经理的张根杰,利用占有股东安徽粮油公司委派人员赴海南高富瑞公司任职文件的便利,采取剪取、粘贴、复印、传真等盗用安徽粮油公司圆形行政公章的手段,以安徽粮油公司的名义与享进公司签订了493号合约书,事前并未取得安徽粮油公司的同意,事后也未告之安徽粮油公司。在493号合约的履行过程中,海南高富瑞公司因没有进出口经营权,委托基地公司为其外贸出口代理单位,为其办理已出口货物的所有出口报关及信用证开立、结汇等手续。在合约双方发生纠纷时,也是以中国海洋直升机专业公司与海南高富瑞公司的名义向深圳市公安局报案。安徽粮油公司从未参与493号合约的履行,不是海南高富瑞公司的外贸出口代理单位。根据享进公司给深圳市人大的信函中,反映出享进公司对海南高富瑞公司盗用安徽粮油公司的名义签约合约、履行合同是明知的,海南高富瑞公司与享进公司恶意串通、损害第三人的行为,应承担责任,仲裁裁决安徽粮油公司承担违约责任是错误的。

根据《最高人民法院关于内地与香港特别行政区相互执行仲裁裁决的安排》第七条第三款规定"内地法院认定在内地执行该仲裁裁决违反内地社会公共利益……,则可不予执行该裁决"和《中华人民共和国经济合同法》、《中华人民共和国民法通则》等相关法律的规定,香港国际仲裁中心的仲裁裁决之任何过错的责任理应由海南高富瑞公司和享进公司承担,由安徽粮油公司承担责任有悖于我国民商事法律的立法精神,违反了民商事活动应当遵循的自愿、公平、等价有偿、诚实信用的基本原则。强制执行的结果既侵害了安徽粮油公司的合法权益,又扰乱了社会经济秩序,损害了社会公共利益。安徽粮油公司申请不予执行,符合该司法解释第七条第三款规定的内在精神。据此,案经本院审判委员会讨论决定,该案拟裁定不予执行。

妥否,请你院审定。

最高人民法院关于捷成洋行申请执行中国国际经济贸易仲裁委员会(97)贸仲裁字第0256号裁决一案的复函

(2001年1月6日　〔2001〕民四他字第42号)

天津市高级人民法院:

你院《关于执行捷成洋行与中化天津进出口公司仲裁案件的审查意见》收悉。本院经研究同意你院对本案的审查意见。本案双方当事人在L53/93/075号合同仲裁条款中没有明确约定仲裁机构,应认定仲裁条款无效。双方委托代理人的往来函件亦不能视为双方对仲裁机构的确认达成补充协议。因此本案符合《中华人民共和国民事诉讼法》第二百一十七条第二款第(一)项规定的情形,中国国际经济贸易仲裁委员会〔97〕贸仲裁字第0256号裁决应不予执行。

由于本案系船舶滞期费纠纷,根据《中华人民共和国海事诉讼特别程序法》第十一条的规定,本案应由天津海事法院管辖。

此复。

附:

天津市高级人民法院关于执行捷成洋行与中化天津进出口公司仲裁案件的审查意见

(2001年11月23日 〔2000〕高执监字第10号)

最高人民法院:

关于捷成洋行与中化天津进出口公司(以下简称中化公司)仲裁一案,根据你院"法发〔1995〕18号通知"规定,现将我院审查意见报告如下:

一、基本案情

中国国际经济贸易仲裁委员会根据捷成洋行与中化公司之间于1993年7月24日签订的编号为L53/93/075号合同中的仲裁条款及捷成洋行于1996年1月12日向仲裁委员会提交的仲裁申请书受理了上述合同项下的争议仲裁案。

仲裁开庭前,中化公司选择了仲裁员、进行了答辩并至函仲裁委员会对仲裁委员会的管辖权表示异议。理由是,双方签订的仲裁条款(英文)译为:"与本协议有关的一切争议应按照北京国际仲裁法院的国际仲裁章程进行仲裁"与当事人约定不符。争议发生后,双方未能达成有效的仲裁协议,所以仲裁委员会对该案无管辖权。1996年8月26日仲裁庭在北京对该案进行了第一次开庭审理,双方当事人对管辖权问题进行了辩论。仲裁庭根据捷成洋行代理人何贵才律师1994年12月2日致中化公司的函中称:"如对方不履行义务,我方将该争议提请北京中国国际经济贸易仲裁委员会仲裁"。中化公司的代理人王海律师在1994年12月30日的回函中称:"如贵律师的代理人申请仲裁,我的委托人也会进行反诉……"。仲裁庭认为,双方律师的行为均构成对各自委托人的代理行为。根据《仲裁法》第十八条的规定:"仲裁协议对仲裁事项或者仲裁委员会没有约定或者约定不明确的,当事人可以补充协议"。仲裁庭作出了(96)贸仲字第11826号《管辖权决定》,决定仲裁委员会对该案有管辖权。以后的开庭,中化公司未出庭。仲裁庭于1997年6月12日作出裁决:1.中化公司支付捷成洋行滞期费6,758,854美元;2.中化公司支付捷成洋行律师费6000美元及差旅费681,116港元;3.仲裁费用人民币3,596,894元全部由中化公司承担。

裁决后捷成洋行向天津市第二中级人民法院申请执行,二中院审查后认为,双方委托代理人的代理行为不能构成事后当事人达成了补充协议,决定对该裁决不予执行。

二、本院审查意见

1.关于选择仲裁机构问题

从双方当事人订立的仲裁条款上看:"与本协议有关的一切争议应按照北京国际仲裁法院的国际仲裁章程进行仲裁"。此条款虽然反映了双方当事人请求仲裁的意思表示,但是双方没有约定明确的仲裁机构。

2.关于双方代理人之间的来往函件

在提请仲裁前,捷成洋行的代理人至函给中化公司称"本律师希望此纠纷能够通过贵司主动履行义务获得解决,否则,本律师将根据委托人的授权,将贵司与CIMBR IA所签订的CRPL1101及与捷成签订的L53/93/075号合同项下争议提请北京中国国际经济贸易仲裁委员会仲裁"。中化公司的代理人在与其的回函中表示"贵律师在传真中一再强调合同双方的友好合作关系,而我的委托人还是基于这一出发点,而没有向贵律师的委托人就其违约行为明确提出赔偿要求,但这并不意味着我的委托人放弃了要求赔偿的权利。因此,我的委托人在必要时可向仲裁机构申请仲裁,如贵律师的委托人申请仲裁,我的委托人必会进行反诉。虽然如此,我的委托人仍不反对友好协商解决,也希望如此,但必须遵循平等、公平的原则"。从双方的来往函件看,虽然捷成洋行明确选择了仲裁机构,但中化公司并未对捷成洋行选择的仲裁机构进行认可,其回函只是其对以仲裁的方式解决双方争议的认可。因此,双方往来的函件不能认定为双方事后达成了对仲裁机构明确选择的补充协议。根据《仲裁法》第十八条之规定:"仲裁协议对仲裁事项或者仲裁委员会没有约定或者约定不明确的,当事人可以补充协议;达不成补充协议的,仲裁协议无效"。

综上,根据《中华人民共和国民事诉讼法》第二百一十七条第二款第(一)项及《仲裁法》第十八条之规定,本院决定:申请执行人捷成洋行申请强制执行的中国国际经济贸易仲裁委员会(97)贸仲裁字第0256号裁决,不予执行。

以上意见妥否,请批示。

最高人民法院关于仲裁协议无效是否可以裁定不予执行的处理意见

（2002 年 6 月 20 日 〔1999〕执监字第 174 - 1 号）

广东省高级人民法院：

你院〔1999〕粤高法执监字第 65 - 2 号《关于中国农业银行杭州市延安路支行申请执行杭州市经济合同仲裁和会杭裁字〔1996〕第 80 号裁决书一案》的报告收悉，经研究，答复如下：

申请人中国农业银行浙江省信托投资公司（现为中国农业银行杭州市延安路支行，以下简称农业银行）与被申请人深圳政华实业公司（以下简称政华公司）、招商银行深圳福田支行（以下简称招商银行）合作投资担保合同纠纷一案，杭州市经济合同仲裁委员会于 1996 年 10 月 25 日作出杭裁字〔1996〕第 80 号裁决书裁决：政华公司在裁决生效后十日内归还农业银行借款及利息人民币 617 万余元，招商银行承担连带偿付责任。在执行该仲裁裁决过程中，被执行人招商银行向深圳市中级人民法院申请不予执行该仲裁裁决。深圳市中级人民法院认为：由于当事人只约定了仲裁地点，未约定仲裁机构，且双方当事人事后又未达成补充协议，故仲裁协议无效，杭州市经济合同仲裁和会无权对本案进行仲裁。因此，以〔1997〕深中法执字第 10 - 15 号民事裁定书裁定不予执行。

本院认为：本案的仲裁协议只约定仲裁地点而没有约定具体的仲裁机构，应当认定无效，但仲裁协议无效并不等于没有仲裁协议。仲裁协议无效的法律后果是不排除人民法院的管辖权，当事人可以选择由法院管辖而排除仲裁管辖，当事人未向法院起诉而选择仲裁应诉的，应视为当事人对仲裁庭管辖权的认可。招商银行在仲裁裁决前未向人民法院起诉，而参加仲裁应诉，应视为其对仲裁庭关于管辖权争议的裁决的认可。本案仲裁庭在裁决驳回管辖权异议后作出的仲裁裁决，在程序上符合仲裁法和民诉法的规定，没有不予执行的法定理由。执行法院不应再对该仲裁协议的效力进行审查。执行法院也不能将“仲裁协议无效”视为“没有仲裁协议”而裁定不予执行。因此，深圳市中级人民法院裁定不予执行错误，本案仲裁裁决应当恢复执行。

请你院监督执行法院按上述意见办理，在两个月内执结此案并报告本院。

此复。

（三）仲裁机构超裁的不予执行的复函

最高人民法院关于玉林市中级人民法院报请对成伟投资有限公司涉外仲裁一案不予执行的请示的复函

（2006年9月13日 〔2006〕民四他字第25号）

广西壮族自治区高级人民法院：

你院〔2006〕桂法执复字第1号、〔2006〕桂法执议字第3号《关于玉林市中级人民法院报请对成伟投资有限公司涉外仲裁一案不予执行的请示报告》收悉。经研究，答复如下：

关于你院请示的第一个问题，涉及人民法院是否应予执行我国仲裁机构作出的涉外仲裁裁决，应当根据《中华人民共和国民事诉讼法》第二百六十条的规定进行审查。

从本案有关事实看，合作合同中明确约定合作双方为广西玉林市恒通有限公司（以下简称恒通公司）和成伟投资有限公司（以下简称成伟公司）。广西壮族自治区玉林市人民政府（以下简称玉林市政府）作为恒通公司的主管部门、路劲基建有限公司（以下简称路劲公司）作为成伟公司的主管部门，尽管亦在该合作合同上签署，但是合作合同第二章明确约定合作公司的合作双方为恒通公司和成伟公司。因此，玉林市政府和路劲公司均不是合作合同的当事人，合作合同中的仲裁条款不能约束玉林市政府。玉林市政府提供的担保函中没有约定仲裁条款，玉林市政府与成伟公司之间亦未就他们之间的担保纠纷的解决达成仲裁协议。仲裁庭依据合作合同中的仲裁条款受理本案，就涉及玉林市政府的担保纠纷而言，仲裁裁决已经超出了仲裁协议的范围。

尽管合作合同约定将广西玉柴机器集团有限公司（以下简称玉柴集团）出具的担保函作为合作合同的组成部分，但合作合同中的仲裁条款明确约定“合作双方”在解释或履行合同中发生的争议应交付仲裁，而玉柴集团并非合作合同的当事人，因此，其不应受合作合同中仲裁条款的约束。玉柴集团提供的担保函中没有约定仲裁条款，玉柴集团与成伟公司之间亦未就他们之间的担保纠纷的解决达成仲裁协议。在本案仲裁过程中，玉柴集团曾以其不是本案仲裁协议的当事人为由提出了管辖权异议。因此，仲裁庭亦无权对玉柴集团与成伟公司之间的担保纠纷作出仲裁裁决。

综上，根据《中华人民共和国民事诉讼法》第二百六十条第一款第（四）项以及最高人民法院《关于适用〈中华人民共和国民事诉讼法〉若干问题的意见》第二百七十七条的规定，人民法院应当裁定不予执行涉及玉林市政府和玉柴集团部分的仲裁裁决，其余部分应予执行。

关于你院请示的第二个问题，对于人民法院作出的中止执行的裁定，当事人不能申请复议，因此，你院不应受理成伟公司申请复议一案。

此复。

附：

广西壮族自治区高级人民法院关于玉林市中级人民法院报请对成伟投资有限公司涉外仲裁一案不予执行的请示报告

（2006年6月15日 〔2006〕桂法执复字第1号 〔2006〕桂法执议字第3号）

最高人民法院：

申请执行人成伟投资有限公司与被申请执行人玉林市恒通有限公司、广西玉柴机器集团有限公司、玉林市人民政府合作合同涉外仲裁一案，玉林市中级人民法院于2005年10月17日立案执行。在执行过程中，恒通公司、玉林市政府、玉柴集团于同年10月30日向玉林市中院提出申辩，认为仲裁程序违法，请求法院对本案仲裁裁决不予执行。玉林市中院依法组成合议庭，对中国国际经济贸易仲裁委员会做出的仲裁裁决进行了审查核实，并经该院审判委员会讨论决定，认为应裁定对仲裁裁决不予执行，并按有关规定报我院审查。本院依法组成合议庭对该案进行了审查，并经本院审判委员会讨论决定。现将本案的案件事实情况及处理意见报告如下：

一、案件的当事人

申请执行人：成伟投资有限公司。住所地：香港九龙尖沙咀广东道9号港威大厦第6座5楼。

被申请人：广西玉林市恒通有限公司。住所地：广西玉林市一环东路167号。

被申请人：广西玉柴机器集团有限公司。住所地：广西玉林市玉柴新城玉柴大道西侧。

被申请人：广西壮族自治区玉林市人民政府。住所地：广西玉林市人民东路449号。

二、基本案情及仲裁裁决结果

1996年11月2日，申请执行人成伟公司与被申请执行人恒通公司签订了合作合同，约定双方投资设立中外合作企业——广西恒劲公路开发有限公司，开发建设、经营及管理玉林至公馆公路(玉林段),及玉林市环城路支线的名山路段、玉陆路段。合作公司的投资额为人民币203,800,000.00元;注册资本为人民币81,520,000.00元,其中恒通公司(中方,即甲方)占30%,申请执行人(外方,即乙方)占70%。根据合作合同的规定:合作期限为25年。合作期满,合作公司在本公路范围内的固定资产归甲方所有,在合作公司营业执照签发之日起计10年内,若乙方按合同规定日期入资,甲方担保乙方每半年(6个月)收入不少于乙方按合同规定的投资总额的十分之一,即人民币1426.6万元,若乙方在以上结算日时从合作公司分得的收益少于以上担保的数额时,甲方将于结算后一个月内将不足之数补给乙方。若甲方未能完全按本合同履行担保乙方回报时,甲方就乙方应得到担保回报和乙方实际收入的差额,按月息2%计算,偿还给乙方,直至本息还清止。

合作合同7.03项对担保人及担保责任作了如下规定:玉柴集团出具承诺函,作为担保人。当甲方未能于结算一个月内履行担保责任时,玉柴集团将于结算后两个月内将不足之数补给乙方。

合作合同21.01项规定:按照本合同规定的各项原则订立的附属协议文件,包括合作公司章程,公路规模明细表,甲方出资作价协议及广西玉柴机器集团公司出具的承诺函均为本合同的组成部分。

为保证成伟公司于首10年收回投资本金,签订合作合同的当日,恒通公司、原县级玉林市财政局和原县级玉林市人民政府共同向成伟公司出具了《广西玉林市恒通公司对于合作公司的担保机制说明》,以恒通公司的其他收入(公路沿线的房地产收入、路桥工程收入、上级补助费)作为担保基础,保证履行其在合作合同中的回报义务;玉林市政府作为保证人向成伟公司出具了《玉林市人民政府关于中外合资合作经营广西恒劲公路开发有限公司的承诺函》,以市政府财政为恒通公司回报义务的履行提供担保(如果恒通公司没有彻底履行或不履行合作合同规定的义务,玉林市政府将以市政府财政担保履行上述条款,于结算后一个半月将不足之数补给成伟公司,并全部承担玉林市恒劲公司的责任和义务);玉柴集团作为保证人也向成伟公司出具了《玉柴集团关于中外合作经营广西恒劲公路开发有限公司合同有关条款的承诺函》,对合作合同中的担保责任作了进一步的承诺和约定,承诺当甲方未能于结算一个月内履行担保责任时,玉柴集团将于结算后两个月内将不足之数补给乙方。

在合作和合同履行过程中,恒通公司向成伟公司支付了部分回报款后,拒绝继续向成伟公司支付回报款,双方发生争议。中国国际经济贸易仲裁委员会根据1996年11月2日成伟公司及其主管单位路劲基建有限公司与恒通公司、玉林市政府签订的《广西恒劲公路开发有限公司合同》的仲裁条款,以及同日玉柴集团出具的《玉柴集团关于中外合作经营广西恒劲公路开发有限公司合同有关条款的承诺函》,玉林市政府出具的《玉林市人民政府关于中外合作经营广西恒劲公路开发有限公司的承诺函》及2003年8月27日成伟公司、路劲基建公司的仲裁申请,受理了合同项下争议仲裁案,被申请人地级玉林市政府、玉柴集团在收到仲裁通知后,分别于2003年10月27日、2004年6月1日提出了管辖权异议,仲裁委员会分别于2003年12月11日、2004年7月20日作出管辖权决定书,认定玉林市政府和玉柴集团均为本案适格的被申请人。2005年7月10日,仲裁庭作出〔2005〕中国贸仲京裁字第0246号裁决,裁决如下:

1. 恒通公司向成伟公司继续支付应付而未付的回报款(回收投资款)人民币140,290,611.63元。2. 恒通公司不向成伟公司支付本裁决书上述"仲裁庭意见"第93页中第一段所述的人民币27,764,023.70元或支付不足时,由玉柴集团支付或补足。3. 恒通公司和玉柴集团向成伟公司支付的款项总额不足人民币140,290,611.63元时,不足部分的二分之一由玉林市政府支付。4. 本案仲裁费为122,984.00美元,由恒通公司全部承担;成伟公司已向仲裁委员会预缴仲裁费122,984.00美元,全部冲抵后,恒通公司应向成伟公司支付122,984.00美元,以补偿成伟公司代其垫付的仲裁费。5. 恒通公司应向成伟公司支付人民币250,000元,以补偿后者因办理本案而支出的部分合理费用。6. 上述第1款、第2款、第3款、第4款、第5款所述的恒通公司、玉柴集团、玉林市政府应向成伟公司支付的款项,应于2005年8月15日之前(含8月15日)支付;逾期支付,加计自2005年8月16日起至实际支付之日止月利率3‰的利息。

三、审查认定的基本事实情况

1. 1996年11月2日,成伟公司与恒通公司、原县级玉林市政府签订《广西恒劲公路开发有限公司合同》。

2. 1996年11月2日,玉柴集团出具《玉柴集团关于中外合作经营广西恒劲公路开发有限公司合同有关条款的承诺函》。

3. 1996年11月2日,原县级玉林市政府向成伟公司出具《玉林市人民政府关于中外合资合作经营广西恒劲公路开发有限公司的承诺函》。

4. 1997年4月22日,国务院国函〔1997〕26号批准撤销玉林地区和县级玉林市,同时设立地级玉林市,地级玉林市管辖原玉林地区的容县、陆川县、博白县和新设立的玉州区、兴业县,玉州区辖原县级玉林市的玉林、福绵、南江等15个镇、乡;兴业县辖原县级玉林市的石南、城隍、大平山等15个镇、乡。原玉林地区的北流市由自治区直辖。

5. 玉林撤地设市筹备工作领导小组玉设市筹〔1997〕5号文件《关于县级玉林市恒通有限公司移交地级玉林市管理的通知》,从1997年8月1日起,县级恒通公司移交地级玉林市管理。恒通公司的主管部门为地级玉林市人民政府;恒通公司的工商登记变更手续,待地级市挂牌成立后办理。

四、执行情况

2005年10月13日,成伟公司向玉林市中院提出强制执行申请。2005年10月

25 日，玉林市中院立案执行。玉林市政府、广西恒通公司、玉柴集团分别于 10 月 30 日、31 日对成伟投资有限公司申请执行[2005]中国贸仲京裁字第 0246 号裁决书提出申辩和异议，并于 11 月 7 日各自提供了担保，申请中止执行。恒通公司以该公司拥有的广西恒劲公路开发有限公司 30% 的股权提供担保，玉林市政府以依照法律规定可以作为清偿债务的财产提供担保，玉柴集团以玉林宾馆作为异议申请的担保。

2005 年 12 月 7 日，玉林市中院作出〔2005〕玉中执字第 210－1 号民事裁定书，裁定本案中止执行。

2005 年 12 月 20 日，成伟公司不服玉林中院的中止裁定，向本院提出复议申请，以被申请人恒通公司，玉林市政府未依法提供担保，本案不应裁定中止执行为由，要求本院撤销玉林中院的中止裁定。

五、当事人申辩请求及理由

1. 被申请人恒通公司与玉林市政府于 2005 年 10 月 30 日共同提出《对〔2005〕中国贸仲京裁字第 0233 号、第 0246 号裁决实体处理和适用法律问题的异议》，称：(1)被申请人认为仲裁案所涉合作合同中关于固定回报的约定内容，违反国家法律规定，不是公平、平等和等价有偿的，该约定无效，外方合作者不能依该无效约定取得固定回报款。(2)仲裁庭既已查明外方合作者存在入资时间违约、入资不足的事实，但裁决书却按合作合同约定外方合作者应出资额而不是按实际出资额计算回报款，显然不公平、不合理，也没有依据。(3)原县级玉林市政府为合作合同出具的承诺函，其性质与玉柴机器集团有限公司提供的担保一样，属于一般保证的担保，同样具有先诉抗辩权和保证责任期间已超过的问题，仲裁裁决权仅对玉柴集团公司提供担保涉及的上述两个问题作出仲裁理由的说明，并裁决认定抗辩成立。但对玉林市政府提出的同样两个抗辩问题并未作出是否成立的仲裁理由说明，更没有作出相应的仲裁裁决。因此，仲裁裁决既存在程序不当，也存在实体处理不当。(4)根据我国现行法律制度，国务院依法享有对法律、法规规章和国家政策的解释权和适用法律、规章的裁决权。国务院解释是一种立法性的解释，具有法律效力，其效力始于对适用法律、法规生效之日，必须遵守。裁决书仅以《国务院办公厅关于妥善处理现有保证外方投资固定回报项目有关问题的通知》(国发〔1998〕31 号文)不是行政法规，就排斥其法律效力，排除其对仲裁案的适用，完全是错误的。本案仲裁审理违反了《民事诉讼法》第二百六十条第一款第(一)、(三)项规定，请求法院对本案仲裁裁决裁定不予执行。

2. 被申请人玉林市政府又于 2005 年 10 月 30 日单独提出《玉林市人民政府对成伟投资有限公司申请执行〔2005〕中国贸仲京裁字第 0246 号裁决书的申辩、异议书》，称：(1)现地级玉林市政府与成伟公司没有签订过任何合同，亦没有签订或达成仲裁条款、仲裁协议，仲裁审理把地级玉林市政府列为当事人，并且在仲裁开庭前异议人已书面提出管辖异议后仍不予纠正，本案仲裁程序违法。(2)本案仲裁裁决与适用的仲裁规则不符。在仲裁审理过程中,被申请人在仲裁开庭前的两次书面答辩及开庭时均反复阐述被申请人不是本仲裁案的当事人;成伟公司向保证人提出仲裁请求,超过了六个月的保证责任期间,保证人免除保证责任。但仲裁庭在判决书中对被申请人提出的问题,没有阐述任何裁决理由,就径行作出裁决。因此,请求法院对本案仲裁裁决裁定不予执行。

3. 被申请人玉柴集团于2005年10月31日提出《对成伟投资有限公司申请执行〔2005〕中国贸仲京裁字第0246号裁决书的申辩、异议书》,称:(1)本案合作合同签订双方是广西玉林市恒通有限公司和成伟投资有限公司,玉柴集团在约定有仲裁条款的合作合同上没有任何签章。本仲裁案把玉柴集团列为当事人,仲裁委员会确认对玉柴集团与成伟公司之间因保证责任的争议具有管辖权,缺乏事实和法律依据。(2)最高人民法院审理的已生效的案例中,已明确在担保从合同中如没有仲裁条款或订有仲裁协议,则因担保关系发生争议的解决,不受主合同仲裁条款的约束。因此,请求法院裁定对本案仲裁裁决不予执行。

六、处理意见

人民法院应当根据《中华人民共和国仲裁法》第七十一条和《中华人民共和国民事诉讼法》第二百六十条的规定,就被申请人提出的证据和申辩理由对所涉仲裁裁决进行审查。

(一)玉林中院审查意见

第一,关于地级玉林市政府是否是适格仲裁主体的问题。首先,当事人签订的《恒劲公司合同》其时间在地级玉林市政府设立之前,对此,应认定县级玉林市人民政府是签订本合同的当事人,县级玉林市人民政府所出具的承诺函应认定是本案合同的担保人,而地级玉林市政府既没有自愿承担担保,亦没有决定下级政府提供担保的意思表示,其并不是本案合同担保主体。其次,县级玉林市人民政府是具有法律意义的独立法人,依法独立承担民事责任。事实上,在县级玉林市被撤销后,已在原行政辖区相应分立一区一县,因此,合同上约定的仲裁条款仅对中外合作双方的争议解决选择仲裁委员会仲裁,法律约束力并不当然及于地级玉林市政府,并不能由地级玉林市人民政府承担县级玉林市人民政府应承担的民事责任,地级玉林市人民政府不是县级玉林市人民政府权利义务的承受人。尽管设立地级玉林市政府后,恒通公司移交地级玉林市管理,主管部门归为地级玉林市政府,但并不由此而改变其独立法人的法律地位,改变县级玉林市政府仍然是签订合同当事人的事实,显然现玉林市人民政府并不是仲裁案的被申请人,而本案仲裁裁决并未就本案的主体事实进行认定,直接将现玉林市政府作为仲裁案件的主体,显属不当。

第二,关于玉柴集团是否与成伟公司签订仲裁协议,是否是适格仲裁主体的问题。从审查证据表明,玉柴集团出具的承诺函对合作合同的全部内容表示承诺,应认定承诺函系主合同的组成部分,认可了因合作合同发生的争议应受本案合同仲裁条款所约束。因此,异议人玉柴集团的异议理由不能成立。应认定玉柴集团与成伟公司约定有仲裁条款,是适格的仲裁主体。

第三,由于被申请人提出的其他异议涉及案件实体处理的法律关系及法律适用等问题应不属审查核实范围,在此并不需作出处理,但是就本案被执行主体的审查,是否必须就被申请人的申辩和查实的事实进行核查后方能执行,法律虽未有具体规定,我们是否应以具体的事实为依据来进一步确定。

综观本案的具体程序上的事实,玉林中院认为仲裁机构作出的仲裁属违反法定程序,依照《中华人民共和国民事诉讼法》第二百六十条第一款第(一)项"当事人在此合同中没有订有仲裁条款或者事后没有达成书面仲裁协议的"的规定,应裁定对仲裁裁决不予执行。因本案属涉外仲裁执行案件,依照最高人民法院《关于人民法院处理与涉外仲裁及外国仲裁事项有关问题的通知》第二条的规定,将本案报请区高院审查。

(二)本院审查意见

第一,根据我国有关法律规定,人民法院对涉外仲裁裁决仅进行程序性审查,对认定事实和适用法律方面不作审查。经查,被申请人恒通公司和玉林市政府共同提出的第1、2、4点异议均系涉及案件实体处理的法律关系和法律适用等问题,不属于人民法院对涉外仲裁裁决的司法审查范围。

第二,恒通公司与玉林市政府共同提出的第3点异议与玉林市政府单独提出的第2点异议属同一问题。经查,对于申请人提出的仲裁时效已过的问题,仲裁庭已经在裁决书第93页第二自然段中认定玉林市政府的担保承诺函依法无效,既然担保无效,那么也就不存在超过六个月保证责任期间,申请人提出的仲裁的时效已过的问题。对于被申请人阐述的被申请人不是本仲裁案件的当事人的问题,仲裁委员会已经做出管辖权决定书,认定玉林市政府系本案适格当事人。因此,本院认为,仲裁委员会和仲裁庭已分别在管辖权异议决定书及仲裁裁决书中对被申请人提出的问题阐述了裁决理由,并没有违反仲裁规则。

第三,对于玉林市政府单独提出的第1点异议和玉柴集团提出的异议,即关于争议各方是否订有仲裁条款问题。玉柴集团及玉林市政府均辩称,为恒通公司提供的担保法律引起的纠纷,不属于仲裁管辖范畴。本案的关键问题是:主合同约定有仲裁条款,而从合同即保证合同没有约定仲裁条款,主合同一方当事人提起仲裁时,担保人是否应受主合同约定的仲裁条款约束的问题。《仲裁法》第四条规定:"当事人采用仲裁方式解决纠纷,应当双方自愿,达成仲裁协议。没有仲裁协议,一方申请仲裁的,仲裁委员会不予受理。"从上述规定看,当事人双方是否达成仲裁协议是确定纠纷究竟是以诉讼方式还是仲裁方式解决的唯一依据。仲裁更多地体现当事人双方的意志,是由当事人双方的意思自治决定的,当事人采用仲裁方式解决纠纷,应当双方自愿,达成仲裁协议。没有仲裁协议,不能通过仲裁方式解决。自愿原则是仲裁制度赖以存在与发展的基石,没有当事人意思自治的仲裁不是真正意义上的仲裁。当事人发生纠纷,是否选择仲裁的方式解决,由当事人双方自己决定,任何一方不能将自己的意志强加于另一方,必须通过双方当事人平等协商达成书面协议。

本院认为:申请人成伟公司与保证人原县级玉林市政府在双方签订的《承诺函》中并未有仲裁条款,亦未单独签订仲裁协议,没有请求仲裁解决纠纷的意思表示。本案分为合作合同履约纠纷以及履约担保纠纷,基于成伟公司与县级玉林市政府之间的担保法律关系发生的纠纷,与威伟公司稻恒通公司之间的合作合同纠纷是两个不同的法律关系,合作合同中的仲裁条款不能适用于担保法律关系发生的纠纷,即成伟公司与县级玉林市政府之间的履约担保法律关系不受恒通公司与成伟公司合作合同中的仲裁条款的约束。因此,原县级玉林市政府(包括现地级玉林市政府)不是本案适格被申请人,对仲裁裁决中涉及玉林市政府的部分应不予执行。

关于玉柴集团是否与成伟公司签订仲裁协议,是否适格仲裁主体的问题,本院同意玉林中院的意见。

第四,关于申请人成伟公司提出的要求撤销玉林中院中止执行裁定的复议申请问题。申请人提出如下复议理由:1. 广西恒劲公路开发有限公司30%股权的价值估计为1744万元,而该案的执行标的为1.5亿元,该担保财产的数额与执行标的相距太大,且该投保股权未向工商机关办理登记司法冻结手续,随时可能被转让,故不可作为担保财产。2. 玉林市政府以依照法律规定可以作为清偿债务的财产提供担保,但在担保书中未列出明确的担保财产名称、数量、质量等,无可供执行的财产,故该担保不符合要求。本院认为,复议问题应与仲裁裁决的执行审查问题一并解决,对此先暂不予答复,以免与审查结果不统一。

综上,本院认为:一、对中国国际经济贸易仲裁委员会〔2005〕中国贸仲京裁字第0246号裁决中涉及恒通公司、玉柴集团的部分应予执行,对涉及玉林市政府的部分不予执行。二、对申请人提出的中止执行复议问题先暂不予答复。

当否?请批复。

最高人民法院关于玉林市中级人民法院报请对东迅投资有限公司涉外仲裁一案不予执行的请示的复函

(2006年9月13日 〔2006〕民四他字第24号)

广西壮族自治区高级人民法院:

你院〔2006〕桂法执复字第2号、〔2006〕桂法执议字第4号《关于玉林市中级人民法院报请对东迅投资有限公司涉外仲裁一案不予执行的请示报告》收悉。经研究，答复如下：

关于你院请示的第一个问题，涉及人民法院是否应予执行我国仲裁机构作出的涉外仲裁裁决，应当根据《中华人民共和国民事诉讼法》第二百六十条的规定进行审查。

从本案有关事实看，合作合同中明确约定合作双方为广西玉林市恒通有限公司(以下简称恒通公司)和东迅投资有限公司(以下简称东迅公司)。广西壮族自治区玉林市人民政府(以下简称玉林市政府)作为恒通公司的主管部门，路劲基建有限公司(以下简称路劲公司)作为东迅公司的主管部门，尽管亦在该合作合同上签署，但是合作合同第二章明确约定合作公司的合作双方为恒通公司和东迅公司。因此，玉林市政府和路劲公司均不是合作合同的当事人，合作合同中的仲裁条款不能约束玉林市政府。玉林市政府提供的担保函中没有约定仲裁条款，玉林市政府与东迅公司之间亦未就他们之间的担保纠纷的解决达成仲裁协议。仲裁庭依据合作合同中的仲裁条款受理本案，就涉及玉林市政府的担保纠纷而言，仲裁裁决已经超出了仲裁协议的范围。

综上，根据《中华人民共和国民事诉讼法》第二百六十条第一款第(四)项以及最高人民法院《关于适用〈中华人民共和国民事诉讼法〉若干问题的意见》第二百七十七条的规定，人民法院应当裁定不予执行涉及玉林市政府部分的仲裁裁决，其余部分应予执行。对此，同意你院的处理意见。

关于你院请示的第二个问题，对于人民法院作出的中止执行的裁定，当事人不能申请复议，因此，你院不应受理东迅公司申请复议一案。

此复。

附：

广西壮族自治区高级人民法院关于玉林市中级人民法院报请对东迅投资有限公司涉外仲裁一案不予执行的请示报告

(2006年6月15日　〔2006〕桂法执复字第2号　〔2006〕桂法执议字第4号)

最高人民法院：

申请执行人东迅投资有限公司与被申请人玉林市恒通有限公司、玉林市人民政府合作合同涉外仲裁一案，玉林市中级人民法院于2005年10月17日立案执行。在执行过程中，恒通公司、玉林市政府于同年10月30日向玉林市中院提出申辩，认为仲裁程序违法，请求法院对本案仲裁裁决不予执行。玉林市中院依法组成合议庭,对中国国际经济贸易仲裁委员会作出的仲裁裁决进行了审查核实,并经该院审判委员会讨论决定,认为应裁定对仲裁裁决不予执行,并按有关规定报我院审查。本院依法组成合议庭对该案进行了审查,并经本院审判委员会讨论决定。现将本案的案件事实情况及处理意见报告如下:

一、案件的当事人

申请执行人:东迅投资有限公司。住所地:香港九龙尖沙咀广东道9号港威大厦第6座5楼。

被申请人:广西玉林市恒通有限公司。住所地:广西玉林市一环东路167号。

被申请人:广西壮族自治区玉林市人民政府。住所地:广西玉林市人民东路449号。

二、基本案情及仲裁裁决结果

1996年11月2日,申请执行人东迅公司与被申请人恒通公司签订了合作合同,约定双方投资设立中外合作企业——广西路通公路开发有限公司,开发建设、经营及管理玉林市环城路,包括环城公路(一环),绕城公路和前技路段。合作公司的投资额为人民币二亿四千八百九十万六千元(24,890.6万元),其中恒通公司(中方,即甲方)占30%。申请执行人(外方,即乙方)占70%。根据合作合同的规定:合作期限为25年。合作期满,合作公司在本公路范围内的固定资产归甲方所有,在合作公司营业执照签发之日起计5年内,若乙方按合同规定日期入资,甲方担保乙方每半年(6个月)收入不少于乙方按合同规定的投资总额的十分之一,即人民币1742.342万元,若乙方在以上结算日时从合作公司分得的收益少于以上担保的数额时,甲方将于结算后一个月内将不足之数补给乙方。若甲方未能完全按本合同履行担保乙方回报时,甲方就乙方应得到担保回报和乙方实际收入的差额,按月息2%计算,偿还给乙方,直至本息还清止。

合作合同第7.03项对担保人及担保责任作了如下规定:玉柴集团出具承诺函,作为担保人。当甲方未能于结算一个月内履行担保责任时,玉柴集团将于结算后两个月内将不足之数补给乙方。

合作合同第21.01项规定:按照本合同规定的各项原则订立的附属协议文件,包括合作公司章程、公路规模明细表、甲方出资作价协议及广西玉柴机器集团公司出具的承诺函均为本合同的组成部分。

为保证东迅公司于首5年收回投资本金,签订合作合同的当日,恒通公司、原县级玉林市财政局和原县级玉林市人民政府共同向东迅公司出具了《广西玉林市恒通公司对于合作公司的担保机制说明》,以恒通公司的其他收入:公路沿线的房地产收入、路桥工程收入、上级补助费作为担保基础,保证履行其在合作合同中的回报义务;原县级玉林市政府作为保证人向东迅公司出具了《玉林市人民政府关于中外合资合作经营广西路通公路开发有限公司的承诺函》,以市政府财政为恒通公司回报义务的履行提供担保(如果恒通公司没有彻底履行或不履行合作合同规定的义务,玉林市政府将以市政府财政担保履行上述条款,于结算后一个半月将不足之数补给东迅公司,并全部承担玉林市路通公司的责任和义务);玉柴集团作为保证人也向东迅公司出具了《玉柴集团关于中外合作经营广西路通公路开发有限公司合同有关条款的承诺函》,对合作合同中的担保责任作了进一步的承诺和约定,承诺当甲方未能于结算一个月内履行担保责任时,玉柴集团将于结算后两个月内将不足之数补给乙方。

在合作合同履行过程中,恒通公司向东迅公司支付了部分回报款后,拒绝继续向东迅公司支付回报款,双方发生争议。中国国际经济贸易仲裁委员会根据1996年11月2日东迅公司及其主管单位路劲基建有限公司与恒通公司、原县级玉林市政府签订的《广西路通公路开发有限公司合同》的仲裁条款,同日玉柴集团出具的《玉柴集团关于中外合作经营广西路通公路开发有限公司合同有关条款的承诺函》,原县级玉林市政府出具的《玉林市人民政府关于中外合作经营广西路通公路开发有限公司的承诺函》及2003年8月27日东迅公司、路劲基建公司的仲裁申请,受理了合同项下争议仲裁案,被申请人地级玉林市政府、玉柴集团在收到仲裁通知后,分别于2003年10月27日、2004年6月1日提出了管辖权异议,仲裁委员会分别于2003年11月25日、2004年7月20日作出管辖权决定书,认定地级玉林市政府和玉柴集团均为本案适格的被申请人。2005年6月23日仲裁庭作出〔2005〕中国贸仲京裁字第0233号裁决,裁决如下:

1. 恒通公司向东迅公司支付未付的回报款(回收投资款)人民币99,973,005.00元。2. 恒通公司不向东迅公司支付上述金额人民币99,973,005.00时,由玉林市政府支付该金额之二分之一,即人民币49,986,502.50元。恒通公司向东迅公司支付的金额不足人民币99,973,005.00元时,由玉林市政府支付不足部分的二分之一。3. 驳回东迅公司要求玉柴集团承担连带清偿责任的请求。4. 本案仲裁费为107,213.00美元,由恒通公司全部承担;东迅公司已向仲裁委员会预缴仲裁费107,213.00美元,全部冲抵后,恒通公司应向东迅公司支付107,213.00美元,以补偿东迅公司代其垫付的仲裁费。5. 恒通公司应向东迅公司支付人民币250,000元,以补偿后者因办理本案而支出的部分合理费用。6. 上述第1款、第4款、第5款所述的恒通公司应向东迅公司支付的款项,应于2005年8月1日之前(含8月1日)支付;逾期支付,加计自2005年8月2日起至实际支付之日止月利率3‰的利息。7. 上述第2款所述玉林市政府应承担赔偿责任的款项金额应于2005年8月1日之前(含8月1日)支付给东迅公司,逾期支付,加计自2005年8月2日起至实际支付之日止月利率3‰的利息。

三、审查认定的基本事实情况

1. 1996年11月2日,东迅公司与恒通公司、原县级玉林市政府签订《广西路通公路开发有限公司合同》。

2. 1996年11月2日,玉柴集团出具《玉柴集团关于中外合作经营广西路通公路开发有限公司合同有关条款的承诺函》。

3. 1996年11月2日,原县级玉林市政府向东迅公司出具《玉林市人民政府关于中外合资合作经营广西路通公路开发有限公司的承诺函》。

4. 1997年4月22日,国务院国函〔1997〕26号批准撤销玉林地区和县级玉林市,同时设立地级玉林市,地级玉林市管辖原玉林地区的容县、陆川县、博白县和新设立的玉州区、兴业县,玉州区辖原县级玉林市的玉林、福绵、南江等15个镇、乡;兴业县辖原县级玉林市的石南、城隍、大平山等15个镇、乡。原玉林地区的北流市由自治区直辖。

5. 玉林撤地设市筹备工作领导小组玉设市筹〔1997〕5号文件《关于县级玉林市恒通有限公司移交地级玉林市管理的通知》,从1997年8月1日起,县级恒通公司移交地级玉林市管理。恒通公司的主管部门为地级玉林市人民政府;恒通公司的工商登记变更手续,待地级市挂牌成立后办理。

四、执行情况

2005年10月13日,东迅公司向玉林市中院提出强制执行申请。2005年10月25日,玉林市中院立案执行。地级玉林市政府、广西恒通公司于10月30日对东迅投资有限公司申请执行〔2005〕中国贸仲京裁字第0233号裁决书提出申辩和异议,并于11月7日各自提供了担保,申请中止执行。恒通公司以该公司拥有的广西路通公路开发有限公司30%的股权提供担保,玉林市政府以依照法律规定可以作为清偿债务的财产提供担保。

2005年12月7日,玉林市中院作出〔2005〕玉中执字第209-1号民事裁定书,裁定本案中止执行。

2005年12月20日,东迅公司不服玉林中院的中止裁定,向本院提出复议申请,以被申请人恒通公司、玉林市政府未依法提供担保,本案不应裁定中止执行为由,要求本院撤销玉林中院的中止裁定。

五、当事人申辩请求及理由

(一)被申请人恒通公司与玉林市政府于2005年10月30日共同提出《对〔2005〕中国贸仲京裁字第0233号、第0246号裁决实体处理和适用法律问题的异议》,称:1. 被申请人认为仲裁案所涉合作合同中关于固定回报的约定内容,违反国家法律规定,不是公平、平等和等价有偿的,该约定无效,外方合作者不能依该无效约定取得固定回报款。2. 仲裁庭既已查明外方合作者存在入资时间违约、入资不足的事实,但裁决书却按合作合同约定外方合作者应出资额而不是按实际出资额计算回报款,显然不公平、不合理,也没有依据。3. 原县级玉林市政府为合作合同出具的承诺函,其性质与玉柴机器集团有限公司提供的担保一样,属于一般保证的担保,同样具有先诉抗辩权和保证责任期间已超过的问题,仲裁裁决权仅对玉柴集团公司提供担保涉及的上述两个问题作出仲裁理由的说明,并裁决认定抗辩成立。但对玉林市政府提出的同样两个抗辩问题并未作出是否成立的仲裁理由说明,更没有作出相应的仲裁裁决。因此,仲裁裁决既存在程序不当,也存在实体处理不当。4. 根据我国现行法律制度,国务院依法享有对法律、法规规章和国家政策的解释权和适用法律、规章的裁决权。国务院解释是一种立法性的解释,具有法律效力,其效力始于对适用法律、法规生效之日,必须遵守。裁决书仅以《国务院办公厅关于妥善处理现有保证外方投资固定回报项目有关问题的通知》(国发〔1998〕31 号文)不是行政法规,就排斥其法律效力,排除其对仲裁案的适用,完全是错误的。本案仲裁审理违反了《民事诉讼法》第二百六十条第一款第(一)、(三)项规定,请求法院对本案仲裁裁决裁定不予执行。

(二)被申请人玉林市政府又于 2005 年 10 月 30 日单独提出《玉林市人民政府对东迅投资有限公司申请执行〔2005〕中国贸仲京裁字第 0233 号裁决书的申辩、异议书》,称:1. 现地级玉林市政府与东迅公司没有签订过任何合同,亦没有签订或达成仲裁条款、仲裁协议,仲裁审理把地级玉林市政府列为当事人,并且在仲裁开庭前异议人已书面提出管辖异议后仍不予纠正,本案仲裁程序违法。2. 本案仲裁裁决与适用的仲裁规则不符。在仲裁审理过程中,被申请人在仲裁开庭前的两次书面答辩及开庭时均反复阐述被申请人不是本仲裁案的当事人;东迅公司向保证人提出仲裁请求,超过了六个月的保证责任期间,保证人免除保证责任。但仲裁庭在判决书中对被申请人提出的问题,没有阐述任何裁决理由,就径行作出裁决。请求法院对本案仲裁裁决裁定不予执行。

六、处理意见

人民法院应当根据《中华人民共和国仲裁法》第七十一条和《中华人民共和国民事诉讼法》第二百六十条的规定,就被申请人提出的证据和申辩理由对所涉仲裁裁决进行审查。

(一)玉林中院审查意见

第一,关于地级玉林市政府是否是适格仲裁主体的问题。首先,当事人签订的《路通公司合同》其时间在地级玉林市政府设立之前,对此,应认定县级玉林市人民政府是签订本合同的当事人,县级玉林市人民政府所出具的承诺函应认定是本案合同的担保人,而地级玉林市政府既没有自愿承担担保,亦没有决定下级政府提供担保的意思表示,其并不是本案合同担保主体。其次,县级玉林市人民政府是具有法律意义的独立法人,依法独立承担民事责任。事实上,在县级玉林市被撤销后,已在原行政辖区相应分立一区一县,因此,合同上约定的仲裁条款仅对中外合作双方的争议解决选择仲裁委员会仲裁,法律约束力并不当然及于地级玉林市政府,并不能由地级玉林市人民政府承担县级玉林市人民政府应承担的民事责任,地级玉林市人民政府不是县级玉林市人民政府权利义务的承受人。尽管设立地级玉林市政府后，恒通公司移交地级玉林市管理，主管部门归为地级玉林市政府，但并不由此而改变其独立法人的法律地位，改变县级玉林市政府仍然是签订合同当事人的事实，显然现玉林市人民政府并未是仲裁案的被申请人，而本案仲裁裁决并未就本案的主体事实进行认定，直接将现玉林市政府作为仲裁案件的主体，显属不当。

第二，由于被申请人提出的其他异议涉及案件实体处理的法律关系及法律适用等问题应不属审查核实范围，在此并不需作出处理，但是就本案被执行主体的审查，是否必须就被申请人的申辩和查实的事实进行核查后方能执行，法律虽未有具体规定，我们是否应以具体的事实为依据来进一步确定。

综观本案的具体程序上的事实，玉林中院认为仲裁机构作出的仲裁属违反法定程序，依照《中华人民共和国民事诉讼法》第二百六十条第一款第（一）项“当事人在此合同中没有订有仲裁条款或者事后没有达成书面仲裁协议的”的规定，应裁定对仲裁裁决不予执行。因本案属涉外仲裁执行案件，依照最高人民法院《关于人民法院处理与涉外仲裁及外国仲裁事项有关问题的通知》第二条的规定，将本案报请区高院审查。

（二）本院审查意见

第一，根据我国有关法律规定，人民法院对涉外仲裁裁决仅进行程序性审查，对认定事实和适用法律方面不作审查。经查，被申请人恒通公司和玉林市政府共同提出的第 1 点、第 2 点、第 4 点异议均系涉及案件实体处理的法律关系和法律适用等问题，不属于人民法院对涉外仲裁裁决的司法审查范围。

第二，恒通公司与玉林市政府共同提出的第 3 点异议与玉林市政府单独提出的第 2 点异议属同一问题。经查，对于申请人提出的仲裁时效已过的问题，仲裁庭已经在裁决书第 94 页第三自然段中认定玉林市政府的担保承诺函依法无效，既然担保无效，那么也就不存在超过六个月保证责任期间的问题。对于被申请人阐述的被申请人不是本仲裁案件的当事人的问题，仲裁委员会已经做出管辖权决定书，认定玉林市政府系本案适格当事人。因此，本院认为，仲裁委员会和仲裁庭已分别在管辖权异议决定书及仲裁裁决书中对被申请人提出的问题阐述了裁决理由，并没有违反仲裁规则。

第三，对于玉林市政府单独提出的第 1 点异议，即关于争议各方是否订有仲裁条款问题。玉林市政府辩称，为恒通公司提供的担保法律引起的纠纷，不属于仲裁管辖范畴。本案的关键问题是：主合同约定有仲裁条款，而从合同即保证合同没有约定仲裁条款，主合同一方当事人提起仲裁时，担保人是否应受主合同约定的仲裁条款约束的问题。《仲裁法》第四条规定：“当事人采用仲裁方式解决纠纷，应当双方自愿，达成仲裁协议。没有仲裁协议，一方申请仲裁的，仲裁委员会不予受理。”从上述规定看，当事人双方是否达成仲裁协议是确定纠纷究竟是以诉讼方式还是仲裁方式解决的唯一依据。仲裁更多地体现当事人双方的意志，是由当事人双方的意思自治决定的，当事人采用仲裁方式解决纠纷，应当双方自愿，达成仲裁协议。没有达成仲裁协议，就不能通过仲裁方式解决。自愿原则是仲裁制度赖以存在与发展的基石，没有当事人意思自治的仲裁不是真正意义上的仲裁。当事人发生纠纷，是否选择仲裁的方式解决，由当事人双方自己决定，任何一方不能将自己的意志强加于另一方，必须通过双方当事人平等协商达成书面协议。

本院认为：申请人东迅公司与保证人原县级玉林市政府在双方签订的《承诺函》中并未有仲裁条款，亦未单独签订仲裁协议，没有请求仲裁解决纠纷的意思表示。本案分为合作合同履约纠纷以及履约担保纠纷，基于东迅公司与县级玉林市政府之间的担保法律关系发生的纠纷，与东迅公司和恒通公司之间的合作合同纠纷是两个不同的法律关系，合作合同中的仲裁条款不能适用于担保法律关系发生的纠纷，即东迅公司与县级玉林市政府之间的履约担保法律关系不受恒通公司与东迅公司合作合同中的仲裁条款的约束。因此，原县级玉林市政府（包括现地级玉林市政府）不是本案适格被申请人，对仲裁裁决中涉及玉林市政府的部分应不予执行。

第四，关于申请人东迅公司提出的要求撤销玉林中院中止执行裁定的复议申请问题。申请人提出如下复议理由：1. 广西路通公路开发有限公司该 30% 股权的价值估计为 539 万元，而该案的执行标的为 1 亿元，该担保财产的数额与执行标的相距太大，且该担保股权未向工商机关办理登记司法冻结手续，随时可能被转让，故不可作为担保财产。2. 玉林市政府以依照法律规定可以作为清偿债务的财产提供担保，但在担保书中未列出明确的担保财产名称、数量、质量等，无可供执行的财产，故该担保不符合要求。本院认为，复议问题应与仲裁裁决的执行审查问题一并解决，对此先暂不予答复，以免与审查结果不统一。

综上，本院认为：一、对中国国际经济贸易仲裁委员会〔2005〕中国贸仲京裁字第 0233 号裁决中涉及恒通公司的部分应予执行；对涉及玉林市政府的部分不予执行。二、对申请人提出的中止执行复议问题先暂不予答复。

当否？请批复。

最高人民法院对人事争议仲裁委员会的仲裁行为是否可诉问题的答复

（2003 年 12 月 1 日　〔2003〕行他字第 5 号）

重庆市高级人民法院：

你院〔2002〕渝高法行字第 68 号《关于周孝平诉渝北区人事争议仲裁委履行法

定职责一案的请示》收悉。经研究,答复如下:

人事争议仲裁是人事主管部门对当事人的人事争议进行的人事裁决,该裁决直接涉及到当事人的人身权、财产权,根据《中华人民共和国行政诉讼法》第十一章第十二条和《最高人民法院关于人民法院审理事业单位人事争议仲裁》侵犯其人身权、财产权的,可依法提起行政诉讼,但国家行政机关与其工作人员之间发生的人事争议和事业单位与其工作人员之间因辞职、辞退及履行聘用合同所发生的争议除外。

此复。

附:

重庆市高级人民法院关于周孝平诉渝北区人事争议仲裁委履行法定职责一案的请示

(2003 年 3 月 6 日 〔2002〕渝高法行字第 68 号)

最高人民法院:

原告周孝平诉请渝北区人民法院判令被告渝北区人事争议仲裁委履行人事争议仲裁的法定职责。渝北区人民法院在审理就人事争议仲裁委员会是不是适合被告,人事争议仲裁是否具体行政行为产生分歧,向重庆市第一中级人民法院请示。因涉及适用法律的问题,本院依照法定程序,向您院书面请示。

一、基本案情

原告周孝平于 1965 年 3 月由江北县仁睦公社介绍到县农业机械管理站学习后进入木耳区分站工作,1966 年取得机手执照,正式担任分站机手,从事机务管理。2000 年 2 月,渝北区农机水电局将原告清退回家。2000 年 12 月 20 日原告向渝北区人事争议仲裁委员会申请人事争议,渝北区人事争议仲裁委员会作出不予受理通知书。2001 年 4 月,原告又向渝北区劳动争议仲裁委员会申请劳动争议,渝北区劳动争议仲裁委员会作出不予受理通知书。此后,原告多次向渝北区人事争议仲裁委员会申请人事争议,未得答复,于是诉请渝北区人民法院判令被告履行人事争议仲裁的法定职责。

二、争议的焦点

关于人事争议仲裁委员会是否适格被告,人事争议仲裁是否是具体行政行为,本院审委会存在两种意见。

第一种意见认为,根据人事部 1997 年颁布的《人事争议处理暂行条例》第五条规定,人事部设定人事仲裁公正厅,处理管辖范围内的人事争议。省(自治区、直辖市）副省级市、地（市）、县（市、区）设立人事争议仲裁委员会，分别负责处理管辖范围内的人事争议。第七条规定，仲裁委员会办事机构设在同级人民政府人事行政部门。《重庆市人事争议仲裁条例》第七条规定，市、区、县设定人事争议仲裁委员会，市、区、县人事争议仲裁委员会分别由市、区、县人民政府组建。由此可见，人事争议仲裁委员会是法规授权的，由政府部门分离出来的行使行政管理职权的组织，其行政的仲裁权属于准司法性质的行政管理权。根据《最高法院执行〈中华人民共和国行政诉讼法〉若干问题的解释》第一条第二款（三）项之规定，调解和法律规定的仲裁行为不属于人民法院行政案件受案范围。因为，法律规定的仲裁主要限于劳动争议和经济合同仲裁，当事人对劳动争议仲裁不服的，可以向人民法院提起诉讼；对经济合同不服的，除因仲裁程序违法等少数事由可向人民法院提起撤销仲裁裁决的诉讼外，一般为终局裁决。人事争议仲裁的法律依据来源于地方性法规和部门规章，这些规范性的文件并没有对人事争议仲裁的救济作出规定，当事人如果认为人事争议仲裁的裁决侵犯其合法权益，在没有其他救济的情况下，应当允许其提起行政诉讼。

此外，根据《人事争议处理暂行条例》第二条规定，人事争议仲裁的范围包括：（1）国家行政机关与工作人员之间因录用、调动、履行聘任合同发生的争议。（2）事业单位与工作人员之间因辞职、辞退以及履行聘任合同或履行聘用合同发生的争议。（3）企业单位与管理人员和专业技术人员之间因履行聘任合同或聘用合同发生的争议。（4）依照法律、法规、规章规定可以仲裁的人才流动争议和其他人事争议。其中第一项内容，与《行政诉讼法》第十二条第三项规定的行政机关对其工作人员的奖惩任免等决定是一致的。因此，凡涉及第一项内容的仲裁裁决亦不属于人民法院行政案件受案范围。但第二、三、四项内容，《行政诉讼法》法并没有规定不属于行政案件受案范围，当事人就涉及第二、三、四项内容的仲裁裁决提起行政诉讼，人民法院应当予以受理。

综上，渝北区人事争议仲裁委可以作为本案的适格被告，其作出的仲裁裁决，当事人不服可以提起行政诉讼，包括提起要求被告履行作出仲裁裁决法定职责的诉讼。

第二种意见认为：人事争议仲裁虽然不属于法律规定的仲裁，依照《最高法院执行〈中华人民共和国行政诉讼法〉若干问题的解释》规定，对该仲裁不服可以向人民法院提起诉讼，但是人事争议仲裁专业性、政策性较强，法院对人事争议仲裁进行合理性审查存在技术障碍，国家人事主管部门及其人事局对法院受理此类案件有异议，从实际情况看，即使法院受理判决也难以执行。此时，目前法院不宜受理此类案件。审委会倾向于第二种意见。

三、请示事项

人事争议仲裁委员会是否适格被告，人事争议仲裁是否是具体行政行为，不服人事争议仲裁裁决，法院是否受理，请最高人民法院作出明确指示。

最高人民法院关于中国国际经济贸易仲裁委员会深圳分会作出的(2001)深国仲结字第31号裁决是否应予执行的复函

(2003年5月27日 〔2002〕民四他字第39号)

重庆市高级人民法院:

你院《关于对中国国际经济贸易仲裁委员会深圳分会作出的〔2001〕深国仲结字第31号裁决应不予执行的报告》收悉。本院经研究认为:

《合资经营重庆台华公司房地产开发有限公司合同书》(以下称合资经营合同)订有股权转让的内容和仲裁条款,鲍扬波、重庆上桥实业总公司和重庆沙坪坝区物资公司均为该合同的当事人,他们之间因股权转让而产生的纠纷应当提交仲裁解决。据此,有关上述三方当事人之间股权转让行为效力的裁决应为有效,可予以执行。

因重庆晨光实业发展(集团)有限责任公司(以下称晨光公司)不是本案合资经营合同的主体,合资经营合同的仲裁条款对其没有约束力,且晨光公司与本案其他几方当事人的股权转让合同中没有订立仲裁条款,事后也未达成仲裁协议,故上述裁决中涉及晨光公司股权转让的内容超出仲裁范围,不应予以执行。

此复。

最高人民法院关于不予执行中国国际经济贸易仲裁委员会作出的广州总统大酒店有限公司与杨光大仲裁一案请示的复函

(2002年7月22日 〔2001〕民四他字第41号)

广东省高级人民法院:

你院2001年2月12日〔2000〕粤高法执监字第226号《关于不予执行中国国际经济贸易仲裁委员会作出的广州总统大酒店有限公司与杨光大仲裁一案的请示报告》收悉。经本院审判委员会研究,答复如下:

本案涉及不同当事人签订的三份合同,即广州总统大酒店有限公司于1995年

12 月 17 日分别与香港高速货运有限公司、潮粤海鲜楼签订的《租赁总统大酒店潮粤海鲜楼合同》、《总统大酒店、潮粤海鲜楼经营管理协议》,于 1996 年 10 月 17 日与高速货运(FAST & CARE CARGO SERVICES)杨光大签订的《总统大酒店与潮粤海鲜楼补充管理协议》。在广州总统大酒店有限公司与香港高速货运有限公司签订的租赁合同中,双方约定将争议"提交中国国际经济贸易仲裁委员会北京分会按照该会的仲裁规则进行仲裁"。鉴于中国国际经济贸易仲裁委员会仅在上海和深圳设有分会,在北京没有分会且各分会均适用与北京总会不同的仲裁规则,因此,该合同约定的仲裁机构实际上并不存在,中国国际经济贸易仲裁委员会北京总会无权依据该款约定仲裁广州总统大酒店有限公司与香港高速货运有限公司或者合同签字人杨光大之间的租赁合同纠纷。在广州总统大酒店有限公司与高速货运(FAST & CARE CARGO SERVICES)杨光大签订的补充管理协议中,双方约定将争议"提交中国国际经济贸易仲裁委员会深圳分会依该会仲裁规则进行仲裁"。鉴于补充管理协议的一方当事人为杨光大个人,而提请中国国际经济贸易仲裁委员会深圳分会仲裁的申请人是高速货运(FAST & CARE CARGO SERVICES),因此,中国国际经济贸易仲裁委员会深圳分会亦无权仲裁广州总统大酒店有限公司与高速货运(FAST & CARE CARGO SERVICES)之间的任何纠纷。依照《中华人民共和国仲裁法》第十六条、第十八条及《中华人民共和国民事诉讼法》第二百六十条第一款的规定,有关法院对本案所涉中国国际经济贸易仲裁委员会〔2000〕贸仲裁字第 0148 号裁决书和中国国际经济贸易仲裁委员会深圳分会〔2000〕深国仲结字第 23 号裁决书均应当不予执行。

此复。

最高人民法院关于深圳市广夏文化实业总公司、宁夏伊斯兰国际信托投资公司、深圳兴庆电子公司与密苏尔有限公司仲裁裁决不予执行案的复函

(2002 年 4 月 20 日 〔2000〕执监字第 96－2 号)

广东省高级人民法院:

深圳市广夏文化实业总公司(以下简称广夏公司)、宁夏伊斯兰国际信托公司(以下简称宁夏公司)、深圳兴庆电子公司与密苏尔有限公司(以下简称密苏尔公司)合资纠纷一案,中国国际经济贸易仲裁委员会于 1996 年 7 月 30 日作出〔96〕贸仲裁字第 0271 号裁决书。裁决:三申请人于裁决作出之日起 60 日内向被申请人密

苏尔公司支付160万美元,逾期不付按年息8%计付利息;驳回双方的其他仲裁请求;本案仲裁费20,950元由三申请人承担,反请求费及实际费用计145,800元由被申请人密苏尔公司承担。同年9月9日,申请人三个公司以该仲裁裁决在程序和实体上存在错误为由向北京市第二中级人民法院申请撤销此裁决书。1997年7月29日,该院以本案中存在申请人三个公司由于其他不属于三个公司负责的原因未能陈述意见的情形,裁定本案中止撤销程序,通知中国国际经济贸易仲裁委员会对本案重新作出裁决。1998年6月30日,该仲裁委重新作出裁决;维持[96]贸仲裁字第0271号裁决书的结果;本裁决构成原裁决的一部分。裁决生效后,密苏尔公司向深圳市中级人民法院申请强制执行;三个公司不服,则分别向北京市第二中级人民法院和深圳市中级人民法院申请,请求不予执行并撤销中国国际经济贸易仲裁委员会作出的裁决,被两地法院裁定驳回。深圳市中级人民法院遂裁定查封了三个公司的有关财产。三个公司则向我院提出申诉。

本院经审查认为:〔96〕贸仲裁字第0271号仲裁裁决书原文第26页称"仲裁庭认为,申请人通过不正当的手段获取了不符事实的验资报告,并据此向政府有关部门提出变更股东的要求。政府有关部门作出的上述行政决定乃是申请人侵权行为的结果,决不是孤立的行政行为,申请人不能以行政机关行政行为为理由摆脱其应承担的侵权责任"。该文字表述违反了《民事诉讼法》和《仲裁规则》关于仲裁庭仲裁范围和管辖权限的有关规定,主要有以下两个错误:

一、该仲裁裁决的事项超越了仲裁范围。〔96〕贸仲裁字第0271号裁决书认定了密苏尔公司对合资公司履行了出资义务,实际上否定了深圳市工商行政管理局关于密苏尔公司未按照合营合同规定的期限、金额出资,构成违约的结论;同时也违反了深圳市人民政府关于取消密苏尔公司股东资格的决定。合资公司如果认为股东出资没有到位,可以依据合资公司的章程等有关规定向有关行政管理部门申请更换或取消其股东资格,行政机关经审查后,可以依法作出行政决定。对行政机关依法作出的行政决定的合法性,仲裁庭无权进行裁决。依据《民事诉讼法》第二百六十条第一款第四项之规定,该仲裁庭裁决的事项超越了仲裁范围,系无权仲裁。

二、仲裁裁决内容违反了仲裁规则。《中国国际经济贸易仲裁委员会仲裁规则》第二条规定"中国国际经济贸易仲裁委员会以仲裁的方式,独立、公正地解决产生于国际或涉外的契约性或非契约性的经济贸易等争议"。由此可知,仲裁庭仲裁的案件仅限于契约或非契约性的民商事纠纷案件,对于涉及侵权性质的纠纷案件则无权进行仲裁。本案的仲裁庭在裁决中认定政府等有关部门作出的具体行政行为是申请人三个公司侵权行为的结果,即认定合资公司按照政府等有关部门的批准进行股东更换,是一种侵权行为。因此,裁决申请人三个公司承担因侵权而产生的责任。仲裁庭的上述裁决明显违反了《中国国际经济贸易仲裁委员会仲裁规则》关于裁决案件受理范围的有关规定。

综上所述，申请人三个公司以中国国际经济贸易仲裁委员会［96］贸仲裁字第0271号裁决书存在程序错误，向北京市第二中级人民法院和深圳市中级人民法院请求予以撤销和申请不予执行该裁决的异议理由成立，两中院裁定驳回三个公司的申请错误。深圳市中级人民法院应撤销该院作出的〔1998〕深中法经二初字第97号裁定书，同时裁定对中国国际经济贸易仲裁委员会〔96〕贸仲裁字第0271号裁决不予执行，并函复当事人。

请你院收到此函后，立即监督深圳市中级人民法院照此意见执行并报告落实情况。

（四）程序违法的不予执行的复函

最高人民法院关于对北京市第一中级人民法院拟不予执行中国国际经济贸易仲裁委员会（2011）中国贸仲京裁字第0108号仲裁裁决一案的请示的复函

（2013年9月9日　〔2013〕民四他字第49号）

北京市高级人民法院：

你院京高法〔2013〕255号《关于对北京市第一中级人民法院拟不予执行中国国际经济贸易仲裁委员会〔2011〕中国贸仲京裁字第0108号仲裁裁决一案的请示》收悉。经研究，答复如下：

本案系当事人申请不予执行我国仲裁机构作出的涉外仲裁裁决案件，应当依照《中华人民共和国仲裁法》第七十一条和《中华人民共和国民事诉讼法》（2007年修订）第二百五十八条第一款的规定进行审查。

根据你院请示报告陈述的事实，本案仲裁发生前，克拉斯（北京）投资有限公司（以下简称克拉斯公司）在工商管理机关登记的住所地已经变更。2010年9月，中国国际经济贸易仲裁委员会（以下简称仲裁委）依据英格国际互动投资有限公司（以下简称英格公司）提供的地址，以特快专递的方式向克拉斯公司的旧地址寄送了相关仲裁文件，但被邮局以“原址查无此单位”为由退回。《中国国际经济贸易仲裁委员会仲裁规则（2005）》（以下简称《仲裁规则》）第六十八条第二项规定：向一方当事人及/或其仲裁代理人发送的任何书面通讯，如经当面递交收讯人或投递至收讯人的营业地、注册地、住所地、惯常居住地或通讯地址，或者经对方当事人合理查询不能找到上述任一地点，仲裁委员会秘书局或其分会秘书处以挂号信或能提供投递记录的其他任何手段投递给收讯人最后一个为人所知的营业地、注册地、住所地、惯常居住地或通讯地址，即应视为已经送达。本案中，虽然英格公司在向仲裁委提交的《情况说明》中称经各种方式均不能找到克拉斯公司的其他地址，但是克拉斯公司地址变更后已经在工商管理机关登记备案，英格公司显然没有进行合理查询。仲裁委在第一次邮寄材料被退回后，依然将克拉斯公司的旧地址作为“最后一个为人所知”的联系地点进行送达，不符合《仲裁规则》的相关规定，不能视为已经送达。克拉斯公司没有得到指定仲裁员或者仲裁程序的通知，也未能到庭陈述意见，属于《中华人民共和国民事诉讼法》(2007 年修订)第二百五十八条第一款第二项规定的情形,对仲裁裁决应当不予执行。同意你院的审查意见。

此复。

最高人民法院关于润和发展有限公司申请不予执行仲裁裁决一案的审查报告的复函

(2008 年 5 月 8 日 〔2008〕民四他字第 1 号)

湖南省高级人民法院:

你院〔2005〕湘高法执请字第 1 号《关于润和发展有限公司申请不予执行仲裁裁决一案的审查报告》收悉。经研究,答复如下:

1. 本案为当事人申请执行仲裁裁决案件,由于一方当事人润和发展有限公司(以下简称润和公司)系在香港注册成立的公司,故本案应适用关于执行涉外仲裁裁决的相关规定进行审查。

2. 根据仲裁裁决书记载的内容,仲裁庭按照申请人深圳妈湾电力有限公司(以下简称妈湾公司)在仲裁申请书中提供的地址向润和公司邮寄了仲裁通知、仲裁规则、仲裁员名册和申请人提交的仲裁申请书等文件后,被以"无此公司"为由退回,此后,妈湾公司通过华南分会委托律师代为查询的被申请人登记情况表明,被申请人的公司注册地址为"231 Wing Lok Street 3rd FLR"。按照该注册地址,华南分会秘书处向润和公司又邮寄了上述文件,此后又按照该地址邮寄了仲裁庭组成和开庭通知等,但均被以"无人领取"或"无人居住"为由退回。而根据卷宗中记载的润和公司提交的其工商注册登记材料,其法定注册地址应为"3/F 231 WING LOK STREET HK",且其提交证据证明香港政府部门依据该注册地址寄送的信件其已收悉。由于仲裁庭送达的地址与润和公司注册地址不符,客观上润和公司未能收到相关仲裁文件,因此,你院请示报告中"仲裁机构没有依法送达仲裁文件"的第 1 点不予执行理由是成立的。

3. 当事人虽然在仲裁协议中约定发生纠纷应当协商解决,但其未明确约定协商的期限,约定的内容比较原则,对这一条款应当如何履行和界定在理解上会产生歧义,而结合当事人订立仲裁协议的目的来判断该协议的真实意思,当事人约定的"友好协商"和"协商不成"这两项条件,前项属于程序上要求一个协商的形式,后一项可理解为必须有协商不成的结果,妈湾公司申请仲裁的行为,应视为已经出现了协商不成的结果,因此,在前一项条件难以界定履行标准,而后一项条件已经成立的情况下,仲裁庭有权依据该仲裁协议受理案件。你院请示报告中“争议还未到提起仲裁的时间,仲裁机构不应受理”的第2点不予执行理由不能成立。

4. 仲裁庭依法有权对当事人间争议合同的效力、是否解除等事项作出裁决,本案中仲裁庭经审理认为妈湾公司有权解除合同,最终裁决润和公司返还妈湾公司相关款项和利息。仲裁庭并未就湖南省人民政府的批准证书及长沙市招商局批复的效力和是否撤销等问题作出裁决,因此,你院请示报告中“仲裁裁决改变政府行政机关的审批违法”的第3点不予执行理由不能成立。

5. 根据仲裁裁决书载明的内容,妈湾公司选定王璞先生作为仲裁员,因润和公司未在规定期限内选定或委托选定仲裁员,根据《仲裁规则》的规定,中国国际经济贸易仲裁委员会华南分会主任为被申请人代指定了仲裁员罗利伟先生。因双方当事人未在规定的期限内共同选定或共同委托指定首席仲裁员,中国国际经济贸易委员会主任遂指定郭晓文先生作为首席仲裁员。你院请示报告查明的事实并未否定裁决书中载明的上述内容的真实性,而根据长沙中院向仲裁委调查的笔录记载的内容,仲裁委称对于指定仲裁员的报告是口头回复的,《仲裁规则》第二十六条、第二十七条亦未规定必须要求书面回复,因此仲裁案件卷宗内没有审批程序,并不能表明仲裁员的选定程序违法。你院关于“仲裁员的选定程序违法”的第4点不予执行理由不能成立。

综上,由于仲裁庭送达地址错误,没有依法送达仲裁文件,润和公司未能参加仲裁陈述意见,故依照《中华人民共和国民事诉讼法》第二百六十条第一款第(二)项的规定,本案仲裁裁决应不予执行。

此复。

附:湖南省高级人民法院关于润和发展有限公司申请不予执行仲裁裁决一案审查的报告(略)

最高人民法院关于香港东丰船务有限公司申请执行香港海事仲裁裁决请示的复函

(2006年6月2日 〔2006〕民四他字第12号)

辽宁省高级人民法院:

你院〔2005〕辽执一监字第3号《关于大连海事法院报送的〈中国外运沈阳集团公司申请不予执行香港仲裁裁决〉一案的审查报告》收悉。

经研究认为:根据你院请示报告认定的事实,申请执行人香港东丰船务有限公司并未提供相关书面证据证明被执行人中国外运沈阳集团公司接到另行指定仲裁员的适当通知，也无证据证明仲裁庭向被执行人发出仲裁开庭的书面通知。根据最高人民法院《关于内地与香港特别行政区相互执行仲裁裁决的安排》第七条第一款第(二)项的规定，对香港东丰船务有限公司提交的香港海事仲裁裁决应裁定不予执行。

此复。

附：

辽宁省高级人民法院关于香港东丰船务有限公司申请执行香港海事仲裁裁决的请示报告

(2005年1月5日　〔2005〕辽执一监字第3号)

最高人民法院：

大连海事法院报送的《中国外运沈阳集团公司申请不予执行香港仲裁裁决》一案的报告，已审查完毕。依据你院1985年8月28日法发〔1995〕18号即《关于人民法院处理与涉外仲裁及外国仲裁事项有关问题的通知》第二条的规定，报你院审查。

一、当事人的基本情况

申请执行人：香港东丰船务有限公司(以下简称东丰公司)。住所地：香港湾仔港湾道6－8号瑞安中心33楼3301－65室。

被执行人：中国外运沈阳集团公司(以下简称“沈阳公司”)。住所地：沈阳市沈河区青年大街35号国际贸易大厦110014室。

二、案件来源

1997年7月22日，申请执行人东丰公司以其与被执行人沈阳公司租船合同纠纷已由香港仲裁员作出了终局裁决为由，向沈阳市中级人民法院提出承认和执行香港仲裁员1997年1月25日作出的终局裁决申请。沈阳中院立案后，7月31日，沈阳公司以其与东丰公司间的租船合同未经双方当事人盖章，租约中的仲裁协议未成立为由，书面向沈阳中院提出执行异议。沈阳中院于10月5日冻结了沈阳公司的账户(10月8日划拨50万元)，10月7日沈阳中院作出〔1997〕执字第588号民事裁定书，裁定：沈阳公司偿付东丰公司1. 亏舱费69,255美元；2. 罗津港滞期费108,693.75美元；3. 罗津港船舶滞留损失93,500美元及在上海港的滞留损失760,000美元。

沈阳公司不服沈阳中院〔1997〕588号民事裁定书，于10月8日向沈阳中院提出复议申请，要求撤销〔1997〕执字第588号民事裁定，解除该院10月5日对沈阳公司账户的查封及退还扣划款项。1998 年 5 月 5 日，沈阳中院又作出〔1997〕执字第 588 号民事裁定书，依据《承认和执行外国仲裁裁决公约》第 5 条第 1、2 项的规定，裁定："承认香港仲裁员 1997 年 1 月 25 日签发的'步达威'（BUDVA）轮 1993 年 6 月 17 日签订的租船合同仲裁的终局裁决，并依照民事诉讼法规定的程序执行"。沈阳公司不服该裁定，向你院提出申诉。你院于 1999 年 9 月 4 日以〔1998〕交监字第 5 号函通知我院：1. 本案是承认和执行香港仲裁裁决案件，应属海事法院专门管辖；2. 东丰公司是于 1997 年 7 月 1 日以后申请承认和执行香港海事仲裁裁决，应按生效的《内地与香港特别行政区相互执行仲裁裁决的安排》予以审查；3. 沈阳中院在《内地与香港特别行政区相互执行仲裁裁决的安排》未生效前，即作出承认香港海事仲裁裁决的民事裁决并先予查封账户是不当的。接到你院〔1998〕交监字第 5 号函后，沈阳中院于 2000 年 6 月 13 日将此案移送到大连海事法院，大连海事法院于 2000 年 6 月 21 日立案执行，并将沈阳中院扣划沈阳公司的 50 万元人民币移交到海事法院。经大连海事法院审判委员会研究决定，对该仲裁裁决书不予执行。依据你院于 1995 年 8 月 28 日法发〔1995〕18 号即《关于人民法院处理与涉外仲裁及外国仲裁事项有关问题的通知》第二条的规定，报我院审查。

三、简要案情

1993 年 5 月 28 日，东丰公司与沈阳公司的租船代理人美通航运有限公司电传达成了由沈阳公司就租用"步达威"（BUDVA）轮自朝鲜罗津港运至中国江苏省张家港圆木 13,000 立方米（±5%）的租船意向书，该意向书约定了装卸率及滞期费，约定运费每立方米 23.75 美元，于递交提单后五个银行工作日电汇。滞期费于卸货 30 日付款。未明确约定亏舱费及在装货港的留置损失，该合同约定，未尽事宜按"金康"标准。东丰公司同时告知沈阳公司"完整的租约备妥后签字及东丰公司作为环球海运公司的代理人"。

嗣后，上述三方就意向书基础上形成的由申请执行人以二船东身份拟就的带有众多附加条款的 1993 年 6 月 17 日"金康"格式租约进行了多次协商和修改，期间，租船人沈阳公司曾表示由其直接签署租约并传真否认存在事后引起争议的亏舱费及滞留损失费的约定，该租约直到该轮抵上海港长江口外锚地被告实施货物留置时，承租双方均未在租约上签字确认。

"步达威"轮于 1993 年 8 月 3 日驶抵上海港后，东丰公司以与沈阳公司在装港就运费、滞期费、亏舱费、滞留损失争议未决为由，指令该轮拒绝进港卸货，并对船载货物实施留置。收货人中国木材华东公司认为申请执行人无权留置，即向上海海事法院申请扣船。1993 年 8 月 31 日，"步达威"轮被扣押，同年 11 月 6 日申请执行人向法院提供黑龙江省中国国际旅行社出具的担保函后，法院解除船舶扣押。

四、大连海事法院的审查情况

大连海事法院执行过程中，被执行人以"没有达成仲裁协议、我司未接到指派仲裁员的适当通知”等理由。申请不予执行该裁决。

大连海事法院审判委员会讨论认为:1.因申请执行人未提供另行指定仲裁员和仲裁开庭通知的书面证据,应裁定不予执行。2.依据被执行人中国外运沈阳集团公司提供的证据,上海海事法院和上海市高级人民法院作出的裁定已发生法律效力。即申请执行人与被执行人之间的1993年6月17日租船合同中的仲裁协议未经当事人签字盖章,仲裁条款未成立。如申请仲裁,仲裁裁决的作出也不具有合法性,法院也不能执行该裁决。

五、本院对该案的审查情况

(一)关于是否接到指派仲裁员通知的问题

从卷中双方当事人往来传真件看,东丰公司于1993年10月11日至1994年8月23日电传沈阳公司,“申请执行人已指定一名仲裁员并要求被执行人指定一名仲裁员参加仲裁”。被执行人于1994年8月9日电传确认收到了申请执行人的通知,沈阳公司以其未收到东丰公司指定第一次仲裁员的适当通知的理由与事实不符。东丰公司第一次指定的仲裁员已于1995年6月30日辞去仲裁员职务,1995年7月4日,申请执行人另行指定一名仲裁员,依《香港仲裁条例》第九条(B)款的规定,将另行指定仲裁员的事实书面通知被执行人,以便由被执行人决定是否指定一名仲裁员参加仲裁,该节通知事实虽有终局裁决关于被执行人已于1995年7月11日收到另行指定仲裁员通知的记载,但被执行人否认此节事实。申请执行人至今未提供另行指定仲裁员已通知被执行人的书面证据。故被执行人未收到另行指定仲裁员的适当通知的理由成立。且也无证据证明仲裁庭向被执行人发出仲裁开庭的书面通知,依据最高人民法院《关于内地与香港特别行政区相互执行仲裁裁决的安排》第七条第一款第(二)项的规定,该仲裁裁决应裁定不予执行。

(二)关于是否达成仲裁协议的问题

“步达威”轮于1993年8月3日驶抵上海港长江口外锚地,东丰公司以与沈阳公司在港争议未决为由,指令该轮拒绝进港卸货,并对船载货物实施留置。收货人中国木材华东公司认为东丰公司无权留置,即向上海海事法院申请诉前保全。东丰公司以“‘步达威’轮租船合同载有仲裁条款,且已并入提单背面条款”为由,向上海海事法院提出管辖权异议被驳回后仍不服,上海高院于1994年5月30日作出〔1994〕沪高经终字第44号民事裁定书,认为,仲裁协议必须有书面形式确认,东丰船务有限公司之租船合同未经有关当事人签字盖章,因此,仲裁条款并未成立,并以此驳回了东丰公司管辖权异议。

六、本院意见

我院于2005年12月26日讨论后同意合议庭意见。即申请执行人未提供另行指定仲裁员和仲裁开庭通知的书面证据;依据被执行人沈阳公司提供的证据,申请执行人和被执行人之间的1993年6月17日租船合同中的仲裁协议未经当事人签字盖章,仲裁条款未成立,即上海海事法院和上海高院作出的民事裁定书已发生法律效力。故同意大连海事法院对该案的处理意见。依据你院《关于人民法院处理与涉外仲裁及外国仲裁事项有关问题的通知》第二条规定,报你院审查。

最高人民法院关于不予执行中国国际经济贸易仲裁委员会(2004)中国贸仲京字第0105号裁决的请示的复函

(2004年11月30日 〔2004〕民四他字第40号)

宁夏回族自治区高级人民法院:

你院〔2004〕宁高法执他字第1号《关于同意石嘴山中院不予执行中国国际经济贸易仲裁委员会〔2004〕中国贸仲京字第0105号裁决的请示报告》收悉。经研究,答复如下:

本案系一方当事人申请执行我国涉外仲裁裁决案。在另一方当事人提出不予执行的抗辩理由的情况下,人民法院应当根据《中华人民共和国仲裁法》第七十一条和《中华人民共和国民事诉讼法》第二百六十条的规定对所涉仲裁裁决进行审查。

本案中宁夏民族化工集团有限责任公司(以下简称民族化工)提出的不予执行所涉仲裁裁决的理由主要有两个:一是仲裁程序违法;二是仲裁事项不属于仲裁协议的范围。

关于仲裁程序是否违法的问题。本案仲裁过程中,新加坡永航私人有限公司(以下简称永航公司)、新加坡新川利有限公司(以下简称新川利公司)委托司富韬为两公司的代理人参与仲裁,向仲裁庭出具了经过公证、认证的授权委托书,委托手续合法有效,并不存在仅银川变压器有限公司(以下简称变压器公司)一方参与仲裁的事实。因此,民族化工关于司富韬未获永航公司和新川利公司的授权、仅变压器公司一方参与仲裁、仲裁程序违法的抗辩理由不能成立。对此,同意你院的意见。

关于所涉仲裁裁决是否超裁的问题。本案当事人在《宁夏永川食品有限责任公司转让合同书》(以下简称《转让合同书》)中约定的仲裁条款称:"因履行本合同及与本合同有关的事宜发生纠纷,甲乙各方应协商处理。若协商不成,则提请中国国际经济贸易仲裁委员会(北京)仲裁处理,依据该委员会的规则,且仲裁是终局的。"因此,"因履行本合同及与本合同有关的事宜发生纠纷"均属于可交付仲裁的事项。本案中,永航公司、新川利公司、变压器公司以民族化工未履行合同、构成违约为由向中国国际经济贸易仲裁委员会申请仲裁，并提出了具体的请求，仲裁庭围绕《转让合同书》的履行情况认定民族化工构成违约，并根据仲裁申请人的具体请求作出了仲裁裁决。解除合同并支付人民币 1241.41 万元或交付与人民币 1241.41 万元等额的财产、支付占用和使用财产费 619.49 万元等，均是仲裁庭针对仲裁被申请人民族化工的违约行为，并根据仲裁申请人的具体请求作出的实体处理结果，属于在当事人交付仲裁事项的范围内作出的裁决，不能以仲裁裁决对于违约行为的实际处理结果与合同中约定的违约责任不同而认为仲裁裁决超出了仲裁协议的范围。因此，民族化工关于本案所涉仲裁裁决事项不属于仲裁协议范围的观点不能成立。本案仲裁裁决的实体处理结果是否得当，不属于人民法院对涉外仲裁裁决的司法审查范围，这是当事人选择仲裁解决纠纷所应承受的风险。综上，本案所涉仲裁裁决不存在我国法律规定可不予执行的情形，人民法院应予执行。

此复。

最高人民法院关于不予执行佛山仲裁委(1998)佛仲字第 04 号仲裁裁决报请审查的请示的复函

(2004 年 8 月 30 日　民四他字〔2004〕第 16 号)

广东省高级人民法院：

你院〔2002〕粤高法执请复字第 35 号《关于不予执行佛山仲裁委〔1998〕佛仲字第 04 号仲裁裁决报请审查的请示》收悉，经研究，答复如下：

本案系涉港纠纷案件，CLINTON ENGINEERING LIMITED(以下简称克林顿公司)与广州市东峻房地产有限公司(以下简称东峻公司)根据双方签订的《机电工程协议书》中的仲裁条款，将纠纷提交佛山仲裁委员会进行仲裁，对于是否应当执行该仲裁裁决的审查应当参照适用《民事诉讼法》第二百六十条的规定。

东峻公司与克林顿公司在仲裁委员会委托鉴定机构之前，对鉴定机构的选定有明确的要求，即不同意选择广州以及佛山的鉴定机构。在仲裁委员会委托注册地在佛山辖区之内的广东德正会计师事务所之后，东峻公司对该情况及鉴定资质曾经提出了异议。现有证据显示：德正会计师事务所不具备工程质量与工程造价项目的鉴定资质。《仲裁法》第四十四条、《佛山仲裁规则》第五十六条均规定：仲裁庭对案件涉及的专门性问题认为需要鉴定的，可以交由当事人约定的鉴定部门鉴定；也可以交由仲裁庭指定的鉴定部门鉴定。在双方当事人共同委托仲裁庭指定鉴定机构时，仲裁庭可以依法以及依照仲裁规则作出指定，但该指定有一个基本的前提与限制：

仲裁庭必须在对相关项目有鉴定资质的鉴定机构中进行选择。鉴定机构资质方面的要求,有关法律、仲裁规则虽未明确加以限定,但却是有关法律以及仲裁规则对鉴定结论作为证据形成程序合法性方面的隐含的必然要求。在鉴定机构缺乏法定资质的情况下,可以认定裁决存在《民事诉讼法》第二百六十条第一款第三项规定的"仲裁的程序与仲裁规则不符的"情形。根据《民事诉讼法》第二百六十条第一款第三项、《仲裁法》第七十一条的规定,本案仲裁裁决应当不予执行。

此复。

附:广东省高级人民法院关于不予执行佛山仲裁委〔1998〕佛仲字第04号仲裁裁决报请审查的请示

附:

广东省高级人民法院关于不予执行佛山仲裁委(1998)佛仲字第04号仲裁裁决报请审查的请示

(2004年4月12日 〔2002〕粤高法执请复字第35号)

最高人民法院执行办:

广州中院向我院呈报《关于报请对不予执行佛山仲裁委〔1998〕佛仲字第04号仲裁裁决的意见》(详见广州中院的报告),认为佛山仲裁庭在委托评估的程序上,选定无资质的鉴定机构作出鉴定并作为定案的主要依据,程序违法和认定事实依据不足,该仲裁应不予执行,报请我院审查。我院经审查拟同意广州中院的意见,按照法定程序特报请钧院审查批准。现将本案审查情况报告如下:

一、当事人的有关情况

申请执行人:CLINTONE NGINEERING LIMITED(以下简称克林顿公司)。住所地:香港特别行政区北角英皇道510号港运大厦510室。

被申请执行人:广州市东峻房地产有限公司(以下简称东峻公司),住所地:广东省广州市东风东路836号东峻广场四座36号楼。

二、本案争议焦点问题

该仲裁是否违反法定程序,是否符合仲裁法关于涉外仲裁中程序违法应裁定不予执行的情形?

三、我院的审查意见

(一)仲裁庭作出的仲裁的主要事实依据

1998年7月,克林顿公司(香港公司)与东峻公司就双方之间的工程款及工程质量纠纷提交佛山仲裁委员会仲裁。在案件审理过程中,仲裁庭于1999年6月就工程质量和造价鉴定问题指定了德正会计师事务所作鉴定并出具《鉴定评估报告》，其后依据该《鉴定评估报告》认定的事实作出了〔1998〕佛仲字第04号《裁决书》，该报告即为仲裁的主要事实依据。

（二）关于《鉴定评估报告》相关问题的查明事实

根据建设部1996年3月6日起施行的《工程造价咨询单位资质管理办法（试行）》、2000年3月1日起施行的《工程造价咨询单位管理办法》，广东省人民政府制定并于1998年7月1日施行的《广东省建设工程造价管理规定》等规定，为规范工程造价中介组织行为，自1996年3月6日起，凡在我国境内从事工程造价咨询活动的单位，须取得《工程造价咨询单位资质证书》，并在资质证书核定的范围内从事工程造价咨询活动。上述规定明确对工程造价咨询单位的资质认定和管理工作由建设行政部门负责。因此，自1996年3月6日起，从事工程造价咨询活动的单位，须向建行政部门申报并经审核符合条件获得《工程造价咨询单位资质证书》后，才具备从事工程造价咨询活动的资格。

广州中院执行庭举行的听证会证实，广东德正会计师事务所虽是经广东省财政厅批准成立、广东省工商行政管理局注册登记而合法设立的机构，但其营业范围仅限于对企业整体资产评估和某类单项资产评估，只具备对其营业范围内的资产进行评估的资格。对工程造价的评估鉴定不是广东德正会计师事务所的营业项目，其不具备对工程造价进行评估鉴定的资格。广东省建设工程造价管理总站证实：广东德正会计师事务所没有申报及取得省建设厅颁发的《工程造价咨询单位资质证书》，不能从事有关的工程造价评估鉴定活动。

（三）关于仲裁庭裁决程序违法问题的认定

仲裁庭指定广东德正会计师事务所这家没有工程质量和造价鉴定的机构进行工程质量和造价鉴定违反《民事诉讼法》第二百六十条第一款第（三）项、《仲裁法》第四十四条、第七十一条、《佛山仲裁委员会仲裁暂行规则》（以下简称《佛山仲裁规则》）第五十六条的规定，仲裁程序违法并违反仲裁规则。理由如下：

1.《仲裁法》第四十四条、《佛山仲裁规则》第五十六条均规定：仲裁庭对案件涉及的专门性问题认为需要鉴定的，可以交由当事人约定的鉴定部门鉴定；也可以交由仲裁庭指定的鉴定部门鉴定。以上是对鉴定部门如何选定的规定。在双方当事人共同委托仲裁庭指定鉴定机构时，仲裁庭当然可以依法和依照仲裁规则作出指定，但该指定有一个基本前提和限制：仲裁庭必须在对需要鉴定项目有鉴定资质的鉴定机构之中进行选择并确定其中一个，而不是随意的任何鉴定机构。在此范围内，仲裁庭是有指定鉴定机构的自由权的。

2.仲裁庭在指定鉴定机构时，负有审查所指定的鉴定机构是否具有特定资质的审查义务。该审查是程序法上的审查，即审查鉴定机构是否具有从事特定鉴定活动的资格。如仲裁庭未尽必要审查义务而导致指定了不具备需要鉴定事项所需资质的鉴定机构,仲裁庭就出现程序违法的情形。所谓必要审查义务,是指仲裁庭只需对鉴定单位进行表面审查,审查其营业范围是否包括鉴定项目及是否具备鉴定项目所需的资质证书。仲裁过程中需要鉴定机构的介入,原因是案件认定的事实涉及专门性问题,其专业性知识是一般常识的人不能掌握和判断的。鉴定机构专业鉴定资质的取得是须经过法定的程序而不是自然取得的,鉴定机构必须经过行业主管部门审核、颁发有关资质证书后赋予鉴定资格。仲裁庭指定了没有工程质量和工程造价资质的广东德正会计师事务所作为对工程质量和工程造价的鉴定机构,是根本违反《仲裁法》第四十四条、《佛山仲裁规则》第五十六条的规定和原则的。

3. 对指定的鉴定机构是否具备相关资质、是否具备鉴定资格的审查,是程序法上的、形式上的审查;而对于具备鉴定资质和鉴定资格的鉴定机构作出的《鉴定评估报告》是否客观公正是否伪造变造、是否依据充足从而决定对其结论和意见是否采纳,则是实体法上的、实质上的审查。《佛山仲裁规则》第五十七条赋予了仲裁庭对鉴定机构作出的《鉴定评估报告》实体审查的权力:专家报告、鉴定报告和咨询意见是否采纳,由仲裁庭决定。

这如同《民事诉讼法》是程序法,《民法通则》是实体法,两法各从程序与实体方面作出规范一样。《民事诉讼法》第一百零八条规定了起诉的条件:(1)原告是与本案有直接利害关系的公民、法人和其他组织;(2)有明确的被告;(3)有具体的诉讼请求和事实、理由;(4)属于人民法院受理民事诉讼的范围和受诉人民法院管辖。符合上述条件的,人民法院应予受理。法院对起诉的审查是程序上的、形式上的、表面的审查,其中包括对原、被告双方主体资格的审查(主体资格是存在或是消灭,如单位则是否有法人资格等),该审查着重在当事人行使其诉讼权利、提起诉讼主张而对其起诉是否事实理由充分、能否支持等实体问题不予审查。《民法通则》作为实体法,承担的是对法律关系的产生、变更、消灭,权责义务的确定等实体审查的责任。由此可见,程序公正是实体公正的重要前提。

4. 仲裁庭选定广东德正有限责任会计师事务所作为东峻广场机电工程的质量和造价的鉴定评估机构的过程是仲裁庭在仲裁程序中的取证程序,是属于仲裁程序的组成部分之一。仲裁庭在选定鉴定评估机构的过程中,由于其未对鉴定评估机构是否具有"工程造价咨询单位资质证书"进行审查,致使发生了选定"广东德正有限责任会计师事务所"这家没有"工程造价咨询单位资质证书"的鉴定评估机构来从事该工程质量和造价的鉴定业务,这就发生了仲裁程序过程中的取证程序的违法情形。虽然《仲裁法》第四十四条和《佛山仲裁规则》第五十六条规定,仲裁庭可以指定鉴定部门,但仲裁庭的这种指定不能违法。仲裁庭选定德正会计师事务所这家没有资质的鉴定部门进行鉴定,就发生了取证程序的违法,取证程序是仲裁程序的组成部分之一,即也就是仲裁程序违法。

综上所述,我院认为,仲裁庭未尽审查义务指定了没有工程质量和工程造价鉴定资质的鉴定机构从事工程质量和工程造价项目的鉴定,并对没有鉴定资格的广东德正会计师事务所作出的《鉴定评估报告》的鉴定结果予以采纳作为认定事实的依据,严重违反了《仲裁法》第四十四条、《佛山仲裁规则》第五十六条、建设部《工程造价咨询单位资质管理办法(试行)》第十条、第十一条,《工程造价咨询单位管理办法》第二条、第三条,《广东省建设工程造价管理规定》第二十条、第二十一条的规定,属于《民事诉讼法》第二百六十条第一款第(三)项、《仲裁法》第七十一条规定的对涉外仲裁不予执行的情形,据上,拟同意广州中院的意见并报请钧院审查。

特此报告,请予审批。

最高人民法院关于不予执行展裕发展有限公司与福建黎明大酒店有限公司酒店经营管理纠纷一案仲裁裁决的复函

(2002年11月20日 〔2002〕民四他字第26号)

福建省高级人民法院:

你院《关于福州市中级人民法院拟裁定不予执行〔98〕深国仲结字第106号裁决书一案的请示报告》收悉。经研究,同意你院请示的意见。

展裕发展有限公司因与福建黎明大酒店有限公司发生酒店经营管理纠纷提起仲裁后,福建黎明大酒店有限公司在仲裁庭首次开庭前即向中国国际经济贸易仲裁委员会深圳分会提出《对仲裁条款效力的异议》,该分会没有依法对此异议作出决定。首次开庭时,福建黎明大酒店有限公司再次对仲裁条款的效力明确提出书面异议,表明其并未放弃异议的权利,但该分会仍未对此作出决定。仲裁庭继续审理并作出仲裁裁决,其仲裁程序不仅不符合相关仲裁规则,而且明显违法。根据《中华人民共和国民事诉讼法》第二百六十条第一款第三项的规定,对贸仲会〔98〕深国仲结字第106号裁决书不予执行。

此复。

最高人民法院关于上海市第一中级人民法院驳回上海久事大厦置业有限公司、上海久茂对外贸易公司不予执行仲裁裁决申请案的复函

(2001年11月20日 〔2001〕执他字第15号)

上海市高级人民法院:

你院沪高法〔2001〕224号《关于对上海市第一中级人民法院驳回上海久事大厦置业有限公司、上海久茂对外贸易公司不予执行仲裁裁决申请案件的请示报告》收悉。经研究,答复如下:

根据《中华人民共和国仲裁法》第六十五条的规定,涉外仲裁是指对涉外经济贸易、运输和海事中发生的纠纷的仲裁。本案所涉及的合同是涉外合同,是因外国公司破产而使涉外合同的履行发生纠纷,故该纠纷应当属于"涉外经济贸易"中发生的纠纷。本案仲裁的对象、事实及结果均直接涉及外国公司及其权利义务,应发球涉外仲裁案件。因此,本案应依据《中华人民共和国民事诉讼法》第二百六十条和《中华人民共和国仲裁法》第七十一条的规定,只对程序性问题进行审查,而不应适用《中华人民共和国民事诉讼法》第二百一十七条的规定对证据和事实认定问题进行审查。

关于上海美特幕墙有限公司提供的外文证据材料中未附中文译本是否违反法定程序的问题。我们认为,虽然《上海仲裁委员会仲裁规则(暂行)》中对外文材料附中文译本有明确要求,但该要求是仲裁庭可以根据实际需要决定的事项。至于当事人是否需要将证据材料的英文翻译成中文,应当由当事人自行决定。当事人在仲裁过程中没有提出需要中文译本,其事后对申请人提出的证据材料进行了逐项整理和辨别,说明当事人自己有能力识别理解外文资料,且本案中只是部分证据材料未附中文译本。我们认为,不能据此认定为本案的仲裁违反法定程序。

综上,我们认为,对上海久事大厦置业有限公司、上海久茂对外贸易公司不予执行仲裁裁决的申请,应依法予以驳回。

此复。

最高人民法院关于未被续聘的仲裁员在原参加审理的案件裁决书上签名人民法院应当执行该仲裁裁决书批复

（1998年8月31日　法释〔1998〕21号）

广东省高级人民法院：

你院〔1996〕粤高法执函字第五号《关于未被续聘的仲裁员继续参加审理并作出裁决的案件，人民法院应否立案执行的请示》收悉。经研究，答复如下：

在中国国际经济贸易仲裁委员会深圳分会对深圳东鹏实业有限公司与中国化工建设深圳公司合资经营合同纠纷案件仲裁过程中，陈野被当事人指定为该案的仲裁员时具有合法的仲裁员身份，并参与了开庭审理工作。之后，新的仲裁员名册中没有陈野的名字，说明仲裁机构不再聘任陈野为仲裁员，但这只能约束仲裁机构以后审理的案件，不影响陈野在此前已合法成立的仲裁庭中的案件审理工作。其在该仲裁庭所作的（九四）深国仲结字第四十七号裁决书上签字有效。深圳市中级人民法院应当根据当事人的申请对该仲裁裁决书予以执行。

（五）损害公共利益不予执行的复函

最高人民法院关于德宝(远东)有限公司申请执行湖北省鹰台经济发展公司合作合同纠纷一案中不予执行涉外仲裁裁决的请示的复函

(2011年12月14日 〔2011〕民四他字第62号)

湖北省高级人民法院：

你院鄂高法〔2011〕275号《关于德宝(远东)有限公司申请执行湖北省鹰台经济发展公司合作合同纠纷一案中不予执行涉外仲裁裁决的请示》收悉。经研究,答复如下：

根据你院请示报告的内容,虽然涉案执行标的六层酒店房产属于国有资产,但是对该房产无法办理过户的执行不能问题并不构成《中华人民共和国民事诉讼法》第二百五十八条第二款规定的情形,因此,你院关于适用《中华人民共和国民事诉讼法》第二百五十八条第二款的规定对涉案仲裁裁决不予执行的理由不能成立。但在涉案仲裁裁决的执行过程中,如果涉案执行标的六层酒店房产的管理人国有资产管理部门提出合理的异议,人民法院可以依照《中华人民共和国民事诉讼法》第二百零四条的规定进行审查并对涉案仲裁裁决第一项应否执行作出相应的处理。

此复。

附：

湖北省高级人民法院关于德宝(远东)有限公司申请执行湖北省鹰台经济发展公司合作合同纠纷一案中不予执行涉外仲裁裁决的请示

(2011年7月26日 鄂高法〔2011〕275号)

最高人民法院：

我院在办理德宝(远东)有限公司申请执行湖北省鹰台经济发展公司合作合同纠纷一案中,遇到不予执行涉外仲裁裁决的问题,依据《最高人民法院关于审理和执行涉外民商事案件应当注意的几个问题的通知》(法〔2000〕51号)的规定,特向贵院请示。

一、案件基本情况

1995年7月13日，德宝(远东)有限公司(以下简称德宝公司)与湖北省鹰台经济发展公司(以下简称鹰台公司)签订了合作合同，约定共同投资设立湖北德宝实业有限公司(以下简称合作公司)，开展酒店经营。鹰台公司以固定资产六层酒店3600平方米的使用权、各项配套设施设备折资550万元及现金100万元作为出资，占46%；德宝公司以材料设备及办公用品和部分现汇共763万元作为出资，占54%。在履行合同的过程中，双方当事人发生争议，鹰台公司于2000年7月作为申请人向中国国际经济贸易仲裁委员会就该合作合同申请仲裁(以下简称北京仲裁)。2001年9月17日，中国国际经济贸易仲裁委员会作出〔2001〕贸仲裁字第0278号裁决书，该裁决书中认定，德宝公司未按合同约定出资，并且出具虚假出资证明，已构成严重违约行为。合作公司自成立以来，一直处于亏损状态，从未分配利润，已难以实现合作经营的目的。因此裁决：一、解除鹰台公司和德宝公司订立的合作公司的合同；二、驳回鹰台公司的其他诉讼请求。同时，裁决中还认定，合同解除后，依法对合作公司进行清算。合作公司经营的德宝大酒店确已经过第二次装修，由此发生的工程款已由德宝公司支付，该项工程款应视为德宝公司的出资，根据公平原则，双方在对合作公司组织清算时，应对德宝公司承担的装修工程款予以评估。

2001年9月17日北京仲裁作出后，湖北省经贸厅根据鹰台公司的申请，于2001年10月26日作出鄂外经贸审字〔2001〕第88号《关于湖北德宝实业有限公司实行特别清算的批复》，同日，成立清算委员会对合作公司进行了清算。清算后，合作公司的净资产223.7781万元归鹰台公司所有。2002年6月，清算委员会向鹰台公司移交了合作公司的财产。2002年7月15日，湖北省工商行政管理局发出《外商投资企业注销登记通知书》，注销了合作公司。

湖北省经贸厅决定对合作公司进行清算后，德宝公司于2001年12月20日以湖北省经贸厅为被告，以其违法行政侵犯德宝公司合法权益为由向武汉市中级人民法院提起行政诉讼，经武汉市中级人民法院一审、我院二审，2004年3月1日我院作出(2003)鄂行终字第12号行政判决书，因湖北省商务厅违反了特定的程序，该判决撤销了湖北省商务厅批准对湖北德宝实业有限公司实行特别清算及成立清算委员会的行为。2004年3月11日，湖北省工商局恢复了合作公司湖北德宝实业有限公司德宝大酒店的工商注册登记。

同时，德宝公司向北京市第二中级人民法院申请撤销北京仲裁裁决。2002年11月18日，北京市二中院作出〔2002〕二中民特字第0385号民事裁定书，裁定驳回了德宝公司的撤裁申请。

在上述诉讼过程中，也即在德宝公司以湖北省经贸厅为被告提起行政诉讼后，2002年1月10日，德宝公司作为申请人又向中国国际经济贸易仲裁委员会深圳分会申请仲裁(以下简称深圳仲裁),该分会审查后认为,虽然双方事前经过北京仲裁并作出(2001)贸仲裁字第0278号裁决书,但本案所涉争议不属于同一纠纷,受理本案不存在“一事再理”的问题。2002年12月26日,中国国际经济贸易仲裁委员会深圳分会作出(2002)深国仲结字第92号裁决书,其主要内容为:一、鹰台公司作为其出资的“六层酒店共3600平方米”的酒店房产是合作公司的资产,鹰台公司应当办理将该酒店房产过户到合作公司名下的手续;二、自本裁决作出之日起30日内,鹰台公司应将其应投入而未投入的资金人民币194.6万元支付给合作公司;三、应补偿德宝公司为办理本案支出的部分费用10万元。深圳仲裁生效后,权利人德宝公司于2003年6月10日向武汉市中级人民法院申请执行。经武汉市中级人民法院审判委员会讨论决定,不予执行本案深圳仲裁裁决。2004年4月28日再经武汉市中级人民法院审判委员会讨论决定,该案中止执行。

二、案件现状及武汉市中级人民法院查明的事实

2004年3月1日我院作出〔2003〕鄂行终字第12号行政判决,撤销了湖北省商务厅批准对湖北德宝实业有限公司实行特别清算及成立清算委员会的行为后,湖北省工商局于2004年3月11日恢复了合作公司湖北德宝实业有限公司德宝大酒店的工商注册登记。2010年4月6日,德宝公司向武汉市中级人民法院申请恢复执行。2010年9月7日,本案正式立案恢复执行。

本案执行恢复后,经武汉市中级人民法院查明,涉案房产原系湖北省计委鄂〔91〕381号文批准扩建改造的老干部活动中心的休息室(占地467.601平方米,使用面积3600平方米),因财政资金紧张,五年没有完工。1995年5月26日,湖北省经济委员会鄂经贸技改字〔1995〕号批复,同意鹰台公司利用老干部活动中心现有的固定资产、配套设备及公用设备与德宝公司合作。1995年6月20日,湖北省委老干部工作局将该休息室的房屋及内部设施作为湖北省老干部活动中心与外商合作二十年的股金投入,合作期满予以收回,并报经湖北省国有资产管理局批准。湖北省老干部活动中心按湖北省国有资产管理局鄂国资评函〔1995〕39号立项通知,委托评估后确认的价值为455.4万元。1995年7月20日,湖北省国有资产管理局向湖北省老干部局发出鄂国资办评函〔1995〕51号国有资产评估确认通知书,确认拟用于合资的资产为455.4万元。

武汉市中级人民法院另查明,涉案的“六层酒店”房产由省委机关行政事务管理局管理,由湖北省老干部活动中心使用,属省国资委管理的国有资产。鹰台公司系隶属于湖北省老干部活动中心,注册资金300万元,系在湖北省工商行政管理局注册成立的具有独立法人资格的企业。经查,涉案房产并不在被执行人鹰台公司名下,且该“六层酒店”房产在房地产管理部门没有登记资料。因此,深圳裁决确认该房产是合作公司的资产并要求鹰台公司将该房产过户到合作公司名下的裁决事项,因产权不属于被执行人鹰台公司所有而造成执行不能。

三、武汉市中级人民法院审查意见

武汉市中级人民法院查明德宝公司系在香港注册的公司，德宝公司与鹰台公司之间的民事纠纷含有涉外因素，中国国际经济贸易仲裁委员会深圳分会作出的裁决属涉外仲裁。2011 年 4 月 27 日，该院审判委员会对本案讨论后形成两种意见。第一种意见认为，该案可以适用《中华人民共和国民事诉讼法》[①]第二百五十八条第二款的规定，即人民法院认定执行该裁决违背社会公共利益的，裁定不予执行。理由是：涉案房产由湖北省委机关行政事务管理局管理，由湖北省老干部活动中心使用，属湖北省国资委管理的国有资产。若按深圳仲裁裁决执行，则侵害了案外人的合法权益，造成国有资产流失，违背了社会公共利益。第二种意见认为，不能适用《民事诉讼法》[②]第二百五十八条的规定裁定不予执行。理由是：本案深圳仲裁裁决，在认定事实上确有错误。涉案房产由湖北省委机关行政事务管理局管理，由湖北省老干部活动中心使用，属湖北省国资委管理的国有资产，该房产并不为被执行人鹰台公司所有。但按《中华人民共和国民事诉讼法》[③]第二百五十八条第一款第（一）项至第（四）项的规定，人民法院只能对该裁决进行程序方面的审查，而无权进行实体审查。在程序上没有上述情况出现时，本案裁定不予执行不能适用上述法律规定。

因武汉市中级人民法院审判委员会对案件处理意见不一致，特向我院请示。

四、我院审查意见

根据武汉市中级人民法院查证的案件事实，我院审判委员会经讨论认为：在本案中深圳仲裁裁决将被执行人不享有所有权的国有资产过户至申请执行人名下，必将损害国家利益。且涉案房产在房地产管理部门并无登记，房地产管理部门也无法协助变更所有权登记。因此，同意武汉市中级人民法院第一种意见，即适用《中华人民共和国民事诉讼法》[④]第二百五十八条第二款的规定，对中国国际经济贸易仲裁委员会深圳分会作出的（2002）深国仲结字第 92 号裁决裁定不予执行。

根据《最高人民法院关于审理和执行涉外民商事案件应当注意的几个问题的通知》（法〔2000〕51 号）规定，不予执行涉外仲裁裁决需报请最高人民法院答复后方能制作裁定。因此，我院审判委员会决定将本案不予执行涉外仲裁裁决事项向贵院请示。

---

① 2012 年修改前的《民事诉讼法》。——编者注

② 2012 年修改前的《民事诉讼法》。——编者注

③ 2012 年修改前的《民事诉讼法》。——编者注

④ 2012 年修改前的《民事诉讼法》。——编者注

最高人民法院关于北京市第一中级人民法院不予执行美国制作公司和汤姆·胡莱特公司诉中国妇女旅行社演出合同纠纷仲裁裁决请示的批复

（1997 年 12 月 26 日　京高法他〔1997〕35 号）

北京市高级人民法院：

你院京高法〔1996〕239 号《关于同意北京市第一中级人民法院不予执行美国制作公司、汤姆·胡莱特公司诉中国妇女旅行社演出合同仲裁裁决请示的请示》收悉。经本院审判委员会讨论决定，现答复如下：

1992 年 8 月 28 日美国制作公司和汤姆·胡莱特公司因雇佣美国演员来华演出签订“合同与演出协议”。该“合同与演出协议”第 2 条 B 款中明确规定：“演员们应尽全力遵守中国的规章制度和政策并圆满达到演出的娱乐效果。”同年 9 月 9 日该两公司又签订“合同附件”。该“合同附件”第 7 条第 2 款中规定：“中国有权审查和批准演员演出的各项细节。”美国两公司依据上述合同与协议于 1992 年 12 月 23 日与中国妇女旅行社签订了来华演出的“合同与协议”。约定美国南方派乐队自 1993 年 1 月 25 日到同年 2 月 28 日在华演出 20 场至 23 场。但是，在演出活动中，美方演员违背合同协议约定，不按报经我国文化部审批的演出内容进行演出，演出了不适合我国国情的“重金属歌曲”，违背了我国的社会公共利益，造成了很坏的影响，被我文化部决定停演。由此可见，停演及演出收入减少，是由演出方严重违约造成的。中国国际经济贸易仲裁委员会〔94〕贸仲字第 0015 号裁决书无视上述基本事实，是完全错误的。人民法院如果执行该裁决，就会损害我国的社会公共利益。依照《中华人民共和国民事诉讼法》第二百六十条第二款的规定，同意你院对该仲裁裁决不予执行的意见。

此复。

最高人民法院《关于北京市第一中级人民法院不予执行美国制作公司和汤姆·胡莱特公司诉中国妇女旅行社演出合同纠纷仲裁裁决请示的批复》（他〔1997〕35 号）调整为：“1992 年 8 月 28 日美国制作公司和汤姆·胡莱特公司因雇佣美国演员来华演出签订‘合同与演出协议’。该‘合同与演出协议’第 2 条 B 款中明确规定：‘演员们应尽全力遵守中国的规章制度和政策并圆满达到演出的娱乐效果。’同年 9 月 9 日该两公司又签订‘合同附件’。该‘合同附件’第 7 条第 2 款中规定：‘中国有权审查和批准演员演出的各项细节。’美国两公司依据上述合同与协议于 1992 年 12

月23日与中国妇女旅行社签订了来华演出的‘合同与协议’。约定美国南方派乐队自1993年1月25日到同年2月28日在华演出20场至23场。但是,在演出活动中,美方演员违背合同协议约定,不按报经我国文化部审批的演出内容进行演出,演出了不适合我国国情的‘重金属歌曲’,违背了我国的社会公共利益,造成了很坏的影响,被我文化部决定停演。由此可见,停演及演出收入减少,是由演出方严重违约造成的。中国国际经济贸易仲裁委员会〔94〕贸仲字第0015号裁决书无视上述基本事实,是完全错误的。人民法院如果执行该裁决,就会损害我国的社会公共利益。依照《中华人民共和国民事诉讼法》第二百五十八条第二款的规定,同意你院对该仲裁裁决不予执行的意见。”

（六）涉外仲裁案件的承认与执行

最高人民法院关于对重庆普乐菲进出口有限公司申请不予执行仲裁裁决一案请示的复函

（2015年7月22日 〔2015〕民四他字第11号）

重庆市高级人民法院：

你院〔2014〕渝高法执示字第174号关于重庆普乐菲进出口有限公司（以下简称普乐菲公司）申请不予执行仲裁裁决一案的请示收悉。经研究，答复如下：

本案为申请不予执行仲裁裁决案件。根据你院报送的材料，当事人在《基础采购合同》第十一条约定："本合同以中华人民共和国国内法（冲突法除外）为准据法，关于本合同或因本合同而引起之纠纷，甲乙丙方应依诚信原则协商解决；如协商不成，各方同意提交中国国际经济贸易仲裁委员会上海分会按照案件提交时其最新的仲裁规则仲裁解决。所有仲裁费用由败诉方承担。"根据最高人民法院《关于适用〈中华人民共和国仲裁法〉若干问题的解释》第十六条的规定，对本案仲裁协议的效力问题，应适用当事人约定的法律即我国法律进行审查。

由于本案当事人约定的仲裁条款意思表示明确，有确定的仲裁事项和选定的仲裁委员会，符合《仲裁法》第十六条的规定，故其仲裁协议合法有效。

《基础采购合同》签订于2011年1月25日，根据《最高人民法院关于对上海市高级人民法院等就涉及中国国际经济贸易仲裁委员会及其原分会等仲裁机构所作仲裁裁决司法审查案件请示问题的批复》第三条的规定，在中国国际经济贸易仲裁委员会对本案作出裁决后，当事人以无权仲裁为由申请不予执行仲裁裁决的，人民法院不予支持。因此，普乐菲公司的申请不符合《中华人民共和国民事诉讼法》第二百三十七条第二款所规定的情形，应予驳回。

该案结案后，请将法律文书报我院备查。

此复。

最高人民法院关于申请人 Castel Electronics Pty Ltd. 申请承认和执行外国仲裁裁决一案请示的复函

（2013 年 10 月 10 日　〔2013〕民四他字第 46 号）

广东省高级人民法院：

你院〔2012〕粤高法仲复字第 7 号《关于申请人 Castel Electronics Pty Ltd. 申请承认和执行外国仲裁裁决一案的请示》收悉。经研究，答复如下：

根据请示所述事实，涉案仲裁裁决系于 2010 年 12 月 23 日和 2011 年 1 月 27 日作出，而我国法院关于仲裁条款无效的裁定系于 2011 年 12 月 20 日作出，仲裁裁决的作出时间显然早于我国法院裁定的生效时间。况且 TCL 公司在仲裁程序中亦未提出仲裁条款无效的异议，反而向仲裁庭提出了反请求，仲裁庭据此确定仲裁条款效力与管辖权，这是符合仲裁地法律和仲裁规则的，并不存在侵犯我国司法主权的情形。关于《纽约公约》第 5 条第 2 款第（乙）项规定的违反公共政策情形，应当理解为承认和执行外国仲裁裁决将导致违反我国法律基本原则、侵犯我国国家主权、危害社会公共安全、违反善良风俗等足以危及我国根本社会公共利益的情形。在本案中，外国仲裁裁决和我国法院生效裁定对同一仲裁条款效力的认定虽然存在冲突，但尚不足以构成违反我国公共政策的情形。你院关于应当依据《纽约公约》第 5 条第 2 款第（乙）项拒绝承认和执行涉案仲裁裁决的根据不充分。

综上，如果涉案仲裁裁决不存在《纽约公约》第 5 条规定的其他拒绝承认和执行的情形，人民法院应当裁定予以承认和执行。

此复。

最高人民法院关于申请人瑞尔玛食品有限公司与被申请人湛江冠亚食品有限公司申请承认和执行外国仲裁裁决请示案的复函

（2013 年 8 月 27 日　〔2013〕民四他字第 40 号）

广东省高级人民法院：

你院〔2011〕粤高法民四他字第 15 号《关于申请人瑞尔玛食品有限公司与被申请人湛江冠亚食品有限公司申请承认和执行外国仲裁裁决一案的请示》收悉。经研

究,答复如下:

本案所涉仲裁裁决系美国食品工业协会在美国境内作出,我国和美国均为《承认和执行外国仲裁裁决公约》(以下简称《纽约公约》)的成员国,应当根据《纽约公约》的相关规定对涉案仲裁裁决进行审查。

1. 关于涉案仲裁协议是否成立的问题。美国食品工业协会虽已确认案涉当事人之间存在仲裁协议,并据此行使管辖权和作出裁决,但申请人按照《纽约公约》申请承认和执行时,被申请人对仲裁庭的管辖权提出异议的,人民法院应当就仲裁协议是否成立的事实进行审查并作出判定。如果湛江冠亚食品有限公司能够提供证据证明其与瑞尔玛食品有限公司不存在合同关系和仲裁协议的事实,人民法院应依据《纽约公约》第5条第1款第(a)项的规定,拒绝承认和执行涉案仲裁裁决。

2. 关于仲裁通知和仲裁裁决是否有效送达的问题。依据现有证据,美国食品工业协会分别于2007年9月17日和2007年11月19日向被申请人寄出挂号信,挂号信上所写的寄送地址与被申请人的地址相符,虽然挂号邮寄单上未注明邮寄的物件名称,未显示美国食品工业协会邮寄的是仲裁通知、仲裁裁决等仲裁文件,但湛江市中级人民法院综合该案情况认定被申请人收到相关的仲裁文件并无不当。据此,人民法院不得以被申请人未收到仲裁通知为由适用《纽约公约》第5条第1款第(b)项规定,拒绝承认和执行涉案仲裁裁决。

此复。

最高人民法院关于对国外仲裁机构的裁决申请承认和申请执行是否应一并提出问题的请示的复函

(2013年7月30日 〔2013〕民四他字第43号)

陕西省高级人民法院:

你院〔2013〕陕民三他字第1号《关于对国外仲裁机构的裁决申请承认和申请执行是否应一并提出问题的请示》收悉。经研究,答复如下:

1. 对于外国仲裁裁决,法律没有规定当事人必须一并申请承认和执行,当事人可以选择仅申请人民法院承认,也可以选择申请人民法院承认和执行。当事人先申请人民法院承认外国仲裁裁决,人民法院经审查裁定予以承认的,当事人还可以申请人民法院执行该仲裁裁决。

2. 根据《最高人民法院关于人民法院处理与涉外仲裁及外国仲裁事项有关

问题的通知》（法发〔1995〕18号）的精神，泰王国泰普克沥青（大众）有限公司（以下简称泰普克公司）申请执行涉案外国仲裁裁决，西安市中级人民法院在拟裁定不予受理前，应当逐级上报最高人民法院，待最高人民法院答复后作出相应裁定。

3. 西安市中级人民法院于2009年12月7日裁定承认涉案外国仲裁裁决，泰普克公司于2010年1月27日申请执行该仲裁裁决，西安市中级人民法院审查是否执行该仲裁裁决，应当适用当时施行的《中华人民共和国民事诉讼法》（2007年修订）。依照《中华人民共和国民事诉讼法（2007）》第二百一十五条第一款的规定，申请执行的期间为二年；申请执行时效的中止、中断，适用法律有关诉讼时效中止、中断的规定。西安市中级人民法院裁定承认仲裁裁决后，泰普克公司申请执行该仲裁裁决的期限从该裁定生效之日起重新计算。泰普克公司申请执行该仲裁裁决，并未超过《中华人民共和国民事诉讼法（2007）》规定的二年申请执行期限。西安市中级人民法院以泰普克公司申请执行超过《中华人民共和国民事诉讼法》（2007年修订）规定的申请执行期限为由，裁定不予受理，适用法律不当，应予纠正。

此复。

最高人民法院关于 Ecom Agroindustrial Corp. Ltd.（瑞士伊卡姆农工商有限公司）申请执行涉外仲裁裁决一案的请示的复函

（2013年2月6日　〔2013〕民四他字第2号）

广西壮族自治区高级人民法院：

你院〔2012〕桂请字第15号《关于 Ecom Agroindustrial Corp. Ltd.（瑞士伊卡姆农工商有限公司）申请执行涉外仲裁裁决一案的请示》收悉。经研究，答复如下：

仲裁庭查明的货物同类报价虽未经当事人质证，但该报价并没有被作为裁决的依据，仲裁裁决关于违约金的认定是以当事人约定为依据的。仲裁庭在确定律师费承担时，没有采信申请人超过举证期间提交的证据。而且，证据问题也不等同于仲裁程序问题。因此，请示中涉及的证据问题不构成仲裁程序与仲裁规则不符的情形。如无其他不予执行的法定情形，中国国际经济贸易仲裁委员会（2007）中国贸仲京裁字第0160号仲裁裁决应予执行。同意你院倾向性意见。

此复。

附：

广西壮族自治区高级人民法院关于 Ecom Agroindustrial Corp. Ltd.（伊卡姆农工商有限公司）申请执行涉外仲裁裁决一案的请示

（2012 年 7 月 20 日 〔2012〕桂请字第 15 号）

最高人民法院：

Ecom Agroindustrial Cop. Ltd.（伊卡姆农工商有限公司，以下简称伊卡姆公司）与柳州华侨化纤纺织有限公司（以下简称华纺公司）买卖合同纠纷一案，中国国际经济贸易仲裁委员会于 2007 年 4 月 13 日作出（2007）中国贸仲京裁字第 0160 号仲裁裁决，已经发生法律效力。由于被执行人华纺公司未履行该裁决，申请执行人伊卡姆公司于 2007 年 12 月 28 日向柳州市中级人民法院（以下简称柳州中院）申请执行该裁决，被申请人华纺公司向柳州中院提出不予执行的抗辩。柳州中院依法组成合议庭进行审查后，认为应裁定不予执行该裁决，并依照《最高人民法院关于人民法院处理与涉外仲裁及外国仲裁事项有关问题的通知》（法发〔1995〕18 号）第二条之规定，将审查意见报请我院进行审查。我院受理后，依法组成合议庭进行审查，现已审查完毕，并报请你院进行审查。

一、当事人的基本情况

申请执行人：Ecom Agroindustrial Corp. Ltd.（伊卡姆农工商有限公司）。住所地：Avenue Etienne Guillemin 16，P. O. Box 64，CH－1009 Pully Switzer－lan。

被申请人：柳州华侨化纤纺织有限公司。住所地：广西柳州市胜利路 3 号。

法定代表人：潘超，董事长。

二、仲裁裁决的内容

仲裁庭一致作出如下裁决：(1)被申请人应向申请人支付合同标的总额 25% 的违约金计 555，559. 20 美元。(2)申请人应赔偿被申请人因货物短重和质量问题导致的价款损失合计 16，036. 9886 美元。(3)被申请人应补偿申请人律师费 13，000 美元。(4)驳回申请人的其他仲裁请求。(5)申请人申请仲裁的仲裁费为 21，698 美元，由被申请人承担 80%，即 17，358. 40 美元，由申请人承担 20%，即 4339. 60 美元，此款与申请人的全额预付款冲抵后，被申请人还应向申请人支付 17，358. 40 美元，以补偿申请人代其垫付的仲裁费；被申请人的反请求费为人民币 10，000 元，全部由申请人承担。此款与被申请人的全额预付款冲抵后，申请人应向被申请人支付人民币 10，000 元，以补偿被申请人代其垫付的反请求仲裁费。上述各款项，双方应自本裁决作出之日起 30 日内支付完毕。本裁决为终局裁决，自作出之日起生效。

三、被申请人的抗辩意见

被申请人华纺公司提出的不予执行的抗辩理由为：

(一)关于仲裁请求变更问题

本案仲裁庭于2006年11月14日第一次庭审之后,伊卡姆公司于同年11月15日、2007年2月1日分别以《补充和更正函》和《补充说明》的形式两次对其仲裁请求作出变更,仲裁庭在本案2007年3月16日第二次开庭之前,没有就仲裁庭是否接受伊卡姆公司对仲裁请求的变更通知华纺公司,更没有通知华纺公司进行答辩,且距第二次开庭日期也不足45天答辩期。

(二)关于货物价格问题

伊卡姆公司主张差价损失却未提供相应证据,仲裁庭自行收集了"2005年3月国外棉商对中国主要港口的巴拉圭棉报价",并据此确定"57分/磅"作为计算差价损失的基础价格。仲裁庭在作出裁决之前,未对以上自行收集的证据的来源、内容和形式、针对的原棉品级、含有哪些国外棉商和何种价格条件等进行披露,更未交华纺公司质证和给予提出意见的机会,使裁决书的合法性彻底丧失。

(三)关于律师费问题

华纺公司提出:伊卡姆公司超过仲裁庭指定的举证期限才提交委托代理合同和律师费收据,仲裁庭在〔2007〕中国贸仲京字第001325号函件中已经明确表示不接受上述证据,却裁决华纺公司向伊卡姆公司补偿律师费13,000美元,违背《仲裁规则》。

四、柳州中院对三个争议焦点问题的审查意见

(一)关于仲裁请求变更问题

首先,〔2007〕中国贸仲京字第001325号函已经明确表示接受伊卡姆公司的《对620060095号仲裁申请书的补充说明》,该函及《补充说明》已于2007年2月5日寄达华纺公司,应当视为华纺公司在第二次开庭已经得知仲裁庭接受伊卡姆公司变更仲裁请求。其次,关于答辩期的问题,仲裁庭于2007年3月16日制作的《关于620060095号案有关程序事项的确认》,对案件有关程序事项作出了安排,其中即包括华纺公司应于2007年3月27日前提交针对伊卡姆公司最后仲裁请求的答辩意见、证据及反请求的内容,华纺公司的代理律师郭凤武已签字表示同意和确认。因此,华纺公司认为该公司在第二次开庭前没有得到仲裁庭接受伊卡姆公司变更仲裁请求的通知、未能充分行使答辩权的理由不能成立。

(二)关于货物价格认定问题

当事人的民事权利是否遭受损害以及遭受何种损害、多大损害,都是案件的待证事实,以上待证事实的认定对于裁决的公正性都同等重要,缺一不可。仲裁庭固然可以行使自由裁量权决定舍弃当事人主张适用的价格而参考"2005年3月国外棉商对中国主要港口的巴拉圭棉报价"来认定合理的损失赔偿数额,但是即使所谓的"2005年3月国外棉商对中国主要港口的巴拉圭棉报价",只是仲裁员所掌握的行业信息,没有具体的表现形式,也应有诸如哪些棉商、哪些港口报价等具体的内容,应当在作出裁决之前知会当事人,给予当事人提出抗辩的权利。华纺公司认为仲裁庭适用未经质证的证据的理由成立。

(三)关于律师费问题

仲裁庭固然有权力裁定败诉方补偿胜诉方因办理案件支出的合理费用,但是必须基于胜诉方因办理案件已经支出了费用的基础之上。也就是说,胜诉方因办理案件已经支出的费用是待证事实。当事人只证明自己权利受损,未证明损害有多大,也是无法获得胜诉的。伊卡姆公司只证实自己委托了律师参与仲裁,未证实支出多少费用,不能视为已经完成了证明责任。仲裁庭既然已经明确表示不接受伊卡姆公司逾期提交的律师费收据,在作出裁决时就应当视为自始至终没有看到过上述证据,不予考虑。在仲裁庭不知道伊卡姆公司已经支出多少律师费的情况下,是无法确定由华纺公司向伊卡姆公司补偿多少律师费为恰当、合理的。在此前提下,仲裁庭裁决华纺公司向伊卡姆公司补偿律师费13,000美元,等于是间接采用了伊卡姆公司逾期提交的证据。华纺公司认为仲裁庭采用了自己已经明确表示不接受的证据的理由成立。

综合上述理由,柳州中院认为仲裁庭未将自行收集的证据提交当事人质证,以及间接采用了当事人逾期提交的、仲裁庭已经明确表示不接受的证据,违反了《仲裁规则》第三十六条第(三)项、第三十七条第(三)项的规定,应当裁定不予执行。

五、本院审查意见

本院认为,本案仲裁裁决的申请人伊卡姆公司住所地在瑞士,为外国公司,主体上具有涉外因素,中国国际经济贸易仲裁委员会〔2007〕中国贸仲京裁字第0160号仲裁裁决为涉外仲裁裁决。

本院审查后,第一种意见认为:同意柳州中院对三个争议焦点问题的意见,但不宜直接裁定不予执行。仲裁庭对于货物价格和律师费的认定,确实存在《中华人民共和国民事诉讼法》第二百五十八条第一款第(三)项规定的“仲裁的程序与仲裁规则不符”的情形。至于这种违反《仲裁规则》是否属于比较严重或者是否导致了不公正后果,其判断标准不易于把握,如果裁定执行仲裁裁决,华纺公司仍然会认为是人民法院主观臆断。结合本案的具体情况,本案不宜简单裁定执行或不执行仲裁裁决,应该给仲裁庭一次更正程序瑕疵的机会,也有利于减轻当事人的诉累。因此,本案应裁定中止审查程序,并通知仲裁庭在指定的期限内开始重新仲裁。如果仲裁庭在指定的期限内开始重新仲裁的,应裁定终止执行审查程序;如果仲裁庭拒绝重新仲裁或者未在指定的期限内重新仲裁的,本案即裁定恢复执行审查程序,并在原事实基础上裁定对本案仲裁裁决不予执行。

第二种意见认为:同意柳州中院对于争议焦点一的意见,不同意其对焦点二、三的意见,应裁定执行该仲裁裁决,理由为:虽然仲裁庭对于货物价格和律师费的认定,存在《中华人民共和国民事诉讼法》第二百五十八条第一款第(三)项规定的“仲裁的程序与仲裁规则不符”的情形,但最高人民法院《关于适用〈中华人民共和国仲裁法〉若干问题的解释》第二十条规定:“仲裁法第五十八条规定的‘违反法定程序’,是指违反仲裁法规定的仲裁程序和当事人选择的仲裁规则可能影响案件正确裁决的情形。”结合本案,关于货物价格认定,仲裁委认为是在双方提出的价格不被认可的情况下,其行使自由裁量权,采用了众所周知的港口价格。从方式上看,似乎未将价格依据提供给当事人质证,但仲裁委对此问题曾说明,该价格不是以证据的形式出现的,而是以社会上众所周知的方式表现出来的。因此,是否需要质证本身是有一定争议的,即使需要质证而不质证,违反《仲裁规则》,但从申请人申请的价格差(即损失),综合被申请人函件往来时反映出来的价格下跌幅度,可以看出仲裁机构认定的价格差(及损失)是进行了适当的限制和谨慎认定的。最重要的是,仲裁机构虽进行了货物价格认定,但由于存在违约金的约定,已经足以弥补申请人的差价损失,因此,仲裁裁决并未要求被申请人按认定的价格支付损失赔偿金,而是按合同约定的比例支付违约金,货物价格如何认定不影响实体裁决的公平。关于律师费,确实是已经发生,而且申请人有合同、发票等证据证明,只是过了《仲裁规则》规定的举证期限,仲裁机构因此不采信该证据,而是行使自由裁量权,酌情裁决被申请人支付13,000美元。该费用远低于申请人主张的合同和发票金额,而且并未超过北京市律师收费标准,是一种尊重客观事实的合法合理的认定。

本院的倾向意见是第二种意见,即应裁定执行本案仲裁裁决。

以上意见当否,请予以审查。

最高人民法院关于 Ecom USA Inc.(伊卡姆美国公司)申请执行涉外仲裁裁决一案的请示的复函

(2013年2月6日 〔2013〕民四他字第3号)

广西壮族自治区高级人民法院:

你院〔2012〕桂请字第19号《关于 Ecom USA. Inc.(伊卡姆美国公司)申请执行涉外仲裁裁决一案的请示》收悉。经研究,答复如下:

仲裁庭查明的货物同类报价虽未经当事人质证,但该报价是周知的价格,仲裁裁决的赔偿金额远小于请求的金额,仲裁裁决没有超出仲裁请求范围。仲裁庭在确定律师费承担时,没有采信申请人超过举证期间提交的证据。而且,证据问题也不等同于仲裁程序问题。因此,请示中的问题不构成仲裁程序与仲裁规则不符的情形。如无其他不予执行的法定情形,中国国际经济贸易仲裁委员会〔2007〕中国贸仲京裁字第 0161 号仲裁裁决应予执行。同意你院倾向性意见。

此复。

附:

广西壮族自治区高级人民法院关于 Ecom USA Inc.(伊卡姆美国公司)申请执行涉外仲裁裁决一案的请示

(2012 年 7 月 20 日 〔2012〕桂请字第 19 号)

最高人民法院:

Ecom USA Inc.(伊卡姆美国公司,以下简称伊卡姆公司)与柳州华侨化纤纺织有限公司(以下简称华纺公司)买卖合同纠纷一案,中国国际经济贸易仲裁委员会于 2007 年 4 月 13 日作出〔2007〕中国贸仲京裁字第 0161 号仲裁裁决,已经发生法律效力。由于被执行人华纺公司未履行该裁决,申请执行人伊卡姆公司于 2007 年 12 月 28 日向柳州市中级人民法院(以下简称柳州中院)申请执行该裁决,被申请人华纺公司向柳州中院提出不予执行的抗辩。柳州中院依法组成合议庭进行审查后,认为应裁定不予执行该裁决,并依照《最高人民法院关于人民法院处理与涉外仲裁及外国仲裁事项有关问题的通知》(法发〔1995〕18 号)第二条之规定,将审查意见报请我院进行审查。我院受理后,依法组成合议庭进行审查,现已审查完毕,并报请你院进行审查。

一、当事人的基本情况

申请执行人:Ecom USA Inc.(伊卡姆美国公司)。住所地:3141 Hood Street, Second Floor, Texas 75219, USA。

被申请人:柳州华侨化纤纺织有限公司。住所地:广西柳州市胜利路 3 号。

法定代表人:潘超,董事长。

二、仲裁裁决的内容

仲裁庭一致作出如下裁决:(1)被申请人应赔偿因其违约给申请人造成的损失共计 177,470.30 美元;(2)被申请人应补偿申请人律师费 10,000 美元;(3)驳回申请人的其他仲裁请求;(4)申请人申请仲裁的仲裁费为 21,290 美元,由被申请人承担 80%,即 17,032 美元,由申请人承担 20%,即 4258 美元,此款与申请人的全额预付款冲抵后,被申请人还应向申请人支付 17,032 美元,以补偿申请人代其垫付的仲裁费。上述被申请人应支付给申请人的各款项,被申请人应自本裁决作出之日起 30 日内支付完毕。本裁决为终局裁决,自作出之日起生效。[注:仲裁裁决书误将第

(4)项印成(5)。]

三、被申请人的抗辩意见

被申请人华纺公司提出不予执行的抗辩理由为:

(一)关于法律文书送达问题

仲裁委员会受理案件后,向华纺公司送达了伊卡姆公司的仲裁申请书和证据材料,但没有送达仲裁立案通知,没有通知该公司答辩、指定仲裁员和提起反请求,仲裁委员会向该公司送达的〔2006〕中国贸仲京字第002729号《仲裁通知》,无论抬头记名人还是通知的内容,都是给伊卡姆公司的。

(二)关于仲裁请求变更问题

本案仲裁庭于2006年11月15日第一次庭审之后,伊卡姆公司于2007年2月1日以《对G20060096号仲裁申请书的补充说明》的形式对其仲裁请求作出变更,仲裁庭于同日向华纺公司签发了〔2007〕中国贸仲京字第001326号函件,并随函送达了《对G20060096号仲裁申请书的补充说明》及相关证据材料。但001326号函件的内容均针对《对G20060095号仲裁申请书的补充说明》。直至本案2007年3月16日第二次开庭之前,仲裁庭没有就是否接受伊卡姆公司对仲裁请求的变更通知该公司,更没有通知该公司进行答辩,且距第二次开庭日期也不足45天答辩期。

(三)关于货物价格问题

伊卡姆公司主张差价损失却未提供相应证据,仲裁庭自行收集了“2005年3月国外棉商对中国主要港口的有关报价”,并据此确定了计算差价损失的基础价格。仲裁庭在作出裁决之前,未将以上自行收集的证据的来源、内容和形式、针对的原棉品级、含有哪些国外棉商和何种价格条件向该公司进行出示和披露,更未交该公司质证和给予提出意见的机会,使裁决书的合法性彻底丧失。

(四)关于律师费问题

伊卡姆公司超过仲裁庭指定的举证期限才提交律师费收据,仲裁庭在〔2007〕中国贸仲京字第001326号函件中已经明确表示不接受上述证据,却裁决该公司向伊卡姆公司赔偿律师费10,000美元,违背《仲裁规则》。

四、柳州中院对四个争议焦点问题的审查意见

(一)关于法律文书送达问题

中国国际经济贸易仲裁委员会提交的《国内特快专递邮件详情单》及查询回执,证明该会将〔2006〕中国贸仲京字第002730号《仲裁通知》、《仲裁规则》、《仲裁员名册》、伊卡姆公司提交的《仲裁申请书》及附件等文件于2006年4月3日寄出、4月4日妥投华纺公司。华纺公司提出没有收到《仲裁通知》的理由不能成立。

(二)关于仲裁请求变更的问题

仲裁庭寄送给华纺公司的〔2007〕中国贸仲京字第001326号函表示接受伊卡姆公司的《对G20060095号仲裁申请书的补充说明》,应为仲裁庭的笔误,但是已经造成实质内容的改变，在法律文书中类似笔误是不能允许的，可以认定华纺公司在第二次开庭前没有得知仲裁庭接受伊卡姆公司变更仲裁请求。即便如此，仲裁庭在2007年3月16日第二次庭审过程中已经当庭表示接受伊卡姆公司对仲裁请求的变更，并于当日制作《关于G20060096号案有关程序事项的确认》，对案件有关程序事项作出安排，其中即包括接受伊卡姆公司对仲裁请求的变更、华纺公司应于2007年3月27日前提交针对伊卡姆公司最后仲裁请求的答辩意见、证据及反请求等内容，华纺公司的代理律师郭凤武已签字表示同意和确认。据此可以认定，华纺公司认为该公司未能针对伊卡姆公司的最后仲裁请求充分行使答辩权的理由仍然不能成立。

（三）关于货物价格认定的问题

当事人的民事权利是否遭受损害以及遭受何种损害、多大损害，都是案件的待证事实，以上待证事实的认定对于裁决的公正性都同等重要，缺一不可。仲裁庭固然可以行使自由裁量权决定舍弃当事人主张适用的价格，而参考“2005年3月国外棉商对中国主要港口的有关报价”来认定合理的损失赔偿数额，但是即便所谓的“2005年3月国外棉商对中国主要港口的有关报价”，只是仲裁员所掌握的行业信息，没有具体的表现形式，也应有诸如哪些棉商、哪些港口报价等具体的内容，应当在作出裁决之前知会当事人，给予当事人提出抗辩的权利。华纺公司认为仲裁庭适用未经质证的证据的理由成立。

（四）关于律师费问题

仲裁庭固然有权力裁定败诉方补偿胜诉方因办理案件支出的合理费用，但是这必须建立在胜诉方因办理案件已经支出了费用的基础之上。也就是说，胜诉方因办理案件已经支出的费用是待证事实，当事人只证明自己权利受损，未证明损害有多大，也是无法获得胜诉的。伊卡姆公司只证实自己委托了律师参与仲裁，未证实支出多少费用，不能视为已经完成了证明责任。仲裁庭既然已经明确表示不接受伊卡姆公司逾期提交的律师费收据，在作出裁决时就应当视为自始至终没有看到过上述证据，不予考虑。在仲裁庭不知道伊卡姆公司已经支出多少律师费的情况下，是无法确定由华纺公司向伊卡姆公司赔偿多少律师费为恰当合理的。在此前提下，仲裁庭裁决华纺公司向伊卡姆公司赔偿律师费10,000美元，等于是间接采用了伊卡姆公司逾期提交的证据。华纺公司认为仲裁庭采用了自己已经明确表示不接受的证据的理由成立。

综合上述理由，柳州中院认为仲裁庭未将自行收集的证据提交当事人质证，以及间接采用了当事人逾期提交的、仲裁庭已经明确表示不接受的证据，违反了《仲裁规则》第三十六条第（三）项、第三十七条第（三）项的规定，导致仲裁裁决书存在程序瑕疵，应当裁定不予执行。

五、本院审查意见

本院认为，本案仲裁裁决的申请人伊卡姆公司为美国公司，主体上具有涉外因素，中国国际经济贸易仲裁委员会〔2007〕中国贸仲京裁字第0161号仲裁裁决为涉外仲裁裁决。

本院审查后，第一种意见认为，同意柳州中院对四个焦点问题的意见，但不宜直接裁定不予执行仲裁裁决。仲裁庭对于货物价格和律师费的认定，确实存在《中华人民共和国民事诉讼法》第二百五十八条第一款第（三）项规定的"仲裁的程序与仲裁规则不符"的情形。此外，仲裁庭对于195吨Pima棉的损失计算差价为29.5美分/磅（修改后合同价127.50美分/磅－中国港口价98美分/磅），而伊卡姆公司申请仲裁只请求26.5美分/磅（原合同价135.50美分/磅－实际销售价109美分/磅）的损失差价，造成Pima棉的损失裁决结果超出了伊卡姆公司的请求范围。至于前述违反《仲裁规则》是否属于比较严重或者是否导致了不公正后果，其判断标准不易于把握，如果裁定执行仲裁裁决，华纺公司仍然会认为是人民法院主观臆断。结合本案的具体情况，本案不宜简单裁定执行或不执行仲裁裁决，应该给仲裁庭一次更正程序瑕疵的机会，也有利于减轻当事人的诉累。因此，本案应裁定中止审查程序，并通知仲裁庭在指定的期限内开始重新仲裁。如果仲裁庭在指定的期限内开始重新仲裁的，应裁定终止执行审查程序；如果仲裁庭拒绝重新仲裁或者未在指定的期限内重新仲裁的，本案即裁定恢复执行审查程序，并在原事实基础上裁定对本案仲裁裁决不予执行。

第二种意见认为，同意柳州中院对于争议焦点一、二的意见，不同意其对焦点三、四的意见，应裁定执行该仲裁裁决，理由为：虽然仲裁庭对于货物价格和律师费的认定，存在《中华人民共和国民事诉讼法》第二百五十八条第一款第（三）项规定的"仲裁的程序与仲裁规则不符"的情形，但最高人民法院《关于适用〈中华人民共和国仲裁法〉若干问题的解释》第二十条规定："仲裁法第五十八条规定的'违反法定程序'，是指违反仲裁法规定的仲裁程序和当事人选择的仲裁规则可能影响案件正确裁决的情形。"结合本案，关于货物价格认定，仲裁委认为是在双方提出的价格不被认可的情况下，其行使自由裁量权，采用了众所周知的港口价格。从方式上看，似乎未将价格依据提供给当事人质证，但仲裁委对此问题曾说明，该价格不是以证据的形式出现的，而是以社会上众所周知的方式表现出来的。因此，是否需要质证本身是有一定争议的，即使需要质证而不质证，违反《仲裁规则》，但从申请人申请的价格差（损失），综合被申请人函件往来时反映出来的价格下跌幅度，可以看出仲裁机构认定的价格差（及损失）是进行了适当的限制和谨慎认定的。虽然仲裁裁决对于195吨Pima棉的损失裁决结果客观上略超出伊卡姆公司的请求范围，但500吨CA棉和500吨SJV棉以及195吨Pima棉的差价损失作为仲裁整体裁决，并未超出伊卡姆公司的请求范围。关于律师费，确实是已经发生，而且申请人有合同、发票等证据证明，只是过了《仲裁规则》规定的举证期限，仲裁机构因此不采信该证据，而是行使自由裁量权，酌情裁决被申请人支付10,000美元。该费用远低于申请人主张的合同和发票金额，而且并未超过北京市律师收费标准，是一种尊重客观事实的合法合理的认定。

最高人民法院关于申请人 ALSTOM Technology Ltd. 与被申请人浙大网新科技股份有限公司申请承认和执行外国仲裁裁决一案请示的复函

（2012 年 11 月 30 日 〔2012〕民四他字第 54 号）

浙江省高级人民法院：

你院〔2012〕浙商外确字第 1 号《关于申请人 ALSTOM Technology Ltd. 与被申请人浙大网新科技股份有限公司申请承认和执行外国仲裁裁决一案的请示》收悉。经研究，答复如下：

本案系申请承认和执行新加坡国际仲裁中心作出的仲裁裁决的案件，我国和新加坡都是《承认及执行外国仲裁裁决公约》（以下简称《纽约公约》）的成员国，涉案仲裁裁决应否予以承认和执行，应当按照《纽约公约》的规定来审查。

根据你院请示报告所述情况，申请人 ALSTOM Technology Ltd.（以下简称阿尔斯通公司）与被申请人浙大网新科技股份有限公司（以下简称网新公司）在签订的《许可协议》第 18 条第（c）款中约定，因该协议而发生的纠纷由新加坡国际仲裁中心根据国际商会仲裁规则进行仲裁。从你院请示材料所述事实看，案涉仲裁庭首席仲裁员是由一名边裁提名，另一名边裁不予反对产生的，新加坡国际仲裁中心系根据《新加坡国际仲裁中心仲裁规则》组成的仲裁庭，不符合国际商会仲裁规则有关选任首席仲裁员的规定。对此，网新公司表示反对新加坡国际仲裁中心的决定，并称此种做法并未反映双方当事人的真实意愿，声称保留就本事项可向仲裁庭行使的所有权利，表明其并未放弃异议权。由此可见，新加坡国际仲裁中心根据《新加坡国际仲裁中心仲裁规则》组成仲裁庭，仲裁庭的组成与当事人在仲裁协议中约定适用的仲裁规则不符。根据《纽约公约》第 5 条第 1 款（丁）项之规定，同意你院拒绝承认与执行案涉裁决的请示意见。鉴于依据该理由足以拒绝承认与执行案涉仲裁裁决，你院请示报告中提到的案涉仲裁裁决还存在着诸如首席仲裁员违反仲裁员独立性要求、阿尔斯通公司指定的仲裁员违反相关回避规定、仲裁程序与当事人约定适用的仲裁规则不符等理由，可不再提及。

此复。

最高人民法院关于承认和执行美国争议解决中心26－435－08号仲裁裁决一案的请示的复函

（2011年6月30日 〔2011〕民四他字第21号）

北京市高级人民法院：

你院京高法〔2011〕157号《关于承认和执行美国争议解决中心26－435－08号仲裁裁决一案的请示》收悉。经研究，答复如下：

本案为申请承认及执行美国仲裁机构作出的仲裁裁决案件，由于我国和美国均为《承认及执行外国仲裁裁决公约》成员国，故对本案的审查应适用该公约的相关规定。

根据你院请示报告所述，美国争议解决中心于2008年9月9日向北京特普食品有限公司（以下简称特普食品公司）邮寄了指派仲裁员的通知，邮寄地址为“北京朝阳区望京广顺大街嘉润花园D－901”，但该邮件被退回，理由为“迁居”。此后，美国争议解决中心虽向特普食品公司送达了其他文件，但未再向特普食品公司送达有关指派仲裁员的通知。从你院请示的两种意见看，本案焦点问题在于被申请人特普食品公司是否收到了指派仲裁员的通知，本案是否存在《承认及执行外国仲裁裁决公约》第五条第一款（乙）项规定的情形即“受裁决援用之一造未接获关于指派仲裁员或仲裁程序之适当通知，或因他故，致未能申辩者”。

由于双方当事人在仲裁协议中约定根据联合国国际贸易法委员会（NU－CITRAL）仲裁规则（以下简称贸法会仲裁规则）进行仲裁，美国争议解决中心在向特普食品公司发出的通知中也作出了适用贸法会仲裁规则进行仲裁的意思表示。因此本案中关于指派仲裁员的通知是否有效送达应适用贸法会仲裁规则的相关规定进行审查。贸法会仲裁规则第二条第一款规定：“为了实施本规则，一切通知（包括通知书、通告或建议），如经确实送达收件人或已送达其惯常居所、营业所或通讯处，则被认为已经送交，或如经适当调查未能发现上述各处所，则可送交最后所知的收件人居所或营业所。按本条规定送交的通知应认为送交日即已收到。”

你院请示报告未对“北京朝阳区望京广顺大街嘉润花园D－901”是否是特普食品公司的惯常居所、营业所或通讯处，或是其最后所知的居所或营业所这一事实作出认定，你院应对该事实进一步查清。根据贸法会仲裁规则第二条第一款的规定，如果美国争议解决中心向特普食品公司送达仲裁员指派通知的地址“北京朝阳区望京广顺大街嘉润花园D－901”属于仲裁规则中所指的该公司的惯常居所、营业所或通讯处，或是其最后所知的居所或营业所，则即使该邮件未被签收，亦应视为已经有效送达。人民法院不应根据《承认及执行外国仲裁裁决公约》第五条第一款(乙)项的规定拒绝承认和执行该仲裁裁决。反之,如果该地址不属于特普食品公司的惯常居所、营业所或通讯处,或是其最后所知的居所或营业所,且该邮件实际被退回,则应认定美国争议解决中心未向特普食品公司有效送达指派仲裁员的通知,人民法院应根据《承认及执行外国仲裁裁决公约》第五条第一款(乙)项的规定拒绝承认和执行该仲裁裁决。

此复。

附:

北京市高级人民法院关于承认和执行美国争议解决中心 26-435-08 号仲裁裁决一案的请示

(2011 年 5 月 10 日　京高法〔2011〕157 号)

最高人民法院:

北京市第二中级人民法院立案受理了申请人赛百味国际有限公司申请承认和执行美国争议解决中心 26-435-08 号仲裁裁决一案,该院拟对该裁决不予承认和执行并向我院请示。经研究,现将该案有关情况报告并请示如下:

一、当事人基本情况

申请人(仲裁申请人):赛百味国际有限公司(Subway International B. V.),住所地 Prinsengracht13,1015DK Amsterdm。

法定代表人:莫里斯·泽尔霍斯特(Maurice Selhorst),常务董事。

被申请人(仲裁被申请人):北京特普食品有限公司,住所地北京市密云县高岭镇高岭村。

法定代表人:刘德风,董事长。

二、当事人申请及答辩情况

赛百味国际有限公司(以下简称赛百味公司)申请称:赛百味公司与北京特普食品有限公司(以下简称特普食品公司)特许经营加盟协议一案,业经美国争议解决中心的仲裁员“托马斯·B. 里奥那迪”于 2008 年 11 月 14 日作出终局裁决。特普食品公司拒不遵照裁决履行。为此,根据《中华人民共和国民事诉讼法》及《最高人民法院关于执行我国加入的〈承认及执行外国仲裁裁决公约〉的通知》的规定,特申请法院对 26-435-08 号仲裁裁决予以承认及执行。

根据 26-435-08 号仲裁裁决,具体执行裁决内容如下:1. 特普食品公司 1996 年 12 月 23 日签订的特许经营合同连同附文及转让和承继书终止。2. 特普食品公司必须按照特许经营合同第8(e)款的要求,去除赛百味® 餐馆标记,停止使用表明赛百味公司的三明治业务的所有商号、商标、服务标记、标志、色彩、构图、印刷品和广告形式,并将操作手册返还给赛百味公司。3. 根据特许经营合同第8(e)款的要求,从仲裁裁决作出后,即自2008年11月14日起,特普食品公司继续使用表明赛百味公司的三明治业务的商号、商标、服务标记、标志、色彩、构图、印刷品和广告形式,以及/或者继续使用操作手册,特普食品公司应当向赛百味公司每日支付250美元。由于特普食品公司至今未主动履行前述去除及返还义务,特普食品公司应自2008年11月14日起至其完全履行前述去除及返还义务之日止,每日向赛百味公司支付250美元。此项费用暂计算至今日,即250美元×432天=108,000美元。4. 特普食品公司必须遵守特许经营合同第8(g)款规定的以下条件:特普食品公司1年内不得在距离一家现有的赛百味® 三明治店(或者过去1年内存在的赛百味® 三明治店)三英里/五公里内直接或间接地涉及设立或经营任何三明治业务(除非是另外一家经正当许可的赛百味® 餐馆),不论作为雇员、店主、股东、合伙人、顾问、代理或管理人员或其他。如果违反此条款,特普食品公司必须按每个店向赛百味公司支付1万美元,加上特普食品公司所涉及的每个店1年期间总销售额的百分之八(8%),作为合理估算的赛百味公司将遭受的损失的赔偿。此外,赛百味公司可根据特许经营合同第10.e款寻求通过司法途径禁止特普食品公司的行为。5. 特普食品公司应向赛百味公司支付仲裁费用及仲裁员酬金合计2150美元。6. 特普食品公司必须支付赛百味公司发生的所有其他合理费用,包括但不限于仲裁费、诉讼费、律师费、管理层作出相应准备的工时费、证人费和差旅费。

特普食品公司辩称:依据赛百味公司的申请书,26-435-08号仲裁裁决是美国争议解决中心于2008年11月14日在美国纽约作出的。但是美国争议解决中心从未通知特普食品公司有关赛百味公司向该中心申请仲裁的情况,更未通知特普食品公司参加仲裁审理,也未在裁决生效时告知特普食品公司裁决结果及依法定程序送达26-435-08号仲裁裁决给特普食品公司。

1. 该仲裁违反了《承认及执行外国仲裁裁决公约》(以下简称《纽约公约》)第五条第一项第二款的规定。该条规定:如果对作为裁决执行对象的当事人(特普食品公司)未曾给予有关指定仲裁员或者进行仲裁程序的适当通知,或者作为裁决执行对象的当事人由于其他情况未能提出申辩,则可拒绝承认与执行该项裁决。本案中,特普食品公司没有得到仲裁庭开庭通知,更没有得到仲裁员的指定等程序,更没有申辩。所以,该仲裁程序违反了公约规定。

2. 赛百味公司知道特普食品公司的经营地址为东城区新中街红四楼,其提交给仲裁庭的送达地址应该是该地址。而按照此地址,没有收到任何美国快件,也就是没有收到任何的美国方面的送达文书,据此可以认定仲裁庭的组成和裁决违反法律规定的程序,应该依法拒绝承认和执行该裁决书。

3. 根据裁决书所述“已听取各当事方的证据和主张”，此叙述完全颠倒事实。特普食品公司没有收到仲裁庭的任何仲裁文书，根本没有去美国应诉，怎么可能听取特普食品公司的证据和主张？

4. 根据赛百味公司提交的裁决书，没有中文的裁决文本，符合“裁决执行对象的当事人由于其他情况未能提出申辩”的情况，应该依法拒绝承认和执行该裁决。

5. 裁决书内容违反了《纽约公约》第五条第一项第三款的规定：裁决中处理的事项不是双方当事人交付仲裁的标的或者不是仲裁协议中列举的事项，或者仲裁裁决有超出仲裁协议规定范围的事项的裁决内容，则请求承认和执行的法院可依仲裁裁决的执行义务人的请求和证明，拒绝予以承认和执行。该裁决书第 9 项：“特普食品公司必须支付赛百味公司发生的所有其他合理费用，包括但不限于仲裁费、诉讼费、律师费、管理层作出相应准备的工时费、证人费和差旅费”，这超出了双方协商裁决的内容，并且没有任何具体的数额，是超范围的事项，属于无效的不可以执行的内容。应该按照公约的规定，拒绝承认和执行该裁决书。

6. 裁决书的裁决时间为 2008 年 11 月 14 日。而事实上此时间双方还在继续和平友好地履行着特许经营合同，2009 年赛百味公司还多次收取特普食品公司的合同管理费，所以裁决书的一切内容均属虚假，根据双方履行合同的事实，请求法院驳回赛百味公司的请求。

三、查明的事实

1. 仲裁条款

1996 年 12 月 23 日，赛百味公司和特普食品公司签订特许经营合同，该合同第 10. c 条约定：由本合同产生或与之有关的任何纠纷或追索，双方不能按照前面第 10. a 中规定的调解程序解决的，或根据本合同的约定直接提交仲裁的，应由美国仲裁协会受理，根据联合国国际贸易法委员会（NU－CITRAL）仲裁规则进行仲裁，审理地点在美国康涅狄格州布里奇港，或美国仲裁协会指定的康涅狄格州其他地点。仲裁裁决应由一名独任仲裁员作出，除非被特许人的三明治店铺所在国家的法律要求三名仲裁员组成仲裁庭作出裁决。所有程序以英语进行，所有仲裁员应熟练掌握英文。任何有管辖权的法院可裁定认可仲裁裁决。

2008 年 7 月 7 日，双方签订整改协议，协议第 3 条约定：双方同意，由本整改协议或上述特许经营合同产生或与之有关的任何纠纷、争议或索赔，或者对它们的任何违反，应当通过特许经营合同第 10 段中约定的仲裁予以解决。双方进一步同意，仲裁应由一个仲裁机构来受理，比如美国仲裁协会（AAA）或美国争议解决中心。

2. 美国争议解决中心的裁决

Thomas B. Leonardi，作为美国争议解决中心受理的本案中被正式指定的仲裁员，经正式宣誓，已听取各当事方的证据和主张，查明并裁决如下：(1) 特普食品公司违反了 2008 年 7 月 7 日与赛百味公司签订生效的整改协议。(2) 特普食品公司违反了1996年12月23日与赛百味公司签订的特许经营合同连同附文及转让和承继书。(3)特普食品公司1996年12月23日签订的特许经营合同连同附文及转让和承继书终止。(4)特普食品公司必须按照特许经营合同第8(e)款的要求,去除赛百味® 餐馆标记,停止使用表明赛百味公司的三明治业务的所有商号、商标、服务标记、标志、色彩、构图、印刷品和广告形式,并将操作手册返还给赛百味公司。(5)根据特许经营合同第8(e)款的要求,从本裁决作出后,如果特普食品公司继续使用表明赛百味公司的三明治业务的商号、商标、服务标记、标志、色彩、构图、印刷品和广告形式,以及/或者继续使用操作手册,特普食品公司应当向赛百味公司每日支付250美元。(6)特普食品公司必须遵守特许经营合同第8(g)款规定的以下条件:特普食品公司1年内不得在距离一家现有的赛百味® 三明治店(或者过去1年内存在的赛百味® 三明治店)三英里/五公里内直接或间接地涉及设立或经营任何三明治业务(除非是另外一家经正当许可的赛百味® 餐馆),不论作为雇员、店主、股东、合伙人、顾问、代理或管理人员或其他。如果违反此条款,特普食品公司必须按每个店向赛百味公司支付1万美元,加上特普食品公司所涉及的每个店1年期间总销售额的百分之八(8%),作为合理估算的赛百味公司将遭受的损失的赔偿。此外,赛百味公司可根据特许经营合同第10.e款寻求通过司法途径禁止特普食品公司的行为。(7)赛百味公司预付予美国争议解决中心的仲裁费用750美元由特普食品公司承担,因此特普食品公司应向赛百味公司支付其预付的750美元。(8)赛百味公司预付的仲裁员酬金1400美元由特普食品公司承担,因此特普食品公司应向赛百味公司支付其预付的1400美元。(9)特普食品公司必须支付赛百味公司发生的所有其他合理费用,包括但不限于仲裁费、诉讼费、律师费、管理层作出相应准备的工时费、证人费和差旅费。(10)本裁决为最终裁决。本裁决立即生效,无需进一步审理,可以被任何有管辖权的法院承认。

裁决于2008年11月14日作出。

3. 根据赛百味公司提供的证据材料,还查明以下事实

2008年8月28日,赛百味公司向特普食品公司邮寄了其向美国争议解决中心提交的仲裁申请及相关附件,邮寄地址为北京朝阳区望京广顺大街嘉润花园D-901,收件人为特普食品公司,Maegan Yang(特普食品公司的法定代表人杨志中),赛百味公司称该地址是特普食品公司提供给赛百味公司的邮寄地址。该邮件编号为923602667630,邮件于2008年9月1日被签收。

2008年9月9日,美国争议解决中心以相同地址向特普食品公司邮寄了一份函件,内容为:确认收到赛百味公司于2008年8月9日提交的仲裁申请,涉及双方之间的一项争议,内容包含一项仲裁条款,要求仲裁根据联合国国际贸易法委员会仲裁规则受理。如果要求开庭,指定的审理地点为纽约州纽约市。按照上述仲裁规则,本函后附一份中立仲裁员名单以及简历。双方在按规定对仲裁员作出选择后,

在15个日历天内将名单返还仲裁机关。之后案件管理员将在双方可接受的剩余名单中选择仲裁员。如果双方无法就仲裁员的选择达成一致,则案件管理员有权指定仲裁员。如果特普食品公司希望提交答辩书或反申请,于本函发出日期后15个日历天内向仲裁机关提交一式二份及规定的受理费。本函另后附一份利益冲突检查表,仲裁机关要求双方列出本案涉及或可能涉及的所有证人、企业、公司或个人。此表必须在15个日历天内退回仲裁机关以便发送给仲裁员。函件中还称赛百味公司已要求书面审理,因此,除非在15个日历天内收到相反的通知,仲裁机关将认为特普食品公司对赛百味公司的要求无异议,从而进行书面审理。该函件通过一级挂号邮件向特普食品公司发送。邮件后被退回,理由为“迁居”。

2008年9月24日,美国争议解决中心又以相同地址向特普食品公司邮寄了一份函件,内容为:经审查赛百味公司对仲裁员的选择,而特普食品公司未回复,兹确认Richard E. Bennett Esq.将担任本案仲裁员。根据联合国国际贸易法委员会仲裁规则,当事方应不晚于2008年10月28日各自以书面形式向美国争议解决中心提交其诉求和答辩及其摘要和证据一式二份。在收到全部上述文件后,仲裁机关将把各方文件的正本送交仲裁员,并在双方之间交换副本。如果仲裁员认为本案应仅进行书面审理,他可能就此审结并作出裁决。否则,他将联系美国争议解决中心建议择期开庭审理。该函件通过一级挂号邮件向特普食品公司发送。邮件亦被退回,理由为“迁居”。

2008年9月30日,美国争议解决中心再次以相同地址向特普食品公司邮寄了一份函件,内容为:确认鉴于Bennett仲裁员的披露。他将不再担任本案仲裁员。经审查赛百味公司对仲裁员的选择,而特普食品公司未回复,Tomas B. Leonardi Esq.将担任本案仲裁员。因本案将仅进行书面审理,双方应不晚于2008年10月28日各自向仲裁机关提交文件一式二份。收到文件后,仲裁机关将把双方文件的正本送交仲裁员,并在双方之间交换副本。仲裁员对文件进行审查后将通知是否要求提供进一步信息。该函件通过一级挂号邮件向特普食品公司发送。该邮件亦被退回,理由为“迁居”。

2008年10月14日,美国争议解决中心以“北京新中街红四楼西”为地址(该地址为合同所涉特许经营店的地址)向特普食品公司邮寄了一份函件,内容为:收到本案仲裁员一份非重要披露,将其附后提供给当事方。另给特普食品公司附上仲裁机关9月30日给双方信件的副本,重新发往新地址,因为仲裁机关不确定特普食品公司是否已收到该信件。该邮件发出后未被退回。

2008年11月21日,美国争议解决中心以“北京新中街红四楼西”为地址向特普食品公司邮寄了一份函件,内容为:根据本案仲裁规则,并根据仲裁员指示,上面所列案件审理终结,附上给双方的正式作出的仲裁裁决,由仲裁员Leonardi签署。该邮件亦被退回,理由为“地址欠详”。

四、拟处理意见

（一）二中院拟处理意见

二中院认为，特普食品公司承认其营业地址为“北京东城区新中街红四楼西”，故赛百味公司和仲裁机关向该地址邮寄送达相关文件并无不当。根据赛百味公司提供的证据，仲裁机关在向特普食品公司另一邮寄地址北京朝阳区望京广顺大街嘉润花园 D－901 邮寄受理案件通知、仲裁员名单和选择仲裁员通知等文件被退回后，于 2008 年 10 月 14 日向特普食品公司的营业地址邮寄了一份函件，该封函件未被退回，应视为特普食品公司已经收到。该函件内容为本案仲裁员 Leonardi 一份非重要披露，将其送达给特普食品公司。同时函中还附有仲裁机关 9 月 30 日发送给特普食品公司的另一封信件，内容为 Bennett 仲裁员作出了披露。其不再担任本案仲裁员。经审查赛百味公司对仲裁员的选择，而特普食品公司未回复，Tomas B. Leonardi Esq. 将担任本案仲裁员。仲裁机关确定本案将仅进行书面审理，请双方应不晚于 2008 年 10 月 28 日各自向仲裁机关提交文件一式二份。收到文件后，仲裁机关将把双方文件的正本送交仲裁员，并在双方之间交换副本。仲裁员对文件进行审查后将通知是否要求提供进一步信息。

以上证据可以证明，特普食品公司收到了关于本案仲裁员及其信息披露情况的材料，同时被告知提交文件的期限及仲裁机关下一步的工作进展。但是仲裁机关未将最早（即第一次）邮寄的仲裁机关案件通知、仲裁员名单等文件重新向特普食品公司进行发送，故特普食品公司未得到仲裁员名单和选择仲裁员的通知，特普食品公司没有机会去选择仲裁员。该情况应属于《纽约公约》第五条第一款第二项所指的被申请人“没有被给予指定仲裁员或者进行仲裁的适当通知”的情形。该裁决应不予被承认。

（二）我院拟处理意见

经我院研究，形成以下两种意见：

第一种意见认为，根据二中院查明的事实及《纽约公约》第五条第一款第二项的规定，即被申请人没有被给予指定仲裁员或者进行仲裁的适当通知，或因他故，致未能申辩者，仲裁裁决不予承认和执行。赛百味公司和仲裁机关虽向特普食品公司寄送了相关文件，但除 2008 年 10 月 14 日关于本案仲裁员一份非重要披露，及所附仲裁机关 9 月 30 日给双方信件的副本外，特普食品公司未签收其他信函，亦未向仲裁机关就此案进行申辩。故我院同意二中院的意见，拟对美国仲裁争议解决中心 26－435－08 号仲裁裁决不予承认和执行。

第二种意见认为，赛百味公司和仲裁机关先后向特普食品公司的法定代表人杨志中及特普食品公司邮寄本案所涉仲裁程序的所有文件。杨志中曾为特普食品公司的法定代表人，亦是涉案合同的签署人。其中虽有数次文件被退回，但赛百味公司和仲裁机关已尽到送达义务。故相关仲裁裁决应得到承认和执行。

以上哪种处理意见更为妥当，请指示。

最高人民法院关于申请人 DMT 有限公司(法国)与被申请人潮州市华业包装材料有限公司、被申请人潮安县华业包装材料有限公司申请承认和执行外国仲裁裁决一案请示的复函

(2010 年 10 月 12 日　粤高法民四他〔2010〕2 号)

广东省高级人民法院:

你院〔2010〕粤高法民四他字第 2 号《关于申请人 DMT 有限公司(法国)与被申请人潮州市华业包装材料有限公司、被申请人潮安县华业包装材料有限公司申请承认和执行外国仲裁裁决一案的请示》收悉。经研究,答复如下:

本案系申请承认和执行国际商会(新加坡)国际仲裁院做出的第 13450/EC 号仲裁裁决案。中国和新加坡均是《承认和执行外国仲裁裁决公约》(以下简称《纽约公约》)的缔约国,因此,涉案仲裁裁决是否可以得到承认和执行,应当按照《纽约公约》的规定进行审查。

关于潮州市华业包装材料有限公司是否是本案适格的被申请人的问题。涉案仲裁裁决书虽将"潮州市华业包装材料有限公司"列为被申请人,但在申请人提出承认和执行仲裁裁决前,仲裁庭做出补充仲裁裁决书将之变更为"潮安县华业包装材料有限公司"。潮州市华业包装材料有限公司不是涉案仲裁案件的当事人,其与申请人之间不存在合同争议,亦不存在需要承认与执行的外国仲裁裁决。DMT 有限公司(法国)对于潮州市华业包装材料有限公司的申请应予以驳回。

关于仲裁庭指定的首席仲裁员是否符合双方当事人关于首席仲裁员约定的问题。潮安县华业包装材料有限公司在仲裁过程中并未就首席仲裁员新加坡居民的身份提出异议,也没有充分的证据证明其不熟悉中国法律且存在丧失独立性的情况。因此,潮安县华业包装材料有限公司关于仲裁庭指定的首席仲裁员不符合双方当事人约定的理由不能成立。潮安县华业包装材料有限公司提出的其他拒绝承认和执行仲裁裁决的理由属于实体审查范围,不在《纽约公约》规定的涉外仲裁裁决承认与执行的审查范围内。因此,潮安县华业包装材料有限公司关于不予承认与执行第 13450/EC 号仲裁裁决的理由不成立。

综上,同意你院承认与执行涉案仲裁裁决的请示意见。

此复。

附：

广东省高级人民法院关于申请人DMT有限公司(法国)与被申请人潮州市华业包装材料有限公司、被申请人潮安县华业包装材料有限公司申请承认和执行外国仲裁裁决一案的请示

(2010年6月21日 〔2010〕粤高法民四他字第2号)

最高人民法院：

我省潮州市中级人民法院(以下简称潮州中院)受理申请人DMT有限公司(法国)诉被申请人潮州市华业包装材料有限公司、潮安县华业包装材料有限公司申请承认和执行国际商会(新加坡)仲裁院(以下简称国际商会新加坡仲裁院)作出的第13450/EC号仲裁裁决一案，拟不予承认与执行该仲裁裁决，报我院请示。经我院审查后，拟同意部分不予承认与执行，特向钧院请示。

一、当事人的基本情况

申请人：DMT有限公司(OMT S. A.，DMT公司)。住所地：法国BP270 Savoie Technolac，73375，Le Bourge t-du-LacCedex。

被申请人：潮州市华业包装材料有限公司。住所地：广东省潮州市潮安县庵埠镇砚前村。

被申请人：潮安县华业包装材料有限公司。住所地：广东省潮州市潮安县庵埠镇砚前村潮汕公路旁。

二、当事人的申请及其理由

申请人DMT公司申请称：2003年9月20日，作为卖方的申请人DMT有限公司与作为买方的第一被申请人潮州市华业包装材料有限公司签订了全套多功能薄膜生产线的买卖合同。因双方在履行合同过程中发生争议，申请人于2004年8月19日根据双方买卖合同约定的仲裁条款向国际商会提起仲裁。经审理，国际商会新加坡仲裁院于2007年7月27日作出最终裁决。鉴于该仲裁裁决书已生效，而无论是第一被申请人还是第二被申请人，均至今未能履行该裁决书项下的任何付款义务，故为维护申请人之合法权益，现特根据《中华人民共和国民事诉讼法》、《全国人民代表大会常务委员会关于修改〈中华人民共和国民事诉讼法〉的决定》及《承认和执行外国仲裁裁决公约》(即《纽约公约》)的规定，提出申请：1. 请求依法承认国际商会新加坡仲裁院作出的生效13450/EC号仲裁裁决书；2. 请求依法执行前述已生效的国际商会新加坡仲裁院13450/EC号仲裁裁决书，强制被申请人支付该裁决书项下200万欧元及其利息(利息按年利率2.434%自2004年3月25日起至实际支付之日止计算)、仲裁代理费183,943.84欧元以及仲裁费用150,000美元；3. 本案

执行费由二被申请人承担。

第一被申请人潮州市华业包装材料有限公司提出异议称：潮州市华业包装材料有限公司是2001年开办设立的企业，营业执照号码为445100400003757，不是国际商会新加坡仲裁院13450/EC号仲裁裁决书的主体，且与DMT公司未发生过经济纠纷，也没有收到本案仲裁裁决文书。申请人将其列为申请承认和执行外国仲裁裁决的被申请人系主体错误。请法院对申请人将潮州市华业包装材料有限公司错误列为被申请主体的行为作出不予承认和执行的裁定。

第二被申请人潮安县华业包装材料有限公司提出异议称：请求拒绝承认和执行国际商会新加坡仲裁院作出的13450/EC号仲裁裁决书，依法驳回申请人的申请。理由如下：

1. 合同争议的情况及性质的描述。申请人出售的生产线不能生产出合格的BOPS热收缩薄膜，申请人根本没有能力履行合同义务。申请人与被申请人之间涉案合同的终止所产生的责任应由申请人承担。2. 本案首席仲裁员的指定不符合双方当事人的协议且违反仲裁规则。(1)本案双方当事人就首席仲裁员的选定条件达成如下协议：a. 首席仲裁员应当是新加坡居民；b. 首席仲裁员应非常熟知中国的法律法规及《联合国国际货物买卖合同公约》等相关法律；c. 首席仲裁员应熟知欧洲法律，特别是法国法律。而仲裁院指定的首席仲裁员John Savage不是新加坡的居民，不熟悉中国的法律，不符合双方当事人之间共同达成的一致协议。(2)首席仲裁员缺乏独立性。John Savage是英国国籍，英国与法国同为北约、欧盟的主要成员国，两国间人员交流不需签证，无论从历史渊源还是现代经济、政治、外交、军事等各个领域，两国之间都有着密切联系。且1988年至2002年间，John Savage在法国学习生活超过12年之久，与法国(申请人的国籍国)有着密切联系。John Savage并不具备担任本案首席仲裁员的独立性条件。(3)仲裁院没有征询国际商会新加坡国家委员会的建议而根据国际商会英国国家委员会的建议指定首席仲裁员，这一做法不符合常规。依据ICC仲裁规则及合同条款，双方当事人一致同意以新加坡作为仲裁地，国际商会新加坡国家委员会对于具备担任仲裁员资质的新加坡籍居民应当有更全面的了解，并且基于公平公正和效率原则的考虑，仲裁院在指定本案首席仲裁员时应当征询国际商会新加坡国家委员会的建议，然而，仲裁院却依据英国国家委员会的建议指定本案的首席仲裁员，这一做法不符合常规，存在偏袒申请人的嫌疑。(4)第二被申请人对于John Savage担任本案首席仲裁员多次提出异议请求，要求更换首席仲裁员。仲裁院均对此不予答复。3. 仲裁程序不符合仲裁规则。(1)仲裁庭对第二被申请人要求对重要证人进行质证并接受录音作为证据的申请不予答复。(2)仲裁庭对申请人的履约能力没有进行鉴定及审查。(3)仲裁庭对申请人所主张的损失的真实性没有进行鉴定及审查。

三、基本案情

2003年9月20日,申请人与第二被申请人的原法定代表人扬杨签订了一份全套多功能薄膜生产线的买卖合同。合同书上买方为“潮州华业包装材料有限公司”,但没有加盖任何单位的印章,第二被申请人的原法定代表人扬杨在合同书上签名。合同第十六条约定了以下仲裁条款作为争议的解决方式:“本合同执行过程中产生的任何争议,双方将以友好和善的方式协商解决。如果协商无法解决,争议将被提交至国际商会,并按照其仲裁规则和法律在新加坡进行仲裁。仲裁裁决作为最终裁决,对双方均有约束力。仲裁费用由败诉方承担。”

2004年3月25日,第二被申请人终止合同后,申请人和第二被申请人之间产生纠纷。同年8月19日,申请人向国际商会新加坡仲裁院申请仲裁。此后,第二被申请人参加了包括答辩、提出反请求、异议、证据交换、质证、开庭审理、辩论等全部仲裁程序活动。

2005年2月8日,仲裁院秘书处按照国际商会仲裁规则第九条第二款的规定,同意申请人的申请,指定Hans-Jurgen Schroth出任仲裁员。同时,同意被申请人的申请,指定王海(Hai Wang)出任仲裁员。2005年4月27日至29日,申请人和第二被申请人共同就首席仲裁员的选定条件达成如下协议:a. 因双方当事人同意新加坡为仲裁地,故首席仲裁员应当是新加坡居民;b. 因合同的商谈、签订、履行地都在中国,首席仲裁员应非常熟知中国的法律法规及《联合国国际货物买卖合同公约》等相关法律;c. 如果可以,首席仲裁员也应熟知欧洲法律,尤其是法国法律。2005年7月1日,仲裁院根据国际商会英国国家委员会的建议,指定John Savage担任仲裁庭的首席仲裁员。从John Savage的个人简历显示:John Savage系英国籍人;1988年在伦敦国王学院攻读法学学士学位;1990年在巴黎大学攻读法律硕士;1991年伦敦市政厅大学律师协会最终考核考试;1991~1993年,高伟绅律师事务所(伦敦、巴黎)实习生;1993~1999年,SHEARMAN + STERLIMG(巴黎)助理律师;2000~2002年,SHEARMAN + STERLIMG(巴黎)合伙人;2002年至今,SHEARMAN + STERLIMG(新加坡)合伙人;John Savage的业务专长是国际商事、建筑和投资仲裁;其工作语言为英语和法语(能在不借助翻译员的情况下进行仲裁程序、起草裁定书)。John Savage在其专业领域的主要成就:顾问委员会成员、投资协定论坛成员、英国国际和比较法协会副会长、争议解决和仲裁委员会成员、环太平洋律师协会成员、澳洲国际贸易仲裁中心成员。在仲裁院确定的期限内,第二被申请人分别于2005年7月6日和13日对仲裁院指定John Savage担任仲裁庭的首席仲裁员提出异议,请求仲裁院重新考虑首席仲裁员的指定。其理由:(1)John Savage不符合本案双方一致达成的首席仲裁员选定条件。从John Savage的生平简历发现其并不擅长中国法律,在中国法律方面也没有任何足够的经验,他虽曾经在伦敦国际仲裁院一个仲裁案件中作为福建太平洋电子有限公司的委托代理人,但所代理的公司却是一家外资企业,股东没有一位是中国人,更为关键的是,该案件与中国法律毫无联系。尽管 John Savage 是中国国际经济贸易仲裁委员会成员,但从该委员会的官方网站显示,John Savage 的专业领域是“国际商事、建筑和投资仲裁”,并没有表明他擅长中国法律。众所周知,对国际仲裁的精通,并不意味着有中国法律方面的执业经验。(2)缺乏独立性。根据《仲裁规则》第9(1)条规定,确定一位仲裁员是否具备独立性的时候,应当将其国籍以及与案件当事方所在国家关系是否密切作为考虑因素。John Savage 从出生至今,在法国的时间就占三分之一。他是在法国接受教育,并在法国生活和工作超过12年,虽然在2002年转移到新加坡,但这只是其所在律师事务所的内部工作调遣,而他之前已经在该律师事务所的巴黎办事处工作超过11年。如果说 John Savage 与法国(申请人所在地、公司注册地)之间没有密切的联系,那是很难令人相信的。因此,对 John Savage 的独立性表示怀疑。(3)本案要选出的是一位新加坡居民担任仲裁员,何以仲裁院需要根据英国国家委员会的建议来进行指定。我们认为在指定胜任的新加坡居民作为首席仲裁员方面,新加坡国际委员会可以提供最好的建议。因此,请求就首席仲裁员指定一事,寻求新加坡国家委员会的建议,并根据新加坡国家委员会的建议来指定。仲裁员王海也于同月12日就 John Savage 担任首席仲裁员发表了评论,认为:(1)双方达成一致意见的首席仲裁员三个指定条件中,关键的一点是首席仲裁员应当擅长《联合国国际货物买卖合同公约》以及中华人民共和国的法律,而由于合同执行地和仲裁裁定的执行地点都是在中国,对中国法律的熟悉显得尤为重要。本人理解,John Savage 先生在其专业领域具有丰富的知识和经验,但是,从 John Savage 先生的生平简历来看,本人不认为他擅长中国的法律,也不认为他在中国法律方面拥有足够的经验。仅仅处理过一件与中国人相关的案件,是不足够的。(2)John Savage 先生在法国学习法律并执业多年,因此可以肯定,John Savage 先生擅长法国、欧洲法律。但是,就本案而言,首席仲裁员应当在中国法律方面具有充分的专业经验。本人明白,要寻找一位符合这样条件的、能胜任的仲裁员是非常困难的。但是,如果首席仲裁员不擅长中国法律,那么他至少应当能理解中文或者有过在中国工作的经验。本人明白,被申请人对 John Savage 先生独立性提出异议的原因,是由于被申请人担心,在本案中,John Savage 先生与法国的密切关系以及对中国和中国法律的不熟悉(根据他的背景可得知),会影响他在案件中的公平性。建议仲裁院考虑第二被申请人对首席仲裁员的异议请求,希望仲裁院重新指定一名首席仲裁员。针对第二被申请人的异议及王海先生的评论,仲裁院于2005年7月29日作出驳回第二被申请人对 John Savage 担任首席仲裁员的异议请求的决定。

2007年7月27日,国际商会国际仲裁庭以 DMT 有限公司(法国)作为申请人,潮州华业包装材料有限公司(中华人民共和国)作为被申请人作出第13450/EC号最终仲裁裁决:(1)支持申请人的请求,被申请人应支付申请人总计2,000,000欧元,及其以年利率2.434%计自2004年3月25日起至实际支付日止的利息;(2)驳回被申请人的反请求;(3)被申请人应退还申请人所主张的花费75%,总计183,943.84欧元;(4)仲裁费用,根据国际商会仲裁庭裁定为300,000美元,由申请人承担25%,被申请人承担75%,因此,被申请人应退还申请人150,000美元;(5)驳回其他仲裁请求。

最终裁决作出后,因第二被申请人以其名称有误为由,要求仲裁庭重新签发仲裁裁决书,仲裁庭遂又于2007年11月19日作出第13450/EC号仲裁裁决书,就第二被申请人的名称作出补充裁决。该补充裁决书第8条认定:鉴于被申请人就最终裁决中使用的"潮州华业包装材料有限公司"的名称提出了反对意见,而申请人对被申请人的名称更改也无相反意见,故仲裁庭在此作出补充裁决,即本仲裁案中被申请人的名称"潮州华业包装材料有限公司",应根据其官方商业证书(登记号码为:4451211003725)变更为"潮安县华业包装材料有限公司"。

又查,潮州市华业包装材料有限公司于2001年4月5日经潮州市工商行政管理局核准登记成立,投资者(中方企业)为广东华业包装材料有限公司,(外方企业)为特雷斯帕普汉英国有限公司,公司地址为广东省潮州市潮安县庵埠镇砚前村,法定代表人陈友标,后变更为扬蔓。潮安县华业包装材料有限公司于2004年8月5日经潮安县工商行政管理局核准登记成立,投资者为扬杨、陈向荣、广东华业包装材料有限公司,2007年12月29日投资者变更为扬湘、陈向荣,公司地址为广东省潮州市潮安县庵埠镇砚前村潮汕公路旁,法定代表人扬杨,后变更为扬湘。

四、潮州中院的审查意见

潮州中院审查后认为:本案为申请承认和执行外国仲裁裁决案,应适用《承认和执行外国仲裁裁决公约》(《1958年纽约公约》)和《中华人民共和国民事诉讼法》的相关规定。

外国仲裁裁决的承认与执行主体应当以所涉仲裁裁决书认定的主体为依据,国际商会第13450/EC号仲裁裁决书和补充仲裁裁决书均没有列明"潮州市华业包装材料有限公司"为主体,"潮州市华业包装材料有限公司"不是本案所涉仲裁案件的当事人。《承认和执行外国仲裁裁决公约》第五条第一项(戊)规定:"裁决对各造尚无拘束力……"本案所涉仲裁裁决书和补充仲裁裁决书对"潮州市华业包装材料有限公司"没有约束力。申请人将"潮州市华业包装材料有限公司"列为本案的第一被申请人没有依据,依法应予驳回。

被申请人潮安县华业包装材料有限公司关于仲裁院指定的仲裁庭首席仲裁员John Savage不符合双方当事人的协议及缺乏独立性的抗辩。首先,John Savage系英国籍人,没有证据证明他是新加坡居民;其次,在《仲裁员的接受与独立性的声明》中,在"能不借助翻译员的情况下进行仲裁程序、起草裁定书的工作语言"栏目上,John Savage填写的是英语和法语,没有填写汉语,此证明他不能熟练运用汉语。尽管 John Savage 是中国国际经济贸易仲裁委员会成员，但没有证据证明他擅长中国法律。同时，John Savag 在中国法律方面也没有任何足够的经验，他仅处理过一件与中国人相关的案件，因此，应认定 John Savage 不擅长中国法律；再次，从学历和执业经历看，John Savage 在法国学习法律并执业多年，其自 1990 年起，一直在巴黎 SHEARMAN + STERLIMG 律师事务所工作，虽然在 2002 年转移到新加坡，但这只是其所在律师事务所的内部工作调遣。SHEARMAN + STER-LIMG 律师事务所的注册地在巴黎，申请人的所在地、公司注册地也在巴黎，故此，应认定 John Savage 与法国的关系密切。《仲裁规则》第 9(1)条规定，确定一位仲裁员是否具备独立性的时候，应当将其国籍以及与案件当事方所在国家关系是否密切作为考虑因素。仲裁院指定 John Savage 为首席仲裁员没有考虑 John Savage 与法国的关系密切这一因素，违反仲裁规则的规定。由于被申请人潮安县华业包装材料有限公司关于仲裁院对仲裁庭首席仲裁员的指定不符合双方当事人的协议，且违反仲裁规则的抗辩属于《纽约公约》第五条所规定的可以拒绝和执行的情形，故对被申请人潮安县华业包装材料有限公司的上述抗辩予以采信。

因此，国际商会新加坡仲裁院作出的上述仲裁裁决具有《纽约公约》第五条第一项(丁)所规定的可以拒绝承认和执行的情形，故对该裁决书予以拒绝承认及执行。根据《中华人民共和国民事诉讼法》第二百六十七条、《纽约公约》第五条、《最高人民法院关于执行我国加入的〈承认及执行外国仲裁裁决公约〉的通知》第四条、《最高人民法院关于承认和执行外国仲裁裁决收费及审查期限问题的规定》第二条、第三条的规定，拟驳回申请人 DMT 有限公司(DMT S. A.)的申请。拒绝承认及执行国际商会国际仲裁庭的第 13450/EC 号仲裁裁决书和补充仲裁裁决书的效力。

五、我院的审查处理意见

本案系国际商会(新加坡)国际仲裁院作出的第 13450/EC 号仲裁裁决究竟是否应该被申请承认和执行。中国和新加坡均为《纽约公约》的缔约国，依据《中华人民共和国民事诉讼法》第二百六十七条规定，本案仲裁裁决应依据《纽约公约》的有关规定进行审查。

第 13450/EC 号仲裁裁决最终列明的当事人为 DMT 有限公司和潮安县华业包装材料有限公司，并且潮州市华业包装材料有限公司与 DMT 有限公司之间不存在仲裁条款，因此，潮州市华业包装材料有限公司不是本案申请承认与执行涉外仲裁裁决适格的被申请人。

根据仲裁院与双方往来的电子邮件，可以认定 DMT 公司与潮安县华业包装材料有限公司就首席仲裁员的选定达成协议。该协议约定首席仲裁员为居住在新加坡的人士，而不是新加坡的永久居民。本案首席仲裁员 John Savage 在新加坡居住和工作两年，且潮安县华业包装材料有限公司在仲裁过程并没就 John Savage 新加坡居民的身份提出异议，因此可以认定 John Say - age 符合双方当事人约定的关于首席仲裁员为新加坡居民的条件。至于 John Savage 是否熟悉中国法律和丧失独立性的问题,本案中并没有充分的证据显示 John Savage 不熟悉中国法律且存在丧失独立性的情况,不符合双方当事人关于首席仲裁员约定的其他两个条件。潮安县华业包装材料有限公司提出的其他仲裁理由属于实体审查范围,不在法律规定的涉外仲裁裁决承认与执行的审查范围内。因此,潮安县华业包装材料有限公司关于不予承认与执行第 13450/EC 号仲裁裁决的理由不成立。

综上,本院对申请人 DMT 公司以潮州市华业包装材料有限公司为被申请人的承认与执行涉外仲裁裁决的申请不予承认与执行,对以潮安县华业包装材料有限公司为被申请人的承认与执行涉外仲裁裁决的申请予以承认与执行。

以上意见当否,请批复。

最高人民法院关于路易达孚商品亚洲有限公司申请承认和执行国际油、种子和脂肪协会作出的第 3980 号仲裁裁决请示一案的复函

(2010 年 10 月 10 日 〔2010〕民四他字第 48 号)

广东省高级人民法院:

你院〔2009〕粤高法民四他字第 10 号《关于路易达孚商品亚洲有限公司与广东富虹油品有限公司申请承认和执行外国仲裁裁决一案的请示》收悉,经研究,答复如下:

本案所涉国际油、种子和脂肪协会作出的第 3980 号仲裁裁决系在英国伦敦作出,该裁决为外国仲裁裁决。我国和英国均是《承认与執行外国仲裁裁决公约》(以下简称《纽约公约》)的缔约国,根据《中华人民共和国民事诉讼法》第二百六十七条之规定,本案仲裁裁决是否予以承认与执行,应当依照《纽约公约》的规定进行审查。

根据你院请示报告认定的事实,本案申请人路易达孚商品亚洲有限公司(以下简称路易达孚公司)无法提供证据证明其收到裁决书的具体日期,你院以本案所涉裁决的生效日期 2007 年 8 月 29 日作为申请承认与执行起算日并无不妥。湛江市中级人民法院(以下简称湛江中院)于 2008 年 2 月 13 日收到路易达孚公司申请执行材料,并确认其立即通知了路易达孚公司重新提交办理申请承认的立案手续,路易达孚公司立刻口头予以了申请。按照当时适用的《中华人民共和国民事诉讼法》第二百一十九条的规定,路易达孚公司在法定期限之内向湛江中院提出了申请。

本案所涉货物尽管混有有毒的种衣剂大豆,但在卸货前已经进行了挑选处理,

无证据证明该批货物造成了严重的卫生安全以及有损公众健康的事实。本案仲裁员认为中国的法律法规的规定与实践中的适用存在明显差距,但该错误认识并不会导致承认与执行该仲裁裁决违反我国公共政策。因此,本案适用公共政策为由拒绝承认与执行该仲裁裁决缺乏足够依据。

另外,本案独立仲裁人的行为是否影响仲裁裁决的公正性,不属于《纽约公约》规定的审查范围。

综上,对本案仲裁裁决应当予以承认与执行。

此复。

附:

广东省高级人民法院关于路易达孚商品亚洲有限公司与广东富虹油品有限公司申请承认和执行外国仲裁裁决一案的请示

(2010 年 6 月 20 日 〔2009〕粤高法民四他字第 10 号)

最高人民法院:

我省湛江市中级人民法院(以下简称湛江中院)受理路易达孚商品亚洲有限公司与广东富虹油品有限公司申请承认及执行外国仲裁裁决一案,拟拒绝承认及执行该外国仲裁裁决。我院经审查,倾向认为仲裁裁决中出现对中国法律的不当评价和曲解,构成对我国公共政策的违反,拟同意拒绝承认和执行该仲裁裁决,故向钧院请示。

一、当事人的基本情况

申请人:路易达孚商品亚洲有限公司(以下简称路易达孚公司),住所地:新加坡乌节路 501 号伟乐坊 19 - 01 号,238880。

被申请人:广东富虹油品有限公司(以下简称富虹公司),住所地:广东省湛江市霞山区湖光路 5 号。

二、当事人的申请及其理由

申请人路易达孚公司申请称:2007 年 8 月 29 日,国际油、种子和脂肪协会作出第 3980 号仲裁裁决,该裁决已经生效。依据该裁决,申请人要求被申请人支付:(1)2, 884, 430. 50美元,折合人民币为 20, 683, 097. 34 元(按申请日汇率 1 美元兑换 7. 1706 人民币)。(2)被申请人向申请人支付上述款项的利息共计 909, 328. 25 美元,折合人民币为 6, 520, 429. 17 元(按申请日汇率 1 美元兑换 7. 1706 元人民币)。(3)被申请人应向申请人支付本次仲裁费用、成本和开支共计 43, 282. 50 美元及利息 13, 644. 98 美元,折合人民币为 408, 204. 19 元(按申请日汇率 1 美元兑换 7. 1706

元人民币)。以上1~3项合计金额为人民币27,611,730元(利息暂算至2008年1月20日)。因被申请人位于湛江市霞山区湖光路5号,有自己的厂房、生产设备以及生产原材料、半成品、制成品,又因国际油、种子和脂肪协会属于国外仲裁机构,依照我国法律规定,其作出的裁决需要由被申请人住所地或者财产所在地的中级人民法院承认和执行,故申请人提出申请,请求法院依法确认2007年8月29日国际油、种子和脂肪协会作出的第3980号仲裁裁决的效力,使申请人能够申请执行。

被申请人富虹公司答辩称:(1)申请人的申请已超过法定的时效,应予驳回。涉案仲裁裁决生效日期为2007年8月29日,申请人应于该裁决生效之日起六个月内到有管辖权的人民法院申请执行,也就是说申请人申请承认和执行该裁决的最迟日期为2008年2月29日。但申请人到法院申请的日期为2008年5月26日,显然超过了法定的六个月的时效。尽管申请人出示了2008年2月6日的特快邮寄单据,但是申请书的日期为2008年5月26日,湛江中院正式立案日期为2008年7月4日,这两个日期与申请人所主张的2月6日日期不符。同时,申请人也没有证据证明其在2008年2月29日前立案。因此,申请人的主张不能成立,法院应依法驳回其申请。(2)国际油、种子和脂肪协会第3980号仲裁书与我国的公共秩序和公共政策相抵触,应拒绝承认和执行。申请人与被申请人在买卖大豆过程中因发现有红色有毒的种衣剂大豆发生分歧,同时,国家质量监督检验检疫局分别于2004年5月22日、2004年5月28日、2004年6月23日发布2004年第58号、2004年第61号、2004年第76号公告。上述三个公告完全是为了我国消费者的身体健康依据法律法规授权而作出合法有效的措施,属于一个国家的公共秩序范围,是我国的公共政策。而国际油、种子和脂肪协会的第3980号裁决,显然与我国公共政策相抵触,同时也违反了我国于1958年加入的《纽约公约》第五条第二款第二项的规定。因此法院应依据国家质检总局的三个公告及《纽约公约》拒绝申请人的承认和执行外国仲裁裁决的申请,以维护我国作为主权国家的公共秩序。(3)国际油、种子和脂肪协会的第3980号仲裁裁决有失公正性,不应承认和执行。独立仲裁人Ben Leach其本人曾在1969年至1975年间工作于RICHARDS BUTLER律师行,作为见习律师。而该律师行是本案所涉仲裁案件中路易达孚公司的代理律师行。根据联合国贸易法委员会《国际商事仲裁示范法》第12条"提出异议的理由"条款中可以知道,Ben Leach作为第三方独立仲裁员的时候,他应该将可能对他的公正性和独立性引起当时的怀疑的任何情况说清楚。而他作为独立仲裁人员时没有说清楚。他与路易达孚商品有限公司的代理律师有接触之嫌疑,他所做的第3980号裁决有失去公正的可能。因此,应不予承认和执行。

三、案件的基本事实

路易达孚公司与富虹公司销售大豆合同纠纷由国际油、种子和脂肪协会在伦敦于2007年8月29日作出第3980号仲裁裁决。

路易达孚公司向湛江中院提出承认申请,湛江中院2008年2月13日收到路易达孚公司于同年2月6日邮寄的有关申请执行富虹公司的材料,其中包括:(1)申请执行书;(2)已公证的仲裁裁决书中文译本;(3)已公证的委托书及法定代表人身份证明;(4)申请人营业资格证明。但是,由于路易达孚公司尚未办理申请承认外国仲裁裁决就直接申请执行不符合有关法定程序,且原提交申请执行材料不适用于申请承认仲裁裁决立案要求,故被湛江中院立即通知重新提交。同时考虑到路易达孚公司的申请执行期限将到,所以湛江中院暂保管其原申请执行材料。路易达孚公司接到通知后,立刻口头提出申请要求办理申请承认外国仲裁裁决立案手续。但由于路易达孚公司缺乏处理该类案件的经验,且需重新办理相关委托、公证手续等司法文书的时间也较长,直至2008年5月、6月路易达孚公司才分两次向湛江中院重新提交申请承认仲裁裁决材料,湛江中院遂于2008年7月3日对路易达孚公司申请承认外国仲裁裁决一案进行正式立案审理。

根据富虹公司的申请,湛江中院致函国家质量监督检验检疫局,请其就"国家质量监督检验检疫局2004年第58、61、76号公告"的出台背景、内容、适用范围、效力及有关问题做出相关的解释。国家质量监督检验检疫局"质检法函〔2008〕148号"函复如下:国家质量监督检验检疫局在2004年4~6月间,由各地直属检验检疫机构了解到,多船来自巴西的大豆被有毒红色种衣剂污染,为保护消费者身体健康,根据我国《食品卫生法》、《进出口商品检验法》、《进出境动植物检疫法》的有关规定,分别于5月22日、5月28日向全国发出58号和6号公告,暂停四家供货商大豆进口。为降低对贸易影响,公告中指出:对已经启运在途的大豆符合进境检验检疫要求的准予入境。上述公告发出后引起巴西有关部门重视,对方调查并采取了改进措施。6月21日,中巴双方就大豆污染问题进行磋商,巴方承诺自6月11日起加强对输华大豆生产、仓储、运输、装船等各个环节查验和监管,对此国家质量监督检验检疫总局于6月23日发出76号公告,恢复巴西有关供货商的大豆进口。上述检验检疫措施是依据法律法规授权作出的,合法有效。该复函附〔2004〕年第58号《国家质量监督检验检疫总局公告》的内容为:近日,广东检验检疫局又在进口巴西的一船大豆中发现混有红色种衣剂大豆,出口商为LOUIS DREYFUS ASIA PTE LED,3家供货商为ADM DO BRASIL LTDA、CARGILL AGRICOLA S/A、BIANCHNI S/INDUSTRIA COM - ERCIO E AGRICULTURA。为保护消费者身体健康,国家质检总局决定,自即日起暂停LOUIS DREYFUS ASIA PTE LED、ADM DO BRASIL LTDA两家出口商/供货商向我国出口巴西大豆。本公告发布前已启运在途的大豆,符合进境检验检疫要求的准予入境。该公告签发时间:2004年5月22日。2004年第76号《国家质量监督检验检疫总局公告》的内容为:为保证食品安全,防止输往我国的大豆中混有种衣剂大豆,巴西政府和出口商从2004年6月11日起,加强了对大豆的生产、仓储、运输、装船等各个环节的严格查验和监管,并保证不再发生类似问题。鉴此,国家质检总局决定自本公告发布之日起恢复质检总局有关文件(国质检动函〔2004〕332 号、质检总局 2004 年第 58、61、71 号公告)规定暂停的 23 家出口商/供货商向我国出口巴西大豆的资格。2004 年 6 月 11 日前已启运在途的巴西大豆,如混有种衣剂大豆,应在卸货前进行挑选处理,符合中方相关要求后方可准许入境。挑选处理所产生的一切费用由出口商承担,否则将作退运处理。该公告签发的时间是 2004 年 6 月 23 日。

另查,申请人路易达孚公司系在新加坡注册的一家私人股份有限公司。被申请人富虹公司企业类型为有限责任公司(私营),登记机关为广东省湛江市工商行政管理局,住所地为广东省湛江市霞山区湖光路 5 号。

四、湛江中院的处理意见

湛江中院认为:

1. 申请人路易达孚公司申请承认并没有超过诉讼时效。理由如下:

(1)路易达孚公司提出的是关于国外仲裁裁决的承认申请,根据上述规定,应当不受《中华人民共和国民事诉讼法》第二百一十九条规定的约束。

(2)《最高人民法院关于审理民事案件适用诉讼时效制度若干问题的规定》第十三条规定:“下列事项之一,人民法院应当认定与提起诉讼具有同等诉讼时效中断的效力:……(六)申请强制执行……”根据该院立案庭的说明材料,申请人在法定的期限内提出执行的申请,应当视为诉讼时效中断,所以当事人的申请并没有超出法定的诉讼时效。

2. 承认裁决是否有违我国的公共政策的问题

根据我国国家质量监督检验检疫总局质检法函〔2008〕148 号回复函,该局为保护消费者身体健康,根据我国《食品卫生法》、《进出口商品检验法》、《进出境动植物检疫法》的有关规定,分别向全国发出 58、61 号公告,暂停四家供货商大豆进口。上述检验检疫措施是依据法律法规授权作出的,合法有效。路易达孚公司是被暂停的四家供货商之一。这也是《CIQ 许可证》未被签发的原因。正如国际油、种子和脂肪协会第 3980 号仲裁裁决“3 · 11”所说,“《第 58 号公告》标志了本案的一个转折点”,但该裁决却认为,中国法规的规定及其在实践中的适用之间有着一个很明显的差距,有关中国法规的这个细节最终并不是很重要的。不管从哪个角度来看,中国法规都是很复杂的,正如任何一种监管体制可以影响到某个国际销售合同的情况那样,对当事方而言重要的不是作为当地相关法律的这些法规应如何解释,而是在实践中这些法规是如何适用的。并总结出:货物受损——LDA 对于发霉和高温造成的损害以及掺杂了红色大豆不承担责任,不管这种损害或掺杂是何时发生的。该裁决理由严重挑战我国法律法规的权威性,违背了我国的公共政策。因此对被申请人富虹公司的该项主张予以支持。

3. 被申请人关于独立仲裁人 Ben Leach 作为第三方独立仲裁员将可能引起仲

裁的公正性和独立性的主张,因没有事实依据,不予支持。

五、我院处理的意见

我院认为:

本案是申请承认和执行外国仲裁裁决纠纷案件。由于涉案仲裁裁决在英国作出,中国和英国均是《纽约公约》的缔约国,根据《中华人民共和国民事诉讼法》第二百六十九条的规定,本案仲裁裁决是否可以得到承认和执行,应当依照《纽约公约》的规定进行审查。而关于涉案仲裁程序所依据的准据法,由于双方未对此作出约定,应适用仲裁地法律。涉案仲裁裁决和仲裁条款所载明的仲裁地均是英国,因此,应适用英国法。

本案中,申请人与被申请人的争议焦点主要有三点:

第一,关于申请执行是否超过我国法律规定的期限的问题。

2007 年 8 月 29 日,国际油、种子和脂肪协会作出本案所涉仲裁裁决。根据《纽约公约》第四条的规定,申请人取得的仲裁裁决正本或者正式副本是向法院申请承认执行仲裁裁决的必要条件,申请人收到裁决书正本或者正式副本之日起为计算申请人申请执行的期限。但本案中申请人未提供相关证明其主张的在 2007 年 11 月收到仲裁裁决的事实,同时,本案所涉仲裁裁决要求被申请人立即向申请人支付款项,应当认定本案所涉仲裁裁决自作出之日即 2007 年 8 月 29 日起发生法律效力。申请人是在 2008 年 6 月 16 日向湛江中院提交承认外国仲裁裁决的申请。我国民事诉讼法及相关法律并没有对申请承认外国仲裁裁决规定期限,因此,申请人承认外国仲裁裁决的申请未过申请期限。

按照最高人民法院《关于执行我国加入的〈承认及执行外国仲裁裁决公约〉的通知》第五条的规定,申请人申请执行外国仲裁裁决的,应当在我国法律规定的申请执行期限内提出。当时适用的《中华人民共和国民事诉讼法》第二百一十九条规定:“申请执行的期限,双方或者一方当事人是公民的为一年,双方是法人或者其他组织的为六个月。前款规定的期限,从法律文书规定履行期间的最后一日起计算;法律文书规定分期履行的,从规定的每次履行期间的最后一日起计算。”就本案而言,申请人申请执行的期限应从裁决书对其生效之日即 2007 年 8 月 29 日起计算,申请人应当在 2008 年 2 月 29 日前申请执行涉案仲裁裁决。申请人向湛江中院提交申请执行书的时间是 2008 年 2 月 13 日,并未过申请执行的期限。

第二,关于裁决是否违反我国公共秩序和公共政策的问题。

合议庭多数意见认为:同意湛江中院的意见。涉案仲裁裁决对我国的法律作出否定性评价和曲解,损害了我国法律法规的权威性,违背了我国的公共政策,属于《承认及执行外国仲裁裁决公约》第二款第(乙)项规定的情形,因此对该仲裁裁决应拒绝承认和执行。

合议庭少数意见认为:2004 年 5 月 22 日,国家质量监督检验检疫总局发布了第

58 号公告，暂停包括申请人向中国出口巴西大豆，但公告也明确指出，公告发布前已启运在途的大豆，符合进境检验检疫要求的准予入境。本案中，第 58 号公告发出前，案涉货物已经装船，系为启运在途货物。6 月 18 日，申请人取得农业部签发的大豆转基因生物安全证书。6 月 23 日，国家质量监督检验检疫总局又发布了第 76 号公告，恢复了申请向我国出口巴西大豆的资格，同时规定，6 月 11 日前已启运在途的巴西大豆，如混有种衣剂大豆，应在卸货前进行挑选处理，符合中方相关标准后方可准许入境。挑选处理所产生的一切费用由出口商承担，否则将作退运处理。7 月 30 日，被申请人取得大豆进口许可证。可见，这批货物符合进境检验检疫要求，不在禁止入境的货物之列。此外，本案并无其他证据表明涉案货物会带来严重的安全卫生问题，也不存在有损公众健康的事实。就涉案仲裁裁决涉及上述公告的表述看，也不存在违背我国公共政策的情形。尽管仲裁员对我国法律有不当评价，但承认和执行该仲裁裁决的结果不会导致违反我国的公共政策，因此，本案所涉仲裁裁决没有违反我国的公共政策。

第三，被申请人提出的本案所涉仲裁裁决有失公正性的问题不在《纽约公约》规定的审查范围内。

据此，多数意见认为对国际油、种子和脂肪协会第 3980 号仲裁裁决应拒绝承认和执行；少数意见认为对国际油、种子和脂肪协会第 3980 号仲裁裁决应予承认和执行。

请批示。

最高人民法院关于不予承认日本商事仲裁协会东京 07－11 号仲裁裁决一案的请示的复函

（2010 年 6 月 29 日　〔2010〕民四他字第 32 号）

江苏省高级人民法院：

你院〔2010〕苏知民仲审字第 0002 号《关于不予承认日本商事仲裁协会东京 07－11 号仲裁裁决一案的请示》收悉。经研究，答复如下：

本案系日本当事人信越化学工业株式会社（以下简称信越会社）向我国法院申请承认日本商事仲裁协会作出的东京 07－11 号仲裁裁决（以下简称 07－11 号裁决）案件。中日两国均为《承认及执行外国仲裁裁决公约》（以下简称《纽约公约》）的缔约国，故是否承认涉案仲裁裁决应依据《纽约公约》的有关规定进行审查。

一、根据你院报送材料，日本商事仲裁协会仲裁庭在 07－11 号裁决前曾作出

04－05仲裁裁决，该裁决驳回了信越会社关于确认2004年1月至2008年12月31日期间的《长期销售及采购协议》可履行的仲裁请求，其理由为自2005年7月后双方当事人之间已丧失信任关系、允许信越会社继续请求2005年8月之后的损失不公平。信越会社在本次仲裁中的请求是2005年8月至2008年3月的违约损失，其隐含了该时间段协议的可履行请求。因此，本次仲裁事项与前次仲裁程序中信越会社关于协议可履行的请求属同一仲裁事项，构成重复受理。仲裁终局力原则在本案当事人之间的仲裁协议（条款）中作出了明确约定，07－11号裁决的作出违反了该原则，构成仲裁程序与当事人协议不符，应适用《纽约公约》第五条第一款（丁）项之规定予以拒绝承认。

二、关于公共政策问题，应仅限于承认仲裁裁决的结果将违反我国的基本法律制度、损害我国根本社会利益情形。本案存在其他得拒绝承认情形，不宜再适用公共政策原则拒绝承认涉案仲裁裁决。

综上，07－11号裁决存在《纽约公约》第五条第一款（丁）项规定的情形，不予以承认。

此复。

附：

江苏省高级人民法院关于不予承认日本商事仲裁协会东京07－11号仲裁裁决一案的请示

（2010年4月16日 〔2010〕苏知民仲审字第0002号）

最高人民法院：

申请人信越化学工业株式会社申请承认日本商事仲裁协会东京07－11号仲裁裁决（以下简称07－11号仲裁裁决）一案，江苏省南通市中级人民法院经审查，认为应拒绝承认该仲裁裁决，并就此报送我院审查。我院经审查，拟同意南通市中级人民法院的意见。根据《最高人民法院关于人民法院处理与涉外仲裁及外国仲裁事项有关问题的通知》的规定精神，现将该案有关情况向你院报告如下：

一、当事人的基本情况

申请人：信越化学工业株式会社，住所地：日本东京都千代田区大手町二丁目6番1号。

法定代表人：金川千寻，该株式会社董事长。

被申请人：江苏中天科技股份有限公司，住所地：江苏省如东县河口镇赵港村。

法定代表人：薛济萍，该公司董事长。

二、案件的基本情况

江苏中天科技股份有限公司(以下简称中天公司)是我国光纤产品的主要生产厂商之一,与信越化学工业株式会社(以下简称信越会社)的本案光棒贸易发生于2001年。在当时,我国光纤企业生产所需的原料光棒基本依赖进口,而信越会社则是当时能够向中国出口匹配型单膜光纤预制棒的唯一厂商。2001年11月27日,信越会社与中天公司签订《长期销售及采购协议》(以下简称《长期协议》)一份,约定中天公司自2003年1月1日起每月按2000公斤量(另有除外情形)向信越会社购买匹配型单膜光纤预制棒,自协议起始日起五年内持续有效,协议约定了每年度的价格及调整依据,并在第4条"不足量"条款中约定:如中天公司的消费量在任何一个月内不足预定当月购买量,则需经信越会社同意,并就减少部分按每克40日元支付给信越会社。双方在一般交易条件第10条约定:本协议由日本国的法律进行管辖和解释。由本协议产生的和与本协议相关的所有纠纷在双方无法协商解决的情况下,根据日本商事仲裁协会规则和程序在日本东京进行仲裁。仲裁裁决应是终局的、对双方当事人均有约束力。2003年10月9日,双方约定将协议期限修改为从2004年1月1日至2008年12月31日。

在此期间,美国、日本和韩国的厂商在中国大量低价销售常规单膜光纤,中国国内光纤市场2003年平均价格为每公里119元,2004年则为100元。2003年5月7日,中国商务部收到长飞光纤光缆有限公司和江苏法尔胜光子有限公司代表国内非色散位移单膜光纤(即常规单膜光纤)产业正式提交的倾销调查申请,并发出2003年第24号公告,决定于2003年7月1日起对原产于美国、日本和韩国的进口常规单膜光纤进行反倾销立案调查,确定倾销调查期为2002年4月1日至2003年3月31日,产业损害调查期为2000年1月1日至2003年3月31日。经调查,商务部2004年第28号公告初裁决定对上述三国的进口常规单膜光纤征收保证金。2005年1月1日,终裁决定对上述三国进口常规单膜光纤征收7%至46%不等的反倾销税,其中对从日本进口的常规单膜光纤全部征收46%的反倾销税。

信越会社与中天公司签订的《长期协议》标的即为上述常规单膜光纤产品的原材料。如果照此合同履行,中天公司生产光纤的总成本在2003年和2004年则分别达到每公里175.46元和167.47元,根本无法实现合同目的。鉴于光纤市场价格所发生的巨大变化,中天公司于2003年11月20日致函信越会社,希望重新协商合同价格,否则只能选择解除2001年11月27日签署的《长期协议》,但遭到信越会社的拒绝,中天公司遂对《长期协议》不予履行。

三、第一次仲裁及司法审查情况

2004年4月12日,信越会社向日本东京商事仲裁协会申请仲裁,其仲裁请求最终为:1. 中天公司必须支付信越会社金额1520,000,000日元(计算期限为自2004年1月至2005年7月),并按照每年百分之六的利率支付上述金额的利息,利息计算期间为从仲裁立案之日(2004 年 4 月 12 日)起至完全支付之日止;2. 如果前述请求因任何原因未能得到支持,则中天公司必须支付 2,625,000,000 日元,并按照每年百分之六的利率支付上述金额的利息,利息计算期间为从仲裁立案之日(2004 年 4 月 12 日)起至完全支付之日止;3. 双方签订的《长期协议》在 2004 年 1 月至 2008 年 12 月 31 日的协议期间依其条款可执行。上述请求 1 即为按每克 40 日元计算的违约赔偿。请求 2 则是货款总值。对于请求 3,信越会社在其理由中表明,请求申明该长期协议在合同有效期内合法有效并具有可执行性,那么各方在将来可能发生的仲裁或者其他法律程序中都不应当再为了合同的有效性而发生歧义,并以此来提高诉讼效率降低诉讼成本。

2006 年 2 月 23 日,日本东京商事仲裁协会仲裁庭作出 04 - 05 号裁决,裁决书Ⅱ. 事实认定与推理认定对 C. LTA(即《长期协议》)约束力部分作出如下认定:1. 依据 2003 年修订协议,LTA 将从 2004 年 1 月 1 日至 2008 年 12 月 31 日变更生效。2. 被申请人(中天公司)提出,LTA 自 2003 年 11 月 20 日起已终止。然而根据被申请人提出的变化情况,很难认为其中存在充分的理由单方面终止合同(即日本案例法中所谓"情事变更原则")。3. 然而,事实是,情况的变化已导致 LTA 双方无法或很难维持其原有条件。4. 由于双方无法在本仲裁审理期间和结束后确定新的条件,双方已失去对彼此的信任。5. 信任关系对长期协议来说尤为关键。但经过协商失败之后,这种信任关系已遭破坏,到本仲裁审理结束一直未能恢复(即 2005 年 7 月底)。6. 2005 年 7 月底之后,在双方失去信任关系的情况下,允许信越会社继续索赔其遭受的损失似乎有失公平。Ⅲ. 遭受损失的金额:1. 被申请人未能根据 LTA(经 2003 年修订协议而修改)履行其购买一定数量产品的义务。2. 我们认为,允许申请人寻求其自 2004 年 1 月至 2005 年 7 月的损失是合理的行为。3. 对于被申请人未能履行其在 LTA 项下的义务致使申请人遭受的损失金额,申请人没有提出直接的证据。4. 尽管 LTA 第 4 条(即所谓"不足量"的补偿条款)不直接适用于本案,我们可以假设,在 A. Kinoshita 先生作出辩护状与证词的情况下,申请人提出将 LTA 第 4 条作为损害赔偿违约条款适用于本案,而且我们认为,没有证据可以证明该损失金额(每克 40 日元)作为损害赔偿违约金不合常理。5. 倘若我们将每克 40 日元作为计算基准,则申请人将获得自 2004 年 1 月至 2005 年 7 月期间 1,520,000,000 日元的损害赔偿裁定额。6. 由于缺少根据,申请人提出的其他请求被驳回。裁决书Ⅳ. 裁决结论:根据以上内容,本仲裁庭作出如下裁定:1. 被申请人必须支付申请人金额 1,520,000,000 日元,并按照每年百分之六的利率支付上述金额的利息,利息计算期间为从本仲裁立案之日(2004 年 4 月 12 日)起至完全支付之日止。2. 本裁决书所附之《计算表》已列明本仲裁案件的全部费用及其在双方之间的分摊……3. 被申请人向申请人支付 3,173,283 日元。

2006 年 5 月 31 日,信越会社向南通市中级人民法院(以下简称南通中院)提出申请,要求承认上述04－05号裁决。南通中院审查后认为,该仲裁裁决在作出的期限及相关通知程序方面与双方约定适用的《仲裁规则》的相关规定不符,即仲裁庭在决定结束审理后,没有依照《仲裁规则》规定的期间作出仲裁裁决,也没有在宣布延期作出仲裁裁决后,如期作出裁决并通知当事人,构成了《纽约公约》第五条第一款(丁)项规定的"仲裁机关之组成或仲裁程序与各造间之协议不符,或者无协议而与仲裁地所在国法律不符者"之情形,裁定驳回信越会社的申请,不予承认日本商事仲裁协会东京04－05号仲裁裁决。

四、本次仲裁情况

2007年8月22日,信越会社再次依据双方的《长期协议》向日本商事仲裁协会东京仲裁机构提出仲裁申请,请求:1.要求中天公司按每克40日元赔偿2005年8月至2006年7月的合同期间违约而产生的损失赔偿960,000,000日元;2.如果前述请求因任何理由没有或不能获得准予,则要求中天公司向信越会社支付1,585,000,000日元的合同货款。

日本商事仲裁协会接受信越会社的仲裁请求后通知了中天公司,并向双方送达了英文版本的《仲裁规则》。中天公司于9月18日向仲裁协会提交了管辖异议书,认为仲裁协会此前就双方《长期协议》所作出的04－05号仲裁裁决,已经裁定双方的合同信任关系自2005年7月以后已不存在,寻求在此之后的损害赔偿是不公平的,据此驳回了信越会社提出的关于双方签订的《长期协议》在2004年1月至2008年12月31日的协议期间依其条款可执行的请求。本案的受理与04－05号仲裁裁决相冲突,违反了仲裁规则和仲裁协议,不应予以受理。并在以后的仲裁程序中多次提出上述抗辩。信越会社则认为,根据日本法律,仲裁裁决中只有救济准予部分或结论部分才具备既判力效力,而第一次仲裁裁决的结论部分中,未有上述宣告式救济的裁定,所以申请人提出本案请求,仲裁庭具有管辖权。仲裁庭决定该争议在仲裁时确定。

2008年1月28日,仲裁庭作出本案第1号程序令和程序计划表,计划表中就双方的第一次书面陈述、证人出席交叉盘问的要求以及第二次书面陈述时间作出了安排,并安排于2008年4月10日至11日进行第一次庭审。程序令就仲裁语言作出规定:1.根据《仲裁规则》第11.1条,仲裁庭决定英语作为语言在仲裁程序中使用。2.以英语以外的语言做出的文件必须有英语翻译文本。仲裁庭将上述程序令和计划表向双方当事人进行了送达,双方均无异议。2008年3月24日,仲裁协会通知双方当事人:"应仲裁庭的要求,协会为2008年4月10日至11日举行的听证会安排了两名通晓英语、中文和日语三种语言的口译工作者。"中天公司即于3月25日回复:"感谢您2008年3月24日的为仲裁听证会安排两名三语口译工作者的传真信函,我们特此声明:关于07－11号仲裁案件,被申请人中天公司将使用中文参加听证会。为了方便听证起见,请帮助提供上述口译工作者。"

2008 年 3 月 28 日，信越会社向仲裁庭提交申请，要求修改其最初的诉求为：1. 中天公司赔偿 2005 年 8 月至 2008 年 3 月的合同期间违约而产生的损失赔偿 2,560,000,000 日元，并按照每年百分之六的利率支付上述金额的利息，利息计算期间为从变更申请递交之日(2008 年 3 月 28 日)起至完全支付之日止；2. 如果前述请求因任何理由没有或不能获得准予，则中天公司向信越会社支付 4,095,000,000 日元，并按照每年百分之六的利率支付上述金额的利息，利息计算期间为从变更申请递交之日(2008 年 3 月 28 日)起至完全支付之日止。

首席仲裁员于 3 月 29 日将信越会社的变更申请通知中天公司，并函告中天公司，表示仲裁庭将在开庭时决定是否批准信越会社的变更申请，同时要求中天公司在 4 月 1 日前对该变更以及仲裁员于 3 月 28 日临时草拟的开庭时间表作出评论。中天公司于 4 月 1 日回复称：包含翻译在内的 45 分钟陈述时间明显不够，提出包含翻译在内至少需要 3 个小时陈述时间；对信越会社提出的变更仲裁请求，表示该申请带有明显的随意性，根据仲裁规则、程序令和计划表，应不予批准。首席仲裁员于 2008 年 4 月 2 日回函称：根据中天公司的申请，仲裁庭将双方口头陈述的时间延长为 80 分钟，其中包括翻译时间。为了节约时间，仲裁庭建议双方代表和律师尽可能在听证中使用英文，因为仲裁语言是英语。4 月 4 日，首席仲裁员再次发函称：在 80 分钟时间内，双方代表可各自选择口头陈述的语言，使用非英语所作的口头陈述将只被翻译成英语；双方代表都应当用英语询问证人，问题将被翻译成日语；证人的日文证词将只被翻译成英语；在听证的其他程序中，仲裁员和双方代表应当使用英语。

2008 年 4 月 10 日，仲裁庭进行第一次庭审。中天公司除保留对管辖的异议外，再次要求包括翻译在内有 180 分钟的陈述时间，并向仲裁庭指出，因是中国当事人，比起英文，用中文更能充分阐述观点。如果仲裁庭决定的 80 分钟的时间包括了翻译时间，则其实际陈述的时间不到 80 分钟，这对于中天公司来说是不公平的，因为信越会社是用英语陈述的。首席仲裁员答复称，仲裁庭已将仲裁语言确定为英语，且已授予双方对口头陈述使用语言的选择权。中天公司指出："通过阅读仲裁条款，我方认为仲裁庭的工作语言是英语，但并不意味着争议双方必须使用英语；我们有权利向翻译人员寻求帮助。"首席仲裁员答复称，"仲裁规则第四条规定：'因对仲裁规则的理解产生的任何问题，以本仲裁协会的解释为准，但仲裁庭在其仲裁的某一具体案件中的解释优于本仲裁协会的解释。'所以仲裁庭享有对仲裁规则的唯一解释权。我们的程序令要求以英语为仲裁语言，即意味着双方在仲裁过程中使用的语言必须为英语。例外情形是证人可以使用非英语语言，这是我们提供翻译人员的初衷。"中天公司又向仲裁庭提出，据 3 月 24 日仲裁协会作出的已为仲裁庭提供了精通中、英、日三国语言两名翻译的通知，中天公司已明确通知仲裁协会表示将使用中文参加听证并要求提供翻译。直至首席仲裁员 4 月 4 日函告为节约时间建议使用英语，一直以为能使用中文进行庭审准备，因而只有很短时间进行调整，表示 80 分钟的陈述时间不够,并再次重申有权寻求翻译。此后,仲裁庭决定,双方可以选择任何一种语言作口头陈述,在直接讯问和交叉讯问时,双方可以用各自的语言提问,但翻译人员只提供英语翻译。中天公司再次提出:“我们的代理人中的一位完全不懂得英语,所以我们需要翻译人员帮助我们将英语翻译成中文。”但首席仲裁员拒绝了这一要求:“如果是这样的话,仲裁庭认为并不可行。那么我们将回到只允许使用英语的最初提议。”

就信越会社变更仲裁请求的申请,仲裁庭予以许可,理由是其已听取了中天公司对此的意见;该变更请求虽然是在离第一次听证会仅数个星期之前提出的,但并不会导致仲裁程序的实质性延迟,因为该请求并不是对救济基本性质的变更,而只是扩大了损害的持续时间;且该请求亦不会导致对中天公司答辩权利的重大不公,因为即使变更请求被批准,与变更前相同的实质问题或司法问题仍将存在。

2008 年 9 月 8 日,仲裁庭作出了 07 - 11 号仲裁裁决。沈四宝仲裁员因对管辖权事项不能认同,故未签署该裁决。

07 - 11 号仲裁裁决首先就“有了最初裁决,本仲裁庭是否仍对当前争议具备管辖权”作出认定。仲裁裁决认为:对本案来说,相关既判力原则是指,在法律程序中已获判决的诉求,不能在随后的法律程序中重新提出起诉。原日本商事仲裁协会东京 04 - 05 号仲裁裁决中“因为没有支持的理由,所以驳回申请人其他诉求”具有既判力效力,该裁决包含了信越会社支付采购总价及关于《长期协议》可执行的诉求。对于确认有既判力的驳回“双方签订的《长期协议》在 2004 年 1 月 1 日至 2008 年 12 月31 日之间的期限内依其条款可执行”的涵义,裁决书引人注目地提到了中国法院对申请承认原日本商事仲裁协会东京 04 - 05 号仲裁裁决的司法裁决,“值得注意的是,2008 年 3 月 24 日,中国南通中级人民法院做出终审裁定,拒绝承认不利于被申请人的最初裁决,同时裁定最初裁决违背了《仲裁规则》第 53. 1 条。”并在裁决书脚注中注明了《仲裁规则》第 53. 1 条的内容,同时还注明:本仲裁庭不需要表明其认为中国法庭对于《仲裁规则》第 53. 1 条的约束力解释正确与否;记录显示,JCAA 曾正式致函中国法庭表达其观点,信中说明尽管仲裁庭的裁决是在此期限之后做出,但对于仲裁裁决的有效性并不产生任何影响,因为该时间限制仅仅是指导性质,不具备法律约束力。为此,仲裁庭指出《仲裁规则》第 4 条规定“如果对于本仲裁规则的解释出现任何疑问,以本仲裁协会的解释为准;但在仲裁个案中仲裁庭对规则的解释应优先于本仲裁协会的解释。”裁决书进而认为,由于最初裁决未能获得中国法庭的承认和执行,从衡平的角度考虑,本案更应必须极其谨慎和严格地确定既判力效力的范围。并由此认为信越会社在本次仲裁中的把中天公司未履行购买量以每克 40 日元计算实际损害赔偿金的诉求,并非依据《长期协议》的特定条款而是依据日本民法典的相关规定,所以不属于上述既判力的效力范围。而对于 04 - 05 裁决所述“鉴于在 2005 年 7 月底之后,双方的信任关系不再存在,允许申请人继续就所遭受的损害提出索赔看来是不公正的”，裁决书认为此句没有明确提供日本法下的任何法律依据使得损害赔偿为“不公平”，亦未指出何种损害赔偿（约定或实际）诉求为不公正，仅根据这个措辞含糊的语句就认定具备既判力效力是不合理的，不认为具有既判力。裁决书最终认定仲裁庭就有关本案的实际损害赔偿的索赔具有管辖权。

07 - 11 号仲裁裁决最终认定：双方已正式签署《长期协议》，但中天公司从一开始就拒绝履行，明显违约；中天公司的违约行为是因为产品的市场价格发生突然的急剧下降而非任何有意或不当行为；虽然原仲裁庭在最初裁决中宣告《长期协议》不再依其条款执行，但信越会社遭受了一定的财务损失，即在本次仲裁的相关期限（即2005 年 8 月至 2008 年 3 月）内因违约所导致的利润损失，所以判定对本次仲裁所涉时期内产生的一定损害给予赔偿是公正合理的。裁定中天公司向信越会社支付6.4 亿日元，作为从 2005 年 8 月 1 日至 2008 年 3 月 31 日合同期间的实际损害赔偿金，并按年利率 6% 支付从 2008 年 3 月 28 日起直至付清款的利息。

五、当事人的申请及抗辩理由

裁决生效后，中天公司未履行该裁决。由于日本和中国均为《纽约公约》的缔约国，信越会社遂依据该公约于 2008 年 11 月 6 日向南通中院申请承认该裁决，中天公司请求拒绝承认。

中天公司的不予承认抗辩及信越会社的反驳意见如下：

1. 07 - 11 号仲裁裁决再次审理了 04 - 05 号仲裁案已经仲裁过的争议，并做出了明显与 04 - 05 号仲裁裁决相违背的裁决，违反了仲裁协议条款关于仲裁裁决约束力和终局性的规定

中天公司认为，《长期协议》第 10 条规定：“由本协议产生的和与本协议相关的所有纠纷在双方无法协商解决的情况下，根据日本商事仲裁协会规则和程序在日本东京进行仲裁。仲裁裁决应是终局的、对双方当事人均有约束力。”意即一旦日本商事仲裁协会就《长期协议》项下的争议作出了裁决，当事人不得就同一争议再次提起仲裁。04 - 05 号仲裁裁决已明确驳回了信越会社关于该协议在 2004 年 1 月至2008 年 12 月 31 日期间是可执行的这一仲裁请求，并明确指出：“鉴于在 2005 年7 月底之后，双方的信任关系不再存在，允许申请人继续就所遭受的损害提出索赔看来是不公正的。”所以该裁决明确认定仅就 2004 年 1 月至 2005 年 7 月时间段内的赔偿诉求是合理的。在 04 - 05 号仲裁裁决已生效的情况下，信越会社再次以违约赔偿之诉提请仲裁，07 - 11 号裁决违反了 04 - 05 号仲裁的上述仲裁结论，再次支持了信越会社的请求，从而对 04 - 05 号裁决再次进行了审理，与仲裁协议、仲裁规则和仲裁终局性原则不符，符合《纽约公约》第五条第一款（丁）项之情形，得拒予承认。

信越会社则认为：其一，本案审查的对象是 07 - 11 号裁决，仲裁规则规定裁决

具有约束力且是终局的，针对的即为该裁决，仲裁规则并未对仲裁过程中如何认定其他仲裁裁决的效力作出指示；其二，仲裁裁决的既判力并非绝对，04－05号裁决未获得中国法院承认即在中国境内丧失了既判力，当事人可以就这一纠纷再次提起仲裁；其三，04－05号裁决与07－11号裁决针对的并非同一事宜，信越会社在两次仲裁中提起赔偿的期间并不相同，故其本身亦不存在既判力问题；其四，既判力问题是实体问题，依照《纽约公约》不属于司法审查的范畴。

中天公司反驳认为：其一，04－05号裁决未被中国法院认可并不意味着在其他国家亦丧失了既判力；其二，《仲裁规则》和任何日本法律均未对仲裁裁决的既判力范围作出规定，而依照双方约定，仲裁程序中仅能适用日本实体法，故仲裁庭引用《日本民事诉讼法》第一百一十四条①不当，该条款不能作为确定仲裁裁决既判力的依据。依照仲裁终局性原则，仲裁裁决应当从整体上具有终局性；其三，从07－11号仲裁裁决的论述来看，首先解决了既判力程序上的问题才转入实体问题，既判力毫无疑问应当是程序问题，属于司法审查的范畴。

2. 07－11号仲裁裁决未经当事人明确授权，适用衡平和善良原则裁断本案，违反了《仲裁规则》的规定

中天公司认为，依照《仲裁规则》第41.3条："仅限于当事人有明示的要求时，仲裁庭可以不受前2款规定的约束，按照衡平与善良的原则进行裁决。"《日本仲裁法》第三十六条规定："除非得到当事人明示要求，仲裁庭必须依照法律，而不能依据一般的衡平与善良的原则进行裁判。"本案中，仲裁庭在未得到当事人明确同意的情况下，即适用衡平原则进行了裁决，其在裁决第87段称："必须极其谨慎和严格地确定既判力的范围……由于最初裁决未能获得中国法庭的承认和执行，从衡平的角度考虑，本案更应采取这一立场。"事实上，虽然04－05号裁决未得到中国法院的承认，但其仍有可能在其他公约国家得到承认和执行，仲裁庭对于一个并未丧失反而有可能实现的利益进行衡平缺乏依据。同时，由于04－05号仲裁案与07－11号仲裁案系两个相互独立的案件，07－11号仲裁亦无权就04－05号裁决未得到中国法院承认而进行衡平。

信越会社则认为：其一，仲裁规则中有关"衡平与善良原则"是被放在"实体判断的基准"这一标题下，针对的是裁决的实体问题，而不是仲裁程序，而实体问题不属法院司法审查的范畴；其二，07－11号裁决中仅在第87段中提到"衡平"二字，其目的在于辅助仲裁庭确定既判力的范围，而不是对核心实体法律关系进行判断，因此不适用《仲裁规则》第41条和《日本仲裁法》第三十六条；其三，07－11号裁决中出现的"衡平"(equity)一词并不意味着一定引用了英美法的"衡平"原则和司法操作方式，而仅意味着该判断是"从公平的观点(衡平的角度)出发"作出的。

① 依照仲裁裁决书的翻译，该条款为"只有终审判决的主文具备既判力效力"。

3. 仲裁庭未给予中天公司寻求翻译的权利，未给予中天公司充分的陈述机会

中天公司认为：《仲裁规则》第32.2条规定："仲裁庭应当平等对待各方当事人，并且应当给予每方当事人充分的机会陈述、证明和答辩。"同时《仲裁规则》第8.2条规定："应仲裁庭或任何一方当事人要求，协会秘书处应当进行磁带录音，安排口译，进行速记笔录，并提供开庭场所等进行仲裁程序所必需的条件。"协会秘书处于2008年3月24日通知双方已为听证会安排了两名英、中、日三语口译工作者，中天公司于次日致函协会秘书处，表示将使用中文参加听证，并明确要求提供翻译。首席仲裁员于2008年4月4日致函双方当事人，对有关翻译问题作出决定，但在该函件及4月10日的庭审中，均未准许将英文翻译成中文。中天公司认为，作为非英语国家的当事人，有权寻求翻译的帮助，这是一项基本权利，不应当被限制和剥夺。由于没有翻译人员进行英翻，致使中天公司出庭人员无法准确理解听证内容。中天公司还指出，本公司在往来函件明确使用中文进行陈述，时间为三个小时，并要求翻译，并在庭审中再次表示在首席仲裁员于2008年4月4日致函双方当事人对有关翻译问题作出决定之前，一直以中文方式准备庭审，改为英语方式在陈述时间上已来不及，但仲裁庭仍未予以许可，规定只能陈述80分钟。由于时间紧迫，中天公司不得不中途改用英文陈述，致使未能充分地表达自己的观点。

信越会社则认为：仲裁语言为英语，中天公司未主动要求提供英翻中服务，故仲裁庭不会主动要求口译人员提供英翻中服务；且口译人员也仅为证人木下显而不是信越会社的出庭人员提供了英翻日服务。双方当事人在翻译的待遇上是完全平等的。

4. 仲裁庭准许信越会社变更仲裁请求，违反了本案程序令和程序计划表的安排，对于变更后的仲裁请求未给予《仲裁规则》规定的答辩期间

中天公司认为：仲裁庭于2008年1月28日发出本案第一号程序令和程序计划表，对双方均具有约束力。该程序令和计划表未就信越会社在首次开庭前变更仲裁请求进行时间安排，而信越会社在上述程序令实施两个月之后，却突然提出变更仲裁请求的申请，与程序令和计划表相冲突；信越会社提出变更申请是在2008年3月28日，变更数额巨大，相较原先的仲裁请求，增加了17个月的赔偿请求，金额增加了近两倍，此时距仲裁庭第一次听证仅有12天时间。依照《仲裁规则》第20.4条的规定："……答辩或反请求应当在协会或仲裁庭就相关修正向另一方当事人发出通知后三周内提出。"换言之，中天公司针对信越会社的变更请求应当有三周的答辩期，而事实上，仲裁庭却于4月10日听证时批准了该变更请求，以至于中天公司未能充分答辩。

信越会社则认为：其一，《仲裁规则》并未规定一旦制订了程序令和计划表，就不允许变更诉讼请求，且变更后的事实依据与变更前的请求几乎完全相同，仅对数额进行了变更，并未给中天公司带来额外的负担；其二，《仲裁规则》第20.4条是对中

天公司提出答辩的期限要求，不应理解为开庭或听证时间必须安排在变更请求通知对方之日起三周之后。事实上，双方依照仲裁庭的要求分别于2008年5月30日和6月13日提交了听证后简述（第三次书面陈述）和反证（第四次书面陈述），中天公司显然有充分的时间就变更后的仲裁请求提出答辩。在听证过程中，仲裁庭也充分听取了中天公司对变更后的仲裁请求的看法；其三，依照《仲裁规则》第51条，当事人知道或者应当知道有不遵守仲裁程序的情况而未及时提出异议的，丧失提出该异议的权利。中天公司仅就信越会社变更申请提出异议，而未就答辩期不足提出任何意见，因此，不能在事后再提出异议。

中天公司反驳认为：三周时间应为《仲裁规则》赋予答辩人的答辩期。中天公司在2008年4月1日的信函、4月10日听证以及听证后的书面陈述中，多次明确提出反对仲裁庭批准信越会社变更仲裁请求并已阐明理由。仅以第一次庭后陈述为例，其中就提到了答辩期过短的问题。中天公司未能有足够的时间准备对信越会社的变更申请提出答辩，这也意味着该变更请求部分未经开庭审理。

5. 07－11号仲裁裁决违反我国公共利益，损害中国的司法主权

中天公司认为：本案存在倾销背景。根据我国商务部的调查，美国、日本和韩国向中国大量倾销单膜光纤的事实确凿，并对国内相关产业造成实质性损害。而本案《长期协议》之标的即为光纤的主要原料预制棒，如果07－11号裁决得到承认并执行，则明显与国家的产业政策和公共利益相违背。

07－11号仲裁裁决肆意评价中国法院生效裁定。其一，原中国法院对04－05号仲裁裁决援引了《仲裁规则》第53.1条及第12.2条，但本案仲裁裁决却仅指出按《仲裁规则》第53.1条的规定；其二，又注明："本仲裁庭不需要表明其对中国法庭对于《日本商事仲裁协会仲裁规则》第53.1条的约束力解释正确与否。记录显示，JCAA（即日本商事仲裁协会）曾正式致函中国法庭表达其观点，信中说明尽管仲裁庭的裁决是在此期限之后做出，但对于仲裁裁决的有效性不产生任何影响，因为该时间限制仅仅是'指导'性质，不具备法律约束力。为此，仲裁庭指出（而非裁定），《仲裁规则》第4条规定'如果对于本仲裁规则的解释出现任何疑问，以本仲裁协会的解释为准；但在仲裁个案中仲裁庭对规则的解释应优先于本仲裁协会的解释'。"显然，07－11号裁决认为中国法院对于《仲裁规则》第53.1条的约束力的解释是错误的，且其就此发表意见明显超出了其权力基础即双方仲裁协议所约定的范围；其三，07－11号裁决认定，由于04－05号仲裁裁决未得到中国法院的承认和执行，故应当根据衡平原则，在本仲裁案中对04－05号裁决的既判力效力范围作"极其严格"的限定，从而达到抵销南通中院（2006）通中民三仲字第0002号民事裁定书的效果。这样的仲裁裁决，在实体上是对我国法院作出的生效民事裁定的公然否定，如果该裁决得到承认和执行，就是对我国法院生效裁定的否定，是对我国司法主权的严重损害。

信越会社则认为:所谓公共秩序,并不是指某一单位、某一行业或某一地区的经济利益或其他利益,而应该指涉及国家的根本经济利益和根本法律观念及制度。同时,07－11号裁决并不涉及对中国法院裁决的否定,而是司法主权的界限所致。

六、南通中院的处理意见

本案系承认外国仲裁裁决的案件,根据最高人民法院《关于执行我国加入的〈承认及执行外国仲裁裁决公约〉的通知》(以下简称《通知》)规定,南通中院经审查研究认为:

(一)本案仲裁裁决存在《纽约公约》第五条第一款(丁)项之情形

1. 仲裁庭对本案进行审理违反了《仲裁规则》规定的终局性原则

首先,由于存在04－05号仲裁裁决,仲裁庭对本案是否有管辖权系属程序性问题,应当进行审查。在07－11号裁决书中,仲裁庭将其对本案争议是否具备管辖权排列于"待审定的事项"之首(见第56段),把该事项的具体内容简述为"有了最初裁决,本仲裁庭是否仍对当前争议具备管辖权",并明确指出"只有在对本事项有肯定的结论之后,仲裁庭才需要对下列其他事项进行审定"、"相关的既判力原则是指,在法律程序中已获判决的诉求,不能在随后的法律程序中重新提出起诉。如果同一方重复起诉同一诉求,法庭必须驳回此类诉求,而无需审查其实体问题"。可见,仲裁庭是将管辖权问题以及既判力问题作为本案仲裁的先决程序问题加以判断,法院有权对此进行审查。

其次,依照《长期协议》第10条的规定:"由本协议产生的和与本协议相关的所有纠纷在双方无法协商解决的情况下,根据日本商事仲裁协会规则和程序在日本东京进行仲裁。仲裁裁决应是终局的、对双方当事人均有约束力。"信越会社已于2004年4月12日就《长期协议》项下的争议向日本商事仲裁协会提起仲裁申请,仲裁庭在04－05号裁决中对此争议作出裁决。在该裁决第Ⅱ部分"事实认定与推理认定"中,分四个部分分别就《长期协议》约束力、第4条的适用范围、遭受损失的金额进行了论述,指出:"鉴于在2005年7月底之后,双方的信任关系不再存在,允许申请人继续就所遭受的损害提出索赔看来是不公正的。"并在此基础上认定:"允许申请人寻求其自2004年1月至2005年7月的损失是合理的行为。""由于缺少根据,申请人提出的其他请求被驳回。"可见04－05号仲裁裁决已就双方争议的合同的解除及赔偿请求的合理时间范围都作出了明确的结论性意见。本案07－11号裁决的仲裁庭认为,"由于缺少根据,申请人提出的其他请求被驳回"具有既判力,其包含了驳回信越会社关于该协议在2004年1月至2008年12月31日期间是可执行的这一仲裁请求,而"鉴于在2005年7月底之后,双方的信任关系不再存在,允许申请人继续就所遭受的损害提出索赔看来是不公正的"同样也是经过论证的结论性意见。鉴于04－05号仲裁裁决已对信越会社是否有权请求2005年7月以后的赔偿进行了判断,依照仲裁终局性原则,信越会社不得就上述请求再次向仲裁庭申请仲裁。07－11号仲裁裁决再次对该问题进行了审理，违反了双方在《长期协议》中约定的仲裁裁决终局性并对双方当事人具有约束力的条款。

2. 仲裁庭违反双方关于仲裁程序适用法律的约定，错误适用《日本民事诉讼法》第一百一十四条规定

依照《长期协议》的规定："本协议由日本国的法律进行管辖和解释。"在南通中院审查过程中，信越会社及中天公司均认可在本案仲裁程序中仅能适用日本实体法。南通中院认为，虽然双方在仲裁协议中仅对实体法进行了选择，但依照仲裁程序适用仲裁地法的原则，在当事人未对仲裁程序法进行选择的情况下，适用仲裁地的程序法是毋庸置疑的。仲裁法应当是一个广义的概念，它不仅包括通常所见的以单行法方式集中体现的有关仲裁的规范，也包括一国法律体系的其他法律部门中所包含的有关仲裁的法律规范。① 因此，如果一国民事诉讼法中包含有关仲裁的规范，应当必须予以适用。依照上述规则，本案当然适用《日本仲裁法》，而对于《日本民事诉讼法》中的相关条款，只有在明确涉及仲裁时方能适用。

本案仲裁裁决在解决管辖权争议时，适用《日本民事诉讼法》第114条规定去解释仲裁裁决的既判力问题，违反了双方关于仲裁适用程序法律的约定。首先，双方约定适用的《仲裁规则》第54.6条已经明确规定"仲裁裁决是终局的，对当事人具有拘束力"。其次，《日本民事诉讼法》第114条亦未涉及仲裁，仲裁庭仅以《日本仲裁法》第45.1条指出"仲裁裁决具备和终审判决同样的效力"，而"提及法院终审判决效力的相关法律是《日本民事诉讼法》"为由，认定第114条间接适用于本案是缺乏依据的。因为这一条款仅仅着重指出了仲裁裁决的终局性原则，而并非是针对仲裁裁决既判力可比照法院判决的指示性规范。同时，双方亦未对适用该条款作出选择。依照《仲裁规则》第41.1条，仲裁庭作出仲裁裁决应适用的法律，由当事人协议决定。故仲裁庭适用《日本民事诉讼法》第114条违反了仲裁规则的上述规定。

3. 仲裁庭适用衡平原则不当

关于衡平原则（equity），其作为英国法律的一个组成部分，基本原则是公平合理（fair）。19世纪70年代英国司法改革后，衡平法作为独立的法律原则不复存在，但其本身公平合理的原则仍对英国及英美法系国家和地区的法律产生着较大的影响。② 换言之，衡平原则是英美法系的法律原则，其特定的内涵决定了并非法官从公平角度考虑判决即为适用衡平原则，如果在大陆法系国家则更非如此。仲裁庭提交给双方当事人的《仲裁规则》为英文版，其中的衡平原则为拉丁文"ex aequo et bono"，其显然应指向英美法中的衡平原则（equity）。依照《仲裁规则》第41.3条"仅限于当事

① 杨弘磊：《中国内地司法实践视角下的〈纽约公约〉问题研究》，法律出版社2006年版，第303页。

② ［英］丹宁勋爵：《法律的正当程序》，李克强、杨百揆、刘庸安译，法律出版社1999年版，第130页注释。

人有明示的要求时,仲裁庭可以不受前 2 款规定的约束,按照衡平与善良的原则进行裁决"的规定,该原则除非当事人作出明确选择,仲裁庭不应予以适用。仲裁庭认为"由于最初裁决未能获得中国法庭的承认和执行,从衡平的角度考虑,本案更应采取这一立场(必须极其谨慎和严格地确定既判力效力的范围)",即将衡平原则作为仲裁庭对本案拥有管辖权的重要依据加以适用,显然有悖上述规定。

4. 仲裁庭未赋予当事人说明情况的充分机会

依照《日本仲裁法》第二十五条的规定,于仲裁程序中,应平等对待当事人;应给予当事人说明情况的充分机会。第三十条规定:"(一)仲裁程序使用的语言及应使用该语言的程序,依当事人之约定。(二)无前款约定时,由仲裁庭决定仲裁程序使用的语言及应使用该语言的程序。(三)第一款的约定或前款决定未有应使用规定的语言的程序规定时,使用该语言应经过的程序为以下所列程序:1. 口头进行的程序;2. 当事人的书面陈述或通知;3. 仲裁庭的书面决定(包括仲裁裁决)或通知。(四)对于所有的证据文件,仲裁庭可令附上第一款的约定或第二款的决定规定的语言(译文应适用的语言有规定时,为该语言)的译文。"《仲裁规则》第 32.2 条规定:"仲裁庭应当平等对待各方当事人,并且应当给予每方当事人充分的机会陈述、证明和答辩。"同时《仲裁规则》第 8.2 条规定:"应仲裁庭或任何一方当事人要求,协会秘书处应当进行磁带录音,安排口译,进行速记笔录,并提供开庭场所等进行仲裁程序所必需的条件。"

依照上述规定,在当事人未约定仲裁程序使用语言的情况下,仲裁庭可以对仲裁程序使用的语言以及应使用该语言的程序作出决定,但该决定的作出应充分保障当事人有充分的机会陈述、证明和答辩,应当给予当事人说明情况的充分机会。在决定仲裁语言之后,也并非意味着当事人只能使用该语言参加仲裁程序,如果该语言并非当事人的母语,则其有权寻求翻译(包括口译)的帮助,这是《仲裁规则》赋予当事人的一项基本权利。

本案中,协会秘书处于 2008 年 3 月 24 日即已通知双方当事人其已为听证会安排了两名英、中、日三语口译工作者,这意味着翻译人员将为参加听证会的人员提供英、中、日三语的口译服务。中天公司于次日致函协会秘书处,表示将使用中文参加听证,并明确要求提供翻译。依照《仲裁规则》的规定,协会秘书处"应当"为其提供中译英以及英译中的服务。此后,首席仲裁员于 2008 年 4 月 2 日回函称:为了节约时间,仲裁庭建议双方代表和律师尽可能在听证中使用英文,因为仲裁语言是英语。这一"建议"尚未排除为中天公司在整个庭审过程中提供中译英以及英译中服务的情形。而此后在未征询当事人意见,且距开庭仅有五日的情况下,首席仲裁员于 4 月 4 日再次发函称:在 80 分钟时间内,双方代表可各自选择口头陈述的语言,使用非英语所作的口头陈述将只被翻译成英语;双方代表都应当用英语询问证人,问题将被翻译成日语;证人的日文证词将只被翻译成英语;在听证的其他程序中,仲裁员和双方代表应当使用英语,从而限制了中天公司使用翻译的权利。在庭审中,首席仲裁员更是一度再次改变了上述意见,要求中天公司只能用英语进行陈述,而在与合议庭讨论这一问题后,方又恢复了函件中的意见,即中天公司可以用中文陈述,而庭审中证人及信越会社的陈述将不会被翻译成中文。此后,在中天公司表示其一位代理人完全不懂英语,需要用翻译人员帮助其将英语翻译成中文的情况下,首席仲裁员又一度威胁将回到最初只允许使用英语的提议,以阻止中天公司对此问题继续表达异议。

南通中院认为,依照《仲裁规则》第 32. 2 条及第 8. 2 条的规定,仲裁庭应当给予每方当事人充分的机会陈述、证明和答辩;应仲裁庭或任何一方当事人要求,协会秘书处应当安排口译。而本案中,中天公司已按此规则的规定表明其将使用中文参加庭审,并要求提供翻译,这一翻译当然应当包括中译英及英译中的服务。而仲裁庭在第一次 4 月 2 日的函件中,尚仅"建议"中天公司使用英文,而到了 4 月 4 日,则更将翻译的范围进一步限制,这一通知既未征询当事人意见,又未给予中天公司充分的准备时间,从而直接影响到中天公司是否能享受充分陈述的权利。原因在于 4 月 4、5、6 三日为中国法定假日,中天公司收到通知的合理时间为 4 月 7 日,而仲裁听证时间为 4 月 10 日,剔除交通时间,中天公司显然不可能有充分的时间寻找合适的了解案情又英文流利的专业人士以取代之前已确定的代理人。而仲裁庭却认为如果代理人不懂英文,可以向同事即其他代理人寻求帮助,但如果这样操作,则势必会对当事人的陈述时间产生影响,而仲裁庭并未允许其延长陈述时间。因此,仲裁庭拒绝为中天公司提供英译中服务,违反了《仲裁规则》第 32. 2 条及第 8. 2 条的规定。

5. 仲裁庭未给予中天公司对信越会社变更仲裁请求之充分答辩期

依照《仲裁规则》第 32. 5 条的规定,仲裁庭在其成立后,应及时与当事人协商,制定审理程序的预定安排。该规则并未规定程序令或者计划表具有强制约束力,而应当视为一种程序性安排,并非不可变更。依照《仲裁规则》第 20 条的规定,申请人有权提出变更请求,只要该变更申请"仅限于包含于同一仲裁协议的对象之下的情况下",并向仲裁庭提交该变更申请的许可申请书且取得其许可,该条款未对变更申请的提交时间作出限制。因此,对于中天公司提出的信越会社不得变更仲裁请求之主张,不予采纳。

然对于仲裁庭在将信越会社变更请求通知中天公司后仅 12 日即开庭听证的做法,南通中院认为已违反《仲裁规则》第 20 条第 4 款之规定。依照该条款,在仲裁庭在向中天公司发出申请变更的通知之日起经过三周之日止,中天公司得对其进行答辩或反请求。换言之,中天公司依照《仲裁规则》拥有三周的答辩期,该权利不应被无故剥夺。对信越会社提出该三周是义务而非权利的主张,南通中院认为涉及对该条款的理解问题,可结合《仲裁规则》的其他条款进行。依照《仲裁规则》第 24 条第 1 款,自基准日起三周内,当事人未就仲裁员人数达成的合意通知协会的,仲裁员由

1 人担任。该“三周内”的表达,与前款一致,其显然赋予了当事人三周的时间达成合意,该三周时间为一强制性的期间,不得随意减少。因此,三周的答辩期既是赋予中天公司的义务,更是赋予其的权利。仲裁庭于 2008 年 3 月 28 日将信越会社的变更申请送达中天公司,在中天公司反对同意变更请求的情况下,仲裁庭未给予明确答复,而在 4 月 10 日即进行的唯一一次听证中才决定接受变更请求,显然不符合《仲裁规则》有关对变更请求答辩期的强制性规定。

(二)承认本案仲裁裁决有违我国公共利益

1. 依照《纽约公约》第五条第二款(乙)项的规定,倘声称承认及执行地所在国之主管机关认为承认或执行裁决有违该国公共政策者,得拒予承认及执行。国际法协会通过的《对以公共政策为理由拒绝承认和执行国际仲裁裁决的建议》中,将“服务于国家基本政治、社会、经济利益的规则”纳入公共政策的范围之中,其中即包括反垄断法则。[①]

在本案合同签订之后,自 2002 年起,日本、美国、韩国企业向我国倾销常规单膜光纤。经商务部调查核实,决定自 2005 年 1 月 1 日起,对从上述三国进口的常规单膜光纤征收 7% 到 46% 不等的反倾销税,其中对从日本进口的常规单膜光纤全部征收 46% 的反倾销税,以防止其对我国常规单膜光纤产业造成损害。本案《长期协议》的标的,即为上述进口产品的原材料,而信越会社则是全球唯一能对中国出口光纤原材料的企业。显然,信越会社利用其在国际上生产和出售匹配型单膜光纤预制棒的垄断地位,不仅以垄断高价向作为我国光纤产品主要生产厂商的中天公司出售原料,致其光纤成本的巨额增加和市场竞争力的严重降低。除中天公司以外,我国光纤产品生产厂商天津鑫茂公司和江苏法尔胜公司也是信越会社垄断高价的受害者。而且,在中国市场因遭受倾销导致成品及原料价格大幅下降情况下,信越会社违背国际公认的诚信原则,拒绝接受调整价格的要求。因此,信越会社利用其在国际上生产和出售匹配型单膜光纤预制棒的垄断地位,以垄断高价出售涉案产品的行为与倾销成品具有同等的后果,同样严重危及我国光纤产业的生存。在我国政府已决定对来自日本的常规单膜光纤征收最高额反倾销税的情况下,执行本案仲裁裁决,无疑会抵销征收反倾销税的效果,从另一方面助长日本企业继续损害我国光纤产业的利益,故承认本案仲裁裁决违背我国公共利益。

2. 本案仲裁裁决存在对中国法院生效裁判的不恰当评价和不尊重,承认该裁决有损中国司法主权。

裁决书首先没有完整引用中国法院生效裁判驳回请求所依据的《仲裁规则》的全部条文。南通中院裁定认为日本商事仲裁协会东京 04－05 号仲裁裁决违反了

---

① 转引自杨弘磊:《中国内地司法实践视角下的〈纽约公约〉问题研究》,法律出版社 2006 年版,第 354 页。

《仲裁规则》第 53. 1 条关于裁决期限以及第 12. 2 条相关通知义务的规定而拒予承认。但本案裁决书只是表述中国法院认定 04 - 05 号仲裁裁决违反了《仲裁规则》第 53. 1 条关于裁决期限的规定,而略去了对《仲裁规则》第 12. 2 条的引用。在不完整引用裁决依据的基础上,裁决书进而采用脚注方式不恰当地引入 JCAA 在前述中国法院司法审查中的信函内容,并注明了《仲裁规则》关于解释条文的相关规定,宣称仲裁庭无需表明其对中国法院对于规则理解的正确与否,但记录显示 JCAA 已就条文理解致函了中国法院,还附注了相关条文解释效力的规定。以这样的方式,不仅清楚地表达了其对中国法院司法审查的指责,同时也误导了相关读者,并在判断仲裁庭对本案是否享有管辖权时,把中国法院不予承认前述 04 - 05 号仲裁裁决作为理由,用于衡平考量,其实际效果就是藉以抵销前述仲裁被拒绝的后果。

因此,本案仲裁裁决明显地体现出对中国法院生效裁决文书的不当评价以及不尊重,损害了中国的司法主权。

综上,仲裁庭受理本案违反了双方关于仲裁终局的约定,也违反了双方约定适用的《仲裁规则》第 54. 6 条;在仲裁程序中适用《日本民事诉讼法》与双方约定不符;未经双方同意而适用衡平原则、剥夺中天公司使用翻译的权利、未赋予中天公司就变更申请足够的答辩期,违背了《仲裁规则》和《日本仲裁法》的规定,而且导致了严重的后果;同时,承认该仲裁裁决将会损害我国公共利益。依据《纽约公约》第五条第一款(丁)项及第五条第二款(乙)项之规定,应拒绝承认和执行。

七、我院的审查意见

本案系申请承认外国仲裁裁决纠纷案,由于涉案仲裁裁决系在日本领土内由日本商事仲裁协会作出,而我国与日本都是《纽约公约》的参加国,该仲裁裁决也是在《纽约公约》对我国生效后作出的,因此,根据《中华人民共和国民事诉讼法》第二百六十七条以及《通知》的规定,本案的仲裁裁决是否可以得到承认,应当依照《纽约公约》的相关规定进行审查。

我院经审查认为:本案仲裁裁决存在《纽约公约》第五条第一款(丁)项和第二款(乙)项规定之情形,拟不予承认该仲裁裁决。

(一)本案仲裁裁决存在《纽约公约》第五条第一款(丁)项规定之情形

1. 仲裁庭对本案进行审理违反了日本商事仲裁协会仲裁规则(以下简称仲裁规则)规定的终局性原则

首先,07 - 11 号仲裁裁决明确表示,仲裁庭将其对本案争议是否具备管辖权排列于“待审定的事项”之首,把该事项的具体内容简述为“有了最初裁决,本仲裁庭是否仍对当前争议具备管辖权”,并明确指出“只有在对本事项有肯定的结论之后,仲裁庭才需要对下列其他事项进行审定”。因此,仲裁庭将其对本案争议是否具有管辖权作为仲裁先决程序问题予以审查,故法院有权对仲裁裁决中所涉管辖问题,即是否存在违反仲裁裁决终局性的问题进行审查。

其次，本案仲裁裁决违背了仲裁规则关于仲裁裁决终局性的规定。仲裁规则第54.6条规定，“仲裁裁决是终局的，对当事人具有拘束力。”就《长期协议》项下的争议来说，信越会社已经于2004年4月12日向日本商事仲裁协会提起了仲裁申请，04－05号仲裁裁决指出“鉴于在2005年7月底之后，双方的信任关系不再存在，允许申请人继续就所遭受的损害提出索赔看来是不公正的”，并进而认定“由于缺少根据，申请人提出的其他请求被驳回”，即04－05号仲裁裁决已经驳回了申请人关于“双方签订的《长期协议》在2004年1月至2008年12月31日的协议期间依其条款可执行”的请求。

我院认为，“双方签订的《长期协议》在2004年1月至2008年12月31日的协议期间依其条款可执行”的请求一方面包含请求认定双方签订的《长期协议》是合法有效的协议，双方当事人均有履约的义务，另一方面也包含请求认定若一方当事人违反该协议约定的义务，另一方当事人可依约主张违约赔偿。鉴于04－05号仲裁裁决已经驳回了信越会社提出的关于“双方签订的《长期协议》在2004年1月至2008年12月31日的协议期间依其条款可执行”的请求，故07－11号仲裁裁决再次审理并裁决中天公司需承担信越会社在2005年8月至2008年3月间因违约所导致的利润损失，违反了仲裁裁决的终局性规定。

2. 仲裁庭在信越会社变更仲裁请求的情形下，未能给予中天公司充分答辩期，违反了仲裁规则规定

《仲裁规则》第20.4条规定，“对变更过的申请的答辩或者反请求适用第18条或者第19条的规定。但是，期限为自协会或者仲裁庭向对方当事人发出申请变更的通知之日起三周以内。”即仲裁庭向中天公司发出信越会社的变更仲裁请求通知之日起，中天公司依照仲裁规则应拥有三周的答辩期，该权利不应被无故剥夺。本案中，信越会社于2008年3月28日向仲裁庭提交了变更仲裁请求的申请后，仲裁庭于第二日将该变更申请通知了中天公司，但仲裁庭在当年4月10日开庭听证时就当庭决定接受信越会社的变更申请，并未给予中天公司三周的答辩期，违反了仲裁规则关于对变更申请答辩期的规定。

信越会社与中天公司在《长期协议》中约定：由本协议产生和与本协议相关的所有纠纷在双方无法协商解决的情况下，根据日本商事仲裁协会的仲裁规则和程序在日本东京进行仲裁。即双方当事人在协议中选择仲裁作为处理争议的方式，也明确将仲裁规则中的有关内容作为协议的一部分。因此，上述仲裁庭违反仲裁规则的行为构成了《纽约公约》第五条第一款（丁）项规定的“仲裁机关之组成或仲裁程序与各造间之协议不符，或无协议而与仲裁地所在国法律不符者”的情形。

（二）本案仲裁裁决存在对我国法院生效裁判的不恰当评价，符合《纽约公约》第五条第二款（乙）项规定之情形

根据该项的规定，倘声请承认及执行地所在国之主管机关认定承认或执行裁决

有违该国公共政策者，亦得拒不承认及执行仲裁裁决。本案中，07－11号仲裁裁决特别提到了中国法院对申请承认04－05号仲裁裁决的司法裁判，指出“值得注意的是，2008年3月24日，中国南通中级人民法院做出终审裁决，拒绝承认不利于被申请人的最初裁决，同时裁定最初裁决违背了《仲裁规则》第53.1条”，并同时宣称“本仲裁庭不需要表明其认为中国法庭对于仲裁规则第53.1条的约束力解释正确与否，但记录显示，JCAA曾正式致函中国法庭表达其观点，信中说明尽管仲裁庭的裁决是在此期限之后做出，但对于仲裁裁决的有效性并不产生任何影响，因为该时间限制仅仅是‘指导’性质，不具备法律约束力”。在此基础上，07－11号仲裁裁决认为，由于04－05号仲裁裁决未能获得中国法庭的承认和执行，从衡平的角度考虑，本案更应必须极其谨慎和严格地确定既判力效力的范围。

我院认为，07－11号仲裁裁决不仅清楚地表达了其对我国法院司法审查的指责，同时在判断仲裁庭对本案争议是否享有管辖权时，把我国法院不予承认前述04－05号仲裁裁决作为理由，用于衡平考量，其实际效果就是藉以抵销前述仲裁裁决被拒绝承认的后果。因此，07－11号仲裁裁决实际上对我国法院的生效裁判作出了不恰当的评价，损害了我国的司法主权，违反了我国的公共利益。

综上所述，本案仲裁裁决违反了仲裁规则的相关规定，存在对我国法院生效裁判进行不恰当评价的情形，对我国相关公共利益构成损害。依据《纽约公约》第五条第一款（丁）项及第二款（乙）项的规定，应拒绝承认该仲裁裁决。

依据《最高人民法院关于人民法院处理与涉外仲裁及外国仲裁事项有关问题的通知》第二条的规定，特向钧院请示，请予批复。

最高人民法院关于申请人天瑞酒店投资有限公司与被申请人杭州易居酒店管理有限公司申请承认仲裁裁决一案的请示报告的复函

（2010年5月18日　〔2010〕民四他字第18号）

浙江省高级人民法院：

你院〔2010〕浙商外他字第3号《关于申请人天瑞酒店投资有限公司与被申请人杭州易居酒店管理有限公司申请承认仲裁裁决一案的请示报告》收悉。经研究，答复如下：

本案所涉仲裁裁决系伦敦国际仲裁院在英国境内作出，我国和英国均为《承认及执行外国仲裁裁决公约》（以下简称《纽约公约》）的成员国，应当根据《中华人民共和国民事诉讼法》第二百六十七条以及《纽约公约》的相关规定进行审查。

天瑞酒店投资有限公司与杭州易居酒店管理有限公司于2004年10月28日签订的《单位系统协议》,性质为商业特许经营合同。根据我国当时实行的商业特许经营管理制度,外国公司在我国境内从事商业特许经营业务必须通过设立外商投资企业的方式进行,且需经过行政主管机关的审批。但是2007年5月1日施行的国务院《商业特许经营管理条例》仅规定商业特许经营合同事后应向行政主管机关备案,而无审批要求。上述备案制度属于行政法规之强制性规范中的管理性规定,不影响当事人之间民事合同的效力。仲裁裁决对本案所涉《单位系统协议》的处理,不违反我国强制性法律规定,更不构成违反我国公共政策的情形。因此,本案不存在《纽约公约》第五条第二款(乙)项规定的情形。速伯艾特(北京)国际酒店管理有限公司与杭州易居酒店管理有限公司因《单位服务协议》产生的纠纷,系不同当事人之间的另一法律关系,该纠纷处理结果与本案所涉仲裁裁决是否一致,不属于《纽约公约》第五条规定的审查事由。

综上,本案所涉仲裁裁决不存在《纽约公约》第五条规定的情形,人民法院应当裁定承认本案所涉仲裁裁决。

此复。

附:

浙江省高级人民法院关于申请人天瑞酒店投资有限公司与被申请人杭州易居酒店管理有限公司申请承认仲裁裁决一案的请示报告

(2010年3月15日 〔2010〕浙商外他字第3号)

最高人民法院:

杭州市中级人民法院受理申请人天瑞酒店投资有限公司(以下简称天瑞公司)与被申请人杭州易居酒店管理有限公司(以下简称易居公司)申请承认伦敦国际仲裁院仲裁裁决一案,该院经审查拟裁定驳回天瑞公司的申请,拒绝承认该仲裁裁决,并就此向我院请示。我院经审查后亦认为应不予承认该仲裁裁决。根据钧院《关于人民法院处理与涉外仲裁及外国仲裁事项有关问题的通知》的规定,现将该案有关情况报告如下:

一、当事人及请求答辩的情况

申请人:天瑞酒店投资有限公司。住所地:Offsheore Chambers, P. O. Box 217, Apia, Samoa。

委托代理人:夏德忠、杨勇,浙江天册律师事务所律师。

被申请人:杭州易居酒店管理有限公司。住所地:中华人民共和国浙江省杭州市西湖区外东山弄5号。

法定代表人:朱晖,董事长。

委托代理人:崔海燕,浙江金道律师事务所律师。

申请人天瑞公司称:2004年10月28日,天瑞公司与易居公司签订了SUPER8HOTELS(速8酒店)系统《单位系统协议》,约定天瑞公司许可易居公司使用"速8酒店"商标标识及其他记号,并对易居公司酒店的运营标准和其他细节作了详细规定。协议签订后,易居公司获得被许可的商标、软件等资源经营速8酒店,但未能按期支付协议项下的多项费用。天瑞公司遂依据协议约定,于2007年11月21日向伦敦国际仲裁院提出仲裁申请。伦敦国际仲裁院已于2008年12月5日作出仲裁案号为7983的《终局裁决书》为此,天瑞公司根据我国民事诉讼法第二百六十七条的规定,申请承认伦敦国际仲裁院的上述仲裁裁决。

易居公司辩称:(1)承认该仲裁裁决将与中国的公共政策严重抵触。①《单位系统协议》违反中国法律因而无效。天瑞公司与其关联公司速伯艾特(北京)国际酒店管理有限公司(以下简称速伯艾特公司)将一份特许经营协议故意拆分为两份,即《单位系统协议》和《单位服务协议》,分别与易居公司同日签署,试图规避中国对外国公司从事特许经营业务的准入制度,其行为明显违反了中国引进外资的基本制度和法律规定。②天瑞公司与速伯艾特公司在中国违法从事特许经营行为,侵犯了中国的经济主权和经济秩序,也严重侵犯了我国公共利益。③易居公司已经起诉速伯艾特限公司,主张合同无效并返还费用,该案正在该院审理。仲裁庭在仲裁审理过程中已明知这一情况而径自作出违背中国法律的裁决,不应予以承认。(2)仲裁裁决存在程序不当。①《单位系统协议》的仲裁条款仅约定了双方适用的仲裁规则,而未约定仲裁机构和仲裁地,因而该条款无效。②仲裁程序同仲裁地国家法律不符,仲裁庭无权将三个案件合并审理。请求驳回天瑞公司的承认申请。

二、案件主要事实

申请人天瑞公司是一家依据萨摩亚群岛法律成立的公司。2004年10月20日,天瑞公司与易居公司签订了一份SUPER 8 HOTELS(速8酒店)系统的《单位系统协议》,根据《单位系统协议》的约定,天瑞公司许可易居公司使用"速8酒店"商标标识及其他记号;天瑞公司授予易居公司在指定地点提供酒店服务的许可;天瑞公司同意向易居公司提供其他多项与酒店经营有关的服务,特别是提供预订系统服务;易居公司同意支付各项款项,包括咨询费、特许费年费、预订系统使用费及其他相关收费;易居公司还同意为有关酒店投保合适的保险。《单位系统协议》还对酒店的运营标准和其他细节以及关于违约和终止等作出了详细规定。《单位系统协议》第14.7条约定:"若发生任何因本协议双方关系或本协议所引起的或与之有关的我方和你方之间的争议或主张,应将该争议或主张提交根据伦敦国际仲裁法院的仲裁规则进行仲裁,该仲裁规则被视为本款之一部分。仲裁员为一名”。协议签订后,易居公司开始经营速 8 酒店。后双方为费用支付等发生争议,天瑞公司于 2007 年 9 月 18 日向易居公司发出一封终止函,提出终止《单位系统协议》。

2007 年 11 月 21 日,天瑞公司向伦敦国际仲裁院提出仲裁申请,请求易居公司支付欠付款项、损害赔偿金及相应利息和费用。伦敦国际仲裁院指定独任仲裁员,在伦敦进行了书面审理,易居公司通过信函偶尔参与仲裁程序,并对管辖权和协议的有效性提出了异议。伦敦国际仲裁院于 2008 年 12 月 5 日作出仲裁案号为 7983 的《终局裁决书》,认为:(1)仲裁庭对本案有管辖权;(2)《单位系统协议》不违反中国法律,不会导致无效;(3)易居公司存在违约,天瑞公司有权终止《单位系统协议》,易居公司应支付天瑞公司各项费用合计 828,505.8 元人民币、法律费用 53,657.55 美元,并承担相关仲裁费用。

另查明:天瑞公司与易居公司签署《单位系统协议》的同日,天瑞公司和易居公司还签署了一份《预订系统使用协议》作为《单位系统协议》的附件,易居公司和速伯艾特(北京)国际酒店管理有限公司(一家在中国注册成立的公司,与天瑞公司系关联公司,以下简称速伯艾特公司)签署了一份《单位服务协议》。上述三份协议构成一组互相关联的协议。在天瑞公司提起本案仲裁后,易居公司于 2007 年 11 月 29 日以速伯艾特公司和天瑞公司为共同被告诉至原审法院,即(2007)杭民三初字第 413 号特许经营合同纠纷案。因天瑞公司对管辖权提出异议,经本院二审,以易居公司与天瑞公司之间签订的《单位系统协议》中约定了仲裁为由,驳回了易居公司对天瑞公司的起诉。另外,在与本案情况一致的杭州和居汉庭酒店有限公司与速伯艾特公司特许经营合同纠纷一案中,原审法院一审判决认为,《单位系统协议》和《单位服务协议》不可分割,并判令所涉特许经营合同无效,速伯艾特公司返还相应款项,速伯艾特公司不服原判向本院提起上诉,该案二审正在审理之中。

三、杭州市中级人民法院的意见

杭州市中级人民法院认为:(1)天瑞公司与易居公司签署的《单位系统协议》是一份特许经营协议,而特许经营行为在我国是属于国家限制经营的领域。《外商投资商业领域管理办法》第三条规定:“外商投资商业企业是指从事以下经营活动的外商投资企业:……(四)特许经营:为获取报酬或特许经营费通过签订合同授予他人使用其商标、商号、经营模式等。外国公司、企业和其他经济组织或者个人必须通过在中国境内设立的外商投资企业从事前款第(一)、(二)、(三)、(四)项所规定的经营活动。”《商业特许经营管理办法》第三十三条规定,外商投资企业以特许经营方式从事商业活动的,应向原审批部门提出申请增加“以特许经营方式从事商业活动”的经营范围。特许经营在外商投资产业指导目录上均被列为限制类产业,属于国家限制经营的行业。天瑞公司作为一家依据萨摩亚群岛法律成立并存续的公司,依据中国有关特许经营的行政规章,不能在中国直接从事特许经营业务。按照《最高人民法院关于适用〈中华人民共和国合同法〉若干问题的解释(一)》第十条的规定，“当事人超越经营范围订立合同，人民法院不因此认定合同无效。但违反国家限制经营、特许经营以及法律、行政法规禁止经营规定的除外。”由此可见，天瑞公司与易居公司通过签署《单位系统协议》开展特许经营活动违反了我国法律的强制性规定。我国相关部门制订特许经营法律法规的目的，就是在于严格外资准入制度，以维护我国的经济秩序和社会秩序，而天瑞公司的行为违反了我国外资引入的基本制度，侵犯我国的公共利益。因此，根据《承认及执行外国仲裁裁决公约》(以下简称《1958 年纽约公约》)第五条第二款第(乙)项的规定，不予承认该仲裁裁决。(2)虽然伦敦国际仲裁院仲裁的是天瑞公司与易居公司之间的《单位系统协议》，但与之有密切关联的是易居公司与速伯艾特公司签署的《单位服务协议》，并且易居公司已就此诉至该院。天瑞公司和速伯艾特公司故意拆分成两份，试图规避我国对外国公司从事特许经营业务的准入制度。如果承认了伦敦国际仲裁院的仲裁裁决，而该院判决支持易居公司的主张，就会导致两者相矛盾，引起冲突。

综上，杭州市中级人民法院依据《中华人民共和国民事诉讼法》第一百四十条第一款第(九)项、第二百六十九条之规定，拟裁定：不予承认伦敦国际仲裁院于 2008 年 12 月 5 日作出的第 7983 号仲裁裁决。

四、我院的意见

我院认为，本案系在英国伦敦作出的仲裁裁决，英国属《1958 年纽约公约》的缔约国，故本案仲裁裁决的承认和执行应当适用该公约。根据《1958 年纽约公约》的规定，申请地国法院在承认及执行外国仲裁裁决时有权对外国仲裁裁决是否存在该公约第五条第一、二款所规定的不予承认裁决的情形进行审查。

本案中双方当事人的争议焦点有二：(1)仲裁协议是否有效，程序是否合法；(2)该仲裁裁决是否违反中国社会公共利益。

对于仲裁协议的效力和仲裁程序是否合法。《单位系统协议》明确约定：“若发生任何因本协议双方关系或本协议所引起的或与之有关的我方和你方之间的争议或主张，应将该争议或主张提交根据伦敦国际仲裁法院的仲裁规则进行仲裁，该仲裁规则被视为本款之一部分。仲裁员为一名。”根据本案约定的仲裁规则即《伦敦国际仲裁院仲裁规则》第 16.1 条的规定，“各方当事人可以以书面协议确定仲裁地(或法定仲裁地点)。未作此选择的，仲裁地应为伦敦，除非仲裁院在考虑所有的情况并给予当事人发表书面意见的机会之后决定另一仲裁地更为合适。”故根据仲裁规则可以确定仲裁地为伦敦。由于当事人未约定仲裁条款效力的准据法，故应适用仲裁地法即英国法作为确认仲裁条款效力的准据法。根据《英国 1996 年仲裁法》及本案约定《伦敦国际仲裁院仲裁规则》，仲裁协议有效。对于仲裁程序，易居公司亦无证据表明仲裁庭无权将三个案件合并审理，故仲裁程序合法。

对于该仲裁裁决是否违反我国社会公共利益。虽然违反我国法律强制性规定不一定构成对我国社会公共利益的侵犯,但是,本案速伯艾特公司实际上与天瑞公司系关联公司,将本案特许经营合同故意拆分成两份协议,试图规避我国对外国公司从事特许经营业务的准入制度,可以认定违反了我国社会公共利益。

综上,我院认为伦敦国际仲裁院作出的第 7983 号仲裁裁决违反我国公共利益,根据《1958 年纽约公约》第五条第二款第(乙)项的规定,应拒绝承认该仲裁裁决。

依据钧院《关于人民法院处理与涉外仲裁及外国仲裁事项有关问题的通知》第二条的规定,特向钧院请示,请予批复。

最高人民法院关于中基宁波对外贸易股份有限公司申请不予执行香港国际仲裁中心仲裁裁决一案的审核报告的复函

(2009 年 12 月 9 日 〔2009〕民四他字第 42 号)

浙江省高级人民法院:

你院〔2009〕浙执他字第 2 号《关于中基宁波对外贸易股份有限公司申请不予执行香港国际仲裁中心仲裁裁决一案的审核报告》收悉,经研究,答复如下:

本案因 Addax Bv 向宁波市中级人民法院申请执行香港国际仲裁中心作出的仲裁裁决,中基宁波对外贸易股份有限公司(以下简称中基宁波公司)提出抗辩申请不予执行而提起。因此,本案应根据法释〔2000〕3 号《最高人民法院关于内地与香港特别行政区相互执行仲裁裁决的安排》第七条的规定进行审查。中基宁波公司申请不予执行的主要理由是:未接到指派仲裁员的适当通知。

按照你院报告所述案件事实,2006 年 7 月 18 日,香港国际仲裁中心以传真和双挂号信的方式,按中基宁波公司在《混合芳烃分期供货合同》中载明的传真号码和地址,向其发送了指派仲裁员的通知,并要求其"于 8 月 1 日前提出意见"。对此,中基宁波公司提出:上述传真号码在香港国际仲裁中心发出传真时已不使用,而上述双挂号信则"在 8 月 17 日才收到,无法在 8 月 1 日前提出意见。"对于中基宁波公司以上主张,首先,根据《联合国国际贸易法委员会仲裁规则》第二条"通知和时间计算"有关规定,中基宁波公司在合同中载明的传真号码,为其在本案中最后确定的通讯方式,香港国际仲裁中心按该传真号码所发送的指派仲裁员通知,应视为中基宁波公司业已收到;其次,中基宁波公司提出双挂号信"在 8 月 17 日才收到",但其并未提交充分证据予以证明。因此,中基宁波公司申请不予执行的理由不能成立。

综上，本案不存在《最高人民法院关于内地与香港特别行政区相互执行仲裁裁决的安排》第七条所规定不予执行仲裁裁决的情形。香港国际仲裁中心作出的仲裁裁决应予执行。

此复。

附：

浙江省高级人民法院关于中基宁波对外贸易股份有限公司申请不予执行香港国际仲裁中心仲裁裁决一案的审核报告

（2009 年 9 月 22 日　〔2009〕浙执他字第 2 号）

最高人民法院执行局：

宁波市中级人民法院报送的中基宁波对外贸易股份有限公司（以下简称中基宁波公司）申请不予执行香港国际仲裁中心于 2008 年 3 月 5 日作出的终局裁决及同年 5 月 20 日作出决定及引申诉讼费用的裁决，我院已审查完毕。现按《最高人民法院关于人民法院处理与涉外仲裁及外国仲裁事项有关问题的通知》的规定，将审查意见报钧院。

一、基本案情

申请执行人：Addax Bv，住所地：荷属安的列斯库拉索岛威廉姆斯塔德范安格伦—波尔埃库瑞威格 6A。

法定代表人：Anoushka Rolanda Sprock 和 Engel mindus George praag，该公司执行董事。

被执行人：中基宁波对外贸易股份有限公司，住所地：浙江省宁波市雅戈尔大道 1 号。

法定代表人：周巨乐，该公司董事长。

二、申请不予执行仲裁的理由

中基宁波公司没有得到指定仲裁员或进行仲裁程序的通知，仲裁庭违反仲裁规则拒不对裁决进行解释并强行收取费用，因而香港国际仲裁中心的仲裁裁决程序不当。此外，裁决的事项涉及诈骗，依法不属于仲裁机构管辖。

三、事实

2004 年 12 月 3 日，Addax Bv 与中基宁波公司签订了混合芳烃分期供货合同一份，约定：中基宁波公司以不可撤销信用证的付款方式向 Addax Bv 公司购买混合芳烃 33，000 公吨至 6 万公吨，双方对价格、交付方式、所有权与风险、保险、数量与质量的确定、装卸时间与滞期、转让条款等作了约定。合同还约定适用英国法律管辖解释,因履行合同产生纠纷,若当事人双方无法友好协商解决,则应根据联合国国际贸易法委员会现行有效的仲裁法规通过仲裁解决,仲裁地点为香港,仲裁语言为英语。

在履行合同过程中,双方因货物质量问题曾进行协商,并于 2005 年 4 月 21 日达成解决问题的备忘录,由 Addax Bv 公司将改正后的质量指标经中基宁波公司确认后执行后续合同。因 Addax Bv 公司未按约履行,中基宁波公司以信用证单据不符为由拒付信用证项下的款项。Addax Bv 公司向香港国际仲裁中心申请仲裁。2006 年 4 月 3 日,Addax Bv 公司以长期合同第 17 条没有规定仲裁员的人数为由,认为仲裁庭应由三名仲裁员组成,并将此情况发信函给中基宁波公司,要求中基宁波公司 15 天内答复,否则将根据联合国国际贸易法委员会仲裁规则的规定任命三名仲裁员。同月 18 日,在未收到中基宁波公司回复的情况下,Addax Bv 公司选任 Julian Lister 为本公司的仲裁员。同月 25 日,Addax Bv 公司向中基宁波公司发送了快件和传真,要求中基宁波公司尽快指定仲裁员。同年 5 月 2 日,Addax Bv 公司在来收到中基宁波公司答复的情况下,发函海牙常设仲裁法院,要求海牙常设仲裁法院按联合国国际贸易法委员会仲裁规则指派香港国际仲裁中心为任命机构任命中基宁波公司的仲裁员。

同月,Addax Bv 公司的代理行比利时 ING 银行就中基宁波公司以信用证单据不符为由拒付信用证项下的款项向巴黎国际商会申请裁决。同年 6 月 22 日,海牙常设仲裁法院以电邮及传真方式通知中基宁波公司,要求对任命机构于 2006 年 6 月 30 日前提出意见。同年 6 月 27 日,巴黎国际商会就 Addax Bv 公司的代理行比利时 ING 银行单据不符案作出 262 号裁决,判定信用证单据不符,中基宁波公司无需支付信用证项下的款项。同年 7 月 4 日,在未得到中基宁波公司回复的情况下,海牙常设仲裁法院通知中基宁波公司已指派香港国际仲裁中心为任命机构。同月 10 日,宁波市外经贸局国际商务总顾问李道金回复常设仲裁法院,明确指出香港国际仲裁中心没有将仲裁事项通知中基宁波公司,不符合程序。同月 21 日,香港国际仲裁中心任命了 Lee Fook Choon 为中基宁波公司的仲裁员并向中基宁波公司发送了传真和双挂号信,同时要求中基宁波公司于 8 月 1 日前提出意见。同年 8 月 18 日,中基宁波公司回函香港国际仲裁中心,明确提出其于 8 月 17 日才收到信函,无法在 8 月 1 日前提出意见。同月 21 日,中基宁波公司与比利时 ING 银行就信用证项下的款项达成解决协议,约定由中基宁波公司的代理行中国农业银行宁波市分行在收到单据后 3 个工作日内将 1,853,236.62 美元汇入比利时 ING 银行指示的账户,比利时 ING 银行同意并确认一旦收到付款金额,有关发票的一切责任即刻失效,其他争议应在中基宁波公司与 Addax Bv 公司之间解决。

9 月 3 日,在未对中基宁波公司的异议作出决定的情况下,Julian Lister 和 Lee Fook Choon 共同任命 Robin Peard 为第三位仲裁员。之后,中基宁波公司提出反索赔申请。2007年11月12日、13日,香港国际仲裁中心对本案进行了审理。2008年3月5日,香港国际仲裁中心作出了仲裁裁决,裁定由中基宁波公司支付Addax Bv公司1,142,731.80美元及利息。同年4月10日,中基宁波公司以书面形式要求仲裁庭按照联合国国际贸易法委员会仲裁规则第35条对最终裁决进行了解释,按照第36条进行更正,并按照第37条作出附加裁决。同年5月20日,香港国际仲裁中心又作出了决定及引申诉讼费用之裁决。同年9月4日,Addax Bv公司向宁波中院申请承认与执行香港国际仲裁中心的裁决。同年10月10日,中基宁波公司提出不予执行仲裁裁决申请。

另查明:中基宁波公司在2005年12月30前租用宁波华禧国际贸易有限公司的办公用房,期间借用宁波华禧国际贸易有限公司的两部电话,号码为87148359、87118100。在中基宁波公司搬离后,宁波华禧国际贸易公司收回了上述两部电话。2005年12月30日,中基宁波公司租用了宁波森达机电设备有限公司位于宁波市雅戈尔大道1号的办公用房,并与宁波森达机电设备有限公司共用传真机,号码为(86)574－87425460。宁波森达机电设备有限公司于2009年3月30日出具证明一份,内容为:我公司自2005年始没有收到过中基宁波公司与Addax Bv纠纷案间的任何传真,包括海牙常设仲裁法院、香港国际仲裁中心及其仲裁员的任何传真。同日,鄞州电信政企客户部经理出具证明一份,内容为:电话号码87425460不属于中基宁波公司化学品部,87148359、87118100、87156944三部电话不属于中基宁波公司。

还查明:在宁波中院对仲裁裁决审查期间,宁波市公安局于2008年12月4日出具函件一份,内容为:因Addax Bv公司涉嫌信用证诈骗,我局于同年11月13日依法立案审查,要求宁波中院执行局暂缓执行。

四、宁波中院处理意见

案件经宁波中院合议庭讨论后,一致意见为不予执行香港国际仲裁中心作出的仲裁裁决。后经宁波中院审委会讨论,一致意见为本案有不予执行的情形,同意合议庭意见。

五、我院处理意见

经合议庭讨论后一致意见为现有证据表明,仲裁程序的启动及Addax Bv公司致函海牙常设仲裁法院要求根据联合国国际贸易法委员会仲裁规则指派香港国际仲裁中心为中基宁波公司仲裁员的任命机构,这些事项未有效通知到中基宁波公司。而在中基宁波公司通过相关渠道得知这一情况并提出异议的情况下,香港国际仲裁中心又在未通知到中基宁波公司之前做出了对中基宁波公司仲裁员的任命,并进而由前两名仲裁员任命了第三位仲裁员。在中基宁波公司明确提出于8月17日才收到信函无法在8月1号前提出意见的情况下,仲裁庭未对此进行处理就开庭仲裁,程序不当。此外,因货物质量问题,中基宁波公司申请对信用证予以拒付,开证行和预付行在巴黎商会进行了裁决,在裁决后中基宁波公司与比利时 ING 银行就信用证项下的款项达成了解决协议,故没有理由认为中基公司故意不应诉。其次,中基宁波公司出席仲裁的行为是否表示其对异议的放弃。根据联合国国际贸易法委员会仲裁规则的规定,当事人一方知道有不遵照本规则的任何规定或要求的情况,仍进行仲裁程序而不迅速对此种不遵照规定或要求行事的情况表示反对,则应视为他已放弃提出反对的权利。而在本案中,中基宁波公司在出庭前已提出异议,因而其出庭行为不能表明他已经接受了仲裁庭的指派,不应当视为中基宁波公司放弃了反对的权利。本案属于经济纠纷,双方系在履行合同中产生争议,故不涉及刑事犯罪。基于上述考虑,香港国际仲裁中心所做仲裁裁决程序上存在不当,中基宁波公司申请对该仲裁裁决不予执行的部分理由成立,同意宁波中院的报核意见。

是否妥当,请指示。

最高人民法院关于舟山中海粮油工业有限公司申请不予执行香港国际仲裁中心仲裁裁决一案的请示报告的复函

(2009 年 3 月 18 日 〔2009〕民四他字第 2 号)

浙江省高级人民法院:

你院〔2007〕浙执他字第 4 号《关于舟山中海粮油工业有限公司申请不予执行香港国际仲裁中心仲裁裁决一案的请示报告》收悉,经研究,答复如下:

本案因来宝资源有限公司(以下简称来宝公司)申请执行香港国际仲裁中心所作的仲裁裁决,舟山中海粮油工业有限公司(以下简称中粮公司)提出抗辩不予执行而提起。你院经审查后倾向性意见认为,执行本案仲裁裁决既有损行政命令的权威,又有损社会公众的健康,从而以违反社会公共利益为由,决定不予执行仲裁裁决。

从你院请示报告所陈述的事实可以看出,2004 年 5 月 10 日,国家质检总局发布〔2004〕322 号特急警示通报,决定从即日起暂停来宝公司及其他三家巴西供货商从巴西向我国出口大豆。但该特急警示通报明确指出,已启运在途的大豆,符合进境检验检疫要求的准予入境。本案中,特急警示通报发出前,案涉货物已经装船,系为启运在途货物。同年 6 月 23 日,国家质检总局终止了该进口禁令,恢复来宝公司等供货商向中国出口的资格。来宝公司于同年 7 月取得了大豆转基因生物安全证书,中粮公司也取得了大豆进口许可证。可见,该批货物符合进境检验检疫要求,不在禁止入境的货物之列。此外,并无证据表明案涉货物会带来严重的安全卫生问题,也不存在有损公众健康的事实。因此,执行香港国际仲裁中心的仲裁裁决并不违反社会公共利益。根据《最高人民法院关于内地与香港特别行政区相互执行仲裁裁决的安排》的规定,香港国际仲裁中心的仲裁裁决应予执行。

此复。

附:

浙江省高级人民法院关于舟山中海粮油工业有限公司申请不予执行香港国际仲裁中心仲裁裁决一案的请示报告

(2008 年 12 月 5 日 〔2007〕浙执他字第 4 号)

最高人民法院:

我院在审核宁波市中级人民法院报送的舟山中海粮油工业有限公司(以下简称中粮公司)申请不予执行香港国际仲裁中心于 2006 年 8 月 25 日作出终局裁决及同年 10 月 16 日作出更正的仲裁裁决一案中,对案件是否以违背社会公共利益不予执行发生分歧。因该问题涉及法律适用问题,特向钧院请示。

一、基本案情

申请执行人:来宝资源有限公司。住所地:新加坡 600North Bridge Road,#10－08Park view Squar,18878。

法定代表人:Mahesh Manoharlarl Asrani,该公司董事。

被执行人:舟山中海粮油工业有限公司。住所地:浙江省舟山市定海临港工业区。

法定代表人:虞松波,该公司董事长。

2004 年 4 月 8 日,来宝公司与中粮公司签订编号为 NC070654 销售合同一份,约定:中粮公司向来宝公司购买 35,000 公吨散装巴西大豆,具体装运时间从 2004 年 4 月 7 日到 4 月 30 日(包含这两个日期),C & F 中国舟山;买方应当通过卖方接受的中国一级银行开启不可撤销、无限制并且可以自由议付的信用证,若到 2004 年 4 月 20 日的定价尚未全部完成,信用证应当依据临时价格开启;所有的出口许可证/中国农业部颁发的转基因证书/税金/检疫限制/关税/扣押滞留/风险等,均由卖方负责;所有的进口许可证/税金/检疫限制/关税/扣押滞留/风险等,均由买方负责;因未能获得进口或出口许可证/配额/办理正式手续造成无法履约不能视为不可抗力的影响。同时约定若发生纠纷提交仲裁,如果买方是被告,仲裁地点在香港,如果卖方是被告,仲裁地点在欧洲,因合同引发或合同相关的分歧都应当以英国法律和英语解释为准。

签约后，来宝公司于同年 4 月 16～21 日将标的物在巴西巴拉那瓜港装上 Eastern Queen 轮。同月 23 日，来宝公司给中粮公司发送了装船通知。同月 26 日，来宝公司发传真通知中粮公司，要求中粮公司根据付款条件的规定给信用证确定临时价格，并尽快开立信用证。同月 28 日，中粮公司传真给来宝公司信用证草稿。次日，来宝公司要求中粮公司作信用证修改并加快与银行沟通速度，必须在本周内开立信用证。同月 30 日，国家质检总局动植物检疫监管司检疫许可处处长李艺娟电话通知中粮公司，由于发现大豆供货商来宝公司提供的货物存在严重的质量问题，中粮公司申请的大豆进境许可证暂时不能办理，请尽快与供货商联系（事后中粮公司未再联系也未办理信用证）。同年 5 月 10 日，因来宝公司于 2004 年 4 月 16 日出售给福建漳州百佳的大豆货物因标的物含有毒红大豆被退回，国家质检总局发布〔2004〕322 号特急警示通报，决定从即日起暂停来宝公司及其他三家巴西供货商从巴西向我国出口大豆，已启运在途的大豆，符合进境检验检疫要求的准予入境。同年 6 月 21 日，国家质检总局与巴西农牧业和供给部就有毒红大豆问题进行了协商，达成了会谈纪要和附件。同月 23 日，国家质检总局发布公告，决定终止进口禁令，恢复来宝公司等供货商向中国出口的资格，但 2004 年 6 月 11 日前已启运在途的巴西大豆，如混有种衣剂大豆，应在卸货前进行挑选处理。同年 7 月，来宝公司取得了大豆转基因生物安全证书，中粮公司也取得了大豆进口许可证。中粮公司同时向来宝公司提出重新议价（318 美元、325 美元、295 美元）未获得同意。同年 9 月，来宝公司将“Eastern Queen”轮上的大豆在广东湛江卸货并以 295 美元/吨出售给湛江中粮天鼎国际贸易有限公司。

二、仲裁情况

因中粮公司未开立信用证，来宝公司向香港国际仲裁中心申请仲裁，要求中粮公司赔偿因其违约未能履行 33, 913. 75 吨货物开立信用证的义务而造成的替代大豆销售产生的损失以及损害、利息、费用和其他应得补偿等总计 4, 140, 190. 62 美元，上述额外损害包括替代销售产生的费用损失 3, 160, 636. 2 美元。中粮公司则以开立信用证的义务从 2004 年 4 月 30 日起因国家禁令被暂停或放弃，此后来宝公司也未再向其要求限时开立信用证，由于进口货物不合法使合同落空，来宝公司也于 2004 年 5 月底之前同意中粮公司毁弃合同等提出答辩。香港国际仲裁中心审查后认为裁决判定违约者承担的损失仅限于合同价格与违约之日实际的或估计的市场价格的差价损失。而在违约日 2004 年 4 月 30 日，实际的或估计的市场价格很可能等于或甚至稍微高于合同价格。因此，在 FOSFA 违约条款设想的计算方法下，中粮公司违约以及转售给中粮天鼎国际贸易有限公司没有给来宝公司造成损失。对来宝公司提出的运输船载货物额外费用的损失请求，仲裁庭仅对 2004 年 5 月 24 日至 7 月 15 日消耗的租金和相关费用作出判赔。据此，香港国际仲裁中心于2006年8月25日作出终局裁决，并于2006年10月16日作出更正的仲裁裁决，判令：中粮公司向来宝公司赔偿租金损失(52天8.167小时，即2004年5月24日至7月15日)、燃油费、柴油费共计1,479,554.32美元，并按4.5%的利率从2004年6月19日起到中粮公司实际支付裁定额之日止的利息。裁决的费用总计78,773美元，合640,813.08港币，来宝公司应支付该费用的40%；中粮公司应支付该费用的60%。

三、执行情况

仲裁裁决生效后，因中粮公司未主动履行义务，来宝公司向宁波市中级人民法院申请执行香港国际仲裁中心于2006年8月25日作出的终局裁决及同年10月16日作出更正的仲裁裁决。在执行过程中，中粮公司以其因遵守中国政府针对来宝公司的进口禁令而无法履行协议，应根据不可抗力的原则免除合同项下的责任。同时，执行裁决将违反我国的社会公共利益等为由，向法院申请不予承认和执行仲裁裁决。

宁波市中级人民法院经审查认为，中粮公司之所以没有按期开立信用证，是因为国家质检总局发现该公司向来宝公司购买的巴西大豆存在严重质量问题，为保护国内食品安全和消费者生命健康而发布了进口禁令。中粮公司是遵守政府禁令，没有违约的故意。如认可和执行上述裁决，将损害我国行政命令的权威性，从而违反社会公共利益。据此，不予执行香港国际仲裁中心于2006年8月25日作出的终局裁决及同年10月16日作出更正的仲裁裁决。

因本案系涉外仲裁裁决，宁波市中级人民法院根据《最高人民法院关于人民法院处理与涉外仲裁及外国仲裁事项有关问题的通知》的规定，报我院审查。

四、我院处理意见

我院审委会讨论，形成两种意见：

倾向性意见为本案应不予执行仲裁裁决。理由：由于来宝公司进口到厦门的该批染有红色警示剂含有毒性的大豆，被厦门检验检疫局发现会给食用油和豆粕带来严重的安全卫生问题，我国政府出于保护国内食品卫生安全和消费者生命健康为目的发布禁令，符合国际惯例及我国的法律。中粮公司遵守政府合法的行政命令既是中国法律下企业应尽的义务，也是履行其社会责任的基本要求。中粮公司在此过程中没有过错，仲裁庭消极回避了政府禁令构成不可抗力这一基本原则，让中国企业来承担所有的责任和损失有失公允。

如果承认和执行该裁决，不但违反我国的社会公共利益，也可能导致日后中国政府所作出的行政命令在国际上丧失威信，不被国外当事方尊重，从而对中国法律、中国政府和中国国家利益造成被动和危害。

少数意见认为，国家质检总局发出禁令后，中粮公司从来宝公司购买的巴西大豆此时已在途中。因此，中粮公司未开具信用证构成违约，应按照有关约定承担责任。认可和执行上述裁决并不存在损害我国行政命令权威的问题。

五、请示问题

鉴于香港国际仲裁中心仲裁裁决在内地不予执行，目前国内尚无先例，同时还涉及是否违反社会公共利益的认定，为稳妥起见，特请示能否对香港国际仲裁中心仲裁裁决不予执行。

请批示。

最高人民法院关于 GRD Minproc 有限公司申请承认并执行瑞典斯德哥尔摩商会仲裁院仲裁裁决一案的请示的复函

（2009 年 3 月 13 日 〔2008〕民四他字第 48 号）

上海市高级人民法院：

你院〔2008〕沪高民四（商）他字第 2 号《关于 GRD Minproc 有限公司申请承认并执行瑞典斯德哥尔摩商会仲裁院仲裁裁决一案的请示》收悉。经研究，答复如下：

本案系当事人向我国法院申请承认和执行外国仲裁机构作出的仲裁裁决案件，另一方当事人提出了不予执行的抗辩。因此，人民法院应当根据《中华人民共和国民事诉讼法》第二百六十七条以及《承认及执行外国仲裁裁决公约》（以下简称《纽约公约》）的相关规定进行审查。

关于本案所涉仲裁裁决的承认和执行是否将违反我国公共政策的问题。飞轮公司从境外购买的设备经过有关主管部门审批同意，并非我国禁止进口的设备。该设备在安装、调试、运转的过程中造成环境污染，其原因可能是多方面的。在飞轮公司根据合同中有效的仲裁条款就设备质量问题提请仲裁的情况下，仲裁庭对设备质量作出了评判，这是仲裁庭的权力，也是当事人通过仲裁解决纠纷所应当承受的结果。不能以仲裁实体结果是否公平合理作为认定承认和执行仲裁裁决是否违反我国公共政策的标准。承认和执行本案所涉仲裁裁决并不构成对我国社会根本利益、法律基本原则或者善良风俗的违反，因此，本案不存在《纽约公约》第五条第二款第二项规定的情形。

本案所涉仲裁裁决也不存在《纽约公约》第五条规定的其他情形。因此，人民法院应当裁定承认和执行本案所涉仲裁裁决。

此复。

附：

上海市高级人民法院关于 GRD Minproc 有限公司申请承认并执行瑞典斯德哥尔摩商会仲裁院仲裁裁决一案的请示

(2008 年 8 月 18 日 〔2008〕沪高民四(商)他字第 2 号)

最高人民法院：

上海市第一中级人民法院(以下简称一中院)就 CRD Minproc 有限公司申请承认并执行瑞典斯德哥尔摩商会仲裁院于 2006 年 11 月 20 日作出的第 024/2003 号仲裁裁决一案，报我院请示。经我院审查，拟同意一中院的请示意见，即不予承认及执行该仲裁裁决。为此，特报钧院请示。

一、当事人的基本情况

申请人：CRD Minproc 有限公司(GRD Minproc Limited，以下简称 GRD 公司)。住所地：澳大利亚联邦佩斯圣乔治大道 140 号。

被申请人：上海飞轮实业有限公司(以下简称飞轮公司)。住所地：中华人民共和国上海市老沪闵路 809 号。

二、案件基本事实

1994 年 7 月 24 日，上海对外贸易公司(以下简称外贸公司)作为买方、沃曼国际有限公司(以下简称沃曼公司)作为卖方、飞轮公司作为最终用户，三方共同签订了一份编号为“94YN150 - MS7109AU”的合同，约定沃曼公司同意提供、外贸公司同意购买用于电池回收设备的装置和材料，飞轮公司系该设备的最终用户，设备总价约 677 万澳元。合同还约定了支付条款、交付条款、包装和标识、标准和检验、安装调试、违约、不可抗力、仲裁、合同效力等条款。其中第十一章“仲裁”约定：现有合同的履行过程中或与现有合同相关而产生的所有争议，应通过双方友好协商解决，若协商不能达成一致，争议应提交仲裁予以解决。仲裁应在瑞典斯德哥尔摩进行，由位于瑞典的斯德哥尔摩商会仲裁院根据其规则进行仲裁。仲裁裁决应为终局性的，且对双方均有约束力。仲裁费用应由败诉方承担。另外，合同附件约定了工艺设备和工厂的总体描述、设计、技术文件的划分、技术服务、性能保证等内容。

1995 年 4 月 30 日，GRD 公司、外贸公司及飞轮公司共同签订一份《对 94YN150 - MS7109Au 合同的修订》，同意将合同卖方沃曼公司变更为 GRD 公司。

1997 年 7 月至 12 月间，上述合同项下设备陆续通过外贸公司从澳大利亚进口至上海，由飞轮公司收货。1999 年上半年，该设备由 GRD 公司在飞轮公司车间内进行了调试。

其间，1999 年 6 月 4 日，上海测试中心对飞轮公司的提炼车间铅粉尘进行浓度检测,并出具“(99)浦检字第990527号”《检验证书》。测试在提炼车间内取4个测点采样,测得的每立方米铅粉尘浓度分别为0.772毫克、0.232毫克、1.045毫克和0.572毫克,均超出行业标准(标准应≤0.05毫克/立方米)。

1999年6月17日,上海进出口商品检验局出具“3101/4920”号《检验证书》,对飞轮公司进口的上述设备规格和品质进行了检验。发现以下问题:1.规格:合同附件F10中,快速金属分析仪的型号为ARL3460型,实际到货的型号为ARL2460。2.品质:上述设备在调试过程中,发现其布袋的进口温度过高,无法保证说明书中所规定的温度必须低于130℃。为此,制造商委派的调试工程师采取了两项降温措施:……以上措施虽然达到了降温目的,但根据风管的特性,罩口的抽风量大大减少,导致车间内的铅粉尘浓度严重超过合同附件H.5规定不超过O.03毫克/立方米的要求,经测定车间内铅粉尘的平均浓度为0.655毫克/立方米。此外,由于新设风口进入的空气是未经干燥处理的潮湿空气,故将引起布袋受潮堵塞,致使布袋除尘器失效。

为此,在上述设备的调试、使用过程中,飞轮公司与GRD公司就设备的效能发生争议。

三、仲裁情况

2003年1月31日,飞轮公司向斯德哥尔摩商会仲裁院(以下简称仲裁院)提交仲裁,请求解除合同,并由GRD公司返还全部已付货款和赔偿损失。仲裁院依据94YN150－MS7109AU合同中的仲裁条款受理该案。同年4月22日,GRD公司向仲裁院提出管辖异议。同年6月25日,仲裁院作出决定,不能明确认定仲裁院不具有对该争议的管辖权。2004年3月26日,仲裁院将该争议提交仲裁庭,仲裁庭于2005年3月11日就管辖权作出决定,确定仲裁庭有管辖权审理该争议。此后,仲裁庭就当事人的举证作出了一系列的指示,双方当事人均提交了相关的文件,仲裁庭亦对现场检查作出指示,且双方进行了现场检查。在进行审前会议并发布审前指示后,仲裁庭于2006年6月26日至7月4日间,在斯德哥尔摩进行了为期9天的最终庭审,并于同年11月20日作出最终裁决。

最终庭审中,飞轮公司陈述的案情是:设备未交付,被申请人根本性违约。因为:(1)工艺设计标准构成合同不可分割的一部分;(2)设备未能生产合同规定数量的铅(设计标准为每年生产16,650吨);(3)GRD公司提供的设备不仅无法达到16,650吨的水平,且根本未生产出任何铅;(4)因下述主要原因,设备不符合更特定的工艺设计标准:熔炉温度不恰当、熔炉尺寸不足、通风管道的设计瑕疵导致熔炉排出过多废气导致袋滤室报警;加力燃烧室的设计不适合运行。

GRD公司在仲裁中述称,合同的修订本很大程度上免除了GRD公司的设备义务,此外,这使得“合同设备的主要装置的良好及稳定运行”的义务有赖于双方现有的、相互依存的义务。每年生产25,000吨是合同附件A中的意向说明,而不是一项性能或产品保证。此外,通过修订,使合同附件H中的性能保证以电池断路器及脱硫系统的有效运转为条件,在修订本中,上述两者均已从GRD公司的义务中删除。GRD公司进一步述称,设备在若干情形下,的确实际生产了铅。

仲裁庭认为:(1)未发现工艺设计标准构成对GRD公司有法律约束力的任何义务,这仅仅是对构成设备设计基础的工艺标准的陈述。(2)最初合同附件H规定的生产能力及回收的生产性能保证为合同事项,但因合同修改,生产性能保证从附件H中删除。飞轮公司认为生产数据为"性能保证"没有证据支持,这仅是基于若干假定的估计。(3)飞轮公司的主要论点"根本未生产任何铅"无证据支持,相反,有令人信服的证据证明,在若干情况下实际生产出了铅。(4)通风管道的设计和工程是飞轮公司的责任,对于通风管道的任何指称不能构成GRD公司根本性违约的法律依据。

最后仲裁庭裁定,没有证据证明GRD公司供应的设备不能够运行,以及不能够达到设想的水平,因此驳回飞轮公司就实质性事项提出的请求,同时裁定应由飞轮公司赔偿GRD公司的仲裁支出费用168万澳元。

四、当事人的申请与抗辩意见

申请人GRD公司向一中院申请承认并执行瑞典斯德哥尔摩商会仲裁院于2006年11月20日作出的第024/2003号仲裁裁决,即裁决裁定的被申请人飞轮公司应赔偿其仲裁支出费用168万澳元(折合人民币10,735,200元)。

被申请人飞轮公司答辩称,上述仲裁裁决应不予承认,主要理由如下:(1)仲裁协议无效,即飞轮公司在合同签订时没有外贸经营权,不具有签署外贸合同的主体资格,故合同及其中的仲裁条款无效。(2)仲裁裁决与我国公共秩序相抵触,即系争设备在投产运行时产生的铅尘浓度超标,污染环境及损害工人健康。(3)仲裁庭审过程中,对方收买其证人,窃取其证据,该方式违反我国公共秩序。(4)GRD公司在仲裁期间从未就仲裁费用提起过反请求,故仲裁裁决所处理之争议非为交付仲裁之标的。(5)仲裁庭曾指示要安排现场检查,但实际没有进行,致使飞轮公司就设备对工人健康及自然环境所造成的严重损害未进行充分陈述。(6)裁决书只字未提裁决的理由,也没有证实未签名的仲裁员参与了对争议的决定。

GRD公司认为,(1)原合同列明了三方当事人的各自地位,三方均对合同予以了实际履行,飞轮公司还依合同提出了仲裁,故飞轮公司提出其无权签约毫无依据。(2)关于铅尘污染问题,飞轮公司所举证据没有证明生产线铅尘排放指数超标是由于GRD公司的原因引起的,相反根据仲裁庭在裁决书中的认定,恰恰是飞轮公司应当对排污超标承担责任,飞轮公司应当对此加以解决使之达到国家标准的要求。此外,《纽约公约》所指的是承认和执行仲裁裁决导致有违该国国家公共政策,本案仲裁裁决执行的是仲裁费和律师费的给付,这恰恰是中国仲裁制度的一项基本原则,承认和执行这样的仲裁裁决,根本不违反中国的公共政策。(3)关于窃取证据,这是飞轮公司的推断和假设,飞轮公司未指出GRD公司有什么具体的窃取行为,也没有举出任何证据。(4)GRD 公司在仲裁过程中已向仲裁庭正式提出关于仲裁费用的请求,仲裁庭有权对仲裁费用作出裁定。(5)仲裁庭于 2005 年 8 月 11 日向双方当事人发出了《现场检查指令》,裁决书亦裁明"仲裁庭亦对现场检查做出指示,且双方进行了检查",可见飞轮公司所述没有进行现场检查的理由不能成立。(6)裁决书第五部分专章论述了裁决意见的依据和理由,而 GRD 公司起诉时提交的裁决书上记载了三名仲裁员的签名字样,故根本不存在飞轮公司所称的情况。

在一中院审理期间,飞轮公司委托上海市预防医学研究院(以下简称研究院)对其冶炼车间铅烟浓度进行检验,研究院于 2007 年 8 月 13 日出具"沪预研委劳(2007)检字第 0127 号"《检验报告》,检测结果:三个采样地点的时间加权平均浓度分别为 0.44mg/立方米、1.04mg/立方米、0.69mg/立方米,短时间接触最高浓度分别为 1.2mg/立方米、1.4mg/立方米、1.8mg/立方米。我国国家职业卫生标准《工作场所有害因素职业接触限值》(GBZ2 - 2002)规定:时间加权平均容许浓度为 0.03mg/立方米,短时间接触容许浓度为 0.09mg/立方米。

GRD 公司认为,上述检验报告是于 2007 年 8 月 13 日作出的,不影响在此之前已经生效的仲裁裁决,不应作为本次审理承认和执行仲裁裁决案件的证据。

一中院就检验报告内涉及的检测数据、国家标准、设备使用等情况向研究院书面咨询,研究院回复,其接受飞轮公司委托,到现场进行样品采集,并开展实验室检测,经三级审核,出具了上述检验报告。根据检测情况,三个采样地点的时间加权平均浓度分别超标 13.7 倍、33.7 倍及 22 倍,而短时间接触最高浓度分别超标 12.3 倍、14.6 倍及 19 倍。在现场采样时,设备能够运行,但在这种状况下,可能会对操作人员的身体健康产生危害。经查核,该研究院持有我国卫生部颁发的《职业卫生技术服务机构资质证书》,是卫生部认可的甲级建设项目职业病危害评价(职业卫生)机构,业务范围为建设项目职业病危害评价、职业病危害因素检测与评价。

五、一中院的处理意见

该仲裁结果意味着 GRD 公司已交付了符合合同约定的设备,且该设备可以正常运行使用。现根据飞轮公司提供的三份检测报告均反映,系争设备在运行时会产生大量铅粉尘,且操作车间内铅尘的浓度严重超标。我国卫生部于 1979 年 11 月 1 日制订实施了《工业企业设计卫生标准 TJ36 - 79》,其中第三章第 32 条规定,铅尘属有毒物质,车间空气中铅尘的最高容许浓度为 0.05 毫克/立方米。后上述卫生标准于 2002 年 6 月 1 日被卫生部修订为《中华人民共和国国家职业卫生标准 GBZ2 - 2002》。其中《工作场所有害因素职业接触限值》第 4.1 条对铅尘作了相同规定,即铅尘属有毒物质,工作场所空气中铅尘最高容许浓度为 0.05 毫克/立方米。根据前后三次检测结果,系争设备产生的铅尘浓度严重超标。

一中院认为,《中华人民共和国劳动法》第三条第一款规定,劳动者享有获得劳动安全卫生保护的权利。第五十二条规定,用人单位必须建立、健全劳动安全卫生制度，严格执行国家劳动安全卫生规程和标准，对劳动者进行劳动安全卫生教育，防止劳动过程中的事故，减少职业危害。第五十四条规定，用人单位必须为劳动者提供符合国家规定的劳动安全卫生条件和必要的劳动防护用品。据此，承认并执行仲裁院的仲裁裁决，意味着系争设备可以正常运行及使用，但由于该设备运行使用时产生的铅尘浓度严重超过我国卫生部制订的标准，飞轮公司将无法按照劳动法的规定执行我国劳动安全卫生标准，亦无法向操作工人提供有效的防护措施，其结果势必会危害操作工人的身心健康，损害劳动者获得劳动安全卫生保护的权利。如果飞轮公司选择不使用系争设备，虽可以避免违反我国劳动安全的法律规定，但巨额货款已经支付，飞轮公司购买了设备却不能使用，其权利义务将严重失衡，不符合《中华人民共和国民法通则》第四条规定的公平原则。据此，承认并执行仲裁院的仲裁裁决，违反我国法律的基本原则，与我国的社会公共利益相抵触，符合《承认及执行外国仲裁裁决公约》第5条第2款第(2)项的规定，故瑞典斯德哥尔摩商会仲裁院的第024/2003号仲裁裁决应不予承认及执行。

六、需说明的情况

1. 该仲裁裁决所裁定的飞轮公司应赔偿GRD公司仲裁支出费用168万澳元(折合人民币10,735,200元)，在裁决书中既没有反映具体的项目，又缺乏相应的证据证明，仅仅是一笔带过；倒是裁定飞轮公司向仲裁员和仲裁院支付的近30万欧元的费用均有详细的项目；

2. 在2000年至2002年间，飞轮公司下属的上海飞轮有色冶炼厂有朱莽原等5位一线职工，在对系争设备进行调试生产时因发生铅中毒而住院；此后该设备被停止运行，并一直处于关闭状态，因此，相关安全生产监督部门亦未对其进行处罚；

3. 飞轮公司下属的上海飞轮有色冶炼厂是20世纪90年代初上海市唯一再生铅定点处理企业，为了解决企业再生铅的严重污染问题，当时经上海市计委、经委牵头立项，才确立了系争合同项下的引进设备项目。

另自本申请承认与执行仲裁裁决案受理以来，飞轮公司先后通过市人大代表、政协委员个人，以及公司所属职工联名的方式，向市人大、市政府相关领导反映系争设备运行的污染情况及其对该公司造成的恶果，有关媒体(如《劳动报》)也有相应的报道。再者，飞轮公司还邀请有关学术机构就本案法律问题举行过专家论证会。

七、我院的审查意见

本案经我院审委会讨论认为，本案系争的瑞典斯德哥尔摩商会仲裁院第024/2003号仲裁裁决究竟是否应该被申请承认和执行，应该根据民事诉讼法第二百六十九条有关规定，以及我国已经加入的联合国《承认及执行外国仲裁裁决公约》(即1958年《纽约公约》)第5条第2款第(2)项中有关不予承认及执行外国仲裁裁决规定的条件，来进行审查判定。本案中，虽然申请人申请执行的仅仅是仲裁裁决中有关仲裁支出费用的裁定内容,但是该仲裁支出费用的裁定恰恰是对于仲裁实体性争议及其最终胜负的反映。经过对于该仲裁裁决过程的初步审查,以及对于整个案件背景的详细了解,我院认为当事人双方的争议起源于买卖的特殊生产设备不能达到行业安全生产标准,从而对于被申请人厂区环境和职工身体造成严重污染和伤害,进而有损公共利益而被长期关闭和停止使用,由此导致被申请人合同目的的实质落空和经济利益的重大损失。而对此非常重要情节,仲裁院竟然未能给予应有的注意,而仅仅是简单按照合同形式条款来判定卖方提供的设备没有构成违约,显然这一做法有悖于公平正义的仲裁精神,并且客观上造成不利于我国社会公共利益的后果。而所有这些,又恰恰与《纽约公约》第 5 条第 2 款第(2)项中规定的条件相符,因此,对于该仲裁裁决应当不予承认和执行。

请批复。

最高人民法院《关于赛百味国际有限公司申请承认和执行国际争端解决中心国际仲裁庭作出的50 114 T 00171 07 号仲裁裁决一案的请示》的复函

(2009 年 2 月 26 日 〔2008〕民四他字第 47 号)

北京市高级人民法院:

你院京高法〔2008〕348 号《关于赛百味国际有限公司申请承认和执行国际争端解决中心国际仲裁庭作出的 50 114 T 00171 07 号仲裁裁决一案的请示》收悉。经研究,答复如下:

本案所涉仲裁裁决系外国仲裁裁决。根据《中华人民共和国民事诉讼法》第 267 条的规定,本案应当适用 1958 年订立于纽约的《承认及执行外国仲裁裁决公约》的有关规定进行审查。然而,根据北京市第二中级人民法院查明的事实,本案所涉被申请人北京萨伯威餐饮有限公司并未在我国工商行政管理机关注册登记,因此,我国法院无法根据《承认及执行外国仲裁裁决公约》的规定承认和执行本案所涉仲裁裁决。由于被申请人并不存在,因此,本案应当裁定驳回申请人赛百味国际有限公司的申请。

此复。

北京市高级人民法院《关于赛百味国际有限公司申请承认和执行国际争端解决中心国际仲裁庭作出的 50 114 T 00171 07 号仲裁裁决一案的请示》

(2008 年 12 月 3 日　京高法〔2008〕348 号)

最高人民法院：

我市第二中级人民法院立案受理了申请人赛百味国际有限公司申请承认和执行国际争端解决中心国际仲裁庭作出的 50 114 T 00171 07 号仲裁裁决一案，该院拟不予承认和执行并向我院请示。经研究，现将该案有关情况报告并请示如下：

一、当事人基本情况

申请人(仲裁申请人)：赛百味国际有限公司(Subway International B. V.)，住所地荷兰阿姆斯特丹(Prinsengracht13,1015DK Amsterdm)。

法定代表人：莫里斯·泽尔霍斯特(Maurice Selhorst)，常务董事。

被申请人(仲裁被申请人)：北京萨伯威餐饮有限公司。

二、申请人赛百味国际有限公司的申请理由

赛百味国际有限公司(以下简称赛百味公司)申请称：赛百味公司与北京萨伯威餐饮有限公司(以下简称萨伯威公司)特许经营加盟协议一案，业经美国仲裁协会国际争端解决中心的仲裁员 John A. Pappalardo 于 2007 年 10 月 18 日在美国纽约怀特普兰作出终局裁决。萨伯威公司拒不遵照裁决履行。根据《中华人民共和国民事诉讼法》第 269 条的规定及最高人民法院《关于执行我国加入的〈承认及执行外国仲裁裁决公约〉的通知》的规定，特申请对 50 114 T 00171 07 号仲裁裁决予以承认和执行。申请执行的具体内容是：1. 执行仲裁裁决的第三项，萨伯威公司必须去除赛百味的标志并停止使用所有涉及赛百味公司三明治业务的商号、商标、服务标识、符号、色彩、构图、印刷品及广告形式，并按特许经营加盟协议第 8(e)款的要求，将操作手册退还赛百味公司。2. 执行仲裁裁决的第四项，萨伯威公司应自 2007 年 10 月 18 日起，每天向赛百味公司支付 250 美元，至萨伯威公司实际履行仲裁裁决之日止。3. 执行仲裁裁决的第六项，萨伯威公司必须支付赛百味公司发生的所有合理的开支，包括但不限于仲裁费、诉讼费、律师费、管理层准备时间、证人费以及赛百味公司发生的差旅费。4. 执行仲裁裁决的第七项，萨伯威公司应当偿还赛百味公司 1250 美元的仲裁管理费和仲裁员的报酬。

三、查明的事实

(一)国际争端解决中心国际仲裁庭的裁决内容

仲裁裁决的内容为：我，即在本裁决书下面签字的仲裁员，是根据上述双方当事人于2005年1月5日签订的仲裁协议所指定的仲裁员，在按美国仲裁协会规则规定，以电话和邮件方式正式通知了萨伯威公司，但其并未出席的情况下，本人经正式宣誓，并充分考虑了双方提供的证据及主张后，特此裁决如下：

1. 萨伯威公司违反了其与赛百味公司于2005年1月5日签订的特许经营加盟协议。

2. 日期为2005年1月5日的萨伯威公司特许经营加盟协议终止。

3. 萨伯威公司必须去除赛百味餐馆的标识，并停止使用所有涉及赛百味公司三明治业务的商号、商标、服务标识、符号、色彩、构图、印刷品及广告形式，并按特许经营加盟协议第8(e)款的要求，将操作手册退还赛百味公司。

4. 按特许经营加盟协议第8(e)款的规定，对于萨伯威公司在本裁决书签发之后继续使用涉及赛百味公司三明治业务的商号、商标、服务标识、符号、色彩、构图、印刷品及广告形式并且/或者使用操作手册，每使用一天向赛百味公司每日支付250美元。

5. 萨伯威公司必须遵守特许经营加盟协议第8(S)款中的下述规定：在距离现有的直营店或加盟店3公里范围内，在一年期间内，萨伯威公司不得以员工、所有者、股东、合伙人、代理人或高级职员的身份直接或间接地涉足或者参与任何三明治企业。此条款效力亦延伸至上一年内曾开过赛百味店的地点。如违反此款规定，该加盟商应在一年时间内，就限制区每个与其有关的餐馆向赛百味公司支付10,000美元，外加每个店销售总额的百分之八(8%)。

6. 萨伯威公司必须支付赛百味公司发生的所有合理的开支，包括但不限于仲裁费、诉讼费、律师费、管理层准备时间、证人费以及赛百味公司发生的差旅费[特许经营加盟协议第10(o)款]。

7. 国际争端解决中心的总额为750美元的管理费和开支，应该全部由萨伯威公司承担，而且总额为500美元的仲裁员报酬和开支也应该完全由萨伯威公司承担。因此，萨伯威公司应偿还赛百味公司1250美元，此款即是赛百味公司此前付出的上述费用和开支。

8. 本裁决为终局裁决，立即生效，无需重审，可在任何有管辖权的法院得到认可。

本人特此证明，此终局裁决是为了承认和执行外国仲裁裁决的1958年《纽约公约》第1款的规定，于美国纽约怀特普兰作出。

(二)萨伯威公司的主体情况

2005年1月5日，刘丹梅以"北京萨伯威餐饮有限公司"的名义与赛百味公司签订特许经营加盟协议，刘丹梅向赛百味公司报批并被批准的店址为北京市朝阳区亚运村汇宾大厦B座2层。

二中院和我院查明，北京市工商行政管理局企业登记数据库没有"北京萨伯威餐饮有限公司"的注册登记记录。

在汇宾大厦1层有“北京百味妙思餐饮管理有限公司亚运村店”,负责人为刘丹梅。刘丹梅亦是北京百味妙思餐饮管理有限公司的法定代表人。

四、拟处理意见

(一)二中院拟处理意见

二中院认为,《承认及执行外国仲裁裁决公约》第1条规定:“仲裁裁决,因自然人或法人间之争议而产生且在申请承认及执行地所在国以外之国家领土内作成者,其承认及执行适用本公约。本公约对于仲裁裁决经声请承认及执行地所在国认为非内国裁决亦适用之。”中华人民共和国境内并不存在萨伯威公司。美国协会国际争端解决中心的仲裁员 John A. Pappalardo 于2007年10月18日作出的裁决,对一个并不存在的主体作出了裁决,不符合上述规定,该裁决应不予承认和执行。

(二)我院拟处理意见

仲裁庭应当审查当事人的主体存在情况。本案萨伯威公司主体不存在,但仲裁庭未经审查,对一个并不存在的主体作出了裁决,应认定该裁决无法律拘束力,更不存在执行该裁决的问题。故我院同意二中院的意见,对本案仲裁裁决不予承认和执行。

以上处理意见妥否,请指示。

最高人民法院关于是否应不予执行(2007)中国贸仲沪裁字第224号仲裁裁决请示的答复

(2008年9月12日 〔2008〕民四他字第34号)

浙江省高级人民法院:

你院《关于同意宁波市中级人民法院不予执行〔2007〕中国贸仲沪裁字第224号仲裁裁决的报告》收悉,经研究答复如下:

(一)你院对本案所涉仲裁裁决的审查适用中国法律;确认中国国际经济贸易仲裁委员会上海分会对本案纠纷具有管辖权;对该涉外仲裁裁决不做实体审查的意见,本院均同意。

(二)本案仲裁裁决所涉《AQ7200项目技术开发合同》中约定:“任何因本合同产生的或相关的争议首先应双方协商解决,如果协商不能……这些争议将提交中国国际经济贸易仲裁委员会上海分会进行仲裁。”从上述约定可以看出,提交仲裁解决的纠纷范围包括“因本合同产生的或相关的争议”。关于奥克斯集团有限公司主张超裁的7500欧元DVD制作费问题,从你院请示报告查明的事实看,该DVD的制作是瑞克—李普萨有限公司为使奥克斯集团有限公司清楚地了解整车完成后的效果及便于奥克斯集团有限公司对外宣传,而制作的视觉效果动画片,虽不在合同约定的技术范围内,但确是与履行《AQ7200 项目技术开发合同》相关联,由此产生的纠纷,仲裁机关有权进行裁决。

至于奥克斯集团有限公司主张仲裁裁决书认定的奥克斯集团有限公司的法定代表人在西班牙观看了 DVD 并接受 7500 欧元价格,与事实不符,认定事实不清的问题,属实体审理范围,人民法院无权进行审查,故奥克斯集团有限公司申请不予执行仲裁裁决的理由,不能得到支持。

综上,奥克斯集团有限公司向宁波市中级人民法院申请不予执行仲裁裁决的理由不能得到支持。中国国际经济贸易仲裁委员会上海分会作出的〔2007〕中国贸仲沪裁字第 224 号仲裁裁决应予执行。

此复。

附:

浙江省高级人民法院关于同意宁波市中级人民法院不予执行(2007)中国贸仲沪裁字第224 号仲裁裁决的报告

(2008 年 7 月 24 日 〔2008〕浙执他字第 1 号)

最高人民法院:

我省宁波市中级人民法院执行西班牙瑞克—李普萨有限公司(以下简称瑞克公司)申请执行奥克斯集团有限公司(以下简称奥克斯集团)一案中,奥克斯集团申请不予执行本案执行根据〔2007〕中国贸仲沪裁字第 224 号仲裁裁决。宁波市中级人民法院审查后拟裁定不予执行,并按规定报我院审查。我院依法组成合议庭进行了审查,并经审判长联席会议讨论。现将本案的有关情况及处理意见报告如下:

一、案件当事人

申请执行人:瑞克公司。住所地:西班牙王国巴塞罗那市考耐亚镇普特拉公路65 号。

法定代表人:Wolfgang Ruecker, Jose – Maria: Reina, Barbara Kersten,该公司执行董事。

被执行人:奥克斯集团。住所地:浙江省宁波市鄞州区姜山镇明州工业园区。

法定代表人:郑江,该集团董事长。

二、基本案情及仲裁裁决结果

2004 年 4 月 27 日,瑞克公司、宁波奥克斯汽车有限公司(以下简称奥克斯汽车公司)及中国宁波国际合作有限责任公司签订《AQ7200 项目技术开发合同》,瑞克公司为AQ7200技术的开发方(卖方),奥克斯汽车公司为AQ7200技术的最终用户(买方),中国宁波国际合作有限责任公司为买方技术进口的代理方。该合同第4条关于报酬和付款的4.1部分约定:奥克斯汽车公司同意支付瑞克公司合同执行总金额300万欧元的10%,即30万欧元,在合同签署后15个工作日内,奥克斯汽车公司收到由巴塞罗那BancSabadel银行开具的并为中国的银行所接受的金额为30万欧元的银行保函,奥克斯汽车公司在收到保函后15个工作日内以T/T方式预付总额为合同金额的10%作为定金。该保函有效期为8个月,但如瑞克公司如约交付项目成果后则该保函自行失效。合同第14条约定:任何因合同产生的或相关的争议首先应双方协商,如果在三个月内协商不能导致任何能被双方认可的结果,这些争议将提交中国国际经济贸易仲裁委员会上海分会,按照申请仲裁时该会现行有效的仲裁规则在上海进行仲裁。仲裁裁决是终局的,对双方均有约束力。同年6月22日,上述三方合同当事人又签订《AQ7200项目技术开发合同补充协议》一份,约定:(1)鉴于原合同中的最终用户改为奥克斯集团,原合同项下奥克斯汽车公司的一切权利和义务相应地转给奥克斯集团;(2)原合同第11.3条中有关"已完成部分对应的设计费用"是指经最终用户确认的部分。该协议奥克斯集团未签字和盖章。

2004年12月17日,奥克斯集团以合同一方当事人的身份向瑞克公司发出《AQ7200项目技术开发合同及附件终止通知》,以瑞克公司没有按时和完整地履行合同等为由,声明终止合同。

2005年3月22日,瑞克公司将其与奥克斯集团、中国宁波国际合作有限责任公司的纠纷提请中国国际经济贸易仲裁委员会上海分会仲裁。同年4月19日,上海市第二中级人民法院函告仲裁委其已受理奥克斯集团和中国宁波国际合作有限责任公司提出的请求确认仲裁协议无效一案。8月10日,瑞克公司向仲裁委申请撤回对中国宁波国际合作有限责任公司的仲裁申请。上海市第二中级人民法院于2005年8月25日作出〔2005〕沪二中民五(商)初字第44号民事裁定,驳回奥克斯集团的申请。

2007年1月9日,仲裁庭开庭审理瑞克公司诉奥克斯集团案。瑞克公司提出的仲裁请求为:(1)请求裁决被申请人承担违约责任,赔偿申请人经济损失2,709,740欧元;(2)请求裁决被申请人承担申请人因本案支出的律师费用和相关费用;(3)请求裁决被申请人承担本案的仲裁受理费和申请人聘请的外籍仲裁员费用及其他仲裁过程中可能发生的其他费用。

瑞克公司在主张额外完成的视觉效果动画片的额外报酬的申请中提出:"为使被申请人方面清楚地了解整车完成后的效果及便于被申请人对外宣传,申请人向被申请人提出了制作视觉效果动画片的要约,被申请人最终以7500欧元的价格接受了该要约。申请人按约完成了该项工作,并于2004年10月16日,郑坚江一行人等访问西班牙期间进行了现场演示,并将制作好的 DVD 光盘交付给被申请人。双方之间就该动画片制作达成的要约及承诺已经构成一份新的合同,鉴于申请人已完成该项工作并已实际交付,被申请人理应支付相应的报酬。”

仲裁庭审查后关于 DVD 制作费作如下认定:虽然没有被申请人同意支付的证据,但有证据表明被申请人的法定代表人在西班牙观看了这盘 DVD,证明申请人确实制作了 DVD,而这不在合同约定的技术范围内,仲裁庭决定予以支持。

仲裁庭对本案的裁决结果如下:(1)被申请人向申请人支付 907,500 欧元;(2)驳回申请人的其他仲裁请求;(3)本案仲裁费为人民币 416,323 元,由申请人和被申请人各承担 50%,因申请人已经全额预缴了仲裁费用,故被申请人应向申请人支付人民币 208,161.50 元。

三、双方当事人的理由

奥克斯集团申请不予执行的理由如下:

1. 瑞克公司与奥克斯集团没有订立仲裁协议,中国国际经济贸易仲裁委员会上海分会对本案没有管辖权,〔2007〕中国贸仲沪裁字第 224 号仲裁裁决是无效的。

2. 本案裁决认定事实有误、证据不足,被执行人不需要支付给瑞克公司款项。

3. 裁决支付 7500 欧元 DVD 制作费,超出仲裁范围。瑞克公司请求支付额外完成视觉效果动画片报酬,属合同外的报酬,奥克斯集团认为对于没有合同约定依据和其同意、确认证据的报酬,均不属于仲裁协议的范围,仲裁庭无权仲裁。且仲裁庭认为该笔款项没有奥克斯集团同意支付的证据,也不在合同约定的技术开发范围内,但仍予以支持违反法律规定。

4. 裁决书认定,有证据表明奥克斯集团的法定代表人在西班牙观看了 DVD,与事实不符,认定事实不清。

瑞克公司抗辩称:

1. 上海市第二中级人民法院生效的法律文书已经对本案仲裁协议的效力予以确认。

2. 根据法律规定,执行法院无权对涉外仲裁裁决的事实认定和法律适用进行审查。

3. 本案中 DVD 的制作与合同密切相关,合同中对此问题有明确约定,由合同引起的有关问题均属于仲裁范围。

四、宁波市中级人民法院的审查意见

宁波市中级人民法院审查后认为,对本案仲裁协议的效力,上海市第二中级人民法院〔2005〕沪二中民五(商)初字第 44 号民事裁定书已经予以确认,其无权再予以审查。本案系涉外仲裁裁决,对奥克斯集团所提的涉及证据和事实认定的异议,也依法不予审查。关于本案中的 DVD 制作费,根据瑞克公司在仲裁时提出的主张以及仲裁庭对此作出的“不在合同约定的技术开发范围内”的认定,宁波市中级人民法院认为双方当事人就DVD制作费产生的争议系一独立的合同纠纷，仲裁庭对此一并予以裁决超出仲裁协议范围，奥克斯集团对此所提理由成立。

宁波市中级人民法院对于本案的处理结果为：多数意见认为仲裁机构对DVD制作费的裁决超过仲裁协议范围，对超过部分，人民法院应当依法裁定不予执行。鉴于仲裁裁决书中对支付合同争议款项的裁决主文仅一条，即判令奥克斯集团合并支付907, 500欧元，并未对技术合同纠纷和DVD制作费纠纷的裁决进行分项表述，执行程序中无权对法律文书的一项主文予以分割认定，应当对该一项主文不予执行。基于对该项主文的不予执行，故对仲裁裁决的第三项关于仲裁费部分也应不予执行。少数意见认为对7500欧元的DVD制作费不予执行，其余部分应当执行。

五、我院的审查处理意见

1. 奥克斯集团在终止通知中已对其与奥克斯汽车公司之间的合同权利义务转让关系予以认可，构成自认。据此可以认定奥克斯集团实际已受让系争合同项下奥克斯汽车公司的全部权利义务，包括受合同中仲裁条款的约束。奥克斯集团未提供证据证明当事人之间另有约定或在受让债权债务时明确反对或不知有仲裁条款的情形，应当认定其与瑞克公司之间有仲裁条款，奥克斯集团提出的其与瑞克公司之间没有仲裁协议的理由不成立。

2. 因人民法院对涉外仲裁裁决不能作实体审查，故奥克斯集团提出本案仲裁裁决认定事实有误、证据不足的理由不成立。

3. 奥克斯集团与瑞克公司之间是技术开发合同纠纷，合同中并无约定制作视觉效果动画片，仲裁庭亦认为这不在合同约定的技术范围内。视觉效果动画片的制作目的是便于奥克斯集团对外宣传，并非履行技术开发合同所必需，故视觉效果动画片的制作费纠纷不属于履行技术开发合同所产生的相关争议。瑞克公司申请仲裁时认为双方就该动画片制作达成的要约及承诺已经构成新的合同，但没有证据表明双方就该新合同有仲裁条款，仲裁庭依据技术开发合同中的仲裁条款受理本案并作出裁决，超出了仲裁协议范围。

4. 根据最高人民法院《关于适用〈中华人民共和国民事诉讼法〉若干问题的意见》第277条规定，应当对超出仲裁协议范围的视觉效果动画片制作费裁定不予执行。但仲裁庭裁决时将前述制作费与技术开发合同纠纷产生的赔偿费一并表述在一项裁决主文中。而执行程序中对一项裁决主文是不能部分裁定不予执行的。故参照最高人民法院《关于适用〈中华人民共和国仲裁法〉若干问题的解释》第十九条规定精神，应对该整项裁决主文裁定不予执行。基于对有实体内容的裁决主文裁定不予执行，则对涉及仲裁费用部分也应不予执行。

综上，我院拟同意宁波市中级人民法院的多数意见，裁定不予执行〔2007〕中国贸仲沪裁字第224号仲裁裁决。依据《最高人民法院关于人民法院处理与涉外仲裁及外国仲裁事项有关问题的通知》(法发〔1995〕18号)第二条规定,特报请钧院审查。

特此报告。

最高人民法院关于裁定不予承认和执行社团法人日本商事仲裁协会东京05-03号仲裁裁决的报告的答复

(2008年9月10日 〔2008〕民四他字第18号)

天津市高级人民法院:

你院〔2006〕津高民四他字第0006号《裁定不予承认和执行社团法人日本商事仲裁协会东京05-03号仲裁裁决的报告》收悉。经研究,答复如下:

本案系日本信越化学工业株式会社(以下简称信越会社)向我国法院申请承认日本商事仲裁协会作出的仲裁裁决,中日两国均为《承认及执行外国仲裁裁决公约》(以下简称《纽约公约》)的缔约国,因此,应当依据《纽约公约》的有关规定进行审查。

从你院请示报告中反映的情况看,本案仲裁裁决在有关通知程序方面与《日本商事仲裁协会商事仲裁规则》(以下简称《仲裁规则》)的规定不符,存在《纽约公约》第五条第一款(乙)、(丁)项规定的情形。

首先,根据上述《仲裁规则》第53条的规定:"1.仲裁庭认为仲裁程序已进行得完全充分,可以进行裁决并决定终结审理程序时,仲裁庭应在作出该决定之日起5周内作出仲裁裁决;如果因为案情复杂或其他原因,仲裁庭认为有必要时,可以适当延长该期限,但不得超过8周。2.仲裁庭根据前段规定决定审理终结后,应当通知当事人作出仲裁裁决的期限。"

本案仲裁庭在审理终结后,没有履行《仲裁规则》规定的"通知当事人作出裁决的期限"的义务,未通知天津鑫茂科技股份有限公司(原天津天大天财股份有限公司,以下简称鑫茂公司)其作出仲裁裁决的期限。《仲裁规则》将仲裁庭通知当事方作出仲裁裁决的期限规定为仲裁庭必须履行的职责,仲裁庭没有自行决定是否通知的选择权,仲裁庭未通知鑫茂公司其作出裁决的期限的行为违反了《仲裁规则》的强制性规定。当事人双方在协议中选择了仲裁作为处理争议的方式,并明确约定了适用《日本商事仲裁协会商事仲裁规则》,因此,《仲裁规则》中的有关内容已经成为当事人协议的一部分。本案仲裁庭对以上《仲裁规则》内容的违反,符合《纽约公约》

第五条第一款(丁)项规定的"仲裁机关之组成或仲裁程序与各造间之协议不符"的情形。

其次,《仲裁规则》第20条规定:"1.申请人可以就同一仲裁协议向协会提出申请变更申请书并变更其申请内容。如果是在仲裁庭组成后提出修改,应当向仲裁庭提出变更申请书的请求,并得到仲裁庭的许可。2.仲裁庭在作出前款的许可前应事先听取对方当事人的意见。"

信越公司主张:其于2005年8月31日向仲裁庭提出《申请事项变更申请书》后,仲裁协会事务局已经于2005年10月21日以国际快递的方式将《征求意见书》邮寄给鑫茂公司。但鑫茂公司否认其收到仲裁庭寄送的相关《征求意见书》,信越公司亦未能提交仲裁庭确实履行上述通知行为的证据,同时,没有任何证据表明仲裁庭于2005年10月21日向鑫茂公司邮寄过上述涉及信越公司变更申请的文件。鑫茂公司也未能就信越公司变更申请的行为提出意见。

在信越公司对申请事项提出变更的情况下,鑫茂公司有权利对变更后的申请内容提出意见,而该变更事项通知应当属于仲裁程序中的重要内容,仲裁庭未能将该变更申请通知鑫茂公司,实际上剥夺了鑫茂公司提出申辩的权利和机会,构成《纽约公约》第五条第一款(乙)项规定的"受裁决援用之一造未接获关于指派仲裁员或仲裁程序之适当通知,或因他故,致未能申辩者"的情形。同时,该情形并与当事人选择的《仲裁规则》不符。

综上,同意你院的处理意见,本案仲裁裁决存在《纽约公约》第五条第一款(乙)、(丁)项规定的情形,不应予以承认。

此复。

附:天津市高级人民法院裁定不予承认和执行社团法人日本商事仲裁协会东京05-03号仲裁裁决的报告(略)

最高人民法院关于对中海发展股份有限公司货轮公司申请承认伦敦仲裁裁决一案的请示报告的答复

(2008年8月6日　〔2008〕民四他字第17号)

湖北省高级人民法院:

你院〔2008〕鄂民四他字第1号《关于对中海发展股份有限公司货轮公司申请承认伦敦仲裁裁决一案的请示报告》收悉。经研究,答复如下:

中海发展股份有限公司货轮公司与安徽省技术进出口股份有限公司签订的租船协议已明确约定“在香港仲裁，适用英国法”，故该条应确认为本案的仲裁条款。

上述仲裁条款应理解为仲裁地在香港，适用英国法作为解决租船合同实体争议的准据法，而关于仲裁条款的准据法并未约定，故本案仲裁条款的准据法应适用仲裁地香港的《仲裁条例》及其指向适用的《联合国国际贸易法委员会国际商事仲裁示范法》(UNCITRAL MODEL LAW ON INTERNATIONAL COMMERCIALARBITRATION，以下简称《示范法》)。本案双方当事人在租船协议中以书面形式约定将争议提交仲裁，符合《仲裁条例》及《示范法》的规定，其仲裁条款合法有效。

根据香港《仲裁条例》第34C条第(5)款的规定，在当事人对仲裁员的人数未达成协议时，当事人首先应向香港国际仲裁中心(以下简称仲裁中心)申请决定仲裁员的人数为1名或3名。如果仲裁中心决定为独任仲裁，而当事人未能就仲裁员达成一致时，则应适用《示范法》第11条第(3)款(B)项规定的程序确定独任仲裁员，即应由一方当事人申请由仲裁中心指定该名仲裁员。涉案仲裁裁决仲裁员的任命违背了《仲裁条例》和《示范法》规定的上述程序，根据《承认及执行外国仲裁裁决公约》第五条第一款(丁)项的规定，涉案仲裁裁决应不予承认和执行。

同意你院的倾向性意见，即对英国仲裁员威廉·柏加(William Packard)于2006年3月9日在英国作出的仲裁裁决不予承认和执行。

此复。

附：湖北省高级人民法院关于对中海发展股份有限公司货轮公司申请承认伦敦仲裁裁决一案的请示报告(略)

最高人民法院关于不予承认和执行国际商会仲裁院仲裁裁决的请示的复函

(2008年6月2日 〔2008〕民四他字第11号)

山东省高级人民法院：

你院〔2007〕鲁民四他字第12号《关于不予承认和执行国际商会仲裁院仲裁裁决的请示》收悉。经研究，答复如下：

本案仲裁裁决系国际商会仲裁院作出，应根据我国加入的1958年《承认及执行外国仲裁裁决公约》进行审查。

Hemofarm DD、MAG国际贸易公司、苏拉么媒体有限公司与济南永宁制药股份有限公司在《济南——海慕法姆制药有限公司合资合同》中约定的仲裁条款仅约束合资合同当事人就合资事项发生的争议,不能约束济南永宁制药股份有限公司与合资公司济南——海慕法姆制药有限公司之间的租赁合同纠纷。国际商会仲裁院在仲裁 Hemofarm DD、MAG 国际贸易公司、苏拉么媒体有限公司与济南永宁制药股份有限公司合资合同纠纷案件中,对济南永宁制药股份有限公司与合资公司济南——海慕法姆制药有限公司之间的租赁合同纠纷进行了审理和裁决,超出了合资合同约定的仲裁协议的范围。在中国有关法院就济南永宁制药股份有限公司与合资公司济南——海慕法姆制药有限公司之间的租赁合同纠纷裁定对合资公司的财产进行保全并作出判决的情况下,国际商会仲裁院再对济南永宁制药股份有限公司与合资公司济南——海慕法姆制药有限公司之间的租赁合同纠纷进行审理并裁决,侵犯了中国的司法主权和中国法院的司法管辖权。依据《承认及执行外国仲裁裁决公约》第五条第一款(丙)项和第二款(乙)项之规定,应拒绝承认和执行国际商会仲裁院第 13464/MS/JB/JEM 号仲裁裁决。

同意你院的请示意见。

此复。

附:

山东省高级人民法院关于不予承认和执行国际商会仲裁院仲裁裁决的请示

(2008 年 1 月 30 日 〔2007〕鲁民四他字第 12 号)

最高人民法院:

关于申请人 Hemofarm DD、MAG 国际贸易公司、苏拉么媒体有限公司与被申请人济南永宁制药股份有限公司申请承认及执行国际商会仲裁院第 13464/MS,/JB/JEM号仲裁裁决一案,济南市中级人民法院(以下简称济南中院)以裁决内容超出仲裁协议范围、裁决事项不可仲裁、承认和执行该裁决违反我国公共政策为由,拟不予承认及执行。我院经审查,同意济南中院意见。依照你院法发〔1995〕18 号《关于人民法院处理与涉外仲裁及外国仲裁事项有关问题的通知》的规定,特此请示。

一、当事人情况

申请人:Hemofarm DD。住所地:塞尔维亚共和国,Beogradski putBB,26300 Vrsac。

申请人:MAG 国际贸易公司。住所地:塞尔维亚共和国贝尔格莱德,Mihajla Bogicevica 7,11000。

申请人:苏拉么媒体有限公司。住所地:列支敦士登,Lettsttrasse10,P. 0. B1218,

9490 Vaduz。

被申请人：济南永宁制药股份有限公司。住所地：济南市槐荫区道德北街111号。

二、仲裁的基本情况

1995年12月22日，Hemofarm DD、MAG国际贸易公司与济南永宁制药股份有限公司（以下简称永宁公司）签订《济南——海慕法姆制药有限公司合资合同》，成立济南——海慕法姆制药有限公司（以下称合资公司或合资企业）。合同第57条就"适用法律"约定：本合同的订立、效力、解释和履行均受中国法律管辖。合同第58条就"争议的解决"约定：凡因执行本合同所发生的或与本合同有关的一切争议，双方应通过友好协商解决；如果协商不能解决，应提交巴黎国际商会仲裁委员会，根据该会的仲裁程序暂行规则进行仲裁。2000年4月，苏拉么媒体有限公司加入合资公司，成为公司股东。

2002年8月6日，永宁公司向济南中院起诉合资公司，要求给付租金并返还部分租赁财产。合资公司对法院管辖权提出异议，主张有关租赁争议应根据合资合同第五十八条约定提交巴黎国际商会仲裁委员会仲裁解决。济南中院审查认为，永宁公司所诉纠纷是其与合资公司因资产租赁使用而产生的纠纷，而合资合同中的仲裁条款约束的是合资公司的各投资主体，合资公司不是投资主体，本案不适用合资合同中的仲裁条款，故裁定驳回合资公司的管辖异议。诉讼中，永宁公司向法院提交了财产保全申请，并提供了担保，济南中院准许了申请并查封了合资公司部分银行存款和产品。2003年4月9日，济南中院判决支持了永宁公司的诉讼请求，同年7月23日，本院作出终审判决，维持了一审判决。2003年1月17日，永宁公司向济南中院起诉合资公司，要求支付土地租金并返还部分租赁土地，合资公司提起反诉，要求永宁公司办理出租土地登记手续。2003年11月25日济南中院判决支持了永宁公司的诉讼请求，驳回了合资公司的反诉。2004年8月16日，本院作出终审判决，维持了一审判决。2003年8月2日，永宁公司向济南中院起诉合资公司，要求支付新欠租金并返还部分租赁财产。合资公司提出管辖权异议，主张租赁争议应当根据合资合同中的仲裁条款提交国际商会仲裁院仲裁解决。济南中院裁定驳回管辖权异议后，合资公司提起上诉，本院经审查认为，合资合同中的仲裁条款是对合资企业各投资方在因合资事宜发生争议时解决纠纷方式的约定，永宁公司以合资公司使用其财产未支付费用为由向法院主张权利，属另一法律关系，不受合资合同中仲裁条款的约束，裁定驳回上诉。后永宁公司撤诉，2004年9月，永宁公司就撤诉案件向济南中院重新起诉，要求合资公司支付欠付租金。2005年3月5日，济南中院判决支持了永宁公司的诉讼请求，同年10月18日，本院终审判决维持了原审判决。

2004年9月3日，Hemofarm DD、MAG国际贸易公司、苏拉么媒体有限公司作为共同申请人向国际商会仲裁院提起仲裁申请，仲裁请求包括：（1）共同申请人请求明确裁决被申请人违反了对共同申请人的义务。理由包括:①通过提起并维持诉讼,被申请人违反了对共同申请人的合同上和中国法上的义务。②诉讼中,被申请人没有或拒绝依据合资合同第58条的要求解决其与共同申请人之间与合资合同有关的争议。前述事实表明,被申请人拒绝了Hemofarm、MAG、苏拉么媒体有限公司提出的通过友好的法院外谈判解决这些争议的多次建议。③除这一违约外,被申请人还违反了合同第58条项下将不能通过友好谈判解决的任何此等争议提交终局的和有约束力的巴黎ICC仲裁的义务。④此外,在诉讼中被申请人故意依据伪造证据支持其支付租金的诉讼请求。被申请人因此非法收回了其在合资企业的出资,进一步独立违反了合同义务。(2)共同申请人请求返还投资价值。理由包括:①由于被申请人提起第一起诉讼,合资企业的银行账户无正当理由被冻结,仓库被查封。源于被申请人向法院提起特别申请的这些行为,使合资企业难以并最终不可能维持正常运营。②2003年7月,合营企业被迫停业。此后,由于被申请人的行为,包括诉讼在内,使得合资企业无法恢复运营,且这种持续的停业直接导致合资企业价值的实质性降低。③此外,由于被申请人获得的对第一份判决的执行,使得合资企业恢复经营所必需的部分设备永久性地不能为合资企业使用。④依据中国合同法第一百零七条,当事人一方不履行合同或者履行合同不符合约定的,应当承担继续履行、采取补救措施或者赔偿损失等违约责任。中国合同法第一百一十三条规定,当事人一方不履行合同义务或者履行义务不符合约定,给对方造成损失的,损失赔偿额应当相当于因违约所造成的损失,包括合同履行后可以获得的利益,但不得超过违反合同一方订立合同时预见到或者应当预见到的因违反合同可能造成的损失。⑤根据适用的中国法律,如果一方当事人违反合同,受损害的一方当事人有权就所有这些可预见的损失获得赔偿。⑥共同申请人有权就被申请人各种违约造成的他们投资总值的损失获得赔偿。共同申请人在合资企业的投资为10,764,514美元,包括两部分:共同申请人经验资的出资8,730,302美元;共同申请人未经验资的出资2,034,212美元。(3)共同申请人申请利润损失。①如上所述,由于另一方违约遭受损失的一方有权就合同履行原本可获得的利润要求对方补偿。由于被申请人的诉讼行为和第一起诉讼的强制执行,被申请人迫使共同申请人失去了特定的利润,②相应的,共同申请人有权就利润损失获得赔偿,共同申请人保留在程序进行的适当时间确定本请求具体数额的权利。(4)共同申请人请求明确裁决诉讼判令的租金不能支付。基于前述原因,依据伪造文件提起诉讼,被申请人非法收回了其在合资企业的出资,违反了对共同申请人的义务。因此,共同申请人请求仲裁庭明确裁决合资企业不应支付任何一起诉讼中确定的租金。(5)共同申请人请求明确裁决责令被申请人撤回诉讼请求。①诉讼中的争议涉及合资企业的合资者对被申请人依据合资合同投入合资企业的部分财产如何对待的分歧,因此,它们是"源于合同的履行或者与合同有关的争议",因此,应归人合同第58条包含的巴黎ICC仲裁的协议的范围。这些争议无疑受 ICC 仲裁协议约束。②共同申请人请求仲裁庭裁令巴黎 ICC 仲裁是申请人与被申请人之间源于合资合同争议的排他性的适当法庭,并裁令被申请人撤回其在诉讼中的所有请求。(6)共同申请人请求赔付在诉讼中进行抗辩花费的所有费用。①由于被申请人违反对共同申请人的义务开始并维持诉讼,迫使共同申请人对诉讼请求进行抗辩,迄今已花费 35 万美元。②因此,共同申请人请求赔付这些费用。(7)共同申请人请求宣布被申请人严重违约,合资企业应视为终止。而且,通过开始并维持诉讼,被申请人违反了合资合同第 58 条,并导致合资企业如合同第 51 条所界定的“无法继续运营或实现合同设定的经营目的”。因此,请求裁令合资企业被视为终止。(8)共同申请人请求赔付与本仲裁相关的所有费用。共同申请人请求裁令被申请人承担共同申请人因本仲裁花费的所有费用,包括但不限于 ICC 仲裁受理费、管理费以及仲裁员、专家、顾问、证人和法律顾问费用。

永宁公司提出了反请求。

仲裁庭草拟了仲裁审理范围书,并转交各当事人签署。范围书第六部分列举了待裁决事项,其中包括:被申请人是否因对合资公司提起诉讼而构成对合资合同的违反;被申请人是否不应当就这些争议提起诉讼,而应当根据合资合同从而依据国际商会的仲裁规则进行仲裁(见裁决书第一部分之第 6 节);当事人之间的争议是关于合资合同下的出资,还是被申请人与合资公司之间的租赁关系。永宁公司反对将中国法院已经审理的其与合资公司之间有关争议事项纳入审理范围,对待决事项的界定提出保留,并拒绝在审理范围书上签字。

在仲裁过程中,共同申请人依据合资合同第 58 条,《中华人民共和国民事诉讼法》第二百五十七条、第一百一十一条第二项,《中华人民共和国仲裁法》第五条,主张仲裁庭对争议事项有管辖权。被申请人主张适用中国法律来决定仲裁协议的有效性和由此产生的仲裁庭的管辖权。(见裁决书第三部分第 216 节)

在仲裁裁决的第三部分,仲裁庭对于“被提交问题的解决”包括如下内容:永宁公司就合资公司使用其非出资资产所应付租赁费提起并维持诉讼的行为并没有违反合资合同中的仲裁协议(第 224 节);第一起诉讼对被申请人的外国合作伙伴的权利和义务产生了直接影响,但这在本质上并不是由被申请人提起第一起诉讼造成的,而是中国法院在晚些时候所作出的财产保全裁定的结果(见第 230 节);在仲裁庭看来,申请法院作出和执行财产保全裁定不具有任何法律和商业上的正当性(见第 231 节);造成合资公司失败直至最终停止运营的最直接、最迅速的原因是中国法院在诉讼中作出的财产保全裁定的执行(第 240 节);共同申请人因被申请人方在诉讼中申请财产保全这一直接原因损失了其在合资公司中的投资,所以申请人可获得损失赔偿(见第 260 节);仲裁庭裁决被申请人违反了合同,因为被申请人提起并维持了诉讼,且申请并得到了法院的保全裁定,保全裁定使得合资公司的经营遭受了不必要的实质性损失,从而使合资公司无法继续运营(见第 281 节);土地租赁诉讼上的争议毫无疑问地违反了合资合同第58条，这种争议明显属于合资合同仲裁条款的范围（见第236节）。另外，仲裁裁决还就三申请人关于其在中国法院的诉讼中为合资公司进行抗辩所产生的诉讼费用的请求进行了审理，并裁决共同申请人可获得为合资公司进行抗辩而支出的诉讼费用的30%。

仲裁裁决书在第四部分对争议问题的解决作了摘要重达，内容包括：被申请人在第一起诉讼中从中国法院获得了财产保金裁定，对这些财产保全裁定的执行对共同申请人在合资合同项下的权利和利益造成了直接的、实质的和不利的影响，它们直接并最终导致合资公司终止运营及关闭。由于财产保全裁定，被申请人构成了对合资合同的违反，共同申请人有权依据合资合同第58条将它们向被申请人损害赔偿的请求提交国际商会仲裁院仲裁；提起土地租赁诉讼是对合资合同的违反，因为该争议本应当根据合资合同第58条提交国际商会仲裁院通过仲裁解决；导致合资公司最后终止的唯一、迅速、有效的原因是被申请人申请中国法院作出的特别是在第一起诉讼中作出的财产保全裁定。

仲裁庭最终裁决：(1)永宁公司应负担自身的法律及其他费用；(2)永宁公司应向三申请人支付损害赔偿金6,458,708.4美元，诉讼费用9509.55美元，法律及其他费用1,270,472.99美元，仲裁费用295,000美元；(3)从永宁公司获悉本仲裁裁决之日至付款之日裁决总金额8,033,690.94美元依据每年5%的利率计算利息；(4)申请人向永宁公司移交合资公司的公章及财务章；(5)驳回永宁公司的反请求；(6)驳回其他请求与反请求。

三、申请人申请承认、执行及被申请人抗辩情况

2007年3月16日，被申请人收到仲裁裁决。2007年9月三申请人向济南中院提交承认及执行仲裁裁决申请书。

被申请人永宁公司辩称该仲裁裁决应不予承认和执行，理由是：(1)仲裁裁决的内容超出了合营合同仲裁条款约定的范围，依据《纽约公约》第五条第一款（丙）项，应不予承认及执行。依据中国法律，合营合同仲裁条款的范围应当限于合营各方股东之间合资项下的争议，而不包括永宁公司与合营企业之间的争议。本案仲裁庭不顾永宁公司的反对，将永宁公司与合资企业的争议纳入审理范围书，仲裁裁决对我国法院已经明确裁决的永宁公司与合资公司之间的争议进行了实质性审查，作出了独立认定，并依据这种认定裁决永宁公司承担巨额赔偿，甚至裁决永宁公司赔偿申请人在中国诉讼的诉讼费。(2)仲裁裁决关于永宁公司财产保全违法的认定不仅超出仲裁协议范围，更超出了当事人本次仲裁项下提交仲裁的事项，而且永宁公司未能就此得到申辩机会，依《纽约公约》第五条第一款（乙）、（丙）项，应不予承认和执行。(3)该仲裁裁决处理了依我国法律不可仲裁的事项，根据《纽约公约》第五条第二款（甲）项，应不予承认及执行。诉讼当事人申请财产保全的权利是由我国民事诉讼法赋予的公法权利，不可仲裁。财产保全申请是否符合法律要件的裁判权，专属于人民法院,不可仲裁。(4)承认及执行该仲裁裁决违反我国公共政策,依据《纽约公约》第五条第二款(乙)项,应不予承认及执行。

四、济南中院审查意见

1. 该案仲裁裁决的内容是否超出仲裁协议的范围问题

依据仲裁协议,仲裁庭裁决的范围只能限于合资当事人之间合资性质的争议,与合资无关的争议不属于仲裁协议约定的范围。永宁公司与合资公司之间因租赁关系而引起的诉讼、财产保全措施等,系合资公司与股东永宁公司之间的纠纷,与本案三申请人无关,三申请人以此为由申请仲裁及仲裁庭以永宁公司的财产保全违反合资合同为由进行裁决,明显超出仲裁协议约定范围。

2. 对财产保全的审理是否属于双方实际提交仲裁事项之外的事项及永宁公司是否对此获得申辩机会问题

仲裁庭审理范围包括了合资公司失败和停止运营的原因等事项,财产保全是否得当是仲裁庭认为合资公司失败和停止运营的原因,对财产保全的审理属于当事人提交仲裁的事项,永宁公司对财产保全是否合法等进行了申辩,其申辩权利得到了行使,仲裁程序并无不当。

3. 财产保全是否合法是否属于我国法律规定的不能仲裁的事项问题

仲裁申请人提起的虽然是合资纠纷,但仲裁裁决永宁公司赔偿的原因系财产保全造成的。财产保全虽是永宁公司申请的,但相关措施的实施是法院依职权进行的,是法院代表国家行使的审判权。财产保全是否得当的评判权在我国司法机关,国际商会仲裁院无权裁决。故本案仲裁裁决的争议事项不可以通过仲裁方式解决。

4. 承认及执行该仲裁裁决是否违反我国的公共政策

诉讼是我国公民、法人享有的一项基本的宪法权利。永宁公司将财产租赁给合资公司使用,在无法得到租金的情况下提起诉讼并申请财产保全,是在行使一项基本的法定权利。永宁公司提起的诉讼和申请财产保全得到了法院支持,说明其申请是合法的。但仲裁庭无视我国法院的生效裁判文书,以永宁公司正当的诉讼行为作为违约事由进行裁决,等于否决了我国法院裁判文书的效力。仲裁裁决认定土地租赁诉讼应当提交国际商会仲裁,明显与我国法院已经作出的判决书相冲突,是对人民法院生效裁判文书的否定,严重挑战了我国法院的司法权,违背我国社会公共利益。

因此,济南中院拟不予承认及执行该仲裁裁决。

五、我院审查意见

我院审查认为,本案仲裁裁决由国际商会仲裁院作出,国际商会仲裁院确定法国巴黎为仲裁地点,裁决应视为在法国作出。中国和法国均为《纽约公约》当事国,应根据公约规定进行审查,依据《纽约公约》,本案仲裁裁决应不予承认及执行。

（一）该案仲裁裁决所处理的争议超出了仲裁协议约定的范围，符合《纽约公约》第五条第一款（丙）项规定的情形，应不予承认及执行

Hemofarm DD、MAG国际贸易公司与永宁公司签订的《济南一海慕法姆制药有限公司合资合同》第58条约定："凡因执行本合同所发生的或与本合同有关的一切争议，双方应通过友好协商解决；如果协商不能解决，应提交巴黎国际商会仲裁委员会，根据该会的仲裁程序暂行规则进行仲裁。"由于合资合同的法律适用条款明确约定本合同受中国法律管辖，更重要的是三申请人在仲裁程序中以中国法律主张仲裁庭的管辖权，且永宁公司也明确主张应适用中国法律解释仲裁条款，当事人实际上共同选择了以中国法律作为仲裁协议的准据法。

依据中国法，合资合同的签约主体是中外投资者，合同中的仲裁条款也仅能约束各投资主体；合资公司既不是合资合同的签约主体，也不是仲裁条款的签约主体，涉及合资公司的争议，应不受仲裁条款的约束。但在本次仲裁中，申请人以永宁公司在中国法院对合资公司诉讼违反合同和法律为由申请仲裁，仲裁庭在永宁公司明确反对的情况下，将永宁公司与合资公司之间的已经中国法院审理的争议纳入审理范围，作出独立认定，并进行了裁决，裁决事项显然超出了仲裁协议的范围。第一，仲裁庭审理了永宁公司与合资公司之间的实体纠纷。在仲裁裁决的第177节－214节，仲裁庭对永宁公司与合资公司之间的租赁关系进行了审理和认定。第二，仲裁庭审理了永宁公司与合资公司之间的诉讼程序争议。在仲裁裁决的第218节－237节，仲裁庭就永宁公司是否有权对合资公司提起财产租赁诉讼、是否有权申请对合资公司采取诉讼保全措施、永宁公司与合资公司之间的土地租赁纠纷应通过诉讼还是仲裁解决等进行了审理和认定。第三，仲裁庭对永宁公司与合资公司之间已在中国法院进行的诉讼的诉讼费用负担问题进行了裁决，并裁令永宁公司赔偿三申请人为合资公司在中国法院进行诉讼垫付的诉讼费用。

（二）仲裁庭裁决了依据我国法律不能通过仲裁解决的争议事项，依据《纽约公约》第五条第二款（甲）项，应不予承认及执行

根据《纽约公约》第五条第二款（甲）项规定，如果申请承认及执行地国主管机关认定，依该国法律争议事项不能以仲裁解决者，可不予承认及执行仲裁裁决。依据我国仲裁法第二条，只有平等主体的公民、法人和其他组织之间的合同纠纷和财产权益纠纷可以仲裁。另根据我国加入《纽约公约》时所作商事保留声明，我国仅对按照我国法律属于契约性和非契约性商事法律关系所引起的争议适用该公约。也就是说，依照我国法律，只有合同和财产权益纠纷可以仲裁，而且只有对因商事法律关系引起争议作出的裁决，才能依《纽约公约》申请我国法院承认及执行。

本案仲裁裁决处理了依我国法律不能仲裁的事项：

第一，永宁公司向中国法院申请并获得财产保全的正当性和合法性问题。永宁公司针对其与合资公司的诉讼向中国法院申请财产保全，属于民事诉讼法律关系的

范畴，对于诉讼保全申请的合法性与正当性发生的争议，属于因诉讼法律关系引起的争议，既不属于平等主体之间的合同和其他财产权益纠纷，也不属于契约性和非契约性商事法律关系所引起的争议。对于这种由诉讼法律关系引起的争议，中国法院享有排他的管辖权。无论是诉讼当事人，还是其他案外人，对于在中国法院进行的诉讼保全行为的正当性和合法性的任何异议，均只能向管辖法院或其上级法院提出并寻求救济，仲裁庭无权仲裁。但本案仲裁庭认定永宁公司向中国法院申请并获得财产保全不具有任何法律和商业上的正当性，认定中国法院的财产保全导致了合资公司终止经营，并据此裁令永宁公司承担巨额赔偿责任，显然违反了我国法律关于可仲裁性问题的规定。

第二，永宁公司与合资公司在中国法院进行诉讼的诉讼费用负担问题。对于当事人之间如何负担在中国法院进行的诉讼的诉讼费用问题，同样是一个因诉讼法律关系引起的纠纷，中国法院当然享有专属管辖权，仲裁庭无权仲裁。但本案仲裁庭裁令永宁公司向三申请人赔偿为合资公司垫付的诉讼费用，同样违反了我国法律关于可仲裁性问题的规定。

（三）承认及执行该仲裁裁决将违反我国的公共政策，依据《纽约公约》第五条第二款（乙）项的规定，应不予承认及执行

根据《纽约公约》第五条第二款（乙）项规定，如果申请承认及执行地国主管机关认定，承认及执行裁决有违该国公共政策者，可不予承认及执行仲裁裁决。

首先，本案仲裁裁决侵害了人民法院的司法管辖权，损害了我国的司法主权。具体包括以下方面：第一，仲裁裁决对永宁公司向人民法院申请财产保全的合法性进行了审理和认定，侵害了人民法院对当事人财产保全申请的审查权；第二，仲裁裁决认定永宁公司就土地租赁诉讼向人民法院起诉合资公司违反了仲裁条款，不仅否定了人民法院对诉讼管辖异议的审查权，也直接否定了人民法院对土地租赁诉讼的管辖权；第三，仲裁裁决对永宁公司与合资公司之间的租赁关系进行了独立审查，而依据我国法律以及人民法院已经作出的管辖异议裁定，永宁公司与合资公司之间的租赁纠纷应由我国法院管辖，且济南中院已就此作出了审理；第四，仲裁裁决裁令永宁公司向三申请人赔偿在中国法院进行诉讼的费用，侵害了人民法院对诉讼费用负担问题的决定权。

其次，本案仲裁裁决否定了人民法院生效判决、裁定的既判力，同样损害了我国的司法主权。包括如下方面：第一，在永宁公司诉合资公司的第一起财产租赁诉讼中，永宁公司向人民法院提起了财产保全申请，济南中院审查认为永宁公司的申请符合法律规定，但仲裁裁决却认定永宁公司提起财产保全申请没有任何法律和商业上的正当性；第二，人民法院依据永宁公司申请作出了财产保全裁定，仲裁裁决却认定对中国法院在诉讼中作出的财产保全裁定的执行是造成合资公司失败直至最终停止运营的最直接、最迅速的原因，实际上是否定了人民法院财产保全裁定的合法

性和正当性；第三，对于永宁公司与合资公司之间的前两起财产租赁诉讼，合资公司均提出了管辖权异议，人民法院已裁定驳回了异议，仲裁庭对永宁公司是否有权向人民法院起诉合资公司又进行独立审查，尽管最终未作出与人民法院生效裁定相矛盾的认定，但仍然挑战了人民法院生效裁定的既判力；第四，对于永宁公司与合资公司之间的土地租赁诉讼，人民法院认定永宁公司的起诉符合法律规定并立案审理，在合资公司并未提出管辖异议的情况下，人民法院已作出了生效判决，但仲裁裁决认为永宁公司向人民法院提起土地租赁诉讼违反了仲裁条款，该争议应提交仲裁解决，否定了人民法院就土地租赁诉讼所作生效判决的既判力；第五，在永宁公司与合资公司之间的四起诉讼中，人民法院已就诉讼费用的负担作出了判决，仲裁裁决却裁令永宁公司赔偿三申请人有关诉讼费用，同样否定了人民法院生效判决的既判力。

再次，承认和执行该裁决有违我国基本的民事诉讼法律制度。民事诉讼法是我国的一部基本法，财产保全制度是我国民事诉讼法确立的基本诉讼制度，当合法民事权益遭受侵害时，公民、法人有权起诉并申请财产保全，申请财产保全是公民，法人最基本的诉讼权利。然而，本案仲裁裁决认定永宁公司申请并获得财产保全构成违约甚至违法，实际上否定了公民、法人提起财产保全申请的权利。承认和执行该裁决必然使民事诉讼当事人产生如下认识：人民法院对当事人财产保全申请的审查不是终局的，即使法院准许了保全申请，仲裁庭仍有权认定财产保全申请违法，而且仲裁庭有权就人民法院采取的财产保全措施裁令保全申请人承担赔偿责任。如此，我国的民事诉讼财产保全制度将受到根本性影响。

最后，承认和执行该裁决有违公平原则。根据人民法院关于永宁公司与合资公司之间财产和土地租赁诉讼的生效判决所确认的事实，永宁公司是在合资公司欠付租赁费的情况下向人民法院起诉合资公司并申请财产保全的，无论是实体请求还是财产保全申请均得到了人民法院的支持。因此，永宁公司与合资公司之间纠纷的真正起因是合资公司欠付租金，仲裁裁决却将永宁公司申请诉讼保全这种正当的诉讼行为作为合资公司停止运营的原因，并据此判令其承担巨额赔偿责任，对永宁公司显然不公平，执行该裁决将违反我国社会最基本的公平理念。

关于永宁公司在仲裁程序中是否获得申辩机会问题，我院同意济南中院意见。

综上，国际商会仲裁院第 13464/Ms/JB/JEH 号仲裁裁决应不予承认及执行。

以上意见当否，请批示！

最高人民法院《关于不予承认日本商事仲裁协会东京04－05号仲裁裁决的报告》的复函

（2008年3月3日　〔2007〕民四他字第26号）

江苏省高级人民法院：

你院〔2007〕苏民三他字第0002号《关于不予承认日本商事仲裁协会东京04－05号仲裁裁决的报告》收悉。经本院审判委员会讨论，答复如下：

本案系日本信越化学工业株式会社（以下简称信越会社）向我国法院申请承认日本商事仲裁协会作出的仲裁裁决，中日两国均为《承认及执行外国仲裁裁决公约》（以下简称《纽约公约》）的缔约国，因此，应当依据《纽约公约》的有关规定进行审查。

从你院请示报告中反映的情况看，本案仲裁裁决在作出的期限及相关通知程序方面与《日本商事仲裁协会商事仲裁规则》（以下简称《仲裁规则》）和《日本仲裁法》的相关规定不符，存在《纽约公约》第五条第一款（乙）、（丁）项规定的情形。

首先，本案仲裁裁决在作出裁决的期限方面与《日本商事仲裁协会商事仲裁规则》（以下简称《仲裁规则》）不符。根据上述《仲裁规则》第53.1条的规定，“仲裁庭认为仲裁程序已进行得完全充分，可以进行裁决并决定终结审理程序时，仲裁庭应在作出该决定之日起5周内作出仲裁裁决；如果因为案情复杂或其他原因，仲裁庭认为有必要时，可以适当延长该期限，但不得超过8周。”2005年7月7日，仲裁庭决定接受日本信越化学工业株式会社（以下简称信越会社）变更仲裁请求的申请，并结束审理。2005年8月31日，仲裁庭宣布延后20天即2005年9月20日作出仲裁裁决，而实际作出仲裁裁决的日期为2006年2月23日，在决定结束审理之后，仲裁庭没有依照《仲裁规则》的规定按期作出仲裁裁决。当事双方在合同中约定：由本协议产生和与本协议相关的所有纠纷在双方无法协商解决的情况下，根据《日本商事仲裁协会商事仲裁规则》在日本东京进行仲裁。当事双方在合同中选择仲裁作为处理争议的方式，并明确约定了适用《日本商事仲裁协会商事仲裁规则》，因此，该《仲裁规则》中的有关内容已经成为当事人协议的一部分。上述仲裁庭违反《仲裁规则》以及《日本仲裁法》的行为构成了《纽约公约》第五条第一款（丁）项规定的“仲裁机关之组成或仲裁程序与各造间之协议不符，或无协议而与仲裁地所在国法律不符”的情形。

其次，《仲裁规则》第53.2条规定：“仲裁庭在前款审理终结时，应把将要作出裁决的期限通知当事人”，仲裁庭在宣布2005年9月20日作出仲裁裁决后，直至实际作出裁决的2006年2月23日，没有按照《仲裁规则》的规定再次决定延期并通知当事人，构成了《纽约公约》第五条第一款(乙)项规定的“受裁决援用之一造未接获关于指派仲裁员或仲裁程序之适当通知，或因他故，致未能申辩者”的情形。

综上，同意你院的处理意见，本案仲裁裁决存在《纽约公约》第五条第一款(乙)、(丁)项规定的情形，不应予以承认。

此复。

附：

江苏省高级人民法院关于不予承认日本商事仲裁协会东京04－05号仲裁裁决的报告

（2007年5月25日　〔2007〕苏民三他字第0002号）

最高人民法院：

日本信越化学工业株式会社依据《承认和执行外国仲裁裁决公约》(以下简称《纽约公约》)，在我国民事诉讼法规定的期限内，向江苏省南通市中级人民法院(以下简称南通中院)申请承认日本商事仲裁协会作出的东京04－05号仲裁裁决(以下简称仲裁裁决)。南通中院拟依据《纽约公约》第五条第一款(丁)项的规定，拒绝承认该仲裁裁决。我院经审查，同意南通中院的意见。现报请贵院审查。

一、当事人概况

申请人：日本信越化学工业株式会社。住所地，日本东京千代田区大手町2丁目6番1号100－0004。

法定代表人：金川千寻，该株式会社董事长。

委托代理人：陈文伟、陆彤心，上海市小耘律师事务所律师。

被申请人：江苏中天科技股份有限公司。住所地，江苏省如东县河口镇。

法定代表人：薛济萍，该公司董事长。

委托代理人：郑杭斌、熊辉，江苏天豪律师事务所律师。

二、基本案情

江苏中天科技股份有限公司(以下简称中天公司)是我国光纤产品的主要生产厂商，日本信越化学工业株式会社(以下简称信越公司)是国际上向中国出口匹配型单膜光纤预制棒唯一厂商。2001年11月27日，中天公司与信越公司签订买卖合同一份，约定中天公司自2003年1月1日起为期5年，以最高每克70日元的价格向信越公司购买匹配型单膜光纤预制棒。由本协议产生和与本协议相关的所有纠纷在双方无法协商解决的情况下，根据《日本商事仲裁协会商事仲裁规则》(以下简称

《仲裁规则》)在日本东京进行仲裁。仲裁裁决应是终局的,对双方均有约束力。

2003年5月7日,中国商务部收到长飞光纤光缆有限公司和江苏法尔胜光子有限公司代表国内非色散位移单模光纤(即常规单模光纤)产业正式提交的倾销调查申请,并发出2003年第24号公告,决定于2003年7月1日起对原产于美国、日本和韩国的进口常规单模光纤进行反倾销立案调查,确定倾销调查期为2002年4月1日至2003年3月31日,产业损害调查期为2000年1月1日至2003年3月31日。商务部2004年第28号公告初裁决定对上述三国的进口常规单模光纤征收保证金。2005年1月1日,终裁决定对上述三国进口常规单模光纤征收7%~46%不等的反倾销税,其中对从日本进口的常规单模光纤全部征收46%的反倾销税。本案长期买卖合同标的,即为上述进口产品的原材料。2003年中国国内光纤市场平均价格为每公里119元,2004年则为100元。如果照此合同履行,中天公司生产光纤的总成本则分别达到每公里175.46元和167.47元。

鉴于光纤价格所发生的巨大变化,中天公司就价格问题要求信越公司作出修订,但双方未能达成一致意见,合同没有履行。

三、仲裁情况

2004年4月12日,信越公司依据合同约定的仲裁条款向日本商事仲裁协会东京仲裁机构提出仲裁请求。

日本商事仲裁协会接受信越公司的仲裁请求后通知了中天公司,并提供了英文本的《仲裁规则》。中天公司随后即委托汪琦鹰律师作为仲裁代理人,同时申请延长协商仲裁员人数的期限,该协会于2004年5月20日通知不予延长。在中天公司又分别于2004年5月31日和6月1日两次提出请求组成三人仲裁庭后,该协会于6月2日再次拒绝了中天公司的请求。6月4日,该协会又通知中天公司,因申请人同意仲裁员人数为3人,要求双方于6月25日前各自选任1名仲裁员。

组成合议制仲裁庭后,双方一致确定英语为仲裁用语。仲裁庭于2004年12月20日进行了第一次开庭,但没有向当事人提供庭审记录及录音。此后,信越公司于2005年2月28日提交了变更仲裁请求的申请,将索赔期限从2004年1月延长至2005年3月。仲裁庭于2005年3月22日发出通知,定于2005年4月4日及5日进行第二次庭审。

第二次庭审首先核对了新的出庭人员,但没有审查另一参与庭审人员木下显的身份。庭审开始后,仲裁庭首先给予双方各15分钟时间陈述意见。信越公司在陈述结束时向仲裁庭提出请求,要求在本次庭审结束后终结仲裁程序,并尽快作出裁决。在信越公司的整个陈述期间,仲裁庭没有就用时问题打断其陈述。当中天公司发表意见时,仲裁员在开始后不久即打断中天公司代理人的陈述,询问需要多长时间,中天公司明确表示根据信越公司的用时,还有20分钟时,仲裁员却要求在5分钟内结束,称以后给予时间。在接着进行的质询证人木下显的程序中,首先由信越公司询问,仲裁员在问其需要多长时间后未就询问时间作出限制,直至信越公司的询问进行到当日下午时,仲裁员才再次询问还需要多长时间,信越公司回答会在17:30结束,后又表示还需要45分钟,仲裁员表示请尽量在15:30结束,否则17:30后没有翻译。而在中天公司代理人对证人木下显的质询中,仲裁庭在中天公司的质询开始不久即打断质询,询问能否在10分钟内结束,后又在当天庭审结束时宣布第二天的庭审是从13:00开始,上午不开庭。中天公司当即向仲裁庭询问能否有足够的时间陈述意见,仲裁庭限定半个小时时间,并表示这一时间是足够的。中天公司立即向仲裁庭表明,案件对自己非常重要,来日本不易,希望有足够的时间能够尽可能清楚地阐明自己的观点。仲裁庭表示对此理解。第二天即4月5日下午的庭审接着进行,中天公司首先表明30分钟是远远不够的,现只能按照半小时时间准备问题。而此时仲裁庭却又表示这不是限制性的,而是要求尽量在半小时内结束提问。在中天公司对证人木下显的质询中,信越公司代理人在快到30分钟时发言称中方时间只有5分钟了,仲裁庭当即表示赞同:"好的,我们最好先完成对木下显的质询"。中天公司代理人当即指出,昨天信越公司用了4个小时进行质询,而给予中方的时间太短。在中天公司表明已经证明木下显作证不实,不应对其进行进一步质询时,信越公司又提出需30分钟再次质询木下显,仲裁庭立即同意,中方表示反对,明确指出:昨天申请人用时4个小时质询,中方只用了两个半小时表达本方观点,而今天只有半天,时间实在太短,中天公司从中国远道而来,希望能阐明事实并得到合理的结果,但是申请人在程序上用掉的时间太多了,导致中天公司没有足够的时间答辩。如果信越公司想把所有的时间用在法律程序、质询或纠正事实,或收回已经陈述的证言上,直至满意为止,这对中天公司是不公平的,也是中天公司所不能接受的。同时,中天公司代理人表示,由于仲裁庭在昨天只给予30分钟时间,没有时间准备庭审的观点。然而,仲裁庭仍然允许信越公司再次提问的请求,中天公司认为这对其不公平,并认为证人木下显不诚实,不应由其继续说下去,并以退出仲裁表示抗议。在中方的强烈要求下,仲裁庭最终没有同意日本信越公司的再次质询,并在询问中方是否继续质询证人木下显后结束了质询程序。在听取各方最后10分钟的陈述意见后,仲裁庭宣布4月底终结全部仲裁程序,并向双方表明不得提交新证据。信越公司提出5月底终结比较合适,中天公司未发表反对意见,仲裁庭同意了这一要求,并最终宣布5月底审理终结,仲裁裁决将于审理终结日后8周作出。仲裁庭就第二次庭审向双方提供了全部录音和英文记录。

2005年5月31日,信越公司再次向仲裁庭提出变更仲裁请求申请。6月21日,仲裁庭决定重新审理。6月28日,中天公司代理人向首席仲裁员发出关于《对申请人变更仲裁请求的法律意见》,明确反对这一不合理的请求,指出双方均已同意并已得到仲裁庭确认于5月底结束程序,这是根据《仲裁规则》具有法律约束力的决定,申请人的变更请求违反了《仲裁规则》,且明显超出了合理期间的范围,对被申请人是不公平的。后仲裁庭于 2005 年 7 月 7 日发出《关于承认申请人请求及结束仲裁程序的通知》,决定接受信越公司于 2005 年 5 月 31 日提出的关于变更要求救济和赔偿的请求(包括自 2005 年 4 月至 2005 年 7 月装船货物),并结束程序。从 6 月 21 日决定重新审理之日起至作出仲裁裁决,仲裁庭未就该案重新开庭。

2005 年 7 月 29 日,仲裁庭通知将于 2006 年 8 月底作出裁决,后又于 2005 年 8 月 31 日宣布延后 20 天即 2005 年 9 月 20 日作出仲裁裁决。此后再也没有发出过任何通知。

2006 年 2 月 23 日仲裁庭作出裁决。裁决认为:长期协议的第 4 项不能直接适用于该案件;长期协议因情况确实发生改变使双方当事人根据最初条件履行协议变得不实际也很困难,双方不能对新的条件进行约定,彼此已经失去信心,这种长期协议所依赖的必需的信赖关系在经历了为解决问题所进行的谈判失败后,即在仲裁质证结束后被破坏殆尽。如果让申请人继续对其遭受的损失提出赔偿要求,这似乎是不公平的;同时认为支持申请人要求弥补自 2004 年 1 月至 2005 年 7 月期间所遭受的损失是合理的,虽然长期协议的第 4 项不能直接适用于该案件,但可以假定根据申请人在其简述中和通过木下显先生证词所提出的主张,长期协议的第 4 项可以在本案中被用作清偿损失条款,没有任何证据表明以每克 40 日元作为清偿损失是不合理的。仲裁裁决驳回了申请人的其他请求,并得出最终结论:即中天公司向信越公司支付 15.2 亿日元,并支付自 2004 年 4 月 12 日至给付之日按年利率 6% 计算的银行利息;向信越公司支付 3,173,283 日元的仲裁费用。

该裁决另附沈四宝仲裁员的不同意见书,内容为:“当我表示愿意签署最初的裁决方案之后,您于 2006 年 1 月 5 日送交我新的裁决书。当前这份新的裁决书完全推翻了最初的裁决方案,而最初的裁决方案曾被您认为是因执行了公正的程序并通过大家真诚讨论后取得的结果,并被您认为是最终的裁决。当前的裁决和最初的裁决方案区别在于:1. 当前的裁决主张:‘对于这种长期协议来说所必需的信赖关系在经历了为解决问题所进行的谈判宣告失败后,即大约在仲裁质证结束时(也就是 2005 年 7 月底)被破坏殆尽’(最初的裁决方案中为 2004 年 4 月 12 日)。2. 当前的裁决主张:‘我们认为让申请人寻求弥补自 2004 年 1 月至 2005 年 7 月期间所遭受的损失是合理的’(最初的裁决方案中的期间为自 2004 年 1 月至 2004 年 3 月)。3. 当前的裁决删除了在最初的裁决方案中规定的:‘然而,从上述数额中减去 20% 是公正和必要的,因为双方当事人有义务对合同的条件进行善意的重新协商,同时申请人也有义务减少损失’。4. 裁决决定的赔偿数额从 1.92 亿日元猛增到了 15.2 亿日元,这是最初裁决方案所定数额的 8 倍,就我来说,这是明显不公平和不能接受的。我很难理解为什么在没有任何新的证据、没有再次开庭和举行讨论的情况下,在短短的一个月之内,这份新的裁决书完全推翻了最初的裁决方案,损失赔偿额也增至原来的 8 倍,但是最初的裁决方案却曾经被您认为是因执行了公正的程序并通过大家真诚讨论后取得的结果，同时您也曾认为它将是最终的裁决并准备签字。这是仲裁过程中的严重缺陷，由于上述原因我将不会同意当前的裁决决定。”

审查中，南通中院就仲裁裁决书所附沈四宝仲裁员的意见书涉及的相关事实进行了核实。沈四宝仲裁员向南通中院提供了一份其于2006年1月13日经过公证的发给首席仲裁员的函件，内容是就仲裁庭对仲裁内容所进行讨论的回顾，主要是：

2005年8月22日首裁要求两位仲裁员就裁决书的推理部分提出意见。在考虑了两位仲裁员的意见后，首裁于2005年9月6日将仲裁裁决书概要发给两位仲裁员。两位仲裁员分别于9月8日和9月9日将各自的意见回复首裁。首裁又于9月13日在考虑了两位仲裁员意见后将裁决书的最后一稿草案发给仲裁员。沈四宝仲裁员于9月20日向首裁提交了对此草案的意见，又于10月20日通知首裁和另一仲裁员表示不签署这一裁决书。此后，首裁于10月28日发给沈四宝仲裁员传真，认为裁决书对于两种意见来说是居中的，是公平程序和真诚讨论的结果，希望能够签署该裁决书。10月31日，沈四宝仲裁员回复表示仍坚持自己的观点是正确的。2005年12月9日，首裁又发给两仲裁员传真，称计划再次起草仲裁裁决书，如果有任何意见，请于2005年12月16日之前传真回复。沈四宝仲裁员于12月12日回复首裁，认为没有必要重新起草裁决书，分歧仅在于申请人所受损失额，认为按照日本的商业标准来评估，表示同意签署原仲裁裁决。另一仲裁员也于12月15日作出了协议有效、协议第4条款适用于本案的回复。但首裁仍然于2006年1月5日发送了重新起草的裁决书。沈四宝仲裁员于1月13日复函首裁，表示其最终已经表明了签署原裁决书的意愿，希望回到原裁决书，但是如果首裁坚持新的裁决书，则正式要求依照商事仲裁规则的规定，在裁决书中详细说明拒绝在新的裁决书签字的原因。

此外，在供给中天公司涉案产品的同时，信越公司还在同期以同样的价格与天津鑫茂公司和江苏法尔胜公司签订了长期买卖合同，其中天津鑫茂公司也被该仲裁协会裁决支付巨额赔偿。

四、当事人的申请与抗辩理由

裁决生效后，中天公司没有履行该裁决。由于日本和中国均为《纽约公约》的缔约国，信越公司遂依据该公约于2006年5月26日向南通中院提出申请承认该裁决，中天公司请求拒绝承认该裁决。中天公司的不予承认抗辩及信越公司的反驳意见如下：

（一）关于仲裁庭超期裁决及通知的问题

中天公司认为：《仲裁规则》第53条规定：“1.仲裁庭认为仲裁程序已进行得完全充分，可以进行裁决并决定终结审理程序时，仲裁庭应在作出该决定之日起5周内作出仲裁裁决；如果因为案情复杂或其他原因，仲裁庭认为必要时，可以适当延长该期限，但不得超过8周。2.仲裁庭在前款审理终结时，应把将要作出裁决的期限通知当事人。”第12.2条规定：“在仲裁庭认为必要时，可以延长除第65条规定期限之外的本规则条款规定的任何期限(包括仲裁庭自身所决定的期限)。仲裁庭作出延长决定后,应及时通知双方当事人。”2005 年 7 月 7 日,仲裁庭决定接受信越公司变更仲裁请求的申请,并结束审理。2005 年 8 月 31 日,仲裁庭宣布延后 20 天即 2005 年 9 月 20 日作出仲裁裁决,而实际作出仲裁裁决的日期为 2006 年 2 月 23 日,即仲裁庭超过原定期限 5 个月才作出仲裁裁决。在原定期限届满后,仲裁庭既没有作出仲裁裁决,也没有再次决定延期并通知当事人。仲裁庭的这一做法严重违背《仲裁规则》的规定。

信越公司反驳认为:《仲裁规则》第 53 条的规定无非是为了防止拖延纠纷的解决而制定的一个努力目标,并不意味着超过期限就不得作出裁决或逾期作出的裁决的效力会受到影响。中国民事诉讼法也有类似规定,人民法院在未申请延期审理的情况下逾期作出判决时,该判决的效力不会因此被否定。据此,仲裁庭作出裁决超期不应成为拒绝承认该裁决的理由。

(二)关于仲裁庭作出仲裁裁决是否违反合议制度的问题

中天公司认为:仲裁裁决书所附的沈四宝仲裁员的意见书表明,本案仲裁在程序上存在严重瑕疵。在三位仲裁员均表示同意签署第一份裁决,且该裁决被认为是“公平程序和我们真诚讨论的结果”的“最终裁决”的情况下,首席仲裁员未经合议,在没有任何新证据、新的开庭和新的讨论的情况下,又作出了第二份仲裁裁决,而第二份仲裁裁决的赔偿金额竟然是原有仲裁裁决赔偿金额的 8 倍多。因而有理由认为本案仲裁裁决的作出程序严重违反了《仲裁规则》的规定,严重扭曲了仲裁的公平、公正本质和三人合议制度。

信越公司则认为:首先,假设存在最初版本,该版本不过系草案,不具有任何效力;其次,本案裁决已有两名仲裁员签字,根据日本仲裁法规定,完全有效。沈四宝仲裁员的反对意见不影响仲裁裁决有效性;再次,裁决金额 15.2 亿日元的变更是因为仲裁请求变更所致,完全合法;最终裁决作出日为 2006 年 2 月 23 日,迟于预定的 9 月 20 日,该逾期与裁决有效性没有任何关系。另外,信越公司在其《答辩状意见》第 7 页中声称,沈四宝仲裁员的反对意见是关于对本案裁决内容的反对意见,不得作为承认及执行本案仲裁裁决程序时审理判断的对象。

中天公司反驳认为:裁决金额的增加显然与仲裁请求的变更无关,因为最终的仲裁请求提出于 2005 年 5 月 31 日,仲裁庭于 2005 年 7 月 7 日接受了该变更并于同日结束审理。而 2006 年 2 月 13 日沈四宝仲裁员的反对意见表明在 2006 年 1 月左右,存在一份裁决金额仅为 1.92 亿日元的裁决书初稿。而 2006 年 1 月的裁决书初稿已在 2005 年 7 月 7 日之后的半年之久,显然与仲裁请求的变更毫无关系。沈四宝仲裁员的反对意见不仅仅是针对裁决内容的反对意见,更是对于本案仲裁裁决的作出程序提出了反对意见,即新的仲裁裁决是在未经合议、没有任何新证据、新的开庭和新的讨论的情况下所作出的,进一步表示“这是仲裁程序上的严重瑕疵”,因此其不会签署该裁决。

(三)关于重新开始审理是否违反《仲裁规则》第49条的问题

中天公司认为:仲裁规则第49条规定:"1.仲裁庭认为仲裁程序已完备、充分,可以作出仲裁裁决时,可以决定结束审理。如果不是在开庭时作出该决定,必须给予适当的事先通知期限。2.仲裁庭认为有必要时,可以重新开始审理。原则上,作出审理结束的决定之日起三(3)周后,对案件的审理不应再重新开始。"本案中,仲裁庭在2005年4月5日第二次开庭结束时,已当庭宣布将于2005年5月底结束审理。因此,仲裁庭作出审理结束的决定之日为2005年4月5日。根据上述规定,即2005年4月26日后,对案件的审理不应再重新开始。2005年5月31日,信越公司再次提交变更仲裁请求的申请,已超出了这一期限规定,但仲裁庭于2005年6月21日决定再次展开仲裁程序的审理,又于2005年7月7日决定接受信越公司提出的变更仲裁请求的申请,并结束审理。仲裁庭这一重新开始审理的决定违反了《仲裁规则》的规定,并直接导致了信越公司仲裁请求金额的增加。

信越公司则认为:中天公司的上述主张是基于对《仲裁规则》的错误翻译和理解,对于《仲裁规则》第49条第2款的正确翻译是"……原则上,重新审理不得在审理终结之日3周后进行"。因此,计算3周的起算点不是"作出审理结束的决定之日"而是"审理终结"之日。本案第一次审理终结之日为2005年5月31日,仲裁庭在其后3周内的2005年6月21日重新审理,符合仲裁规则的规定。

中天公司反驳认为:《仲裁规则》第49条第2款英文版的内容是:"Anexamination shall, in principle, not be reopened after the lapse of threeweeks from the date of decision to conclude the examination."据此,起算日为"the date of decision to conclude the examination",即"作出审理结束的决定之日"。本案仲裁语言为英语,本案的裁决书,包括信越公司的仲裁请求变更等均使用英语,因此,应以英语版的仲裁规则为准。起算日应为"作出审理结束的决定之日"。2005年4月26日后,对案件的审理不应再重新开始。

(四)关于信越公司证人木下显参加整个庭审是否违反《仲裁规则》第40条的问题

中天公司认为:

1.信越公司方证人木下显一直参加第二次开庭全过程,违反了仲裁的不公开原则规定。《仲裁规则》第40条规定:"(1)仲裁程序及其记录不得向公众公开。(2)仲裁员、协会工作人员、当事人及其代理人或协助人员都不得向公众披露与仲裁案有关的事实或通过仲裁案获知的事实,但法律或法院要求披露的除外。"据此,日本商事仲裁应为不公开审理的仲裁,能够参加仲裁程序的人员除了当事人的代理人之外,就是证人,而证人则在该出庭时才能参加庭审。仲裁庭允许木下显以证人身份自始参与庭审,违反了《仲裁规则》的上述要求。

2. 证人木下显没有独立、客观、公正地作出证言。证人应独立、客观、公正地作证，然而信越公司方的证人在庭审时一直坐在信越公司代理人一方的座位上，参加了全部庭审，了解了双方的观点和争议的焦点，必然会受到庭审争议的影响，其证词已无法保证独立、客观和公正。而且其作证时受信越公司代理人的指导，否认此前在仲裁庭所作的陈述，因此其所作的证言不能被采纳。

现有证据已充分表明信越公司方证人木下显在以下两个事实方面作伪证：

其一是关于长期购销合同第 4 条的问题。在 2005 年 4 月 4 日上午的开庭中，木下显承认他亲自向中天公司薛总解释了合同第 4 条。但是在 2005 年 4 月 5 日下午的庭审中，木下显推翻了其在前一天上午的证词，称当时即 2000 年 10 月 30 日其根本就没有参与谈判，根本不可能向薛总亲自解释合同第 4 条的内容，因为木下显与薛总于 2002 年 9 月才初次相识。所以，木下显的证词出尔反尔，前后矛盾。

其二是每克 70 日元的价格问题。木下显不承认他自己亲口说过每克 70 日元履行起来困难，而只是说，是中天公司说的按照 70 日元每克履行困难。中天公司于第二天即 2005 年 4 月 5 日的庭审中，出示了 2003 年 11 月 10 日在上海宝鼎会谈时的录音，证实木下显当时曾说过在 2004 年以每克 70 日元的价格来履行有一些困难，因此信越公司会给中天公司一定的优惠。证明木下显在这个问题上再次说谎。

3. 本案仲裁裁决采纳了木下显的证言，并大胆采取假设的方式，将伪证作为裁决的主要依据。信越公司安排的证人木下显的证词，已被中天公司证明系伪证。令人遗憾的是，仲裁庭不顾木下显作伪证，在仲裁裁决书中，一方面承认信越公司遭受的损失没有直接的证据，另一方面却采用假设的方式，假设第 4 条适用于本案。而假设的依据却是已被事实和证据充分证明是伪证的辩护状和证词。仲裁裁决先是认定第 4 条不适用于本案，后在假设的基础上又认定其在事实上的适用，自相矛盾，失去了仲裁裁决的严肃性、权威性、公正性。

信越公司认为：

1. 在本案仲裁裁决的承认及执行程序中，中天公司不得要求对本案仲裁裁决的实体内容是否合理进行审查。

2. 证人参与庭审、在庭审时与当事人的职员坐在一起，对此日本法没有明确的禁止性规定。

3. 木下显没有作伪证。对作为日本人的证人木下显的询问以日语进行是得到仲裁庭同意的，同时通过日语、英文及中文相互翻译进行的。在 2005 年 4 月 4 日庭审中，木下显本人没有参加 2000 年 10 月底在信越公司的总公司进行的面谈，而是在后来的部门会议中听说的(2005 年 4 月 4 日庭审英语第 2 页)。在 2005 年 4 月 5 日的庭审中，木下显表示没有直接向薛总解释合同第 4 条(2005 年 4 月 4 日庭审英语第 4 页)。这就印证了木下显本人没有当面给薛总解释合同第 4 条。由于对木下显的证人询问的英文抄本的错误(I did explain to him)，翻译成了木下显本人当面给薛总解释,中天公司的主张是对木下显证言的断章取义。

2003 年 11 月 10 日,木下显只是从中天公司那里听到了如果按照长期买卖协议中规定的合同价格的话,中天公司履行有困难,信越公司只说了可以考虑为中天公司提供一个让步方案而已。因此,木下显 2003 年 11 月 10 日的发言与其在仲裁程序中的证言并不矛盾,且中天公司也从未向仲裁庭提交过录音。

4. 中天公司关于本案仲裁裁决"大胆采用假设的方式"、"将伪证作为裁决的主要依据"等主张,完全是因为翻译协会在翻译"assume"这个单词时的错误所致。从第 4 条的内容我们可以看到,其意思是如果不在上述限定情况内的话,是不允许中天公司要求减少购买量的,仲裁庭认为该条规定作为损害赔偿的约定条款适用于本案,支持了信越公司的请求。翻译协会在翻译仲裁裁决时,把"assume"翻译为"假设"而非"推认",并没有准确地翻译出该句的正确意思,致使中天公司主张"假设",此次,信越公司请了翻译协会的资深翻译对该句重新进行了翻译,给予该正确的翻译,中天公司采用的"大胆采用假设方式的主张"是不能成立的。

中天公司反驳认为:

首先,本案仲裁语言是英语,因此,应以英语为准,即便木下显以日语进行回答,也应以英语翻译为准。因为仲裁庭所听取的证言是英语,对案件作出判断也是基于英语。而木下显回答该问题的英语文本为"Yes,I didexplain to him."(是的,我确实向他解释了。)所以,根据英文文本,木下显的回答是:在 2000 年 10 月 30 日,是其亲自向薛总解释长期合同第 4 条。而中天公司已提供证据证明,木下显与薛总于 2002 年 9 月才初次相识。因此,木下显的证词明显属于伪证,其证词根本不能采信。

其次,仲裁庭早已将第二次开庭的庭审记录英语抄本寄送给了双方当事人,可是信越公司从来没有就英文文本提出过任何异议,应视为信越公司已接受了该英文文本,对此没有任何异议,现信越公司不应再对英文文本提出任何意见。

中天公司在庭审第二天即 2005 年 4 月 5 日,出示了 2003 年 11 月 10 日在上海宝鼎会谈时的录音,证实木下显当时曾说过在 2004 年以每克 70 日元的价格来履行有一些困难,因此信越公司会给中天公司一定的优惠(详见附件七 2005 年 4 月 5 日第二次庭审记录第 3 – 4 页、附件九录音材料),以证明木下显在这个问题上再次说谎,其证词不可信。

关于翻译问题,中天公司反驳称,信越公司向法庭提交的仲裁裁决的翻译中,也是将"assume"一词翻译成"假设",与中天公司的翻译相同。可见两个独立的翻译机构在没有任何影响的情况下都将该词翻译成了同样的意思,因此该词的中文含义应为"假设"。而在收到中天公司的答辩状后,又专门将该词翻译成了"推认",显然这是专门针对中天公司的答辩状进行的翻译,而且信越公司所请的是同一家翻译机构,因此,该翻译机构的独立、公正和权威已受到怀疑。即便是两种不同翻译,但这两者之间其实并不是实质的区别,无论是"假设"也好,"推认"也罢,都表明仲裁庭在首先确认长期合同第4条不适用本案的前提下,在没有任何其他证据支持的情况下,以已被充分证明是伪证的木下显先生的证词为基础,间接推断将长期合同第4条适用于本案。

(五)关于仲裁庭在庭审中未给中天公司平等待遇和充分时间答辩的问题

中天公司认为:《仲裁规则》第32.2条规定:“仲裁庭应当平等对待各方当事人,并且应当给予每方当事人充分的机会陈述、证明和答辩。”同时,《日本仲裁法》第25条规定:“1.于仲裁程序中,应平等对待当事人;2.于仲裁程序中,应给予当事人说明情况的充分机会”。仲裁庭未给予其与信越公司相一致的平等待遇,未给予说明理由的充分机会。理由是:

1.在4月4日开庭开始时,仲裁庭要求双方解释一下自第一次开庭后,各自提交的文件和证据的内容,同时解释要证明和阐明的观点以及是否计划提交更多的意见、证据,规定双方各15分钟。信越公司在陈述中详细地发表了自己的观点以及对omi教授文件的意见,共用时35分钟。仲裁庭并没有打断信越公司的陈述。但是当中天公司陈述了大约15分钟的时候,仲裁庭打断了中天公司的发言,并询问中天公司大概还要多久?中天公司回答,大概还需要20分钟,并明确提出因为信越公司花了35分钟,中天公司现在才说了15分钟,所以中天公司认为还有20分钟。但仲裁庭却要求中天公司在5分钟之内说完。

2.在信越公司方证人木下显作证的时候,仲裁庭没有规定信越公司询问证人的时间,信越公司询问证人长达4小时,仲裁庭也没有制止。而对中天公司询问证人却加以限制,中天公司询问证人仅用了2个多小时。

3.在木下显出庭作证中,当信越公司询问将要结束的时候,仲裁庭问信越公司代理律师:“大约还需要多久?”信越公司答可能还要45分钟。仲裁庭与信越公司商量:“如果你能在20到30分钟内说完,我们就不休息了。”信越公司坚持说:“不行,要45分钟。”于是,仲裁庭就宣布休息10分钟,并给予信越公司45分钟的时间,要求其在15:30前结束,中天公司在17:30前结束。而当中天公司询问证人进行到一半的时候,仲裁庭却打断中天公司的提问,明确要求中天公司在10分钟内结束。当中天公司提出因信越公司花了很长时间,而且中天公司的问题很重要,中天公司还需要一些时间时,仲裁庭没有给予中天公司更多的时间,却以没有翻译为由宣布结束当天的开庭,并明确规定在第二天下午继续举行的开庭中,要求中天公司在半小时内结束对证人的询问。

4.当中天公司证明木下显作伪证时,信越公司代理律师要求再次向木下显提问,要花30分钟,仲裁庭却又立即同意。中天公司律师当庭提出抗议,直到中天公司提出要退出仲裁,仲裁庭才宣布结束对木下显的提问。

5.仲裁庭书面通知的开庭时间为4月4日至5日,而在听证时却以信越公司指定的日本仲裁员有事为由,取消了5日上午的听证。全然不顾中天公司万里迢迢从中国来日本开庭的事实。由于取消了半天的听证时间,导致中天公司没有充分时间进行陈述和询问证人,致使中天公司在审理过程中,没有足够的机会进行答辩和表达自己的观点。上述事实亦违反了《日本仲裁法》的规定。

信越公司辩称:本案仲裁语言为英语,中天公司的代理人自始至终以中文进行仲裁。信越公司先用了15分钟英文陈述,由翻译将该陈述翻译成中文。所说的35分钟包括了翻译时间。中天公司的代理人用中文进行了陈述,所浪费的时间是将中文翻译成英文所需要的时间。虽然仲裁庭要求中天公司在5分钟之内说完,但在第二天给予了追加陈述的时间。信越公司陈述内容占7页纸,中天公司陈述内容占9页纸。中天公司询问证人有充分时间进行,由于中天公司代理人对木下显的询问必须把中文翻译成英文,而4月4日当天17:30后就没有翻译了,所以才不得不结束当天的开庭。虽然在4月4日庭审快结束时,仲裁员要求中天公司代理人第二天询问证人在半小时内结束,但在4月5日的开庭中仲裁员又表示半小时不是限制性的,而是尽量在半小时内结束。中天公司的代理人表明了没有其他问题之后,仲裁庭结束了反方询问。

中天公司反驳认为:

首先,在中天公司第一轮事实和观点的陈述过程中,当中天公司只陈述了大约15分钟时,仲裁庭打断了中天公司的陈述,这是事实,有庭审笔录为证。而信越公司的陈述是完整的,没有受到任何干扰和打断。

其次,虽然仲裁庭在第二天给予了中天公司补充陈述的机会,但是第二天仅有半天时间,同时又限定了中天公司的用时,因此,仲裁庭给予中天公司不平等待遇的事实是明显的。

再次,信越公司询问证人长达4小时,仲裁庭没有制止,而中天公司询问证人仅用了2个多小时。在取消了第二天上午的庭审后,仲裁庭又明确要求中天公司在2005年4月5日下午继续举行的开庭中在半小时内结束对证人的询问。信越公司认为仲裁庭的要求不是限制性的。但是通过庭审记录可以看出,仲裁庭的要求是明确的,"请在半小时内完成"(见答辩状附件六2005年4月4日第二次庭审记录第47页),至少仲裁庭这种要求是带有指导性的,对中天公司准备和开展询问证人必然产生重要的影响。中天公司已在庭审中明确指出,是根据仲裁庭给予的30分钟限制来准备发言内容的。

(六)关于当事人递交的书面证据是否进行了质证的问题

中天公司认为:《仲裁规则》第34.3条规定:"口头辩论和质证应当在开庭时进行"。但是在两次开庭过程中,仲裁庭根本没有安排质证程序,对双方提交的大量证明材料,没有安排双方就证据的真实性、关联性、合法性进行质证。因此,就质证程序而言,本次仲裁程序上存在严重瑕疵,违反了《仲裁规则》的规定。仲裁庭不应该将没有经过质证的证明材料作为支持裁决的证据使用。

信越公司认为:中天公司的主张实际上是没有完全理解日本法中质证的概念。

按照日本法律,对书面证据的质证是指:仲裁员对于当事人提交的证据,决定是否允许提交,由仲裁员阅读该书面证据并判断该证据的合法性和证明力。根据日本法律,对证据发表异议应该由对方当事人主动向仲裁庭提出。

中天公司反驳认为:本案适用的《仲裁规则》中并没有信越公司主张的规定,日本仲裁法中也没有这样的规定。本案系仲裁争议,仅适用《仲裁规则》和仲裁法。

(七)关于承认本案仲裁裁决是否违背我国社会公共利益的问题

中天公司认为:双方长期买卖合同的履行期间,正值日本及美国、韩国向中国倾销单模光纤产品,已严重损害了中国的光纤产业,国家商务部对此已作出反倾销决定。如果承认本案的仲裁裁决,无异于助长了对中国光纤产业的损害,严重损害了国家利益。

在请求不予承认本案仲裁裁决赔偿结论的同时,中天公司认为该仲裁裁决就长期协议的约束力所作出的结论即长期协议不再继续有效是合理的,应当予以承认。

五、南通中院的审查意见

(一)关于超期裁决及通知问题

本案仲裁裁决的作出时间远远超出了《仲裁规则》确定的期限是不争的事实。仲裁庭在第二次通知延期作出裁决但仍未作出裁决后,也没有向当事人发出任何通知和说明。《仲裁规则》第53.1条规定:“如果因为案情复杂或其他原因,仲裁庭认为有必要,可以适当延长该期限,但不得超过审理结束决定之日起8周。”这里的用词是“不得”,系强制性规定,不得违反。本案的裁决,从第二次延期通知的2005年9月20日起至实际作出裁决的2006年2月23日,逾期长达5个月,违反了《仲裁规则》的强制性规定。此外,在逾期之后又未通知当事人何时作出裁决,也同样违反了《仲裁规则》第53.2条关于“仲裁庭在前款审理终结时,应把将要作出裁决的期限通知当事人”之规定。因此,中天公司这一抗辩理由成立。

(二)关于本案裁决的作出是否违反合议制度问题

本案仲裁采用的是三人合议制,根据《仲裁规则》规定,仲裁裁决应根据多数意见作出。从沈四宝仲裁员提出的反对意见及其在最后送达首裁及另一仲裁员有关合议过程的函件中,可以认定在本案的裁决送达当事人之前,仲裁合议庭已就相关问题进行了充分的、真诚的合议,并已形成裁决方案。首裁表示准备签署并希望沈四宝仲裁员也签署,尽管沈四宝两次表示不签署该裁决,但在首裁给予的最后期限内,经权衡最终又于2005年12月12日同意签署该裁决,即此时裁决草案已为多数仲裁员签署,应当成为仲裁裁决结论。然而本案的仲裁裁决内容与原先讨论的裁决内容相比,出现了重大差异,这些差异又是在没有新的证据、没有重新开庭、更没有讨论的情况下出现的。该裁决出台前,沈四宝仲裁员也未得到另一仲裁员对这一新裁决的意见,因为合议制仲裁中每一个仲裁员的意见均应送达首裁并抄送另一仲裁员。因此,本案裁决违反合议制仲裁庭的议事规则是显而易见的。

（三）关于仲裁庭决定重新审理信越公司再次变更的请求是否合法的问题

这一争议存在着两个方面的问题：

其一，对《仲裁规则》的翻译。本案仲裁庭使用的语言为英文，且日本仲裁庭寄送给中天公司的《仲裁规则》也是英文本，应以英文本的意思认定，即在决定审理终结之日起3周后不应重新审理。合议庭也充分关注到另一事实，即中天公司早在2005年6月28日接到仲裁庭关于重新审理的通知后，就信越公司再次变更请求一事给仲裁庭的法律意见书中，已明确表示仲裁庭重新审理的决定已违反了《仲裁规则》。因此，可以认定仲裁庭同意信越公司再次变更仲裁请求而重新审理的决定，违反了《仲裁规则》。

其二，仲裁庭宣布5月底结束审理，并非基于其职权，而是基于仲裁双方当事人的合意。在第二次庭审开始时，信越公司即向仲裁庭提出在庭审后尽快宣布结束审理，对此中天公司并未反对。而在庭审结束时，当仲裁庭宣布将于4月底结束审理时，信越公司又提出希望在5月底结束审理，中天公司也未表示反对，最后仲裁庭即同意在5月底结束审理。因此，本案结束审理的时限是仲裁当事人的合意，仲裁庭未经另一方当事人同意在5月底之后决定重新审理，也违背了当事人的合意。

综上所述，仲裁庭接受信越公司的再次变更请求并决定重新审理，违反了《仲裁规则》及当事人的合意。

（四）关于证人木下显一直参与庭审及作伪证的问题

是否允许证人在作证前参加所要作证案件的庭审，日本法律没有禁止性规定。但根据《仲裁规则》，仲裁是不公开进行的。根据庭审记录，仲裁庭在第二次庭审开始时，没有就参加庭审的木下显的身份进行审核，即在木下显作证前，其以什么理由参加仲裁庭审是不清楚的。也就是说仲裁庭让一个既非当事人又非代理人的不明身份人参加了仲裁庭审，违背了不公开仲裁原则。

就木下显的伪证问题，南通中院认为，庭审记录已清楚地表明木下显就同一事实分别在回答信越公司和中天公司时作出了不同的陈述，中天公司提供了录音证据加以证明。因此，木下显作伪证的事实能够得到确定。而本案仲裁裁决正是引用了木下显的伪证。但根据《纽约公约》的规定，木下显证词是否是伪证的问题不应成为法院审查外国仲裁裁决承认与否的事项。

（五）关于仲裁庭是否给予中天公司平等待遇、是否给予充分陈述申辩的机会问题

仲裁庭没有给予中天公司平等待遇和充分申辩的机会，主要表现在以下几个方面：

一是仲裁庭将大部分庭审时间分配给信越公司，致使中天公司没有充分时间申辩和询问证人。信越公司询问证人的时间从4日上午的庭审开始，一直延续到了15:30，而当天的庭审进行至17:30即结束，并宣布次日下午继续开庭，仅有半天时间。中天公司以案件对其影响重大且远道而来为由，要求给予足够时间陈述理由。

仲裁庭在表示理解的同时，在明知信越公司已获得4小时足够陈述机会的情形下，却又明确限定次日下午庭审中天公司用时30分钟时间，并认为该时间足够了。因此，中天公司只能按照30分钟的时间准备问题，而30分钟的时间是远远不够的。在次日的庭审中，当中天公司已经表示是按照30分钟准备的问题提问时，仲裁庭却又称该用时并非限制性，出尔反尔。

二是在中天公司陈述时前后有3次出现仲裁庭打断中天公司发言并限制发言时间的情节，而对信越公司并不存在这样的限制。

三是在信越公司已有4小时陈述及质询机会，而中天公司在第一天庭审时仅获得2个小时的机会，第二天仅有半天庭审，又被限定仅30分钟，总共仅获得2小时30分钟机会的情形下，仲裁庭对于信越公司要求给30分钟再次对证人提问时却立即予以准许。

基于上述事实，仲裁庭在陈述和质询证人的用时方面给予中天公司的待遇明显有别于信越公司，违反了平等对待原则。也正是由于仲裁庭在给予中天公司在陈述和质询时的用时限制，使中天公司没有足够时间陈述理由。尽管仲裁庭在次日庭审开始后又表示用时规定并非限制性规定，但已造成了中天公司只能按照原给予的用时限制准备陈述内容的既成事实，已无法因仲裁庭的改变而作出更多、更全面的陈述意见。

（六）关于其他证据的辩论程序

虽然仲裁庭第二次庭审仅有对证人木下显和中天公司提供的专家意见的质证，并无就有关书证问题组织辩论和听证的记录，但并无证据证明在第一次庭审时亦未对有关书证问题组织辩论和听证。而从裁决书表述的仲裁过程来看，仲裁庭第一次庭审进行了材料提交和双方辩论。因此，南通中院倾向于认定中天公司关于仲裁庭未对有关书证问题组织辩论和听证的抗辩理由不成立。

（七）关于承认和执行本案仲裁裁决是否损害我国公共利益的问题

南通中院有两种意见：一种意见认为损害公共利益，理由是本案仲裁是在包括日本在内的光纤制造商向中国实施倾销的大背景下进行的，倾销事实已被中国政府确定存在。信越公司利用其光纤预制棒的技术优势地位，高价出售给中天公司及中国的另两家企业，并拒绝因情势变更而提出的修订要求。如果承认本案的仲裁裁决，则对中天公司造成重大损害。由于信越公司在同期同时向中国的数家企业出口，同一仲裁机构已作出类似裁决两份，中天公司作为我国国内生产光纤的主要厂商，对它的损害必然也会损及我国的光纤产业，无异于助长了受到制裁的日本、美国及韩国光纤产品企业对中国光纤产业的损害。从这一角度分析，可以认定如果承认并执行本案仲裁裁决，将有害于我国的公共利益。

另一种意见认为，公共利益要从严把握，本案仲裁裁决涉及的仅是个体，且又是光纤预制棒，并非成品，又没有证据证明信越公司与倾销行为有关，所以不宜以损害公共利益为由不予承认和执行。

（八）关于对仲裁裁决认定的长期协议不再继续有效是否予以承认的问题

南通中院有两种意见：一种意见认为，承认仲裁裁决是对裁决全部内容的承认，这一认定，显然有利于中天公司。与赔偿结论不同的是，就协议是否继续有效的争议并没有成为仲裁审理的事项，是仲裁庭独立作出的判断，同时也是仲裁裁决的一个结论。对赔偿结论的不予承认并不影响对协议不再继续有效认定的承认，可以单独承认此项内容。

另一种意见认为，对仲裁裁决的承认与执行，是对仲裁结论的承认与执行，本案已经从程序上存在违反仲裁规则和当事人合意而对整个仲裁裁决不予承认，不存在就此内容予以承认的单独理由。

综上所述，本案仲裁裁决存在如下方面违反《仲裁规则》的规定及当事人的合意：

1. 超期作出裁决，未就仲裁时间通知当事人；

2. 仲裁裁决违反合议制仲裁庭的议事规则；

3. 仲裁庭接受信越公司再次变更的仲裁请求，决定重新审理，违反《仲裁规则》关于重新审理的期限规定，同时与当事人合意不符；

4. 在决定重新审理后，又没有重新开庭而直接作出本案仲裁；

5. 未就木下显的身份在庭审开始时审查，使其在以证人身份作证前一直参加庭审，违反了仲裁不公开的规则要求；

6. 未给予中天公司以平等待遇；

7. 未给予中天公司足够的陈述意见的机会。

根据上述理由，对本案仲裁裁决决定不予承认。

六、我院的审查意见

我院经审查认为，本案仲裁裁决存在《纽约公约》第五条第一款（丁）项和第二款（乙）项规定的情形，拟同意南通中院不予承认本案仲裁裁决的意见。

（一）本案仲裁裁决存在《纽约公约》第五条第一款（丁）项规定的情形

根据该项规定，如果被申请人有证据证明仲裁庭的组成或仲裁程序与各造之间协议不符，或无协议而与仲裁地所在国法律不符，则被请求承认国可以拒绝承认有关仲裁裁决。本案仲裁程序在以下两个方面与仲裁协议选择的《仲裁规则》及《日本仲裁法》不符：

首先，本案仲裁程序违背《仲裁规则》第32.2条和《日本仲裁法》第25条关于平等对待当事人的规定。《仲裁规则》第32.2条规定："仲裁庭应当平等对待各方当事人，并且应当给予各方当事人充分的机会陈述、证明和答辩。"《日本仲裁法》第25条规定："1. 于仲裁程序中，应平等对待当事人；2. 于仲裁程序中，应给予当事人说明情况的充分机会"。在原定2005年4月4日和5日两天的庭审中，仲裁庭将第一天的大部分庭审时间分配给信越公司陈述和询问证人，并且未给予任何限制。而在中天公司陈述和询问证人时，仲裁庭多次打断中天公司并在时间上予以限制。更为严重的是,在信越公司占用2005年4月4日的大部分时间充分陈述和询问证人之后,仲裁庭擅自取消2005年4月5日上午的半天听证时间,并将中天公司下午询问证人的时间限制在半个小时内。仲裁庭的上述不公正做法,导致中天公司没有充分时间进行陈述和询问证人,致使中天公司没有足够的机会进行答辩和表达自己的观点。

其次,仲裁庭严重违背了《仲裁规则》第53.1条、第12.2条关于作出仲裁裁决期限的规定。《仲裁规则》第53.1条规定:1.仲裁庭认为仲裁程序已进行得完全充分,可以进行裁决并决定终结审理程序时,仲裁庭应在作出该决定之日起5周内作出仲裁裁决;如果因为案情复杂或其他原因,仲裁庭认为必要时,可以适当延长该期限,但不得超过8周。2.仲裁庭在前款审理终结时,应把将要作出裁决的期限通知当事人。"第12.2条规定:"在仲裁庭认为必要时,可以延长除第65条规定期限之外的本规则条款规定的任何期限(包括仲裁庭自身所决定的期限)。仲裁庭作出延长决定后,应及时通知双方当事人。"在本案中,2005年7月7日,仲裁庭决定接受信越公司提出的变更仲裁请求的申请,并结束审理。2005年7月29日,仲裁庭通知将于2005年8月底作出裁决。2005年8月31日,仲裁庭又宣布延后20天即应在2005年9月20日作出仲裁裁决。但2005年9月20日仲裁庭既未作出仲裁裁决,也未作出再次延长作出仲裁裁决期限的决定并通知当事人,而是直到2006年2月23日才作出仲裁裁决。也就是说,2005年9月20日之后,仲裁庭在没有再次决定延期作出仲裁裁决并通知当事人的情况下,在审理终结(2005年7月7日)之后7个月、最后宣布的作出裁决日(2005年9月20日)之后5个月,才作出仲裁裁决。仲裁庭的这一做法严重违背了《仲裁规则》第53.1条和第12.2条的规定。

仲裁庭一再拖延作出仲裁裁决不仅违背《仲裁规则》和《日本仲裁法》的规定,而且导致的后果是极为严重的。2005年9月13日,首席仲裁员将在充分讨论基础上拟定的裁决书草案送达其他两位仲裁员签署。虽然沈四宝仲裁员认为该裁决书确定的赔偿数额过高,对中天公司不公平,但在首席仲裁员和另一名仲裁员均认为裁决书是公平程序和真诚讨论的结果的情况下,沈四宝仲裁员的反对意见并不会导致妨碍仲裁庭作出仲裁裁决的后果,即仅在有一名仲裁员不同意签署仲裁裁决的情况下,根据《日本仲裁法》第37.2条的规定,仲裁庭完全有权依据过半数仲裁员的意见在仲裁庭确定的日期(2005年9月20日)之前作出仲裁裁决。但本案首席仲裁员并没有按照《日本仲裁法》规定如期作出仲裁裁决,而是于2006年1月5日重新拟定了一个在沈四宝仲裁员看来对中天公司更加不公平的新的仲裁裁决草案。新的裁决书草案在信越公司没有提出新的仲裁请求、没有新的证据、仲裁庭没有再次开庭审理,甚至没有充分讨论的情况下,将中天公司的赔偿数额增加到原先裁决书草案确定的赔偿数额的8倍之多。在沈四宝仲裁员一再表示反对并同意回到原先裁决书的情况下,仲裁庭依据过半数仲裁员的意见,在2006年2月23日作出了本案仲裁裁决。显然,本案仲裁程序不仅违背《仲裁规则》和《日本仲裁法》的规定,而且已导致了严重的后果。

（二）本案仲裁裁决存在《纽约公约》第五条第二款（乙）项规定的情形

根据该项的规定，倘声请承认及执行地所在国之主管机关认为承认或执行裁决有违该国公共政策者，亦得拒不承认及执行仲裁裁决。在本案合同签订之后，自2002年起，日本、美国、韩国企业向我国倾销常规单模光纤，极大损害了国内常规单模光纤产业。商务部经调查核实，决定自2005年1月1日起，对从上述三国的进口常规单模光纤征收7%～46%不等的反倾销税，其中对从日本进口的常规单模光纤全部征收46%的反倾销税。本案长期买卖合同标的，即为上述进口产品的原材料。2003年，我国国内光纤市场平均价格为每公里119元，2004年则为100元。如果照此合同履行，中天公司生产光纤的总成本则分别达到每公里175.46元和167.47元。显然，信越公司利用其在国际上生产和出售匹配型单膜光纤预制棒的垄断地位，以垄断高价向作为我国光纤产品主要生产厂商的中天公司出售原料，必然会导致中天公司光纤产品成本的巨额增加和市场竞争力的严重降低。除中天公司以外，我国光纤产品生产厂商天津鑫茂公司和江苏法尔胜公司也是信越公司垄断高价的受害者。因此，信越公司利用其在国际上生产和出售匹配型单膜光纤预制棒的垄断地位，以垄断高价出售涉案产品的行为与倾销成品具有同等的效果，同样会严重危及我国光纤产业的生存。在我国政府已决定对来自日本的常规单模光纤征收最高额反倾销税的情况下，执行本案仲裁裁决，无疑会抵销征收反倾销税的效果，从另一个方面助长日本企业损害我国光纤产业的利益。故承认本案仲裁裁决会违背我国公共政策。

综上，在本案仲裁程序中，仲裁庭一味偏袒信越公司，严重超期作出仲裁裁决的做法不仅违背《仲裁规则》和《日本仲裁法》的规定，而且导致了严重的后果。承认该仲裁裁决将会严重危及我国光纤产业的生存。依据《纽约公约》第五条第一款（丁）项和第二款（乙）项的规定，应拒绝承认该仲裁裁决。

上述意见当否，请贵院审查后明示。

最高人民法院关于马绍尔群岛第一投资公司申请承认和执行英国伦敦临时仲裁庭仲裁裁决案的复函

（2008年2月27日　〔2007〕民四他字第35号）

福建省高级人民法院：

你院〔2007〕闽民他字第36号《关于马绍尔群岛第一投资公司申请承认和执行英国伦敦临时仲裁庭仲裁裁决一案的请示》收悉。经研究，同意你院审委会对该案处理意见的结论。

本案是马绍尔群岛第一投资公司申请承认和执行英国伦敦临时仲裁庭仲裁裁决案。我国为《1958年承认和执行外国仲裁裁决公约》(以下简称《纽约公约》)的参加国,应当依照纽约公约的规定审查该裁决是否应当予以承认和执行。

本案仲裁庭虽由3名仲裁员组成,但是仲裁员王生长并未参与仲裁的全过程,没有参与最终仲裁裁决的全部审议。因此,仲裁庭的组成或仲裁程序与当事人之间仲裁协议的约定不符,也与仲裁地英国的法律相违背。根据《纽约公约》第5条第1款第(4)项的规定,该仲裁裁决不应予以承认和执行。

附:

福建省高级人民法院关于马绍尔群岛第一投资公司申请承认和执行英国伦敦临时仲裁庭仲裁裁决一案的请示

(2007年10月12日 〔2007〕闽民他字第36号)

最高人民法院:

马绍尔群岛第一投资公司(First Investment Corp〈Marshall Island〉,FIC)申请承认和执行英国伦敦临时仲裁庭仲裁裁决一案,厦门海事法院拟裁定对该仲裁裁决不予承认和执行,根据你院〔1995〕18号《关于人民法院处理与涉外仲裁及外国仲裁事项有关问题的通知》要求,厦门海事法院报请我院审查,经我院审判委员会研究,同意厦门海事法院的意见。现将我院的审查意见报告如下:

一、仲裁庭的组成与当事人之间仲裁协议不符,也与仲裁地所在国法律不符,构成《联合国承认和执行外国仲裁裁决的公约》第5条第1款第(4)项不予承认与执行的情形

(一)本案仲裁裁决没有得到仲裁庭全体成员的审议,仲裁庭组成违反仲裁条款关于仲裁庭组成的约定

1. 本案仲裁条款关于仲裁庭组成的约定

申请人与被申请人于2003年9月15日签订的选择权协议第9条系仲裁条款。该条款关于"3名仲裁员应组成仲裁庭,来解决争议的事项"的约定,要求任何与合同相关的争议必须由3名仲裁员组成仲裁庭进行仲裁,同时还要求这3名仲裁员应全程参与以下仲裁程序,即参与当事人提供全部证据的听证;参与听取当事人辩论的听证;参与仲裁员之间的对争议裁决的审议。

2. 仲裁员王生长没有参与程序问题第8号裁定的审议

该裁定包括三方面内容,即简介、仲裁裁决的通知和保留意见的草稿、被申请方

2006年3月2日的申请。2006年3月2日，被申请方要求仲裁庭应重新回到审理程序。仲裁庭多数成员在王生长未参加审议的情况下以“被申请方的申请所依据的事实背景与本案责任或数量争议的决定无关”以及“即使王生长参加了此项决定的作出过程，他要说服多数成员改变既定的观点也是不可能的”为由，裁定驳回了被申请方2006年3月2日的申请。该裁定还说明，“已经有一段时间无法和王生长博士取得联系”。非常明确，仲裁员王生长没有参与程序问题第8号裁定的审议。

3. 仲裁员王生长没有参与最终仲裁裁决的全部审议

(1)仲裁裁决第一稿审议的完成并不意味着仲裁审议阶段的结束。

本案仲裁庭在作出仲裁裁决之前以不同形式在不同场合对本案裁决的争议问题进行了审议。根据程序问题第8号裁定描述的事实，本案仲裁裁决共有三稿，其完成时间分别是2006年1月21日、2006年3月25日、2006年3月31日。仲裁庭完成对第一稿的审议，并不说明已经完成全部审议。主要理由：其一，第二稿拟出后，本案首席仲裁员马丁·亨特又将仲裁裁决第二稿分发给王生长和布鲁斯·哈利斯两位仲裁员审议，说明审议仍在继续；其二，在仲裁庭2006年5月3日信函中，马丁·亨特明确表示仲裁庭只是完成实质审议，而非完成全部审议；其三，王生长在修改意见的措辞中使用了“草稿”的字眼，表明其对仲裁裁决第一稿提出的意见并非最终意见，也表明仲裁庭的审议过程尚未结束。因此，仲裁裁决第一稿审议的完成并不意味着仲裁审议阶段的结束。

(2)根据程序问题第8号裁定描述的事实，王生长仅对第一稿提出持有保留意见的草稿，并没有参与最终仲裁裁决的全部审议。

2006年1月21日，马丁·亨特作出该案仲裁裁决的第一稿，分发给王生长和布鲁斯·哈利斯审议。2006年2月16日，王生长提交其持有保留意见的草稿，3月上旬，布鲁斯·哈利斯提交了其对该稿的意见。2006年3月25日，马丁·亨特分发了抬头为“Draft2 (final) –23 –03 –06”仲裁裁决的第二稿。2006年3月31日，在采纳了布鲁斯·哈利斯先生提出的一些校对性的修改意见后，马丁·亨特对仲裁裁决定了稿，并将此稿发给王生长和布鲁斯·哈利斯签字。该裁定明确说明，王生长对最终仲裁裁决的审议截止于对第一稿的审议。

(3)根据仲裁庭2006年5月3日及2006年7月28日信函描述的事实，王生长从2006年2月起没有参加仲裁程序，没有参与最终仲裁裁决的全部审议。

在仲裁庭2006年5月3日信函中，仲裁庭首裁马丁·亨特通知了当事务方，称：仲裁庭已经完成了合议的实质部分，仲裁裁决已经有两名仲裁员签署，另一名仲裁员王生长博士已经有一段时间失去了联系；王博士此前曾表示了他愿意有保留地签署由仲裁庭大多数成员建议的裁决的意图；王博士给另两位成员寄去了一份反对意见的草稿。在2006年7月28日的信函中，马丁·亨特给各方当事人律师的传真内容中说明布鲁斯·哈利斯和马丁·亨特最后一次和王生长联系是在2006年2月份,此后他们就没有王生长的任何音讯了。上述事实说明了王生长从 2006 年 2 月起,没有参加仲裁程序。

(4)从王生长被采取强制措施实际情况看,王生长不可能参与本案的全部审议。

王生长于 2006 年 3 月 20 日因涉嫌犯罪被刑事拘留。据此可知,王生长未能看到马丁·亨特 3 月 25 日发给他的仲裁裁决第二稿和 3 月 31 日的定稿以及之后发给他的相关文件,王生长不可能参与本案的全部审议。

上述证据表明,王生长在 2006 年 2 月下半月没有音讯后,参与仲裁程序的只有马丁·亨特和布鲁斯·哈利斯两名仲裁员。剩余两名仲裁员继续进行仲裁程序违反了仲裁协议中"由三名仲裁员组成仲裁庭对争议进行仲裁"的规定。

(二)本案中仲裁庭组成违反仲裁地法关于仲裁庭组成的规定

1996 年英国仲裁法对仲裁员在仲裁过程中拒绝担任或无法继续担任仲裁员的情形有相应的规定,在仲裁庭组成有缺陷时的法定措施包括:(1)撤销对仲裁员的授权;(2)申请法院撤换仲裁员;(3)填补空缺,重新指定仲裁员。

本案中,王生长由于被采取强制措施,实际上已无能力继续从事仲裁程序,无法履行其职责。根据 1996 年英国仲裁法,在一名仲裁员无法履行其职责时,当事人就是否需要另行指定替代仲裁员进行约定是一项法定的权利。当事人既可以依据该法第 23 条"撤销对仲裁员的授权"的规定,通过协议或共同行动解除王生长作为仲裁员的权力,由马丁·亨特和布鲁斯·哈利斯组成一个只有两名仲裁员的仲裁庭继续仲裁;也可以依据该法第 24 条"法院撤换仲裁员的权力"规定,由当事人向法院申请,免除无法履行职责的王生长的仲裁员资格;亦可以依据该法第 27 条"填补空缺"第 1 款规定:当一名仲裁员无法履行其职责时,当事人可以就下列事项自由做出约定:(a)是否应当补充空缺,若需补充则应如何补充;(b)之前的程序是否应当有所变化,若有变化则应如何变化;以及(c)仲裁员无法履行职责会给他所做出的指定(单独或共同地)造成何种影响(若有的话)。上述三项措施,是当事人的法定权利,不容剥夺。

同时该法第 27 条第 2 款和第 3 款又规定,在当事人无法达成一致的情况下应当适用第 16 条和第 18 条关于仲裁员指定的规定。第 16 条是关于在仲裁开始时如何指定仲裁员的规定,第 18 条则是关于在当事人无法达成协议时指定仲裁员的规定。

因此对于本案而言,当出现王生长不能履行仲裁员职责的情形时,在当事各方采取法定措施之前,马丁·亨特和布鲁斯·哈利斯两人不能组成有效的仲裁庭继续仲裁。

(三)多数仲裁员意见不能解决本案仲裁庭组成的缺陷

按照马丁·亨特和布鲁斯·哈利斯的意见,仲裁裁决是依据仲裁庭多数成员做出的,即使王生长参与了 2006 年 3 月底至仲裁程序全部结束的整个过程,裁决也不会有任何更改。该案程序问题第8号裁定第5段说：许多现代仲裁规则均授权一个缺脚的仲裁庭在某些情况下完成仲裁；适用于本次仲裁的伦敦海事仲裁员协会2002年规则第8(c)条规定“在指定了第三名仲裁员之后，决定、命令或裁决应当由所有或多数仲裁员作出”。

然而，多数仲裁员意见不能解决本案仲裁庭组成的缺陷。

第一，所谓的多数意见裁决有效适用于，也仅适用于全体仲裁员参与整个仲裁程序的情形，在仅有部分成员参与仲裁程序时多数意见是没有意义的。在仲裁庭有成员已无法，且实际没有参与仲裁程序的情况下，问题已不再是多数意见还是少数意见，而是仲裁庭的其他成员是否依然可以继续仲裁程序的问题。

第二，如果只要有多数仲裁员的意见即能约束当事人，其实在双方当事人分别指定了布鲁斯·哈利斯和王生长之后，只要他们两人意见一致似乎已没有必要再指定马丁·亨特为第三名仲裁员了，因为无论马丁·亨特持何种意见，均改变不了布鲁斯·哈利斯和王生长已达成的共同多数意见。实际上马丁·亨特和布鲁斯·哈利斯自己也不同意这一观点，如前所述，马丁·亨特在2006年7月28日的传真中明确说了，除非得到双方当事人的同意，他和布鲁斯·哈利斯无法就仲裁庭费用作出裁决。如果多数意见裁决有效的观点能够成立的话，那么只要布鲁斯·哈利斯和马丁·亨特的观点一致，他们依然可以在没有王生长参与的情况下作出另一个关于仲裁庭费用的有效的裁决。但事实上，他们二人并没有这么做，这恰恰说明了，在王生长没有参与的情况下，所谓的多数意见裁决有效的观点是不能成立的。

(四)仲裁庭在仲裁员无法继续履行仲裁员职责时，没有告知当事人，导致仲裁庭组成缺陷，仲裁程序与仲裁地所在国法律不符

如前所述，1996年英国仲裁法对仲裁员在仲裁过程中拒绝担任或无法继续担任仲裁员的情形有相应的规定，并规定了仲裁庭组成有缺陷时的法定措施。本案中，仲裁庭在2006年5月3日的信函中称审议已实质上完成，多数意见仲裁裁决随时可以作出来，这是拒绝当事人选择补救措施，剥夺当事人的法定权利，也是仲裁庭最大的失误。

二、本案仲裁裁决审理的是仲裁协议以外的，未约定以仲裁方式解决的纠纷，超越仲裁管辖权，构成了《纽约公约》第5条第1款第(3)项规定的不予承认和执行的情形

当事人双方有关在伦敦进行仲裁的约定包含在《选择权协议》中。因此依据该条款提起的仲裁所针对的争议只限于《选择权协议》约定的范围。而申请人FIC已根据该《选择权协议》指定8家在马绍尔群岛国设立的单船公司：Magna Mari time SA，Magnifico Maritime SA、Magnolia MaritimeSA、Magnum Maritime SA、Maistrali Maritime SA、Margarita MaritimeSA、Mimosa Maritime SA、Myrtia Maritime SA(系

原仲裁第二至九名申请人,以下简称 8 家被指定公司)与被申请人签订选择船建造合同,这一行为的后果是,申请人 FIC 已不是《选择船建造合同》的买方。申请人在指定上述 8 家公司作为选择船的买方后,即退出了该选择船的交易,申请人 FIC 与被申请人之间已不存在选择船建造合同关系。由于选择船建造合同最终没有签订,合同中列明的仲裁条款也没生效,因此在被申请人与 8 家被指定公司之间缺乏仲裁协议。但是,仲裁庭却审理了包括 8 家被指定公司在内的合同争议,虽然其最终裁决认为该 8 家被指定公司并非本案的适格主体,但却将这 8 家被指定公司的所谓损失作为该案的审理内容。仲裁庭在裁决书中认为申请人 FIC 在作出指定后可以收回其指定,然后以自己的名义主张其损失。但问题的关键是,申请人 FIC 在作出指定后事实上没有收回其指定。按照原先的选择权协议的约定,应该是其所指定的 8 家被指定公司与被申请人签订造船合同。如果认定被申请人违约,受损害的一方应是这 8 家被指定公司,而非申请人 FIC。可是仲裁庭一方面认为 8 家被指定公司不是本案适格的申请人,另一方面却将这 8 家被指定公司与被申请人的争议及其所谓损失列入仲裁范围,并最终将 8 家被指定公司的损失判给了申请人 FIC,该裁决的内容和结果显然超出了《选择权协议》所确定的被申请人依据该协议所应承担的法律义务。也就是说,本案审理的本应是申请人 FIC 与被申请人的选择权合同纠纷,而仲裁庭却将 8 家被指定公司与被申请人之间的选择船建造合同纠纷也列入审理范围。该裁决结果构成了《纽约公约》第 5 条第 1 款第(3)项规定的“裁决涉及仲裁协议所没有提到的,或者不包括仲裁协议规定之内的争执;或者裁决内含有对仲裁协议范围以外事项的决定……”的情形,构成超越仲裁管辖权,故对该仲裁裁决应不予承认和执行。

三、仲裁程序不当致使被申请人丧失了申辩的机会和权利

在仲裁的开始阶段,被申请人就对 8 家被指定公司的仲裁申请人的主体资格提出异议,但 FIC 及 8 家被指定公司则坚持主张这 8 家被指定公司成为仲裁申请人。但是,仲裁庭在整个仲裁审理过程中对 8 家被指定公司的主体资格与裁决结果之间的关系及其影响不加明确,并在第 1 号裁定中驳回了被申请人要求先行否定 8 家被指定公司当事人主体资格的请求。这一不当做法误导了被申请人,对仲裁程序及结果产生了严重的影响,导致被申请人为坚持并实现自己的主张,而将陈述和争辩的方向主要集中在反驳 FIC 为此提出的所谓“代理、对信托的承诺、转让、1999 年合同(第三方权利)法”等四种理由上,以致仲裁双方都认为至关重要并以此作为全案争辩的焦点问题。仲裁庭只是在最终阶段才裁决 8 家被指定公司不具有申请人主体资格,并认为“根据英国法,只要 8 家被指定公司可以证明自己各自的损失,FIC 就能够取得这些损失的赔偿”。在此之前,仲裁庭没有引导双方将 8 家被指定公司的损失可否构成 FIC 的损失、FIC 能否以及是否撤回了对 8 家被指定公司的指定等至关重要的问题列为争议焦点,也未引导仲裁双方就上述事实和法律问题发表意见。因此,仲裁庭的裁决结果是建立在未经事实调查和质证以及未就相关法律问题展开充分辩论的情况下作出的FIC可以撤回指定等武断结论的基础上,这显然剥夺了被申请人就这一问题进行阐述和申辩的机会与权利。因此该仲裁程序明显不当,符合《纽约公约》第5条第1款第(2)项规定的"作为裁决执行对象的当事人,没有被给予指定仲裁员或者进行仲裁程序的适当通知,或者由于其他情况而不能对案件提出意见"的情形,故本案仲裁裁决应当不予承认和执行。

四、仲裁庭在仲裁过程中对"无损害文件"的处理存在严重的程序瑕疵,违反了英国法的有关规定,构成《纽约公约》第5条第1款第(4)项关于仲裁程序与仲裁地所在国法律不符的情形

根据英国法,"无损害文件"是指原先为了解决争议举行的谈判的全部或部分内容。根据英国法,仲裁庭不应允许采用"无损害文件",否则仲裁庭就犯了程序上的错误,将会导致仲裁裁决无法强制执行。本案中申请人提供了此前双方签订的协商解决问题的无损害文件,即从2003年9月起,双方以口头或书面形式进行"无损害固有权益"的谈判,并在福州、上海等地会谈。期间被申请人提出由于钢材上涨,他们每建造一艘船将损失200万美元,要求对方提高价格,但在申请仲裁时,FIC在申请书上披露了被申请人在"无损害固有权益"的谈判中商谈的内容,作为被申请人违约的依据。该文件经过仲裁庭委托的独立人鉴定评估,证实其中包含不得披露的无损害文件。这些文件内容,给仲裁庭造成被申请方未签署选择船建造合同的主要原因就是要求加价的印象,这是严重违反程序公正的。而且仲裁裁决书第7章第182点就直接引用被申请人在"无损害固有权益"谈判中提出的关于钢材价格明显上涨,按照合同价格造船必然会产生巨额亏损的主张,并就此认为被申请人是因财务困难而不履行合同。根据英国法律的规定,将导致仲裁的无效。对此,仲裁庭虽然承认了程序上的错误,却并没有作出任何努力来弥补该错误,只是认定这些"无损害文件"是无关的,并略过这些文件。

综上,鉴于该仲裁裁决在程序上存在的严重瑕疵,已构成《纽约公约》第5条第1款第(2)、(3)、(4)项的规定,我院审判委员会讨论一致意见应予拒绝承认和执行。

现将上述意见报请你院审查。

最高人民法院关于不予执行香港欧亚科技公司与新疆啤酒花股份有限公司仲裁裁决一案的请示的复函

（2007年11月28日 〔2006〕民四他字第48号）

新疆维吾尔自治区高级人民法院：

你院〔2006〕新执监字第97号《关于不予执行香港欧亚科技公司与新疆啤酒花股份有限公司仲裁裁决一案的请示》收悉。经研究，答复如下：

据你院请示所附材料，申请人香港欧亚科技公司与被申请人新疆啤酒花股份有限公司为买卖啤酒花生产线进行磋商并一同检验设备后，因新疆啤酒花股份有限公司无进出口权，委托新疆农垦进出口公司代理进口。1996年10月19日，新疆农垦进出口公司与香港欧亚科技公司在乌鲁木齐市签订了96XK—1015HK合同（包括两个附件A和B），新疆啤酒花股份有限公司的副总经理在该合同的正本上签名确认。合同约定：本合同适用中国法律，如双方不能协商解决争议，则通过仲裁解决，仲裁地点将在香港。1997年12月1日，新疆啤酒花股份有限公司与香港欧亚科技公司签订了《关于对1996年10月19日乌鲁木齐签订的96XK—1015HK合同和附件B的修改协议》，双方在此修改协议中约定：修改协议是原合同的组成部分。之后，新疆啤酒花股份有限公司与香港欧亚科技公司发生争议，香港欧亚科技公司将争议提交仲裁。2001年6月24日，香港国际仲裁中心作出最终裁决。香港欧亚科技公司向乌鲁木齐市中级人民法院申请执行该裁决后，新疆啤酒花股份有限公司以双方之间没有仲裁协议为由提出应不予执行上述仲裁裁决。

本院经审查认为，新疆啤酒花股份有限公司与香港欧亚科技公司在修改协议中明确约定了该修改协议是原合同的组成部分，而原合同中有仲裁条款。因此，原合同中的仲裁条款对新疆啤酒花股份有限公司和香港欧亚科技公司双方具有约束力，不应以新疆啤酒花股份有限公司和香港欧亚科技公司之间不存在仲裁协议为由拒绝执行香港国际仲裁中心于2001年6月24日就新疆啤酒花股份有限公司与香港欧亚科技公司间买卖纠纷作出的仲裁裁决。此外，依照最高人民法院《关于适用〈中华人民共和国仲裁法〉若干问题的解释》第十六条和《最高人民法院关于内地与香港特别行政区相互执行仲裁裁决的安排》第七条第一款第一项，当事人未对仲裁协议的准据法作出约定但约定了仲裁地点的，适用仲裁地法律即香港特别行政区法律确定上述仲裁条款的效力。被申请人未主张上述仲裁条款依照香港特别行政区法律应确定为无效，也未提出仲裁裁决有《最高人民法院关于内地与香港特别行政区相互执行仲裁裁决的安排》第七条第一款规定的其他情形，如又不具有第二款、第三款规定的情形,则上述裁决应予执行。

此复。

附一:

新疆维吾尔自治区高级人民法院关于不予执行香港欧亚科技公司与新疆啤酒花股份有限公司仲裁裁决一案的请示报告

(2006 年 11 月 21 日 〔2006〕新执监字第 97 号)

最高人民法院:

2002 年 3 月 26 日我局收到了乌鲁木齐市中级人民法院乌中法〔2002〕29 号关于香港欧亚科技公司与新疆啤酒花股份有限公司仲裁裁决一案的报告,因新疆啤酒花股份有限公司提出不予执行仲裁裁决的申请,经乌市中院审委会研究不予执行香港国际仲裁中心的裁决。我院在对本案进行复查后,认为乌鲁木齐市中级人民法院不予执行该仲裁裁决的决定正确,并经我院 2006 年 4 月 13 日第 11 次审判决委员会研究同意不予执行仲裁裁决。根据最高人民法院《关于审理和执行涉外民商事案件应当注意的几个问题的通知》第三条的规定,现将该案请示你院,请予批复。

附二:

新疆维吾尔自治区高级人民法院关于不予执行香港欧亚科技公司与新疆啤酒花股份有限公司仲裁裁决一案的案情报告

(2006 年 11 月 21 日 〔2006〕新执监字第 97 号)

一、当事人的基本情况

申请执行人香港欧亚科技公司(以下简称欧亚公司)。委托代理人:刘忠卫,新疆金孟律师事务所律师。

被执行人新疆啤酒花股份有限公司(以下简称啤酒花公司)。委托代理人:房福利,新疆国字律师事务所律师。

二、香港仲裁裁决情况

2001 年 6 月 24 日,香港仲裁裁决中心根据香港欧亚科技公司的申请作出最终裁决,裁决啤酒花公司必须即时向欧亚公司缴付:(1)技术安装指导费 300 万 DM(德国马克);(2)工程指导费 36,170.21DM;(3)设备费用余款 6550.25DM;(4)从 1997 年 12 月 1 日起按每日 0.021% 缴付款项总额连同利息直至清偿完毕;(5)缴付交通等费用29,250元港元。

三、啤酒花公司不予执行仲裁的异议理由

2001年11月1日,欧亚公司依据香港仲裁中心所作出的裁决向乌鲁木齐市中级人民法院申请强制执行,乌市中院受理后向啤酒花公司发出限期履行通知书,啤酒花公司以香港仲裁中心在啤酒花公司与欧亚公司没有合同仲裁条款和仲裁协议的情况下进行裁决,于法无据,向乌市中院提出不予执行申请。

四、乌市中院的审查意见

乌市中院在对双方当事人进行询问并调查了解了相关事实情况后,经乌市中院审委会讨论,同意合议庭的意见即:香港国际仲裁中心所处理的争议不在仲裁协议条款之内,即该中心无权对欧亚公司与啤酒花公司之间的争议进行仲裁裁决。

五、我院查明的案件事实情况

1996年9月啤酒花公司(其前身为新疆轻工股份有限公司,后上市改制成为啤酒花公司)与欧亚公司为购买啤酒花生产线共同磋商并经一同检验,因啤酒花公司无进出口权,于是拟委托新疆农垦进出口公司(农垦公司)为其代理进口生产线事宜。1996年10月19日,农垦公司为买方,欧亚公司为卖方在乌鲁木齐市签订了N096XK—1015HK合同(包括两个附件A和B)(见合同中译本),其中啤酒花公司的副总经理吴爱国参与了合同的签订,并在该合同的正本上签名确认(但最后一页未签),合同除约定货物相关情况及付款方式等内容外,还约定本合同适用中国法律,如双方不能解决争议,仲裁地点将在香港;本合同只有通过双方签署书面文件才可以更改。1996年11月8日,啤酒花公司与新疆农垦粮油食品土畜医保进出口公司(以下简称农垦粮油公司)签订了代理进口协议书,协议书确认了。N096XK—1015HK合同中关于货物购买等相关问题的委托事宜以及代理费用,但未对解决争议的方式进行说明(据了解农垦粮油公司为农垦总公司的全资子公司,对外都以农垦总公司签订合同,但具体业务由下属子公司操作,目前农垦公司及其子公司均已不存在)。1997年12月1日,在N096XK—1015HK合同已履行了大部分之后,啤酒花公司与欧亚公司又签订了《关于对1996年10月19日乌鲁木齐签订N096XK—1015HK合同和附件B的修改协议》,修改协议主要就付款条款和工程和安装指导进行了修改,此修改协议由欧亚公司和啤酒花公司的副总经理吴爱国共同签署。

在此之后,啤酒花公司与欧亚公司、农垦粮油公司分别履行了相应的义务,在结算安装费用等问题上,啤酒花公司与欧亚公司、农垦公司之间发生了争议,欧亚公司代理人提交了大量欧亚公司催款及啤酒花公司答复的传真和邮件复印件,在索款无效的情况下,欧亚公司以啤酒花公司未能严格履行N096XK—1015HK合同及修改协议为由向香港国际仲裁中心申请仲裁,啤酒花公司并未出庭答辩。

六、我院的审查意见

本案争议的焦点在于啤酒花公司与欧亚公司之间是否存在仲裁协议及仲裁

条款。

根据最高人民法院《关于内地与香港相互执行仲裁裁决的安排》第七条第五款的规定，被申请人提出证据证明裁决对当事人尚无约束力的，经审理核实法院可以裁定不予执行。双方当事人之间是否存在仲裁协议或仲裁条款是双方之间能否接受仲裁裁决约束的首要条件，从本案的情况来看，其一，香港国际仲裁中心作出裁决所依据的是 N096XK—1015HK 合同，但该合同中文译本明确写明合同双方当事人是买方农垦公司与卖方欧亚公司，啤酒花公司并不是该合同的当事人，即便啤酒花公司副总经理吴爱国参与了合同的签订，但其此时的身份不能视为合同的当事人之一（如其根本就不是合同当事人，则其在合同上的签名无论是否签到仲裁条款那一页上都没有实际意义，更何况在仲裁条款的一页就未签名），充其量是一个合同签订的见证人，因此该合同中关于仲裁条款的内容对啤酒花公司不具备约束力；其二，欧亚公司认为吴爱国作为啤酒花公司的全权代理人又与欧亚公司签订了《关于对1996 年 10 月 19 日乌鲁木齐签订 N096XK—1015HK 合同和附件 B 的修改协议》，在此合同上买方直接写成了啤酒花公司，因该修改协议属于 N096XK—1015HK 合同的补充协议，根据前后一致原则，前合同的效力当然及于啤酒花公司。对此承办人认为，根据 N096XK—1015HK 合同第十二条的规定“合同只有通过双方签署的书面文件才可以更改”而该条所说的双方当然应指合同的双方当事人农垦公司和欧亚公司，而非啤酒花公司，因此该修改协议的效力虽经啤酒花公司和欧亚公司双方认可，但仍不能据此认为啤酒花公司与欧亚公司之间存在任何仲裁条款和协议；其三，欧亚公司的代理人提供了一系列欧亚公司催款及啤酒花公司答复的传真和邮件复印件，其中有相当一部分有欧亚公司说明“如我们在期限日未收到欠款的汇款，我们将在香港国际仲裁中心开始仲裁程序”、“如啤酒花公司不同意我们的提议，我们之间的案件将通过仲裁裁决”以及提醒啤酒花公司选择仲裁员人数及仲裁时间等内容，据此表明欧亚公司与啤酒花公司之间的确存在直接的债权债务关系，且啤酒花公司也作出过还款承诺，但未实际履行，因此属于对欧亚公司就争议提交仲裁的追认。对此我院认为，根据法律规定，当事人之间就争议的解决方式属于合同的重要内容，必须经双方达成一致后以书面形式予以表述和确定，如在合同主议中没有仲裁条款，可以事后专门签订仲裁协议作为主合同的补充，但决不能以默认的方式表示存在仲裁条款或协议，且从欧亚公司与啤酒花公司之间的传真邮件内容来看，尽管欧亚公司屡次提出要将争议提交仲裁的意见，但啤酒花公司在回函中只对还款的情况作出承诺，对仲裁一事从未表态，以此也不能表明双方当事人就仲裁事宜达成一致，因此不能以此作为啤酒花公司对争议提交仲裁表示追认的证据和理由；其四，本案还有一个特殊之处在于合同签订于 1996 年和 1997 年，正属我国对外经营贸易受到进出口权的限制，在与外商进行经贸洽谈时，必须由有进出口权的公司、企业进行代理，根据我国《关于对外贸易代理制的暂行规定》第二条“无对外贸易经营权的公司、企业、事业单位及个人需要进口或出口商品,须委托有该类商品外贸经营权的公司、企业依据国家有关规定办理”,第九条“委托人不得自行与外商变更或修改进出口公司。委托人与外商擅自达成的补充或修改进出口合同的协议无效”,据此规定啤酒花公司在不具备进出口权的情况下,尽管其作为合同的实际受益者、履行者,但其绝不可能成为进出口合同的当事人,否则就是违反了国家外经贸的强制性规定,其行为也是无效的。

综上所述,我院认为,申请人向法院申请执行香港特区作出的仲裁裁决的,其前提是要具有仲裁协议或在合同中存在仲裁条款,这个前提条件如果不具备,就没有申请执行的基础,本案显然是缺乏这个前提条件的,因此根据最高人民法院《关于内地与香港特别行政区相互执行仲裁裁决的安排》第三条、第七条第五款的规定以及《中华人民共和国民事诉讼法》第二百一十七条、第二百六十条之规定,本案应当裁定不予执行。

最高人民法院关于邦基农贸新加坡私人有限公司申请承认和执行英国仲裁裁决一案的请示的复函

(2007 年 6 月 25 日 〔2006〕民四他字第 41 号)

广东省高级人民法院:

你院〔2006〕粤高法民四他字第 10 号《关于邦基农贸新加坡私人有限公司申请承认和执行英国仲裁裁决一案的请示》收悉。经研究,答复如下:

本案一方当事人申请承认与执行国际油、油籽和油脂协会仲裁员在英国伦敦作出的仲裁裁决,该裁决为外国仲裁裁决。我国和英国均是《承认及执行外国仲裁裁决公约》(以下简称《纽约公约》)的缔约国,根据《中华人民共和国民事诉讼法》第二百六十九条的规定,本案仲裁裁决是否可以得到承认与执行,应当按照《纽约公约》的规定进行审查。关于本案所涉仲裁协议和仲裁程序的审查,应当适用双方当事人明确约定的国际油、油籽和油脂协会 2001 年 1 月 1 日修订并生效的《上诉和仲裁规则》以及英国 1996 年《仲裁法》。

《上诉和仲裁规则》第一条(f)款规定,“本协会将通知没有选定仲裁员或者替代仲裁员的一方当事人,本协会将为其指定一名仲裁员,除非该方当事人在本协会向其发出通知后的 14 日内为自己选定了仲裁员”。而本案仲裁庭在原为被申请人广东丰源粮油集团有限公司指定的仲裁员 S. Bigwood 先生自动回避后并没有向被申请人广东丰源粮油集团有限公司发出选定替代仲裁员的通知,而是径直为其重新指定了仲裁员。仲裁庭重新指定仲裁员的行为违反了当事人约定的仲裁规则的上述规定,应认定属于《纽约公约》第五条第一款(丁)项规定的“仲裁机关之组成或仲裁程序与各造间协议不符”的情形。据此,人民法院应当拒绝承认和执行本案仲裁裁决。

此复。

附:

广东省高级人民法院关于邦基农贸新加坡私人有限公司申请承认和执行英国仲裁裁决一案的请示

(2006 年 11 月 17 日 〔2006〕粤高法民四他字第 10 号)

最高人民法院:

阳江市中级人民法院于 2006 年 2 月 28 日受理了申请人邦基农贸新加坡私人有限公司申请承认与执行英国伦敦 FOSPA 协会仲裁员 R. W. ROOKES 与 W. PLUG 作出的第 3920 号裁决一案。该院拟裁定驳回邦基农贸新加坡私人有限公司的申请,拒绝承认与执行该仲裁裁决,并就此向我院请示。我院经审查后亦认为应不予承认和执行该仲裁裁决。根据《关于人民法院处理与涉外仲裁及外国仲裁事项有关问题的通知》的规定精神,现将该案有关情况向钧院报告如下:

一、当事人及请求答辩的情况

申请人:邦基农贸新加坡私人有限公司(Bunge Agribusiness SingaporePte. Ltd.)。

法定代表人:亨特·史密斯,该公司亚洲地区财务总监兼法定代表人。

被申请人:广东丰源粮油集团有限公司(原广东丰源粮油工业有限公司)。

法定代表人:姚飞雄,该公司总经理。

申请人邦基农贸新加坡私人有限公司(以下简称申请人)请求:承认和执行英国 FOSFA 协会仲裁员 R. W. ROOKES 与 W. PLUG 先生就申请人与被申请人广东丰源粮油工业有限公司(以下简称被申请人)之间买卖大豆合同纠纷所作出的终局裁决。

依据的事实和理由:2004 年 3 月 4 日,申请人与被申请人签订了买卖大豆的合同,合同约定若被申请人未按合同约定开立信用证,申请人有权索赔合同价和市场价的价差。买卖合同约定争议提交伦敦仲裁。

2004 年 4 月 14 日,申请人与被申请人订立了关于修改买卖合同付款条件的附录,约定由被申请人不迟于 2004 年 6 月 5 日开立即期信用证,但被申请人在约定的期限内未开信用证。申请人于 2004 年 6 月 10 日通知被申请人开证,被申请人依然未开任何符合约定的信用证。申请人于 6 月 15 日宣布被申请人违约。申请人于 2004 年 7 月 23 日向被申请人发出债务通知单，请求被申请人赔偿由于未开立信用证导致申请所遭受的合同价与市场价价差的损失，共计 3, 892, 900 美元。在被申请人没有回复的情况下，申请人于 2004 年 8 月 10 日将争议提交伦敦 FOSFA 协会仲裁，并按照仲裁条款规定委任 R. W. ROOKES 先生为仲裁员，同时通知被申请人指定仲裁员，但被申请人无任何答复。因此，基于申请人的申请，FOSFA 在第一次指定 W. PLUG 先生作为被申请人的仲裁员。在仲裁过程中，尽管仲裁员给予被申请人充分的时间并多次指令被申请人提交答辩书，被申请人都没有任何答复和回应。于是仲裁员于 2005 年 7 月 19 日作出终局裁决。

仲裁员于 2005 年 7 月 27 日确认已收到申请人垫付的仲裁费，并将仲裁裁决书正本邮寄申请人，副本邮寄被申请人。后应申请人的请求，FOSFA 于 2005 年 8 月 26 日又将裁决书的核定真实副本以特快专递方式送达被申请人。

2005 年 9 月 7 日，仲裁员发现裁决书中存在一个打印错误，即通过 FOSFA 向双方送达了对裁决书的书面更正。由于被申请人无故拒绝签收上述 FOSFA 邮寄的裁决书和书面更正，应申请人的委托，通商律师事务所刘问律师专程于 2005 年 10 月 12 日前往被申请人所在地亲自将上述文件的原件送达给被申请人。

然而，被申请人迄今为止拒不履行上述仲裁裁决，因此申请人根据《1958 年纽约公约》、《中华人民共和国仲裁法》、《中华人民共和国民事诉讼法》的有关规定，申请阳江市中级人民法院承认和执行上述仲裁裁决。

被申请人答辩称：(1) 被申请人没有收到申请人提出的仲裁申请，没有收到开庭通知，无法进行答辩；(2) 仲裁委员会没有将仲裁规则和仲裁名册提供给被申请人，使被申请人无法指定仲裁员；(3) 被申请人没有收到仲裁委员会的开庭通知；(4) 仲裁裁决书违反了 1958 年的纽约公约的规定，裁决书尚未生效，理由是因为没有送达的依据，何潜不是公司员工，送达人就是本案的申请人的代理人宋迪煌，是发给姚飞雄本人，而姚飞雄并没有收到，因此裁决尚未生效；(5) 若执行和承认申请人提出仲裁将违反中国社会公共利益和公共秩序，理由有 2004 年 6 月 14 日国家质检总局发出 71 号公告，暂停申请人向中国出口巴西大豆的资格，申请人是排在黑名单的第一位，在巴西大豆是作种子用的，裁决的内容在中国是无效的，执行本案的裁决明显违反了中国的法律，若执行和承认申请人提出仲裁将违反中国社会公共利益和公共秩序。

二、案件的基本事实

2004 年 3 月 4 日，申请人与被申请人签订了买卖大豆的合同，合同约定若被申请人未按合同约定开立信用证，申请人有权索赔合同价和市场价的价差。买卖合同约定当合同双方存在争议并且无法达成协议时，应通过仲裁解决，仲裁地依据 FOSFA22 在伦敦。由该相关机构所作的仲裁裁决为终局的，对双方当事人均有约束力，败诉一方承担仲裁费用。2004年8月10日，申请人以被申请人迟延开立信用证造成违约为由向伦敦FOSFA提起仲裁，并按照仲裁条款规定委任R. W. ROOKES先生为仲裁员，同时通过传真方式通知被申请人已经提起FOSFA仲裁，并要求被申请人指定仲裁员，但被申请人未给予答复。基于申请人的申请，FOSFA于2004年9月15日发函要求被申请人在限定时间内指定仲裁员。2004年10月1日，FOSFA致被申请人传真，为被申请人指定S. Bigwood作为仲裁员。2004年10月8日，被申请人在致FOSFA的传真中提出拒绝FOSFA为其指定的仲裁员S. Bigwood，并请求延长指定仲裁员期限。2004年10月8日，FOSFA通知被申请人拒绝其延长期限的申请。2004年10月11日，被申请人致FOSFA传真，以存在利益冲突为由拒绝FOSFA指定仲裁并再次要求延长指定仲裁员的期限。2004年10月11日，FOSFA通知被申请人，不予认可被申请人提出的仲裁员异议，拒绝被申请人的延期申请。2004年10月25日，FOS—FA通知被申请人，原代为指定的仲裁员S. Bigwood主动申请回避，改指定另一名仲裁员W. PLUG先生作为被申请人的仲裁员。2005年2月24日，FOSFA在致被申请人的传真中，指令被申请人在21日内提交答辩。2005年3月30日，FOSFA在致被申请人的传真中，再次敦促被申请人在14日内提交答辩。2005年5月11日，FOSFA在致被申请人的传真中，第三次敦促被申请人在14日内提交答辩。

由于被申请人始终没有提交答辩，R. W. ROOKES与W. PLUG组成的仲裁庭于2005年7月19日作出终局裁决。该裁决结果是：(1)买方应立即支付卖方3,892,900美元作为55,000公吨货物合同价和市场价的价差；(2)买方应立即支付从2004年6月15日直至实际付款之日止，年利率为3.628%，在数额为3,892,900美元的基础上每三个月计息一次；(3)买方可以从卖方的请求中扣除100万元人民币或者其等值美元，外加从2004年6月15日至实际付款之日止、以每3个月计息一次的复利计算的利息；(4)买方应支付本仲裁的费用和开支(含协会费用820英镑、仲裁费用1800英镑、非会员费750英镑，共3370英镑)。假如卖方预先支付了部分或者所有的仲裁费用，卖方有权得到买方的立即补偿；(5)卖方关于法律费用和其他救济的请求不予支持。

上述裁决作出后，仲裁员于2005年7月27日确认已收到申请人垫付的仲裁费，并将仲裁裁决书正本邮寄申请人。2005年9月7日，仲裁员发现裁决书中存在一个打印错误，即通过FOSFA向申请人送达了对裁决书的书面更正。应申请人的委托，通商律师事务所刘问律师专程于2005年10月12日前往被申请人所在地亲自将裁决书和书面更正的原件送达给被申请人，刘问证实被申请人方是何潜签收了上述文件。

三、阳江中院的处理意见

阳江中院经审查认为，申请人认为其提供的证据附件3——《确认信函》可证明被申请人确认收到FOSFA邮递的裁决书和书面更正。但被申请人否认收到由英国伦敦 FOSFA 协会仲裁员 R. W. ROOKES 与 W. PLUG 作出的第 3920 号裁决书，申请人无法举证证明收件人何潜是被申请人公司的员工，且该次送达是由北京市通商律师事务所的刘问律师送达，不符合我国诉讼法关于送达的有关规定。根据《承认及执行外国仲裁裁决公约》第五条第一款第(戊)项："裁决对各造尚无拘束力，或业经裁决地所在国或裁决所依据法律之国家之主管机关撤销或停止执行者"的规定，该仲裁裁决尚未生效，对被申请人尚无拘束力，应拒绝承认及执行。

综上，依照《中华人民共和国民事诉讼法》第一百四十条第一款第(九)项和第二百六十九条之规定，拟裁定：不予承认和执行英国伦敦 FOS—FA 协会仲裁员 R. W. ROOKES 与 W. PLUG 作出的第 3920 号裁决。本案案件受理费人民币 500 元，其他诉讼费 300 元，合共 800 元由申请人邦基农贸新加坡私人有限公司负担。

四、我院的审查意见

我院经审查认为：本案系申请承认和执行外国仲裁裁决案件。由于本案仲裁裁决在英国伦敦作出，中国和英国均是《纽约公约》的缔约国，根据《中华人民共和国民事诉讼法》第二百六十九条的规定，本案仲裁裁决是否可以得到承认和执行，应当依照《纽约公约》的规定进行审查。而关于涉案仲裁协议和仲裁程序所依据的准据法，双方当事人对此明确作出约定，应适用英国法。

本案双方当事人的争议焦点有三：(1)仲裁庭的组成和仲裁程序是否符合 FOSFA 的仲裁规则；(2)该仲裁裁决是否违反中国社会公共利益；(3)该仲裁裁决是否已经生效。

关于仲裁庭的组成和仲裁程序是否符合 FOSFA 的仲裁规则问题。根据 FOSFA 的仲裁规则，FOSFA 没有义务向当事人提供仲裁员名册和仲裁规则。因此，被申请人认为 FOSFA 未向其提供仲裁规则和仲裁员名册，无法指定仲裁员的抗辩理由不成立。FOSFA 在被申请人未指定仲裁员的情况下为被申请人委任一名仲裁员符合仲裁规则的规定。至于被申请人提出没有收到申请人仲裁申请的抗辩，由于申请人向法院提交了通过 DHL 将仲裁申请邮寄给被申请人的运单底联，而且从被申请人与 FOSFA 之间的来往函件看，被申请人并没有对未收到仲裁申请提出异议，因此，被申请人这一抗辩理由也不能成立。另外，根据 FOSFA 的仲裁规则，一方当事人未提起任何答辩，仲裁庭无须对案件进行庭审。由于此前 FOSFA 已经给予被申请人充分的时间提交答辩状，被申请人以没有收到开庭通知，无法进行答辩为由的抗辩亦不符合仲裁规则的规定，应不予支持。

关于该仲裁裁决是否违反中国社会公共利益的问题。尽管 2004 年 6 月 14 日国家质检总局发出 71 号公告，暂停申请人向中国出口巴西大豆的资格，但公告的内容并没有直接针对该仲裁裁决项下的货物，本案适用公共秩序保留原则缺乏足够依据。因此，不宜认定该仲裁裁决在中国的承认和执行违反了中国社会公共利益。

关于该仲裁裁决是否已经生效的问题。申请人称 FOSFA 曾向双方当事人发出仲裁裁决书和书面更正,其中向被申请人发送是通过邮递和传真方式,但申请人未能提供相关的邮递回执证明上述邮件已由被申请人签收,亦不能证明被申请人已经收到上述传真。因此,应认定 FOSFA 未向被申请人有效送达仲裁裁决书及书面更正。申请人又称应其委托,通商律师事务所刘问律师专程于 2005 年 10 月 12 日前往被申请人所在地亲自上述文件的原件送达被申请人,刘问证实被申请人方是何潜签收。申请人没有提供证据证明何潜是被申请人方的员工,被申请人也没有在刘问送达的确认信函上盖章确认收到上述仲裁裁决书。因此,仅仅依靠有何潜签收的确认信函不足以说明仲裁裁决已经向被申请人有效送达。据此,可以认定该仲裁裁决尚未向被申请人有效送达,仲裁裁决尚未生效,不符合《纽约公约》申请承认和执行外国仲裁裁决的条件。

综上,我院认为英国伦敦 FOSFA 协会仲裁员 R. W. ROOKES 与 W. PLUG 作出的第 3920 号裁决尚未生效,对被申请人尚无拘束力,根据《纽约公约》第五条第一款第(戊)项的规定,应拒绝承认和执行该仲裁裁决。

依据钧院《关于人民法院处理与涉外仲裁及外国仲裁事项有关问题的通知》第二条的规定,特向钧院请示,请予批复。

最高人民法院关于申请人瑞士邦基有限公司申请承认和执行英国仲裁裁决一案的请示的复函

(2007 年 5 月 9 日 〔2006〕民四他字第 47 号)

广东省高级人民法院:

你院〔2006〕粤高法民四他字第 9 号《关于申请人瑞士邦基有限公司申请承认和执行英国仲裁裁决一案的请示》收悉。经研究,答复如下:

1. 本案是申请承认和执行外国仲裁裁决纠纷案件。由于本案仲裁裁决在英国作出,中国和英国均为《承认及执行外国仲裁裁决公约》(以下简称《纽约公约》)的缔约国,根据《中华人民共和国民事诉讼法》第二百六十九条的规定,本案仲裁裁决是否予以承认和执行,应当依照《纽约公约》的规定进行审查。根据你院提供的案情,本案仲裁协议有效,仲裁程序合法,裁决应当予以承认;

2. 按照最高人民法院《关于执行我国加入的(承认及执行外国仲裁裁决公约)的通知》第五条的规定,申请人申请执行外国仲裁裁决的,应当在我国法律规定的申请执行期限内提出。根据《中华人民共和国民事诉讼法》第二百一十九条的规定,申请执行的期限,双方是法人或者其他组织的为六个月,从法律文书规定履行期间的最后一日起计算。本案裁决书并无履行期限的内容,应当给予当事人一个合理的期限。根据《纽约公约》第四条的规定,申请人取得仲裁裁决正本或者正式副本是向法院申请承认执行仲裁裁决的必要条件。故可以从申请人收到裁决书正本或者正式副本之日起计算申请人申请执行的期限。请你院查清有关事实后,依法作出裁定。

附:

广东省高级人民法院关于申请人瑞士邦基有限公司申请承认和执行英国仲裁裁决一案的请示报告

(2006 年 12 月 6 日 〔2006〕粤高法民四他字第 9 号)

最高人民法院:

广州海事法院于 2006 年 3 月 2 日受理申请人瑞士邦基有限公司与被申请人深圳市轻出保税贸易有限公司申请承认和执行英国仲裁裁决一案。广州海事法院经审查认为涉案仲裁裁决应予承认,但不予执行。我院经审查后亦认为应予承认但不予执行涉案仲裁裁决。根据《关于人民法院处理与涉外仲裁及外国仲裁事项有关问题的通知》的规定精神,特将该案有关情况向钧院报告如下:

一、当事人及请求答辩情况

申请人:瑞士邦基有限公司(Bunge S. A. of Geneva Switerland)。

法定代表人:佛朗斯摩尔,该公司总顾问。

被申请人:深圳市轻出保税贸易有限公司。

法定代表人:林可,该公司总经理。

申请人称:2003 年 5 月 6 日,申请人与被申请人之间达成租船协议,约定由被申请人从中国新港运送货物至巴西塞佩提巴港(Sepetiba)。该租船合同约定争议提交伦敦仲裁,适用英国法并根据英国法进行解释。在履行合同过程中,双方发生争议,申请人依约将争议提交仲裁,并指定威廉·帕克德为仲裁员。因被申请人拒不指定仲裁员,申请人依英国法的规定指定上述仲裁员独任仲裁上述争议。该仲裁员于 2004 年 11 月 25 日作出终局裁决,裁定被申请人立即支付:(1)滞期费 350, 830. 69 美元及其自 2003 年 12 月 1 日至实际付款日止年商业利率 4%,并以 3 个月为间隔计算的复利;(2)仲裁费用 2025 英镑及其自申请人垫付该费用之日起至实际偿还日止年利率为 6. 5%,并以每 3 个月为间隔计算的复利。在收到申请人关于预先支付仲裁费的保证之后,该仲裁员于 2004 年 12 月 8 日分别通过传真和电子邮件将上述仲裁裁决的复印件传给申请人,2005 年 8 月 17 日,通过特快专递将仲裁裁决书原件寄给申请人。2005年9月1日,仲裁员威廉·帕克德确认已于2004年12月13日收到申请人支付的仲裁费。但被申请人迄今拒不执行涉案仲裁裁决,申请人于2006年2月6日向广州海事法院提出申请,请求广州海事法院:(1)承认并执行涉案仲裁裁决;(2)裁定被申请人支付执行费;(3)裁定被申请人支付申请人因本案发生的律师费和实际开支10万元人民币。

被申请人辩称:(1)申请人的申请已经超过法定的申请执行期限。仲裁员在仲裁裁决中签字的时间是2004年11月25日,并于同日将该裁决发给申请人的英国代理人。依据英国仲裁法的规定,仲裁裁决一经作出就发生法律效力,依照仲裁裁决的裁决内容,承租人的支付义务在仲裁裁决生效之日就生效,即承租人应于2004年11月25日履行仲裁裁决中的支付义务。依照我国的法律规定,本案申请执行的期限应是6个月,显然申请人申请执行已经超出了法定期限;(2)申请人没有提供仲裁协议的原件或经妥善证明的复印件,申请人的申请不符合《承认和执行外国仲裁裁决公约》(下称《纽约公约》)的规定;(3)被申请人在仲裁程序中没有收到指定仲裁员的通知。申请人为此提供的证据均在境外形成的,未经公证、认证,不是合法有效的证据;(4)仲裁庭的组成与仲裁协议的约定不符。本案中,仲裁员的人数、仲裁员的身份和仲裁员的所在地均与仲裁协议不符;(5)申请人请求的律师费和实际开支没有法律依据。综上,请求法院驳回申请人的申请。

二、案件的基本事实

我院及广州海事法院均查明确认以下事实:2003年5月6日,申请人与被申请人之间达成租船协议,约定由被申请人从中国新港运送货物至巴西塞佩提巴港(Sepetiba)。该租船合同约定争议提交伦敦仲裁,适用英国法并根据英国法进行解释。仲裁条款的内容为"船东和租船人之间的任何纠纷都应提交在伦敦的3名仲裁员裁决,其中2名仲裁员由双方分别指定,第三名仲裁员由双方各自指定的仲裁员共同指定。他们的裁决或任何两个仲裁员的裁决都是最终的、可以强制执行的,他们的裁决可能会成为法庭的裁定。仲裁员应当是航运界人士、租约受英国法调整并根据英国法解释"。在履行合同过程中,双方发生争议。申请人以当事双方之间存在租船合同纠纷为由,根据所称租船合同下的仲裁条款提起仲裁,并指定威廉·帕克德为仲裁员。因被申请人拒不指定仲裁员,申请人依英国法的规定指定上述仲裁员独任仲裁上述争议。

2004年9月7日,独任仲裁员威廉·帕克德向申请人在英国的代理人希尔泰勒迪肯律师行(Hill Taylor Dickinson)和被申请人发函,称"为了确保良好的程序,在此确认收到希尔泰勒迪肯律师行于9月6日发来的传真及其构成仲裁请求的相关文件。我注意到上述文件的副本已经直接送交深圳市轻出保税贸易有限公司,如我在6月14日的传真中所述,我现在指令被申请人在28天内,即最迟在10月4日星期一之前,提交答辩状和反请求。"该函件上方有如下字样"William Packard LTD20

Victory Road West Mersea, Colchester Essex C05 8LX, England Telefax:(44) 1206383839"。9月27日,被申请人通过传真提出延期申请,称"我们已收到您于9月7日发来的传真,在此表示感谢。作为被申请人,我方知道应于10月4日星期一之前送达答辩状和任何反请求。然而在这段时间内,我方无法提供所需的所有文件。因为我方证据的很大一部分来自于中国政府的法规和规章。这需要花费一些时间去政府各部门收集。并且我方还特别需要一些时间把相关文件翻译成英文。10月1日到7日,又将是中国的7天国庆假日,在此情况下,我方在此申请延长21天以完成所有文件的准备。也即,假如你们同意,我方将于2005年10月25日星期一前送达我方的答辩状和反请求"。该传真的收文人是"William Packard Ltd.",收件传真是"00441206383839"。同时,该传真尾部附有"CC. Hill Taylor Dickson Fax No. 0044 20 72831144"的字样。9月30日,独任仲裁员威廉·帕克德传真告知被申请人同意其延期申请,要求被申请人在10月25日前提交答辩状和反请求。2004年11月3日,仲裁员发函要求被申请人在11月12日之前提交答辩状。11月15日,仲裁员通知当事双方仲裁员没有收到被申请人的答辩状,将依据现有的材料作出裁决。

2004年11月25日,独任仲裁员威廉·帕克德在英国作出仲裁裁决,裁决:被申请人向申请人支付350,830.69美元,及其自2003年12月1日起至全额付清款项止,年利率为4%的复利,每3个月计息一次;被申请人支付仲裁费2025英镑,如果申请人首先支付了该费用,申请人有权要求被申请人偿还,并加计复利,复利按年利率6.5%计算,每3个月计息一次,从申请人支付费用之日起至偿还时止。该裁决中所记载的仲裁条款与申请人提供的仲裁条款内容相符。同日,仲裁员发函通知双方裁决已经作出,支付仲裁费用后可领取仲裁裁决。2004年12月8日,独任仲裁员威廉·帕克德分别通过传真和电子邮件将上述仲裁裁决的复印件传真给申请人。

另查明,作出本案仲裁裁决的独任仲裁员威廉·帕克德自1962年起从事海事商事工作,现为船舶租船经纪人(Charterer Broker)、海事仲裁员、调解员,是伦敦海事仲裁员协会全职会员、伦敦波罗的海航运交易所会员。被申请人的经营范围包括经营进出口业务。

当事人对如下事实存在争议:

1. 仲裁条款的真实性问题。申请人提供了一份经公证认证的租船合同附加条款(含有仲裁条款),该租船合同记载的签约地点为纽约,公证书上记载"I, the undersigned, Me Hugues RENAUD, Notary public in Gene-va (Switzerland) certify that the present photocopy is a true copy (12pages)"。被申请人认为,申请人提供的租船合同及附加条款没有原件可以核对,公证书没有说明是否与原件相符,且公证地点并非该租船合同所记载的签约地点,载有仲裁条款的租船合同的真实性无法确认。

2. 被申请人是否得到指定仲裁员的通知的问题。申请人提交了其英国代理人与被申请人之间的往来传真 3 份、传真报告 4 份及其中文翻译。2004 年 5 月 14 日传真的内容是“申请人的英国代理人通知被申请人启动仲裁程序，申请人已指定威廉·帕克德为仲裁员，并要求被申请人在 14 天内指定仲裁员或同意威廉·帕克德为独任仲裁员，如果被申请人不能在 14 天指定仲裁员，申请人将采取措施指定威廉·帕克德为独任仲裁员”，6 月 3 日传真的内容是“被申请人没有在 14 日内指定仲裁员，也没有同意指定威廉·帕克德为独任仲裁员，依照英国 1996 年仲裁法第 17 条第(1)、(2)款的规定通知如下：除非我们在 7 天内收到你方指定仲裁员的通知，否则，我们将指定威廉·帕克德为独任仲裁员。”6 月 11 日传真的内容是“你方没有指定仲裁员或同意威廉·帕克德为独任仲裁员，我们因此指定威廉·帕克德为独任仲裁员裁决上述租船合同下的所有纠纷”。3 份传真中均记载希尔泰勒迪肯律师行的传真号码为 +44(O)2072831144。4 份传真报告表明：上述 3 份传真均已成功发送到 9008675583860113、9008675583860200。被申请人否认收到这些传真，认为传真发送成功，并不意味着接收成功，可能因停电等客观原因而未能成功接收，传真也不是我国法律规定的送达方式，且这些证据均在域外形成，未经公证认证。

三、广州海事法院的处理意见

广州海事法院认为：本案是一宗申请承认和执行外国仲裁裁决的案件。由于本案仲裁裁决在英国作出，中国和英国均是《纽约公约》的缔约国，根据《中华人民共和国民事诉讼法》第二百六十九条的规定，本案仲裁裁决是否可以得到承认和执行，应当依照《纽约公约》的规定进行审查。

关于涉案仲裁条款和仲裁程序所应适用的准据法，由于当事人未对此作出约定，应当适用仲裁地法律。本案仲裁裁决和申请人提供的仲裁条款记明的仲裁地均是英国，因此，应当适用英国的相关法律规定。

被申请人提出不予承认和执行的理由有四：(1)申请人没有提供仲裁协议或经过妥善证明的仲裁协议副本；(2)被申请人在仲裁程序中没有得到指定仲裁员的适当通知；(3)仲裁庭的组成与仲裁协议不符，仲裁员的人数、资质、所在地均不符合仲裁协议的约定；(4)申请人的申请已经过了我国法律规定申请执行的期限。

(一)仲裁协议问题

本案中，申请人提供的租船合同中的仲裁条款，与涉案仲裁裁决中记载的仲裁条款内容相符。独任仲裁员于 2004 年 9 月 7 日通知被申请人答辩和反请求事宜时表示，注意到与仲裁请求相关文件的副本已经送达被申请人。仲裁协议是仲裁的基石，启动仲裁程序必须以存在仲裁协议/仲裁条款为前提，因此，可以认定独任仲裁员所称的“与仲裁请求相关文件”中包括了仲裁条款。然而被申请人自称不存在仲裁条款，在 2004 年 9 月 27 日的回复中却只字不提仲裁条款存在与否的问题，也没有声明未收到“与仲裁请求相关的文件”，反而声称准备答辩申请予以延期等，即使在随后的时间里，也未见被申请人对仲裁的管辖问题提出异议。因此，虽然载有仲裁条款的租船合同在公证认证存在瑕疵，但结合上述事实，足以认定申请人和被申请人之间确实约定有上述仲裁条款。如上所述，仲裁协议/仲裁条款是启动仲裁程序的前提，被申请人作为经营进出口业务的贸易公司，不可能不清楚这个常识。被申请人在仲裁程序中不提出异议，却在申请承认和执行该仲裁裁决时提出抗辩，又缺乏相应的证据佐证，其抗辩难以令人信服，不予采纳。

英国 1996 年仲裁法第 30 条第(1)款规定，“除非当事人之间另有约定，仲裁庭有权规定其自身对实质性问题的管辖权，即(a)是否存在着一个有效的仲裁协议；(b)仲裁庭的组成是否适当，和(c)根据仲裁协议的规定，哪些问题可以提交仲裁。”因此，是否存在有效的仲裁协议属于仲裁管辖权问题，该法第 31 条第(1)款则规定，“当事人主张仲裁庭自始没有管辖权的异议的提出时间，应当不迟于其在仲裁程序中第一次主张任何与其提出管辖异议事项有关的利益。一方当事人不能因为它已指定了仲裁员或参与了指定仲裁员而使其提出管辖权异议的权利受到阻碍。”在本案中，被申请人向独任仲裁员申请延期答辩和提出反请求，却从未对独任仲裁员的管辖权提出异议。依照英国 1996 年仲裁法第 73 条第(1)款关于“仲裁程序当事人没有立即或在仲裁协议约定的、仲裁庭指定的及本章规定的时间内提出下列异议，而参加或继续参加仲裁程序的，之后不得再向仲裁庭或法院提出该异议，除非能证明他在参加或继续参加仲裁程序时并不知道且以合理的勤勉也不能发现异议的事由：(a)仲裁庭缺乏实质性管辖权……(c)没有遵守仲裁协议的约定或本章的规定……”被申请人事后自称没有仲裁条款存在，当时却不向独任仲裁员提出管辖异议，而提出延期申请，被申请人怠于行使权利导致其丧失了提出异议的权利。

被申请人认为申请人提供的该仲裁条款不符合《纽约公约》第四条第 1 款第(b)项的规定。《纽约公约》第四条第 1 款第(b)项规定，申请人应当提供仲裁协议正本或经妥善证明的副本。我院认为，申请人提供的仲裁条款副本与本案的其他证据和事实可以相互印证，该仲裁条款已经得到了妥善证明，申请人并未违反《纽约公约》第四条第 1 款第(b)项的规定。

(二)指定仲裁员的程序问题

申请人分别于 2004 年 5 月 14 日、6 月 3 日和 6 月 11 日三次传真通知被申请人指定仲裁员的事宜，该 3 份通知均发送到号码为 9008675583860113、9008675583860200 的两个传真上。鉴于三次发送传真都有一定的时间间隔和同时发送给两部传真接收的事实，该 3 份传真都因停电等客观原因而未能成功接收的可能性不大。我院注意到在本案审理过程中，被申请人从未否认被叫的 9008675583860113、9008675583860200 这 2 个号码属于被申请人；在仲裁程序中指定仲裁员是仲裁当事人的基本权利，这是国际贸易的常识，被申请人应当是了解的。

本案中，被申请人事后声称没有收到指定仲裁员的通知，却在仲裁过程中仲裁员要求其答辩时明知仲裁庭已经组成，有机会却不作任何抗辩，反而准备进行答辩，有违常理。更为重要的是，被申请人提出的延期申请在送交独任仲裁员的同时，附送给申请人在英国的代理人，证明被申请人知道申请人在英国的代理人及其传真号码。在没有相反证据的情况下，被申请人没有得到指定仲裁员通知的主张没有说明力，不予采纳。尽管申请人提供的上述传真及传真报告未经公证认证，但其真实性可以得到本案所查明事实的印证，可以采信。

通过传真通知被申请人指定仲裁员是否适当的问题，应当依照仲裁程序的准据法即英国1996年仲裁法来认定。该法第76条第(1)、(2)、(3)款规定，"(1)当事人可以自由约定依据仲裁协议及其为仲裁程序之目的，要求或授权给予的任何通知或其他文件送达的方式。(2)当事人没有约定的，则适用下列规定。(3)通知或其他文件可由个人以任何有效方式送达。"本案中，当事人都未主张双方约定了送达的方式，因此，采取任何有效方式送达通知和其他文件都是适当的，以传真通知被申请人指定仲裁员显然应当是适当的。更为重要的是，被申请人在随后向独任仲裁员申请延期时也是以传真的方式提出的，这可以说明传真作为送达的有效方式是被申请人认可的。另外，通过传真送达的方式并未违反我国法律规定，和我国的公共秩序也不抵触。

(三)仲裁庭的组成问题

按照涉案仲裁条款的规定，仲裁庭应由3名在伦敦的航运界人士组成，3名仲裁员由当事双方各指定1名，第3名仲裁员由双方各自指定的仲裁员共同指定产生。

关于仲裁员的人数问题。涉案仲裁条款不仅约定仲裁员指定的结果，即3名仲裁员，还约定了仲裁员的指定程序，即双方各指定1名仲裁员等，但没有约定一方当事人违反仲裁条款拒不指定仲裁员时的救济措施。由于指定仲裁员的结果与仲裁员指定程序有着必然的联系，不能认定在一方拒不指定仲裁员时仲裁庭仍应由3人组成，而应认定涉案仲裁条款没有约定一方当事人拒不指定仲裁员时仲裁庭的组成人数。因此，在仲裁员的人数上，不存在与涉案仲裁条款约定不符的情形。当事人对仲裁庭的组成约定不完善，应当依照当事人选择的仲裁规则和仲裁准据法来确定。本案当事人没有约定仲裁规则，因此，应当根据仲裁准据法英国1996年仲裁法来确定仲裁庭的组成。该法第17条第(1)、(2)款规定，"除非当事人另有约定，当仲裁协议中的一方当事人指定了一名仲裁员而另一方当事人('消极行事的当事人')拒绝这么做或没有在规定的期限内这么做，而这一方当事人，已合理地指定了它的仲裁员，则可以书面通知那一方消极行事的当事人，建议以他所指定的那名仲裁员担任独任仲裁员"、"如果消极行事的一方当事人，在得到通知后7个净工作日内，仍没有——(a)按要求作出指定，和(b)通知另一方当事人他已作出了指定，则另一方当事人可以将他所指定的仲裁员作为独任仲裁员，该仲裁员所作出的裁决对双方均有约束力,就如同他是按照约定被指定的"。本案中,申请人于2004年5月14日通知被申请人在14天内指定仲裁员,被申请人未指定。申请人于6月3日再次通知被申请人在7天内指定仲裁员,否则将指定威廉·帕克德为独任仲裁员,被申请人仍未指定。6月11日,申请人通知被申请人已经指定威廉·帕克德为独任仲裁员。显然,整个程序并没有与英国1996年仲裁法的规定有不符之处。因此,在仲裁员人数方面,仲裁庭的组成不存在与涉案仲裁条款和英国1996年仲裁法不符之处。

关于仲裁员的资质问题。双方当事人均确认独任仲裁员威廉·帕克德是租船经纪人和伦敦波罗的海航运交易所会员,可以认定其是涉案仲裁条款所要求的航运界人士,被申请人认为其不是航运界人士,但没有证据支持,不予采纳。

关于仲裁员的所在地问题。双方当事人均确认,涉案仲裁条款要求仲裁员应是伦敦人。独任仲裁员所发出的传真均有"WILLIAM PACKARD LTD 20 Victory Road West Mersea, Colchester Essex C05 8LX, England"字样,被申请人延期申请的接收人是"William Packard Ltd.",被叫传真号码是00441206383839,这显示威廉·帕克德是在"William Packard Ltd."与当事人联系并处理涉案仲裁事务的。这些证据仅表明独任仲裁员在艾塞克斯,但并未排除独任仲裁员在伦敦的可能。在涉案仲裁程序进行过程中,被申请人收到独任仲裁员的传真时,就已经清楚独任仲裁员在艾塞克斯,却从未提出独任仲裁员不符合涉案仲裁条款规定的任何异议,因此,应当认定该独任仲裁员所在地包括了伦敦,和涉案仲裁条款的规定并无不符之处。再者,仲裁员不符合仲裁协议的规定,属于仲裁庭组成不适当,依照英国1996年仲裁法第30条第(1)款的规定,仲裁庭的组成不适当属于仲裁管辖权问题,该法第31条第(1)款要求当事人在仲裁程序的最初步骤中提出与仲裁管辖权异议有关的证据材料。但被申请人并没有提出任何异议,相反却向独任仲裁员申请延期,依照英国1996年仲裁法第73条第(1)款的规定,在延期申请提出后,被申请人丧失了就此提出管辖异议的权利。

(四)申请执行是否超过我国法律规定的期限

本案中,申请人自称:收到涉案仲裁裁决传真和电子邮件的日期是2004年12月8日,收到原件的日期是2005年8月17日,2005年9月1日,独任仲裁员向申请人的英国代理人确认于2004年12月13日收到仲裁费用2052英镑。由于依照仲裁地国法律即英国1996年仲裁法的规定,涉案仲裁程序中相关通知和文书可以任何有效的手段送达,因此,申请人自认收到涉案仲裁裁决的时间应是2004年12月8日,该裁决自送达之日起即发生法律效力,该裁决要求被申请人向申请人支付两笔款项及其利息,但没有明确说明其履行期限,应当认定为要求被申请人立即支付。按照最高人民法院《关于执行我国加入的〈承认及执行外国仲裁裁决公约〉的通知》第五条的规定,申请人申请执行外国仲裁裁决的,应当在我国法律规定的申请执行期限内提出。《中华人民共和国民事诉讼法》第二百一十九条规定，“申请执行的期限，双方或者一方当事人是公民的为一年，双方是法人或者其他组织的为六个月。前款规定的期限，从法律文书规定履行期间的最后一日起计算；法律文书规定分期履行的，从规定的每次履行期间的最后一日起计算。”就本案而言，申请人应当在2005年6月8日前申请执行涉案仲裁裁决。而申请人向本院提出申请承认和执行涉案仲裁裁决的时间是2006年1月26日，已经过了申请执行的期限，应当不予执行。

综上，广州海事法院认为：涉案仲裁裁决应予承认，但不予执行。

四、我院的审查意见

我院认为：本案系申请承认和执行外国仲裁裁决纠纷案。由于涉案仲裁裁决在英国作出，中国和英国均是《纽约公约》的缔约国，根据《中华人民共和国民事诉讼法》第二百六十九条的规定，本案仲裁裁决是否可以得到承认和执行，应当依照《纽约公约》的规定进行审查。而关于涉案仲裁条款和仲裁程序所依据的准据法，由于双方未对此作出约定，应适用仲裁地法律。涉案仲裁裁决和仲裁条款所记明的仲裁地均是英国，因此，应适用英国法。

对外国仲裁裁决的司法审查应当依据中国民事诉讼法和仲裁法的相关规定进行全面审查。本案中申请人与被申请人的争议焦点主要有三：

第一，关于仲裁协议问题。根据《纽约公约》的规定，申请人申请承认和执行外国仲裁裁决必须提供仲裁协议的原件或经妥善证明的复印件。本案中被申请人抗辩称申请人提供的租船合同及附加条款只是一份经过北京市公证处公证的复印件，没有原件可以核对，公证书亦未说明该复印件是否与原件相符，因此，申请人的申请不符合《纽约公约》的有关规定。我院认为，被申请人该抗辩理由不能成立。首先，被申请人自称不存在仲裁条款，在2004年9月27日的回复中却只字不提仲裁条款存在与否的问题，也没有声明未收到“与仲裁请求相关的文件”，反而声称准备答辩申请予以延期等，即使在随后的时间里，也未见被申请人对仲裁的管辖问题提出异议。被申请人在仲裁程序中不提出异议，却在申请承认和执行该仲裁裁决过程中提出抗辩，又缺乏相应的证据佐证，有违民法上的诚实信用原则。其次，虽然申请人提交的仲裁协议的公证地点并非该租船合同所记载的签约地点，但依据最高人民法院《第二次全国涉外商事海事审判工作会议纪要》第39条的规定，除了有关证明诉讼主体资格的证据需办理公证手续外，其他证据并不必然因为没有办理公证手续而不被认可，是否认定某项在境外形成的证据，由人民法院结合双方当事人的质证意见进行审核，因此，不能以申请人未在签约地点进行公证而简单否认该仲裁协议的效力。再次，根据最高人民法院《关于民事诉讼证据的若干规定》的有关规定，有其他证据予以佐证的复印件可以确认其证明力。从独任仲裁员9月7日发给被申请人的传真看，传真抬头注明了2003年5月6日租船合同，并确认了关于“海洋骄傲”

轮,该船舶与租船合同的船舶相一致。而且,申请人举证提供了租船合同的复印件,如果被申请人予以否认,必须提供5月6日的租船合同原件进行对抗。但被申请人未能完成此项举证责任,应承担不利后果。因此,可以确认申请人提交的租船合同的真实性。综上,申请人提供的仲裁条款副本与本案的其他证据和事实可以相互印证,该仲裁条款已经得到了妥善证明,申请人并未违反《纽约公约》第四条第一款第(b)项的规定。

第二,关于仲裁程序的合法性问题。首先,关于指定仲裁员的程序问题,申请人分别于2004年5月14日、6月3日和6月11日三次传真通知被申请人指定仲裁员的事宜,该3份通知均发送到号码为9008675583860113、9008675583860200的两个传真上。鉴于三次发送传真都有一定的时间间隔和同时发送给两部传真接收的事实,该3份传真都因停电等客观原因而未能成功接收的可能性不大。在审理过程中,被申请人从未否认被叫的9008675583860113、9008675583860200这2个号码属于被申请人。被申请人事后主张没有收到指定仲裁员的通知,却在仲裁过程中仲裁员要求其答辩时明知仲裁庭已经组成,有机会却不作任何抗辩,反而积极准备进行答辩,有违常理。更为重要的是,被申请人提出的延期申请在送交独任仲裁员时同时,附送给申请人在英国的代理人,证明被申请人知道申请人在英国的代理人及其传真号码。在没有相反证据的情况下,应当确认被申请人已经收到了指定仲裁员的通知。尽管申请人提供的上述传真及传真报告未经公证认证,但依据最高人民法院《第二次全国涉外商事海事审判工作会议纪要》的有关规定,其真实性可以得到本案所查明的其他事实的印证,可以采信。传真作为一种送达方式,并未违反英国仲裁法的规定,也未与我国的公共秩序相抵触,应该认为是一种有效的送达方式。其次,关于仲裁员的人数、资质和所在地等仲裁程序问题,仲裁庭的做法并没有违反英国1996年仲裁法的相关规定,不存在撤销和不予执行的情形,可予以确认。

第三,关于申请执行是否超过我国法律规定的期限的问题。申请人承认于2004年12月8日收到独任仲裁员威廉·帕克德传来的涉案仲裁裁决复印件传真和电子邮件。依照仲裁地国法律即英国1996年仲裁法的规定,涉案仲裁程序中相关通知和文书可以任何有效的手段送达,因此,该裁决自送达之日即2004年12月8日起对申请人发生法律效力。该裁决要求被申请人向申请人支付两笔款项及其利息,但没有明确说明其履行期限,应当认定为要求被申请人立即支付。按照最高人民法院《关于执行我国加入的〈承认及执行外国仲裁裁决公约〉的通知》第五条的规定,申请人申请执行外国仲裁裁决的,应当在我国法律规定的申请执行期限内提出。《中华人民共和国民事诉讼法》第二百一十九条规定,"申请执行的期限,双方或者一方当事人是公民的为一年,双方是法人或者其他组织的为六个月。前款规定的期限,从法律文书规定履行期间的最后一日起计算;法律文书规定分期履行的,从规定的每次履行期间的最后一日起计算。”就本案而言,申请人申请执行的期限,应从裁决书对其生效之日即 2004 年 12 月 8 日起计算,申请人应当在 2005 年 6 月 8 日前申请执行涉案仲裁裁决。而申请人向广州海事法院提出申请承认和执行涉案仲裁裁决的时间是 2006 年 1 月 26 日,已经过了申请执行的期限,应当不予执行。

综上所述,涉案仲裁裁决应予承认,但不予执行。

依据钧院《关于人民法院处理与涉外仲裁及外国仲裁事项有关问题的通知》第二条的规定,特向钧院请示,请予批复。

最高人民法院关于彼得·舒德申请承认及执行美国仲裁委员会裁决一案的请示的复函

(2007 年 1 月 22 日 〔2006〕民四他字第 35 号)

北京市高级人民法院:

你院京高法〔2006〕328 号《关于彼得·舒德申请承认及执行美国仲裁委员会裁决一案的请示报告》收悉。经研究,答复如下:

本案系当事人申请承认及执行美国仲裁机构作出的仲裁裁决的案件,根据最高人民法院《关于执行我国加入的〈承认和执行外国仲裁裁决公约〉的通知》第五条规定确立的原则及《中华人民共和国民事诉讼法》(以下简称《民事诉讼法》)的相关规定并结合本案事实,申请人彼得·舒德应在 2003 年 7 月 5 日前向人民法院提出申请,但其向北京市第一中级人民法院提出申请的时间为 2003 年 10 月 30 日,已经超过了法定期限。对此申请人彼得·舒德提出了三点抗辩理由:(1)本案管辖权异议经法院审查后再审查执行期限,不符合相关的法律规定,被申请人爱德华·雷门就管辖权提出异议,视为其接受执行期限问题;(2)根据相关法律规定,领事认证是申请执行的法定条件,中华人民共和国驻纽约总领事馆做出认证的时间是 2002 年 11 月 5 日,应从 2002 年 11 月 5 日起算申请执行期限;(3)2003 年 3 月北京正值非典期间,按照最高人民法院《关于在防治传染非典型肺炎期间依法做好人民法院相关审判、执行工作的通知》第五条第(一)款的规定,当事人因防治“非典”耽误申请执行期限的,人民法院按照《民事诉讼法》第七十六条的规定处理。

本院认为:第一,被申请人爱德华·雷门就管辖权问题提出异议,并不能表明其认可申请人彼得·舒德可以在法定申请期限之外对裁决提出承认和执行的申请,在爱德华·雷门提出的管辖权异议被驳回后,其仍然有权就彼得·舒德申请执行的期限问题向人民法院提出异议,人民法院对其异议应予审查。第二,《民事诉讼法》第二百一十九条明确规定:“申请执行的期限,双方或者一方当事人是公民的为一年,双方是法人或者其他组织的为六个月。前款规定的期限,从法律文书规定履行期间的最后一日起计算;法律文书规定分期履行的,从规定的每次履行期间的最后一日起计算。”依照上述规定,彼得·舒德关于应从领事认证的时间起算申请执行期限的意见是缺乏法律依据的。第三,2003 年 3 月开始,北京确实爆发了严重的“非典”疫情,客观上对各行各业的正常工作以及人民群众的生活造成了影响。我国虽然并未对“非典”疫情消除的准确时间作出规定,但世界卫生组织 2003 年 6 月 24 日在日内瓦和北京同时宣布:解除对北京的旅行警告,同时将北京从“非典”疫区名单中除名,即所谓的“双解除”,据此可以认定从世界卫生组织宣布对北京实行“双解除”之日起,影响申请人彼得·舒德提出承认及执行仲裁裁决申请的障碍已经消除。依照法律规定彼得·舒德提出申请的最终期限为 2003 年 7 月 5 日,而世界卫生组织宣布对北京实行“双解除”之日其申请期限尚未届满,“非典”疫情并未耽误其申请执行期限。退一步讲,如果依照申请人彼得·舒德主张的美国政府疾病控制中心解除对北京旅游警告的日期即 2003 年 7 月 11 日作为影响其申请承认和执行的障碍(“非典”疫情)消除的时间,则此时其申请承认和执行裁决的法定期限已过。最高人民法院《关于在防治传染性非典型肺炎期间依法做好人民法院相关审判、执行工作的通知》第五条第(一)款规定:“当事人因防治‘非典’耽误申请执行期限的,人民法院按照《民事诉讼法》第七十六条的规定处理。”《民事诉讼法》第七十六条规定:“当事人因不可抗拒的事由或者其他正当理由耽误期限的,在障碍消除后的十日内,可以申请顺延期限,是否准许,由人民法院决定。”依照上述规定,彼得·舒德应该在障碍(“非典”疫情)消除后 10 日内即 2003 年 7 月 21 日前向人民法院申请顺延期限。根据目前查明的事实,彼得·舒德并未向人民法院提出申请顺延期限,而是迟至 2003 年 10 月 30 日才向人民法院提出承认及执行仲裁裁决的申请,因此即使将美国政府疾病控制中心解除对北京旅游警告的日期,即 2003 年 7 月 11 日作为影响申请人彼得·舒德申请承认和执行的障碍(“非典”疫情)消除的时间,但由于其并未在法定期限内向人民法院申请顺延期限,故其关于“非典”疫情延误其申请承认及执行期限的理由亦不能成立。

综上,彼得·舒德向人民法院提出的承认及执行仲裁裁决的申请超过了法定期限,其所述三点抗辩理由均不能成立,对于其申请应予驳回,同意你院的请示意见。

此复。

附：

北京市高级人民法院关于彼得·舒德申请承认及执行美国仲裁委员会裁决一案的请示报告

（2006年9月19日　京高法〔2006〕328号）

最高人民法院：

我市第一中级人民法院立案受理了彼得·舒德申请承认及执行美国仲裁委员会于2002年5月30日作出的第50T1800049600号仲裁裁决一案。经我院审查认为：彼得·舒德申请承认及执行该仲裁裁决，超过了法定的申请执行期限，拟驳回彼得·舒德的申请。现将该案有关情况报告如下：

一、案件基本情况

（一）当事人基本情况

申请执行人：PETER JOSEPH SCHEUER（中文名：彼得·舒德），男，1957年10月4日出生，国籍：美利坚合众国，护照号：Z7278801，住址：北京市朝阳区建国门外大街22号赛特大厦1301室。

被执行人：EDWARD E. LEHMAN（中文名：爱德华·雷门），男，1960年7月7日出生，国籍：美利坚合众国，护照号：701146260，住址：上海市黄浦区河南路88号。

（二）仲裁裁决情况

美国仲裁委员会对彼得·舒德与爱德华·雷门合伙纠纷一案于2002年5月30日作出50T1800049600号仲裁裁决书。裁决如下：

1. 依据1997年1月25日签署的合伙协议，彼得·舒德与爱德华·雷门形成了合伙关系。

2. 该合伙关系开始于1997年1月25日，经彼得·舒德退伙后于1999年2月22日终止。

3. 1999年2月22日后，被申请人清理了合伙事务。

4. 被申请人未能向申请人准确说明合伙关系存续期间合伙事务的收支情况。

5. 被申请人未能向申请人说明1999年2月22日后合伙关系结束期间合伙事务的收支情况。

6. 被申请人负有受托责任，把在合伙关系存续期间合伙事务的收入情况向申请人准确的加以说明，并向申请人说明1999年2月22日合伙关系结束期间合伙事务的收支情况。

7. 在仲裁过程中，被申请人未向仲裁员们提供对合伙关系存续期间合伙事务的收入或支出情况或1999年2月22日后合伙关系结束期间合伙事务的收支情况的说明,也未对申请人提出的要求告知的请求予以答辩,以辩驳申请人在仲裁过程中提出的主张。

8. 被申请人对于该合伙关系是否具有强制性提出了各种其他主张,因为该合伙的组建目的非法、自始无效或从未成立过。全体仲裁员经慎重审议,认为各项主张均无法律依据。

9. 全体仲裁员裁定,申请人的主张无可争议,据此,应付申请人的欠款额为415,426 美元。

10. 全体仲裁员裁定,无证据证实申请人对于合伙关系有形资产股本额提出的请求,因此驳回该请求。

11. 全体仲裁员裁定,无证据证实申请人对于合伙关系商誉所占份额提出的请求,因而驳回该要求。

12. 全体仲裁员进一步裁定,散伙之日后最初十二个月不需支付欠款利息。

13. 全体仲裁员认为,本仲裁涉及一方合伙人拒绝作出说明的问题,从公平的角度考虑,作出预决利息的裁决,以补偿申请人就撤出的资金失去的获取 2000 年 2 月 23 日起即解散日之后至本裁决之日十二个月的期间的利息的机会,这样做是正当有理的。

14. 全体仲裁员裁定,以每年 5% 并按年计算复利的办法计算 2000 年 2 月 23 日至本裁决作出之日期间的预决利息是合理的和适当的。

15. 以每年 5% 并按年计算复利的办法计算 2000 年 2 月 23 日至 2002 年 2 月 23 日裁决金额的利息应为 42,581.16 美元,此后应按 5% 的利率计算利息。

16. 爱德华·雷门应当在本裁决送达当事人三十天内向彼德·舒德支付金额总计 458,007.16 美元,逾期支付 5% 的利息(每天 62.70 美元)。

17. 仲裁员的报酬和仲裁费用共计 18,389.06 美元,由当事人平均分担。

18. 美国仲裁委员会管理费和开支共计 6101.56 美元,由当事人平均分担。由此,被申请人应当向申请人支付金额 3000 美元,作为申请人向委员会预付的管理费和开支中被申请人应付份额。

19. 本裁决充分解决了提交仲裁的所有请求和反请求。

(三)申请承认及执行情况

裁决书生效后,因爱德华·雷门未履行义务,彼得·舒德于 2003 年 10 月 30 日向北京市第一中级人民法院(以下简称一中院)申请承认及执行。

在审查过程中,爱德华·雷门向一中院提出管辖异议申请,已被一中院和我院裁定驳回。

管辖异议被驳回后,爱德华·雷门于 2005 年 7 月 5 日就彼得·舒德超期申请执行提出异议。

二、当事人的主张和抗辩理由

双方当事人争议的焦点问题是彼得·舒德申请执行是否超过期限。

（一）申请执行人彼得·舒德的主张及证据

申请执行人主张：（1）本案管辖权异议经法院审查后再审查执行期限，不符合相关的法律规定，认为爱德华·雷门就管辖权提出异议，视为其接受执行期限问题；（2）根据相关法律规定，领事认证是申请执行的法定条件，中华人民共和国驻纽约总领事馆作出认证的时间是2002年11月5日，应从2002年11月5日起算申请执行期限；（3）2003年3月北京正值"非典"期间，按照最高人民法院《关于在防治传染非典型肺炎期间依法做好人民法院相关审判、执行工作的通知》（法〔2003〕72号）第五条第（一）款的规定，当事人因防治"非典"耽误申请执行期限的，人民法院按照《中华人民共和国民事诉讼法》第七十六条的规定处理。第七十六条是指当事人因不可抗拒的事由或者其他正当理由耽误期限的，在障碍消除后的十日内，可以申请顺延期限，是否准许，由人民法院决定。2003年3月15日世界卫生组织针对中国等地的疫情向全球发出了"非典"警告，2003年7月11日美国政府的疫病控制中心CDC才解除对中国北京的旅游警告。

申请执行人彼得·舒德提供的证据有：（1）James Fagan的宣誓书，主要内容：James Fagan大约于2002年8月28日收到美国仲裁联会国际纠纷解决中心签署的仲裁结果的最终副本；9月1日James Fagan去领事馆询问认证程序，被告知按标准材料准备，10月25日将材料送交领事馆，11月5日得到认证并盖章；（2）2002年7月15日对爱德华·雷门的投诉，主要内容：要求伊利诺伊州律师注册和纪律委员会撤销爱德华·雷门的律师执照；（3）伊利诺伊州律师注册和纪律委员会给彼得·舒德的回信；（4）2004年5月6日致函伊利诺伊州律师注册和纪律委员会，询问对爱德华·雷门投诉的进展情况；（5）伊利诺伊州最高法院、伊利诺伊州律师注册和纪律委员会于2004年6月18日对爱德华·雷门投诉的回复，告知彼得·舒德通过委员会收回仲裁裁决的资金是不恰当的，应该通过法庭所适用的管辖来索回判决的资金；（6）世界卫生组织发布紧急旅游警示，主要内容：2003年3月15日世界卫生组织已收到150多例新发非典疑似病例，迄今为止已收到来自加拿大、中国等地的报告；（7）2003年7月10日美国疾病控制和预防中心解除对香港特区及多伦多以及加拿大的旅游警告通告，北京和台湾地区仍属旅游警告通告地区，CDC仍然对从上述地区前往美国的人们发布关于非典的健康警告。

（二）被申请人爱德华·雷门的主张及证据

爱德华·雷门主张：美国仲裁委员会50T1800049600号判决书是由仲裁员2002年5月28日签署的，6月5日我收到判决传真件。根据裁决书第16条，应当在裁决送达当事人30日内履行义务，因此，履行裁决的最后一日是2002年7月5日。根据中国相关法律规定，申请执行期限应自履行期最后一日起的一年之内，也就是应在

2003 年 7 月 5 日前申请执行,彼得·舒德的申请时间是 2003 年 10 月 30 日,超过申请执行期限 3 个多月。我认为彼得·舒德放弃了实体权利,如果再要履行,全凭当事人自愿。

被申请人爱德华·雷门提供的证据有:(1)美国仲裁委员会国际争议解决中心副主任托马斯·文特龙的证明书,证明判决书签署日期为 2002 年 5 月 28 日;(2)陶德·M. 萨拉尼克特的宣誓书,证明 2002 年 6 月 5 日收到判决传真件。

三、我院审查意见

该案中双方当事人争议的问题是申请人彼得·舒德提出的承认及执行申请是否符合立案受理条件的问题。根据最高人民法院 1987 年公布的《关于执行我国加入的〈承认和执行外国仲裁裁决公约〉的通知》第五条的规定,双方当事人为公民的,申请承认及执行的期限为一年,该期限应从法律文书规定的履行期限的最后一日起计算。本案中,当事人 2002 年 6 月 5 日收到仲裁裁决,30 日的履行期限届满后,彼得·舒德应在 2003 年 7 月 5 日前申请执行,但其申请执行的时间为 2003 年 10 月 30 日,已超过法定的申请执行期限。

彼得·舒德主张因防治"非典"耽误申请执行期限,按照最高人民法院《关于在防治传染非典型肺炎期间依法做好人民法院相关审判、执行工作的通知》第五条第(一)款的规定,因当事人防治"非典"耽误申请执行期限的,人民法院按照《中华人民共和国民事诉讼法》第七十六条的规定处理。第七十六条是指当事人因不可抗拒的事由或者其他正当理由耽误期限的,在障碍消除后的 10 日内,可以申请顺延期限,是否准许,由人民法院决定。可见,当事人顺延期限的申请,应当在障碍消除后的 10 日内提出,该 10 日期间为不变期间,逾期则失去申请顺延的权利。我国对于"非典"疫情的起止时间没有明确的规定,但从本案看来,截止时间至迟也到不了 2003 年 10 月,故可以确定,彼得·舒德至 2003 年 10 月 30 日申请承认和执行,未在障碍消除后的 10 日内申请顺延,已失去申请顺延的权利。

至于彼得·舒德关于爱德华·雷门就管辖权提出异议应视为其接受执行期限问题的意见,以及应从领事认证的时间起算申请执行期限的意见,均缺乏法律依据。

综上,我院认为:彼得·舒德申请承认及执行美国仲裁委员会仲裁裁决已超过法定的申请执行期限。在案件已受理的情况下,应当驳回彼得·舒德的申请。

鉴于我院拟裁定驳回彼得·舒德的申请,根据钧院《关于审理和执行涉外民商事案件应当注意的几个问题的通知》的规定,现将该案呈报钧院审查,请予答复。

最高人民法院关于是否裁定不予承认和执行英国伦敦“ABRA 轮 2004 年 12 月 28 日租约”仲裁裁决的请示的复函

（2007 年 1 月 10 日 〔2006〕民四他字第 34 号）

天津市高级人民法院：

你院〔2005〕津高民四他字第 5 号《关于是否裁定不予承认和执行英国伦敦“ABRA 轮 2004 年 12 月 28 日租约”仲裁裁决的请示报告》收悉。经研究，答复如下：

涉案申请人世界海运管理公司与被申请人天津市凯强商贸有限公司签订的租船合同约定：“本合同产生的或者与本合同有关的所有争议当任何一方索赔总金额（除利息和费用外）不超过 50,000 美元时，应根据伦敦海事仲裁员协会规则提交伦敦仲裁；其他所有争议，除非当事人立即同意一个独任仲裁员，应提交在英国执业的波罗的交易所成员的两个仲裁员最终仲裁裁决，每方当事人指定一个仲裁员，再由仲裁员指定首席仲裁员。本合同由英国法调整并根据英国法解释”。申请人索赔标的为 163,815.38 美元，超过 50,000 美元的限额，应由当事人指定仲裁员。根据《1996 年英国仲裁法》第 14 条第（4）款规定，如果仲裁员需由当事人指定，仲裁程序以及指定仲裁员的通知可以由一方当事人向对方当事人送达。该法第 76 条规定：当事人可以通过仲裁协议对送达的方式进行约定；没有约定的，通知或者其他文件可以任何有效的方式送达个人。

在仲裁过程中，涉案申请人根据《1996 年英国仲裁法》的规定，通过案外人采用电子邮件方式向被申请人送达，该送达方式并非我国所禁止，在申请人能够证明被申请人已收悉送达通知的情况下，该送达应为有效送达。但申请人未能提供被申请人确认收到电子邮件或者能够证明被申请人收到电子邮件的其他证据，证明被申请人得到指定仲裁员和仲裁程序的适当通知。根据《纽约公约》第 5 条第 1 款第 2 项的规定，天津海事法院应对该仲裁裁决不予承认和执行。同意你院的处理意见。

此复。

附：

天津市高级人民法院关于是否裁定不予承认和执行英国伦敦“ABRA 轮 2004 年 12 月 28 日租约”仲裁裁决的请示报告

（2006 年 8 月 22 日 〔2005〕津高民四他字第 5 号）

最高人民法院：

世界海运管理公司申请承认与执行英国伦敦“ABRA 轮 2004 年 12 月 28 日租约”仲裁裁决一案，天津海事法院经审查，拟裁定不予承认和执行该仲裁裁决，并层报我院审查。我院经审查，同意天津海事法院的拟处理意见。现将案件情况报告如下：

一、申请人和被上诉人的基本情况

申请人：世界海运管理公司（COSMOS MARINE MANAGEMENTS. A.）。住所地：74，Epaminondas Str，176 74Kallithea，Athen，Hellas。

被申请人：天津市凯强商贸有限公司。住所地：天津市和平区成都道 141 号。

二、案件事实及仲裁处理情况

2004 年 12 月 28 日，天津市凯强商贸有限公司作为承租人与世界海运管理公司签订租船合同。约定由出租人运输 23，000 吨散装食盐，由印度 Kandla 港运到中国连云港。同时双方还约定：本合同应由英国法调整并根据英国法解释。如有争议，应根据伦敦海事仲裁员协会规则提交伦敦仲裁。

2005 年 1 月，世界海运管理公司根据租船合同从印度 Kandla 港装运 23，483.109 吨货物运到中国连云港，但天津市凯强商贸有限公司拖欠租金 163，815.38 美元没有支付。世界海运管理公司在伦敦仲裁申请仲裁。

世界海运管理公司申请仲裁后。世界海运管理公司根据 1996 年英国仲裁法的规定于 2005 年 2 月 22 日通过案外人给天津市凯强商贸有限公司发出电子邮件，通知天津市凯强商贸有限公司在 14 天内指定仲裁员。2005 年 3 月 9 日世界海运管理公司再次通过案外人向天津市凯强商贸有限公司发送电子邮件，通知天津市凯强商贸有限公司在 7 天内指定仲裁员。2005 年 3 月 17 日世界海运管理公司通过案外人又一次通知天津市凯强商贸有限公司，因其在最初通知的 14 天以及再次给予的 7 天内没有指定仲裁员，N. S. Sevastoponlos 为独任仲裁员。但天津市凯强商贸有限公司均未予以回应。

2005 年 7 月 18 日，英国伦敦仲裁员作出仲裁裁决。判令天津市凯强商贸有限公司向世界海运管理公司支付：（1）运费 163，815.38 美元及利息；（2）世界海运管理公司因申请仲裁而产生的费用；（3）仲裁裁决费用。

世界海运管理公司向天津海事法院申请要求承认和执行上述仲裁裁决。

三、被申请人申请不予承认和执行仲裁裁决及申请人的答辩理由

天津市凯强商贸有限公司对世界海运管理公司的申请提出异议。主要理由：(1)天津市凯强商贸有限公司从未收到关于指派仲裁员和关于仲裁程序的任何通知。因此，本案具备纽约公约第五条所列举之情形。(2)世界海运管理公司提交的证据材料，不符合我国法律和国际公约规定的形式要件，不能作为证据使用。(3)世界海运管理公司提交的证据没有证明仲裁员的资格，不能证明该裁决是一个有效的裁决。

世界海运管理公司答辩称：仲裁庭在仲裁过程中不存在违反纽约公约的情形，请求驳回天津市凯强商贸有限公司的异议申请。

四、天津海事法院的处理意见

天津海事法院认为：应当对英国伦敦“ABRA 轮 2004 年 12 月 28 日租约”仲裁裁决不予承认和执行。

五、我院的审查意见及理由

我院经审查认为，同意天津海事法院的处理意见。

主要理由：根据《1996 年英国仲裁法》第 14 条第(4)款规定，如仲裁员需由当事人指定，关于某事项的仲裁程序，自一方当事人向另一方当事人送达书面通知，要求其指定仲裁员或同意就该事项对仲裁员作出的指定时开始。第 15 条第(3)款规定：如果对仲裁员的人数没有约定，仲裁庭应由一名独任仲裁员组成。第 76 条(通知的送达及其他)第(1)款规定，当事人可以对依据仲裁协议对文件的送达方式进行自由约定；第(3)款规定，通知或者其他文件可以以任何有效的方式送达个人；第(4)款规定，如果通知或者其他文件写明地址、预付了邮费，以邮寄方式寄送至下列地址，应视为有效送达：(a)收信人最后为人所知的主要居住地，或为他人所知的主要营业地；(b)如收信人是法人组织，则为其登记注册地或主要办公地。

从上述规定可以看出，根据《1996 年英国仲裁法》规定，当事人可以由一方当事人向对方当事人进行送达，可以对送达的方式进行约定，没有约定的应当采取邮寄送达的方式，当然并没有规定不允许采用电子邮件的方式进行送达。本案仲裁过程中，申请人与被申请人在协议中并没有约定送达的方式。申请人采取电子邮件的方式予以送达。我院认为该送达方式不违反受送达人住所地法律禁止性规定，申请人在送达仲裁员指定通知时可以采用，但应当要求被申请人在收到电子邮件后予以回复，如未回复，申请人必须提交被申请人收到指定通知的其他证据，否则应当视为未送达。申请人至今没有提交被申请人回复或者表明被申请人收到电子邮件的证据。我国和英国均为《纽约公约》的缔约国，根据该公约第 5 条第(1)款的规定，没有接到关于仲裁员指派通知的，法院对该仲裁裁决不予承认和执行。综上，我院的处理意见为：对英国伦敦“ABRA 轮 2004 年 12 月 28 日租约”的仲裁裁决不予承认和执行。

妥否，请示复。

最高人民法院关于博而通株式会社申请承认外国仲裁裁决一案的请示的复函

（2006 年 12 月 14 日 〔2006〕民四他字第 36 号）

北京市高级人民法院：

你院京高法〔2006〕323 号《关于博而通株式会社申请承认外国仲裁裁决一案的请示报告》收悉。经研究，答复如下：

根据你院请示认定的事实，大韩民国商事仲裁院第 05113－0010 号仲裁裁决案的仲裁开庭通知和仲裁裁决书是采用邮寄送达的方式，向被申请人的工商注册地址寄送的。仲裁程序中的送达不适用《中华人民共和国和大韩民国关于民事和商事司法协助的条约》和《关于向国外送达民事或商事司法文书和司法外文书公约》，而应依照仲裁规则确定送达是否适当。被申请人不能证明邮寄送达违反有关仲裁规则。被申请人地址变更后未给予通知，由此导致其未及时收到邮件，不属于《承认及执行外国仲裁裁决公约》第五条第一项（乙）款规定的情形。因此，不应依照《承认及执行外国仲裁裁决公约》第五条第一项（乙）款的规定拒绝承认和执行上述仲裁裁决。如无其他可不予承认和执行的法定情形，大韩民国商事仲裁院第 005113－0010 号仲裁裁决应予承认和执行。

此复。

附：

北京市高级人民法院关于博而通株式会社申请承认外国仲裁裁决一案的请示报告

（2006 年 9 月 8 日 京高法〔2006〕323 号）

最高人民法院：

我市第二中级人民法院审理的博而通株式会社申请承认外国仲裁裁决一案，该院拟不予承认大韩商事仲裁院于 2005 年 8 月 26 日作出的“第 05113－0010 号”仲裁裁决，并向我院请示。经研究，现将该案有关情况报告并请示如下：

一、当事人情况

申请人:博而通株式会社(以下简称申请人)。住所地:大韩民国首尔特别市瑞草区瑞草洞 1321－1。

法定代表人:李宇正,代表理事。

被申请人:北京联泰昌商贸有限公司(以下简称被申请人)。住所地:中华人民共和国北京市朝阳区西坝河东里 101 号。

二、基本案情

2000 年 8 月 7 日,申请人与被申请人签订一份《独家销售代理合同》,双方约定:申请人将产品供应给被申请人,由被申请人独家经销;并对产品价格、付款条件等进行了约定。其中《独家销售代理合同》第 11.5 条为双方选择准据法的条款,约定:"本合同上发生的一切纷争将根据大韩民国法处理。"第 11.6 条为仲裁条款,约定:"所有纷争事项将在汉城透过仲裁解决同时根据大韩民国法院认可的商事仲裁人及大韩商社仲裁院之规定。"

申请人以被申请人未依上述合同约定支付货款为由于 2005 年 5 月向大韩商事仲裁院申请仲裁。该仲裁院分别于 2005 年 5 月 26 日、8 月 4 日向被申请人的工商注册地址以邮寄方式发送开庭通知(被申请人无人签收),于 2005 年 8 月 26 日作出"第 05113－0010 号"仲裁裁决并以相同方式向被申请人发送裁决书。裁决内容为:(1)被申请人支付给申请人 431,382.23 美元,并按照 6% 年利率支付从 2005 年 3 月 23 日起至支付日的利息。(2)仲裁费用由被申请人承担。

经查,被申请人未收到过大韩商事仲裁院邮寄送达的开庭通知及仲裁裁决。2006 年 2 月 22 日,申请人向本市第二中级人民法院提出承认和执行大韩商事仲裁院"第 05113－0010 号"仲裁裁决的申请。

被申请人答辩称:(1)被申请人从来没有收到过大韩商事仲裁院邮寄送达的开庭通知及仲裁裁决。因此,被申请人在大韩商事仲裁院的仲裁过程中,没有得到适当的通知,未能对案件有申辩的机会。根据中国加入 1958 年在纽约通过的《承认和执行外国仲裁裁决公约》(以下简称《1958 年纽约公约》)第五条第一项及中国法律的相关规定,该裁决应当被拒绝承认和执行。(2)中国在加入 1965 年订于海牙的《关于向国外送达民事或商事司法文书和司法外文书公约》(以下简称《海牙公约》)时,对邮寄送达做出了保留。因此,即使大韩商事仲裁院采取了邮寄送达方式,此种送达方式在中国境内也是无效的,应驳回申请人的申请。

另查:中国与韩国均加入了《1958 年纽约公约》,并且双方签订有民事和商事司法协助的条约。

三、我院拟处理意见

根据中国与韩国双方签订有民事和商事司法协助的条约规定,如果文书已被送达,该证明书应当注明受送达人的姓名、身份、送达日期和地点等内容。本案申请人未举证证明大韩商事仲裁院已合法送达,且被申请人否认收到过大韩商事仲裁院邮寄送达的开庭通知及仲裁裁决书。

由于中国、韩国均为《1958 年纽约公约》成员国,根据最高人民法院《关于执行我国加入的〈承认及执行外国仲裁裁决公约〉的通知》精神,被申请人抗辩其未收到大韩商事仲裁院邮寄的仲裁开庭通知及仲裁裁决,符合《1958 年纽约公约》第五条第一款(乙)项关于拒绝承认及执行的规定情形。

综上所述,本院同意我市第二中级人民法院拟不予承认本案所涉及的大韩商事仲裁院"第 05113 - 0010 号"仲裁裁决。应当裁定驳回申请人博而通株式会社的申请,拒绝承认及执行。

以上意见,妥否,请指示。

最高人民法院关于对韩进船务有限公司申请承认和执行英国仲裁裁决一案请示的复函

(2006 年 6 月 2 日 〔2005〕民四他字第 53 号)

广东省高级人民法院:

你院〔2005〕粤高法民四他字第 14 号《关于对韩进船务有限公司申请承认和执行英国仲裁裁决一案的请示报告》收悉。经研究,答复如下:

本案所涉提单虽然在正面载明了"与租船合同一并使用",且在背面条款中载明了"提单正面所注明的租船合同中的所有条件、条款、权利和除外事项,包括法律适用和仲裁条款,都并入本提单",但韩进船务有限公司不能证明其提交的包运合同就是提单所载明的租船合同,而且该包运合同的当事人并非韩进船务有限公司,因此应认定该包运合同没有并入提单,包运合同文本中的仲裁条款也没有并入提单,韩进船务有限公司与广东富虹油品有限公司之间不存在书面仲裁协议或者仲裁条款,韩进船务有限公司提出承认和执行仲裁裁决的请求,不符合《纽约公约》第 2 条的相关规定。

同意你院的倾向性意见,即拒绝承认与执行英国仲裁员罗伯特·嘉仕福特(Robert Gaisford)于 2004 年 12 月 6 日在英国作出的仲裁裁决。

此复。

附：

广东省高级人民法院关于对韩进船务有限公司申请承认和执行英国仲裁裁决一案的请示报告

（2005 年 12 月 13 日 〔2005〕粤高法民四他字第 14 号）

最高人民法院：

广州海事法院于 2004 年 12 月 28 日受理了韩进船务有限公司申请承认与执行英国仲裁员罗伯特·嘉仕福特(Robert Gaisford)于 2004 年 12 月 6 日在英国作出的仲裁裁决一案(〔2005〕广海法他字第 1 号)。该院拟裁定驳回韩进船务有限公司的申请,拒绝承认与执行该仲裁裁决,并就此向我院请示。现将该案有关情况报告如下:

一、当事人的基本情况

申请人(原仲裁申请人):韩进船务有限公司(Hanjin Shipping Co. ,Ltd.)(以下简称韩进公司)。住所地:韩国首尔 YOUIDO - DONG, YONGDUNGPOGU, SEOUL,150 - 878,SOUTH KOREA。

被申请人(原仲裁被申请人):广东富虹油品有限公司(以下简称富虹公司)。住所地:广东省湛江市霞山区湖光路 5 号。

二、案件基本事实

2004 年 4 月 15 日,富虹公司(作为买方)与路易达孚亚洲有限公司(Louis Dreyfus Asia Pte Ltd.)(作为卖方)签订销售合同约定:买方向卖方购买 55,000 公吨(增减 10% 由卖方选择)散装巴西大豆,装运期为 2004 年 5 月 5 日至 5 月 25 日,价格参照芝加哥谷物交易所 2004 年 7 月的大豆期货价按合同约定的情形确定,价格条件为成本加运费(至中国湛江的 1 个安全港口的 1 个安全泊位),卖方不负责卸货(CFR FO),信用证方式付款,信用证应准许接受租船合同提单等。随后,富虹公司申请广东发展银行湛江分行开出以卖方为受益人的不可撤销的跟单信用证,信用证约定可接受租船合同提单。

2004 年 5 月 7 日,韩进公司所属的"韩进大马"轮在巴西桑托斯港装运了富虹公司进口的 57,750 吨大豆。同日,泛大西洋运输公司作为该轮船长金锡现(Gim, Seog Hyeon)的代理为该批货物签发了一式三份正本提单,该提单正面记载:"本提单同租船合同一起使用"(To be usd with charter - parties)。该提单没有载明承运人的名称,提单经托运人科迈实业公司背书后,由富虹公司持有。

韩进公司在申请时向广州海事法院提供了一份包运合同(Contract of Affreightment)文本及其附录。但上述合同文本及其附录均没有载明合同所应适用的法律，也均无所涉当事人路易达孚公司与中散运输有限公司的签章。韩进公司没有提供证据证明上述合同文本及其附录的内容由所涉的上述双方当事人采用签章以外的其他方式一致确认。韩进公司提供的上述包运合同文本及其附录已经英国合法的公证人理查德·约翰·塞维黎(Richard John Saville)公证，并经中华人民共和国驻英国大使馆认证，公证人证明：该包运合同文本及其附录是2004年12月14日理查德·保罗·丁(Richard Paul Dean)在证词中提及的附件"PD－2"，但没有证明该文本是否为正本(原件)或者与正本相符的副本(复印件)。

2004年8月6日，在该轮卸货前，富虹公司经检验发现"韩进大马"轮第1至7舱的大豆部分霉变受损。8月25日，富虹公司向广州海事法院申请诉前扣押"韩进大马"轮，要求韩进公司提供500万美元的担保。同日，广州海事法院经审查裁定准许了富虹公司的财产保全申请，在湛江港扣押了该轮。9月2日，中国再保险(集团)公司为"韩进大马"轮的所有人向富虹公司及货物的保险人中国平安财产保险股份有限公司深圳分公司提供了一份担保函，但该担保函下的全部责任包括利息和费用不超过400万美元。同日，富虹公司接受了上述担保函，并申请广州海事法院解除扣押，广州海事法院亦于同日作出解除扣押船舶命令，解除了对"韩进大马"轮的扣押。

三、仲裁情况

2004年9月15日，韩进公司根据上述提单及租船合同文本中的仲裁条款，指定英国仲裁员罗伯特·嘉仕福特(Robert Gaisford)对其与富虹公司之间的上述货损争议进行仲裁。次日，韩进公司向富虹公司发传真通知富虹公司：其已指定仲裁员，富虹公司可在9月30日前指定第二名仲裁员。10月20日，富虹公司向仲裁员罗伯特·嘉仕福特发出传真，声明：富虹公司没有与韩进公司达成任何仲裁协议，该争议不应提交仲裁；富虹公司有权提起诉讼，并于8月18日向广州海事法院启动诉讼程序。10月23日，富虹公司通过传真向仲裁员罗伯特·嘉仕福特声明：富虹公司从未收到2002年1月15日的租船合同，不知仲裁条款，不会接受独任仲裁员。11月9日，仲裁员罗伯特·嘉仕福特通过传真向韩进公司与富虹公司表示：因富虹公司在规定时间内仍未指定一名仲裁员，该仲裁员接受担任独任仲裁员的指定，同时也注意到双方当事人有关于管辖权的争议。11月10日，罗伯特·嘉仕福特向双方当事人发传真表示：先由申请人韩进公司提交索赔请求，然后由被申请人富虹公司提交答辩和反索赔，被申请人答辩和反索赔的期限通常定为28天，有特殊困难或不可能时，可申请延长期限。11月15日，罗伯特·嘉仕福特收到韩进公司提交的英国法院的反诉禁令和该公司对广州海事法院受理富虹公司上述起诉所提出的管辖异议的英译本。11月24日，韩进公司书面申请罗伯特·嘉仕福特根据《英国1996年仲裁法》第30、31条的规定对管辖权问题作出临时裁决。11月27日，罗伯特·嘉仕福特告知双方当事人，其将在近期对管辖权问题进行裁决，并要求富虹公司在11月29

日以前提交意见。11 月 29 日，罗伯特·嘉仕福特通过传真通知双方当事人：该仲裁员在即日办公时间结束前未得到富虹公司的回应，特作出如下命令：申请人应在 11 月 30 日办公时间结束前提交；被申请人应在 12 月 3 日办公时间结束前提交；申请人应在 12 月 7 日办公时间结束前提交回复意见。11 月 30 日，韩进公司提交了支持罗伯特·嘉仕福特行使仲裁管辖权的意见；富虹公司没有在 12 月 3 日前提交答辩意见。仲裁员罗伯特·嘉仕福特向富虹公司发出最终强制令，要求其在 12 月 6 日前提交意见书，否则，该仲裁员将以已提交的意见书和证据为依据作出裁决。富虹公司对此没有作出回应。

仲裁员罗伯特·嘉仕福特于 12 月 6 日裁决如下：日期为 2004 年 5 月 7 日的提单并入了日期为 2002 年 1 月 15 日的包运合同的条款，包括其中包含的谷物标准租船合同仲裁条款；该提单由英国法管辖；本人对提单下产生的一切争议有管辖权；本人保留对所有关于费用问题的仲裁权利，包括对本人费用 2750 英镑的责任问题；该仲裁裁决对于所裁决事项是终局的，本人保留对该仲裁中所有其他问题和争议作进一步裁决的权利；该仲裁在英国进行。罗伯特·嘉仕福特作出上述裁决时附上了宣告仲裁的理由，该理由构成了裁决的一部分，表明：根据提单上关于日期为 2002 年 1 月 15 日的租船合同（包括仲裁条款）“并入”的措辞与申请人所提供的包运合同，断定提单并入了租船合同中的仲裁条款，收货人与船东必须将双方的争议提交伦敦仲裁解决，并且适用英国法；尽管收货人曾反驳称该包运合同没有签名，《英国 1996 年仲裁法》第 5 章规定：仲裁协议以书面形式达成（不管当事人签署与否）。12 月 8 日，广东敬海律师事务所受韩进公司的委托向富虹公司邮寄了上述仲裁裁决书。

四、当事人的申请与抗辩理由

2004 年 12 月 23 日，韩进公司申请广州海事法院承认与执行罗伯特·嘉仕福特于 2004 年 12 月 6 日在英国作出的仲裁裁决，并请求被申请人承担本案的案件受理费和执行费用。

2005 年 4 月 7 日，富虹公司申请广州海事法院拒绝承认和执行罗伯特·嘉仕福特于 2004 年 12 月 6 日在英国作出的仲裁裁决。其主要理由为：

1. 英国仲裁员罗伯特·嘉仕福特认定富虹公司与韩进公司之间存在仲裁协议证据不足。(1)该仲裁员在仲裁时，仅说明《英国 1996 年仲裁法》不要求书面仲裁协议须由当事人签署，但没有充分说明其认定双方当事人之间存在仲裁协议的根据。该仲裁员在仲裁前已知道富虹公司声明没有收到任何包运合同，韩进公司也没有相应地举证，仲裁员认定富虹公司与韩进公司存在以包运合同中的仲裁条款为内容的仲裁协议，明显缺乏依据。(2)韩进公司提供的“租船合同”（包运合同）载明的内容是路易达孚公司与中散运输有限公司之间的 12 个航次的运输，合同期限从 2002 年 1 月 1 日起至 2003 年 1 月 30 日止。本案货物运输为韩进公司从 2004 年 5 月 7 日开始履行的运输，明显与上述租船合同文本无关，该仲裁员不顾富虹公司的反对直接认定涉案提单并入的租船合同就是上述“租船合同”,同样没有依据。(3)既然提单载明并入租船合同,所谓“合同”应是当事人就有关内容协商一致而成立的共同行为。韩进公司提供的租船合同文本没有经当事人签署,其也没有提供证据证明该合同文本由当事人通过其他方式协商一致。《英国1996年仲裁法》第5章虽然不硬性要求当事人须签署仲裁协议,但起码还是要求仲裁协议以书面达成。而韩进公司没有证明其所称的仲裁协议已达成。

2. 鉴于双方当事人之间实际上不存在仲裁协议,韩进公司没有,也不可能按照《纽约公约》第4条的规定提供书面仲裁协议的正本或经正式证明的副本。韩进公司提供的经公证认证的包运合同(租船合同)文本,以证明书面仲裁协议,但英国公证人证明:该包运合同文本是2004年12月14日理查德·保罗·丁(Richard Paul Dean)在证词中提及的附件“PD-2”,并没有证明该文本是否为正本(原件)或者与正本相符的副本(复印件)。因该包运合同文本上的文字均为打印文字,文本上没有签章,实际上也无法识别该文本是否为原本或与原本相符的副本。法院对于韩进公司提供的以包运合同文本为载体的所谓书面仲裁协议不应予以采信。

五、广州海事法院的审查意见

广州海事法院认为:本案系承认和执行外国仲裁裁决案件。韩进公司申请承认和执行的仲裁裁决为英国仲裁员在英国所作的仲裁裁决。中国和英国均系《纽约公约》的缔约国。根据《纽约公约》第2条第1、2款、第4条第1款的规定,为了使仲裁裁决获得承认和执行,请求承认和执行裁决的当事人应该在请求时提供:(1)经正式承认的裁决正本或经正式证明的副本;(2)双方当事人约定提交仲裁的书面协议的正本或经正式证明的副本。根据《纽约公约》的上述规定,法院须审查申请人提供的证据材料是否符合规定的条件。韩进公司申请时所提供的书面仲裁协议是提单上关于并入租船合同的记载和经公证认证的包运合同文本及其附录。英国公证人证明该包运合同文本及其附录是2004年12月14日理查德·保罗·丁(Richard Paul Dean)在证词中提及的附件“PD-2”,但没有证明该包运合同文本及其附录是否为正本(原件)或者与正本相符的副本(复印件)。因该包运合同文本及其附录上的文字均为打印文字,没有任何签章,无法识别该文本是否为原本或与原本相符的副本,韩进公司也没有进一步予以证明。被申请人富虹公司否认该文本的证据效力,对其合法性与真实性提出的质疑合理。韩进公司没有提供双方当事人之间书面仲裁协议的正本或经正式证明的副本,其没有按照《纽约公约》第4条第1款的规定提供证据材料,没有满足公约规定的使仲裁裁决获得承认和执行的条件。

此外,韩进公司称其所提供的包运合同文本及其附录就是富虹公司受让并持有的提单所并入的租船合同,其中的仲裁条款是双方当事人之间的仲裁协议,而富虹公司以其受让提单时未收到租船合同文本为由予以否认。韩进公司没有提供证据证明提单所注明并入的租船合同文本随提单转让给富虹公司,故应认定该租船合同文本没有随提单转让给富虹公司。合同是双方当事人意思表示一致的协议,合同的同一性主要体现为主体(当事人)与内容相同。韩进公司提供的“包运合同”文本没有所涉当事人路易达孚公司与中散运输有限公司的签章,韩进公司也没有提供证据证明“包运合同”文本的内容由所涉的双方当事人采用签章以外的其他方式一致确认,故不能认定该“包运合同”文本的内容已由有关当事人协商一致而成立为合同。韩进公司没有提供充分的证据证明其所称的“包运合同”就是本案提单所并入的租船合同,故本案应认定该被告所称的“包运合同”并没有并入提单,该“包运合同”文本中的仲裁条款也没有并入提单。上述认定的事实已说明富虹公司与韩进公司没有就仲裁条款达成明示或默示的合意,该两当事人之间不存在仲裁协议。

综上,申请人韩进公司不能证明双方当事人之间存在书面仲裁协议,也不能按《纽约公约》第 4 条第 1 款的规定提供书面仲裁协议的正本或经正式证明的副本,其申请时所提供的证据材料不符合公约规定的使仲裁裁决得以承认与执行的条件。因此,根据《纽约公约》第 2 条第 1、2 款、第 4 条第 1 款的规定,广州海事法院拟裁定驳回韩进公司的申请,拒绝承认与执行罗伯特·嘉仕福特于 2004 年 12 月 6 日在英国作出的仲裁裁决。

六、我院的审查意见

经审查,我院倾向认为,应拒绝承认和执行罗伯特·嘉仕福特于 2004 年 12 月 6 日在英国作出的仲裁裁决。理由如下:

我国和英国均为《纽约公约》的缔约国,因此,《纽约公约》是我国法院审查承认和执行英国仲裁裁决申请的法律依据。《纽约公约》第 2 条第 1 款规定:“当事人以书面协定承允彼此间所发生或可能发生之一切或任何争议,如关涉可以仲裁解决事项之确定法律关系,不论为契约性质与否,应提交仲裁时,各缔约国应承认此项协定。”第 2 款规定:“称‘书面协定’者,谓当事人所签订或在互换函电中所载明之契约仲裁条款或仲裁协定。”换言之,若申请人与被申请人之间没有达成书面仲裁协议或仲裁条款,则被申请国法院有权拒绝承认和执行外国仲裁裁决。本案中,作为承运人的申请人韩进公司自始无法证明其与作为提单持有人的被申请人之间曾达成书面仲裁协议或仲裁条款。申请人提出租约中的仲裁条款已经并入提单。经审查,提单正面确实记载:“本提单同租船合同一起使用(To be usd with charter - parties)”,并注明:日期为 2002 年 1 月 15 日的租船合同(Charter Party date 15 January 2002)。提单背面所载明的“运输条款”(Conditions of Carriage)第(1)条亦约定:“正面注明特定日期的租船合同中的所有条件、条款、权利和除外事项,包括法律适用和仲裁条款,都并入本提单。”但是,对于租约,申请人提供的仅仅是一份没有当事人签章的包运合同,被申请人对该份证据予以了否认。仅凭提单中的记载和约定就确认租约仲裁条款已经并入提单,理由是不充分的。因此,本案现有的证据无法证明申请人与被申请人之间是否达成了书面仲裁协议或仲裁条款。申请人提供的证据不足以证明双方已经达成了符合《纽约公约》要求的书面仲裁协议，申请人应承担举证不能的不利后果。

其次，申请人在申请时没有提供双方当事人之间书面仲裁协议的正本或经正式证明的副本，其申请时所提供的证据材料不符合《纽约公约》第 4 条第 1 款的规定，没有满足公约规定的使仲裁裁决获得承认和执行的条件。

综上，我院倾向同意广州海事法院的处理意见，拒绝承认和执行罗伯特·嘉仕福特于 2004 年 12 月 6 日在英国作出的仲裁裁决。

依据钧院《关于人民法院处理与涉外仲裁及外国仲裁事项有关问题的通知》第二条的规定，特向钧院请示，请予批复。

最高人民法院关于是否承认和执行大韩商事仲裁院仲裁裁决的请示的复函

（2006 年 3 月 3 日 〔2005〕民四他字第 46 号）

黑龙江省高级人民法院：

你院〔2005〕黑高商外他字第 1 号《关于（株）TS 海码路申请承认并执行大韩商事仲裁院仲裁裁决一案的请示》收悉。经研究，答复如下：

大韩商事仲裁院就（株）TS 海码路与大庆派派思食品有限公司之间的开发协议和连锁协议纠纷，于 2004 年 10 月 22 日做出了第 04113－0004 号仲裁裁决。大庆派派思食品有限公司在（株）TS 海码路向哈尔滨市中级人民法院申请承认和执行该仲裁裁决后，以仲裁庭未按照《中华人民共和国和大韩民国关于民事和商事司法协助的条约》第 4 条和第 8 条的规定向其送达开庭通知书和仲裁裁决书为由主张拒绝承认和执行该仲裁裁决。由于双方当事人在开发协议和连锁协议中明确约定“仲裁适用《大韩商事仲裁院仲裁规则》”，而本案仲裁庭按照该仲裁规则的规定通过邮寄方式向大庆派派思食品有限公司送达了开庭通知书和仲裁裁决书，也有证据证明大庆派派思食品有限公司收到了上述开庭通知书和仲裁裁决书。虽然仲裁庭在送达开庭通知书和仲裁裁决书时未附中文译本，但通过邮寄方式送达以及未附中文译本的做法并不违反韩国仲裁法和《大韩商事仲裁院仲裁规则》的规定。《中华人民共和国和大韩民国关于民事和商事司法协助的条约》中有关“司法协助的联系途径”和“文字”的规定，仅适用于两国司法机关进行司法协助的情形，不适用于仲裁机构或者仲裁庭在仲裁程序中的送达。大庆派派思食品有限公司没有举证证明本案仲裁裁决存在我国参加的《1958 年承认执行外国仲裁裁决公约》第 5 条第 1 款规定的情形,本案仲裁裁决依法应予承认和执行。

此复。

附:

黑龙江省高级人民法院关于(株)TS海码路申请承认并执行大韩商事仲裁院仲裁裁决一案的请示

(2005年10月14日 〔2005〕黑高商外他字第1号)

最高人民法院:

(株)TS海码路申请承认并执行大韩商事仲裁院仲裁裁决一案,哈尔滨市中级法院经审查,拟裁定不予承认大韩民国商事仲裁院第04113－0004号仲裁裁决在中国境内的效力,并报请我院审查。我院在审查中形成两种意见:多数人意见认为,应承认和执行该裁决;少数人意见认为,此案存在拒绝承认和执行的情形,应驳回(株)TS海码路的申请。审判委员会经研究决定将上述两种意见报请钧院请示。现将案件情况报告如下:

一、申请人和被申请人的基本情况

申请人(株)TS海码路。住所地,大韩民国汉城特别市松坡区新川洞7－23。

法定代表人崔相允,代表理事。

被申请人大庆派派思食品有限公司。住所地,黑龙江省大庆市让湖路区西宾路7号(大庆商厦一层)。

法定代表人王江龙,总经理。

二、案件由来和审理经过

申请人(株)TS海码路(以下简称海码路)于2005年4月向哈尔滨市中级人民法院申请承认并执行大韩商事仲裁院第04113－0004号仲裁裁决,哈尔滨市中级人民法院经审查认为此案存在可能导致该仲裁裁决不予承认和执行的情形,遂依照《最高人民法院关于人民法院处理与涉外仲裁及外国仲裁事项有关问题的通知》报请我院审查。我院于2005年6月21日受理后,依法组成合议庭进行审查。我院审判委员会对本案也进行了审议。本案现已审查完毕。

三、申请人请求事项及被申请人抗辩理由

申请人海码路称,因大庆派派思食品有限公司(以下简称派派思)未按约定履行支付相关费用的义务,海码路向大韩商事仲裁院提请仲裁,大韩商事仲裁院于2004年10月22日作出第04113－0004号仲裁裁决,该裁决已在大韩民国发生法律效力,且未被提请撤销。大韩民国已于1973年5月9日加入《承认及执行外国仲裁裁决公约》(以下简称《纽约公约》)。综上,向法院申请承认大韩商事仲裁院第 04113 – 0004 号仲裁裁决,并裁定由派派思承担与本案相关的案件受理费、执行费及律师代理费。

被申请人派派思称:(1)该仲裁裁决违反仲裁程序,对派派思不能发生法律效力。根据《中华人民共和国和大韩民国关于民事和商事司法协助的条约》第四条,司法协助应当通过各自指定的中央机关直接进行联系,在中华人民共和国为司法部,在大韩民国为法院行政处。而大韩商事仲裁院在仲裁该案时,未按照条约规定方式向派派思送达仲裁开庭通知书和仲裁裁决书等,而是直接邮寄给了派派思,并且又违反该条约第 8 条关于使用文字的规定,未附有中文译本。因被申请人不懂韩文,并不知道是仲裁院的通知,未予以重视,也就未能按时参加开庭,丧失了陈述理由的机会。(2)因大韩商事仲裁院违反了送达程序和使用文字的规定,未能以适当方式通知派派思,故根据《纽约公约》第 5 条之规定,对该裁决应拒绝承认和执行。

四、查明的简要事实

查明:2001 年 8 月 16 日,海码路与派派思签订"PoPeyes"开发协议和连锁协议,由海码路赋予派派思连锁经营的权利,派派思应向海码路支付特许权使用费及开设店铺费用。协议还约定:协议依大韩民国法律解释;与协议相关的问题发生纠纷时可提交仲裁,仲裁员在韩国大韩商社仲裁委员会(The Korean Commercial Arbitration Board,又译为大韩商事仲裁院)挑选,议长由大韩商社仲裁委员会选出。此外,协议中派派思预留的通知地址是:"大庆派派思食品有限公司,中华人民共和国,黑龙江省大庆市让胡路区北方建材城 11 – 3 号,总经理王江龙"。协议履行过程中,海码路以派派思未按约定支付相关费用为由向大韩商事仲裁院提请仲裁,大韩商事仲裁院于 2004 年 10 月 22 日作出第 04113 – 0004 号仲裁裁决,认定"向派派思送达仲裁申请书后,两次没有出席且未作任何答辩",裁决:(1)派派思支付海码路人民币 375, 342. 14 元和 30, 000 美元,同时支付对该金额自 2004 年 4 月 16 日起至 2004 年 10 月 22 日止年利率为 6% 的利息和 2004 年 10 月 23 日起至清偿债务时止年利率 20% 的迟延利息;(2)确认派派思在与海码路缔结的 2001 年 8 月 16 日的开发合同及连锁合同上不享有权利;(3)仲裁费用由派派思负担。上述仲裁裁决已在大韩民国发生法律效力,且未被提请撤销。

另查明:大韩商事仲裁院分别于 2004 年 7 月 19 日、2004 年 10 月 27 日通过敦豪快递(DHL)向派派思送达仲裁通知及裁决书,其快递运送单系以英文书写,发件人大韩商事仲裁院,收件人派派思,联系人王江龙,电话 459 – 582 – 5666,地址是中国黑龙江大庆市萨尔图区友谊大街 12 号。但该地址不是派派思的营业地址。王江龙在异议申请书中承认收到了快递邮件,但因邮件中材料无中文译本,又不懂韩文,不知道是仲裁院的通知,未参加开庭。

此外,中国与大韩民国均已加入《纽约公约》。中国与大韩民国于 2003 年 7 月

7日签订了《中华人民共和国和大韩民国关于民事和商事司法协助的条约》，该条约已于2004年2月29日经中国全国人民代表大会常务委员会通过。《大韩民国仲裁法》认可投递方式送达，并以投递的当日视为被投递人已接收，仲裁当事人撤销裁决的申请应当在收到生效的裁决书之日起3个月内提出。

五、哈尔滨市中级人民法院审查意见及理由

哈尔滨市中级人民法院认为，海码路与派派思之间的纠纷属于因契约性的商事法律关系引起的争议，根据我国法律规定可以用仲裁方式解决。被申请人派派思在该院辖区，依照《最高人民法院关于执行我国加入的〈承认和执行外国仲裁裁决公约〉的通知》及查明的事实，申请人海码路请求承认并执行大韩商事仲裁院仲裁裁决，符合立案受理条件。因被申请人派派思认为存在可能拒绝承认与执行的情形，且该院依职权审查后，确认存在"未协议选定仲裁机构"以及"未按约定地址通知仲裁"的事实，属于拒绝承认与执行的情形。故依照《中华人民共和国民事诉讼法》第二百六十八条之规定，拟裁定不予承认大韩商事仲裁院第04113－0004号仲裁裁决在中国境内的效力。

六、我院审查意见和理由

我院经审查认为：

1. 中国及大韩民国均已加入《纽约公约》，因此，对于申请承认及执行大韩民国仲裁裁决的事项，应当适用该公约。根据《纽约公约》及最高人民法院的有关规定，申请人海码路请求事项符合人民法院立案受理条件，哈尔滨中级人民法院对此案有管辖权。

2. 哈尔滨中级人民法院所称"未协议选定仲裁机构"不能成为拒绝承认并执行本案仲裁裁决的理由。(1)根据《纽约公约》第5条第1项及《最高人民法院关于执行我国加入的〈承认和执行外国仲裁裁决公约〉的通知》第四条规定的精神，此问题应属当事人请求才予以审查的情形，而本案被申请人派派思提出的不应承认裁决的理由中，并未提及此问题，法院不应依职权审查。(2)本案涉及的开发协议及连锁协议中约定双方产生纠纷时"可提交仲裁，仲裁员在韩国大韩商社仲裁委员会挑选，议长由大韩商社仲裁委员会选出"，由此可见，协议中的仲裁条款以及对仲裁机构的选择是明确的，不存在"未协议选定仲裁机构"的情形。

3. 哈尔滨中级人民法院所称"未按约定地址通知仲裁"也不能成为拒绝承认并执行本案仲裁裁决的理由。(1)本案中被申请人派派思并没有以大韩商事仲裁院"未按约定地址通知仲裁"为由，请求对仲裁裁决不予承认，法院对此不应依职权审查。(2)此案涉及的仲裁事项适用大韩民国仲裁法，而大韩民国仲裁法认可投递送达的效力。由此，虽然大韩商事仲裁院通过敦豪快递(DHL)向派派思送达仲裁通知及裁决的地址与开发协议及连锁协议中预留的地址不同，但该快递并未被退回，而且，派派思法定代表人王江龙也承认收到过快递文件，只是因不懂韩文未予重视。

因此,可以认定大韩商事仲裁院已向派派思通知仲裁。

4.关于此案是否存在拒绝承认并执行仲裁裁决情形的问题。关于派派思提出的大韩商事仲裁院未按中韩条约规定的方式送达,该裁决不能对其发生法律效力的答辩理由,我院认为,中韩签订的《中华人民共和国和大韩民国关于民事和商事司法协助的条约》是针对两国之间有关司法领域内需要协助事项所做的规定,不应对仲裁事项产生效力。因此,派派思此项抗辩理由没有法律依据,拟不予采纳。

派派思还提出大韩商事仲裁院未按《纽约公约》对其以适当方式通知,对该裁决应拒绝承认和执行。对此,我院审判委员会经讨论形成以下两种意见:

多数人意见认为,海码路与派派思双方协议已约定依大韩民国法律解释,并选择将争议的事项交由大韩商事仲裁院裁决,因此,仲裁程序应符合仲裁地大韩民国的法律规定。根据《韩国仲裁法》第23条规定,"(1)当事人可以自由约定仲裁程序中使用的一种或几种语言。没有上述的定,仲裁庭应当决定该语言,否则应使用韩语。(2)除非另有特别约定,上述第一款所述的约定或决定应适用于当事人提交的任何书面文件、庭审中、仲裁庭的裁决书、决定或其他通讯中。(3)仲裁庭如认为必要,可以命令当事人提交的任何书面证据附具第一款所述语言的翻译文本。"因本案双方的协议中没有约定仲裁所使用的语言,大韩商事仲裁院使用韩文通知派派思参加仲裁,并不违反《韩国仲裁法》的规定,该通知是适当的。派派思未参与仲裁,是其作为与韩国企业进行交往的商事主体未尽注意义务,对所送达的材料没有重视造成的。因此,本案不存在《纽约公约》第5条所列情形,对大韩商事仲裁院第04113-0004号仲裁裁决应予承认和执行。

少数人意见认为,虽然本案争议的送达方式符合当事人双方选择的仲裁地大韩民国的法律规定,但如果该国法律与其缔结或参加的国际条约有不同规定的,应适用国际条约。大韩民国已加入《纽约公约》。根据《纽约公约》第5条,仲裁机关对于指派仲裁员或仲裁程序,应以适当方式通知当事人。《纽约公约》中虽然没有详细指明"适当通知"的具体内容,但根据对"适当"及"通知"的文字含义、作用和目的的一般理解,"适当通知"至少应当是该"通知"及其内容能够为被通知人所知道或应当知道:接到的是通知、发出通知者的身份以及通知的内容,从而使被通知人能够判断、选择是否行使权利,进行申辩以及如何行使。本案中作为被通知人的派派思是在中华人民共和国境内的中国法人,大韩商事仲裁院在向中国境内中国公民、法人送达有关通知、裁决等文书时,应当尊重中国的语言习惯,附送中文译本。派派思作为中国法人,在接到以英文书写的快递运送单以及没有中文文本的文件时,不可能一定知道也没有理由应当知道该快递系从何处发出、为何发出、系何内容,同时也没有义务必须知道上述文件内容。因此,大韩商事仲裁院在作出本案仲裁裁决过程中对派派思的通知是不适当的,此案存在拒绝承认并执行仲裁裁决的情形。派派思此项抗辩理由成立，根据《纽约公约》第5条第1项(乙)之规定，应当驳回申请人海码路的申请，拒绝承认和执行大韩商事仲裁院第04113-0004号仲裁裁决。

鉴于以上两种意见分歧较大，特报请钧院审示。

最高人民法院关于是否裁定不予执行中国国际经济贸易仲裁委员会仲裁裁决的复函

（2006年1月23日 〔2005〕民四他字第45号）

安徽省高级人民法院：

你院〔2005〕皖执他字第11号《关于能否裁定不予执行〔2003〕贸仲裁字第0138号仲裁裁决的请示》收悉。经研究，答复如下：

中国国际经济贸易仲裁委员会依据深圳宝升竞高环保发展有限公司、合肥市市容环境卫生管理委员会(后变更为合肥市市容环境卫生管理局，以下简称市容管理局)、香港合升国际有限公司、合肥市进出口公司(后变更为合肥市进出口有限公司)以及美国Wildcat Mfg. Co., Inc.之间签订的《合肥市市容环境卫生管理委员会引进美国野猫公司城市生活垃圾处理设备及技术合同》中的仲裁条款作出〔2003〕贸仲裁字第0138号仲裁裁决后，市容管理局以仲裁裁决违反法定程序、主要证据未经当事人质证、认定事实的主要依据不足、适用法律错误等为由申请人民法院不予执行该裁决。因合同存在涉外和涉港因素，中国国际经济贸易仲裁委员会仲裁庭就该纠纷所作出的裁决属于我国涉外仲裁裁决。根据《中华人民共和国民事诉讼法》和《中华人民共和国仲裁法》关于涉外仲裁的规定，人民法院对仲裁庭就本案具体适用法律和有关事实认定无权进行审查，市容管理局提出的仲裁裁决认定事实的主要证据不足、适用法律错误的理由不应予以支持。

《中国国际经济贸易仲裁委员会仲裁规则》(2000年)第四十条规定：“专家报告和鉴定报告的副本，应送给双方当事人，给予双方当事人对专家报告和鉴定报告提出意见的机会。任何一方当事人要求专家/鉴定人参加开庭的，经仲裁庭同意后，专家/鉴定人可以参加开庭，并在仲裁庭认为必要和适宜的情况下就他们的报告作出解释。”第四十一条规定：“当事人提出的证据由仲裁庭审定；专家报告和鉴定报告，由仲裁庭决定是否采纳。”该仲裁规则并未要求相关鉴定报告必须经开庭质证，仲裁庭有权对鉴定报告进行审查并决定是否采纳。在本案中，仲裁庭将鉴定报告分别送达双方当事人并要求其提出书面意见的做法既不违反仲裁规则也保证了双方当事人的程序权利。市容管理局的此项理由亦不应予以支持。

关于是否可以根据《中华人民共和国民事诉讼法》第二百六十条第二款的规定以裁决违背社会公共利益为由不予执行的问题。《中华人民共和国民事诉讼法》第二百六十条第一款规定的抗辩理由主要是为了维护仲裁程序上的公平和正义,赋予当事人以司法上的救济权利,而第二款社会公共利益不仅是为了维护仲裁程序上的公平,而且还担负着维护国家根本法律秩序的功能。从本案情况来看,有关合同的签订与执行并不存在违背社会公共利益以至无法为我国法律秩序所容忍的情节。同时,有关设备闲置并非执行相关仲裁裁决产生的结果,以违背社会公共利益为由不予执行仲裁裁决缺乏依据。

综上,本案相关仲裁裁决应当予以执行。

此复。

附:

安徽省高级人民法院关于能否裁定不予执行(2003)贸仲裁字第0138号仲裁裁决的请示

(2005年8月29日 〔2005〕皖执他字第11号)

最高人民法院:

合肥市中级人民法院向我院请示的合肥市市容管理局申请不予执行中国国际经济贸易仲裁委员会〔2003〕贸仲裁字第0138号仲裁裁决一案,我院就能否裁定不予执行该仲裁裁决亦存在不同意见,现向你院请示。

一、当事人基本情况

申请执行人深圳宝升竟高环保发展有限公司。

法定代表人胡朝平,董事长。

被执行人合肥市市容环境卫生管理局。

法定代表人阚道英,局长。

被执行人合肥市进出口有限公司。住所地,合肥市长江路512号。

二、仲裁裁决情况

1998年11月22日,卖方宝升公司、合升国际有限公司(2002年11月26日经营期限届满,其权利义务由宝升公司承受)与买方合肥市市容管理局(原合肥市市容卫生管理委员会)、合肥市进出口有限公司(原合肥市进出口公司)签订了"引进美国野猫公司城市生活垃圾处理设备及技术合同"。后双方在履行合同过程中发生争议,宝升公司、合升国际有限公司遂依据合同中约定的仲裁条款向中国国际经济贸易仲裁委员会提起仲裁。仲裁庭于2001年12月16日开庭审理了本案。开庭后,仲裁庭依据市容管理局的申请聘请了有关专家就涉案设备进行了鉴定。2002 年 11 月 25 日，专家出具了《关于合肥市北部垃圾处理厂引进美国野猫公司设备问题咨询报告》（以下简称《咨询报告》）。《咨询报告》结论：尚未发现上述单一设备的技术性能问题，该处理工艺未能生产出合格的有机复合肥料，原因可能是多方面的，有处理工艺和技术的选择问题，同时也有待于组织管理协调和工程运行机制等方面的进一步加强和不断完善。《咨询报告》送达后，市容管理局提出意见，认为专家仅对设备作出鉴定，只完成了鉴定的一半，而对重要的技术问题没有鉴定。仲裁庭于 2003 年 6 月 2 日作出裁决书，裁决被执行人向申请执行人偿付合同质量保证金 272, 120. 20 美元及自 2001 年 1 月 1 日起至实际支付之日止年利率 5% 的利息、101, 172 元人民币仲裁费等。2003 年 12 月 24 日，合肥市中级人民法院受理了申请人的执行申请，对本案立案执行。

三、被执行人提出不予执行仲裁裁决的主要理由、申请执行人的抗辩理由、合肥中院的处理意见

2004 年 3 月 25 日，被执行人合肥市市容管理局向合肥中院提出裁定不予执行仲裁裁决的申请，理由有：(1) 仲裁裁决严重违反法定程序，即仲裁裁决的主要证据《咨询报告》未经当事人质证便作为证据使用，违反了我国《仲裁法》第四十四条、第四十五条以及《民事诉讼法》第六十六条规定。(2) 仲裁裁决认定事实的主要证据不足，即《咨询报告》未明确不能生产出合格复合肥的原因到底是机械设备原因还是技术原因。(3) 适用法律错误。故请求合肥中院依据我国《民事诉讼法》第二百一十七条第（三）、（四）项的规定，裁定不予执行。2005 年 6 月 17 日，被执行人的委托代理人向我院递交了《深圳竞高公司申请执行仲裁裁决一案应属国内仲裁案件的报告》，强调本案的执行依据应属国内仲裁裁决。

2004 年 5 月 31 日，合肥中院举行了执行听证，申请执行人宝升公司提出抗辩理由：(1) 本案属于涉外仲裁案件，应当适用我国《民事诉讼法》第二百六十条的规定。市容管理局提出不予执行的请求不符合《民事诉讼法》第二百六十条所规定的情形。(2) 仲裁裁决没有违反法定程序。"证据应当开庭时出示，当事人可以质证"是针对国内仲裁程序所作的规定，该规定不适用涉外仲裁案件。综上，请求法院驳回市容管理局不予执行的申请。

合肥中院审委会一致意见，倾向于依照我国《民事诉讼法》第二百六十条第二款的规定，裁定不予执行仲裁裁决，并向我院请示。

四、我院处理意见

（一）合议庭的拟办意见

1. 本案的执行依据属于涉外仲裁裁决。本案中，作为合同当事人之一的合升国际有限公司是在香港注册的法人，信用证的第一受益人也是合升国际有限公司，且涉案设备直接从国外进口，是典型的国际贸易法律关系。而且法释〔2002〕5 号《最高人民法院关于涉外民商事案件诉讼管辖若干问题的规定》第五条规定:“涉及香港、澳门特别行政区和台湾地区当事人的民商事纠纷案件的管辖,参照本规定处理。”因此,本案属于涉外仲裁,人民法院在审查涉外仲裁裁决是否具有《民事诉讼法》第二百六十条第一款所列情形时,只进行程序性审查,不对其认定事实和适用法律是否错误进行审查。被执行人以仲裁程序违法,仲裁裁决认定事实和适用法律错误为由申请裁定不予执行,不能成立。

2. 至于执行该仲裁裁决是否违背社会公共利益属事实问题,应当由合肥中院根据实际情况把握,并根据我国《民事诉讼法》第二百六十条及相关司法解释处理。

(二)院审判委员会的意见

我院审判委员会讨论后形成两种意见。少数人认为,本案仲裁裁决属于国内仲裁裁决,应当适用我国《仲裁法》第四十五条“证据应当开庭时出示,当事人可以质证”的规定,仲裁庭对作为主要定案依据的《咨询报告》未组织当事人进行质证,违反了法定程序,因此应当裁定不予执行。多数人即倾向性意见认为,本案仲裁裁决属于涉外仲裁裁决,但是国家投资 1.05 亿元的垃圾处理场因设备和技术问题闲置至今,执行该仲裁裁决显然违背社会公共利益,因此,应当依据我国《民事诉讼法》第二百六十条第二款裁定不予执行。

以上意见妥否,请批复。

最高人民法院关于对伏尔加——第聂伯航运公司申请执行俄罗斯联邦乌里扬诺夫斯克州仲裁法院裁决处理结果的请示的复函

(2005 年 9 月 25 日 〔2005〕民四他字第 33 号)

北京市高级人民法院:

你院京高法〔2005〕138 号《关于对伏尔加——第聂伯航运公司申请执行俄罗斯联邦乌里扬诺夫斯克州仲裁法院裁决处理结果的请示》收悉。经研究,答复如下:

该八份裁决均为俄罗斯法院的裁决。对你院请示的第一个问题,我们认为:本案系被申请人 Garment Fashion Corporation(中国)[服装时装总公司(中国)]未到庭而缺席作出裁决的案件。根据 1993 年 11 月 14 日生效的《中华人民共和国和俄罗斯联邦关于民事和刑事司法协助的条约》第十七条第二款第(二)项之规定,应当证明未出庭的当事人一方已经合法传唤。而俄罗斯联邦乌里扬诺夫斯克州仲裁法院仅证明开庭审理的日期和地点已通过应有的途径通知了被申请人,但未同时指明“应有的途径”具体是什么途径。此种证明是不充分的。此外,该法院亦未证明申请人申请执行的八份裁决已经合法送达给了申请人。鉴于上述情况,可以认定申请人提出司法协助请示的手续不齐全,但不宜以上述条约第二十条第(五)项之规定拒绝承认与执行。

对你院请示的第二个问题,由于被申请人在国家工商行政管理局和北京市工商行政管理局均未注册,而申请人提供的被申请人的法定地址系客房,不存在长期包租情况,亦从未被被申请人包租过,因此,可以认定被申请人主体不明或者不存在。上述条约第十八条第一款规定,法院裁决的承认与执行,由被请示的缔约一方依照本国法律规定的程序进行,故本案所涉八份裁决应依照我国《民事诉讼法》规定的程序和条件进行审查。根据我国《民事诉讼法》第一百零八条第(二)项、第二百零七条第二款之规定,本案没有明确的被申请人,亦无证据证明被申请人在我国境内存在任何财产,因此,本案不符合法律规定的受理条件,依法应予退回并明确告知退回理由。至于被申请人在北京以外地区注册成立可能引起的问题,我们认为:如果有事实证明被申请人在我国境内其他地区注册成立或者在其他地区存在财产,说明申请人向北京有关法院申请承认与执行有关裁决不当。在此情形下,申请人可以依法向有管辖权的人民法院申请承认与执行,有关人民法院应依法进行审查,不存在裁定相互矛盾的问题。

对你院请示的第三个问题,我们认为,翻译费用不同于诉讼费用。人民法院在申请人依法缴纳诉讼费用之后,要求其支付人民法院因履行通知职能而发生的翻译费用没有法律依据,该笔费用应由受理案件的人民法院自行承担。

此复。

附:

北京市高级人民法院关于对伏尔加——第聂伯航运公司申请执行俄罗斯联邦乌里扬诺夫斯克州仲裁法院裁决处理结果的请示

(2005 年 5 月 27 日　京高法〔2005〕138 号)

最高人民法院:

我市第二中级人民法院于 2003 年 5 月 21 日立案受理了俄罗斯伏尔加——第聂伯航运公司申请执行俄罗斯乌里扬诺夫斯克州仲裁法院八份裁决案,经审查,我院认为申请执行的俄罗斯裁决内容,存在我国与俄罗斯签订的《关于民事和刑事司法协助的条约》(以下简称《条约》)第二十条第(五)项规定的情形,根据《中华人民共和国民事诉讼法》第二百六十八条的规定,应当裁定不予承认与执行。另,就该案中由于被申请人主体不明导致程序障碍和诉讼费用分担问题,也一并报告如下:

一、案件基本事实

中伏尔加运输检察院为状尔加——第聂伯航运公司向俄罗斯联邦乌里扬诺夫斯克州仲裁法院提起诉讼(共八案),要求 Garment Fash - ion Corporation(中国)偿还所欠飞机租赁协定中约定的租赁费。

中伏尔加运输检察院代表及伏尔加——第聂伯航运公司的代理人到庭参加了诉讼,Garment Fashion Corporation(中国)未到庭。

俄罗斯联邦乌里扬诺夫斯克州仲裁法院经审理于 1999 年 8 月 17 日分别作出第 A72 - 3773/98 - Cπ1 、A72 - 3773/98 - Cπ2、A72 - 3773/98 - Cπ3、A72 - 3773/98 - Cπ4、A72 - 3773/98 - Cπ5、A72 - 3773/98 - Cπ6、A72 - 3773/98 - Cπ7、A72 - 3773/98 - Cπ8 号共八份裁决书,裁决:Garment Fashion Corporation(中国)偿还伏尔加—第聂伯航运公司租赁费,并向联邦预算缴纳仲裁费。

二、提出承认与执行申请

2000 年 2 月 17 日,伏尔加——第聂伯航运公司依据《条约》,通过俄罗斯联邦司法部向我国法院提出申请,请求在我国境内执行俄罗斯联邦乌里扬诺夫斯克州仲裁法院于 1999 年 8 月 17 日作出的前述八份裁决;同时提交了俄罗斯联邦乌里扬诺夫斯克州仲裁法院出具的三份《证明书》,证明:开庭审理的日期和地点已通过应有的途径通知了被告 Garment Fashion Corporation(中国);前述八案的裁决于 1999 年 9 月 17 日产生法律效力,并均未在俄罗斯联邦境内执行。

三、本案存在的问题

法院受理前述八案后,经查 Garment Fashion Corporation(中国)在我国国家工商行政管理局以及北京市工商行政管理局均未注册;申请人伏尔加——第聂伯航运公司提供的 Garment Fashion Corporation(中国)在中国的地址(北京市朝阳区建国门外大街 22 号赛特饭店 405 号)系客房,没有长期包租情况,亦未入住过 Garment Fashion Corporation(中国)这一公司。

四、请示问题

1. 根据《条约》的有关规定,申请承认与执行法院裁决时必须提供“证明未出庭的当事一方已经合法传唤”的证明书,申请人提交的申请承认与执行的俄罗斯联邦乌里扬诺夫斯克州仲裁法院的裁决书显示:被申请人 Garment Fashion Corporation(中国)(以下简称被申请人)未到庭(俄罗斯联邦乌里扬诺夫斯克州仲裁法院)参加诉讼,俄罗斯联邦乌里扬诺夫斯克州仲裁法院仅出具《证明书》证明开庭审理的日期和地点已通过“应有的途径”通知了被申请人,但未能明确其送达的具体方式,亦未明确该仲裁法院作出的裁决是否以及用何种方式送达了被申请人。由于我国在加入《关于向国外送达民事或商事司法文书和司法外文书公约》时,对邮寄送达方式提出保留,因此,在俄罗斯联邦乌里扬诺夫斯克州仲裁法院对被申请人送达司法文书的方式不明确的情况下,不能认定前述八案所涉及的审理程序及裁决书已经合法通知并送达给被申请人。可否依照我国与俄罗斯联邦签订的《条约》第二十条第(五)项的规定,不予承认和执行本案所涉及裁决。

2.《条约》第二十条规定了缔约一方拒绝承认与执行另一方裁决的五种情形,且《条约》第十八条第二项规定:“被请求主管机关可以审查该裁决是否符合本条约的规定,但不得对该裁决作任何实质性的审查。”本案中,按照申请人请求书中提供的被申请人地址“北京市朝阳区建国门外大街22号赛特饭店405号”不能找到被申请人;国家工商行政管理局和北京市工商行政管理局均无“Garment Fashion Corporation(中国)”或“服装时装集团公司”的设立注册记录。申请人在请求书及附件中,除称被申请人系在中华人民共和国注册外,未提供其他情况。因此本案存在被申请人主体状况不明确,不能确定是否存在该主体。本案当事人主体不明,对判决、裁定效力构成直接影响,但由于此种情形又不属《条约》规定的不予承认和执行的情形,故对于此类情况应如何处理,请指示。

另,由于本案目前尚不能绝对排除被申请人系在北京以外地区注册设立的可能性,是否应考虑如何避免我国其他人民法院因上述可能性的出现,对本案所涉裁决效力作出与本案裁定相矛盾的情况。

3.本案是申请人按照《条约》第十七条第一项之规定,向作出裁决的俄方法院提出并通过条约规定的司法协助联系途径转交我最高人民法院,并经我院转给北京市二中院受理。案件受理期间,发生翻译费人民币7000余元,其中我院垫付5300元。依据《条约》第九条第一项“缔约一方的国民在缔约另一方境内,应在与该缔约另一方国民同等的条件下和范围内支付诉讼费用,包括预付的部分”的规定,此项诉讼费用应由本案当事人承担。但基于本案上述情况,在被执行人主体不明的情况下,无法令被执行人负担翻译费。对于发生的费用,如令申请人承担,由于申请人在国外,执行存在客观障碍,能否参照《条约》第五条第一项“缔约双方应相互免费提供司法协助”的规定,作为双边国家司法协助费用予以互免。

特此报告,请批示。

最高人民法院关于对海口中院不予承认和执行瑞典斯德哥尔摩商会仲裁院仲裁裁决请示的复函

(2005年7月13日 〔2001〕民四他字第12号)

海南省高级人民法院:

你院〔2001〕琼经复字第1号《关于对海口中院“瑞典斯德哥尔摩商会仲裁院第

060/1999 号仲裁裁决书不予承认和执行案"审查意见的请示报告》收悉。经本院审判委员会研究,答复如下:

海南省纺织工业总公司作为国有企业,在未经国家外汇管理部门批准并办理外债登记手续的情况下,对日本三井物产株式会社直接承担债务,违反了我国有关外债审批及登记的法律规定和国家的外汇管理政策。但是,对于行政法规和部门规章中强制性规定的违反,并不当然构成对我国公共政策的违反。你院请示报告中所述的应当拒绝承认和执行本案仲裁裁决的理由依法均不成立,本案仲裁裁决不应以违反公共政策为由拒绝承认和执行。

此复。

附:

海南省高级人民法院关于对海口中院"瑞典斯德哥尔摩商会仲裁院第 060/1999 号仲裁裁决书不予承认和执行案"审查意见的请示报告

(2001 年 4 月 5 日 〔2001〕琼经复字第 1 号)

最高人民法院:

日本三井物产株式会社申请承认与执行瑞典斯德哥尔摩商会仲裁院 060/1999 号仲裁裁决案,依照你院〔1995〕18 号《关于人民法院处理与涉外仲裁及外国仲裁事项有关问题的通知》,我院已对海口中院"关于对瑞典斯德哥尔摩商会仲裁院第 060/1999 号仲裁裁决书不予承认和执行的请示报告"进行了审查。经我院审判委员会讨论,一致意见为:

同意海口中院拟裁定对斯德哥尔摩商会仲裁院第 060/1999 号仲裁裁决不予承认与执行。

理由是:除同意海口中院〔2001〕海中法认字第 1 号"审查报告"中的意见外,还强调和补充:

1. 适用《还款日元协议》的法律(准据法)是中国法律(广义上的),依照当时中国法律的规定,上述协议必须报经国家外汇管理部门批准;对未获批准的协议,应为未生效或无效的协议。因此,依照准据法尚未有效成立的协议所确认的债务,是不能或难能成为准据法所在国的法律所承认与执行的执行标的的。

2. 在仲裁程序方面,双方在有关中国外汇管制的法律内容及其解释上存有争议,1999 年 12 月 8 日,首席仲裁员 Lars Rahmn 致函省纺代理人称"仲裁庭将根据双方是否在法律内容和解释上或任何其他问题上存在争议及专家是否能协助仲裁庭解决这些问题,来考虑决定是否要依据《仲裁规则》第二十七条(注:除非当事人双方另有约定,仲裁庭可指定一名或多名专家就特定事项发表意见)来指定专家"。在当时的情况下,非常明显的是:双方对中国有关的法律内容和解释存在很大争议,该争议对仲裁结果可能产生实质影响;且指定专家就此争议发表意见,能够有助于仲裁庭全面、正确地理解与适用中国法律,"能够协助仲裁庭解决这些问题",因此,Lars Rahmn 函称所指的一些条件或要求(如存有争议,能协助解决问题)当时已经成就,仲裁庭应按照上述函的安排与承诺以及仲裁规则第二十七条来指定专家,就中国有关法律的内容与解释这一特定事项发表意见。但遗憾的是,2000 年 3 月 23 日,Lars Rahmn 再次致函省纺称"仲裁庭将不指定中国法律专家,对于中国法律的有关规定,双方可提交各方指定专家出具的书面证据或意见予以说明"。据此可以看出:仲裁庭这一前后不一致的做法,及其就此没有作出任何的说明或解释,违背了 Lars Rahmn 在 1999 年 12 月 8 日函中所作的承诺与安排以及仲裁规则第二十七条的规定。这也可能是导致三井公司出具的不够客观、全面、准确的中国法律问题专家的意见被采信的部分原因。仲裁庭(或 Lars Rahmn)在该函所指内容的条件成就或满足之后,未能按该函及仲裁规则第二十七条的规定去就特定事项(中国法律)指定专家发表意见,从程序意义上看,属于严重的程序问题,构成了《纽约公约》第 5 条第 1 款第 4 项规定的拒绝承认和执行国外仲裁裁决的法定事项。

3. 三井公司的中国法律问题专家的意见出具人参与了庭审过程并旁听了双方当事人的主张及分歧,尽管其对法律而非事实问题提出意见,但其角色相当于证人地位,证人是不得参与或旁听庭审过程,这是程序公正的基本体现与要求,这也正是执行地法院对国外仲裁进行形式审查的重点之一。实际上,证人作证未能从程序上首先做到公正,可能是其出具的不够公正与片面的法律意见的部分原因。程序公正,应该是《纽约公约》和各国法律的基本原则,违反了程序公正,当然也违反了中国(即执行地所在国)的法律的基本原则,也就违反了执行地国的公共政策。值得注意和强调的是,在本案中,为三井公司出具专家意见的专家已是三井公司的代理人,身份已从中立的专家或证人身份变成了当事人的代理人,这已完全表明他代表的是三井公司及其利益,这不能不使我们认为仲裁庭在获取专家意见或证人作证这一仲裁程序问题上,偏离了公正的要求与方向。

4. 2001 年 3 月 9 日,我院已对省纺和涤纶厂之间的承包合同纠纷作出了〔2000〕琼经初字第 7 号民事判决,判决内容为:省纺与涤纶厂之间"承包合同"第九条有关"承包总金额为 2,436,974,970 日元及其规定的利息,440,480 港元及其规定的利息,分别以日元、港元支付"和"上述承包金日元总额之本息,经甲方(涤纶厂)委托,由乙方(省纺公司)代付给日本三井物产株式会社,港元承包金本息,经甲方委托,由乙方代付给香港立信洋行有限公司,分别按各自同意的时间返还"部分无效。虽然法院判决与仲裁裁决是两个问题,但是,因为还款日元协议是承包合同的附件,从债的成因与来源上看,承包合同第九条是确定省纺对三井公司负担的日元外债的前提与基础;既然第九条被法院判令无效,那么,在执行地法院看来,还款日元协议所确定的省纺所负担的债务就失去了合法性、正当性,省纺对承包合同第九条所约定的债务也就不具有任何法律上偿付的义务。由此看来,我们不应以法院的判决去否定国外仲裁裁决,但是我们不能不考虑的是:执行地法院去承认和执行一个已被执行地法院(生效)判决确认为无效的、国外仲裁裁决确定的债务,其合法性、正当性与基础是什么?显然,如果我们这么做,岂不与我国的司法主权、司法权威和判决的既判力相冲突吗?岂不与通过(生效)判决保护的民事关系所体现出的法律的基本原则相抵触吗?岂不有损于(生效)判决所确定的法律秩序吗?因此,承认与执行被执行地法院判决为无效或不存在的债务及其所导致的法律和社会后果,应被视为违反了执行地国的公共秩序,构成了《纽约公约》第5条第2款所指的拒绝承认与执行外国仲裁裁决的法定理由。

根据你院法释〔1998〕28号和〔1999〕13号规定,对本案的上述意见现报请你院审查。

最高人民法院关于廊坊市中级人民法院对中国国际经济贸易仲裁委员会(2003)贸仲裁字第0060号裁决书裁定不予执行问题的请示的复函

(2004年9月9日　民四他字〔2004〕第18号)

河北省高级人民法院:

你院〔2004〕冀执监一字第2号《关于廊坊市中级人民法院对中国国际经济贸易仲裁委员会(2003)贸仲裁字第0060号裁决书裁定不予执行问题的请示报告》收悉。经研究,答复如下:

廊坊东方房地产开发有限公司于1995年5月22日与爱科工程咨询国际有限公司签订了一份东方花园别墅售楼合同。该合同第十六条约定"合同用中、英文书写,两种文本具有同等效力"。另据瑞士、意大利驻华使馆照会及仲裁委反映,廊坊东方房地产开发有限公司又就相同标的与史密德个人订立了内容与上述中文本相同的英文本合同。两份合同第十四条均约定"本合同依据中华人民共和国有关法律、廊坊市人民政府有关规定、条例制定;双方因履行合同发生纠纷,应友好协商解决;不能友好协商的,双方将交由设在北京的中国国际经济贸易仲裁委员会裁决。仲裁的裁决是终局的,败诉方将按中国有关规定承担费用"。事实上,史密德作为合同主体之一也得到了廊坊东方房地产开发有限公司的认可。如上述情况属实,应认定史密德个人也是东方花园别墅售楼合同及仲裁协议的一方当事人。仲裁庭将史密德与爱科工程咨询国际有限公司并列为共同主体并无不当,你院认为史密德不是仲裁协议的一方当事人没有事实依据。本案仲裁裁决不存在我国《民事诉讼法》第二百六十条规定的不予执行的情形,依法应予执行。

此复。

附:

河北省高级人民法院关于廊坊市中级人民法院对中国国际经济贸易仲裁委员会(2003)贸仲裁字第0060号裁决书裁定不予执行问题的请示报告

(2004年5月19日〔2004〕冀执监一字第2号)

最高人民法院:

史密德(英文名:Giorgio Schmid)和/或爱科工程咨询国际有限公司(以下简称爱科公司)与廊坊东方房地产开发有限公司(以下简称东方公司)房屋买卖纠纷一案,中国国际经济贸易仲裁委员会于2003年3月21日作出〔2003〕贸仲裁字第0060号裁决书:裁决终止爱科公司与东方公司1998年5月22日签订的合同,东方公司支付爱科公司204,000美元及利息和因仲裁发生的费用。该裁决生效后,史密德和/或爱科公司于2003年7月10日向廊坊市中级人民法院申请强制执行。

廊坊市中级人民法院在执行过程中,被执行人东方公司向廊坊市中级人民法院提出不予执行的申请。其主要理由:(1)被执行人并未与史密德存在合同关系,且在合同中既未订立仲裁条款事后也未达成书面仲裁协议;(2)仲裁委未及时向被申请人送达仲裁通知,仲裁程序明显违反仲裁规则。

廊坊市中级人民法院经审查认为,史密德仅是爱科公司签订合同的授权代表,不是合同的签约主体,因此合同第十四条中有关仲裁条款对其不具约束力,史密德无权以合同主体的身份申请仲裁及向廊坊市中级人民法院申请强制执行。依据《中华人民共和国民事诉讼法》第二百六十条第一款第(一)项的规定,认定被执行人提出的申请不予执行的理由成立,应裁定不予执行,并报请我院审查批准。

我院研究认为,在仲裁案件中,申请人和被申请人应与仲裁条款或仲裁协议的当事人一致,本案中史密德是作为爱科公司的法定代表人与东方公司签订的购房合同,合同第十四条约定的仲裁条款应对爱科公司具有约束力,而仲裁书将史密德与爱科公司并列在一起成为共同主体是错误的。据此,我院同意廊坊市中级人民法院对此案裁定不予执行的意见。根据《最高人民法院关于人民法院处理与涉外仲裁及外国仲裁事项有关问题的通知》(法发〔1995〕18号)、《最高人民人民法院关于审理和执行涉外民商事案件应当注意的几个问题的通知》(法〔2000〕51号)的有关规定,特报请最高人民法院审查答复。

最高人民法院关于不予执行国际商会仲裁院 10334/AMW/BWD/TE 最终裁决一案的请示的复函

（2004年7月5日 〔2004〕民四他字第6号）

山西省高级人民法院：

你院〔2004〕晋法民四请字第1号《关于同意太原中院不予执行国际商会仲裁院10334/AMW/BWD/TE最终裁决一案的报告》收悉。经研究，答复如下：

本案所涉裁决是国际商会仲裁院根据当事人之间达成的仲裁协议及申请作出的一份机构仲裁裁决，由于国际商会仲裁院系在法国设立的仲裁机构，而我国和法国均为《承认及执行外国仲裁裁决公约》的成员国，因此审查本案裁决的承认和执行，应适用该公约的规定，而不应适用《最高人民法院关于内地与香港特别行政区相互承认和执行仲裁裁决的安排》的规定。你院请示报告中所述两点不予承认和执行本案裁决的理由，均不符合《承认及执行外国仲裁裁决公约》的规定，因此你院以该两点理由不予承认和执行本案裁决的意见不能成立。

对于本案中伟贸国际（香港）有限公司是否在申请执行期限内提交了申请这一事实，你院应审查清楚。如其确系在申请执行期限内提交了申请，则即使其提交的材料不完备，你院亦不应直接裁定拒绝承认和执行本案裁决，而应该明确告知当事人，并限定一合理的时间让其补正，如其在限定的合理时间内拒绝补正，则应考虑以其申请不符合立案条件为由驳回其申请。

此复。

最高人民法院关于对中国国际经济贸易仲裁委员会（2002）贸仲裁字第0112号仲裁裁决不予执行的请示的复函

（2004年2月24日 〔2003〕民四他字第26号）

重庆市高级人民法院：

你院〔2003〕渝高法执示字第22号《关于对中国国际经济贸易仲裁委员会（2002）贸仲裁字第0112号仲裁裁决不予执行的报告》收悉。经研究，答复如下：

根据你院请示报告所述事实,本案各方当事人均为在我国注册成立的法人,且争议事项也不具有涉外因素,因此虽然本案仲裁裁决是由中国国际经济贸易仲裁委员会作出,但该裁决在性质上应属于国内裁决,而非涉外仲裁裁决,不适用《最高人民法院关于人民法院处理与涉外仲裁及外国仲裁事项有关问题的通知》的规定。本案可由你院自行决定是否予以执行。

此复。

附:

重庆市高级人民法院关于对中国国际经济贸易仲裁委员会(2002)贸仲裁字第0112号仲裁裁决不予执行的报告

([2003]渝高法执示字第22号)

最高人民法院:

第一申请人重庆宝岛珍珠食品公司(以下简称宝岛公司)、第二申请人重庆庆泰实业有限公司(以下简称庆泰公司)与被申请人重庆市沙坪坝百货(集团)股份有限公司(以下简称沙百公司)联建合同纠纷一案,中国国际经济贸易仲裁委员会于2002年6月4日作出[2002]贸仲裁字第0112号仲裁裁决:

(一)裁决被申请人向第二申请人补偿经济损失共计人民币1,092,000元;

(二)驳回第二申请人要求被申请人支付违约金人民币20,000,000元的仲裁请求;

(三)本案仲裁费人民币224,822元。由申请人承担101,169.90元,被申请人承担123,652.10元。该款已由申请人向仲裁委员会预付,故被申请人应向申请人支付由申请人为其垫付的仲裁费人民币123,652.10元;

(四)驳回第二申请人关于由被申请人承担其他费用的仲裁请求;

(五)上述第(一)、(三)两项中被申请人应向第二申请人支付的款项金额合计人民币1,215,652.10元,被申请人应在本裁决作出之日起45天内支付完毕,逾期按0.021%/天的费率加计利率。该裁决生效后,庆泰公司以沙百公司未履行该裁决所确定的义务为由,于同年8月20日,向重庆市第一中级人民法院申请执行。执行过程中,被执行人沙百公司以其与申请执行人庆泰公司未有仲裁协议为由,于2002年9月14日向重庆市第一中级人民法院提出不予执行的申请。重庆市第一中级人民法院经审查后,认为其不予执行的理由成立,遂于2003年5月23日报我院审查。

现查明:1998年12月31日,宝岛公司与沙百公司签订了联合建设"沙百大厦"的合同(以下简称联建合同)一份,合同除对联建的内容、双方出资的数额、方式、分配的比例、违约责任等进行了约定外,还规定,如发生争议,由双方协商解决,协商未果,则指定中国国际经济贸易仲裁委员会仲裁。同时,由于宝岛公司不具备房地产开发的资格,双方还签订了一份补充协议(以下简称补充合同),协议约定,宝岛公司在1999年2月以前组建一个新公司,由新公司全面继受宝岛公司在联建合同中的所有权利和义务。但宝岛公司在1999年2月以前未能完成新公司的组建工作。

1999年2月7日,宝岛公司法定代表人熊莹基、台商鲍扬波、重庆大昌房屋开发实业有限公司(以下简称大昌公司)法定代表人陈山旺协商,由三人合资成立重庆庆泰实业有限公司(以下简称庆泰公司)。在该公司组建期间,三人于同年3月8日签订一份合作协议,约定由三人共同借用大昌公司的名义与沙百公司签订联建合同。1999年7月22日,宝岛公司、大昌公司与沙百公司签订协议,将联建合同中原由宝岛公司出资联建的内容改为由大昌公司出资联建,并约定在变更联建主体后需另外签订正式合同,另将沙百大厦更名为沙百大世界。嗣后,大昌公司与沙百公司未能签订正式联建合同,亦未办理联建项目变更联建主体的立项审批手续。

1999年9月8日,庆泰公司成立。同月18日,大昌公司与庆泰公司签订变更联建项目出资主体的协议,将大昌公司出资联建改为由庆泰公司出资联建。同月28日,宝岛公司、庆泰公司与沙百公司签订三方协议(以下简称三方协议),协议约定,联建项目的出资方由宝岛公司改为庆泰公司,同时变更后的联建主体需在原联建合同基础上,待规划局方案审批定案、双方确定分配面积和楼层位置后,再签订正式合同。同年9月21日,庆泰公司和沙百公司共同向沙坪坝区计经委就双方联建事宜申报立项,同年10月27日,沙坪坝区计经委作出批准庆泰公司和沙百公司联建沙百大厦的立项批复,同时还注销了原由宝岛公司和沙百公司共同申报的该联建项目的立项批复。同年12月29日,沙百公司致函庆泰公司,以庆泰公司既无建设开发项目的资质证书,且难以认可和筹集初期到位资金1000万元为由,宣布解除其与庆泰公司的联建事宜,从而引发纠纷。

另查明:宝岛公司是由罗志崧、熊莹基、熊绍文等十人于1998年1月14日组建成立的外商独资企业,庆泰公司是由熊莹基、鲍扬波、陈山旺三人于1999年9月8日组建成立的外商独资企业;2000年4月29日,沙坪坝区计经委因沙百公司和庆泰公司在项目立项批复后半年内未申报可行性报告,根据重庆市固定资产投资项目审批程序的规定,即项目建议书批复后半年内应申报工程可行性研究报告、逾期不报项目批文自动作废,以沙计经固〔2000〕第072号文件作出《关于联合建设沙百大世界立项批复作废的通知》。

根据上述查明的事实,我院认为:依照《中华人民共和国仲裁法》第四条的规定,即当事人采用仲裁方式解决纠纷,应当双方自愿达成仲裁协议,没有仲裁协议,一方申请仲裁的。仲裁委员会不予受理。据此,当事人选择以仲裁的方式解决争议,必须采取明示的方式,这是当事人意志的体现。本案中,沙百公司、庆泰公司、宝岛公司各为独立法人资格的企业,在三方协议中,没有签订仲裁条款,而沙百公司与庆泰公司事后亦未达成仲裁协议。因此，沙百公司与庆泰公司之间的纠纷，不受沙百公司与宝岛公司签订的联建合同中的仲裁条款的约束，仲裁委对此不具管辖权。根据《中华人民共和国民事诉讼法》第二百六十条第一款第（一）项的规定，即当事人在合同中没有订有仲裁条款或者事后没有达成书面仲裁协议的，经人民法院组成合议庭审查核实，裁定不予执行。对［2002］贸仲裁字第0112号仲裁裁决应当不予执行。另据《最高人民法院关于人民法院处理与涉外仲裁及外国仲裁事项的有关问题的通知》（法发〔1995〕18号）的规定，特报钧院审批。

最高人民法院关于美国GMI公司申请承认英国伦敦金属交易所仲裁裁决案的复函

（2003年11月12日　［2003］民四他字第12号）

安徽省高级人民法院：

你院〔2002〕皖民二他终字第10号《关于对美国GMI公司申请承认英国伦敦金属交易所仲裁裁决一案的请示》收悉，经研究，答复如下：

你院请示报告对于争议的焦点问题归纳准确，对于当事人争议的GMI公司提出申请的期限问题、芜湖冶炼厂称已丧失履行能力裁决不应执行问题、芜湖冶炼厂是否得到指派仲裁员及仲裁程序通知的问题等，请示报告中均依据充分的事实和法律作出了清晰的分析，本院同意你院对上述问题的分析意见。

本案仲裁庭根据美国GMI公司与芜湖冶炼厂签订的买卖合同中的仲裁条款受理案件，就仲裁范围而言，仲裁庭只能对GMI公司与芜湖冶炼厂之间的买卖合同纠纷作出裁决，但其却根据GMI公司的申请，将与GMI公司之间没有仲裁协议的芜湖恒鑫铜业集团有限公司列为仲裁被申请人，对所谓的GMI公司与芜湖冶炼厂及芜湖恒鑫铜业集团有限公司三方之间的纠纷作出了裁决，仲裁庭对GMI公司与芜湖恒鑫铜业集团有限公司之间所谓的买卖合同纠纷所作裁决，显然已经超出了本案仲裁协议的范围。

根据《纽约公约》第5条第1款（丙）项的规定，仲裁事项超出仲裁协议范围的，应不予执行，但如果仲裁庭有权裁决部分与超裁的部分是可分的，则有权裁决的部分是应该承认和执行的。本案中仲裁庭有权裁决部分和超裁部分是明确可以区分的。虽然仲裁庭在裁决书中多次使用“被申请人”的称谓，均未指明是芜湖冶炼厂还是芜湖恒鑫铜业集团有限公司，而从裁决书首部将芜湖冶炼厂和芜湖恒鑫铜业集团有限公司均列为被申请人看，裁决书在没有特别指明的情况下，其被申请人的含义应该既包括芜湖冶炼厂,也包括芜湖恒鑫铜业集团有限公司,但使用这种称谓,并不表明有权裁决部分和超裁部分是不可分的,从最终裁决结果看,有明确裁决芜湖冶炼厂单独承担责任的部分,就该部分裁决而言,仲裁庭有权裁决,而且与超裁部分是可分的,亦不存在其他不应予以承认和执行的情形,因此对于涉及芜湖冶炼厂单独承担责任部分的裁决应予承认和执行。而其他使用"被申请人"这个称谓表明应该承担责任部分的裁决,由于对于芜湖冶炼厂及芜湖恒鑫铜业集团有限公司承担的责任没有明确区分,因此,人民法院对于仲裁庭有权裁决部分和超裁部分亦无法区分,故对于无法区分部分的裁决不应予以承认和执行。

此复。

附:

安徽省高级人民法院关于对美国 GMI 公司申请承认英国伦敦金属交易所仲裁裁决一案的请示(摘要)

([2002]皖民二他终字第 10 号)

最高人民法院:

美国 GMI 公司(Gerald Metals Inc.)(以下简称 GMI 公司)申请承认英国伦敦金属交易所仲裁裁决一案,我院经审判委员会讨论,决定呈报钧院审查。现将此案的审查意见报告如下:

一、当事人的基本情况

申请承认人(原仲裁申请人):GMI 公司。住所地,美利坚合众国康州斯坦福市高岭公园街 6 号,06905 号。

法定代表人:Mr. Fabio Calia,高级副总裁。

被申请承认人(原仲裁被申请人):芜湖冶炼厂:住所地:中华人民共和国安徽省芜湖市四褐山路。

法定代表人:周瑞庭,厂长。

被申请承认人(原仲裁被申请人):芜湖恒鑫铜业集团有限公司。住所地:中华人民共和国安徽省芜湖市褐山北路。

法定代表人:周瑞庭,董事长。

二、仲裁裁决要点

1. 仲裁协议

在 GMI 公司与芜湖冶炼厂签订的铜阴级买卖合同中,双方当事人在第十三条约定了仲裁条款,即"由本合同引起的或本合同项下的任何纠纷应根据《伦敦金属交易所规则条例》在伦敦通过仲裁解决”。

2. 仲裁经过

GMI公司以芜湖冶炼厂未完全交付货物给其造成损失为由，于2001年12月7日向英国伦敦金属交易所仲裁庭提交了仲裁申请书，并于2002年2月20日提出索赔，要求得到5,222,318.48美元的损失赔偿及相应的利息和费用。芜湖冶炼厂和芜湖恒鑫铜业集团有限公司未提交答辩书，也未出席庭审。

3. 仲裁结果

英国伦敦金属交易所仲裁庭根据英国1996年《仲裁法》以及《伦敦金属交易所规则条例》，于2002年5月23日做出仲裁裁决：“被申请人芜湖冶炼厂应在2002年5月31日英国夏时制下午5时之前向申请人GMI公司支付金额5,725,613.46美元(伍佰柒拾贰万伍仟陆佰壹拾叁美元零肆拾陆美分)，加上自判决之日起至完全付款和最后解决本事项中向仲裁庭提出的所有索赔之日止按6个月的伦敦银行同业折息率加2.5%利率计算的该金额的利息”；并指示仲裁费用8765.06英镑和2500.00英镑保证金由被申请人(未指明芜湖冶炼厂还是芜湖恒鑫铜业集团有限公司，或是包括二者在内)支付，理由为“被申请人(亦未明指)有对索赔发表意见的一切机会，并且有提交答辩书的一切机会。双方当事人之间存在有效合同。申请人付款后被申请人(亦未明指)违约，给申请人造成了损失”。

三、当事人的申请及抗辩理由

芜湖冶炼厂于2003年1月27日向本院递交了对该仲裁裁决不予承认及执行的抗辩请求，其理由是：(1)芜湖冶炼厂在整个仲裁程序中没有得到指派仲裁员、关于仲裁程序的通知，更没有得到替自己申辩的机会，故符合《承认及执行外国仲裁裁决公约》(以下简称《纽约公约》)第5条之1款之(2)项之规定，应予以拒绝承认及执行。(2)伦敦金属交易所仲裁裁决书于2002年5月23日生效，该仲裁裁决的履行期限为2002年5月31日，GMI公司向法院请求承认及执行的日期已超过《民事诉讼法》规定的申请执行期限。(3)芜湖冶炼厂已丧失履行能力，因此，GMI公司向法院请求承认及执行仲裁裁决的申请不应支持。

芜湖恒鑫铜业集团有限公司于2003年1月27日向本院递交了异议书，认为：该公司不是本案的合格的被执行人，请求依法驳回GMI公司将该公司列为被执行人的申请。其理由是：该公司与GMI公司之间没有发生过货物买卖业务、从未发生过货物买卖纠纷、更未参与过仲裁活动。该公司与芜湖冶炼厂没有任何产权或股本关系，GMI公司将该公司列为被执行人没有法律和事实依据，系滥用诉权行为。

GMI公司于2003年2月11日向本院提交抗辩意见称：(1)在承认外国仲裁裁决时，法院只应对外国仲裁裁决进行形式审查，不应涉及案件的实体问题，该部分工作一般在进入执行程序后再进行认定和裁决。对芜湖冶炼厂针对仲裁程序提出的答辩意见，以及财务能力的陈述，无论是否成立，皆应在执行程序中再作认定和裁决。同样，对于芜湖恒鑫铜业集团有限公司提出的关于主体资格的意见，也应在执行程序中再做认定和裁决。在对外国仲裁裁决进行形式审查时，应暂不考虑两个被申请承认人提出的上述意见。(2)根据《中华人民共和国民事诉讼法》第二百一十九条的规定，本案申请承认及执行的期限为6个月，应自裁决规定的履行期限的最后一日，即2002年5月31日起开始计算，截至2002年11月底。GMI公司于2002年11月19日将申请材料交邮，安徽省高级人民法院立案庭于2002年11月25日出具收据，证明收到申请材料，故未超过法定申请期限。

四、审查意见及理由

本案系承认外国仲裁裁决的案件，根据最高人民法院法经〔1987〕5号《关于执行我国加入的〈承认及执行外国仲裁裁决公约〉的通知》(以下简称《通知》)规定，我院审判委员会审查研究认为：

1. 英国与中国均系(纽约公约)的缔约国，按照《纽约公约》的规定，在缔约国作出的仲裁裁决的一方当事人可以向我国法院提出承认及执行缔约国仲裁裁决的申请。因此，GMI公司向本院提出承认及执行缔约国英国伦敦金属交易所仲裁裁决的申请合法有据。

2. 被申请承认人住所地在安徽省高级人民法院辖区，省法院受理此案符合最高人民法院《通知》第三条以及《安徽省高级人民法院关于涉外民商事案件诉讼管辖若干问题的规定》第二条之规定。

3. 根据最高人民法院《通知》第五条之规定，申请承认及执行的期限为6个月，该期限应从法律文书规定的履行期限的最后一日起计算。本案英国伦敦金属交易所仲裁裁决的履行期限应在2002年5月31日英国夏时制下午5时之前，GMI公司申请承认的日期是2002年11月19日，在申请承认期限内。

4. 对各方当事人抗辩意见的审查：

(1)芜湖冶炼厂提出的“GMI公司向法院请求承认和执行的日期已超过我国《民事诉讼法》规定的申请执行期限”的抗辩不能成立。对此，在审查意见及理由第(三)点中已作说明。

芜湖冶炼厂关于“其已丧失履行能力，因此，GMI公司向法院请求承认及执行仲裁裁决的申请不应支持”的辩解不能成立。是否丧失履行能力并不属于《纽约公约》中应予以拒绝承认的事项，该辩解于法无据，不予采纳。

(2)根据《纽约公约》的规定，申请地国法院在承认及执行外国仲裁裁决时有权对外国仲裁裁决是否存在《纽约公约》第5条第1、2款所规定的不予承认裁决的情形进行审查，因此，GMI公司关于“两被申请承认人就仲裁程序的抗辩意见在承认阶段不予考虑”的观点不能成立。

(3)芜湖冶炼厂提出的“在整个仲裁程序中没有得到指派仲裁员、关于仲裁程序的通知,更没有得到替自己申辩的机会"的抗辩是否成立是本案的关键之一。根据《纽约公约》的规定,芜湖冶炼厂应向法院提出证据证明其上述抗辩主张。在整个审查过程中,芜湖冶炼厂既未提供证据证明有关送达的证据系伪造或具有其他不应予以采信的情形,也未对接收地通信地址或传真号码提出异议,也未曾向法院提出调证、查证申请。根据《最高人民法院关于民事诉讼证据的若干规定》第九条之规定,GMI 公司所提供的证据系经有效公证文书所证明,芜湖冶炼厂未提供足够推翻上述事实的相反证据,因此,应确认 GMI 公司所提供的证据的证明力。根据 GMI 公司提供的 1996 年《英国仲裁法》及《伦敦金属交易所规则条例》,有关邮件送达事宜采取投邮原则,经过邮寄后的合理时间,邮件应视为已送达,传真传送结束时文件应视为已送达。既然仲裁协议当事人选择伦敦金属交易所为仲裁机构并约定适用英国法仲裁,就应受 1996 年《英国仲裁法》、《伦敦金属交易所规则条例》的约束。因此,芜湖冶炼厂上述抗辩不能成立。

(4)芜湖恒鑫铜业集团有限公司是否是本案的适格主体。芜湖恒鑫铜业集团有限公司不是仲裁协议的当事人,但却被仲裁庭列为被申请人,同时裁决书也未说明将芜湖恒鑫铜业集团有限公司列为被申请人的事实和理由,而且 GMI 公司至今也未提供证据证明芜湖恒鑫铜业集团有限公司与芜湖冶炼厂为同一实体或存在某种关联关系,以至于能够将芜湖冶炼厂与 GMI 公司交易的行为视为芜湖恒鑫铜业集团有限公司的行为。在裁决书中,除"被申请人芜湖冶炼厂应在 2002 年 5 月 31 日英国夏时制下午 5 时之前向申请人 GMI 公司支付金额 5,725,613.46 美元(伍佰柒拾贰万伍仟陆佰壹拾叁美元零肆拾陆美分),加上自判决之日起至完全付款和最后解决本事项中向仲裁庭提出的所有索赔之日止按 6 个月的伦敦银行同业折息率加 2.5% 利率计算的该金额的利息"表明被申请人为芜湖冶炼厂外,裁决其他处所提到的"被申请人"均未指明是芜湖冶炼厂还是芜湖恒鑫铜业集团有限公司。由于该裁决书将芜湖冶炼厂和芜湖恒鑫铜业集团有限公司同时列为被申请人,义务主体又指代不明,而且,根据 GMI 公司提供的证据,并非所有仲裁程序上的通知均发往了芜湖恒鑫铜业集团有限公司,可以认定仲裁裁决超越了仲裁协议的范围,违反了《纽约公约》第 5 条第 1 款第 3 项规定,存在不予承认的情形。

鉴于我院拟裁定驳回 GMI 公司申请,拒绝承认英国伦敦金属交易所仲裁裁决,根据钧院《关于审理和执行涉外民商事案件应当注意的几个问题的通知》(法〔2000〕51 号)的规定,现将该案呈报钧院审查,请予答复。

最高人民法院执行工作办公室关于广东省高级人民法院请示的交通银行汕头分行与汕头经济特区龙湖乐园发展有限公司申请不予执行仲裁裁决案的复函

(2003 年 7 月 30 日 〔2003〕执他字第 10 号)

广东省高级人民法院：

你院〔2003〕粤高法 47 号《关于交通银行汕头分行与汕头经济特区龙湖乐园发展有限公司申请不予执行仲裁裁决一案的请示》收悉。经研究，现答复如下：

我国《合同法》第 114 条第 2 款规定："约定的违约金低于造成的损失的，当事人可以请求人民法院或者仲裁机构予以增加；约定的违约金过分高于造成的损失的，当事人可以请求人民法院或者仲裁机构予以适当减少。"违约金由双方当事人自由约定，只要不违反法律规定和不损害第三人合法权益，国家一般不予干涉。国家认为双方当事人约定的违约金过高或者过低的，可以予以调整，但必须是基于一方当事人的请求。在本案中，交通银行汕头分行作为仲裁案件的被申请人和向汕头市中级人民法院申请不予执行仲裁裁决的申请人，始终未就违约金提出异议。依据我国《民法通则》第 112 条规定，当事人可以在合同中约定赔偿额的计算方法，本仲裁庭对本案违约金的计算和确认的数额并无不当。因此，本仲裁案的裁决不存在《民事诉讼法》第 217 条第 2 款第(5)项规定的适用法律确有错误的情形，人民法院应予执行。

此复。

最高人民法院关于 ED & F 曼氏(香港)有限公司申请承认和执行伦敦糖业协会仲裁裁决案的复函

(2003 年 7 月 1 日 〔2003〕民四他字第 3 号)

北京市高级人民法院：

你院 2003 年 1 月 15 日京高法〔2003〕7 号《关于对 ED&F 曼氏(香港)有限公司申请承认与执行伦敦糖业协会第 158 号仲裁裁决一案的请示》收悉。经本院审判委员会讨论决定，答复如下：

中国糖业酒类集团公司与 ED&F 曼氏(香港)有限公司于 1994 年 12 月 14 日签

订的 8008 合同明确约定,因该合同引起的一切争议均需提交伦敦糖业协会依照该协会规则进行仲裁。双方当事人就履行 8008 合同发生争议后,伦敦糖业协会依照双方当事人的上述约定受理有关争议具有法律依据。经审查,伦敦糖业协会在仲裁本案过程中不存在 1958 年《承认与执行外国仲裁裁决公约》第五条第一款规定的任何情形。双方当事人因履行期货交易合同产生的纠纷,在性质上属于因契约性商事法律关系产生的纠纷,依照我国法律规定可以约定提请仲裁。依照我国有关法律法规的规定,境内企业未经批准不得擅自从事境外期货交易。中国糖业酒类集团公司未经批准擅自从事境外期货交易的行为,依照中国法律无疑应认定为无效。但违反我国法律的强制性规定不能完全等同于违反我国的公共政策。因此,本案亦不存在 1958 年《承认与执行外国仲裁裁决公约》第五条第二款规定的不可仲裁及承认与执行该判决将违反我国公共政策的情形。依照《中华人民共和国民事诉讼法》第二百六十九条及 1958 年《承认与执行外国仲裁裁决公约》第五条之规定,应当承认和执行本案仲裁裁决。

此复。

附:

北京市高级人民法院关于对 ED & F 曼氏(香港)有限公司申请承认及执行伦敦糖业协会第 158 号仲裁裁决一案的请示

(2003 年 1 月 15 日　京高法〔2003〕7 号)

最高人民法院:

我市第一中级人民法院于是 2002 年 2 月 20 日立案受理了 ED & F 曼氏(香港)有限公司申请承认及执行英国伦敦糖业协会于 2001 年 8 月 6 日作出的第 158 号仲裁裁决一案。经我院审查认为,承认及执行该仲裁裁决,存在违反我国公共政策的情形,拟驳回 ED & F 曼氏(香港)有限公司的申请,拒绝承认及执行伦敦糖业协会第 158 号仲裁裁决。现将该案有关情况报告如下:

一、案件基本事实

1994 年 12 月 14 日,中国糖业酒类集团公司(以下简称中糖集团)与 ED & F 曼氏(香港)有限公司(以下简称曼氏公司)签订 8008 合同,约定:曼氏公司向中糖集团销售原糖,销售分为两部分,一部分为 7500 公吨,5% 增\减,卖方选择。交货期为 1995 年 7 ~ 9 月,付款方式为以美元现金形式在香港议付,买方开立以卖方为受益人的不可撤销的、卖方可以接受的信用证;一部分为 10 万吨选择权,5% 增\减,卖方选择。交货期为 1995 年 10 ~ 12 月,选择权宣布日期不迟于 1995 年 9 月 15 日,付款方式为买方在选择权宣布后4天内开出信用证。两部分原糖销售价格均为每公吨345美元,C & FFO中国主要港口。对于合同引起的一切争议将依照伦敦糖业协会条款的规定,提交伦敦糖业协会仲裁,合同的执行应遵守伦敦糖业协会条款的规定,无论买卖双方是否是成员或成员代表。

8008合同中的7500公吨部分,中粮公司受中糖集团委托,与曼氏公司签订进口合同,已履行完毕,无争议。

自1995年6月14日~1998年6月29日,中糖集团与曼氏公司就8008合同签订了19个附件,其中1996年4月9日签订的附件6将10万吨原糖的交货期从1996年3~5月推迟至1996年7~9月(此时中糖集团已无进口配额);1998年7月29日签订的附件19将10万吨原糖的交货期推迟至1998年10月~12月15日。

曼氏公司专门为8008合同在纽约期货市场开立账户,就10万吨原糖进行期货炒作,从中盈利。中糖集团对此明知,并通过收取曼氏公司的补偿款或降低商品价格的形式从中牟利,且有通过委托曼氏公司代理交易,直接参与期货交易的行为。

中糖集团没有按照附件19开出信用证,曼氏公司也没有实际发货。曼氏公司于1999年1月26日给中糖集团发一传真称,终止8008合同。

二、仲裁情况

曼氏公司就8008合同及其附件引发的争端向伦敦糖业协会提起仲裁,要求中糖集团赔偿合同价与市场价之差额,对市场价的确定方法是“确定在原告供货的那一天或那几天的市场价格的最恰当的标准,应该是10月/11月和12月上半月期货交易价格水准的平均值”。

中糖集团和曼氏公司均参加了全部仲裁程序。

2001年8月6日,伦敦糖业协会作出158号仲裁裁决。裁决:一、中糖集团向曼氏公司支付14,162,505美元作为违反8008合同的赔偿金及2,508,533.70美元的利息(计算方法采纳了曼氏公司的主张);二、中糖集团向曼氏公司支付以16,671,038.70美元为基础,按单价4.5%的年利率支付至付清为止时的利息;三、中糖集团支付伦敦糖业协会与裁决有关的费用156,434.00英镑;四、中糖集团向曼氏公司支付按标准基础评估的仲裁费用。

三、当事人的申请与抗辩理由

2002年1月22日,曼氏公司提出了承认与执行伦敦糖业协会做出的第158号仲裁裁决的申请,我市第一中级人民法院于2002年2月20日立案。

中糖集团于2002年3月1日提出拒绝承认和执行伦敦糖业协会第158号仲裁裁决的申请。其主要理由如下:

1.依据中国法律,中糖集团在订立合同以及仲裁条款时,不具有缔约行为能力。(1)中糖集团在与曼氏公司订立合同时,虽有经营进出口业务的资格,但在当时中国食糖属特种商品,中糖集团不具有进口食糖的特许外贸经营权,依据中国法律不具有行为能力；中糖集团在取得食糖对外贸易经营权后，不具有进口食糖配额，依据中国法律仍然属于无行为能力。(2)中糖集团与曼氏公司订立的食糖进口合同属于期货交易合同，依据中国法律的规定，中糖集团不具有从事期货交易的行为能力。(3)中糖集团不具有订立仲裁条款的行为能力。就缔约主体资格而言，合同与仲裁条款是不可分割的。(4)中糖集团在仲裁开始后，参加了仲裁，并不意味着其放弃了基于行为能力所提出的任何抗辩，也不能认为法院不得再以行为能力欠缺为由拒绝仲裁裁决的执行。(5)仲裁庭在审理过程中没有对当事人的行为能力问题做出裁决，也不意味着法院无权对该问题做出判定。综上所述，中糖集团作为仲裁协议的当事人，在合同订立时，依据其属人法即中国法的规定，属于无行为能力。

2. 依据我国法律涉案争议事项不可以仲裁方式解决。(1)涉案的中糖集团与曼氏公司于1994年12月14日签订的8008合同及附件是以规避法律为目的，具有欺诈性的期货交易性质的违法合同。(2)8008合同是排除在我国法律认可的期货交易合同关系之外，进而也不属于我国法律认可的契约或非契约性商事关系。综上，根据《承认及执行外国仲裁裁决公约》第五条第二款的规定，对于排除在我国法律认可的契约或非契约性商事关系之外的非法的期货交易合同争议，我国法院依据我国法律应当认定为不可以以仲裁方式解决的争议。

3. 158号仲裁裁决超出了仲裁协议所约定的仲裁范围。中糖集团并没有意识到其承担的是期货交易的风险而不是买卖合同的风险，因此，对于将来可能发生的争议更无从预见。仲裁庭就与买卖合同关系无关的期货交易合同争议所作的仲裁裁决，违背了中糖集团订立仲裁协议时的意思表示，显然超出了涉案仲裁协议约定的仲裁范围。

4. 由于仲裁庭审理案件的严重不公正，中糖集团在伦敦仲裁中未能充分申辩。仲裁庭对中糖集团主张查清的事实不予澄清，对于曼氏公司的欺骗行为不予认定，使中糖集团在伦敦仲裁中未能充分申辩。

5. 158号仲裁裁决所承认的是通过非法期货交易合同取得的非法利益，承认和执行该裁决将与我国公共政策相抵触。(1)8008合同及其附件违反了我国法律禁止进行境外期货投机交易的规定，158号仲裁裁决的结果，认可了双方通过规避中国期货交易管理法律，非法从事境外期货交易取得的非法利益，违反了我国强制性法律的规定。(2)应当依据本国法律的基本原则、基本制度解释各案中公共政策。(3)8008合同是以合法形式掩盖非法目的的期货投机性质的合同，这种期货交易行为违反了我国的强制性法律规定，构成了对我国基本法律制度以及社会公共利益的抵触。对于以合法形式掩盖非法目的取得的非法利益，我国法律应当否定其执行效力。(4)英国上诉法院1998年在Soleimany一案中确定：因非法合同取得的非法利益，英国法院可以依据公共秩序保留原则否定其执行力。该案例所反映的原则，对于我国法院在解释和适用公共政策保留时，具有重要的参考价值。

基于上述事实和理由,中糖集团申请法院依据《纽约公约》第五条第一款(一)、(二)以及第二款(一)、(二)的有关规定和我国其他相关法律的规定,拒绝承认及执行伦敦糖业协会做出的158号仲裁裁决。

曼氏公司的主要抗辩理由:

1. 中糖集团是有合法对外贸易经营权的企业法人,又有签订食糖进口合同的行为能力,因此8008合同合法有效。

2. 中糖集团有签订8008合同仲裁条款的行为能力,理由同上。

3. 8008合同按中国法律属于商事法律关系,可以用仲裁方式解决纠纷。

4. 158号仲裁裁决未超越仲裁协议约定的裁定范围。8008合同规定,由合同产生的一切争议均应移交伦敦糖业协会,按该会的《仲裁规则》仲裁。

5. 仲裁过程中不存在仲裁员不公的情况。伦敦糖业协会的两名成员(并未担任本案仲裁员)是曼氏公司的母公司集团成员这一事实并不影响本案仲裁员对本案独立作出的仲裁结果;中糖集团在仲裁时未对仲裁庭及法律顾问的组成提出任何异议;中糖集团在长达两年半的审理过程中,自始至终能够得以充分申辩;仲裁员在审理时充分考虑了双方当事人的意见和证据并且正确地适用了英国法律。

6. 承认和执行158号仲裁裁决并不与中国的公共政策抵触。根据8008合同的内容,它不是投机性期货合同而是买卖合同,不存在违法问题;执行申请人曾明确拒绝中糖集团要求把8008合同变为期货合同的要求;对实际交货若干次修改不能改变8008合同是一份须实际履行的合同的性质。

四、我院审查意见

1. 中糖集团申请不予承认及执行158号仲裁裁决的理由1~5项均不能成立。

中糖集团作为企业法人具有缔约行为能力。我国法律并无非法期货合同不属于契约性和非契约性商事法律关系的规定。在全部仲裁过程中,中糖集团明确表示对仲裁庭的管辖权和仲裁员无异议。故其所提1~5项理由没有事实依据和法律依据。

2. 承认及执行158号仲裁裁决构成对我国公共政策的违反。

8008合同及其附件的操作过程是利用期货炒作牟取投机利益,该期货交易行为违反了我国法律禁止性规定。158号仲裁裁决认可了双方通过规避中国期货交易管理法规,非法从事境外期货交易取得的非法利益,违反了我国法律强制性的规定,构成了对我国公共政策的违反。

依据《承认及执行外国仲裁裁决公约》第五条第二款乙项,拟驳回曼氏公司的申请,拒绝承认及执行伦敦糖业协会第158号仲裁裁决。

最高人民法院关于新加坡益得满亚洲私人有限公司申请承认及执行外国仲裁裁决一案的请示的复函

（2003 年 6 月 12 日 〔2001〕民四他字第 43 号）

江苏省高级人民法院：

你院 2001 年 11 月 9 日《关于新加坡益得满亚洲私人有限公司申请承认及执行外国仲裁裁决一案的请示》收悉。经本院审判委员会研究，答复如下：

仲裁条款或者仲裁协议独立生效的前提，是有关当事人就通过仲裁解决争议达成合意。本案中，根据新加坡益得满亚洲私人有限公司与无锡华新可可食品有限公司之间的来往传真，双方当事人之间未就购买可可豆事宜产生的争议达成通过仲裁解决的合意。英国伦敦可可协会以新加坡益得满亚洲私人有限公司单方拟定的仲裁条款仲裁有关纠纷缺乏事实和法律依据。依照《中华人民共和国民事诉讼法》第二百六十九条及我国参加的《承认及执行外国仲裁裁决公约》的有关规定，我国人民法院应拒绝承认与执行本案仲裁裁决。

此复。

附：

江苏省高级人民法院关于新加坡益得满亚洲私人有限公司申请承认及执行外国仲裁裁决一案的请示

（2001 年 11 月 9 日 〔2001〕苏立民二他字第 008 号）

最高人民法院：

我省无锡市中级人民法院受理的新加坡益得满亚洲私人有限公司申请承认及执行外国仲裁裁决一案，经无锡市中级人民法院审查并经该院审判委员会讨论，决定拒绝承认及执行。无锡市中级人民法院根据你院《关于处理涉外仲裁及外国仲裁事项有关问题的通知》的规定，报我院审查。我院经审查，倾向意见是拒绝承认及执行该外国仲裁裁决，并根据你院的上述规定，报你院审查决定。

一、当事人及其诉讼代理人的基本情况

申请人新加坡益得满亚洲私人有限公司（以下简称益得满公司），住所地：新加坡 048693 邮递区商业点 11－02/03 飞利浦界 3 号。

委托代理人翁冶中，南京中祥律师事务所律师。

被申请人无锡华新可可食品有限公司(以下简称华新公司),住所地:无锡市东梁溪路28号。

法定代表人吴洪良,董事长。

委托代理人范凯洲,无锡恒佳达律师事务所律师。

二、简要案情

1999年1月12日,益得满公司经马来西亚婆罗州土产有限公司中介,传真给华新公司“业务的确认”(又译“商务询证”)一份,内容为:此函确认益得满公司售予华新公司如下货物:沙巴SMC1A可可豆500公吨、SMC1B可可豆500公吨;到货质量:SABAH SMC1A标准、SABAH SMC1B标准;价格:每公吨1450美元,条件:由卖方负责支付成本加运费,在上海交货;装船:1999年1月至2月装;重量:净运重量(1%免赔款);合同:按C. A. L规则;支付:有新加坡第一银行开立30天不可撤销信用证。另注明:完整合同随后等。同年1月13日益得满公司又传真给华新公司一份函件,内容为:对昨天所发业务确认函的进一步说明,请注意如下合同号:1. 合同S50502－500公吨沙巴SMC1A可可豆;2. 合同号S50503－500公吨SMC1B可可豆;并注明“全部合同的详细内容后述”,“根据你方指示,我们将安排装船前取样来分析FFA指标”,此外还有关于要求华新公司开具信用证并告知装船指示等内容。同年1月14日华新公司王耀清分别在益德满公司12日、13日发来的传真上签名,其中对1月12日的传真未作改动,对1月13日传真中的FFA取样分析“(我方将安排新加坡SGS对样品进行分析)”要约改为:“装船前取样和分析需由新加坡SGS进行操作,且FFA指标<1.75%。”并传真给中介公司马来西亚婆罗州土产有限公司(以下简称婆罗州公司),婆罗州公司当日将其传真给益德满公司。同日益得满公司收到传真后对FFA事宜答复:将保证装船前抽样试验FFA在1.75%左右,但仅能确定这批装船前所取得样品FFA指标水平;并通知华新公司:根据华新公司指示,益德满可装船将货物发往张家港,急请华新公司开具信用证和告知装船规程。同年1月15日益德满公司寄给华新公司已单方签字的关于两份合同的正式文本,华新公司18日收到后未签字即退回益德满公司。1月22日华新公司传真答复益德满公司:不仅要求装船前的抽样而且到货的抽样(由中国商品检验局检测)FFA都应<1.75%,但益德满仅能保证装船前抽样的FFA水平,因华新公司收到的合同与其意愿不一致,故不能接受此合同。1月26日益德满公司表示除只能保证发货前的抽样FFA<1.75%外,其他的要求都可接受,并再次将合同文本寄给华新公司。其后双方又在FFA水平和SGS检测机构以及付款条件及价格等问题上不断进行多次商谈,虽有中介公司居间斡旋,但未能取得一致意见。后双方为此发生争议,益德满公司要求华新公司赔偿因其不履行1月14日签字同意的商业确认书给其公司造成的损失,并表示将提起仲裁解决纠纷,而华新公司表示双方并未最终签订合同,索赔无从谈及,双方亦未约定仲裁。益德满公司遂向英国伦敦可可协会有限公司(即C. A. L,以下

简称伦敦可可协会)提起仲裁,同年4月30日华新公司收到伦敦可可协会的仲裁通知后,于5月12日回复伦敦可可协会已收到寄来的有关仲裁资料,并表示双方未达成合同。同年7月13日伦敦可可协会作出仲裁裁决,裁决:买方(华新公司)和卖方(益得满公司)之间存在一项契约,此项契约对买方有拘束力,裁决买方应付卖方货物价差损失USD106,645美元及利息。由于华新公司未履行仲裁裁决,益得满公司向无锡市中级人民法院申请承认及执行该外国仲裁裁决。在无锡市中级人民法院审查期间,被申请人请求法院不予承认和执行。

三、无锡市中级人民法院审查意见

无锡市中级人民法院经审查并经审判委员会讨论后的倾向性意见为:

(一)关于本案的仲裁程序问题

经审查现有材料和听取双方的陈述,伦敦仲裁协会已送达给华新公司有关的仲裁材料,虽然未能提交送达的清单,但根据华新公司给伦敦协会的复函,可以推定文书已全部送达。整体的仲裁程序,华新公司未能提供相反证据证明,可以推定伦敦可可协会的仲裁程序没有违反国际仲裁的规定。华新公司认为伦敦可可协会未按国际仲裁规则送达文书、适用程序的理由不成立。

(二)关于仲裁的实体问题

1.关于99.1.14.益德满公司发出的业务确认函传真,虽经华新公司签字回复,但根据双方之后的传真往来,应当把1月13日传真合在一起考虑,它们仅仅属于是一种签订合约的意愿,不能理解为是一种真正意义上的合约。正是由于华新公司对1月12日的签字,双方才有签订合约的意思表示;正是由于华新公司对1月13日传真的改动,才会有后来双方之间在质量、价格的问题上不断往复要约、再要约,以致益德满公司于1月15日、1月22日两次寄交的正式合约未被华新公司签字。

2.关于FFA指标和SGS检测机构问题的不断商议,应当理解为是双方之间在此问题上的一次又一次的要约和新要约。在本案所涉合同事务中,这是两项必要的内容,当然也是合约的必要组成部分。这两个问题未达成合意,当然也就不能说是合约已在1月14日成立了,同样也不符合合约订立的程序。而且,在价格上,双方同样也存在争议。

3.由于合约未成立,所以,伦敦可可协会的仲裁也就缺少合约的根据。而且,1月14日的业务确认函并未明确争议由伦敦可可协会仲裁解决。

(三)处理意见

依照国际惯例和我国民诉法的规定,对外国仲裁承认的审查,一般限定在仲裁程序的合法性方面,而不作实体上的审查。我国有些地方法院审查时,突破了这种限制,对外国仲裁实体的错误同样进行审查,并因此作出拒绝承认和不予执行的裁定(厦门中院,1994年4月《人民法院案例选》、深圳中院等)。我院意见:对于外国仲裁的实体错误,如果不作审查,那么就会发生错误的仲裁在我国被强制执行的情况,这是不符合我国的法律原则的(事实根据和法律依据)。在我国的司法实践中,错误的裁决、违法的裁决依法被纠正是众所周知的事情。而且,对证据不进行全面审查即作出的仲裁,不排除外国仲裁机构或人员在仲裁时对中国的歧视行为,这样的仲裁是不公正的裁决,会给当事人造成意外的损害。因此,审委会一致意见:在根本不存在合约事实的情况下,伦敦可可协会作出的关于合约纠纷的仲裁,不应得到承认和执行。

四、本院审查期间补充听证情况

在本院审查期间,承办人再次听证,进一步补充、核实了有关情况。听证主要侧重伦敦可可协会的仲裁有无违反程序的问题,即有无《1958 年纽约公约》第五条第一、二项所列情形。

被申请人代理人提出该仲裁在程序上的问题主要有:

1. 华新公司与益得满公司不存在仲裁协议。理由是根据《联合国国际货物销售公约》、国际惯例及承诺人所在地法律(即《中华人民共和国仲裁法》等)的规定,华新公司 1999 年 1 月 14 日的函件不构成对益得满公司 1 月 12 日及 1 月 13 日之函件的承诺,上述益得满公司致华新公司的函件中也无符合规定的仲裁条款。

2. 伦敦可可协会的仲裁严重违反其仲裁规则。理由是根据华新公司从互联网收集查阅的伦敦可可协会规则及《英国仲裁法》、《国际仲裁示范法》的规定:(1)伦敦可可协会规则中没有该仲裁裁决所称的 23. 3(d)条规定;且伦敦可可协会径行指定三名仲裁员不符合其规则规定;(2)伦敦可可协会未根据《海牙公约》送达伦敦可可协会的文书,但其后又根据《海牙公约》的规定送达了仲裁裁决书;(3)华新公司收到伦敦可可协会的材料后已致函表明与益得满公司未签订合同,益得满公司无权提起仲裁申请,但伦敦可可协会的仲裁裁决中未对此做任何交代,违反了《英国仲裁法》的规定;(4)根据华新公司从互联网查询,伦敦可可协会的 33 名仲裁员中有 5 名系益得满公司人员,华新公司认为在此情形下,伦敦可可协会不具有充分的公正性。

对上述意见,益得满公司的代理人辩称:

1. 双方当事人之间的主合同成立与否,属实体问题,不是人民法院审查该仲裁裁决的内容。益得满公司与华新公司之间的合同成立问题,已经伦敦可可协会的仲裁裁决确认。主合同成立,且该合同中约定的"合同:按 C. A. L 规则"作为仲裁协议,也符合《国际商事仲裁示范法》第七条(2)"……。在合同中提出参照载有仲裁条款的一项文件即构成仲裁协议,如果该合同是书面的而且这种参照足以使该仲裁条款构成该合同的一部分的话"的规定。

2. 伦敦可可协会的仲裁裁决不存在《1958 年纽约公约》第五条第一、二项所列情形,亦不违反该协会规则的规定。(1)根据益得满公司代理人提交的称其从伦敦可可协会获取的该协会规则（与华新公司从互联网上下载的不同），存在23.3(d)条款。该23.3(a)条规定，可以指派三名仲裁员，(d)条规定，任何一方对本公司指派的三名仲裁员有异议的，必须在两个工作日内提出；(2)关于本案未按照《海牙公约》送达的问题，因仲裁行为不是司法行为，仲裁文件均不是司法文书，根据《海牙公约》第十七条规定，非司法文书可以依司法文书规定的方法并按照本公约各条规定的方法送达，邮寄送达是该公约规定的一种方法；(3)关于伦敦可可协会的仲裁裁决中未交代或表述被申请人提出的双方未签订合同，无权仲裁的问题，不构成纽约公约第五条所规定的人民法院应当拒绝承认及执行外国仲裁机构裁决的要件。

五、我院审查意见

综合上述情况，我院的审查意见如下：

对外国仲裁裁决的审查，根据我国民事诉讼法第二百六十九条的规定，应适用我国加入的《承认及执行外国仲裁裁决公约》（又简称《1958年纽约公约》）。本案审查的外国仲裁裁决，系在英国领土内由英国伦敦仲裁机构作出，我国与英国都是公约的参加国，本案的仲裁裁决系在《1958年纽约公约》对我国生效后作出的，其申请人、管辖法院及申请期限均符合最高人民法院《关于执行我国加入的〈承认及执行外国仲裁裁决公约〉的通知》中的规定。

根据最高人民法院《关于执行我国加入的〈承认及执行外国仲裁裁决公约〉的通知》第四条："我国有管辖权的人民法院接到一方当事人的申请后，应对申请承认及执行的仲裁裁决进行审查，如果认为不具有《1958年纽约公约》第五条第一、二两项所列的情形，应当裁定承认其效力，并且依照民事诉讼法（试行）规定的程序执行；如果认定具有第五条第二项所列的情形之一的，或者根据被执行人提供的证据证明有第五条第一项所列的情形之一的，应当裁定驳回申请，拒绝承认及执行"的规定，对本案的审查应按上述范围进行。同时该规定也表明，对该案申请，应只审查程序，不涉及实体。

1. 本案申请承认及执行的仲裁裁决不具有《1958年纽约公约》第五条第一、二两项所列的情形

《1958年纽约公约》第五条第一、二两项所列的情形为："一、裁决唯有受裁决援用之一造向请承认及执行地主管机关提具证据证明有下列情形之一时，始得依该造之请求，拒于承认及执行：（甲）第二条所称协定之当事人依对其适用之法律有某种无行为能力者，或该项协定依当事人作为协定准据之法律系属无效，或未指明以何法律为准时，依裁决地所在国法律系属无效者；（乙）受裁决援用之一造未接获关于指定仲裁员或仲裁程序之适当通知，或因他故，致未能申辩者；（丙）裁决所处理之争议非为交付仲裁之标的或不在其条款之列，或裁决载有关于交付仲裁范围以外事项之决定者，但交付仲裁事项之决定可与未交付仲裁之事项划分时，裁决中关于交付

仲裁决定部分得于承认及执行;(丁)仲裁机关之组成或仲裁程序与各造间之协议不符,或无协议而与仲裁地所在国法律不符者;(戊)裁决对各造尚无拘束力,或业经裁决所在地国或裁决所依据法律之国家之主管机关撤销或停止执行者。二、尚声请承认及执行地所在国之主管机关认定有下列情形之一,亦担任拒不承认及执行仲裁裁决:(甲)依该国法律,争议事项系不能以仲裁裁决者;(乙)承认或执行裁决有违该国公共政策者。"根据案卷材料及补充听证的证据,被申请人对本案仲裁裁决在程序上提出的问题,均不是上述规定所列情形。

另:被申请人提出的第(1)点,认为伦敦可可协会违反了其规则(即C.A.L规则):一是该规则没有23.3(d)条款;二是根据该规则不能直接指定三名仲裁员。对此,申请人提交了称其从伦敦可可协会获取的C.A.L规则,证实其中有23.3(d)条款,且根据该规则可以指派三名仲裁员。由于被申请人提供的C.A.L规则系从互联网上下载,申请人对此质疑,其真实性、正确性不能被证实;而申请人提交的C.A.L规则虽称其从伦敦可可协会获得,但未按法律规定经有关机构认证,故双方提供的证据其效力均存疑,不能直接采信,只能参考。据此只能推定被申请人无充分证据证明该仲裁裁决违反C.A.L规则。对被申请人提出的第(2)点伦敦可可协会未按《海牙公约》送达仲裁有关材料的问题,申请人辩称仲裁材料系非司法文书。因目前对仲裁裁决的有关材料是司法文书还是非司法文书在理论学术上是有争议的,被申请人也无明确根据证明有关仲裁的材料文件就是司法文书,据此也只能推定被申请人无充分证据证明伦敦可可协会将仲裁的有关材料作为非司法文书邮寄送达是违反程序的。被申请人提出的第(3)、(4)点亦不在法院的审查范围,且被申请人也认为仅属于程序上的瑕疵问题。

2.关于合同中有无明确的仲裁条款问题

根据《国际商事仲裁示范法》第7条(2)"……在合同中提出参照载有仲裁条款的一项文件即构成仲裁协议,如果该合同是书面的而且这种参照足以使该仲裁条款构成该合同的一部分的话"的规定,1月12日益得满公司的传真中"合同:按C.A.L规则"的条款可以作为仲裁条款。

3.关于本案双方当事人之间有无仲裁协议的问题

此问题不属于《1958年纽约公约》第五条第一、二项所列情形之内。但此问题是双方当事人争议的焦点,且仲裁协议的有无直接影响到伦敦可可协会是否有权进行仲裁。但要审查有无仲裁协议,就势必涉及到需要审查合同有无成立,因仲裁协议是合同的一个条款,如合同成立,则仲裁条款存在,合同不成立,也就不存在仲裁协议(此观点被申请人也同意)。

对本案合同是否成立的问题,我们基本同意无锡市中级人民法院的意见,即合同未成立。益德满公司于1999年1月12日、13日发出的两份业务确认函传真,客观上应当是一个整体的要约。从内容上看,1月13日传真所载内容是对1月12日传真内容的补充,因1月13日传真的内容是12日传真上未涉及的关于合同号和货物检测机构的内容。在买卖合同中,货物的购买方通常是对价格和货物的质量都有要求的,故对于货物买卖来讲质量要求及检测是不可缺少的合同条款;从华新公司对该要约的反应看,华新公司于1月14日签字回复,是将两份传真件一起回传的。华新公司对1月13日传真的改动是对货物质量标准的改动,符合《联合国国际货物销售合同公约》对要约的实质性变更的规定,故华新公司对13日传真的改动就是对益得满公司12日、13日完整要约的变更,构成反要约。其后双方之间在质量(FFA指标)和检测机构问题上不断往复要约、再要约,一直未能取得一致意见,以致益德满公司于1月15日、1月22日两次寄交的正式合约未被华新公司签字(因益得满公司1月12日、13日的传真上均有"完整合同随后"字样)。因此,华新公司与益得满公司之间的合同未成立。如果仅根据华新公司在益得满公司12日要约上的签字就认定构成承诺的话,就会出现益得满公司提供的货物品质达不到要求,但华新公司也必须购买的情形,而任何一个购货方显然都不可能进行这样的交易。所以,仅有1月12日的传真件,缺少13日传真的货物FFA指标要求,客观上是不可能形成双方当事人的意思表示一致的。

综上,本院在研究本案时有两种意见:一种意见是,如果严格按照最高人民法院《关于执行我国加入的〈承认及执行外国仲裁裁决公约〉的通知》第四条的规定进行审查,伦敦可可协会的仲裁裁决不具有《1958年纽约公约》第五条第一、二项规定的情形,且华新公司对益得满公司1999年1月12日传真的签字也确有疏忽,应对此承担责任。故对伦敦可可协会的仲裁裁决可予承认和执行。另一种意见是,应当对本案双方当事人之间有无仲裁协议进行审查,也就是需审查合同是否成立。倾向于认定合同不成立,双方当事人之间也就没有对仲裁事项达成的协议(条款)。则伦敦可可协会无权进行仲裁,其仲裁裁决应拒绝承认及执行。

我院倾向后一种意见。特报你院审查决定。

最高人民法院关于麦考·奈浦敦有限公司申请承认和执行仲裁裁决一案请示的复函

(2001年4月23日　法民二〔2001〕32号)

上海市高级人民法院:

你院〔1999〕沪高执他字第5号函《关于麦考·奈浦敦有限公司申请承认和执行仲裁裁决一案的请示》收悉。经研究,答复如下:

一、关于申请人提出的承认及执行申请是否符合立案受理条件的问题。根据我院1987年《关于执行我国加入的〈承认和执行外国仲裁裁决公约〉的通知》第五条的规定，申请承认及执行的期限为6个月，该期限应从法律文书规定的履行期限的最后1日起计算。具体到本案，因裁决书没有关于履行期限的内容，但应给当事人一个合理的履行期限，故从仲裁裁决送达当事人第二日起计算较为合理，而不应从仲裁裁决作出之日起计算申请承认及执行的期限。另外，尽管申请人在有效期内提供的申请材料不完全符合有关规定，但经人民法院通知补充后基本上是符合要求的，人民法院应当立案受理并已受理，故不能以“申请人未在法定期限内提出有效的申请”为由拒绝承认和执行本案所涉仲裁裁决。

二、关于本案所涉仲裁裁决是否存在不予承认和执行的情形的问题。申请人提出的六点理由均不构成《纽约公约》第5条第1款规定的可以据以拒绝承认和执行的几种情形。你院对此点的分析与认定是全面、正确的。申请人提出的“裁决本身存在不予承认和执行的情形”没有事实和法律依据，不能成为拒绝承认及执行本案所涉仲裁裁决的理由。

三、关于你院提出的“本案仲裁裁决因未作初步裁决而违反仲裁地法律”以及“裁决裁定被诉人补偿申诉人律师费，超出当事人交付仲裁范围”的问题。根据《纽约公约》第5条的规定，这类问题属应当事人请求才予审查的情形，人民法院不应依职权提起。而本案当事人始终未提及该问题，故人民法院不能以此为由拒绝承认及执行本案所涉仲裁裁决。

四、关于本案是否适用《纽约公约》的问题。《纽约公约》第1条第1款规定的适用范围有两种情形：一种情形是“仲裁裁决，因自然人或法人间之争议而产生且在声请承认及执行地所在国以外之国家领土内做成者，其承认及执行适用本公约。”你院请示所述案符合此种情形，应当适用《纽约公约》；另一种情形是“本公约对于仲裁裁决经声请承认及执行地所在国认为非内国裁决者，亦适用之。”这里所指的“非内国裁决”是相对“声请承认及执行地所在国”而言的。你院请示所述案并非我国国内裁决，当然应适用《纽约公约》。你院提出的“本案所涉裁决系‘非国内裁决’，尚不能明确是否适用于《纽约公约》”的问题，系对公约有关条款的误解。

综上，本案不存在可以拒绝承认和执行所涉仲裁裁决的理由。上海市中级人民法院应当裁定承认和执行本案所涉瑞士苏黎士商会仲裁庭的仲裁裁决。

此复。

最高人民法院关于英国嘉能可有限公司申请承认和执行英国伦敦金属交易所仲裁裁决一案请示的复函

(2001年4月19日 〔2001〕民四他字第2号)

重庆市高级人民法院:

你院2000年12月12日〔2000〕渝高法执示字第26号《关于对英国嘉能可有限公司申请承认及执行英国伦敦金属交易所仲裁裁决一案有关问题的请示》收悉。经研究认为:根据联合国《承认及执行外国仲裁裁决公约》第五条第一款(甲)项规定,对合同当事人行为能力的认定,应依照属人主义原则适用我国法律。重庆机械设备进出口公司职员孙健与英国嘉能可有限公司签订合同,孙健在"代表"公司签订本案合同时未经授权且公司也未在该合同上加盖印章,缺乏代理关系成立的形式要件,事后重庆机械设备进出口公司对孙健的上述行为明确表示否认。同时孙健的签约行为也不符合两公司之间以往的习惯做法,不能认定为表见代理。根据《中华人民共和国民法通则》第六十六条第一款和我院《关于适用〈中华人民共和国涉外经济合同法〉若干问题的解答》第三条第一款第四项的规定,孙健不具代理权,其"代表"公司签订的合同应当认定为无效合同,其民事责任不应由重庆机械设备进出口公司承担。同理,孙健"代表"公司签订的仲裁条款亦属无效,其法律后果亦不能及于重庆机械设备进出口公司。本案所涉仲裁裁决,依法应当拒绝承认及执行。

此复。

（七）涉外仲裁有关问题的批复、通知

最高人民法院关于对上海市高级人民法院等就涉及中国国际经济贸易仲裁委员会及其原分会等仲裁机构所作仲裁裁决司法审查案件请示问题的批复

（2015年6月23日　法释〔2015〕15号）

上海市高级人民法院、江苏省高级人民法院、广东省高级人民法院：

因中国国际经济贸易仲裁委员会（以下简称中国贸仲）于2012年5月1日施行修订后的仲裁规则以及原中国国际经济贸易仲裁委员会华南分会（现已更名为华南国际经济贸易仲裁委员会，同时使用深圳国际仲裁院的名称，以下简称华南贸仲）、原中国国际经济贸易仲裁委员会上海分会（现已更名为上海国际经济贸易仲裁委员会，同时使用上海国际仲裁中心的名称，以下简称上海贸仲）变更名称并施行新的仲裁规则，致使部分当事人对相关仲裁协议的效力以及上述各仲裁机构受理仲裁案件的权限、仲裁的管辖、仲裁的执行等问题产生争议，向人民法院请求确认仲裁协议效力、申请撤销或者不予执行相关仲裁裁决，引发诸多仲裁司法审查案件。上海市高级人民法院、江苏省高级人民法院、广东省高级人民法院就有关问题向我院请示。

为依法保护仲裁当事人合法权益，充分尊重当事人意思自治，考虑中国贸仲和华南贸仲、上海贸仲的历史关系，从支持和维护仲裁事业健康发展，促进建立多元纠纷解决机制出发，经研究，对有关问题答复如下：

一、当事人在华南贸仲更名为华南国际经济贸易仲裁委员会、上海贸仲更名为上海国际经济贸易仲裁委员会之前签订仲裁协议约定将争议提交“中国国际经济贸易仲裁委员会华南分会”或者“中国国际经济贸易仲裁委员会上海分会”仲裁的，华南贸仲或者上海贸仲对案件享有管辖权。当事人以华南贸仲或者上海贸仲无权仲裁为由请求人民法院确认仲裁协议无效、申请撤销或者不予执行仲裁裁决的，人民法院不予支持。

当事人在华南贸仲更名为华南国际经济贸易仲裁委员会、上海贸仲更名为上海国际经济贸易仲裁委员会之后（含更名之日）本批复施行之前签订仲裁协议约定将争议提交“中国国际经济贸易仲裁委员会华南分会”或者“中国国际经济贸易仲裁委员会上海分会”仲裁的，中国贸仲对案件享有管辖权。但申请人向华南贸仲或者

上海贸仲申请仲裁，被申请人对华南贸仲或者上海贸仲的管辖权没有提出异议的，当事人在仲裁裁决作出后以华南贸仲或者上海贸仲无权仲裁为由申请撤销或者不予执行仲裁裁决的，人民法院不予支持。

当事人在本批复施行之后（含施行起始之日）签订仲裁协议约定将争议提交“中国国际经济贸易仲裁委员会华南分会”或者“中国国际经济贸易仲裁委员会上海分会”仲裁的，中国贸仲对案件享有管辖权。

二、仲裁案件的申请人向仲裁机构申请仲裁的同时请求仲裁机构对案件的管辖权作出决定，仲裁机构作出确认仲裁协议有效、其对案件享有管辖权的决定后，被申请人在仲裁庭首次开庭前向人民法院提起申请确认仲裁协议效力之诉的，人民法院应予受理并作出裁定。申请人或者仲裁机构根据《最高人民法院关于确认仲裁协议效力几个问题的批复》（法释〔1998〕27号）第三条或者最高人民法院《关于适用〈中华人民共和国仲裁法〉若干问题的解释》（法释〔2006〕7号）第十三条第二款的规定主张人民法院对被申请人的起诉应当不予受理的，人民法院不予支持。

三、本批复施行之前，中国贸仲或者华南贸仲、上海贸仲已经受理的根据本批复第一条规定不应由其受理的案件，当事人在仲裁裁决作出后以仲裁机构无权仲裁为由申请撤销或者不予执行仲裁裁决的，人民法院不予支持。

四、本批复施行之前，中国贸仲或者华南贸仲、上海贸仲受理了同一仲裁案件，当事人在仲裁庭首次开庭前向人民法院申请确认仲裁协议效力的，人民法院应当根据本批复第一条的规定进行审理并作出裁定。

本批复施行之前，中国贸仲或者华南贸仲、上海贸仲受理了同一仲裁案件，当事人并未在仲裁庭首次开庭前向人民法院申请确认仲裁协议效力的，先受理的仲裁机构对案件享有管辖权。

此复。

最高人民法院关于承认和执行外国仲裁裁决收费及审查期限问题的规定

（1998年10月21日　法释〔1998〕28号）

为正确执行我国加入的联合国《承认及执行外国仲裁裁决公约》（以下称纽约公约），现对人民法院依照纽约公约规定，承认和执行外国仲裁裁决收费及审查期限问题作出如下规定：

一、人民法院受理当事人申请承认外国仲裁裁决的，预收人民币500元。

二、人民法院受理当事人申请承认和执行外国仲裁裁决的，应按照《人民法院诉讼收费办法》有关规定，依申请执行的金额或标的价额预收执行费。如人民法院最终决定仅承认而不予执行外国仲裁裁决时，在扣除本规定第一条所列费用后，其余退还申请人。

三、人民法院受理当事人申请承认和执行外国仲裁裁决，不得对承认和执行分别两次收费。对所预收费用的负担，按照《人民法院诉讼收费办法》有关规定执行。

四、当事人依照纽约公约第四条规定的条件申请承认和执行外国仲裁裁决，受理申请的人民法院决定予以承认和执行的，应在受理申请之日起两个月内作出裁定，如无特殊情况，应在裁定后六个月内执行完毕；决定不予承认和执行的，须按最高人民法院法发〔1995〕18 号《关于人民法院处理与涉外仲裁及外国仲裁事项有关问题的通知》的有关规定，在受理申请之日起两个月内上报最高人民法院。

最高人民法院关于香港仲裁裁决在内地执行的有关问题的通知

（2009 年 12 月 30 日　法〔2009〕415 号）

各省、自治区、直辖市高级人民法院，新疆维吾尔自治区高级人民法院生产建设兵团分院：

近期，有关人民法院或者当事人向我院反映，在香港特别行政区做出的临时仲裁裁决、国际商会仲裁院在香港作出的仲裁裁决，当事人可否依据《关于内地与香港特别行政区相互执行仲裁裁决的安排》（以下简称《安排》）在内地申请执行。为了确保人民法院在办理该类案件中正确适用《安排》，统一执法尺度，现就有关问题通知如下：

当事人向人民法院申请执行在香港特别行政区做出的临时仲裁裁决、国际商会仲裁院等国外仲裁机构在香港特别行政区作出的仲裁裁决的，人民法院应当按照《安排》的规定进行审查。不存在《安排》第七条规定的情形的，该仲裁裁决可以在内地得到执行。

特此通知。

最高人民法院关于人民法院处理与涉外仲裁及外国仲裁事项有关问题的通知

（1995年8月28日　法发〔1995〕18号）

各省、自治区、直辖市高级人民法院，解放军军事法院：

为严格执行《中华人民共和国民事诉讼法》以及我国参加的有关国际公约的规定，保障诉讼和仲裁活动依法进行，现决定对人民法院受理具有仲裁协议的涉外经济纠纷案、不予执行涉外仲裁裁决以及拒绝承认和执行外国仲裁裁决等问题建立报告制度。为此，特作如下通知：

一、凡起诉到人民法院的涉外、涉港澳和涉台经济、海事海商纠纷案件，如果当事人在合同中订有仲裁条款或者事后达成仲裁协议，人民法院认为该仲裁条款或者仲裁协议无效、失效或者内容不明确无法执行的，在决定受理一方当事人起诉之前，必须报请本辖区所属高级人民法院进行审查；如果高级人民法院同意受理，应将其审查意见报最高人民法院。在最高人民法院未作答复前，可暂不予受理。

二、凡一方当事人向人民法院申请执行我国涉外仲裁机构裁决，或者向人民法院申请承认和执行外国仲裁机构的裁决，如果人民法院认为我国涉外仲裁机构裁决具有民事诉讼法第二百六十条情形之一的，或者申请承认和执行的外国仲裁裁决不符合我国参加的国际公约的规定或者不符合互惠原则的，在裁定不予执行或者拒绝承认和执行之前，必须报请本辖区所属高级人民法院进行审查；如果高级人民法院同意不予执行或者拒绝承认和执行，应将其审查意见报最高人民法院。待最高人民法院答复后，方可裁定不予执行或者拒绝承认和执行。

最高人民法院《关于人民法院处理与涉外仲裁及外国仲裁事项有关问题的通知》（法发〔1995〕18号）第二条调整为："凡一方当事人向人民法院申请执行我国涉外仲裁机构裁决，或者向人民法院申请承认和执行外国仲裁机构的裁决，如果人民法院认为我国涉外仲裁机构裁决具有民事诉讼法第二百五十八条情形之一的，或者申请承认和执行的外国仲裁裁决不符合我国参加的国际公约的规定或者不符合互惠原则的，在裁定不予执行或者拒绝承认和执行之前，必须报请本辖区所属高级人民法院进行审查；如果高级人民法院同意不予执行或者拒绝承认和执行，应将其审查意见报最高人民法院。待最高人民法院答复后，方可裁定不予执行或者拒绝承认和执行。"

（八）不予执行申请再审的批复

最高人民法院关于当事人因对不予执行仲裁裁决的裁定不服而申请再审人民法院不予受理的批复

（1996年6月26日　法复〔1996〕8号）

四川省高级人民法院：

你院川高法〔1995〕198号《关于当事人认为人民法院对仲裁裁决作出的不予执行的裁定有错误而申请再审，人民法院应否受理的请示》收悉。经研究，答复如下：

依照《中华人民共和国民事诉讼法》第二百一十七条的规定，人民法院对仲裁裁决依法裁定不予执行，当事人不服而申请再审的，没有法律依据，人民法院不予受理。

最高人民法院《关于当事人因对不予执行仲裁裁决的裁定不服而申请再审人民法院不予受理的批复》（法复〔1996〕8号）调整为："依照《中华人民共和国民事诉讼法》第二百一十三条的规定，人民法院对仲裁裁决依法裁定不予执行，当事人不服而申请再审的，没有法律依据，人民法院不予受理。"

最高人民法院关于再审申请人大连蔚蓝天健物流有限公司、大连东展集团有限公司与被申请人TMT散货公司申请承认与执行外国仲裁裁决两案请示的复函

（2013年12月11日　〔2013〕民四他字第71号）

辽宁省高级人民法院：

你院〔2012〕辽民三申字第3、4号《关于再审申请人大连蔚蓝天健物流有限公司、大连东展集团有限公司与被申请人TMT散货公司申请承认与执行外国仲裁裁决两案的请示》收悉。经研究，答复如下：

当事人对人民法院承认及执行外国仲裁裁决的裁定不服而申请再审，没有法律依据，人民法院不予受理。

此复。

八、其他司法解释

最高人民法院关于实施《中华人民共和国仲裁法》几个问题的通知

（1997 年 3 月 26 日　法发〔1997〕4 号）

各省、自治区、直辖市高级人民法院：

现就人民法院实施《中华人民共和国仲裁法》（以下简称《仲裁法》）需要明确的几个问题，通知如下：

一、《仲裁法》施行前当事人依法订立的仲裁协议继续有效，有关当事人向人民法院起诉的，人民法院不予受理，应当告知其向依照《仲裁法》组建的仲裁机构申请仲裁。

当事人双方书面协议放弃仲裁后，一方向人民法院起诉的，人民法院应当依法受理。

二、在仲裁过程中，当事人申请财产保全的，一般案件由被申请人住所地或者财产所在地的基层人民法院作出裁定；属涉外仲裁案件的，依据《中华人民共和国民事诉讼法》第二百五十八条的规定，由被申请人住所地或者财产所在地的中级人民法院作出裁定。有关人民法院对仲裁机构提交的财产保全申请应当认真进行审查，符合法律规定的，即应依法作出财产保全的裁定；如认为不符合法律规定的，应依法裁定驳回申请。

三、对依照《仲裁法》组建的仲裁机构所作出的涉外仲裁裁决，当事人申请执行的，人民法院应当依法受理。

九、案　例

上海金纬机械制造有限公司与瑞士瑞泰克公司仲裁裁决执行复议案

【关键词】

民事诉讼　执行复议　涉外仲裁裁决　执行管辖　申请执行期间起算

【裁判要点】

当事人向我国法院申请执行发生法律效力的涉外仲裁裁决，发现被申请执行人或者其财产在我国领域内的，我国法院即对该案具有执行管辖权。当事人申请法院强制执行的时效期间，应当自发现被申请执行人或者其财产在我国领域内之日起算。

【相关法条】

《中华人民共和国民事诉讼法》第二百三十九条、第二百七十三条

【基本案情】

上海金纬机械制造有限公司（以下简称金纬公司）与瑞士瑞泰克公司（RETECH Aktiengesellschaft，以下简称瑞泰克公司）买卖合同纠纷一案，由中国国际经济贸易仲裁委员会于2006年9月18日作出仲裁裁决。2007年8月27日，金纬公司向瑞士联邦兰茨堡（Lenzburg）法院（以下简称兰茨堡法院）申请承认和执行该仲裁裁决，并提交了由中国中央翻译社翻译、经上海市外事办公室及瑞士驻上海总领事认证的仲裁裁决书翻译件。同年10月25日，兰茨堡法院以金纬公司所提交的仲裁裁决书翻译件不能满足《承认及执行外国仲裁裁决公约》（以下简称《纽约公约》）第四条第二点关于“译文由公设或宣誓之翻译员或外交或领事人员认证”的规定为由，驳回金纬公司申请。其后，金纬公司又先后两次向兰茨堡法院递交了分别由瑞士当地翻译机构翻译的仲裁裁决书译件和由上海上外翻译公司翻译、上海市外事办公室、瑞士驻上海总领事认证的仲裁裁决书翻译件以申请执行，仍被该法院分别于2009年3月17日和2010年8月31日，以仲裁裁决书翻译文件没有严格意义上符合《纽约公约》第四条第二点的规定为由，驳回申请。

2008年7月30日，金纬公司发现瑞泰克公司有一批机器设备正在上海市浦东新区展览，遂于当日向上海市第一中级人民法院（以下简称上海一中院）申请执行。上海一中院于同日立案执行并查封、扣押了瑞泰克公司参展机器设备。瑞泰克公司

遂以金纬公司申请执行已超过《中华人民共和国民事诉讼法》(以下简称《民事诉讼法》)规定的期限为由提出异议,要求上海一中院不受理该案,并解除查封,停止执行。

【裁判结果】

上海市第一中级人民法院于2008年11月17日作出〔2008〕沪一中执字第640-1民事裁定,驳回瑞泰克公司的异议。裁定送达后,瑞泰克公司向上海市高级人民法院申请执行复议。2011年12月20日,上海市高级人民法院作出(2009)沪高执复议字第2号执行裁定,驳回复议申请。

【裁判理由】

法院生效裁判认为:本案争议焦点是我国法院对该案是否具有管辖权以及申请执行期间应当从何时开始起算。

一、关于我国法院的执行管辖权问题

根据《民事诉讼法》的规定,我国涉外仲裁机构作出的仲裁裁决,如果被执行人或者其财产不在中华人民共和国领域内的,应当由当事人直接向有管辖权的外国法院申请承认和执行。鉴于本案所涉仲裁裁决生效时,被执行人瑞泰克公司及其财产均不在我国领域内,因此,人民法院在该仲裁裁决生效当时,对裁决的执行没有管辖权。

2008年7月30日,金纬公司发现被执行人瑞泰克公司有财产正在上海市参展。此时,被申请执行人瑞泰克公司有财产在中华人民共和国领域内的事实,使我国法院产生了对本案的执行管辖权。申请执行人依据《民事诉讼法》"一方当事人不履行仲裁裁决的,对方当事人可以向被申请人住所地或者财产所在地的中级人民法院申请执行"的规定,基于被执行人不履行仲裁裁决义务的事实,行使民事强制执行请求权,向上海一中院申请执行。这符合我国《民事诉讼法》有关人民法院管辖涉外仲裁裁决执行案件所应当具备的要求,上海一中院对该执行申请有管辖权。

考虑到《纽约公约》规定的原则是,只要仲裁裁决符合公约规定的基本条件,就允许在任何缔约国得到承认和执行。《纽约公约》的目的在于便利仲裁裁决在各缔约国得到顺利执行,因此并不禁止当事人向多个公约成员国申请相关仲裁裁决的承认与执行。被执行人一方可以通过举证已经履行了仲裁裁决义务进行抗辩,向执行地法院提交已经清偿债务数额的证据,这样即可防止被执行人被强制重复履行或者超标的履行的问题。因此,人民法院对该案行使执行管辖权,符合《纽约公约》规定的精神,也不会造成被执行人重复履行生效仲裁裁决义务的问题。

二、关于本案申请执行期间起算问题

依照《民事诉讼法》(2007年修正)第二百一十五条的规定:"申请执行的期间为二年。""前款规定的期间,从法律文书规定履行期间的最后一日起计算;法律文书规定分期履行的,从规定的每次履行期间的最后一日起计算;法律文书未规定履行期间的,从法律文书生效之日起计算。”鉴于我国法律有关申请执行期间起算,是针对生效法律文书作出时,被执行人或者其财产在我国领域内的一般情况作出的规定;而本案的具体情况是,仲裁裁决生效当时,我国法院对该案并没有执行管辖权,当事人依法向外国法院申请承认和执行该裁决而未能得到执行,不存在怠于行使申请执行权的问题;被执行人一直拒绝履行裁决所确定的法律义务;申请执行人在发现被执行人有财产在我国领域内之后,即向人民法院申请执行。考虑到这类情况下,外国被执行人或者其财产何时会再次进入我国领域内,具有较大的不确定性,因此,应当合理确定申请执行期间起算点,才能公平保护申请执行人的合法权益。

鉴于债权人取得有给付内容的生效法律文书后,如债务人未履行生效文书所确定的义务,债权人即可申请法院行使强制执行权,实现其实体法上的请求权,此项权利即为民事强制执行请求权。民事强制执行请求权的存在依赖于实体权利,取得依赖于执行根据,行使依赖于执行管辖权。执行管辖权是民事强制执行请求权的基础和前提。在司法实践中,人民法院的执行管辖权与当事人的民事强制执行请求权不能是抽象或不确定的,而应是具体且可操作的。义务人瑞泰克公司未履行裁决所确定的义务时,权利人金纬公司即拥有了民事强制执行请求权,但是,根据《民事诉讼法》的规定,对于涉外仲裁机构作出的仲裁申请执行,如果被执行人或者其财产不在中华人民共和国领域内,应当由当事人直接向有管辖权的外国法院申请承认和执行。此时,因被执行人或者其财产不在我国领域内,我国法院对该案没有执行管辖权,申请执行人金纬公司并非其主观上不愿或怠于行使权利,而是由于客观上纠纷本身没有产生人民法院执行管辖连接点,导致其无法向人民法院申请执行。人民法院在受理强制执行申请后,应当审查申请是否在法律规定的时效期间内提出。具有执行管辖权是人民法院审查申请执行人相关申请的必要前提,因此应当自执行管辖确定之日,即发现被执行人可供执行财产之日,开始计算申请执行人的申请执行期限。

中国银行等五家银行与奥林匹克饭店有限公司仲裁裁决执行案

申请执行人:中国银行、中国银行东京分行、日本樱花银行、日本第一劝业银行香港分行、日本三井信托银行。

被执行人:奥林匹克饭店有限公司。

被执行人奥林匹克饭店有限公司是中国体育服务公司与香港嘉兴(中国)投资有限公司合资设立的法人。该公司为兴建奥林匹克饭店,曾于1987年3月20日与申执行人中国银行、中国银行东京分行、日本樱花银行、日本第一劝业银行香港分行、日本三井信托银行等5家银行组成的银团签订贷款协议,约定中国银行等5家银行组成的银团签订贷款协议,约定中国银行等5家银行向奥林匹克饭店有限公司发放50亿日元的贷款;同时还签订了"抵押协议",约定将奥林匹克饭店作为贷款的抵押物以及贷款方提供贷款额度的先决条件之一。中国银行等5家银行已经按照贷款协议的约定履行了全部放款义务,但是奥林匹克饭店有限公司没有按时偿还到期贷款本息。双方当事人就如何履行"抵押协议"发生争议,因协商未成,中国银行等5家银行遂依据"抵押协议"中的仲裁条款向中国国际经济贸易仲裁委员会申请仲裁。

中国国际经济贸易仲裁委员会裁决:1. 申请人中国银行等5家银行与被申请人奥林匹克饭店有限公司于1987年3月20日签订的"抵押协议"有效;2. 申请人有权按照有关法律的规定,对协议规定的担保权益实行处分,用处分担保权益所得的款项偿付被申请人截至1994年9月20日应付申请人的款项总计57.18亿余日元和上述金额自1994年9月20日至实际支付日止按申请人与被申请人于1987年3月20日签订的"贷款协议"中所确定的利率支付利息;3. 被申请人应付申请人律师费及保全费合计人民币32.99万余元;4. 本案仲裁费18.58万余美元和人民币97.15万余元,应由被申请人承担。

仲裁裁决生效后,由于被执行人奥林匹克饭店有限公司未履行裁决内容,申请执行人中国银行等5家银行遂依照《中华人民共和国民事诉讼法》第二百一十七条第一款的规定,向北京市第一中级人民法院申请执行,请求法院准许其接管奥林匹克饭店,实现经仲裁裁决认定的有效"担保权益",以便用处分"担保权益"所得款项偿付被执行人所欠的本金和利息。

北京市第一中级人民法院经审查认为:仲裁裁决中的所谓"处分担保权益",就是要实现抵押物权,因此强制执行的内容应当是将作为抵押物的奥林匹克饭店的动产、不动产全部交付给申请执行人。该院为了在执行中不影响饭店的正常经营,又能顺利地完成饭店财产的清点核实工作,保证饭店移交,决定采用"托管方式"执行。即委托北京六合兴饭店管理公司进驻奥林匹克饭店,在指定期间内完成核查饭店资产的工作,并代为经营管理。

1998年11月18日,北京市第一中级人民法院根据六合兴饭店管理公司的报告,认定核查工作已经完成,遂将奥林匹克饭店的全部资产正式移交给申请执行人中国银行等5家银行。至此,这起标的巨大的申请执行案执行终结。

最高人民法院公布12起涉民生执行典型案例之六：安徽现在彩色印务有限公司拒不执行仲裁法律文书案

——被执行人逃避执行，其法定代表人王明峰被法院移送公安机关协查，被采取拘留措施后全部履行到位

(一)基本案情

安徽现在彩色印务有限公司是安徽省合肥市长丰县双凤经济开发区内一家从事包装品印刷的企业，因种种原因，自2014年9月开始拖欠工人工资，涉及工人150多人，累计金额达100余万元。2015年初，徐传翠等80人向长丰县劳动人事争议仲裁委员会申请劳动仲裁。仲裁委员会经审理后作出了仲裁调解书，确认应支付上述80人的工资合计50余万元。仲裁法律文书生效后，徐传翠等80人分别向安徽省合肥市长丰县人民法院申请强制执行。

长丰县人民法院立案执行后，执行人员发现，企业大门紧闭，一片萧条，已停产多日，生产设备已被合肥市瑶海区人民法院等多家法院查封。通过进一步查询发现，该公司无房产、土地及银行存款等可供执行的财产，法定代表人王明峰去向不明，案件执行陷入困境。

随后，执行人员根据申请执行人提供的该公司日常工作负责人王某的电话，多次依法、依情、依理与其进行沟通，但王某始终没有提出具体的解决措施或方案，也没有提供法定代表人王明峰的去向，案件没有实质性进展。在此情况下，执行法院将该案移送公安机关，请求协查王明峰的下落。公安机关依法对王明峰进行网上协查。后王明峰在合肥的某浴场出现，公安机关及时将其控制并移交至执行法院。在强大的法律威慑下，安徽现在彩色印务有限公司将拖欠一年之久的工资如数交到法院。

(二)典型意义

本案被执行人采取逃避的方式拒不履行生效法律文书确定的义务，致使80名工人的工资难以兑现。在多次执行无果的情况下，执行法院请求公安机关协查法定代表人下落，由此打开了整个案件的突破口。公安机关充分利用网络平台优势，及时发布协查信息，迅速对被执行单位法定代表人进行了定位和控制。慑于法律威严，被执行人最终支付了拖欠的工资。实践证明，执行联动机制对解决执行难问题具有重要意义，人民法院应当积极借助公安机关力量，通过网上协查等方式迅速找到被执行人或被执行人法定代表人。

最高人民法院为"一带一路"建设提供司法服务和保障的典型案例之六：浙江逸盛石化有限公司与卢森堡英威达技术有限公司申请确认仲裁条款效力案

一、基本案情

逸盛公司与英威达公司于 2003 年 4 月 28 日及 6 月 15 日分别签署了两份技术许可协议，约定："有关争议、纠纷或诉求应当提交仲裁解决；仲裁应在中国北京中国国际经济贸易仲裁中心（CIETAC）进行，并适用现行有效的《联合国国际贸易法委员会仲裁规则》"（以上约定的原文为英文，即"The arbitration shall take place at China International Economic Trade Arbitration Centre (CIETAC), Beijing, P. R. China and shall be settled according to the UNCITRAL Arbitration Rules as at present in force"）。2012 年 7 月 11 日，英威达公司向中国国际经济贸易仲裁委员会提出仲裁申请。2012 年 10 月 29 日，逸盛公司以双方约定的仲裁本质上属于我国仲裁法不允许的临时仲裁为由，向宁波市中级人民法院申请确认仲裁条款无效。

二、裁判结果

宁波市中级人民法院经逐级报请最高人民法院审查后，于 2014 年 3 月 17 日作出终审裁定，认为：当事人在仲裁条款中虽然使用了"take place at"的表述，此后的词组一般被理解为地点，然而按照有利于实现当事人仲裁意愿目的解释的方法，可以理解为也包括了对仲裁机构的约定。虽然当事人约定的仲裁机构中文名称不准确，但从英文简称 CIETAC 可以推定当事人选定的仲裁机构是在北京的中国国际经济贸易仲裁委员会。本案所涉仲裁条款不违反我国仲裁法的规定，裁定驳回逸盛公司请求确认仲裁条款无效的诉请。

三、典型意义

该案首次认可当事人约定由中国的常设仲裁机构依据《联合国国际贸易法委员会仲裁规则》管理仲裁程序的条款效力，并明确该条款约定的是机构仲裁，而非临时仲裁。该案对当事人理解存在分歧的合同用词，采取了有利于实现当事人仲裁意愿的目的解释方法，在仲裁条款未明确限定仲裁机构特定职能的情形下，认定当事人关于常设机构适用另一仲裁规则的约定应理解为该机构依仲裁规则管理整个仲裁程序。本案对于推动多元化纠纷解决机制建设、支持仲裁国际化、提升仲裁公信力，具有典型示范意义。

淄博东源实业总公司与山东圣发置业有限公司合作建房纠纷仲裁执行案裁定书

申诉人(申请执行人):淄博东源实业总公司。

法定代表人:耿庆睦,该公司董事长。

被执行人:山东圣发置业有限公司。

法定代表人:张恪,该公司董事长。

淄博东源实业总公司(以下简称东源公司)因其申请执行山东圣发置业有限公司(以下简称圣发公司)合作建房纠纷仲裁一案,不服山东省高级人民法院(以下简称山东高院)〔2011〕鲁执复议字第49号执行裁定书,向本院申诉。本院依法组成合议庭进行审查,现已审查终结。

东源公司与圣发公司合作建房纠纷仲裁一案,淄博仲裁委员会(以下简称淄博仲裁委)于2009年11月26日作出〔2009〕淄仲裁字第79号裁决书(以下简称79号裁决)。裁决书生效后,东源公司依法向淄博市中级人民法院(以下简称淄博中院)申请强制执行。淄博中院2010年4月15日立案执行。

同年5月12日圣发公司向淄博中院提出不予执行申请,主要理由为:一、淄博仲裁委在调解不成即将裁决的情况下,时隔4个月又受理东源公司的变更仲裁请求,仲裁程序违法;二、79号裁决认定事实的主要证据不足;三、79号裁决适用法律有误。

淄博市中级人民法院经审查认为,东源公司在裁决未作出前,变更仲裁请求,淄博仲裁委重新进行庭审,符合法律规定,程序合法;仲裁庭在审理过程中对证据的真实性、有效性、合理性进行了核实,采信东源公司单方提交的证据作为定案依据并无不当,不构成认定事实的主要证据不足;仲裁庭根据公平原则,酌定经济损失的计算方式和裁决解除有关地块的合同,属于仲裁庭自由裁量范围,符合法律规定。据此于2010年10月29日作出〔2010〕淄仲执异字第76号执行裁定(以下简称76号裁定),驳回圣发公司不予执行申请。

圣发公司不服该裁定,向山东省高级人民法院申请复议,请求撤销淄博中院76号裁定,并裁定对79号裁决书不予执行。主要理由为:一、东源公司2009年4月28日提出仲裁申请,仲裁庭审理时间长达7个月,超过《淄博仲裁委员会仲裁规则》(以下简称仲裁规则)规定的3个月审理期限;二、淄博中院76号裁定对"裁决认定事实依据的证据问题"的认定和说理明显错误;三、淄博中院76号裁定对"裁决适用法律错误问题"的认定与法律相悖。在复议审查期间,圣发公司补充提出,淄博仲裁委依据已废止的2006年仲裁规则作出仲裁裁决,适用法律严重错误。

山东省高级人民法院查明：一、79号仲裁卷宗第011页《仲裁受理通知》第一项内容为“仲裁规则的适用”，写明“本案仲裁程序适用自2006年5月1日起施行的《淄博仲裁委员会仲裁规则》。”二、2008年11月5日第四届淄博仲裁委第一次会议修订的仲裁规则第六十五条规定：“本规则自2008年12月1日起施行，2006年5月1日起施行的《淄博仲裁委员会仲裁规则》同时废止。本规则施行前受理的案件，适用受理时施行的仲裁规则。双方当事人协商一致且本会同意的，可以适用本规则。”三、东源公司2009年4月30日向淄博仲裁委提交仲裁申请，淄博仲裁委受理并向其送达《仲裁受理通知》。淄博仲裁委分别于2009年5月14日、6月19日、11月19日进行了三次开庭。

山东省高级人民法院经审查认为：淄博仲裁委2009年4月30日受理本案，其审理程序应当依据淄博仲裁委2008年12月1日起施行的仲裁规则，在本案中适用已经废止的2006年5月1日起施行的仲裁规则，显然错误。另，依据2008年12月1日起施行的《仲裁规则》第四十四条规定，仲裁庭应当自开庭之日起3个月内作出裁决，有特殊情况需要延长的，经提请主任批准可以适当延长。本案从组庭到作出裁决长达6个多月，期间历经三次开庭，延长期限没有证据证明仲裁庭提请主任批准。综上，本案仲裁裁决符合《中华人民共和国民事诉讼法》第二百一十三条第二款第（三）项规定的不予执行情形，即仲裁程序违反法定程序，应依法裁定不予执行。因仲裁程序不当，关于申请复议人的其他复议请求无需再行审查。据此，山东高院2011年10月24日作出（2011）鲁执复议字第49号执行裁定（以下简称49号裁定），撤销淄博中院76号裁定，并裁定79号裁决书不予执行。

东源公司不服山东高院49号裁定，向本院申诉，主要理由如下：一、关于淄博仲裁委适用已废止的2006年仲裁规则问题。淄博仲裁委受理本案后向东源公司送达了《仲裁受理通知》，向圣发公司送达了《仲裁答辩通知》，同时向双方送达了2008年《仲裁规则》和2008年《淄博仲裁委员会仲裁员名册》，并未适用已经作废的2006年《仲裁规则》进行仲裁，仅在《仲裁受理通知》上出现了适用2006年《仲裁规则》的笔误，该笔误对仲裁公正尚不构成实质性影响，自2006年5月至2011年10月淄博仲裁委所有立案《仲裁受理通知》上均有适用2006年5月仲裁规则的笔误，直到山东高院49号裁定送达后，淄博仲裁委才更正了电脑文书使用的笔误；二、49号裁定认为本案仲裁延期审理过程违反法定程序，缺乏证据证明，淄博仲裁委出具了新的证据，证实仲裁员严格遵守淄博仲裁委有关仲裁规则的程序，履行了延期审理的审批手续；三、山东省高级人民法院复议期间，未向东源公司发出立案通知，也未对认定事实的主要证据组织听证，以书面审形式，剥夺了东源公司的知情权、参与权和质证权；四、本案涉及东源公司城镇集体企业用于自保养老的集体资产，涉及公共利益和社会稳定，圣发公司与其签订合作建房合同后，非法经营房地产，扰乱了房地产开发的经济秩序，侵害了东源公司所属退养职工的利益，仲裁裁决作出后，因圣发公司的无理缠诉，致使该裁决三年得不到执行，仅因为《仲裁受理通知》上的笔误，即被山东省高级人民法院裁定不予执行，造成巨大损失。

关于本案的仲裁程序问题，淄博仲裁委向本院作出如下情况说明：一、关于适用仲裁规则的问题。该会目前适用的仲裁规则，是经 2008 年 11 月 5 日第四届淄博仲裁委一次会议修订，自 2008 年 12 月 1 日起施行，此日后向仲裁当事人送达的均为 2008 年仲裁规则单行本，整个仲裁程序也是严格按该规则进行，本案《仲裁受理通知》中出现的“适用自 2006 年 5 月 1 日起施行的《淄博仲裁委员会仲裁规则》”的问题，是由于工作人员疏忽，修订仲裁规则后未及时升级电脑程序，由立案电脑自动生成所致，该笔误不应成为“仲裁的程序违反法定程序，应依法裁定不予执行”的理由；二、关于延长审理期限的问题。79 号裁决是严格按照仲裁规则规定的期限作出的，该案 2009 年 6 月 10 日重新组庭，依仲裁规则审限日期到 2009 年 9 月 10 日止，2009 年 9 月 7 日仲裁庭提出“案情复杂涉及群众上访，申请延期三个月”，并填写了“案件延期呈报表”，同日得到本会主任的批准。依据《淄博仲裁委员会办公室仲裁业务档案管理办法》的规定，案卷归档时，案件的延期呈报表与仲裁庭评议笔录等，均装订在副卷中，淄博市中级人民法院只调取了该案正卷，山东高院也一直未查阅过该案副卷，审理期限不存在违反法定程序的情形；三、圣发公司放弃了对仲裁程序提出异议的权利，在仲裁过程中，从未提出仲裁违反法定程序的问题，2009 年 11 月 19 日仲裁庭最后一次开庭庭审时，首席仲裁员询问“双方对经过的仲裁程序有无异议？”双方均回答无异议，在卷宗中有明确记载，2008 年《仲裁规则》第四条规定“当事人知道或理应知道本规则或仲裁协议中规定的任何条款或条件未被遵守，但仍参加或继续参加仲裁程序且未对上述不遵守情况及时提出书面异议的，视为其放弃提出异议的权利”，据此，应视为圣发公司已放弃对仲裁程序的异议权，其不予执行仲裁裁决的请求应不予支持。

本院审查认为：一、山东省高级人民法院对于本案仲裁程序实质上是否适用了已废止的 2006 年仲裁规则并未调查核实，仅依据《仲裁受理通知》表述的“本案仲裁程序适用自 2006 年 5 月 1 日起施行的《淄博仲裁委员会仲裁规则》”，即认定本案仲裁适用了已废止的 2006 年《仲裁规则》，显属不当。同时，对适用 2006 年《仲裁规则》或 2008 年《仲裁规则》在本案仲裁程序方面是否存在实质差别、是否实质影响当事人程序权利问题，亦未作审查认定。若适用 2006 年《仲裁规则》与适用 2008 年《仲裁规则》在本案的具体仲裁程序上并无实质差别，或者对当事人程序权利并无实质影响，则不应以仲裁违反法定程序为由裁定不予执行；二、山东省高级人民法院对于延长仲裁审理期限是否经过审批程序问题，未向淄博仲裁委调查核实，且延长审理期限的相关审批程序是仲裁机构应遵循的内部规则，并非当事人可以主张的程序权利,是否经过审批不影响仲裁程序和结果的正当性,故不应以其作为仲裁违反法定程序而不予执行的事由。

综上,山东省高级人民法院49号裁定认定本案仲裁程序违反法定程序并裁定仲裁裁决不予执行,事实不清,证据不足,同时存在对法律条文的不当理解,应予撤销。山东高院应遵照本院裁定意见,就圣发公司提出的全部复议理由,进行重新审查。依据《最高人民法院〈关于执行工作若干问题的规定(试行)〉》第129条之规定,裁定如下:

撤销山东省高级人民法院(2011)鲁执复议字第49号执行裁定书。

本裁定送达后立即生效。

振昌实业(深圳)有限公司申请撤销深圳仲裁委员会作出的(2006)深仲裁字第855号裁决书案再审民事裁定书

再审申请人:振昌实业(深圳)有限公司。住所地,广东省深圳市宝安区福水镇福江开发区。

法定代表人:陈树开,该公司董事长。

委托代理人:李静,广东中汉律师事务所律师。

委托代理人:曾擎丰。

代表人:杨帆,该公司副总经理。

委托代理人:万秋琴,北京市中伦律师事务所律师。

委托代理人:张文,北京市中伦律师事务所深圳分所律师。

振昌实业(深圳)有限公司(以下简称振昌公司)因申请撤销深圳仲裁委员会作出的(2006)深仲裁字第855号裁决书一案,不服广东省深圳市中级人民法院(以下简称深圳中院)作出的〔2007〕深中法民五再字第144号民事裁定和广东省高级人民法院(以下简称广东高院)作出的〔2009〕粤高法审监民提字第2号民事裁定,向本院申请再审。本院依法组成合议庭审查了本案,现已审查终结。

振昌公司向本院申请再审称:(一)深圳中院依职权对振昌公司与汕头市建安实业(集团)有限公司深圳分公司(以下简称汕头建安公司)申请撤销仲裁裁决一案提起再审是错误的,违反程序的,故广东高院应撤销〔2007〕深中法民五再字第144号民事裁定,并对其错误作出纠正。(二)〔2007〕深中法民五再字第144号民事裁定被撤销后,应当维持〔2006〕深中法民五初字第207号民事裁定。广东高院认为"振昌公司以相同的事实和理由先后申请不予执行仲裁裁决和申请撤销仲裁裁决,深圳中院先后作出了两个已生效的,认定事实相互矛盾的民事裁定,依法应予以纠正。故深圳中院主动提起再审,并以〔2007〕深中法民五再字第 144 号民事裁定撤销其中错误的民事裁定,符合法律规定”。申诉人振昌公司认为这种观点是错误的。综上所述,请求撤销广东高院〔2009〕粤高法审监民提字第 2 号民事裁定和深圳中院〔2007〕深中法民五再字第 144 号民事裁定,维持深圳中院〔2006〕深中法民五初字第 207 号民事裁定。

汕头建安公司答辩称:(一)振昌公司不符合申请再审的条件,应不予立案。(二)深圳中院对〔2006〕深中法民五初字第 207 号民事裁定进行再审符合法律规定。(三)〔2006〕深中法民五初字第 207 号民事裁定确有错误,应当被撤销。(四)广东高院适用法律并无不当,其作出的再审裁定正确。(五)振昌公司再审申请使本案陷入无限再审的困境,不利于社会的和谐稳定。综上,请求对本案不予立案,裁定驳回振昌公司的再审申请。

本院查明:振昌公司与汕头建安公司建设工程施工合同纠纷一案经深圳仲裁委员会作出〔2006〕深仲裁字第 855 号裁决后,由于振昌公司未履行裁决书确定的义务,汕头建安公司向深圳中院申请强制执行。案件执行过程中,振昌公司向深圳中院申请不予执行。深圳中院经审查于 2006 年 10 月 25 日作出〔2006〕深中法执字 788 号 -(06)审 64 号民事裁定,驳回了振昌公司不予执行仲裁裁决的申请。振昌公司在向深圳中院申请不予执行仲裁裁决后,又以相同理由于 2006 年 10 月 23 日向深圳中院申请撤销该仲裁裁决书中的第 2、3、4、5、6、7、8、9 项裁决。深圳中院于 2006 年 11 月 27 日作出〔2006〕深中法民五初字第 207 号民事裁定,撤销深圳仲裁委员会〔2006〕深仲裁字第 855 号裁决。后,深圳中院于 2007 年 9 月 20 日经审判委员会讨论决定,对该院〔2006〕深中法民五初字第 207 号案进行再审,经审理深圳中院作出〔2007〕深中法民五再字第 144 号民事裁定,撤销了该院〔2006〕深中法民五初字第 207 号民事裁定。振昌公司不服深圳中院〔2007〕深中法民五再字第 144 号民事裁定,向广东高院申请再审。广东高院于 2008 年 11 月 19 日作出〔2007〕粤高法立民申字第 1184 号民事裁定,决定由该院提审本案。广东高院经审理,于 2010 年 12 月 17 日作出〔2009〕粤高法审监民提字第 2 号民事裁定:驳回振昌公司的再审申请。

本院经审查认为:振昌公司向本院申请再审,请求撤销广东高院〔2009〕粤高法审监民提字第 2 号民事裁定和深圳中院〔2007〕深中法民五再字第 144 号民事裁定,维持深圳中院〔2006〕深中法民五初字第 207 号民事裁定,其实质是对人民法院驳回其申请撤销仲裁裁决的裁定不服而申请再审。根据本院法释〔2004〕9 号《最高人民法院关于当事人对驳回其申请撤销仲裁裁决的裁定不服而申请再审,人民法院不予受理问题的批复》的规定,当事人对人民法院驳回其申请撤销仲裁裁决的裁定不服而申请再审的,人民法院不予受理。振昌公司向本院申请再审缺乏法律依据,对其再审申请应不予受理，予以驳回。本院依照《中华人民共和国民事诉讼法》第一百八十一条第一款之规定，裁定如下：

驳回振昌实业（深圳）有限公司的再审申请。

北京朝来新生体育休闲有限公司申请承认和执行外国仲裁裁决案

申请人：北京朝来新生体育休闲有限公司

被申请人：北京所望之信投资咨询有限公司

【基本案情】

北京朝来新生体育休闲有限公司（以下简称朝来新生公司）是在北京市工商行政管理局朝阳分局注册成立的有限责任公司（自然人独资）；北京所望之信投资咨询有限公司（以下简称所望之信公司）是在北京市工商行政管理局注册成立的有限责任公司（外国自然人独资），股东（发起人）安秉柱，大韩民国公民。2007年7月20日，朝来新生公司（甲方）与所望之信公司（乙方）签订《合同书》约定，甲、乙双方合作经营甲方现有的位于北京市朝阳区的高尔夫球场，并就朝来新生公司的股权比例、投资金额等相关事宜达成协议。合同中写明签订地在中国北京市。合同中还约定：如发生纠纷时，甲乙双方首先应进行友好协商，达成协议，对于不能达成协议的部分可以向大韩商事仲裁院提出诉讼进行仲裁，仲裁结果对于甲乙双方具有同等法律约束力。

合同签订后，双方开始合作经营，在经营过程中高尔夫球场土地租赁合同解除，土地被收回。因土地租赁合同解除，高尔夫球场获得补偿款1800万元，朝来新生公司与所望之信公司因土地补偿款的分配问题发生纠纷。为此，所望之信公司于2012年4月2日向大韩商事仲裁院提起仲裁，请求朝来新生公司支付所望之信公司土地补偿款248万元。朝来新生公司提起反请求，要求所望之信公司给付朝来新生公司土地补偿款1100万元及利息。

大韩商事仲裁院依据双方约定的仲裁条款受理了所望之信公司的仲裁申请及朝来新生公司反请求申请，适用中华人民共和国法律作为准据法，于2013年5月29日作出仲裁裁决，裁决：1. 所望之信公司给付朝来新生公司中华人民共和国货币1000万元整及利息；2. 所望之信公司及朝来新生公司其余之请求驳回。裁决作出后，朝来新生公司于2013年6月17日向北京市第二中级人民法院提出申请，请求法院承认上述仲裁裁决。

【审理结果】

北京市第二中级人民法院于2014年1月20日作出〔2013〕二中民特字第10670号民事裁定书,驳回朝来新生公司要求承认大韩商事仲裁院仲裁裁决的申请。

【裁判理由】

法院生效裁判认为:我国及大韩民国均为加入1958年联合国《承认及执行外国仲裁裁决公约》的国家,现朝来新生公司申请承认大韩民国大韩商事仲裁院作出的仲裁裁决,应依据《承认及执行外国仲裁裁决公约》第二条、第五条的相关规定审理本案。

根据《中华人民共和国民事诉讼法》和《中华人民共和国仲裁法》的规定,涉外经济贸易、运输、海事中发生的纠纷,当事人可以通过订立合同中的仲裁条款或者事后达成的书面仲裁协议,提交我国仲裁机构或者其他仲裁机构仲裁。但法律并未允许国内当事人将其不具有涉外因素的争议提请外国仲裁。

《最高人民法院〈中华人民共和国民事诉讼法〉若干问题的意见》第304条"当事人一方或者双方是外国人、无国籍人、外国企业或者组织,或者当事人之间民事法律关系的设立、变更、终止的法律事实发生在外国,或者诉讼标的在外国的民事案件,为涉外民事案件。"

《中华人民共和国外资企业法》第二条"本法所称的外资企业是指依照中国有关法律在中国境内设立的全部资本由外国投资者投资的企业,不包括外国的企业和其他经济组织在中国境内的分支机构。"第八条"外资企业符合中国法律关于法人条件的规定的,依法取得中国法人资格。"所望之信公司是在中华人民共和国境内注册成立的由外国自然人独资成立的有限责任公司,根据前述规定,所望之信公司系中国法人。

本案中朝来新生公司与所望之信公司均为中国法人,双方签订的《合同书》,是双方为在中华人民共和国境内经营高尔夫球场设立的合同,转让的系中国法人的股权。双方之间的民事法律关系的设立、变更、终止的法律事实发生在我国境内、诉讼标的亦在我国境内,不具有涉外因素,故不属于我国法律规定的涉外案件。因此,《合同书》中关于如发生纠纷可以向大韩商事仲裁院提出诉讼进行仲裁的约定违反了《中华人民共和国民事诉讼法》、《中华人民共和国仲裁法》的相关规定,该仲裁条款无效。

因大韩商事仲裁院于2013年5月29日作出的仲裁裁决所适用的准据法为中华人民共和国的法律,依据中华人民共和国法律,《合同书》中的仲裁条款为无效条款,故大韩商事仲裁院受理本案所涉仲裁案件所依据的仲裁条款无效。根据《承认及执行外国仲裁裁决公约》第五条第一款(甲)项、第五条第二款(乙)项之规定,该裁决不予承认。

广东省第一建筑工程公司深圳公司与深圳顺通车辆检测服务有限公司建筑合同纠纷申请执行仲裁裁决案

一、案件的当事人情况和基本案情

申请执行人：广东省第一建筑工程公司深圳公司(以下简称广东省一建)。

被执行人：深圳顺通车辆检测服务有限公司(以下简称顺通公司)。

广东省一建与顺通公司因建筑合同纠纷向深圳市仲裁委员会申请仲裁，顺通公司提出反请求。2001年1月5日，深圳仲裁委员会作出(2000)深仲裁字第285号裁决书。裁决书的裁项为：顺通公司向广东省一建支付拖欠的工程款4,524,087.34元、技术措施费225,000元、违约金2,500,000元、水电安装费275.000元，驳回顺通公司的反请求。

顺通公司以施工合同无效和仲裁庭违反仲裁规则为由向深圳中院申请撤销仲裁裁决。深圳中院经审查认为申请撤销仲裁的理由不成立，于2001年5月24日以(2001)深中法经初字第229号民事裁定驳回顺通公司的申请。

广东省一建向深圳中院申请执行，顺通公司向深圳中院申请不予执行。深圳中院执行局经审查作出(2001)深中法执字第596号民事裁定认为：该案系双方当事人因履行建筑工程合同产生的纠纷，已建工程造价的结论显然是认定事实的主要证据。中国建设银行深圳市分行建经咨询处(以下简称咨询处)编制的结算书虽然是受顺通公司委托，但并不表明顺通公司必须认可该结论。深圳仲裁委员会明知此证据存在重大争议，未依法另行指定其他机构重新核定，而以存在争议的结算书为依据，认定顺通公司所欠工程款的数额，裁定认定事实的主要证据显然不足，故申请人顺通公司申请不予执行的理由成立，应予支持，裁定仲裁裁决不予执行。

广东省一建不服深圳中院〔2001〕深中法执字第596号不予执行民事裁定，请求广东高院监督。广东高院经审查认为：顺通公司委托咨询处核算工程款，核算的项目和资料系其向咨询处提供。顺通公司不认可咨询处结算的工程款数额，但未举出证据证明结算有错误之处。在仲裁庭的仲裁过程中，仲裁一方对工程结算结论不认可，并不表示仲裁庭不能依据此作为裁决的依据，对经合法委托后作出的结算结论。如果一方不认可却又不能提供相应的证据证明其有误，仲裁庭便不能裁决，则争议永远不能解决。在此情况下，仲裁庭作出认可咨询处的结算结论作为支付工程款依据的裁决，是对证据规则进行适用，并无不当之处，深圳中院以“证据不足”为由裁定不予执行不当，应予纠正，通知深圳中院自行纠正其错误裁定。

二、深圳中院请示的问题

深圳中院收到广东高院发出的自行纠错的通知后，向广东高院提交了《关于撤销不予执行仲裁裁决民事裁定适用何程序的报告》。在报告中,深圳中院提出,《中华人民共和国民事诉讼法》第一百七十七条规定:“各级人民法院院长对本院已经发生法律效力的判决、裁定,发现确有错误的,应当书面通知下级法院暂缓执行,并按照审判监督程序处理”。最高人民法院《关于人民法院执行工作若干问题的规定(试行)》(以下简称《执行规定》)第一百三十三条规定:“上级法院在监督、指导、协调下级法院执行案件中,发现据以执行的生效法律文书确有错误的,应当书面通知下级法院暂缓执行,并按照审判监督程序处理”。已经发生法律效力的民事裁定出现错误应按照审判监督程序处理。而最高人民法院《关于当事人因对不予执行仲裁裁决的裁定不服而申请再审人民法院不予受理的批复》中规定:“人民法院对仲裁裁决依法裁定不予执行,当事人不服而申请再审的,没有法律依据,人民法院不予受理”。因此,由于不予执行仲裁裁决的不能进行再审,该裁决一裁终局;且法律也规定了相应的救济途径,当事人可以通过重新仲裁或起诉维护自己的权利,而不能再以监督的程序撤销不予执行仲裁裁决的裁定。另,顺通公司以建筑工程合同纠纷起诉广东省一建,请求赔偿工程损失及偿还已垫付的工程水电费、电话费等,所以广东省一建可以在已启动的诉讼程序中主张权利。

三、广东高院执行局对深圳中院请示的处理意见

广东高院合议后一致认为:最高人民法院发布了法复〔1996〕8 号《关于当事人因对不予执行仲裁裁决的裁定不服而申请再审人民法院不予受理的批复》以及法释〔2000〕17 号和 46 号最高法院关于人民检察院对撤销和不撤销仲裁裁定提出抗诉人民法院不予受理的两个批复。所以,不予执行的裁定在司法实践中已经明确不能再审,即不能提起审判监督程序。但是,执行监督程序是最高法院在司法解释中明确的,它是和审判监督不同的概念,执行监督程序是和审判监督程序并立的程序。《执行规定》第一百三十条第一款规定:“上级法院发现下级法院在执行中作出的裁定、决定、通知或具体执行行为不当或有错误的,应当及时指令下级法院纠正,并可以通知有关法院暂缓执行。”由该条款的规定可以看出,司法解释赋予了上级法院对下级法院在执行工作中的监督权,不予执行裁定是在执行程序中,由执行局作出,上级法院的执行局认为其有误,指令其纠正是有法律依据的。深圳中院在理解执行监督和审判监督这两种程序上是有偏差的,其以《中华人民共和国民事诉讼法》第一百七十七条和《执行规定》第一百三十三条的规定来推论无论是审判程序还是执行程序中发现生效的法律文书出现错误都需要以审判监督程序解决是不对的。最高法院在执行监督的过程中,也会要求高级法院对其本院已经作出的执行裁定进行审查纠正,广东高院也依据执行监督的规定,自行审查纠正过广东高院已经生效的执行裁定。而且,在深圳中院去年处理的宁夏伊斯兰国际信托投资公司、深圳市广夏文化实业有限公司、深圳市兴庆电子公司与密苏尔有限公司申请不予执行仲裁裁决请示一案中,深圳中院也提出过类似的问题,在深圳中院裁定驳回不予执行的申请的情况下，最高法院指令深圳中院自行纠正，重新裁定不予执行仲裁裁决。因此，在本案的处理中，广东高院要求其自行纠正错误裁定是有法律依据的。鉴于深圳中院在收到通知后，未在司法解释规定的5日内就指令内容是否有错，向广东高院提出复议，而后又未能执行广东高院通知自行纠正，故依据《执行规定》第一百三十三条第二、三款的规定，决定由广东高院直接裁定纠正，并指定由肇庆铁路法院执行本案。

四、广东高院请示的问题

广东高院审判委员会经讨论认为，此案涉及对最高人民法院法复〔1996〕8号《关于当事人因对不予执行仲裁裁决的裁定不服申请再审人民法院不予受理的批复》和《执行规定》第一百三十条第一款规定的理解和适用问题，决定就以下三个问题请示我院：

（一）审判部门受理一方当事人申请撤销仲裁裁决，审理后裁定予以驳回的，执行部门受理该当事人不予执行仲裁裁决的申请后，能否作出与审判部门相反的决定即裁定不予执行。倾向于执行部门不得作出不予执行裁定，以免造成一个法院作出互相矛盾的裁定。

（二）当事人未向审判部门提出撤销仲裁裁决的申请而在执行阶段申请不予执行的，由执行部门审查并依法作出裁定。

（三）上级人民法院执行部门有权监督纠正下级法院作出的不予执行仲裁裁决的裁定，不适用法复〔1996〕8号批复。

五、最高人民法院意见

本院正在起草适用《中华人民共和国仲裁法》司法解释，其中涉及审判部门裁定驳回当事人撤销仲裁裁决的申请后，执行部门能否再裁定不予执行的问题，待该司法解释生效后，按有关规定办理。

关于当事人未向审判部门提出撤销仲裁裁决的申请而在执行阶段申请不予执行的，是否由执行部门审查并依法作出裁定的问题。依据《中华人民共和国民事诉讼法》第二百一十七条规定，只要是人民法院的审判人员组成的合议庭都符合法律规定。各法院可按照法院内部各部门之间业务分工的规定办理。

本院《关于人民法院执行工作若干问题的规定（试行）》（以下简称《执行规定》）第一百三十条第一款规定赋予了上级法院对下级法院在执行中作出的不当或错误裁定的监督权。上级法院的执行部门代表人民法院行使职权，有权依据《执行规定》第一百三十条监督纠正下级法院作出的不予执行仲裁裁决的裁定。而最高人民法院法复〔1996〕8号批复是针对当事人申请再审而言的，并不影响上级法院对下级法院执行工作的监督权。

澳门大明集团有限公司与广州市东建实业总公司合作开发房地产纠纷仲裁裁决执行请示案

一、当事人的基本情况

申请执行人：澳门大明集团有限公司（以下简称澳门大明）。

被执行人：广州市东建实业总公司（以下简称东建公司）。

二、基本案情

1992年5月21日，澳门大明与东建公司签订了合作经营广州大明房地产开发经营有限公司（以下简称广州大明）的合作合同。合同约定由双方共同成立的广州大明负责开发经营东晓新村一、三号组团地段商品楼宇，并约定因执行合作合同所发生的或与合作合同有关的一切争议提交中国国际经济贸易仲裁委员会仲裁（以下简称中国仲裁委）。1998年1月，东建公司因合作争议向中国国际经济贸易仲裁委员会深圳分会（以下简称深圳分会）申请仲裁，请求裁决解除双方于1993年3月6日签订的《关于购入东晓路东晓新村一、三组团43%面积的协议书》及1995年7月4日签署的《关于东晓新村一、三、五组团补充协议书》等。深圳分会于同年1月8日受理了该争议。澳门大明随后也提出了请求裁决终止合作合同等内容的反请求，但经深圳分会催缴仲裁费后仍未能缴纳，澳门大明撤回了反请求。1998年11月24日，澳门大明就与东建公司的合作合同争议向中国仲裁委申请仲裁。东建公司遂向中国仲裁委提出深圳分会受案在先，中国仲裁委对该争议没有管辖权。中国仲裁委以两案的申请主体不同、请求内容不同为由，于1999年3月29日作出〔99〕贸仲字第1887号管辖权决定，决定中国仲裁委对该争议有管辖权，东建公司提出的管辖权异议不能成立，仲裁程序继续进行。

1999年9月8日，深圳分会作出裁决：（1）驳回申请人提出的解除1993年3月6日签订的《关于购入东晓路东晓新村一、三组团43%面积的协议书》和1995年7月4日签订的《关于东晓新村一、三、五组团补充协议书》的请求；（2）驳回申请人提出的由被申请人赔偿经济损失52,646,331.56元人民币的请求；（3）被申请人应通过合作公司办理申请人委派的董事长及董事的变更手续等。

2000年6月9日，中国仲裁委就澳门大明的请求作出了贸仲裁字第0194号裁决书，共11项裁决：（1）终止申请人和被申请人于1992年5月21日签订的《合作经营广州大明房地产开发有限公司合同》；（2）解除申请人和被申请人签订的《关于购入东晓路东晓新村一、三组团43%面积协议书》和《关于购入东晓路东晓新村一、三、五组团补充协议书》；（3）被申请人应向申请人支付未能提供全部合作条件的违约金699,547.65美元；（4）申请人已经购人的和依约分得的合作公司已建成的

125, 965. 43 平方米可售建筑面积及其所依附的土地使用权归申请人所有;(5)被申请人赔偿申请人因延期交付土地使用权而给申请人造成的利息损失 95. 15 万美元;(6)被申请人退还申请人多付的购楼款并赔偿该款利息损失共计 204. 51 万美元;(7)被申请人偿付申请人已垫付的土地出让金 1130 万元人民币;申请人已垫付的土地使用费、三通一平费、代垫保证金和代垫红线外大市政等项费用由合作公司清算组组织审核认定无误后由被申请人补偿给申请人;(8)被申请人应将广州市东晓新村的 19, 670 平方米土地使用权过户到合作公司名下,作为合作公司的财产参与清算;(9)被申请人应当合理补偿申请人的部分律师费 70 万元人民币;(10)驳回申请人的其他仲裁请求;(11)仲裁费(略)……。

2000 年 11 月 23 日,澳门大明依据中国仲裁委贸仲裁字第 0194 号裁决书,向广州市中级人民法院申请强制执行。广州市中级人民法院立案庭经审查后,于 2000 年 12 月 1 日立案执行。

在执行过程中,根据澳门大明的申请,广州市中级人民法院于 2000 年 12 月 8 日依法查封了东建公司所有的位于广州市人民北路 668 号地下室、首层、6 层、8 层、10 层、12 层、13 层的房产并拟进行评估。2000 年 12 月 13 日,被执行人东建公司向广州市中级——人民法院提出不予执行仲裁裁决申请,理由为:(一)中国仲裁委在深圳分会已经受理了双方当事人的合作经营争议后,又重复受案,中国仲裁委对该案无管辖权;(二)澳门大明没有按照规定缴纳仲裁费,即仲裁庭对 19, 670 平方米的土地使用权转让没有委托评估及按评估价值收费,只是收取 2 万元的仲裁费,违反了仲裁规则;(三)仲裁庭作出的终止合作合同的裁决,损害了 200 户农民的权益,给社会造成不安定因素,违背了社会公共利益。依程序该案进入异议审查阶段,案件的执行暂缓。

三、广州中院及广东高院的意见

2002 年 7 月 1 日,广东高院收到广州市中级人民法院《关于涉外仲裁机构作出的仲裁裁决相互矛盾应否予以执行问题的请示》函,广州中院请示的问题是:澳门大明与东建公司因合同争议,中国仲裁委于 2000 年 6 月 9 日作出(2000)贸仲裁字第 0194 号裁决。广州中院在执行该裁决中发现,深圳分会就同一合作合同争议,于 1999 年 9 月 8 日作出〔99〕深国仲结字第 70 号裁决,且两会作出的裁决结果相互矛盾,对涉外仲裁机构就同一法律事实作出的相互矛盾的裁决,人民法院应否予以执行的问题,该院认为,中国仲裁委受理的争议与深圳分会受理的争议,申请仲裁的主体不同,裁决请求不同,中国仲裁委受理该争议没有违反《仲裁规则》,但中国仲裁委与深圳分会的仲裁结果矛盾,应裁定不予执行。

广东高院对广州中院请示的问题形成两种意见。多数意见认为:东建公司申请在深圳分会仲裁,澳门大明未提出异议,深圳分会也作出了仲裁裁决,因此,应当认为是双方选择了深圳分会为仲裁机构。此后,澳门大明再向中国仲裁委提出仲裁申请,违反了一事不再理的原则。而且两仲裁裁决内容互相矛盾。因此,对中国仲裁委的裁决不予执行。少数意见认为:双方当事人明确了发生纠纷由中国仲裁委仲裁,但未明确约定仲裁的地点,经仲裁申请人的选择和仲裁委员会的决定,两当事人分别提出的仲裁请求在北京和深圳进行仲裁,并不违反《仲裁规则》的规定,且深圳分会裁决驳回东建公司提出的解除两份协议书的请求,中国仲裁委裁决支持澳门大明提出的解除两份协议书和合作合同的请求。因两份仲裁裁决的申请人不同,其在仲裁中的法律权利不同,中国仲裁委的裁决是正确的,所以,应予执行。

广东高院以上述两种意见请示最高法院。

四、最高人民法院的处理意见

就广东高院请示的问题,最高人民法院执行工作办公室于 2003 年 8 月 5 日以(2003)执他字第 9 号复函广东高院。认为,本案双方当事人在合同中有关合作合同的争议提交中国仲裁委仲裁的约定,应当理解为双方选择的仲裁机构为中国仲裁委,仲裁地点为北京。因此,根据澳门大明的申请,中国仲裁委有权对该案在北京进行仲裁。至于此前东建公司将其争议的事项提交中国仲裁委深圳分会在深圳进行仲裁,鉴于双方当事人对仲裁事项无异议,且深圳分会也是中国仲裁委的分支机构,其仲裁在程序上并不违法,即可维持其管辖权的效力,但并不影响在北京进行的仲裁。

因两个仲裁的申请人不同,请求裁决的内容和范围不同,且当事人对同一事项的法律权利不同,因此中国仲裁委受理澳门大明的仲裁请求并不违反“一事不再理”的原则。同样,中国仲裁委裁决支持澳门大明提出的解除两份协议书和合作合同的请求,与深圳分会裁决驳回东建公司提出的解除两份协议书的请求,因当事人各自基于解除协议的理由不同,并不矛盾,不会产生执行冲突。

因此,本案不存在《民事诉讼法》第 260 条规定的不予执行的事由,应当对中国仲裁委在北京作出的裁决予以执行。

澳大利亚庄臣有限公司申请执行仲裁裁决案

一、请示问题概要

请示法院:广东省高级人民法院。

焦点问题:仲裁裁决确定中外合作企业进行清算及清算后申请人应分得财产的比例,企业审批机关指定成立的清算委员会作出的清算报告中,明确了根据裁决确定的比例,申请执行人可以从合作企业分得财产的具体数额,并经外经委确认,当事人能否据此申请法院强制执行其应得财产。

二、相关案情

（一）当事人

申请执行人：澳大利亚庄臣有限公司（以下简称庄臣公司）。

被申请人：广州金城房地产股份有限公司（以下简称金城公司）。

（二）合作合同、纠纷及仲裁

庄臣公司与金城公司及另外一个公司于1992年11月在广州签订合作经营合同，拟设立"广州金丰房地产有限公司"（以下简称合作公司），开发经营房地产。该合作公司的注册资本为14,400万元，庄臣公司与金城公司出资比例为45%和55%。

在合同履行过程中，因出资问题发生争议，庄臣公司于1996年11月向合同约定的仲裁机构中国国际经济贸易仲裁委员会深圳分会提请仲裁。深圳分会于1999年7月作出裁决，其中与请示问题有关的主文（"裁决"）部分如下：

终止合作合同。合作公司应按照"仲裁庭的意见（三）"中确定的清算原则依法进行清算。

"仲裁庭的意见（三）"的主要内容为：仲裁庭认为合作公司自1994年以来实际上为金城公司单方控制，继续履行合作合同的共同意向已经破裂，双方实际上也失去了继续合作的基础和可能性，因此，支持庄臣公司关于解除合作合同的请求。合作合同终止后，合作公司应依法进行清算。鉴于金城公司单方控制合作公司的情况，以及申请人仅投入首期注册资本1080万元，仲裁庭认为，应以申请人申请仲裁的日期1996年11月30日为时间界限，经清算后，此日期前合作公司的一切收益包括已建和在建的楼宇，在依法纳税后，如有剩余资产，申请人应按其实际出资比例分得该资产45%，而合作公司的一切亏损和债务均由金城公司承担。此13期后，合作公司的收益和亏损与庄臣公司无关。

（三）清算的进行及清算结果

裁决生效后，庄臣公司向广州市中级人民法院申请执行。广州市中级人民法院根据最高法院法释〔1998〕1号《关于审理中外合资经营合同纠纷案件如何清算合资企业问题的批复》，裁定对裁决中有关清算的内容不予执行。

后庄臣公司向广州市外经贸委申请进行特别清算。该委2000年3月批准进行特别清算，并委托广州金桥律师事务所组织成立清算委员会。

2000年11月，清算委员会出具清算报告。该报告名为《广州金丰房地产有限公司第一阶段清算报告》，所谓"第一阶段"就是指裁决书中提到的合作公司1996年11月30日前的阶段（庄臣公司有权利得到此日期前的剩余收益）。报告在关于清算财产的处理意见部分指出：庄臣公司应分得45%的剩余财产的数额为14,116,202.98元（已扣除应纳税款160余万元）；此阶段的一切债务根据裁决书应由金城公司承担，有关的诉讼或仲裁不影响清算财产的处理。报告中对债权人申报的债权基本均未确认,但指出债权人可以申请复议,复议后可以向法院起诉。如果起诉,则清算前委员会不对争议的财产进行分配。

2000 年 12 月 11 日,广州市外经贸委对上述清算报告予以确认。

(四)申请执行清算报告及被执行人异议

庄臣公司根据清算结果,于 2001 年 1 月 2 日申请执行,要求落实清算方案中其应分得的款项。广州市中级人民法院立案后查封了金城公司的财产。

金城公司于同年 4 月提出异议,请求中止执行,并向广州市中级人民法院和广东省高级人民法院申请对裁决不予执行。其异议理由为:

1. 仲裁裁决没有给付内容,不符合执行立案条件。

2. 仲裁机构无权指令法院进行清算,法院执行案外人清算没有法律依据。

3. 仲裁程序严重违法。

4. 裁决实体漏洞百出。

5. 仲裁委秘书处无权代替仲裁庭作出裁决或对裁决进行任何修正。

三、广州市中级人民法院及仲裁委的意见

广州市中级人民法院审委会讨论,认为该案不存在《民事诉讼法》第 260 条规定的不予执行条件。只是根据最高人民法院的解释,法院不负责外资企业的清算。但对清算结果是否能作为执行依据问题,有两种意见:一种意见认为,清算报告不是执行依据,虽然仲裁委秘书处确认该报告,但秘书处只是仲裁机构的办事机构,这种确认的效力如何值得商榷;另一种意见认为,法院虽然不负责清算,但如果依据有关规则或惯例秘书处有权确认,则应将清算报告视为是仲裁裁决不可缺少的补充或附件,予以执行。最后,审委会决定合议庭向仲裁委了解这方面的情况,之后向高院请示。

广州市中级人民法院随后就下列问题向贸促会仲裁委致咨询函:清算结果是否应由原仲裁机构确认?如需确认,依何程序作出?该秘书局向广州市中级人民法院转去了深圳分会秘书处曾经作出的答复(2001 年 12 月 10 日),内容为:对于裁决清算的事项,主管部门清算后,清算结果应经企业权力机构确认后,报企业审批机关备案,不需经原作出裁决的机构进行确认。

在此之前,庄臣公司曾自行致函仲裁委深圳分会,提出因广州市中级人民法院执行庭认为,执行内容不明确具体,请求仲裁委对裁决内容进行补充、解释,写明执行的对象和金额,以便法院执行。

深圳分会答复(2001 年 1 月 10 日)庄臣公司称,是"经征询作出该裁决书的仲裁庭的意见及查阅本会保存的案卷"作出的答复。但秘书处只提供出给仲裁庭成员寄出信件的证明,没有仲裁员的答复意见。秘书处的答复中,将裁决主文部分与理由部分结合起来考虑,认为裁决的内容显然应当是指:合作公司依法进行清算。经清算后,合作公司在 1996 年 11 月 30 日前的一切收益,经纳税后,申请人可以从中分得45%。同时指出："具体执行金额则请向广州市中级人民法院提交清算报告和纳税凭证后由该院确定。"

四、广东省高级人民法院意见

多数意见认为不能受理执行，理由是：

（一）此案仲裁裁决没有给付内容，不具有可执行性，不符合执行案件受理条件，人民法院不能仅根据在裁决"认为"部分反映但未表现为裁决项的内容进行执行。

（二）该裁决仅确定进行清算，但未裁定对清算结果如何执行，根据最高法院关于人民法院不负责合资企业清算问题的批复，该项内容也不属于法院执行范围。

（三）清算结果未经合法确认，不能作为执行的依据。仲裁委秘书处只是仲裁委的办事机构，无权代替仲裁庭就仲裁裁决作出决定，无权对仲裁裁决进行解释。

（四）如果由法院弥补仲裁的缺陷，不仅不符合法律规定，而且会使法院的工作陷入被动。

少数意见认为：

应当把清算结果与仲裁裁决项以及裁决的"认为"部分联系起来看。虽然裁决项无给付内容，但根据裁决确定的清算原则，依照有关法律规定组织清算得出的清算结果是有执行内容的。从维护涉外仲裁权威性和仲裁的效力，及时解决纠纷的角度考虑，可由仲裁庭对清算结果审查确认后，由法院立案执行。

五、最高人民法院答复意见

（一）本案仲裁裁决不存在《民事诉讼法》第260条规定的不予执行事由。

（二）本案仲裁裁决主文要求进行的清算属于给付内容。只是根据现行司法解释，人民法院不主管对合营企业的清算。本案裁决主文应当与理由联系起来理解，理由部分所述内容应当理解为构成裁决主文的一部分，其中关于清算后按比例分配资产的要求，也是给付内容。

（三）本案的清算报告经过审批机关确认后，在利害关系人没有明确异议的情况下，应当视为是确定有效的。该清算结果使裁决中按比例分配资产的数额得以明确。法院对已经因清算结果而进一步明确的按比例分配资产的裁决项，应当予以执行。

（四）如果利害关系人在执行中对清算结果提出了异议，并启动了相应的行政或司法程序，执行法院对其争议的财产或其相应的数额应当暂时不予处理。

深圳市广夏文化实业总公司、宁夏伊斯兰国际信托投资公司、深圳兴庆电子公司与密苏尔有限公司仲裁裁决不予执行案

一、案件当事人情况

申诉人:深圳市广夏文化实业总公司。

申诉人:宁夏伊斯兰国际信托投资公司。

申诉人:深圳兴庆电子公司。

被申诉人:密苏尔有限公司。

二、案件基本情况

申诉人深圳广夏文化实业总公司(以下简称广夏公司)、宁夏伊斯兰国际信托投资公司、深圳兴庆电子公司与被申诉人密苏尔有限公司(以下简称密苏尔公司)仲裁裁决一案,中国国际经济贸易仲裁委员会于1996年7月30日作出〔96〕贸仲裁字第0271号裁决书。裁决:申诉人于裁决作出之日起60日内向被申诉人支付160万美元,逾期不付按年利息8%计付利息;驳回双方的其他仲裁请求;本案仲裁费20,950元由申诉人承担,反请求费及实际费用计145,800.77元由被申诉人承担。同年9月9日,申诉人三公司以该裁决书在程序和实体上错误为由向北京市第二中级人民法院申请撤销此裁决书。1997年7月29日,该院认为本案中存在申诉人三公司由于其他不属于三公司负责的原因未能陈述意见的情形,裁定本案中止撤销程序,通知中国国际经济贸易仲裁委员会对该案重新裁决。1998年6月30日,该仲裁委员会重新作出裁决:维持〔96〕贸仲裁字第0271号裁决书的结果;本裁决构成原裁决的一部分。裁决生效后,密苏尔公司向深圳市中级人民法院申请执行,三公司则向该院提出不予执行的申请。1998年12月20日。深圳市中级人民法院作出〔1998〕深中法经二初字第97号民事裁定书,认为三公司申请不予执行仲裁裁决的理由不能成立,裁定驳回其申请。之后裁定查封了三公司的有关财产。2000年2月4日,北京市第二中级人民法院根据三公司关于撤销〔96〕贸仲字第0271号裁决和重新仲裁裁决的申请作出〔1999〕二中经仲字第102号裁定书,认为三公司申请撤销涉外仲裁裁决的理由未涉及《中华人民共和国仲裁法》第71条和《中华人民共和国民事诉讼法》第260条第1款的情形,故裁定驳回三公司的撤销申请。三公司遂以同样理由向最高院申诉。

三、申诉人三公司向最高院申诉的理由

(一)仲裁裁决实体错误:(略)

(二)仲裁裁决程序错误

1.该仲裁裁决了非当事人之间的争议。当事人双方在《关于合资经营深圳广夏

微型软盘有限公司的合同》(以下简称合资合同)中有仲裁协议,但仲裁裁决的160万美元出资款依据的是《关于三寸半计算机微型软盘全自动生产线设备购买合同》(以下简称购买合同)和《深圳广夏微型软盘有限公司有关专利许可、技术转让、设备订购的委托承包合同》(以下简称承包合同),其中均没有订立仲裁条款。其中购买合同是依据承包合同制定的,而不是依据合资合同制定的,不能因此认定购买合同就是合资合同的附件,而适用合资合同的仲裁协议管辖条款。

2. 所谓"侵权"争议,不属仲裁管辖。仲裁裁决中多次提到侵权责任,侵权责任与违反合同责任是两类不同性质的责任,不能混淆。现仲裁裁决要求广夏公司等三公司承担侵权的民事责任,赔偿密苏尔公司160万美元,违反了中国国际经济贸易仲裁委员会仲裁规则第2条"仲裁委员会以仲裁的方式,独立公正地解决契约或非契约性的经济贸易纠纷"。侵权纠纷不属仲裁管辖范围。

3. 仲裁裁决无权改变行政决定。1992年8月,深圳市经济特区会计师事务所认定外方密苏尔公司未出资;同年8月26日,深圳市工商局认定外方未出资构成违约;同年11月3日,深圳市工商局作出决定取消外方股东资格。以上的行政行为,是深圳市工商局在职权范围内依法行政。而仲裁庭裁决密苏尔公司履行了出资义务,从而否定了行政部门的认定。行政决定和仲裁裁决两者在效力上无高低之分,尤其是后者对前者没有撤销的权利。

综上,申诉人认为该仲裁裁决存在严重的实体和程序问题,请求最高院依法撤销和不予执行该仲裁裁决。

四、被申诉人密苏尔公司的主张

密苏尔公司认为:

1. 该公司以境外支付的方式引进专利、专有技术设备定金,完成了向合资公司的投资;

2. 申诉人与他人侵占了该公司的权益,应承担责任;与此同时,该公司还提出反请求,要求裁定中止合资合同,并退还投资款200万美元及尚欠的设备验收保证金65万美元和有关参与仲裁的费用;

3. 仲裁庭依法作出的仲裁裁决应当执行,法院不能裁定该仲裁裁决不予执行。

五、合议庭意见

2000年10月27日,执行办组成合议庭,对该案进行合议。合议庭一致认为,该案的仲裁裁决应不予执行。理由是:对行政机关依法作出的行政决定仲裁庭无权否认,该仲裁既属无权仲裁,又违背了社会公共利益。但此后,由于各方面关注此案的执行,经办领导决定重新对此案进行合议。2001年7月17日,执行办对该案重新进行合议。合议庭认为该仲裁裁决超越了仲裁范围,依据《民事诉讼法》第260条的规定,应对本案仲裁裁决裁定不予执行。但为慎重对待侨联等部门的意见,建议提请最高院审委会研究决定。

六、最高院审判委员会讨论意见

2002 年 3 月 4 日，最高人民法院审判委员会第 1217 次会议对该案进行讨论。会议认为，本案属侵权纠纷，依照仲裁规则不属仲裁庭受理案件范围，且本案仲裁裁决对行政机关依法作出的决定予以否认，属无权仲裁，故人民法院对本案仲裁裁决不予执行。

七、处理意见

最高院经审查认为，中国国际经济贸易仲裁委员会〔96〕贸仲裁字第 0271 号仲裁裁决书原文第 26 页称“仲裁庭认为：申请人（广厦等三公司）通过不正当手段获取了不符事实的验资报告，并据此向政府有关部门提出变更股东的要求。政府有关部门作出的上述行政决定乃是申请人侵权行为的结果，绝不是孤立的行政行为，申请人不能以行政机关行政行为为由摆脱其应承担的侵权责任”。该表述违反了《民事诉讼法》和《仲裁规则》关于仲裁庭仲裁范围和管辖权限的有关规定，主要有两个错误：一是该仲裁裁决的事项超越了仲裁范围，二是仲裁裁决内容违反了仲裁规则。申诉人三公司以中国国际经济贸易仲裁委员会〔96〕贸仲裁字第 0271 号裁决书存在程序错误，向北京市第二中级人民法院和深圳市中级人民法院请求予以撤销和申请不予执行该裁决的异议理由成立，两中院裁定驳回三公司的申请错误。深圳市中级人民法院应撤销该院作出的〔1998〕深中法经二初字第 97 号裁定书，同时裁定对中国国际经济贸易仲裁委员会〔96〕贸仲裁字第 0271 号裁决不予执行，并函复当事人。

附　　录

一、非商事仲裁法律、法规

中华人民共和国劳动争议调解仲裁法

(2007年12月29日第十届全国人民代表大会常务委员会第三十一次会议通过 自2008年5月1日起施行)

目　录

第一章　总　　则

第一条　为了公正及时解决劳动争议，保护当事人合法权益，促进劳动关系和谐稳定，制定本法。

第二条　中华人民共和国境内的用人单位与劳动者发生的下列劳动争议，适用本法：

(一)因确认劳动关系发生的争议；

(二)因订立、履行、变更、解除和终止劳动合同发生的争议；

(三)因除名、辞退和辞职、离职发生的争议；

(四)因工作时间、休息休假、社会保险、福利、培训以及劳动保护发生的争议；

(五)因劳动报酬、工伤医疗费、经济补偿或者赔偿金等发生的争议；

(六)法律、法规规定的其他劳动争议。

第三条　解决劳动争议，应当根据事实，遵循合法、公正、及时、着重调解的原则，依法保护当事人的合法权益。

第四条　发生劳动争议，劳动者可以与用人单位协商，也可以请工会或者第三方共同与用人单位协商，达成和解协议。

第五条　发生劳动争议，当事人不愿协商、协商不成或者达成和解协议后不履行的,可以向调解组织申请调解;不愿调解、调解不成或者达成调解协议后不履行的,可以向劳动争议仲裁委员会申请仲裁;对仲裁裁决不服的,除本法另有规定的外,可以向人民法院提起诉讼。

第六条 发生劳动争议,当事人对自己提出的主张,有责任提供证据。与争议事项有关的证据属于用人单位掌握管理的,用人单位应当提供;用人单位不提供的,应当承担不利后果。

第七条 发生劳动争议的劳动者一方在十人以上,并有共同请求的,可以推举代表参加调解、仲裁或者诉讼活动。

第八条 县级以上人民政府劳动行政部门会同工会和企业方面代表建立协调劳动关系三方机制,共同研究解决劳动争议的重大问题。

第九条 用人单位违反国家规定,拖欠或者未足额支付劳动报酬,或者拖欠工伤医疗费、经济补偿或者赔偿金的,劳动者可以向劳动行政部门投诉,劳动行政部门应当依法处理。

第二章 调　　解

第十条 发生劳动争议,当事人可以到下列调解组织申请调解:

(一)企业劳动争议调解委员会;

(二)依法设立的基层人民调解组织;

(三)在乡镇、街道设立的具有劳动争议调解职能的组织。

企业劳动争议调解委员会由职工代表和企业代表组成。职工代表由工会成员担任或者由全体职工推举产生,企业代表由企业负责人指定。企业劳动争议调解委员会主任由工会成员或者双方推举的人员担任。

第十一条 劳动争议调解组织的调解员应当由公道正派、联系群众、热心调解工作,并具有一定法律知识、政策水平和文化水平的成年公民担任。

第十二条 当事人申请劳动争议调解可以书面申请,也可以口头申请。口头申请的,调解组织应当当场记录申请人基本情况、申请调解的争议事项、理由和时间。

第十三条 调解劳动争议,应当充分听取双方当事人对事实和理由的陈述,耐心疏导,帮助其达成协议。

第十四条 经调解达成协议的,应当制作调解协议书。

调解协议书由双方当事人签名或者盖章,经调解员签名并加盖调解组织印章后生效,对双方当事人具有约束力,当事人应当履行。

自劳动争议调解组织收到调解申请之日起十五日内未达成调解协议的,当事人可以依法申请仲裁。

第十五条 达成调解协议后,一方当事人在协议约定期限内不履行调解协议的,另一方当事人可以依法申请仲裁。

第十六条　因支付拖欠劳动报酬、工伤医疗费、经济补偿或者赔偿金事项达成调解协议,用人单位在协议约定期限内不履行的,劳动者可以持调解协议书依法向人民法院申请支付令。人民法院应当依法发出支付令。

第三章　仲　　裁

第一节　一般规定

第十七条　劳动争议仲裁委员会按照统筹规划、合理布局和适应实际需要的原则设立。省、自治区人民政府可以决定在市、县设立;直辖市人民政府可以决定在区、县设立。直辖市、设区的市也可以设立一个或者若干个劳动争议仲裁委员会。劳动争议仲裁委员会不按行政区划层层设立。

第十八条　国务院劳动行政部门依照本法有关规定制定仲裁规则。省、自治区、直辖市人民政府劳动行政部门对本行政区域的劳动争议仲裁工作进行指导。

第十九条　劳动争议仲裁委员会由劳动行政部门代表、工会代表和企业方面代表组成。劳动争议仲裁委员会组成人员应当是单数。

劳动争议仲裁委员会依法履行下列职责:

(一)聘任、解聘专职或者兼职仲裁员;

(二)受理劳动争议案件;

(三)讨论重大或者疑难的劳动争议案件;

(四)对仲裁活动进行监督。

劳动争议仲裁委员会下设办事机构,负责办理劳动争议仲裁委员会的日常工作。

第二十条　劳动争议仲裁委员会应当设仲裁员名册。

仲裁员应当公道正派并符合下列条件之一:

(一)曾任审判员的;

(二)从事法律研究、教学工作并具有中级以上职称的;

(三)具有法律知识、从事人力资源管理或者工会等专业工作满五年的;

(四)律师执业满三年的。

第二十一条　劳动争议仲裁委员会负责管辖本区域内发生的劳动争议。

劳动争议由劳动合同履行地或者用人单位所在地的劳动争议仲裁委员会管辖。双方当事人分别向劳动合同履行地和用人单位所在地的劳动争议仲裁委员会申请仲裁的,由劳动合同履行地的劳动争议仲裁委员会管辖。

第二十二条　发生劳动争议的劳动者和用人单位为劳动争议仲裁案件的双方当事人。

劳务派遣单位或者用工单位与劳动者发生劳动争议的,劳务派遣单位和用工单位为共同当事人。

第二十三条 与劳动争议案件的处理结果有利害关系的第三人,可以申请参加仲裁活动或者由劳动争议仲裁委员会通知其参加仲裁活动。

第二十四条 当事人可以委托代理人参加仲裁活动。委托他人参加仲裁活动,应当向劳动争议仲裁委员会提交有委托人签名或者盖章的委托书,委托书应当载明委托事项和权限。

第二十五条 丧失或者部分丧失民事行为能力的劳动者,由其法定代理人代为参加仲裁活动;无法定代理人的,由劳动争议仲裁委员会为其指定代理人。劳动者死亡的,由其近亲属或者代理人参加仲裁活动。

第二十六条 劳动争议仲裁公开进行,但当事人协议不公开进行或者涉及国家秘密、商业秘密和个人隐私的除外。

第二节 申请和受理

第二十七条 劳动争议申请仲裁的时效期间为一年。仲裁时效期间从当事人知道或者应当知道其权利被侵害之日起计算。

前款规定的仲裁时效,因当事人一方向对方当事人主张权利,或者向有关部门请求权利救济,或者对方当事人同意履行义务而中断。从中断时起,仲裁时效期间重新计算。

因不可抗力或者有其他正当理由,当事人不能在本条第一款规定的仲裁时效期间申请仲裁的,仲裁时效中止。从中止时效的原因消除之日起,仲裁时效期间继续计算。

劳动关系存续期间因拖欠劳动报酬发生争议的,劳动者申请仲裁不受本条第一款规定的仲裁时效期间的限制;但是,劳动关系终止的,应当自劳动关系终止之日起一年内提出。

第二十八条 申请人申请仲裁应当提交书面仲裁申请,并按照被申请人人数提交副本。

仲裁申请书应当载明下列事项:

(一)劳动者的姓名、性别、年龄、职业、工作单位和住所,用人单位的名称、住所和法定代表人或者主要负责人的姓名、职务;

(二)仲裁请求和所根据的事实、理由;

(三)证据和证据来源、证人姓名和住所。

书写仲裁申请确有困难的,可以口头申请,由劳动争议仲裁委员会记入笔录,并告知对方当事人。

第二十九条 劳动争议仲裁委员会收到仲裁申请之日起五日内,认为符合受理条件的,应当受理,并通知申请人;认为不符合受理条件的,应当书面通知申请人不予受理,并说明理由。对劳动争议仲裁委员会不予受理或者逾期未作出决定的,申请人可以就该劳动争议事项向人民法院提起诉讼。

第三十条　劳动争议仲裁委员会受理仲裁申请后,应当在五日内将仲裁申请书副本送达被申请人。

被申请人收到仲裁申请书副本后,应当在十日内向劳动争议仲裁委员会提交答辩书。劳动争议仲裁委员会收到答辩书后,应当在五日内将答辩书副本送达申请人。被申请人未提交答辩书的,不影响仲裁程序的进行。

第三节　开庭和裁决

第三十一条　劳动争议仲裁委员会裁决劳动争议案件实行仲裁庭制。仲裁庭由三名仲裁员组成,设首席仲裁员。简单劳动争议案件可以由一名仲裁员独任仲裁。

第三十二条　劳动争议仲裁委员会应当在受理仲裁申请之日起五日内将仲裁庭的组成情况书面通知当事人。

第三十三条　仲裁员有下列情形之一,应当回避,当事人也有权以口头或者书面方式提出回避申请:

(一)是本案当事人或者当事人、代理人的近亲属的;

(二)与本案有利害关系的;

(三)与本案当事人、代理人有其他关系,可能影响公正裁决的;

(四)私自会见当事人、代理人,或者接受当事人、代理人的请客送礼的。

劳动争议仲裁委员会对回避申请应当及时作出决定,并以口头或者书面方式通知当事人。

第三十四条　仲裁员有本法第三十三条第四项规定情形,或者有索贿受贿、徇私舞弊、枉法裁决行为的,应当依法承担法律责任。劳动争议仲裁委员会应当将其解聘。

第三十五条　仲裁庭应当在开庭五日前,将开庭日期、地点书面通知双方当事人。当事人有正当理由的,可以在开庭三日前请求延期开庭。是否延期,由劳动争议仲裁委员会决定。

第三十六条　申请人收到书面通知,无正当理由拒不到庭或者未经仲裁庭同意中途退庭的,可以视为撤回仲裁申请。

被申请人收到书面通知,无正当理由拒不到庭或者未经仲裁庭同意中途退庭的,可以缺席裁决。

第三十七条　仲裁庭对专门性问题认为需要鉴定的,可以交由当事人约定的鉴定机构鉴定;当事人没有约定或者无法达成约定的,由仲裁庭指定的鉴定机构鉴定。

根据当事人的请求或者仲裁庭的要求,鉴定机构应当派鉴定人参加开庭。当事人经仲裁庭许可,可以向鉴定人提问。

第三十八条 当事人在仲裁过程中有权进行质证和辩论。质证和辩论终结时,首席仲裁员或者独任仲裁员应当征询当事人的最后意见。

第三十九条 当事人提供的证据经查证属实的,仲裁庭应当将其作为认定事实的根据。

劳动者无法提供由用人单位掌握管理的与仲裁请求有关的证据,仲裁庭可以要求用人单位在指定期限内提供。用人单位在指定期限内不提供的,应当承担不利后果。

第四十条 仲裁庭应当将开庭情况记入笔录。当事人和其他仲裁参加人认为对自己陈述的记录有遗漏或者差错的,有权申请补正。如果不予补正,应当记录该申请。

笔录由仲裁员、记录人员、当事人和其他仲裁参加人签名或者盖章。

第四十一条 当事人申请劳动争议仲裁后,可以自行和解。达成和解协议的,可以撤回仲裁申请。

第四十二条 仲裁庭在作出裁决前,应当先行调解。

调解达成协议的,仲裁庭应当制作调解书。

调解书应当写明仲裁请求和当事人协议的结果。调解书由仲裁员签名,加盖劳动争议仲裁委员会印章,送达双方当事人。调解书经双方当事人签收后,发生法律效力。

调解不成或者调解书送达前,一方当事人反悔的,仲裁庭应当及时作出裁决。

第四十三条 仲裁庭裁决劳动争议案件,应当自劳动争议仲裁委员会受理仲裁申请之日起四十五日内结束。案情复杂需要延期的,经劳动争议仲裁委员会主任批准,可以延期并书面通知当事人,但是延长期限不得超过十五日。逾期未作出仲裁裁决的,当事人可以就该劳动争议事项向人民法院提起诉讼。

仲裁庭裁决劳动争议案件时,其中一部分事实已经清楚,可以就该部分先行裁决。

第四十四条 仲裁庭对追索劳动报酬、工伤医疗费、经济补偿或者赔偿金的案件,根据当事人的申请,可以裁决先予执行,移送人民法院执行。

仲裁庭裁决先予执行的,应当符合下列条件:

(一)当事人之间权利义务关系明确;

(二)不先予执行将严重影响申请人的生活。

劳动者申请先予执行的,可以不提供担保。

第四十五条 裁决应当按照多数仲裁员的意见作出,少数仲裁员的不同意见应当记入笔录。仲裁庭不能形成多数意见时,裁决应当按照首席仲裁员的意见作出。

第四十六条 裁决书应当载明仲裁请求、争议事实、裁决理由、裁决结果和裁决日期。裁决书由仲裁员签名,加盖劳动争议仲裁委员会印章。对裁决持不同意见的仲裁员,可以签名,也可以不签名。

第四十七条　下列劳动争议,除本法另有规定的外,仲裁裁决为终局裁决,裁决书自作出之日起发生法律效力:

(一)追索劳动报酬、工伤医疗费、经济补偿或者赔偿金,不超过当地月最低工资标准十二个月金额的争议;

(二)因执行国家的劳动标准在工作时间、休息休假、社会保险等方面发生的争议。

第四十八条　劳动者对本法第四十七条规定的仲裁裁决不服的,可以自收到仲裁裁决书之日起十五日内向人民法院提起诉讼。

第四十九条　用人单位有证据证明本法第四十七条规定的仲裁裁决有下列情形之一,可以自收到仲裁裁决书之日起三十日内向劳动争议仲裁委员会所在地的中级人民法院申请撤销裁决:

(一)适用法律、法规确有错误的;

(二)劳动争议仲裁委员会无管辖权的;

(三)违反法定程序的;

(四)裁决所根据的证据是伪造的;

(五)对方当事人隐瞒了足以影响公正裁决的证据的;

(六)仲裁员在仲裁该案时有索贿受贿、徇私舞弊、枉法裁决行为的。

人民法院经组成合议庭审查核实裁决有前款规定情形之一的,应当裁定撤销。

仲裁裁决被人民法院裁定撤销的,当事人可以自收到裁定书之日起十五日内就该劳动争议事项向人民法院提起诉讼。

第五十条　当事人对本法第四十七条规定以外的其他劳动争议案件的仲裁裁决不服的,可以自收到仲裁裁决书之日起十五日内向人民法院提起诉讼;期满不起诉的,裁决书发生法律效力。

第五十一条　当事人对发生法律效力的调解书、裁决书,应当依照规定的期限履行。一方当事人逾期不履行的,另一方当事人可以依照民事诉讼法的有关规定向人民法院申请执行。受理申请的人民法院应当依法执行。

第四章　附　　则

第五十二条　事业单位实行聘用制的工作人员与本单位发生劳动争议的,依照本法执行;法律、行政法规或者国务院另有规定的,依照其规定。

第五十三条　劳动争议仲裁不收费。劳动争议仲裁委员会的经费由财政予以保障。

第五十四条　本法自 2008 年 5 月 1 日起施行。

中华人民共和国农村土地承包经营纠纷调解仲裁法

（2009 年 6 月 27 日第十一届全国人民代表大会常务委员会第九次会议通过
自 2010 年 1 月 1 日起施行）

目　录

第一章　总　　则

第一条　为了公正、及时解决农村土地承包经营纠纷，维护当事人的合法权益，促进农村经济发展和社会稳定，制定本法。

第二条　农村土地承包经营纠纷调解和仲裁，适用本法。

农村土地承包经营纠纷包括：

（一）因订立、履行、变更、解除和终止农村土地承包合同发生的纠纷；

（二）因农村土地承包经营权转包、出租、互换、转让、入股等流转发生的纠纷；

（三）因收回、调整承包地发生的纠纷；

（四）因确认农村土地承包经营权发生的纠纷；

（五）因侵害农村土地承包经营权发生的纠纷；

（六）法律、法规规定的其他农村土地承包经营纠纷。

因征收集体所有的土地及其补偿发生的纠纷，不属于农村土地承包仲裁委员会的受理范围，可以通过行政复议或者诉讼等方式解决。

第三条　发生农村土地承包经营纠纷的，当事人可以自行和解，也可以请求村民委员会、乡（镇）人民政府等调解。

第四条　当事人和解、调解不成或者不愿和解、调解的，可以向农村土地承包仲裁委员会申请仲裁，也可以直接向人民法院起诉。

第五条　农村土地承包经营纠纷调解和仲裁，应当公开、公平、公正，便民高效，根据事实，符合法律，尊重社会公德。

第六条　县级以上人民政府应当加强对农村土地承包经营纠纷调解和仲裁工作的指导。

县级以上人民政府农村土地承包管理部门及其他有关部门应当依照职责分工，支持有关调解组织和农村土地承包仲裁委员会依法开展工作。

第二章　调　　解

第七条　村民委员会、乡（镇）人民政府应当加强农村土地承包经营纠纷的调解工作，帮助当事人达成协议解决纠纷。

第八条　当事人申请农村土地承包经营纠纷调解可以书面申请，也可以口头申请。口头申请的，由村民委员会或者乡（镇）人民政府当场记录申请人的基本情况、申请调解的纠纷事项、理由和时间。

第九条　调解农村土地承包经营纠纷，村民委员会或者乡（镇）人民政府应当充分听取当事人对事实和理由的陈述，讲解有关法律以及国家政策，耐心疏导，帮助当事人达成协议。

第十条　经调解达成协议的，村民委员会或者乡（镇）人民政府应当制作调解协议书。

调解协议书由双方当事人签名、盖章或者按指印，经调解人员签名并加盖调解组织印章后生效。

第十一条　仲裁庭对农村土地承包经营纠纷应当进行调解。调解达成协议的，仲裁庭应当制作调解书；调解不成的，应当及时作出裁决。

调解书应当写明仲裁请求和当事人协议的结果。调解书由仲裁员签名，加盖农村土地承包仲裁委员会印章，送达双方当事人。

调解书经双方当事人签收后，即发生法律效力。在调解书签收前当事人反悔的，仲裁庭应当及时作出裁决。

第三章　仲　　裁

第一节　仲裁委员会和仲裁员

第十二条　农村土地承包仲裁委员会，根据解决农村土地承包经营纠纷的实际需要设立。农村土地承包仲裁委员会可以在县和不设区的市设立，也可以在设区的市或者其市辖区设立。

农村土地承包仲裁委员会在当地人民政府指导下设立。设立农村土地承包仲裁委员会的，其日常工作由当地农村土地承包管理部门承担。

第十三条 农村土地承包仲裁委员会由当地人民政府及其有关部门代表、有关人民团体代表、农村集体经济组织代表、农民代表和法律、经济等相关专业人员兼任组成,其中农民代表和法律、经济等相关专业人员不得少于组成人员的二分之一。

农村土地承包仲裁委员会设主任一人、副主任一至二人和委员若干人。主任、副主任由全体组成人员选举产生。

第十四条 农村土地承包仲裁委员会依法履行下列职责:

(一)聘任、解聘仲裁员;

(二)受理仲裁申请;

(三)监督仲裁活动。

农村土地承包仲裁委员会应当依照本法制定章程,对其组成人员的产生方式及任期、议事规则等作出规定。

第十五条 农村土地承包仲裁委员会应当从公道正派的人员中聘任仲裁员。

仲裁员应当符合下列条件之一:

(一)从事农村土地承包管理工作满五年;

(二)从事法律工作或者人民调解工作满五年;

(三)在当地威信较高,并熟悉农村土地承包法律以及国家政策的居民。

第十六条 农村土地承包仲裁委员会应当对仲裁员进行农村土地承包法律以及国家政策的培训。

省、自治区、直辖市人民政府农村土地承包管理部门应当制定仲裁员培训计划,加强对仲裁员培训工作的组织和指导。

第十七条 农村土地承包仲裁委员会组成人员、仲裁员应当依法履行职责,遵守农村土地承包仲裁委员会章程和仲裁规则,不得索贿受贿、徇私舞弊,不得侵害当事人的合法权益。

仲裁员有索贿受贿、徇私舞弊、枉法裁决以及接受当事人请客送礼等违法违纪行为的,农村土地承包仲裁委员会应当将其除名;构成犯罪的,依法追究刑事责任。

县级以上地方人民政府及有关部门应当受理对农村土地承包仲裁委员会组成人员、仲裁员违法违纪行为的投诉和举报,并依法组织查处。

第二节 申请和受理

第十八条 农村土地承包经营纠纷申请仲裁的时效期间为二年,自当事人知道或者应当知道其权利被侵害之日起计算。

第十九条 农村土地承包经营纠纷仲裁的申请人、被申请人为当事人。家庭承包的,可以由农户代表人参加仲裁。当事人一方人数众多的,可以推选代表人参加仲裁。

与案件处理结果有利害关系的,可以申请作为第三人参加仲裁,或者由农村土地承包仲裁委员会通知其参加仲裁。

当事人、第三人可以委托代理人参加仲裁。

第二十条　申请农村土地承包经营纠纷仲裁应当符合下列条件：

（一）申请人与纠纷有直接的利害关系；

（二）有明确的被申请人；

（三）有具体的仲裁请求和事实、理由；

（四）属于农村土地承包仲裁委员会的受理范围。

第二十一条　当事人申请仲裁，应当向纠纷涉及的土地所在地的农村土地承包仲裁委员会递交仲裁申请书。仲裁申请书可以邮寄或者委托他人代交。仲裁申请书应当载明申请人和被申请人的基本情况，仲裁请求和所根据的事实、理由，并提供相应的证据和证据来源。

书面申请确有困难的，可以口头申请，由农村土地承包仲裁委员会记入笔录，经申请人核实后由其签名、盖章或者按指印。

第二十二条　农村土地承包仲裁委员会应当对仲裁申请予以审查，认为符合本法第二十条规定的，应当受理。有下列情形之一的，不予受理；已受理的，终止仲裁程序：

（一）不符合申请条件；

（二）人民法院已受理该纠纷；

（三）法律规定该纠纷应当由其他机构处理；

（四）对该纠纷已有生效的判决、裁定、仲裁裁决、行政处理决定等。

第二十三条　农村土地承包仲裁委员会决定受理的，应当自收到仲裁申请之日起五个工作日内，将受理通知书、仲裁规则和仲裁员名册送达申请人；决定不予受理或者终止仲裁程序的，应当自收到仲裁申请或者发现终止仲裁程序情形之日起五个工作日内书面通知申请人，并说明理由。

第二十四条　农村土地承包仲裁委员会应当自受理仲裁申请之日起五个工作日内，将受理通知书、仲裁申请书副本、仲裁规则和仲裁员名册送达被申请人。

第二十五条　被申请人应当自收到仲裁申请书副本之日起十日内向农村土地承包仲裁委员会提交答辩书；书面答辩确有困难的，可以口头答辩，由农村土地承包仲裁委员会记入笔录，经被申请人核实后由其签名、盖章或者按指印。农村土地承包仲裁委员会应当自收到答辩书之日起五个工作日内将答辩书副本送达申请人。被申请人未答辩的，不影响仲裁程序的进行。

第二十六条　一方当事人因另一方当事人的行为或者其他原因，可能使裁决不能执行或者难以执行的，可以申请财产保全。

当事人申请财产保全的，农村土地承包仲裁委员会应当将当事人的申请提交被申请人住所地或者财产所在地的基层人民法院。

申请有错误的，申请人应当赔偿被申请人因财产保全所遭受的损失。

第三节　仲裁庭的组成

第二十七条　仲裁庭由三名仲裁员组成，首席仲裁员由当事人共同选定，其他二名仲裁员由当事人各自选定；当事人不能选定的，由农村土地承包仲裁委员会主任指定。

事实清楚、权利义务关系明确、争议不大的农村土地承包经营纠纷，经双方当事人同意，可以由一名仲裁员仲裁。仲裁员由当事人共同选定或者由农村土地承包仲裁委员会主任指定。

农村土地承包仲裁委员会应当自仲裁庭组成之日起二个工作日内将仲裁庭组成情况通知当事人。

第二十八条　仲裁员有下列情形之一的，必须回避，当事人也有权以口头或者书面方式申请其回避：

（一）是本案当事人或者当事人、代理人的近亲属；

（二）与本案有利害关系；

（三）与本案当事人、代理人有其他关系，可能影响公正仲裁；

（四）私自会见当事人、代理人，或者接受当事人、代理人的请客送礼。

当事人提出回避申请，应当说明理由，在首次开庭前提出。回避事由在首次开庭后知道的，可以在最后一次开庭终结前提出。

第二十九条　农村土地承包仲裁委员会对回避申请应当及时作出决定，以口头或者书面方式通知当事人，并说明理由。

仲裁员是否回避，由农村土地承包仲裁委员会主任决定；农村土地承包仲裁委员会主任担任仲裁员时，由农村土地承包仲裁委员会集体决定。

仲裁员因回避或者其他原因不能履行职责的，应当依照本法规定重新选定或者指定仲裁员。

第四节　开庭和裁决

第三十条　农村土地承包经营纠纷仲裁应当开庭进行。

开庭可以在纠纷涉及的土地所在地的乡（镇）或者村进行，也可以在农村土地承包仲裁委员会所在地进行。当事人双方要求在乡（镇）或者村开庭的，应当在该乡（镇）或者村开庭。

开庭应当公开，但涉及国家秘密、商业秘密和个人隐私以及当事人约定不公开的除外。

第三十一条　仲裁庭应当在开庭五个工作日前将开庭的时间、地点通知当事人和其他仲裁参与人。

当事人有正当理由的，可以向仲裁庭请求变更开庭的时间、地点。是否变更，由仲裁庭决定。

第三十二条　当事人申请仲裁后，可以自行和解。达成和解协议的，可以请求仲裁庭根据和解协议作出裁决书，也可以撤回仲裁申请。

第三十三条　申请人可以放弃或者变更仲裁请求。被申请人可以承认或者反驳仲裁请求，有权提出反请求。

第三十四条　仲裁庭作出裁决前，申请人撤回仲裁申请的，除被申请人提出反请求的外，仲裁庭应当终止仲裁。

第三十五条　申请人经书面通知，无正当理由不到庭或者未经仲裁庭许可中途退庭的，可以视为撤回仲裁申请。

被申请人经书面通知，无正当理由不到庭或者未经仲裁庭许可中途退庭的，可以缺席裁决。

第三十六条　当事人在开庭过程中有权发表意见、陈述事实和理由、提供证据、进行质证和辩论。对不通晓当地通用语言文字的当事人，农村土地承包仲裁委员会应当为其提供翻译。

第三十七条　当事人应当对自己的主张提供证据。与纠纷有关的证据由作为当事人一方的发包方等掌握管理的，该当事人应当在仲裁庭指定的期限内提供，逾期不提供的，应当承担不利后果。

第三十八条　仲裁庭认为有必要收集的证据，可以自行收集。

第三十九条　仲裁庭对专门性问题认为需要鉴定的，可以交由当事人约定的鉴定机构鉴定；当事人没有约定的，由仲裁庭指定的鉴定机构鉴定。

根据当事人的请求或者仲裁庭的要求，鉴定机构应当派鉴定人参加开庭。当事人经仲裁庭许可，可以向鉴定人提问。

第四十条　证据应当在开庭时出示，但涉及国家秘密、商业秘密和个人隐私的证据不得在公开开庭时出示。

仲裁庭应当依照仲裁规则的规定开庭，给予双方当事人平等陈述、辩论的机会，并组织当事人进行质证。

经仲裁庭查证属实的证据，应当作为认定事实的根据。

第四十一条　在证据可能灭失或者以后难以取得的情况下，当事人可以申请证据保全。当事人申请证据保全的，农村土地承包仲裁委员会应当将当事人的申请提交证据所在地的基层人民法院。

第四十二条　对权利义务关系明确的纠纷，经当事人申请，仲裁庭可以先行裁定维持现状、恢复农业生产以及停止取土、占地等行为。

一方当事人不履行先行裁定的，另一方当事人可以向人民法院申请执行，但应当提供相应的担保。

第四十三条　仲裁庭应当将开庭情况记入笔录，由仲裁员、记录人员、当事人和其他仲裁参与人签名、盖章或者按指印。

当事人和其他仲裁参与人认为对自己陈述的记录有遗漏或者差错的,有权申请补正。如果不予补正,应当记录该申请。

第四十四条 仲裁庭应当根据认定的事实和法律以及国家政策作出裁决并制作裁决书。

裁决应当按照多数仲裁员的意见作出,少数仲裁员的不同意见可以记入笔录。仲裁庭不能形成多数意见时,裁决应当按照首席仲裁员的意见作出。

第四十五条 裁决书应当写明仲裁请求、争议事实、裁决理由、裁决结果、裁决日期以及当事人不服仲裁裁决的起诉权利、期限,由仲裁员签名,加盖农村土地承包仲裁委员会印章。

农村土地承包仲裁委员会应当在裁决作出之日起三个工作日内将裁决书送达当事人,并告知当事人不服仲裁裁决的起诉权利、期限。

第四十六条 仲裁庭依法独立履行职责,不受行政机关、社会团体和个人的干涉。

第四十七条 仲裁农村土地承包经营纠纷,应当自受理仲裁申请之日起六十日内结束;案情复杂需要延长的,经农村土地承包仲裁委员会主任批准可以延长,并书面通知当事人,但延长期限不得超过三十日。

第四十八条 当事人不服仲裁裁决的,可以自收到裁决书之日起三十日内向人民法院起诉。逾期不起诉的,裁决书即发生法律效力。

第四十九条 当事人对发生法律效力的调解书、裁决书,应当依照规定的期限履行。一方当事人逾期不履行的,另一方当事人可以向被申请人住所地或者财产所在地的基层人民法院申请执行。受理申请的人民法院应当依法执行。

第四章　附　　则

第五十条 本法所称农村土地,是指农民集体所有和国家所有依法由农民集体使用的耕地、林地、草地,以及其他依法用于农业的土地。

第五十一条 农村土地承包经营纠纷仲裁规则和农村土地承包仲裁委员会示范章程,由国务院农业、林业行政主管部门依照本法规定共同制定。

第五十二条 农村土地承包经营纠纷仲裁不得向当事人收取费用,仲裁工作经费纳入财政预算予以保障。

第五十三条 本法自 2010 年 1 月 1 日起施行。

人事争议处理规定

（中共中央组织部、人事部、总政治部发布　自2007年10月1日起施行）

第一章　总　　则

第一条　为公正及时地处理人事争议，保护当事人的合法权益，根据《中华人民共和国公务员法》、《中国人民解放军文职人员条例》等有关法律法规，制定本规定。

第二条　本规定适用于下列人事争议：

（一）实施公务员法的机关与聘任制公务员之间、参照《中华人民共和国公务员法》管理的机关（单位）与聘任工作人员之间因履行聘任合同发生的争议。

（二）事业单位与工作人员之间因解除人事关系、履行聘用合同发生的争议。

（三）社团组织与工作人员之间因解除人事关系、履行聘用合同发生的争议。

（四）军队聘用单位与文职人员之间因履行聘用合同发生的争议。

（五）依照法律、法规规定可以仲裁的其他人事争议。

第三条　人事争议发生后，当事人可以协商解决；不愿协商或者协商不成的，可以向主管部门申请调解，其中军队聘用单位与文职人员的人事争议，可以向聘用单位的上一级单位申请调解；不愿调解或调解不成的，可以向人事争议仲裁委员会申请仲裁。当事人也可以直接向人事争议仲裁委员会申请仲裁。当事人对仲裁裁决不服的，可以向人民法院提起诉讼。

第四条　当事人在人事争议处理中的地位平等，适用法律、法规平等。

当事人有使用本民族语言文字申请仲裁的权利。人事争议仲裁委员会对于不熟悉当地通用语言文字的当事人，应当为他们翻译。

第五条　处理人事争议，应当注重调解，遵循合法、公正、及时的原则，以事实为依据，以法律为准绳。

第二章　组 织 机 构

第六条　中央机关及所属事业单位人事争议仲裁委员会设在人事部。

省（自治区、直辖市）、副省级市、地（市、州、盟）、县（市、区、旗）设立人事争议仲裁委员会。

人事争议仲裁委员会独立办案，相互之间无隶属关系。

第七条　人事争议仲裁委员会由公务员主管部门代表、聘任（用）单位代表、工会组织代表、受聘人员代表以及人事、法律专家组成。人事争议仲裁委员会组成人员应当是单数，设主任一名、副主任二至四名、委员若干名。

同级人民政府分管人事工作的负责人或者政府人事行政部门的主要负责人任人事争议仲裁委员会主任。

第八条 人事争议仲裁委员会实行少数服从多数原则,不同意见应如实记录。

第九条 人事争议仲裁委员会的职责是:

(一)负责处理管辖范围内的人事争议。

(二)决定仲裁员的聘任和解聘。

(三)法律、法规规定由人事争议仲裁委员会承担的其他职责。

第十条 人事争议仲裁委员会下设办事机构,其职责是:负责人事争议案件的受理、仲裁文书送达、档案管理以及仲裁员的考核、培训等日常工作,办理人事争议仲裁委员会授权的其他事宜。办事机构设在同级人民政府人事部门。

第十一条 人事争议仲裁委员会处理人事争议案件实行仲裁庭制度,仲裁庭是人事争议仲裁委员会处理人事争议案件的基本形式。仲裁庭一般由三名仲裁员组成。人事争议仲裁委员会指定一名仲裁员担任首席仲裁员,主持仲裁庭工作;另两名仲裁员可由双方当事人各选定一名,也可由人事争议仲裁委员会指定。简单的人事争议案件,经双方当事人同意,人事争议仲裁委员会可以指定一名仲裁员独任处理。

第十二条 人事争议仲裁委员会可以聘任有关部门的工作人员、专家学者和律师为专职或兼职仲裁员。仲裁员的职责是:受人事争议仲裁委员会的委托或当事人的选择,负责人事争议案件的具体处理工作。

兼职仲裁员与专职仲裁员在仲裁活动中享有同等权利。

兼职仲裁员进行仲裁活动时,所在单位应当给予支持。

第三章 管　　辖

第十三条 中央机关、直属机构、直属事业单位及其在京所属事业单位的人事争议由中央机关及所属事业单位人事争议仲裁委员会处理。

中央机关在京外垂直管理机构以及中央机关、直属机构、直属事业单位在京外所属事业单位的人事争议,由所在地的省(自治区、直辖市)设立的人事争议仲裁委员会处理,也可由省(自治区、直辖市)根据情况授权所在地的人事争议仲裁委员会处理。

第十四条 省(自治区、直辖市)、副省级市、地(市、州、盟)、县(市、区、旗)人事争议仲裁委员会的管辖范围,由省(自治区、直辖市)确定。

第十五条 军队聘用单位与文职人员的人事争议,一般由聘用单位所在地的县(市、区、旗)人事争议仲裁委员会处理,其中师级聘用单位与文职人员的人事争议,由所在地的地(市、州、盟)、副省级市人事争议仲裁委员会处理,军级以上聘用单位与文职人员的人事争议由所在地的省(自治区、直辖市)人事争议仲裁委员会处理。

驻京部队聘用单位与文职人员的人事争议，由中央机关及所属事业单位人事争议仲裁委员会处理。

第四章　仲　裁

第十六条　当事人从知道或应当知道其权利受到侵害之日起六十日内，以书面形式向有管辖权的人事争议仲裁委员会申请仲裁。

当事人因不可抗力或者有其他正当理由超过申请仲裁时效，经人事争议仲裁委员会调查确认的，人事争议仲裁委员会应当受理。

第十七条　当事人向人事争议仲裁委员会申请仲裁，应当提交仲裁申请书，并按被申请人人数递交副本。

仲裁申请书应当载明下列事项：

（一）申请人和被申请人姓名、性别、年龄、职业及职务、工作单位、住所和联系方式。申请人或被申请人是单位的，应写明单位的名称、住所、法定代表人或者主要负责人的姓名、职务和联系方式。

（二）仲裁请求和所依据的事实、理由。

（三）证据和证据来源、证人姓名和住所。

发生人事争议的一方在五人以上，并且有共同的仲裁请求和理由的，可以推举一至两名代表参加仲裁活动。代表人放弃、变更仲裁请求或者承认对方的仲裁请求，进行和解，必须经过被代表的当事人同意。

第十八条　人事争议仲裁委员会在收到仲裁申请书之日起十个工作日内，认为不符合受理条件的，应当书面通知申请人不予受理，并说明理由；认为符合受理条件的，应当受理，将受理通知书送达申请人，将仲裁申请书副本送达被申请人。

第十九条　被申请人应当在收到仲裁申请书副本之日起十个工作日内提交答辩书。被申请人没有按时提交或者不提交答辩书的，不影响仲裁的进行。

第二十条　仲裁应当公开开庭进行，涉及国家、军队秘密和个人隐私的除外。涉及商业秘密，当事人申请不公开开庭的，可以不公开开庭。当事人协议不开庭的，仲裁庭可以书面仲裁。

第二十一条　人事争议仲裁委员会应当在开庭审理人事争议案件五个工作日前，将开庭时间、地点、仲裁庭组成人员等书面通知当事人。申请人经书面通知无正当理由不到庭，或者到庭后未经仲裁庭许可中途退庭的，视为撤回仲裁申请。被申请人经书面通知无正当理由不到庭，或者未经仲裁庭许可中途退庭的，可以缺席裁决。

当事人有正当理由的，在开庭前可以申请延期开庭，是否延期由仲裁庭决定。

第二十二条　仲裁庭处理人事争议应注重调解。自受理案件到作出裁决前，都要积极促使当事人双方自愿达成调解协议。

当事人经调解自愿达成书面协议的，仲裁庭应当根据调解协议的内容制作仲裁调解书。协议内容不得违反法律法规，不得侵犯社会公共利益和他人的合法权益。

调解书由仲裁庭成员署名，加盖人事争议仲裁委员会印章。调解书送达后，即发生法律效力。

当庭调解未达成协议或者仲裁调解书送达前当事人反悔的，仲裁庭应当及时进行仲裁裁决。

第二十三条 当事人应当对自己的主张提供证据。仲裁庭认为有关证据由用人单位提供更方便的，应要求用人单位提供。

用人单位作出解除人事关系和不同意工作人员要求辞职或终止聘任（用）合同引发的人事争议，由用人单位负责举证。

仲裁庭认为需要调查取证的，可以自行取证。

第二十四条 人事争议仲裁委员会在处理人事争议时，有权向有关单位查阅与案件有关的档案、资料和其他证明材料，并有权向知情人调查，有关单位和个人不得拒绝并应当如实提供相关材料。人事争议仲裁委员会及其工作人员对调查人事争议案件中涉及的国家秘密、军队秘密、商业秘密和个人隐私应当保密。

第二十五条 当事人的举证材料应在仲裁庭上出示，并进行质证。只有经过质证认定的事实和证据，才能作为仲裁裁决的依据。

第二十六条 当事人在仲裁过程中有权进行辩论。辩论终结时，仲裁庭应当征询当事人的最后意见。

第二十七条 仲裁庭应当将开庭情况记入笔录。当事人和其他仲裁参与人认为对自己陈述的记录有遗漏或者差错的，有权申请补正。如果不予补正，应当记录该申请，并注明不予补正的原因。

笔录由仲裁员、书记员、当事人和其他仲裁参与人署名或者盖章。

第二十八条 仲裁裁决应当按照多数仲裁员的意见作出，少数仲裁员的不同意见应当记入笔录。

仲裁庭对重大、疑难以及仲裁庭不能形成多数处理意见案件的处理，应当提交人事争议仲裁委员会讨论决定；人事争议仲裁委员会作出的决定，仲裁庭必须执行。

仲裁庭应当在裁决作出后五个工作日内制作裁决书。裁决书由仲裁庭成员署名并加盖人事争议仲裁委员会印章。

第二十九条 仲裁庭处理人事争议案件，一般应当在受理案件之日起九十日内结案。需要延期的，经人事争议仲裁委员会批准，可以适当延期，但是延长的期限不得超过三十日。

第三十条 当事人、法定代理人可以委托一至二名律师或其他代理人进行仲裁活动。委托律师和其他代理人进行仲裁活动，应当向人事争议仲裁委员会提交有委托人签名或盖章的委托书。委托书应当明确委托事项和权限。

第三十一条　有下列情形之一的，仲裁员应当自行申请回避，当事人和代理人有权以口头或书面方式申请其回避：

（一）是案件的当事人、代理人或者当事人、代理人的近亲属。

（二）与案件有利害关系。

（三）与案件当事人、代理人有其他关系，可能影响公正仲裁的。

前款规定适用于书记员、鉴定人员、勘验人员和翻译人员。

第三十二条　当事人对仲裁裁决不服的，可以按照《中华人民共和国公务员法》、《中国人民解放军文职人员条例》以及最高人民法院相关司法解释的规定，自收到裁决书之日起十五日内向人民法院提起诉讼；逾期不起诉的，裁决书即发生法律效力。

第三十三条　对发生法律效力的调解书或者裁决书，当事人必须履行。一方当事人逾期不履行的，另一方当事人可以依照国家有关法律法规和最高人民法院相关司法解释的规定申请人民法院执行。

第五章　罚　　则

第三十四条　当事人及有关人员在仲裁过程中有下列行为之一的，人事争议仲裁委员会应当予以批评教育、责令改正；触犯法律的，提请司法机关依法追究法律责任：

（一）干扰仲裁活动，阻碍仲裁工作人员工作的。

（二）拒绝提供有关文件、资料和其他证明材料的。

（三）提供虚假情况的。

（四）对仲裁工作人员、仲裁参与人、证人进行打击报复的。

（五）其他应予以批评教育、责令改正或应依法追究法律责任的行为。

第三十五条　仲裁工作人员在仲裁活动中有徇私舞弊、收受贿赂、敲诈勒索、滥用职权等侵犯当事人合法权益行为的，由所在单位或上级机关给予处分；是仲裁员的，由人事争议仲裁委员会予以解聘；触犯法律的，提请司法机关依法追究法律责任。

第六章　附　　则

第三十六条　因考核、职务任免、职称评审等发生的人事争议，按照有关规定处理。

第三十七条　本规定由中共中央组织部、人事部、中国人民解放军总政治部负责解释，省、自治区、直辖市可根据本规定制定实施办法。

第三十八条　本规定自2007年10月1日起施行，1997年人事部发布的《人事争议处理暂行规定》（人发〔1997〕71号）同时废止。

二、有关国际组织和有关国家和地区仲裁机构的仲裁规则

联合国国际商事仲裁示范法

第一章 总 则

第一条 适用范围

(1)本法适用于国际商事仲裁。但须服从在本国与其他任何一国或多国之间有效力的任何协定。

(2)本法之规定,除第八、九、三十五及三十六条外,只适用于仲裁地点在本国领土内的情况。

(3)仲裁如有下列情况即为国际仲裁:

(A)仲裁协议的当事各方在缔结协议时,他们的营业地点位于不同的国家:或

(B)下列地点之一位于当事各方营业地点所在国以外:

(a)仲裁协议中确定的或根据仲裁协议而确定的仲裁地点;

(b)履行商事关系的大部分义务的任何地点或与争议标的关系最密切的地点;或

(C)当事各方明确地同意,仲裁协议的标的与一个以上的国家有关。

(4)为了第(3)款的目的;

(A)如当事一方有一个以上的营业地点,营业地点为与仲裁协议关系最密切的营业地点;

(B)如当事一方没有营业地点,以其惯常住所为准。

(5)本法不得影响规定某些争议不可以交付仲裁或只有根据非本法规定的规定才可以交付仲裁的本国其他任何法律。

第二条 定义及解释规则

为了本法的目的:

(A)"仲裁"是指无论是否由常设仲裁机构进行的任何仲裁;

(B)"仲裁庭"是指一名独任仲裁员或一组仲裁员;

(C)"法院"是指一国司法系统的一个机构或机关;

(D)本法第三章、第四章或第五章的条款,第二十八条除外,允许当事各方自由确

定某一问题时,这种自由包括当事各方授权第三者(包括机构)作出这种规定的权利;

(E)本法的规定提到当事各方已达成协议或可能达成协议的事实时,或在任何其他情况下提到当事各方的一项协议时,这种协议包括该协议内所提到的任何仲裁规则;

(F)本法条文,除第二十五条(A)项第三十二条(2)款(A)项外,提及索赔申诉时,也适用于反诉;提及答辩时,也适用于对这种反诉的答辩。

第三条　收到书面信件

除非当事各方另有协议:

(A)任何书面信件,如经当面递交收件人,或投递到收件的营业地点、惯常住所或通信地址,或经合理查询仍不能找一上述任一地点而以挂号信或能提供作过投递企图的记录的其他任何方式投递到收件人最后一个为人所知的营业地点、惯常住所或通信地址,即应视为已经收到;

(B)信件应被视为已于以上述方式投递之日收到。

第四条　放弃提出异议的权利

当事一方如知道本法中当事各方可以背离的任何规定或仲裁协议规定的任何要求未得到遵守,但仍继续进行仲裁而没有不过分迟延地或在为此订有时限的情况下没有在此时限以内对此种不遵守情事提出异议,则应视为已放弃其提出异议权利。

第五条　法院干预的限度

由本法管辖的事情,任何法院均不得干预,除非本法有此规定。

第六条　履行协助和监督仲裁的某种职责的法院或其他机构

第二章　仲裁协议

第七条　仲裁协议的定义和形式

(1)"仲裁协议"是指当事各方同意将在他们之间确定的不论是契约性或非契约性的法律关系上已经发生或可以发生的一切或某些争议提交仲裁的协议。仲裁协议可以采取合同中的仲裁条款形式或单独的协议形式。

(2)仲裁协议应是书面的。协议如载于当事各方签字的文件中,或载于往来的书信、电传、电报或提供协议记录的其他电讯手段中,或在申诉书和答辩书的交换中当事一方声称有协议而当事他方不否认即为书面协议。在合同中提出参照载有仲裁条款的一项文件即构成仲裁协议,如果该合同是书面的而且这种参照足以使该仲裁条款构成该合同的一部分的话。

第八条　仲裁协议和向法院提出的实质性申诉

(1)向法院提起仲裁协议标的诉讼时,如当事一方在其不迟于其就争议实质提出第一次申述的时候要求仲裁,法院应让当事各方付诸仲裁,除非法院发现仲裁协议无效、不能实行或不能履行。

(2)在本条第(1)款提及的诉讼已提起时,仍然可以开始或继续进行仲裁程序,并可作出裁决,同时等待法院对该问题的判决。

第九条 仲裁协议和法院的临时措施

在仲裁程序进行前或进行期间内,当事一方请求法院采取临时保护措施和法院准予采取这种措施,均与仲裁协议不相抵触。

第三章 仲裁的组成

第十条 仲裁员人数

(1)当事各方可以自由确定仲裁员的人数。

(2)如未作此确定,则仲裁员的人数应为三名。

第十一条 仲裁员的指定

(1)除非当事各方另有协议,否则不应以所属国籍为理由排除任何人作为仲裁员。

(2)当事各方可以自由地就指定一名或数名仲裁员的程序达成协议,但须服从本条第(4)和第(5)款的规定。

(3)如未达成这种协议:

(A)在仲裁员为三名的仲裁中,当事每一方均应指定一名仲裁员,这样指定的两名仲裁员应指定第三名仲裁员;如果当事一方未在收到当事他方提出这样做的要求三十天内未指定仲裁员或两名仲裁员在被指定后三十天内未就第三名仲裁员达成协议,则经当事一方请求,应由第六条规定的法院或其他机构指定;

(B)在独任仲裁员的仲裁中,如果当事各方不能就仲裁员达成协议,则应由第六条规定的法院或其他机构指定。

(4)如果,根据当事各方协议的指定程序:

(A)当事一方未按这种程序规定的要求行事;或

(B)当事各方或两名仲裁员未能根据这种程序达成预期的协议;或

(C)第三者,包括机构,未履行根据这种程序交托给它的任何职责,则当事任何一方均可请求第六条规定的法院或其他机构采取必要措施,除非指定程序的协议订有确保能指定仲裁员的其他方法。

(5)就本条第(3)或第(4)款交托给第 6 条规定的法院或其他机构的事情所作出的决定,不容上诉。该法院或其他机构在指定仲裁员时应适当顾及当事各方协议的仲裁员需要具备的任何资格,并适当顾及可能确保能指定独立和公正的仲裁员的种种考虑,而且在指定独任仲裁员或第三名仲裁员时,还应考虑到指定一名所属国籍与当事各方均不相同的仲裁员的可取性。

第十二条 提出异议的理由

(1)某人被询有关他可能被指定为仲裁员的事情时,他应该可能会对他的公正性或独立性引起正当的怀疑的任何情况说清楚。仲裁员从被指定之时起以至在整个仲裁程序,进行期间,应不迟延地向当事各方说清楚任何这类情况,除非他已将这类情况告知当事各方。

(2)只有存在对仲裁员的公正性或独立性引起正当的怀疑的情况或他不具备当事各方商定的资格时,才可以对仲裁员提出异议。当事一方只有根据作出指定之后才得知的理由才可以对他所指定的或他参加指定的仲裁员提出异议。

第十三条　提出异议和程序

(1)当事各方可以自由地就对仲裁员提出异议的程序达成协议,但须服从本条第(3)款的规定。

(2)如未达成这种协议,拟对仲裁员提出异议的当事一方,应在他得知仲裁庭组成或得知第十二条第(2)款所指的任何情况后十五天内向仲裁庭提出书面陈述,说明提出异议的理由。除非他提出异议的仲裁员辞职或当事他方同意所提出的异议,否则仲裁庭应就所提出的异议作出决定。

(3)如根据当事各方协议的任何程序或根据本条第(2)款的程序提出的异议未能成立,提出异议的当事一方可以在收到驳回所提出的异议的决定的通知后三十天内请求第6条规定的法院或其他机构就该异议作出决定,该决定不容上诉;在等待对该请求作出决定的同时,仲裁庭包括被提出异议的仲裁员可以继续进行仲裁程序和作出裁决。

第十四条　未行事或不能行事

(1)如果仲裁员在法律上或事实上不能履行他的职责或由于其他原因未能不过分迟延地行事,他的任命即告终止,如果他辞职或当事各方就终止他的任命达成协议的话。但如对上述任何原因仍有争议,当事任何一方均可以请求第六条规定的法院或其他机构就终止其任何一事作出决定,该决定不容上诉。

(2)如果按照本条或第13条第(2)款的规定,一名仲裁员辞职或当事一方同意终止对一名仲裁员的任命,这并不暗示接受本条或第十二条第(2)款所指的任何理由的有效性。

第十五条　指定替代仲裁员

因根据第13条或第14条的规定或因仲裁员由于任何其他原因而辞职或因当事各方协议解除仲裁员的任命而终止仲裁员的任命或在任何其他情况下终止仲裁员的任命时,应按照原来适用于指定被替换的仲裁员的规则指定替代仲裁员。

第四章　仲裁庭的管辖权

第十六条　仲裁庭对自己的管辖权作出裁定的权力

(1)仲裁庭可以对它自己的管辖权包括对仲裁协议的存在或效力的任何异议,作出裁定。为此目的,构成合同的一部分的仲裁条款应视为独立于其他合同条款以外的一项协议。仲裁庭作出关于合同无效的决定,不应在法律上导致仲裁条款的无效。

(2)有关仲裁庭无权管辖的抗辩不得在提出答辩书之后提出。当事一方已指定或参与指定仲裁员的事实,不得阻止该当事一方提出这种抗辩。有关仲裁庭超越其权力范围的抗辩,应在仲裁程序过程中提出越权的事情后立即提出。在这两种情况下,仲裁庭如认为推迟提出抗辩有正当理由,均可准许待后提出抗辩。

(3)仲裁庭可以根据案情将本条第(2)款所指的抗辩作为一个初步问题裁定或在裁决中裁定。如果仲裁庭作为一个初步问题裁定它有管辖权,当事任何一方均可以在收到裁定通知后三十天内要求第六条规定的法院对这一问题作出决定。该决定不容上诉,在等待对这种要求作出决定的同时,仲裁庭可以继续进行仲裁程序和作出裁决。

第十七条 仲裁庭命令采取临时措施的权力

除非当事各方另有协议,仲裁庭经当事一方请求,可以命令当事任何一方就争议的标的采取仲裁庭可能认为有必要的任何临时性保全措施。仲裁庭可以要求当事任何一方提供有关此种措施的适当的担保。

第五章 仲裁程序的进行

第十八条 对当事各方平等相待

应对当事各方平等相待,应给予当事每一方充分的机会陈述其案情。

第十九条 程序规则的确定

(1)以服从本法的规定为准,当事各方可以自由地就仲裁庭进行仲裁所应遵循的程序达成协议。

(2)如未达成这种协议,仲裁庭可以在本法的规定的限制下,按照它认为适当的方式进行仲裁。授予仲裁庭的权力包括确定任何证据的可采性、相关性、实质性和重要性的权力。

第二十条 仲裁地点

(1)当事各方可以自由地就仲裁地点达成协议。如未达成这种协议,仲裁地点应由仲裁庭确定,要照顾到案件的情况,包括当事各方的方便。

(2)虽有本条第(1)款的规定,除非当事各方另有协议,仲裁庭可以在它认为适当的任何地点聚会,以便在它的成员间进行磋商,听取证人、专家或当事各方的意见或检查货物、其他财产或文件。

第二十一条 仲裁程序的开始

除非当事各方另有协议,特定争议的仲裁程序,于应诉人收到将该争议提交仲裁的请求之日开始。

第二十二条　语文

(1)当事各方可以自由地就仲裁程序中要使用的一种或数种语文达成协议。如未达成这种协议,仲裁庭应确定仲裁程序中要使用的一种或数种语文。除非其中另有规定,这种协议或确定应适用于当事一方的任何书面陈述、仲裁庭的任何开庭、任何裁决、决定或其他信件。

(2)仲裁庭可以命令任何文件证据附具当事各方协议的或仲裁庭确定的一种或数中语文的译本。

第二十三条　申诉书和答辩书

(1)在当事各方协议的或仲裁庭确定的期间内,申诉人应申述支持其申诉的种种事实、争论之点以及所寻求的救济或补救,应诉人应逐项作出答辩,除非当事各方对这种申述和答辩所要求的项目另有协议。当事各方可以随同他们的申诉书和答辩书提交他们认为有关的一切文件,也可以附注说明他们将要提交的文件或其他证据。

(2)除非当事各方另有协议,在仲裁程序进行中,当事任何一方均可以修改或补充其申诉书或答辩书,除非仲裁庭考虑到提出已迟而认为不宜允许提出这种改动。

第二十四条　开庭和书面审理程序

(1)除当事各方有任何相反协议外,仲裁庭应决定是否进行口头审理,以便提出证据或进行口头辩论,或者是否应以文件和其他材料为基础进行仲裁程序。然而,除非当事各方商定不开庭,仲裁庭应在进行仲裁程序的适当阶段开庭,如果当事一方如此要求的话。

(2)任何开庭和仲裁庭为了检查货物、其他财产或文件而举行的任何会议,均应充分提前通知当事各方。

(3)当事一方向仲裁提供的一切陈述书、文件或其他资料均应送交当事他方,仲裁庭可能据以作出决定的任何专家报告或证据性文件也应送交当事各方。

第二十五条　当事一方不履行责任

除非当事各方另有协议,如在不提出充分理由的情况下:

(A)申诉人不按照第 23 条第(1)款的规定提交申诉书,仲裁庭应终止程序;

(B)应诉人不按照第 23 条第(1)款的规定提交答辩书,仲裁庭应继续进行仲裁程序,但不把这种不提交答辩书的行动本身视为是认可了申诉人的申诉;

(C)当事任何一方不出庭或不提供文件证据,仲裁庭可以继续进行仲裁程序并根据它所收到的证据作出裁决。

第二十六条　仲裁庭指定的专家

(1)除非当事各方另有协议,仲裁庭:

(A)可以指定一名或一名以上的专家就仲裁庭要确定的具体问题向仲裁庭提出报告;

(B)可以要求当事人一方向专家提供任何有关的资料,或出示或让他接触任何有关的文件、货物或其他财产,供他检验。

(2)除非当事各方另有协议,如当事一方有此要求或仲裁庭认为有必要,专家在提出他的书面或口头报告后,应参加开庭,使当事各方有机会向他提出问题并派出专家证人就争论之点作证。

第二十七条 在获取证据方面的法院协助

仲裁庭或当事一方在仲裁庭同意之下,可以请求本国主管法院协助获取证据。法院可以在其权限范围内并按照其获取证据的规则的规定执行上述请求。

第六章 裁决的作出和程序的终止

第二十八条 适用于争议实体的规则

(1)仲裁庭应按照当事各方选定的适用于争议实体的法律规则对争议作出决定。除非另有表明,否则规定适用某一国的法律或法律制度应认为是直接指该国的实体法而不是指该国的法律冲突规则。

(2)如当事各方没有任何规定,仲裁庭应适用它认为可以适用的法律冲突规则所确定的法律。

(3)在一切情形下,仲裁庭均应按照合同的条款作出决定,并应考虑到适用于该项交易的贸易习惯。

(4)仲裁庭只有在当事各方明确授权的情况下,才应按照公平合理的原则或作为友好调解人作出决定。

第二十九条 一组仲裁员作出的决定

在有一名以上仲裁员的仲裁程序中,除非当事各方另有协议,仲裁庭任何决定,均应由其全体成员的多数作出。但是,如果有当事各方或仲裁庭全体成员的授权,首席仲裁员可以就程序问题作出决定。

第三十条 和解

(1)如果在仲裁程序中当事各方和解解决争议,仲裁庭应终止仲裁程序,而且如果当事各方提出请求而仲裁庭又无异议,则应按和解的条件以仲裁裁决书的形式记录此和解。

(2)根据和解的条件作出的裁决应按照第三十一条的规定作出,并应说明它是一项裁决。这种裁决应与根据案情作出的任何其他裁决具有同等的地位和效力。

第三十一条 裁决的形式和内容

(1)裁决应以书面作出,并应由一名或数名仲裁员签字,在有一名以上仲裁员程序中,仲裁庭全体成员的多数签字即可,但须对任何省去的签字说明原因。

(2)裁决应说明它所根据的理由,除非当事各方协议不要说明理由或该裁决是根据第30条的规定按和解条件作出的裁决。

(3)裁决应写其日期和按照第二十条第(1)款的规定所确定的仲裁地点,该裁决应视为是在该地点作出的。

(4)裁决作出后,经各仲裁员按照本条第(1)款的规定签字的裁决书应送给当事各方各一份。

第三十二条　程序的终止

(1)仲裁程序依终局裁决或仲裁庭按照本条第(2)款发出的命令予以终止。

(2)仲裁庭在下列情况下应发出终止仲裁程序的命令:

(A)申诉人撤回其申诉。除非应诉人对此表示反对而且仲裁庭承认彻底解决争议对他来说是有正当的利益的;

(B)当事各方同意终止程序;

(C)仲裁庭认定仲裁程序在任何其他理由之下均无必要或不可能继续进行。

(3)仲裁庭的任务随着仲裁程序的终止而结束,但须服从第33条和第34条第(4)款的规定。

第三十三条　裁决的改正和解释;追加裁决

(1)除非当事各方已就另一期限达成协议,在收到裁决书后三十天内:

(A)当事一方可以在通知当事另一方后请求仲裁庭改正裁决书中的任何计算错误,任何抄写或排印错误或任何类似性质的错误;

(B)如果当事各方有此协议,当事一方可以在通知当事国一方后请求仲裁庭对裁决书的具体一点或一部分作出解释。

如果仲裁庭认为此种请求合理,它应在收到请求后三十天内作出改正或加以解释,解释应构成裁决的一部分。

(2)仲裁庭可以在作出裁决之日起三十天内主动改正本条第(1)款(A)项所指的类型的任何错误。

(3)除非当事各方另有协议,当事一方在收到裁决书后三十天内可以在通知当事他方后请求仲裁庭对已在仲裁程序中提出但在裁决书中遗漏的申诉事项作出追加裁决。如果仲裁庭认为其请求合理,仲裁庭在六十天内作出追加裁决。

(4)如果必要,仲裁庭可以将根据本条第(1)或第(2)款作出的改正、解释或追加裁决的期限,予以延长。

(5)第三十一条的规定应适用于裁决的改正或解释并适用于追加裁决。

第七章　对裁决的追诉

第三十四条　申请撤销作为对仲裁裁决唯一的追诉

(1)只有按照本条第(2)款和第(3)款的规定申请撤销,才可以对仲裁裁决向法院追诉。

(2)仲裁裁决只有在下列情况下才可以被第六条规定的法院撤销:

(A)提出申请的当事一方提出证据证明：

(a)第七条所指的仲裁协议的当事一方欠缺行为能力；或根据当事各方所同意遵守的法律，或未认明有任何这种法律，则根据本国法律，上述协议是无效的；或

(b)未将有关指定仲裁员或仲裁程序的事情适当地通知提出申请的当事一方，或该方因其他理由未能陈述其案情；或

(c)裁决处理了不是提交仲裁的条款所考虑的或不是其范围以内的争议，或裁决包括有对提交仲裁以外的事项作出的决定，但如果对提交仲裁的事项所作的决定与对未提交仲裁的事项所作出的决定能分开的话，只可以撤销包括有对未提交仲裁的事项作出决定的那一部分裁决；或

(d)仲裁庭的组成或仲裁程序与当事各方的协议不一致，除非这种协议与当事各方不能背离的本法的规定相抵触，或当事各方并无此种协议，则与本法不符；或

(B)法院认为：

(a)根据本国的法律，争议的标的不能通过仲裁解决；或

(b)该裁决与本国的公共政策相抵触。

(3)提出申请的当事一方自收到裁决书之日起，三个月后不得申请撤销；如根据第 33 条提出了请求，则从该请求被仲裁庭处理完毕之日起三个月后不得申请撤销。

(4)法院被请求撤销裁决时，如果适当而且当事一方也要求暂时停止进行撤销程序，则可以在法院确定的一段期间内暂时停止进行，以便给予仲裁庭一个机会重新进行仲裁程序或采取仲裁庭认为能够消除请求撤销裁决的理由的其他行动。

第八章　裁决的承认和执行

第三十五条　承认和执行

(1)仲裁裁决不论在何国境内作出，均应承认具有约束力，而且经向主管法院提出书面申请，即应予以执行，但须服从本条和第 36 条的规定。

(2)援用裁决或申请予以执行的当事一方，应提供经正式认证的裁决书正本或经正式认证的裁决书副本以第 7 条所指的仲裁协议正本或经正式认证的仲裁协议副本。如果裁决或协议不是用本国的正式语文作成，则申请执行该裁决的当事一方应提供这些文件译成本国正式语文的经正式认证的文本。

第三十六条　拒绝承认或执行的理由

(1)只有在下列情况下才可拒绝承认或执行不论在何国作出的仲裁裁决：

(A)经根据裁决被提出要求的当事一方请求，如果该当事一方向被要求承认或执行裁决的主管法院提出证据证明：

(a)第七条所指的仲裁协议的当事一方欠缺行为能力，或根据当事各方所同意遵守的法律，或未订明有任何这种法律，则根据作出裁决的国家的法律，上述协议是

无效的;或

(b)未将有关指定仲裁员或仲裁程序的事情适当地通知依据裁决被提出要求的当事一方,或该方因其他理由未能陈述其案情;或

(c)裁决处理了不是提交仲裁的条款所考虑的或不是其范围以内的争议,或裁决包括有对提交仲裁以外的事项作出的决定,但如果对提交仲裁的事项所作出的决定与对未提交仲裁的事项所作出的决定能分开的话,可以承认并执行包括有就提交仲裁的事项作决定的那一部分裁决;或

(d)仲裁庭的组成或仲裁程序与当事各方的协议不一致,或并无这种协议,则与仲裁所在国的法律不符;或

(e)裁决尚未对当事各方具有约束力,或作出裁决的国家的法院,或根据其法律作出裁决的国家的法院已将裁决撤销或中止;或

(B)如经法院认定:

(a)根据本国的法律,该争议的标的不能通过仲裁解决;或

(b)承认或执行该裁决与本国的公共政策相抵触。

(2)如已向本条第(1)款(A)项(f)目所指的法院申请撤销或中止裁决,被请求承认或执行的法院如认为适当,可以暂停作出决定,而且如经要求承认或执行裁决的当事一方提出申请,还可以命令当事他方提供适当的。

承认和执行外国仲裁裁决公约

第一条

(1)由于自然人或法人间的争执而引起的仲裁裁决,在一个国家的领土内作成,而在另一个国家请求承认和执行时,适用本公约。在一个国家请求承认和执行这个国家不认为是本国裁决的仲裁裁决时,也适用本公约。

(2)"仲裁裁决"不仅包括由为每一案件选定的仲裁员所作出的裁决,而且也包括由常设仲裁机构经当事人的提请而作出的裁决。

(3)任何缔约国在签署、批准或者加入本公约或者根据第10条通知扩延的时候,可以在互惠的基础上声明,本国只对另一缔约国领土内所作成的仲裁裁决的承认和执行,适用本公约。它也可以声明,本国只对根据本国法律属于商事的法律关系,不论是不是合同关系,所引起的争执适用本公约。

第二条

(1)如果双方当事人书面协议把由于同某个可以通过仲裁方式解决的事项有关的特定的法律关系,不论是不是合同关系,所已产生或可能产生的全部或任何争执

提交仲裁,每一个缔约国应该承认这种协议。

(2)“书面协议”包括当事人所签署的或者来往书信、电报中所包含的合同中的仲裁条款和仲裁协议。

(3)如果缔约国的法院受理一个案件,而就这案件所涉及的事项,当事人已经达成本条意义内的协议时,除非该法院查明该项协议是无效的、未生效的或不可能实行的,应该依一方当事人的请求,令当事人把案件提交仲裁。

第三条 在以下各条所规定的条件下,每一个缔约国应该承认仲裁裁决有约束力,并且依照裁决需其承认或执行的地方程序规则予以执行。对承认或执行本公约所适用的仲裁裁决,不应该比对承认或执行本国的仲裁裁决规定实质上较烦的条件或较高的费用。

第四条

为了获得前条所提到的承认和执行,申请承认和执行裁决的当事人应该在申请的时候提供:

(一)经正式认证的裁决正本或经正式证明的副本。

(二)第二条所提到的协议正本或经正式证明的副本。

(三)如果上述裁决或协议不是用裁决需其承认或执行的国家的正式语言做成,申请承认和执行裁决的当事人应该提出这些文件的此种译文。译文应该由一官方的或宣过誓的译员或一外交或领事代理人证明。

第五条

(1)被请求承认或执行裁决的管辖当局只有在作为裁决执行对象的当事人提出有关下列情况的证明的时候,才可以根据该当事人的要求,拒绝承认和执行该裁决:

(一)第二条所述的协议的双方当事人,根据对他们适用的法律,当时是处于某种无行为能力的情况之下;或者根据双方当事人选定适用的法律,或在没有这种选定的时候,根据作出裁决的国家的法律,下述协议是无效的;或者

(二)作为裁决执行对象的当事人,没有被给予指定仲裁员或者进行仲裁程序的适当通知,或者由于其他情况而不能对案件提出意见,或者

(三)裁决涉及仲裁协议所没有提到的,或者不包括仲裁协议规定之内的争执;或者裁决内含有对仲裁协议范围以外事项的决定;但是,对于仲裁协议范围以内的事项的决定,如果可以和对于仲裁协议范围以外的事项的决定分开,那么,这一部分的决定仍然可予以承认和执行;或者

(四)仲裁庭的组成或仲裁程序同当事人间的协议不符,或者当事人间没有这种协议时,同进行仲裁的国家的法律不符;或者

(五)裁决对当事人还没有约束力,或者裁决已经由作出裁决的国家或据其法律作出裁决的国家的管辖当局撤销或停止执行。

(2)被请求承认和执行仲裁裁决的国家的管辖当局如果查明有下列情况，也可以拒绝承认和执行：

(一)争执的事项，依照这个国家的法律，不可以用仲裁方式解决；或者

(二)承认或执行该项裁决将和这个国家的公共秩序相抵触。

第六条　如果已经向第五条(1)(五)所提到的管辖当局提出了撤销或停止执行仲裁裁决的申请，被请求承认或执行该项裁决的当局如果认为适当，可以延期作出关于执行裁决的决定，也可以依请求执行裁决的当事人的申请，命令对方当事人提供适当的担保。

第七条

(1)本公约的规定不影响缔约国参加的有关承认和执行仲裁裁决的多边或双边协定的效力，也不剥夺有关当事人在被请求承认或执行某一裁决的国家的法律或条约所许可的方式和范围内，可能具有的利用该仲裁裁决的任何权利。

(2)1923年关于仲裁条款的日内瓦议定书和1927年关于执行外国仲裁裁决的日内瓦公约，对本公约的缔约国，在它们开始受本公约约束的时候以及在它们受本公约约束的范围以内失效。

第八条

(1)本公约在1958年12月31日以前开放供联合国任何会员国，现在或今后是联合国专门机构成员的任何其他国家，现在或今后是国际法院规章缔约国的任何其他国家，或者经联合国大会邀请的任何其他国家的代表签署。

(2)本公约须经批准，批准书应当交存联合国秘书长。

第九条

(1)第八条所提到的一切国家都可以加入本公约。

(2)加入本公约应当将加入书交存联合国秘书长处。

第十条

(1)任何国家在签署、批准或加入本公约的时候，都可以声明：本公约将扩延到国际关系由该国负责一切或任何地区。这种声明在本公约对该国生效的时候生效。

(2)在签署、批准或加入本公约之后，要作这种扩延，应该通知联合国秘书长，并从联合国秘书长接到通知之后九十日起，或从本公约对该国生效之日起，取其在后者生效。

(3)关于在签署、批准或加入本公约的时候，本公约所没有扩延到的地区，各有关国家应当考虑采取必要步骤的可能性，以便使本公约的适用范围能够扩延到这些地区；但是，在有宪法上的必要时，须取得这些地区的政府的同意。

第十一条

对于联邦制或者非单一制国家应当适用下列规定：

(一)关于属于联邦当局立法权限内的本公约条款，联邦政府的义务同非联邦制

缔约国政府的义务一样。

(二)关于属于联邦成员或省立法权限内的本公约条款,如果联邦成员或省根据联邦宪法制度没有采取立法行动的义务,联邦政府应当尽早地把这些条款附以积极的建议以唤起联邦成员或省的相应机关的注意。

(三)本公约的联邦国家缔约国,根据任何其他缔约国通过联合国秘书长而提出的请求,应当提供关于该联邦及其构成单位有关本公约任何具体规定的法律和习惯,以表明已经在什么范围内采取立法或其他行动使该项规定生效。

第十二条

(1)本公约从第三个国家交存批准书或加入书之日后九十日起生效。

(2)在第三个国家交存批准书或加入书以后,本公约从每个国家交存批准书或加入书后九十日起对该国生效。

第十三条

(1)任何缔约国可以用书面通知联合国秘书长退出本公约。退约从秘书长接到通知之日后一年起生效。

(2)依照第十条规定提出声明或者通知的任何国家,随时都可以通知联合国秘书长,声明从秘书长接到通知之日后一年起,本公约停止扩延到有关地区。

(3)对于在退约生效以前已经进入承认或执行程序的仲裁裁决,本公约应继续适用。

第十四条

缔约国除了自己有义务适用本公约的情况外,无权利用本公约对抗其他缔约国。

第十五条

联合国秘书长应当将下列事项通知第八条中所提到的国家:

(一)依照第八条的规定签署和批准本公约;

(二)依照第九条的规定加入本公约;

(三)依照第一、十和十一条的规定的声明和通知;

(四)依照第十二条所规定的本公约的生效日期;

(五)依照第十三条所规定的退约和通知。

第十六条

(1)本公约的中、英、法、俄和西班牙各文本同等有效,由联合国档案处保存。

(2)联合国秘书长应当把经过证明的本公约副本送达第八条所提到的国家。

国际商会调解与仲裁规则

任择性调解规则

导　言

和解是解决国际性商业争议的理想途径，因此，国际商会为促进争议的友好解决而制订了任择性调解规则。

第一条　一切国际性商业争议均得提交由国际商会任命的一名独任调解员进行调解。

第二条　申请调解的当事人应向国际商会仲裁院秘书处提出申请，简单具明申请目的，同时按照附录3费用表缴纳规定的费用，以便立案。

第三条　仲裁院秘书处应将调解申请尽快通知另一方当事人并给予该方当事人15天的期限以便其决定是否同意或拒绝调解及通知仲裁院秘书处。

如该方当事人同意调解，则必须在期限内通知仲裁院秘书处。

如在此期限内没有任何答复或者答复是否定的，则调解申请应视为拒绝，仲裁院秘书处应尽快通知申请调解的一方。

第四条　一俟收到调解协议，仲裁院秘书处应尽早任命一名调解员。该调解员应将此项任命通知各方当事人并规定一个期限要求各方提出各自的争议点。

第五条　调解遵循公正及公平、正义的原则，得以他认为适当的方式进行调解程序。

经各方当事人同意，调解员得确定调解进行的地点。

调解员得在调解程序中任何时候要求一方当事人向其提供他认为必需的其他情况。

各方当事人如果愿意，也可以聘请律师协助工作。

第六条　与调解程序有关的每一个人不论什么职位均应遵守调解程序的秘密性。

第七条　调解程序的终止依下列规定：

一、双方当事人签署了和解协议并应受该和解协议的约束。和解协议除非涉及其执行，或者申请执行，要求公开外，应予保密。

调解员提供一份报告载明调解不成的，该报告无需具明理由。

二、一方或多方当事人在调解程序进行中的任何时候可向调解员声明不愿继续调解程序。

第八条　调解程序终结，调解员应向仲裁院秘书处提供由各方当事人签字的和解协议或调解不成的报告或者一方或各方当事人表示不愿意继续调解程序的书面通知。

第九条 立案后,仲裁院秘书处根据争议的性质和重要性确定调解程序进行所需要的费用,该项费用由各方当事人平均负担。

该项费用应包括调解员的报酬、调解的费用,以及附录3中规定的行政费用。

调解程序中,一旦仲裁院秘书处认为预付的费用不敷支出可能发生的全部调解费用,得要求当事人另缴纳一笔费用,该笔费用亦由当事人平均负担。

所有上述费用应由双方当事人平均负担,除非和解协议另有规定。

各方当事人的其他费用支出应自行负担。

第十条 除非双方当事人同意,调解员不得在以后对与调解程序涉及的争议事项有关的诉讼或仲裁程序中充任仲裁员,或任何一方的代理人或法律顾问。

双方当事人应互相保证以后在任何此类程序中不得要求调解员充当证人。

第十一条 双方当事人同意在以后任何诉讼或仲裁程序中不得提供下列各项作为证据:

一、任何一方当事人就涉及可能和解解决争议所表示的见解或提出的建议;

二、调解员提出的任何建议;

三、一方当事人曾表示愿意接受调解员提出的和解建议的事实。

仲裁规则

第一条 仲裁院

一、国际商会仲裁院是附属于国际商会的国际仲裁机构。仲裁院的成员由国际商会理事会任命。仲裁院的任务是按照本规则以仲裁方式解决国际性商事争议。

二、原则上,仲裁院每月召开一次会议制定内部规章。

三、仲裁院主席或副主席有权代表仲裁院作出紧急决定。但该项决定应在下次会议上向仲裁院报告。

四、仲裁院得按照其内部规章规定的方式授权一组或几组仲裁院成员作出某种决定。但这种决定应在下次会议上向仲裁院报告。

五、仲裁院秘书处设在国际商会总部。

第二条 仲裁庭

一、仲裁院本身并不解决争议。如当事人无另外约定时,仲裁院得按照本条规定任命仲裁员或批准仲裁员的指定,在作出任命或批准时,仲裁院应考虑被推荐的仲裁员的国籍、住地及其同当事人或其他仲裁员所属国家的其他关系。

二、争议得由一名独任仲裁员或三名仲裁员解决,以下条款中"仲裁员"一词得依具体情况表示一名独任仲裁员或三名仲裁员。

三、双方当事人如已协议由一名独任仲裁员解决争议，可以依协议指定独任仲裁员报请仲裁院批准。自申诉人的仲裁申请书送达对方之日起30天内，如双方当事人未能指定一名独任仲裁员，则由仲裁院任命该独任仲裁员。

四、如争议应由三名仲裁员解决，双方当事人应分别在仲裁申请书中和答辩书中指定一名仲裁员报仲裁院批准。该仲裁员应同指定他的当事人没有利害关系。如一方当事人未能指定仲裁员，则由仲裁院任命。

担任仲裁庭主席的第三名仲裁员，应由仲裁院任命，但当事人双方约定由他们指定的仲裁员在规定的期限内商定第三名仲裁员的，不在此限；但在此情况下，该第三名仲裁员的指定应征得仲裁院的批准。如果该两名仲裁员不能在当事人双方约定或仲裁院规定的期限内就商定第三名仲裁员达成协议时，则由仲裁院任命第三名仲裁员。

五、当事人双方对仲裁员人数不能达成协议时，仲裁院应任命一名独任仲裁员，但仲裁院认为争议需要任命三名仲裁员，在此情况下双方当事人均应在30天内各指定一名仲裁员。

六、仲裁院在任命独任仲裁员或仲裁庭主席时，应请它认为合适的国际商会有关国家委员会对该项任命或指定提出建议。如果仲裁院不接受该国家委员会的建议，或该国家委员会未能在仲裁院规定的期限内提出建议，仲裁院可以再次催询，或请另外合适的国家委员会提出建议。

如果任何一方当事人不在仲裁院规定的期限内提出异议，仲裁院如认为情况需要，可以从无国家委员会的国家中选定独任仲裁员或仲裁庭主席。

独任仲裁员或仲裁庭主席不得从双方当事人国家国民中选任，但是在适当情况下，如任何一方均不在仲裁院规定的期限内提出异议时，则仲裁院可以从任何一方当事人国民中选任独任仲裁员或仲裁庭主席。

仲裁院为不指定仲裁员的一方当事人任命仲裁员，应事先请该当事人国家的国家委员会提出建议；如仲裁院不接受其提出的建议，或该国家委员会不在仲裁院规定的期限内提出建议，或该当事人国家无国家委员会，仲裁院在通知该当事人国家委员会（如有的话）后，有权选择其认为合适的任何人为仲裁员。

七、经仲裁院任命或批准的每一仲裁员必须与涉及仲裁的各方当事人无利害关系。仲裁院任命或批准前，该未来的仲裁员如有依当事人的观点来看对其独立性可能引起疑问的事实或情况，该仲裁员应书面告知仲裁院秘书长。收到这种材料后，仲裁院秘书长应即书面告知当事人，并规定期限要求当事人提出意见。

从仲裁院任命或批准该仲裁员时起到通知终局裁决时止，如发生任何类似的事实或者情况，仲裁员应书面告知仲裁院秘书长和双方当事人。

八、由于缺乏独立性或其他原因，要求一个仲裁员回避，应向仲裁院秘书长书面提出，说明其要求回避所依据的事实和情况。

一方当事人要求回避请求须于其收到仲裁院任命仲裁员或批准仲裁员的通知时起30天内提出；或者，应于其获悉要求回避所依据的事实和情况时起30天内提出，如获悉日期晚于收到前述通知的日期。

九、仲裁院应在仲裁院秘书长给予有关仲裁员、双方当事人和仲裁庭其他成员在适当期限内提出书面意见的机会后，应回避请求的可接受性，以及如果必要的话，同时就回避请求的实质问题作出决定。

十、仲裁员死亡、仲裁院接受回避请求或接受该仲裁员的辞呈，则该仲裁员应予更换。

十一、仲裁院在决定仲裁员在法律上、事实上不能履行其职责或者不按照本规则或不在规定期限内履行其职责时，也应更换该仲裁员。

在引起仲裁院注意某些情况的基础上，仲裁院如认为可适用该项规定，应在仲裁院秘书长将这些情况书面告知有关仲裁员、双方当事人和仲裁庭其他成员并给予他们在合理期限内提出书面意见的机会之后作出决定。

十二、在仲裁员需要更换的每一种情况下，应按照第三、四、五款和第六款规定的程序办理。一旦重新组庭，在征询双方当事人的意见后，仲裁庭将决定是否或在何种程度上重新开始先前程序。

十三、仲裁院关于任命、批准、回避或仲裁员更换作出的决定是终局的。

仲裁院关于任命、批准、回避和仲裁员不能按照本规则或不能在规定期限内履行其职责因而被更换所作出决定的理由无需通知。

第三条 仲裁申请

一、当事人如愿请求国际商会仲裁时，应通知其国家的国际商会国家委员会或直接向仲裁院秘书处提交仲裁申请书。在后一种情况下，秘书处应将此申请通知有关国家委员会。

仲裁院秘书处收到申请书的日期，在各方面应认为是仲裁程序开始的日期。

二、仲裁申请书中应特别包括以下各点：

1. 双方当事人的全称、职业和地址；

2. 申诉人对案情的陈述；

3. 有关的协议，特别是仲裁协议，以及用以证实案件事实的文件或资料；

4. 有关按上面第二条规定确定仲裁员人数和人选的全部详细情况。

第四条 对申请书的答辩

一、被诉人应于收到第三条第三款所列文件后30天内对仲裁员人数及人选的建议提出意见，如认为适当时，并应指定一名仲裁员。同时，被诉人应提出其答辩并提供有关文件。在特殊情况下，被诉人得向秘书处申请延长其提出答辩和文件的期限。但是，该项申请必须包括被诉人对关于仲裁员人数和人选的建议的意见，以及在认为适当时所指定的一名仲裁员。如被诉人不按上述规定办理时，秘书处应向仲裁院报告，仲裁院应按照本规则继续进行仲裁。

二、答辩书副本以及（如有附件时）附件的副本应送达申诉人。

第五条　反诉

一、被诉人如欲提出反诉，应于按第四条规定提出答辩的同时向秘书处提出。

二、申诉人可于知悉反诉之日起30天内向秘书处提出抗辩。

第六条　书状和书面陈述，通知书或通告

一、当事人双方提出的一切书状和书面陈述及其全部附件，均应根据当事人人数和仲裁员人数以及仲裁院秘书处各备具一份。

二、由秘书处和仲裁员发出的、由一方当事人或对方当事人通知他方的一切通知书和通告文件，如在交付时取得收据，或以挂号邮件寄往当事人地址或最后知悉的当事人地址时，即应视为有效送达。

三、通知书或通告文件，于收到之日起视为生效，如按上述规定送达时，应于当事人本人或其代理人收到时生效。

四、本规则或内部规则的规定或者仲裁院根据上述规定在其权限内规定的期限应从通知书或通告根据前款生效之日起计算。如按所在国规定通知书或通告有效送达的次日是公休日或非营业日，期限应从紧接着的第一个工作日开始计算。此后的公休假日和非营业日应一并计算在期限内。如果规定期限的最后一日在通知书或通告有效送达的当地是公休日或非营业日，期限应于紧接着的第一个工作日结束时终止。

第七条　无仲裁协议的情况

当事人双方如无明确的仲裁协议，或虽有仲裁协议但并未指明由国际商会仲裁，以及如被诉人在第四条第一款规定的30天内不提出答辩书或拒绝由国际商会仲裁时，则应通知申诉人仲裁不能进行。

第八条　仲裁协议的效力

一、双方当事人约定提交国际商会仲裁时，则应视为事实上接受本规则。

二、一方当事人拒绝或不参加仲裁时，仲裁程序仍应继续进行。

三、倘若一方当事人应仲裁协议的存在或效力提出一种或多种理由，而仲裁院确信存在这种协议时，仲裁院得在不影响对这种或多种理由的可接受性和实质性下决定继续仲裁。在此情况下有关仲裁员的管辖权应由该仲裁员本人决定。

四、如无另外规定，仲裁员不因有人主张合同无效或不存在而丧失管辖权，如果仲裁员认定仲裁协议是有效的，即使合同本身可能不存在或无效，仲裁员仍应继续行使其管辖权以确定当事人各自的权利，并对他们的请求和抗辩作出决定。

五、在案卷移送仲裁员之前，例外情况下甚至在案卷移送仲裁员之后，双方当事人应有权向任何主管司法当局，申请采取中间的或保全措施，并不得因此认为违反

仲裁协议或侵犯仲裁员的有关权利。

任何这种申请和司法当局所采取的任何措施必须毫不迟延地通知仲裁院秘书处。秘书处应通知有关的仲裁员。

第九条 仲裁费用的预付金

一、仲裁院应确定预付金数额,其金额应足够支付仲裁院仲裁该项请求的费用。

除主诉外提出一项或几项反诉时,仲裁院得分别确定主诉和一项或几项反诉的预付金。

二、预付金通常由申诉人(或几个申诉人)和被诉人(或几个被诉人)平均分担。但如任何一方不支付其份额时,另一方可自行就此申请或反诉支付全部预付金。

三、秘书处可以视当事人双方或其中一方是否已向国际商会支付全部或一部分预付金决定是否将案卷移送仲裁员。

四、根据第十三条规定将"审理事项"通知仲裁院时,仲裁院应查明有关预付金的要求是否已经执行。

只有当向国际商会及时缴纳预付金时,"审理事项"方为有效,仲裁员始得进行仲裁。

第十条 案卷移送仲裁员

按照第九条规定,秘书处应于收到被诉人对仲裁申请书的答辩后立即将案卷移送仲裁员,最迟不得超过上述第四条和第五条规定的提出文件的期限。

第十一条 进行仲裁程序遵循的原则

仲裁员审理案件的程序应遵循本规则;本规则未规定时可依当事人约定的规则(当事人未有约定时,可由仲裁员确定),可参照也可以不参照仲裁所适用的某一国的程序法。

第十二条 仲裁地点

除当事人双方约定者外,仲裁地点应由仲裁院确定。

第十三条 审理事项

一、仲裁审理的预备程序前,仲裁员应根据当事人提交的文件或在当事人双方在场时并根据他们最近的建议,拟定一项文件确定仲裁员的审理事项。审理事项应包括以下内容:

1. 当事人双方的全称和职业;

2. 仲裁过程中通知书和通告文件得以有效送达的双方当事人的地址;

3. 当事人各自的请求摘要;

4. 应予确定的争议的界限;

5. 仲裁员的全称、职业和地址;

6. 仲裁地点;

7. 可适用的具体程序规则,以及为此而授予仲裁员充任友好调停人的职权范围；

8.为使仲裁裁决具有法律上的强制执行力所必需的或者仲裁院或仲裁员认为有用的其他事项。

二、本条第一款所规定的文件，应由双方当事人和仲裁员签署。仲裁员应于案卷移送给他之日起两个月内将由他和双方当事人签名的上述文件移送仲裁院。特殊情况下仲裁院得应仲裁员的要求或如有必要自行延长此期限。

一方当事人拒绝参与拟订上述文件或拒绝签名，而仲裁院确信此案件属于第八条第二款和第三款所述情况时，仲裁院应采取批准此文件所必需的活动。仲裁院应对迟误一方规定其陈述和签名的期限，而在期限届满时仲裁应继续进行并作出裁决。

三、当事人双方得自由确定仲裁员裁决争议所适用的法律。当事人双方未指明应适用的法律时，仲裁员应适用他认为合适的根据冲突法规则所确定的准据法。

四、双方当事人商定授予仲裁员以友好调解之职权时，仲裁员应承担之。

五、仲裁员在任何情况下都应考虑合同的规定和有关的贸易惯例。

第十四条　仲裁审理程序

一、仲裁员应采取一切适当的方法尽快确定案件事实。在对双方当事人提交的书面请求和所依据的全部文件仔细研究后，仲裁员得应当事人一方申请，亲自听取双方当事人陈述；如当事人未申请，仲裁员得自行决定听取他们的陈述。

此外，仲裁员得决定双方当事人在场时听取其他任何人的陈述，如经及时传唤而当事人不到场时，也可同样听证。

二、仲裁员可以任命一名或几名专家，规定其职权范围，接受其报告和/或亲自听取其陈述。

三、应双方当事人的请求或经其同意后，仲裁员可以只根据有关文件处理案件。

第十五条

一、仲裁员应一方当事人的请求或必要时自行动议，经及时通知双方当事人后得在他所规定的日期和地点传唤双方当事人出庭，并应通知仲裁院秘书处。

二、一方当事人虽经及时传唤而不出庭，仲裁员在确信当事人已及时收到传唤而又无正当理由缺席时，有权继续进行仲裁，而这种仲裁程序应视为在全部当事人已经出席下进行的。

三、仲裁员在适当考虑所有有关情况，特别是合同使用的语言后，应确定仲裁时使用的一种或几种语言。

四、仲裁员应对仲裁审理负全部责任，所有当事人均有权出席庭审。与仲裁程序无关的人除得到仲裁员和双方当事人同意者外，不得出席。

五、双方当事人得亲自或通知正式委任的代理人出席仲裁审理。他们也可获得法律顾问的协助。

第十六条 当事人可以在审理时提出新的请求或反诉,但以其仍属第十三条规定的审理事项,或者在当事人双方签名并通知仲裁院的审理事项附件中指明者为限。

第十七条 根据双方同意作出的裁决

如双方当事人在案卷按第十条规定移交仲裁员后达成和解的,该和解应以双方当事人同意的仲裁裁决形式记载之。

第十八条 裁决的期限

一、仲裁员作出裁决的期限规定为六个月,一旦符合第九条第四款的规定,该期限应从仲裁员最后签字之日或第十三条提到的文件送达之日或根据第十三条第二款规定的一方当事人的期限终止之日,或者自仲裁院秘书长向仲裁员发出仲裁费用已全部付清的通知(如此后需要发出此种通知的话)之日起计算。

二、特殊情况下,根据仲裁员的合理请求或仲裁院自认为延长此期限确属必要时,仲裁院得延长此期限。

三、如作出裁决的期限不予延长,以及在合适情况下适用第二条第十一款规定时,仲裁院应确定解决争议的方式。

第十九条 由三名仲裁员作出裁决

仲裁庭由三名仲裁员组成时,裁决得依多数票决定之。如达不到多数时,应由仲裁庭主席单独作出。

第二十条 关于仲裁的费用的决定

一、仲裁员裁决时,除解决案件的实质问题时,应确定仲裁的费用并决定应由哪一方当事人承担费用或双方当事人应按怎样的比例分担费用。

二、仲裁费应包括:仲裁员酬金和仲裁院按本规则附表等级及确定的管理费、仲裁员的支出(如有的话)、专家酬金的支出以及由双方当事人引起的正常的法律费用。

三、特殊情况下如有必要,仲裁院得以高于或低于附表等级的金额确定仲裁员的酬金。

第二十一条 仲裁院对裁决的核阅

仲裁员应于签署裁决(无论是部分的或是最后的)前将裁决草案提交仲裁院。仲裁院可以就裁决的形式提出修改,在不影响仲裁员的自由裁决权的情况下也可以就裁决的实体问题提起仲裁员的注意。裁决在仲裁院未就其形式批准之前不得签署。

第二十二条 裁决的作出

仲裁裁决应视为在仲裁审理地和于仲裁员签署之日作出。

第二十三条 将裁决通知当事人

一、仲裁裁决一旦作成,秘书处应将仲裁员签署的裁决文本向双方当事人宣告,但应以双方当事人或一方当事人向国际商会付清全部仲裁费用为条件。

二、由仲裁院秘书长证明无误的裁决副本,得应当事人请求随时向双方当事人提供,但不得提供给其他人。

三、仲裁裁决已按本条第一款规定通知者,当事人不得另行要求任何其他形式的通知,也不得要求仲裁员再提供任何通知。

第二十四条　裁决的终局性和可强制执行性

一、仲裁裁决应是终局的。

二、双方当事人将争议提交国际商会仲裁时,就应视为已承担毫不迟延地执行最终裁决的义务,并在依法可以放弃的范围内放弃任何形式的上诉权利。

第二十五条　裁决的保存

按本规则作出的各项仲裁裁决原文应存放于仲裁院秘书处。

当事人可能需要履行其他手续时,仲裁员和仲裁院秘书处应予以协助。

第二十六条　一般规则

凡本规则未作明确规定之一切事项,仲裁院和仲裁员应参照本规则的精神处理,并应尽力保证裁决能依法执行。

香港国际仲裁中心机构仲裁规则

引言

本规则已为香港国际仲裁中心理事会采纳,供寻求机构仲裁的规范性和便利性的当事人使用。

适用

本规则可在仲裁条款中或争议发生之前或之后订立的书面协议中约定适用。本规则对本地仲裁和国际仲裁都可适用。本规则的适用范围见本规则第 1 条。

生效

依本规则第 1 条的规定,本规则自 2013 年 11 月 1 日起生效。

示范条款

1. 希望以本规则通过仲裁解决争议的当事人,可在合同中使用如下仲裁条款:

“凡因本合同所引起的或与之相关的任何争议、纠纷、分歧或索赔,包括合同的存在、效力、解释、履行、违反或终止,或因本合同引起的或与之相关的任何非合同性争议,均应提交由香港国际仲裁中心管理的机构仲裁,并按照提交仲裁通知时有效的《香港国际仲裁中心机构仲裁规则》最终解决。

＊本仲裁条款适用的法律为……(香港法)

仲裁地应为……(香港)

* * 仲裁员人数为……名(一名或三名)。仲裁程式应按照(选择语言)来进行。"

* 选择性条款。尤其在主合同实体法和仲裁地法律不同的情况下,当事人应当增加此条款。仲裁条款的准据法可能管辖的事宜包括仲裁条款的形成、存在、范围、有效性、合法性、解释、终止、效力、可执行性以及仲裁条款当事人的资格。其不得取代适用于主合同的实体法律。

* * 选择性条款,可约定也可不约定。

2. 若争议已发生,而当事人间既无仲裁条款,亦未事先订立仲裁协议,当事人希望依本规则通过仲裁解决争议的,可作如下约定:

"以下签字各方,同意将因(简单描述已出现或可能引起的争议、纠纷、分歧或索赔的合同)引起的或与之相关的任何争议、纠纷、分歧或索赔(包括任何有关非合同性义务的争议),提交由香港国际仲裁中心,按照《香港国际仲裁中心机构仲裁规则》进行机构仲裁。

* 本仲裁协议适用的法律为……(香港法)

仲裁地应为……(香港)

* * 仲裁员人数为……名(一名或三名)。仲裁程式应按照(选择语言)来进行。

签署:__________(申请人)

签署:__________(被申请人)

日期:__________"

* 选择性条款。尤其在主合同实体法和仲裁地法律不同的情况下,当事人应当增加此条款。仲裁协议的准据法可能管辖的事宜包括仲裁协议的形成、存在、范围、有效性、合法性、解释、终止、效力、可执行性以及仲裁协议当事人的资格。其不得取代适用于主合同的实体法律。

* * 选择性条款,可约定也可不约定。

目　录

第一节　总　　则

第1条——适用范围

1.1　本规则适用于以下仲裁协议(无论在争议发生之前或之后签订):(a)规定适用本规则的仲裁协议;(b)以下述第1.2和1.3款为前提,规定“由香港国际仲裁中心管理的”或有含义相似的表述的仲裁协议。

1.2　本规则并不妨碍争议或仲裁协议的当事人只选择香港国际仲裁中心为指定机构,或请求香港国际仲裁中心提供某些管理服务,而不选择适用本规则。特此明确:本规则不适用于选择按照其他规则(包括香港国际仲裁中心不时采纳的其他规则)仲裁的仲裁协议。

1.3　以第1.4款为前提,本规则于2013年11月1日起生效。除非当事人另有约定,本规则适用于符合第 1.1 款的规定且在此日期或其后提交仲裁通知的所有仲裁。

1.4　除非当事人另有约定,第 23.1 款、第 28 条、第 29 条和附录 4 不适用于在本规则生效日前签订的仲裁协议。

第 2 条——通知和期限的计算

2.1　在下述情况下,依本规则发出的任何通知或其他书面通讯,视为已送达当事人、仲裁员或香港国际仲裁中心:

(a)专人、挂号邮寄或快递送交至:

(i)在仲裁中书面告知的收件人或其代表的地址;或

(ii)若没有(i)项所述,相关当事人之间适用的任何协议中列明的地址;或

(iii)若没有(i)或(ii)项所述,在送交时收件人对外使用的任何地址;或

(iv)若没有(i)、(ii)或(iii)项所述,收件人最后为人所知的任何地址;或

(b)通过传真、电子邮件或其他能提供传送记录(包括传送日期及时间)的电子通讯方式,传送至:

(i)在仲裁中书面告知的收件人或其代表的传真号码或电子邮件地址(或等同的联系方式);或

(ii)若没有(i)项所述,相关当事人之间适用的任何协议中列明的传真号码或电子邮件地址(或等同的联系方式);或

(iii)若没有(i)和(ii)项所述,在传送时收件人对外使用的任何传真号码或电子邮件地址(或等同的联系方式)。

2.2　任何前款所述通知或书面通讯,应视为在按上述(a)款送交或按上述(b)款传送之日(以最早者为准)收到。为此,收件日期应按收件地的当地时间确定。若通知或书面通讯系向多于一个当事人或多于一位仲裁员送交或传送,则应视为在按上述(a)款送交或按上述(b)款传送至最后一名收件人时收到。

2.3　本规则中的期限,应自收到或视为收到通知、通告、通信或建议之日的次日起算。若期限的最后一日是收件地的法定假日或非营业日,则应顺延至其后的第一个营业日。期限内的法定假日或非营业日均应计算在期限内。

2.4　在适当情况下,香港国际仲裁中心可变更本规则规定的或由其设定的期限。香港国际仲裁中心不得变更仲裁庭设定的期限,除非仲裁庭另有指示。

第 3 条——规则的解释

3.1　香港国际仲裁中心有权解释本规则的所有规定。涉及本规则下仲裁庭的权力和职责的,仲裁庭应予解释。如仲裁庭的解释与香港国际仲裁中心的解释不一致,应以仲裁庭的解释为准。

3.2　香港国际仲裁中心就按本规则进行的仲裁作出任何决定时无义务说明理由。香港国际仲裁中心依本规则作出的任何决定都是终局的,且在任何适用法律允

许的范围内不得上诉。

3.3　本规则中的“香港国际仲裁中心”指:香港国际仲裁中心理事会;或由理事会特别指定的履行本规则下职责的任何委员会、下属委员会、其他组织或个人;或在适用的情形下,香港国际仲裁中心在任秘书长和香港国际仲裁中心秘书处的其他成员。

3.4　本规则中的“申请人”包括一个或多个申请人,“被申请人”包括一个或多个被申请人。

3.5　本规则中的“新增当事人”包括一个或多个新增当事人,“当事人”或“当事各方”包括申请人、被申请人或新增当事人。

3.6　本规则中的“仲裁庭”包括一位或多位仲裁员,但不包括附录4第1节所定义的紧急仲裁员。

3.7　本规则中的“证人”包括一名或多名证人,“专家”包括一名或多名专家。

3.8　本规则中的“请求”或“反诉”包括当事人向任何其他当事人提出的一项或多项请求。本规则中的“答辩”包括当事人就任何其他当事人的请求或反诉所提出的一项或多项答辩,包括为要求抵销所提出的任何答辩。

3.9　本规则中的“仲裁裁决”包括临时裁决、中间裁决、部分裁决和最终裁决等,但不包括附录4中的紧急仲裁员所作的裁决。

3.10　本规则中的“仲裁地”指1985年6月21日通过并于2006年7月7日修订的《联合国国际贸易法委员会国际商事仲裁示范法》第20.1条所指的仲裁地。

3.11　本规则包括附于其后的所有香港国际仲裁中心不时修订的、在仲裁通知提交日有效的附录。

3.12　香港国际仲裁中心可不时发布实务指引,以补充、规范和施行本规则,促进对依本规则进行的仲裁的管理。

3.13　本规则原文为英文。如其他任何语言的文本与英文文本有不同或不一致之处,以英文文本为准。

第二节　开始仲裁

第4条——仲裁通知

4.1　提请仲裁的一方(下称“申请人”)应按香港国际仲裁中心的地址、传真号码或电子邮件地址,向香港国际仲裁中心提交仲裁通知。

4.2　仲裁应视自香港国际仲裁中心收到仲裁通知之日开始。特此明确:此日期应按第2.1和2.2款的规定确定。

4.3　仲裁通知应包含以下内容:

(a)将争议提交仲裁的要求;

(b)当事各方及其代理人的名称、姓名、(所能知道的)地址、电话和传真号码及电子邮件地址；

(c)所援引的一个或多个仲裁协议的复本；

(d)指明引发争议或与争议有关的一份或多份合同或其他法律文件；

(e)请求的基本性质的概述及所涉金额(如有)；

(f)寻求的救济或补救；

(g)若当事人事先未约定仲裁员人数,建议的仲裁员人数(一名或三名)；

(h)申请人有关提名第7条所述的独任仲裁员的建议,或根据第8条提名的一位仲裁员；及

(i)确认仲裁通知及其附件的复本已经或正在依注明的一种或几种方式同时向仲裁所有其他当事人(下称“被申请人”)送达。

4.4　与提交仲裁通知同时,应以支票或转账方式,向香港国际仲裁中心缴付附录1所规定的受理费。

4.5　仲裁通知应使用当事人约定的仲裁语言。若无约定,应使用英文或中文。

4.6　仲裁通知也可包含第16条所述的仲裁申请书。

4.7　若仲裁通知不完整或受理费未缴付,香港国际仲裁中心可要求申请人在适当的期限内补正这些缺陷。若申请人在适用的期限内满足了前述要求,仲裁应视为依第4.2款在香港国际仲裁中心收到仲裁通知最初版本之日开始。若申请人未能满足前述要求,应视为未有效提交仲裁通知,仲裁尚未依第4.2款开始。但申请人于此后的仲裁通知中提出相同请求的权利不因此受影响。

4.8　申请人应通知香港国际仲裁中心被申请人收到仲裁通知及其附件的日期,并提供核实文件。

第5条——对仲裁通知的答复

5.1　收到仲裁通知后30日内,被申请人应向香港国际仲裁中心提交对仲裁通知的答复。对仲裁通知的答复应包含以下内容：

(a)被申请人及其代理人的名称、姓名、地址、电话和传真号码及电子邮件地址(若与仲裁通知所述的不同)；

(b)认为依本规则组成的仲裁庭缺乏管辖权的任何抗辩；

(c)被申请人对仲裁通知中按第4.3(e)款所列细项的意见；

(d)被申请人对仲裁通知中按第4.3(f)款所列的救济或补救的答复；

(e)若当事人事先未约定仲裁员人数,被申请人建议的仲裁员人数(一名或三名)；

(f)当事人根据第7条共同提名的独任仲裁员,或被申请人根据第8条提名的一位仲裁员；及

(g)确认对仲裁通知的答复及其附件的复本已经或正在依注明的一种或几种方式同时向仲裁所有其他当事人送达。

5.2　对仲裁通知的答复应使用当事人约定的仲裁语言。若无约定,应使用英文或中文。

5.3　若仲裁通知包含了第16条所述的仲裁申请书,则对仲裁通知的答复也可包含第17条所述的答辩书。

5.4　被申请人的任何反诉或抵销答辩应尽可能随对仲裁通知的答复提出。有关反诉或抵销答辩的内容应包括:

(a)指明引发反诉或抵销答辩或与其有关的一份或多份合同或其他法律文件;

(b)反诉和/或抵销答辩的基本性质的概述及所涉金额(如有);

(c)寻求的救济或补救。

5.5　若被申请人未随对仲裁通知的答复提出反诉或抵销答辩,或虽已提出,但未说明所涉金额,香港国际仲裁中心将仅根据申请人依第4.3(e)款提供的信息决定:

(a)第33.1(f)款及附录1所述的香港国际仲裁中心的管理费;

(b)仲裁庭的收费[若第10.1(b)款及附录3适用];及

(c)第41条的规定("简易程序")是否适用。

5.6　一俟受理费已付且仲裁庭已被确认,香港国际仲裁中心应将案件移交仲裁庭。

第三节　仲　裁　庭

第6条——仲裁员人数

6.1　若当事人未约定仲裁员人数,香港国际仲裁中心应考虑案件相关因素,决定案件应提交独任仲裁员或三位仲裁员。

6.2　若案件依第41条规定的简易程序进行,则应适用第41.2(a)和(b)款的规定。

第7条——独任仲裁员的指定

7.1　除非当事人另有约定,在满足第9、10条、第11.1至11.4款规定的前提下,以下两款适用:

(a)若当事人约定将争议提交独任仲裁员,当事人应在被申请人收到仲裁通知之日起30日内共同提名独任仲裁员;

(b)若当事人未约定仲裁员人数,而香港国际仲裁中心决定争议应提交独任仲裁员,当事人应在最后一方收到香港国际仲裁中心的决定之日起30日内,共同提名独任仲裁员。

7.2　若当事人未在适用的期限内提名独任仲裁员,则由香港国际仲裁中心指定。

第8条——三位仲裁员的指定

8.1　若两个当事人间的争议提交三位仲裁员,则除非当事人另有约定,仲裁庭应按下述方式组成：

(a)若当事人约定将争议提交三位仲裁员，则双方当事人应各自在仲裁通知和对仲裁通知的答复中提名一位仲裁员。若一方未提名，则由香港国际仲裁中心指定；

(b)若当事人未约定仲裁员人数，而香港国际仲裁中心决定争议应提交三位仲裁员，则申请人应在收到香港国际仲裁中心的决定后 15 日内提名一位仲裁员，被申请人应在收到申请人提名仲裁员的通知后 15 日内提名一位仲裁员。若一方未提名，则由香港国际仲裁中心指定；

(c)按上述方式产生的两位仲裁员应提名第三位仲裁员出任仲裁庭的首席仲裁员。若未能在第二位仲裁员被确认后 30 日内提名，则由香港国际仲裁中心指定。

8.2　若争议涉及两个以上的当事人并应提交三位仲裁员，则除非当事人另有约定，仲裁庭应按下述方式组成：

(a)申请人或申请人集体和被申请人或被申请人集体，按所适用的第 8.1(a)款或(b)款的程序，各提名一位仲裁员；

(b)若当事人已按第 8.2(a)款提名了仲裁员，则第 8.1(c)款规定的程序适用于提名首席仲裁员；

(c)若当事人未能依第 8.2(a)款提名仲裁员，或未能就提名仲裁员书面约定其分为不同两方(即申请人和被申请人两方)，则香港国际仲裁中心可指定仲裁庭的所有成员，而不考虑任何当事人的提名。

8.3　依第 8.1 款或第 8.2 款指定的仲裁庭须满足第 9、10 条和第 11.1 至 11.4 款的规定。

第 9 条——仲裁庭的确认

9.1　无论是由当事人还是由仲裁员提名的仲裁员，均须香港国际仲裁中心确认。提名经确认即为有效指定。

9.2　应按照依第 10 条确定的下述两项之一确认被提名的仲裁员：

(a)附录 2；或

(b)附录 3。

但以经当事各方同意的调整或香港国际仲裁中心认为适当的变更为准。

第 10 条——仲裁庭的收费和费用

10.1　仲裁庭的收费和费用应按以下方式之一确定：

(a)附录 2 中的小时费率，包括附录 2 所载的条款和条件；或

(b)附录 3 中以争议金额为基础的收费表，包括附录 3 所载的条款和条件。

当事人应商定确定仲裁庭收费和费用的方式，并于被申请人收到仲裁通知后 30 日内通知香港国际仲裁中心。若当事人未能商定，则应按附录 2 所载的条款确定仲裁庭的收费和费用。

10.2　若仲裁庭的收费依附录2确定,则以附录2第9.3和9.5节为前提:

(a)当事人提名的仲裁员的适用费率应由仲裁员和提名一方商定;

(b)独任或首席仲裁员的适用费率应由其与当事各方商定。

若当事人未能商定仲裁员费率,可由香港国际仲裁中心决定。

10.3　若仲裁庭的收费按附录3确定,则应由香港国际仲裁中心依附录3和下述各款核定仲裁庭的收费:

(a)仲裁庭的收费金额应合理,应考虑到争议金额的大小、标的的复杂程度、仲裁庭及任何根据第13.4款指定的秘书所花费的时间和案件的其他有关情况,包括但不限于仲裁程序因和解或其他原因终止的情形;

(b)若案件提交三位仲裁员,则香港国际仲裁中心有权酌情增加仲裁庭的总收费至最高金额—通常不超过独任仲裁员收费的3倍;

(c)若香港国际仲裁中心认为存在特殊情况,仲裁庭的收费可超过依附录3确定的金额。上述特殊情况包括但不限于当事人进行仲裁的方式超出了仲裁庭在其组成时的合理预期。

第11条——仲裁员的资格和对仲裁员的质疑

11.1　依本规则被确认的仲裁庭应始终保持公正及独立于当事人。

11.2　以第11.3款为限,依本规则仲裁时,作为一般原则,若当事人国籍不同,独任仲裁员或首席仲裁员不得由与任一当事人的国籍相同的人士担任,除非当事各方另有书面特别约定。

11.3　尽管存在第11.2款所述的一般原则,如情况合适,且当事人均未在香港国际仲裁中心设定的期限内提出异议,独任仲裁员或首席仲裁员的国籍可与任一当事人的国籍相同。

11.4　仲裁员人选在被确认前(1)应签署一份声明,确认其有处理争议的时间,及其公正性与独立性;且(2)应披露任何可能导致对其公正性和独立性产生合理怀疑的情况。仲裁员在被确认后及整个仲裁过程中应立即向当事人披露这类情况,除非其已告知当事人。

11.5　任何当事人或其代表均不得就仲裁事宜与任何仲裁员或会被当事人提名的仲裁员人选单方面联系,除非是:告知仲裁员人选争议的一般性质;讨论仲裁员人选的资格、是否有时间、公正性或独立性;或在由当事各方或当事人提名的仲裁员提名第三位仲裁员时,讨论候选人是否合适。任何当事人或其代表均不得就仲裁事宜与首席仲裁员的人选单方面联系。

11.6　若存在可导致对仲裁员的公正性或独立性产生合理怀疑的情况,或仲裁员不具备当事人约定的资格,或仲裁员法律上或事实上不能履行其职责或因其他原因行事过分迟延,可质疑仲裁员。当事人质疑其提名的或参与指定的仲裁员的,只能基于其在提名之后才获悉的理由。

11.7　拟质疑仲裁员的当事人，应在其收到确认被质疑的仲裁员的通知后15日内，或在其获悉或理应获悉第11.6款所述的情况后15日内，发出质疑通知。

11.8　质疑仲裁员，应通知香港国际仲裁中心、所有其他当事人、被质疑的仲裁员及仲裁庭其他成员。通知应是书面的，并应说明质疑的理由。

11.9　除非被质疑的仲裁员自行回避或未提出质疑的当事人于收到质疑通知后15日内同意质疑，香港国际仲裁中心应决定质疑能否成立。在香港国际仲裁中心作出决定之前，仲裁庭（包括被质疑的仲裁员）可继续仲裁。

11.10　仲裁员自行回避或当事人依第11.9款同意对仲裁员的质疑，并不意味着接受依第11.6款提出的任何理由为有效。

第12条——仲裁员的替换

12.1　以第12.2款、第27.11款和第28.6款为限，若仲裁员死亡，或对其的质疑成功，或因其他原因被免职、辞职，则应按适用于指定被替换的仲裁员的规定指定替代仲裁员。即便在指定被替换的仲裁员的过程中，当事人未能行使其提名权或参与指定，此规定仍应适用。

12.2　如经当事一方申请，香港国际仲裁中心认为，考虑到案件的特殊情况，有理由剥夺当事人提名替代仲裁员的权利，香港国际仲裁中心在给予当事人和其他仲裁员表达意见的机会后，可以：

(a)指定替代仲裁员；或

(b)在仲裁庭依第30.1款宣告审理终结后，授权其他仲裁员继续仲裁并作出任何决定或裁决。

12.3　若仲裁员被替换，则除非仲裁庭另有决定，仲裁程序应自仲裁员被替换或停止履行其职责时起恢复。

第四节　仲裁的进行

第13条——总则

13.1　以本规则的规定为限，仲裁庭应考虑争议的复杂程度和争议金额，而采用适当的程序仲裁，以避免不必要的延误和费用。但程序须保证平等对待各方，并为各方提供合理机会陈述其案。

13.2　在仲裁程序的开始阶段，经与当事人商议，仲裁庭应为仲裁制备一份暂行时间表，提供给当事人和香港国际仲裁中心。

13.3　以第11.5款为限，一方当事人向仲裁庭提供任何文件和信息时，应同时提供给其他各方和香港国际仲裁中心。

13.4　经与当事人商议，仲裁庭可指定一名秘书。秘书应始终保持公正及独立于当事人，并应在获指定前披露任何可能导致对其公正性和独立性产生合理怀疑的情况。在被指定后及整个仲裁过程中，秘书应立即向当事人披露这类情况，除非其已告知当事人。

13.5　仲裁庭和当事人应为所须为,以确保仲裁公平而有效率。

13.6　以第13.5款为前提,当事人可自主选择代理人。当事人应以书面形式将代理人的姓名、地址、电话和传真号码及电子邮件地址通知其他各方和香港国际仲裁中心。仲裁庭或香港国际仲裁中心可要求提供代理人的授权证明。

13.7　对于本规则未明确规定的事项,香港国际仲裁中心、仲裁庭及当事人应按本规则的精神行事。

13.8　仲裁庭应尽合理努力确保仲裁裁决有效。

第14条——仲裁地和仲裁地点

14.1　当事人可约定仲裁地。若未约定,则为香港,除非仲裁庭参酌案件情况认定另一地为仲裁地更为合适。

14.2　除非当事人另有约定,仲裁庭可在仲裁地之外的其认为适当的任何地点进行仲裁庭内部讨论,听取证人证言、专家证言或当事人意见,或检查货物、其他财产或文件,而仲裁应依然在任何意义上被视为在仲裁地进行。

第15条——语言

15.1　除非当事人另有约定,仲裁庭应在其组成后迅速决定一种或几种仲裁语言。此决定适用于仲裁申请书、答辩书、任何进一步书面陈述和任何仲裁裁决;如需开庭审理,同样适用于开庭审理使用的语言。

15.2　若仲裁申请书或答辩书所附的任何文件和在仲裁中提交的任何补充文件或附件是原文,仲裁庭可指令同时提交当事人约定的或仲裁庭决定的一种或几种仲裁语言的译本。

第16条——仲裁申请书

16.1　除非仲裁申请书载于仲裁通知内(或申请人选择视仲裁通知为仲裁申请书),申请人应在仲裁庭设定的期限内,将仲裁申请书书面送交所有其他当事人和每位仲裁员。

16.2　仲裁申请书应包括下列各项:

(a)当事各方的姓名、名称、地址、电话、传真号码和电子邮件地址;

(b)对请求所依据的事实的陈述;

(c)争议事项;

(d)支持请求的法律论证;和

(e)寻求的救济或补救。

16.3　申请人应将其所依据的所有文件附在仲裁申请书后。

16.4　仲裁庭认为适当时,可改变第16条中的任何要求。

第17条——答辩书

17.1　除非答辩书载于对仲裁通知的答复内(或被申请人选择视对仲裁通知的

答复为答辩书),被申请人应在仲裁庭设定的期限内,将答辩书书面送交所有其他当事人和每位仲裁员。

17.2 答辩书应答复仲裁申请书中的各项[载于第16.2(b)、(c)和(d)款]。若被申请人对仲裁庭的管辖权或其组成提出抗辩,答辩书应包含提出抗辩的事实和法律依据。

17.3 若提出反诉或主张抵销的答辩,答辩书还应包括下列各项:

(a)对反诉或主张抵销的答辩所依据的事实的陈述;

(b)争议事项;

(c)支持反诉或主张抵销的答辩的法律论证;和

(d)寻求的救济或补救。

17.4 被申请人应将其所依据的所有文件附在答辩书后。

17.5 仲裁庭认为适当时,可改变第17条中的任何要求。

第18条——对请求或答辩的修改

18.1 在仲裁过程中,当事人可变更或补充其请求或答辩,除非仲裁庭参酌案件情况后认为不宜允许变更。变更后的请求或答辩不得超出仲裁庭的管辖权。

18.2 若当事人变更其请求或答辩,香港国际仲裁中心可适时调整其管理费和(如适当)仲裁庭收费。

第19条——仲裁庭的管辖权

19.1 仲裁庭有权决定其自身在本规则下的管辖权,包括就一个或多个仲裁协议的存在、效力或范围提出的任何抗辩。

19.2 仲裁庭有权决定包含仲裁条款的合同是否存在或是否有效。就本第19条而言,合同中约定依本规则仲裁的仲裁条款,应视为独立于合同其他条款。仲裁庭认定合同无效,并不必然导致仲裁条款无效。

19.3 对仲裁庭管辖权的抗辩,如可能,应在对仲裁通知的答复中提出,最晚应在第17条所述的答辩书中提出,或就反诉而言,最晚应在对反诉的答复中提出。当事人提名或参与提名仲裁员的事实不妨害其提出此抗辩。有关仲裁庭越权行事的抗辩,应尽快在所谓已超越仲裁庭权限的事件在仲裁程序中发生之时提出。但无论如何,若仲裁庭认为延迟有正当理由,仍可允许延迟提出的抗辩。

19.4 如在仲裁庭组成前,就一个或多个仲裁协议的存在、效力或范围存有疑问,或对香港国际仲裁中心是否有权管理仲裁存有疑问,香港国际仲裁中心可决定是否,或在何种程度上,继续仲裁程序。如香港国际仲裁中心根据表面证据认为本规则下的仲裁协议可能存在,仲裁程序应在此程度上继续。任何对仲裁庭管辖权的抗辩,应由仲裁庭在其被确认后依第19.1款决定。

19.5 香港国际仲裁中心依第19.4款作出的决定,对当事人的抗辩可否接受或实体上能否成立均无影响。

第 20 条——进一步书面陈述

仲裁庭应决定除仲裁申请书和答辩书外，还应要求或可由当事人提交哪些进一步书面陈述，并设定送交这类陈述的期限。

第 21 条——期限

仲裁庭设定的送交书面陈述（包括仲裁申请书和答辩书）的期限不得超过 45 日。但仲裁庭认为有理由延长的，可予以延长，即便是相关的期限业已届满。

第 22 条——证据和审理

22.1　当事人对其请求或答辩所依据的事实负举证责任。

22.2　仲裁庭应决定证据能否接受、是否相关、是否重要及其证明力，包括决定是否适用严格的证据规则。

22.3　在仲裁过程中，仲裁庭可随时允许或要求当事人提交仲裁庭认为与案件相关并对案件结果有重要影响的文件、附件或其他证据。仲裁庭有权接受或拒绝接受任何文件、附件或其他证据。

22.4　仲裁庭应决定是否开庭审理以出示证据或作口头辩论，或是否仅以文件和其他材料为基础审理。若一方当事人要求，或仲裁庭认为合适，仲裁庭应在仲裁的适当阶段开庭审理。如需开庭审理，仲裁庭应提前足够的时间通知当事人开庭审理的日期、时间和地点。

22.5　任何人均可作证人或专家。如证人或专家将出庭作证，当事人应在约定的或仲裁庭设定的期限内，通知仲裁庭和其他各方拟出庭的证人或专家的姓名、地址、作证的事项和所用的语言。

22.6　如认为案件需要，仲裁庭可指令为开庭审理中的口头陈述提供翻译和制作庭审记录。

22.7　除当事人另有约定外，审理不公开进行。开庭审理时仲裁庭可随时要求任何证人或专家离开庭审室。仲裁庭可自行决定询问证人或专家的方式。

第 23 条——临时保护措施和紧急救济

23.1　在仲裁庭组成前，当事人可按附录 4 规定的程序（“紧急仲裁员程序”）申请紧急临时或保全性救济（“紧急救济”）。

23.2　经任何一方当事人申请，仲裁庭可指令其认为必要或适当的临时措施。

23.3　临时措施，无论取指令或裁决或其他形式，是指仲裁庭在最终解决争议的裁决作出前暂时指令一方作出例如（但不限于）以下行为：

（a）在争议解决前维持或恢复现状；

（b）采取措施以阻止现时的或临近的、对仲裁程序本身的伤害或损害发生，或克制而不为可能导致这类伤害或损害的行为；

（c）保全财产，以确保可据以执行随后作出的裁决；或

（d）保全与解决争议相关的重要证据。

23.4 在依第23.2款决定当事人申请的临时措施时，仲裁庭应考虑案件情况。相关的因素包括但不限于：

(a)如不指令临时措施，可能产生此后所裁决的损害赔偿无法充分弥补的损害，且这一损害较临时措施对其所针对的一方可能造成的损害显为严重；

(b)申请人在争议实体上有合理的胜诉概率。但对此概率的判断不应影响仲裁庭此后作任何决定时的裁量。

23.5 经当事任何一方申请，仲裁庭可变更、暂停或终止其指令的临时措施。仲裁庭也可在特殊情况下，在提前通知当事各方后，主动如此行事。

23.6 仲裁庭可要求申请临时措施，当事人得为此提供适当担保。

23.7 仲裁庭可要求当事任何一方立即披露申请或指令临时措施所基于的情况随后发生的任何重大变化。

23.8 若仲裁庭事后认定在当时的情况下本不该指令临时措施，则申请临时措施的当事人可能要就临时措施给当事任何一方带来的费用和损失负责。仲裁庭可在仲裁中的任何时候对这类费用和损失作出裁决。

23.9 当事任何一方向具管辖权的司法机关申请临时措施，不得视为与一个或多个仲裁协议相抵触或放弃该等仲裁协议。

第24条——费用担保

仲裁庭可指令当事人就仲裁的费用提供担保。

第25条——仲裁庭指定的专家

25.1 为协助其审定证据，经与当事人商议，仲裁庭可以指定一名或数名专家。仲裁庭可私下会见其指定的专家。专家应就仲裁庭所需决定的特定问题，向仲裁庭作出书面报告。仲裁庭应制备专家任务书，并将复本送交当事各方和香港国际仲裁中心。

25.2 当事各方应向专家提供其所要求的任何相关信息，或提供其所要求的任何相关文件或物品供其检验。当事人与专家就所要求的信息、文件或物品是否相关发生争议的，应交仲裁庭决定。

25.3 收到专家报告后，仲裁庭应将复本发送当事各方，并给当事各方针对报告提出书面意见的机会。当事人有权查验专家在报告中所依据的任何文件。

25.4 在提交报告后，经任何一方当事人请求，专家应出庭接受当事人当场询问。任何一方当事人均可指派专家证人出庭就争议事项作证。第22.2款至第22.7款的规定适用于此程序。

25.5 第11条的规定参照适用于仲裁庭指定的专家。

第26条——缺席

26.1 若申请人在仲裁庭设定的期限内未送交仲裁申请书，又未就此给出充分的理由，仲裁庭应发出终止仲裁的指令。但是，若被申请人已提出反诉并希望继续仲裁，仲裁庭可继续针对反诉的仲裁。

26.2　若被申请人在仲裁庭设定的期限内未送交答辩书，又未就此给出充分的理由，仲裁庭可继续仲裁。

26.3　若一方当事人在经依本规则适当通知后，没有按本规则（包括仲裁庭的指示）陈述其案，又没有就此给出充分的理由，仲裁庭可继续仲裁，并依据已有证据作出裁决。

第27条——新增当事人的追加

27.1　若仲裁（包括第28条和第29条下的仲裁）所依据的本规则下的仲裁协议表面上看同时约束新增当事人，仲裁庭有权允许在仲裁中追加新增当事人。

27.2　仲裁庭依第27.1款所作出的决定，不影响其随后决定由此决定引起的对其管辖权的抗辩。

27.3　希望追加新增当事人的一方当事人应向香港国际仲裁中心提交追加申请。香港国际仲裁中心可设定提交追加申请的期限。

27.4　追加申请应包含下列内容：

（a）现有仲裁的案件编号；

（b）包括新增当事人在内的各当事人的姓名、名称、地址、电话号码、传真号码和电子邮件地址；

（c）追加新增当事人的申请；

（d）说明引发追加申请或与其有关的一份或多份合同或其他法律文件；

（e）对支持申请的事实的描述；

（f）争议事项；

（g）支持申请的法律论证；

（h）寻求的救济或补救；和

（i）确认追加申请及其附件的复本已经或正在依注明的一种或几种方式同时向仲裁所有其他当事人和（如适用）仲裁庭送达。

一份或多份合同的复本和一个或多个仲裁协议（如未包含在一份或多份合同中）的复本应附于追加申请后。

27.5　在收到追加申请后15日内，新增当事人应向香港国际仲裁中心提交对追加申请的答复。对追加申请的答复应包含下列内容：

（a）新增当事人及其代理人的姓名、名称、地址、电话号码、传真号码和电子邮件地址（如与追加申请所载不同）；

（b）任何就仲裁庭组成不当和/或仲裁庭对新增当事人无管辖权的抗辩；

（c）新增当事人对追加申请中按第27.4（a）款至（g）款所列细项的意见；

（d）新增当事人对追加申请中按第27.4（h）款所列的救济或补救的答复；

（e）新增当事人针对仲裁其他当事人的请求的详情；和

(f)确认对追加申请的答复及其附件的复本已经或正在依注明的一种或几种方式同时向仲裁所有其他当事人和(如适用)仲裁庭送达。

27.6 希望作为新增当事人加入仲裁的第三方应向香港国际仲裁中心提交追加申请。第27.4款适用于其申请。

27.7 在收到依第27.3款或第27.6款提出的追加申请后15日内,当事人应向香港国际仲裁中心提交对追加申请的意见。意见可包含但不限于以下内容:

(a)仲裁庭对新增当事人无管辖权的抗辩;

(b)对追加申请中按第27.4(a)款至(g)款所列细项的意见;

(c)对追加申请中按第27.4(h)款所列的救济或补救的答复;

(d)针对新增当事人的请求的详情;和

(e)确认意见及其附件的复本已经或正在依注明的一种或几种方式同时向仲裁所有其他当事人和(如适用)仲裁庭送达。

27.8 若在确认仲裁庭之前收到追加申请,香港国际仲裁中心可以决定仲裁(包括第28条和第29条下的仲裁)所依据的本规则下的仲裁协议表面上是否同时约束新增当事人。若是,香港国际仲裁中心可追加新增当事人。任何随香港国际仲裁中心依第27.8款作出的决定而产生的对仲裁庭管辖权的疑问,应由仲裁庭在其被确认后依第19.1款决定。

27.9 香港国际仲裁中心依第27.8款作出的决定,对当事人的抗辩可否接受或实体上能否成立均无影响。

27.10 在追加新增当事人后,针对新增当事人的仲裁应视为自香港国际仲裁中心收到追加申请之日开始。

27.11 若在仲裁庭被确认之前追加新增当事人,所有当事人应视为已放弃提名仲裁员的权利,且香港国际仲裁中心可撤销对任何已获提名或确认的仲裁员的指定。在此情况下,仲裁庭应由香港国际仲裁中心指定。

27.12 依第27.11款撤销对仲裁员的指定不影响:

(a)仲裁员在其指定被撤销前已作出的任何行为或决定的效力;和

(b)仲裁员依附录2或附录3(以适用者为准)收取收费和费用的权利。

27.13 只要可以有效放弃,当事各方放弃基于追加新增当事人的决定而就仲裁庭作出的任何裁决的效力和/或执行提出任何的异议。

27.14 在当事人提交追加申请后,香港国际仲裁中心可调整其管理费和(如适当)仲裁庭的收费。

第28条——仲裁的合并

28.1 经当事人申请("合并申请"),并经与当事人和已被确认的仲裁员商议,香港国际仲裁中心有权在以下条件满足时,决定将依本规则正在进行的两个或多个仲裁合并:

(a)当事各方同意合并;或

(b)各仲裁中的所有请求均依据同一仲裁协议提出;或

(c)请求依据多于一个的仲裁协议提出,而两个或所有仲裁中存在相同的法律或事实问题,请求救济的权利均涉及或源于同一交易或同一系列交易,且香港国际仲裁中心认定各仲裁协议彼此兼容。

28.2　提出合并申请的当事人应向所有仲裁中的其他当事人和已被确认的仲裁员提供合并申请的复本。

28.3　在决定是否合并时,香港国际仲裁中心应考虑案件情况。相关的因素包括但不限于是否已在多于一个的仲裁中提名或确认一位或多位仲裁员;如是,已确认的是相同还是不同的仲裁员。

28.4　香港国际仲裁中心决定合并两个或多个仲裁的,各仲裁应合并于最先开始的仲裁,除非所有当事人另有约定或香港国际仲裁中心参酌案件情况后另有决定。香港国际仲裁中心应向所有仲裁中的当事人和已被确认的仲裁员提供其决定的复本。

28.5　合并两个或多个仲裁不影响法院在仲裁被合并前为支持仲裁而作出的任何行为或决定的效力。

28.6　香港国际仲裁中心决定将两个或多个仲裁合并的,所有这些仲裁的当事人应视为已放弃提名仲裁员的权利,且香港国际仲裁中心可撤销对任何已获提名或确认的仲裁员的指定。在此情况下,香港国际仲裁中心应为合并后的程序指定仲裁庭。

28.7　依第28.6款撤销对仲裁员的指定不影响:

(a)仲裁员在其指定被撤销前已作出的任何行为或决定的效力;

(b)仲裁员依附录2或附录3(以适用者为准)收取收费和费用的权利;和

(c)计算时效或适用任何类似规则或规定所需确定的提出任何请求或答辩的日期。

28.8　只要可以有效放弃,当事各方放弃基于香港国际仲裁中心作出的合并仲裁的决定而就仲裁庭在合并后的程序中作出的任何裁决的效力和/或执行提出任何的异议。

28.9　在当事人提交合并申请后,香港国际仲裁中心可调整其管理费和(如适当)仲裁庭的收费。

第29条——多份合同,单个仲裁

29.1　源于或涉及多于一份的合同的请求可在单个仲裁中提出,但须满足以下条件:

(a)导致仲裁的各仲裁协议分别约束仲裁所有当事人;

(b)导致仲裁的各仲裁协议涉及共同的法律或事实问题;

(c)请求救济的权利均涉及或源于同一交易或同一系列交易;且

(d)请求所依据的仲裁协议彼此兼容。

29.2　只要可以有效放弃,当事各方放弃基于依第 29 条开始单个仲裁而对仲裁庭作出的任何裁决的效力和/或执行提出任何的异议。

第 30 条——审理终结

30.1　若仲裁庭确信当事人已有合理机会陈述其案,应宣布审理终结。此后,不得再提出任何陈述、论证或证据,除非仲裁庭依第 30.2 款重新开始审理。

30.2　若认为因特殊情况而有必要,仲裁庭可在作出裁决前的任何时候,主动或依一方当事人申请,重新开始审理。

第 31 条——弃权

当事人知道或理应知道未按本规则(包括一个或多个仲裁协议)的规定或其引发的要求行事,但仍继续参与仲裁而未立即提出异议的,应视为已放弃提出异议的权利。

第五节　仲裁庭的裁决、决定和指令

第 32 条——决定

32.1　若仲裁员多于一位,则仲裁庭的任何裁决或其他决定应按多数仲裁员的意见作出。若没有多数意见,裁决应按首席仲裁员一人的意见作出。

32.2　经仲裁庭所有成员事先同意,首席仲裁员可独自作出程序指令。

第 33 条——仲裁费用

33.1　仲裁庭应在裁决中决定仲裁费用。“仲裁费用”仅包括:

(a)依第 10 条确定的仲裁庭的收费;

(b)仲裁庭的合理的差旅和其他费用;

(c)仲裁庭要求的专家意见和其他协助所产生的合理费用;

(d)证人和专家的合理的差旅和其他费用;

(e)法律代理和协助所产生的合理费用(如在仲裁中请求了这类费用);

(f)应按附录 1 向香港国际仲裁中心缴付的受理费和管理费。

33.2　仲裁庭参酌案件情况后若认为合理,可决定由当事各方分担第 33.1 款所述的仲裁费用的全部或部分。

33.3　仲裁庭参酌案件情况后,可指令整个仲裁(或其任何部分)中可获补偿的第 33.1(e)款所述的法律代理和协助所产生的费用不得超出特定金额。

33.4　若仲裁依第 28 条合并,合并后的仲裁中的仲裁庭应依第 33.2 和 33.3 款分配仲裁费用的负担。这类费用应包括但不限于任何被合并到另一仲裁之中的仲裁中被提名或确认的仲裁员的收费及仲裁中产生的其他费用。

33.5　仲裁庭发出终止仲裁的指令或作出和解裁决的,仲裁庭或香港国际仲裁中心应在指令或裁决中决定第 33.1 款所述的仲裁费用。

第 34 条——裁决的形式和效力

34.1　仲裁庭可就不同事项、在不同时间、就所有当事人作出单个的或多个分别的临时裁决、中间裁决、部分裁决或最终裁决。如合适，仲裁庭也可就费用作出临时裁决。

34.2　裁决应以书面形式作出，并对当事人和通过当事人或借当事人名义提出请求者有终局的约束力。只要可以有效放弃，当事人和如此请求者应视为放弃就裁决的执行和履行要求任何救济或提出任何异议的权利。

34.3　当事人承诺不迟延地履行仲裁庭作出的任何裁决或指令，包括在依第 28 条合并的仲裁中或是依第 29 条进行的仲裁中作出的任何裁决和指令。

34.4　裁决应说明其所依据的理由，除非当事人约定无须说明理由。

34.5　裁决应由仲裁庭签署。裁决应载明作出裁决的日期和依第 14 条确定的仲裁地。裁决应视为在仲裁地作出。若是三人仲裁庭，而有仲裁员未签署，裁决应说明未签署的理由。

34.6　除裁决被留置的情况外，仲裁庭应将由仲裁员签署并加盖香港国际仲裁中心印章的裁决原件送交当事人和香港国际仲裁中心。应向香港国际仲裁中心提供一份裁决原件。

第 35 条——适用法律、友好公断人

35.1　仲裁庭应根据当事人约定的法律规则裁决实体争议。除非另有说明，指定某一司法辖区的法律或法律体系，应理解为直接指此司法辖区的实体法律，而不包括其冲突法规则。若当事人未指定，仲裁庭应适用其认为适当的法律规则。

35.2　只有在当事各方明确授权时，仲裁庭才能以友好公断人身份或依公允善良原则裁决争议。

35.3　在任何情况下，仲裁庭均应按相关合同条款裁决争议，并可考虑交易所适用的商业惯例。

第 36 条——因和解或其他原因终止仲裁

36.1　若当事人在裁决作出前和解了结争议，仲裁庭应发出终止仲裁的指令；或者，经双方当事人申请和仲裁庭认可，根据和解内容作出和解裁决。在这类裁决中，仲裁庭无须说明理由。

36.2　若在裁决作出前，因第 36.1 款以外的任何原因，不再需要或不再可能继续仲裁，仲裁庭应发出终止仲裁的指令。当事人应有合理的机会就建议的步骤发表意见。除非当事人提出合理的反对意见，仲裁庭应发出此项指令。

36.3　仲裁庭应将由仲裁员签署的终止仲裁的指令或和解裁决的复本送交当事人和香港国际仲裁中心。若作出的是和解裁决，第 34.2、第 34.3、第 34.5 和第 34.6 款的规定适用。

第 37 条——裁决的更正

37.1 在收到裁决后 30 日内,经通知另一方,任何一方当事人均可要求仲裁庭更正裁决中的任何计算错误、笔误或排印错误或任何类似错误。仲裁庭可设定期限,一般不超过 15 日,要求另一方就此提出意见。

37.2 仲裁庭应在收到更正裁决的要求后 30 日内,作出其认为适当的更正。如需要,仲裁庭可延长此期限。

37.3 仲裁庭可在裁决作出日后 30 日内主动更正裁决。

37.4 若因(1)依第 38 条作出了对裁决任何一点或一部分的解释,或(2)依第 39 条作出了补充裁决,而有必要更正裁决,仲裁庭有权进一步更正裁决。

37.5 更正裁决应用书面形式,适用第 34.2 至 34.6 款的规定。

第 38 条——裁决的解释

38.1 在收到裁决后 30 日内,经通知另一方,任何一方当事人均可要求仲裁庭对裁决作出解释。仲裁庭可设定期限,一般不超过 15 日,要求另一方就此提出意见。

38.2 仲裁庭应在收到解释裁决的要求后 30 日内,以书面形式作出其认为适当的解释。如需要,仲裁庭可延长此期限。

38.3 若因(1)依第 37 条更正了裁决中的错误,或(2)依第 39 条作出了补充裁决,而有必要解释裁决,仲裁庭有权进一步解释裁决。

38.4 依第 38 条作出的解释构成裁决的一部分,适用第 34.2 至 34.6 款的规定。

第 39 条——补充裁决

39.1 在收到裁决后 30 日内,经通知另一方,任何一方当事人均可要求仲裁庭补充裁决在仲裁程序中已提出而裁决中遗漏的请求。仲裁庭可设定期限,一般不超过 30 日,要求另一方就此提出意见。

39.2 若仲裁庭认为补充裁决的要求合理,则应在收到要求后 60 日内作出补充裁决。如需要,仲裁庭可延长此期限。

39.3 若因(1)依第 37 条更正了裁决中的错误,或(2)依第 38 条作出了对裁决任何一点或一部分的解释,而有必要补充裁决,仲裁庭有权进一步补充裁决。

39.4 补充裁决适用第 34.2 至 34.6 款的规定。

第 40 条——费用预付

40.1 原则上,在被申请人收到仲裁通知后,香港国际仲裁中心应尽可能快地要求申请人和被申请人向香港国际仲裁中心缴付相等的金额,作为第 33.1(a)、(b)、(c)和(f)各款所述费用的预付款。香港国际仲裁中心应向仲裁庭提供此要求的复本。

40.2 若被申请人提出了反诉,或存在其他适宜的情形,香港国际仲裁中心可要求分别缴付预付款。

40.3　在仲裁过程中,香港国际仲裁中心可要求当事人增缴预付款。香港国际仲裁中心应向仲裁庭提供此要求的复本。

40.4　若要求的预付款未能在收到要求后30日内向香港国际仲裁中心缴足,香港国际仲裁中心应通知当事人,以便由其中的一方或另一方缴足。若未能缴足,仲裁庭可指令中止或终止仲裁,或在其认为恰当的基础上,就其认为适当的请求或反诉继续仲裁。

40.5　仲裁庭应在最终裁决中向当事人提供香港国际仲裁中心收到的预付款的账目。任何未动用的余额应由香港国际仲裁中心退还当事人。

40.6　香港国际仲裁中心应将当事人缴付的预付款存入信誉良好的香港存款机构的计息存款账户。在选择账户时,香港国际仲裁中心应考虑到可能需要随时从预付款账户提款。

第六节　其他规定

第41条——简易程序

41.1　在仲裁庭组成前,如满足下列条件,一方当事人可以书面形式向香港国际仲裁中心申请仲裁程序按照第41.2款的规定进行:

(a)争议金额,即所有请求和反诉(或任何抵销答辩)金额之和,不超过25,000,000港币(贰仟伍佰万港币);或

(b)当事各方同意;或

(c)出现极为紧急的情况。

41.2　若香港国际仲裁中心在考虑各方当事人观点之后准允依第41.1款提出的申请,仲裁应按照简易程序进行,即按本规则前述条款进行,但适用以下变更:

(a)案件应提交独任仲裁员,除非仲裁协议约定了三位仲裁员;

(b)若仲裁协议约定了三位仲裁员,香港国际仲裁中心应建议当事人将案件提交独任仲裁员。若当事人不同意,案件应提交三位仲裁员;

(c)香港国际仲裁中心可缩短本规则规定的或其设定的任何期限;

(d)在对仲裁通知的答复提交之后,当事人原则上有权提交一份仲裁申请书和一份答辩书(和反诉书)及(如适用)一份对反诉的答辩书;

(e)仲裁庭应仅依据书面文件裁决争议,除非其认为有必要进行一次或多次开庭审理;

(f)裁决应在香港国际仲裁中心将案件移交仲裁庭之日起6个月内作出。特殊情况下,香港国际仲裁中心可延长此期限;

(g)仲裁庭应简要说明裁决所依据的理由,除非当事人同意无须说明理由。

41.3 除非当事人另有约定,第 41 条规定的简易程序不适用于任何依第 28 条合并后的仲裁程序或依第 29 条开始的仲裁。

第 42 条——保密

42.1 除非当事人另有约定,任何当事人不得公布、披露或传送任何有关下述事项的任何信息:

(a)根据一个或多个仲裁协议进行的仲裁;或

(b)仲裁中作出的裁决。

42.2 第 42.1 款的规定同样约束仲裁庭、任何依附录 4 指定的紧急仲裁员、专家、证人、仲裁庭的秘书和香港国际仲裁中心。

42.3 第 42.1 款的规定不阻止当事人在下列情况下公布、披露或传送该款所述的信息:

(a)在法院或其他司法机构的法律程序中:

(i)保护或主张当事人的合法权利或利益;或

(ii)要求执行或质疑第 42.1 款所述的裁决;

(b)依法定义务向任何政府机关、监管机关、法院或仲裁庭公布、披露或传送信息;或

(c)向当事人的专业人士或其他顾问,包括确定的或潜在的证人或专家,公布、披露或传送信息。

42.4 仲裁庭的合议应保密。

42.5 裁决(不论是全文,还是节录或概要)只有在下述情况下才能公开:

(a)向香港国际仲裁中心提出了公开裁决的要求;

(b)当事人名称全被隐去;及

(c)当事人未在香港国际仲裁中心专门设定的期限内反对公开裁决。若有当事人反对,裁决不得公开。

第 43 条——免责

43.1 香港国际仲裁中心理事会、由理事会特别指定的履行本规则下职责的任何委员会、下属委员会或其他组织或个人、香港国际仲裁中心秘书处秘书长和其他成员、仲裁庭、紧急仲裁员、仲裁庭指定的专家和仲裁庭的秘书,均不就依本规则进行的仲裁中的任何作为或不作为承担任何责任,除非是不诚实的作为或不作为。

43.2 裁决一旦作出,且依第 37 条至第 39 条更正、解释或补充裁决的期限已过或者已全部完成,香港国际仲裁中心、仲裁庭、紧急仲裁员、仲裁庭指定的专家或仲裁庭的秘书,均无义务向任何人,就仲裁的任何事项,作任何说明。当事人也不得要求任何上述人士在因仲裁引起的任何法律或其他程序中作证人。

附录1　受理费和管理费(所有金额均系港币)

(2015年2月1日起生效)

1. 受理费

1.1　提交仲裁通知的同时,申请人应按香港国际仲裁中心设定并于仲裁通知提交之日公布于其网页上的金额缴付受理费。

1.2　若申请人未能缴付受理费,以本规则第4.7款为前提,香港国际仲裁中心不会继续仲裁程序。

1.3　受理费不予退还。

2. 仲裁中心的管理费

2.1　仲裁中心的管理费按以下标准计算:

争议金额(港币)	管理费(港币)
400,000以下	19,800
400,001至800,000	19,800+争议金额 400,000以上部分的1.300%
800,001至4,000,000	25,000+争议金额 800,000以上部分的1.000%
4,000,001至8,000,000	57,000+争议金额 4,000,000以上部分的0.545%
8,000,001至16,000,000	78,800+争议金额 8,000,000以上部分的0.265%
16,000,001至40,000,000	100,000+争议金额 16,000,000以上部分的0.200%
40,000,001至80,000,000	148,000+争议金额 40,000,000以上部分的0.110%
80,000,001至240,000,000	192,000+争议金额 80,000,000以上部分的0.071%
240,000,001至400,000,000	305,600+争议金额 240,000,000以上部分的0.059%
超过400,000,000	400,000

2.2　在确定争议金额时,仲裁请求和反诉的金额应合并计算。此规则同样适用于抵销答辩,除非仲裁庭经与当事人商议后认定抵销答辩不会引致大量额外工作。

2.3　计算争议金额时,不应考虑利息请求。但是,若利息请求金额超出本金请求,应单按利息请求计算争议金额。

2.4　根据本规则第18.2款、第27.14款、第28.9款或在香港国际仲裁中心认为情形特殊时,香港国际仲裁中心的管理费可以超出依本附录第2.1节计算所得金额。

2.5　若争议金额不能确定,香港国际仲裁中心应参酌案件情况确定其管理费。

2.6　港币以外的其他币种所表示的金额,应按仲裁通知提交之日或任何新请求、抵销答辩或变更后的请求或答辩提交之日香港上海汇丰银行(HSBC)公布的汇率折算成港币。

附录2　仲裁庭的收费、费用和任职条件(以小时费率为基础)

(2013年11月1日起生效)

1. 适用范围和解释

1.1　以本规则第9.2款为前提,本附录适用于依本规则第10.1(a)款确定仲裁庭收费和费用的仲裁和依附录4指定的紧急仲裁员。

1.2　香港国际仲裁中心可就本附录的条款及其适用范围作出其认为合适的解释。

1.3　本附录为仲裁通知提交之日有效的"仲裁庭收费、费用和任职条件(以附录2和小时费率为基础)实务指引"所补充。

2. 向仲裁庭支付

2.1　通常应由香港国际仲裁中心从当事人按本规则第40条预付的款项中向仲裁庭支付。香港国际仲裁中心可指示当事人按香港国际仲裁中心认为适当的比例,向仲裁庭支付一笔或多笔中期或最终的款项。

2.2　若预付款金额不足以支付仲裁庭,可向当事人提供账单并由当事人直接支付。

2.3　除非仲裁庭另有指示,应以港币支付仲裁庭。

2.4　当事各方应就仲裁员的收费和费用负连带责任,不论仲裁员由哪方指定。

3. 仲裁庭的费用

3.1　仲裁庭的合理费用应依本附录第1.3节述及的实务指引予以补偿。

3.2　仲裁庭的费用不应包括在依本附录第9节按小时费率确定的仲裁庭的收费内。

4. 管理费用

当事各方应承担为仲裁提供的管理或支持性服务所合理发生的费用,包括但不限于庭审场所费用以及翻译和笔录服务的费用。此类费用发生后,可自本规则第40条所述的预付款中直接支付。

5. 向被替换的仲裁员支付的收费和费用

若仲裁员依本规则第12、27条或第28条被替换，香港国际仲裁中心应考虑案件情况（包括但不限于确定仲裁员收费的方法、仲裁员为仲裁已作的工作以及争议标的的复杂性），确定就被替换的仲裁员所提供的服务（如有）应向其支付的收费和费用。

6. 仲裁庭秘书的收费和费用

仲裁庭依本规则第13.4款指定了秘书的，应按小时费率向秘书支付报酬，但此小时费率不得超出香港国际仲裁中心所设定的并于仲裁通知提交之日公布于其网页上的费率。秘书的收费和费用应单独计取。仲裁庭应依本规则第33.1(c)款确定秘书的全部收费和费用。

7. 留置裁决

香港国际仲裁中心和仲裁庭有权留置仲裁庭作出的裁决，以确保当事人缴付尚欠的收费和费用，并可据此拒绝向当事人发送裁决，直至当事人共同或由任何一方缴清了所有收费和费用。

8. 管辖法律

本附录的条款及任何因本附录产生的或与本附录有关的非合同性义务均应受香港法律管辖并依其解释。

9. 仲裁庭收费的费率

9.1　仲裁员应就其为仲裁合理付出的所有工作获得按小时费率计算的报酬。

9.2　在满足本附录第9.3和9.4节的前提下，应依本规则第10.2款商定第9.1节所述的费率。仲裁员应在香港国际仲裁中心依本规则第9条对其确认前，书面同意按本附录第9节确定的费率。

9.3　商定的仲裁员的小时费率不得超出香港国际仲裁中心设定并于仲裁通知提交之日公布于其网页上的费率。

9.4　以第9.3节为前提，仲裁员的商定的小时费率在其被香港国际仲裁中心确认之日起每满一年可评估和增加一次。评估后增加的部分不得超过原费率的10%。

9.5　若所有仲裁当事人均书面同意或香港国际仲裁中心在特殊情形下作出决定，可适用更高的费率。

9.6　若为履行其仲裁员职责须出差，仲裁员有权按以下标准收费：

(a)未用于工作的旅行时间按商定的小时费率的50%计费；而

(b)用于工作的旅行时间按商定的小时费率的全额计费。

10. 取消庭审时的收费

10.1　仲裁员应依下列条件就所有预定的庭审收费：

(a)因仲裁庭要求而取消预定的庭审的，仲裁庭不得收费；

(b)当事人在预定的庭审日前30日内取消预定的庭审的,仲裁庭的日收费应为适用的小时费率的8倍的75%;

(c)当事人在预定的庭审日前30日外60日内取消预定的庭审的,仲裁庭的日收费应为适用的小时费率的8倍的50%;

(d)当事人在预定的庭审日前60日外取消预定的庭审的,仲裁庭不得收费;

(e)在上述各情况下,若仲裁员在预定的庭审日实际为案件花费了时间,如照常计费所得低于上述各项,仍按上述各项计费;如高于上述各项,则照常计费。

10.2 若庭审因所有当事人同意之外的其他原因取消或推迟,在此后决定费用分担时,可考虑这一因素。

附录3 仲裁庭的收费、费用和任职条件

(以争议金额为基础)

(所有金额均系港币)

(2013年11月1日起生效)

1. 适用范围和解释

1.1 以以下第1.2节和本规则第9.2款为前提,本附录适用于依本规则第10.1(b)款确定仲裁庭收费和费用的仲裁。

1.2 本附录不适用于依附录4指定的紧急仲裁员。

1.3 香港国际仲裁中心可就本附录的条款及其适用范围作出其认为合适的解释。

1.4 本附录为仲裁通知提交之日有效的"仲裁庭收费、费用和任职条件(以附录3及争议金额为基础)实务指引"所补充。

2. 向仲裁庭支付

2.1 通常应由香港国际仲裁中心从当事人按本规则第40条预付的款项中向仲裁庭支付。香港国际仲裁中心可指示当事人按香港国际仲裁中心认为适当的比例,向仲裁庭支付一笔或多笔中期或最终的款项。

2.2 若预付款金额不足以支付仲裁庭,可向当事人提供账单并由当事人直接支付。

2.3 除非仲裁庭另有指示,应以港币支付仲裁庭。

2.4 当事各方应就仲裁员的收费和费用负连带责任,不论仲裁员由哪方指定。

3. 仲裁庭的费用

3.1 仲裁庭的合理费用应依本附录第1.4节述及的实务指引予以补偿。

3.2 仲裁庭的费用不应包括在依本附录第6节确定的仲裁庭的收费内。

4. 管理费用

当事各方应承担为仲裁提供的管理或支持性服务所合理发生的费用,包括但不

限于庭审场所费用以及翻译和笔录服务的费用。这类费用发生后，可自本规则第40条所述的预付款中直接支付。

5. 向被替换的仲裁员支付的收费和费用

若仲裁员依本规则第12、27条或第28条被替换，香港国际仲裁中心应考虑案件情况（包括但不限于确定仲裁员收费的方法、仲裁员为仲裁已作的工作以及争议标的的复杂性），确定就被替换的仲裁员所提供的服务（如有）应向其支付的收费和费用。

6. 仲裁庭收费的确定

6.1　仲裁庭的收费应依下表确定。依下表计算的收费为一位仲裁员可收取的最高收费。

争议金额（港币）	仲裁员收费（港币）
400,000以下	争议金额的11.000%
400,001至800,000	44,000＋争议金额 400,000以上部分的10.000%
800,001至4,000,000	84,000＋争议金额 800,000以上部分的5.300%
4,000,001至8,000,000	253,600＋争议金额 4,000,000以上部分的3.780%
8,000,001至16,000,000	404,800＋争议金额 8,000,000以上部分的1.730%
16,000,001至40,000,000	543,200＋争议金额 16,000,000以上部分的1.060%
40,000,001至80,000,000	797,600＋争议金额 40,000,000以上部分的0.440%
80,000,001至240,000,000	973,600＋争议金额 80,000,000以上部分的0.250%
240,000,001至400,000,000	1,373,600＋争议金额 240,000,000以上部分的0.228%
400,000,001至600,000,000	1,738,400＋争议金额 400,000,000以上部分0.101%
600,000,001至800,000,000	1,940,400＋争议金额 600,000,000以上部分的0.067%
800,000,001至4,000,000,000	2,074,400＋争议金额 800,000,000以上部分的0.044%
超过4,000,000,000	3,482,400＋争议金额 4,000,000,000以上部分的0.025% 最高为12,574,000

6.2 仲裁员的收费覆盖自案件移交仲裁庭起至作出最终裁决止的仲裁庭的全部活动。

6.3 在确定争议金额时,仲裁请求和反诉的金额应合并计算。此规则同样适用于抵销答辩,除非仲裁庭经与当事人商议后认定抵销答辩不会引致大量额外工作。

6.4 计算争议金额时,不应考虑利息请求。但是,若利息请求金额超出本金请求,应单按利息请求计算争议金额。

6.5 根据本规则第10.3(c)款、第18.2款、第27.14款、第28.9款或在其他特殊情况下,仲裁庭的收费可超过依第6.1节计算所得金额。

6.6 若争议金额不能确定,香港国际仲裁中心应参酌案件情况确定仲裁庭的收费。

7. 留置裁决

香港国际仲裁中心和仲裁庭有权留置仲裁庭作出的裁决,以确保当事人缴付尚欠的收费和费用,并可据此拒绝向当事人发送裁决,直至当事人共同或由任何一方缴清了所有收费和费用。

8. 管辖法律

本附录的条款及任何因本附录产生的或与本附录有关的非合同性义务应受香港法律管辖并依其解释。

附录4 紧急仲裁员程序

(2013年11月1日起生效)

1. 申请紧急救济的当事人可于提交仲裁通知的同时或之后,但在仲裁庭组成前,向香港国际仲裁中心提交指定紧急仲裁员("紧急仲裁员")的申请("申请")。

2. 申请应按本规则第2.1款所述的任何方式提交。申请应包含以下内容:

(a)申请所涉及的当事人及其代理人的姓名、名称、(所能知道的)地址、电话和传真号码与电子邮件地址;

(b)说明导致申请的情形以及提交仲裁的基础争议;

(c)陈明所申请的紧急救济;

(d)申请人无法等待仲裁庭组成,而需迫切申请紧急救济的原因;

(e)申请人有权获得紧急救济的理由;

(f)任何相关的协议,特别是仲裁协议;

(g)有关紧急救济程序的语言、进行地和适用法律的意见;

(h)确认已以支票或转账方式向香港国际仲裁中心账户缴付本附录第6节所述款项("申请预付款");

(i)确认申请及其附件的复本已经或正在依注明的一种或几种方式同时向仲裁

所有其他当事人送达。

3. 申请也可包含申请人认为适当或有助于有效率地审查其申请的其他文件或信息。

4. 申请人应提交两份申请，一份供紧急仲裁员，一份供香港国际仲裁中心。

5. 若香港国际仲裁中心决定接受申请，则应设法在收到申请与申请预付款两者后两日内指定紧急仲裁员。

6. 申请预付款金额为香港国际仲裁中心设定的并于申请提交之日公布于其网页上的金额。申请预付款包括香港国际仲裁中心的管理费用与紧急仲裁员的收费和费用。紧急仲裁员的收费应按其小时费率，依附录 2 的规定确定。香港国际仲裁中心可于紧急救济程序的任何时候，在考虑案件性质、紧急仲裁员和香港国际仲裁中心的工作的性质与工作量及其他情况后，增加紧急仲裁员的收费或香港国际仲裁中心的管理费用。若提交申请的当事人未能在香港国际仲裁中心规定的期限内缴付增加的收费和/或费用，申请将被退回。

7. 指定紧急仲裁员后，香港国际仲裁中心应通知申请的当事各方并将案件移交紧急仲裁员。此后，当事各方的所有书面通讯均应直接提交给紧急仲裁员，并抄送其他当事人和香港国际仲裁中心。紧急仲裁员发送给当事人的任何书面通讯也应抄送香港国际仲裁中心。

8. 本规则第 11 条适用于紧急仲裁员，但第 11.7 款和第 11.9 款中规定的期限缩短为 3 日。

9. 若紧急仲裁员死亡，或被成功质疑，或因其他原因被免职，或辞职，香港国际仲裁中心应设法在两日内指定替代紧急仲裁员。紧急仲裁员自行回避或当事人依本附录第 8 节同意终止其指定，并不意味接受依本规则第 11.6 款提出的任何理由为有效。如紧急仲裁员被替换，紧急救济程序应自紧急仲裁员被替换或停止履行其职责时起恢复，除非替代紧急仲裁员另有决定。

10. 当事人约定的仲裁地即为紧急救济程序进行地。当事人未约定仲裁地的，紧急救济程序进行地为香港，但这并不影响仲裁庭此后依本规则第 14.1 款决定仲裁地。

11. 紧急仲裁员可以其认为适当的方式进行紧急救济程序。紧急仲裁员应考虑到此程序的内在的紧迫性，确保当事各方均就申请有合理的机会陈述意见。紧急仲裁员有权决定对其管辖权的抗辩，包括就仲裁条款和/或单独的仲裁协议的存在、效力及范围的异议。紧急仲裁员也应决定任何有关本附录是否适用的争议。

12. 紧急仲裁员应自香港国际仲裁中心向其移交案件之日起 15 日内，就申请作出决定、指令或裁决（“紧急决定”）。上述期限可根据当事人的约定延长，也可在适当情况下由香港国际仲裁中心延长。

13. 即便在案件移交仲裁庭的同时，仍可作出紧急决定。

14. 紧急决定应:

(a)以书面形式作出;

(b)载明作出决定的日期并简要说明紧急决定的理由(包括决定应否依本规则第23.1款接受申请,及紧急仲裁员是否有指令紧急救济的管辖权);并

(c)由紧急仲裁员签署。

15. 紧急决定应确定紧急救济程序的费用,并决定应由哪一方当事人承担或如何由当事各方分担。但此决定不影响仲裁庭依本规则第33条就此费用的分担作出最终决定。紧急救济程序的费用包括香港国际仲裁中心的管理费用、紧急仲裁员的收费和费用以及当事人因紧急救济程序发生的合理的其他法律费用。

16. 紧急决定与依本规则第23条指令的临时措施具同等效力,且在作出后立即约束当事各方。当事各方同意依本规则仲裁,即同时承诺不迟延地履行任何紧急决定。

17. 紧急仲裁员应有权指令申请紧急救济的当事人提供适当的担保。

18. 如当事人请求并说明理由,紧急仲裁员或仲裁庭(一旦组成)可修改、中止或终止紧急决定。

19. 紧急决定在以下情况下不再有约束力:

(a)紧急仲裁员或仲裁庭如此决定;

(b)仲裁庭作出最终裁决,除非仲裁庭另有明确决定;

(c)在最终裁决作出前所有仲裁请求被撤回,或仲裁程序终止;

(d)仲裁庭未能在紧急决定作出后90日内组成。此期限可由当事人协议延长,或在适当情况下由香港国际仲裁中心延长。

20. 除本附录第13节所述情形外,一旦仲裁庭组成,紧急仲裁员即无权继续行事。

21. 除非当事人另有约定,如紧急仲裁员已就申请行事,则不得再在涉及引发申请的争议的仲裁中出任仲裁员。

22. 紧急仲裁员程序无意阻止任何当事人在任何时候向具管辖权的司法机关寻求紧急的临时或保全性措施。

23. 对于本附录未明确规定的事项,紧急仲裁员应按本规则的精神行事。

24. 紧急仲裁员应尽合理努力确保紧急决定有效。

新加坡国际仲裁中心仲裁规则

目　　录

第 1 条　适用范围和解释

1.1　凡当事人约定将争议提交新加坡国际仲裁中心进行仲裁或者按照新加坡国际仲裁中心的仲裁规则进行仲裁的，均视为当事人已同意按照本规则进行仲裁，并由新加坡国际仲裁中心对该仲裁案件进行管理。

1.2　本规则于 2016 年 8 月 1 日生效，除非当事人另有约定，本规则适用于该生效日当日以及此后开始进行的所有仲裁案件。

1.3 在本规则中：

“裁决”包括部分裁决、中间裁决或终局裁决以及紧急仲裁员作出的裁决；

“仲裁院委员会”是指院长指定的、由两位或者两位以上仲裁院成员组成的委员会（可包括院长在内）；

“仲裁院”是指新加坡国际仲裁中心仲裁院，包括仲裁院委员会；

“紧急仲裁员”是指根据本规则《附则1》第3项指定的仲裁员；

“实务说明”是指主簿为补充、调整和执行本规则所不时颁布的指引性说明；

“院长”是指仲裁院的院长，包括任何副院长和主簿；

“主簿”是指仲裁院主簿，包括任何副主簿；

“规则”是指《新加坡国际仲裁中心仲裁规则（第6版，2016年8月1日）》；

“新仲”是指新加坡国际仲裁中心；

“仲裁庭”是指由独任仲裁员组成的仲裁庭或由全体仲裁员（如果被指定的仲裁员多于一名的话）组成的仲裁庭；

本规则任何人称代词均指中性称谓；单数名词在适当情况下也可被理解为复数。

第2条 通知送达及期间的计算

2.1 本规则所称的任何通知、通信或建议，均应采用书面形式。上述通知、通讯或建议，可以采用当面递交、挂号信、快递服务寄送，或者通过任何一种电子通信方式（包括电子邮件和传真）进行递送，或者通过其他任何适当的、能提供递送记录的方式进行递送。任何通知、通信或建议在下列任一情形下均应被视为已经送达：

（a）直接递交受送达人或其授权代表；

（b）递送到受送达人的惯常居所地、营业地或者受送达人指定的地址；

（c）递送到当事人约定的任何地址；

（d）按照当事人此前业务往来的习惯做法进行了递送；或者

（e）经合理努力后，仍未能找到前述任一地址，则递送到最后一个为人所知的受送达人的居所地或者营业地。

2.2 根据第2.1条递送的任何通知、通信或建议，均应被视为在递送当日即为已经送达。

2.3 本规则所称期间，应从通知、通信或者建议被视为已经送达的次日起开始计算。除非主簿或仲裁庭另有决定，本规则所称任何期间应依据新加坡标准时间（格林威治标准时间+8）来计算。

2.4 受送达地的非营业日应当纳入本规则所称期间的计算。如果本规则所称期间的届满日，在依据第2.1条进行递送的受送达地为非营业日，期间届满日则将顺延至非营业日后的第一个营业日。

2.5　当事人有关仲裁程序的任何通知、通信或建议，应当向主簿提交一份副本。

2.6　除非本规则另有规定，主簿可在任何时间延长或缩短本规则所规定的任何期限。

第3条　仲裁通知

3.1　拟根据本规则提起仲裁的一方当事人（以下简称申请人），应当向主簿递交"仲裁通知书"。"仲裁通知书"应当包括下列内容：

a. 要求将争议事项提交仲裁的意思表示；

b. 仲裁当事人及其代表（如有）使用的名称、地址、电话号码、传真号码和已知的电子邮件地址；

c. 提交仲裁所援引的仲裁协议，并附具该仲裁协议的副本；

d. 提交仲裁所援引的引起争议事项或者与争议事项有关的合同或其他文契（如投资协定），并尽可能附具合同或其他文契的副本；

e. 简述争议事项的性质和相关情形，列明仲裁请求的救济事项，并尽可能对索赔金额进行初步的量化；

f. 陈述当事人双方之间事先达成的有关仲裁程序应如何进行的约定，或者仲裁申请人对仲裁程序应如何进行提出的建议；

g. 关于仲裁员人数的建议（假如仲裁协议未明确仲裁庭成员的人数）；

h. 除非当事人另有约定，仲裁协议约定三人仲裁庭的，申请人应当提名一位仲裁员；仲裁协议约定独任仲裁员的，申请人应当提出独任仲裁员的人选建议；

i. 关于适用法律规则的任何意见；

j. 关于仲裁语言的任何意见；及

k. 支付本规则规定的案件登记费。

3.2　"仲裁通知书"可以包括第20.2条所指"申述书"的内容。

3.3　主簿收到完整的仲裁通知书之日，应被视为是仲裁程序开始之日。为避免歧义，"仲裁通知书"只有在满足了第3.1条和第6.1条(b)项（如果适用）规定的全部内容后，或者主簿认为"仲裁通知书"已经实质性地满足了该些要求后，才会被视为是完整的仲裁通知书。新仲应当向当事人发出通知，通告仲裁程序的正式开始。

3.4　申请人在向主簿递交"仲裁通知书"的同时，应当向被申请人发送"仲裁通知书"副本一份，并向主簿说明其已经向被申请人发送文件的情况，同时说明其发送的方式和发送的日期。

第4条　对"仲裁通知书"的答复

4.1　被申请人在收到"仲裁通知书"之日起十四天内，应当向主簿递交"答复书”。“答复书”应当包括下列内容：

a. 确认或者否认全部或者部分仲裁请求，包括认为仲裁庭无管辖权的任何抗辩(如有)；

b. 如被申请人提出反请求，应当简述反请求争议事项的性质和相关情形，列明反请求的救济事项，并尽可能对反请求事项的反索赔金额进行初步的量化；

c. 对依本规则第 3.1 条提交的“仲裁通知书”中的任何陈述提出意见，或者对该条所包含的事项提出意见；

d. 除非当事人另有约定，仲裁协议规定三人仲裁庭的，被申请人应当提名一位仲裁员；仲裁协议规定独任仲裁员的，则被申请人应当对申请人提出的独任仲裁员的人选建议发表意见或者提出新的人选建议；

e. 就反请求支付本规则规定的案件登记费。

4.2 “答复书”还可以包括第 20.3 条和第 20.4 条规定的“答辩书”和“反请求申述书”的内容。

4.3 被申请人在向主簿发送“答复书”的同时，应当向申请人发出“答复书”副本一份，并向主簿说明其已经向申请人发送文件的情况，同时说明其发送的方式和发送的日期。

第 5 条 快速程序

5.1 在仲裁庭组成之前，符合下列条件之一的，一方当事人可以向主簿提出书面申请，请求依照本规则规定的“快速程序”进行仲裁：

a. 争议金额(由仲裁请求、反请求以及任何抵销抗辩所构成的总金额)不超过相当于六百万元(新加坡元)的金额；

b. 当事人约定适用快速程序进行仲裁的；或者

c. 遇异常紧急情况的。

按照本第 5.1 条规定请求适用“快速程序”进行仲裁的一方当事人，在向主簿递交要求用“快速程序”进行仲裁的申请书的同时，应当向另一方当事人发送该申请书的副本，并向主簿说明其已经向对方当事人发送文件的情况，同时说明其发送的方式和发送的日期。

5.2 在一方当事人已依据第 5.1 条向主簿递交了申请，且院长在考虑各方当事人的观点以及案件的情况后决定仲裁程序应当适用“快速程序”的，仲裁程序应当按照如下规定进行：

a. 主簿可以缩短本规则的任何期限；

b. 案件将由独任仲裁员审理，但院长另行决定的除外；

c. 仲裁庭在征询当事人意见后，可以决定是否对案件的争议事项仅依据书面证据进行审理，或者决定是否需要进行开庭审理，以便询问任何证人和专家证人并进行任何的口头庭辩；

d. 仲裁庭应当在其组成之日起的六个月之内作出最终裁决，但主簿在例外情形下延长作出最终裁决期限的除外；

e. 仲裁庭可以简述最终裁决的理由，但当事人已约定无需任何裁决理由的除外。

5.3　当事人如果同意依照本规则进行仲裁，当案件根据本第5条规定的“快速程序”进行仲裁时，则第5.2条的规定应被视为当事人已经同意予以适用，即使其仲裁协议中有相反的约定。

5.4　根据一方当事人的申请，在给予各方当事人发表意见的机会之后，仲裁庭在考虑了后来才知悉的额外的信息之后，经征询主簿的意见，可以决定仲裁程序不再按照“快速程序”进行。如果仲裁庭决定批准当事人依据本第5.4条提出的申请时，该仲裁案将由根据“快速程序”组成的同一个仲裁庭继续进行审理。

第6条　多份合同

6.1　如果案件的争议事项由多份合同引起或者与多份合同有关，申请人可以：

a. 就援引的每一份仲裁协议分别提交一份“仲裁通知书”，并同时按照第8.1条的规定申请合并该些仲裁案件；或者

b. 就援引的所有仲裁协议仅提交一份“仲裁通知书”，但“仲裁通知书”中应包括对每份合同和其分别援引的仲裁协议的陈述以及对是否已经满足了第8.1条所规定的适用条件的说明。如果这样做，则申请人应被视为是开始了多个仲裁程序（每个仲裁协议对应一个仲裁程序），根据本第6.1(b)条提交的“仲裁通知书”应被视为是根据第8.1条提出的将所有该些仲裁程序进行合并审理的申请。

6.2　当申请人根据第6.1(a)条提交了两份或两份以上的“仲裁通知书”时，对于拟合并的各仲裁程序而言，主簿应根据本规则仅收取一份案件登记费。如果仲裁院全部或部分驳回合并仲裁的申请的，申请人应当为没有被合并的个案支付本规则规定的案件登记费。

6.3　当申请人根据第6.1(b)条仅提交了一份“仲裁通知书”，而仲裁院全部或部分驳回了合并仲裁的申请时，则申请人应当针对未被合并的个案分别提交“仲裁通知书”，并且为未被合并的个案分别支付本规则规定的案件登记费。

第7条　当事人的追加

7.1　在仲裁庭组成之前，凡符合下列条件之一的，一方当事人或者非案件当事人均可以向主簿提出申请，要求追加一个或以上新增的当事人作为申请人之一或被申请人之一以加入根据本规则已在进行的待决仲裁程序：

a. 从表面上看，被追加的新增当事人受仲裁协议的约束；或者

b. 包括被追加的当事人在内的所有当事人均同意被追加的当事人加入该仲裁程序。

7.2　根据第7.1条要求追加新增当事人的申请必须包括以下内容：

a. 待决仲裁的案件编号；

b. 包括被追加的新增当事人在内的所有当事人及其代表(若有)、任何在待决仲裁中被提名或被指定的仲裁员的名字、地址、电话号码、传真号码和已知的电子邮件地址；

c. 新增当事人是被追加为申请人之一还是被申请人之一；

d. 第 3.1(c)条和第 3.1(d)条规定的信息；

e. 如果申请是根据第 7.1(b)条提出的,关于当事人同意追加的信息以及该等同意的文件副本(如可能)；以及

f. 支持该项申请的事实与法律依据的简要说明。

满足本第 7.2 条规定的全部要求,或者主簿认为已实质性地满足了该些要求时,当事人提出的追加当事人的申请将被视为是完整的申请。追加申请完整后,新仲应通知包括被追加的新增当事人在内的所有当事人。

7.3　根据第 7.1 条提出追加当事人申请的当事人或非当事人,在向主簿提交追加当事人申请的同时,应当向包括被追加的新增当事人在内的所有当事人发送一份该追加申请书的副本,并向主簿说明其已经向各方发送文件的情况,同时说明其发送的方式和发送的日期。

7.4　在考虑包括被追加的新增当事人在内的所有当事人的意见以及案件情况后,仲裁院应当决定对于根据第 7.1 条提出的追加申请是否全部或部分予以批准。仲裁院根据本第 7.4 条作出的批准追加当事人的申请的决定,不影响仲裁庭随后对由该决定所引起的就其管辖权提出的异议进行决定的权力。仲裁院根据本第 7.4 条作出的全部或部分驳回追加申请的决定,也不影响任何当事人或非案件当事人依据本规则第 7.8 条向仲裁庭申请追加当事人的权利。

7.5　当追加当事人的申请根据第 7.4 条的规定获得批准时,收到完整的追加当事人的申请的当日,对于该新增当事人而言,应被视为是其仲裁程序的开始之日。

7.6　追加当事人的申请根据第 7.4 本条获得批准时,仲裁院可以撤销在该批准决定作出之前对仲裁员的指定。除非包括被追加的新增当事人在内的所有当事人另有约定,第 9 条至第 12 条将酌情适用,其所规定的期限将从收到仲裁院依据第 7.4 条所作出的决定之日起计算。

7.7 仲裁院根据第 7.6 条作出的撤销仲裁员指定的决定,不影响该仲裁员在其指定被撤销之前所做出的任何行为、命令或裁决的有效性。

7.8　在仲裁庭组成之后,凡符合下列条件之一的,一方当事人或者非案件当事人可以向仲裁庭提出申请,要求追加一个或以上新增当事人作为申请人之一或被申请人之一以加入根据本规则已在进行的待决仲裁：

a. 从表面上看,被追加的新增当事人受仲裁协议的约束；或者

b. 包括被追加的新增当事人在内的所有当事人均同意追加新增当事人参与该

仲裁程序。

在适当的情况下,根据本第7.8条向仲裁庭提出的申请,可以向主簿提交。

7.9　除非仲裁庭另有明确指令,第7.2条的规定可以酌情适用于第7.8条规定的追加当事人的申请。

7.10　在给予包括被追加的当事人在内的所有当事人发表意见的机会并考虑案件的情况后,仲裁庭应当决定是否全部或部分批准根据第7.8条提出的追加当事人的申请。仲裁庭根据本第7.10条作出的批准追加当事人申请的决定,不影响仲裁庭随后对由该决定引起的就其管辖权提出的异议作出决定的权力。

7.11　追加当事人的申请根据第7.10条获得批准时,仲裁庭或主簿(视具体情况而定)收到完整的追加当事人的申请书的当日,应被视为是有关该新增当事人的仲裁程序的开始之日。

7.12　追加申请根据第7.4条或第7.10条获得批准时,任何未进行仲裁员提名或以其他方式参与仲裁庭组成程序的当事人,将被视为放弃仲裁员的提名或以其他方式参与仲裁庭组成程序的权利,但是,不影响该当事人根据第14条的规定要求仲裁员回避的权利。

7.13　追加当事人的申请根据第7.4条或第7.10条获得批准时,任何新增的仲裁请求或仲裁反请求应当根据本规则的规定缴纳案件登记费。

第8条　合并仲裁

8.1　在拟合并的各仲裁案件的仲裁庭均未组成之前,拟合并的各仲裁案件符合下列条件之一的,一方当事人可以向主簿提出申请,要求将两个或以上根据本规则正在进行的待决仲裁案件合并为一个仲裁案:

a. 所有当事人同意合并仲裁;

b. 各仲裁案件的所有请求是依据同一份仲裁协议提出;或者

c. 各仲裁协议相容,并且:(i)争议由相同法律关系产生;(ii)产生争议的多个合同系主从合同的关系;或者(iii)争议由同一交易或同一系列交易产生。

8.2　根据第8.1条提出的合并仲裁的申请,应当包括以下内容:

a. 拟合并的各仲裁案的案件编号;

b. 所有当事人及其代表(若有)以及任何在拟合并的各仲裁案中已经获得提名或被指定的仲裁员的名字、地址、电话号码、传真号码和已知的电子邮件地址;

c. 第3.1(c)条和第3.1(d)条要求的信息;

d. 如果申请是根据第8.1(a)条提出,关于当事人同意合并仲裁的信息以及该等同意的文件副本(如可能);以及

e. 支持该合并仲裁的申请的事实和法律依据的简要说明。

8.3　根据第8.1条申请合并仲裁的当事人在向主簿提交合并仲裁申请的同时,应当向所有当事人发送一份该申请书的副本,并通知主簿其已经发送文件的情

况，同时说明其发送的方式和发送的日期。

8.4　在考虑所有当事人意见以及案件的情况后，仲裁院应当决定对于根据第8.1条的规定提出的合并仲裁的申请是否全部或部分予以批准。仲裁院根据本第8.4条作出的批准合并仲裁申请的决定，不影响仲裁庭随后对由该决定引起的就其管辖权提出的异议作出决定的权力。仲裁院根据本第8.4条作出的全部或部分驳回合并仲裁申请的决定，也不影响任何当事人根据第8.7条的规定向仲裁庭申请合并仲裁的权利。任何未被合并的仲裁案件仍将继续被视为是本规则项下的各自独立的仲裁案件。

8.5　仲裁院根据第8.4条的规定决定合并两个或以上仲裁案件时，各仲裁案件应合并于主簿认定是最先开始的那个仲裁案中，除非所有当事人另有约定或仲裁院参酌案件情况后另有决定。

8.6　合并仲裁的申请根据第8.4条获得批准时，仲裁院可以撤销任何在合并仲裁决定作出之前对仲裁员的指定。除非所有当事人另有约定，第9条至第12条将酌情适用，其所规定的期限将从收到仲裁院依据本规定第8.4条所作出的决定之当日起计算。

8.7　在拟合并的仲裁案件中已有案件组成了仲裁庭的情况下，如果拟合并的各仲裁案件符合下列条件之一的，一方当事人可以向仲裁庭提出申请，要求将依据本规则正在进行的两个或以上待决仲裁案件合并为一个仲裁案件：

a. 所有当事人同意合并仲裁；

b. 各仲裁案的所有请求是依据同一份仲裁协议提出，并且各个仲裁案已经组成了仲裁员相同的仲裁庭，或者其他仲裁案件尚未组成仲裁庭；或者

c. 各仲裁协议相容，各仲裁案已经组成了仲裁员相同的仲裁庭，或者其他仲裁案件尚未组成仲裁庭，并且：(i)争议由相同法律关系产生；(ii)产生争议的多个合同系主从合同的关系；或者(iii)争议由同一交易或同一系列交易产生。

8.8　除非仲裁庭另有任何明确指令，第8.2条可酌情适用于第8.7条规定的合并仲裁的申请。

8.9　在给予所有当事人发表意见的机会并考虑案件情况后，仲裁庭应当决定对于根据第8.7条的规定提出的合并仲裁的申请是否全部或部分予以批准。仲裁庭根据本第8.9条作出的批准合并仲裁申请的决定，不影响仲裁庭随后对由该决定引起的就其管辖权提出的异议作出决定的权力。任何未被合并的仲裁案件应将继续被视为是本规则项下各自独立的仲裁案件。

8.10　合并仲裁的申请根据第8.9条获得批准时，仲裁院可以撤销任何在合并仲裁决定作出之前对仲裁员的指定。

8.11　仲裁院根据第8.6条或者第8.10条撤销任何仲裁员指定的决定，不影响该仲裁员在其指定被撤销之前所做出的任何行为、命令或裁决的有效性。

8.12　合并仲裁的申请根据第8.4条或第8.9条获得批准时,任何未进行仲裁员提名或以其他方式参与仲裁庭组成程序的当事人,将被视为放弃仲裁员的提名或以其他方式参与仲裁庭组成程序的权利,但是,不影响该当事人根据第14条的规定要求仲裁员回避的权利。

第9条　仲裁员的人数及其指定

9.1　除非当事人另有约定,否则,依据本规则进行的仲裁案件均应当指定一名独任仲裁员进行审理;或者,在主簿充分考虑当事人的建议后认为,由于争议事项的复杂性、涉案金额或其他相关情况,使得案件有必要指定三名仲裁员组成仲裁庭来进行审理。

9.2　当事人约定由一位或多位当事人或者由第三方(包括由已经被指定的仲裁员)来指定仲裁员的,这样的约定均应当被视为是当事人依据本规则做出的有关指定仲裁员的约定。

9.3　在所有仲裁案中,当事人或者第三方(包括已被指定的仲裁员)对仲裁员的提名,均需要以院长的指定为前提。

9.4　院长应当在实际可行的情况下尽快确认对仲裁员的指定。院长依本规则作出的有关指定仲裁员的决定是终局、不可上诉的。

9.5　院长可以指定当事人建议或提名的候选人来担任案件的仲裁员。

9.6　主簿应当根据本规则的规定以及届时有效的《实务说明》或者根据当事人的约定,来确定担任该案仲裁员职务的条款。

第10条　独任仲裁员

10.1　仲裁庭为独任仲裁员时,任何一方当事人可以向另一方当事人提议一名或者数名担任独任仲裁员的人选。当事人达成提名独任仲裁员的协议后,应当适用第9.3条。

10.2　如果从仲裁程序开始之日起的21天内,或者在其他由当事人约定或主簿确定的时间期限内,当事人未能就独任仲裁员的人选达成一致意见,或者在任何时候、经任何一方当事人的请求,院长应当为该案指定独任仲裁员。

第11条　三位仲裁员

11.1 仲裁庭为三位仲裁员时,每方当事人应当各自提名一位仲裁员。

11.2　如果一方当事人在收到另一方当事人提名仲裁员的通知之日起的十四天内或者在其他由双方约定或主簿确定的时间期限内,未能提名一位仲裁员,则由院长代该当事人指定一位仲裁员。

11.3　除非当事人对第三位仲裁员的提名程序另有约定,或者按照当事人约定的程序在当事人约定或者主簿确定的期限内仍然未能完成对仲裁员的提名时,则第三名仲裁员应当由院长指定,并且该第三名仲裁员应当担任首席仲裁员。

第 12 条　多方当事人指定仲裁员

12.1　如仲裁案有多于两个当事人,且需要指定一名独任仲裁员时,各个当事人应当共同提名一名独任仲裁员。如果在仲裁程序开始之日起的二十八天内,或者在当事人约定的期限内,或者在由主簿指定的期限内,未能就独任仲裁员的共同提名达成一致,则由院长指定该案独任仲裁员。

12.2　如仲裁案有多于两个当事人,且需要指定三位仲裁员时,作为申请人一方的当事人应当共同提名一位仲裁员,作为被申请人一方的当事人应当共同提名一位仲裁员。担任首席仲裁员的第三名仲裁员则应当根据第 11.3 条进行指定。如果从仲裁程序开始之日起的第二十八天内,或者在当事人约定或由主簿指定的期限内,未能就上述共同提名达成一致,则院长应当指定全部三位仲裁员,并指定其中一位仲裁员担任首席仲裁员。

第 13 条　仲裁员的资格

13.1　依本规则进行的仲裁程序中被指定的任何仲裁员(无论其是否由当事人提名),均必须始终保持其独立性和中立性。

13.2　院长依本规则指定仲裁员时,应当考虑当事人对仲裁员的资质要求的约定,尤其考虑与仲裁员的中立性和独立性相关的情形。

13.3　院长也应当考虑仲裁员是否有足够的办案时间,能否以适合该仲裁案的性质的方式,迅速、高效地审理案件。

13.4　被提名的仲裁员在获得指定之前,应当将任何可能导致对其中立性或独立性产生合理怀疑的情形,在合理可行的时间内尽快向各方当事人和主簿进行披露。

13.5　对于仲裁过程中发现或出现的任何可能导致对其中立性或独立性产生合理怀疑的情形,仲裁员均应当立即向各方当事人、其他仲裁员和主簿进行披露。

13.6　任何当事人或者任何代表当事人利益的人,不得单方面与任何仲裁员或者由当事人提名的仲裁员候选人就案件相关事项交换意见,但下列行为除外:告知候任仲裁员本案争议的基本性质和即将发起的仲裁程序;与仲裁员候选人讨论其资格、是否有时间办案、与当事人之间的涉及独立性的问题;在当事人或者当事人提名的仲裁员要参与选择第三位仲裁员时,与仲裁员候选人讨论其是否适合作为首席仲裁员的人选。当事人或者任何代表当事人利益的人均不得单方面与首席仲裁员候选人就案件相关事项交换意见。

第 14 条　仲裁员的回避

14.1　下列情形下,可以申请仲裁员回避:存在对仲裁员中立性或者独立性产生合理怀疑的情形,或者仲裁员未具备当事人约定的资质要求。

14.2　对于当事人自己提名的仲裁员,只有回避事由是在该仲裁员被指定之后该当事人才得知的情形,该当事人才能申请自己提名的仲裁员回避。

第15条　申请回避通知

15.1　一方当事人如有意要申请仲裁员回避,应当根据第15.2条的规定,在收到关于该仲裁员被指定的通知之日起的十四天内,或者在当事人得知或者应当合理地得知该仲裁员存在第14.1条或者第14.2条规定的回避情形之日起的十四天内,向主簿提交申请回避的通知书。

15.2　申请回避通知书应当说明申请回避的理由。主簿收到申请回避通知书的日期应被视为是申请回避通知书提交的日期。申请仲裁员回避的当事人在向主簿提交申请回避通知书的同时,应将申请回避通知书发送给另一方当事人、被要求回避的仲裁员以及仲裁庭的其他成员(或者在仲裁庭尚未组成时,其他已被指定的仲裁员),并通知主簿其已发送申请回避通知书的情况,同时说明其发送的方式及发送的时间。

15.3　申请回避的当事人应当根据本规则、按照相应的《收费表》的规定支付要求支付的申请回避费。如果该方当事人未在主簿规定的期限内支付该申请回避费,则回避申请将视为被撤回。

15.4　根据第15.2条收到申请回避通知书后,主簿可以命令中止仲裁程序,直至回避申请得到解决。除非主簿根据本第15.4条命令中止仲裁程序,否则,在仲裁院根据第16条的规定作出回避决定之前,被申请回避的仲裁员有权继续参与仲裁程序。

15.5　一方当事人申请仲裁员回避的,另一方当事人可以同意该回避申请,此时,仲裁院应当免除各方当事人均同意回避的仲裁员的职务;被申请回避的仲裁员也可以主动退出仲裁庭。以上任何一种情况的发生,均不意味认可申请回避的理由成立。

15.6　如果根据第15.5条,一名仲裁员被免职或主动退出仲裁庭,替换的仲裁员的提名和指定程序应当按照适用于该被回避仲裁员的提名和指定程序。即使在被回避仲裁员的指定过程中,一方当事人未行使其提名权利,上述程序仍应予以适用。从收到另一方当事人关于同意仲裁员回避的通知或者收到被申请回避的仲裁员退出仲裁庭的通知之日起,适用于替换仲裁员的提名和指定的期限将开始计算。

第16条　回避决定

16.1　在收到第15条规定的申请回避通知之日起的七天内,另一方当事人不同意该仲裁员回避的,并且被申请回避的仲裁员也没有主动退出仲裁庭的,则仲裁院应当决定是否支持回避申请。仲裁院可以要求各方当事人、被申请回避的仲裁员和仲裁庭其他成员(或者在仲裁庭尚未组成的情况下,任何已获任命的仲裁员)对回避申请发表意见,并规定发表意见的时间期限。

16.2　仲裁院支持对仲裁员提出的回避申请的,仲裁院应当免除该仲裁员的职务,并按照适用于该回避仲裁员的提名和指定程序,重新指定一名替换仲裁员。替换仲裁员的提名和指定所适用的时间期限,从主簿向当事人发出仲裁院决定的通知之日起开始计算。

16.3　如果仲裁院驳回了对仲裁员提出的回避申请,则该仲裁员应当继续参与仲裁。

16.4　仲裁院根据第16条对仲裁员回避申请作出的决定应当说明理由,除非当事人另有约定。主簿应当向当事人通知上述决定。仲裁院就回避申请作出的决定是终局的、不可上诉的。

第17条　仲裁员的更换

17.1　除非本规则另有规定,在仲裁程序进行期间,遇有仲裁员死亡、辞职、退出仲裁庭或被免职情形的,应当按照适用于该仲裁员的提名和指定程序,重新指定一名替换仲裁员。

17.2　对于仲裁员拒绝或者未履行职责,或者没有依据本规则的规定或者没有在规定的期限内履行其职责,或者仲裁员发生法律或事实上不能履行职责的情形,应当适用第14条至第16条以及第17.1条有关仲裁员回避和更换的规定。

17.3　对于仲裁员拒绝或者未履行职责,或者没有依据本规则的规定或者没有在规定的期限内履行其职责,或者仲裁员发生法律或事实上不能履行其职责的情形,或者仲裁员不能恪尽职守或者/并且不能以公平、快捷、经济、终局裁决的方式进行仲裁的情形,院长可以主动提出并自主决定免除该仲裁员的职务。院长在根据本款的规定免除该仲裁员职务前,应当征询当事人、包括该拟被免职仲裁员在内的仲裁庭成员(或者在仲裁庭尚未组成时,任何已被指定的仲裁员)的意见。

第18条　仲裁员更换后再次开庭

根据第15条至第17条,如果独任仲裁员或者首席仲裁员被更换的,除非当事人另有约定,否则,此前进行过的任何开庭均应当重新进行。如果是更换其他仲裁员的,仲裁庭经征询当事人的意见,可以自行决定是否重新开庭。此前仲裁庭已作出中间裁决或者部分裁决的,对属于前述裁决中的事项不得重新开庭审理,该等裁决应继续有效。

第19条　仲裁程序的进行

19.1　仲裁庭在征询当事人的意见后,应当以其认为适合的方式进行仲裁程序,以确保公平、快捷、经济、终局地解决争议事项。

19.2　仲裁庭应当决定所有证据的关联性、实质性和可采性。仲裁庭对证据的采信无需适用任何准据法所规定的证据规则。

19.3　仲裁庭组成后,仲裁庭应当在实际可行的情况下,尽快与当事人举行审前预备会议,通过面谈或者其他任何方式,讨论对案件最适合和最有效率的程序。

19.4　仲裁庭有权自主确定审理程序的先后顺序,对案件进行分段审理,剔除重复或无关的证言或者其他证据，指令当事人针对某些争议焦点（对这些争议焦点的裁判可能会解决部分或者全部案件所涉的争议事项）进行陈述。

19.5　除非当事人另有约定，首席仲裁员可以独自作出程序性命令，但仲裁庭可以对此进行修正。

19.6　一方当事人向仲裁庭和/或主簿提供的所有陈述书、文件或者其他文件资料，必须同时提供给另一方当事人。

19.7　院长可以在仲裁程序的任何阶段，要求当事人和仲裁庭举行会议，讨论对案件最适合和最有效率的程序。该等会议可以通过面谈或者其他任何方式进行。

第20条　当事人陈述的提交

20.1　当事人应当依照本条的规定提交书面陈述，但仲裁庭另行决定的除外。

20.2　除非已经按照第3.2条的规定提交了文件，否则申请人应当在仲裁庭规定的时间期限内向被申请人和仲裁庭提交"申述书"，详细列明如下内容：

a. 支持其仲裁主张的事实陈述；

b. 支持其仲裁主张的法律依据或者法律论证；以及

c. 请求的救济以及所有可量化的索赔金额。

20.3　除非已经按照第4.2条的规定提交了文件，被申请人应当在仲裁庭规定的时间期限内向申请人和仲裁庭提交"答辩书"，详细列明如下内容：

a. 支持其对"申诉书"的答辩主张的事实陈述；

b. 支持其答辩主张的法律依据或者法律论证；以及

c. 请求的救济。

20.4　被申请人提出反请求的，申请人应当在仲裁庭规定的时间期限内向被申请人和仲裁庭提交"反请求答辩书"，详细列明如下内容：

a. 支持其对反请求的答辩的事实陈述；

b. 支持其对反请求答辩的法律依据或者法律论证；以及

c. 请求的救济。

20.5　当事人可以修改仲裁请求、反请求或者其他陈述；但仲裁庭考虑当事人进行修改将延误审理，或者对另一方当事人带来不利影响，或者任何其他情况，因而认为不宜允许修改的除外。如果修改后的仲裁请求或反请求超出仲裁协议的范围，则不能对仲裁请求或反请求进行修改。

20.6　对于进一步的书面陈述，应由仲裁庭决定是否要求当事人进一步提交或允许当事人自行提交。仲裁庭应确定进一步书面陈述的提交期限。

20.7　本条所指的任何陈述，都应当附具当事人此前未提交过的支持材料的副本。

20.8　申请人未在规定期限内提交"申述书"的，仲裁庭有权作出终止仲裁程序的命令或者发出其他适当的指示。

20.9　被申请人未提交“答辩书”的,或者任何当事人在任何时候没有把握仲裁庭提供的机会并按照仲裁庭指令的方式陈述案情的,仲裁庭有权继续进行仲裁。

第 21 条　仲裁地

21.1　当事人可以约定仲裁地。当事人未约定的,仲裁地由仲裁庭在考虑全部案情后予以确定。

21.2　仲裁庭有权按照仲裁庭认为便捷、适当的任何方式,在仲裁庭认为便利、适合的任何地点开庭和举行会议。

第 22 条　仲裁语言

22.1　除非当事人另有约定,仲裁程序使用的语言由仲裁庭确定。

22.2　当事人所提交的文件使用了仲裁语言之外的其他语言的,仲裁庭或者主簿(在仲裁庭组成之前)可以要求该方当事人提供翻译件,文件格式则由仲裁庭确定或者主簿确认。

第 23 条　当事人代表

23.1　执业律师或者其他任何获得授权的人均可以代表当事人参与仲裁。主簿和/或者仲裁庭可以要求当事人代表提交当事人给予的授权证明。

23.2　仲裁庭组成后,当事人变更或者增加代表的,应当立即书面通知其他当事人、仲裁庭和主簿。

第 24 条　开庭审理

24.1　除非当事人约定仲裁应通过书面进行审理或者本规则另有规定以外,如一方当事人请求,或者仲裁庭作出决定,仲裁庭应当开庭审理当事人出示的证据和/或对争议实体的口头陈述(包括任何有关管辖权问题的争议)。

24.2　仲裁庭在征询当事人的意见后,应当确定会议或开庭的日期、时间和地点,并合理通知当事人。

24.3　当事人不参加会议或出庭且未提供充分理由的,仲裁庭有权继续进行仲裁程序,并可以根据其已有的陈述和证据作出裁决。

24.4　除非当事人另有约定,所有会议和开庭均不公开进行,任何在仲裁程序中的记录、笔录或者使用的文件均是保密的。

第 25 条　证人

25.1　在开庭审理前,仲裁庭有权要求当事人以通知的方式,说明当事人有意安排的出庭证人(包括专家证人)的身份、作证的事项及其与争议焦点的关联性。

25.2　仲裁庭可以允许、拒绝或者限制证人出庭提供口头证言。

25.3　当事人、当事人代表和仲裁庭可以按照仲裁庭确定的询问方式,向出庭口头作证的证人发问。

25.4　仲裁庭可以指令证人以书面形式提供证言,书面形式包括证人签名的声明、经宣誓的陈述书或以其他任何方式作出的记录。在不违反第 25.2 条规定的情况下,任何一方当事人可以要求提供上述书面证言的证人出庭、接受口头询问。证人未到庭的,仲裁庭可以自由裁量其书面证言的证明力、不考虑或者完全排除其书面证言。

25.5　任何当事人或者当事人代表与其有意安排出庭的证人或者潜在证人在证人出庭提供口头作证之前的会面都是准许的。

第 26 条　仲裁庭指定的专家

26.1　除非当事人另有约定,仲裁庭可以:

a. 经征询当事人的意见后,指定专家就具体的问题提供报告;以及

b. 要求当事人向根据第 26.1(a)条指定的专家提供相关的信息,或者出示或协助取得任何有关的文件、物品和财产以供其检验;

26.2　根据第 26.1(a)条指定的专家应当向仲裁庭提供书面报告。收到书面报告后,仲裁庭应当将报告的副本递送给当事人,并请当事人针对专家报告提交书面评论。

26.3　除非当事人另有约定,仲裁庭认为专家有必要出庭的,或者当事人申请专家出庭的,根据第 26.1(a)条的规定指定的专家应当在提交书面报告后参加开庭。开庭时,双方当事人均应当有机会质询专家。

第 27 条　仲裁庭的其他权力

除非当事人另有约定,除本规则明确规定的仲裁庭权力之外,在仲裁准据法中的强制性规定不禁止的情况下,仲裁庭还应当具有下列权力:

a. 作出对任何合同进行更正或修改的命令,但需在符合合同准据法规定的条件下;

b. 延长或者缩短本规则规定的或者仲裁庭指示的任何期限,但本规则另有规定的除外;

c. 进行仲裁庭认为有必要或有利于案件顺利审理的质询;

d. 命令当事人提供其占有或控制的任何财产及其他物品以供检验;

e. 命令对属于争议标的或者构成争议标的一部分的财产或物品进行保管、储存、售卖或处置;

f. 对于仲裁庭认为当事人占有或控制的、与案情有关联并影响案件裁决结果的文件,命令当事人向仲裁庭和其他当事人出示、接受检验,并提供文件副本;

g. 对未支付的仲裁费用保证金的偿付事项,作出命令或裁决;

h. 指示当事人或个人以宣誓陈述书或者其他任何形式提供证据;

i. 指示当事人作为或不作为,以确保仲裁程序中可能作出的任何裁决不因当事人对资产的消耗或其他行为而得不到有效执行;

j. 命令当事人按照仲裁庭认为合适的方式,提供律师费或其他相关费用的担保;

k. 命令当事人为全部或者部分仲裁争议金额提供担保；

l. 即使当事人没有或者拒绝遵守本规则的规定或者仲裁庭的命令、指示或者部分裁决的，或者当事人没有或者拒绝出席任何会议或者开庭的，仲裁庭仍有权继续进行仲裁，并且就该等行为处以仲裁庭认为适当的惩罚；

m. 如果认为适当，对在一方当事人提交的书面陈述中没有明示或默示提出的争议焦点作出决定，但其前提是该争议焦点已得到了另一方当事人的明确注意，且该方当事人已被给予充分的机会就此进行过答复；

n. 决定仲裁程序的适用法律；以及

o. 决定有关律师豁免权或者任何其他豁免权的情形。

第 28 条　仲裁庭管辖权

28.1　如果在仲裁庭组成之前，当事人对仲裁协议的存在或者有效性提出异议，或者对新仲管理仲裁案件的资格提出异议，则主簿应当决定是否须将该等异议提交仲裁院。若主簿决定提交，则仲裁院应当依据表面证据决定该仲裁案是否应该继续进行。如果仲裁院认为表面证据不足以得出该结论，则仲裁程序应当终止。主簿或仲裁院所作出的仲裁程序应当继续进行的决定，不影响仲裁庭就自身的管辖权作出决定。

28.2　仲裁庭有权决定自己的管辖权，包括对仲裁协议的存在、有效性或范围的异议作出决定。构成合同一部分的仲裁协议，应当作为独立于合同中其他条款的单独协议对待。仲裁庭认定合同无效，在法律上并不导致仲裁协议无效，仲裁庭不能因当事人主张合同不存在或无效而丧失对案件的管辖权。

28.3　向仲裁庭提出异议的时间期限规定如下：

a. 对仲裁庭不具有管辖权的异议，最迟应当在“答辩书”或者“反请求答辩书”中提出；

b. 对仲裁庭超越了管辖权的异议，应当在所称越权事项在仲裁程序中出现后的十四天内提出。

当事人在超过本第 28.3 条上述规定的期限提出的管辖权异议，仲裁庭认为该延迟有正当理由的，仍可予以受理。当事人已经提名或者参与提名仲裁员的事实，并不妨碍其依据本第 28.3 条的规定提出管辖权异议。

28.4　针对第 28.3 条所指的管辖权异议，仲裁庭可以作为先决问题予以裁定，或者在对争议实体的裁决书中予以裁定。

28.5　当事人可以在本规则和准据法许可的程度内，以仲裁申述或者答辩作为抵销。

第 29 条　早期驳回仲裁申请和答辩

29.1　基于下列理由，当事人可以向仲裁庭申请早期驳回仲裁申请或答辩：

a. 仲裁申请或答辩明显缺乏法律依据；或者

b. 仲裁申请或答辩明显超出仲裁庭的管辖范围。

29. 2　依据第 29. 1 条请求早期驳回仲裁申请或答辩的,应详细说明支持其申请的事实和法律依据。一方当事人在向仲裁庭提交上述申请的同时,应当向其他当事人发送申请书副本,并通告仲裁庭其已向其他当事人发送文件的情况,以及其发送的方式和发送的日期。

29. 3　仲裁庭有权自主决定是否允许当事人根据第 29. 1 条的规定提出申请。如果允许其提出申请,仲裁庭在给予各方当事人发表意见的机会后,应对根据第 29. 1 条提出的早期驳回申请作出是否全部或部分同意的决定。

29. 4　如果允许其提出申请,仲裁庭应当就该申请作出命令或裁决,并简要说明理由。除特殊情况下主簿同意延长时间期限外,仲裁庭应当在该申请提交之日起的六十天内作出命令或裁决。

第 30 条　临时救济和紧急临时救济

30. 1　当事人申请禁令或者提出其他任何临时救济的,仲裁庭可以发出命令或者作出裁决,给予其认为适当的救济。仲裁庭有权命令请求救济的一方当事人提供与申请救济有关的适合的担保。

30. 2　仲裁庭组成之前,当事人希望申请紧急临时救济的,可以依据本规则《附则 1》规定的程序申请救济。

30. 3　仲裁庭组成之前或者在组庭之后出现例外的情况下,当事人向司法主管机关申请临时救济的行为,与本规则并不冲突。

第 31 条　适用法律、友好公断人和公允善良原则

31. 1　仲裁庭应当适用当事人指定的法律或法规,作为争议实体的准据法;当事人未指定的,仲裁庭应当适用其认为适当的法律或法规。

31. 2　只有在当事人明确授权仲裁庭的情况下,仲裁庭才可以作为友好公断人或依公允善良的原则作出裁决。

31. 3　对所有仲裁案件,仲裁庭应当依据合同条款(如有规定)进行裁决,并应当考虑任何适用的商业惯例。

第 32 条　裁决

32. 1　经征询当事人的意见后,如仲裁庭认为当事人对裁决需要决定的事项不再需要提交进一步的有关的、实质性的证据或者提供进一步的陈述意见,则仲裁庭应当尽快宣布审理程序终结。仲裁庭宣布审理程序终结的,应通知当事人和主簿。

32. 2　在裁决书作出之前,仲裁庭有权自行决定或根据当事人的申请,重新启动审理程序。仲裁庭决定重新启动审理程序的,应通知当事人和主簿。仲裁庭应当根据第 32. 1 条的规定终结重新启动的审理程序。

32. 3　在仲裁庭作出任何裁决之前,应当将裁决书草案提交主簿。仲裁庭应当在宣布审理程序终结之日起四十五天内,向主簿提交裁决书草案,但主簿同意延期或者当事人对裁决期限另有约定的除外。主簿应当在实际可行的情况下尽快提出裁决书草稿格式上的修改建议;在不影响仲裁庭对争议事项的自主决定权的情况下,也可以提示仲裁庭对实体问题的关注。裁决书草案格式未经主簿核准的,仲裁庭不得作出任何裁决。

32.4　裁决书应当以书面形式作出。除非当事人同意无需说明理由,裁决书应当说明其裁决所依据的理由。

32.5　除非当事人另有约定,仲裁庭可以在不同阶段、对不同争议焦点分别作出裁决。

32.6　如遇任何仲裁员在给予合理机会后仍对裁决书的作出不予合作,其余仲裁员有权继续进行程序。其余仲裁员应当将该仲裁员拒绝或不予合作的情况书面通知主簿、当事人和该缺席的仲裁员。如遇仲裁员缺席的情况,在决定是否继续程序时,其余仲裁员可以考虑仲裁程序所处的阶段、缺席仲裁员对拒绝参与程序所做的解释以及在该仲裁员缺席情况下其余仲裁员继续程序对裁决的执行可能产生的影响等事项。其余仲裁员在裁决中应当说明在仲裁员缺席的情况下继续程序的理由。

32.7　仲裁庭由一名以上仲裁员组成的,应当按照多数意见作出裁决书。未形成多数意见的,应当由首席仲裁员独自作出裁决书。

32.8　仲裁庭必须提交裁决书给主簿。在所有的仲裁费用均结清之后,主簿应当将认证过的裁决书文本提交给各方当事人。

32.9　对任何仲裁案的给付金额的利率,仲裁庭可以按照当事人的约定,裁定单利或者复利。如当事人未约定利率的,由仲裁庭决定其认为适当的利率。利息计算期限由仲裁庭认为适当的时间期限。

32.10　当事人达成和解,且如果当事人提出请求的,仲裁庭可以记录和解协议,并作出合意裁决。如当事人没有提出这样的要求,当事人可以向主簿确认说明双方已达成和解;在所有仲裁费用均结清之后,仲裁庭应当解散,仲裁程序应当终结。

32.11　在遵照第33条和《附则1》规定的情况下,当事人通过约定依照本规则进行仲裁,即认可裁决应当是终局裁决,自裁决书作出之日起对各方当事人均具有拘束力,并承诺立即、无延误地履行裁决书。同时,当事人也已经不可撤销地放弃了向任何国家的法院或者其他司法主管机关就裁决书提出任何形式的上诉、司法审查和追诉的权利(仅限于当事人可以作出有效放弃的权利)。

32.12　在经各方当事人和仲裁庭的同意之后,新仲可以在对当事人的名称和其他身份信息进行编纂调整后,公布任何裁决书。

第33条　裁决书的更正、解释和补充裁决

33.1　裁决书存在计算错误、笔误、打印错误或者类似性质错误的,任何一方当事人在收到裁决书之日起三十日内,经书面通知主簿和其他当事人,可以请求仲裁庭予以更正。仲裁庭认为请求理由正当的,应当在收到书面请求之日起三十天内作出更正。仲裁庭直接在裁决书正本上作出更正,或者仲裁庭为此单独作出裁决更正备忘录的,均构成裁决书的一部分。

33.2　仲裁庭在裁决书作出之日起三十天内,可以自行更正任何第33.1条所指的错误。

33.3　如当事人在程序中陈述的仲裁请求事项没有得到裁决,任何一方当事人在收到裁决书之日起三十天内,经书面通知主簿和其他当事人,可以请求仲裁庭作出补充裁决。仲裁庭认为请求理由正当的,应当在收到书面请求之日起四十五天内作出补充裁决。

33.4　任何一方当事人在收到裁决书之日起三十天内,经书面通知主簿和其他当事人,可以请求仲裁庭就裁决书的内容进行解释。仲裁庭认为请求理由正当的,应当在收到请求之日起四十五天内作出书面的裁决书内容的解释。该解释构成裁决书的一部分。

33.5　主簿在必要时有权延长本条述及的仲裁庭作出裁决书更正、裁决书内容解释或补充裁决的时间期限。

33.6　裁决书更正、裁决书内容的解释以及补充裁决,同样适用本规则第32条的规定(但应当作必要或适当的调整)。

第34条　费用及保证金

34.1　仲裁庭报酬和新仲费用应当依据仲裁程序开始时适用的《费用表》予以确定。当事人也可以在仲裁庭组成之前约定确定仲裁庭成员报酬的其他方法。

34.2　主簿应当确定仲裁费用的保证金。申请人和被申请人应各付百分之五十的保证金,但主簿另有指示的除外。主簿可分别确定仲裁请求和反请求所分别需要的保证金。

34.3　如已逾付款期限,当事人仍未能确定仲裁请求(或者反请求)索赔事项的争议金额,主簿应当暂估仲裁费用。该暂估的仲裁费用可以根据争议性质、案件情况进行估算。待争议金额进一步确定后,暂估费用可以作相应的调整。

34.4　主簿有权不定期地要求当事人进一步缴付仲裁费的保证金。

34.5　当事人对仲裁费的支付承担连带责任。任何一方当事人未支付其应当支付的保证金部分的,另一方可以自愿支付全部的仲裁费保证金。

34.6　当事人未按主簿的指示全部或部分支付保证金时:

a. 仲裁庭有权中止工作,主簿亦有权全部或者部分地中止新仲对仲裁程序的管理工作;并且

b. 主簿经征询仲裁庭(如仲裁庭已经组成)的意见并通知当事人后,有权规定当事人的付款期限。在该期限届满后仍未支付的,应当视为当事人撤回了相关的仲裁

请求或者反请求；但不影响该当事人另行申请仲裁程序，重新主张相同的请求或者反请求。

34.7　无论何种情况，仲裁费的金额最终都应由主簿在仲裁程序终结时确定。如果请求和/或者反请求未能被量化，主簿应当根据第35条最终自主确定仲裁费的金额。主簿应当考虑案件的全部情形，包括仲裁程序在终结时已经进展到的阶段。如主簿确定的仲裁费金额低于已收到的保证金，应当按照当事人约定的返还比例予以返还；当事人未约定比例的，则按照支付保证金的相同比例予以返还。

34.8　仲裁费的保证金应当支付给新仲、并由新仲保管。保证金滋生之利息由新仲保留。

34.9　在特殊情况下，除了根据案件适用的《费用表》所规定的应当支付的费用外，主簿有权要求当事人支付额外的费用作为新仲的管理费的一部分。

第35条　仲裁费用

35.1　除非当事人另有约定，仲裁庭应当在裁决书中列明仲裁费的总额。除非当事人另有约定，仲裁庭应当在裁决书中确定各方当事人承担仲裁费的分摊份额。

35.2　“仲裁费用”包括：

a. 仲裁庭的报酬及开支以及紧急仲裁员的报酬及开支（如有）；

b. 新仲的管理费及开支；以及

c. 仲裁庭指定专家的费用，以及仲裁庭需要其他合理的协助而产生的费用。

第36条　仲裁庭的报酬和开支

36.1　主簿应当根据案件适用的《费用表》或者采用当事人根据第34.1条约定的方法（如有）以及仲裁程序终结时所进展到的阶段，决定仲裁庭的报酬。在特殊情况下，主簿可以允许仲裁庭在《费用表》的基础上增加收费。

36.2　仲裁庭合理的、必要的实际开支和其他津贴，应当根据适用的《实务说明》报销。

第37条　当事人的律师费和其他费用

在裁决书中，仲裁庭有权命令一方当事人承担另一方当事人的全部或者部分的律师费或者其他相关费用。

第38条　免责

38.1　任何仲裁员（包括任何紧急仲裁员）、任何仲裁庭任命的人员（包括任何行政秘书和专家）以及新仲的院长、仲裁院成员、董事、高级职员和一般雇员，无须就在适用本规则由新仲管理的仲裁中的任何过失、作为或不作为向任何人承担责任。

38.2　新仲（包括院长、仲裁院成员、董事、高级职员、一般雇员）、仲裁员（包括紧急仲裁员）、任何仲裁庭任命的人员（包括任何行政秘书和专家），无义务就适用本规则由新仲管理的仲裁作出任何声明。任何当事人不得试图把新仲的院长、任何仲裁院成员、董事、高级职员、一般雇员或仲裁员（包括紧急仲裁员）和任何仲裁庭任命的人员(包括任何行政秘书和专家)作为任何与适用本规则由新仲管理的仲裁有关的法律程序中的证人。

第 39 条　保密

39.1　除非当事人另有约定,当事人与仲裁庭(包括紧急仲裁员)和任何仲裁庭任命的人员(包括任何行政秘书和专家)始终必须对有关仲裁程序的全部事项和仲裁裁决予以保密。仲裁庭对案件的讨论和合议均是保密的。

39.2　除非当事人另有约定,在事先未征得各方当事人书面同意的情况下,任何当事人、任何仲裁员(包括紧急仲裁员)或者任何仲裁庭任命的人员(包括任何行政秘书和专家)不得向任何第三方披露任何上述保密事项。下列情形需要披露的除外:

a. 向任何国家有管辖权的法院申请执行裁决或者对裁决提出异议;

b. 根据有管辖权的法院发出的命令或者传票;

c. 行使或执行一项法定权利或请求权;

d. 为遵守任何国家的法律中对披露方有约束力的披露规定,或遵照任何政府主管部门或者其他主管机构的要求;

e. 依照仲裁庭根据一方当事人提出的申请且适当地通知其他当事人而作出的命令;以及

f. 为适用本规则第 7 条或第 8 条的规定的目的。

39.3　第 39.1 条中所指的"有关仲裁程序的事项",包括仲裁程序的存在事实、当事人的书面陈述、证据材料以及仲裁程序中的其他材料、所有其他当事人在仲裁程序中提交的全部文件以及在仲裁程序中作出的仲裁裁决书,但不包括任何属于公共领域的事项。

39.4　如当事人违反第 39 条保密的规定,仲裁庭有权采取适当措施,包括发出惩罚性措施或者费用的命令或者裁决。

第 40 条　院长、仲裁院和主簿作出的决定

40.1　除本规则另有规定外,院长、仲裁院和主簿所作出的有关仲裁之任何事项的决定,均为终局的,并对当事人和仲裁庭有约束力。院长、仲裁院和主簿无需对他们所作出的决定提供理由,除非仲裁院另有决定或者本规则另有要求。各方当事人均同意仲裁院对案件的讨论和合议予是保密的。

40.2　除涉及第 16.1 条和第 28.1 条的情形外,对于院长、仲裁院和主簿所作出的决定,各当事人均放弃向任何国家的法院或者其他司法主管机关提出任何形式的上诉或司法审查的权利。

第 41 条　一般规定

41.1　对于未遵守本规则、任何适用于仲裁程序的其他规则、任何仲裁庭的命令或者仲裁协议对仲裁庭组成和与仲裁程序的任何要求的情形,如当事人未及时提出异议、仍继续进行仲裁的,应当视为当事人已放弃提出异议的权利。

41.2　凡本规则未作明示规定的任何事项,院长、仲裁院、主簿和仲裁庭应当以本规则相应条款的精神做出决定,并尽足够合理的努力,确保仲裁能够公正、快捷、经济地终结,保证任何裁决书的可执行性。

41.3　本规则的英文版与公布的其他语言文本如存在差异或不一致时,以英文版为准。

附则 1　紧急仲裁员

第 1 项　当事人需要寻求紧急临时救济的,在提交"仲裁通知书"的同时或者之后、仲裁庭组成之前,可以向主簿提交紧急临时救济的申请。

该当事人在提交紧急临时救济申请的同时,应向其他当事人发出该申请的副本。紧急临时救济申请应包括如下事项:

1. 所申请的救济的性质;

2. 当事人有权获得该救济的理由;以及

3. 说明已向其他当事人提供该救济申请的副本,或在尚没有提供副本的情况下,说明已诚信地采取措施向其他当事人提供了副本或进行了通知。

第 2 项　当事人提交紧急临时救济申请,还应当缴纳管理费(不可退还)以及按照本规则需要缴纳的有关本附则所规定的紧急仲裁员报酬和开支的保证金。在适当情况下,主簿有权增加申请方缴纳的保证金金额。如果当事人在主簿指令的期限内未支付增加的保证金,将视为该方当事人撤回了其申请。

第 3 项　当院长决定新仲应当受理紧急临时救济申请的,在主簿收到当事人的申请及其缴付的管理费和保证金之日起的一天时间内,院长应当指定紧急仲裁员。

第 4 项　当事人约定的仲裁地,应被视为紧急临时救济程序的仲裁地。如果没有约定仲裁地,紧急临时救济程序的仲裁地应当是新加坡,但不影响仲裁庭根据第 21.1 条确定仲裁地的权力。

第 5 项　在接受指定前,紧急仲裁员候选人应当向主簿披露可能导致对其中立性或者独立性产生合理怀疑的任何情形。当事人请求紧急仲裁员回避的,应当在收到主簿发出的关于紧急仲裁员的指定及其披露情况的通知之日起的两天内提出。

第 6 项　紧急仲裁员不得在将来进行的与该争议事项有关的仲裁程序中再担任仲裁员,但当事人另有约定的除外。

第 7 项　紧急仲裁员应当尽快,且在任何情况下,均应在收到指定通知之日起的两天内,作出有关审理紧急临时救济申请的工作时间表。该工作时间表应当给予各当事人合理的陈述意见的机会,并可以规定采用电话会议、视频会议或者交换陈述书的审理方式进行该程序,以替代需要亲自出庭的方式。紧急仲裁员具有本规则赋予仲裁庭的各项权力(包括自裁管辖权的权力),但不影响此后的仲裁庭的决定。

第 8 项　紧急仲裁员有权作出其认为必要采取的临时措施的决定或裁定,包括在任何听证、电话会议、视频会议或者当事人交换陈述书之前可以作出的初步命令。紧急仲裁员应当以简要的书面方式写明其决定的理由。紧急仲裁员有合理理由时,可以对初步命令、临时命令或者裁决作出修改或予以废止。

第9项　紧急仲裁员应当在被指定后十四日内做出临时命令或者裁决;在特殊情况下,主簿可以延长期限。主簿同意临时命令或裁决的形式后,紧急仲裁员方可作出临时命令或裁决。

第10项　仲裁庭组成后,紧急仲裁员不得再行使任何权力。对于紧急仲裁员作出的临时命令或裁决(包括紧急仲裁员对管辖权的决定),仲裁庭可以再作考虑、进行修改或者予以废止。紧急仲裁员决定的理由,对仲裁庭没有拘束力。如果在紧急仲裁员的命令或者裁决作出之日起九十天内仲裁庭仍未组成的,或仲裁庭作出了终局裁决,或申请人撤回了申请的,紧急仲裁员作出的任何临时命令或裁决在上述任何情况下均应失去拘束力。

第11项　紧急仲裁员作出的任何临时命令或裁决,可以要求申请救济的当事人提供适当的担保作为条件。

第12项　当事人同意,紧急仲裁员根据本《附则1》作出的命令或者裁决,发出后即对当事人产生拘束力,并承诺立即、无延迟地遵守临时命令或裁决。当事人不可撤销地放弃向任何国家的法院或其他司法主管机关针对该裁决提出上诉、司法审查或追诉的权利(仅限于当事人可以作出有效放弃的权利)。

第13项　任何根据本《附则1》提出申请产生的费用,由紧急仲裁员作出初步分摊,但费用最终应当以仲裁庭决定的分摊为准。

第14项　任何依据本《附则1》进行的仲裁程序,应当在合适的情况下,适用本规则,并考虑程序的紧迫性。紧急仲裁员有权决定如何适用本规则是合适的,此决定是终局决定,不可上诉、审查或追诉。对于根据第30.2条和本《附则1》提出的申请,主簿有权缩短本规则规定的任何期限。

费　用　表

(本费用表中的金额单位均为新加坡元)

本费用表于2016年8月1日起施行,适用于所有自2016年8月1日起或之后开始的仲裁案件。

登记费*(不可退还)

新加坡当事人	S $2140 * *
外国当事人	S $2000

*登记费适用于新仲管理的所有仲裁案件,仲裁请求和反请求分别计缴。

* *含7%消费税。

管理费

根据如下费用表计算的管理费适用于新仲管理的所有仲裁案件,并且为付给新仲的最高金额。

争议总额(S $)	管理费(S $)
50,000 以下(含 50,000)	3800
50,001 ~ 100,000	3800 + 2.200% ×(争议总额 - 50,000)
100,001 ~ 500,000	4900 + 1.200% ×(争议总额 - 100,000)
500,001 ~ 1,000,000	9700 + 1.00% ×(争议总额 - 500,000)
1,000,001 ~ 2,000,000	14,700 + 0.650% ×(争议总额 - 1,000,000)
2,000,001 ~ 5,000,000	21,200 + 0.320% ×(争议总额 - 2,000,000)
5,000,001 ~ 10,000,000	30,800 + 0.160% ×(争议总额 - 5,000,000)
10,000,001 ~ 50,000,000	38,800 + 0.095% ×(争议总额 - 10,000,000)
50,000,001 ~ 80,000,000	76,800 + 0.040% ×(争议总额 - 50,000,000)
80,000,001 ~ 100,000,000	88,800 + 0.031% ×(争议总额 - 80,000,000)
100,000,000 以上	95,000

管理费不包括下列费用:

- 仲裁庭的报酬和开支;
- 与庭审相关的设施使用费用及其他辅助服务费用(例如庭审室、庭审设备、庭审纪录和翻译等费用);
- 新仲的管理开支。

针对所有案件,新仲都将收取最低 3800 新币的管理费,除非主簿另行决定。

仲裁员报酬

除非当事人根据新仲规则第 34.1 条对于如何决定仲裁庭的报酬另有约定,否则本费用表应适用于根据本规则进行及管理的仲裁案件。根据如下费用表计算的费用为付给每位仲裁员的最高金额。

争议总额(S $)	仲裁员报酬(S $)
50,000 以下(含 50,000)	6250
50,001 ~ 100,000	6250 + 13.800% ×(争议总额 - 50,000)
100,001 ~ 500,000	13,150 + 6.500% ×(争议总额 - 100,000)
500,001 ~ 1,000,000	39,150 + 4.850% ×(争议总额 - 500,000)
1,000,001 ~ 2,000,000	63,400 + 2.750% ×(争议总额 - 1,000,000)
2,000,001 ~ 5,000,000	90,900 + 1.200% ×(争议总额 - 2,000,000)
5,000,001 ~ 10,000,000	126,900 + 0.700% ×(争议总额 - 5,000,000)
10,000,001 ~ 50,000,000	161,900 + 0.300% ×(争议总额 - 10,000,000)

续表

争议总额(S $)	仲裁员报酬(S $)
50,000,001 ~ 80,000,000	281,900 + 0.160% × (争议总额 - 50,000,000)
80,000,001 ~ 100,000,000	329,900 + 0.075% × (争议总额 - 80,000,000)
100,000,001 ~ 500,000,000	344,900 + 0.065% × (争议总额 - 100,000,000)
500,000,000 以上	605,000 + 0.04% × (争议总额 - 500,000,000) 最高仲裁员报酬至 2,000,000

紧急临时救济的费用

当事人依据本规则第30.2条以及《附则1》申请紧急临时救济的，应当支付下列费用：

依据新仲规则第30.2条以及《附则1》提出申请时，申请人须一并支付如下费用：

1. 申请紧急仲裁员的管理费(不可退还)

新加坡当事人	S $ 5350 *
外国当事人	S $ 5000

* 含7%消费税。

2. 紧急仲裁员的报酬和保证金：紧急仲裁员的报酬和开支的保证金固定为30,000元新币，除非主簿根据本规则《附则1》另行决定。紧急仲裁员的报酬固定为25,000元新币，除非主簿依据本规则《附则1》另行决定。

申请仲裁员回避的费用(不可退还)

申请仲裁员回避的当事人应当根据本规则第15.3条支付下列申请费：

新加坡当事人	S $ 8560 *
外国当事人	S $ 8000

* 含7%消费税。

斯德哥尔摩商会仲裁院仲裁规则

示范仲裁条款

示范条款二：

任何因本合同而产生的或与本合同有关的争议、纠纷或索赔，或者有关违约、终止合同或合同无效的争议,均应当根据斯德哥尔摩商会仲裁院仲裁规则通过仲裁的方式最终予以解决。

建议补充如下:

仲裁庭应当由[……]名仲裁员(一名独任仲裁员)组成。

仲裁地应为[……]。

仲裁程序应当使用的语言为[……]。

本合同应当受[……]实体法所管辖。

斯德哥尔摩商会仲裁院仲裁规则

斯德哥尔摩商会仲裁院采用,于2010年1月1日开始生效

除非当事人另有约定,凡仲裁协议指明适用斯德哥尔摩商会仲裁院仲裁规则(以下简称仲裁规则)的,则均视为当事人同意适用仲裁开始之日或指定应急仲裁员申请提交之日开始生效的本规则或其修订本。

目　录

斯德哥尔摩商会仲裁院仲裁规则

斯德哥尔摩商会仲裁院

第一条　关于仲裁院

斯德哥尔摩商会仲裁院(以下简称仲裁院)是一根据仲裁院规则:即斯德哥尔摩商会仲裁院仲裁规则(以下简称仲裁规则)、斯德哥尔摩商会快速仲裁规则(以下简称快速仲裁规则)以及当事人约定的其他程序或规则负责为争议解决提供管理的机构。仲裁院由理事会(以下简称理事会)和秘书处(以下简称秘书处)组成。附件一对仲裁院组织机构进行了详细规定。

程序的开始

第二条　仲裁申请

仲裁申请书应包括：

(i)当事人双方及其法律顾问的名称、地址、电话和传真号码以及电子信箱；

(ii)争议要点；

(iii)申请人索赔要求的初步说明；

(iv)据以解决争议的仲裁协议或仲裁条款的副本或说明；

(v)有关仲裁员人数和仲裁地的意见；以及

(vi)如果适用，申请人指定的仲裁员的姓名、地址、电话号码、传真号码以及电子信箱。

第三条　注册费

(1)提交仲裁申请的同时，申请人应当支付注册费。费用金额依据提交仲裁申请之日现行有效的费用表(附件二)确定。

(2)如果申请人在提交仲裁申请时未缴纳应当支付的注册费，秘书处将限定申请人应当缴纳费用的期限。如果注册费未能在限定期限内缴纳，秘书处应当撤销仲裁申请。

第四条　开始日期

仲裁自仲裁院收到仲裁申请之日开始。

第五条　答复

(1)秘书处应当将仲裁申请书及其所附文件的副本送达被申请人，并规定被申请人向仲裁院提交答复的时限。答复应当包括：

(i)对仲裁协议的存在、有效性或可适用性的异议；被申请人未就此提出异议并不排除其随后在提交答辩书之前的任何时间或在答辩书中提出此类异议的权利；

(ii)对仲裁申请中的索赔要求接受或予以拒绝；

(iii)对反请求或抵销请求的初步说明；

(iv)对仲裁员人数和仲裁地的意见；以及

(v)如果适用，被申请人指定的仲裁员的姓名、地址、电话号码、传真号码和电子信箱。

(2)秘书处将答复送达申请人，并给予申请就答复提交意见的机会。

(3)被申请人不予答复并不妨碍仲裁程序的进行。

第六条　详细说明

理事会可要求一方当事人就其所提交的书面文件向仲裁院提交详细说明。如果申请人未遵守该要求，理事会可决定撤销案件。如果被申请人未遵守该要求就其反请求或抵销请求提交详细说明，理事会可决定撤销反请求或抵销请求。被申请人未能遵守该要求并不妨碍仲裁程序的进行。

第七条　时限

理事会可应一方当事人的请求或自行决定延长当事人遵守特定指令的时限。

第八条　通知

(1)秘书处或理事会任何通知或其他通信均应当送达至收件人最后为人所知的地址。

(2)任何通知或其他通信应当以特快专递或挂号信、传真、电子邮件或任何其他能提供发送记录的通信方式送达。

(3)依据所选择的通信方式，根据第(2)款所发送的通知或通信应视为在其惯常所能收到的日期已被收件人所收到。

第九条　理事会决定

如有必要，理事会应当：

(i)根据第十(i)条决定仲裁院是否对争议显然缺乏管辖权；

(ii)根据第十一条决定是否合并审理；

(iii)根据第十二条决定仲裁员人数；

(iv)根据第十三条指定仲裁员；

(v)根据第二十条决定仲裁地，以及

(vi)根据第四十五条确定预付费用。

第十条　撤案

理事会应全部或部分地撤销案件，如果：

(i)仲裁院对争议显然缺乏管辖权；或者

(ii)第四十五条项下预付费用未予支付。

第十一条　合并审理

如果根据本规则而进行仲裁的相同当事人基于同一法律关系再次申请仲裁，理事会可以应一方当事人的请求，决定将该新的仲裁请求与现有程序合并审理。这种决定只能在征得当事人和仲裁庭的同意后做出。

仲裁庭的组成

第十二条　仲裁员人数

当事人可以约定仲裁员人数。如果当事人未约定仲裁员人数，仲裁庭应当由三名仲裁员组成，除非理事会考虑到案件的复杂性、争议金额或者其他情形决定争议由一名独任仲裁员审理。

第十三条　仲裁员的指定

(1)当事人可以约定不同于本规则所规定的仲裁庭的指定程序。在这种情况下,如果在当事人约定的时限内,或者当事人没有约定而在理事会设定的时限内,仲裁庭未能指定,仲裁庭的指定则应当根据第(2)~(6)款进行。

(2)如果仲裁庭由一名独任仲裁员组成,当事人应当在10日内共同指定一名独任仲裁员。如果当事人未能在该时限内做出指定,理事会应当指定仲裁员。

(3)如果仲裁庭由一名以上仲裁员组成,每一方当事人应指定同等人数的仲裁员,首席仲裁员由理事会指定。如果一方当事人未能在规定时限内指定仲裁员,理事会应当予以指定。

(4)如果申请人、被申请人均为多方当事人,争议由一名以上仲裁员予以审理,申请人各方、被申请人各方均应各自共同指定同等人数的仲裁员。如果一方未能做出指定,则整个仲裁庭应当由理事会予以指定。

(5)如果当事人双方具有不同的国籍,除非双方当事人另有约定或者理事会认为合适,独任仲裁员或者仲裁庭首席仲裁员的国籍应当不同于双方当事人的国籍。

(6)在指定仲裁员时,理事会应当考虑争议的性质和情形、适用法律、仲裁地和仲裁语言以及当事人的国籍。

第十四条　独立与公正

(1)仲裁员必须独立公正。

(2)拟被指定为仲裁员的人在接受指定前应当披露可能对其独立公正性产生合理怀疑的任何情形。如果他继而被指定为仲裁员,则应当向秘书处提交业经签署的独立公正性声明,披露可能对其独立公正性产生合理怀疑的任何情形。秘书处将独立公正声明的副本转交双方当事人以及其他仲裁员。

(3)如果在仲裁程序中出现第(2)款所指的任何情形,仲裁员应当立即书面通知当事人双方和其他仲裁员。

第十五条　对仲裁员的异议

(1)如果存在对仲裁员独立公正性产生合理怀疑的情形或者该仲裁员并不具备双方当事人所约定的资格,当事人一方可对该仲裁员提出异议。当事人一方只能基于在仲裁员得以指定后所知道的理由对其所指定的仲裁员或者其所参与指定的仲裁员提出异议。

(2)对仲裁员的异议应当在当事人得知产生异议的情形之日起15日内书面向秘书处提出,并说明异议的理由。未在规定时限内提出异议则构成弃权,即放弃提出异议的权利。

(3)秘书处应当将有关异议事宜通知当事人和仲裁员,并给予当事人和仲裁员就异议提交意见的机会。

(4)如果另一方当事人对异议表示同意,被提出异议的仲裁员应当辞职。在其他情况下,理事会应当就异议做出最终决定。

第十六条　解除指定

(1)理事会应当解除对仲裁员的指定,如果:

(i)理事会接受该仲裁员的辞职;

(ii)第十五条项下对该仲裁员的异议得到支持;或者

(iii)该仲裁员由于其他原因不能履行其义务或者没充分履行其职责。

(2)理事会解除对仲裁员的指定前,秘书处可给予当事人及仲裁员提交意见的机会。

第十七条　仲裁员的替换

(1)如果仲裁员根据第十六条被解除指定,或者仲裁员死亡,理事会应当指定新的仲裁员。如果被替换的仲裁员是由一方当事人所指定,除非理事会另行认为适当,该方当事人应当指定新的仲裁员。

(2)如果仲裁庭由三名或者多名仲裁员组成,理事会可以决定其他仲裁员应当继续进行仲裁程序。在做决定时,理事会应当考虑仲裁程序所进展的阶段以及其他相关情形。在做决定前,应当给予当事人以及仲裁员提交意见的机会。

(3)如果某仲裁员被替换,新组成的仲裁庭应当决定是否以及在多大范围内重复先前程序。

由仲裁庭进行的程序

第十八条　案件移交仲裁庭

如果仲裁庭已经指定,预付费用业已支付,秘书处应当将案件移交仲裁庭。

第十九条　仲裁程序的进行

(1)在遵守本规则规定以及当事人约定的前提下,仲裁庭可以其认为适当的方式进行仲裁程序。

(2)无论如何,仲裁庭应当公正、实际而快捷地进行仲裁程序,给予各方当事人平等、合理的机会陈述案件。

第二十条　仲裁地

(1)除非当事人已有约定,理事会应当决定仲裁地。

(2)仲裁庭在经与当事人协商后,可以在其认为合适的任何地点进行开庭审理。仲裁庭可以在其认为合适的地点开会,对案件进行合议。如果庭审、会议或者合议在仲裁地以外的地点进行,仲裁程序仍应当视为是在仲裁地发生。

(3)裁决应当视为是在仲裁地做出。

第二十一条　语言

(1)除非当事人已有约定,仲裁庭应当决定仲裁程序所应当使用的语言。在做决定时,仲裁庭应当充分考虑到所有相关情形,并给予当事人提交意见的机会。

(2)仲裁庭可以裁定,要求非以仲裁程序应当使用的语言所提交的文件均应当附具仲裁程序所应当使用语言的翻译件。

第二十二条　适用法律

(1)仲裁庭应当根据当事人约定的法律或法律规则裁决案件。如果没有约定，仲裁庭应当适用其认为最为合适的法律或法律规则。

(2)当事人所约定的特定国家的法律均被视为是指该国的实体法而并非其冲突法规则。

(3)只有经当事人明示授权，仲裁庭才能以公允善良的原则或以友好调和人的身份裁决争议。

第二十三条　暂行安排

在案件移交仲裁庭后，仲裁庭应当及时经商双方当事人，尽快确定进行仲裁程序的暂行安排。仲裁庭应当将暂行安排发送当事人和秘书处。

第二十四条　书面文件

(1)申请人应当在仲裁庭规定的时限内提交索赔书。除非先前业已提供，索赔书应当包括：

(i)具体的索赔要求；

(ii)申请人所依据的主要事实情况；以及

(iii)索赔书中索赔所依据文件。

(2)被申请人应当在仲裁庭规定的时限内提交答辩书。除非先前业已提供，答辩书应当包括：

(i)对仲裁协议的存在、有效性或可适用性的异议；

(ii)被申请人接受或反对以及在何种范围内接受或反对申请人索赔要求的说明；

(iii)被申请人所依据的主要事实情况；

(iv)反请求或者抵销请求及其所依据的理由；以及

(v)答辩书中答辩所依据文件。

(3)仲裁庭可以指令当事人进一步提交额外的面文件。

第二十五条　修改

在仲裁程序根据第三十四条终结之前的任何时候，当事人一方均可以对其请求、反请求、答辩或者抵销请求进行修改或者予以补充，只要业经修改或补充之后的案件仍受仲裁协议所约束，除非仲裁庭在考虑到修改或补充过于迟延、对他方当事人造成的损害或者其他情形后认为准许这种修改或者补充并不适当。

第二十六条　证据

(1)仲裁庭有权决定证据的可采性、关联性、实质性和证明力。

(2)仲裁庭可以要求当事人确认其意欲依赖的书证，具体说明该证据意欲证明的事项。

(3)应一方当事人的要求,仲裁庭可以指令当事人一方提供可能与案件结果有关的任何文件或其他证据。

第二十七条　庭审

(1)如果一方当事人提出申请,或者仲裁庭认为适当,案件应当开庭审理。

(2)仲裁庭经商当事人后应当决定庭审的日期、时间和地点,并合理地通知当事人。

(3)除非当事人另有约定,庭审不公开进行。

第二十八条　证人

(1)庭审前,仲裁庭可以责令当事人确定其意欲传唤的证人或专家,具体说明证人证言所意欲证明的事项。

(2)证人或者当事人指定专家的证言可以书面形式提交,并经签署。

(3)除非当事人另有约定,鉴于当事人寻求对其证言的依赖,证人或专家应当参加庭审调查。

第二十九条　仲裁庭指定的专家

(1)仲裁庭在经商当事人后,可以指定一个或多个专家,就仲裁庭确定的特定问题向仲裁庭出具书面报告。

(2)在收到仲裁庭指定专家出具的报告后,仲裁庭应当向当事人提供报告副本,并给予当事人就报告提交书面意见的机会。

(3)应一方当事人的请求,仲裁庭应当给予当事人机会,以在庭审时对仲裁庭指定的专家进行盘问。

第三十条　缺席

(1)如果申请人无正当理由而未能根据第二十四条的规定提交索赔书,只要被申请人没有提出反请求,仲裁庭应当裁定终止程序。

(2)如果一方当事人无正当理由而未能根据第二十四条的规定提交答辩书或其他书面陈述,或者没有出席庭审,或者没有寻求机会陈述案件,仲裁庭可以继续进行仲裁程序,做出裁决。

(3)如果一方当事人无正当理由而未能遵守本规则的任何规定或本规则下的任何要求,或者仲裁庭所做出的任何程序指令,仲裁庭可以就此做出其认为适当的推论。

第三十一条　弃权

如果一方当事人在仲裁程序进行期间未能毫不迟延地就不符合仲裁协议、本规则或仲裁程序应予适用的其他规则之情事提出异议,则应当视为业已放弃就此等不符提出异议的权利。

第三十二条　临时保全措施

(1)仲裁庭应一方当事人的请求,可以准予其认为适当的临时保全措施。

(2)仲裁庭可以裁定由申请临时保全措施的一当事人为该保全措施提供适当的担保。

(3)临时保全措施应当以裁定或者裁决的形式做出。

(4)仲裁开始前或案件移交仲裁庭前请求采取临时措施的相关规定见附件二。

(5)一方当事人向司法机关申请临时保全措施并不与仲裁协议或者本规则相抵触。

第三十三条　仲裁庭所发通信

第八条规定适用于由仲裁庭所发出的通信。

第三十四条　程序的终结

如果仲裁庭认为当事人业已获得合理的机会陈述案件,仲裁庭应当宣布仲裁程序终结。在特殊情况下,仲裁庭在做出最终裁决前,可以自行决定或者应一方当事人的申请,继续进行仲裁程序。

裁决和决定

第三十五条　裁决和决定

(1)在仲裁庭由一名以上仲裁员组成的情况下,仲裁庭的裁决或者决定应当据多数仲裁员的意见做出,或者在不能形成多数意见时,根据首仲裁员的意见做出。

(2)仲裁庭可以决定由首席仲裁员单独做出程序指令。

第三十六条　裁决的做出

(1)仲裁庭的裁决应当以书面形式做出。除非当事人另有约定,仲裁庭应当说明裁决的理由。

(2)裁决应当载名裁决日期以及根据第二十条所确定的仲裁地。

(3)裁决应当由仲裁员予以签署。即使一名仲裁员未能签署,由多数仲裁员署名,或者不能形成多数时,由首席仲裁员署名的裁决仍为有效,只要在裁决中说明未能署名的原因。

(4)仲裁庭应当毫不迟延地将裁决文本送达当事人各方和仲裁院。

(5)如果仲裁员无正当理由未参加仲裁庭就某一事项的合议,该行为并不妨碍其他仲裁员做出决定。

第三十七条　最终裁决时限

最终裁决应当在不迟于案件根据第十八条规定移交仲裁庭之日起六个月内做出。理事会基于仲裁庭合理的请求或者认为另有必要,可以延长该时限。

第三十八条　部分裁决

仲裁庭可以就一独立事项或者争议事项的一部分做出部分裁决。

第三十九条　和解或其他终止仲裁的事由

(1)如果当事人在最终裁决做出前达成了和解,应双方当事人的请求,仲裁庭可以合意裁决的形式记录该和解协议。

（2）如果仲裁程序在最终裁决做出前由于其他原因而终止，仲裁庭应当做出裁决，对仲裁程序的终止予以记载。

第四十条　裁决的效力

裁决一经做出，即为终局，并对当事人具有约束力。同意根据本规则进行仲裁，当事人即承诺毫不迟延地履行裁决。

第四十一条　裁决的更正与解释

（1）收到裁决后30日内，一方当事人经通知他方当事人，可以请求仲裁庭就裁决中的书写、打印或计算错误进行更正，或者就裁决的具体事项或特定部分提供解释。如果仲裁庭认为请求正当，应当在收到该请求后30日内做出更正或提供解释。

（2）仲裁庭可以在裁决做出之日起30日内自行对上述第（1）款所指各类错误予以更正。

（3）对裁决的更正或者解释应为书面，并应当符合第三十六条的要求。

第四十二条　附加裁决

收到裁决后30日内，一方当事人经通知他方当事人，可以请求仲裁庭就仲裁程序中业已提出但裁决中未予裁定的事项做出附加裁决。如果仲裁庭认为请求正当，应当在收到该请求后60日内做出附加裁决。如认为必要，理事会可以延长该60日的时限。

仲　裁　费

第四十三条　仲裁费

（1）仲裁费包括：

（i）仲裁员酬金；

（ii）管理费；以及

（iii）仲裁员和仲裁院的实际支出。

（2）在做出最终裁决前，仲裁庭应当要求理事会最后确定仲裁费。理事会应当根据第四条所规定的仲裁程序开始之日现行有效的费用表（附件三）最后确定仲裁费。

（3）如果仲裁程序根据第三十九条在最终裁决做出前终止，理事会应当根据仲裁程序终止的时间，仲裁庭所付出的劳动以及其他相关情形最后确定仲裁费。

（4）仲裁庭应当在最终裁决中载明理事会最后确定的仲裁费，并具体列明仲裁院和仲裁庭每位成员的仲裁费和实际支出费用。

（5）除非当事人另有约定，应一方当事人的请求，仲裁庭应当根据案件结果和其他相关情形确定当事人所应承担的仲裁费比例。

(6)当事人就仲裁费向仲裁院和仲裁员承担连带责任。

第四十四条　当事人费用

除非当事人另有约定,应一方当事人的请求,仲裁庭可以根据案件结果及其他相关情形在最终裁决中裁定由一方当事人承担对方当事人所花费的包括律师代理费在内的合理费用。

第四十五条　预付费用

(1)理事会应当确定当事人所应支付的预付费用数额。

(2)预付费用应当相当于根据第四十三条第一款所估算的仲裁费。

(3)除非确定了各自的预付费,预付费用由当事人双方各半承担。如果提交了反请求和抵销请求,理事会可以确定每一方当事人应当支付与其请求相对应的预付费。应仲裁庭的要求或理事会认为另有必要,理事会在仲裁程序中可以指令当事人支付额外的预付费用。

(4)如果一方当事人未能支付所要求的费用,秘书处应当给予另一方当事人机会以在特定时限内支付该项费用。如果所要求的费用未予支付,理事会应当根据第十条全部或部分撤销案件。如果另一方当事人支付了所要求的费用,仲裁庭可以应该方当事人的请求做出部分裁决,要求对方偿还该费用。

(5)理事会可以在仲裁程序的任何阶段或在裁决做出后支取预付费用以偿付仲裁费。

(6)理事会可以决定部分预付费用以银行保函或其他形式的担保提供。

总　　则

第四十六条　保密

除非当事人另有约定,仲裁院和仲裁庭应当保守仲裁和裁决秘密。

第四十七条　执行

凡本规则没有明确规定的事项,仲裁院、仲裁庭及当事人均应当按照本规则的精神行事,并应当尽一切合理的努力确保裁决具有法律上的强制执行效力。

第四十八条　责任免除

仲裁院和仲裁员不就与仲裁相关的行为或疏忽向当事人承担责任,除非该行为或疏忽构成故意不当或重大过失。

附件一　组 织 机 构

第一条　仲裁院

斯德哥尔摩商会仲裁院(以下简称仲裁院)是一个为争议解决提供管理服务的机构,仲裁院属于斯德哥尔摩商会的一部分,但其在行使纠纷管理职能时独立于商会。仲裁院由理事会(以下简称理事会)和秘书处(以下简称秘书处)组成。

第二条　仲裁院的职能

仲裁院本身并不裁决争议,其职能是:

(i)根据仲裁院规则和当事人约定的其他程序或规则管理国内和国际争议;以及

(ii)提供与仲裁和调解有关的信息。

第三条　理事会

理事会应当由主席、副主席和理事组成,其中主席一人,副主席不超过三人,理事不超过十二人。理事会成员应当包括瑞典公民和非瑞典公民。

第四条　理事会的指定

理事会应当由斯德哥尔摩商会理事会(以下简称商会理事会)指定。理事会成员应当任期三年,若无特殊情况出现,可在其职位上连任一次。

第五条　理事会成员的撤换

特殊情形下,商会理事会可以撤换理事会成员。如果某一理事会成员在其任职期间辞职或被撤换,商会理事会将指定一新成员接替其剩余任期。

第六条　理事会的职能

理事会的职能是,在根据仲裁院规则或当事人约定的其他规则或程序管理纠纷时应仲裁院的要求做出各项决定。这些决定包括决定仲裁院管辖权、确定预付费用、指定仲裁员、就当事人对仲裁员的异议做出决定、撤换仲裁员以及确定仲裁费。

第七条　理事会决定

理事会两名理事意见构成多数意见。如果无法达成多数意见,主席拥有决定权。遇有紧急事项,主席或者副主席有权代表理事会做出决定。理事会下属委员会可以接受指定代表理事会做出决定。理事会可以授权秘书处做出决定,包括决定预付费用、延长裁限、因未缴注册费而撤销案件、解除仲裁员指定以及确定仲裁费。理事会决定为终局决定。

第八条　秘书处

秘书长领导秘书处工作。秘书处履行仲裁院规则所赋予的职责,也可以受理事会的委托做出各项决定。

第九条　程序

仲裁院应当保守仲裁及裁决的秘密,并以公正、实际和快捷的方式进行仲裁。

附件二　应急仲裁员

第一条　应急仲裁员

(1)在案件根据仲裁规则第十八条移交仲裁庭之前,当事人可以申请指定应急仲裁员;

(2)应急仲裁员拥有仲裁规则第三十二条第(1)、(3)款所规定的权利。当案件根据仲规则第十八条移交仲裁庭或应急决定根据本附件第九条第(4)款而不具有约束力时,上述权利终止。

第二条　应急仲裁员指定申请

应急仲裁员指定申请应包括:

(i)当事人双方的名称、地址、电话和传真号码以及电子信箱及其法律顾问;

(ii)争议要点;

(iii)所寻求的临时措施及理由;

(iv)据以解决争议的仲裁协议或仲裁条款的副本或说明;

(v)有关应急程序地、适用法律及程序语言的意见;以及

(vi)根据本附件第十条第(1)~(2)支付应急程序费用的证明。

第三条　通知

应急仲裁员指定申请一经收到,秘书处即应将申请发送他方当事人。

第四条　应急仲裁员的指定

(1)理事会应在收到应急仲裁员指定申请后 24 小时内指定应急仲裁员;

(2)如果商会仲裁院显然缺乏管辖权,则不应指定应急仲裁员;

(3)除异议决定必须在一方当事人得知出现应急仲裁员异议情形后 24 小时内作出外,仲裁规则第十五条应予适用;

(4)除非当事人另有约定,应急仲裁员不在以后与争议相关的仲裁程序中担任仲裁员。

第五条　应急程序所在地

应急程序所在地应当是当事人所约定的仲裁地。如果当事人没有约定仲裁地,理事会应当决定应急程序所在地。

第六条　案件移交应急仲裁员

应急仲裁员一经指定,秘书处应立即将申请移交应急仲裁员。

第七条　应急程序的进行

考虑到该种程序的紧迫性,应急程序应适用仲裁规则第十九条的规定。

第八条　临时措施的应急决定

(1)临时措施的应急决定应当在申请根据本附件第六条移交应急仲裁员之日起 5 日内作出。理事会根据应急仲裁员的合理请求或认为有必要可延长上述期限;

(2)应急决定应当:

(i)以书面形式作出;

(ii)说明决定作出日期、应急程序所在地定据以作出的理由;以及

(iii)由应急仲裁员签署。

(3)应急仲裁员应立即将决定发送各方当事人和商会仲裁院。

第九条　应急决定的约束效力

(1)应急决定一经作出即对当事人具有约束力;

(2)应一方当事人合理的请求,应急仲裁员可以修改或取消应急决定;

(3)约定根据本仲裁规则进行仲裁,当事人即承诺毫不迟延地履行应急决定;

(4)应急决定则不具有约束力,如果:

(i)应急仲裁员或仲裁庭裁定决定不具有束力;

(ii)仲裁庭作出了终局裁决;

(iii)仲裁程序未能在应决定作出之日起30日内开始;或者

(iv)案件未能在应急决作出之日起90日内移交仲裁庭。

(5)仲裁庭不受应急仲裁员所做决定及其理由所约束。

第十条　应急程序费用

(1)申请指定应急仲裁员的一方当事人在提交申请时应当支付应急程序费用。

(2)应急程序费用包括:

(i)12,000欧元的应急仲裁员酬金;

(ii)3000欧元的申请费。

(3)根据应急仲裁员的请求或如果认为适当,考虑到案件的性质、应急仲裁员和商会仲裁院的工作量以及其他相关情形,理事会可以决定增加或减少费用。

(4)如果当事人未及时支付应急程序费用,秘书处应当驳回申请。

(5)应一方当事人请求,仲裁庭可在终局裁决中裁定应急程序费用由当事人按比例分担。

附件三　费　用　表

仲　裁　费

第一条　注册费

(1)仲裁规则第三条所指注册费为1500欧元。

(2)注册费概不退还,该费用构成下述第三条项下管理费的一部分,并从申请人根据仲裁规则第四十五条所缴纳的预付费用中作相应扣减。

第二条　仲裁员酬金

(1)理事会根据下附费用表并基于案件争议金额确定首席仲裁员或独任仲裁员的酬金。

(2)其他仲裁员的酬金应当是首席仲裁员全部酬金的60%。经商仲裁庭后,理事会可决定采用不同的百分比。

(3)争议金额应当是本请求金额、反请求金额和抵销请求金额的总和。如果争议金额不能确定,理事会将在考虑所有相关情形的基础上确定仲裁员的酬金。

(4)特殊情况下,理事会可以不执行费用表所规定的金额。

第三条　管理费

(1)管理费应当根据下述费用表确定。

(2)争议金额应当是本请求金额、反请求金额和抵销请求金额的总和。如果争议金额不能确定,理事会将在考虑所有相关情形的基础上确定仲裁院的管理费。

(3)特殊情况下,理事会可以不执行费用表所规定的金额。

第四条　实际支出

除仲裁员酬金和管理费外,理事会应当确定由当事人承担的仲裁员及仲裁院所花费的合理的实际费用支出金额。仲裁员的实际支出可以包括仲裁庭根据仲裁规则第二十九条所指定的专家的酬金和实际支出。

仲裁员酬金

争议金额(欧元)	首席仲裁员/独任仲裁员(欧元)	
	最少	最多
少于25,000	2500	5500
25,001至50,000	2500+25,000以上部分的2%	5500+25,000以上部分的14%
50,001至100,000	3000+50,000以上部分的2%	9000+50,000以上部分的4%
100,001至500,000	4000+100,000以上部分的1%	11,000+100,000以上部分的5%
500,001至1,000,000	8000+500,000以上部分的0.8%	31,000+500,000以上部分的2.4%
1,000,001至2,000,000	12,000+1,000,000以上部分的0.5%	43,000+1,000,000以上部分的2.5%
2,000,001至5,000,000	17,000+2,000,000以上部分的0.2%	68,000+2,000,000以部分的0.8%
5,000,001至10,000,000	23,000+5,000,000以上部分的0.1%	92,000+5,000,000以上部分的0.68%
10,000,001至50,000,000	28,000+10,000,000以上部分的0.03%	126,000+10,000,000以上部分的0.15%
50,000,001至75,000,000	40,000+50,000,000以上部分的0.02%	186,000+50,000,000以上部分的0.16%
75,000,001至100,000,000	45,000+75,000,000以上部分的0.012%	226,000+75,000,000以上部分的0.02%
大于100,000,001	由理事会决定	由理事会决定

仲裁院管理费

争议金额(欧元)	仲裁院管理费(欧元)
小于25,000	1500
25,001至50,000	1500+25,000以上部分的4%
50,001至100,000	2500+50,000以上部分的2%
100,001至500,000	3500+100,000以上部分的1.6%
500,001至1,000,000	9900+500,000以上部分的0.8%
1,000,001至2,000,000	13,900+1,000,000以上部分的0.5%
2,000,001至5,000,000	18,900+2,000,000以上部分的0.1%
5,000,001至10,000,000	21,900+5,000,000以上部分的0.14%
10,000,001至50,000,000	28,900+10,000,000以上部分的0.02%
50,000,001至75,000,000	36,900+50,000,000以上部分的0.02%
大于75,000,001	41,900+75,000,000以上部分的0.01%
—	最多60,000

仲裁规则及友好争议解决规则

这本小册子中包含了国际商会提供的两套相互区别而又互补的争议解决程序。《国际商会仲裁规则》项下的仲裁是一个正式的程序,该程序最终会由中立的仲裁庭作出具有约束力的裁决。该裁决易于根据国内仲裁法律和国际条约(如纽约公约)执行。国际商会友好争议解决规则项下的友好争议解决则旨在通过一名独立中立人的协助,促进达成协商和解。《友好争议解决规则》项下的默认规程是调解,但其条款也包括调停、中立评估以及各种这些方法和其他方法的组合。

两套规则均规定了机构管理规程,这要求当事人根据具体情况向国际仲裁院(以下简称仲裁院)提交(仲裁)申请,或向国际 ADR 中心(以下简称中心)提交(友好争议解决)申请。仲裁院和中心是唯一有权管理本规则的机构,从而使当事人可以从一个领先的国际争议解决服务机构所具备的经验、专长和专业技能当中获益。

我们鼓励希望提请国际商会解决争议的当事人在其协议中写入适当的争议解决条款。为此目的,我们推荐了标准条款。当事人可以按其具体需要和情形对该条款加以调整。在这本小册子的结尾部分可以找到国际商会推荐条款的示例。

这两套规则是对今日商业需求的回应。2012 年仲裁规则忠实于国际商会仲裁的精神,保留了国际商会仲裁的基本特征,增加了针对涉及多项合同及多方当事人的争议等事项的新规定:更新了案件管理程序;规定了任命紧急仲裁员作出紧急措施裁令;并为推动解决投资条约及自由贸易协定项下所引起的争议作出了修改。

两套规则均规定了组织化、机构性的程序框架,旨在允许当事人可以就程序的许多方面行使选择权的同时,确保争议解决过程透明、高效和公正。两套规则现同时在这本小册子中刊出,以满足日益增加的对于完整的争议解决方式的需求。

这两套规则由来自不同的法律传统、文化和专业的争议解决专家和企业使用者起草,因此适用于世界各地的当事人—无论该地区是否是国际商会的成员—之间所发生的纠纷。本规则系为在全世界范围内在以任何语言、遵照任何法律进行的程序中使用。

为方便使用者,这些规则有若干种语言版本。可从国际商会相关网页下载。

国际商会仲裁规则

(2012 年 1 月 1 日生效)

目　录

导　言

第 1 条　国际仲裁院

1. 国际商会国际仲裁院(以下简称仲裁院)是国际商会的独立仲裁机构,仲裁院章程为本仲裁规则附件一。

2. 仲裁院自身并不解决争议。仲裁院根据国际商会仲裁规则(以下简称仲裁规则)对争议解决实施管理,由仲裁庭解决争议。仲裁院是唯一经授权对仲裁规则项下仲裁活动实施管理的机构,包括对按照仲裁规则所作出的裁决进行核阅、批准。仲裁院制定自己的内部规则,见附件二(以下简称内部规则)。

3. 仲裁院院长(以下简称院长)有权代表仲裁院做出紧急决定,在院长缺席时或应院长的要求,一位副院长也有同样之权力;但此种决定必须向下一次仲裁院会议报告。

4. 依据内部规则的规定,仲裁院可授权由其委员组成的一个或数个委员会作出某些决定,但此决定必须向下一次仲裁院会议报告。

5. 仲裁院的工作由仲裁院秘书处(以下简称秘书处)予以协助。秘书处由其秘书长(以下简称秘书长)领导。

第 2 条　定义

在本仲裁规则中,

(i)“仲裁庭”包括一名或数名仲裁员。

(ii)“申请人”包括一个或数个申请人,“被申请人”包括一个或数个被申请人,“追加当事人”包括一个或数个追加当事人。

(iii)“当事人”或“各当事人”包括申请人、被申请人或追加当事人。

(iv)“请求”或“各项请求”包括任何当事人向任何其他当事人提出的任何请求。

(v)“裁决”包括但不限于临时裁决、部分裁决或终局裁决。

第 3 条　书面通知或通信;期限

1. 当事人提交的所有书面陈述或其他通讯以及所有附件材料,应有足够份数以保证每方当事人、每位仲裁员及秘书处各有一份。仲裁庭向当事人发出的任何通知或通讯都必须提供一份给秘书处。

2. 秘书处和仲裁庭发出的所有通知或通讯都必须发往当事人自己提供的,或对方当事人提供的当事人或其代表人的最终地址。该等通知或通信可以采用回执函、挂号信、特快专递、电子邮件或者其他任何能提供投递纪录的电信方式送达。

3. 通知或通讯应视为在当事人或其代表收到或依照第 3 条第(2)款规定方式应当收到之日送达。

4. 本仲裁规则所规定的或根据本仲裁规则确定的期限自通知或通信按照第 3 条第(3)款送达之次日开始计算。当送达之次日在通知或通讯送达地国为公共假日或非工作日时,该期限自随后第一个工作日开始计算。公共假日和非工作日应计算在该期限内。当期限届满日在通知或通讯地国为公共假日或非工作日时,该期限于随后第一个工作日结束时届满。

仲裁程序的开始

第 4 条　申请仲裁

1. 当事人依本仲裁规则申请仲裁时,应当向内部规则中规定的秘书处的任何办公地址提交仲裁申请书(以下简称申请书)。秘书处应通知申请人和被申请人已经收到申请书以及收到的日期。

2. 秘书处收到申请书的日期在各种意义上均应视为仲裁开始的日期。

3. 申请书应包含以下内容:

a)各方当事人名称全称、基本情况、地址和其他联系信息;

b)在仲裁中代表申请人的任何人士的名称全称、地址和其他联系信息;

c)请求仲裁的争议的性质及情况,以及提出请求的依据;

d)所请求的救济,连同任何已量化的请求的数额,以及对其他任何请求可能得出的金额估值;

e)列明任何有关协议,特别是仲裁协议;

f)如果仲裁请求是按照多项仲裁协议提出的,应写明每项仲裁请求所依据的仲裁协议;

g)对于根据第 12 条和第 13 条确定仲裁员人数及仲裁员选择方式的所有相关说明及任何意见或建议,以及根据上述条款提名的仲裁员人选;以及

h)所有关于仲裁地、适用的法律规则和仲裁语言的相关说明、意见或建议。

申请人可以在提交申请书时,一并提交其认为适宜的或可能有助于有效解决争议的其他文件或信息。

4. 申请人提交申请书时应:

a)按照第 3 条第(1)款要求的份数提交材料;并

b)按申请仲裁时有效的“仲裁费用和报酬”(附件三)支付申请费。

在申请人未能按照上述要求办理的情况下,秘书处可以确定一个期限,要求申请人遵照办理,逾期则作封卷处理,但不影响申请人将来重新提请仲裁的权利。

5. 一旦收到足够份数的申请书和应缴申请费,秘书处应立即向被申请人转发一

份申请书及其附件材料,以便被申请人答辩。

第 5 条　答辩书;反请求

1. 被申请人应当在收到秘书处转来的申请书之日起三十日内提交答辩书,其中包括以下内容:

a)被申请人名称全称、基本情况、地址和其他联系信息;

b)在仲裁中代表被申请人的任何人士的名称全称、地址和其他联系信息;

c)对于请求仲裁的争议的性质、情况以及请求依据的意见;

d)对于所请求的救济的答复;

e)基于申请人的建议,对于根据第 12 条和第 13 条确定仲裁员人数及仲裁员选择方式的任何意见或建议,以及根据上述条款提名的仲裁员人选;以及

f)关于仲裁地、适用的法律规则和仲裁语言的任何意见或建议。

被申请人可以在提交答辩书时,一并提交其认为适宜的或可能有助于有效解决争议的其他文件或信息。

2. 秘书处可以准予延长被申请人提交答辩书的期限,但被申请人的延期请求必须包括被申请人对于仲裁员人数、仲裁员选择方式及第 12 条、第 13 条要求提名的仲裁员人选的意见或建议。如果被申请人没有按上述规定行事,仲裁院将按照本仲裁规则的规定继续进行仲裁程序。

3. 答辩书应当按照第 3 条第(1)款规定的份数向秘书处提交。

4. 秘书处应向所有其他当事人转交答辩书及其附件材料。

5. 被申请人提出的任何反请求应当与答辩书一起提交并载明以下内容:

a)引起反请求的争议的性质及情况,以及提出反请求的依据;

b)所请求的救济,连同任何已量化的反请求的数额,以及对任何其他反请求可能得出的金额估值;

c)任何有关协议,特别是仲裁协议;以及

d)如果反请求是按照多项仲裁协议提出的,应写明每项反请求所依据的仲裁协议。

被申请人可以在提交反请求时,一并提交其认为适宜的或可能有助于有效解决争议的其他文件或信息。

6. 申请人应当在其收到秘书处发送的反请求之日起三十天内提交书面答复。秘书处在将案卷移交仲裁庭之前,可以准予延长申请人提交书面答复的期限。

第 6 条　仲裁协议的效力

1. 当事人协议按照国际商会仲裁规则提交仲裁的,应视为他们事实上愿意按照仲裁开始之日有效的仲裁规则进行仲裁,除非他们已经约定按照订立仲裁协议之日有效的仲裁规则进行仲裁。

2. 当事人同意按照仲裁规则进行仲裁,即接受由仲裁院对该仲裁实施管理。

3. 如果仲裁请求的任何对方当事人未提交答辩书，或对仲裁协议的存在、效力或范围，或对仲裁中提出的全部仲裁请求是否可以在单次仲裁中共同作出裁定，提出一项或多项抗辩。则仲裁程序应继续进行；对于任何管辖权问题，或各项请求是否可以在该次仲裁中作出共同裁定的问题，则应由仲裁庭直接决定，除非秘书长按照第 6 条第(4)款的规定，将有关事项提交仲裁院决定。

4. 对于根据第 6 条第(3)款提交仲裁院决定的所有案件，仲裁院应就仲裁是否继续进行以及应在何等范围内继续进行作出决定。如果仲裁院基于表面所见，认为一个仲裁规则要求的仲裁协议可能存在，则仲裁应继续进行。具体而言：

(i) 仲裁有两方以上当事人的，如果仲裁院基于表面所见，认为一个仲裁规则要求的仲裁协议可能存在，并且该仲裁协议对某些当事人(包括根据第 7 条参与仲裁的任何追加当事人)具有约束力，则仲裁应在这些当事人之间继续进行；以及

(ii) 仲裁请求是按第 9 条根据多项仲裁协议提出的，如果仲裁院基于表面所见，认为(a)其中某些请求所依据的仲裁协议可以彼此相容，并且(b)所有仲裁当事人可能已约定这些请求可以在单次仲裁中共同作出裁定，则仲裁应针对这些请求继续进行。

仲裁院根据第 6 条第(4)款作出的决定不减损任何当事人所提出的一项或多项抗辩的可采信性或实质依据。

5. 仲裁院根据第 6 条第(4)款决定的所有事项中，对于仲裁庭管辖权的问题，除仲裁院决定有关当事人或仲裁请求不能进行仲裁外，均应由仲裁庭裁定。

6. 当事人获知仲裁院根据第 6 条第(4)款决定部分或全体当事人不能进行仲裁的，任何当事人均有权请求任何具有管辖权的法院裁定是否存在具有约束力的仲裁协议，或裁定哪些当事人之间存在具有约束力的仲裁协议。

7. 仲裁院根据第 6 条第(4)款决定部分仲裁请求不能进行仲裁的，该决定不应妨碍当事人将来在其他程序中重新提出这些请求。

8. 如果任何一方当事人拒绝或未能参加仲裁或仲裁程序的任何阶段，仲裁将继续进行，不受影响。

9. 除非另有约定，否则，只要仲裁庭认为仲裁协议有效，仲裁庭不因任何合同不存在或合同无效的主张，而停止对案件的管辖权。即使合同可能不存在或者无效，仲裁庭仍继续享有管辖权，以决定当事人各自的权利并对其请求和抗辩作出裁定。

多方当事人、多项合同以及合并

第 7 条　追加当事人的加入

1. 如果任何当事人希望追加仲裁当事人，应向秘书处提交针对该追加当事人的仲裁申请书(“追加仲裁当事人申请”)。秘书处收到追加仲裁当事人申请之日在各

种意义上均应视为针对该追加当事人的仲裁开始之日。追加当事人应遵守第 6 条第(3)款至第(7)款和第 9 条。确认或任命任何仲裁员之后,不得再追加仲裁当事人,除非包括追加当事人在内的全体当事人另行同意。提交追加仲裁当事人申请的期限,可由秘书处确定。

2. 追加仲裁当事人申请应包含以下内容:

a)现有仲裁案的案号;

b)包括追加当事人在内的每一方当事人的名称全称、基本情况、地址及其他联系信息;以及

c)第 4 条第(3)款第 c)、第 d)、第 e)和 f)项中所规定的信息。

当事人可以在提交追加当事人申请时,一并提交其认为适宜的或可能有助于有效解决争议的其他文件或信息。

3. 第 4 条第(4)款和第(5)款的规定在细节上作必要修正后适用于追加仲裁当事人申请。

4. 追加当事人应在细节上作必要修正后按照第 5 条第(1)款至第(4)款的规定,提交答辩书。追加当事人可按照第 8 条的规定,针对任何其他当事人提出仲裁请求。

第 8 条　多方当事人之间的仲裁请求

1. 在多方当事人进行的仲裁中,以遵守第 6 条第(3)至(7)款和第 9 条的规定为前提,任何一方当事人均可针对任何其他当事人提出仲裁请求;但是,审理范围书签署或被仲裁院批准后,未经仲裁庭根据第 23 条第(4)款授权,不得提出任何新的仲裁请求。

2. 根据第 8 条第(1)款提出仲裁请求的任何当事人,应提供第 4 条第(3)款第 c)、第 d)、第 e)和 f)项中规定的信息。

3. 在秘书处按照第 16 条将案卷移交给仲裁庭之前,后述条款的规定应在细节上作必要修正后,适用于所提出的任何仲裁请求:第 4 条第(4)款第 a)项、第 4 条第(5)款、第 5 条第(1)款除第 a)、第 b)、第 e)和 f)项以外、第 5 条第(2)款、第 5 条第(3)款和第 5 条第(4)款。随后则由仲裁庭确定提出仲裁请求的程序。

第 9 条　多份合同

以遵守第 6 条第(3)至(7)款和第 23 条第(4)款的规定为前提,因多份合同引起的或与多份合同有关的仲裁请求,可以在单次仲裁中提出,无论该请求是依据仲裁规则项下一份仲裁协议还是多份仲裁协议提出。

第 10 条　合并仲裁

经一方当事人要求,并符合下列条件之一,仲裁院可将仲裁规则项下未决的两项或多项仲裁案合并为单个仲裁案:

a)当事人已经同意进行该合并;或

b）各仲裁案的所有仲裁请求依据同一份仲裁协议提出；或

c）若各仲裁案的所有仲裁请求是依据多份仲裁协议提出的，各仲裁案当事人相同且各争议所涉及的法律关系相同，且仲裁院认为各仲裁协议彼此相容。

在决定是否可以合并仲裁时，仲裁院可考虑其认为相关的各种情况，包括有无一名或多名仲裁员已经在一个以上仲裁案中得到确认或任命，如有，所确认或任命的是相同人员还是不同人员。

合并仲裁的，除非全体当事人另行约定，否则，各仲裁案并入最先提起的仲裁案。

仲　裁　庭

第11条　一般规定

1. 每位仲裁员均必须是并保持中立和独立于各当事人。

2. 在获得任命或确认前，仲裁员候选人应签署一份有关接受、可处理案件的时间、中立性和独立性的声明。仲裁员候选人应向秘书处书面披露在当事人看来可能影响仲裁员独立性的任何事实或情形，以及任何可能导致对仲裁员中立性产生合理怀疑的情形。秘书处应将此信息书面通知各当事人，并规定期限要求其予以评论。

3. 仲裁期间出现任何类似第11条第（2）款所述有关仲裁员中立性或独立性的事实或情形的，仲裁员应当立即向秘书处和各当事人做出书面披露。

4. 仲裁院关于仲裁员任命、确认、回避或替换的决定均为终局决定并不须披露理由。

5. 仲裁员接受任命，即承诺按本仲裁规则履行职责。

6. 仲裁庭根据第12条和第13条的规定组成，但当事人另有约定者除外。

第12条　仲裁庭的组成

仲裁员的人数

1. 争议由一名独任仲裁员或由三名仲裁员裁决。

2. 当事人没有约定仲裁员人数的，仲裁院应任命一名独任仲裁员，除非仲裁院认为案件争议需要指定三名仲裁员。在后一种情况下，申请人应在收到仲裁院上述决定的通知之日起十五日内提名一名仲裁员，被申请人应在收到申请人提名仲裁员的通知之日起十五日内提名另一名仲裁员。当事人未提名仲裁员的，由仲裁院任命。

独任仲裁员

3. 如果当事人约定由一名独任仲裁员解决争议，他们可以协议提名独任仲裁员供仲裁院确认。如果他们在申请人的仲裁申请书为对方当事人收到之日起三十日内，或在秘书处许可的延长期内，未能提名一名独任仲裁员，仲裁院将任命一名独任仲裁员处理案件。

三人仲裁庭

4. 如果当事人约定由三人仲裁庭解决争议,每一方当事人均应各自在其申请书或答辩书中提名一名仲裁员以供确认。当事人未提名仲裁员的,由仲裁院任命。

5. 如果争议由三人仲裁庭审理,担任首席仲裁员的第三名仲裁员由仲裁院任命,除非当事人约定另一种任命程序;通过当事人约定程序选定的第三名仲裁员应按照第 13 条由仲裁院确认。在前两名仲裁员得到确认或指定后三十日内按照当事人约定程序未能提名第三名仲裁员的,或在当事人约定或仲裁院确定的任何其他期限内未能提名第三名仲裁员的,第三名仲裁员由仲裁院任命。

6. 如果存在多方申请人或多方被申请人,且争议由三人仲裁庭审理,则应由多方申请人共同提名一名仲裁员,由多方被申请人共同提名一名仲裁员,以供按照第 13 条的规定进行确认。

7. 如果追加仲裁当事人,且争议由三人仲裁庭审理,追加当事人可与申请人或被申请人一起提名仲裁员,以供按照第 13 条的规定进行确认。

8. 如果不能按照第 12 条第(6)款或第(7)款共同提名仲裁员,且各当事人之间不能就仲裁庭的组成方式达成一致意见,则由仲裁院任命仲裁庭全部成员并指定其中一人担任首席仲裁员。在这种情况下,仲裁院可以自主选择其认为适当的任何人担任仲裁员,并在其认为适当的时候适用第 13 条的规定。

第 13 条　仲裁员的任命与确认

1. 仲裁院在确认或任命仲裁员时,应考虑各位仲裁员的国籍、住所、与当事人或其他仲裁员国籍国的其他关系,以及该仲裁员是否有时间和能力在本仲裁规则下进行仲裁。秘书长根据第 13 条第(2)款确认仲裁员人选时,本款规定同样适用。

2. 秘书长可以确认当事人提名的或根据他们之间协议提名的人选担任仲裁员、独任仲裁员和首席仲裁员,但该人选提交的声明不得载有对于其中立性或独立性的任何限制,或者,即使提交的声明载有对于其中立性或独立性的限制,但未引起当事人反对。该确认应在下一次仲裁院会议上向仲裁院报告。秘书长认为不应确认某位仲裁员、独任仲裁员或首席仲裁员的,应提交仲裁院办理。

3. 仲裁院任命仲裁员,应以其认为适当的国际商会国家委员会或小组的建议为根据。如果仲裁院不接受该建议,或国家委员会或小组没有在仲裁院规定的期限内提出建议,仲裁院可以再次征询,或向其认为适当的另一国家委员会或小组征询,或可直接任命其认为适当的任何人士。

4. 在下列情况下,仲裁院也可以直接任命其认为适当的任何人士担任仲裁员:

a)一方或多方当事人为一个国家或声称是一个国家机构;或

b)仲裁院认为适于从没有国家委员会或小组的国家或地区任命仲裁员;或

c)院长向仲裁院证明存在院长认为有必要且适合直接任命的情况。

5. 独任仲裁员或首席仲裁员的国籍应与各当事人的国籍不同。但是,在适当的情况下，若任何当事人均未在仲裁院规定的期限内提出异议，独任仲裁员或首席仲裁员也可以从任何当事人的国籍国选定。

第 14 条　仲裁员回避

1. 无论是指称仲裁员缺乏中立性或独立性还是出于其他原因，凡提请仲裁员回避均应向秘书处提交书面陈述，说明回避请求所依据的事实和情况。

2. 要求仲裁员回避的申请，提出申请的当事人应当在收到任命或确认该仲裁员的通知之后三十日内提交；或者，如果当事人收到任命或确认该仲裁员通知后才得知申请回避所依据的事实和情况，则应当在得知该事实和情况之日起三十日内提交。

3. 仲裁院应对是否接受回避请求，以及必要情况下，在秘书处给予有关仲裁员、对方当事人和仲裁庭其他成员在适当期限内提出书面评论的机会后，同时对回避请求的实质问题作出决定。前述评论应当告知各当事人和仲裁员。

第 15 条　替换仲裁员

1. 仲裁员死亡时、仲裁院接受仲裁员辞呈时、仲裁院支持当事人的回避申请时，或者仲裁院接受全体当事人要求时，仲裁员应予替换。

2. 仲裁院认为仲裁员在法律上或事实上不能履行仲裁员职责，或者未按照仲裁规则或未在规定期限内履行职责时，可对该仲裁员予以替换。

3. 仲裁院根据所知情况考虑适用第 15 条第(2)款时，应当先给予有关仲裁员、各方当事人和仲裁庭其他成员在适当期限内提出书面评论的机会，然后才作出决定。前述评论应当告知各当事人和仲裁员。

4. 替换仲裁员时，是否按照原提名程序重新提名仲裁员由仲裁院斟酌决定。仲裁庭重新组成并要求当事人进行评论后，仲裁庭应对已经进行的程序作出是否以及在何种程度上重新进行的决定。

5. 程序终结后，仲裁院在其认为适当的情形下可以决定对死亡的仲裁员或根据第 15 条第(1)款或第 15 条第(2)款免职的仲裁员不进行替换，而由余下的仲裁员继续仲裁。作出该决定时，仲裁院应考虑余下的仲裁员和各当事人的意见以及其认为适当的其他因素。

仲 裁 程 序

第 16 条　案卷移交仲裁庭

秘书处应在仲裁庭组成后立即将案卷移交仲裁庭，但以秘书处在此阶段要求的预付金已如数缴纳为前提。

第 17 条　授权证明

仲裁开始后，仲裁庭或秘书处可随时要求提供任何当事人代表的授权证明。

第 18 条　仲裁地

1. 仲裁地由仲裁院确定，但当事人另有约定者除外。

2. 经与各当事人协商,仲裁庭可在其认为适当的任何地点开庭和举行会议,但当事人另有约定者除外。

3. 仲裁庭可以在其认为适当的任何地点进行合议。

第 19 条　程序规则

仲裁庭审理案件的程序受本仲裁规则管辖;本仲裁规则没有规定的,受当事人约定的或当事人没有约定时仲裁庭确定的规则管辖,不论是否因此而援引适用于该仲裁的某一国内法的程序规则。

第 20 条　仲裁语言

当事人没有约定仲裁语言的,仲裁庭应当在适当考虑包括合同所用语言在内的所有情况后决定使用一种或数种语言进行仲裁。

第 21 条　适用的法律规则

1. 当事人有权自由约定仲裁庭处理案件实体问题所应适用的法律规则。当事人对此没有约定的,仲裁庭将决定适用其认为适当的法律规则。

2. 仲裁庭应考虑当事人之间的合同(如有)的规定以及任何有关的贸易惯例。

3. 只有当事人同意授权仲裁庭担当友好调解人或以公平合理原则作出裁决时,仲裁庭才有此权力。

第 22 条　仲裁的进行

1. 仲裁庭及当事人应考虑争议的复杂性及价值,尽最大努力以快捷和具有成本效益的方式进行仲裁。

2. 为确保有效管理案件,仲裁庭经洽商当事人后,可采取其认为适当的程序措施,但该等措施不应违反当事人的任何约定。

3. 经任何当事人提出要求,仲裁庭可以裁令对仲裁程序或任何与该仲裁有关的其他事项予以保密,亦可采取措施保护商业秘密及保密信息。

4. 在任何情形下。仲裁庭应当公平和中立行事,确保各当事人均有合理的陈述机会。

5. 当事人承诺遵守仲裁庭作出的任何裁令。

第 23 条　审理范围书

1. 收到秘书处转来的案卷后,仲裁庭即应根据书面材料或会同当事人,并按照当事人最近提交的文件,拟定一份文件界定其审理范围。该文件应包括下列内容:

a) 各方当事人及在仲裁中代表当事人的任何人士的名称全称、基本情况、地址和其他联系信息;

b) 在仲裁过程中的通知或通讯可送达的地址;

c) 当事人各自的请求和所请求的救济摘要,连同任何已量化的请求的数额,以及对任何其他请求可能得出的金额估值;

d) 待决事项清单,但仲裁庭认为不适宜的除外;

e)每一位仲裁员的姓名全名、地址和其他联系信息；

f)仲裁地；以及

g)可适用的程序规则的详细说明：当事人授权仲裁庭充当友好调解人或以公平合理原则作出裁决的，应予注明。

2. 审理范围书应当经当事人和仲裁庭签署。仲裁庭应当在收到案卷之日起两个月内向仲裁院提交经当事人和仲裁员签署的审理范围书。仲裁院可依仲裁庭说明理由的请求延长该期限，或在其认为必要时自行决定延长该期限。

3. 若任何当事人拒绝参与拟定或签署审理范围书，该审理范围书应提交仲裁院批准。审理范围书按第23条第(2)款签署或经仲裁院批准后，仲裁应继续进行。

4. 审理范围书签署或经仲裁院批准后，任何当事人均不得提出超出审理范围书的新请求，除非仲裁庭在考虑该项新请求的性质、仲裁审理阶段以及其他有关情形后准许当事人提出。

第24条　案件管理会议及程序时间表

1. 在拟订审理范围书时，或在拟订后尽可能短的时间内，仲裁庭应召集案件管理会议。与当事人协商可以根据第22条第(2)款采取的程序措施。这些措施可包括附件四中所描述的一项或多项案件管理方法。

2. 上述会议期间或之后，仲裁庭应制定一份其打算为进行仲裁而遵循的程序时间表。该程序时间表及其任何修改内容均应通知仲裁院和各方当事人。

3. 为确保持续有效地管理案件，仲裁庭经进一步召集案件管理会议或以其他方式与当事人协商后，可以采取进一步程序措施或修改程序时间表。

4. 案件管理会议可以采用亲自出席、视频会议、电话或类似通讯方式进行。当事人没有约定的，应由仲裁庭确定会议召开的方式。仲裁庭可要求各方当事人在案件管理会议召开之前提交案件管理提案，并可要求当事人亲自或委派内部代表出席该当事人的任何案件管理会议。

第25条　确定案件事实

1. 仲裁庭应采用一切适当的方法在尽可能短的时间内确定案件事实。

2. 在审阅当事人提交的书面陈述及其所依据的所有文件后，经任何当事人提出请求。仲裁庭应当面听取所有当事人的陈述，无此请求时，仲裁庭可自行决定听取当事人的陈述。

3. 仲裁庭可决定在当事人到场的情况下，或在当事人经正式传唤后未到场的情况下，听取证人、当事人指定的专家或其他人员的陈述。

4. 仲裁庭经与当事人协商可以聘请一名或数名专家，明确其权限范围并接收其报告。经一方当事人请求，仲裁庭应给予各方当事人机会，在开庭时向专家质证。

5. 仲裁庭可以在程序进行的任何阶段传唤任何当事人提交补充证据。

6. 仲裁庭可以仅根据当事人提交的书面材料裁决案件,但有当事人请求开庭审理的除外。

第 26 条　开庭

1. 案件决定开庭审理的,仲裁庭应当以适当方式通知当事人在其确定的时间和地点出席开庭。

2. 任何当事人经正式传唤无正当理由而未出庭的,仲裁庭有权继续开庭审理。

3. 开庭审理由仲裁庭全面负责,所有当事人均有权参加开庭。非经仲裁庭和当事人同意,与仲裁程序无关的人员不得出席。

4. 当事人可以亲自出庭,也可通过其正式授权的代表参加开庭。此外,当事人可聘请顾问予以协助。

第 27 条　程序终结及裁决书草案的提交日期

在就裁决书中所需认定的事项进行最后一次开庭之后,或在当事人经授权就该等事项最后一次提交文件之后(以发生在后者为准),仲裁庭应当尽快:

a)宣布对于裁决中所需裁定事项的程序终结;并

b)通知秘书处和各方当事人仲裁庭预计向仲裁院提交裁决书草案供仲裁院根据第 33 条批准的日期。

在程序终结之后,对于裁决书中所需裁定的事项,非经仲裁庭要求或授权,当事人不得再提交任何材料、意见或证据。

第 28 条　保全措施与临时措施

1. 除非当事人另有约定,案卷移交仲裁庭后,经当事人申请,仲裁庭可以裁令实施其认为适当的临时措施或保全措施。仲裁庭可以要求提出请求的当事人提供适当的担保,以作为裁令采取该等措施的条件。这些措施应以裁令的形式作出并附具理由,或者在仲裁庭认为适当的时候,采用裁决的形式。

2. 在案卷移送仲裁庭之前,以及在案卷移送之后的适当情形下,当事人可向有管辖权的司法机关申请采取临时措施或保全措施。当事人向司法机关申请采取该等措施,或申请执行仲裁庭作出的前述裁令均不视为对仲裁协议的破坏或放弃,并不得影响由仲裁庭保留的有关权力。

该等申请以及司法机关采取的任何措施都必须毫无迟延地通知秘书处。秘书处应将这些情况通知仲裁庭。

第 29 条　紧急仲裁员

1. 一方当事人需要不待组成仲裁庭而采取紧急临时或保全措施(“紧急措施”)的,可根据附件五中列明的紧急仲裁员规则,请求采取该等措施。不论申请人是否已提交仲裁申请书,只要秘书处在根据第 16 条将案卷移交仲裁庭之前收到该请求,就应予以受理。

2. 紧急仲裁员的决定应以裁令的形式作出。当事人承诺遵守紧急仲裁员所作出的任何裁令。

3. 对于紧急仲裁员裁令中认定的任何问题、事宜或争议，该裁令对仲裁庭不具有约束力。仲裁庭可以修改、终止或撤销紧急仲裁员所作出的裁令或对裁令的任何修改。

4. 对于任何当事人就紧急仲裁员程序所提出的要求或请求，包括该程序费用的重新分配，以及因遵守或不遵守裁令而引起的或与之有关的任何请求，应由仲裁庭作出裁定。

5. 第 29 条第(1)至(4)款及附件五中列明的紧急仲裁员规则(合称“紧急仲裁员规定”)，仅适用于后述当事人：该当事人是仲裁规则项下仲裁协议的签字人或该签字人之继承人，且该仲裁协议是提出请求所依据的仲裁协议。

6. 在下列情况下，紧急仲裁员规定不予适用：

a)仲裁规则项下的仲裁协议在仲裁规则生效日前订立；

b)当事人约定排除适用紧急仲裁员规定；或

c)当事人约定适用另一规定采取保全措施、临时措施或类似措施的仲裁前程序。

7. 紧急仲裁员规定无意阻止任何当事人在根据仲裁规则提出采取紧急的临时或保全措施的请求之前，以及在适宜情况下甚至可以在其之后，随时向有管辖权的司法机关申请采取该等措施。当事人向司法机关申请采取该等措施，不视为对仲裁协议的损害或放弃。该等申请以及司法机关采取的任何措施都必须毫无迟延地通知秘书处。

裁　决

第 30 条　作出终局裁决的期限

1. 仲裁庭必须作出终局裁决的期限为六个月。该期限自仲裁庭成员在审理范围书上最后一个签名之日或者当事人在审理范围书上最后一个签名之日起算，或者，在第 23 条第(3)款的情况下，自秘书处通知仲裁庭仲裁院已批准审理范围书之日起算。仲裁院可基于按第 24 条第(2)款制定的程序时间表，另行确定一个不同的期限。

2. 仲裁院可依仲裁庭说明理由的请求延长该期限，或在其认为必要时自行决定延长该期限。

第 31 条　作出裁决

1. 仲裁庭由数名仲裁员组成的，应根据多数意见作出裁决。如果不能形成多数意见，裁决将由首席仲裁员独自作出。

2. 裁决应说明其所依据的理由。

3. 裁决应视为在仲裁地并于裁决书中载明的日期作出。

第 32 条　和解裁决

若当事人在案卷按第 16 条规定移交仲裁庭之后达成和解,经当事人要求并经仲裁庭同意,应将其和解内容以和解裁决的形式录入裁决书。

第 33 条　仲裁院核阅裁决书

仲裁庭应在签署裁决书之前,将其草案提交仲裁院。仲裁院可以对裁决书的形式进行修改,并且在不影响仲裁庭自主决定权的前提下,提醒仲裁庭注意实体问题。裁决书形式未经仲裁院批准,仲裁庭不得作出裁决。

第 34 条　裁决书的发送、交付与执行

1. 裁决书一经作出,秘书处即应将仲裁庭签署的裁决书文本发送各当事人,但在此之前当事人各方或一方必须向国际商会缴清全部仲裁费用。

2. 在任何时候,经当事人请求,秘书长均应为其提供核对无误的裁决书复制本,但当事人以外的其他人无权获取。

3. 根据第 34 条第(1)款发送裁决书,当事人即已放弃了仲裁庭以任何其他形式发送裁决或交存裁决的可能。

4. 根据本仲裁规则制作的裁决书应向秘书处提交一份原件存档。

5. 仲裁庭和秘书处应当协助当事人履行此后的一切必要手续。

6. 凡裁决书对当事人均有约束力。通过将争议提经本仲裁规则仲裁,各当事人负有毫无迟延地履行裁决的义务,并且在法律许可的范围内放弃了任何形式的追索权,但以该放弃为有效作出为条件。

第 35 条　裁决书的更正与解释;裁决书的退回

1. 仲裁庭可以自行更正裁决书中的誊抄、计算、打印错误或者其他类似性质的错误,但该等更正必须在裁决书作出之日后三十天内提交仲裁院批准。

2. 当事人要求更正第 35 条第(1)款所述错误的请求,或者要求解释裁决书的请求,必须在其收到裁决书之日后三十天内提交秘书处并按第 3 条第(1)款的规定提供相应的份数。该请求应当转送仲裁庭。仲裁庭应给予其他当事人一个短的期限,一般不超过该当事人收到请求之后三十天,提交评论。仲裁庭应当在对方当事人评论期限届满后三十天内,或仲裁院规定的其他期限内,向仲裁院提交其就对请求的决定草案。

3. 更正或解释裁决书的决定应采用附件的形式,它将构成裁决书的一部分。第 31 条、第 33 条和第 34 条的规定在细节上作必要修正后适用于此类决定。

4. 如果法院将裁决书退回仲裁庭,第 31 条、第 33 条、第 34 条和第 35 条的规定在细节上作必要修正后,适用于根据该退回令的各项条款所作出的任何附件或裁决,仲裁院可以采取任何必要措施保证仲裁庭遵守上述条款,并可确定一笔预付金以支付仲裁庭的任何额外费用和支出及任何额外的国际商会管理费。

费　　用

第36条　仲裁费预付金

1. 在收到仲裁申请书后，秘书长可以要求申请人临时缴付一定数额的预付金，以支付审理范围书拟定之前的仲裁开支。已经支付的任何临时预付金，将充抵申请人对仲裁院按本36条确定的任何仲裁费预付金的付款。

2. 仲裁院应根据已向其提交的仲裁请求尽早确定可用于支付仲裁员报酬和开支以及国际商会管理费的预付金数额，除非有任何仲裁请求是依据第7条或第8条规定而提出的，在此情况下，第36条第(4)款应予以适用。仲裁院按本36条第(2)款所确定的仲裁费预付金，应由申请人与被申请人平均分担。

3. 如果被申请人依据第5条或其他规定提出反请求，仲裁院可以就仲裁请求和反请求分别确定预付金数额。仲裁院分别确定预付金数额的，各当事人应各自缴纳其仲裁请求所对应的预付金。

4. 如果有仲裁请求依据第7条或第8条规定提出，仲裁院应确定一项或多项预付金，由当事人按照仲裁院的决定支付。如果仲裁院先前已经根据本36条确定了预付金，该等预付金应以本36条第(4)款确定的预付金所取代，任何当事人先前已经支付的任何预付金金额，应充抵该当事人对于仲裁院根据本36条第(4)款所确定的预付金的应付份额。

5. 仲裁院根据本36条所确定的任何预付金，可在仲裁过程中随时予以调整。在任何情况下，如果某一方当事人未能支付其预付金的应付份额，任何其他当事人均有权支付该应付份额。

6. 仲裁预付金没有按要求缴纳的，经与仲裁庭协商，秘书长可以要求仲裁庭暂停工作，并为此规定一个不少于十五日的期限，期限届满，相关的仲裁请求视为已被撤回。如果当事人反对这一办法。它必须在前述期限内提出请求，要求仲裁院对此作出决定。本规定不妨碍该当事人在将来另一程序中重新提出同样的仲裁请求。

7. 如果一方当事人要求抵销任何仲裁请求，只要此要求需要仲裁庭考虑额外事项，则该抵销要求将按一项单独的请求计算仲裁预付金数额。

第37条　决定仲裁费

1. 仲裁费包括仲裁院按照仲裁开始时适用的收费表确定的仲裁员报酬、仲裁员开支和国际商会管理费，也包括仲裁庭聘请专家的费用和开支以及当事人为进行仲裁而发生的合理的法律费用和其他费用。

2. 基于案件的特殊情况，在其认为必要时，仲裁院确定的仲裁员报酬数额可以高于或低于按照仲裁收费表计算出的数额。

3. 除仲裁院所确定的费用以外，仲裁庭可在仲裁程序进行过程当中随时就其他费用作出决定,并裁令进行付款。

4. 终局裁决中应确定仲裁费用,决定由何方承担此费用或明确各方分担此费用的比例。

5. 在作出有关费用的决定时,仲裁庭可以考虑其认为相关的情况,包括每方当事人迄今以快捷及具有成本效益的方式进行仲裁的程度。

6. 如果在终局裁决书作出之前,全部仲裁请求被撤回或仲裁终止,仲裁院应确定仲裁员的报酬和开支以及国际商会管理费。如果当事人对仲裁费的分担以及有关费用的其他事宜未能达成一致,则该等事项应由仲裁庭作出决定。如果在仲裁请求撤回或仲裁终止时,尚未组成仲裁庭,任何当事人均可要求仲裁院继续按照仲裁规则组成仲裁庭,以便仲裁庭就费用问题作出决定。

其　　他

第 38 条　期限的修改

1. 当事人可以协议缩短本仲裁规则所规定的期限。但在仲裁庭组成后达成的该等协议须经仲裁庭批准方可生效。

2. 为了保证仲裁庭和仲裁院可以完成本仲裁规则项下的职责,仲裁院在其认为必要时可以自行延长根据第 38 条第(1)款修改的期限。

第 39 条　弃权

当事人对本仲裁规则、适用于程序的其他规则、仲裁庭的任何指示或者仲裁协议中有关仲裁庭组成或程序进行的任何要求未被遵循的情况/事项没有表示反对,而继续进行仲裁程序的,视为已经放弃异议权。

第 40 条　责任限制

仲裁员、仲裁庭任命的任何人士、紧急仲裁员、仲裁院及其成员、国际商会及其职员和国际商会国家委员会和小组及其职员和代表,不因与仲裁有关的任何作为或不作为对任何人承担责任,除非适用法律禁止本项责任限制。

第 41 条　一般规则

对于本仲裁规则没有明确规定的任何事项,仲裁院和仲裁庭都应当根据本仲裁规则的精神办理,并应尽一切努力确保裁决能够依法执行。

附件一　国际商会国际仲裁院章程

第 1 条　职能

1. 国际商会国际仲裁院(以下简称仲裁院)的职能是保证国际商会仲裁规则的实施,为此,它享有一切必需的权力。

2. 作为一个自治机构,它独立履行这些职责,完全独立于国际商会及其任何部门。

3. 其委员独立于国际商会的国家委员会和小组。

第2条　仲裁院的组成

仲裁院由院长一人、副院长数人、委员若干人和替补委员若干人(被集体指定为委员)组成。仲裁院由秘书处(国际商会国际仲裁院秘书处)协助工作。

第3条　任命

1. 院长由国际商会理事会根据国际商会执行局的推荐选举产生。

2. 国际商会理事会从仲裁院委员或其他人士中任命仲裁院副院长。

3. 每一个国家委员会或小组推荐一名委员,国际商会理事会据此予以聘任。

4. 理事会可以根据仲裁院院长的建议聘任替补委员若干人。

5. 委员(就本段而言,委员也包括院长和副院长)任期三年。若委员有不能继续履行委员职责的情况,理事会另行任命一人接替其任期余下部分的工作。在执行委员会的建议下理事会可以决定延长委员的任期。

第4条　仲裁院全体会议

仲裁院全体会议由院长主持,院长缺席时,由其指定的一名副院长主持。讨论必须有至少六名委员出席方为有效。根据多数表决原则作出决定,赞成与反对的票数相等时,院长或副院长(视具体情况)有终决投票权。

第5条　委员会

仲裁院可以设立一个或数个委员会,并对委员会的职能和组成作出安排。

第6条　保密

仲裁院的工作属保密性质,参与这些工作的任何人,不论其以何等身份参与,都必须尊重这种工作性质。仲裁院制定有关制度,规定何人可以参与仲裁院和委员会会议,何人有权接触与仲裁院及其秘书处的工作有关的资料。

第7条　仲裁规则的修订

仲裁院修订规则的任何建议都应先提交仲裁委员会,然后再上报国际商会执行局批准,但是,仲裁院为了考虑到信息技术的发展成果,可以修改或补充国际商会仲裁规则第3条或国际商会仲裁规则中任何有关规定,而不必向仲裁委员会提交任何该等建议。

附件二　国际商会国际仲裁院内部规则

第1条　国际仲裁院工作的保密性

1. 为本附件之目的,仲裁院委员包括仲裁院院长和副院长。

2. 仲裁院的会议,无论是全体会议还是仲裁院委员会会议,都仅向其委员和秘书处公开。

3. 但是,在个别情况下,仲裁院院长可以邀请其他人员参加。参加人员必须尊重仲裁院工作的保密性质。

4. 提交仲裁院的文件或在仲裁院程序进行过程中由仲裁院或秘书处拟制的文

件仅向仲裁院委员、秘书处及仲裁院院长准许参加会议的人员提供。

5. 仲裁院院长或秘书长可以准许从事学术工作的研究人员了解裁决书及其他的一般性文件,但备忘录、笔记、意见陈述及当事人寄送的仲裁程序范围内的文件除外。

6. 除非上述从事学术工作的研究人员表示承担遵守对所获文件保密的义务,并承诺未经仲裁院秘书长同意不会公布基于这些文件所包含信息的任何内容,否则将不予准许。

7. 对于每件提交国际商会仲裁规则管辖的案件,秘书处都应将裁决书、审理范围书、仲裁院的决定以及秘书处的有关通信文书存入仲裁院档案馆。

8. 当事人或仲裁员提交的所有文件、通讯或往来信件均可销毁,除非当事人或仲裁员在秘书处规定的期限内书面要求返还。用于返还的支出和费用全部由该当事人或仲裁员承担。

第 2 条　国际仲裁院成员参加国际商会仲裁

1. 仲裁院院长和秘书处人员不得在国际商会仲裁案件中担任仲裁员或当事人顾问。

2. 仲裁院不得任命副院长或仲裁院委员担任仲裁员。但他们可以由一个或数个当事人指定或根据当事人同意的其他程序担任该职务,必须经过仲裁院的确认。

3. 仲裁院院长、副院长、委员或秘书处人员不论以何等身份与仲裁院待决程序有牵连的,都应当在知悉该等牵连后立即通知仲裁院秘书长。

4. 仲裁院无论何时对相关事项进行评论,涉及牵连的人均不得在场,亦不得参与仲裁院的讨论或决定。

5. 涉及牵连的人不得接收与该程序有关的任何有实质性内容的材料或信息。

第 3 条　仲裁院委员与国际商会国家委员会和小组的关系

1. 鉴于其身份的关系,仲裁院委员独立于将其推荐给国际商会理事会的国家委员会和小组。

2. 另外,仲裁院委员应对该等国家委员会和小组保密,不得透露其因委员身份获悉的关于个案的任何信息,但仲裁院院长、经仲裁院院长授权的仲裁院副院长或仲裁院秘书长要求他们特别告知其国家委员会或小组者,不在此限。

第 4 条　仲裁院委员会

1. 根据国际商会仲裁规则第 1 条第(4)款及其章程(附件一)第 5 条的规定,仲裁院兹设立一个仲裁院委员会。

2. 委员会成员由一名委员长和两名以上委员组成。仲裁院院长担任委员会委员长。院长缺席时,或经院长要求,可由一名仲裁院副院长,或在个别情况下,也可由其指定的另一名仲裁院委员,担任委员会委员长。

3. 委员会的其他两名委员由仲裁院从仲裁院副院长或其他委员中任命。在每次全体会议上，仲裁院将指定在下一次全体会议之前参加委员会会议的人员。

4. 委员会由委员长召集举行会议。有两名委员出席即为有效。

5. (a)仲裁院应确定可以由委员会决定的事项。

(b)委员会的决定根据一致意见原则作出。

(c)委员会不能作出决定或认为宜于暂缓决定时，应将案件移交给下一次全体会议. 并提出其认为适当的建议。

(d)委员会的决定应在下一次全体会议上告知仲裁院。

第 5 条　仲裁院秘书处

1. 秘书长缺席时，或经秘书长要求，副秘书长和/或总顾问应有权根据国际商会仲裁规则第 6 条第(3)款、第 13 条第(2)款、第 34 条第(2)款和第 36 条第(1)款的规定向仲裁院交办事项、确认仲裁员、核定裁决书复本和要求支付临时预付金。

2. 经仲裁院批准，秘书处可以向当事人和仲裁员发出通知或其他文件，告知有关情况；或为仲裁程序的正常进行发出必要的通知或文件。

3. 秘书处可以在国际商会巴黎总部之外另设办事处。秘书处应当保留由秘书长所指定的各办事处的名单。仲裁请求可以提交到秘书处的任何一个办事处。秘书处在秘书长，副秘书长或总顾问的指导下，可以在国际商会秘书处的任何一个办事处履行其在国际商会仲裁规则下的职责。

第 6 条　仲裁裁决书核阅

在根据国际商会仲裁规则第 33 条核阅裁决书草案时，仲裁院应在可行的范围内考虑仲裁地的强制性法律规定。

附件三　仲裁费用和报酬

第 1 条　费用预付金

1. 请求按照国际商会仲裁规则开始仲裁必须同时缴付申请费 3000 美元。该费用概不退还，但将充抵申请人应付的费用预付金。

2. 秘书长根据国际商会规则第 36 条第(1)款确定的费用临时预付金数额一般不超过国际商会管理费、按照请求金额确定的仲裁员最低报酬(按后述收费表)以及预计仲裁庭拟定审理范围书花费的可报销开支数额的总和。如果请求没有具体数额，将由秘书长自主决定临时预付金数额。申请人缴付的临时预付金将充抵国际商会国际仲裁院(以下简称仲裁院)规定的应由其承担的费用预付金份额。

3. 一般说来，在审理范围书签署或经仲裁院批准并制作程序时间表之后，根据国际商会规则第 36 条第(6)款的规定仲裁庭将只对已经足额缴付了应付费用预付金的仲裁请求或反请求进行审理。

4. 仲裁院根据国际商会规则第 36 条第(2)款或第 36 条第(4)款确定的费用预付金由仲裁员报酬、仲裁员的仲裁开支和国际商会管理费组成。

5. 当事人应当以现金全额支付其费用份额。但是,如果某当事人的费用预付金份额超出500,000美元("限额"),该当事人可通过银行担保支付该超出限额的部分。仲裁院可在任何时间自行决定修改该限额。

6. 仲裁院可以授权当事人在满足仲裁院认为适当的任何条件(包括支付一笔额外的国际商会管理费)的前提下,分期支付费用预付金或任何当事人的费用预付金份额。

7. 已经全部支付了仲裁院为其确定的应付部分的费用预付金的当事人,可以根据国际商会规则第36条第(5)款的规定以银行担保的方式支付其他当事人应付未付的预付金份额。

8. 当仲裁院根据国际商会规则第36条第(3)款分别确定了费用预付金时,秘书处应要求当事人为各自的请求缴纳预付金。

9. 由于分别确定仲裁预付金数额,当为任何一方当事人的请求单独确定的预付金数额超过先前确定的总额一半时(对于据以分别确定预付金的同一请求和反请求而言),超出部分可以通过银行担保的方式支付。若单独的预付金数额后来有所增加,至少增加部分的一半应当以现金支付。

10. 秘书处将制定相应条款对当事人根据前述规定以银行担保支付预付金作出规定。

11. 依照国际商会规则第36条第(5)款的规定,费用预付金可以在仲裁过程中任何时候予以调整,同时应特别考虑争议金额波动、预计的仲裁员开支数额变化或仲裁程序困难程度和复杂程度增加这些因素。

12. 在各当事人或其中之一按照仲裁庭确定的数额支付足够的费用预付金以供支付仲裁庭确定并由其最终决定的专家报酬和开支后,仲裁庭决定的专家咨询方能开始。仲裁庭应负责确保当事人支付该等报酬和开支。

13. 费用预付金的付款金额,对于当事人或仲裁员,均不产生任何利息。

第2条　费用和报酬

1. 没有表明争议金额的,仲裁院应当根据后述收费表自主决定仲裁员报酬,且国际商会规则第37条第(2)款的规定同样适用。

2. 仲裁院在确定仲裁员报酬时,应当考虑仲裁员的勤勉和效率、所花费的时间、程序进展速度、争议的复杂程度以及提交裁决书草案的及时性这些因素,在规定的范围内确定数额,在个别情况下[国际商会规则第37条第(2)款],其数额可以高于或低于规定限额。

3. 案件交由数位仲裁员审理的,仲裁院有权自主地将报酬总额提至最高限额,它一般不超过一位仲裁员报酬的三倍。

4. 仲裁员报酬和开支应当按照国际商会规则的规定专门由仲裁院确定。当事人与仲裁员之间的单独报酬安排违背国际商会规则的规定。

5. 在每一仲裁案件中，仲裁院都将按照后述收费表确定国际商会管理费，没有表明争议金额的，由仲裁院自主决定。在个别情况下，仲裁院所确定的国际商会管理费金额可低于或高于根据收费表所得数字，但一般不超过收费表的最高限额。

6. 在仲裁进行过程中，仲裁院可以随时确定由当事人缴纳仲裁院和秘书处已经提供的服务所对应的一部分国际商会管理费。

7. 如果各当事人要求，或应一方当事人要求而得到其他当事人默许，将仲裁案件暂时中止。作为前提条件，仲裁院可以在收费表规定之外要求另行支付管理费。

8. 如果仲裁案件未作出终局裁决即已终止，仲裁院将自主确定仲裁员的报酬和开支以及国际商会管理费，同时考虑仲裁程序已进行的阶段和其他相关情况。

9. 当事人支付的费用预付金金额超出仲裁院所确定的仲裁费的部分，应基于各方当事人已付款金额退还当事人。

10. 若当事人根据国际商会仲裁规则第 35 条第(2)款提出请求，或裁决书根据仲裁规则第 35 条(4)款退回，仲裁院可以确定支付仲裁庭的额外报酬和支出及额外的国际商会管理费，并将当事人提前向国际商会以现金全额支付预付金作为向仲裁庭转交其申请的前提条件。仲裁院在批准仲裁庭的决定时自主确定上述请求提出后或裁决书退回后的程序费用，包括任何可能发生的仲裁员报酬以及国际商会管理费。

11. 对于根据国际商会仲裁规则第 34 条第(5)款提出的要求而发生的任何开支，秘书处可要求当事人在支付管理费收费表中所规定的管理费以外，再行支付一笔额外的管理费。

12. 仲裁前根据国际商会友好争议解决规则曾进行过友好协商调解的，就该友好争议解决程序所支付的国际商会管理费的一半将抵作仲裁方面的国际商会管理费。

13. 支付给仲裁员的费用不包括任何可能的增值税(VAT)或其他税费以及相关关税。当事人有义务支付此类税费；但是，此类税款或费用的收取仅为仲裁员和当事人之间的事宜。

14. 任何国际商会管理费可能须基于现行税率，加收增值税(VAT)或类似性质的收费。

第 3 条　国际商会作为任命权力机构

任何要求某一国际商会机构作为任命权力机构的请求将按照《国际商会在适用联合国国际贸易法委员会仲裁规则进行的仲裁或其他临时仲裁中担任委任机构的规则》处理，并应同时附上申请费 3000 美元且该笔费用概不退还。未支付该申请费，任何请求均不予考虑。对于任何其他服务，国际商会将根据相应的服务自行确定国际商会管理费，通常最多不超过 10,000 美元。

第 4 条　管理费和仲裁员报酬收费表

1. 下述管理费和仲裁员报酬收费表自 2012 年 1 月 1 日起施行，在该日或其后开始的仲裁，无论其适用国际商会规则的何种版本，一律按此收费表计费。

2. 在计算国际商会管理费和仲裁员报酬时，对争议数额中各相继部分计算得出的金额应当相加，但争议金额超过 5 亿美元时，国际商会管理费将按统一费用 113,215 美元收取。

3. 仲裁院确定的所有金额或根据国际商会仲裁规则的任何附件所确定的所有金额，均应以美元支付，除非法律禁止以美元支付，在此情况下，国际商会可采用不同的、以另一货币计值的收费表和报酬安排。

争议金额	B. 仲裁员报酬（**）	
（美元）	（美元）	
	下限	上限
不超过 50,000	3000	争议金额的 18.0200%
自　50,001 至 100,000	3000 + 2.6500% 金额超过 50,000	9010 + 13.5680% 金额超过 50,000
自　100,001 至 200,000	4325 + 1.4310% 金额超过 100,000	15,794 + 7.6850% 金额超过 100,000
自　200,001 至 500,000	5756 + 1.3670% 金额超过 200,000	23,479 + 6.8370% 金额超过 200,000
自　500,001 至 1,000,000	9857 + 0.9540% 金额超过 500,000	43,990 + 4.0280% 金额超过 500,000
自　1,000,001 至 2,000,000	14,627 + 0.6890% 金额超过 1,000,000	64,130 + 3.6040% 金额超过 1,000,000
自　2,000,001 至 5,000,000	21,517 + 0.3750% 金额超过 2,000,000	100,170 + 1.3910% 金额超过 2,000,000
自　5,000,001 至 10,000,000	32,767 + 0.1280% 金额超过 5,000,000	141,900 + 0.9100% 金额超过 5,000,000
自　10,000,001 至 30,000,000	39,167 + 0.0640% 金额超过 10,000,000	187,400 + 0.2410% 金额超过 10,000,000
自　30,000,001 至 50,000,000	51,967 + 0.0590% 金额超过 30,000,000	235,600 + 0.2280% 金额超过 30,000,000
自　50,000,001 至 80,000,000	63,767 + 0.0330% 金额超过 50,000,000	281,200 + 0.1570% 金额超过 50,000,000
自　80,000,001 至 100,000,000	73,667 + 0.0210% 金额超过 80,000,000	328,300 + 0.1150% 金额超过 80,000,000
自　100,000,001 至 500,000,000	77,867 + 0.0110% 金额超过 100,000,000	351,300 + 0.0580% 金额超过 100,000,000
超过 500,000,000	121,867 + 0.0100% 金额超过 500,000,000	583,300 + 0.0400% 金额超过 500,000,000

（**）见第 43 页。

A. 管理费	
争议金额(美元)	管理费(＊)
不超过 50,000	3000 美元
自　50,001 至 100,000	4.73%
自　100,001 至 200,000	2.53%
自　200,001 至 500,000	2.09%
自　500,001 至 1,000,000	1.51%
自　1,000,001 至 2,000,000	0.95%
自　2,000,001 至 5,000,000	0.46%
自　5,000,001 至 10,000,000	0.25%
自　10,000,001 至 30,000,000	0.10%
自　30,000,001 至 50,000,000	0.09%
自　50,000,001 至 80,000,000	0.01%
自　80,000,001 至 500,000,000	0.0035%
超过 500,000,000	113.215 美元

(＊)仅供说明之用,下页表格表示经过正确计算后的管理费美元数额。

B. 仲裁员报酬		
争议金额(美元)	费用(＊＊)	
	下限	上限
不超过 50,000	3000 美元	18.0200%
自　50,001 至 100,000	2.6500%	13.5680%
自　100,001 至 200,000	1.4310%	7.6850%
自　200,001 至 500,000	1.3670%	6.8370%
自　500,001 至 1,000,000	0.9540%	4.0280%
自　1,000,001 至 2,000,000	0.6890%	3.6040%
自　2,000,001 至 5,000,000	0.3750%	1.3910%
自　5,000,001 至 10,000,000	0.1280%	0.9100%
自　10,000,001 至 30,000,000	0.0640%	0.2410%
自　30,000,001 至 50,000,000	0.0590%	0.2280%
自　50,000,001 至 80,000,000	0.0330%	0.1570%
自　80,000,001 至 100,000,000	0.0210%	0.1150%
自　100,000,001 至 500,000,000	0.0110%	0.0580%
超过 500,000,000	0.0100%	0.0400%

(＊＊)仅供说明之用,下页表格表示经正确计算后的仲裁员报酬范围的美元数额。

争议金额	A. 管理费(*)
(美元)	(美元)
不超过 50,000	3000
自　50,001 至 100,000	3000 +4.73%金额超过 50,000
自　100,001 至 200,000	5365 +2.53%金额超过 100,000
自　200,001 至 500,000	7895 +2.09%金额超过 200,000
自　500,001 至 1,000,000	14,165 +1.51%金额超过 500,000
自　1,000,001 至 2,000,000	21,715 +0.95%金额超过 1,000,000
自　2,000,001 至 5,000,000	31,215 +0.46%金额超过 2,000,000
自　5,000,001 至 10,000,000	45,015 +0.25%金额超过 5,000,000
自　10,000,001 至 30,000,000	57,515 +0.10%金额超过 10,000,000
自　30,000,001 至 50,000,000	77,515 +0.09%金额超过 30,000,000
自　50,000,001 至 80,000,000	95,515 +0.01%金额超过 50,000,000
自　80,000,001 至 100,000,000	98,515 +0.0035%金额超过 80,000,000
自　100,000,001 至 500,000,000	99,215 +0.0035%金额超过 100,000,000
超过 500,000,000	113.215

(*)见第 43 页。

附件四　案件管理方法

可由仲裁庭及当事人用来控制时间和费用的案件管理方法,举例如下。在所有案件中适当控制时间和费用是至关重要的。对于复杂性低和价值低的案件,确保时间和费用与争议焦点问题成正比是尤其重要的。

a)分阶段进行审理,或针对关键事宜作出一项或多项部分裁决,前提是:确实可以预期通过上述方式更为高效地解决争议案。

b)识别出那些可以在当事人或其专家之间通过协议达成解决的事项。

c)识别出那些仅仅依据书面文件、而非通过口头证据或庭审辩论即可认定的事项。

d)书面证据的出示:

(i)要求当事人在提交意见时出示其所依赖的文件;

(ii)在适宜时,避免要求出示文件,以便控制时间和费用;

(iii)对于认为适于要求当事人出示文件的案件,应将所要求出示的文件限制在对案件审理结果具有相关性和重要性的文件或文件种类上;

(iv)确定出示文件的合理期限;

(v)使用一份文件出示列表。协助解决与出示文件有关的事宜。

e）对于提交的书面材料以及书面和口头的证人证言（包括事实证人和专家），应对其长度和范围加以限制，以避免发生重复，并保持专注于关键问题。

f）对于程序性庭审和其他庭审，如果并非绝对有必要亲自到庭，则可以采用电话或视频会议方式进行此类庭审，使用信息技术手段，来实现各方当事人、仲裁庭和仲裁院秘书处之间的网上交流。

g）组织当事人与仲裁庭召开庭审前会议，在会上就庭审各项安排进行讨论并达成一致意见，仲裁庭可以向当事人指明其希望当事人在庭审当中集中讨论的问题。

h）争议的和解：

（i）告知当事人他们可就争议的全部或一部分，通过谈判或任何形式的友好争议解决方法，自由达成和解，如根据国际商会友好争议解决规则进行调解。

（ii）如果当事人与仲裁庭达成一致，仲裁庭可以采取措施便于争议和解，但是，仲裁庭应尽一切努力确保任何后续裁决能够依法执行。

其他方法见国际商会出版物"Techniques for Controlling Time and Costs in Arbitration"（《控制仲裁时间及费用的方法》）所述。

附件五　紧急仲裁员规则

第1条　紧急措施的申请

1. 当事人希望依国际商会仲裁规则（以下简称仲裁规则）第29条诉诸紧急仲裁员时，应向仲裁规则附件二列明的仲裁院内部规则中规定的任何秘书处办公地址提交紧急措施请求书（以下简称请求书）。

2. 所提交的请求书份数应足以保证每方当事人、紧急仲裁员及秘书处各有一份。

3. 该请求书应包含以下内容：

a）各方当事人名称全称、基本情况、地址和其他详细的联系信息；

b）代表请求人的任何人士的名称全称、地址或其他详细的联系信息；

c）说明导致提出请求的相关情形以及已经或即将诉诸仲裁的基础争议；

d）列明所请求采取的紧急措施；

e）说明请求人需要不待组成仲裁庭而采取紧急临时措施或保全措施的原因；

f）列明任何有关协议，特别是仲裁协议；

g）列明有关仲裁地、适用的法律规则和仲裁语言的任何协议；

h）提供已经支付本附件第7条第（1）款中所述款项的付款证明；以及

i）紧急仲裁员程序的任何当事人在请求书提交之前已经向秘书处提交的有关基础争议的任何仲裁申请书和其他提交文件。

请求人可以在提交请求书时，一并提交其认为适宜的或可能有助于有效审理该请求书的其他文件或信息。

4. 如果当事人已就仲裁语言作出约定,请求书应采用仲裁语言拟定;如果当事人未作出约定,则应采用仲裁协议的语言拟定。

5. 如果仲裁院院长(院长)认为,根据请求书中提供的信息,可以参照仲裁规则第 29 条第(5)款和第(6)款适用紧急仲裁员规定,秘书处应向被请求方转发一份请求书及其所附文件。如果院长认为不适用该规定,则秘书处应告知各方当事人,不会就部分或全体当事人实施紧急仲裁员程序,并应向这些当事人转发一份请求书以供参阅。

6. 除非紧急仲裁员认定有必要采用更长的时限,否则,在秘书处收到请求书后十日内,如果秘书处未能收到请求人交付的仲裁申请书,则院长应终止紧急仲裁员程序。

第 2 条　紧急仲裁员的任命;案卷的移交

1. 院长应在尽可能短的时间内,通常在秘书处收到请求书起两日内,任命紧急仲裁员。

2. 在案卷根据第 16 条移交仲裁庭之后,不得任命紧急仲裁员。在此之前任命的紧急仲裁员于本附件第 6 条第(4)款准许的期限内保留作出裁令的权力。

3. 一旦紧急仲裁员得以任命,秘书处应立即通知当事人,并应将案卷移交给紧急仲裁员。在此之后,所有来自当事人的书面通讯,均应直接提交给紧急仲裁员,并抄送另一方当事人和秘书处。紧急仲裁员给当事人的任何书面通信应向秘书处提交一份。

4. 每一位紧急仲裁员均必须并保持中立和独立于争议涉案当事人。

5. 紧急仲裁员候选人在获得任命前,应签署一份有关接受、可处理案件时间、中立性和独立性的声明。秘书处应向各方当事人提供一份该声明。

6. 紧急仲裁员不得在任何与导致提交请求书的争议有关的仲裁中担任仲裁员。

第 3 条　紧急仲裁员的回避

1. 要求紧急仲裁员回避的申请,必须自提出申请的当事人收到该紧急仲裁员任命通知起三天内提出,或者,如果该当事人在收到紧急仲裁员任命通知之后才得知申请回避所依据的事实或情况,则必须自其得知该事实或情况之日起三天内提出。

2. 在秘书处给予该紧急仲裁员和其他当事人在合理时间内提出书面评论的机会后,由仲裁院对是否支持回避申请作出决定。

第 4 条　紧急仲裁员程序进行所在地

1. 当事人已经约定的仲裁地应作为紧急仲裁员程序进行所在地。当事人无此约定的,应由院长确定紧急仲裁员程序进行所在地,但不影响根据仲裁规则第 18 条第(1)款对仲裁地的确定。

2. 任何与紧急仲裁员一起召开的会议,可以采用亲自出席的方式,在紧急仲裁员认为适宜的任何地点召开,也可以采用视频会议、电话或类似通讯方式进行。

第 5 条　程序

1. 紧急仲裁员应在尽可能短的时间内，通常在案卷按照本附件第 2 条第（3）款移交给紧急仲裁员起两日内，制定一份紧急仲裁员程序的程序时间表。

2. 紧急仲裁员应考虑请求书的性质和紧迫性，采用其认为适当的方式进行有关程序。在任何情形下，紧急仲裁员均应公平和中立行事，确保各当事人均有合理的陈述机会。

第 6 条　裁令

1. 根据仲裁规则第 29 条第（2）款，紧急仲裁员作出的决定应采用裁令的方式（裁令）。

2. 紧急仲裁员应在裁令中认定，请求书根据仲裁规则第 29 条第（1）款的规定是否可予以采信，以及紧急仲裁员是否具有管辖权裁令采取紧急措施。

3. 该裁令应采用书面形式作出，并应说明其所依据的理由。该裁令应由紧急仲裁员注明日期并签字。

4. 该裁令应不迟于案卷根据本附件第 2 条第（3）款移交给紧急仲裁员之日起十五日内作出。如经紧急仲裁员要求，并说明理由，或如果院长认为必要，院长可决定延长该期限。

5. 在根据本附件第 6 条第（4）款所确定的期限内，紧急仲裁员应采用仲裁规则第 3 条第（2）款所允许的通讯方式当中，紧急仲裁员认为能够确保当事人及时收到裁令的任何通讯方式，将裁令发送各方当事人，并抄送秘书处。

6. 发生下列情况时，裁令对当事人不再具有约束力：

a）院长根据本附件第 1 条第（6）款终止紧急仲裁员程序；

b）仲裁院支持根据本附件第 3 条提出的紧急仲裁员回避申请；

c）仲裁庭作出终局裁决书，除非仲裁庭另行明示作出决定；或

d）在终局裁决书作出前，仲裁请求被全部撤销或仲裁终止。

7. 紧急仲裁员作出裁令，可以以其认为适宜的条件为前提，包括要求当事人提供适当的担保。

8. 如果经一方当事人于案卷根据仲裁规则第 16 条移交给仲裁庭之前，提出要求，并说明理由，紧急仲裁员可以修改、终止或撤销裁令。

第 7 条　紧急仲裁员程序的费用

1. 请求人须支付 40,000 美元，其中 10,000 美元为国际商会管理费，30,000 美元为紧急仲裁员的报酬和开支。尽管有本附件第 1 条第（5）款的规定，秘书处收到该 40,000 美元的付款之前，将不会对请求书进行通报。

2. 在紧急仲裁员程序进行过程中，基于案件性质及紧急仲裁员、仲裁院，院长和秘书处工作性质和工作量及其他因素的考虑，院长可随时决定追加紧急仲裁员的报酬或国际商会管理费。如果提交请求书的当事人未能于秘书处确定的期限内支付

追加的仲裁费,则该请求书视为撤回。

3. 紧急仲裁员的裁令应确定紧急仲裁员程序的费用,并决定由何方当事人承担此费用或明确各方分担此费用的比例。

4. 紧急仲裁员程序的费用包括国际商会管理费、紧急仲裁员的报酬和开支以及当事人为进行紧急仲裁员程序而发生的合理法律费用和其他费用。

5. 如果根据本附件第 1 条第(5)款不实施紧急仲裁员程序,或紧急仲裁员程序在裁令作出前以其他方式被终止,院长应当决定向请求人退还的金额,如有,在任何情况下,5000 美元的国际商会管理费不予退还。

第 8 条　一般规则

1. 本附件中没有明确规定的有关紧急仲裁员程序管理的所有事项,由院长全权斟酌决定。

2. 院长缺席时或应院长要求,仲裁院的任何副院长有权代表院长作出决定。

3. 本附件中没有明确规定的有关紧急仲裁员程序管理的所有事项,仲裁院、院长和紧急仲裁员应当根据仲裁规则和本附件的精神办理。

友好争议解决规则

(2001 年 7 月 1 日生效)

序　　言

友好和解是解决商业纠纷和分歧的理想方式。它可以在争议诉讼或仲裁开始前或过程中进行,并通常可以通过依照简单规则给予协助的第三方(“中立人”)完成。各方当事人可在其基础合同中约定服从这些规则,亦可在任何其他时间作出这种约定。

国际商会制定的本友好争议解决规则,即国际商会友好争议解决规则(以下简称本规则),允许当事人约定采用他们认为适于协助当事人解决争议的任何方法。如果当事人未就解决争议的方法作出有关约定,则应按照本规则采用调解方式作为解决争议的方法。不作为本规则组成部分的国际商会友好争议解决指导原则是对本规则的说明,并同时提供对于根据本规则可以采用的各种和解方法的说明。

第 1 条　国际商会友好争议解决规则的范围

所有商业纠纷,无论是否具有国际性,均可根据本规则提交友好争议解决程序解决。经国际商会批准,全体当事人可以约定对本规则的规定进行修改。

第 2 条　友好争议解决程序的开始

A. 当事人已约定按本规则解决争议

1. 如果当事人约定按国际商会友好争议解决规则解决争议,则希望依本规则启

动友好争议解决程序的任何一方或多方当事人应向国际商会提交书面的友好争议解决申请书,该申请书应包含以下内容:

a)争议各方当事人及其授权代表(如有)的名称、地址、电话号码、传真号码、电子邮件地址;

b)关于争议的说明,包括对争议价值可能作出的预估;

c)由全体当事人共同指定的中立人,或在无此共同指定时,由全体当事人就待国际商会任命的中立人的各项资格所达成的约定;

d)提交友好争议解决申请书所基于的任何书面协议;以及

e)本规则附件中所规定的友好争议解决程序登记费。

2. 如果友好争议解决申请书并非由全体当事人共同提交,则提交该申请书的一方或多方当事人应同时将该申请书发给另一方当事人或其他方当事人。该申请书可包括有关中立人资格的建议,或供全体当事人指定的一名或多名中立人的建议。此后,全体当事人可共同指定一名中立人,或可约定供国际商会任命的中立人的各项资格。在任一情况下,当事人均应立即通知国际商会有关的内容。

3. 国际商会应立即向当事人书面确认已收到友好争议解决申请书。

B. 当事人未约定按照本规则解决争议

1. 如果当事人未约定按国际商会友好争议解决规则解决争议,则希望依本规则启动友好争议解决程序的任何一方或多方当事人应向国际商会提交书面的友好争议解决申请书,该申请书应包含以下内容:

a)争议各方当事人及其授权代表(如有)的名称、地址、电话号码、传真号码、电子邮件地址;

b)关于争议的说明,包括对争议价值可能作出的预估;以及

c)本规则附件中所规定的友好争议解决程序登记费。

友好争议解决申请书还可包括有关中立人资格的建议,或供全体当事人指定的一名或多名中立人的建议。

2. 国际商会应立即将友好争议解决申请书书面告知另一方当事人或其他方当事人。该一方或各方当事人应于收到友好争议解决申请书的十五日内,书面通知国际商会是否同意参加友好争议解决程序。如果同意参加,该当事人可提出有关中立人资格的建议,或提出一名或多名中立人供当事人指定。此后,全体当事人可共同指定一名中立人,或可约定供国际商会任命中立人的各项资格。在任一情况下,当事人均应立即通知国际商会有关的内容。

上述十五天期限内未收到答复或收到否定答复的,友好争议解决申请书应视为已被拒绝,友好争议解决程序不予启动。国际商会应立即将该情况书面通知提交友好争议解决申请书的一方或各方当事人。

第3条　中立人的挑选

1. 如果全体当事人已共同指定一名中立人,国际商会应对此作出记录。该人士经通知国际商会同意担任中立人后,即应在该友好争议解决程序中担任中立人。如果全体当事人未指定中立人,或所指定的中立人不同意担任中立人,国际商会应立即通过国际商会国家委员会或以其他方式,任命一名中立人,并通知各方当事人。国际商会应作出所有合理努力任命一名具有全体当事人共同约定的中立人资格(如有)的中立人。

2. 每一位中立人候选人应及时向国际商会提供一份个人履历及独立声明,两份文件均应正式签字并注明日期。中立人候选人应在独立声明中向国际商会披露在当事人看来可能使中立人独立性遭到质疑的任何事实或情况。国际商会应将这些信息书面提供给当事人。

3. 如果任何当事人在收到国际商会任命中立人的通知后十五日内,反对该任命并书面通知国际商会及另一方当事人或其他方当事人,说明反对的理由,则国际商会应立即另行任命一名中立人。

4. 经全体当事人同意,当事人可按照本规则的规定,指定一名以上的中立人或请求国际商会任命一名以上的中立人。在适宜的情况下,国际商会可向当事人建议任命一名以上的中立人。

第4条　收费和费用

1. 提交友好争议解决申请书的一方或多方当事人,在提交申请书的同时,应按照本规则附件的规定,支付一笔不予退还的登记费。提交友好争议解决申请书时,如未同时支付所规定的付款,则该申请书不应被受理。

2. 收到友好争议解决申请书后,国际商会应要求当事人支付本规则附件中规定的保证金,金额应大致能够负担国际商会管理费及中立人进行友好争议解决程序的收费和开支。国际商会收到该笔保证金前,友好争议解决程序不应继续进行。

3. 在国际商会认为保证金不足以负担友好争议解决程序的总费用时,可对保证金数额予以重新调整。当事人进行相应付款之前,国际商会可暂停友好争议解决程序。

4. 友好争议解决程序终止时,国际商会将对程序总费用进行结算,并按本规则,根据具体情况,将多付的部分退还当事人或要求当事人补缴未缴足的部分。

5. 除非当事人另行书面约定,否则,上述保证金和费用应全部由当事人平均分担。但是,如果某一方当事人未能支付其保证金和费用的应付份额,任何其他当事人均可以支付未付的部分。

6. 当事人的其他开支概由其自行负担。

第5条　友好争议解决程序的进行

1. 中立人及当事人应及时商讨并尽力就其所采用的和解方法达成一致,并应商讨其所需遵循的具体友好争议解决规程。

2. 如果当事人未能就其所采用的和解方法达成一致，则应采用调解的方式。

3. 中立人应按照其认为适宜的方式进行有关规程。在任何情况下，中立人均应遵循公平、公正原则，并尊重当事人的意愿。

4. 对于程序使用的语言以及举行会议的地点，如果当事人未作出约定，则应由中立人决定。

5. 每一方当事人均应同中立人善意合作。

第6条　友好争议解决程序的终止

1. 已根据本规则开始的友好争议解决程序应于以下事件发生时终止，以较早发生的为准：

a）各方当事人签署和解协议；

b）在进行第5(1)条中所述商讨之后，一方或多方当事人在任何时间书面通知中立人决定不再继续进行友好争议解决程序；

c）第5条所确定的规程已经进行完毕，且中立人已就此书面通知各当事人；

d）中立人认为友好争议解决程序将无法解决当事人之间的争议并就此书面通知各当事人；

e）除被全体当事人延期外，为友好争议解决程序所确定的任何期限已届满，该届满应由中立人书面通知当事人；

f）对于一方或多方当事人根据本规则规定应支付的任何款项，国际商会在该款项到期日后不少于十五日，书面通知当事人和中立人该付款尚未支付；或

g）国际商会向当事人发出书面通知，声明国际商会认为各方未能指定中立人，或声明由国际商会任命中立人不具有合理的可行性。

2. 在友好争议解决程序按第6(1)条(a)至(e)项规定终止时，中立人应立即就此通知国际商会，并应向国际商会提供一份第6(1)条(b)至(e)项中所述的通知。在所有情况下，国际商会均应向当事人和中立人（如果已指定或任命中立人的话）书面确认友好争议解决程序的终止。

第7条　一般规定

1. 如果当事人未作出相反约定，且除非适用法律予以禁止，友好争议解决程序，包括其结果，均具有非公开性和保密性。当事人之间达成的任何和解协议，亦应同样予以保密，但是，如果适用法律要求当事人披露该协议，或为实施或执行该协议之目的而有必要作出披露，则当事人有权予以披露。

2. 除非所适用的法律要求且当事人未作出相反约定，一方当事人不得以任何方式，在任何司法、仲裁或类似程序中，出示以下各项作为证据：

a）另一方当事人或中立人在友好争议解决程序中提交的任何文件、声明或通信，除非该试图在司法、仲裁或类似程序中出示证据的当事人能够独立地获取该文

件、声明或通信；

b)任何当事人在友好争议解决程序中就争议可能的和解所发表的意见或提出的建议；

c)另一方当事人在友好争议解决程序中所作出的承认；

d)中立人提出的任何意见或建议；或

e)任何当事人在友好争议解决程序中表示其可以接受和解建议这一事实。

3. 除非全体当事人另行书面约定，否则中立人不应、亦不应曾在与友好争议解决程序的标的争议有关的任何司法、仲裁或类似程序中担任法官、仲裁员、专家或一方当事人的代表或咨询人。

4. 除非所适用的法律要求，或除非全体当事人另行书面约定，否则，中立人不应在涉及友好争议解决程序任何方面的任何司法、仲裁或类似程序中作证。

5. 中立人、国际商会及其职员和国际商会国家委员会，不因与友好争议解决程序有关的任何作为或不作为对任何人承担责任。

A. 提交友好争议解决申请书的一方或多方当事人，应在提交申请书的同时，缴付一笔不予退还的登记费 1500 美元，作为友好争议解决申请书的受理费用。提交友好争议解决申请书时，如未同时支付所规定的付款，则该申请书不予受理。

B. 国际商会收取的友好争议解决程序管理费，应全权由国际商会基于其所开展的各项工作予以确定。该管理费最高限额不超过 10, 000 美元。

C. 中立人收费应基于该中立人在友好争议解决程序中合理支出的时间计算，按照国际商会经与该中立人和当事人协商后为该程序确定的小时费率收取。该小时费率应数额合理，并应在考虑到该争议的复杂性及任何其他有关情况后予以确定。中立人合理开支费用的金额由国际商会确定。

D. 支付给中立人的金额不包括任何可能征收的增值税(VAT)或其他税费以及适用于中立人收费的相关关税。当事人有义务支付此类税费。但是，此类税费的追偿仅为中立人与当事人之间的事宜。

标准及推荐条款

国际商会向希望将争议提交国际商会仲裁和/或根据以上规则进行的国际商会友好争议解决的当事人推荐下列标准条款。

仲裁

凡产生于本合同或与本合同有关的一切争议均应按照国际商会仲裁规则由依据该规则指定的一名或数名仲裁员终局解决。

为了适应中国法律的规定，建议在以中国大陆为仲裁地的仲裁中，当事人应当将国际仲裁院写入上述标准条款，具体内容如下：

凡产生于或与本合同有关的一切争议均应提交国际商会国际仲裁院并按照国

际商会仲裁规则由依据该规则指定的一名或数名仲裁员终局解决。

无紧急仲裁员的仲裁

凡产生于本合同或与本合同有关的一切争议均应按照国际商会仲裁规则由依据该规则指定的一名或数名仲裁员终局解决。紧急仲裁员规定不予适用。

为了适应中国法律的规定，建议在以中国大陆为仲裁地的无紧急仲裁员仲裁中，当事人应当将国际仲裁院写入上述标准条款，具体内容如下：

凡产生于或与本合同有关的一切争议均应提交国际商会国际仲裁院并按照国际商会仲裁规则由依据该规则指定的一名或数名仲裁员终局解决。紧急仲裁员规定不予适用。

任择性友好争议解决

对于产生于本合同或与本合同有关的一切争议，当事人随时尝试按照国际商会友好争议解决规则予以解决，但不影响任何其他程序。

有义务考虑友好争议解决

对于产生于本合同或与本合同有关的一切争议，当事人首先同意进行商讨并考虑按照国际商会友好争议解决规则将该事项提交和解程序解决。

有义务将争议提交友好争议解决，而该义务到期自动终止

对于产生于本合同或与本合同有关的一切争议，当事人同意按照国际商会友好争议解决规则将该事项提交和解程序解决。如果在提交友好争议解决申请书后四十五天内，或在当事人书面约定的其他期限内，该争议未能根据该规则和解解决，则当事人在本条款项下不再负有任何进一步义务。

有义务将争议提交友好争议解决，之后按需要交由国际商会仲裁

对于产生于本合同或与本合同有关的一切争议，当事人同意按照国际商会友好争议解决规则将该事项提交和解程序解决。如果在提交友好争议解决申请书后四十五天内，或在当事人书面约定的其他期限内，该争议未能根据该规则和解解决，则该争议应按照国际商会仲裁规则由依据该仲裁规则指定的一名或数名仲裁员终局解决。

如何使用以上条款

意欲采用国际商会仲裁和/或国际商会友好争议解决解决争议的当事人，应选择以上条款之一。这些条款涵盖了各种不同情况和需求。

当事人如果无意适用紧急仲裁员的规定，则须采用以上两条仲裁条款的第二条，来明确表示其已选择不适用该规定。

当事人可以自由调整所选条款，以适应其具体情况。例如，在约定采用仲裁方式时，由于考虑到仲裁规则中规定了一条偏好采用独任仲裁员的假设，当事人可能希望约定仲裁员人数。当事人可能还希望约定仲裁语言和仲裁地点以及对于案件实体问题所适用的法律。在约定采用友好争议解决方式时，当事人可能希望具体约定所采用的和解方法,在调解不成的情况下,采用默认机制。

以上最后一项条款是一则双重条款,约定先进行友好争议解决,随后进行仲裁。还可以采用其他的服务组合。组合型的多重争议解决条款可以帮助促进争议管理。但是,当事人也可以在任何时间,甚至在争议已经发生之后,或者在其他争议解决程序进行过程当中,按照国际商会友好争议解决规则或国际商会专家规则,提出有关申请。

在任何情况下,起草该条款务须谨慎避免发生歧义的风险。措辞不明确,会导致不确定性,延误并可能妨碍、甚至危害到争议解决的进程。

建议当事人在将上述任何条款纳入其合同中时,应将可能影响该条款在适用法律项下执行力的任何因素考虑在内。例如,当事人应注意到仲裁地和执行地的任何强制要求。

如需要上述条款以及规定其他规程和规程组合之条款的各种翻译版,请访问国际商会仲裁院网站:www. iccarbitration. org。

当事人可以自由调整所选条款,以适应其具体情况。例如,在约定采用仲裁方式时,由于考虑到仲裁规则中规定了一条偏好采用独任仲裁员的假设,当事人可能希望约定仲裁员人数。当事人可能还希望约定仲裁语言和仲裁地点以及对于案件实体问题所适用的法律。在约定采用友好争议解决方式时,当事人可能希望具体约定所采用的和解方法,在调解不成的情况下,采用默认机制。

以上最后一项条款是一则双重条款,约定先进行友好争议解决,随后进行仲裁。还可以采用其他的服务组合。组合型的多重争议解决条款可以帮助促进争议管理。但是,当事人也可以在任何时间,甚至在争议已经发生之后,或者在其他争议解决程序进行过程当中,按照国际商会友好争议解决规则或国际商会专家规则,提出有关申请。

在任何情况下,起草该条款务须谨慎避免发生歧义的风险。措辞不明确,会导致不确定性,延误并可能妨碍、甚至危害到争议解决的进程。

建议当事人在将上述任何条款纳入其合同中时,应将可能影响该条款在适用法律项下执行力的任何因素考虑在内。例如,当事人应注意到仲裁地和执行地的任何强制要求。

如需要上述条款以及规定其他规程和规程组合之条款的各种翻译版,请访问国际商会仲裁院网站:www. iccarbitration. org。

图书在版编目(CIP)数据

商事仲裁办案指南 / 裴秀峰主编. —北京:法律出版社,2017
ISBN 978 - 7 - 5197 - 0954 - 9

Ⅰ.①商… Ⅱ.①裴… Ⅲ.①国际商事仲裁—指南
Ⅳ.①D997.4 - 62

中国版本图书馆 CIP 数据核字(2017)第 130576 号

商事仲裁办案指南
SHANGSHI ZHONGCAI BAN' AN ZHINAN

裴秀峰 主编

策划编辑 郑 导
责任编辑 郑 导
装帧设计 汪奇峰

出版 法律出版社
总发行 中国法律图书有限公司
经销 新华书店
印刷 北京北苑印刷有限责任公司
责任校对 王晓萍
责任印制 张建伟

编辑统筹 独立项目策划部
开本 787 毫米 × 1092 毫米 1/16
印张 64.5
字数 1125 千
版本 2017 年 9 月第 1 版
印次 2017 年 9 月第 1 次印刷

法律出版社/北京市丰台区莲花池西里 7 号(100073)
网址/www.lawpress.com.cn
投稿邮箱/info@lawpress.com.cn
举报维权邮箱/jbwq@lawpress.com.cn
销售热线/010 - 63939792
咨询电话/010 - 63939796

中国法律图书有限公司/北京市丰台区莲花池西里 7 号(100073)
全国各地中法图分、子公司销售电话:
统一销售客服/400 - 660 - 6393
第一法律书店/010 - 63939781/9782
西安分公司/029 - 85330678
重庆分公司/023 - 67453036
上海分公司/021 - 62071639/1636
深圳分公司/0755 - 83072995

书号:ISBN 978 - 7 - 5197 - 0954 - 9
定价:168.00 元